창세기

바로읽기

창세기 바로읽기 - 구조·구속사·신앙경주

지은이   김영호

펴낸이   정덕주

발행일   2026. 3. 20

펴낸곳   한들출판사

서울시 종로구 대학로 19(기독교회관 410호)

등록 제2-1470호. 1992년

홈페이지 www.handl.co.kr

전자우편 handl2006@hanmail.net

전화   편집부 02-741-4069

영업부 02-741-4070

FAX   02-741-4066

ISBN   978-89-8349-874-8   93230

창 세 기
바로읽기

구조·구속사·신앙경주

김 영 호

하늘씨앗출판사

감사의 글

이 책은 오랜 세월에 걸쳐 집필되고 마침내 완성된 만큼 감회가 남다르다. 무엇보다 하나님의 은혜와 도우심이 아니었다면 이 글은 결코 완성될 수 없었음을, 이 자리를 빌려 깊이 고백하며 감사드린다.

이 모든 과정은 전적으로 하나님의 은혜가 아니고서는 결코 이루어질 수 없는 일이었다. 집필 과정에서 여러 어려움과 시련을 겪었고, 심지어 병마로 인해 중단의 위기를 맞기도 했으나, 하나님께서 친히 치료하시고 환경을 마련해 주셔서 마침내 작업을 완수할 수 있었다.

먼저 가족에게 깊이 감사한다. 특히 아내의 헌신적인 내조는 말로 다 할 수 없는 큰 힘이 되었으며, 아들 요한과 보람이는 원고 교정과 조언으로 어려운 시기에 용기를 주었다. 사랑하는 딸 은미는 쉼과 회복을 위한 시간을 선물해 주어 지친 몸과 마음을 새롭게 할 수 있도록 도와주었다.

아울러 교단 원로이신 신종구 목사님을 비롯하여 은퇴하신 목사님들, 동역자들, 그리고 친구들에게 감사와 기쁨을 나누고 싶다. 특히 박철효 목사, 임세일 목사, 이효근 목사, 한용문 목사, 이상욱 목사, 권영신 목사는 어려운 시기마다 많은 격려와 위로가 되어 주었다. 또한 재건교단 신학교가 총회 목회자 양성을 위한 전문 신학원으로 나아가는 데 큰 도움을 주신 초대 원장 양영전 목사를 비롯하여 김사형 목사, 정정민 목사, 강정우 목사, 김수근 목사께도 깊이 감사드린다. 신학원 발전에 여러모로 적극 협조하셨던 장로님들과 손주은 집사께도 감사드리며, 특별히 이사장을 역임하신 이영실 장로님과 김성준 장로께 감사의 마음을 전하고 싶다.

그리고 필자가 담임으로 섬겼던 남서울교회, 협동목사로 사역했던 동산교회, 현재 자녀들과 함께 출석하고 있는 중앙교회 강정욱 목사와 교인들께 감사와 기쁨을 함께 나누고 싶다.

오랜 유학 생활 동안 독일·영국·스코틀랜드·미국 등지에서 함께 공부하며 교제했던 분들을 잊을 수 없다. 특별히 고신대 최승락 교수, 백석대 김윤태 교수, 장신대 박동현 교수, 서울신대 최인식 교수, 총신대 박태현 교수, 대구신대 황봉황 교수, 미국에서 교수 사역을 감당하고 있는 최희규 목사, 그리고 선교사역을 감당하고 있는 모든 분들께 감사드린다. 또한 창세기를 깊게 읽도록 지도해주신 정석규 교수, 강규성 교수와 한국복음주의신학회에서 발표할 기회를 제공해 주신 김진섭 교수께 깊이 감사드린다. 특히 한들출판사 정덕주 대표께서 책을 쉽게 읽을 수 있도록 제작해 주심을 감사드린다.

끝으로 이 책이 창세기를 사랑하는 모든 성도들과 교회 공동체, 나아가 전 세계 독자들에게 유익한 도구로 쓰이기를 간절히 소망한다.

모든 영광을 하나님께 올려 드린다.

2025년 12월

김 영 호

차 례

제2부: 새로운 시작(창 6:9-11:26)

제3부: 선민의 시작(창 11:27-50장)

Chapter IV. 결론

부록(Appendices)

3·5·15 구조의 학문적 정의 문단

Definition of the 3·5·15 Structural Model

In this study, the **3·5·15 structural model** is proposed as a synthetic macro- and meso-structural framework for reading Genesis. The model argues that the book may be read in **three major redemptive-historical movements**, each of which unfolds through a recurring sequence of **five theological moments**, yielding **fifteen literary-theological units** in total. The three movements are designated as (1) the Beginning of the World (Gen 1:1–6:8), (2) the New Beginning (Gen 6:9–11:26), and (3) the Beginning of the Covenant People (Gen 11:27–50:26). Within each movement, the narrative is interpreted through the recurring pattern of **Creation, Fall, Restoration, Sin, and Election**. This fivefold sequence is not claimed as a formula explicitly stated in prior scholarship; rather, it is advanced here as a **synthetic interpretive model** derived from recurrent literary features in Genesis, including repetition, parallelism, genealogical structuring, and redemptive progression. Accordingly, the 3·5·15 model is intended not as a replacement for existing source-critical, form-critical, or toledot-based approaches, but as an integrative framework that seeks to account for the theological coherence of Genesis as a whole.

Chapter I
서론

창세기 바로읽기
구조·구속사·신앙경주

서 론

이 책은 창세기를 단지 "성경의 첫 책"으로 읽지 않는다. 창세기를 성경 전체의 뿌리이며, 신앙 전체를 지탱하는 기초 설계도로 읽고자 한다. 이를 위해 본서는 창세기를 다음 세 가지 렌즈로 조망한다.

구조(Structure)

구속사(Redemptive History)

신앙경주(Faith-Race)

이 세 관점은 창세기를 단순한 이야기들의 모음이 아니라, 하나님께서 의도적으로 배열하신 구원의 계시로 보게 한다.

왜 창세기는 하나님의 말씀인가?

창세기에는 창조, 죄, 심판, 언약, 선택, 그리고 족장들의 이야기가 담겨 있다. 그러나 그보다 더 근본적인 질문이 있다. "우리는 왜 창세기를 믿는가?"

창세기는 고대 근동의 신화집이 아니다. 그것은 하나님께서 당신의 백성에게 주신 계시의 말씀이며, 인류 역사의 기원을 밝히는 신학적·언약적 기록이다.

만일 창세기가 흔들리면 무엇이 흔들리는가? 창조 이해가 흔들리고, 인간 이해가 흔들리며, 죄에 대한 인식이 흔들린다. 그 결과, 구원의 의미 또한 흐려질 수밖에 없다.

그러므로 창세기는 단지 '첫 번째 책'이 아니라, 모든 신앙의 출발점으로서 권위를 지닌 말씀이다.

성경 전체는 창세기를 통과한다.

단추를 잘못 끼우면 옷 전체가 어긋나듯, 성경도 창세기를 잘못 읽으면 전체가 어긋난다.

창세기 안에는 성경 전체에 흐르는 복음의 씨앗이 이미 심겨 있다.

하나님은 누구이신가?

인간은 어떤 존재인가?

죄란 무엇인가?

왜 세상은 이렇게 되었는가?

하나님은 왜 구원하시는가?

이 질문들은 모두 창세기에서 출발하며, 성경 전체는 이 질문들에 대한 점진적 응답이다.

창세기는 "의도된 배열"이다.

창세기를 단순한 사건 나열로 읽으면 "아, 이런 일이 있었구나"라는 이해에 머물기 쉽다. 그러나 창세기는 반복과 구조를 통해 메시지를 강조한다.

본서는 창세기의 구조를 이해하기 위해 다음 세 가지 구조 장치에 주목한다.

첫째, 반복 구조이다.

동일한 단어와 장면의 반복을 통해 핵심 메시지를 각인시킨다.

둘째, 병행·대칭 구조이다.

A-B-C / A′-B′-C′와 같은 배열을 통해 본문들이 서로를 비추며 의미를 확장한다.

셋째, 톨레돗 표지이다.

"이는 ○○의 계보 / 사건이라"는 반복 문구는 내용을 묶고 다음 단락으로 이끄는 창세기 고유의 구조적 이정표이다.

이러한 점에서 창세기는 우연히 기록된 이야기가 아니라, 정교하게 설계된 계시이다.

창세기는 복음의 시작이다.

창세기의 핵심은 "인간이 얼마나 타락했는가"에 있지 않다. 그보다 더 큰 핵심은 이것이다.

인간이 실패하는 바로 그 순간, 하나님은 구원을 시작하신다.

창세기 3장에서 죄가 들어오자마자 하나님은 사람을 찾아 물으신다. "네가 어디 있느냐?"

그리고 심판 가운데서도 약속을 주신다. "여자의 후손이 뱀의 머리를 상하게 하리라."

창세기는 복음서가 아니지만, 복음의 원형은 이미 창세기에서 시작된다.

창세기는 "믿음의 레이스" 교본이다.

창세기의 인물들 가운데 완벽한 사람은 없다. 이담도 넘어지고, 노아도 흔들리며, 아브라함과 이삭, 야곱과 요셉의 형제들 모두 실패를 경험한다.

그러나 하나님은 실패한 사람을 버리지 않으신다. 오히려 그 실패를 통과시키며 그들을 믿음의 사람으로 다시 빚으신다.

그래서 창세기는 말한다. 신앙은 "실패하지 않는 사람들의 이야기"가 아니라, 실패해도 다시 달리게 하시는 하나님의 은혜의 사건이라고.

신앙경주는 안식을 향한 경주이다. 그리고 이 경주는 은혜로 시작하여 은혜로 끝난다.

이처럼 창세기는
성경 전체의 기초이며
복음의 씨앗이고
구조적으로 설계된 계시이며
구속사의 시작이고
신앙경주의 교과서이다.

그러므로 창세기를 바르게 읽는 것은 성경을 바르게 읽는 시작이며, 우리 인생의 신앙경주를 바르게 달리는 출발점이다.

Chapter II
창세기의 전체 구조

(3그룹·5세트·15요지)

II. 창세기의 전체 구조

(3그룹 · 5세트 · 15요지)

창세기의 전체 구조에 대한 연구는 오늘날까지 계속되고 있다. 많은 학자들이 창세기를 어떻게 구조적으로 이해할 것인가를 두고 다양한 해석을 제시해 왔다. 그만큼 창세기는 방대한 이야기와 깊은 신학적 주제를 담고 있어, 전체 틀을 파악하는 일이 결코 쉽지 않다. 그러나 창세기의 구조를 바르게 이해하는 일은 말씀을 정확히 해석하고 설교와 성경 교육에 올바르게 적용하기 위해 반드시 필요한 과정이다.

창세기의 저자는 구조 안에 핵심 키워드(단어와 개념)를 배치하여 하나님의 메시지를 전달하였다. 그 결과 본문 곳곳에는 병행구조, 대칭구조, 선형구조와 같은 반복적 문학 장치가 나타나며, 이는 당시 공동체가 말씀을 듣고 기억하도록 돕는 역할을 하였다. 이러한 구조적 특징을 종합적으로 정리한 틀이 바로 '3그룹·5세트·15요지' 체계이다.

1. 3그룹의 의미 — 구속사의 큰 단계

'3'은 창세기 전체를 관통하는 세 개의 큰 구속사적 단계를 가리킨다.

이는 하나님의 창조에서 시작하여, 인간의 타락과 확산, 그리고 언약 백성의 형성으로 이어지는 큰 흐름을 보여 준다. 다시 말해 3그룹은 창세기의 거시적 구도를 제시하는 틀이다.

2. 5세트의 의미 — 반복되는 언약 패턴

각 그룹은 다시 '5'라는 반복 단위로 전개된다.

이 다섯 단계는 단순한 사건 배열이 아니라, 창조-타락-회복-범죄-선택이라는 신학적 흐름을 형성한다. 이 패턴은 한 번만 등장하는 것이 아니라 점진적으로 반복·확장되면서 하나님의 언약과 선택이 어떻게 역사 속에서 전개되는지를 보여 준다.

3. 15요지의 의미 — 전체를 조망하는 구조 지도

3그룹과 5세트를 결합하면 총 15개의 핵심 단위가 형성된다.

이것이 바로 '15요지(5×3 매트릭스)'이다. 이 체계는 창세기 전체를 한눈에 조망하게 해 주는 구조 지도와 같다. 이를 통해 창세기는 다음의 두 축 안에서 읽혀진다.

- 구속사의 큰 흐름
- 신앙경주의 진행 과정

이 두 흐름은 서로 분리되지 않고 맞물려 전개된다.

하나님은 구속사를 이루어 가시고, 그 과정 속에서 인물들은 신앙의 여정을 걸어간다. 더 나아가 이 구조는 창세기 전체에만 적용되는 것이 아니라, 족장 기사에도 반복적으로 나타난다.

- 아브라함 기사 (창 11:27-25:11)
- 야곱 기사 (창 25:19-35장)
- 요셉과 형제들 기사 (창 37-50장)

각 인물의 이야기 속에서도 동일한 신학적 패턴이 다양한 방식으로 반복되며, 결국 하나님의 언약과 선택이 중심으로 부각된다.

따라서 3·5·15 구조 공식은 단순한 분석 도구가 아니라, 창세기를 하나님의 구속 계획이라는 큰 이야기 속에서 읽도록 돕는 신학적 지도라 할 수 있다. 창세기는 흩어진 사건들의 모음이 아니라, 반복과 병행을 통해 점차 중심으로 수렴하는 정교한 구조를 지닌 말씀이다. 그러므로 창세기를 해석할 때에는 개별 사건만이 아니라, 구조 안에 배치된 핵심 키워드와 전체 배열을 함께 살펴보아야 메시지가 선명하게 드러난다. 이제 우리는 창세기 1-50장이 어떻게 3그룹·5세트·15요지 구조로 배열되어 있는지를 세 가지 관점에서 구체적으로 살펴보고자 한다.

1. 구조적 주해(구조 분석, 키워드 분석, 그룹별 분석)

1) 구조분석

창세기 전체(1~50장)는 세 그룹, 5세트, 15요지로 되어 있다. 각 부분은 인물을 중심으로 전개되며, 반복과 병행이라는 구조적 특징 속에서 사건과 신학적 메시지를 효과적으로 드러낸다. 아래는 창세기 전체구조를 보여준다.

1. 세상의 시작(1:1-6:8)

Ⅰ 창조(천지창조): 사람		1:1-2:3
Ⅱ 타락한 부자(父子): 아담/가인		2:4-4:26
Ⅲ 회복된 자: 아담의 족보(셋)		5장
Ⅵ 범죄한 무리: 네피림		6:1-4
Ⅴ 택함 받은 자: 노아		6:5-8

2. 새로운 시작(6:9-11:26)

Ⅰ' 창조(역, 易): 노아		6:9-9:17
Ⅱ' 타락한 부자(父子): 노아-함/가나안		9:18-29
Ⅲ' 회복된 자: 노아의 자녀들의 족보		10장
Ⅳ' 범죄한 무리: 바벨		11:1-9
Ⅴ' 택함 받은 아들: 셈의 족보		11:10-26

3. 선민의 시작(11:27-50장)

Ⅰ" 창조(씨,子孫): 아브라함		11:27-25:11
Ⅱ" 타락한 서자(庶子): 이스마엘의 족보		25:12-18
Ⅲ" 회복된 적자(嫡子): 이삭의 자손		25:19-35장
Ⅳ" 범죄한 장자(長子): 에서족보/에돔족속		36장
Ⅴ" 택함 받은 차자(次子): 야곱의 자손		37-50장

이렇게 전체구조는 세 그룹(1, 2, 3), 5세트(다섯 개의 키워드), 15요지로 형성되어 있다. 이것을 도표로 보면 다음과 같이 한눈에 볼 수 있다.

도표 1> 창세기의 전체구조(1~50장) 3그룹, 5세트, 15요지

	세부구조 (3그룹)	키워드(5세트x3)	내용(인물)	본문
1	세상의 시작	I 창조	천지 창조 — 사람	1:1-2:3
		II 타락	타락한 부자 — 아담/가인	2:4-4:26
		III 회복	회복된 자 — 아담의 족보(셋)	5장
		IV 범죄	범죄한 무리 — 네피림 족속	6:1-4
		V 택함	택함 받은 자 — 노아	6:5-8
2	새로운 시작	I' 창조	역 창조 — 노아	6:9-9:17
		II' 타락	타락한 부자 — 노아-함/가나안	9:18-29
		III' 회복	회복된 자 — 노아의 자녀들 족보	10장
		IV' 범죄	범죄한 무리 — 바벨 족속	11:1-9
		V' 택함	택함 받은 아들 — 셈의 족보	11:10-26
3	선민의 시작	I" 창조	씨 창조 — 아브라함	11:27-25:11
		II" 타락	타락한 서자(庶子) — 이스마엘 족보	25:12-18
		III" 회복	회복된 적자(嫡子) — 이삭의 자손	25:19-35장
		IV" 범죄	범죄한 장자(長子) —에서자손/에돔 족속	36장
		V" 택함	택함 받은 차자(次子) — 야곱의 자손	37-50장

창세기의 히브리어 이름은 "브레쉬트"(בְּרֵאשִׁית)이다. 이 뜻은 "태초에" 또는 "처음에"이다. 유대 전통에서는 성경의 책 이름을 첫 단어에서 따오는 관습이 있다. 이에 따라 창세기는 '시작'이라는 의미를 갖는다. 이 점을 고려하면, 창세기의 전체 구조는 다음과 같이 세 가지 세부 구조(세 그룹)로 구분할 수 있다:

1. 세상의 시작 (1:1–6:8)
2. 새로운 시작 (6:9–11:26)
3. 선민의 시작 (11:27–50장)

이렇게 '시작'이라는 개념을 중심으로 창세기는 세 부분으로 나뉜다. 이들의 세부구조에는 각각 다섯 개의 요지들(15요지)이 있다. 따라서 전체적으로 15개의 인물 구조로 구성된다(I–II–III–IV–V / I'–II'–III'–IV'–V' / I''–II''–III''–IV''–V''). 세부 구조의 첫 번째 주제는 '창조'이며, 이는 천지 창조, 역창조, 씨 창조로 세분화된다. 두 번째 주제는 '타락한 부자', 세 번째 주제는 '회복된 자', 네 번째 주제는 '범죄한 무리', 다섯 번째 주제는 '택함 받은 자'이다. 즉, 창세기의 전체 구조는 '창조 – 타락 – 회복 – 범죄 – 택함'이라는 다섯 개의 키워드(5세트)가 아래와 같이 세 번 반복되는 형태로 15개의 요지로 구성된 틀이다. 정리하면 다음과 같이 도식화 할 수 있다.

창조→ 타락→ 회복→ 범죄→ 택함

1. 세상의 시작   I → II → III → IV → V   1:1–6:8
2. 새로운 시작   I' → II' → III' → IV' → V'   6:9–11:26
3. 선민의 시작   I'' → II'' → III'' → IV''→ V''   11:27–50장

창세기의 각 세부 구조를 자세히 살펴보면, 그 안에는 일정한 흐름이 반복된다. 곧 '창조-타락-회복-범죄-선택'이라는 패턴이 배열되어 있으며, 이를 통해 분명한 신학적 메시지를 전달한다. 이것은 창세기가 하나님의 계획과 구원의 역사를 효과적으로 전하기 위해 의도적으로 구성된 책임을 보여 준다. 특히 우리가 제시하는 3·5·15 구조 체계는 단순히 분량을 나눈 구획이 아니다. 반복과 누적을 통해 중심 주제로 모아지도록 설계된 구조이다. 마치 기초 위에 여러 층을 쌓아 올려 꼭대기에서 하나로 집중되는 건축물과 같다. 고대 근동의 대표적 건축물인

기자의 대 피라미드(Great Pyramid of Giza)를 떠올려 보면, 피라미드는 아래에 서부터 차곡차곡 층을 쌓아 올려 정점으로 모아지는 구조를 가진다. 이와 유사하게 창세기의 구조도 이야기들이 흩어져 있는 것이 아니라, 점진적으로 쌓이면서 중심 신학으로 수렴한다. 이런 관점은 창세기가 우연한 연대기적 나열이 아니라, 신학적 목적을 가진 배열임을 설명하는 해석학적 보조선이 된다(창세기 구조와 피라미드 구조 비교에 관해서는 [참고사항 1]을 참조하라).

2) 키워드 분석

(1) 첫 번째 세부 구조: 세상의 시작(1:1-6:8)

첫 번째 인물 구조인 '세상의 시작'(1:1-6:8)은 천지창조로 시작하여 홍수 심판 직전까지의 사건들을 다룬다. 이 구조는 다섯 가지 키워드를 중심으로 전개된다:

창조 → 타락 → 회복 → 범죄 → 택함

이처럼 키워드를 중심으로 본문을 분석하면, 창세기 저자가 의도한 메시지가 점층적으로 발전해 가는 모습을 선명하게 확인할 수 있다. 이제 각 키워드와 본문 흐름을 살펴보자.

① 창조(1:1-2:3)

첫 번째 키워드는 '창조'이다. 하나님은 무(無)에서 유(有)를 창조하시며, 말씀으로 6일 동안 질서 있게 세상을 지으셨다. 특히 여섯째 날에는 인간을 하나님의 형상대로 창조하셨다. 이는 모든 피조물 가운데 인간의 독특한 위치와 존엄성을 강조하는 대목이다. 창조의 완성 이후, 하나님은 안식하시며 창조의 질서를 확립하셨다. 이를 통해 인간이 창조 질서 안에서 하나님의 복을 누리도록 하신 그분의 선한 뜻이 드러난다.

② 타락(2:4-4:26)

두 번째 키워드는 '타락'으로 아담과 가인의 죄가 중심을 이룬다. 아담은 선악과를 먹고 에덴에서 쫓겨났으며, 가인은 아벨을 죽여 죄악이 심화되었다. 그러나 하나님은 아담을 가죽옷으로 보호하시며 은혜를 베푸셨다. 가인은 회개하지 않고 벌이 지나치다고 불평하며, 인간의 죄성과 하나님의 은혜가 대조된다.

③ 회복(5장)

세 번째 키워드는 '회복'으로, 아담의 계보가 새롭게 시작되는 가능성을 보여준다. 본문은 하나님의 형상으로 창조된 인간의 가치를 다시 강조한다. 경건한 셋의 후손을 중심으로 계보가 이어지며 선택의 의미가 드러난다. 이는 타락 속에서도 하나님의 구속 계획이 계속되는 것을 보여준다.

④ 범죄(6:1-4)

네 번째 키워드는 '범죄'로, 인간의 타락이 극에 달하는 장면이다. 하나님의 아들들이 사람의 딸들을 마음대로 취하며 질서를 깨뜨렸다. 이에 하나님은 인간과 영원히 함께하지 않겠다고 선언하셨다. 네피림의 등장은 타락의 전형으로, 홍수 심판의 배경을 더욱 어둡게 만든다.

⑤ 택함(6:5-8)

다섯 번째 키워드는 '택함'으로, 하나님은 타락한 세상 속에서 노아를 선택하셨다. 인간의 죄악이 극심해 하나님께서 창조를 한탄하실 지경에 이르렀다. 그러나 하나님은 오직 노아만을 은혜로 구별하셨다. 이는 구속사 속에서 하나님의 선택 원리가 어떻게 작동하는지를 보여준다.

이와 같이 첫 번째 인물 구조(1:1-6:8)는 창조 – 타락 – 회복 – 범죄 – 택함의 흐름으로 전개된다. 이는 반복과 심화를 통해 저자의 메시지를 점진적으로 드러낸다. 저자는 키워드 중심의 병행구조로 본문을 의도적으로 배열하였다. 이어

두 번째 인물 구조를 살펴보며 구조적 일관성과 신학적 메시지를 확인하게 된다.

(2) 두 번째 세부 구조: 새로운 시작(6:9-11:26)

두 번째 세부 구조는 '새로운 시작'(6:9-11:26)을 주제로, '역(易) 창조'라고도 불리는 홍수 사건과 그 이후의 새로운 인류 역사를 담고 있다. '역 창조'란 문자 그대로 창조의 역순, 즉 세상의 파괴와 동시에 새로운 질서의 시작을 의미한다. 이 구조 역시 다섯 키워드를 중심으로 전개된다:

창조 → 타락 → 회복 → 범죄 → 택함

이 분석을 통해 홍수 심판 이후에도 인간의 죄 성과 하나님의 구속 계획이 병행적으로 진행되고 있음을 확인할 수 있다. 이제 각 키워드와 해당 본문의 흐름을 살펴보자.

①' 창조(6:9-9:17)

첫 번째 키워드는 '창조'로, 노아는 '역 창조' 사건의 중심인물이다. 홍수 심판 중에도 하나님은 노아와 그의 가족을 선택해 새로운 시작을 주셨다. 방주는 심판 속 구원과 새 창조의 상징이 되었고, 무지개 언약이 주어졌다. 창조는 파괴 속에서도 하나님의 질서와 언약으로 다시 나타났다.

②' 타락(9:18-29)

두 번째 키워드는 '타락'으로, 홍수 이후에도 인간의 죄 성이 드러났다. 아버지 노아가 첫 포도주 농사 이후 술에 취해 벌거벗은 모습으로 자신의 수치를 드러내었다. 이 사실을 보고 함이 형제들에게 알렸다. 그런데 저주받은 이는 함이 아니라 그의 아들 '가나안'이었다. 이는 '죄와 벌'이 홍수 이후에도 반복되는 것을 보여준다.

③' 회복(10장)

세 번째 키워드는 '회복'이다. 10장은 노아의 세 아들(셈, 함, 야벳)의 족보를 통해 인류가 다시 번성하며 세상으로 퍼져나가는 과정을 기록한다. 하나님의 언약 백성들이 새로운 세상에서 언약의 복을 이어가는 모습을 보여준다. 노아의 세 아들은 방주에서 살아남았고, 하나님의 언약 안에서 자손을 번성시켰다. 이렇게 족보는 단순한 혈통 기록을 넘어 하나님의 구속 계획이 어떻게 이어지는지를 보여주는 중요한 역할을 한다.

④' 범죄(11:1-9)

네 번째 키워드는 '범죄'로, 바벨탑 사건은 인간의 교만을 드러낸다. 사람들은 하나의 언어로 연합하여 스스로 이름을 높이려 했다. 이 역시 홍수 이전과 다르지 않은 죄 성을 보여준다. 그러나 하나님은 언어를 혼잡하게 하여 그들을 온 땅에 흩으셨다.

⑤' 택함(11:10-26)

다섯 번째 키워드는 '택함'으로, 노아의 아들 중 셈의 족보가 강조된다. 이 족보는 단순한 가계가 아니라 하나님의 구속 역사가 이어짐을 보여준다. 하나님은 셈을 선택하여 언약의 계보를 계속 이어가셨다. 그 후손은 아브라함에 이르기까지 언약의 성취를 증언한다.

이처럼 두 번째 인물 구조(6:9-11:26) 역시 다섯 개의 키워드를 중심으로 구성되었다. 이는 창세기 저자가 동일한 서사체 기법을 반복적으로 사용하여 청자/독자에게 하나님의 구속 계획과 인간의 죄 성, 그리고 그 가운데서도 계속 이어지는 하나님의 선택과 은혜를 강조하려고 했음을 보여준다. 이를 통해 창세기의 전체 구조가 얼마나 체계적이고 치밀하게 구조적/신학적으로 짜여 있는지를 확인할 수 있다.

(3) 세 번째 세부 구조: 선민의 시작(11:27-50장)

여기서도 다섯 개의 키워드가 동일한 주제로 전개되고 있음을 확인할 수 있다.

창조 → 타락 → 회복 → 범죄 → 택함

세 번째 주제, '선민의 시작'(11:27-50:16)은 씨(자손/seed) 창조에 관한 내용을 다루며, 창세기의 대부분을 차지하는 중요한 주제이다. 셈의 후손인 데라의 아들 아브라함을 통해 하나님의 구원 역사가 펼쳐지며, 이어서 그의 자손들인 이삭과 야곱, 그리고 그의 12자녀들에 관한 사건들이 전개된다. 여기서는 선택의 의미가 신앙경주 개념으로 반영되어 자세히 다룬다. 한마디로 현재 살아가는 그곳에서 믿음으로 사는 것이 무엇인지를 보여주고 있다.

①" 씨 창조(11:27-25:11)

첫 번째 키워드는 '창조'이다. 하나님께서는 아브라함을 선민의 조상으로 택하시고, 그를 통해 구원의 씨앗을 심으셨다. 사래는 불임으로 자녀를 낳을 수 없는 상황이었지만, 하나님께서는 아브라함에게 그의 자손이 하늘의 별과 바닷가의 모래처럼 많아질 것이라고 약속하셨다. 아브라함은 인간적으로 불가능해 보이는 이 약속 앞에서, 없는 것을 있는 것처럼 부르시는 전능하신 하나님, 곧 창조주 하나님을 믿었고, 하나님께서는 그의 믿음을 의로 여기셨다.

②" 타락(25:12-18)

두 번째 키워드는 '타락'으로, 약속받지 못한 서자 이스마엘의 족보가 제시된다. 이스마엘은 하갈에게서 태어나 적자 이삭과 갈등을 일으켰다. 그는 결국 어머니와 함께 집에서 쫓겨났다. 이는 아브라함이 하나님의 약속을 온전히 신뢰하지 못한 불신의 결과였다.

③" 회복(25:19-35:29)

세 번째 키워드는 '회복'이다. 여기서는 회복된 적자(嫡子) 이삭의 자손에 관한 사건들이 전개된다. 이 부분은 이삭과 야곱 부자의 축복과 갈등의 삶을 다루며, 하나님의 언약이 인간의 연약함 속에서도 회복되고 이어지는 것을 보여준다. 장자인 에서와 야곱은 장자권 문제로 심각한 갈등을 겪었고, 야곱이 팥죽 한 그릇에 장자의 명분을 사게 된다. 이 일로 야곱은 형을 피해 외삼촌 라반의 집으로 도망가야 했다. 그곳에서 그는 많은 어려움을 겪었지만, 하나님의 은혜로 큰 부자가 되어 고향으로 돌아오면서 형제가 화해를 한다.

④" 범죄(36장)

네 번째 키워드는 '범죄'로, 에서의 족보와 그의 후손, 에돔 족속에 관한 가계도를 보여준다. 에서의 가계도는 그의 잘못된 선택(불신)으로 인해 시작되었다. 그가 그의 장자권을 팥죽 한 그릇에 동생에게 팔아버린다. 에서는 장자로서 자신에게 주어진 장자권을 소홀히 여겼고, 이로 인해 그의 별명인 '에돔'이 '족속'의 아이콘이 되었다. 히브리서 기자는 "장자의 명분을 판 에서와 같이 망령된 자가 없도록 살피라"고 경고한다(히 12:16). 결국, 자신의 잘못된 선택으로 그의 경건치 못한 신분의 아이콘이 되었다.

⑤" 택함(37:1-50:26)

다섯 번째 키워드는 '택함'이다. 야곱과 열두 아들의 삶 속에서 하나님의 선택이 드러난다. 야곱은 태중에서부터 택함을 받았고, 열두 아들은 이스라엘 열두 지파가 되었다. 그러나 선택받은 가정 안에서도 요셉과 형제들 사이의 갈등이 깊었다. 결국 유다의 회개와 요셉의 용서로 화해가 이루어졌다.

이와 같이, 세 번 반복되는 인물 병행구조에 나타난 세 가지 '시작'을 중심으로 구조의 범위를 설정한 뒤, 순서에 따라 전개되는 다섯 개의 키워드를 통해 창세기 전체 구조를 분석하였다. 이 분석을 통해, 창세기 50장을 아우르는 전체 구조가 하나님의 구속 역사를 드러내는 정형화된 인물 중심 구조로 짜임새 있게 구성된 것을 확인할 수 있었다.

다음으로, 이 전체 구조를 키워드 그룹별로 살펴보면서 창세기의 전체 구조가 얼마나 정확하고 치밀한 틀로 이루어져 있는지를 더욱 분명하게 보여줄 것이다. 이 과정속에서 새로운 주제와 더불어 창세기의 구조가 구속사와 신앙경주의 삶을 품고 있음을 발견하게 될 것이다.

3) 그룹별 분석(구속사와 신앙경주의 통합 구조)

창세기의 전체 구조를 5개의 키워드 중심으로 세 그룹으로 분석하면, 창세기의 구속사적 통일성과 신학적 메시지가 더욱 선명하게 드러나며, 그 안에 담긴 구원의 원리가 체계적으로 이해된다. 창세기는 단순한 고대의 역사 서술이 아니라, 하나님의 선택과 인간의 응답 사이에서 펼쳐지는 신앙경주의 여정을 구속사 안에 드러내는 서사 구조이다.

도표 2> 세 그룹과 두 개의 구원 개념

키워드	첫 번째 그룹 (창1:1-6:8)	두 번째 그룹 (창6:9-11:26)	세 번째 그룹 (창11:27-50:26)	구원개념
I 창조	천지창조 (아담)	(역)창조 (노아)	씨(자손) 창조 (아브라함)	선택
II 타락	아담/가인	노아-함/가나안	서자의 족보 (이스마엘)	죄와 벌
III 회복	아담의 족보	노아의 아들들 족보	적자의 자손 (이삭)	선택
IV 범죄	네피림 무리	바벨 무리	장자의 족보/족속 (에서)	죄와 벌
V 택함	은혜 입은 노아	셈의 자손	차자의 자손(야곱)-유다,요셉	선택

위 그룹별 분석에서 다음과 같이 두 가지 신학적 개념이 돌출된다.

첫째, '선택'(언약 계보의 계승):

I(창조), III(회복), V(택함)은 모두 하나님의 주권적인 선택을 강조한다. 이는 신앙경주의 출발점이자 목적지이며, 언약 백성으로서의 정체성과 사명이 부여되는 지점이다. 세 개의 개념을 정리하면 다음과 같다.

I 창조: 창조는 하나님의 선택적 은총으로 질서와 생명이 부여된 출발점이다.

III 회복: 타락 이후에도 하나님은 은혜로 언약 계보를 다시 세우신다(셋 → 노아 → 셈 → 아브라함).

V 택함: 하나님의 선택은 홍수 이후 아브라함 계보 가운데 가장 합당한 자(이삭 → 야곱 → 유다)를 통해 구속의 씨를 계승하게 하신다.

둘째, '죄와 벌'(타락과 심판의 반복):

II(타락), IV(범죄)는 인간의 반복적인 실패와 불신앙으로 인해 심판과 저주가 임하는 구간이다. 이 구간은 신앙경주의 '시험의 계곡'이며, 회개를 통한 재헌신이 요구된다. 이러한 두 개의 개념을 정리하면 다음과 같다.

II 타락: 인간은 선악과 사건 이후 불신과 자의적 제사를 드리고(가인), 홍수 이전의 죄의 근성이 홍수 후에 살아 난다,

IV 범죄: 인간의 오만은 더욱 심화되어, 공동체적 죄(바벨)와 장자의 자격 상실(에서)로 이어진다.

이러한 구분을 통해 볼 때, '선택'이라는 개념은 창세기 본문의 중심을 이루는 핵심 신학 주제일 뿐 아니라, 전체 인물 구조의 통일성과 흐름을 견인하는 조직적 축이 된다. 하지만 이 두 가지 선택(하나님의 선택 vs. 인간의 선택)은 구원 역사 안에서 긴장과 충돌을 일으키며, 이로 인해 위기와 갈등이 발생한다. 이러한 갈등 구조 속에서 하나님의 주권적 개입은 구속사의 방향을 이탈하지 않고 바로잡는 결정적 역할을 하며, 특히 회개하고 믿음으로 살아가는 자들의 삶을 통해 그 해결의 길이 열려 있다.

2. 구속사적 흐름

위 전체 구조의 각 세부 단락(I–V, I'–V', I"–V")이 유사한 패턴으로 배열되어 있다는 점은 저자의 의도적 구성을 보여주는 병행구조의 증거라 할 수 있다. 이를 통해 창세기는 단순한 역사 서술이 아니라, 인간의 타락과 회복, 그리고 하나님의 선택을 반복적으로 보여주는 구속사적 메시지를 전하고 있음을 알 수 있다.

창세기를 자세히 읽어보면 책 전체를 꿰뚫는 중요한 표지가 있다. 이것은 바로 "톨레돗"(תּוֹלְדוֹת, "이는 ○○의 계보라")이다. 이 단어는 히브리어로 '계보, 자손, 역사적 전개'를 뜻하며, 창세기 전체에서 11회 반복되어 등장한다. 그런데 톨레돗은 단순히 "족보가 나온다"는 안내문에 그치지 않는다. 톨레돗은 하나님이 구원의 역사를 '어떤 흐름으로 진행시키시는지'를 드러내는 구조 표지이며, 각 단락을 구분하고 다음 단락으로 넘어가게 하는 내러티브의 리듬(구조적 박자)을 만든다.

즉 톨레돗은 편집 흔적이나 전승 자료 표시가 아니라, 창세기를 구성하는 실제적인 구조 장치로 보아야 한다. 톨레돗을 기준으로 창세기를 구획해 보면, 창세기는 "무작위 이야기 모음"이 아니라 표지에 의해 구획되고 반복되는 일정한 구조 패턴 속에서 전개됨이 확인된다.

더욱 중요한 점은, 톨레돗이 단지 '계보'만을 의미하지 않는다는 사실이다. 창세기에서 톨레돗은 어떤 경우에는 실제 족보 목록(계보)을 중심으로 나타나며, 어떤 경우에는 주요 인물의 서사(사건)를 이끌어 내는 제목으로 작동한다. 따라서 톨레돗을 '계보'와 '사건'으로 나누어 볼 때, 우리는 창세기의 구조가 단순히 "사건 중심"도 아니고 "족보 중심"도 아닌, 두 요소가 교차하며 전체 구조를 형성하고 있음을 보게 된다.

말하자면, 계보는 사건을 위한 무대를 제공하고, 사건은 계보를 통해 다음 단계로 이어지며 하나님의 언약 역사가 전진한다. 이 둘의 결합이 곧 창세기의 구조적 리듬이며, 구속사의 진행 방식이다.

이제 톨레돗의 두 개념, 즉 '계보'와 '사건'을 기준으로 창세기를 분류해 보면 다음과 같이 정리된다.

톨레돗 계보(족보 중심 단락):
  = 5장, 10장, 11:10–26, 25:12–18, 36장
톨레돗 사건(서사 중심 단락):
  = 2:4–4:26, 6:1–4, 6:5–8, 6:9–9:17, 9:18–29, 11:1–9, 11:27–25:11, 25:19–35장, 37장–50장

결론적으로 창세기를 톨레돗("이는 ○○의 계보라") 표지를 중심으로 정리하면 톨레돗 단락이 모두 14개로 묶이며, 여기에 톨레돗 표지 밖에 위치한 창조 사건(1:1–2:3)을 포함하면 전체가 15개의 구조 단위로 읽히게 된다. 그런데 이 15단위는 단지 분량을 맞춘 임의 구획이 아니라, 창세기 안에서 톨레돗이 반복적으로 등장하며 사건과 계보를 교차시키는 방식으로 단락을 실제로 형성해 온 결과이다.

다만 창조 단락(1:1–2:3)은 아직 인간의 죄 이전 사건으로서, 죄 이후에 본격적으로 전개되는 언약 계보와 구속의 역사(톨레돗)의 흐름과는 성격이 다르며, 톨레돗 단락에서 파생된 구획이라기보다 구속사가 전개될 무대를 여는 서론(프롤로그)으로 기능한다. 결국 창세기의 15요지는 '톨레돗이 생성한 14개 단락'과 '창조 서론 1개 단락'이 맞물려 형성된 구조이며, 이 15단위는 다시 3그룹·5세트의 큰 틀 속에 배열되어 창세기 전체 구조(3·5·15)가 인위적 틀이 아니라 내부의 톨레돗 리듬이 확장되어 드러난 구조적 귀결임을 보여준다. 따라서 앞에서 키워드로 정리한 15요지 체계와도 같은 형식을 이룬다.

그런데 이 톨레돗을 따라가다 보면, 언제나 두 갈래 길이 병행하여 전개된다.

첫째 길은 '택함의 길'이다. 아담 이후 셋, 노아, 셈, 아브라함, 이삭, 야곱, 그리고 유다와 요셉으로 이어지는 선택의 계보는 하나님의 언약과 약속이 끊어지지

않고 지속됨을 보여준다. 둘째 길은 '범죄와 저주의 길'이다. 가인, 라멕, 가나안, 니므롯 등 하나님을 거역하고 회개하지 않은 자들은 결국 단절과 심판으로 끝을 맺는다. 창세기는 이처럼 평행과 대조의 구조를 통해, 하나님이 두 길을 두셨음을 보여준다. 곧, 언약의 길은 선택 – 범죄 – 회개 – 사명으로 이어지지만, 회개 없는 길은 결국 저주와 단절로 끝난다는 것이다. 결론적으로 창세기는 이렇게 선언한다. "택함의 언약은 계속되지만, 범죄의 길은 사라진다."

따라서 하나님의 백성은 오직 택함의 길을 따라, 신앙의 경주 속에서 언약 성취를 믿고 걸어가야 한다.

도표•도식 3> 두 갈래 레일: 회개를 기준으로 분기

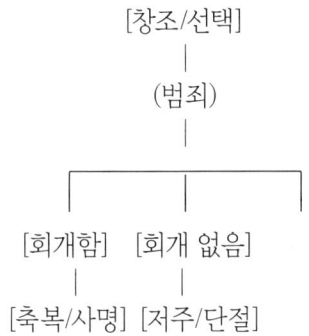

회개함 → 하나님의 언약이 이어지고, 축복과 사명으로 나아감.

　　(예: 아담, 아브라함, 야곱, 유다, 요셉)

회개 없음 → 하나님의 언약에서 끊어짐, 저주로 끝남.

　　(예: 가인, 가나안, 비벨 무리, 에서)

도표 4> 창세기 구속사 도식: 택함의 선(언약/구속) vs 범죄/저주의 선(폐기/단절)

세 그룹	15요지 (표준)	택함의 선 (언약·구속사)	범죄/저주의 선 (폐기·단절·저주)
I. 창 1-6 창조-타락-회복-선택-사명	A 창조	하나님의 형상, 복 받은 존재 (1:26-28)	혼돈·공허·흑암, 선악과 금령 위반의 전제
	B 은혜/심판	아담·하와 범죄 후에도 언약적 보호(3:15 원시복음), 가죽옷	뱀과 여자의 후손 갈등, 에덴 추방
	C 회복/저주	아벨의 제사, 하나님의 기뻐하심(4:4), 하나님의 형상(5:1)	가인의 살인, 저주받아 떠돎(4:11-12), 회개 없음
	D 축복/범죄	셋 계보: "그 때에 사람들이 여호와의 이름을 부름"(4:26)	가인 계보: 라멕의 교만과 폭력(4:23-24), 네피림의 범죄
	E 사명/저주	하나님의 '그러나' 은혜(6:8)	인류의 죄악 충만(6:5-7)
II. 창 6-11 역창조(선택)-범죄-언약-축복-분산	A' 역창조 (易)	노아와 언약(9:9-11)	홍수로 멸망한 세상
	B' 은혜/심판	노아의 후손 중 셈의 축복 계승 (9:26-27)	가나안의 저주(9:25)
	C' 회복/저주	셈, 함, 야벳 퍼져나감(10장)	바벨의 교만, 언어 혼잡(11:1-9)
	D' 축복/범죄	열국 분포 속 셈의 족보로 언약 계승(10:21-32)	니므롯-바벨 세력, 반역적 문화-범죄
	E' 사명/저주	아브람 부르심의 예비(11:10-26)	우상의 땅 갈대아 우르의 배경
III. 창 11-50 족장사-언약 계승-이스라엘기원	A" 씨창조 (자손)	아브람 택하심, 본토 친척 아비 집 떠남(12:1-3)	소돔 멸망(13:10-13)
	B" 은혜/심판	아브라함·야곱의 위기 속 보호 (12:10-20; 28:15)	소돔 고모라의 멸망
	C" 회복/저주	야곱의 벧엘 회개와 제단 (35:1-7)	에서 경멸, 르우벤 범죄 (35:22)

D″ 축복/ 범죄	이삭·야곱·요셉에 이어지는 언약 계승, 장자명분은 회개한 유다에게(메시아, 왕권)	장자명분(르우벤, 시므온, 레위, 에서)의 폐기
E″ 사명/저주	요셉-유다를 통한 열방 구원 (50:20)	형제들의 시기와 증오, 요셉 팔기(37:28), 두려움, 불안

핵심 요약

택함의 선은 하나님이 선택하신 언약의 계보: 아담 – 셋 – 노아 – 셈 – 아브라함 – 이삭 – 야곱 –유다/요셉으로 이어지는 구속사의 연속성을 보여준다. 범죄/저주의 선은 인간의 불순종과 교만의 계보: 뱀 – 가인 – 라멕 – 가나안 –니므롯 – 바벨 등으로 단절·폐기·저주로 귀결된다.

두 선은 창세기 전체 구조에서 평행•대비 구조로 전개되면서, 택함의 길과 저주의 길로 구분하여 구조 요소로 삼았다. 택함의 길은, 곧 구속사의 길로써 A – B – C – E "선택 – 범죄 – 회개 – 사명"으로 구성되었고, 저주의 길은 곧 언약의 배제의 길인 D에 적용하였다. 이러한 두 개의 틀 안에서 택자들의 신앙경주로 이어지고 성취되는 것을 본다.

결론적으로 택자들의 삶의 흐름은 기본적으로 선택 – 타락 – 회개 – 축복 – 사명이라는 구도이다.

3. 신앙경주의 원리

창세기의 인물들은 단순히 언약의 매개체가 아니라, 믿음의 경주자로서 자기 사명을 감당해야 했다. 그들의 여정은 하나님의 은혜 가운데 언약의 선택으로 시작된다. 그러나 곧 인간의 죄와 연약함, 불신앙과 자기 방식의 시도로 인해 긴장과 갈등이 나타난다. 그 위기 속에서 회개와 하나님의 용서가 다시금 새로운 길을 열어 주며, 언약적 사명이 재개된다. 이렇게 회복된 자들은 다시 신앙의 경주를 달리며, 주어진 사명을 감당한다. 그리고 생의 마지막에는 그 언약의 바통을 후손에게 넘기며, 믿음의 계주로써 자신의 경주를 완주한다.

따라서 창세기의 구조는 신앙경주의 영적 교과서라고 할 수 있다. 단지 족보의 나열이나 고대사 기록이 아니라, 하나님의 언약 백성들이 어떻게 신앙 여정을 경주하며 구속사의 맥을 이어갔는지를 보여주는 영적 설교 구조이다. 이 안에서:

1) 하나님의 언약 신학이 중심축을 이루고,
2) 인간의 신앙경주가 그 축을 따라 선악을 분별하며 진행되고,
3) 궁극적으로 메시아 약속이라는 구속사의 정점으로 수렴된다.

4. 결론

결론적으로 창세기의 구속사적 기본 틀은 "창조(선택) → 타락(심판) → 회복(회개)"으로 요약되며, 이 안에서 하나님의 은혜와 인간의 연약함이 뚜렷하게 대비된다. 이 패턴은 단순히 창세기에만 머무르지 않고, 성경 전체를 꿰뚫는 구속사의 모형으로 작용한다. 하나님의 은혜로 회개하고 관계가 회복된 자들은 다시 복을 누리며, 그 은혜 속에서 사명을 감당하게 된다. 이것이 바로 회복된 택자들의 신앙 경주이다. 하나님께서는 그렇게 회복된 자들을 통해 언약의 줄기를 이어가신다. 이 구속사적 패턴은 이후 이스라엘의 역사(출애굽 – 사사 시대 – 왕정 – 포로기) 속에서도 반복되며, 궁극적으로는 신약의 성도들에게까지 동일하게 적용된다. 따라서 창세기의 구속사적 흐름은 오늘날 교회의 성도들이 달려가야 할 믿음의 경주의 근본 모형이 된다.

'회개'는 단순한 후회나 감정적 반응이 아니다. 그것은 하나님과의 관계를 회복하는 길이자, 심판에서 벗어나 의롭다 하심을 얻는 유일한 출구이며, 더 나아가 믿음의 삶을 출발하는 신앙 경주의 시작점이다. 회개하고 믿음으로 살아가

는 이들은, 하나님의 언약과 약속이 성취되는 여정 속에서 구원의 복을 실질적으로 경험하게 된다. 이 믿음의 여정은 단순한 내적 신념이 아니라, 경주와 같은 삶이다:

> "인내로서 우리 앞에 당한 경주를 하며 믿음의 주요 또 온전케 하시는 이인 예수를 바라보자"(히 12:1-2).
>
> "나는 선한 싸움을 싸우고, 달려갈 길을 마치고, 믿음을 지켰으니 …"(딤후 4:7; 고전 9:24-27, 갈 2:2, 빌 2:16; 3:12-14).

이처럼 두 선택의 충돌 속에서 나타나는 위기와 갈등, 그리고 그것이 회개와 믿음을 통해 해결되는 과정을 우리는 '택자들의 신앙 경주'라 부를 수 있다. 여기서 '경주'란 단회적인 행위가 아니라, 전 생애에 걸쳐 반복적으로 이루어지는 선택과 순종, 인내와 회복의 연속적 과정을 의미한다. 이는 곧 구속사 속에 택자들이 실존적으로 참여하는 순례적 여정이 된다.

따라서 '믿음의 경주'는 곧 구속사에 실질적으로 참여하는 방식이다. 택자들은 하나님의 구속 계획에 협력하고, 그분의 뜻을 이루어가는 구원의 동역자로서 살아간다. 이것은 단지 개인적인 신앙생활이 아니라, 하나님의 구속 프로젝트에 함께 뛰는 주체자적 삶이다. 이런 점에서 창세기 전체에 흐르는 '구속사'와 '신앙 경주'는 분리될 수 없는 불가분의 관계이다. 이것은 창세기의 신학적 메시지이자, 구조적 통일성을 형성하는 핵심이다. 하나님의 언약은 선택된 자들 속에서 구속사의 실현으로 나타나며, 이 선택은 믿음으로 반응하고 경주하는 자들의 삶을 통해 하나님의 나라로 확장된다. 이것은 곧 '여호와 이레'의 신앙이다. 시간과 공간을 초월하여, 회개하고 믿음으로 사는 모든 택자들과 함께 하시는 하나님의 은혜와 긍휼은 변함없다. 하나님은 그들의 앞길을 예비하시며, 경주의 종착점에서 승리의 면류관(딤후 4:8)을 준비하신다.

결국, 창세기의 구조 안에 내재된 신학적 원리는 단순한 내러티브 이상의 것이다. 그것은 오늘날 신앙인들에게도 실질적인 교훈과 도전을 주며, 우리 각자의 믿음의 경주가 하나님의 구속사 안에 어떻게 참여하게 되는지를 보여주는 하나님의 살아 있는 말씀이다.

[참고 사항 1] 창세기 구조와 피라미드 구조의 비교

I. "창세기 구조(3·5·15 체계)"와 "이집트 쿠푸왕 피라미드(대피라미드)"의 구조 비교

두 구조는 모세 당시 이스라엘과 이집트 시대의 다른 분야의 산물이지만(행 7:22), 둘 다 공통적으로 '오래 버티고(내구성)', '형태가 무너지지 않고 보존되며 (보존성)', '후대에 메시지를 안정적으로 전달하는(전달성)' 구조를 갖춘 대표적 사례로 구조적으로 서로 비교해 볼 수 있다.

1. 내구성(耐久性): "무게를 분산시키는 구조"가 오래 간다

1) 피라미드의 내구성
피라미드가 수천 년 동안 유지되는 이유는 간단히 말해 구조 자체가 '붕괴를 막는 형태'이기 때문이다.

(1) 삼각형(피라미드 단면)의 안정성: 삼각형은 구조공학에서 가장 안정된 형태이다. 힘(하중)이 위에서 아래로 눌러올 때 → 꼭짓점의 힘이 양쪽 면을 통해 바닥으로 분산된다. 그 결과로 한 점에 힘이 몰리지 않고, 전체 면에 "분산"되어 버틴다. 즉 피라미드는 "돌이 튼튼해서"가 아니라, 형태가 튼튼한 구조이다.

2) 창세기 3·5·15 구조의 내구성
창세기도 비슷하다. "내용이 위대"할 뿐 아니라, 형태가 메시지를 견고하게 지탱한다.
 (1) 큰 틀 3그룹(대구조)

(2) 키워드 5세트(반복 구조)

(3) 최종 단락화 15요지(단락 구조)

이것은 이야기의 무게(신학적 메시지)를 한 장면에 과부하로 싣지 않고, 반복과 병행으로 분산시키며, 구조가 전체를 떠받치게 만든다.

결론적으로 피라미드는 돌의 무게를 분산시키고, 창세기 구조는 의미의 무게를 분산시켜 오래 버티게 된다.

2. 보존성(保存性): "형태가 무너지지 않으면 내용도 남는다."

1) 피라미드: "물리적 보존성"

피라미드는 시간이 지나도 무너지기 어렵다. 아래로 갈수록 넓어지는 형태 외벽이 삼각형으로 "쐐기"처럼 결속된다. 그리고 내부 공간이 최소화된 구조(= 비움이 강함)이다. 즉, 비어 있는 구조 자체가 구조적 안정성을 강화한다.

2) 창세기 구조: "문학적 보존성"

창세기의 구조는 문헌 보존에 매우 유리하다. 병행/대칭이 있는 글은 빠진 부분이 즉시 드러난다. 또한 기억 전달이 쉽고, 구전 과정에서 왜곡이 줄어든다. 예) A-B-C / A'-B'-C' 같은 반복은 문장이 무너졌는지 판단하는 '검증장치'가 된다.

결론적으로 피라미드는 물리적 형태가 붕괴를 막아 보존되고, 창세기는 대칭·병행 구조가 본문 붕괴를 막아 보존된다.

3. 전달성(傳達性): "사람의 기억 구조에 맞춘 디자인"

1) 피라미드의 전달성: "이미지로 기억된다"

피라미드는 한 번 보면 기억되는 이유가 있다. 형태가 단순(삼각형)하지만 강렬함 "왕권·영원·상승"을 상징하는 방향성을 가진다. 이것은 누구나 이해 가능한 보편적 상징 구조이다. 즉 피라미드는 '그 자체가 하나의 메시지'이다.

2) 창세기의 전달성: "구조가 메시지를 기억시키는 장치"

고대 독자는 "책"을 가진 사람이 아니라, 귀로 듣고 외우는 사람이었다. 그래서 창세기의 반복·병행·대칭은 단순한 꾸밈이 아니라, 기억을 돕는 리듬, 메시지 강조(중심/전환점 표시), 청중 설득(반복은 확증 효과)의 기능을 한다.
결론적으로 피라미드는 시각적 전달 장치이며, 창세기는 구조적 언어 전달 장치이다.

3) 대칭·병행·선형 구조 비교: 삼각형 vs 사각형 비유

(1) 대칭구조 ↔ 삼각형(피라미드 단면)
대칭은 균형이며, 균형은 붕괴를 막는다. 피라미드 단면 삼각형이 "형태로 균형"을 보여주듯이, 창세기의 대칭구조는 "의미로 균형"을 보여준다. 이런 점에서 대칭은 무게 중심이 가운데에 있고, 또한 흔들리지 않는다.
(2) 병행구조 ↔ 계단식 누적(피라미드 층층 구조)
피라미드는 단숨에 하나로 쌓은 게 아니라, 층층이 반복된 돌 단위가 누적되어 전체를 구성한다. 창세기의 병행도 마찬가지로 반복되는 세트가 누적되며 전체 메시지를 하향적으로 구축한다.
(3) 선형구조 ↔ 사각형(기초/토대)
피라미드는 삼각형이지만 바닥은 정사각형이다. 즉, 사각형(토대)은 안정된 기준면(역사적 진행, 계보 흐름)을 지닌다. 삼각형(상승)은 결론을 향해 모이는 방향성(중심 메시지)을 향한다.

이와 같이 창세기도 톨레돗 계보 흐름(선형)으로 역사 진행을 고정하고, 대칭·병행으로 핵심 의미를 "모아" 중심으로 끌어올린다.

4. 핵심 정리

쿠푸왕 피라미드는 삼각형 구조를 통해 하중을 분산시켜 물리적 내구성과 보존성을 얻었고, 그 단순하고 강렬한 형태로 메시지를 시각적으로 전달한다. 이와 같이 창세기의 3·5·15 구조 시스템도 반복·대칭·병행 리듬을 통해 의미의 무게를 분산시키며, 구조 자체가 본문을 검증하고 기억을 돕는 장치가 되어 보존성과 전달성을 강화한다. 피라미드가 돌을 '구조로' 지키듯, 창세기는 메시지를 '구조로' 지키는 것이다.

II. 창세기의 "키워드 시스템(반복되는 신학적 단어/개념)"과 "톨레돗(족보와 사건) 시스템"이 쿠푸 왕 피라미드의 구조와 어떻게 대응되는가?

1. 피라미드의 핵심 구조 원리: "돌 + 층 + 통로"

쿠푸 피라미드는 단지 "삼각형 모양"이 아니라, 실제 구조는 다음 3요소가 결합된 시스템이다.

- 돌(Stone blocks) = 최소 단위(모듈)
- 층(Layers / courses) = 반복적 누적(리듬)
- 통로/방(Grand Gallery, Chamber) = 중심 목적을 향한 '길'

즉 피라미드는 모듈(돌)이 반복되며 층을 만들고, 그 전체가 중심(왕의 방)으로 수렴하도록 설계된 구조물이다.

2. 창세기의 "키워드 시스템" = 피라미드의 "돌(블록)"과 같다

1) 키워드는 창세기 구조의 최소 단위
필자의 방식처럼 창세기는 반복되는 키워드가 '구조를 생성'한다.
 예) 선택(택함), 범죄/타락, 회개/부르짖음, 축복/언약, 사명/역할/계승
이 키워드들은 단순한 해석 단어가 아니라, 이야기 단위마다 반복 출현하면서
본문 전체를 '같은 재료(블록)'로 건축하게 만든다.

2) 피라미드의 "돌"이 규격을 가지듯, 키워드도 규격을 가진다
피라미드는 규격화된 블록이 반복되기 때문에 무너지지 않고, 모양이 유지된
다. 창세기도 마찬가지이다. 키워드가 반복되면 본문은 의미의 규격(틀)을 가
진다.
규격이 있으면 전달이 안정적이다(구전/암송/교육 가능).
결론적으로 키워드 = 의미를 구성하는 규격 돌(블록)이다.

3) 창세기의 "족보/사건(톨레돗) 시스템" = 피라미드의 "층(레이어)"과 같다

(1) 톨레돗(족보와 사건)은 "이야기의 층을 나누는 경계선"
피라미드는 돌이 쌓이지만 무작위로 쌓이지 않고 층층이 "course(층)"를 이
루며 올라간다. 창세기의 톨레돗도 동일하다. "이는 ○○의 계보(톨레돗)라"
는 표지는 창세기 내러티브를 층(단락 단위)으로 분절하며, 각 층을 "다음 층
을 위한 기초"로 만든다. 즉, 톨레돗은 구조를 반복적으로 재단하는 十획 상
치(층)이다.

(2) 족보/사건은 단순한 목록이 아니라 "건축의 결속재"
피라미드에서 층이 중요한 이유는 돌을 "흩어진 돌무더기"가 아니라 결속된
건축물로 만들기 때문이다. 창세기의 족보도 같은 원리이다. 족보는 단순히 "누

가 누구를 낳았다"가 아니라 하나님 구속사의 흐름이 끊어지지 않게 이어주는 결속 장치, 선택의 계보와 사건이 본문의 골격을 붙들어 준다.

결론적으로 톨레돗(족보와 사건)은 구조를 분할할 뿐 아니라 구조를 묶는 장치이다.

4) 피라미드의 "통로" = 창세기의 "언약(약속)의 방향성"

피라미드는 층만 있는 게 아니라, 내부에 통로가 있고 그 통로는 "왕의 방"이라는 목적지를 향한다. 창세기에서도 키워드/족보가 반복되지만, 그 반복은 빙빙 도는 게 아니라 한 방향으로 수렴된다.

아담 → 셋 → 노아 → 셈 → 아브라함 → 이삭 → 야곱 그리고 요셉 내러티브를 지나 결국 이스라엘 형성의 기반(출애굽의 전조)으로 간다. 즉 창세기는 키워드(블록) + 톨레돗(층) + 언약(통로) → 약속 성취로 수렴하는 구속사 구조물이다.

5) "피라미드 = 왕을 보존 / 창세기 = 씨(Seed)를 보존"

(1) 피라미드의 목적

"왕의 이름과 권위"를 죽음 이후에도 보존하고, 돌은 왕을 위해 존재한다.

(2) 창세기의 목적

"여자의 후손/아브라함의 씨(Seed)"를 역사 속에서 보존하고, 계보는 씨를 위해 존재한다.

6) 결론

피라미드는 '돌 – 층 – 통로'로 왕을 보존하고, 창세기는 '키워드 – 족보 – 언약'으로 약속의 계보를 보존한다.

Chapter III
창세기 주해 및 해설

제1부
세상의 시작(창 1:1-6:8)

제2부
새로운 시작(창 6:9-11:26)

제3부
선민의 시작(창 11:27-50:26)

제1부

세상의 시작
(1:1-6:8)

제1장
천지창조(1:1-2:3) — 창조와 안식의 완성

제2장
타락한 부자(2:4-4:26) — 뱀의 유혹, 인간의 타락, 형제 살인

제3장
회복된 자(5장) — 아담과 셋 계보의 신앙적 의미

제4장
범죄한 무리(6:1-4) — 하나님 아들들과 사람의 딸들 사건

제5장
택함 받은 자(6:5-8) — 노아와 하나님의 선택

제1부
세상의 시작(1:1-6:8)

1. 구조 주해

창세기 1부는 창조 - 타락 - 회복 - 범죄 - 택함의 흐름을 따라 죄와 심판, 언약의 시작과 인간의 실패, 그리고 하나님의 구원 경륜에 관한 구조를 보여준다.

도표 5> 창세기 1부 표층 구조 (창1:1-6:8)

구분	사건 주제	구속사	신앙경주
Ⅰ 천지 창조 - 우주만물, 사람	복되고 거룩하게	창조의 완성	신앙경주는 안식을 향한 경주
Ⅱ 타락 - 아담/가인	명령불순종/가인의 살인	죄와 죽음이 인류 안에 들어옴	경주의 첫 실패: 불순종과 시기, 자기 욕망 추구
Ⅲ 회복 - 아담의 족보(셋)	언약의 계승	언약 계보의 회복, 죽음 속에도 소망	경주의 회복: 하나님과 동행하는 삶으로 달림
Ⅳ 범죄 - 네피림	하나님의 아들들의 타락	언약 계보 혼합과 타락	경주의 방해: 세상의 권세와 욕망 추구
Ⅴ 택함 - 노아	언약 보존	심판 가운데 은혜의 선택, 구원의 시작	신앙경주는 은혜로 시작하여 은혜로 끝나는 달음질

2. 구속사 해설

제1부는 창조의 완성, 언약적 쉼과 종말론적 안식의 예표를 보여준다. 죄와 죽음이 인류 안에 들어왔으나 하나님의 은혜로 언약 계보의 회복, 죽음 속에도 소망이 발생, 심판 가운데 은혜의 선택과 구원의 시작을 보여준다.

3. 신앙경주 적용

신앙경주는 안식을 향한 경주이다. 경주의 첫 실패는 불순종과 시기, 자기 욕망 추구로 인해 발생한다. 경주의 방해는 세상의 권세와 욕망 추구로 인해 발생하나, 경주의 회복은 하나님과 동행하는 삶으로 나아가는 것이다. 신앙경주는 은혜로 시작하여 은혜로 끝나는 달음질이다.

제 1 장

천지창조: 사람
(1:1-2:3)

성경에서 이보다 더 논쟁이 되는 본문은 드물 것이다. 창세기의 첫 장에 기록된 창조 사건은 오랫동안 역사성에 대한 의문과 논쟁의 대상이 되었다. 그러나 우리는 이를 단순한 과학적 혹은 역사적 질문으로만 다룰 것이 아니라, 성경의 본래 의도와 히브리식 의사소통 방식을 통해서 이해해야 할 필요가 있다. 창조 기사(창 1:1-2:3) 또한 이러한 서사적 구조와 신학적 목적 아래 작성되었다. 따라서 저자의 독특하고 지혜로운 평행기법으로 분석함으로써, 그 안에 담긴 키워드(메시지) 중심으로 명확하게 이해할 수 있을 것이다. 결국, 창조 본문은 단순한 논쟁 주제가 아니라 믿음의 삶에 적용될 수 있는 진리로 읽혀야 한다. 이 본문을 통해 우리는 하나님의 형상으로 창조된 인간의 존엄성과 가치를 더욱 깊이 깨닫게 되며, 그 결과 하나님이 창조하신 만물과의 관계 역시 더 조화롭고 아름답게 형성될 수 있다.

가. 구조적 주해

아래 구조는 창세기 저자가 의도한 구조적 목적에 따라 반복된 평행기법 (repetitive parallelism)으로 구성되었다. 이 구조를 통해 6일 동안 하나님의 창조 사역이 세 가지 핵심 키워드(빛, 궁창, 땅)를 중심으로 다음과 같이 전개된다.

창조: 전체 구조(1:1-2:3)

X 서론: 창조 전 상태(1:1-2)

1. 창조와 나눔

A (1일째) **빛**: 빛/어두움(1:3-5)

B (2일째) **궁창**: 위 물/아래 물(1:6-8)

C (3일째) **땅**: 육지/바다(1:9-13)

2. 창조와 채움

A' (4일째) **빛**: 해, 달, 별(1:14-19)

B' (5일째) **궁창**: 새와 물고기(1:20-23)

C' (6일째) **땅**: 동물과 사람(1:24-31)

Y 결론: 안식의 축복 (7일째)(2:1-3)

천지창조의 내용은 크게 서론(1:1-2), 본론(1:3-31), 그리고 결론(2:1-3)으로 나눌 수 있다. 서론에서는 창조 전의 혼돈 상태를 보여주고, 본론에서는 반복된 병행구조로 창조 사역을 기록하며, 결론에서는 안식일의 복과 창조 완성을 선언한다. 특히 본론은 '창조'와 '환경'(질서)의 관점에서 두 부분으로 구분된다.

1. 창조와 나눔(1:3-13)
2. 창조와 채움(1:14-31)

본론 부분은 각각 세 개의 키워드(빛 – 궁창 – 땅)를 중심으로 전개되며, 두 번 반복되는 구조로 배열된다.

> 창조와 나눔(A-B-C): 창조 질서를 세우며 공간을 구분하는 사역
> 창조와 채움(A'-B'-C'): 창조 질서를 채우며 그 안에 생명을 주시는 사역

이처럼 본론은 세 개의 키워드가 두 번 반복되어 그룹(A/A', B/B', C/C')을 형성한다. 병행구조의 특징상, 가장 마지막 핵심 주제(C')에서 강조점이 나타나는데, 바로 사람 창조다. 하나님께서 자신의 형상대로 사람을 창조하셨다는 사실은, 이스라엘 백성이 하나님께 영광 돌리며 살아가야 할 신앙적 정체성을 분명히 하려는 저자의 지혜로운 저술 방식이다.

도표 6> 천지창조 구조 (창 1:1-2:3)

구조	내 용	구 분
X 서론	창조 전 상태 (1:1-2)	서 론
A (1일)	빛 <빛/어두움> (1:3-5)	창조와 나눔
B (2일)	궁창 <위 물/아래 물> (1:6-8)	창조와 나눔
C (3일)	땅 <육지/바다> (1:9-13)	창조와 나눔
A'(4일)	빛 <해, 달, 별> (1:14-19)	창조와 채움
B' (5일)	궁창 <새와 물고기> (1:20-23)	창조와 채움
C' (6일)	땅 <동물과 사람> (1:24-31)	창조와 채움
Y 결론	안식일 축복 (2:1-3)	결 론

나. 본문 해설

서론 (X): 창조 전 상태(1:1-2)

1 태초에 하나님이 천지를 창조하시니라 2 땅이 혼돈하고 공허하며 흑암이 깊음 위

에 있고 하나님의 영은 수면 위에 운행하시니라

서론(1:1-2)의 핵심은 하나님께서 그의 영(רוח, 루아흐)을 통해 천지창조의 주체로서 직접 활동하신다는 점이다. 이 부분에서 주목할 것은, 저자가 창조는 '누가, 언제, 어디서, 무엇을, 어떻게' 이루어졌는지를 논리적으로 보여주려 한다는 점이다.

1절, "태초에 하나님이 천지를 창조하시니라"는 말씀은 기독교 세계관의 핵심을 드러낸다. 하나님께서 말씀으로 세상을 창조하셨으며, 그분이 모든 것 위에 계시는 창조주이심을 선포한다. 모든 피조물은 하나님의 뜻에 따라 존재한다는 사실을 강조한다. 이 문장은 히브리어로 정확히 일곱 단어로 구성되어 있어 창조의 7일을 상징적으로 예고하는 서론적 역할을 한다고도 해석된다.

그렇다면 '태초'라는 시간 개념은 무엇일까? 히브리어 '레쉬트'(ראשית)는 "무엇보다도 먼저"라는 절대적인 의미라기보다는 '시작' 혹은 '태초'로 번역되는 것이 적절하다. 이는 하나님께서 창조를 '지금 막 시작하셨다'는 의미를 담고 있으며, 창조 사건의 출발점을 강조한다. 이러한 표현은 창세기 2:4b에서 반복된다:

   "하나님이 땅과 하늘을 만드시던 날에 ⋯."

이는 세상이 이미 존재했다가 다시 만들어지는 '재창조'가 아니라, 세상의 '처음'을 의미한다.

또한 1절과 2절의 창조 주체가 다르게 표현된 점도 주목할 필요가 있다. 1절에서는 창조주 하나님(엘로힘)이 직접 등장하며, 2절에서는 하나님의 영(루아흐 엘로힘)이 창조 사역에 관여하는 모습이 드러난다. 이어지는 3-31절에서는 하나님의 '말씀'을 통해 창조가 이루어진다. 이는 신약에서 사도 요한이 예수 그리스도를 '말씀'(로고스, λόγος)으로 소개하며 강조한 부분(요 1:1-3)과 연결된다. 즉, 성부 하나님께서 말씀으로 창조하시고, 그 말씀은 곧 성자 예수님을 예표하며, 성령 하나님께서 운행하시며 창조를 완성하신다는 삼위일체적 창조관이 드러난다. 결국 창조의 주체는 오직 하나님이시며, 피조물은 그분의 말씀과 영에 의해 존재하게 된다. 따라서 하나님에 대한 올바른 인식과 믿음 없이는 창조 의미를 온전히 이해할 수 없다.

2절에서는 창조의 초기 상태를 구체적으로 설명한다. 하나님께서 하늘(שָׁמַיִם, 샤마임)과 땅(אֶרֶץ, 에레츠)을 창조하셨지만, 그 당시 땅은 혼돈하고 공허한 상태였다. 이는 질서가 없는 무질서한 상태를 의미한다. 창세기 2:4절에서도 "천지가 창조될 때"라고 언급하며, 땅의 상태와 창조의 시간·공간 개념을 설명한다. 1:1–2절은 창조 이전의 시간과 공간의 상태를 묘사하며, 동시에 하나님께서 무엇을 창조하시려는지를 드러내는 선언문 역할을 한다. 여기서 '하나님의 영'(루아흐 엘로힘)은 천지창조의 직접적 주체로서 활동하며, 땅이 혼돈하고 공허한 상태는 질서와 창조가 필요한 객체로서의 모습을 보여준다. 이러한 모습은 오늘날 우리에게도 시사점을 준다. 죄로 인해 혼돈과 공허함, 흑암 가운데 빠진 세상을 새롭게 하시는 분은 바로 성령 하나님이시다. 이는 곧 새로운 피조물의 탄생(고후 5:17)과 연결된다. 따라서 창조 사건은 단순히 과거의 이야기가 아니라, 오늘날에도 여전히 역사하시는 하나님의 능력을 드러내는 사건임을 보여준다.

1. 첫째 날(A) – 빛: 빛과 어두움<나눔>(1:3 –5)

> 3 하나님이 이르시되 빛이 있으라 하시니 빛이 있었고 4 빛이 하나님이 보시기에 좋았더라 하나님이 빛과 어둠을 나누사 5 하나님이 빛을 낮이라 부르시고 어둠을 밤이라 부르시니라 저녁이 되고 아침이 되니 이는 첫째 날이니라

첫째 날 키워드는 빛이다. 본문은 다음과 같이 여섯 개의 순서로 구성되어 있다. 여기서는 하나님이 말씀으로 공허하며 혼돈된 세상을 질서 있게 세상을 창조하시는 모습을 보여준다.

1. **선언**: "하나님이 이르시되"(3a)

  2. **명령**: "빛이 있으라"(3b)

    3. **완성**: "빛이 있었고"(3c)

      4. **평가**: "보시기에 좋았더라"(4a)

        5. **나눔**: "빛과 어두움을 나누사"(4b-5a)

          6. **시간 흐름**: "저녁이 되고 아침이 되니"(5b)

위 선형 구조는 듣도록 구성된 메시지를 담아서 논리적으로 질서 정연하게 점진적인 창조의 역사를 보여주고 있다. 시간적 순서에 따라 배열되며, 사건들이 연속성을 이루면서 전개된다. 즉, 한 사건이 발생한 후 다음 사건이 이어지며, 앞으로 전개될 사건의 상황을 설정하는 역할을 한다. 이러한 특징 속에서 '날'의 순서는 여섯 가지로 나타난다. 이를 차례로 살펴보면, 세상이 체계적으로 질서 있게 창조되어 가는 과정을 확인할 수 있다.

첫 번째 날의 시작을 나타내는 순서는 '선언'이다. "하나님이 가라사대"(3a). 하나님은 말씀으로 천지창조를 시작하셨다. 그리고 "빛이 있으라"(3b)고 명령하셨다. 이것이 '날'의 두 번째 순서이다. 또한, 그 명령은 즉시 이루어졌다. "빛이 있었고"(3c). 이것이 세 번째 순서, '완성'이다. 이후 하나님은 만드신 빛을 보시고 "보시기에 좋았더라"(4a)고 평가하셨다. 이것이 네 번째 순서, 즉 '평가'이다. 이어 하나님은 빛과 어둠을 구분하셨다. "빛과 어두움을 나누사"(4b). 이것이 다섯 번째 순서 '나눔'이다. 마지막으로, 저자는 첫날 창조 사역의 시간적 흐름을 전한다. "저녁이 되고 아침이 되니 이는 첫째 날이라"(5). 이것이 여섯 번째 순서 '시간의 흐름'이다. 끝으로, 하나님께서 말씀으로 빛을 창조하신 것에 대해 "보시기에 좋았더라"고 만족하시며 첫째 날 창조가 마무리된다.

그렇다면 창조에서 빛의 의미는 무엇인가? 창세기 1:3에서 하나님께서 "빛이 있으라" 하심으로 창조의 첫 단계가 시작되었다. 창조에서 빛이 가지는 의미는 단순한 물리적 빛을 넘어, 신학적이며 또한 영적 의미를 포함한다. 이런 점에서 몇 가지로 그 의미를 살펴본다.

첫째, 빛은 생명의 근원이다. 빛은 생명의 필수 요소로, 하나님께서 생명의 근원이심을 상징한다. 모든 생명체는 빛 없이 생존할 수 없으며, 하나님께서 세상을 생명이 번성할 수 있는 질서로 창조하셨음을 보여준다. **둘째**, 혼돈과 어둠에서 질서의 의미를 갖는다. 창조 이전의 세상은 "흑암이 깊음 위에 있었다"(창 1:2)고 묘사된다. 빛의 창조는 무질서한 혼돈 속에서 질서와 조화를 가져오는 하나님의 능력을 상징한다. **셋째**, 하나님의 임재와 영광을 뜻한다. 창조의 빛은 하나님께서 세상을 밝히는 분이심을 상징한다. 성경에서 빛은 종종 하나님의 임재와 영광을 나타낸다. 출애굽기에서 하나님은 불기둥으로 이스라엘 백성을 인도하셨고(출 13:21), 예수님도 "나는 세상의 빛이라"(요 8:12)고 말씀하셨다. **넷째**, 진리와 깨달음이다. 창조의 빛은 하나님께서 세상을 지혜로 인도하시는 것을 상징한다. 빛은 성경에서 진리와 지혜를 나타낸다. 시편 119:105에서 "주의 말씀은 내 발에 등이요 내 길에 빛이니이다"라고 하듯이, 하나님의 말씀이 어둠 속에서 올바른 길을 밝히는 역할을 한다. **다섯째**, 빛은 영적 구원의 상징이다. 창조에서의 빛은 단순한 물리적 빛뿐 아니라, 어둠 가운데 있는 인간에게 비춰질 구원의 빛을 예표하는 의미를 가진다. 신약에서는 예수 그리스도가 세상의 빛으로 오셨음을 강조한다(요 1:4-5).

따라서 창조에서 빛의 의미는 하나님의 생명과 질서, 임재, 진리, 구원의 상징으로 이해할 수 있다. 하나님께서 첫 번째로 빛을 창조하셨다는 것은, 그분이 어둠을 몰아내고 세상에 생명과 희망을 주시는 분이라는 중요한 메시지를 담고 있다.

2. 둘째 날(B) – 궁창: 위와 아래 <나눔>(1:6-8)

6 하나님이 이르시되 물 가운데에 궁창이 있어 물과 물로 나뉘라 하시고 7 하나님이 궁창을 만드사 궁창 아래의 물과 궁창 위의 물로 나뉘게 하시니 그대로 되니라 8 하나님이 궁창을 하늘이라 부르시니라 저녁이 되고 아침이 되니 이는 둘째 날이니라

둘째 날 본문도 다음과 같이 여섯 개의 키워드로 구성되어 선형 형태로 전개된다.

1. **선언**: "하나님이 가라사대"(6a)
   2. **명령**: "궁창이 있으라"(6b)
      3. **나눔**: "물과 물로 나뉘라"(7a)
         4. **완성**: "그대로 되니라"(7b)
            5. **이름**: "궁창을 하늘이라 부르심"(8a)
               6. **시간 흐름**: "저녁이 되고 아침이 되니"(8b)

위 선형 구조도 첫째 날과 같이 시간적 순서에 따라 배열되며, 사건들이 연속성을 이루면서 전개된다. 여기서는 순서가 조금 바뀌며 평가는 빠져있다. 두 번째 날의 첫 번째 순서는 '선언'이다. "하나님이 이르시되"(6a). 그리고 "궁창이 있으라"(6b)고 명령하셨다. 이것이 두 번째 날의 둘째 키워드이다.

세 번째 순서는 '나눔'이다. "물과 물을 나뉘라"(7a). 이처럼 하나님은 궁창에 있는 위 물과 아래 물로 구분하셨고, 그 나눔이 '완성'되었다. "그대로 되니라"(7b). 그리고 궁창을 하늘이라 '명명'하셨다(8a). 마지막으로, 저자는 첫날 창조 사역의 시간적 흐름을 전한다. "저녁이 되고 아침이 되니 이는 둘째 날이라"(8b). 이것이 여섯 번째 순서, 즉 '시간의 흐름'이다.

끝으로 그렇다면 왜 "보시기 좋았다"라는 평가가 빠져 있을까?

이것은 첫째, 둘째 날 창조가 아직 미완성 상태였기 때문(셋째 날에야 질서가 완성됨)이다. 둘째, 물이 혼돈과 심판의 잠재적 상징이었기 때문이다. 셋째, 창조 구조상 2일-5일, 3일-6일이 병행 구조의 대응관계로 평가의 균형을 맞추기 때문이다. 따라서 창조기사의 전체적 맥락 안에서 보면 둘째 날 창조는 여전히 하나님이 세상을 질서 있게 준비해 가시는 '과정 중의 사건'으로 이해될 수 있다.

3. 셋째 날(C) – 땅: 육지와 바다 <나눔>(1:9-13)

> 9 하나님이 이르시되 천하의 물이 한곳으로 모이고 뭍이 드러나라 하시니 그대로 되
> 니라 10 하나님이 뭍을 땅이라 부르시고 모인 물을 바다라 부르시니 하나님이 보시
> 기에 좋았더라 11 하나님이 이르시되 땅은 풀과 씨 맺는 채소와 각기 종류대로 씨 가
> 진 열매 맺는 나무를 내라 하시니 그대로 되어 12 땅이 풀과 각기 종류대로 씨 맺는
> 채소와 각기 종류대로 씨 가진 열매 맺는 나무를 내니 하나님이 보시기에 좋았더라
> 13 저녁이 되고 아침이 되니 이는 셋째 날이니라

셋째 날 키워드는 땅이다. 본문은 앞의 두 날과 다르게 반복된 병행 구조로 구
성되어 있다. 그리고 같은 순서들이 반복되면서 짝을 이루어 강조되며 전개된다.

    1. 선언: "하나님이 이르시되"(9a)
      2. 명령: "뭍이 드러나라"(9b)
        3. 완성: "그대로 되니라"(9c)
          4. 나눔: "땅과 바다를 나누심"(10a)
            5. 평가: "보시기에 좋았더라"(10b)
    1'. 선언: "하나님이 이르시되"(11a)
      2'. 명령: "식물을 내라"(11b)
        3'. 완성: "그대로 되니라"(11c)
          4'. 나눔: "땅에 식물을 종류대로 나누심"(12a)
            5'. 평기: "보시기에 좋았더라"(12b)
              6. 시간 흐름: "저녁이 되고 아침이 되니"(13)

셋째 날은 두 개의 시간적 순서들이 반복되면서 하나님의 창조를 강조하고
있다. 같은 순서끼리 그룹별로 비교해 살펴보면, 셋째 날의 창조가 질서 있게 계

획된 순서로 진행되는 것을 알 수 있다. 다음은 그룹별로 모아서 분석해 본다.

1/1'. **선언**: "하나님이 이르시되"(9a/11a)

2/2'. **명령**: "뭍이 드러나라"(9b)/ "식물을 내라"(11b)

3/3'. **완성**: "그대로 되니라"(9c/11c)

4/4'. **나눔**: "땅과 바다를 나누심"(10a)/
    "땅에 식물을 종류대로 나누심"(12a)

5/5'. **평가**: "보시기에 좋았더라"(10b/12b)

6. **시간 흐름**: "저녁이 되고 아침이 되니"(13)

이처럼 말씀으로 명령하심으로 땅과 식물이 존재하게 되었다(2, 4). 이것은 하나님의 질서와 계획성을 의미한다. 하나님은 혼돈과 무질서 속에서 질서를 세우시는 분이시며, 또한 창조 과정이 무작위가 아니라, 의도적이고 계획된 가운데 창조되었다. 이렇게 셋째 날이 완성되었다. 앞으로 살펴보겠지만 셋째 날과 대응 관계를 이루는 여섯째 날도 반복된 병행 구조로 이루어지는 가운데 두 개의 피조물이 창조된다(사람과 동물). 두 날의 키워드는 모두 '땅'이다. 반복은 강조를 나타낸다는 점에서 땅은 하나님이 특별히 사람을 위해서 준비해 둔 곳이며 또한 복된 곳임을 부각시키고 있다. 이런 점에서 셋째 날은 땅이 핵심 키워드가 된다.

4. 넷째 날(A') - 빛: 해/달/별 <채움>(1:14-19)

14 하나님이 이르시되 하늘의 궁창에 광명체들이 있어 낮과 밤을 나뉘게 하고 그것들로 징조와 계절과 날과 해를 이루게 하라 15 또 광명체들이 하늘의 궁창에 있어 땅을 비추라 하시니 그대로 되니라 16 하나님이 두 큰 광명체를 만드사 큰 광명체로 낮을 주관하게 하시고 작은 광명체로 밤을 주관하게 하시며 또 별들을 만드시고 17 하나님이 그것들을 하늘의 궁창에 두어 땅을 비추게 하시며 18 낮과 밤을 주관하게

하시고 빛과 어둠을 나뉘게 하시니 하나님이 보시기에 좋았더라 19 저녁이 되고 아침이 되니 이는 넷째 날이니라

넷째 날은 다음과 같은 여섯 개 순서로 구성되어 전개된다. 이날은 첫째 날과 대응되는 가운데 같은 키워드로 구성되었으나, '나눔' 대신 '채움'으로 설계되었다.

1. **선언**: "하나님이 이르시되"(14a)
  2. **명령**: "광명체들이 있어 땅을 비추라"(14b-15a)
    3. **완성**; "그대로 되니라"(15b)
      4. **채움**: "하늘의 궁창에 두어"(16-17)
        5. **평가**: "보시기 좋았더라"(18b)
          6. **시간 흐름**: "저녁이 되고 아침이 되니 넷째 날"(19)

넷째 날의 키워드는 첫째 날과 같은 '빛'이다. 우주와 땅을 위한 창조를 보여준다. 이날에 만든 피조물은 광명체이다. 하나님은 하늘에 해, 달, 별을 만드신 후 하늘의 궁창에 두어 땅을 비추게 하셨다. 빛은 우주와 땅에 가장 근원적인 에너지 역할을 한다. 빛이 만물의 원천이라는 것은 하나님이 세상의 근본이 되신다는 사실을 반영한다. 더 나아가 빛은 어두움을 사라지게 한다. 인간의 죄와 연결해 적용하면 죄를 지은 인간은 거룩한 하나님께 결코 나갈 수 없다. 그래서 빛이 되신 메시야 예수 그리스도를 통해서만이 그 거룩함으로 나아 갈 수 있음을 예표본 자원에서 적용해 볼 수 있다.

5. 다섯째 날(B') – 궁창: 새와 물고기 <채움>(1:20-23)

20 하나님이 이르시되 물들은 생물을 번성하게 하라 땅 위 하늘의 궁창에는 새가 날으라 하시고 21 하나님이 큰 바다 짐승들과 물에서 번성하여 움직이는 모든 생물을 그 종류대로, 날개 있는 모든 새를 그 종류대로 창조하시니 하나님이 보시기에 좋았더라 22 하나님이 그들에게 복을 주시며 이르시되 생육하고 번성하여 여러 바닷물에 충만하라 새들도 땅에 번성하라 하시니라 23 저녁이 되고 아침이 되니 이는 다섯째 날이니라

다섯째 날은 다음과 같이 일곱 개의 순서로 구성되어 선형을 이룬다.

1. **선언**: "하나님이 가라사대"(20a)
  2. **명령**: "생물들은 번성하라"(20b)
    3. **채움**: "새는 하늘에서 물고기는 바다에서"(20c)
      4. **완성**; "그 종류대로 창조하시니"(21a)
        5. **평가**: "보시기 좋았더라"(21b)
          6. **복주심**: "생육하고 번성하여 바닷물에 충만 하라"(22)
            7. **시간 흐름**: "저녁이 되고 아침이 되니 다섯째 날"(23)

다섯째 날의 키워드는 두 번째 날과 같이 '궁창'(하늘)이다. 궁창에 있을 피조물들을 말씀으로 명령하시어 창조하셨다. 그리고 그 피조물들인 새와 물고기를 각각 하늘과 바다에 채워놓으신 후 하나님은 만족하셨다. 지금까지는 보시기에 좋았다고만 평가되었는데, 여기서는 하나님이 그 피조물에게 생육하고 번성하고 충만하라는 복을 내려주셨다.

6. 여섯째 날(C') – 땅: 동물과 사람 <채움>(1:24-31)

> 24 하나님이 이르시되 땅은 생물을 그 종류대로 내되 가축과 기는 것과 땅의 짐승을 종류대로 내라 하시니 그대로 되니라 25 하나님이 땅의 짐승을 그 종류대로, 가축을 그 종류대로, 땅에 기는 모든 것을 그 종류대로 만드시니 하나님이 보시기에 좋았더라 26 하나님이 이르시되 우리의 형상을 따라 우리의 모양대로 우리가 사람을 만들고 그들로 바다의 물고기와 하늘의 새와 가축과 온 땅과 땅에 기는 모든 것을 다스리게 하자 하시고 27 하나님이 자기 형상 곧 하나님의 형상대로 사람을 창조하시되 남자와 여자를 창조하시고 28 하나님이 그들에게 복을 주시며 하나님이 그들에게 이르시되 생육하고 번성하여 땅에 충만하라, 땅을 정복하라, 바다의 물고기와 하늘의 새와 땅에 움직이는 모든 생물을 다스리라 하시니라 29 하나님이 이르시되 내가 온 지면의 씨 맺는 모든 채소와 씨 가진 열매 맺는 모든 나무를 너희에게 주노니 너희의 먹을거리가 되리라 30 또 땅의 모든 짐승과 하늘의 모든 새와 생명이 있어 땅에 기는 모든 것에게는 내가 모든 푸른 풀을 먹을거리로 주노라 하시니 그대로 되니라 31 하나님이 지으신 그 모든 것을 보시니 보시기에 심히 좋았더라 저녁이 되고 아침이 되니 이는 여섯째 날이니라

여섯째 날은 창조 서술 구조에서 마지막 부분에 해당한다. 창조의 절정과 인간 창조의 중요성을 보여준다. 이날의 중심 키워드는 셋째 날과 동일하게 '땅'이며, 본문 전체는 반복된 병행구조로 구성되어 있다. 셋째 날에는 식물이, 여섯째 날에는 동물과 사람이 창조되었다. 이 둘을 비교하면, 셋째 날에 창조된 식물은 여섯째 날에 창조된 동물과 사람을 위한 것임을 알 수 있다. 다시 말해, 셋째 날의 창조는 여섯째 날의 창조를 위한 준비 작업이었다. 이러한 구조는 셋째 날과 여섯째 날 사이의 유기적 연결성과 병행 관계를 강조한다. 병행구조의 특징에 따라 가장 마지막에 위치한 요소가 핵심 요지를 담고 있음을 고려할 때, 여섯째 날의 창조는 전체 창조의 절정이라 할 수 있다.

따라서 여섯째 날에 이루어진 사람의 창조는 단지 피조물 중 하나를 추가한 것이 아니라, 전체 창조의 목적과 중심을 드러내는 사건이다. 이 날의 기록은 병행구조 속에서 절정의 자리에 위치하며, 인간 창조의 존엄성과 신학적 의미를 분명하게 드러낸다.

1. **선언**: "하나님이 이르시되"(24a)
　2. **명령**: "땅에 동물을 내라"(24b)
　　3. **완성**: "그대로 되니라"(24c)
　　　4. **채움**: "땅에 종류별로 채워짐"(25a)
　　　　5. **평가**: "보시기에 좋았더라"(25b)
1'. **선언**: "하나님이 이르시되"(26a)
　2. **명령**: "땅에 충만하라, 정복하라, 다스리라"(26b-28a)
　　3. **완성**: "그대로 되니라"(28b)
　　　4. **채움**: "땅에 종류별로 채워짐"(29-31a)
　　　　5. **평가**: "보시기에 심히 좋았더라"(31b)
　　　　　6. **시간 흐름**: "저녁이 되고 아침이 되니 여섯째 날"(31c)

여섯째 날에는 사람과 동물이 창조되었다. 하나님은 먼저 동물을 창조하신 후, 사람을 지으셨다. 사람의 창조를 주목해 보면, 다른 피조물과 전혀 다르며 특별하게 만들어졌음을 알 수 있다. 이러한 가운데 하나님께서 사람을 창조하신 목적이 무엇인지를 같은 키워드(땅)를 중심으로 분석하면 핵심 주제인 사람의 창조 의미가 잘 드러난다.

이날은 셋째 날과 같이 반복되면서 하나님의 창조를 강조하고 있다. 같은 키워드끼리 비교해 살펴보면, 여섯째 날의 창조가 질서 있게 계획된 순서로 진행되는 것을 알 수 있다.

1/1'. **선언**: "하나님이 이르시되"(24a/ 26a)

2/2'. **명령**: "땅에 동물을 내라"(24b)/ "충만하라, 정복하라. 다스리라!"
(26b/ 28a)

3/3'. **완성**: "그대로 되니라"(24c/ 28b)

4/4'. **채움**: "땅에 종류별로 채워짐"(25a/ 29-31a)

5/5'. **평가**: "보시기에 좋았더라"(25b/ 31b)

6. **시간 흐름**: "저녁이 되고 아침이 되니"(31c)

이처럼 말씀으로 동물과 사람이 창조되었다. **이것은** 다른 날들과 같이 하나님의 질서와 계획성을 의미한다. 하나님은 혼돈과 무질서 속에서 질서를 세우는 분이시며, 또한 창조 과정이 무작위가 아니라, 의도적이고 계획된 가운데 창조되었다. 그리고 "하나님이 이르시되"(24a/26a)라는 말씀의 선언이 두 번 반복되어 강조된다. 이것은 하나님의 절대적인 권능을 나타낸다. 하나님은 오직 말씀만으로 우주와 생명을 창조하셨다. 이는 그분의 전능하심을 보여준다. 사람이나 피조물은 무언가를 만들기 위해 재료와 도구가 필요하지만, 하나님은 존재하지 않던 것을 말씀으로 존재하게 하시는 창조주이시다(히 11:3). 이처럼 반복된 병행구조의 특징에 따라 사람 창조가 핵심을 이루는데, 특별이 이날은 사람이 하나님의 형상(Imago Dei)으로 창조된 날이다.

이날은 단순히 외형적인 모습이 아니라, 인간이 하나님의 성품과 속성을 반영하도록 창조되었음을 의미한다. 다시 말하면, 인간의 존재적 특성과 역할과 관련이 있다. 몇 가지로 반복 구조를 통한 강조와 신학적 함의(창 1:26-28, 31)를 살펴보자. 첫째, 창세기 1장의 여섯째 날은 창조의 절정으로 자리 매김한다. 특히 인간 창조의 장면(창 1:26-27)은 구조적으로 반복을 통해 저자의 의도와 강조점을 분명히 드러낸다. 본문에서 '형상'(צֶלֶם, 체렘)과 '모양'(דְּמוּת, 데무트)이라는 단어가 매우 의도적으로 네 차례 반복되며, 이는 인간의 존재론적 위상을 나타내기 위한 서사적 장치로 해석된다:

"우리의 형상을 따라 우리의 모양대로"(26절)

"하나님이 자기 형상 곧 하나님의 형상대로 사람을 창조하시되"(27절).

이러한 반복은 하나님의 형상을 닮은 인간이라는 점을 강조하며, 인간의 존엄성과 정체성에 관한 신학적 핵심을 전달한다. 즉, 인간은 단순히 생물학적 피조물이 아니라, 하나님의 본성을 반영하는 영적 존재로 창조된 고귀한 존재이다. 이는 인간이 그분의 뜻에 따라 살아갈 때 비로소 하나님의 형상을 온전히 반영할 수 있으며, 그 질서에서 벗어날 경우 본연의 가치를 상실할 수 있다는 함의를 지닌다. 동일한 여섯째 날에, 하나님은 인간에게 복을 주시며 다음과 같은 명령을 내리신다:

"하나님이 그들에게 복을 주시며 … 땅에 충만하라 … 땅을 정복하라 … 생물을 다스리라"(1:28).

이는 단순한 권한 부여가 아니라, 하나님의 대리인으로 인간이 자연 세계를 통치할 사명을 위임받았음을 의미한다. 이 위임은 권리 이전에 책임을 수반한다. 자연의 권리는 인간에게 종속된 것이지만, 동시에 인간은 그 권한을 '하나님의 형상' 아래에서 행사해야 할 책임적 존재로 규정된다. 결국, 인간이 하나님의 형상 아래 존재할 때만 대리인의 권위가 유효하며, 그 본질을 상실하면 자연과의 조화도 파괴된다. 아담 이후 인류의 타락은 자연의 파괴와 고통으로 이어졌으며, 이는 인간과 자연의 운명이 본질적으로 연결되어 있다는 성경적 생태신학의 토대를 형성한다. 그러므로 창세기의 인간 창조 기사는, 인간의 존엄성과 함께 생태적 책임성 또한 강조하는 본문이다.

여섯째 날의 창조에는 문법적 강조가 담겨 있다. 다른 날들과 달리, 이 날에는 정관사 '하'의 표현과 더불어 "그 여섯째 날(הַשִּׁשִּׁי יוֹם/욤 하시쉬)"이 사용된다. 이는 이 날을 특별한 날로 구별하고 있음을 암시하며, 시간의 흐름만이 아닌 신학

적 의미를 부여받은 순간으로 해석된다. 또한, 여섯째 날의 결어는 다음과 같이 독특하다:

"하나님이 보시기에 심히 좋았더라"(מְאֹד טוֹב, 토브 메오드).

이는 이전 날들의 "보시기에 좋았더라" 보다 한층 고조된 감탄으로, 인간 창조를 창조 사역의 클라이맥스로 부각시키는 강조된 표현이다. 특히 셋째 날과 여섯째 날에는 "좋았더라"는 표현이 두 번씩 반복되며, 이는 구조적 병행과 절정의 대조 효과를 강화한다.

이처럼 창세기 1장에서는 구조적으로나 신학적으로 인간 창조가 창조의 목적이자 절정으로 제시된다. 하나님의 형상으로 창조된 인간은 존엄성과 더불어 책임성을 지닌 존재이다. 하나님으로부터 복을 받았고, 자연을 다스리는 위임을 받았으나, 그 모든 권한은 하나님의 형상 아래에서만 정당성을 갖는다.

결론적으로 6일동안 창조를 종합해 보면, 하나님이 말씀으로 세상을 창조하실 때 모든 창조가 말씀으로 명령하심으로 모든 것이 존재하게 되었다. 이것은 단순한 창조 방법을 넘어서, 중요한 신학적 의미를 가지고 있다. 이것은 하나님의 질서와 계획성을 의미한다. 창조 과정이 무작위가 아니라, 의도적이고 계획된 순서로 진행된다. 또한 하나님은 혼돈과 무질서 속에서 질서를 세우시는 분이심을 보여준다. 이런 점에서 하나님이 세상을 목적을 가지고 창조하셨음을 알 수 있게 해준다. 또한 하나님의 말씀의 능력이다. 하나님의 말씀은 단순한 소리가 아니라, 실제적으로 존재를 창출하는 능력을 지닌 창조석인 말씀이다. 이는 성경에서 하나님의 말씀이 곧 생명과 능력을 지닌다는 사실을 강조한다. 신약에서는 예수 그리스도를 "태초부터 계신 말씀"(요 1:1)이라고 표현하며, 그분이 창조 사역에 함께하셨음을 나타낸다(골 1:16).

결론(Y): 안식일(2:1-3)

안식일은 히브리어로(שַׁבָּת, shabbat)이며, "쉬다, 그치다"는 뜻의 동사 *שָׁבַת* (shavat)에서 유래한다. 이 날의 중요성을 아래에서 반복된 병행구조로 분석한 후 이에 담겨 있는 키워드로 신학적 의미를 찾아보자.

가. 구조적 주해

결론(Y): 안식일(2:1-3)

가) 창조의 성취

1. **완성**: 천지만물 다 이루어짐	1
2. **마침**: 일곱째 날에 마치심	2a
3. **안식**: 일곱째 날에 안식하심	2b

나) 성취의 축복

1'. **완성(선언)**: 복되고 거룩하게 하심	3a
2'. **마침**: 모든 일을 마치심	3b
3'. **안식**: 그날에 안식하셨음	3c

안식일 본문의 반복된 병행구조에는 두 개의 세부 구조가 있다(1→3/1'→3'). 이 안에 담겨 있는 세 개의 키워드는 다음과 같이 세 번 반복해 강조된다: 완성(1, 1') → 마침(2, 2') → 안식(3, 3'). 본문은 **미괄식 반복 병행구조**를 이루며, 두 번의 삼중 구조가 평행을 이루고 있다.

가) 창조의 성취(2:1-2)

    1. 완성: 천지만물 다 이루어짐(2:1)

    2. 마침: 일곱째 날에 마치심(2:2a)

    3. 안식: 일곱째 날에 안식하심(2:2b)

나) 성취의 축복(2:3)

    1'. 완성(선언): 그날을 복되고 거룩하게 하심(2:3a)

    2'. 마침: 모든 일을 마치심(2:3b)

    3'. 안식: 그날에 안식하셨음(2:3c)

중심 주제: 미괄식 구조는 3과 3'로서 중심 주제인 '안식'에 있다.

반복된 완성 – 마침 – 안식의 삼중 키워드가 안식으로 결론을 맺는다.

나. 구속사적 의의

창조의 완성으로서 안식:

    창세기는 창조 기사(1:1-2:3)를 안식일로 결론짓는다. 이는 하나님의 창조가 단순한 노동의 끝이 아니라, 언약적 쉼과 교제로 목적을 두고 있음을 보여 준다.

복과 거룩의 날:

    안식일은 단순한 쉼의 날이 아니라 하나님이 거룩하게 구별한 언약의 표징이다. 구속사적으로 이는 후에 모세 율법에서 십계명(출 20:8-11)으로 구체화되고, 신약에서는 그리스도 안에서 성취된다(히 4:9-10).

종말론적 안식의 예표:

    창조의 안식일은 궁극적으로 새 하늘과 새 땅에서 누릴 영원한 안식을 예표한다. 이는 구속사 전체가 지향하는 목표점이다.

다. 신앙경주 적용

경주의 방향: 안식으로

신앙경주는 단순히 달리기 자체가 목적이 아니라, 하나님의 안식에 들어가는 것을 목표로 삼는다(히 4:11).

경주의 현재: 쉼과 거룩의 훈련

매주 안식일(주일)을 지키는 것은 단순한 휴식이 아니라, 복과 거룩을 누리는 경주의 훈련 과정이다. 말씀과 예배 속에서 달리면서 쉼을 배우는 삶이다.

경주의 완성: 영원한 안식

마지막 결승점은 "주 안에서의 쉼"(계 14:13)이다. 따라서 신앙경주는 안식으로 나아가는 길이며, 주일의 거룩한 쉼은 종말의 안식을 미리 앞당겨 체험하는 표지가 된다.

라. 본문 해설

안식일 본문은 짧은 세 절에 불과하지만, 창세기 전체 구조처럼 반복적 병행 구조를 이루며, 그 중심에 '완성 – 마침 – 안식'이라는 세 가지 키워드로 구성된다. 이는 창조 사역이 하나님의 계획에 따라 완전하게 성취되었음을 드러낸다. 이 과정에는 삼위일체 하나님의 능력과 조화로운 협력이 내재해 있다. 성부 하나님이 창조를 주관하시고, 말씀되신 성자 하나님이 함께 역사하시며, 성령 하나님께서 능력으로 이루신 결과다. 창조는 완전하고 완벽했으며 그 자체로 조화와 질서의 정점이었다.

1. 완성: 천지만물 다 이루어짐(2:1)

1 천지와 만물이 다 이루어지니라

첫 번째 키워드는 '**완성**'이다. 창조가 완전하고 질서 있게 끝났다는 신적 선언이다. 하나님께서 설계하신 빛과 궁창, 땅이 구분되고 채워졌으며, 그로 인해 천지와 만물이 완성되었다. 이는 인간의 이성으로는 상상조차 할 수 없는 위대한 사역이다. 단순히 어떤 일이 '끝난 것'이 아니라, 하나님의 뜻과 계획 안에서 성취되었다는 것이 강조된다. 창조의 완성은 하나님의 지혜와 전능함을 드러낸다.

2. 마침: 일곱째 날에 마치심(2:2a)

2a 하나님이 그가 하시던 일을 일곱째 날에 마치시니

두 번째 키워드는 '**마침**'으로, 창조는 말씀으로 시작되었고, 그 말씀의 흐름은 반드시 완결점을 지닌다. 이는 자연의 이치이며 신적 질서의 반영이다. 하나님은 창조 사역을 일곱째 날에 마치셨다고 선언하신다. 여기서 '일곱째 날'은 성경에서 완전함과 거룩함을 상징하는 숫자로, 하나님의 창조 사역이 중단 없이, 방해받지 않고 완성되었음을 의미한다. 누구도 하나님의 창조를 막을 수 없으며, 창조는 그분의 절대적 주권 아래 완결되었다.

3. 안식: 일곱째 날에 안식하심 (2:2b)

2b 그가 하시던 모든 일을 일곱째 날에 안식하시니라

세 번째 키워드는 '**안식**'이다. 하나님은 6일 동안 창조 사역을 마치신 후, 7일째 되는 날에 쉬셨다. 이 안식은 단순한 휴식이 아니라, 창조의 완성과 하나님의 통치가 시작되는 상징적 쉼이다. 오늘날 인간은 안식일의 본질을 잊고 효율성과 편리함만을 추구하려 한다. 5일제 근무에서 나아가 4일제, 3일제 근무제까지 논의되고 있지만, 아무리 과학기술(AI 등)이 발전해도 안식의 원리를 무시하면 인간성은 타락하게 되어 있다. 안식은 단순한 제도가 아니라 하나님의 질서에 참여하는 방식이며, 이 원리를 무시할 때 세상은 무질서로 향하게 된다. 결국, 이는 새 하늘과 새 땅 —곧 주님의 나라— 를 갈망하게 만드는 계기가 될 수 있다. 이런 의미에서 안식일의 원리는 시대를 초월해 여전히 본질적이다.

4. (1') 완성(선언): 그날을 복되고 거룩하게 하심(2:3a)

> 3a 하나님이 그 일곱째 날을 복되게 하사 거룩하게 하셨으니

본문은 하나님께서 일곱째 날에 복을 주시고, 거룩하게 하셨다(קדשׁ)고 선언한다. 이는 시간의 일부가 거룩하게 구별된 첫 번째 선언이며, 안식일이 단순한 휴식일이 아니라 하나님의 기쁨과 복의 날임을 보여준다. 하나님께서 그날에 복을 주셨다는 것은, 그날이 생명과 번영의 통로가 되며, 그날을 기억하고 지키는 자들에게 함께하시겠다는 약속의 표현이다. "거룩하게 하셨다"는 말은 시간 자체가 거룩하게 구별되었다는 의미로, 하나님께서 이 날을 자신의 뜻과 기쁨을 반영하는 날로 삼으셨음을 나타낸다. 이 장면은 마치 인간이 자신의 계획이 성취되었을 때 잔치를 열고 기뻐하는 것처럼, 하나님께서도 창조의 완성을 안식일로 기념하시며, 그날을 성대하게 구별하셨음을 보여준다. 하나님이 가장 기뻐하시는 삶은 '거룩'이며, 안식일은 그 거룩함이 시간 속에 실현된 날이다.

5. (2') 마침: 모든 일을 마치심(2:3b)

> 3b 이는 하나님이 그 창조하시며 만드시던 모든 일을 마치시고

본문은 하나님이 창조하시며 만드시던 '모든 일'을 마치셨다고 말한다. 이는 단순한 종료가 아닌, 하나님의 질서와 계획 속에서 창조가 완성되었음을 강조한다. '창조하시며', '만드시던', '모든 일'이라는 반복 표현은 창조의 모든 과정을

포괄적으로 요약하며, 마무리의 중요성을 드러낸다. 창조는 말씀으로 시작되었고, 그 말씀은 반드시 완결점을 갖는다. 이는 자연의 이치이며 동시에 신적 질서의 반영이다.

6. (3') 안식: 그날에 안식하셨음 (2:3c)

3c 그 날에 안식하셨음이니라

세 번째 키워드인 '안식'이 다시 반복된다. 이것은 안식일의 중요성을 강조하려는 것이다. 안식일의 원리는 시대를 초월하여 유효하며, 창세기에서의 안식일 개념은 성경 전체의 안식신학의 기초로 기능한다. 하나님이 주신 쉼의 본질을 바로 아는 것은 오늘날 그 어느 때보다 중요하다. 끝으로 안식일은 창조의 절정이자 거룩한 질서이다. 안식일은 인간에게 먼저 주어진 계명 이전에, 하나님께서 먼저 '복을 주시고 거룩하게 하신 시간'이다.

도표 7> 세상의 시작(1:1-2) 메트릭스

구분	본문 사건	구조 요지	구속사 의의	신앙경주 적용
1-1 창조	선택 천지창조 (1:1-2:3)	A-B-C A'-B'-C'	구속사의 출발점, 인간은 언약적 존재로 창조됨	창조 목적의 회복 — 질서·안식·사명의 삶

[참고 사항 2] 장과 절에 대한 고찰

창세기 1:1-2:4을 구조 분석하였다. 이러한 분석에 비추어 볼 때, 창조 기사에 대한 장절 구분 역시 재고되어야 한다. 전통적으로는 창세기 1장을 1:1-31절로 구분하지만, 본문의 서사적 구조와 신학적 의도에 따르면 2:1-3(또는 2:4a까지)도 창조기사의 핵심 결론에 해당한다. 따라서 창조기사는 창 1:1-2:3(또는 2:4a)까지로 보는 것이 더 합리적이다. 현재의 장절 구분처럼 안식일 본문이 별도의 2장으로 분리되는 것은 전체 흐름을 왜곡시킬 수 있으며, 창조의 완성을 강조하려는 본문의 구조적 의도를 희석시킨다.

더 나아가, 구약성경의 히브리어 원본(마소라 본문)에는 장과 절의 구분이 존재하지 않았다. 중세 교회에서 처음으로 장 구분이 시도되었다. 오늘날 우리가 사용하는 장 구분 체계는 13세기 초, 영국 캔터베리 대주교인 스티븐 랭턴(Stephen Langton)이 만든 것이 가장 큰 영향을 끼쳤다(약 1205년경, 파리). 히브리어 성경 사본에는 1330년부터 표기되었다. 구약성경은 유대인들이 오래 전부터 회당에서의 낭독을 위해 히브리어 성경을 작은 단위로 나누어 읽었다. 하지만 오늘날의 숫자 절 번호 체계는 없었다. 현재의 절 구분은 16세기 인쇄술 시대에 본격적으로 정착되었다. 신약성경의 절 번호 체계는 1551년 프랑스 인쇄업자인 로베르 에스티엔(Robert Estienne, Stephanus라고도 불림)이 그리스 신약을 인쇄하면서 처음 넣었다. 이렇게 만들어진 장절 체계는 1560년 제네바성경(Geneva Bible)에서 처음으로 현대식 장절 구분이 완전히 자리 잡았고, 이후 킹 제임스성경(1611년)을 거쳐 지금까지 전 세계 성경에 동일하게 사용되고 있다. 구약의 절 번호는 16세기 유대학자 자크 보뵈(Jacob ben Hayyim)가 편집한 마소라 본문 판(1525년판)에서 처음으로 통일된 형식을 갖추었다(*The Literary Structure of the Old Testament,* David A. Dorsey, 1999).

이처럼 장절 구분은 본문의 구조나 문학적 흐름이 아닌, 독서와 인용의 편의성을 위해 삽입된 것이다. 따라서 본문의 서사적 구조와 신학적 논리에 따라 장절 체계를 비평적으로 재조정하는 시도는 학문적으로 정당하며, 해석학적 깊이를 더하는 데 매우 유익하다. 따라서 창세기를 구조 분석하면서 구조가 키워드 중심으로 정확하게 맞아 떨어지는 부분을 새로운 장절로 구분하는 것도 하나의 대안이 될 수 있다.

제 2 장

타락한 부자(父子): 아담과 가인
(2:4-4:26)

저자는 창세기 2:4-4:26을 아담과 가인의 타락이라는 부자(父子) 관계에 주목하여 배열하였다. 본문에 반복적이고 병행적인 구조가 사용된 사실은 이러한 의도를 뒷받침한다. 이 단락은 아담과 가인의 타락한 삶을 적나라하게 드러내며, '그 아버지에 그 아들'이라는 시각 속에서 죄의 유전성과 심화 과정을 강조한다. 그러나 동시에 그 가운데서도 하나님의 새로운 역사가 시작된다. 죄를 범한 자에게는 심판이 임하지만, 회개하는 자에게는 용서와 은혜가 주어지며, 그 은혜는 당사자뿐 아니라 후손에게까지 이어진다. 따라서 본문의 구조는 하나님의 은혜의 계승과 죄의 계승이라는 두 흐름을 대조적으로 드러내며, 이를 통해 하나님의 구속 역사를 조명하려고 한다.

가. 구조적 주해

아담과 가인의 죄 짓는 모습이 반복된 병행구조에 담겨 있는 4가지 키워드를 중심으로 아래와 같이 전개된다.

타락한 부자: 아담과 가인(2:4-4:26)

서론(X): 땅의 초기 상태(2:4-6)

1. 아담의 타락(2:7-4:2)

A. **사명**: 에덴 지킴이	2:7-25
B. **타락**: 명령에 불순종	3:1-3:7
C. **심판**: 쫓겨남	3:8-24
D. **후손**: 가인/아벨	4:1-2

2. 가인의 타락(4:3-4:24)

A'. **사명**: 제사 드림이	4:3-5a
B'. **타락**: 아벨을 쳐 죽임	4:5b-8
C'. **심판**: 저주를 받음	4:9-15
D'. **후손**: 에녹(4명)/라멕(3명)	4:16-24

결론(Y): 아벨 대신 셋을 얻음(4:25-26)

서론(X): 땅의 초기 상태를 보여준다.

1. 아담의 타락(2:7-4:2):

사명 - 타락 - 심판 - 후손으로 이어지는 4단계로 구성되었다.

2. 가인의 타락(4:3-24):

동일한 틀(사명 - 타락 - 심판 - 후손)이 반복, 점층적으로 심화된다.

결론(Y): 셋을 통해 경건한 후손의 계보가 이어지며 구속사적 희망이 다시 열린다.

(가) 반복된 병행구조(미괄식): A-B-C / A'-B'-C'

    A / A' (사명) : "에덴 지킴이" ↔ "제사 드림이"

    B / B' (타락) : "명령에 불순종" ↔ "아벨을 쳐 죽임"

    C / C' (심판) : "쫓겨남" ↔ "저주를 받음"

    D / D' (후손) : 가인/아벨 ↔ 에녹(4명)/라멕(3명)

(나) 미괄식 병행구조로서 끝부분(D/D')이 중심 주제를 나타낸다

아담의 후손들이 태어나지만 그들도 죄를 범하게 되는 것을 강조한다. 정리하면, 아담/가인 구조(2:4-4:26)는 "타락 속에서도 이어지는 계보, 끊기지 않는 구속사의 경주"를 보여준다. 이처럼 동일한 키워드 순서(사명, 타락, 심판, 후손)를 통해 저자는 죄의 패턴이 반복되며 점점 심각해지는 구조를 청중/독자에게 자연스럽게 인식시킨다.

도표 8> 아담/가인 구조 (2:4-4:26) 구조·구속사·신앙경주

구간	본문	구조	구속사적 의미	신앙경주적 교훈
X 서론	2:4-6	땅의 초기 상태	인간 창조와 에덴의 준비 → 언약의 무대 마련	신앙 경주는 하나님의 질서 안에서 시작됨
A 사명	2:7-17	에덴 지킴이, 선악과 금지 명령	아담을 대표 언약자로 세우심	신앙 경주의 출발은 '사명 인식과 순종'
B 타락	2:18-3:7	명령 불순종, 선악과 사건	언약적 불순종으로 인한 죄의 시작	불순종은 신앙 경주에서 가장 치명적 장애
C 심판	3:8-24	추방, 땀·고통, 죽음	죄의 결과: 관계 단절·죽음 → 구속 필요	심판은 멈춤이 아니라 경주를 새롭게 조정하는 징계
D 후손	4:1-2	가인과 아벨 출생	구속사는 후손 안에서 계속됨	신앙 경주는 세대 간 이어지는 계주(race)
A' 사명	4:3-5a	제사 드림(아벨: 열납/가인: 열납無)	하나님께 드림은 언약 관계 유지의 길	신앙 경주는 '제사'라는 예배로 지속됨

B' 타락	4:5b-8	가인, 아벨을 살해	죄가 세대 안에서 확대됨	
C' 심판	4:9-15	저주, 방황	죄인에게도 보호의 표	회개 없는 가인은 은혜를 입지 못함
D' 후손	4:16-24	가인의 도성, 라멕	타락의 계보: 폭력과 교만 확대	
Y 결론	4:25- 26	셋 출생, 에노스 때 여호와 이름 부름	경건한 계보 회복 → 메시아 계보 준비	신앙 경주는 회복과 새 로운 출발로 완주 가능

나. 본문 해설

천지가 창조된 직후, 땅 위에서 두 가지 중요한 사건이 발생한다. **첫째**, 아담은 아내 하와가 건넨 선악과를 먹음으로써, 하나님께서 맡기신 에덴동산을 지키는 사명을 수행하는 데 실패했다. **둘째**, 그의 아들 가인은 농부로서의 사명을 온전히 감당하지 않고, 자신의 방식대로 하나님께 제사를 드렸다. 그러나 그 제사는 하나님께 열납되지 않았으며, 이에 분노한 가인은 결국 의로운 동생인 아벨을 죽이는 중대한 죄를 저질렀다.

이러한 범죄들로 인해 아담과 가인 모두 하나님 앞에서 피할 수 없는 죄인이 되었고, 그들의 삶은 죄의 낙인을 피할 수 없게 되었다. 그러나 아버지 아담은 하나님이 입혀주신 가죽옷을 입고 쫓겨났지만, 이후 회개의 삶을 살면서 결국 하나님의 은총 안에서 회복되었다(창 5:1-2). 이에 반해 가인은 회개하지 않고 오히려 불평함으로 하나님의 심판을 받아 떠돌이로 살아가게 되었다.

이와 같은 사실은 저자가 본문에 담은 구조적 의미, 곧 키워드를 중심으로 한 병행구조 안에서 더욱 분명하게 드러난다. 이러한 구조를 바탕으로 본문을 주해하면, 단순한 사건 나열을 넘어, 인간의 타락과 하나님의 구속 의도 사이의 긴장과 희망을 보다 깊이 있게 이해할 수 있게 된다.

서론(X): 땅의 초기 상태(2:4-6)

4 이것이 천지가 창조될 때에 하늘과 땅의 내력이니 여호와 하나님이 땅과 하늘을 만드시던 날에 5 여호와 하나님이 땅에 비를 내리지 아니하셨고 땅을 갈 사람도 없었으므로 들에는 초목이 아직 없었고 밭에는 채소가 나지 아니하였으며 6 안개만 땅에서 올라와 온 지면을 적셨더라

위 본문은 지구의 초기 원시적 상태를 소개하는 내용으로, 이는 '두 번째 창조'를 말하려는 것이 아니라, 하나님께서 창조하신 '땅'의 시간과 공간적 조건을 설명하려는 것이다. 4절은 창조의 서두로, '태초의 시간'을 강조하며 "하늘과 땅의 역사"(톨레돗, תּוֹלְדוֹת)를 소개한다. 여기에서 **톨레돗**은 히브리어로 '역사', '자손', '계보'를 뜻하며, 창세기의 구조적 특징 중 하나로, 인물 중의 내러티브 전개를 연결하는 기능을 하며, 하나님의 구속 역사가 어떻게 발전하는지를 보여준다.

본문이 묘사하는 당시 상황은 아직 인간이 존재하지 않았고, 들과 밭에도 초목이나 채소가 자라지 않은 상태였다. 대신, 안개만 지면에서 올라와 온 땅을 적시고 있었다. 이는 생명체가 활동하기 이전의 원시 상태를 묘사한 것으로, 창세기 1:2에서 보이는 땅의 혼돈 상태와 유사한 분위기를 형성한다.

따라서 본문 5-6절은 제2의 창조 사건을 묘사하려는 것이 아니라, 하나님이 창조하신 공간인 '땅'이 어떻게 준비되고 있었는지를 보여주는 것이다. 이는 시간(태초)과 공간(땅)에 대한 본격적인 신학적 서론으로 기능하며, 곧 이어질 인간 창조의 무대를 설명하는 중요한 배경이 된다.

A. 사명: 에덴 지킴이(2:7-25)

7 여호와 하나님이 땅의 흙으로 사람을 지으시고 생기를 그 코에 불어넣으시니 사람이 생령이 되니라 8 여호와 하나님이 동방의 에덴에 동산을 창설하시고 그 지으신 사

람을 거기 두시니라 9 여호와 하나님이 그 땅에서 보기에 아름답고 먹기에 좋은 나무가 나게 하시니 동산 가운데에는 생명 나무와 선악을 알게 하는 나무도 있더라 10 강이 에덴에서 흘러 나와 동산을 적시고 거기서부터 갈라져 네 근원이 되었으니 11 첫째의 이름은 비손이라 금이 있는 하윌라 온 땅을 둘렀으며 12 그 땅의 금은 순금이요 그 곳에는 베델리엄과 호마노도 있으며 13 둘째 강의 이름은 기혼이라 구스 온 땅을 둘렀고 14 셋째 강의 이름은 힛데겔이라 앗수르 동쪽으로 흘렀으며 넷째 강은 유브라데더라 15 여호와 하나님이 그 사람을 이끌어 에덴 동산에 두어 그것을 경작하며 지키게 하시고 16 여호와 하나님이 그 사람에게 명하여 이르시되 동산 각종 나무의 열매는 네가 임의로 먹되 17 선악을 알게 하는 나무의 열매는 먹지 말라 네가 먹는 날에는 반드시 죽으리라 하시니라

이 본문은 성경에서 난해한 구절 중 하나로, 해석에 신중을 기할 필요가 있다. 하나님께서는 첫 사람 아담을 창조하시고 에덴동산에 두시며, 동산에 있는 각종 나무의 열매는 자유롭게 먹되, 동산 중앙에 있는 선악을 알게 하는 나무의 열매만은 먹지 말라고 명령하셨다. 그렇다면 하나님은 왜 이러한 명령을 주셨을까? 왜 아담에게 무제한적인 자유가 아닌, 제한된 자유를 허락하셨을까? 이 질문에 대한 해답은 본문에 담긴 저자의 의도된 병행구조를 분석함으로 더욱 명확해질 수 있다. 해당 본문은 하나님께서 아담을 창조하신 후, 그를 에덴동산의 청지기로 삼으시고, 그 사명을 충실히 감당하도록 명령하시는 장면이다. 이 내용은 아래에 제시될 반복적 병행구조 안에 담겨 있으며, 이를 통해 하나님과 인간 사이의 관계, 그리고 인간에게 부여된 자유와 책임의 의미를 보다 깊이 이해할 수 있다.

가. 구조적 주해

첫 번째 키워드는 '사명'이다. 아담이 에덴의 지킴이가 된다. 사명의 구조는 아래와 같이 세 번 반복된 병행구조로 되어 있다.

사명 <에덴 지킴이>(2:7-25)

1. **사람**: 아담이 생령이 됨	2:7
2. **에덴**: 지킬 사람을 둠	8
3. **동산**: 두 나무가 있음	9
1'. **강**: 네 개의 강이 흐름	10-14
2'. **에덴**: 지킬 사람을 둠	15
3'. **동산**: 금기 명령	16-17
4. **배필** : 배필 창조	18-25

위 본문은 변형된 병행구조(1 → 2 → 3 / 1' → 2' → 3' → 4)로 구성되어 있다. 이 구조의 특징은 마지막 요지 3'에 강조점을 둔다. 4는 변형된 병행구조의 요지로 강조점이 추가된다.

1-1': 사람/강

요지1(7절)에서는 하나님께서 사람에게 생기를 불어넣으심으로 그가 살아 있는 영이 되었디 (1). 이는 '사람'이 생명의 주체로 창조되었음을 보여준다. 반면, 요지 1'(10-14절)에서는 에덴에서 흘러나온 강이 네 갈래로 나뉘어 동산 전역을 적시는 장면이 등장하고, 이처럼 사람과 강은 각각 에덴동산의 주체(사람)와 생명력을 공급하는 객체(강)로 등장하며, 창조 질서 안에서 생명의 흐름을 상징적으로 보여준다.

2-2': 에덴(사람의 배치)

하나님은 에덴에 동산을 창설하시고(2), 그곳에 사람을 두셨다. 이어지는 2'에서는 그 사람에게 동산을 경작하고 지키게 하셨다. 이는 단순한 존재의 배치를 넘어, 사람에게 주어진 청지기적 사명과 책임을 강조하는 대목이다.

3-3': 동산(금기 명령의 선포)

하나님은 동산 중앙에 선악을 알게 하는 나무를 두셨고(3), 아담에게 그 열매를 따먹지 말라고 명령하셨다. 이어 3'에서는 그 명령의 결과를 분명히 밝히신다. 즉, 동산 가운데 있는 "그 나무의 열매를 먹는 날에는 반드시 죽게 될 것이다." 이는 하나님의 명확한 경고이자, 인간에게 주어진 자유의 한계와 책임을 규정짓는 금기명령이다. 이처럼 각 요지들은 상호 대비를 이루면서 점층적으로 주제를 전개한다.

4: 배필(가정 창조)

변형된 병행구조의 특징상 중심 메시지가 3'와 더불어 4에 미괄식 형태로 제시되어 있다. 그 핵심은 바로 아담에게 주어진 '선악과를 따먹지 말라'는 하나님의 강력한 금기명령에 이어 가정을 창조하시는 복이다. 이 '명령'과 '축복'의 구조를 바탕으로 각 키워드에 따라 본문을 주해하면, 단지 창조 이야기의 일부가 아닌, 하나님과 인간 사이의 관계, 사명의 위임, 자유와 책임, 가정의 중요성의 본질이 어떻게 설정되어 있는지를 신학적으로 깊이 있게 이해할 수 있다.

나. 본문 해설

1. 사람: 지킬 사람을 둠(2:7)

> 7 여호와 하나님이 땅의 흙으로 사람을 지으시고 생기를 그 코에 불어넣으시니 사람이 생령이 되니라

하나님께서 사람을 창조하신 과정은 세 단계로 나타난다. 첫째, 하나님은 사람을 흙(아파르, עָפָר)으로 빚으셨다. 둘째, 그의 코에 생기를 불어넣으셨고, 셋째, 그 결과 사람은 생령(네페쉬 하야, נֶפֶשׁ חַיָּה)이 되었다.

먼저, 사람을 흙으로 만드셨다는 것은 인간의 육체가 물질적 요소, 곧 땅에서 비롯된 유한한 존재임을 상징한다. 이는 인간이 창조주의 특별한 손길로 만들어진 존재라는 점을 드러내며, 인간의 겸손한 출발과 존재의 한계를 보여 준다.

다음으로, 생기를 그 코에 불어 넣으셨다는 것은 인간이 단지 육체적 존재에만 머무르지 않고, 하나님의 호흡이 임함으로 영적 생명을 지닌 존재로 완성되었다는 뜻이다. 여기에서 '생기'는 단순한 바람이 아니라, 하나님의 생명력, 곧 '생명의 숨'을 의미한다(참조: 욥기 33:4). 즉, 인간은 육체와 영이 결합된 독특한 존재로 창조된 것이다.

마지막으로, '생령'이 되었다는 말은 단지 생물학적으로 살아 있는 것을 넘어서, 영혼을 지닌 살아 있는 인격체로 존재하게 되었음을 뜻한다. 비록 '네페쉬 하야'는 동물에게도 사용되는 표현이지만(창 1:20, 30), 인간의 경우 하나님의 형상을 따라 창조되었다는 점에서 존엄성과 관계성, 곧 하나님과 교제할 수 있는 존재라는 특별한 의미를 갖는다.

따라서 흙으로 빚어 생기를 불어넣어 생령이 되게 하신 창조의 방식은, 하나님께서 생명의 유일한 근원이심을 드러내려는 저자의 신학적 의도가 담긴 진술이라 할 수 있다.

2. 에덴: 창설하심(2:8)

> 8 여호와 하나님이 동방의 에덴에 동산을 창설하시고 그 지으신 사람을 거기 두시니라

하나님은 에덴을 창설하시고, 그곳을 맡아 지킬 청지기로 아담을 세우셨다.

이로 보아 에덴은 단순한 거주 공간이 아니라, 하나님의 복이 충만한 특별한 장소임을 알 수 있다. 성경은 하나님께서 아담을 에덴에 '두셨다'고 말하는데, 여기서 사용된 히브리어 '심'(שִׂים)은 단순히 위치시키는 행위가 아니라, 특정한 목적에 따라 배치하다는 의미를 담고 있다. 다시 말해, 이는 아담이 사명을 부여받은 자로서 에덴에 세워졌음을 암시한다. 그 목적은 창세기 2장 15절에서 분명히 나타난다. "여호와 하나님이 그 사람을 이끌어 에덴동산에 두어, 그것을 경작하며(아바드, עָבַד) 지키게(샤마르, שָׁמַר) 하시고." 여기서 '아바드, עָבַד'는 "섬기다", "돌보다", "일하다"는 의미를 가지며, 단순한 노동을 넘어 예배적 책임까지 내포한다. '샤마르, שָׁמַר'는 "보호하다", "지키다"라는 뜻으로, 주어진 것을 책임 있게 보존하는 청지기의 역할을 강조한다.

따라서 하나님께서 아담을 에덴에 두신 것은 단지 거처를 제공하신 것이 아니라, 하나님과의 언약적 관계 속에서 맡겨진 사명을 수행하게 하신 것이다. 에덴은 인간의 창조 목적이 실현되는 공간이며, 인간은 그 안에서 섬기며 지키는 존재로서 하나님의 뜻을 실현해야 했다.

3. 동산: 두 나무가 있음(2:9)

> 9 여호와 하나님이 그 땅에서 보기에 아름답고 먹기에 좋은 나무가 나게 하시니 동산 가운데에는 생명 나무와 선악을 알게 하는 나무도 있더라

에덴의 동산은 성경 전체에 걸쳐 중요한 신학적 의미와 상징성을 지닌다. 이 동산은 하나님께서 에덴이라는 지역의 중심에 의도적으로 마련하신 거룩한 공간으로, 단순한 정원이 아니라 하나님과 인간이 직접 교제하는 장소이다.

창세기 3장 8절에서 "여호와 하나님이 동산에 거니시는" 장면은, 훗날 율법 시대의 성소(聖所)에서 하나님이 임재하시는 모습을 떠올리게 한다. 이러한 맥락에서 에덴의 동산은 종종 '원초적 성전' 혹은 '첫 성소'로 이해된다.

이 거룩한 공간에는 하나님께서 "보기에 아름답고 먹기에 좋은 나무"들을 나게 하셨으며, 동산 중앙에는 생명나무와 선악을 알게 하는 나무가 자리 잡고 있었다. 이 두 나무는 단순한 식물적 존재가 아니라, 아담에게 맡겨진 청지기적 사명의 상징이었다.

특히 "보기에 아름답고 먹기에 좋다"는 표현은, 이 나무들이 아담의 사명을 수행함에 있어 주의 깊게 다루어야 할 존재임을 암시한다. 이 표현은 하와가 유혹받는 장면(3:6)에서도 반복되어, 뱀이 이것을 악용하여 그녀를 타락으로 이끄는 배경이 된다.

따라서 생명나무와 선악을 알게 하는 나무는 단지 "먹으면 안 되는 나무"가 아니라, 인간의 사명, 순종, 자유, 영생, 심판과 연결되는 구속사적 핵심 상징물이다. 이 나무들을 중심으로 에덴동산은 인간의 삶의 목적과 하나님의 통치가 교차하는 공간이며, 성경 전체에서 하나님 나라의 원형적 모델로 기능한다.

4. (1') 강: 네 개의 강이 흐름(2:10-14)

> 10 강이 에덴에서 흘러 나와 동산을 적시고 거기서부터 갈라져 네 근원이 되었으니 11 첫째의 이름은 비손이라 금이 있는 하윌라 온 땅을 둘렀으며 12 그 땅의 금은 순금이요 그 곳에는 베델리엄과 호마노도 있으며 13 둘째 강의 이름은 기혼이라 구스 온 땅을 둘렀고 14 셋째 강의 이름은 힛데겔이라 앗수르 동쪽으로 흘렀으며 넷째 강은 유브라데더라

에덴에서 하나의 강이 흘러나와 동산을 적시고, 거기서부터 네 갈래로 나뉘었다. 이 네 강 —비손, 기혼, 힛데겔, 유브라데— 은 에덴에서 시작되어 사방으로 퍼져나갔다.

첫째, 비손 강은 금이 풍부한 하윌라 땅을 둘렀다. 그 땅에는 순금, 베델리엄, 호마노 같은 귀한 자원이 많았다. 둘째, 기혼 강은 구스 온 땅을 감쌌다. 셋째, 힛

데겔 강은 앗수르 동쪽으로 흘렀으며, 넷째, 유브라데 강은 남쪽으로 향해 흘러 갔다. 이 중 힛데겔과 유브라데는 오늘날의 티그리스와 유프라테스로 알려졌으나, 비손과 기혼은 현대 지리상 그 정확한 위치가 확정되지 않았다.

이 본문은 단순한 지리적 정보의 나열이 아니다. 에덴이 강들의 근원지로 등장한다는 점은 신학적으로 매우 중요하다. 이는 하나님이 생명의 근원이심을 상징적으로 보여주는 구조이다. 에덴에서 흘러나온 물줄기가 동산을 적시고, 이것이 다시 세상으로 퍼져 생명을 공급하듯, 하나님은 창조 세계에 생명의 흐름을 공급하는 근원이심을 드러낸다.

성경에서 에덴은 "물 댄 동산"(사 58:11)과 같은 이미지로, 풍요와 회복의 상징으로 자주 등장한다. 에덴이 없으면 생명을 유지할 수 있는 물줄기 역시 존재하지 않는다. 곧, 자연을 소생시키는 모든 생명의 흐름은 하나님으로부터 출발한다.

이 맥락은 에스겔 37장의 환상과도 연결된다. 마른 뼈들이 하나님의 생기로 인해 소생하듯(겔 37:1-6), 메마른 땅이라도 하나님의 생명수가 흐를 때 꽃이 피고 열매를 맺게 된다.

따라서 본문은 창세기 2장 구조 속에서 1-1'의 병행 관계를 따라, 사람(생기)과 강(물)이 각각 생명의 근원으로써 하나님의 창조 질서에 속해 있음을 설명하고 있다. 하나님께서 흙에 생기를 불어넣으신 것처럼, 에덴에서 시작된 물줄기 역시 세상을 소생시키는 은혜의 통로로 작용한다.

5. (2') 에덴: 지킬 사람을 둠(2:15)

> 15 여호와 하나님이 그 사람을 이끌어 에덴 동산에 두어 그것을 경작하며 지키게
> 하시고

이 구절은 에덴의 지킴이로서 아담에게 주어진 사명을 다시 한번 강조하고

있다. 아담은 하나님의 뜻 가운데 에덴의 청지기로 임명되었으며, 그에게 맡겨진 사명은 단순한 거주가 아니라, 에덴을 관리하고 보호하며 하나님의 명령에 순종하는 삶을 살아가는 것이었다.

아담은 하나님께서 맡기신 역할과 책임을 깊이 인식하여, 사명의식을 가지고 에덴을 충실히 지켜야 했다. 이는 앞서 언급된 에덴 창설의 목적 —곧, 인간으로 하여금 창조주 하나님의 뜻에 따라 청지기 사명을 감당하며 복된 삶을 누리게 하려는 하나님의 계획— 을 다시 강조하는 내용이다.

특히 본문은 하나님께서 아담을 직접 '이끌어'(תוא, 누아흐) 에덴동산에 두셨다고 밝힌다. 이는 아담이 능동적 사명자로 세워졌음을 나타내는 표현이다. 아담은 단지 그곳에서 살도록 허락받은 것이 아니라, '경작하며'(עָבַד, 아바드), '지키는 자'(שָׁמַר, 샤마르)로써 하나님의 창조 질서를 실현하는 사명자였다.

에덴에서의 아담의 삶은 참된 복의 상태였다. 그곳에는 죄도, 고통도, 근심도 없었고, 노동의 수고로움도 존재하지 않았다. 창조된 세계의 자연 질서 속에서 아담은 아침부터 저녁까지 하나님이 주신 식물들을 돌보며, 동산의 청지기로써 사명을 온전히 감당하고 있었다.

이와 같이, 아담은 하나님의 형상대로 지음받은 존재로, 하나님과의 언약적 관계 안에서 맡겨진 일을 수행하며 살았다. 이 사명은 에덴의 질서를 유지하고 하나님의 통치를 실현하는 수단이 되었다.

6. (3') 동산: 선악과 먹지 말라!(2:16-17)

> 16 여호와 하나님이 그 사람에게 명하여 이르시되 동산 각종 나무의 열매는 네가 임의로 먹되 17 선악을 알게 하는 나무의 열매는 먹지 말라 네가 먹는 날에는 반드시 죽으리라 하시니라

하나님께서 아담에게 "동산 중앙에 있는 나무의 열매만은 먹지 말라"고 명령

하시고, "먹는 날에는 반드시 죽을 것이라"고 경고하신 것은 단순한 금지가 아니라, 하나님의 절대적 주권과 인간의 자유의지가 동시에 드러나는 중요한 사건이다. 하나님은 아담에게 선택의 자유를 허락하셨지만, 이 선택에는 죽음이라는 심판이 따른다는 경고도 분명히 주셨다.

그렇다면 이것은 '금기명령'(Prohibitive Command)으로 보아야 할까, 아니면 '행위언약'(Covenant of Works)으로 이해해야 할까? 두 개념은 크게 두 가지 측면에서 구분된다:

1) 첫째는 성격의 차이이다.

금기명령은 특정 행동을 단순히 일방적으로 금지하는 명령이다. 행위언약은 하나님과 인간 사이의 쌍방적 언약 관계 속에서 주어진 조건적 명령이다.

2) 둘째는 조건 여부이다.

금기명령은 이것을 어길 경우, 조건 없이 즉각적인 심판이 따른다. 반면, 행위언약은 지키면 복, 어기면 저주라는 조건적 보응 원리가 따른다(출 19:5-6 참조).

요약하면, 금기명령은 행위 자체를 금하는 것이고, 이를 어길 경우 즉각적인 심판이 수반된다. 반면, 행위언약은 관계적 약속으로, 인간의 순종 여부에 따라 복과 저주가 주어지는 구조를 지닌다. 아담은 단지 명령에 복종하느냐 거역하느냐의 갈림길에 놓인 존재가 아니었다. 그는 하나님의 형상대로 창조된 첫 번째 인간으로, 하나님과 이미 언약적 관계를 맺고 있었으며, 창조 질서 안에서 하나님의 뜻을 실현하는 사명을 부여받은 자였다.

이런 점에서 아담에게 주어진 명령은 단순한 금기 차원이 아니라, 하나님과의 쌍방적 언약 관계 안에서 주어진 책임이었으며, 이는 곧 행위언약의 틀 속에서 이해되어야 한다. 이미 사명자로 임명받은 이상, 그는 관계 안에서 살아가는 존재로 순종의 책임과 불순종에 따른 결과를 인지하고 있었다.

따라서 이 명령은 하나님과 맺은 언약의 조항 중 하나로 이해하는 것이 타당하다. 언약은 또한 단순한 법적 계약이 아니라, 회개와 회복 가능성을 내포한 인격적 관계이다. 하나님은 언약을 통해, 인간이 실패했을 때에도 돌이킬 기회와 은혜를 허락하시는 분이시다.

3) 셋째는 선악과 명령과 율법의 구조적 유사성이다.

아담에게 주어진 이 명령은, 훗날 시내산에서 모세를 통해 주어진 율법(십계명 포함)과 구조적으로 유사하다. 특히 레위기 11–15장의 정결 규례에서는, 먹을 수 있는 것과 먹지 말아야 할 것에 대한 명령과 경고가 구체적으로 나타나며, 이는 선악과 명령과 동일한 패턴을 따른다. 하나님이 아담에게 선악과를 금지하신 이유는, 그와의 언약 관계 안에서 하나님의 거룩하심을 인식하고, 인간으로 하여금 제한된 자유 안에서 복을 누리게 하기 위한 의도였다. 이는 이스라엘에게 율법을 주신 목적, 곧 하나님의 은혜로 구속받은 백성들이 가나안 땅에서 하나님을 잊지 않고, 구별된 삶을 살도록 하는 것과 본질적으로 동일하다.

따라서 선악과 명령은 단순한 제한 규정이 아니라, 하나님의 거룩함을 유지하고, 청지기로서의 사명을 감당하며, 창조의 복을 지속적으로 누리게 하기 위한 언약적 명령이었다.

4) 넷째는 아담에게 순종할 능력이 있었는가?

만일 선악과 명령이 언약적 명령이었다면, 하나님은 아담에게 그 명령을 지킬 수 있는 능력과 여건도 함께 주셨다고 보는 것이 자연스럽다. 이는 하나님이 이스라엘에게 율법을 주셨을 때와 동일하다. 율법에는 수많은 금지 조항이 있으며, 특히 음식·의복 행동과 관련된 규례늘은 거룩한 백성으로서의 구별됨을 요구한다. 마찬가지로 아담에게 주어진 금기명령은, 하나님과의 관계를 유지하며 에덴의 청지기로써의 사명을 잘 감당할 수 있도록 하기 위한 관계적 명령이었다.

5) 다섯째는 선악과를 먹지 말라는 것은 창조 질서 안에서의 언약적 명령이다.

아담은 하나님의 형상대로 지음받은 자로, 하나님과 은혜와 사랑의 관계 안에서 에덴을 청지기로 다스리도록 사명받았다. 선악과 금지명령은 이 관계를 유지하고, 하나님의 주권과 인간의 책임을 동시에 드러내며, 언약의 질서를 실현하게 하는 핵심 조항이었다.

따라서 선악과 명령은 단순한 금지가 아닌, 하나님의 언약 백성으로써 아담에게 주어진 순종의 길이자, 생명과 복을 누리게 하는 하나님의 사랑의 표현이었다.

7. (4') 배필: 아담의 아내를 만드실 계획(2:18-25)

위 본문은 하나님이 아담에게 하와를 배필로 주시는 장면이다. 여기에는 반복된 병행 구조가 네 개의 키워드 중심으로 반복해서 구성되었다.

가. 구조적 주해

배필 실현 2:18-25

1. 배필 계획

a. **배필**: 배필 계획하심   2:18

  b. **지으심**: 흙으로 만듦   19a

    c. **부름**: 동물들의 이름을 부름   19b

      d. **연합**: 모든 생물에게 이름을 줌>   20a

2. 배필 실현

a'. **배필**: 돕는 배필이 없다   20b

b'. **지으심**: 갈비뼈로 만듦   21-22

c'. **부름**; 아내를 여자로 부름   23-23

d'. **연합**: 둘이 한 몸을 이룸   24-25

위 구조는 하나님께서 아담이 혼자 사는 것을 좋지 않게 생각하시고 그를 위해 아내를 만드시는 모습을 보여준다. 이 과정은 두 개의 세부 구조로 나뉜다(1. 배필 계획 2. 배필 실현). 동일한 키워드 순서(배필, 지으심, 부름, 연합)를 통해 저자는 배필 계획이 실현되는 패턴이 반복되며 점점 윤곽이 드러나는 구조를 청중/독자에게 자연스럽게 인식시킨다.

(1) 반복된 병행구조(미괄식): a-b-c-d / a'-b'-c'-d'

a/a' 배필

a: "그를 위한 돕는 배필이 없다"(18절)

a': 다시 "그를 위한 돕는 배필이 없다"(20절)

→ 두 번의 진술은 배필의 부재를 강조하며, 이후 전개가 반드시 필요함을 암시한다.

b/b' 지으심

b: "여호와 하나님이 흙으로 각종 들짐승과 공중의 새를 지으심"(19절)

b': "여호와 하나님이 아담의 갈빗대로 여자를 지으심"(22절)

→ 처음에는 동물들을 지어보시지만, 참된 배필이 아님이 드러난다. 갈빗대로 여자를 지으심은 '적합한 배필'의 결정적 실현을 뜻한다.

c/c' 부름

c: 아담이 "각 생물의 이름을 부름"(19-20절)

c': 아담이 "이제 이는 내 뼈 중의 뼈, 살 중의 살이라 … 여자라 부르리라"(23절)

→ 동물에게 이름을 부른 행위는 통치권의 표시였지만, 결국 동등한 배필은 아내를 '여자'라 부르는 데서만 실현된다.

d/d' 연합

d: 아담이 "모든 생물에게 이름을 주었으나 돕는 배필은 없었다"(20절, 불완전한 연합)

d': "이러므로 남자가 부모를 떠나 그 아내와 연합하여 둘이 한 몸을 이룬다"(24절, 완전한 연합)

→ 구조의 결말은 남녀의 연합이며, 창조 질서의 목적이 드러나는 정점이다.

(2) 중심 주제

구조의 무게 중심은 마지막 d/d'에 있다. '연합'이라는 키워드가 두 차례(부재/실현)로 대비되며, 결국 하나님의 창조 의도 ―인간이 독거하지 않고, 참된 동등한 배필과 함께 연합하도록 하심― 가 선명하게 드러난다.

나. 구속사적 해석

창조 목적의 실현:

하나님은 사람을 독거하는 존재로 두지 않고 관계적 존재로 창조하셨다. 이는 단순히 결혼 제도의 기원을 설명하는 것이 아니라, 공동체의 본질을 드러낸다.

점진적 계시와 대비:

동물 창조 → 이름 부름 → 배필 없음 → 여자의 창조 → 연합이라는 과정은 점진적 대비를 통해 인간에게 필요한 것이 무엇인지를 드러낸다. '부적합한 배필'(동물)과 '적합한 배필'(여자)의 대조는 구속사적으로도 '하나님 백성에게 합당한 언약의 동반자'라는 원리를 상징한다.

연합의 신앙경주적 함의:

> '둘이 한 몸'은 단순한 육체적 결합이 아니라 언약적 연합을 의미한다. 이는 신약에서 그리스도와 교회의 연합(엡 5:31-32)을 예표한다. 즉, 최초의 배필 구조는 장차 신부 된 교회의 구속사적 위치를 가리키는 그림자이다.

다. 신앙경주 적용

배필 부재(결핍) → 우리의 삶의 빈자리를 보여줌
지으심(하나님의 개입) → 하나님만이 진정한 필요를 채우심
부름(인정과 수용) → 신앙고백으로 하나님이 주신 선물을 '여자라 부름'
연합(완성) → 언약적 관계 속에서 '한 몸'으로 살아가는 사명

> 따라서 이 본문은 '신앙경주의 단계적 여정'을 보여준다. 인간의 공허와 결핍이 하나님의 역사 속에서 채워지고, 마지막에 언약적 연합이라는 결승선에 도달하는 구조이다.

라. 본문 해설

1.(a) 동반자(배필): 계획하심 (2:18)

> 18 사람이 혼자 사는 것이 좋지 아니하니 여호와 하나님이 이르시되

하나님은 인간을 하나님의 형상대로 창조하셨고(창 1:26), 하나님 자신은 삼위일체적 관계 안에서 존재하시는 분이시다. 그러므로 인간 역시 관계적 존재로 창조되었으며, 혼자 살아가는 것은 그의 본래적 존재 방식에 부합하지 않는다. "혼자 있는 것이 좋지 않다"는 하나님의 말씀은 단순히 결혼의 필요성을 언급하는 것이 아니라, 인간 존재의 관계성 본질을 강조하는 선언이다.

이 표현은 매우 강한 평가로, 창세기 1장에서 반복되던 "보시기에 좋았더라"

는 하나님의 평가와 의도적으로 대비된다. 창조의 각 단계마다 반복되던 이 표현은 완전성과 질서와 조화를 드러냈지만, 2:18에서의 '좋지 않다'는 말씀은 창조가 아직 미완성 상태에 있음을 드러낸다. 즉, 하나님께서는 인간의 고립된 상태로는 창조 목적이 온전히 이루어질 수 없음을 지적하신 것이다.

이 구절은 여자의 창조, 곧 '돕는 배필'의 필요성을 선언한다. 이는 남자의 결핍을 단순히 보완하기 위해 여자가 창조되었다는 의미가 아니라, 남자와 여자가 서로 상호 보완적 관계 속에서, 하나님께서 주신 사명을 함께 감당하도록 설계되었다는 점을 분명히 보여준다. 하나님께서 말씀하신 '배필'은 동등한 존엄을 가진 인격적 동반자로써, 언약적 공동체를 형성하기 위한 창조의 필수 구성 요소이다.

2.(b) 지으심: 흙으로 만듦(2:19a)

19a 여호와 하나님이 흙으로 각종 들짐승과 공중의 각종 새를 지으시고

하나님께서는 각종 생물들을 '흙'(아파르, עָפָר)으로 지으셨다. 이후 아담에게 그들을 관리하게 하셨다. 여기서 사용된 '지으셨다'는 동사는 히브리어 '야차르'(יָצַר)의 완료형으로, 기본 의미는 "형성하다", "빚다"이다. 이 단어는 마치 토기장이가 진흙으로 그릇을 빚듯이 어떤 형태를 만들고 틀을 잡는 행위를 묘사한다. 따라서 창세기 2:19의 하나님께서 동물들과 새들을 '빚으셨다'는 표현은 단순한 창조 행위를 넘어, 하나님의 기술적이고 장인적인 창조 방식을 강조하는 것이다.

3.(c) 부름: 생물들의 이름을 부름(2:19b)

19b 아담이 무엇이라고 부르나 보시려고 그것들을 그에게로 이끌어 가시니 아담이 각 생물을 부르는 것이 곧 그 이름이 되었더라

하나님께서 아담에게 동물의 이름을 짓게 하신 것은 단순한 식별을 위한 행위가 아니라, 창조 질서 안에서 인간에게 주어진 청지기적 권위를 드러내는 것이었다. 여기에서 사용된 히브리어 '부르다'(카라, קָרָא)는 단순한 명칭 지정이 아니라, 존재의 정체성을 선언하고 정의하는 행위를 의미한다. 이는 아담이 피조 세계를 통찰하고 언어로 조직하며, 권위를 행사하는 존재임을 보여주는 것이다. 결국 이는 인간이 하나님의 창조 사역에 언어적이며 의미론적인 참여자로 부름받았음을 나타낸다.

4.(d) 연합: 생물에게 이름을 줌(2:20a)

20a 아담이 모든 가축과 공중의 새와 들의 모든 짐승에게 이름을 주니라

'이름'은 성경에서 단순히 무언가를 호명하거나 지칭하는 행위를 넘어, 존재의 본질을 인식하고, 그것에 대한 권위와 사명을 부여하는 행위를 의미한다. 아담이 하나님께서 창조하신 동물들에게 이름을 짓는 장면(창 2:19-20)은, 인간이 창조 질서 안에서 맡은 고유한 역할과 책임을 상징적으로 드러낸다. 이 행위는 단순한 명명이 아니라, 하나님의 대리 통치자로서의 청지기적 권위와 통찰이 드러나는 장면이다.

동물에게 이름을 붙이는 것은, 인간이 피조세계와 관계를 맺고 이해하며, 질서를 세워가는 과정이다. 이처럼 이름 짓기는 인간과 피조물 사이의 소통 가능성, 그리고 상호 이해를 통한 관계의 형성을 보여준다. 다시 말해, 에덴동산은 하나님과 인간, 인간과 인간, 인간과 동물이 상호 신뢰와 질서 속에서 살아가는 공동체적 공간이며, 서로 연결된 창조 질서의 완성된 모델이다.

또한 이 장면은 하나님께서 인간에게 부여하신 사명의 일부로, 인간은 단지 생물학적 생존만을 위해 창조된 것이 아니라, 관계를 맺고 돌보며 이름을 붙임으로 세상에 의미를 부여하는 존재임을 보여준다. 인간은 그 자체로 하나님과 피조

세계 사이를 연결하는 존재, 곧 언약적 매개자로써의 역할을 감당한다.

따라서 아담이 동물들에게 이름을 짓고 그들과 조화롭게 살아가는 모습은, 하나님과의 관계에서 주어진 공동체 정신, 즉 사랑과 질서, 이해와 책임의 정신이 실현되고 있는 장면이다. 이 정신은 오늘날에도 공동체의 기본 정신, 곧 서로를 이해하고 이름으로 불러주는 관계로 이어지며, 교회, 가정, 사회 공동체의 토대가 되는 영적 질서를 제시한다. 이를 통해 인간과 자연 사이의 공동체적 연합이 나타나며, 인간은 자연을 지배하는 존재이기 이전에 조화롭게 공존하며 돌보는 존재임이 드러난다.

5.(a') 배필: 지으심(2:20b)

> 20b 아담이 돕는 배필이 없으므로

하나님은 아담에게 함께할 수 있는 배필이 없음을 먼저 인식하셨다(창 2:18). 그리고 "사람이 혼자 사는 것이 좋지 아니하니 내가 그를 위하여 돕는 배필을 만들겠다"고 말씀하심으로써, 아담에게 배필의 필요성을 직접 언급하신다. 그러나 실제로 여자를 창조하여 배필로 주시는 장면은 본문 후반부(창 2:21-22)에 등장한다. 이처럼 필요성의 선언과 그 실현 사이에 시간적 간격이 존재하는 이유는 단순한 서술 지연이 아니라, 저자가 의도한 반복적 병행구조(parallel structure)와 깊은 관련이 있다.

구조적으로 저자는 이와 같은 배열을 통해, 배필의 존재가 다른 피조물과는 본질적으로 다르며, 오직 여자가 아담과 본질적으로 하나가 될 수 있는 유일한 존재임을 강조하려는 목적을 가지고 있다. 즉, 하나님이 먼저 배필의 필요성을 선언하신 것(2:18)은, 이후에 아담이 동물들에게 이름을 짓는 과정을 통해 어떤 존재도 자신의 진정한 동반자가 될 수 없음을 스스로 깨닫게 하는 장치이다. 이것은 단순히 시간순의 사건이 아니라, 독자가 '여자'의 창조와 '한 몸'이라는 연합의 의미를 더 깊이 이해하도록 유도하는 설교적·신학적 구조이다.

결과적으로 저자는 이러한 반복과 병행을 통해, 배필은 단순히 외로운 인간에게 주어진 동반자 이상의 존재임을 말한다. 여자는 아담과 한 몸을 이루는 연합의 대상이며, 이는 인간 창조의 정점에서 하나님이 친히 설계하신 공동체의 본질을 드러내는 핵심 요소가 된다.

6.(b') 지으심: 갈비뼈로 만드심(2:21-22)

> 21 여호와 하나님이 아담을 깊이 잠들게 하시니 잠들매 그가 그 갈빗대 하나를 취하고 살로 대신 채우시고 22 여호와 하나님이 아담에게서 취하신 그 갈빗대로 여자를 만드시고 그를 아담에게로 이끌어 오시니

하나님께서 아담을 깊이 잠들게 하신 후, 그의 갈빗대 하나를 취하여 여자를 지으셨다(창 2:21-22). 이 장면은 하나님이 여자를 창조하신 방식이 동물들을 지으신 방식과 본질적으로 다르다는 점을 분명하게 보여준다.

창세기 2:19에서 하나님이 동물들과 새들을 '빚으셨다'는 표현은 히브리어 '야차르'(יָצַר)에서 왔으며, 이는 도예가가 흙으로 그릇을 만들 듯 창조의 기술적이며 장인적인 측면을 강조한다. 반면, 2:22에서 하나님이 여자를 '지으셨다'는 표현은 히브리어 '와이벤'(וַיִּבֶן)으로, 이는 동사 '바나'(בָּנָה)인 "짓다, 세우다, 구성하다"의 완료형이다.

'바나'는 일반적으로 건물이나 구조물을 세우는 데 사용되는 단어로, 단순한 물리적 형성 이상의 구조적·조직적 창조를 의미한다. 따라서 하나님이 여자를 '바나', 즉 "지으셨다"고 표현한 것은, 여자가 아담의 갈비뼈로부터 정교하고 조직적으로 세워졌다는 사실을 강조한다. 이것은 여성이 단순히 독립된 창조물이 아니라, 인간 존재의 내면으로부터 나온 보완적 존재임을 뜻한다.

이 창조 방식은 창세기 2:18에서 하나님께서 "그에게 돕는 배필을 지으리라"

고 하신 말씀과 직접 연결된다. 여자는 사람의 몸에서 떼어내어 구조적으로 세워진 존재로서, 아담과 본질을 공유하면서도 그를 보완하고 연합할 존재로 창조된 것이다.

결론적으로, '바나'라는 동사의 사용은 여성의 창조가 단순한 생물학적 형성 이상의 깊은 설계와 목적 아래 이루어졌음을 보여준다. 동시에 남성과 여성의 관계가 상호보완적인 창조 질서 속에 놓여 있음을 시사한다.

7. (c') 부름: 여자라 부름(2:23)

> 23 아담이 이르되 이는 내 뼈 중의 뼈요 살 중의 살이라 이것을 남자에게서 취하였 은즉 여자라 부르리라 하니라

아담은 하나님께서 자기 갈비뼈로 지으신 존재를 '여자'(אִשָּׁה, 이샤)라고 두 번이나 반복하여 부르고 있다(창 2:23). 이는 자신에게 돕는 배필이 생긴 것을 기쁘게 여기는 마음의 표현이다. 아담은 하나님께서 자기 갈빗대로 여자를 만드신 것에 대해 감사와 기쁨, 그리고 경이로움이 담긴 찬사를 고백하고 있다.

그는 "이는 내 뼈 중의 뼈요, 살 중의 살이라"는 애정 어린 선언을 통해, 여자를 단순한 피조물이 아닌 자신과 본질적으로 하나 된 존재로 받아들인다. 이는 창세기 2장 21절과 23절에서 갈빗대로 여자를 지으신 창조 사건이 강조되며, 여자의 존재 가치와 소중함을 반복적으로 드러내는 부분이다. 이전까지 어떤 피조물에 대해서도 아담은 이런 기쁨과 환영의 반응을 보이지 않았다. 그러나 여자를 보자마자 그는 본능적이면서도 깊은 정서로 반응하며, 자신에게 꼭 필요한 존재임을 직감한다. "남자에게서 취하였은즉 여자라 부르리라"는 고백은, 단순한 명명이 아니라 존재의 정체성과 관계의 의미를 부여하는 부름이다. 즉, 이름을 부르는 행위 자체가 관계의 시작이며, 책임 있는 연합의 선언인 셈이다.

결국 이 반복된 고백은 남자에게 여자가 얼마나 필요한 존재인지를 암시하며,

부름과 응답, 존재의 관계성이라는 창조 본래의 목적을 드러낸다. 아담의 이 반응은 하나님이 계획하신 결혼과 공동체의 창조가 얼마나 인격적이며 목적 있는 설계였는지를 증언하는 장면이라 할 수 있다.

8. (d') 연합: 둘이 한 몸(2:24-25)

> 24 이러므로 남자가 부모를 떠나 그의 아내와 합하여 둘이 한 몸을 이룰지로다 25 아담과 그의 아내 두 사람이 벌거벗었으나 부끄러워하지 아니하니라

'한 몸'(창 2:24)이 된다는 것은 단순한 육체적 결합을 넘어, 정신적·영적·육체적 연합을 모두 포함하는 깊은 의미를 지닌다. 이는 부부가 단순히 하나의 공동체를 이루는 차원을 넘어서, 전인격적으로 하나가 되는 친밀한 결합을 뜻한다. 그래서 남자는 부모를 떠나 아내와 연합하여 새로운 존재, 곧 '한 몸'을 이루게 된다. 이 연합은 여자가 남자와 동등한 인격체임을 전제하며, 둘 사이의 관계가 상호보완적이며 친밀한 동반자 관계임을 상징한다. 창조 질서 속에서 인간은 본질적으로 관계적 존재로 창조되었으며, 결혼은 이러한 관계성의 완성을 보여주는 제도이다. 곧, 가정은 창조 이후 하나님께서 친히 세우신 가장 위대한 공동체이며 창조의 클라이맥스라 할 수 있다.

"둘 다 벌거벗었으나 부끄러워하지 아니하니라"(창 2:25)는 구절은 죄가 들어오기 전 인간 관계의 순수성과 완전한 신뢰를 나타낸다. 이 벌거벗음은 자유와 투명성, 상대에 대한 온전한 수용을 의미하며, 수치나 두려움 없는 완전한 친밀감이 상태를 보여준다.

결혼은 단순한 제도가 아니라, 하나님께서 직접 제정하신 창조 질서의 일부이며, 남녀가 동등한 관계 속에서 서로를 돕고 연합하도록 의도된 하나님의 뜻이다. 그러므로 결혼은 인간 공동체의 근본 구조와 질서, 그리고 하나님의 형상대로 지음받은 자들 간의 신성한 관계를 드러내는 중요한 표징이라 할 수 있다.

도표 9> 배필: 창세기 2:18-25 구조·구속사·신앙경주

구분	본문	구조	구속사적 의미	신앙경주적 교훈
a 배필	2:18	배필 계획 하심	하나님께서 사람의 독처를 '좋지 못하다'고 선언 → 공동체 언약의 출발	신앙 경주는 홀로가 아니라 돕는 배필과 함께 달리는 경주
b 지으심	2:19a	흙으로 만듦	창조 질서 안에서 모든 피조물 지으심 → 인간과 대비 강조	신앙 경주는 하나님의 창조 질서를 인정하는 데서 출발
c 부름	2:19b	이름 부름	아담이 동물들을 분류하고 다스림 → 사명 부여	신앙 경주는 사명 수행(다스림, 분별)을 통해 검증됨
d 연합	2:20a	이름 줌	모든 짐승에 이름을 주었으나 배필 없음	신앙 경주는 한계 인식을 통해 하나님 준비하신 길을 찾음
a' 배필	2:20b	돕는 배필 없음	인간의 한계 확인 → 구속사의 준비 단계	신앙 경주는 자신이 부족함을 깨달음으로 성숙
b' 지으심	2:21-22	갈비뼈로 여자를 지으심	여자가 아담의 갈비뼈로 창조 → 언약적 짝으로 세움	신앙 경주는 하나님이 주시는 관계 안에서 새로운 삶이 열림
c' 부름	2:23	아내를 여자로 부름	아담의 고백 = 언약적 결합 선언 → 메시아 공동체의 모형	신앙 경주는 말씀 고백과 인정을 통해 경주가 강화됨
d' 연합	2:24-25	둘이 한 몸을 이룸	최초의 가정 형성 → 언약 백성 공동체의 기초	신앙 경주의 목표는 연합과 온전한 관계로 완주

B. 타락: 명령에 불순종(3:1-7)

'타락'은 인간이 하나님께 불순종함으로 죄에 빠지게 된 사건을 의미한다. 이는 창세기 3장에서 아담과 하와가 선악과를 먹음으로 발생한 사건으로, 인류 역

사 전체에 영향을 미친 근본적인 죄의 시작이다. 아래의 병행구조는 뱀(사탄)이 아담과 하와를 유혹하여 그들을 타락하게 만드는 장면을 보여준다.

가. 구조적 주해

타락: 명령에 불순종(3:1-7)

1. 뱀의 유혹

1. 선악과: 열매를 먹지 말라 하시더냐?	3:1
2. 유혹: 따 먹으면 죽을까 하노라	3:2-3
3. 눈: 죽지 않고 눈이 밝아질 것	3:4-5

2. 하와의 실패

1'. 선악과: 열매가 탐스럽게 보임	3:6a
2'. 유혹: 탐스러운 선악과를 따 먹음	3:6b
3'. 눈: 눈이 밝아져 벗은 줄 앎	3:7

(가) 반복된 병행 구조(미괄식): 1-2-3 / 1'-2'-3'

1 / 1' 선악과:

　(1) 뱀: "하나님이 참으로 먹지 말라 하셨느냐?" → 금지명령을 왜곡.

　(1') 하와: 열매가 "보암직하고 탐스럽게 여김" → 마음속 욕망 형성.

2 / 2' 유혹:

　(2) 뱀: "죽지 않는다. 오히려 지혜로워질 것이다." → 하나님의 말씀 부정.

　(2') 하와: "열매를 따먹음" → 유혹에 굴복하여 행동으로 옮김.

3 / 3' 눈:

> (3) 뱀: "눈이 밝아질 것이다." → 거짓 약속.
>
> (3') 하와: "눈이 밝아져 벗은 줄 앎" → 수치와 죄 인식.

(나) 이 구조의 중심 주제는 마지막 3/3'에 있다.

뱀은 "눈이 밝아질 것"이라 속였지만, 실제로는 죄의 눈이 열려 부끄러움을 알게 된다. 이렇게 본문은 단순히 뱀과 여자의 대화가 아니라, "말씀의 왜곡 → 욕망의 수용 → 불순종의 행동 → 죄의 눈뜸"이라는 타락의 구조적 패턴을 보여주며, 이는 곧 구속사의 필요성과 신앙경주 과제를 동시에 드러낸다.

나. 구속사적 관점

이 사건은 인류 최초의 불순종으로, 구속사의 전환점이다. 하나님 말씀을 불신하고 다른 길(스스로 하나님처럼 되려는 길)을 선택하면서, 죄와 죽음이 세상에 들어왔다. 그러나 이 타락 사건이 메시아 약속(3:15)을 불러오는 계기가 되었으며 구속사의 시작점이 된다.

다. 신앙경주적 관점

신앙경주는 말씀 신뢰 vs 왜곡된 유혹의 싸움이다.
하와는 "하나님의 말씀을 정확히 붙들지 못한 것"에서 실패했다.
뱀이 던진 작은 왜곡(죽을까 하노라 → 결코 죽지 않는다)이 결국 불순종으로 이어졌다. 따라서 신앙경주는 말씀에 대한 바른 인식과 확신 없이는 승리할 수 없음을 보여준다.

도표 10> 타락: 명령에 불순종 (3:1-7) 구조·구속사·신앙경주

구조 키워드	본문	사건	구속사적 의미	신앙경주적 교훈
1 선악과	3:1	"먹지 말라 하시더냐?"	명령의 왜곡, 죄의 시작점	경주는 말씀의 정확한 인식에서 출발
2 유혹	3:2-3	"먹으면 죽을까 하노라"	하나님의 말씀에 대한 불신	유혹에 굴하지 않는 확신의 믿음 필요
3 눈	3:4-5	"눈이 밝아질 것"	거짓된 구원의 길 제시	하나님 아닌 길은 실패로 끝남
1' 선악과	3:6a	열매가 탐스러워 보임	욕망으로 하나님의 뜻 왜곡	욕망에 끌릴 때 말씀으로 제어해야 함
2' 유혹	3:6b	열매를 따먹음	불순종 → 타락 발생	유혹은 결국 행위로 드러남
3' 눈	3:7	눈이 밝아져 벗은 줄 앎	죄의식과 수치 인식	경주의 실패는 부끄러움과 단절로 귀결

라. 본문 해설

1. 선악과: 열매를 먹지 말라하시더냐?(3:1)

> 1 그런데 뱀은 여호와 하나님이 지으신 들짐승 중에 가장 간교하니라 뱀이 여자에게 물어 이르되 하나님이 참으로 너희에게 동산 모든 나무의 열매를 먹지 말라 하시더냐

뱀이 하와에게 먼저 접근하였다. 이는 여자가 남자보다 상대적으로 약한 면이 있다는 것을 잘 알고 있었기 때문이다. 결국 뱀은 그 약점을 이용하여 하와를 유혹하였다. 그리고 이렇게 묻는다. "하나님이 정말 열매를 먹지 말라고 하셨느냐?" 이는 그녀를 떠보려는 말이었다. 하나님은 아담에게 동산 중앙에 있는 선악과를 따 먹지 말라고 엄히 금하셨고, 따 먹는 날에는 반드시 죽을 것이라고 경고하셨다. 하와는 이 사실을 아담을 통해 전해 들었을 것이다. 뱀 역시 하와가 이

명령을 알고 있다는 것을 알았지만, 직접 계명을 받은 당사자가 아니기에 유혹하기에 더 적합하다고 여긴 것이다. 뱀의 접근 방법은 매우 교묘하다.

이 과정을 분석해 보면 다음과 같다: 접근 → 유혹 → 질문 → 금지명령 → 뱀의 계산이다. 먼저 뱀은 상대적으로 연약한 여자를 택하여 접근하고, 이어서 교묘하게 유혹한다. 그리고 "하나님이 정말 열매를 먹지 말라고 하셨느냐?"라고 질문한다. 이 질문 속에는 하나님의 금지명령을 하와가 정확히 알고 있는지를 시험하려는 의도가 숨어 있다. 만일 조금이라도 약점이 드러나거나 계명을 불분명하게 이해하고 있다면, 그 틈을 타 곧바로 유혹을 강화할 태세를 갖춘 것이다.

우리의 신앙경주 안에도 동일한 원리가 적용된다. 사탄은 언제나 약한 부분을 노려 접근하고, 말씀에 대한 이해가 흐릿하거나 순종이 느슨한 틈을 파고들어 넘어뜨리려 한다. 그러므로 우리는 하나님의 말씀을 바르게 알고 굳게 붙잡음으로, 이러한 교묘한 유혹 속에서 믿음의 경주를 끝까지 달려가야 한다.

2. 유혹: 따 먹으면 죽을까 하노라(3:2-3)

> 2 여자가 뱀에게 말하되 동산 나무의 열매를 우리가 먹을 수 있으나 3 동산 중앙에 있는 나무의 열매는 하나님의 말씀에 너희는 먹지도 말고 만지지도 말라 너희가 죽을까 하노라 하셨느니라

여자가 뱀에게 대답하였다. 다른 나무의 열매는 먹을 수 있지만, 동산 중앙에 있는 나무 열매는 먹지도 말고 만지지도 말라 하셨다며 "너희가 죽을까 하노라"라고 답하였다. 그러나 이는 사실대로 말한 것이 아니었다. 하나님은 분명히 "그 열매를 먹는 날에는 반드시 죽으리라"고 말씀하셨는데, 하와는 이를 "죽을지도 모른다"는 식으로 약화시킨 것이다. 이미 그녀는 뱀의 유혹의 침을 맞아 마음이 흔들린 상태였던 것이다.

사실을 사실대로 말하지 못하는 것은 곧 진리에서 벗어난 태도이다. 믿음의

경주는 언제나 하나님의 말씀을 정확히 알고, 그대로 붙잡는 데서 승패가 갈린다. 조금이라도 말씀을 희석시키거나 자기 생각을 끼워 넣으면, 순간적인 위기를 모면하려는 인간적 계산속에서 결국 믿음이 흔들리게 된다. 이것이 바로 타락의 시작이며, 신앙경주에서 패배로 이어지는 길이다. 이 짧은 본문 내용은 단순히 하와의 실수에 대한 기록이 아니라, 성도의 신앙경주 안에서 말씀을 바로 붙잡지 못했을 때 오는 위험을 강조한다. 이런 점에서 우리는 신앙경주 3단계 구조를 명확히 해야 할 것이다.

첫째, '말씀의 정확성'(Truthfulness of the Word)이다. 하나님은 분명히 말씀하셨다: "네가 먹는 날에는 반드시 죽으리라"(창 2:17).

그러나 하와는 "죽을까 하노라"고 대답했다. 여기서의 차이점은 '반드시'(확실성)를 '죽을지도'(불확실성) 모른다는 식으로 대답했다. 신앙경주의 출발점은 말씀을 정확히 아는 것이다. 말씀을 희석하거나 불분명하게 전할 때 이미 유혹의 틈이 생긴다.

둘째는 '순종'(Obedience)이다. 말씀을 정확히 알았다면 그대로 순종해야 한다. 그러나 하와는 말씀에 자기 생각("만지지도 말라")을 더했고, 핵심("반드시 죽는다")은 약화시켰다. 이처럼 순종이 흐려지면 말씀은 율법주의적(과잉 해석) 혹은 느슨함(약화된 진술)으로 변질된다. 신앙경주에서 순종은 말씀 그대로를 따르는 것이다. 자기 해석을 더하거나 빼면 달리는 경주가 벗어난다.

세 번째는 '경주의 승리'(Victory in the Race of Faith)이다. 신앙경주는 "끝까지 말씀을 붙들고 달려가는 것"이다. 하와는 정확성과 순종을 잃음으로 이미 넘어질 위험한 지점에 들어갔다. 반대로 성도는 말씀의 정확성과 순종을 굳게 붙잡을 때 사탄의 유혹에도 승리하며 경주를 완주할 수 있다. 승리는 출발선(말씀의 정확성)과 과정(순종)에 달려 있다. 이를 지키면 반드시 영적 결승점에 이르게 된다.

단계	뱀의 전략(본문)	신앙경주 적용	교훈
1. 접근	뱀이 하와에게 다가감 (연약한 자를 선택)	사탄은 우리의 약한 부분을 노려 접근함	신앙경주에서 약점을 관리해야 함
2. 유혹	하와를 집중적으로 유혹	연약한 부분을 반복적으로 자극	믿음의 방패로 맞서야 함
3. 질문	"하나님이 정말 먹지 말라 하셨느냐?"	말씀에 대한 지식을 흔듦	말씀의 정확한 이해와 확신이 필요함
4. 금지명령	금지명령을 시험 삼아 확인	하나님의 명령을 의심케 함	신앙경주에서 순종이 곧 승리의 비결
5. 계산	하와의 반응과 약점을 관찰하며 최종 공격	우리의 허술한 틈을 보고 계획 실행	늘 깨어 경주해야 넘어지지 않음

3. 눈: 죽지 않고 눈이 밝아질 것(3:4-5)

4 뱀이 여자에게 이르되 너희가 결코 죽지 아니하리라 5 너희가 그것을 먹는 날에는 너희 눈이 밝아져 하나님과 같이 되어 선악을 알 줄 하나님이 아심이니라

뱀은 여자에게 선악과를 따 먹어도 절대로 죽지 않을 것이라고 말하였다. 이는 완전한 거짓말이었으며, 곧 따 먹도록 유혹하는 말이었다. 그 목적은 인간을 하나님과 원수 관계에 빠뜨리고, 영적으로 죽어 제한된 삶을 살게 하려는 술책이었다. 뱀은 선악과를 먹으면 눈이 밝아져 하나님과 같이 될 뿐 아니라 선과 악을 알게 될 것이라고 말했다. 이는 하나님만이 가지신 지식을 인간도 소유할 수 있다는 주장으로, 자신을 하나님의 위치와 동등하게 올려놓는 교만함을 드러낸 것이었다.

여기서 '눈'이라는 키워드가 중요하다. 뒷부분(7절)에서 눈이 밝아진다는 것은 단순히 육적인 차원이 아니라 영적인 개념이다. 즉, 지금은 죄가 무엇인지 모

르는 순수하고 완전한 상태이지만, 선악과를 먹으면 죄가 무엇인지를 깨닫게 된다는 의미이다. 결국 눈이 밝아졌다는 것은 자신이 죄를 지은 죄인임을 알게 되는 것을 가리킨다. 아담과 하와는 죄가 없는 상태에서 죽지 않고 에덴에서 천국의 삶을 누리고 있었다. 그러나 뱀, 곧 사탄은 하나님의 창조 질서에 대항하여 첫 창조물인 그들을 유혹하고, 하나님과 원수가 되게 하려 했다. 하나님은 "먹는 날에는 정녕 죽으리라"고 말씀하셨지만, 뱀은 "하나님과 같이 될 수 있다"는 거짓말로 유혹하여 죄를 짓게 하고, 결국 인간을 영·육 모두 죽음에 이르게 하려 한 것이다.

따라서 선악과 사건은 단순히 하와를 넘어뜨리려는 것이 아니라, 하나님께 대한 정면 도전이었다. 뱀은 인간을 통해 하나님의 창조 목적을 무너뜨리려는 술수를 사용한 것이다.

4. (1') 선악과: 열매가 탐스럽게 보임 (3:6a)

> 6 여자가 그 나무를 본즉 먹음직도 하고 보암직도 하고 지혜롭게 할 만큼 탐스럽기도 한 나무인지라

여기서 키워드는 선악과이다. 뱀의 말을 들은 하와는 점점 설득당하기 시작하였다. 그 열매는 하나님께서 금하신 금기(禁忌)의 대상이었으나, 이제는 오히려 먹음직스럽고 탐스럽게 보였다.유혹하는 뱀의 침이 그녀의 마음을 파고들면서 시선이 흔들리고 생각이 바뀌기 시작한 것이다. 하와는 그 열매를 보면서 아름답고, 먹고 싶은 욕망이 차오르는 것을 느꼈다. 이때 그녀는 남편과 상의하지 않았고, 말씀을 다시 확인하려는 태도조차 없었다. 오히려 모든 정신이 그 열매 하나에 사로잡혀 있었다. 이는 곧 하와가 뱀의 꾐에 넘어가고 있음을 보여주는 장면이다. 신앙경주의 관점에서 볼 때, 이는 마음을 지키지 못한 결과이다. 경주의 승리는 먼저 시선을 어디에 두는가에 달려 있다. 말씀에서 눈을 돌려 세상의

탐욕과 욕망에 마음을 빼앗기면, 곧 신앙의 경주는 흐트러지고 패배로 이어지게 된다. 그러므로 성도는 끝까지 하나님의 말씀에 시선을 고정하며 경주해야 한다.

5. (2') 유혹: 탐스러운 선악과를 따먹음 (3:6b)

> 6b 여자가 그 열매를 따먹고 자기와 함께 있는 남편에게도 주매 그도 먹은지라

드디어 여자는 그 열매를 따 먹고 말았다. 결국 뱀의 유혹에 넘어간 것이다. 한 번 유혹의 덫에 걸리자 빠져나올 길이 없었다. 여자는 열매를 먹고 즉시 죽지 않았음을 보고 안심하며, 남편에게도 그것을 주었다. 아담 역시 주저하지 않고 하와가 주는 대로 받아먹었다. 이처럼 부부가 함께 선악과를 먹음으로, 그들은 하나님의 명령을 정면으로 어긴 죄인이 되었다.

그 결과, 그들은 하나님과 원수 관계가 되었다. 이는 단순한 과실이 아니라 하나님의 말씀을 거역한 불순종이었기 때문이다. 특히 아담은 하나님이 주신 사명, 곧 에덴의 지기(keeper), 관리자로서의 청지기 직분을 저버리고 말았다. 이제 그는 더 이상 하나님의 뜻을 따라 에덴을 다스리는 사명자가 아니라, 불순종으로 타락한 존재가 되었다.

6. (3') 눈: 눈이 밝아져 벗은 줄 앎(3:7)

> 7 이에 그들의 눈이 밝아져 자기들이 벗은 줄을 알고 무화과나무 잎을 엮어 치마로 삼았더라

이에 그들의 눈이 밝아져 자신들이 벗은 것을 알게 되었다. 이전에는 부끄러움이 없었으나 이제는 수치심이 몰려왔다. 어쩔 줄 몰라 그들은 무화과나무 잎을 엮어 치마로 삼았다. 타락 이전의 눈으로 보는 것과 타락 이후의 눈으로 보는

것은 완전히 달랐다. 타락 전에는 죄가 무엇인지를 알지 못했지만, 이제는 스스로 죄를 지었음을 깨닫게 되었다. 그래서 부끄러움에 자신을 가리려 했던 것이다. 그러나 무화과나무 잎 치마는 단지 인간의 임시방편일 뿐, 하나님 앞에서 죄를 가릴 수 있는 참된 해결책이 되지 못했다.

그들은 이제 더 이상 자유롭지 못하고, 오직 하나님의 처분만을 기다리는 두려움 속에 서 있게 되었다. 이것이 바로 신앙경주에서 말씀을 떠난 불순종이 가져온 참담한 결과였다.

C. 심판: 쫓겨남(3:8-24)

위 본문의 주제는 '심판'이다. 아담과 하와가 죄를 범하여 벌을 받게 되었고, 결국 에덴에서 쫓겨나게 된다. 이 과정에서 하나님은 그들을 찾으시고 잘못을 추궁하며 벌을 내리시지만, 동시에 메시아를 통한 회복의 약속도 주신다. 이 내용이 아래의 대칭구조에 담겨 전개되고 있다.

가. 구조적 주해

심판 <에덴에서 쫓겨남>(3:8-24)

1. 동산 <낮을 피해 동산에 숨음>	3:8
2. 옷 <벌거벗고 두려워 숨음>	3:9-10
3. 아담 <추궁하심>	3:11-12
4. 하와 <추궁하심>	3:13-14
5. 뱀 <저주/메시아 약속>	3:15
4'. 하와 <해산 고통>	3:16
3'. 아담 <노동의 수고>	3:17-19
2'. 옷 <가죽옷을 입혀 주심>	3:20-21
1'. 동산 <동산에서 쫓아냄>	3:22-24

이 구조를 풀어보면 요지가 9개로 된 중앙 중심적 대칭구조이다. 하나님이 아담, 하와 그리고 뱀을 타락의 책임을 차례로 물으신다. 주제의 흐름이 전반부 중심주제 요지5를 향해서 네 개의 키워드가 반복해서 전개된다. 1 → 2 → 3 → 4로 흘러가다 중앙(5)를 지나 다시 4 → 3 → 2 → 1로 펼쳐지면서 끝을 맺는다.

(가) 중앙 중심적 대칭 형태(중괄식) 인물 구조

1 - 1'의 키워드는 '동산'이다.

에덴동산의 지킴이는 아담 자신이다. 하나님은 그에게 동산 중앙에 있는 선악과를 따 먹지 말라고 명령하셨다. 그러나 아담은 결국 그곳에 있던 금기된 선악과를 따 먹었다. 청지기 사명을 저버리고 하나님께 큰 죄를 저질렀다. 그리고 하나님이 무서워서 동산으로 피했다. 하나님은 명령을 어기고 선악과를 먹은 그들을 동산에서 내쫓았다.

2 - 2'의 키워드는 '옷'이다.

아담과 하와가 죄를 지은 이후에 그들은 하나님이 겁이 나 벌거벗은 채로 그곳에서 두려워 떨고 있었다. 그러나 하나님은 그들에게 가죽옷을 지어 입히셨다. 하나님은 심판과 은혜의 병행을 보이고 있다. 아담은 추방되었으나 가죽옷을 통해 은혜가 주어졌다.

3 - 3'의 키워드는 '아담'이다.

하나님이 그를 추궁하셨다. 결국 아담은 노동의 수고를 해야 먹고살게 되었다.

4 - 4'의 키워드는 '하와'이다.

하나님이 그를 추궁하신 후 그녀를 벌하시면서 해산의 고통이라는 수고를 하게 하셨다.

중앙 5의 키워드는 '뱀'이다.

뱀의 사악함이 드러났고 저주를 받는다. 그런 후 여인의 후손을 통해서 메시아가 오실 것을 알려주신다.

(나) 중심 주제

이 구조의 중심점(5번 요지)은 15절이다. 뱀에 대한 저주와 메시아 약속을 중심으로 좌우 대칭을 이루고 있다. 이는 하나님의 심판 속에서도 구속의 약속이 중심에 있음을 보여준다.

나. 본문 해설

이렇게 타락의 의미와 결과를 키워드 중심으로 전반부 키워드(동산 - 옷 - 아담 - 하와)를 살펴본다.

1. 동산: 낮을 피해 동산에 숨음(3:8)

> 8 그들이 그 날 바람이 불 때 동산에 거니시는 여호와 하나님의 소리를 듣고 아담과
> 그의 아내가 여호와 하나님의 낯을 피하여 동산 나무 사이에 숨은지라

아담과 하와는 죄를 짓고 난 후 동산 나무 사이에 숨었다. 그들은 하나님의 낯을 피해 숨어야 할 존재가 되었다. 죄의 결과는 두려움이며, 이는 하나님과의 관계에서 단절이 일어났음을 의미한다.

죄의 시작은 에덴동산에서 뱀(사탄)의 유혹으로부터 비롯되었지만, 근본적으로는 하와의 어리석은 호기심과 욕망, 그리고 아담의 침묵과 방임에서 출발했다. 하나님은 "그 날 바람이 불 때" 동산을 거니셨고, 그분의 임재 소리가 들렸다. 이 소리가 평소에는 아담과 하와에게 기쁨의 소리였지만, 죄를 범한 후에는 두려움의 소리로 변하였다. 그들은 하나님의 임재 앞에서 겁이 나기 시작했고, 하나님을 피하여 나무 사이로 숨는 선택을 한다. 이는 죄가 인간 내면에 두려움, 수치심, 도피 본능을 불러일으킨다는 것을 잘 보여준다. '동산'은 본래 하나님과 교제하

는 공간이었으나, 죄 이후에는 숨고 도망치는 장소로 전락하였다.

2. 옷: 벌거벗고 두려워 숨음(3:9-10)

> 9 여호와 하나님이 아담을 부르시며 그에게 이르시되 네가 어디 있느냐 10 이르되 내
> 가 동산에서 하나님의 소리를 듣고 내가 벗었으므로 두려워하여 숨었나이다

하나님께서 아담을 부르셨다. "네가 어디 있느냐?"(창 3:9) 이에 아담은 하나님의 소리를 듣고 두려워서 동산에 숨었다고 고백한다. 그 이유는 자신이 벌거벗은 것이 부끄러웠기 때문이었다. 여기서 아담이 말한 '벗었으므로'는 히브리어로 "키 예롬 아노키"(כִּי עֵירֹם אָנֹכִי)로, 직역하면 "내가 벌거벗었기 때문입니다"라는 뜻이다. 이 표현은 단순한 신체적 상태 이상을 함축한다. 실제로 창세기 2:25에서는 "둘이 벌거벗었으나 부끄러워하지 아니하였더라"고 기록되어 있다.

그러나 3장에서는 같은 '벗었음'이 이제 부끄러움과 두려움의 원인으로 제시된다. 이 대조는 죄로 인해 인간 내면에 근본적인 변화가 생겼음을 보여준다. 곧, '벌거벗음'은 단순히 육체적 노출을 넘어서, 자신의 죄와 연약함, 그리고 부끄러움이 고스란히 드러나는 영적 상태를 상징한다.

아담이 동산에 숨은 이유는 두 가지다. 첫째, 하나님께 죄를 지었다는 죄책감 때문이고, 둘째, 자신의 수치스러운 상태를 감추려는 본능적인 반응 때문이다. 이 두 감정, 즉 두려움과 수치심은 인간이 죄를 지은 이후 처음으로 경험하게 된 내면의 감정이다. 그리고 이는 오늘날 우리 역시 죄 앞에서 느끼는 감정과 본질적으로 다르지 않다.

"벗었으므로 두려워 숨었나이다"라는 아담의 말은, 더 이상 하나님 앞에 당당히 설 수 없는 상태, 즉 하나님과의 단절과 존재적 불안정을 나타낸다. 인간은 죄로 인해 하나님의 임재 앞에서 안전함과 당당함을 상실했고, 하나님과의 관계가 깨어졌음을 직감하게 된다. 이 표현은 창세기 3장 전체에 반복되는 병행구조

속에서 하나의 중요한 키워드로 기능한다. 특히, 3장 21절에서 하나님이 가죽옷을 지어 입히신 사건과 연결된다. 가죽옷은 죄와 수치를 덮는 하나님의 은혜의 상징이며, 인간의 벌거벗음 —즉 죄로 인해 드러난 부끄러움과 연약함— 을 덮어 주시는 하나님의 구속 행위를 예고한다.

3. 아담: 추궁하심(3:11-12)

> 11 이르시되 누가 너의 벗었음을 네게 알렸느냐 내가 네게 먹지 말라 명한 그 나무 열매를 네가 먹었느냐 12 아담이 이르되 하나님이 주셔서 나와 함께 있게 하신 여자 그가 그 나무 열매를 내게 주므로 내가 먹었나이다

하나님은 이미 모든 상황을 알고 계신다. 그럼에도 "이르시되 누가 네가 벗었음을 네게 알렸느냐?"(창 3:11)라고 물으신다. 이 질문은 단순한 사실 확인이 아니라, 의도된 질문이다. 이는 아담 스스로 자신의 죄를 인식하고 고백하도록 이끄시는 하나님의 교육적 접근이다. 이처럼 질문을 통해 회개를 유도하시는 방식은 구약에서 반복적으로 등장하는 하나님의 문답법이며, 대표적으로 가인에게 하신 "네 아우 아벨이 어디 있느냐?"(창 4:9)에서도 확인할 수 있다. 하나님은 죄를 직접 지적하기보다, 자기 양심을 통한 자각과 자백을 이끌어내시는 분이시다. 이러한 질문은 동시에 죄가 인간 안에 들어왔음을 암시하는 역할도 한다. 곧, '네가 벌거벗음을 알았다는 것'은 이미 무언가 금지된 일이 일어났음을 드러내는 증거인 것이다. 하나님은 이어서 아담을 추궁하신다. "내가 네게 먹지 말라 명한 그 나무 열매를 네가 먹었느냐?" 이 말씀은 단순한 정죄가 아니라, 아담의 죄에 대한 하나님의 깊은 안타까움이 담긴 사랑의 음성이다.

하나님의 질문은 언제나 회개로 이끄는 은혜의 통로다. 그러나 아담은 회개 대신 책임 회피로 반응한다. 그는 "하나님이 주셔서 나와 함께 있게 하신 여자, 그가 그 나무 열매를 내게 주므로 내가 먹었나이다"라고 대답한다. 이 대답은 타

락의 여파가 관계를 어떻게 왜곡시키는지를 단적으로 보여준다. 아담은 자신의 죄를 정직하게 인정하지 않고, 하와와 하나님 탓으로 돌린다. 말의 사실성은 존재하지만, 진실성과 책임감은 결여되었다. 이는 아담이 에덴동산의 청지기로 부여받은 사명을 다하지 못한 결과이다. 사명감이 사라지면 정직도 사라진다. 더 나아가 이 장면은 죄가 인간 내면에 뿌리내릴 때 어떤 모습으로 드러나는지를 명확히 보여준다. 죄는 인간의 내면을 자기중심성, 책임 회피, 타인 비난으로 물들인다. 아담의 죄는 단순히 금지된 열매를 먹은 행위보다 더 깊은 문제, 즉 자신에게 주어진 청지기 사명을 저버린 것에 있다. 이처럼 누구든지 하나님과 이웃 앞에서 자신에게 주어진 역할과 책임이 무엇인지 깨어 있어야 하며, 두렵고 떨림으로 그 사명을 감당해야 한다. 그렇지 않으면, 아담처럼 사탄의 유혹 앞에 무너지고, 결국 자신과 공동체를 모두 파괴하는 책임 회피의 죄를 범하게 된다.

결국, 이 장면은 죄가 인간 존재를 어떻게 망가뜨리는지를 보여주는 동시에, 하나님의 공의와 은혜가 동시에 어떻게 작동하고 있는지를 분명히 드러낸다. 하나님의 질문은 심판이 아니라, 회개로 이끄는 사랑의 부르심이다. 그 부르심에 응답할 때에만, 인간은 회복의 길로 나아갈 수 있다.

4. 하와: 추궁하심(3:13)

> 13 여호와 하나님이 여자에게 이르시되 네가 어찌하여 이렇게 하였느냐 여자가 이르되 뱀이 나를 꾀므로 내가 먹었나이다

하나님은 이제 선악과를 먹은 장본인인 하와를 직접 추궁하신다. "네가 어찌하여 이렇게 하였느냐?"라는 질문은 무지에서 비롯된 질문이 아니라, 인간으로 하여금 자신의 행위를 직면하게 하시는 하나님의 언약적 추궁이다. 하나님은 이미 모든 사실을 아시지만, 앞서 아담에게 그러하셨듯 하와에게도 자초지종을 묻는 과정을 허락하신다. 이 추궁은 하와의 책임이 아담보다 가볍다는 뜻이 아

니다. 오히려 창조 질서와 책임의 흐름에 따라 추궁이 이어지고 있음을 보여준다. 먼저 명령을 받은 아담, 그 다음에는 그의 아내 하와에게 책임이 주어진다.

하와의 대답은 이렇다. "뱀이 나를 꾀므로 내가 먹었나이다." 겉으로는 사실을 말하는 것처럼 보이지만, 그 안에는 자기 책임을 온전히 인정하지 않으려는 태도가 담겨 있다. 하와는 자신의 불순종을 먼저 고백하기보다, 뱀의 꾐을 문제의 원인으로 제시한다. 이는 "뱀이 꾀지 않았다면 이런 일은 일어나지 않았을 것"이라는 자기 중심적 해석이다. 이 모습은 앞서 아담이 자신의 죄를 하와에게 전가한 태도와 본질적으로 동일하다. 아담과 하와 모두 문제의 핵심을 하나님의 말씀을 따르지 않은 자신들의 불순종에서 찾지 않고, 외부 요인으로 돌리고 있다. 이것이 바로 타락 이후 인간에게 나타난 책임 회피와 관계 단절의 모습이다.

구속사적으로 볼 때, 이 장면은 인간이 스스로 죄를 해결할 수 없는 존재임을 분명히 드러낸다. 죄를 인정하지 못하는 인간은 스스로 회복의 길로 나아갈 수 없으며, 결국 하나님의 은혜로운 개입이 필요함을 보여준다. 하나님께서 이 추궁을 멈추지 않으신 이유는 심판 이전에 구원의 질서를 열어 가시기 위함이다. 신앙경주의 관점에서 보면, 하와의 대답은 경주의 첫 실패가 어디서 비롯되는지를 보여준다. 경주는 넘어질 수 있지만, 회복은 책임을 인정하는 정직한 고백에서 시작된다. 그러나 하와는 아직 그 자리까지 이르지 못한다. 죄를 외부로 전가하는 순간, 신앙경주는 정체되고 왜곡된다.

이처럼 하와는 창조의 아름다움과 순수함을 상실한 상태에서, 자신의 실상을 직면하지 못하고 있다. 하나님은 이러한 핑계를 기뻐하지 않으신다. 그럼에도 불구하고 하나님은 그들을 즉시 버리지 않으시고, 이후 여자의 후손에 대한 약속을 통해 은혜의 경주, 회복의 경주를 시작하신다. 여기서 이미 구속사의 첫 빛이 어둠 속에 비치기 시작한다.

5. 뱀: 저주/메시아 약속 (3:14-15)

> 14 여호와 하나님이 뱀에게 이르시되 네가 이렇게 하였으니 네가 모든 가축과 들
> 의 모든 짐승보다 더욱 저주를 받아 배로 다니고 살아 있는 동안 흙을 먹을지니라
> 15 내가 너로 여자와 원수가 되게 하고 네 후손도 여자의 후손과 원수가 되게 하리
> 니 여자의 후손은 네 머리를 상하게 할 것이요 너는 그의 발꿈치를 상하게 할 것이
> 니라 하시고

창세기 3:15은 성경 전체에서 사탄과 인류 간의 영적 대립의 시작, 곧 하나님
의 백성과 사탄의 세력 간의 전쟁을 선언하는 구절이다. 일반적으로 이 구절은 "
원시복음"(Protoevangelium)이라 불리며, 타락 직후 하나님께서 뱀(사탄)에게 선
포하신 심판의 말씀이자, 구속사의 첫 약속으로 간주된다.

"내가 너로 여자와 원수가 되게 하고"에서 '너'는 뱀, 곧 사탄을 가리키며, '여
자'는 하와 개인뿐 아니라 인류 전체, 더 나아가 하나님의 구속계획에 속한 하
나님의 백성을 상징한다고 볼 수 있다. 이 말씀은 단순한 생물학적 갈등이 아니
라, 신앙과 불신, 의와 죄, 하나님 나라와 사탄의 나라 사이의 영적 대립을 예고
하는 선언이다.

"네 후손도 여자의 후손과 원수가 되게 하리니"에서 '후손', 자르아카(זַרְעֲךָ)는
복수적인 의미를 가지며, 사탄의 후손은 사탄의 가치관과 죄의 지배 아래 사는
자들이며, 여자의 후손은 하나님의 뜻에 순종하는 구속 공동체, 곧 신실한 신자
들을 포함한다. 이는 요한일서 3:8-10에서 말하는 바와 같이 의인과 악인의 대
립, 즉 구속사적 싸움을 보여준다. "여자의 후손은 네 머리를 상하게 할 것이요"
가 이 구절의 중심이다. 여기서 '여자의 후손'은 점점 특정한 한 인물로 초점이 좁
혀지며, 이는 장차 오실 메시아, 곧 예수 그리스도를 가리킨다. '머리를 상하게 한
다'는 표현은 치명적인 타격, 즉 결정적인 승리를 뜻하며, 이는 사탄의 권세를 철
저히 무너뜨릴 그리스도의 승리를 예고한다.

반면, "너는 그의 발꿈치를 상하게 할 것이니라"는 사탄이 그리스도에게 해를 입히려 하지만, 그것은 치명적인 승리가 아닌 고난에 불과함을 나타낸다. 이는 예수 그리스도의 십자가 고난을 예표하며, 이 고난은 오히려 구속의 성취를 위한 도구가 된다.

결국, 창세기 3:15은 인류의 타락 직후 하나님께서 주신 첫 번째 구속의 약속으로, 성경 전체 구속사의 출발점이라 할 수 있다. 여기서 시작된 '여자의 후손'은 아브라함의 자손, 다윗의 자손, 그리고 궁극적으로 예수 그리스도에게로 이어지는 구속사의 족보로 발전된다. 따라서 이 구절은 예수 그리스도의 오심과 승리를 예고하는 최초의 복음, 곧 복음의 씨앗이라 불리기에 합당하다. 궁극적으로, 창세기 3:15은 죄에 대한 심판 속에서도 드러난 하나님의 은혜의 시작이며, 예수 그리스도를 통한 구속의 복음이 처음 선포된 장면이다.

6. (4') 하와: 해산 고통(3:16)

> 16 또 여자에게 이르시되 내가 네게 임신하는 고통을 크게 더하리니 네가 수고하고 자식을 낳을 것이며 너는 남편을 원하고 남편은 너를 다스릴 것이니라 하시고

하나님은 여자에게 말씀하신다. "내가 네게 임신하는 고통을 크게 더하리니 …". 이는 생명 창조의 복이 고통과 함께 주어졌음을 의미한다. '크게 더하리니'라는 표현은 단지 출산의 순간만을 지칭하는 것이 아니라, 임신과 출산, 양육에 이르는 전 생명 탄생의 여정 전체를 포괄하는 고통을 의미한다. 생명이 탄생하는 복된 사건에 죄로 인한 수고와 고통이 필연적으로 개입되었음을 보여주는 말씀이다.

이어지는 말씀 "너는 남편을 원하고 그는 너를 다스릴 것이니라"는 매우 중요하고 논란의 여지가 많은 구절이다. 여기서 '원하고', 테슈카테크(תְּשׁוּקָתֵךְ)는 단순한 애정이나 의존 표현이 아니라, 지배하려는 욕구로 이해될 수 있다. 이는 창세

기 4장 7절의 유사한 용례에서 분명히 드러난다:

> "죄가 너를 원하나 너는 죄를 다스릴지니라."

이처럼 여자의 '원함'은 남편에 대한 관계적 주도권 또는 지배에 대한 갈망으로 해석될 수 있다.

반면, "그는 너를 다스릴 것이니라"는 말은, 남편이 여자를 지배하려는 구조가 형성되었음을 진술한다. 이 구조는 하나님께서 원래 창조하신 상호보완적인 '돕는 배필'의 관계가 깨어졌다는 것을 보여준다. 죄의 결과로, 남녀 간의 관계는 사랑의 동반자 관계에서 지배와 갈등의 권력 관계로 전락하게 되었다.

따라서 이 말씀은 남녀 간의 불균형한 관계를 하나님이 명령하신 것이 아니라, 죄로 인해 발생한 결과를 사실적으로 진술한 것으로 이해해야 한다. 이것은 창조 질서가 파괴된 이후의 왜곡된 현실을 보여주는 말씀이며, 그리스도 안에서 회복되어야 할 인간관계의 본 모습을 되새기게 한다.

7. (3') 아담: 노동의 수고(3:17-20)

> 17 아담에게 이르시되 네가 네 아내의 말을 듣고 내가 네게 먹지 말라 한 나무의 열매를 먹었은즉 땅은 너로 말미암아 저주를 받고 너는 네 평생에 수고하여야 그 소산을 먹으리라 18 땅이 네게 가시덤불과 엉겅퀴를 낼 것이라 네가 먹을 것은 밭의 채소인즉 19 네가 흙으로 돌아갈 때까지 얼굴에 땀을 흘려야 먹을 것을 먹으리니 네가 그것에서 취함을 입었음이라 너는 흙이니 흙으로 돌아갈 것이니라 하시니라 20 아담이 그의 아내의 이름을 하와라 불렀으니 그는 모든 산 자의 어머니가 됨이더라

"네가 네 아내의 말을 듣고 …"(창 3:17)에서 문제의 핵심은 단순히 아담이 아내의 말을 들었다는 데 있는 것이 아니다. 진정한 문제는 하나님의 명령을 버리

고, 사람의 말을 따라갔다는 데 있다. 이는 하나님의 권위에 대한 명백한 불순종이자 반역이었다.

이어지는 "땅은 너로 말미암아 저주를 받고"라는 말씀은, 인간 곧 아담으로 인해 땅이 저주를 받았다는 뜻이다. 본래 노동과 생육의 영역은 복의 영역이었지만, 타락 이후 이 복의 영역은 고통과 수고의 자리로 변질되었다. 아담은 하나님의 형상으로 창조되어 세상을 경작하고 돌보는 청지기로 부름받았지만, 이제 그는 수고하지 않으면 생존할 수 없는 존재로 전락하였다.

"너는 평생 수고하여야 그 소산을 먹으리라"는 말씀은 노동 자체가 저주가 되었다는 의미가 아니라, 노동의 환경이 저주 아래 놓이게 되었음을 의미한다. 다시 말해, 인간의 노동은 계속되지만, 그 과정은 이제 수고와 고난, 땀과 눈물의 자리가 된 것이다. 이 구절은 인간 존재가 겪는 노동과 생존의 긴장, 그리고 삶의 고달픔이 어디에서 기인하는지를 신학적으로 설명해 준다. 타락 이전의 노동은 기쁨의 사역이었지만, 이제는 죄의 결과로 인해 그 본래의 의미가 왜곡되었고, 인간은 그 왜곡된 현실 속에서 고통 가운데 생존을 이어가는 자가 되었다.

8. (2') 옷: 가죽옷을 입혀주심 (3:21)

> 21 여호와 하나님이 아담과 그의 아내를 위하여 가죽옷을 지어 입히시니라

'가죽옷', 코트노트 오르(כׇּתְנוֹת עוֹר)는 동물의 가죽으로 만든 옷이다. "지어 입히시니라"는 표현은 하나님께서 능동적으로 행동하셨음을 나타내며, 인간이 스스로 만든 무화과나무 치마(3:7)와 뚜렷이 대조된다. 이는 하나님께서 인간의 수치를 덮어주셨다는 상징적인 의미를 담고 있다.

가죽옷은 단순한 의복이 아니라, 타락 이후 생겨난 변화의 표징이다. 타락 이전에는 옷이 필요하지 않았다. 그러나 죄를 범한 이후, 인간은 자신이 벌거벗음을 인식하고 수치를 느꼈으며, 하나님은 이러한 그들을 위해 가죽옷을 지어 입히

셨다. 이는 그들을 보호하시고 안전하게 하시려는 하나님의 배려였다.

여기에서 중요한 변화의 조짐이 감지된다. 하나님은 인간의 죄에 대해 분명히 진노하시고 저주를 선언하셨다. 그런데도 친히 가죽옷을 만들어 입히신 것은, 마치 부모가 자녀를 돌보듯 자비로운 마음에서 비롯된 것이었다. 이는 하나님께서 여전히 인간을 사랑하고 계심을 드러내는 표현이며, 동시에 아담과 하와에게 어떤 내면의 변화가 있었음을 전제한다.

아담과 하와는 죄에 대한 책망과 저주를 받을 때, 아들 가인처럼 불평하거나 반항하지 않았다. 오히려 그들은 자신의 잘못을 인식하고, 모든 것을 하나님의 처분에 맡기는 자세로 나아갔다. 이것은 그들의 사명감이 회복되고 있음을 나타내는 증거이다. 하나님의 추궁 앞에서 그들은 책임을 회피하지 않고, 죄의 근원을 뱀에게 돌리면서도 스스로 죄인임을 인정하였다.

하나님께서 그들에게 가죽옷을 입히시는 행위는, 단순한 보호 차원을 넘어선 자비와 용서의 상징이며, 회복의 은혜를 보여준다. 또한 이는 앞으로의 순종에 따라 상급이 주어질 수 있음을 암시한다. 더 나아가, 가죽옷은 희생의 상징이기도 하다. 가죽은 동물의 죽음을 전제로 하기에, 이는 최초의 희생이며 훗날 제정될 속죄 제사와 궁극적으로는 그리스도의 희생을 예표한다.

따라서 가죽옷에는 하나님의 주권과 구속사적 의도가 담겨 있으며, 인간을 향한 은혜와 소망의 약속이 동시에 드러난다.

9. (1') 동산: 동산에서 쫓아냄(3:22-24)

22 여호와 하나님이 이르시되 보라 이 사람이 선악을 아는 일에 우리 중 하나 같이 되었으니 그가 그의 손을 들어 생명 나무 열매도 따먹고 영생할까 하노라 하시고 23 여호와 하나님이 에덴 동산에서 그를 내보내어 그의 근원이 된 땅을 갈게 하시니라 24 이같이 하나님이 그 사람을 쫓아내시고 에덴 동산 동쪽에 그룹들과 두루 도는 불칼을 두어 생명 나무의 길을 지키게 하시니라

이 본문은 인간이 죄를 범한 결과로 에덴동산에서 쫓겨나는 장면이다. 하나님께서 말씀하신 "우리 중 하나 같이 되었으니"(창 3:22)는, 인간이 선악을 분별할 수 있는 존재가 되었다는 뜻이다. 이는 윤리적 자율성을 가지게 되었다는 의미이지, 결코 하나님처럼 전능하거나 그와 동등한 존재가 되었다는 뜻은 아니다.

하나님은 타락한 인간이 영생하게 되는 것을 막기 위해, 생명나무로 가는 길을 차단하셨다. 이는 죄지은 상태에서는 생명에 이를 수 없다는 하나님의 공의의 표현이며, 에덴에서의 추방은 죄에 대한 당연한 결과였다. 하나님은 그룹들과 두루 도는 화염검을 동원하여 생명나무의 길을 지키게 하셨으며, 타락한 인간이 다시는 스스로 생명에 이를 수 없게 되었다. 이 장면은 중요한 신학적 메시지를 내포하고 있다. 즉, 죄로 인해 인간은 스스로의 힘으로는 결코 하나님께 나아갈 수 없으며, 오직 하나님의 은혜와 구속을 통해서만 생명에 이를 수 있다는 진리를 선포하는 것이다. 이것은 훗날 지성소를 가로막던 휘장, 그리고 이 휘장을 십자가에서 찢으신 예수 그리스도의 사역을 예표하는 장면으로 이해될 수 있다 (히 10:19-20). 즉, 참된 생명에 이르는 길은 회개와 믿음을 통해 열리게 되며, 예수 그리스도를 통해 새로운 생명의 길이 다시 마련된 것이다. 비록 아담과 하와는 에덴에서 쫓겨났지만, 그들은 하나님께서 지어주신 '가죽옷'을 입은 자들이었다. 이는 그들이 회개의 은혜를 입고, 새로운 삶으로 나아갈 수 있는 회복의 가능성이 여전히 열려 있었음을 보여준다.

도표 12> 심판 (3:8-24) 구조·구속사·신앙경주

구분	본문	구조	구속사적 의미	신앙경주적 교훈
1 동산	3:8	낯을 피해 동산에 숨음	하나님과의 교제 단절 시작	죄는 경주에서 숨게 하고 방향을 잃게 함
2 옷	3:9-10	벌거벗고 두려워 숨음	죄로 인한 수치와 두려움	신앙 경주는 정직한 자기 인식 없이는 지속 불가
3 아담	3:11-12	아담을 추궁하심	대표 언약자로서 책임 확인	변명은 경주의 실패, 책임 수용이 회복의 길

4 하와	3:13-14	하와 추궁, 죄 확인	죄의 확산 구조 드러남	신앙 경주는 연약함을 고백해야 다시 설 수 있음
5 뱀	3:15	뱀 저주, 여자의 후손 약속	최초의 복음 선포 → 메시아 구속사 약속	경주는 쓰러짐 속에서도 구원의 희망을 붙잡음
4′ 하와	3:16	해산 고통	죄로 인한 삶의 고통, 그러나 후손을 통한 구속사 계속	경주 속 고난은 언약 계승의 통로가 됨
3′ 아담	3:17-19	노동의 수고	땅이 저주받음, 죽음 확정	경주에는 땀과 인내가 요구됨
2′ 옷	3:20-21	가죽옷 입혀 주심	하나님이 은혜로 수치를 가려주심 → 희생의 모형	경주자는 은혜의 새 옷 입음으로 다시 뛸 수 있음(은혜를 입음)
1′ 동산	3:22-24	동산에서 쫓겨남	생명나무 차단, 그러나 구속사의 새로운 단계 시작	경주는 낙원 상실에서 시작되나, 새 창조를 향한 여정

D. 후손: 가인과 아벨을 낳음(4:1-2)

1 아담이 그의 아내 하와와 동침하매 하와가 임신하여 가인을 낳고 이르되 내가 여호와로 말미암아 득남하였다 하니라 2 그가 또 가인의 아우 아벨을 낳았는데 아벨은 양치는 자였고 가인은 농사하는 자였더라

아담의 족보(5장)에서 그의 후손을 언급하면 되는 데 왜 여기서 미리 소개하는 것인가? 여기서 아담의 후손을 언급하는 것은 다 이유가 있다. 저자는 가인의 사건을 언급하기 전에 아담의 후손을 먼저 언급한다. 이것은 아담의 족보를 말하려는 것이 아니라, 아담의 두 아들의 직업을 소개하면서 그들의 사명이 무엇이며 또한 그것으로 인해 일어난 사건과 연결해서 아담과 가인의 타락한 삶을 비교하고 대조하기 위한 것이다. 이처럼 저자는 타락한 인간에게도 하나님의 공의와 은

혜가 동시에 작용함을 보여준다. 그리고 결론(Y)에서 아벨 대신 셋을 주신 하나님의 행동은 구속사적 희망의 실마리를 제공한다고 말할 수 있다.

A'. 사명: 제사를 드림(4:3-5a)

> 3 세월이 지난 후에 가인은 땅의 소산으로 제물을 삼아 여호와께 드렸고 4 아벨은 자기도 양의 첫 새끼와 그 기름으로 드렸더니 여호와께서 아벨과 그의 제물은 받으셨으나 5a 가인과 그의 제물은 받지 아니하신지라

위 본문의 핵심 키워드는 '사명'이다. 본문에서 가인은 땅의 소산으로 하나님께 제물을 드렸고, 그의 동생 아벨은 양의 첫 새끼와 그 기름을 드렸다. 그러나 하나님께서 아벨의 제물은 받으셨지만, 가인의 제물은 받지 않으셨다. 그 이유는 무엇일까? 아벨은 최고의 것인 첫 새끼와 기름을 드렸지만, 가인은 형식적인 제물을 드린 것으로 보인다. 신약성경 히브리서에서 기자는 아벨의 제사를 "믿음으로 드린 제사" 혹은 "더 나은 제사"라고 말한다. "믿음으로 아벨은 가인보다 더 나은 제사를 하나님께 드림으로 의로운 자라 하시는 증거를 얻었으니 하나님이 그 예물에 대하여 증언하심이라 그가 죽었으나 그 믿음으로써 아직도 말하느니라"(히 11:4). 히브리서 기자는 아벨과 가인의 제사를 비교하면서, 아벨이 드린 제사에는 본질적인 차이가 있다고 말한다. 그 차이는 단지 제물의 종류나 외형적인 면이 아니라, 제사를 드리는 자세와 태도, 즉 믿음에 있다. 아벨은 하나님을 신뢰하며 온전한 마음으로 제사를 드렸지만, 가인은 그렇지 않았다.

이러한 비교 속에서, 두 형제의 제사를 분석, 평가할 수 있다. "믿음으로 드린 더 나은 제사"란, 단순히 좋은 제물을 의미하는 것이 아니라, 하나님을 향한 신뢰로 드려진 제사를 의미한다. 하나님은 형식보다 마음과 태도, 즉 믿음을 중요하게 여기신다. 히브리서 기자는 믿음으로 드리는 제사를 순종의 행위로 해석한다.

"순종이 제사보다 낫고 듣는 것이 숫양의 기름보다 나으니 …"(삼상 15:22).

그렇다면 창세기 저자는 이 '믿음의 제사'에 대해 어떻게 표현하고 있을까? 창세기 저자는 두 형제의 제사 차이를 '사명'이라는 키워드를 중심으로 해석하고 있다. 다시 말해, 사명의식 속에서 드려진 제사가 바로 믿음의 제사라는 것이다.

가인은 하나님과의 관계에서 사명감 없이, 단순한 의무감으로 제사를 드렸거나 하나님을 신뢰하지 않았던 것으로 보인다. 반면, 아벨은 하나님께 대한 신뢰와 헌신, 즉 사명감으로 제사를 드렸다. 이런 맥락에서 보면, 하나님께서 가인의 제사를 받지 않으신 이유는 단지 제물의 종류 때문이 아니라, 가인이 사명감이나 믿음 없이 불순종의 태도로 제사를 드렸기 때문임을 알 수 있다. 제사의 본질은 제물 자체가 아니라, 드리는 이의 믿음과 마음, 그리고 사명의식에 있다. 아벨과 가인의 제사 차이는 결국, 사명감이 있느냐 없느냐로 귀결된다. 이것은 구약시대나 신약 시대, 오늘날 모두 동일한 기준이다. 하나님께서는 언제나 사명의식을 따라 믿음으로 드리는 '산 제사'의 삶을 원하신다.

바울은 로마서에서 이렇게 말한다. "그러므로 형제들아 내가 하나님의 모든 자비하심으로 너희를 권하노니 너희 몸을 하나님이 기뻐하시는 거룩한 산 제물로 드리라 이는 너희가 드릴 영적 예배니라"(롬 12:1). '산 제사'는 형식적인 희생제사가 아니라, 삶 전체를 하나님께 드리는 헌신의 예배이며, 사명의식이 있는 믿음의 태도를 말한다. 아벨은 이러한 산제사를 드렸으나 가인은 형식적인 태도로 사명 없이 드렸기에 그의 제사가 하나님께 열납되지 않았다. 이 사명은 곧 자기중심성과 형제에 대한 시기심으로 무너지고, 결국 타락으로 이어졌다.

결국, 하나님의 제사 기준은 언제나 같았다. 믿음으로, 사명감 가운데 드리는 제사만이 하나님께 열납되는 제사이다. 이와 같이 가인의 사명도 하나님 앞에서 예배하는 자의 정체성이 무엇인지를 보여준다.

B'. 타락: 가인이 아벨을 쳐 죽임(4:5b-8)

5b 가인이 몹시 분하여 안색이 변하니 6 여호와께서 가인에게 이르시되 네가 분하여 함은 어찌 됨이며 안색이 변함은 어찌 됨이냐 7 네가 선을 행하면 어찌 낯을 들지 못하겠느냐 선을 행하지 아니하면 죄가 문에 엎드려 있느니라 죄가 너를 원하나 너는 죄를 다스릴지니라 8 가인이 그의 아우 아벨에게 말하고 그들이 들에 있을 때에 가인이 그의 아우 아벨을 쳐죽이니라

가인은 안색이 변할 정도로 화가 잔뜩 났다. 그의 분노를 하나님이 아시고 가인에게 "네가 선을 행하면 어찌 낯을 들지 못하겠느냐?"고 경고하시면서 그의 죄를 다스릴 것을 요청하셨다. 그러나 가인은 순종하지 않았고, 결국 그의 아우 아벨을 들에서 쳐죽였다. 여기서 하나님께서는 가인에게 문제가 일어날 것을 경고하시는 과정을 분석해 보면 다음과 같다: 하나님은 그의 분노를 아셨다. "네가 분하여 함은 어찌됨이며 안색이 변함은 어찌 됨이냐?" 그리고 가인에게 경고하셨다. "네가 선을 행하면 어찌 낯을 들지 못하겠느냐?" 그리고 시험 드는 이유를 말씀하셨다. "선을 행하지 아니하면 죄가 문에 엎드려 있느니라." 그리고 사탄의 공격을 방어할 것을 가르쳐주셨다. "죄가 너를 원하나 너는 죄를 다스릴지니라."

이렇게 하나님은 가인에게 죄의 본질과 사탄의 공격을 알려주셨지만 가인은 아랑곳하지 않았다. 아벨을 만나 무슨 대화를 했는지는 몰라도 "아벨에게 말을" 했다. 그런 후, 그들이 들에 있을 때, 가인이 아벨을 쳐죽였다. 이렇게 가인의 죄는 그의 내면에서 시작되어, 외부 행동(살인)으로 드러났다. 무엇보다 그가 왜 자신의 제사가 열납되지 않았는지에 대해 깨달아야 했음에도 전혀 그렇지 않았다. 그러나 하나님은 문제가 발생할 것을 아시고 사건이 일어나기 전, 그가 분노했을 때부터 하나님은 가인에게 자신을 돌아보고 악에서 돌이킬 것을 여러 번 말씀으로 가르쳤지만. 그는 결국 의로운 동생 아벨을 죽이고 말았다. 그러나 하나님은 죄인을 심판하시되 완전히 버리지 않으시고, 여전히 보호하시는 은혜를 보이신다.

C'. 심판: 저주를 받음(4:9-15)

가인이 동생 아벨을 죽인 사건은 인류 최초의 형제 살인 사건이다. 간단히 말하면, 가인은 아벨에 대한 질투와 분노로 인해 그를 죽였다. 이 사건은 인간의 타락 이후 죄가 개인과 사회에 어떤 영향을 미치는지를 보여주는 중요한 본문이다. 이러한 내용이 아래 인물 구조에 담겨 있다.

가. 구조적 주해

C' 심판 4:9-15

1. **하나님** <아벨이 어디 있느냐?>		4:9a
2. **가인** <내가 아우를 지키는 자입니까>		4:9b
3. **하나님** <네가 땅에서 저주를 받으리라>		4:10-12
2'. **가인** <내 죄가 너무 무겁습니다>		4:13-14
1'. **하나님** <죽임을 면하게 하심>		4:15

가인이 아우를 죽인 죄로 벌을 받는 장면이다. 5개의 키워드가 대칭구조를 이루고 있다. 키워드는 인물 중심으로 대화의 흐름에 따라 전개된다: 하나님→ 가인→ 하나님→ 가인→ 하나님. 이와 같이 하나님과 가인의 대화로 이루어졌다. 중심 주제는 대칭구조의 특성에 따라 중심에 있는 요지 3이 된다. 하나님이 아벨을 죽인 가인을 저주하신다.

(가) 대칭구조 분석 (1-2-3-2'-1')
1 / 1' – 하나님
1: "네 아우 아벨이 어디 있느냐?"(9a) → 심문 시작
1': "누구든지 가인을 죽이는 자는 벌을 칠 것이다"(15) → 보호 약속

→ 질문과 심판 후 보호 선언으로, 사건 시작과 끝이 하나님 말씀으로 감쌈.

2 / 2' - 가인

2: "내가 아우를 지키는 자입니까?"(9b) → 책임 회피

2': "내 죄가 너무 무겁습니다"(13-14) → 형벌의 무거움 호소

→ 처음에는 회피, 끝에는 무거운 죄의식을 토로하는 대조.

3 - 하나님 (중심)

"네 아우의 핏소리가 땅에서부터 내게 호소하느니라 … 네가 땅에서 저주를 받으리라"(10-12)

→ 대칭구조의 핵심 요지: 가인의 죄에 대한 하나님의 저주 선언.

(나) 구조적 특징

인물의 교대: 하나님 → 가인 → 하나님 → 가인 → 하나님.

문답 형식: 하나님이 질문 → 가인이 회피 → 하나님이 심판 → 가인이 항변
→ 하나님이 제한적 보호.

중심부 강조: 가장 중심에 놓인 3번(저주 선언)이 사건의 핵심 의미.

나. 본문 해설

1. 하나님: 아벨이 어디 있느냐?(4:9a)

9a 여호와께서 가인에게 이르시되 네 아우 아벨이 어디 있느냐

하나님께서는 가인에게 "네 아우 아벨이 어디 있느냐?"고 물으신다. 가인은 자신의 제물이 하나님께 열납되지 않자 분노하여 아우 아벨을 살해했다. 이에 하나님은 모든 것을 아시는 무소부재하신 분이심에도, 가인에게 동생의 행방을 물으신다. 이는 단순한 추궁이 아니라 가인 스스로 자신의 잘못을 깨닫고 회개

할 기회를 주시기 위함으로 보인다.

2, 가인: 내가 아우를 지키는 자입니까(4:9b)

9b 그가 이르되 내가 알지 못하나이다 내가 내 아우를 지키는 자니이까

그러나 가인은 하나님의 마음을 헤아리지 못한 채 오히려 반항하며 대답한다. "내가 내 아우를 지키는 자입니까?" 죄를 지은 자가 오히려 성을 내며 하나님께 대드는 장면이다. 하나님은 이에 대해 말씀하신다. "네 아우의 핏소리가 땅에서 내게 호소하느니라."

3. 하나님: 네가 땅에서 저주를 받으리라(4:10-12)

10 이르시되 네가 무엇을 하였느냐 네 아우의 핏소리가 땅에서부터 내게 호소하느니라 11 땅이 그 입을 벌려 네 손에서부터 네 아우의 피를 받았은즉 네가 땅에서 저주를 받으리니 12 네가 밭을 갈아도 땅이 다시는 그 효력을 네게 주지 아니할 것이요 너는 땅에서 피하며 유리하는 자가 되리라

그리고 가인을 두 가지로 저주하신다. 첫째, 아무리 수고해도 땅이 더 이상 그를 위해 소산을 내지 않을 것이며, 둘째, 그는 땅에서 유리하며 도망자의 신세가 될 것이라 하신다.

4. (1') 가인: 내 죄가 너무 무겁습니다(4:13-14)

13 가인이 여호와께 아뢰되 내 죄벌이 지기가 너무 무거우니이다 14 주께서 오늘 이 지면에서 나를 쫓아내시온즉 내가 주의 낯을 뵈옵지 못하리니 내가 땅에서 피하며

유리하는 자가 될지라 무릇 나를 만나는 자마다 나를 죽이겠나이다

이 말을 들은 가인은 자신의 형벌이 너무 무겁다고 호소하며, 사람들이 자신을 죽일까 두렵다고 하나님께 간청한다. 이것은 자신이 저지른 죄에 대한 고백이 아니라 자신의 위치에서 힘든 상황에 대한 불평이다. 이것은 회개의 길로 가는 자신의 소견이 아니라 자신이 저지른 죄가 그렇게도 잘못된 것인지에 대한 인식 부족이다. 하나님의 추궁과 저주에 겸손하게 받아드리고 잘못을 깨달아야 하는데 불공정한 듯 하나님께 대항하는 반응이다.

5. (2') 하나님: 죽임을 면하게 하심(4:15)

> 15 여호와께 그에게 이르시되 그렇지 아니하다 가인을 죽이는 자는 벌을 칠 배나 받으리라 하시고 가인에게 표를 주사 그를 만나는 모든 사람에서 죽임을 면하게 하시니라

그러자 하나님은 두 가지 방식으로 자비를 베푸신다. 첫째, 가인을 죽이는 자는 칠 배의 벌을 받게 하시겠다고 하시고, 둘째, 그에게 표를 주어 그를 만나는 모든 자들이 그를 해치지 못하도록 보호해 주신다. 가인은 방랑자로 선포되었지만 표를 주어 그를 보호해 주셨다.

이런 점에서 아담과 가인의 죄가 형태는 다르지만 공통된 성격을 갖는다. 하나님의 말씀에 대한 불신에서 비롯되었고, 자기 중심적 선택으로 발전하며, 공동체에 상처를 입히는 결과를 초래한다. 그러나 가인의 죄는 더 폭력적이고 반사회적 형태로 발전함으로, 타락이 시간이 지남에 따라 더욱 심화된다는 것을 시사한다. 가인은 불평 가운데 하나님의 자비를 받지만, 끝내 자신의 죄를 인정하거나 회개하지 않는다. 이 점에서 그는 아버지 아담과 구별되며, 인간 스스로의 구원 가능성이 없음을 보여주며, 하나님의 구속 계획이 필요함을 드러낸다.

D'. 후손: 에녹의 후예 - 라멕(3명)(4:16-24)

16 가인이 여호와 앞을 떠나서 에덴 동쪽 놋 땅에 거주하더니 17 아내와 동침하매 그가 임신하여 에녹을 낳은지라 가인이 성을 쌓고 그의 아들의 이름으로 성을 이름하여 에녹이라 하니라 18 에녹이 이랏을 낳고 이랏은 므후야엘을 낳고 므후야엘은 므드사엘을 낳고 므드사엘은 라멕을 낳았더라 19 라멕이 두 아내를 맞이하였으니 하나의 이름은 아다요 하나의 이름은 씰라였더라 20 아다는 야발을 낳았으니 그는 장막에 거주하며 가축을 치는 자의 조상이 되었고 21 그의 아우의 이름은 유발이니 그는 수금과 퉁소를 잡는 모든자의 조상이 되었으며 22 씰라는 두발가인을 낳았으니 그는 구리와 쇠로 여러 가지 기구를 만드는 자요 두발가인의 누이는 나아마였더라 23 라멕이 아내들에게 이르되 아다와 씰라여 내 목소리를 들으라 라멕의 아내들이여 내 말을 들으라 나의 상처로 말미암아 내가 사람을 죽였고 나의 상함으로 말미암아 소년을 죽였도다 24 가인을 위하여는 벌이 칠 배일진대 라멕을 위하여는 벌이 칠십칠 배이리로다 하였더라

가인은 자신의 제물이 열납 되지 않자 아벨을 죽인 죄로 하나님의 저주를 받아 에덴 동쪽 '놋 땅'(유리하는 땅)으로 떠났다. 이로 인해 가인의 후손은 하나님의 구원의 라인에서 벗어난 가문이 되었다. 비록 그의 후손들이 문명을 발전시켰지만, 하나님을 경외하는 삶을 살지 못했을 뿐 아니라 죄에 빠져 타락한 삶을 살면서, 결국 노아 시대때 홍수로 멸망당하면서 그의 가문이 몰락하게 되었다.

도표 13>   가인의 후손 가계도

가인 → 에녹 → 이랏 → 므후야엘 → 므두사엘 → 라멕

　　　　　　　　　　　　　　　　　│ 아다 → 야발 목축업, 유목생활의 조상)

　　　　　　　　　　　　　　　　　│ 아다 → 유발(음악, 수금과 퉁소의 조상)

　　　　　　　　　　　　　　　　　│ 씰라 → 두발가인(철기와 청동기의 조상)

　　　　　　　　　　　　　　　　　│ 나아마 (라멕의 딸)

가인의 후손들은 목축, 음악, 금속 공예 등 다양한 기술을 발전시켰다. 이는 인간이 하나님의 형상으로 창조되었고, 타락한 이후에도 천부적인 재능을 계속 발휘하고 있음을 보여준다. 하지만 그들은 하나님 앞에서 믿음으로 살지 않고, 세상적인 삶을 추구했다. 결국 그들은 하나님과의 관계가 단절되었다. 하나님을 떠나 자기중심적인 삶을 살았다. 라멕은 첫 번째로 일부다처제를 도입한 사람으로 기록되었다. "두 아내를 맞이하였으니 하나의 이름은 아다요 하나의 이름은 씰라였더라"(4:19). 또한 자신이 가인보다 더 큰 보호를 받을 것이라며 오만한 태도를 보이기도 했다. 이는 하나님의 은혜를 멸시하고, 폭력과 자기 정당화를 합리화하는 악한 태도를 보여준다(4:24).

결론(Y): 하나님이 아벨대신 셋을 주심(4:25-26)

25 아담이 다시 자기 아내와 동침하매 그가 아들을 낳아 그의 이름을 셋이라 하였으니 이는 하나님이 내게 가인이 죽인 아벨 대신에 다른 씨를 주셨다 함이며 26 셋도 아들을 낳고 그의 이름을 에노스라 하였으며 그 때에 사람들이 비로소 여호와의 이름을 불렀더라

하나님은 아담이 죄를 짓고 에덴에서 쫓겨날 때, 가죽옷을 지어 입히셨는데, 이것은 아담이 자신의 잘못을 깨닫고 있었다는 사실을 입증한다. 또한 그가 에덴에서 쫓겨난 후 가인과 같이 불평하지 않고 회개하는 삶을 살았다는 증거로 아벨 대신 셋을 주셨다는 점이다. 셋이 에노스를 낳았을 당시, "그 때에 사람들이 비로소 여호와의 이름을 불렀나"(4:26). 이는 아담의 후손들 중 셋을 통해서 하나님의 구원 역사에 쓰임 받고 있음을 알 수 있게 해준다. 이렇게 하나님이 아벨의 억울한 죽음을 하감하사 셋을 주셨고, 또한 그의 후손들이 경건한 삶을 살아가고 있음을 입증해 준다. 이는 셋을 통한 메시아의 계보가 후대로 계속 이어지고 있다는 증거로 보인다.

그러나 가인의 자녀 중 라멕은 셋과 정반대로 경건하지 못하고 세상적인 방법으로 살아가면서 교만에 차 하나님을 비웃으며 살아갔다. 이것은 아담이 가인과 다르게 회개하는 삶을 통해서 회복의 은총을 입었음을 입증하는 것이다. 이렇게 아담과 가인 그리고 그들의 후손들인 셋과 라멕의 영적으로 대비된 삶은 저자의 구조적/신학적 의미를 나타낸다. 이처럼 저자는 가인과 아담의 대비, 그리고 셋의 계보적 구조를 통해 하나님의 공의와 자비를 보여 주신다.

우리는 지금까지 아담과 가인의 타락에 대해 살펴보았다. 먼저 네 개의 키워드를 중심으로 분석한 후, 같은 키워드를 그룹별로 고찰했으며, 마지막으로 전체 내용을 구조적 흐름을 따라 주해하였다. 이 과정을 통해 얻은 결론은 인간은 타락하여 하나님의 은혜와 긍휼함 없이 스스로 구원을 해결할 수 없다는 것이다. 아담은 사탄의 유혹을 받아 죄를 범하였으나, 하나님의 은혜로 자신의 잘못을 깨닫고 불평 없이 살아갔다. 하나님께서 그에게 가죽옷을 입히신 것은 그의 사명이 회복되었음을 상징한다. 또한 하나님은 회복된 아담에게 아벨 대신 메시아의 계보를 이을 셋을 허락하셨다. 이렇게 하나님이 아담을 통해서 메시아의 오심이 죄지은 가인으로부터가 아니라 억울하게 살해된 의로운 아벨 대신 주신 셋을 통해서 메시아의 약속을 이루시겠다는 깊은 뜻이 그의 저술 목적에 서려 있다

제 3 장

회복된 자: 아담의 족보(셋)(5:1-32)

이 족보의 핵심 키워드는 '회복'이다. 창세기 5장에서는 아담부터 노아까지 이어지는 아담의 10대 후손이 소개된다. 이는 단순한 이름의 나열이 아니라 신학적으로 중요한 의미를 담고 있다.

1. 서론(5:1-2)

> 1 이것은 아담의 계보를 적은 책이니라 하나님이 사람을 창조하실 때에 하나님의 모양대로 지으시되 2 남자와 여자를 창조하셨고 그들이 창조되던 날에 하나님이 그들에게 복을 주시고 그들의 이름을 사람이라 일컬으셨더라

여기서 주목해야 할 점은 아담의 족보가 시작되기 전에, 아담의 회복이 간략히 언급된다는 사실이나. 이는 창세기 1장에서 여섯째 날 인간이 창조되던 장면을 다시 조명하는 것으로, 단순한 반복 이상의 신학적 의미를 지닌다.

그렇다면 왜 아담의 족보를 소개하기 전에, 하나님께서 그를 하나님의 형상대로 창조하셨다는 사실을 다시 언급하는 것일까? 이는 하나님과 아담 사이의 관계가 회복되었음을 암시하는 장치로 이해할 수 있다.

하나님의 형상으로 창조된 첫 사람 아담은, 하나님의 명령에 불순종함으로 자신의 사명을 저버렸고, 아내 하와가 먼저 따 먹은 선악과를 함께 먹음으로 심판을 받았다. 그러나 하나님은 이런 아담과 하와에게 가죽옷을 지어 입히셨다. 이 행위는 단순한 의복 제공이 아니라 회복과 은혜의 상징이었다. 이는 아담이 가인처럼 불평하거나 반항하지 않고, 자신의 잘못을 인정하고 회개하는 태도를 보였기에, 하나님께서 그에게 회복의 은총을 베푸신 것으로 해석할 수 있다. 이러한 회복의 흔적은 아담의 계보에서 구체적으로 드러난다. 곧, 죽은 아벨 대신 얻은 셋의 후손이 대를 잇는 모습은 아담이 하나님의 복 아래 다시 번성의 길로 나아갔음을 보여주는 증거이다.

따라서 족보가 시작되기 전 하나님의 형상을 언급한 도입부는, 아담이 단지 에덴에서 쫓겨난 존재가 아니라, 회복된 자로서 하나님의 복을 다시 누리고 있음을 조명하는 기능을 한다. 이는 족보의 서론으로 아담의 신분적 정체성과 신학적 회복을 선언하는 장면이라 할 수 있다.

2. 아담의 족보(5:3-31)

3 아담은 백삼십 세에 자기의 모양 곧 자기의 형상과 같은 아들을 낳아 이름을 셋이라 하였고 4 아담은 셋을 낳은 후 팔백 년을 지내며 자녀들을 낳았으며 5 그는 구백삼십 세를 살고 죽었더라 6 셋은 백오 세에 에노스를 낳았고 7 에노스를 낳은 후 팔백칠 년을 지내며 자녀들을 낳았으며 8 그는 구백십이 세를 살고 죽었더라 9 에노스는 구십 세에 게난을 낳았고 10 게난을 낳은 후 팔백십오 년을 지내며 자녀들을 낳았으며 11 그는 구백오 세를 살고 죽었더라 12 게난은 칠십 세에 마할랄렐을 낳았고 13 마할랄렐을 낳은 후 팔백사십 년을 지내며 자녀들을 낳았으며 14 그는 구백십 세를 살고 죽었더라 15 마할랄렐은 육십오 세에 야렛을 낳았고 16 야렛을 낳은 후 팔백삼십 년을 지내며 자녀를 낳았으며 17 그는 팔백구십오 세를 살고 죽었더라 18 야렛은 백육십이 세에 에녹을 낳았고 19 에녹을 낳은 후 팔백 년을 지내며 자녀들을 낳았으

며 20 그는 구백육십이 세를 살고 죽었더라 21 에녹은 육십오 세에 므두셀라를 낳았고 22 므두셀라를 낳은 후 삼백 년을 하나님과 동행하며 자녀들을 낳았으며 23 그는 삼백육십오 세를 살았더라 24 에녹이 하나님과 동행하더니 하나님이 그를 데려가시므로 세상에 있지 아니하였더라 25 므두셀라는 백팔십칠 세에 라멕을 낳았고 26 라멕을 낳은 후 칠백팔십이 년을 지내며 자녀를 낳았으며 27 그는 구백육십구 세를 살고 죽었더라 28 라멕은 백팔십이 세에 아들을 낳고 29 이름을 노아라하여 이르되 여호와께서 땅을 저주하시므로 수고롭게 일하는 우리를 이 아들이 안위하리라 하였더라 30 라멕은 노아를 낳은 후 오백구십오 년을 지내며 자녀들을 낳았으며 31 그는 칠백칠십칠 세를 살고 죽었더라

도표 14> 아담의 가계도(10대)

*아래 숫자는 자녀가 태어날 때 아버지의 나이

1 아담(130)→셋
  2 셋(105)→에노스
    3 에노스(90)→게난
      4 게난(70)→마할랄렐
        5 마할랄렐(65)→야렛
          6 야렛(187)→에녹
            7 에녹(65)→므두셀라
              8 무드셀라(187)→라멕
                9 라멕(182)→노아

여기에 열거된 가계도는 아담의 10대 후손으로 구성된 연대기적 인물 선형구조이다(괄호 안 숫자는 각 인물이 자녀를 낳았을 때의 나이). 이들은 모두 회복된 아담으로부터 출발한 계보의 후손들이다. 하나님께서는 가인에게 희생당한 의로운 아벨 대신, 회복의 은총을 입은 아담과 하와에게 셋을 주셨고, 이를 통해

성경은 메시아의 계보, 곧 '여자의 후손'의 첫 계보적 흐름을 제시한다. 이러한 목적으로 첫 아들이지만 죄를 짓고 회개하지 않은 장자 가인은 이 족보에 나타나지 않는다. 그리고 아담이 셋을 낳고 800년을 지내며 '자녀들을' 낳은 후 930세에 죽었다(4-5절). 이것은 아담의 자녀들이 가인과 셋 말고 더 많았음을 시사한다.

한편, 아담이 죄로 인해 에덴동산에서 쫓겨난 이후 하나님과의 관계가 회복되었지만, 모든 인간은 여전히 죄의 영향을 받는 존재로 남게 되었으며, 결국 '죽음'이라는 현실에 직면하게 되었다. 이 족보에 반복적으로 등장하는 표현, 즉 "그는 죽었더라"는 문장은 죄의 결과로서의 죽음의 보편성과 필연성을 강조한다.

이러한 점에서 창세기 5장은 단순한 혈통 기록 이상의 의미를 지닌다. 그것은 죄와 심판, 그리고 구원의 약속을 함께 드러내는 구속사적 텍스트이며, 하나님께서 완전한 계획 속에서 인류의 구원을 예비하셨음을 보여준다. 죄가 세상에 퍼졌지만, 하나님은 이미 회복과 구원의 길을 준비하고 계셨다. 이러한 메시지는 후손들의 이름과 그에 대한 평가 속에서도 잘 드러난다. 에녹은 365세까지 살았으나, "하나님과 동행하더니 하나님이 그를 데려가시므로 세상에 있지 아니하였더라"(5:24)는 독특한 표현이 붙는다. 그는 죽음을 경험하지 않고 하나님께로 옮겨진 유일한 인물이며, 신약에서는 믿음으로 하나님을 기쁘시게 한 자의 모델로 언급된다(히 11:5).

므두셀라는 성경에서 가장 오래 산 인물(969세)로, 그의 이름은 "그가 죽으면 심판이 올 것이다"라는 의미를 가진다. 실제로 그는 홍수가 일어난 해에 죽었으며, 이는 하나님의 오랜 인내와 예정된 심판을 동시에 보여준다. 노아의 이름은 "이 아들이 우리를 안위하리라"(5:29)는 뜻으로, 타락한 세상 가운데 하나님께서 구원의 길을 준비하셨음을 암시한다. 이후의 본문에서 확인되듯, 노아는 홍수 심판에서 방주를 통해 구원받아 인류 역사의 새로운 출발점이 된다.

결론적으로, 아담부터 노아까지 이어지는 10대 계보는 단지 시간의 흐름을 기록한 족보가 아니다. 이 계보는 인간의 죄로 인한 죽음이라는 비극을 반복해서 보여주는 동시에, 회개하고 믿음으로 사는 자들에게는 회복의 은총과 구원의 길이 예비되어 있음을 선언하는 구속사의 메시지를 담고 있다.

3. 결론(5:32)

32 노아는 오백 세 된 후에 셈과 함과 야벳을 낳았더라.

이 족보의 마지막 부분에서는 아담의 10대 후손인 노아가 죽었다는 표현이 등장하지 않는다. 대신, 그가 500세 된 후 셈과 함과 야벳을 낳았다고 기록되어 있다. 아담 계열의 족보에서는 모든 인물에 대해 일정한 패턴이 아래와 같이 반복된다.

- 몇 세에 아들을 낳았고,
- 이후 몇 년을 더 살면서 자녀를 두었으며,
- 그는 몇 세까지 살다가 죽었다.

그러나 노아에 대해서는 세 번째 패턴이 생략되었다. 특히, "그는 죽었더라"는 표현이 빠지고, 대신 그의 아들들이 언급된다.

그렇다면 노아의 죽음이 기록되지 않은 이유는 무엇일까? 이는 단순한 생략이 아니라, 새로운 시대의 시작을 알리기 위한 의도적인 구성이다. 5장의 족보는 전반적으로 '죽음'이 반복되는 구조를 갖지만, 노아를 통해 새로운 희망과 구원의 시대가 열릴 것임을 강조하기 위해 그의 죽음을 언급하지 않고 세 아들을 소개한 것이다. 다시 말해, 서사는 노아를 새로운 시대를 여는 중요한 전환점의 인물로 제시하고 있다. 또한, 노아의 죽음을 생략한 또 다른 이유는 족보의 기록 이후에 바로 홍수 사건을 다루기 위해서이다.

그러나 저자는 홍수 사건을 언급하기에 앞서, 네피림과 인간의 타락(6:1-4), 그리고 하나님의 심판과 선택(6:5-8)이라는 두 가지 짧은 사건을 먼저 기록한다. 이는 홍수 심판이 있기 직전, 인류의 죄악이 더욱 깊어졌음과 아울러 그 당시 사람들과 다른 삶을 살고 있는 의인인 노아를 대비하여 보여주기 위함이다. 이러한 저술 방식은 창세기 전체 구조를 평행 구조로 구성하여 듣고 기억하기 쉽게 만들어, 후손들에게 효과적으로 전수하기 위한 목적을 가진다. 따라서 노아의 죽음을 생략한 것은 단순한 편집상 이유가 아니라, 창세기 저자가 전달하려 했던 신학적 메시지를 강조하기 위한 의도적인 '서사체 인물 설교' 기법이라 말할 수 있다.

도표 15> 회복된 자손(5장) 메트릭스

구분	본문 사건	구조 요지	구속사적 의의	신앙경주 적용
1-3 회개	회복된 자손(5장)	셋의 계보와 에녹의 동행	끊어진 계보의 회복, 동행으로 이어진 언약의 지속	회개는 동행의 삶으로 이어지는 경주의 회복 단계

제 4 장

범죄한 무리: 네피림 족속(6:1-4)

창세기 6:1-4의 짧은 본문은 오래도록 해석이 어려운 난해 구절로 여겨져 왔다. 이에 따라 여러 학설과 논쟁이 있었지만, 이를 해결하기 위한 또 하나의 방법으로 본문을 반복된 병행구조로 분석하려 한다. 이를 통해서 천지창조 이후 홍수로 멸망하기 이전시대에 살았던 네피림 족속이 누구이며, 하나님의 아들들과 어떤 관계가 있는지를 저자의 구조적이며 신학적 목적에 따라 살펴볼 것이다.

가. 구조적 주해

범죄한 무리(6:1-4)

1. 타락 상태(1)

A. **상황**: 번성할 때, 딸들이 태어남　　　　　1

　B. **결혼**: 하나님의 아들들의 결혼　　　　　2

　　C. **존재**: 육신이 됨　　　　　　　　　3

2. 타락 상태 (2)

> A'. **상황**: 그 당시, 네피림 있었음>　　　　　4a
> 　B'. **결혼**: 그 후에도, 하나님의 아들들이 결혼>　　4b
> 　　C'. **존재**: 용사/명성이 있음>　　　　　　4c

　위 구조는 반복된 병행 형식으로 이루어져 있으며, 세 개의 키워드 —상황, 결혼, 존재— 를 중심으로 구성되었다. 난해하게 여겨지는 본문을 저자의 구조적이며 신학적인 저술 방식을 통해 분석함으로, '하나님의 아들들'과 '네피림'이 각각 어떠한 존재이며 또한 어떤 관계인지를 살펴보기 전에 위 구조의 구성에 대해 알아 본다.

　네피림 족속에 관한 사건을 병행 형태의 구조로 분석하면, 두 부분: 타락 상태(1) 6:1-3 / 타락 상태(2) 6:4로 나누어 분석할 수 있다. 세부구조는 병행구조의 요지들이 반복되어 3개의 키워드(상황 – 결혼 – 존재)로 구성되어 있다:

(1) 구조 형태: 반복된 병행구조: A-B-C / A'-B'-C'

A-B-C는 번성한 자손들이 점점 육신이 되어가는 모습을 보여준다.
A'-B'-C'는 네피림이 결혼하여 자식을 낳고 힘 있는 족속으로 나타난다.
A/A': 상황
　A: 키워드는 상황이며, 번성할 때 딸들이 태어난다.
　A': 키워드는 상황이며, 번성할 당시 네피림이 있었다.
B/B': 결혼
　B: 키워드는 결혼이며, 하나님의 아들들이 사람의 딸들과 결혼해서 타락한다.
　B': 키워드는 결혼이며, 하나님의 아들들이 결혼하여 출산한다.

C/C': 존재

C: 키워드는 존재이다. 이들은 여인들의 아름다움을 보고 자기 마음대로 취한다.
C': 키워드는 존재이다. 이들도 연인들을 강압적으로 취할 수 있는 형편이다.

(2) 중심 주제: 타락한 무리들을 의미한다.

이처럼 6:1-4은 반복된 병행 형태로 구성하고 있다. 이렇게 기록된 목적은 창조 이후에 사람들이 타락하여 멸망의 길로 가고 있음을 이스라엘 백성들에게 보여주기 위한 것이다. 따라서 이러한 저술 목적과 방법에 따라 그 의미가 무엇인지를 키워드 분석을 통해 더 잘 알 수 있게 될 것이다.

도표 16> 범죄한 무리: 네피림 (6:1-4)

구분	구조	핵심 키워드	본문 요약	신학적 의미
1. 타락 상태(1)	A	상황	사람이 땅 위에 번성하기 시작하고 딸들이 태어남 (6:1)	하나님이 주신 번성의 복이 타락의 계기로 전환됨
	B	결혼	하나님의 아들들이 사람의 딸들을 보고 아내로 삼음 (6:2)	질서 없는 결합, 선택 기준의 타락
	C	존재	여호와의 영이 더 이상 사람과 함께하지 않음, 사람이 육신이 됨 (6:3)	영적 존재에서 육적 존재로의 전락
2. 타락 상태(2)	A'	상황	그 때에 네피림이 있었고, 그 후에도 있었음 (6:4a)	타락의 결과가 지속적·확산적임
	B'	결혼	하나님의 아들들이 사람의 딸들에게로 들어가 자식을 낳음 (6:4b)	왜곡된 결합의 반복과 고착
	C'	존재	용사, 옛날의 명성이 있는 사람들이 됨 (6:4c)	경건이 아닌 힘·명성 중심의 인간상

나. 본문 해설

A. 상황: 번성할 때/딸들이 태어남(6:1)

> 1 사람이 땅 위에 번성하기 시작할 때에 그들에게서 딸들이 나니

당시 사람들이 땅 위에서 번성하던 상황을 보여준다. 이는 앞선 5장에서 소개된 아담의 후손들, 곧 셋의 계보와 연결되는 시점으로, 사람의 수가 점점 많아지기 시작할 때이다. 하나님께서 사람을 창조하신 후 "생육하고 번성하라"고 명령하셨는데(1:26-28), 그 복이 지금의 본문에서 현실로 성취되고 있음을 보여준다. 따라서 1절은 창세기 5장에서 제시된 경건한 계보의 흐름과 자연스럽게 이어지며, 본문이 어떤 신화적 요소와도 무관함을 알려준다. 여기서 등장하는 "사람의 딸들"이 누구의 자손인지 본문은 구체적으로 밝히지 않지만, 문맥상 노아 이전 시대의 일반적인 여성들을 지칭하는 것으로 이해할 수 있다. 일부 학자들은 이들을 "하나님의 아들들"과 대조적인 존재, 즉 믿음 없는 가인의 후손들로 보기도 하지만, 본문의 흐름을 볼 때 이는 단순히 믿음의 유무로 구분된 집단이라기보다는, 그 시대에 태어난 일반적인 여성들을 총칭한다고 이해하는 것이 더 자연스럽다.

B. 결혼:하나님의 아들들의 결혼(6:2)

> 2 하나님의 아들들이 사람의 딸들의 아름다움을 보고 자기들이 좋아하는 모든 여
> 자를 아내로 삼는지라

그와 같은 상황 속에서 "하나님의 아들들"이 그 당시 태어난 여인들과 결혼하는 장면이 이어진다. 여기서 하나님의 아들들이 누구인지에 대해서는 해석

이 분분하다(예: 천사, 왕족 등). 그러나 분명한 것은 2절과 4절에서 반복적으로 이 표현이 등장하며, 이들의 관계가 '결혼'이라는 키워드를 중심으로 설명된다는 점이다. 이는 신화적 해석보다 인간의 기본적인 삶의 현상을 중심으로 바라보아야 함을 시사한다. 2절(B)과 4절 후반부(B')의 병행구조를 고려할 때, "하나님의 아들들"을 신화적 존재인 천사로 보는 해석은 어렵다. 오히려 이들을 삶의 현장에서 나타나는 실존적 존재로 보아야 하며, 특히 결혼관을 중심으로 저자의 의도를 살펴야 한다. 그들은 사람이 땅 위에서 번성하던 때, 일반적인 여성들과 결혼하였다. 이는 인간 사회에서 자손을 번성시키기 위한 기본적인 삶의 과정으로 볼 수 있다.

그러나 문제는 "하나님의 아들들"이라는 남성들이 여성들의 아름다움을 탐하고, 자신들이 좋아하는 모든 여인들을 강제로 혹은 비정상적인 방식으로 선택해 아내로 삼았다는 점이다(2절, 4b). 이 장면은 타락한 왕이나 세력이 있는 족장들이 자신의 힘과 권세를 통해 여성을 성적으로 착취하는 모습과 유사하다. 결혼이 영적 구별 없이 외모와 욕망 중심으로 이루어졌고, 권력을 통한 성적 착취가 있었다는 점이다. 결국 "하나님의 아들들"은 원래 경건한 셋의 후손으로 이해될 수 있지만, 그들도 타락하여 세속적 욕망에 사로잡힌 자들로 전락한 것을 보여준다.

여성들의 아름다움은 결코 죄가 될 수 없다. 이 본문은 남성들의 타락한 결혼관을 지적하는 것이다. 창세기 5장에서는 아담의 회복된 모습을 보여주며, 하나님께서 아벨 대신 셋을 주시고, 그를 통해 경건한 계보가 이어진다. 그러나 창세기 6장에서는 이러한 셋의 후손들조차, 가인의 범죄 이후 더욱 하나님이 미워하시는 성적 타락에 빠졌음을 보여준다. 특히, 이 본문은 개인의 타락이 아니라 '아들들'과 '딸들'이라는 집단적 표현을 통해 전체 사회의 도덕적 붕괴, 즉 집단적인 성적 타락의 실태를 고발하고 있다. 이러한 점에서 '하나님의 아들들'(경건한 셋의 후손들)의 범죄는 언어의 아이러니를 통해 폭로되고 있다. 저자는 본래 거룩함과 하나님의 백성을 상징하는 명칭인 '하나님의 아들들'이라는 표현을 사용함으로,

오히려 그들이 저지른 죄의 심각성과 아이러니를 강조한다. 즉, 신적인 호칭을 부끄럽게 만든 자들로 셋의 후손들의 타락을 강하게 비판하는 것이다.

이와 같은 집단적 타락은 창세기 11장에 나오는 바벨 족속의 죄악과도 병행된다. 바벨 사람들은 하나로 뭉쳐 집단적으로 하나님을 대적하는 죄를 범했고, 그 결과 하나님께 벌을 받아 흩어지게 되었다. 마찬가지로, "하나님의 아들들" 역시 집단으로 성적인 죄를 범함으로 하나님의 심판과 미움을 받게 되었다. 이것은 홍수 이전 시대의 도덕적 타락이 단순히 행위적 문제가 아니라, 혼인 제도의 붕괴와 인간 관계의 왜곡 속에서 드러나고 있음을 보여준다.

따라서 이 병행구조의 두 번째 키워드인 '결혼' 관점에서 볼 때, "하나님의 아들들"과 "사람의 딸들"은 신분적 또는 영적 대비보다, 현실 사회 속 결혼과 존재의 타락을 보여주는 장치로 기능한다. 이와 같이 저자는 이 구조를 통해 인간 사회의 도덕적 붕괴를 신화적 요소 없이도 서사적으로 묘사하고 있음을 알 수 있다.

C. 존재: 육신이 됨(6:3)

> 3 여호와께서 이르시되 나의 영이 영원히 사람과 함께 하지 아니하리니 이는 그들이 육신이 됨이라 그러나 그들의 날은 백이십 년이 되리라 하시니라

이러한 결과가 여기서 고스란히 드러난다. 하나님의 분노가 하늘 끝까지 이르렀다. 첫째, 하나님이 그들을 영원히 버리겠다고 말씀하신다. 이것은 하나님이 그들을 멸망하시겠다는 강한 의지의 표명이다. '영원히' 버리겠다는 뜻은 포기의 개념이 강하게 나타난다. 그러나 이것은 유기(遺棄, reprobation)와는 다르다. 그들의 잘못으로 징계하는 것이지 하나님이 스스로 아무 조건 없이 그들을 버리겠다는 의미는 아니다.

둘째, 120년의 기간을 언급한다. 이것은 앞으로 120여 년 정도만 살 수 있다는 수명에 관한 징계라기보다 앞으로 일어날 멸망의 때를 알려주신다. 그들에게 회

개의 기회가 있으니 돌아오라는 알림의 시간으로 보인다. 셋째, 그들에 대한 징계 원인을 말하고 있다. "육신이 됨이라"는 뜻은 타락하고 부패하여 영적인 민감함을 상실한 상태를 말한다. 즉 하나님의 뜻과 반대되는 삶, 자기 욕망에 지배당하는 삶을 의미한다. 히브리어 원어로 '육신'에 해당하는 단어는 בָּשָׂר(바사르)이다. 원래는 육체, 인간의 연약한 존재성을 가리키는 단어이다. 때로는 죄 된 본성, 유한성, 부패성을 강조하는 의미로 사용되기도 한다. 따라서 하나님께서 인간의 타락을 보시고 몇 가지로 진단하신 후에 내리시는 사망 선고를 뜻한다.

결국 이들이 하나님께 버림받은 이유는 그들이 타락의 늪에 빠져 육신적 삶을 살았기 때문이다. 이들의 타락한 결혼관은 멸망의 길로 가는 첩경이 되었다. 다음 구조(6:5-8)에서 하나님이 이러한 사망 선고에 대한 반응을 감정적으로 표현하면서 한탄하신다. 결국 그들은 120년 뒤에 처참하게 홍수로 멸망하게 된다. 이런 점에서 120년은 수명에 대한 징계가 아니라 하나님이 회개의 기회를 주기 위해 베푸신 마지막 기회의 기간으로 볼 수 있다(벧전 3:20; 벧후 2:5; 마 24:37-38).

A'. 상황: 그 당시, 네피림 있었다(6:4a)

6:4a 당시에 땅에는 네피림이 있었고

네피림에 대한 설명이 이어진다. 이들은 과연 누구인가? 본문에 따르면 네피림은 사람들이 땅 위에 번성하고, 사람의 딸들이 많이 태어나던 그 시기에 존재했던 자들이다. 특히 이들은 "하나님의 아들들"과도 밀접한 관계를 갖는다. 구조적으로는 1절(A)의 키워드, 즉 '상황'(사람들이 번성할 때, 딸들이 태어남)과 연결되며, 그 의미가 더욱 분명하게 드러난다. 반복된 상황을 기반으로 해석하면 다음과 같다:

"그 땅에 사람이 번성할 당시, 각 사람에게서 난 딸들이 태어났고, 또한 네피림이 있었다."

이러한 해석은 네피림이 아담의 후손들(셋 혹은 가인의 계보) 가운데 태어난 여성들과 같은 시기에 공존했다는 사실을 보여준다. 즉, 네피림은 단순히 어느 날 갑자기 등장한 존재가 아니라, 아담의 후예들이 낳은 자손들 집단의 일부였다는 것이다. 본문은 네피림이 누구의 직계 후손인지를 명시하지 않지만, 그들의 혈통에 대해 특별한 언급이 없다는 점에서, 그들 역시 아담의 후손들 가운데에서 파생된 하나의 무리로 이해할 수 있다. 보다 구체적으로는, 그들은 셋의 경건한 계보나 가인의 악한 계보에 명확히 속하지 않는 자들, 즉 경계선에 위치한 별개의 후손 집단으로 볼 수 있다. 이는 마치 창세기 10장이나 36장에서 소개되는 후대의 민족 목록처럼, 특정 계보로부터 분리되어 형성된 집단을 떠올리게 한다. 결론적으로, 네피림은 사람이 번성하던 시기의 역사적 배경 속에서, 사람의 딸들과 병렬적으로 언급되며(AA'), 그 당시 사회 속에서 뚜렷한 존재감을 지닌 한 족속으로 특정한 신화적 존재가 아니라, 역사 속 실재한 인간 집단이다.

B'. 결혼: 하나님의 아들들의 결혼과 출산(6:4b)

> 4b 그 후에도 하나님의 아들들이 사람의 딸들에게로 들어와 자식을 낳았으니

여기서는 "하나님의 아들들"의 결혼을 언급하지만, 앞서 묘사된 그들의 타락한 모습은 명시적으로 설명되지 않는다. 다만, 그들이 "사람의 딸들"과 관계하여 자녀를 낳았다는 사실이 언급된다. 그렇다면 주목할 부분은 다음과 같다. 2절(B)에서는 하나님의 아들들이 여자들의 아름다움을 보고 취했다는 내용은 있지만, 자녀를 낳았다는 언급은 없다. 반면, 4절(B')에서는 이들의 결혼으로 자식이 태어났다고 명확히 말하고 있다. 이 차이는 무엇을 의미할까?

이는 단순한 시간의 흐름 그 이상을 의미한다. 2절에서는 결혼 자체에 초점을 둔 반면, 4절에서는 그 결혼의 '결과물', 즉 자녀의 출현과 그것이 초래한 역사적 영향을 강조한다. 다시 말해, 단순한 혼인 행위에서 멈추지 않고, 그 혼인의 열매

로 어떤 존재들이 태어났는지를 밝히는 데 목적이 있다. 여기서 태어난 자들이 바로 '네피림'이다. 이들은 "고대의 용사들", "명성 있는 자들"로 묘사되지만, 이 칭호가 반드시 긍정적 의미로만 사용된 것은 아니다. 오히려 그 힘과 명성이 타락과 폭력을 상징하는 요소로도 읽힐 수 있다(6:11 참조). 이렇게 볼 때, 이들은 타락한 결혼관의 산물로 태어난 존재들로 해석할 수 있다.

또한 "그 후에도"라는 표현은, 홍수 이전의 타락한 결혼과 출생이 일시적 사건이 아니라 지속적인 흐름이었음을 보여준다. 즉, 지속적인 타락의 흐름, 하나님의 심판 선언과 연결된다. 이는 3절(C)에서 하나님의 영이 더 이상 사람과 함께하지 않겠다고 하신 선언과 연결되며, 타락한 결혼에서 비롯된 인류의 전반적 부패와 하나님의 심판 의도를 강조하는 장치로 작용한다.

결국, '네피림'은 단순히 신비로운 존재가 아니라, 타락한 셋의 후손들("하나님의 아들들")과 "사람의 딸들" 사이에서 태어난 집단으로 해석될 수 있다. 단순 신화적 존재가 아니라, 타락한 결혼의 결과로 태어난 세속적/폭력적 존재 그 자체이다.

C'. 존재: 용사/명성이 있음(6:4c)

4c 그들은 용사라 고대에 명성이 있는 사람들이었더라

그들의 존재는 '용사'로서, 당시 사람들에게 자연스럽게 잘 알려질 수밖에 없었다. 이러한 '명성'은 그들이 다른 족속들과의 싸움에서 승리할 수 있을 만큼 육체적으로 우월한 능력을 가졌기 때문이었다. 이러한 육체적 우위는 단순한 힘의 과시를 넘어서, 여성들을 자신의 아내로 삼을 수 있는 강제성을 암시한다. 즉, 그들은 힘과 권력으로 여성을 선택하고 점유할 수 있었던 사회 구조 속에 있었다고 볼 수 있다. 이와 같은 현실은, 세상이 추구하는 가치를 드러낸다: 번성, 아름다움, 외적인 화려함, 유명세, 풍요, 지위의 상승 등이다. 그러므로 '용사'와 '명성 있는 자'라는 표현은 단순히 긍정적인 평가가 아니라, '결혼'과 '존재'라는 키워드에서 드러나는 부정적인 의미로 읽혀야 한다. 이는 당시 사회가 외형적 가치와 권력 중심으로 타락해 있었음을 보여준다.

이뿐 아니라 B'에서 언급된 "그 후에도"라는 시간 개념을 고려하면, 네피림의 존재는 하나님의 아들들의 타락한 결혼관과 무관하지 않다는 점이 드러난다. 즉, 네피림은 하나님의 아들들과 긴밀히 연결된 존재로 볼 수 있다. 하나님의 아들들이 행한 행동들 —"여인의 아름다움을 보고", "좋아하는 여자를", "자신들의 아내로 삼았다"는 표현— 은 고대 왕이나 족장들이 권력으로 여성을 취하던 모습을 떠올리게 한다.

이러한 점에서 네피림은 힘 있는 족속, 곧 용사들이라 불리운 자들로, 그들의 족장들로부터 비롯된 타락한 결혼문화가 더욱 심화되었을 가능성이 크다. 비록 본문에서는 네피림에 대한 하나님의 직접적인 징계가 명시되지는 않지만, 이어지는 대지 V. 구조(6:5-8)에서는 모든 인류가 심각한 죄악 가운데 멸망의 위기 앞에 놓여 있음이 강조된다. 하나님은 인간의 악함을 보시고 사람을 창조하신 것을 한탄하셨다. 이런 점에서 네피림을 포함한 모든 남성들의 성적 타락은 그들의 죄악성을 상징적으로 드러낸다. 그 결과, 그들은 모두 홍수로 멸망하게 되었다. 결국, 120년 후, 노아의 가족 외에는 모두 홍수로 심판받아 사라지게 된다.

이처럼 반복된 병행구조 속에서, 저자는 세 개의 키워드 —상황, 결혼, 존재—를 통해 당시 인류의 부패함과 하나님의 심판을 뚜렷하게 대비시키고 있다. 그들의 존재는 '용사'로서, 당시 많은 사람들에게 자연스럽게 잘 알려질 수밖에 없었다. 이러한 '명성'은 그들이 다른 족속들과의 전쟁에서 승리할 수 있었던 육체적 우월함에서 비롯된 것이다. 그러나 '용사'와 '명성 있는 자'는 단순한 영웅 서사가 아니라, 하나님 없이 강해지고 높아지는 인간의 교만을 상징한다.

따라서 이 표현들은 창세기 11장의 바벨탑 사건과도 연결되는, 인간 중심적 번성과 힘의 과시, 그리고 결집해서 일을 도모하는 것에 대한 비판적 묘사로도 읽힐 수 있다.

제 5 장

택함 받은 자: 노아(6:5-8)

아래의 전체 구조는 세상 사람들이 극도로 악해진 상황 속에서, 하나님께서 인간을 창조하신 것을 한탄하시며 심판을 위해 선별하시는 내용이다. 저자는 자신의 구조적이며 신학적인 관점에서 이 사건을 인물 구조에 담아 기록함으로, 이스라엘 백성들에게 교훈을 전달하려는 목적을 가지고 있다. 특히, 이 사건은 네피림 사건(6:1-4) 다음에 배치되어, 노아 홍수 직전의 상황을 보여준다. 두 사건은 창세기 전체 구조에서 가장 짧은 본문들로 구성되었다. 이는 창세기의 전체 구조(15개 단위)를 5개씩 분리하여 배치하는 과정에서 전체 구조 단위들의 조화(대응 관계)를 이루기 위한 저자의 저술 목적에 따른 것이다. 따라서 짧은 본문이지만, 15개의 전체 구조를 하나로 아우르는 데 중요한 역할을 하는 필수적인 구성요소 중 하나라고 할 수 있다.

가. 구조적 주해

창세기 전체 구조에서 다섯 번째 대지인 '택함 받은 자 노아'는 노아 홍수 직전에 일어난 짧은 사건을 다룬다. 아래에 제시된 전체 구조는 다른 단위들과 마찬가지로 평행 기법에 따라 반복되는 병행구조로 이루어져 있다. 이러한 병행구조는 노아 시대의 심판과 구원 사건이 창세기 전체 서사에서 갖는 의미를 강조하는 데 중요한 역할을 한다.

택함 받은 노아(6:5-8)

1. 하나님의 근심

A. **사람**: 죄악 가득	5a
B. **계획**: 항상 악함	5b
C. **한탄**: 사람창조	6
D. **심판**: 안타까워하심	6b

2. 하나님의 결심

A'. **사람**: 쓸어버릴 것	7a
B'. **계획**: 사람과 동물 멸망	7b
C'. **한탄**: 사람 창조	7c
D'. **구원**: 은혜 입은 노아	8

위 전체 구조는 하나님의 공의와 긍휼이 어떻게 역사하는지를 보여주며, 구원받은 자와 멸망당한 자의 대비 관계를 보여준다. 타락과 심판을 구조의 소재로 삼아 두 부분(1, 2)으로 나누어 각각의 범위를 정하였다. 또한, 두 개의 세부 구조는 네 개의 키워드(사람-계획-한탄-심판/구원)를 중심으로 반복된 병행 형태(ABCD/ A'B'C'D')를 이룬다.

(1) 본문은 반복된 평행 구조를 이룬다.

A/A' **사람**: 죄악 가득(5a) ↔ 쓸어버릴 것(7a)

B/B' **계획**: 항상 악함(5b) ↔ 멸망 계획(7b)

C/C' **한탄**: 사람 창조(6) ↔ 사람 창조(7c)

D/D' 심판/구원: 안타까워하심(6b) ↔ 은혜 입은 노아(8)

(2) 중심 주제:
구조의 끝은 "노아가 은혜를 입었다"는 반전으로 귀결되며, 이는 하나님의 공의와 긍휼이 교차하는 지점을 드러낸다.

나. 구속사적 적용

심판과 구원의 이중 선포:
> 하나님은 인간의 죄악으로 인해 전적 멸망을 계획하신다. 그러나 동시에 언약 계보 보존을 위한 은혜의 선택을 행하신다. 이중 구조는 노아라는 인물을 통해 구속사의 '새로운 시작'이 열리는 것을 보여준다.

은혜의 선택:
> 본문은 인간의 노력이나 의로움이 아니라, 하나님의 주권적 은혜가 구원의 출발점임을 드러낸다. "노아가 은혜를 입었다"는 선언은 신약에서 예수 그리스도의 십자가 은혜를 예표한다(엡 2:8-9).

창조-타락-심판-회복의 패턴:
> 창조 이후 이어지는 구속사의 큰 흐름이 여기서 또 한 번 반복된다.
> 창조의 기쁨 → 죄로 인한 근심 → 심판 선언 → 은혜의 구원: 이 패턴은 성경 전체를 꿰뚫는 구속사의 리듬이기도 하다.

다. 신앙경주적 적용

경주의 출발: 은혜로 시작
> 신앙의 여정은 인간의 자격이 아니라 하나님의 은혜에서 출발한다. 노아처럼 신자는 은혜로 불러내심을 받고, 경주 트랙에 서게 된다.

경주의 긴장: 죄악 세상 속에서의 달림

주변은 죄와 심판의 현실(5-7절)로 가득하다. 그러나 택함 받은 자는 은혜의 선택을 따라 다른 길을 달려야 한다. 신자는 세상과 동일한 멸망의 길을 걷지 않고, 믿음의 방주를 준비하는 삶을 살아야 한다(히 11:7).

경주의 결승: 은혜의 완성

심판과 구원의 분기점에서 노아가 구원받은 것처럼, 신앙경주는 궁극적으로 하나님의 은혜가 끝까지 지켜내는 경주이다. 따라서 우리의 삶은 '은혜로 시작하여 은혜로 끝나는 달음질'이 된다.

라. 본문 해설

A. 사람: 죄악 가득(6:5a)

5a 여호와께서 사람의 죄악이 세상에 가득함과

이 구절에서 "사람의 죄악이 세상에 가득하다"는 의미는, 인간이 타락하여 죄를 짓는 것이 일시적이거나 일부 사람에게 국한된 것이 아니라, 전 인류가 지속적으로 악을 행하고 있으며, 그 죄가 세상 전체를 뒤덮을 정도로 만연했다는 것을 뜻한다. 창조 당시 하나님은 사람을 하나님의 형상으로 만드셨다. 그리고 사람을 만드신 후 그에게 복을 주셨고, 또한 그 여섯째 날을 하나님이 보시기에 심히 좋았더라고 평가하셨다. 이런 점에서 인간은 하나님의 형상대로 창조되었기 때문에, 존엄성과 가치를 지닌 존재이다. 또한 하나님과 교제할 수 있으며, 도덕적·영적·사회적 존재로 창조되었다. 그리고 하나님께서 인간에게 땅을 다스릴 권한(청지기 사명)을 주셨다.

또한 하나님은 인간에게 선택할 자유를 주셨고, 그에 따른 책임도 요구하셨다. 그래서 인간이 하나님께 순종하면 복을 받고, 불순종하면 심판을 받는 원리가 작동하였다. 그러나 아담과 하와는 하나님의 명령을 어기고 선악과를 먹음으로 죄가 세상에 들어왔다. 이로 인해 인간은 죄 성과 죽음을 갖게 되었고, 하나님과의 관계가 단절되었다. 죄는 이후로도 가인과 아벨 사건(창 4장), 네피림과 인간의 타락(창 6장) 등으로 확대되었다. 그러나 창조이후 이 당시는 심판 직전에 놓여 있는 사람의 모습, 개인이 아니라 인간 전체의 영적 상태를 평가하고 있다. 사람의 죄악이 세상에 가득함을 보여주고 있다. 인간 개개인의 영적 상태가 아니라 세상에 있는 모든 인간들의 상태를 폭로하고 있다.

B. 계획: 항상 악함(6:5b)

5b 그의 마음으로 생각하는 모든 계획이 항상 악할 뿐임을 보시고

"그의 마음으로 생각하는 모든 계획이 항상 악할 뿐임을 보시고"의 표현은, 인간의 죄가 단순한 행동적 범죄를 넘어 내면과 사고방식 자체가 끊임없이 악을 향하고 있음을 강조한다. 즉, 인간의 부패가 외적인 행동뿐 아니라 내적인 동기와 사고방식까지 철저히 타락했다는 뜻이다. 이러한 개념을 한마디로 말하면 '전적 부패'(Total Depravity)라고 말할 수 있다. 즉, 인간의 전 존재가 죄로 인해 타락하여, 스스로는 선을 행할 능력이 없고, 오직 하나님의 은혜가 필요함을 보여준다. 앞서 네피림 족속의 범죄는 단순한 성적인 타락뿐만 아니라, 육체적인 강압과 폭력으로 인해 사회 전체가 악으로 물들었음을 보았다. 결국, 이러한 악명 높은 행동들이 홍수 심판 직전 시대의 죄악상을 총체적으로 드러내며, 그 죄악이 폭로되고 있다.

C. 한탄: 사람 창조(6:6a)

6a 땅 위에 사람 지으셨음을 한탄하사

'한탄'(나함, נָחַם)의 의미는 사람의 타락과 죄악으로 인해 하나님께서 슬퍼하시고 마음 아파하셨다는 뜻이다. 땅 위에 사람들의 죄악의 심각성이 결국 하나님의 한탄과 심판을 초래하는 직접적인 원인이 된다. 하나님께서 인간을 창조하신 것을 안타깝게 여기시고, 이들을 심판하기로 결정하셨다는 점에서 죄의 심각성과 하나님의 거룩함, 그리고 공의로운 심판이 얼마나 중요한지를 보여주는 구절이라 할 수 있다. 하나님의 형상으로 창조함을 받은 사람이 배은망덕하게 거룩함에서 벗어나 죄로 가득찬 것에 대한 하나님의 분노를 나타내는 것이다. 사람은 하나님의 성품과 속성을 지녔다.

그러나 이들은 하나님이 가장 싫어하시는 죄에 빠져 헤매고 있다. 이전 본문(6:1-4)에서 살폈지만 성적으로 타락하여 하나님이 그들과 영원히 함께 하지 않을 것이라고 선언하셨다. 그래도 120년이라는 기간을 통해 회개할 여지를 주었지만 더욱 악해졌다. 이러한 현실 속에서 하나님은 그들의 삶을 심히 염려하고 있다. 다시 말하면, 하나님께서 사람의 타락을 보시고 깊은 슬픔과 애통함을 느끼신다. 이런 점에서 하나님의 '한탄'은 인간적인 감정을 묘사한 "인간화 표현'(anthropomorphism)"이다. 구약성경에는 이러한 표현들이 자주 나타난다.

D. 심판: 안타까워하심(6:6b)

6b 마음에 근심하시고

창세기에서 심판의 개념은 하나님의 은혜에서 멀어지는 상태를 의미한다. 지금 홍수심판 직전에 살고 있는 그들 모습이 바로 이러한 상태이다. 그래서 하나님은 그들을 보시고 "마음에 근심하시고" 계신다. 하나님은 홍수 심판을 앞두고 인간의 타락과 회개의 부재를 보시며 근심하셨다. 즉, 하나님께서 세상을 멸망시키시기 전에 그들이 스스로의 잘못을 깨닫고 돌아오기를 바라셨다. 하나님이 단순히 인간을 버리시는 것이 아니라 회개할 기회를 주셨음을 보여준다. 이렇게 하나님은 언제나 회개의 길을 열어놓고 기다리는 분이시다. 우리는 하나님이 사람들을 심판으로 멸망하시기 전 미리 경고와 기회를 제공하신다는 것을 알 수 있다. 홍수 심판 전 120년의 유예 기간을 주셨다(6:3). 또한 소돔과 고모라의 멸망 전 아브라함과의 대화(창 18:23-33)에서도 알 수 있다. 앞으로도 살펴보겠지만 그곳에 천사들을 보내어 회개의 기회를 주시는 것도 발견할 수 있다.

그러나 소돔과 고모라의 사람들은 천사들에게까지 악을 행하려 했고, 롯이 자기 딸들을 내어주려는 시도마저 무시한 채 죄악을 멈추지 않았다. 결국 하나님의 심판이 임하게 되었다. 이러한 사건들은 하나님께서 언제나 회개의 기회를 주시는 분이시며, 그 기회를 무시하는 자들에게는 결국 심판이 따른다는 사실을 더욱 강조한다. 지금 여기서는 죄에서 돌이킬 수 있는 기회를 무시하고 듣지 않는 자들에게 하나님은 안타까운 심정을 표현하고 계신다.

A'. 사람: 쓸어버릴 것(6:7a)

7a 이르시되 내가 창조한 사람을 내가 지면에서 쓸어버리되"

이 당시에 사람들은 창조시대의 마지막에 살고 있지만 역시 순종하면 복을 받고, 불순종하면 심판을 받는 원리가 작동하고 있었다. 그러나 이들은, 아담, 하와, 가인과 그의 후손들 같이 하나님의 명령을 어기고 죄에 빠져 있었다. 그들의 죄악은 가인과 아벨 사건(창 4장), 네피림과 인간의 타락(창 6장) 때보다 더욱 심각하여 멸망의 날에 직면해 있다.

B'. 계획: 사람과 동물 멸망(6:7b)

7b 사람으로부터 가축과 기는 것과 공중의 새까지 그리하리니

여기서는 하나님이 타락한 그들과 더불어 가축과 기는 것과 공중의 새까지 모두 멸망시킬 계획을 알려주신다. 앞에서는(B) 인간의 죄악된 계획을 언급하였지만, 지금은 하나님의 계획을 언급하신다. 인간들의 죄 때문에 자연과 생물도 함께 멸망과 파괴의 위기에 직면했다. 이것은 사람에게 모든 만물을 다스릴 수 있는 권세를 주셨기 때문이다. 이런 점에서 인간의 책임이 얼마나 큰지를 알 수 있다. 인간과 자연은 하나로 묶여 서로 분리할 수 없는 존재들로 창조되었다.

오늘날 세상을 보면 인간의 책임이 얼마나 크고 중요한지 알 수 있다. 인간의 욕심과 죄악으로 자연이 무섭게 파괴되어 공멸할 지경에 놓여 있다. 어떤 면에서는 지금 이 당시와도 너무나 닮았다. 단순하게 물로 심판을 받는 것이 아니라 수많은 다른 요인들로 지구는 멸망에 직면해있다. 아무리 자연을 지키자고 외쳐도 인간의 욕심을 억제하거나 제어할 수 없다. 이것은 노아 홍수 이전 시대나 오늘날이나 인간의 죄악상이 변하지 않기 때문이다. 그래서 하나님은 그들과 함께한 생물들까지 멸망하실 것을 계획하셨다.

C'. 한탄: 사람 창조(6:7c)

6:7c 이는 내가 그것들을 지었음을 한탄함이니라 하시니라

여기서 키워드 '한탄'이 반복되어 강조된다. 하나님이 사람을 자신의 형상으로 창조하셨기 때문에 당연히 하나님의 감정과 의지에서 사람의 모습이 표현되는 것이다. 이는 하나님께서 인간과의 관계 속에서 감정을 가지시고, 우리의 행동에 대해 반응하시는 분이시다. 이것은 하나님이 후회하셨다는 뜻이라고 하는 해석도 있지만 그러나 한탄은 후회와 전혀 다른 개념이다. 하나님은 실수나 후회하시는 분이 결코 아니시다(민 23:19, 삼상 15:29). 따라서 하나님의 근심과 슬픔은 단순한 감정이 아니라, 공의로운 심판을 결정하게 하는 요소로 작용했다. 어떻게든 그들을 구제할 방법을 간구하시지만 근본적으로 그들의 성품은 망가질

때로 망가지게 된 것을 아시고 슬퍼하신다. 그러나 하나님은 그들이 구제불능이라는 결론을 내리시며 한탄하시게 되었다.

D'. 선택: 의인 노아(6:8)

> 8 그러나 노아는 여호와께 은혜를 입었더라

위 본문은 문맥상 대비 구조의 시작인 '그러나'는 앞 소절(6:5-7)에서 인류 전체의 타락과 하나님의 심판 선언과 연결된다. 인간의 죄악이 극에 달했고, 하나님은 땅 위에서 사람 지으신 것을 한탄하시며 심판을 결정하신다. 그런데 6:8에서 '그러나'라는 접속사는 노아의 특별한 위치가 강조된다. 이것은 심판과 구원, 타락과 성화 사이의 신학적 대조를 이루는 구절이다. 심판은 죄와 불순종이 주요한 원인으로 작용한다.

하나님은 경건한 셋의 후손들이 타락했을 때, 120년이라는 회개 기간을 주셨다. 하지만 그들은 끝내 죄에서 돌이키지 않았고, 결국 하나님의 공의로운 계획 안에서 심판을 받게 되었다. 그러나 노아만큼은 하나님의 구원 은총을 입고 심판을 피할 수 있었다. 이는 무엇보다 노아가 의롭게 살았기 때문이다. 경건한 셋의 후예로 노아는 하나님의 형상으로 창조된 자로써의 자부심을 갖고 믿음으로 살았음에 틀림없다. 그가 이렇게 살았다는 증거는 다음 구조에서 반복해서 나타나며, 결국 노아와 그의 가족들이 홍수 심판에서 벗어날 수 있었음이 입증된다. 따라서 노아는 죄를 이기고 의롭게 산 믿음의 산증인이며, 곧 신앙경주의 승리자임을 알 수 있다.

도표 17> 택함받은 노아 메트릭스 (6:5-8)

구분	본문 사건	구조 요지	구속사적 의의	신앙경주 적용
1-5 택함	택함 받은 노아 (6:5-8)	ABCD/ A'B'C'D' (사람-계획-한탄-심판/구원)	죄악으로 가득한 세상 속, 하나님의 은혜로 노아가 선택됨	신앙경주는 은혜로 출발하여 은혜로 끝남. 세상은 멸망의 길이지만 택자는 은혜의 경주자로 부름

제2부

새로운 시작

(6:9-11:26)

제2부
새로운 시작
(6:9-11:26)

1. 구조

창세기 2부는 단순한 '홍수 이야기'나 '탑 이야기'가 아니라, 구속사의 흐름과 신앙경주의 두 경로(순종 vs 교만)를 대조적으로 보여주는 장면이다. 이 구조를 이해하면 3부 아브라함 – 야곱 – 요셉 이야기의 구속사적 큰 그림이 왜 "선택 – 범죄 – 회개 – 축복 – 사명"으로 반복되는지를 더 잘 볼 수 있다.

도표 18> 창세기 2부 표층구조 (창 6:9-11:26)

구분	사건 주제	구속사	신앙경주
I' 창조(역)	새로운 언약	심판과 회복	믿음으로 방주를 준비한 노아
II' 타락	가나안 저주	노아의 수치	신앙의 경주는 끝까지 긴장 속에 이루어짐
III' 회복	열국의 분포	하나님의 보편적 섭리	신앙경주는 공동체적임
IV' 범죄	바벨탑	언어 혼잡케 하심	신앙경주는 자기 이름을 세우는 것이 아니라 하나님의 이름을 높이는 길임
V' 택함	셈의 계보	아브라함의 출현 준비	신앙의 경주는 개인의 성공·실패를 넘어, 세대를 잇는 경주임을 보여준다.

2. 구속사 해설

제2부는 심판 가운데도 하나님께서 의인을 통해 언약을 보존하시며, 창조를 다시 여는 새 출발을 예비하신다. 민족의 확산 속에서도 셈의 계보를 통해 언약의 길이 보존되고, 인간의 교만은 언약을 거부하고 자기 이름을 높이려는 시도로 나타나며, 하나님은 언어와 땅의 심판으로 응답하신다. 하나님은 범죄와 교만의 사건(바벨) 가운데서도 셈의 계보를 통해 언약의 씨를 이어 가신다.

3. 신앙경주 적용

믿음으로 방주를 준비한 노아처럼, 위기의 시대에 순종은 구원의 길을 연다. 신앙의 경주는 끝까지 긴장 속에 이루어지며, 경건과 순종의 삶을 놓치지 말아야 한다. 신앙경주는 믿음의 계보와 전승을 통해 다음 세대에 이어져야 하며, 자기 이름을 세우는 것이 아니라 하나님의 이름을 높이는 길이며 또한 개인의 성공·실패를 넘어, 세대를 잇는 경주임을 보여준다.

제 6 장

역(易)창조: 노아
(6:9-9:17)

노아의 방주는 '역(易)창조'와 관련된 사건이다. 여기서 '역'(de-creation)은 "되돌리다" 또는 "파괴하다"는 뜻을 가진다. 이러한 점에서 '역창조'는 새로운 시작을 의미한다. 천지창조 이후 인간이 점점 악해지면서 하나님의 노여움을 사게 되었고, 결국 홍수로 인해 멸망하는 사건이 발생한다. 이러한 내용이 아래에서 반복되는 병행구조에 담겨 있다.

가. 구조적 주해(구조 분석, 키워드 분석, 그룹별 분석)

1. 구조 분석

노아의 방주(6:9-9:17)

1. 노아의 방주(홍수전)

A. **가족**: 의인 노아와 자녀들	6:9-10	
B. **심판과 구원**: 죄와 방주	6:11-14	
C. **언약** 언약을 세울 것	6:15-22	

2. 노아의 방주(홍수)

    A'. **가족**: 의인 노아와 식구   7:1-5

        B'. **심판과 구원**: 비와 바람   7:6-8:14

           C'. **언약**: 다시는 멸하지 않을 것   8:15-22

3. 노아의 방주(홍수 후)

    A". **가족**: 복 받은 노아와 자녀들   9:1-2

        B". **심판과 축복**: 피와 번성   9:3-7

           C". **언약**: 무지개 언약   9:8-17

각 단락은 가족 – 심판과 구원 – 언약이라는 동일한 키워드를 따른다.

(가) 세 번 반복되는 병행 구조: A-B-C / A'-B'-C' / A"-B"-C"

A – B – C(홍수 전, 6:9-22): 하나님이 노아를 의인으로 세우시고, 홍수 심판을 예고하며 방주를 준비하게 하신다(심판 전 대비).

A' – B' – C'(홍수 중, 7:1-8:22): 홍수가 땅을 덮어 모든 생명이 죽지만, 하나님이 기억하사 바람으로 물을 줄이신다(초점: 심판 속 구원의 보존).

A" – B" – C"(홍수 후, 9:1-17): 땅이 마르고, 노아가 제단을 쌓아 제사 드리자 하나님이 무지개 언약을 맺으신다(초점: 새 출발과 언약 확증).

(나) 세부 연결 고리

1 / 1' / 1" (가족)

1: 의인 노아와 자녀들(6:9-10)

1': 의인 노아와 식구(7:1-5)

1": 복 받은 노아와 자녀들(9:1-2)

2 / 2 / 2"(심판과 구원/ 축복)

2: 죄와 방주(6:11-14)

2': 비와 바람(7:6-8:14)

2": 피와 번성(9:3-7)

3 / 3' / 3"(언약)

3: 언약을 세울 것(6:15-22)

3': 다시는 멸하지 않을 것(8:15-22)

3": 무지개 언약(9:8-17)

(다) 중심 주제: 3/3'/3", 끝 부분인 '언약'에 있다.

2. 키워드 분석

본문은 총 4장으로 구성되었으며, '방주'를 각 구조의 주요 소재로 삼아 세 부분으로 나누었다. 각 부분은 세 개의 키워드를 중심으로 전개되며, 동일한 패턴이 세 번 반복되는 병행구조를 이루고 있다. 이를 도식화하면 다음 같은 틀로 되어있다.

키워드: 가족→ 심판과 구원/축복→ 언약

1. 노아의 방주(홍수 전)   A→ B→ C   6:9-6:22
2. 노아의 방주(홍수)   A'→ B'→ C'   7:1-8:22
3. 노아의 방주(홍수 후)   A"→ B"→ C"   9:1-9:17

첫 번째 노아의 홍수 사건은 홍수 이전에 일어난 사건을 보여주며, 아래 세 개의 키워드를 중심으로 전개된다.

1. 노아의 방주(홍수전)

A. **가족**: 의인 노아와 자녀들	6:9-10
B. **심판과 구원**: 죄와 방주	6:11-14
C. **언약**: 언약을 세울 것	6:15-22

A. 가족: 노아와 자녀들(6:9-10)

첫 번째 키워드는 '가족'이다. 노아는 하나님께 인정받은 의인이며, 당시 타락한 사람들과 분명히 구별되는 존재로 강조되고 있다. 그는 하나님과 동행하며 믿음으로 살아온 사람이었다. 또한 셈, 함, 야벳이라는 세 아들을 두었고 노아의 아내와 자부들도 함께 있었다. 노아의 식구는 모두 8명이었다.

B. 심판과 구원: 죄와 방주(6:11-14)

두 번째 키워드는 '심판과 구원'으로, 그 당시 온 세상은 죄로 인해 부패했으며 사람들은 포악하였다. 이에 하나님은 노아에게 그들과 땅을 함께 심판하실 것을 알리셨다. 또한 그에게 특별한 사명을 주셨으니, 그것은 바로 구원의 방주를 짓는 일이었다. 하나님께서는 세상을 물로 심판하실 예정이었지만, 노아와 그의 가족들, 그리고 일부 생물들을 구원하시기 위한 계획을 미리 알려주셨다.

C. 언약: 언약을 세울 것(6:18-22)

세 번째 키워드는 '언약'이다. 세상이 죄로 인해 멸망했지만, 하나님은 노아와 언약을 맺으시고 그의 가족에게 방주로 들어가도록 하셨다. 또한 그들과 함께 들어갈 동물들을 보존하라고 명령하셨으며, 암수 한 쌍씩, 새는 그 종류대로, 가축은 그 종류대로, 땅에 기는 것들도 각 종류대로 데려가도록 하셨다.

이와 같이 키워드를 중심으로 홍수 이전에 일어난 방주 사건을 살펴보았다.

이제 두 번째 방주 이야기를 분석할 것이다. 이번에는 홍수가 시작되는 시점부터 끝날 때까지의 과정을 인물 구조에 담겨 있는 키워드를 통해 보여준다.

2. 노아의 방주(홍수)

A'. **가족**: 노아와 온 집	7:1-5	
B'. **심판과 구원**: 홍수와 바람	7:6-8:14	
C'. **언약**: 다시는 멸하지 않을 것	8:15-22	

A'. 가족: 노아와 온 집(7:1-5)

여기서 반복되는 키워드는 '가족'이다. 하나님은 노아에게 곧 세상을 물로 멸망시킬 것이니 노아와 온 집식구(아들들과 며느리들)와 함께 방주로 들어가라고 명령하셨다. 이는 노아가 다른 부패한 사람들과 달리 의롭게 살았기 때문이다. 다시 말해, 노아는 하나님 앞에서 가족들과 함께 구별된 삶을 살았으며, 그로 인해 노아와 그의 가족 모두가 구원의 방주로 들어가게 되었다. 그리고 하나님이 특정하신 생물들도 그 방주에 함께 들어갔다.

B' 심판과 구원: 홍수와 바람(7:6-8:14)

여기서는 '심판과 구원'이 키워드로, 노아는 하나님의 명령에 따라 가족들, 생물들과 함께 방주에 들어갔다. 7일 후에 홍수가 시작되었고, 40주야로 비가 내렸다. 이는 하나님의 물 심판이 시작됨을 알리는 것이었다. 물은 150일 동안 계속 차올랐으며, 지상에 있던 모든 사람과 생물은 죽었다. 오직 방주에 있던 노아와 그의 가족들, 그리고 방주에 들어간 동물들과 새들만 살아남았다. 이렇게 세상은 하나님의 심판을 받았으나, 하나님은 노아와 방주에 있던 자들과 생물들을 기억하셨다. 하나님께서 바람을 불게 하시어 물이 점차 빠지기 시작했고, 시간이 지나면서 땅이 말라 갔다. 마침내 방주는 아라랏 산에 머물렀으며, 이후 땅이 완전히 마르면서 새로운 시작을 위한 준비가 이루어졌다.

C' 언약: 다시는 멸하지 않으리라(8:15-22)

여섯 번째 키워드는 '언약'이다. 세상은 인간들의 죄로 인해 멸망했지만, 노아와 그의 가족은 방주에서 살아남았다. 또한, 그들과 함께 들어간 생물들도 보존되었다. 노아는 가족과 함께 육지로 나와 하나님께 제단을 쌓았다. 그리고 하나님은 다시는 땅과 생물들을 멸망하지 않으시겠다고 약속하셨다.

이와 같이 홍수가 일어나 끝날 때까지의 사건도 세 개의 키워드를 따라 전개되었음을 볼 수 있었다. 아래 구조는 홍수가 끝난 후에 일어난 세 번째 사건을 구조에 담아 보여주고 있다.

3. 노아의 방주(홍수 후)

A''. **가족**: 노아와 아들들	9:1-2
B''. **심판과 축복**: 피와 번성	9:3-7
C''. **언약**: 무지개 언약	9:8-17

A''. 가족: 노아와 아들들(9:1-2)

여기에서의 키워드는 '가족'이다. 노아의 아들들은 하나님의 복을 받은 가정이다. 이들은 홍수에서 살아남았을 뿐만 아니라, 하나님이 천지창조 때 인간을 하나님의 형상으로 창조하시고 복을 주시며 내리신 명령, "생육하고 번성하여 땅에 충만하라"는 말씀과 함께 동일한 복을 받았다. 여기서는 개인에게 주신 명령과 복이 아니라 가족에게 주신 것이다.

B''. 심판과 축복: 피와 번성(9:3-7)

여기에서는 '피의 심판과 번성의 복'이 언급되고 있다. 하나님은 노아에게 동물을 식량으로 허락하셨으나, 피째 먹는 것은 강력히 금하셨다. 특히, 사람은 하나님의 형상으로 창조되었기 때문에 곧 그의 피는 생명으로 인정된다. 따라서 사람의 피를 흘리는 자는 반드시 동일한 방식으로 보복을 받게 된다는 원칙이 강조된다. 이는 무고한 사람을 해하는 자에게 반드시 심판이 따른다는 하나님의 의지를 반영한다. 그 후, 하나님은 노아와 그의 후손들에게 번성의 복을 내리신다.

C". 언약: 무지개 언약(9:8-17)

홍수 이후 하나님은 '무지개 언약'으로 끝을 맺는다. 하나님은 타락한 인간들로 인해 세상을 홍수로 심판하신 후, 새롭게 시작하시면서 노아와 그의 아들들과 무지개 언약을 맺으셨다. 방주에서 나온 노아 자녀들과 모든 생물들에게 언약을 세우시며, 다시는 홍수로 세상을 멸하지 않겠다고 약속하셨다. 그 증거로 무지개를 보여주시며, 이것이 영원한 언약의 표징이 될 것이라고 말씀하셨다.

지금까지 우리는 세 개의 키워드로 인물 구조의 흐름을 살펴보았다. 이제는 그룹별(AA'A"/BB'B"/CC'C")로 구조를 분석하면서 노아 홍수 본문이 저자의 구조적 의도에 따라 기록되었음을 확인해 볼 것이다.

3. 그룹별 분석

전체 구조를 한눈에 볼 수 있도록 도표를 만들어, 세로축에는 세 개의 키워드를 배치하고, 가로축에는 동일한 키워드끼리 묶어 다음과 같이 도표로 비교해 분석해 보면 저자의 지술 목적에 따른 전체 구조가 키워드에 맞춰 그룹별로 구성되었음을 더 잘 알 수 있다.

도표 19> 노아의 방주 <6:9-9:17>

1. 노아의 방주 <홍수전>			2. 노아의 방주 <홍수>			3. 노아의 방주 <홍수후>		
A	가족	6:9-10	A'	가족	7:1-5	A"	가족	9:1-2
B	심판과 구원	6:11-17	B'	심판과 구원	7:6-8:14	B"	심판과 축복	9:3-7
C	언약	6:18-22	C'	언약	8:15-22	C"	언약	9:8-17

1) 그룹 A <가족>

A. 가족 <노아와 셈, 함, 야벳> 6:9-10

A'. 가족 <온 집> 7:1-5

A". 가족 <복 받은 가족> 9:1-2

A 그룹의 키워드는 가족이다. 노아는 하나님께 인정받은 의인이며, 당시의 타락한 사람들과는 분명하게 달랐다는 점이 강조되고 있다. 그는 하나님과 동행하며 믿음으로 살아간 사람이었다. 또한, 그의 가족은 노아와 그의 세 아들, 셈, 함, 야벳과 그들의 아내들로 구성되어 있다.

A. 가족(6:9-10)

노아는 그 시대에 하나님께 의인으로 인정받은 사람이었다. 당시에 모든 사람은 타락하여 하나님의 진노 아래 있었지만, 노아는 하나님의 은혜를 입었으며 하나님과 동행하는 삶을 살았다. 또한, 그의 자녀들도 노아의 신앙을 본받아 하나님의 말씀에 순종하며 방주를 짓는 데 최선을 다했다.

A' 가족(7:1-5)

하나님은 말씀에 순종하여 방주를 지은 노아에게 세상을 물로 심판하실 것을 알려주시고, 그의 8명의 식구 모두 방주로 들어가라고 명령하셨다. 하나님은 그를 의인으로 인정하시고, 그를 통해 새로운 구원의 역사를 이루어 나가셨다.

A". 가족(9:1-2)

노아와 그의 세 아들은 모두 하나님의 복을 받았다. 그들은 홍수에서 살아남았을 뿐만 아니라, 하나님께서 천지창조 때 인간을 하나님의 형상으로 창조하시고 복을 주시며 명령하신 것과 동일한 복을 받았다. 이는 창조 이후 인간의 타락으로 인해 모든 것이 멸절된 후, 노아와 그의 가족이 방주에서 살아남아 새로운 시작을 하게 되었음을 선언하는 의미가 있다.

2) 그룹 B <심판과 축복>

B. 심판과 구원 <죄와 방주> 6:11-14
B'. 심판과 구원 <물과 바람> 9:3-7
B". 심판과 축복 <피와 번성> 7:2-8:14

그룹 B의 키워드는 심판과 구원(홍수 전과 홍수 당시) 혹은 심판과 복(홍수 이후)으로 이루어진다.

B. 심판과 구원(6:11-14)

그 당시 온 세상은 죄로 인해 부패하였고, 사람들은 폭력으로 가득 차 있었다. 이에 하나님께서는 노아에게 세상을 심판하시어 땅과 함께 악한 자들을 멸하실 것을 알리셨다. 그러나 동시에 노아에게 특별한 사명을 주셨는데, 그것은 바로 방주를 짓는 일이었다. 하나님께서는 세상을 물로 심판하기로 하셨지만, 노아와 그의 가족, 그리고 일부 생물을 구원하시려는 계획을 세우셨다.

B'. 심판과 구원(9:3-7)

하나님께서는 노아에게 7일 후 비가 40일 동안 내릴 것이며, 그로 인해 모든 생물이 멸망할 것이라고 말씀하셨다. 이는 곧 하나님의 물 심판이 시작됨을 알리는 경고였다. 노아는 하나님의 지시를 모두 준행하였고, 그의 가족들과 함께 방주로 들어갔다. 그러나 하나님께서는 노아와 그의 가족, 그리고 방주에 들어간 동물과 새들을 기억하시고 그들을 보호하셨다. 바람을 불게 하시자 물이 점차 줄어들어 땅이 말라 갔고, 마침내 방주는 아라랏 산에 머물렀다. 이렇게 하나님의 심판이 끝나고, 새로운 시작을 위한 과정이 시작되었다.

B''. 심판과 축복(7:2-8:14)

여기에서는 피의 심판과 번성의 복이 언급된다. 하나님은 노아에게 동물을 식량으로 허락하셨지만, 피째 먹는 것은 강력히 금하셨다. 특히, 사람은 하나님의 형상으로 창조되었기에 그의 피는 곧 생명으로 간주된다. 따라서 사람의 피를 흘리는 자는 반드시 동일한 방식으로 보복을 받게 된다는 원칙이 강조된다. 그 후, 하나님은 노아와 그의 후손들에게 천지창조 당시 아담에게 주셨던 번성의 복을 내리셨다.

3) 그룹 C <언약>

C. 언약 <생명보존> 6:18-22

C'. 언약 <맹세> 8:20-22

C''. 언약 <무지개> 9:8-17

그룹 C는 모두 하나님과 노아와의 언약 관계가 이루어진다. 병행구조 특징에 따라 끝부분이 중심 주제를 나타낸다.

C. 언약: 생명의 보전(6:18-22)

세상이 죄로 인해 멸망하는 가운데, 노아와 그의 가족이 방주로 들어가 "생명을 보존받는" 복을 누리게 되었다. 이 과정에서 성경에 처음으로 '언약'이라는 용어가 등장한다. 하나님께서는 노아의 의로움을 보셨고, 또한 그와 그의 가족이 믿음으로 방주를 짓고 순종하는 모습을 인정하셨다.

C'. 언약: 다시는 물로 멸망시키지 않을 것(8:20-22)

노아와 그의 가족이 물의 심판에서 벗어나 방주에서 살아남게 된다. 이후 노아가 방주에서 나와 하나님께 제단을 쌓아 제사를 드렸다. 하나님께서 다시는 세상을 물로 멸망시키지 않겠다고 맹세하시며 언약을 세우셨다.

C". 언약: 무지개(9:8-17)

하나님께서 홍수로 세상을 심판하신 후, 다시는 온 세상을 멸하지 않겠다는 약속을 하신다. 그리고 그 증거로 무지개를 보여주심으로, 이것이 하나님과 노아 사이에 맺어진 영원한 언약의 표징이 되었다.

결론적으로, 키워드 중심의 분석과 그룹별 분석을 병행함으로 노아의 홍수 사건이 저자의 저술 목적을 따라 평행 기법으로 기록되었다는 것을 확인할 수 있었다. 이러한 분석을 도표에 담아 보면 더욱 분명하게 전체 구조 의미를 알 수 있다.

도표 20> 노아의 방주 (창 6:9-9:17) ― 구조·구속사·신앙경주

구간	본문	구조(표면)	구속사적 의미	신앙경주적 교훈
A 가족	6:9-10	의인 노아와 자녀들	하나님이 노아를 언약 계승자로 선택	신앙 경주는 가정과 공동체 단위에서 시작됨
B 심판, 구원	6:11-14	죄로 인한 심판, 방주로 구원	심판 속에서 방주는 구속의 모형 → 그리스도 안의 구원 예표	경주는 세상의 죄악을 피하고 구원의 길에 들어서는 선택 필요
C 언약	6:15-22	방주 설계와 언약 약속	언약을 세우신 하나님의 일방적 은혜	신앙 경주는 약속 붙잡기에서 힘을 얻음
A' 가족	7:1-5	노아와 식구 방주에 들어감	의인을 구별하여 구원하심	경주자는 하나님 말씀에 순종하여 들어감으로 보호받음
B' 심판, 구원	7:6-8:14	홍수 심판과 방주의 보존	심판 속에서 택자 보존 → 세례와 새 창조의 예표	경주는 환난 속에서도 하나님의 손에 보존됨
C'언약	8:15-22	다시는 멸하지 않겠다는 약속	제사와 함께 주신 새 창조 언약	경주자의 삶은 예배와 감사로 이어져야 함
A''가족	9:1-2	복 받은 노아와 자녀들	새로운 인류의 출발 → 아담의 재현	신앙 경주는 새 출발의 축복으로 이어짐
B''심판, 축복	9:3-7	피 금지, 생육 번성 명령	생명의 존엄, 피 언약 강조	경주는 생명 존중과 번성의 사명을 감당해야 함
C''언약	9:8-17	무지개 언약	구속사의 보편 언약(온 세상 대상)	신앙 경주의 목표는 모든 피조물과 함께 회복

나. 본문 해설

A. 가족: 의인 노아와 3자녀(6:9-10)

9 이것이 노아의 족보니라 노아는 의인이요 당대에 완전한 자라 그는 하나님과 동행하였으며 10 세 아들을 낳았으니 셈과 함과 야벳이라

노아의 톨레돗(역사)를 시작하며, 본문은 노아가 누구인지를 세 번 반복해 소개한다:

- "노아는 의인"
- "노아는 당대에 완전한 자"
- "노아는 하나님과 동행한 자"

노아를 '의인, 완전한 자, 하나님과 동행한 자'로 소개하는 것은 그의 신앙적 정체성과 하나님의 심판 속에서 그가 구원받을 수 있었던 이유를 강조하고 있다.

첫째, '의인'(차디크 צַדִּיק)은 하나님 앞에서 믿음으로 올바르게 살아가는 사람을 의미한다. 노아는 당시 세대가 부패하고 폭력으로 가득 찬 상황에서도 하나님의 뜻을 따라 살았기 때문에 '의인'으로 불렸다(창 6:9). 둘째, '완전한 자'(타밈, תָּמִים)는 도덕적, 영적 순전함을 의미한다. 노아는 세상의 타락과는 구별된 삶을 살았으며, 하나님 앞에서 흠 없는 믿음을 지녔다. 셋째, 노아가 "하나님과 동행했다"는 표현은 에녹(창 5:24)과 함께 성경에서 특별히 강조된 표현이다. 이는 단순한 신앙생활을 넘어 하나님과 깊은 교제를 나누며, 하나님의 뜻을 따르는 삶을 살았음을 나타낸다.

세 번의 소개를 종합하면, 그 시대 속에서 하나님의 뜻과 시대적 사명을 따라 믿음으로 살았던 자라는 점이 강조된다. 노아가 살던 시대는 극심한 타락과 죄악으로 가득 차 있었다. 창세기 6:5에서는 "여호와께서 사람의 죄악이 세상에 가득함과 그의 마음으로 생각하는 모든 계획이 항상 악할 뿐임을 보시고"라고 기록되어 있다. 이러한 타락한 시대적 배경 속에서, 노아는 하나님을 신뢰하는 믿음으로 살았고, 그의 말씀을 믿으며 순종했다. 결국, 노아는 하나님과 올바른 관계를 맺고, 주어진 시대적 사명을 잘 감당하며, 믿음으로 순종함으로써 하나님께 인정받은 유일한 사람이었다는 뜻으로 이해할 수 있다.

하나님이 노아에게 세 아들을 주셨다. 그들의 이름은 셈, 함, 야벳이다. 이들은 노아의 홍수 이후 인류의 조상이 되는 중요한 역할을 한다. 셈의 이름의 뜻은 노아가 그를 축복하며 "여호와를 찬송하라"고 말한다(창 9:26). 셈의 후손을 통해 하나님의 구속 역사(구원 계획)가 이루어진다. 그의 계보에서 아브라함이 나오고, 결국 예수 그리스도가 태어나므로 믿음의 계보를 잇는 중요한 인물이 된다. 함의 이름의 뜻은 "뜨거운" 또는 "검은"이다. 그의 후손은 주로 애굽(이집트), 가나안, 바벨론, 블레셋, 아프리카 일부 지역으로 퍼졌다. 그의 후손 중 가나안 족속은 이후 이스라엘 백성과 대립하는 존재가 된다(출 3:8).

야벳의 이름의 뜻은 "확장하다" 또는 "번성하다"이다. 이것은 노아가 그를 축복하며 "야벳을 창대하게 하시고 셈의 장막에 거하게 하시리라"(창 9:27)는 말씀 안에서 유래되어 그의 이름이 불려졌다. 그의 후손은 주로 유럽, 소아시아, 페르시아(이란) 등지로 퍼졌다. 후에 헬라(그리스), 로마 문명, 서양 세계의 조상이 된다. 야벳의 후손이 역사적으로 크게 번성했으며, 신약에서는 이방인들이 복음을 받아들이는 예표로 해석되기도 한다.

결론적으로 노아의 계보는 단순한 민족의 분포를 넘어, 하나님의 구원 계획과 인간 역사에 대한 신학적 의미를 담고 있다.

B. 심판과 구원: 죄와 방주(6:11-17)

11 그 때에 온 땅이 하나님 앞에 부패하여 포악함이 땅에 가득한지라 12 하나님이 보신즉 땅이 부패하였으니 이는 땅에서 모든 혈육 있는 자의 행위가 부패함이었더라 13 하나님이 노아에게 이르시되 모든 혈육 있는 자의 포악함이 땅에 가득하므로 그 끝 날이 내 앞에 이르렀으니 내가 그들을 땅과 함께 멸하리라 14 너는 고페르 나무로 너를 위하여 방주를 만들되 그 안에 칸들을 막고 역청을 그 안팎에 칠하라 15 네가 만들 방주는 이러하니 그 길이는 삼백 규빗, 너비는 오십 규빗, 높이는 삼십 규빗이라 16 거기에 창을 내되 위에서부터 한 규빗에 내고 그 문은 옆으로 내고 상 중 하 삼층으로 할지니라 17 내가 홍수를 땅에 일으켜 무릇 생명의 기운이 있는 모든 육체를 천하에서 멸절하리니 땅에 있는 것들이 다 죽으리라

가) 구조적 주해

위 본문은 간단한 홀수 대칭구조로 아래와 같이 구성되어 있다.

B 심판과 구원(6:11-17)

1. 온 땅을 멸할 것	6:11-13
2. 방주를 지어라	6:14-16
1'. 홍수로 다 멸할 것	6:17

위 구조는 기본적인 대칭구조로 구성되어 있다. 그리고 심판과 구원에 대한 주제를 가지고 있다. 1/1'는 하나님이 인간의 죄 때문에 사람과 생물을 다 멸할 것을 말씀하신다. 요지 2는 중심주제로서 하나님이 심판을 대비해서 노아에게 방주를 지으라고 말씀하신다.

나) 본문 해설

노아의 홍수에서 사람과 자연이 함께 멸망 당하는 이유는 인간의 죄악이 창조 세계 전체에 영향을 미쳤기 때문이다. 이전 구조 본문인 창세기 6:5-7에 따르면, 인간의 죄악이 세상에 가득 찼고, 하나님께서 이를 보시고 땅을 함께 심판하기로 결정하셨다. 이러한 사실이 첫 번째 요지인 6:11-13에 보면 '부패'라는 단어가 세 번, '포악'이 한번 나타난다. 이렇게 반복되어 강조된 '부패와 포악'이라는 의미는 "너무 썩어서 구역질이 날 정도로 악함"이라는 말로 그 당시 인간상을 표현할 수밖에 없다. 인간은 단순히 개인적인 죄만 짓는 것이 아니라, 창조 질서를 어지럽히고 자연까지 타락시키는 존재가 되었다. 이것은 자연도 인간의 관리 아래 있다는 증거이다. 창조 당시 하나님은 인간에게 자연을 다스리는 책임을 주셨다(창 1:26-28).

그러나 인간이 죄를 짓고 타락하면서 그 영향이 자연 세계에도 미쳤다. 따라서 인간의 심판은 자연의 심판과 함께 이루어질 수밖에 없다. 이런 점에서 노아의 방주 사건은 새로운 창조의 예표적 의미를 갖는다. 홍수는 단순한 심판이 아니라 새로운 시작을 위한 정화 과정이었다. 하나님께서는 노아와 함께 동물들을 보존하심으로 완전한 멸절이 아니라, 새로운 창조의 가능성을 남겨 두셨다(창 8:17). 결국, 노아의 홍수에서 자연이 함께 멸망 당한 것은 인간의 죄악이 피조세계 전체를 오염시켰기 때문이다. 이는 단순한 심판을 넘어 새로운 창조를 준비하는 하나님의 계획의 일부였다.

핵심 내용은 본문 14-16절(요지 2)에 있다. 하나님은 노아에게 심판을 피할 수 있는 방법을 자세하게 알려 주신다. 이는 하나님이 죄악에서 구원하시는 방법이 인간의 지혜가 아니라 하나님의 말씀에 순종할 때 주어진다는 것을 의미한다. 방주의 설계는 하나님의 구원 계획안에서 신학적이고 상징적인 의미를 담고 있다. 방주의 크기와 형태는 안정성과 보호를 위해 설계되었다: 길이 300규빗(약 135m), 너비 50규빗(약 22m), 높이 30규빗(약 13m). 문은 측면에 하나만 있고, 창문은 천장 가까이에 위치해 있다. 방주는 고페르나무(잣나무)로 만들어졌으며 역청을 칠했다. 역청은 물이 스며들지 않도록 보호하는 역할을 한다. 이와 같이 방주는 홍수 심판에서 인간과 동물들을 보호하는 유일한 피난처가 된다.

C. 언약: 언약을 세울 것(6:18-22)

18 그러나 너와는 내가 내 언약을 세우리니 너는 네 아들들과 네 아내와 네 며느리들과 함께 그 방주로 들어가고 19 혈육 있는 모든 생물을 너는 각기 암수 한 쌍씩 방주로 이끌어 들여 너와 함께 생명을 보존하게 하되 20 새가 그 종류대로, 가축이 그 종류대로, 땅에 기는 모든 것이 그 종류대로 각기 둘씩 네게로 나아오리니 그 생명을 보존하게 하라 21 너는 먹을 모든 양식을 네게로 가져다가 저축하라 이것이 너와 그들의 먹을 것이 되리라 22 노아가 그와 같이하여 하나님이 자기에게 명하신 대로

다 준행하였더라

위 본문은 언약의 기초가 되는 말씀이다. 요지가 네 개인 양괄식 대칭구조로 되어 있다.

가. 구조적 주해

C. 언약: 언약을 세울 것(6:18-22)

가) 구조적 주해

1. 생명을 보존케 하라!	6:18-22
2. 식량을 준비	6:21a
2'. 음식과 먹이	6:21b
1'. 명령 준행	6:22

(가) 짝수형 대칭구조(양괄식)이다.

1 / 1' (생명 보존 / 명령 준행)

1: 하나님은 노아에게 생명을 보존하라는 명령을 주셨고,

1': 노아는 그 말씀을 그대로 순종하여 준행하였다.

즉, 생명 보존은 순종을 통해 성취된다는 메시지를 담고 있다.

2 / 2' (식량 준비 / 음식과 먹이)

2: 하나님은 노아에게 식량을 준비하라고 명령하셨고,

2': 그 준비된 식량은 가족의 음식이자 모든 동물들의 먹이가 되었다.

즉, 하나님의 명령은 실질적 생존 방편으로 연결되었다. 공급(2/2')은 그 핵심을 구체적으로 실현하는 수단이다.

(나) **중심 주제:** 중심 주제는 양끝에 놓여 있는 1 / 1'에 있다. 생명 보존과 명령 준행이다.

(다) **언약의 실천적 측면:** 하나님이 주신 언약은 추상적인 약속이 아니라, 구체적인 삶의 행위(식량 준비, 방주 건축, 순종) 속에서 이루어진다.

(라) **순종과 보존의 연결:** "생명을 보존하라"는 명령은 단순한 지시가 아니라, 하나님의 구원 계획에 동참하라는 부르심이었다. 노아가 명령을 철저히 준행함으로, 가족과 모든 생물의 생명이 보존되었다.

전체 구조는 "하나님의 명령 → 인간의 순종 → 생명 보존"이라는 구속사의 원리를 보여준다. 따라서 창세기 6:18-22의 구조는 단순히 방주 준비 지시가 아니라, 하나님의 언약 백성은 말씀에 순종함으로 생명을 보존한다는 핵심 메시지를 담고 있다.

나) 본문 해설

18절(요지 1)에서 등장하는 '언약'(브릿: בְּרִית)은 성경에서 처음으로 사용된 언약 개념이다. 하나님이 노아에게 언약을 세우는 목적은 노아와 그의 가족을 구원하겠다는 하나님의 약속이며, 심판 가운데에서도 하나님의 구속(救贖) 계획이 있음을 보여준다. 이것은 하나님께서 일방적으로 맺으신 언약으로, 노아가 방주를 짓고 하나님의 명령에 순종하면 구원받을 것이라는 조건부 언약이다. 여기에는 조건적 요소(방주 건축, 순종)와 무조건적 요소(하나님의 구원 약속)가 함께 포함된다. 이후 창세기 9장에서 등장하는 무지개 언약과 연결되며, 신학적으로는 '은혜 언약'의 기초로 볼 수 있다.

하나님은 언약의 대상으로 노아 한 사람만이 아니라 그의 아들들, 아내, 며느리까지 함께 구원하시겠다고 약속하셨다. 이는 하나님의 구원이 개인을 넘어 가정과 공동체까지 확장될 수 있음을 보여준다. 따라서 언약을 세운다는 것은 하나님의 구원 계획을 실행하는 것과 인간이 이에 순종하는 것을 의미한다. 이 언약은 이후 아브라함 언약, 시내산 언약, 새 언약(예수 그리스도)으로 발전되는 중요한 신학적 기초가 된다.

A'. 가족(7:1-6)

1 여호와께서 노아에게 이르시되 너와 네 온 집은 방주로 들어가라 이 세대에서 네가 내 앞에 의로움을 내가 보았음이니라 2 너는 모든 정결한 짐승은 암수 일곱씩, 부정한 것은 암수 둘씩을 네게로 데려오며 3 공중의 새도 암수 일곱씩을 데려와 그 씨를 온 지면에 유전하게 하라 4 지금부터 칠 일이면 내가 사십 주야를 땅에 비를 내려 내가 지은 모든 생물을 지면에서 쓸어버리리라 5 노아가 여호와께서 자기에게 명하신 대로 다 준행하였더라 6 홍수가 땅에 있을 때에 노아가 육백 세라

시작 부분(6:9절/요지 A)과 같이 여기서도 노아가 의로운 자라는 것을 밝힌다. "네가 내 앞에 의로움을 내가 보았음이니라." 여기서는 의인의 개념보다 의인이 어떻게 사는지에 대해 언급하고 있다. 그는 당대의 의인으로서 하나님 앞에서 믿음으로 살아갔다. 그 당시 세상은 몹시 타락했지만, 그들과 차별되게 노아는 의롭게 살았다. 그래서 하나님은 그들을 방주로 들어가게 해서 생명을 보존하게 해주셨다. 여기서 주목할 점은 노아의 의로운 삶으로 인해 그의 식구들이 방주에 들어가게 되었고 하나님의 구원역사에 함께 쓰임 받게 되었다는 점이다.

이것은 그 당시 죄 많은 세상에서 구원의 삶 곧 구별된 삶이 무엇인지를 보여준다. 이러한 의인의 삶, 곧 믿음의 삶은 비단 노아 시대나 소돔 고모라 때(아브라함의 믿음의 삶)뿐 아니라 오늘날 죄 많은 세상 속에서도 적용되고 있다는 점

이다. 이러한 삶은 마치 신앙경주의 승리자 같이 목표를 향해서 좌우로 치우치지 않고 하나님의 말씀을 따라 믿음으로 의롭게 사는 삶이라는 사실이다. 이러한 믿음의 삶은 하박국 선지자가 고백한, "오직 의인은 믿음으로 산다"는 신앙 자세와 같은 삶을 말한다. 노아와 그의 식구들이 의인의 가족으로 방주에 들어가듯 누구든지 이러한 믿음의 삶을 사는 자들은 하나님의 구원의 은총을 입은 자들이라는 것이다.

이것은 노아나 하박국 선지자뿐 아니라 노아 이전 혹은 그 이후뿐만 아니라, 오늘날에도 하나님의 부르심을 받고 의롭다 하심을 받은 모든 자에게 적용되는 구원의 복이다. 그리고 지금 하나님은 방주에 들어갈 노아와 그의 식구들 외에도 정결한 짐승들과 부정한 짐승들, 그리고 새들 중 정결하거나 또한 부정한 것들을 둘씩 혹은 일곱씩을 선택해서 홍수 이후의 유전을 위해 '방주의 식구'들로 삼아 주셨다.

B'. 심판과 구원 (7:7-8:14)

7 노아는 아들들과 아내와 며느리들과 함께 홍수를 피하여 방주에 들어갔고 8 정결한 짐승과 부정한 짐승과 새와 땅에 기는 모든 것은 9 하나님이 노아에게 명하신 대로 암수 둘씩 노아에게 나아와 방주로 들어갔으며 10 칠 일 후에 홍수가 땅에 덮이니 11 노아가 육백 세 되던 해 둘째 달 곧 그 달 열이렛날이라 그 날에 큰 깊음의 샘들이 터지며 하늘의 창문들이 열려 12 사십 주야를 비가 땅에 쏟아졌더라 13 곧 그 날에 노아와 그의 아들 셈, 함, 야벳과 노아의 아내와 세 며느리가 다 방주로 들어갔고 14 그들과 모든 들짐승이 그 종류대로, 모든 가축이 그 종류대로, 땅에 기는 모든 것이 그 종류대로, 모든 새가 그 종류대로 15 무릇 생명의 기운이 있는 육체가 둘씩 노아에게 나이와 방주로 들어갔으니 16 들어간 것들은 모든 것의 암수라 하나님이 그에게 명하신 대로 들어가매 여호와께서 그를 들여보내고 문을 닫으시니라 17 홍수가 땅에 사십 일 동안 계속된지라 물이 많아져 방주가 땅에서 떠올랐고 18 물이 더 많아

져 땅에 넘치매 방주가 물 위에 떠 다녔으며 19 물이 땅에 더욱 넘치매 천하의 높은 산이 다 잠겼더니 20 물이 불어서 십오 규빗이나 오르니 산들이 잠긴지라 21 땅 위에 움직이는 생물이 다 죽었으니 곧 새와 가축과 들짐승과 땅에 기는 모든 것과 모든 사람이라 22 육지에 있어 그 코에 생명의 기운의 숨이 있는 것은 다 죽었더라 23 지면의 모든 생물을 쓸어버리시니 곧 사람과 가축과 기는 것과 공중의 새까지라 이들은 땅에서 쓸어버림을 당하였으되 오직 노아와 그와 함께 방주에 있던 자들만 남았더라 24 물이 백오십 일을 땅에 넘쳤더라 8:1 하나님이 노아와 그와 함께 방주에 있는 모든 들짐승과 가축을 기억하사 하나님이 바람을 땅 위에 불게 하시매 물이 줄어들었고 2 깊음의 샘과 하늘의 창문이 닫히고 하늘에서 비가 그치매 3 물이 땅에서 물러가고 점점 물러가서 백오십 일 후에 줄어들고 4 일곱째 달 곧 그 달 열이렛날에 방주가 아라랏 산에 머물렀으며 5 물이 점점 줄어들어 열째 달 곧 그 달 초하룻날에 산들의 봉우리가 보였더라 6 사십 일을 지나서 노아가 그 방주에 낸 창문을 열고 7 까마귀를 내놓으매 까마귀가 물이 땅에서 마르기까지 날아 왕래하였더라 8 그가 또 비둘기를 내놓아 지면에서 물이 줄어들었는지를 알고자 하매 9 온 지면에 물이 있으므로 비둘기가 발 붙일 곳을 찾지 못하고 방주로 돌아와 그에게로 오는지라 그가 손을 내밀어 방주 안 자기에게로 받아들이고 10 또 칠 일을 기다려 다시 비둘기를 방주에서 내놓으매 11 저녁 때에 비둘기가 그에게로 돌아왔는데 그 입에 감람나무 새 잎사귀가 있는지라 이에 노아가 땅에 물이 줄어든 줄을 알았으며 12 또 칠 일을 기다려 비둘기를 내놓으매 다시는 그에게로 돌아오지 아니하였더라 13 육백일 년 첫째 달 곧 그 달 초하룻날에 땅 위에서 물이 걷힌지라 노아가 방주 뚜껑을 제치고 본즉 지면에서 물이 걷혔더니 14 둘째 달 스무이렛날에 땅이 말랐더라

가) 구조적 주해

B' 심판과 구원: 홍수와 바람(7:7-8:14)

1. 방주로 들어감	7:7-9
2. 7일 후 물이 땅에 덥힘	7:10-16
3. 40일 동안 모든 생물 다 죽음	7:17-23
4. 물이 150일 동안 넘침	7:24
5. 하나님이 기억하심/바람이 붐	8:1-2
4'. 물이 150일 후에 줄어 듦	8:3-5
3'. 40일 후 물이 줄었는지 알고자 함	8:6-9
2'. 7일 후 물이 줄어든 줄 앎	8:10-12
1'. 방주에서 나옴	8:13-14

위 구조는 '하나님의 심판과 구원'으로 구성되어 있다. 요지가 9개로 구성된 홀수 대칭 구조이다. 전반부 요지들(1-2-3-4)과 후반부 요지들(1'-2'-3'-4')이 핵심 요지 5를 중심으로 대응 관계를 이루고 있다:

(가) 중앙 중심적 대칭구조: 1-2-3-4-5-4'-3'-2'-1'
1 / 1'
　1: 방주로 들어감
　1': 방주에서 나옴
2 / 2'
　2: 7일 후 물이 땅에 덥힘
　2': 7일 후 물이 줄어든 줄 앎
3 / 3'
　3: 40일 동안 모든 생물 다 죽음

            3': 40일 후 물이 줄었는지 알고자 함
    4 / 4'
        4: 물이 150일 동안 넘침
        4': 물이 150일 후에 줄어듦
        5: 하나님이 기억하심/바람이 붐

(나) 중심 주제는 중앙에 위치한 요지 5에 있다.

전반부(1-2-3-4)는 심판으로 내리는 비와 홍수로 세상이 멸망하는 모습을 차례로 보여준다. 후반부(1'-2'-3'-4')는 하나님의 은혜로 바람이 불어 물이 줄어드는 상황을 보여주고 있다.

이렇게 심판과 구원의 관계가 대응되면서 중심 요지 5는 뚜렷한 전환점을 보인다. 하나님께서 노아와 맺은 언약을 기억하시는 가운데 심판에서 축복으로 상황이 역전된다. 홍수 사건은 단순한 심판 이야기가 아니라, 심판과 구원이 대칭을 이루며 중심에 하나님의 은혜와 기억(언약)이 자리한다는 사실을 보여준다.

나) 본문 해설

창세기 7:4-8:14은 9개의 주요 요지들이 대칭 구조를 이루며 전개된다. 이러한 가운데 하나님께서 노아와 맺은 언약을 기억하시고 바람을 불어 물을 마르게 하신다. "하나님께서 노아를 기억하셨다"(8:1-2). 이것은 하나님의 은혜가 시작되는 순간이자 구원이 수단이디. 하나님께서 노아를 기억하시자 모든 심판 요소들이 반전된다. 하나님의 심판과 구원이 어떻게 대비되며, 그 중심에서 하나님이 맺으신 언약이 중요한 역할을 하는지를 강조한다. 40일 동안 밤낮으로 비가 오다 150일 동안 땅에 창일했다. 하나님이 노아를 기억하신 후에는 물이 줄어들었고, 방주가 아라랏산에 머물렀다. 물이 점점 줄어들면서 산들의 봉우리들이 보이기 시작했다.

　그 후 40일 지나 노아가 창문을 열고 까마귀를 먼저 내보내었고, 그 후에 지면에서 물이 줄어들었는지를 확인하기 위해 비둘기도 내보냈다. 까마귀는 돌아오지 않았으나 비둘기는 발붙일 곳을 찾지 못하자 방주로 돌아왔다. 그 후에 7일을 기다린 후 비둘기를 다시 내보냈더니 감람나무 잎사귀를 물고 방주로 돌아왔다. 그 후 7일 지나 다시 내보냈더니 다시 돌아오지 않았다. 결국 하나님이 노아에게 가족들과 생물들과 함께 방주에서 나오라고 하셨고, 그는 말씀대로 그들과 함께 방주에서 나왔다.

　이렇게 하나님은 죄로 물든 땅을 홍수로 심판하셨고, 노아와 그의 식구들과 선택한 생물들에게 은혜를 베푸시어 홍수를 피해 방주에서 안전하게 지내다 물이 마른 땅으로 다시 돌아오게 하셨다. 심판으로 인해 물이 차오르는 과정과 구원의 상징인 바람으로 인해 물이 줄어드는 과정 속에서 하나님의 일하심을 저자의 저술 목적에 따라 대칭구조 활용을 통해서 효과적으로 볼 수 있었다.

C'. 언약: 언약의 기초(8:15-22)

가) 구조적 주해

위 본문 내용이 아래와 같이 요지가 두 개씩으로 된 선행구조에 담겨 있다

C' 언약의 기초 8:15-22

1. 방주에서 나오라하심	8:15-17
1'. 모두 나옴	8:18-19
2. 번제를 드림	8:20
2'. 번제를 받으심	8:21a

3. 땅을 저주하지 않을 것	8:21b	
3'. 땅이 회복될 것	8:22	

(1) 위 본문의 구조는 다음과 같이 세 번 나타나는 선형구조로 구성되었다:
1 / 1'

물이 다 마른 후 하나님은 노아에게 가족과 생물들을 방주에서 나오라고 명령하신다(1). 이에 노아는 그 말씀 따라 모두를 나오게 하였다(1').

2 / 2'

노아가 하나님께 번제를 드렸더니(2), 하나님께서 그의 향기를 받으셨다(2')

3 / 3'

하나님은 다시는 땅을 저주하지 않으실 것을 약속하셨고(3), 또한 땅을 다시 회복하실 것을 약속하셨다(3')

(2) 선형구조의 특성상 마지막 요지들(3/3'),
곧 '땅의 회복'이 중심 주제를 이룬다.

나) 본문 해설

1/1' 방주에서 나오라 하심(8:15-19)

15 하나님이 노아에게 말씀하여 이르시되 16 너는 네 아내와 네 아들들과 네 며느리들과 함께 방주에서 나오고 17 너와 함께 한 모든 혈육 있는 생물 곧 새와 가축과 땅에 기는 모든 것을 다 이끌어내라 이것들이 땅에서 생육하고 땅에서 번성하리라 하시매 18 노아가 그 아들들과 그의 아내와 그 며느리들과 함께 나왔고 19 땅 위의 동물 곧 모든 짐승과 모든 기는 것과 모든 새도 그 종류대로 방주에서 나왔더라

홍수 심판이 끝난 후, 하나님은 노아와 그 가족에게 새로운 시작을 명령하셨다. 이 시작은 아담과 그의 후손들의 죄로 인해 세상이 멸망된 후 창조의 질서 회복을 의미한다. 이런 점에서 방주에서 나오는 것은 단순한 탈출이 아니라, 새로운 인류의 시작이자 하나님과 관계 회복의 출발점이다.

2/2' 번제를 드림(8:20)

> 20 노아가 여호와께 제단을 쌓고 모든 정결한 짐승과 모든 정결한 새 중에서 제물을 취하여 번제로 제단에 드렸더니

여기서는 노아가 하나님께 제단을 쌓고 있다. 희생의 제사를 통한 하나님과의 관계 회복으로 나아가고 있다. 이런 점에서 희생(번제)이 하나님과의 언약적 관계에서 중요한 요소임을 보여준다. 번제. '올라'(עֹלָה)는 "올라가다" 또는 "태워서 연기로 올리다" 라는 의미를 가지고 있으며, 번제는 제물을 완전히 불태워 하나님께 드리는 제사 방식이다. 이는 하나님께 전적인 헌신과 순종을 나타내는 중요한 제사로 여겨졌다. 완전한 헌신과 감사의 표시로서, 노아와 그의 가족들 그리고 선택된 생물들을 생존하게 해주신 것에 감사하는 마음으로 제물을 태워 하나님께 드리는 제사이다.

노아는 한마디로 '남은 자'의 심령으로 번제를 드렸다. 그와 그의 가족은 홍수 심판 후에도 하나님이 보호하시고 남겨두신 신실한 사람들이다. 인간의 죄로 인해 세상에 심판이 임하지만, 하나님은 언제나 구속의 약속을 이루기 위해 한 무리를 남겨두신다. 세상이 죄로 가득 차 하나님이 홍수 심판을 내리셨지만, 노아와 그의 가족 8명은 방주에서 구원받았다. 노아와 그의 가족은 남은 자로서 하나님의 구속 계획을 이어가는 역할을 하고 있는 것이다. 따라서 그들은 단순히 살아남은 사람이 아니라, 하나님의 뜻을 이루기 위해 선택된 자들이다.

3/3' 땅을 저주하지 않을 것(8:21-22)

> 21 여호와께서 그 향기를 받으시고 그 중심에 이르시되 내가 다시는 사람으로 말미암아 땅을 저주하지 아니하리니 이는 사람의 마음이 계획하는 바가 어려서부터 악함이라 내가 전에 행한 것 같이 모든 생물을 다시 멸하지 아니하리니 22 땅이 있을 동안에는 심음과 거둠과 추위와 더위와 여름과 겨울과 낮과 밤이 쉬지 아니하리라

여기서는 하나님의 긍휼과 언약의 선언을 볼 수 있다. 하나님은 노아의 제사를 기쁘게 받으시고, 새로운 약속을 주신다. 과거에 하나님은 아담의 범죄로 인해 땅을 저주하셨으나(창 3:17), 이제는 다시는 저주하지 않겠다고 선언하신다. 즉, 홍수 심판과 같은 전 지구적 멸망은 다시 일어나지 않을 것이라는 언약의 시작을 알리고 있다. 그리고 자연 질서를 유지하시겠다는 하나님의 언약적 약속을 하신다. 즉, 하나님은 인류가 계속 생존하고 번성할 수 있도록 환경을 유지해 주실 것을 선언하신다.

A". 가족: 복 받은 가족(9:1-2)

> 1 하나님이 노아와 그 아들들에게 복을 주시며 그들에게 이르시되 생육하고 번성하여 땅에 충만하라 2 땅의 모든 짐승과 공중의 모든 새와 땅에 기는 모든 것과 바다의 모든 물고기가 너희를 두려워하며 너희를 무서워하리니 이것들은 너희의 손에 붙였음이니라

세 번째 홍수 후 사건도 3개의 키워드(가족, 축복, 언약)로 구성되어 사건을 전개해 나간다. 하나님이 노아와 그의 자녀들에게 복을 주시는 것은 새로운 시작의 선언이라고 말할 수 있다. 그들에게 "생육하고 번성하여 땅에 충만하라"는 축복은 아담과 하와에게 주셨던 축복(창 1:28)의 반복으로, 노아의 가족이 새로운

인류의 시작점이 되었음을 의미한다. 즉, 홍수 이후 노아의 가족이 '새로운 아담' 역할을 맡아 인류의 조상이 되었다는 것을 보여준다. 이것은 하나님의 통치를 받으며 새로운 인류의 기초를 세울 것을 의미한다.

다시 말하면, 하나님의 창조 명령이 홍수 이후에도 계속 유효함을 선언하는 것이다. 2절에서 땅의 모든 생물들이 너희를 두려워하며 무서워한다는 뜻은 인간의 권위를 강조하는 것으로 동물들이 인간을 두려워하며, 피조물 위에 인간의 지배권이 확립됨을 선포하는 것이다. 이는 홍수 이전과 달라진 점으로, 이전에는 인간과 동물이 보다 조화로운 관계에 있었다면, 이제 인간이 동물을 지배하는 구도가 더욱 분명해진 것이다. 인간이 동물보다 우월한 위치에 있으며, 모든 피조물을 다스리는 권위를 가졌음을 나타낸다. 결론적으로 이 축복을 통해 노아의 가족은 하나님이 주신 사명을 깨닫고 새로운 인류의 시작점이 되었으며, 하나님께 순종하며 살아갈 것을 기대받는 존재가 되었다.

B". 심판과 축복(9:3-7)

> 3 모든 산 동물은 너희의 먹을 것이 될지라 채소 같이 내가 이것을 다 너희에게 주노라 4 그러나 고기를 그 생명 되는 피째 먹지 말 것이니라 5 내가 반드시 너희의 피 곧 너희의 생명의 피를 찾으리니 짐승이면 그 짐승에게서, 사람이나 사람의 형제면 그에게서 그의 생명을 찾으리라 6 다른 사람의 피를 흘리면 그 사람의 피도 흘릴 것이니 이는 하나님이 자기 형상대로 사람을 지으셨음이니라 7 너희는 생육하고 번성하며 땅에 가득하여 그중에서 번성하라 하셨더라

여기서는 두 가지 개념인 '피의 심판'과 '번성의 축복'에 대해 말하고 있다. 먼저 피의 심판이 언급되는데, 하나님은 사람이든 동물이든 피가 곧 생명의 의미로 간주해서 피를 먹지 말 것을 명령하신다. 만일 그것을 먹을 때는 "생명이 되는 피" 곧 그 생명의 피를 찾겠다고 말씀하셨다. 생명의 주권은 하나님께 있으므로,

함부로 생명을 빼앗는 것은 곧 하나님의 권위를 거스르는 것이 된다. 그래서 무분별한 살인을 금지하는 것이며, 그에 대한 책임을 반드시 묻겠다는 뜻이다. 이런 점에서 피의 심판은 생명의 신성함과 공의의 원칙으로, 홍수 이후에 하나님께서 인간에게 주신 새 언약의 일부로 판단된다. 이는 인간이 하나님의 형상대로 창조되었기 때문이다. 따라서 생명의 주권이 하나님께 있으므로, 함부로 생명을 빼앗는 것은 곧 하나님의 권위를 거스르는 것이 된다. 하나님은 이제 새로운 세계에서는 생명을 존중하는 공의로운 질서를 세우도록 명령하신다. [설명이 간결하게 정리되었으면 좋겠습니다]

두 번째, '번성의 축복'은 하나님의 창조 명령의 지속을 의미한다. 이러한 의미의 번성을 중심으로 하나님의 뜻을 나타내려는 것이다. 아담에게 주셨던 "생육하고 번성하라"(창 1:28)는 명령을 노아에게 다시 주시는 이유는 홍수 이후 인류가 다시 시작됨을 의미하며, 하나님의 창조 계획이 지속되고 있음을 보여준다. 인류가 죄로 인해 멸망했지만, 하나님의 은혜로 다시 번성할 기회를 얻게 된 것이다. '생육'과 '번성'은 단순한 인구 증가가 아니라, 하나님의 형상을 지닌 인간이 땅을 다스리고 경영하는 사명을 지속하는 것을 의미한다. 번성과 함께 도덕적 책임도 주어진다. 이제 번성하되, 공의와 생명의 존엄성을 존중하며 번성해야 한다. 즉, 단순한 숫자의 증가가 아니라, 하나님의 뜻에 따라 생명을 존중하는 사회를 만들어야 하는 것이다. 따라서 '번성의 축복'은 하나님의 창조 명령의 지속과 생명의 존엄성을 기반으로 한 새로운 질서를 의미하는 것이다.

C". 언약: 무지개(9:8-17)

8 하나님이 노아와 그와 함께 한 아들들에게 말씀하여 이르시되 9 내가 내 언약을 너희와 너희 후손과 10 너희와 함께 한 모든 생물 곧 너희와 함께 한 새와 가축과 땅의 모든 생물에게 세우리니 방주에서 나온 모든 것 곧 땅의 모든 짐승에게니라 11 내가 너희와 언약을 세우리니 다시는 모든 생물을 홍수로 멸하지 아니할 것이라 땅을

멸할 홍수가 다시 있지 아니하리라 12 하나님이 이르시되 내가 나와 너희와 및 너희와 함께 하는 모든 생물 사이에 대대로 영원히 세우는 언약의 증거는 이것이니라 13 내가 내 무지개를 구름 속에 두었나니 이것이 나와 세상 사이의 언약의 증거니라 14 내가 구름으로 땅을 덮을 때에 무지개가 구름 속에 나타나면 15 내가 나와 너희와 및 육체를 가진 모든 생물 사이의 내 언약을 기억하리니 다시는 물이 모든 육체를 멸하는 홍수가 되지 아니할지라 16 무지개가 구름 사이에 있으리니 내가 보고 나 하나님과 모든 육체를 가진 땅의 모든 생물 사이의 영원한 언약을 기억하리라 17 하나님이 노아에게 또 이르시되 내가 나와 땅에 있는 모든 생물 사이에 세운 언약의 증거가 이것이라 하셨더라

가) 구조적 주해

C". 무지개 언약(9:8-17)

1. 언약을 세우리라	8-11
2. 언약의 증거	12
3. 언약은 영원하리라	12b
4. 무지개 증표	13-16a
3'. 언약이 영원하리라	16b
2'. 언약의 증거	17a
1'. 언약을 세웠다	17b

(가) 중괄식 대칭구조:

언약의 증표로 무지개가 나타나는 장면이다. 위 7개의 요지로 구성된 대칭구조를 분석하면 다음과 같다:

1 / 1' 언약을 세우리라(8-11절)와 '언약을 세웠다'(17b)로 처음과 끝을 동일하

게 연결한다.

2 / 2' 언약의 증거(7절)와 같은 개념, 즉 언약의 증거(17a)를 반복하면서 강조되고 있다.

3 / 3' 언약은 영원하리라(12b)와 언약은 영원하리라(17b)가 반복되어 강조되고 있다.

(나) 중심 4: 무지개 증표

이와 같이 무지개 언약은 7개의 요지들이 각각 대응되면서 강조를 이루며 짜임새 있게 구성되었다.

나) 본문 해설

창세기 9장 8-17절은 홍수 이후 하나님이 노아와 그의 후손들에게 주신 "무지개 언약"에 대한 내용이다. 여기서 "언약을 세우다"는 점을 두 번이나 강조하고 있다(1/1'). '언약을 세우리라'(9:8-11)와 '언약을 세웠다'(9:17b)의 뜻은 하나님께서 사람과 맺은 약속을 확정하고 선언하신다는 의미이다. "언약을 세우다"라는 표현은 주로 카라트 브리트 בְּרִית)라는 히브리어로 표현된다.

- *כָּרַת*(카라트) = "자르다, 끊다"라는 뜻
- *בְּרִית*(브리트) = "언약, 계약"

이는 고대 근동 지역에서 언약을 맺을 때 동물을 잡아 쪼개고 그 사이를 지니며 맹세하는 관습과 관련이 있다(예: 창 15:9-10, 17-18). 즉, 하나님께서 언약을 세우신다는 것은 확실한 약속을 맺으시고, 그것을 지키실 것을 선언하는 행위이다.

또한 '언약의 증거'(9:7, 17a)라는 말씀이 반복해서 강조된다. 이것은 하나님께서 맺으신 언약이 확실하다는 것을 나타내는 표징(표적, 증표)을 뜻한다. 즉, 하

나님께서 언약을 세우시고 그것을 기억하고 지키신다는 것을 보여주는 상징이다. 이것이 바로 무지개이다. 다시는 홍수로 세상을 멸하지 않겠다고 약속하시는 가운데 그 증표로 무지개를 증거로 삼은 것이다.

그리고 하나님은 언약이 영원하리라고 말씀하신다(9:12b, 17b). "영원한 언약"의 히브리어는 בְּרִית עוֹלָם(브리트 올람)이다.

- בְּרִית (브리트) → "언약"
- עוֹלָם (올람)　　→ "영원한, 영구적인"

이 표현은 성경에서 하나님의 변함없는 약속을 강조할 때 사용된다. 하나님께서 맺으신 언약이 변하지 않으며, 그 약속이 영구적으로 지속된다는 뜻이다. 하나님은 신실하시며, 한 번 하신 약속을 결코 깨뜨리지 않으신다. 이것은 세대를 초월하는 약속으로, 하나님께서 한 사람과 맺으신 언약이 그 사람의 자손들에게도 계속 이어진다는 뜻이기도 하다.

이렇게 하나님은 노아뿐만 아니라 그의 가족과 생물들과 함께 언약을 체결하셨다. 이것은 모든 생물과 맺은 보편적 언약이라 할 수 있다. 다른 언약(예: 아브라함 언약, 모세 언약)은 특정한 사람이나 민족과 맺어졌지만, 무지개 언약은 '모든 인류'와 '모든 생물'에게 주어진 언약이다. 또한 이 언약은 하나님의 일방적인 은혜의 약속이며, 인간의 행위와 관계없이 하나님의 신실하심으로 유지된다. 이 언약은 하나님이 다시는 온 세상을 홍수로 멸하지 않겠다는 약속을 의미하며, 성경에서 최초로 등장하는 공식적인 언약이다. 이와 같이 세상이 죄로 가득 차 하나님이 홍수로 심판하셨으나, 노아와 그의 가족을 홍수에서 구원하시고, 무지개 언약과 더불어 새로운 시작을 주셨다.

제 7 장

타락한 부자(父子): 함과 가나안
(9:18-29)

이 본문의 주제는 '타락한 부자(父子)'이다. 아버지와 아들이 범한 일로 인해 저주를 받게 되는 사건을 다룬다. 이 주제는 아담과 가인의 타락 사건(창 2: 4-4:25)에 이어 두 번째로 등장하는 부자간의 범죄 사건이다. 이 사건을 해석하는 데에는 여러 가지 상반된 견해들이 존재한다. 이러한 혼란을 해소하기 위해, 본문에 나타난 인물 구조를 중심으로 본 사건을 분석해 나갈 것이다.

가. 구조적 주해

타락한 부자(父子): 함과 가나안(9:18-29)

서론 (X) 노아의 아들들(9:18-19)

1. 노아의 수치 9:20-23

A. **노아**: 술 취해 벌거벗음   20-21

B. **함/가나안**: 아버지 하체를 보고 알림   22

C. **셈/야벳**: 아버지 하체를 덮어줌   23

2. 노아의 축복 9:24-27

A'. **노아** : 술이 깸		24
B'. **가나안/종** : 가나안이 저주 받음		25
C'. **셈/야벳**: 축복 받음		26-27

결론(Y) 노아의 사망(9:28-29)

본문은 서론-본론-결론의 삼단 구도를 이루며, 본론은 다시 두 부분(노아의 수치 / 노아의 축복)으로 나뉘어 대칭 구조(A-B-C / A'-B'-C')를 형성한다.

서론 (X): 노아의 아들들 소개(9:18-19)

→ 셈·함·야벳, 그리고 함의 아들 가나안이 구속사적 무대에 등장.

본론 1: 노아의 수치(9:20-23)

A: 노아 – 술에 취해 벌거벗음(20-21)

B: 함/가나안 – 함이 아버지의 수치를 보고 알림(22)

C: 셈/야벳 – 아버지의 수치를 덮음(23)

본론 2: 노아의 축복(9:24-27)

A': 노아 – 술이 깨어 상황을 인식(24)

B': 가나안 – 저주 받고 종이 됨(25)

C': 셈/야벳 – 하나님의 복, 형통함(26-27)

결론 (Y): 노아의 사망 (28-29)

→ 사건이 한 인물의 생애 결말로 마무리됨.

구조의 중심은 미괄식 병행구조로 C/C'에 있다.

함의 아들 가나안은 **저주**를 받았지만, 셈과 야벳은 축복을 받는 대조를 통해 택함과 버림의 구도가 드러난다.

나. 구속사적 적용

노아 가문에 남아 있는 죄성: 홍수 이후 새로운 출발점에도 죄는 가문 안에
서 다시 드러난다. 이는 인류가 '물심판'으로 정결하게 되었어도, 죄의 근
원이 인간 내면에 있다는 것을 보여준다.

가나안 저주의 역사적 의미: 가나안은 훗날 이스라엘이 정복할 대상 민족으
로 연결된다. 함의 후손이 저주받는 것은 단순히 개인적 사건이 아니라,
이스라엘의 언약 역사와 직결된 구속사적 사건이다.

셈과 야벳의 축복: 셈은 아브라함의 계보를 통해 메시아의 언약이 이어지고,
야벳은 "셈의 장막에 거하게 될 것"이라는 약속을 받는다(9:27). 이는 장
차 이방인의 구원까지 포함하는 구속사의 지평을 보여준다.

다. 신앙경주 적용

경주의 실패: 경주자는 공동체 안에서 타인의 수치를 덮어 주는 역할을 감
당해야 한다. 남의 허물을 드러내고 조롱하는 태도는 신앙경주의 실패
로 이어진다.

경주의 승리: 셈과 야벳은 아버지의 수치를 덮음으로 경건과 존경, 공동체 보
존의 길을 택했다. 신앙의 경주는 단순히 자기 혼자 달리는 것이 아니라,
가문과 공동체를 세우는 방식으로 달려야 한다. 끝까지 깨어 있어야 하
며, 출발은 은혜로, 완성은 끝까지 신실함으로 달려야 한다.

도표 21> 노아-함/가나안 전체 구조(9:18-29)

구조	본문	사건(키워드)	구속사적 의미	신앙경주적 교훈
X 서론	9:18-19	노아의 세 아들과 땅의 분산	인류의 새 출발이 노아의 세 아들을 통해 이루어짐	신앙 경주는 세대를 잇는 계주로 이어짐
A	9:20-21	노아, 술 취해 벌거벗음	의인이라도 실수와 연약함에서 자유롭지 않음	신앙 경주는 완벽이 아니라, 실수와 연약함을 인정하는 여정
B	9:22	함/가나안, 아버지 하체를 봄	불경과 수치의 노출은 저주 계보의 출발점	경주에서 타인의 허물을 드러내는 자는 실패자가 됨
C	9:23	셈/야벳, 아버지 하체를 덮음	가리움과 존중을 통해 언약 계승 계보에 들어감	신앙 경주는 덮어주고 세워주는 행위로 완주
A'	9:24	노아, 술에서 깨어 아들들의 행위를 앎	하나님은 은밀한 죄와 행위를 반드시 드러내심	경주자는 깨어 있음으로 평가받음
B'	9:25	가나안, 저주 받아 종 됨	선택에서 배제된 계보	불순종의 대가를 보여줌
C'	9:26-27	셈과 야벳, 축복받음	셈을 통한 언약 계승, 야벳의 번성과 동참 → 메시아 계보 준비	경주자는 믿음과 경건으로 축복의 길을 달림
Y 결론	9:28-29	노아의 죽음	한 시대의 마감, 언약 계보는 아들들에게 이어짐	신앙 경주는 개인의 완주로 끝나지 않고, 다음 세대로 전달됨

라. 본문 해설

서론(X): 노아의 아들들(9:18-19)

> 18 방주에서 나온 노아의 아들들은 셈과 함과 야벳이며 함은 가나안의 아버지라 19 노아의 이 세 아들로부터 사람들이 온 땅에 퍼지니라

이 본문에서 방주에서 나온 노아의 자녀들을 언급하는데, 노아의 세 아들, 셈, 함, 야벳이다. 그리고 이들로부터 사람들이 온 세상으로 퍼져나간다는 사실을 알려준다. 그런데 노아의 세 아들, 셈, 함, 야벳을 언급하면서 함을 "가나안의 아버지"라고 덧붙여 소개한다. 이 시점에서 왜 굳이 가나안을 언급했을까? 이 구절은 곧 이어질 '가나안 저주 사건' 전개를 위한 포석, 곧 초반의 장치일까? 히브리서사체에서는 종종 중요 인물, 사건, 혹은 족보들을 미리 언급(예, 바벨탑 사건, 창 10장의 족보)하여 청자 혹은 독자의 관심을 유도하거나, 또는 사건의 전체 내용을 평행기법에 따라 대응 관계로 설정하기 위한 방식("서사체 설교" 장치)을 사용한다. 이런 점에서 저자의 구조적 의미가 서론에서 반영되었다고 말할 수 있다.

여기서 흥미로운 점은, 노아가 저주한 대상이 함 자신이 아니라 그의 아들 가나안이었다는 점이다(창 9:25). 이 부분도 청자 혹은 독자들이 혼란스러워할 수 있어서, 앞부분에서 미리 가나안의 존재를 부각시켜 맥락을 만들어주는 것이다. 이러한 "서사체 설교기법"에 따라 부자(父子)의 잘못을 구조적 대응관계로 이곳에 배열하였다. 즉, 저자의 신학적/구조적 의도에 따라 가나안이 저주받은 인물이라는 사실을 미리 알려주기 위한 것이다. 다시 말하면, 창세기를 기록한 모세 시대의 청자들에게 '가나안'은 함의 아들로, 이스라엘이 들어가야 할 땅의 '원주민'이자 '심판받을 대상 민족'이었다는 사실을 여기서 드러내, 타락한 아담과 가인의 범죄(전체 구조 II /창 2:4-4:26)와 구조적으로 대응관계를 이어지게 하려는 저술 목적에 있다. 따라서 본문의 서론에서 가나안 민족의 영적 기원과 도덕적

배경을 설명하기 위해 이곳에 배치하여 보다 역사적 사실을 구조적인 기법을 사용해 신학적 의미를 강조하였다.

A. 노아: 술 취해 벌거벗음(9:20-21)

> 20 노아가 농사를 시작하여 포도나무를 심었더니 21 포도주를 마시고 취하여 그 장막 안에서 벌거벗은지라

노아는 홍수 사건 이후 새로운 세상의 출발점에서 농사를 시작하였다. 그는 처음으로 포도나무를 심었고 경작하여 열매를 거두는 자가 되었다. 본래 이것은 하나님께 감사드리며 창조 질서를 회복하는 청지기의 사명이었다. 노아는 회복된 땅에서의 첫 농부로서, 하나님의 뜻을 따라 땅을 경작하는 사명을 수행해야 했다.

그러나 그는 그 사명을 온전히 다하지 못하였다. 포도 열매를 수확한 후, 그는 포도주에 취하여 수치를 드러냈고, 장막 안에서 벌거벗은 채로 쓰러져 있었다. 이는 노아의 해이한 태도와 사명 의식의 상실을 드러내는 장면이며, 결과적으로 농부로서 하나님께 드려야 할 감사를 망각한 모습으로 비친다. 이와 같은 흐름은 인류 초기의 사명자들과 병행되어 이해될 수 있다. 아담은 에덴동산 지킴이로서의 사명을 부여받았지만, 하나님의 명령을 어기고 금지된 열매를 따 먹음으로 사명을 저버렸다. 가인 역시 땅을 경작하는 농부로서, 하나님께 믿음과 정성으로 제사드려야 했지만, 자기중심적인 태도로 제사를 드림으로 사명을 다하지 못했다. 동생 아벨을 시기하고 살인하여 결국 하나님의 심판을 받았다. 이러한 맥락에서 볼 때, 노아 역시 아담과 가인의 실패를 반복하는 모습이다. 그는 홍수 이후의 새로운 시작점에서 하나님의 뜻을 회복하는 첫 농부의 역할을 맡았지만, 술에 취해 벌거벗음으로 인간의 연약함과 타락의 본성을 드러내는 것이다.

B. 함/(가나안): 함이 아버지 하체를 봄(9:22)

> 22 가나안의 아버지 함이 그의 아버지의 하체를 보고 밖으로 나가서 그의 두 형제
> 에게 알리매

이 구절에서 함이 '아버지의 하체를 보았다'는 표현과 그것을 형제들에게 알렸다는 사실에 대해서는 여러 해석이 존재한다. 부정적으로 해석하는 견해들은 다음과 같다: 1) 함이 아버지 노아를 거세했다는 주장. 이는 노아가 더 이상 자식을 낳지 못한 것을 근거로 든다. 2) 함이 아버지의 아내를 범했고, 그 결과 가나안이 태어났기 때문에 노아가 그의 아들을 저주했다는 해석. 3) 함이 잠든 아버지를 성적으로 범했다는 동성 간 강제행위(성폭력)의 가능성. 4) 단순히 관음증적인 태도, 즉 노아의 수치를 의도적으로 즐겼다는 심리적 해석. 이러한 해석들은 본문에 직접적인 증거는 없으나, 히브리어 표현에서의 함축성과 고대 근동 문화를 배경으로 제시된 가설들이다.

한편, 보다 절제된 견해도 있다. 예컨대, 셈과 야벳은 아버지 노아의 수치를 존경심으로 덮어 주었지만, 함은 경솔하게 행동했으며, 아버지에 대한 공경심이 부족했다는 해석이다. 그는 단순히 무례한 태도를 보인 것이며, 본문의 저주 대상이 함이 아닌 가나안이라는 점을 고려하면, 그 행동은 부정적이나 죄로 단정되기 어렵다는 견해다.

이처럼 다양한 해석이 존재하는 가운데, 본문을 인물 구조와 키워드 중심으로 살펴볼 때 보다 적절한 해석의 길이 열린다. 본문의 전체 문맥에서 저자는 함을 소개할 때 유독 '가나안의 아버지 함'이라고 두 번이나 반복해서 언급한다.

- 서론(9:18): "함은 가나안의 아버지라"
- 본론(9:22): "가나안의 아버지 함이 …"

다른 형제인 셈과 야벳에 대해서는 그들의 자녀 관계나 후손이 언급되지 않는다. 그렇다면, 왜 유독 함만 그의 아들 가나안과의 관계가 반복 강조되는가? 이것은 본문의 인물 구조(B-B')와 대응시키는 가운데 해석의 실마리를 제공한다.

예컨대: B 함/가나안 <아버지 하체를 보고 알림>   22
          B' 가나안/종 <가나안이 저주 받음>   25

즉, 창세기 9장 본문에 담긴 인물 - 행동 - 결과 구조를 따라가 보면, 다음과 같은 흐름이 드러난다. 처음 장면(B)에서는 함과 가나안의 부자 관계가 반복적으로 언급된다(9:18, 22). 함은 아버지의 수치를 보고 형제들에게 알리지만, 함에게 직접적인 저주가 선언되지 않는다. 반면, 가나안만이 저주를 받는다(B'). 그것도 단순한 저주가 아니라, 셈과 야벳의 자손들에게 '종들의 종'이 되리라는 가장 낮은 위치로 떨어지는 저주가 주어진다. 이 구조를 고려할 때, 노아의 인식과 판단은 단순히 함의 행위 자체에 초점을 맞추기보다, 그 현장에 함과 가나안이 함께 있었고, 노아가 보기에 가나안의 태도에 심각한 불경이 있었다고 판단했을 가능성이 있다.

따라서 함은 아버지의 수치를 우연히 보게 되었을 뿐, 의도적 조롱이나 조작을 하지는 않았다고 노아는 판단했을 수 있다. 그는 즉시 밖으로 나가 형제들에게 상황을 알림으로써, 문제를 해결하기 위한 도움의 요청으로 행동한 것으로 볼 수 있다. 이에 노아는 함에게는 저주하지 않았고, 오히려 아무 행동도 명시되지 않은 가나안에게 저주를 선언한다.

이는 구속사적 관점에서 볼 때 홍수 이전의 타락한 본성, 즉 죄의 유전적 성향과 반역의 기질이 가나안에게서 다시 살아났음을 노아가 직감적으로 인식한 것으로 이해될 수 있다. 즉, 가나안은 단순히 함의 아들이라는 이유만이 아니라, 노아가 바라본 그의 태도나 본성 자체에 문제가 있었다고 본 것이다.

이와 같은 해석은 창세기 기자가 함의 이름이 아닌 '가나안의 아버지 함'이라는 표현을 두 번 반복한 이유와 맞물린다. 이는 단순한 가계 정보가 아니라, 설교적·신학적 구조상 가나안에게 초점이 있다는 사실을 독자에게 환기시키려는 장치이다.

본문은 함이 아버지의 수치를 보고 "밖으로 나갔다"고 서술한다. 이때 함의 행동이 단순한 소문 유포인지, 아니면 형제들에게 도움을 요청하려는 행동인지를 본문만으로는 단정하기 어렵다. 그러나 함의 태도를 긍정적으로 해석하는 것도 불가능하다고 여기지 않는다. 함은 당황했고, 자신이 감당할 수 없는 상황을 해결하기 위해, 믿을 수 있는 자들인 형제들에게 알렸을 수도 있다. 그는 직접 조롱하지 않았으며, 형제들에게 문제 해결을 위해 알리는 행위 이상은 없었다. 그러나 동시에 그의 태도에는 공경이 없었으며, 아버지를 덮어 주려는 적극적 책임이 없었다는 점에서 수동적 무례로 볼 수 있다. 그의 태도는 악의적이라기보다는 무례하고 무감각한 태도(공경 부족)이다.

여기서 가나안이 함과 함께 있었을 가능성도 없지 않다. 본문은 가나안이 직접적으로 어떤 행동을 했다고 명시하지 않지만, 문맥상 함과 함께 있었을 가능성도 배제할 수 없다. 만일 가나안이 아버지 함과 함께 있었고, 실제로 조롱하거나 다른 사람들에게 소문을 낸 장본인이었다면, 그에 대한 저주는 설득력이 있다. 따라서 저자는 함의 행동과 가나안의 태도와 결과를 구분하면서도 연결시키는 구조로 본문을 구성하고 있다. 이는 "죄의 세대적 영향", 그리고 "신앙적 태도에 대한 후속 평가"라는 구속사적 해석에 어울린다.

C. 셈/야벳 : 하체를 덮어줌(9:23)

23 셈과 야벳이 옷을 가져다가 자기들의 어깨에 메고 뒷걸음쳐 들어가서 그들의 아버지의 하체를 덮었으며 그들이 얼굴을 돌이키고 그들의 아버지의 하체를 보지 아니하였더라

셈과 야벳은 아버지의 수치를 들은 후, 옷을 준비하여 뒤로 걸어 들어가 조심스럽게 아버지의 벌거벗은 몸을 덮어드렸다. 그들이 얼굴을 돌려 아버지의 하체를 전혀 보지 않으려는 행동을 통해, 부모에 대한 깊은 존경과 예우를 보여주었다. 이처럼 두 형제의 행동은, 단순한 외적 행위 이상의 의미를 가지며, 가문의 복과 축복의 계보로 이어질 태도와 영적 성품을 나타낸다.

그렇다면 왜 함은 아버지의 수치를 덮어 주지 않고, 오히려 이 사실을 형제들에게 직접 알렸을까? 함이 재빠르게 형제들에게 도움을 요청한 이유는, 그들이 홍수 이전부터 함께 방주를 지었고, 위기의 상황 속에서도 방주 안에서 동고동락하며 동물들을 돌보면서 형제간의 우애가 깊었던 것으로 보인다. 그러나 그 현장에 아들 가나안이 아버지 함과 함께 있었음에도, 함은 자신의 아들보다 형제들과 더 가까운 관계라고 생각했던 것으로 보인다. 이는 단지 함이 가나안을 신뢰하지 않았다는 의미일 뿐아니라, 그 이상으로 부자(父子) 간의 관계가 좋지 않았음을 암시한다. 그래서 함은 아들 가나안과 함께 문제를 해결하려 하지 않고, 곧장 형제 셈과 야벳에게 달려가 그 사실을 알렸던 것으로 여겨진다. 이러한 사실은 뒤에 아버지 노아가 술에서 깨어난 후에 함을 저주하지 않고 그의 아들 가나안만 저주했다는 점에서 분명해진다.

반면에 셈과 야벳은 덮을 옷을 준비하여, 뒷걸음치며 아버지께 다가가 조심스럽게 수치를 덮어드렸다. 그들은 얼굴을 돌린 채 아버지의 하체를 전혀 보지 않았다. 두 형제의 이러한 행동은 아버지에 대한 깊은 존경심을 잘 보여준다.

A'. 노아가 술이 깸(9:24)

24 노아가 술이 깨어 그의 작은 아들이 자기에게 행한 일을 알고

"노아가 술에서 깨어났다"는 표현은 단순히 술기운이 가셨다는 의미를 넘어, 그가 한동안 술에 취해 정신을 잃고 있었음을 암시한다. 이 표현은 물리적 의식

의 회복 그 이상으로, 도덕적이고 영적인 분별력, 즉 상황을 판단하고 책임 있게 행동할 수 있는 상태로 돌아왔음을 의미한다.

여기서 '작은 아들'은 함을 가리킨다. 그런데 왜 하필 함을 작은 아들이라고 표현했을까? 이와 같은 표현의 사용을 통해, 오히려 함이 반드시 잘못한 것은 아니라는 근거로 삼을 수 있다. 구약성경에서 '작은 아들'(히브리어 하카탄, הַקָּטָן)이라는 표현은 단순히 나이의 순서를 가리키기보다는, 역할이나 중요성의 측면에서 사용되는 경우가 많다. 따라서 노아가 함을 '작은 아들'이라 부른 것은 단지 연령상의 위치가 아니라, 어떤 다른 의미를 담고 있는 표현으로 보아야 한다. 함은 아버지의 수치를 보긴 했지만, 그것을 숨기지 않고 형제들에게 알림으로 문제 해결에 조력한 인물이었다. 그는 아버지의 수치를 직접 가릴 수 없는 당황스러운 상황 속에서, 가장 가까운 형제들에게 도움을 청한 것이다. 이러한 행동은 단순한 방관이 아니라, 오히려 해결을 위한 시도로 이해될 수 있다.

노아는 깨어나서 자녀들이 자신에게 행한 일을 알게 되었다. 본문은 노아가 누구를 통해 그 사실을 알게 되었는지는 명시하지 않지만, 가장 합리적인 추정은 그의 아내나 아버지를 공경했던 셈과 야벳이었을 가능성이 크다. 그들은 아버지의 수치를 덮어드렸고, 아마도 사건 경위와 함의 태도에 대해 [태도를] 노아에게 설명했을 것이다.

히브리어 '알았다'(יֵּדַע, 와예다)는 단순히 사실을 인지했다는 의미를 넘어, 상황의 본질을 도덕적, 영적, 인격적으로 분별하여 인식했다는 의미를 갖는다. 야다(yada)는 이 구절에서, 자식들의 행동에 담긴 내면의 태도와 관계적 책임성까지 꿰뚫어 본 깊은 인식을 나타낸다. 즉, 노아는 단지 자신이 벌거벗었다는 사실만을 알게 된 것이 아니라, 그 상황 속에서 자녀들이 어떤 태도로 행동했는지를 분별하고 평가할 수 있는 상태로 회복된 것이다. 또한 이 '깨달음'은 자녀들에 대한 분별만이 아니라, 자신의 행동에 대한 인식과 반성도 포함된 것으로 보인다.

노아는 자신이 취해 수치를 드러낸 일에 대한 부끄러움과 책임감을 느꼈고, 그로 인해 다시금 사명감이 살아나고 도덕적 의식이 회복되었을 가능성이 높다.

그는 자신의 잘못을 인식하고, 이제는 가정을 돌보는 가장으로서, 자녀들의 행위에 대해 분명한 판단을 내릴 수 있는 자리로 다시 섰다. 이러한 자기반성과 인식의 과정이 있었기에, 노아는 자녀들의 행동을 정확히 평가하고, 그에 따라 저주와 축복을 구분하여 선포할 수 있었던 것이다(특히 야곱의 경우도 자신이 자녀를 축복할 당시는 믿음의 아버지로서의 사명과 역할을 했다). 이는 구속사적 관점에서 보면, 실수하고 연약한 인간일지라도 회개하고 돌이키는 자는 하나님 앞에서 새로운 사명을 부여받고, 더 깊은 통찰력과 책임감을 갖게 됨을 보여준다.

노아는 자신에 대한 깨달음과 회복 과정을 통해, 자녀들의 미래를 향한 축복과 경고를 분별력 있게 선포할 수 있었다. 마치 돌아온 탕자가 아버지 앞에 서서 새로운 옷을 입듯, 노아도 영적 사명의 옷을 다시 입고, 새로운 시대를 향한 중보자적 위치에 서게 된 것이다.

B'. 가나안/함: 함 대신 가나안이 저주(9:25)

> 25 이에 이르되 가나안은 저주를 받아 그의 형제의 종들의 종이 되기를 원하노라
> 하고

함이 아버지의 하체를 보았지만 우연히 보게 되었다는 점과 또한 그의 발 빠른 대처로 문제가 잘 해결되었다는 점을 아버지 노아가 알고서는 그에게 저주하지 않았다. 그러나 함의 아들 가나안이 저주를 받게 되었는데, 이것은 다른 것보다 홍수 때 멸망한 자들의 죄 된 본성이 살아나서 할아버지의 벌거벗은 모습을 보고도 아버지 함이 해결하려는 노력을 도왔어야 했는데 전혀 그렇지 않았다는 점에서 불경죄로 저주를 받게 된 것으로 해석해 볼 수 있다.

가나안이 실제로 무언가 더 심각한 일을 저질렀다는 전승이 존재한다. 가나안이 노아에게 신체적 해를 가했다는 말도 있다. 고대 사회에서 아버지의 수치는 자식의 책임으로 이어지는 문화도 있다. 그러나 여러 가지 학설보다 이것은 본

문 서론에서와 여기서도 함을 '가나안의 아버지'라는 반복적으로 강조하는 이유는 가나안이 실제로 함과 같이 아버지의 하체를 보았다는 부적절한 행동에 연루되었음을 암시하는 서사적 장치로 해석된다. 가나안의 이름은 본문 앞뒤로 6번이나 반복된다. 이것은 저주의 핵심 키워드로 등장하는데 저자의 구조적 의미 안에서 신학적 입장을 나타내려고 한 것이다. 따라서 가나안의 저주가 본문에서는 확실하게 드러난 것은 없지만 분명한 것은 그 자신의 잘못으로 저주를 받게 된 것으로 보인다.

C'. 셈/야벳이 축복을 받음(9:26-27)

> 26 또 이르되 셈의 하나님 여호와를 찬송하리로다 가나안은 셈의 종이 되고 27 하나님이 야벳을 창대하게 하사 셈의 장막에 거하게 하시고 가나안은 그의 종이 되게 하시기를 원하노라 하였더라

노아가 술에서 깨어난 후 자녀들에게 축복권을 행사하고 있다. 그는 먼저 함이 아닌 가나안을 저주하였고, 이어서 자신의 수치를 가려준 셈과 야벳을 축복하였다.

셈에게는 "셈의 하나님 여호와를 찬송하리로다"라고 축복하며, 그가 하나님을 높이는 자가 될 것을 선언했다. 그리고 셈을 축복하는 가운데, 가나안이 셈의 종이 될 것을 덧붙여 간구하였다. 그 다음으로 야벳에게는 그가 창대하게 될 것과 셈의 장막에 거하게 될 것을 축복하였으며, 가나안이 그의 종이 될 것을 다시 한번 긴구하였다.

이처럼, 아버지의 수치를 덮어 준 효자인 셈과 야벳에게는 오직 축복만이 주어졌고, 가나안에게는 '종들의 종'이 될 것이라는 구체적인 저주가 선포되었다. 반면에 함에게는 축복과 저주를 직접 내리지 않았다. 10장에서 노아 아들들의 계보를 말할 때 축복 받은 셈과 야벳과 함께 함도 하나님의 택함 받은 자손으로

인정받았고 그의 후손도 번성하여 세상으로 퍼져 나갔다.

결론(Y) 노아의 사망 (9:28-29)

> 28 홍수 후에 노아가 삼백오십 년을 살았고 29 그의 나이가 구백오십 세가 되어 죽었더라

노아는 그의 나이 950세에 생을 마감하였다. 천지창조 이후, 하나님께서 새로운 시작을 여시는 구속 역사에서 그는 중요한 역할을 감당한, 하나님의 인정을 받은 시대적 사명자였다. 그는 홍수 시대에 '역(逆) 창조'의 역사 속에서 하나님께 쓰임 받은 중심 인물이었다. 그는 언약 계승자로 자녀들에게 그의 바통을 넘겨주고 하나님의 부르심을 받고 세상을 떠났다. 이처럼 신앙경주는 개인의 완주로 끝나지 않고 다음 세대로 전달된다.

제 8 장

회복된 자: 노아 아들들의 족보
(10:1-32)

창세기 10장은 홍수 이후 인류가 어떻게 땅 위에 퍼져 나갔는지를 보여준다. 노아와 그의 가정이 홍수 직후에 어려움이 있었지만 하나님의 은혜로 회복되었다. 노아의 세 아들(셈, 함, 야벳)은 모두 방주에서 살아남았고, 또한 그들은 모두 하나님과 언약을 맺은 자들로 약속의 축복에 따라 번성하여 세상으로 퍼져나갔다. 여기서 주목해야 할 것은 노아의 세 아들 들 의 순서가 노아홍수 때 언급된 것과 다르게 야벳 → 함 → 셈의 순서로 언급된다. 그런데 앞 장들에서는 셈, 함, 야벳 순으로 기록되다가 여기서는 거꾸로 언급되는 이유는 무엇일까?

창세기 5:32, 6:10, 7:13, 9:18에서는 셈, 함, 야벳 순으로 기록되었는데, 여기서는 '야벳 – 함 – 셈' 순으로 기록되었다. 이러한 변화는 홍수 이전과 이후에 뚜렷하게 구별된다. 홍수 이전과 홍수 사건 중에는 셈이 먼저 언급되다가 10장에서는 야벳이 먼저 소개된다. 여기에는 우연이 아니라 분명한 저자의 의도가 돋보인다. 이는 무엇보다 영적 중요성을 드러내기 위함이며, 또한 하나님의 구속 역사(셈의 후손을 통한 메시아 계보)를 강조하기 위한 것이다. 이 사실을 홍수 후에 노아가 "셈의 하나님 여호와를 찬송하리로다"(9:26)라고 축복하는 장면과 셈의 족보가 두 번(10:21-31; 11:10-26) 언급된다는 점에서 저술 목적이 있음을 알 수 있다.

10장은 족보(민족의 분포)를 설명하는 장이므로, 연령순이나 단순한 혈통 중심이 아니라, 민족 확산의 지리적, 역사적 관점을 반영한 것이다. 이런 점에서 그들의 이름의 순서를 단순히 바꾼 것이 아니라, 각 아들의 역할과 저자의 신학적 의도를 고려한 배열이라 볼 수 있다. 이런 점에서 노아의 세 아들 족보를 셋으로 분리해 각각의 가계도를 살펴본다.

1. 야벳의 후손(10:1-5)

1 노아의 아들 셈과 함과 야벳의 족보는 이러하니라 홍수 후에 그들이 아들들을 낳았으니 2 야벳의 아들은 고멜과 마곡과 마대와 야완과 두발과 메섹과 디라스요 3 고멜의 아들은 아스그나스와 리밧과 도갈마요 4 야완의 아들은 엘리사와 달시스와 깃딤과 도다님이라 5 이들로부터 여러 나라 백성으로 나뉘어서 각기 언어와 종족과 나라대로 바닷가의 땅에 머물렀더라

도표 22> 야벳의 가계도

야벳 <유럽 및 북쪽지역(고멜, 마곡, 마대, 야완 등)의 민족>
```
 |
 |  → 고멜 → 아스그나스(1) 리밧(2) 도갈마(3)
 |  → 마곡
 |  → 마대
 |  → 야완 엘리사(1) 다시스(2) 깃딤(3) 도다님(4)
 |  → 두발
 |  → 메섹
 └── 디라스
```

"이들로부터 여러 나라 백성으로 나뉘어서 각기 언어와 종족과 나라대로 바닷가의 땅에 머물렀더라"(10:5). 야벳의 후손은 유럽 및 북부 지역(헬라, 고멜, 마곡 등)에 머물렀고, 주로 북쪽과 서쪽인 유럽과 아시아 일부 방향으로 퍼져 나갔다.

2. 함의 후손(10:6-20)

6 함의 아들은 구스와 미스라임과 붓과 가나안이요 7 구스의 아들은 스바와 하윌라와 삽다와 라아마와 삽드가요 라아마의 아들은 스바와 드단이며 8 구스가 또 니므롯을 낳았으니 그는 세상에 첫 용사라 9 그가 여호와 앞에서 용감한 사냥꾼이 되었으므로 속담에 이르기를 아무는 여호와 앞에 니므롯 같이 용감한 사냥꾼이로다 하더라 10 그의 나라는 시날 땅의 바벨과 에렉과 악갓과 갈레에서 시작되었으며 11 그가 그 땅에서 앗수르로 나아가 니느웨와 르호보딜과 갈라와 12 및 니느웨와 갈라 사이의 레센을 건설하였으니 이는 큰 성읍이라 13 미스라임은 루딤과 아나밈과 르하빔과 납두힘과 14 바드루심과 가슬루힘과 갑도림을 낳았더라(가슬루힘에게서 블레셋이 나왔더라) 15 가나안은 장자 시돈과 헷을 낳고 16 또 여부스 족속과 아모리 족속과 기르가스 족속과 17 히위 족속과 알가 족속과 신 족속과 18 아르왓 족속과 스말 족속과 하맛 족속을 낳았더니 이 후로 가나안 자손의 족속이 흩어져 나아갔더라 19 가나안의 경계는 시돈에서부터 그랄을 지나 가사까지와 소돔과 고모라와 아드마와 스보임을 지나 라사까지였더라 20 이들은 함의 자손이라 각기 족속과 언어와 지방과 나라대로였더라

도표 23> 함의 가계도

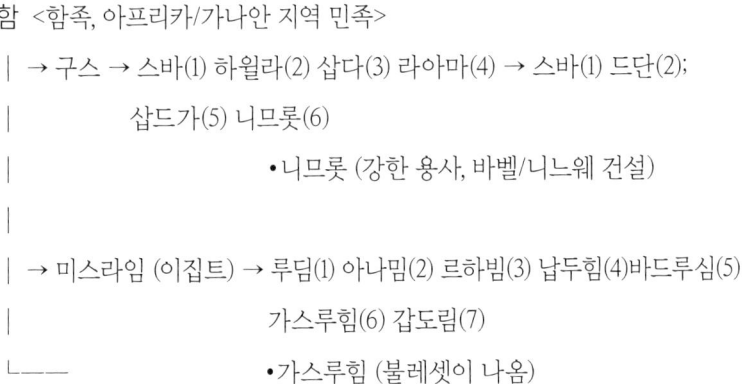

함 <함족, 아프리카/가나안 지역 민족>
| → 구스 → 스바(1) 하윌라(2) 삽다(3) 라아마(4) → 스바(1) 드단(2);
| 삽드가(5) 니므롯(6)
| •니므롯 (강한 용사, 바벨/니느웨 건설)
|
| → 미스라임 (이집트) → 루딤(1) 아나밈(2) 르하빔(3) 납두힘(4)바드루심(5)
| 가스루힘(6) 갑도림(7)
└─── •가스루힘 (불레셋이 나옴)

함의 후손은 가나안, 애굽(이집트), 바벨론 등 당시 중동의 강력한 민족들을 형성했다. 창세기에서 중요한 역사적 배경이 되는 지역이므로, 야벳보다 더 상세하게 다루어진다.

3. 셈의 후손(10:21-32)

21 셈은 에벨 온 자손의 조상이요 야벳의 형이라 그에게도 자녀가 출생하였으니 22 셈의 아들은 엘람과 앗수르와 아르박삿과 룻과 아람이요 23 아람의 아들은 우스와 훌과 게델과 마스며 24 아르박삿은 셀라를 낳고 셀라는 에벨을 낳았으며 25 에벨은 두 아들을 낳고 하나의 이름을 벨렉이라 하였으니 그 때에 세상이 나뉘었음이요 벨렉의 아우의 이름은 욕단이며 26 욕단은 알모닷과 셀렙과 하살마윗과 예라와 27 하도람과 우살과 디글라와 28 오발과 아비마엘과 스바와 29 오빌과 하윌라와 요밥을 낳았으니 이들은 다 욕단의 아들이며 30 그들이 거주하는 곳은 메사에서부터 스발로 가는 길의 동쪽 산이었더라 31 이들은 셈의 자손이니 그 족속과 언어와 지방과 나라대로였더라 32 이들은 그 백성들의 족보에 따르면 노아 자손의 족속들이요 홍수 후에 이들에게서 그 땅의 백성들이 나뉘었더라.

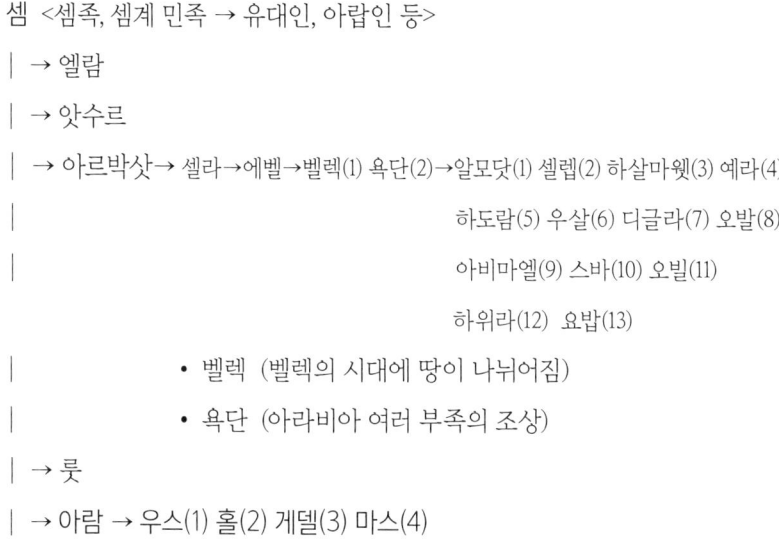

셈 <셈족, 셈계 민족 → 유대인, 아랍인 등>

| → 엘람

| → 앗수르

| → 아르박삿→ 셀라→에벨→벨렉(1) 욕단(2)→알모닷(1) 셀렙(2) 하살마윗(3) 예라(4)

| 하도람(5) 우살(6) 디글라(7) 오발(8)

| 아비마엘(9) 스바(10) 오빌(11)

| 하위라(12) 요밥(13)

| • 벨렉 (벨렉의 시대에 땅이 나뉘어짐)

| • 욕단 (아라비아 여러 부족의 조상)

| → 룻

| → 아람 → 우스(1) 홀(2) 게델(3) 마스(4)

창세기의 관심은 이스라엘이 속한 셈의 후손(셈족)에게 집중되므로, 가장 중요한 계보(셈)가 마지막에 나온다. 이것은 저자의 저술기법에 따라 구조상 덜 중요한 야벳을 먼저 다루고, 셈을 강조하는 방식이다. 이러한 점에서 셈의 후손은 히브리 민족과 관련된 혈통으로, 끝에 두어 중요성을 더한다.

그러나 여기서는 아브라함의 선조인 벨렉의 후손들은 나오지 않고, 11장에서 자세히 기록된다. 이러한 이유는 10장이 주로 인류가 여러 민족으로 퍼져 나간 과정을 설명하고 있기 때문이다. 셈의 후손 중에서도 일반 민족(엘람, 앗수르, 아람 등)은 기록되었지만, 신앙적 계보(아브라함 계보)는 상세히 기록되지 않은 것이다. 이렇게 셈의 족보가 반복해 두 번 나뉘어 배치되는 이유는 셈의 계보가 메시아의 라인이어서 중요하기 때문이다. 다시 말하면, 10장은 바벨탑 사건(창 11:1-9) 이전의 민족 분포를 설명하는 것으로, 단순히 후손들의 지리적 확산과 민족 형성에 초점을 맞추고 있지만, 창세기 11:10-26은 바벨탑 사건 이후, 하나님의 언약을 잇는 셈의 신앙적 후손을 따로 정리하기 위한 것이다.

결론적으로 창세기 10장에서는 셈의 후손들이 여러 민족으로 퍼진 것을 간략하게 다루고, 창세기 11장에서는 셈의 후손 중에서도 믿음의 계보(아브라함 가계)가 더욱 자세히 기록된다. 이것은 11장을 주해하면서 언급하겠지만, 저자의 구조적/신학적 의도에 따라 창세기 전체 구조의 배열 안에서 하나님의 구속사의 중요성을 더욱 강조하기 위한 저술 목적에 있다. 따라서 창세기 10장은 단순한 족보가 아니라, 홍수 이후 어떻게 다양한 민족과 언어가 생겨났으며, 또한 하나님께서 어떻게 모든 민족을 주관하시고, 그 가운데 구원의 계획을 이루어 가시는지를 보여주고 있다.

제 9 장

범죄한 무리: 바벨 족속
(11:1-9)

바벨탑 사건은 언어의 혼잡과 열방의 분산을 다루는데, 이 결과는 이미 앞선 10장 계보(5, 20, 31절)에서 간략히 언급된 바 있다. 10장은 야벳과 함의 후손들이 민족적으로 흩어진 사실을 반복하며, 각기 언어와 족속을 따라 땅에 퍼졌음을 보여준다. 그러나 그 원인에 대한 직접적인 설명은 본문의 바벨탑 기사에서 처음 등장한다. 이는 저자가 단순한 연대기적 순서가 아니라, 구조적·신학적 목적을 따라 사건을 배열했음을 보여준다. 이러한 배치는 홍수 전과 후에 인류의 집단적 타락을 병행구조로 제시하려는 의도다. 다시 말해, 바벨 사건은 창세기 6장 초반의 '하나님의 아들들'과 '네피림 족속'의 타락 사건과 구조적으로 대응된다(전체 구조에서 IV와 IV'의 관계). 저자는 두 사건을 병렬로 배열하여 죄의 보편성과 반복성, 그리고 이것을 끊으시는 하나님의 구속적 개입을 강조한다.

또한 10장에서는 야벳과 함의 후손들이 비교적 완전하게 기술되는 반면, 셈이 족보는 벨렉에서 중단된다. 이는 단순 누락이 아니라, 바벨 사건 이후에 이어질 아브라함을 향한 '씨(자손) 창조'의 계보를 구조적으로 강조하기 위한 장치다. 실제로 11장 후반부에서 셈의 족보가 다시 전체적으로 이어지며, 이는 아브라함의 출현을 준비하는 신학적 기반이 된다.

따라서 바벨탑 사건은 단순히 인류의 오만을 심판하신 기록이 아니라, 죄의 절정과 하나님의 심판을 보여주는 동시에, 선민의 출현을 위한 구속사적 전환점으로 기능한다. 이 사건이 창세기 10장과 11장 사이에 위치한 이유는, 바로 저자의 이러한 신학적·구조적 의도를 고려할 때 분명히 이해된다.

가. 구조적 주해

바벨탑 사건의 전체 구조는 앞에서 살펴본 본문의 구조들과 같이 저자의 평행 기법에 따라 바벨 무리들이 하나님을 어떻게 대항하는지를 키워드 중심으로 구성되었다.

범죄한 무리: 바벨 족속(11:1-9)

1. 범죄 과정

A. **언어**: 말과 언어가 하나	1-2
B. **결의**: 벽돌을 굽자/탑을 쌓자!	3-4a
C. **행동**(흩음): 흩어짐을 면하자	4b

2. 징벌 과정

A'. **언어**: 한 족속/언어가 하나	5-6
B'. **결의**: 언어 혼잡하게 하자!	7
C'. **행동**(흩음): 지면에서 흩어짐	8a-9

위에서 반복된 병행구조는 '바벨 무리'가 하나님을 대항하다 심판받는 사건으로, 바벨 사람들이 집단적으로 하나님을 대항하여 탑을 쌓다가 징벌을 받고 언어가 혼잡해져 흩어지는 모습을 보여준다. 이와 같이 '죄 범한, 바벨 무리'는 두 부분으로 나뉘며, 3개씩 반복된 키워드로 구성된다(ABC/A'B'C'). 세부구조의 첫 번째 주제는 '범죄 과정'이고, 두 번째는 '징벌 과정'이다.

(1) 반복된 병행 구조: A - B - C / A' - B'- C'

A / A'(언어) : "말이 하나" ↔ "언어가 하나"

B / B'(결의) : "벽돌을 굽자/탑을 쌓자!" ↔ "언어를 혼잡케 하자"

C / C'(행동) : "흩어짐을 면하자" ↔ "지면에서 흩음"

(2) 이 구조는 미괄식 병행구조로 끝부분(C/C')이 강조된다.

인간은 "흩어짐을 면하자"고 했지만, 하나님은 오히려 "지면에서 흩으심"으로 응답하셨다. 이는 단순한 역사 기록이 아니라, 하나님이 인류를 흩으심으로 구속사의 새로운 전환점을 여셨음을 드러낸다.

이처럼 바벨 이야기는 반복된 병행 형태로 구성하고 있다. 이렇게 기록된 목적은 이스라엘 백성들에게 도전을 주고 또한 하나님의 구원역사를 방해하는 자들을 창조주께서 징벌하신다는 사실을 보여주기 위해서이다.

도표 25> IV' 바벨 무리 (11:1-9)

구분	본문	키워드	내용	신학적 의미
1. 바벨의 범죄				
A	1-2	언어	온 땅의 언어가 하나였다	인류가 한 언어로 연합함
B	3-4a	결의	"벽돌을 굽자, 탑을 쌓자!"	인간의 교만한 결심
C	11:4b	행동	"흩어짐을 면하자"	하나님의 뜻을 거슬러 자기 안전을 추구함
2. 하나님 심판				
A'	5-6	언어	"한 족속/언이가 하나"	하나님이 그들의 연합을 주목
B'	7	결의	"언어를 혼잡케 하자"	하나님이 그들의 교만을 꺾으심
C'	8-9	행동	"지면에서 흩음"	하나님이 친히 인류를 흩으심

나. 본문 해설

A. 언어(11:1-2)

> 1 온 땅의 언어가 하나요 말이 하나였더라 2 이에 그들이 동방으로 옮기다가 시날 평지를 만나 거기 거류하며

1절은 바벨 사람들의 언어 상황을 강조하며 본 사건의 전개를 예고한다. "온 땅의 언어가 하나요 말이 하나였더라"는 표현은, 그들이 사용하는 언어와 사고 체계가 완전히 일치했음을 나타내며, 곧 일어날 사건의 배경과 위협성을 암시한다. 이 언어의 일치는 단순한 소통의 편리함을 넘어서, 집단적 교만과 하나님께 대한 도전 가능성을 내포한다.

2절은 이들의 지리적 이동을 설명한다. "이에 그들이 동방으로 옮기다가 시날 평지를 만나 거기 거류하며"라는 말씀은, 이들이 본래부터 그 지역에 거주하던 자들이 아니라, 대홍수 이후 더 나은 삶의 터전을 찾아 이동하던 중이라는 점을 보여준다. 이들의 이동은 계획적인 정착이 아니라, 동쪽으로 흘러가던 중 우연히 시날 평지를 발견하고 그곳이 정착에 적합하다고 판단한 결과였다. 시날 평지는 유프라테스강과 티그리스강 사이, 물이 풍부하고 기후가 온화한 비옥한 땅으로, 농경과 도시 문명이 발전하기에 최적의 조건을 갖춘 지역이다. 이로 인해 그들은 이곳에 머물며 문명을 건설하기 시작한다. 이 지역은 후에 바벨론 제국의 중심지가 되는 땅이며, 훗날 아브라함이 이 지역 인근에서 태어나 우르로 이주하게 되는 역사적 배경과 연결된다. 이처럼 시날은 단지 한 정착지가 아니라, 구속사 속에서 인류의 교만과 하나님의 부르심이 교차하는 결정적 장소로 기능한다.

B. 행동 결의(11:3-4a)

> 3 서로 말하되 자, 벽돌을 만들어 견고히 굽자 하고 이에 벽돌로 돌을 대신하며 역청
> 으로 진흙을 대신하고 4 또 말하되 자, 성읍과 탑을 건설하여 그 탑 꼭대기를 하늘
> 에 닿게 하여

바벨 사람들이 시날 평지에 정착한 후, 본격적으로 공동의 목표를 향해 행동에 나섰다. "서로 말하되 자, 벽돌을 만들어 견고히 굽자 하고 … 또 말하되 자, 성읍과 탑을 건설하여 그 탑 꼭대기를 하늘에 닿게 하자"는 뜻은, 그들의 의사소통이 자유로운 언어 공동체였기에 빠르게 하나의 목적 아래 결집할 수 있었음을 보여준다.

그들은 벽돌 굽는 기술이 발달하자 이를 활용해 돌을 대신하고, 역청으로 진흙을 대신하면서 더 높은 구조물을 건축할 수 있었다. 이러한 기술적 진보와 물질적 풍요는 [그들에게] 점차 하나님 없이도 살 수 있다는 교만에 빠지게 하였다. 그들은 결국 성읍과 탑을 건설하면서, 하나님의 영역을 넘보는 행동으로 나아갔다. "그 탑 꼭대기를 하늘에 닿게 하여 우리 이름을 내자"는 말은, 하나님을 의지하지 않고 자기 이름을 드러내려는 시도, 곧 인간 중심의 문명과 신앙의 타락을 드러내는 표현이다. 이처럼 그들의 의도는 단순한 도시 건설이 아니라, 하나님께 대한 직접적인 도전이었다. 그들의 기술과 연대는 신앙보다 세상의 힘으로 모든 것을 해결하려는 인간 중심주의의 대표적 모습이다. 결국 이 모든 타락과 교만의 시도가 일어난 곳이 바로 시날 평지, 곧 후에 바벨론으로 발전할 지역이었다. 인간의 연합은 하나님을 의지하는 믿음이 아니라, 자기 이름을 내고 흩어짐을 면하려는 자기 구원 시도였다.

C. 행동 – 흩음(11:4b)

> 4b 온 지면에 흩어짐을 면하자 하였더니

4절b는 바벨 사람들이 하나로 뭉쳐 하나님께 도전한 목적을 명확히 보여준다. 그들은 "온 지면에 흩어짐을 면하자"고 결의하며, 하나님이 인간에게 주신 땅의 충만과 번성 명령(창 1:28; 9:1)을 거부하고, 한 지역에 정착하여 자기 중심의 문명을 구축하려 했다. 이러한 결의는 하나님의 주권에 대한 정면 도전이자, 자율적 안전과 독립을 추구하는 교만의 표현이다. 시날 평지는 풍부한 자원과 좋은 지리적 조건을 가진 비옥한 지역으로, 그들은 이것을 자신들의 선택이라 여겼고, 하나님의 은혜와 주권을 망각한 채 육적인 번영에만 몰두하였다. 노아의 자손으로 홍수에서 살아남은 구원의 은혜를 잊고, 도시를 건설하고 탑을 쌓는 것이 삶의 전부인 것처럼 행동하였다. 이처럼 육적인 풍요는 영적 무감각으로 이어졌고, 바벨 사람들은 그들의 의로운 나라의 소명을 외면하고, 오히려 하나님 앞에서 도전장을 내민 셈이 되었다.

"온 지면에 흩어짐을 면하자"는 구절을 요지 B가 아닌 요지 C로 분류하는 이유는, '흩어짐'이라는 키워드가 본문 전체의 중심 주제이기 때문이다. 본문 8-9절에서 반복되는 "온 지면에 흩으셨으므로 … 흩으셨더라"는 표현은, 인간의 시도에 대한 하나님의 직접적인 응전 임 을 보여준다. 따라서 이 구조는 바벨 사람들의 "흩어지지 않으려는 결의"와 "흩으시는 하나님의 심판"이라는 병행구조(C/C′)로 구성되었으며, 흩어짐이 본문 전반에 걸쳐 핵심 신학 주제로 기능함을 시사한다. 이 사건은 인간이 근본적으로 죄의 본성에서 벗어날 수 없고, 오히려 집단의 연대 속에서 하나님을 대적하는 존재임을 폭로한다. 그러나 회개하는 자에게는 언제나 하나님의 용서와 회복의 은혜가 주어지지만, 바벨 사람들은 자신들의 잘못을 깨닫지 못한 채, 네피림 족속처럼 심판의 길로 나아갔다. 그들이 시날 평지에 정착한 것도, 하나님의 인도하심보다는 인간의 판단과 선택에 따른 것으로 착각하였고, 물질적 풍요와 기술 발전을 자신들의 능력이라 여기며 점점 하나님을 대적하는 교만으로 치달았다.

결의라는 두 번째 키워드는 이들의 강한 공동체적 의지를 보여준다. 마치 독일 사회학 개념인 '게마인샤프트'(Gemeinschaft)처럼, 바벨 사람들은 혈연과 지역으로 뭉친 집단의식을 하나님을 대항하는 힘으로 바꾸었다. 그들은 하나로 뭉쳐, 탑을 하늘까지 높이 쌓고 자기 이름을 내어, 결국 흩어지지 않겠다는 세속적 열망과 의지를 집단적으로 표출하였다. 이들의 열심과 연대는 하나님을 향한 잘못된 방향의 에너지였으며, 역청으로 더욱 견고하게 탑을 쌓자는 그들의 외침은, 단합된 죄악의 결정체였다.

A'. 언어(11:5-6)

> 5 여호와께서 사람들이 건설하는 그 성읍과 탑을 보려고 내려오셨더라 6 여호와께서 이르시되 이 무리가 한 족속이요 언어도 하나이므로 이같이 시작하였으니 이후로는 그 하고자 하는 일을 막을 수 없으리로다

5절은 하나님께서 인간의 움직임을 직접 감찰하시고, 그들 행위의 근본 동기를 분석하시는 장면이다. 하나님은 그들이 하나의 언어를 사용하며 단일한 족속으로 결속된 상태에서, 앞으로 더 큰 죄를 저지를 가능성이 크다는 사실을 인지하신다. 사실, 언어가 하나인 민족은 인류 역사 속에서도 큰 축복을 받은 공동체라 할 수 있다. 언어의 통일성은 소통의 효율성을 극대화하며, 문명과 사회 발전에 큰 기여를 한다. 이러한 점에서 언어는 하나님이 주신 귀중한 자산이자 은총의 수단이다.

그러나 언어는 그것이 하나님의 뜻을 위한 통로로 쓰일 때는 복이 되지만, 반대로 인간의 교만과 자율을 추구하는 도구로 사용될 때는 심각한 죄악의 수단이 된다. 바벨 사람들은 바로 이 언어를 집단적 교만과 자율 문명 건설 수단으로

삼았고, 그로 인해 언어의 순기능은 타락의 도구로 전락하였다. 하나님께서는 인간의 언어 통일 자체를 문제 삼으신 것이 아니라, 그 언어를 통해 무엇을 하려는지를 문제 삼으신 것이다. 즉, "이같이 시작하였으니 이후로는 그 하고자 하는 일을 막을 수 없으리로다"(11:6)라는 말씀은, 인간의 죄 성이 언어의 힘을 발판 삼아 점점 더 악한 방향으로 향할 수 있음을 경고하는 말씀이다.

결국 이 구절은 언어가 얼마나 강력한 도구이며, 동시에 그 사용 목적과 방향에 따라 축복이 될 수 있으며, 심판을 불러오는 수단이 될 수도 있다는 것을 교훈한다. 바벨 사건은 이를 신학적으로 극명하게 드러낸 사건이며, 하나님의 주권 아래 인간 문명이 어떻게 다스려져야 하는지를 보여주는 구속사적 전환점이 된다.

B'. 결의(11:7)

> 7 자, 우리가 내려가서 거기서 그들의 언어를 혼잡하게 하여 그들이 서로 알아듣지 못하게 하자 하시고

7절은 하나님의 직접적인 행동 결의가 드러나는 구절이다. "자, 우리가 내려가서 거기서 그들의 언어를 혼잡하게 하여 그들이 서로 알아듣지 못하게 하자"라는 이 말씀은 하나님이 의도적으로 인간의 계획을 중단시키시려는 결정적 개입을 선언하신 것이다.

이 결의에는 두 가지 핵심 행동이 담겨 있다. 첫째, "그들의 언어를 혼잡하게 하자"는 것으로, 하나였던 언어를 다양하게 흩어 서로 소통하지 못하게 하려는 조치이다. 둘째, "서로 알아듣지 못하게 하자"는 것은 인간 공동체 내부의 결속을 직접적으로 무너뜨리는 조치로, 결국 하나로 뭉쳐 하나님을 대적하려는 의도를 차단하려는 목적이다. 이로 인해 바벨 사람들은 결국 원하던 도시 건설과 탑의 완성이라는 모든 계획이 수포로 돌아가게 되었다. 그들은 언어의 일치로 인

해 소통이 잘 되자, 자연스럽게 문화와 산업이 발달하고, 그로 인해 더 큰 일을 도모하게 되었다.

하지만 그들의 연대와 진보는 하나님을 향한 도전이라는 타락의 결과로 이어졌고, 결국 하나님은 언어의 혼잡을 통해 그 연대를 무너뜨리셨다. 한 언어가 가져다준 문명적 진보가 오히려 죄를 확대하는 도구로 변질되었다. 그 언어 자체가 비극의 원인이 되었다는 점에서 이 본문은 깊은 신학적 교훈을 담고 있다. 이는 인간의 기술과 문명이 하나님을 떠날 때 얼마나 위험한 도구로 전락할 수 있는지를 보여주는 장면이며, 하나님께서 인간 문명의 방향을 바로잡기 위해 주권적으로 개입하시는 구속사적 사건이라 할 수 있다.

C'. 흩음(11:8-9)

> 8 여호와께서 거기서 그들을 온 지면에 흩으셨으므로 그들이 그 도시를 건설하기를 그쳤더라 9 그러므로 그 이름을 바벨이라 하니 이는 여호와께서 거기서 온 땅의 언어를 혼잡하게 하셨음이니라 여호와께서 거기서 그들을 온 지면에 흩으셨더라

8절과 9절은 바벨탑 사건의 결말을 선언적으로 보여준다. "여호와께서 그들을 온 지면에 흩으셨으므로 그들이 그 도시 건설을 그쳤더라"는 표현은, 하나님의 개입으로 인해 인간의 교만한 계획이 무산되었음을 분명히 보여준다. 9절은 이 사건에 신학적 의미를 덧붙인다. "그 이름을 바벨이라 하니 이는 여호와께서 거기서 온 땅의 언어를 혼잡하게 하셨음이라"는 말은, '바벨'(혼잡)의 의미와 하나님의 신판적 행위 사이의 연결을 강조하는 구절이다.

다시 한번 반복되는 표현, "여호와께서 그들을 온 지면에 흩으셨더라"는 이 사건이 하나님의 직접 심판 행위임을 재확인하며 본문의 종결을 선언한다. 하나님이 가장 싫어하시는 것은 은혜를 망각하는 인간의 교만이다. 대홍수 직전에도 사람들은 번성한 환경 속에서 타락하였고, 특히 '네피림 족속'은 힘과 권력을 자

랑하며 도덕적·성적 타락에 빠졌다. 그들은 경건한 삶을 포기했고, 결국 하나님의 심판을 피하지 못했다. 바벨 사람들의 모습 또한 이와 유사하다. 그들은 기술과 자원을 기반으로 도성을 건설하고, 하나의 언어를 바탕으로 교만하게 하나님께 도전하였다. 하나님께서는 이들의 죄의 본질을 '언어의 통일성' 속에 내재한 교만한 결속력으로 보셨고, 이것을 해체하기 위해 언어를 혼잡하게 하시고 그들을 흩으셨다.

이 장면은 단순한 도시 건설 실패가 아니라, 하나님께서 인간의 죄를 제지하시고 새로운 구속사를 준비하시는 분기점이 된다.

결론적으로 바벨탑 사건은 인간 문명의 오용에 대한 하나님의 심판일 뿐 아니라, 이후 아브라함을 통한 언약 공동체의 출발을 예비하는 서론적 사건이다. 하나님께서는 인간의 교만을 꺾으심으로, 인류를 다시 구속사의 방향으로 이끌어 가신다. 따라서 바벨 사건은 구속사에서 "인류적인 죄의 누적과 하나님의 회복적 개입"이라는 전환점을 드러낸다. 인간은 스스로 탑을 쌓아 구원을 이룰 수 없으며, 하나님은 열방을 흩으심으로 아브라함 언약과 오순절 성령 사건으로 이어지는 구속사의 큰길을 여셨다.

바벨의 범죄는 믿음 없는 자기 구원 시도이다. 신앙경주는 자기 힘으로 '탑'을 쌓는 것이 아니라, 하나님을 의지하고 흩으심 속에서도 언약을 붙드는 삶을 달려가는 것이다. 교회 공동체 역시 바벨처럼 자기 이름을 세우려 할 때 무너지고, 오직 하나님의 언약과 성령의 하나 되게 하심만이 참된 역할을 이룬다. 원래는 하나님을 경배하는 데 사용되어야 할 언어가, 인간들의 교만을 강화하는 수단이 되었다.

제 10 장

택함 받은 아들: 셈의 족보
(11:10-26)

셈의 족보 키워드는 '택함'이다. 두 번째 병행구조의 마지막 요지로, 셈의 족보를 다루고 있다. 노아의 아들들 중에서 메시아의 라인으로 셈이 선택되었고, 그의 후손을 통해 하나님의 구속 계획이 이어진다. 이런 점에서 셈의 족보는 창세기에서 하나님의 섭리와 선택 과정을 보여주는 중요한 요소이다. 셈의 후손들이 10대를 거쳐 아브라함에 이르는 과정은 단순한 계보 기록이 아니라, 하나님의 구속 역사가 어떻게 전개되는지를 보여준다. 이렇게 셈의 족보는 단순한 혈통 기록이 아니라, 하나님의 언약과 계획을 전달하는 중요한 도구로 사용된다.

셈의 족보 11:10-26

10 셈의 족보는 이러하니라 셈은 백 세 곧 홍수 후 이 년에 아르박삿을 낳았고 11 아르박삿을 낳은 후에 오백 년을 지내며 자녀를 낳았으며 12 아르박삿은 삼십오 세에 셀라를 낳았고 13 셀라를 낳은 후에 사백삼 년을 지내며 자녀를 낳았으며 14 셀라는 삼십 세에 에벨을 낳았고 15 에벨을 낳은 후에 사백삼 년을 지내며 자녀를 낳았으며 16 에벨은 삼십사 세에 벨렉을 낳았고 17 벨렉을 낳은 후에 사백삼십 년을 지내며 자

녀를 낳았으며 18 벨렉은 삼십 세에 르우를 낳았고 19 르우를 낳은 후에 이백구 년을 지내며 자녀를 낳았으며 20 르우는 삼십이 세에 스룩을 낳았고 21 스룩을 낳은 후에 이백칠 년을 지내며 자녀를 낳았으며 22 스룩은 삼십 세에 나홀을 낳았고 23 나홀을 낳은 후에 이백 년을 지내며 자녀를 낳았으며 24 나홀은 이십구 세에 데라를 낳았고 25 데라를 낳은 후에 백십구 년을 지내며 자녀를 낳았으며 26 데라는 칠십 세에 아브람과 나홀과 하란을 낳았더라

도표 26> 셈의 10대 후손

*아래 숫자는 자녀가 태어날 때 아버지의 나이

1 셈(100)→아르박삿

2 아르박삿(35)→셀라

3 셀라(30)→에벨

4 에벨(34)→벨렉

5 벨렉(30)→르우

6 르우(30)→스룩

7 스룩(30)→나홀

8 나홀(29)→데라

9 데라(70)→아브라함, 나홀, 하란

창세기 11장 10절부터 셈의 족보가 기록되어 있다. 이는 단순한 가계도가 아니라, 하나님의 구속 역사 속에서 중요한 신학적 의미를 갖는다. 창세기 10장에서는 노아의 세 아들(셈, 함, 야벳)로부터 나온 여러 민족을 광범위하게 다루었지만, 창세기 11장 10절 이후에서는 오직 셈의 후손에 집중된다. 이는 하나님께서 아담과 노아의 후손 가운데서 구원의 계보를 보존하고 계심을 강조하는 것이다. 결국, 셈의 후손에서 아브라함이 나오고, 아브라함을 통해 이스라엘 민족

이 형성되고, 또한 '여인의 후손'인 예수 그리스도가 약속을 따라 이 메시아 라인에서 오시게 된다. 즉, 이 족보는 단순한 혈통 기록이 아니라, 구속사의 핵심 계보를 말하고 있다.

또한 이 계보에 나타난 인간의 수명이 점차 짧아지는 것을 볼 수 있다. 1대인 셈은 600세에, 3대인 셀라는 433세에, 5대인 벨렉이 239세에, 10대인 아브라함은 175세에 사망한다. 이것이 죄의 영향이든 아니면 시대적 자연현상이든 간에 인간이 점점 연약해지고 있음을 보여준다. 그럼에도 하나님은 셈의 후손을 통해 구원의 약속을 이루어가셨다. 따라서 창세기 11장의 셈의 족보는 하나님의 선택과 언약이 약속대로 성취되는 것을 들려주고 있다.

그렇다면 왜 셈의 계보가 10장(노아의 자녀들의 계보)에서 함께 기록되지 않고, 11장에서 별도로 분리되어 나타나는 이유는 무엇일까? 또한 왜 셈의 족보가 바벨탑 사건이후에 기록되었을까? 셈의 계보가 창세기 10장(노아의 자녀들의 계보)에서 함께 기록되지 않고, 창세기 11장에서 나타나는 이유와 또한 바벨탑 사건 이후에 기록된 것은 각각 중요한 신학적, 구조적 의도가 있음을 앞에서 이미 밝혔다.

보다 자세히 설명하자면, 전자의 질문에 대해서는,

첫째, 저자의 신학적 입장에서 살펴보면, 창세기 10장과 11장의 목적이 다르다. 창세기 10장은 모든 민족의 분포를 설명하지만, 11장은 구속사의 흐름을 따라 셈의 후손(아브라함)을 강조한다. 이런 점에서 10장은 구속 역사의 연결을 시도한다. 바벨탑에서 인간이 흩어졌지만, 하나님은 셈의 후손을 통해 구원의 계획을 이어가신다. 즉, 창세기 5장의 아담 계보에 이어서 창세기 11장 셈의 계보를 통해 아브라함으로 이어지는 흐름을 만들기 위한 저자의 의도에 있다. 따라서 셈의 계보는 단순한 혈통 기록이 아니라, 인류 역사 속에서 하나님이 어떻게 구원의 길을 이어가고 계신지를 보여주는 중요한 신학적 메시지이다.

둘째, 저자의 저술 기법에 따른 구조적 의도가 있다. 11장의 셈의 계보는 히브리 문학적 기법에 따라 강조하고 싶은 내용을 인물 선형구조 형태에 담아 전달한다. 계보의 중요성을 감안하여 5장의 아담 계보와 같이 역사적 선형구조를 사용하였다. 이 방법은 시작에서 끝으로 연대기적 순서에 따라 차례로 이어 나가면서 각각의 인물들의 중요성을 부각시킨다. 여기서는 구성 요소가 하나라도 빠지거나 배열이 잘못되면 역사적 의미가 상실된다. 이런 점에서 목적이 다른 10장의 계보와 분리하여 구속사적 연결을 위해 5장의 족보와 연결시켰다. 창세기 나오는 모든 족보 구조들 중 5장에 구성된 노아의 족보 구조와 11장 셈의 족보 구조는 같은 형태의 인물 선형구조로 되어있다는 점에서 의미를 더한다. 이는 결국 아브라함과 메시아, 즉 예수 그리스도로 이어지는 하나님의 구원 계획을 보여주기 위한 신학적 목적과 더불어 구조적 의미와 조화를 이룬다.

두 번째 후자의 질문에 대해서는,

첫째, 저자의 신학적 의도가 있다. 바벨탑 사건 이후 셈의 족보를 배치함으로, 인간의 타락 속에서도 하나님의 구원 계획이 지속되는 것을 강조하고 있다. 바벨탑에서 인간이 흩어졌지만, 하나님은 셈의 후손을 통해 구원 계획을 이어가심을 보여주기 위해서이다.

둘째, 저자의 구조적 의도를 담고 있다. 바벨탑 사건과 셈의 족보 대비 관계를 통해서 보다 저술 목적의 효과를 높이기 위해서이다. 창세기 저자는 타락/심판 → 회복의 패턴에 따라 바벨탑 심판 이후에도 하나님께서 일하심을 강조하기 위해서이다. 즉, 바벨탑 사건으로 인간의 죄와 심판이 있음을 미리 보여준 후, 셈의 족보는 하나님께서 그 가운데에서도 구원의 계획을 어김없이 이어가고 계신다는 회복의 메시지를 나타내려는 목적에서이다.

제 3 부

선민의 시작
(11:27-50장)

제3부
선민의 시작(11:27-50:26)

1. 구조

창세기 3부는 단편적인 족장 이야기들의 모음이 아니라, 선택-타락-회개-범죄-택함이라는 반복 구조로 배열되었다. 이 구조를 이해할 때, 각 인물과 족보가 단순 전기가 아니라 언약의 선택과 배제, 회복과 완주라는 구속사적 메시지를 증언함을 알 수 있다. 따라서 구조 이해는 창세기가 단일한 신학적 텍스트임을 보여주며, 성도들에게는 신앙경주의 지도(map)로 기능한다.

도표 27> 창세기 3부 표층구조(11:27-50장)

구분	사건 주제	구속사	신앙경주
I" 창조(자손)- 아브라함	언약의 시작	선택과 약속의 조상	믿음으로 난 의, 경주 의 출발
II" 타락 - 이스마엘 족보	언약 밖 자손	배제와 실패	탈락한 경주자의 길
III" 회복 - 이삭·야곱	언약의 계승	회개와 언약 갱신	넘어짐과 회심 후 재 출발
IV" 범죄 - 에서 족보	범죄선 계보	언약 밖 번성	잘못된 경주의 경고
V" 택함 - 요셉과 형제들	언약 보존·완주	고난 통한 성취	공동체적 완주, 사명 의 완결

2. 구속사의 의의

창세기 3부는 언약 백성의 시작을 다룬다.

아브라함을 택하시어 "믿음으로 난 의"라는 언약의 기초를 세우시고(11:27-25:11), 이스마엘과 에서 같은 언약 밖 계보를 드러내어 "언약의 길"과 "범죄선의 길"을 분리시킨다(25:12-18; 36장). 그 한가운데 야곱의 회심(32장)과 요셉을 통한 보존(37-50장)을 통해, 하나님은 약속을 끊지 않고 이어 가신다.

따라서 3부의 구속사적 의의는 언약 계보가 고난·실패·이탈에도 불구하고 반드시 성취되고 보존된다는 사실을 증거한다.

3. 신앙경주의 적용

3부는 믿음의 경주자들이 걸어간 전형적 여정을 보여준다.

출발: 아브라함은 순종과 시험 속에서 믿음의 경주를 시작한다.

탈락: 이스마엘과 에서는 언약의 길에서 벗어나 경주에서 이탈한 전형이다.

회복: 야곱은 실패와 갈등을 거쳐 회심함으로 다시 경주에 합류한다.

완주: 요셉은 형제들의 회개와 자신의 사명적 헌신을 통해 공동체와 함께 경주를 완주한다.

신앙경주의 적용점은, 신앙은 개인의 출발에서 끝나는 것이 아니라 공동체적 완주로 이어진다. 특히 아브라함, 야곱, 요셉과 그의 형제들 이야기는 반복적이면서 점진적인 세 사례의 신앙경주로 전개된다.

아브라함은 순종과 갈등 사이에서 신앙경주를 하며, "명령과 순종" 속에서 언약 백성의 기초를 놓는다. 야곱은 축복과 갈등 사이에서 신앙경주를 하며, 갈등과 회개 속에서 언약 계승자의 정체성을 확립한다. 요셉과 유다는 위기와 반전 사이에서 신앙경주를 하며, 고난, 회개, 화해를 통해 하나님의 구원의 도구가 된다.

　이것은 단순히 개인들의 전기가 아니라, 신앙 공동체가 본받아야 할 모범으로 제시된 구속사적 교훈이다.

제 11 장

씨(자손) 창조: 아브라함

신앙경주: 순종과 갈등 사이

(11:27–25:11)

성경에서 가장 잘 알려진 인물 중 한 사람은 아브라함이다. 그는 하나님의 구원 역사에서 매우 중요한 위치를 차지한 믿음의 사람으로, 예수 그리스도께서 오시기까지 이스라엘 민족의 육신의 조상으로 쓰임 받았다. 사도 바울도 자신의 서신들, 특히 로마서에서 하나님의 복음을 설명할 때 아브라함을 중요한 신앙의 모델로 제시하며, 그의 믿음을 의로 여기신 하나님의 언약을 강조한다(롬 1:6–7; 4장). 이처럼 아브라함의 삶을 바르게 이해하는 것은 단순한 역사 인물 연구를 넘어, 오늘날 신자들이 믿음의 길을 달려가는 신앙경주에 있어서 중요한 이정표가 된다.

I. 서론

1. 구조 이해의 필요성

아브라함 기사는 분량이 길고 사건이 복잡하게 얽혀 있어, 전체를 한눈에 조망하지 않으면 부분 해석에 치우치기 쉽다. 전체 구조를 파악하면 중심 주제와 흐름이 명확해지고, 구속사와 신앙경주의 연결 고리를 놓치지 않을 수 있다. 뮬린버그(J. Muilenburg, 미국 성서학회 회장 취임 연설, 1968년) 이후 많은 창세기 주석가들이 이러한 구조 분석을 시도했으나, 본문의 장대함과 사건의 다양성 때문에 통일된 견해를 도출하기 어려웠다. 그러나 구조 분석은 여전히 필수적인 작업이다. 이것은 본문의 각 기사가 어떻게 언약 성취의 여정 속에서 유기적으로 연결되는지를 보여주고, 아브라함의 생애를 신자의 신앙경주 지도로 재해석할 수 있는 토대를 제공하기 때문이다.

2. 구속사적 의의

아브라함 기사는 창세기 11:27–25:11까지 이어지며, 인류 구원의 큰 줄기 안에서 '하나님 나라 백성'의 시작을 보여주는 결정적 전환점이다. 바벨 사건 이후 흩어진 인류 가운데 하나님께서 한 사람을 택하시고, 그를 통해 모든 민족이 복을 받게 하시는 언약이 선포된다(창 12:1-3). 이 언약은 훗날 예수 그리스도 안에서 성취될 구속사의 기초로, '씨(seed)' 언약과 '땅(land)' 언약, 그리고 '복(blessing)' 언약이라는 세 가지 차원에서 구체화된다. 아브라함은 이 언약의 최초 수혜자이자 전달자로, 믿음으로 의롭다 하심을 받은 구원의 원형을 제시한다. 그가 보여준 순종과 실패, 시험과 회복은 모두 하나님의 언약 성취 과정속에 포함되어 있으며, 이는 훗날 이삭·야곱·요셉과 그의 형제들로 이어지는 구속사적 계보의 기반이 된다.

3. 신앙경주적 적용

아브라함의 여정은 곧 신자의 '믿음의 경주'의 축소판이라 할 수 있다. 하나님의 부르심을 받은 순간(창 12:1)부터 약속의 땅에 들어가고, 그 땅에서 제단을 쌓으며, 때로는 기근으로 애굽에 내려가고, 조카 롯과 분리되는 등 수많은 변곡점을 지나간다. 이러한 여정은 한 번의 결단으로 끝나는 것이 아니라, 지속적인 순종과 재헌신이 필요한 마라톤과 같다. 이 과정에서 아브라함은 두 가지 중요한 경주의 원리를 보여준다.

첫째, 언약에 기초한 '인내'이다. 약속의 성취가 지연될 때에도 믿음을 붙들고 기다리는 인내(롬 4:20-21)이다.

둘째, 실패 속의 '회복'이다. 애굽 사건이나 하갈 사건처럼 인간적 방법을 선택한 실패 이후에도 다시 약속의 자리로 돌아오는 회복의 발걸음을 볼 수 있다.

신앙경주는 완벽한 무오류의 행보가 아니라, 하나님의 약속을 중심으로 재정렬되는 반복된 순종의 연속임을 아브라함이 보여준다.

4. 다양한 구조 형태

많은 성경학자들은 이전과 달리 내러티브 본문이 부분적으로나 전체적으로 구조적 형식을 지닐 수 있다고 보았다. 이들은 본문에 드러난 표층 구조(surface structure)가 해석에 실질적 도움을 준다는 점에 동의하면서, 아브라함 이야기를 대칭구조로 제시해 왔다. 예를 들어, Alexander는 창세기 12:10-20:18을, van Gemeren은 12:1-21장을, Coats는 11:10-22:19를, Cotter는 12:1-22:19를, Rendsburg는 11:27-22:24를, 정석규는 12:27-22:24를, 손석태는 11:27-23:20과 25:1-18을, 김의원은 11:27-25:11을, 송병현은 12:10-20:18 및 21-25장을, 그리고 기동연은 11:27-25:11을 각각 대칭구조의 범위로 제시하였다.

이 가운데 국내외 학자들 견해 중 두 사람의 대칭구조를 선별하여 소개한다. 이들의 대칭구조는 다른 학자들의 구조와 방법들을 비교해 보면 독특한 견해들이 내포되어 있다.

1) 코우츠(Coats)의 구조(11:10-22:19)

   A. 서설적 설명부 11:10-12:9

     B. 아내에게 가해지는 위험 12:10-20

       C. 가족 단위: 아브람-롯 13:1-14:24

         D. 언약 15:1-21

          - 가족 분쟁에 관한 이야기 16:1-16

         D'. 언약 17:1-27

          - 가족 분쟁에 관한 이야기 18:1-15

       C'. 가족 단위: 아브라함-롯 19장

     Ba'. 아내에게 가해지는 위험 20장

      (가족 분쟁에 관한 이야기 21:1-21)

     Bb'. 브엘세바 유래론 21:22-34

   A'. 아브라함 전설 22:1-19

코우츠는 사실상 공시적 방법(synchronic approach)으로 본문을 연구하는 학자는 아니다. 그러나 주제들의 일체감에 따른 통일성에 맞춰서 구조를 편집해 만들었다(redactional unity). 그래서 데라의 톨레돗 구조를 아브라함의 전체 구조로 여기지 않고 자신의 역사비평적 방법(historical critical approach)과 문학적 방법(literary approach)을 복합적으로 활용해 본문의 구조를 분석하였다.

그의 전체 구조 중 특징적인 면을 살펴보면 다음과 같다. CC'의 대응관계와 DD'의 관계는 눈에 두드러지게 나타난다. 그리고 그가 생각하기에 아브라함의 '거짓말 사건'(BB')은 구조를 연결하는데 완벽한 요소로 본다. 또한 그가 생각하기에 언약의 요소들인 15장(D)과 17장(D')이 대칭구조의 전환점 역할을 한다고 생각한다. 그러나 그는 아쉽게도 AA'의 시작과 끝을 아브라함 이야기 전체 본문인 11:27-25:11까지의 범위를 벗어나 11:10-12:9부터 22:1-19까지만 택해서 대칭구조로 보았다.

2) 송병현의 구조(12:10-20:18; 21-25장)

    A. 사라의 위기: 아브람의 이집트 행(12:10-13:1)

      B. 롯 사건 1(13:2-14:24)

        C. 언약(15:1-21)

          D. 이스마엘의 탄생(16:1-16)

        C'. 언약(17:1-27)

      B'. 롯 사건 2(18:1-19:38)

    A'. 사라의 위기: 아브람의 그랄 행(20:1-18)

    A. 이삭의 탄생과 위기(21-22장)

      B. 사라의 죽음(23장)

   A'. 이삭의 결혼(24장)

    B' 아브람의 죽음(25장)

송병현은 데라 톨레돗 본문을 11:27-25:11로 보고 아브라함 중심의 본문(12장-25장)을 두 부분으로 나누어 두 개의 구조로 풀어간다. 그러면서 이렇게 두 개로 분리해 구조를 만들 수밖에 없는 사정을 다음과 같이 언급한다.

> "아브라함 이야기 전체(12-25장)를 아우르는 구조를 제시하는 일에는 상당한 어려움을 겪고 있다. 아직 파악하지 못해서 그럴 수도 있지만 저자가 원래부터 12-22장과 나머지 부분을 따로 구분하려고 해서 전체를 반영하는 구조가 없을 수도 있다. 그러므로 다른 대안을 찾는 것이 오히려 현실적이고 저자의 의두에 가까이 가는 일일 수 있다."

이러한 가정하에 그는 이스라엘 탄생을 다른 여러 학자들같이 대칭구조 중앙에 두고 첫 번째 구조(12:10-20:18)를 구성하였고, 두 번째(21-25장)는 이삭의 삶을 중점으로 구분해 주해한다. 첫 번째 대칭구조는 앞에서 소개한 학자들의 구조에 나타난 명료한 주제 요소(사라의 위기, 롯 사건, 언약, 이스마엘 탄생)로 삼아 구성하였고, 두 번째 병행구조는 이삭의 삶들을 요소로 구성하였다. 그런 후 이렇게 두 개의 다른 종류 구조를 저술에 사용했을 수 있는 저자의 의도에 대해서 다음과 같이 해석하고 있다.

> "이(처음) 섹션에서 아브라함은 이스마엘을 언약의 아들이며 그의 대를 이을 자로 생각한다. 그러나 저자는 이스마엘을 탄생시킨 일이 아브라함 일생의 가장 큰 위기이자 실패라고 한다. 두 번째 섹션은 이스마엘이 아닌 이삭이 아브라함의 대를 잇는 아들이 되었음을 회고한다. 이 두 번째 섹션에서는 날이 갈수록 왕성해지는 이삭이 저물어가는 전(前) 세대를 대체해 나가는 이야기로 가득하다."

결론적으로, 아브라함 기사를 대칭구조로 분석한 두 학자는 데라 톨레돗(창 11:27-25:11)의 전체 범위를 하나의 통합된 구조로 아우르는 데에는 이르지 못했다. 그 이유는, 한 학자는 아브라함 이야기를 여전히 편집 혹은 삽입된 전승으로 간주하는 본문 비평적 관점을 벗어나지 못했기 때문이며, 다른 한 학자는 비평적 시각과는 달랐으나 본문을 단순히 주제적 연속성으로 연결하기를 원했기 때문이다. 그러나 실제로 아브라함 기사는 이와는 다른 분명한 표증 구조를 형성하고 있으며, 즉 전체 범위가 정형화된 인물 구조로 조직되어 있다는 사실을, 아래에서 제시된 반복 된 병행구조를 통해 논증하려 한다.

II. 본론: 데라 톨레돗(11:27-25:11) 전체 구조

데라 톨레돗(11:27-25:11)은 거의 열다섯 장에 걸친 긴 본문으로 구성되어 있다. 앞에서 여러 주석가들이 제시한 대칭 형태의 구조들이 있지만, 필자가 새롭게 제시할 인물 구조는 아브라함이 하나님의 부르심을 받은 이후 100년의 삶을 한 눈으로 볼 수 있게 대칭 형태가 아닌 세 번 반복된 병행 형태로 구성된 전체 구조를 소개하려 한다. 다음의 필자 소논문을 참조하라: "The Homiletic Structure of the Characters in 'Terah Toledoth'". *Young-Ho Kim, Scripture and Interpretation* (Vol.5, 2011).

가. 구조적 주해(구조 분석, 키워드 분석, 그룹별 분석)

아브라함 기사는 다른 족장들 사건들 같이 들어서 암기하기 쉽게 인물구조로 구성되어 있다. 그 결과 아래와 같이 서론, 본론 그리고 결론으로 되어 있는데, 특히 본론은 세 번 반복된 인물구조로 3부, 5세트, 15요지로 구성되어 있다. 이러한 방법은 창세기 전체구조(3-5-15)공식과 같이 '평행기법' 원리(구조와 키워드 중심)에 따라 구성하였다.

1. 구조 분석: 3부, 5세트, 15요지

데라 톨레돗(11:27-25:11)

서론 X. 사래의 태가 죽음(11:27-32)

I. 순종과 갈등 사이, 신앙경주(1)

II. 순종과 갈등 사이, 신앙경주(2)

III. 순종과 갈등 사이, 신앙경주(3)

아브라함 기사(데라 톨레돗)는 신앙경주 시리즈 형태로 서론(X), 본론(I, II, II), 결론(Y)으로 구성되어 있다.

1. **서론**(11:27-32)은 데라의 자녀들인 아브람, 나홀, 하란에 대해 짧게 소개한

다. 요점은 아브람이 사래와 결혼했지만, 그녀의 태가 죽어서 자녀를 낳지 못한다는 점이다.

2. **본론**(12:1-25:6)은 13장으로 된 긴 분문이다. 아브라함이 하나님의 부르심을 받아 가나안에 도착해 사망할 때까지 나이 75-175세까지 100년의 삶을 보여준다. 그의 일생의 삶의 모습은 마치 선수가 경기장에서 경주하는 모습과 같다. 그의 신앙경주의 삶을 소재로 삼아 세 파트(I, II, III)로 나누어 범위를 정했다. 그리고 각 파트에 들어갈 세부 구조는 다섯 개의 키워드(명령과 순종 → 사라의 삶 → 역할 → 자손 → 갈등)가 15요지로 구성되어 있으며, 차례로 전개되어 세 번 반복된 병행구조 형태를 이룬다.

3. **결론**(25:7-11)은 아브라함이 일생을 마치는 장면과 아들, 이삭이 하나님으로부터 복을 받는 장면으로 끝을 맺는다.

4. 특징
3부: 세 번의 신앙경주(12-16장 / 17-21장 / 22-25장)
5세트: 명령과 순종-사라의 삶-역할-자손-갈등
15요지: 아브라함 이야기 전체가 통일된 반복 구조로 정리됨

도표 28> 아브라함 기사 전체 구조 (11:27-25:11) 3부, 5세트, 15요지

구분	키워드	본문	내용 요약
서론 X		11:27-32	사래의 태가 닫힘 — 언약 계승의 위기
I. 신앙경주 (1)	A. 명령과 순종	12:1-9	떠날 것을 명하심, 아브라함의 순종
	B. 사래의 위기	12:10-20	바로가 사래를 취함
	C. 역할(보호자)	13-14장	롯과의 다툼, 양보, 전쟁 구출
	D. 자손	15장	후손과 땅에 대한 언약 약속
	E. 갈등	16장	사래와 하갈 사건

II. 신앙경주 (2)	A'. 명령과 순종	17장	"완전하라"는 명령과 할례 언약
	B'. 사라의 웃음	18:1-15	자녀 출생 예고, 사라가 웃음
	C'. 역할(중보자)	18:16-19	소돔·고모라 멸망 문제 중보 간청
	D'. 자손	20장	아비멜렉 사건, 기도로 회복
	E'. 갈등	21장	이삭·이스마엘 갈등, 아비멜렉과 언약
III. 신앙경주 (3)	A". 명령과 순종	22장	이삭 번제 명령과 순종
	B". 사라의 죽음	23장	사라 127세, 막벨라 굴 매입
	C". 역할(사명자)	24장	이삭의 배필 찾기 (리브가)
	D". 자손	25:1-4	아브라함의 후처와 자녀들
	E". 갈등 해소	25:5-6	이삭 외 자녀들을 동방으로 보냄
결론 Y		25:7-11	아브라함의 죽음(175세)과 장례, 이삭에게 언약 계승

위 전체 구조를 요약해서 정리하면 다음과 같이 도식화 되어 있다.

서론(11:27-32)

키워드: 명령과 순종 → 사라의 삶 → 역할 → 자손 → 갈등

I. 신앙경주 시리즈(초반)	A-B-C-D-E	12장-16장
II. 신앙경주 시리즈(중반)	A'-B'-C'-D'-E'	17장-21장
III. 신앙경주 시리즈(종반)	A"-B"-C"-D"-E"	22장-25:6

결론(25:7-11)

이렇게 정형화된 병행 형태 구조는, 아브라함의 믿음의 삶을 기억해 후대에 전해 주기 위한 지혜로운 저술 방법으로, 이스라엘 백성들의 신앙 정체성을 확립하기 위한 목적에 있다. 따라서 이와 같은 저자의 목적과 방법에 따라 전체 구조를 주해하기 전에 5개의 키워드와 이것들을 그룹별로 분석하는 가운데 아브라함의 신앙경주의 삶, 곧 그의 적나라한 믿음의 삶의 모습이 무엇이며 또한 어떠한지를 살펴볼 것이다.

2. 키워드 분석

본론 부분에 그려진 아브라함의 세 번 반복된 믿음의 삶의 과정은 그가 하나님의 부르심을 받아(12:1) 마지막 열조에게로 돌아가는 그 날까지의 100년 삶을 다룬다. 이 과정은 하나님의 부르심을 받은 이후부터 영광의 나라(영화)로 들어가기까지의 삶은 마치 경주하는 모습과 유사하게 나타난다. 이런 점에서 신앙경주(信仰傾注) 시리즈라고 말할 수 있다. 이 시리즈 형태는 앞에서 언급했지만, 세 번의 신앙경주 과정을 다섯 개의 키워드로 세 번 반복해 구성되었다:

명령과 순종 → 사래의 삶 → 역할 → 자손 → 갈등

이렇게 인물구조의 짜임새가 잘 짜여 있는데, 이러한 저술 방법은 믿음의 사람들의 신앙 정체성과 하나님의 구원 계획을 깨닫고 믿음으로 살아가게 하는 신앙 목적을 두고 있다. 차례로 키워드를 중심으로 구조를 분석하며 어떻게 전체를 아우르는지를 파악해 볼 것이다.

I. 순종과 갈등 사이, 신앙경주(1)

A. **명령과 순종**: 떠날 것을 명하심	12:1-9
B. **사래의 위기**: 바로가 사래를 취함	12:10-20
C. **보호자 역할**: 다툼 문제/양보	13-14장
D. **자손의 약속**: 후손과 땅의 약속	15장
E. **가정의 갈등**: 사래와 하갈	16장

첫 번째 아브람의 순종의 삶은 다섯 개의 키워드로 전개된다.

A. 명령과 순종: 떠날 것을 명하심(12:1-9)

아브람은 하나님의 명령에 순종하여 하란을 떠나 가나안으로 들어갔다. 고향과 친척을 떠나는 일은 결코 쉬운 일이 아니었지만, 그는 하나님의 약속을 신뢰하며 믿음의 여정을 시작했다. 그러나 순종 직후 곧바로 축복이 눈 앞에 펼쳐진 것은 아니라, 오히려 기근이라는 현실적 시험을 맞이하게 되었다.

B. 사래의 위기: 사래가 궁으로 끌려감(12:10-20)

가나안에 들어온 아브람은 곧 심한 기근을 만나 애굽으로 내려갔다. 이곳에서 아내 사래의 미모 때문에 위기를 두려워해 누이라 속였고, 결국 사래는 바로의 궁으로 끌려갔다. 그러나 하나님이 개입하셔서 사래를 보호하시고, 아브람을 더 많은 재산과 함께 애굽에서 나오게 하셨다.

C. 보호자 역할: 다툼 문제/양보(13-14장)

애굽에서 돌아온 아브람은 가축이 많아져 조카 롯과 다툼이 생겼을 때, 조카에게 먼저 선택권을 주어 평화를 지켰다. 이후 롯이 전쟁에 휘말려 포로가 되자, 그는 318명의 사람들과 함께 구출해 두 번째 보호자 역할을 감당했다. 전쟁 후에는 멜기세덱에게 십일조를 드리고, 소돔 왕의 전리품을 거절하며 신앙적 정절을 지켰다.

D. 자손의 약속: 후손과 땅의 약속(15장)

아브람이 자녀 없음에 섭섭해하자 하나님은 하늘의 별처럼 많은 후손과 약속의 땅을 주시겠다고 하셨다. 아브람이 이를 믿자 하나님은 그의 믿음을 의로 여기시고, 언약을 세워 후손에게 다가올 미래를 알려주셨다.

E. 가정의 갈등: 사래와 하갈(16장)

사래는 하갈을 통해 자녀를 얻으려 했고, 아브람이 이를 받아들였다. 그러나 하갈이 임신 후 사래를 멸시하면서 갈등이 생기자 하갈이 집을 떠나게 되었다. 결국 돌아와 이스마엘을 낳았을 때, 아브람의 나이는 86세였다.

아브람의 첫 번째 신앙경주는 "명령과 순종"으로 시작되었으나, 이어지는 삶은 곧 위기와 갈등의 연속이었다. 그는 때로 신앙이 약해져 실패했으나, 하나님은 언약과 은혜로 붙드셨다. 아브람은 점차 의롭다 하심을 체험하며 믿음의 확신을 얻게 되었으나, 가정 갈등이라는 새로운 시험을 맞으며 경주는 다음 국면으로 이어졌다.

이번은 아브라함의 두 번째 순종의 삶을 다룬 사건들로 여기서도 첫 번째 신앙경주와 같은 키워드 다섯 개로 진행되면서 그의 신앙경주 중반전(17-21장)을 맞게 된다.

II. 순종과 갈등 사이, 신앙경주(2)

A'. **명령과 순종**: 완전할 것을 명하심	17장
B'. **사라의 웃음**: 자녀 출생 예고	18:1-15
C'. **중보자 역할**: 멸망 문제/간청	18:16-19장
D'. **자손의 회복** : 기도로 해결 됨	20장
E'. **가정/이웃 갈등**: 이삭과 이스마엘/아비멜렉	21장

아브라함의 두 번째 신앙경주에서도 중심은 순종이었다. 순종 없이는 신앙경주의 승리자, 곧 상(유업)을 받을 수 없다. 이번 경주 역시 순종으로 시작하여 갈등으로 마무리된다. 첫 번째 여정보다 역경은 줄었지만 여전히 다양한 시험과 도전이 있었다.

A'. 명령과 순종: 완전할 것을 명하심(17장)

하나님은 아브라함에게 "행위에 있어 완전하라"고 명하셨다. 이는 그의 삶의 부족함을 지적하시며, 더 온전한 신앙을 요구하신 말씀이다. 하나님은 이름을 아브람과 사래에서 각각 아브라함과 사라로 바꿔 주시며 새로운 정체성을 부여하셨다. 또한 집안의 모든 남자에게 **할례**를 행하라 명하시자 아브라함이 명령에 온전히 순종했다.

B'. 사라의 웃음: 자녀 출생 예고(8:1-15)

아브라함이 세 천사를 극진히 대접하였을 때, 그들에게서 사라가 일 년 후 아들을 낳게 되리라는 소식을 들었다. 그러나 이미 나이가 많아 임신이 불가능하다고 생각한 사라는 웃음으로 반응했다. 이는 인간적 한계 속에서 약속을 불신하는 연약함을 드러낸 장면이었다.

C'. 중보자 역할: 멸망 문제/간청(18:16-19장)

아브라함은 하나님께 소돔과 고모라의 멸망을 막아 달라고 끈질기게 중보기도를 드렸다. 의인 50명에서 시작하여 10명까지로 줄여 간청하며 하나님의 긍휼을 구했다. 그러나 그 성에는 의인조차 찾아보기 어려웠고, 결국 소돔과 고모라는 불로 멸망했다. 하나님은 대신 롯과 그의 가족만 구출하셨다. 아브라함의 중보는 하나님의 공의와 자비를 동시에 드러낸 사건이었다.

D'. 자손의 회복: 기도로 해결됨(20장)

아브라함은 그랄에서 사라를 누이라 속여 아비멜렉 왕에게 **빼앗길** 뻔했다. 그러나 하나님이 개입하셔서 왕과 그의 집을 치셨고, 결국 아브라함의 **기도**로 아비멜렉 집안이 회복되었다. 이 사건은 약속의 자손을 보존하시려는 하나님의 강권적 개입과 아브라함이 중보자로 쓰임 받는 모습을 동시에 보여준다.

E'. 가정/이웃 갈등: 이삭과 이스마엘/아비멜렉(21장)

사라가 드디어 **이삭**을 낳자, 이스마엘과의 갈등이 불거졌다. 하나님은 이삭이 약속의 자녀임을 분명히 하셨고, 결국 하갈과 이스마엘이 떠나게 되었다. 그러나 하나님은 이스마엘을 돌보시며 큰 민족을 이루게 하셨다. 한편, 아비멜렉과는 우물 분쟁을 화해와 맹세로 해결하고, 아브라함은 브엘세바에 에셀나무를 심고 여호와의 이름을 불렀다.

III. 순종과 갈등 사이, 신앙경주(3)

A". **명령과 순종**: 이삭 바칠 것을 명하심   22장
B". **사라의 죽음**: 장지 구입/막벨라 굴/127세   23장
C". **사명자 역할**: 배필 문제/사명   24장
D". **자손의 번성**: 자녀를 많이 낳음   25:1-4
E". **갈등 해소**: 이삭 외 모든 자녀를 동방으로 보냄   25:5-6

아브라함의 세 번째 신앙경주도 역시 앞에서와 같이 키워드 5개로 진행된다. 하나님이 때가 되어 그를 부르셨고, 또한 의롭다 하신 이후 그의 신앙여정 마지막(영화)으로 향하고 있다.

A". 명령과 순종: 이삭 바칠 것을 명하심(22장)

하나님이 아브라함에게 약속의 아들 이삭을 번제로 드리라고 하셨다. 아브라함은 지체없이 준비하고 모리아 산으로 향한다. 이삭이 번제물에 대해 묻자, "하나님이 준비하신다"고 고백한다. 아브라함이 칼을 들어 이삭을 드리려 할 때, 하나님의 음성이 그를 막고 하나님께서 준비하신 숫양을 대신 번제로 드렸다. 하나님이 아브라함의 순종을 인정하시고 언약의 축복을 다시 확증하셨다.

B". 사라의 죽음: 장지 구입/막벨라 굴/127세(23장)

사라가 이삭을 낳은 후 37년을 더 살다가 주님 품으로 돌아갔다. 아브라함은 평생 생사고락을 같이했던 그의 아내를 사랑하는 마음에 땅 주인 헷 사람 에브론이 팔지 않겠다는 막벨라 굴을 여러 번 사정해서 어렵게 구입했다. 그곳에 사

라의 시신을 안치함으로 드디어 언약의 요소들 중 하나인 땅의 일부가 성취된다.

C". 사명자 역할: 배필 문제/사명(24장)

아브라함은 늙은 종 엘리에셀과 이삭의 결혼 문제를 상의하며 매우 신중하게 지시했다. 첫째, 가나안 여인을 택하지 말고 반드시 자신의 고향으로 가서 친척 중에서 배필을 데려오라 하였다. 둘째, 만일 그 여인이 가나안으로 오지 않겠다면 이삭을 그곳으로 보내지 말 것을 당부했다. 이후 그는 종을 하란에 있는 동생 나홀의 집으로 보냈다. 종은 그곳 우물가에서 하나님께 이삭의 배필을 만나게 해 달라고 간절히 기도했고, 기도가 끝나기 전에 물을 길러 온 리브가를 만났다. 종은 그녀를 따라 나홀의 아들 부두엘의 집으로 가서 모든 경위를 설명하며 혼인을 요청했으나, 처음에는 쉽게 허락되지 않았다. 그러나 리브가는 주저 없이 결혼하러 가겠다고 부모에게 밝히고, 종과 함께 가나안으로 돌아와 이삭과 결혼하였다.

D". 자손의 번성: 자녀를 많이 낳음(25:1-4)

아브라함은 사라를 장사지낸 후, 후처인 그두라를 얻어 여러 자녀를 낳은 후 자손들이 점점 많아졌다. 이것은 약속의 여인 사라 이후에 여러 후손을 통해 번성해 나가는 하나님의 약속의 성취의 일면을 보여주고 있다.

E". 갈등 해소: 이삭 외 모든 자녀를 동방으로 보냄(25:5-6)

끝으로 아브라함은 사망 전에 이삭에게 모든 재산을 물려주었고, 서자들에게는 재산을 조금씩 나누어 준 후 모두 동방으로 보내 이삭과 멀리 떨어져 살게 한다. 이로써 가정에 갈등이 사라지고 약속의 자녀 이삭이 유업을 이어가게 된다.

이와 같이 세 번 반복된 아브라함의 믿음의 삶을 통해서 아브라함의 신앙경주가 처음은 항상 순종으로 시작되지만, 여러 가지 역경과 고난을 겪은 후 에 보다 성숙하고 훈련된 신앙인의 모습으로 발전해 나간다는 점을 발견할 수 있다.

이 과정에는 부르심을 받은 이후로 하나님의 선택의 원리에 따른 여러 가지 구원의 요소들인 믿음, 회개와 용서, 그리고 거룩함의 삶의 형태로 나타난다. 이렇게 그가 하나님의 부르심을 받은 후 점진적으로 변화되어 나가는 역동적인 삶의 모습은 부르심의 상을 향해 달려가는 신앙경주의 삶의 모습과 유사하게 나타나는 것을 볼 수 있다.

지금까지 같은 주제들로 구성된 병행 형태의 인물 구조들을 모아 살펴보는 가운데 저자의 신학적이며 구조적인 의도가 무엇인지를 더 깊게 알 수 있었다. 이러한 저술 방법은 아브라함의 전체 삶을 듣고 쉽게 암기해서 오래 기억하게 하여 후대에 전수할 수 있게 만든 저자의 지혜로운 방법이다. 다음으로 키워드를 그룹별로 분석해 볼 것이다.

다. 그룹별 분석

여기서는 같은 주제들을 비교해 살펴볼 것이다. 세 개의 대지들이 같은 주제로 이루어져, 다섯 번 반복되어 나타난다(AA'A", BB'B", CC'C", DD'D", EE'E"). 아래 도표에 나타난 순서대로 비교하면 다음과 같다.

도표 29> 아브라함의 신앙경주 시리즈 <12:1-25:6>

	I 아브라함의 신앙경주 <전반>			II 아브라함의 신앙경주 <중반>			III 아브라함의 신앙경주 <종반>	
A	명령과 순종	12:1-9	A'	명령과 순종	17장	A"	명령과 순종	22장
B	사래의 위기	12:10-20	B'	사라의 웃음	18:1-15	B"	사라의 죽음	23장
C	보호자 역할	13-14장	C'	중보자 역할	18:16-19장	C"	사명자 역할	24장
D	자손의 약속	15장	D'	자손의 회복	20장	D"	자손의 번성	25:1-4
E	가정의 갈등	16장	E'	가정/이웃 갈등	21장	E"	갈등 해소	25:5-6

15개 요지들이 주제별로 치밀하게 짜여 있어, 마치 가로와 세로가 촘촘히 얽힌 천 조각처럼 구성되어 있다. 한 올이라도 흐트러지면 전체 구조가 무너질 수 있는 형태다. 이렇게 구성된 이유는 당시 의사소통이 글이 아닌 구전을 중심으로 이루어졌기 때문이다. 듣는 자들이 쉽게 이해하고 기억할 수 있도록 내용을 정리했으며, 이를 암기하여 오래도록 기억하고 후대에 전수할 수 있도록 기록한 것이다. 이러한 지혜로운 저술 방식의 특징에 따라, 같은 주제로 구성된 인물 요지들(AA'A" / BB'B" / CC'C" / DD'D" / EE'E")을 분석하면 저자의 구조적 의도와 신학적 목적이 더 잘 드러난다.

1. 첫 번째 구조 A / A' / A"

A. 명령과 순종 - 떠날 것을 명함 / 가나안으로 가라(12:1-9)

A'. 명령과 순종 - 완전할 것을 명함 / 할례를 행하라(17:1-14)

A". 명령과 순종 - 번제로 드릴 것을 명함 / 이삭을 바쳐라(22장)

이 세 가지 반복 주제는 모두 하나님의 명령에 대한 아브라함의 순종을 다룬다. '순종'은 신앙경주의 기본 요소이며, 하나님의 말씀을 따라 믿음으로 사는지 여부를 가늠하는 바로미터가 된다. 다시 말해, 하나님의 명령에 대한 아브라함의 믿음 수준과 상태를 보여주는 기준이다.

첫 번째 인물구조는 하나님의 부르심 이후에 나타났다.

A에서는, 하나님이 하란에 있는 고향과 친척을 떠나 가나안으로 가라고 명하셨고, 아브라함은 즉시 순종하여 가나안 땅으로 갔다.

A'에서는, 하나님이 "완전할 것", 곧 할례를 명하셨을 때 나타났다. 아브라함은 집안의 모든 남자들에게 한 명도 빠짐없이 할례를 행했다.

A"는 앞선 두 번보다 더 강하고 아름다운 믿음의 표현이다. 하나님은 백세에 얻은 아들 이삭을 번제로 드리라고 명하셨고, 아브라함은 불가능해 보이는 명령

에도 서슴없이 순종했다. 그는 하나님이 불가능을 가능케 하시는 분임을 확신하며 이삭을 제물로 드렸고, '여호와 이레'의 하나님을 경험하는 승리자가 되었다.

이와 같이 세 번의 순종은 모두 전심전력으로 목표를 향해 달려가는 신앙경주의 승리자 모습으로 출발하고 있다.

2. 두 번째 구조 B / B' / B''

B. 사래의 위기 – 하나님이 사래를 구하심(12:10-20)
B'. 사라의 웃음 – 천사가 사라의 임신을 예고(17:15-18:15)
B''. 사라의 죽음 – 사라의 사망과 장지 구입(23장)

두 번째 인물구조는 모두 사라와 관련된 사건들이다. B에서는 하나님이 위기에 빠진 사라를 구하신다. 아담과 하와의 사건에서처럼 사탄이 부부의 약점을 이용해 하나님의 구원 계획을 방해하는 모습이 드러난다. 아브람은 사라의 아름다움 때문에 이방 땅에서 자신의 생명이 위태로울 것을 두려워하여, 사라를 누이라고 속였다. 이로 인해 바로가 사라를 궁으로 데려가는 위기가 발생했으나, 하나님은 선택의 원리에 따른 약속의 책임을 지키시기 위해 초자연적인 징계로 바로를 치시고 사래를 보호하셨다.

B'에서는 자녀가 태어날 것을 미리 알리신다. 아브라함이 방문한 천사들을 극진히 대접하는 가운데, 사라가 아들을 낳게 될 것이라는 약속을 듣는다. 그러나 이미 늙어 임신이 불가능하다고 여긴 사라는 비웃었고, 천사는 일 년 안에 사라가 아들을 낳을 것임을 다시 선포했다.

B''에서는 그녀가 죽었을 때 아브라함이 장지를 마련하는 모습이 기록되어 있다. 이는 아브라함이 신앙 경주에서 아내의 역할이 하나님의 구원 역사에 얼마나 중요한지를 보여준다. 사라가 죽자 아브라함이 그녀를 장사하기 위해 막벨라 굴을 포함한 밭을 은을 주고 정식으로 매입했다. 이는 약속의 땅에서 믿음의 조

상을 장사한 중요한 사건이었다.

3. 세 번째 구조 C / C' / C"

C. 보호자 역할 – 다툼 문제 / 양보(13-14장)
C'. 중보자 역할 – 멸망 문제 / 간청(18:16-19:38)
C". 사명자 역할 – 배필 문제 / 사명(24장)

세 번째 인물 구조는 모두 긴 본문으로 복잡한 사건들이 전개된다. 일부 학자들은 롯과 관련된 C와 C'를 연결하지만, 병행구조 관점에서는 C, C', C" 모두를 아브라함의 역할이라는 하나의 모티프 아래 연결할 수 있다.

C에서는 아브라함이 롯과의 가축 목초지 다툼을 피하기 위해 먼저 좋은 땅을 선택할 기회를 양보했다. 롯이 물이 풍부한 소돔으로 간 후 전쟁에 휘말려 포로가 되었을 때, 아브라함은 목숨을 걸고 그를 구출했다. 이는 보호자(돌봄) 역할에 충실했던 믿음의 회복에서 비롯된 행동이었다.

C'에서는 소돔과 고모라가 멸망할 것이라는 소식을 듣고, 아브라함이 의인 열 명만 있어도 멸망시키지 말아 달라고 하나님께 간청했다. 비록 그 열 명이 없어 성은 멸망했지만, 하나님은 아브라함의 중보를 기억하시고 롯과 그의 두 딸을 구하셨다.

C"에서는, 사라가 죽은 후 아브라함이 이삭의 배필 문제를 위해 종 엘리에셀을 고향 친족에게 보냈다. 그는 종에게 약속의 땅을 떠나지 말아야 하는 신앙적 사명을 분명히 하고, 하나님께서 인도해 주시기를 의탁했다. 종이 기도 가운데 리브가를 만나 하나님의 뜻대로 이삭의 아내로 데려왔다.

세 가지 역할 —보호자, 중보자, 사명자— 는 모두 구속사의 흐름 속에서 언약의 계승을 이루는 중요한 사역이었다.

4. 네 번째 구조 D / D' / D"

D 후손에 대한 불평(15장)
D' 후손의 회복(20장)
D" 후손을 낳음(25:1-6)

이 구조는 아브라함의 후손과 관련된 사건들로 이루어져 있다. D에서는 아브라함이 자식이 없음을 하나님께 토로하며, 종 엘리에셀이 상속자가 될 것이라 낙심했다. 하나님은 하늘의 별처럼 많은 후손을 약속하셨고, 아브라함이 믿음으로 화답하여 의롭다 하심을 얻었다. D'에서는 아비멜렉이 사라를 취하려는 사건으로 후손의 위기가 발생했으나, 하나님은 왕과 그의 집을 징계하셔서 태를 닫으셨다가, 아브라함의 기도로 회복시켜 주셨다. D"에서는 사라가 죽은 후 아브라함이 후처 그두라를 맞아 많은 자녀를 얻었다. 세 사건 모두 하나님의 약속 성취를 향한 흐름 속에 있다.

5. 다섯 번째 구조 E / E' / E"

E 가정의 갈등(16장)
E' 가정과 이웃의 갈등(21장)
E" 갈등 해소(25:7-11)

마시막 구소는 모두 갈등과 관련된 사건들이다.
E에서는 사라의 여종 하갈이 임신 후 주인을 무시하여 갈등이 생겼다. 아브라함이 사라의 말에 따라 하갈을 내쫓았는데, 이는 약속을 믿지 못한 불신앙에서 비롯된 결과였다. E'에서는 이삭과 이스마엘 사이의 갈등이 어머니들 간의 대립으로 번져, 하갈과 이스마엘이 쫓겨났다. E"에서는 아브라함이 죽기 전 재산

을 이삭과 서자들에게 분배하고, 서자들을 동방으로 보내어 상속 분쟁 가능성을 없앴다.

이와 같이 아브라함의 전체 인물 구조는 치밀하고 균형 있게 설계되어, 한 요소라도 빠지면 구조가 무너진다. 이는 본문이 짜깁기나 편집된 것이 아니라 한 저자에 의해 일관되게 기록되었음을 보여준다. 따라서 전체 구조는 단순한 이야기의 나열이 아니라 '서사적 설교' 형식으로, 구원의 순서 —부르심, 의롭다 하심, 영화— 가 뚜렷하게 드러난다(롬 8:30). 이는 오늘날 신앙경주의 길을 걷는 성도들에게 중요한 도전과 모범이 된다.

도표 30> 아브라함 기사 (데라 톨레돗, 11:27-25:11) 구조, 구속사, 신앙경주

구분	본문	구조 주해	구속사적 의미	신앙경주 적용
서론 X	11:27-32	사래의 태가 닫힘으로 계보 단절 위기 제시	인간적으로 불가능한 상황에서 언약 시작	신자는 절망을 믿음의 출발점으로 삼아야 함
A명령과 순종	12:1-9	부르심과 순종의 서사, 반복된 "가라" 명령	하나님의 선택과 약속의 출발	신자는 부르심 앞에서 즉시 순종해야 함
B 사래의 위기	12:10-20	애굽에서 아내 누이 사건, 위기-구출 구조	인간의 연약함에도 하나님의 보호	위기 속에서도 하나님이 약속을 지키심을 체험
C보호자 역할	13-14장	롯과의 갈등, 전쟁 구출, 멜기세덱 축복	언약 백성의 화평·중재 사명	신자는 세상 속에서 화해와 중보의 역할
D자손의 약속	15장	족보적 비전과 횃불 언약	자손과 땅의 약속을 언약으로 확증	불가능 속 약속을 붙드는 믿음
E가정의 갈등	16장	사래와 하갈 갈등, 대칭 구조	인간의 조급함이 갈등을 낳음	믿음의 경주는 기다림의 훈련
A' 명령과 순종	17장	할례 언약, 이름 변경 구조	영원한 언약의 표징 제시	순종은 삶 전체를 거룩하게 구별
B' 사래의 웃음	18:1-15	아들을 약속받고 웃음으로 반응	하나님의 능력은 인간의 불신보다 크심	불신 속에서도 약속을 믿고 웃을 수 있어야 함
C' 중보자 역할	18:16-19장	소돔·고모라 멸망, 아브라함의 간청	의인 10명조차 없는 현실 속 하나님의 공의	신자는 세상을 위해 중보하는 사명

D′ 자손의 회복	20장	아비멜렉 사건, 반복된 위기-구출 구조	하나님이 언약 계승자를 지키심	위기 때마다 기도로 회복
E′가정/이웃 갈등	21장	이삭·이스마엘, 아비멜렉 사건	언약 자녀와 비언약 자녀의 분리	신자는 언약 정체성을 분명히 지켜야 함
A″ 명령과 순종	22장	이삭 번제, 절정의 시험 구조	언약 계승자조차 하나님께 속함	신자는 최고의 것을 하나님께 드려야 함
B″ 사라의 죽음	23장	막벨라 굴 매입, 장례 서사	언약 땅 안에서 죽음조차 믿음의 고백	신자는 죽음 속에서도 약속을 바라봄
C″ 사명자 역할	24장	이삭의 배필 찾기, 두 번 반복 구조	언약 계승자에 대한 하나님의 섭리	신자는 삶의 선택에서 하나님의 인도를 구해야 함
D″ 자손의 번성	25:1-4	후처와 자손들의 기록	언약과 비언약 자손의 구분	믿음의 계승이 혈통보다 중요
E″갈등 해소	25:5-6	이삭에게 모든 것을 주고 나머지는 떠남	언약 계승자의 단독성 확립	신자는 세상적 유산보다 언약의 유업을 중시
결론 Y	25:7-11	아브라함의 죽음과 이삭에게 언약 계승	언약은 개인을 넘어 세대 계승	신자는 신앙을 후대에 전수해야 함

나. 본문 해설

서론(X) 11:27-32

27 데라의 족보는 이러하니라 데라는 아브람과 나홀과 하란을 낳고 하란은 롯을 낳았으며 28 하란은 그 아비 데라보다 먼저 고향 갈대아인의 우르에서 죽었더라 29 아브람과 나홀이 장가들었으니 아브람의 아내의 이름은 사래며 나홀의 아내의 이름은 밀가니 하란의 딸이요 하란은 밀가의 아버지이며 또 이스가의 아버지더라 30 사래는 임신하지 못하므로 자식이 없었더라 31 데라가 그 아들 아브람과 하란의 아들인 그의 손자 롯과 그의 며느리 아브람의 아내 사래를 데리고 갈대아인의 우르를 떠나 가나안 땅으로 가고자 하더니 하란에 이르러 거기 거류하였으며 32 데라는 나이가 이백오 세가 되어 하란에서 죽었더라

가. 구조적 주해

결혼과 불임(11:27-32)

1. 데라가 아브람, 나홀, 하란을 낳음		11:27
2. 하란은 우르에서 죽음		11:28
3. 결혼과 불임		11:29-30
2'. 데라가 가족들과 우르를 떠남		11:31
1'. 데라가 205세에 사망		11:32

(1) **중괄식 대칭구조**: 1 - 2 - 3 - 2' - 1'

1 / 1': 데라가 자녀를 낳음(27) - 데라의 죽음(32).

→ 시작과 끝이 '데라'로 묶이면서 전체 단락을 포괄.

2 / 2': 하란의 죽음(28) - 데라의 이동(31).

→ 한 아들의 죽음(생명 단절)과 아버지의 이동(새 길의 시작)이 대조·연결.

(2) **중심 주제** 3: 아브람과 나홀의 결혼(29) - 사래의 불임(30).

→ 결혼(생명의 가능성)과 불임(생명의 닫힘)의 아이러니적 병치.

대칭 구조에서 (결혼과 불임)이 중앙에 위치한다.

결혼은 새로운 생명과 계승의 희망을 의미하지만,

사래의 불임은 그 희망이 막혀 있음을 보여준다.

→ 따라서 본문의 긴장점은 "약속의 씨가 끊어진 상황"에 있다.

나. 구속사적 의의

끊어짐과 시작의 경계: 데라 가문은 자녀 출산으로 시작했으나, 사래의 불임으로 언약 계승이 끊길 위기에 놓인다. 그러나 바로 그 지점에서 하나님의 구속사가 시작된다.

새로운 출발 준비: 데라가 우르를 떠난 사건은 불완전했지만, 아브람의 출발을 예비하는 전환점이다. 하나님의 선택은 인간적인 막힘(불임, 죽음)을 출발점으로 삼아 언약의 길을 여신다.

죽음과 언약의 대비: 데라의 죽음은 인간 계보의 종결을 의미하지만, 아브람의 선택은 하나님의 언약 계보의 시작을 예고한다. 구속사는 인간적 한계 위에서 하나님의 약속으로 이어진다.

다. 신앙경주 적용

불임의 현실을 신뢰로 바라보라: 사래의 불임은 인간적 한계이지만, 신앙경주는 하나님이 불가능을 가능하게 하시는 분임을 믿는 자리에서 시작된다.

미완의 순종에서 완전한 순종으로: 데라는 우르를 떠났으나 가나안까지 이르지 못했다. 신앙경주는 중도에 머무르지 않고, 하나님의 부르심에 끝까지 가는 길이다.

죽음을 넘어서는 소망: 데라의 죽음 속에서도 하나님의 언약은 이어졌다. 신앙경주는 죽음과 단절을 넘어서는 영원한 소망을 붙드는 경주이다.

새 출발의 은혜: 이 요지는 아브라함 소명의 전주곡으로, 하나님은 언제나 끊어짐의 자리에서 새 출발을 열어주신다는 교훈을 준다.

라. 본문 해설

데라는 세 아들, 곧 아브람·나홀·하란을 우르에서 낳았다. 그러나 하란은 일찍 죽었고, 죽기 전에 롯과 밀가, 이스가를 낳았다. 이후 아브람은 사래를, 나홀은 하란의 딸 밀가와 결혼하였다. 결혼으로 가문이 이어지는 듯 보였지만, 여전히 후손의 문제는 해결되지 않았다. 특히 아브람의 아내 사래는 임신하지 못하는 불임의 여인이었다.

따라서 이 서론의 초점은 단순히 데라 가문의 족보를 기록하는 데 있지 않다. 핵심은 두 아들이 결혼했음에도, 한쪽은 일찍 죽어 계보가 끊어지고,[??] 다른 쪽은 불임으로 자손을 얻지 못하는 아이러니에 있다. 결혼은 본래 생명과 계승의 희망을 상징하지만, 사래의 불임은 그 희망을 철저히 막아 버린다.

이 아이러니적 병치는 단순한 가정사의 불행을 넘어, 약속의 씨가 끊어진 것처럼 보이는 절망적 상황을 극적으로 부각한다. 바로 이 지점에서, 인간의 능력과 자연의 가능성이 모두 막힌 상황 속에 하나님께서 새로운 구속사의 장을 열어 가신다. 곧 창세기 12장의 부르심은, 신앙경주의 출발점이 인간의 절망과 불가능 속에서만 가능하다는 것을 보여준다.

A. 명령과 순종(12:1-9)

하나님은 아담의 불순종으로 실패한 세상을 노아의 순종으로 새롭게 시작하셨고, 이제는 아브람에게 큰 뜻을 품으시고 그를 선민의 조상으로 삼으시기 위해 하란에서 가나안으로 불러내려 하신다. 하나님은 무엇 때문에 그에게 관심을 가지시고 계실까?

가. 구조적 주해

A. 명령과 순종(12:1-9)

1. **말씀**(명령): 보여 줄 땅으로 가라!   1
2. **대상**: 너와 모든 족속   2-3
3. **반응**: 말씀에 순종해서 떠남   4
4. **결과**: 마침내 가나안 도착   5-6

1'. **말씀**(약속): 이 땅을 주리라!	7a
2'. **대상**: 자손에게 줄 것	7b
3'. **반응**: 단을 쌓고 성호를 부름	7c-9a
4'. **결과**: 점점 남방으로 내려감	9b

반복된 병행구조: 두 단락(1-4 / 1'-4')이 같은 키워드인 말씀 → 대상 → 반응 → 결과로 이루어져, 하나님의 부르심과 약속, 그리고 아브라함의 순종을 병렬적으로 보여준다. 첫 번째 세부구조는 부르심에 대한 초기 순종을, 두 번째 구조는 약속의 땅에서의 예배와 이동을 강조한다. 첫 번째 결과는 '목적지 도착'이고, 두 번째 결과는 '계속 이동'이다. 이는 신앙경주가 한 번의 도착으로 끝나지 않고, 새로운 여정을 이어간다는 점을 시사한다.

(1) 반복된 병행구조(미괄식): 1-2-3-4 / 1'-2'-3'-4'

1 / 1': 말씀 (명령/약속)

1: 부르심의 출발점 - 고향과 친척과 아버지 집을 떠나 미지의 땅으로 가라는 명령.

1': 도착 후 주어지는 새로운 약속 - "이 땅을 네 자손에게 주리라."

→ 신앙경주는 출발과 도착이 각각 새로운 부르심의 시작점이 된다. 한 구간의 완주는 다음 구간의 출발을 의미한다.

2 / 2': 대상

2: 순종의 보상과 사명 - 복의 근원이 될 것, 모든 민족이 복을 얻게 될 것.

2': 약속의 구체화 - 가나안 땅을 자손에게 주리라는 말씀.

→ 신앙경주는 비전의 확대 과정이다. 초기에는 '복을 주겠다'는 약속이었지만, 순종 후에는 '구체적인 기업'으로 확증된다.

3 / 3': 반응

3: 아브라함의 순종 - 지시한 대로 길을 떠남.

3': 도착 후 예배 – 단을 쌓고 하나님의 이름을 부름.

→ 신앙경주는 순종과 예배의 반복 주기이다. 믿음의 발걸음은 예배로 마무리되고, 예배는 다시 새로운 발걸음을 시작하게 한다.

4 / 4': 결과

4: 약속의 땅 도착 – 경주의 한 구간 완주.

4': 계속 남방으로 이동 – 새로운 구간의 시작.

→ 신앙경주는 정착이 아니라 진행형이다. '하나님과 함께하는 이동'이 믿음의 여정 전체를 관통한다.

(2) 중심 주제: 미괄식 병행구조는 끝 요지들 4와 4'에 있다.

약속의 땅에 도착했지만, 계속 남방으로 이동하고 있다.

나. 구속사적 의의

언약의 시작: 아브라함 언약의 시발점으로, 하나님께서 열방을 구원할 큰 그림을 여시는 장면이다.

보편적 축복의 계획: "너로 말미암아 모든 족속이 복을 얻을 것이라"는 선언은 구속사의 핵심 —열방 구원— 의 첫 공개이다.

언약 계승의 초석: 땅과 자손의 약속은 창세기의 주제를 이어가는 기초가 된다. 이는 훗날 다윗 왕조, 그리고 그리스도 안에서 완성될 언약을 가리킨다.

다. 신앙경주 적용

말씀에 순종하는 출발: 아브라함의 경주는 불확실한 미래보다 하나님의 명령을 신뢰하며 떠나는 데서 시작된다. 신앙경주는 말씀을 따라 떠나는 순종의 발걸음이다.

믿음의 결과는 예배: 땅의 약속을 들은 후 단을 쌓은 아브라함처럼, 신앙경주
　　는 하나님의 약속 앞에서 예배로 응답하는 삶이다.

순례자의 여정: 남방으로 점점 나아간 것은 아직 완전한 안식이 아니라 순례
　　자의 길임을 보여준다. 신앙경주는 땅 위에서의 안주가 아니라 더 나은 본
　　향을 바라보는 여정이다.

열방을 향한 사명: 아브라함의 선택은 자신만이 아니라 열방을 위한 축복의 시
　　작이었다. 신앙경주는 개인적 은혜를 넘어 열방을 살리는 사명적 삶이다.

라. 본문 해설

1. 말씀/명령: 가나안으로 가라!(12:1)

　　1 여호와께서 아브람에게 이르시되 너는 너의 고향과 친척과 아버지의 집을 떠나 내
　　가 네게 보여 줄 땅으로 가라

　　하나님이 때가 되어 아브람에게 나타나셨다. 아담과 노아 이후에 하나님의 구
원 역사가 아브람을 통해 계속 시작되고 있음을 알리고 있다. 이런 점에서 하나
님의 현현(顯顯)은 구원 역사의 중요한 때가 왔음을 알리는 알람 역할을 한다.
그리고 그에게 명령하신다. 고향, 친척, 부모 집을 떠나 '내가 네게 보여 줄 땅'으
로 가라는 것이다. 지금 그가 사는 곳은 메소포타미아 동북쪽에서 아버지 데라
와 함께 하란에 머물고 있었다(11:31). 본래는 유프라테스와 티그리스강 하류에
있는 갈대아 우르에서 왔디(행 7:2-4). 그가 태어나 자라고 또한 머물렀던 그곳
들은 모두 살기 좋은 곳이었다. 그러나 하나님은 현재 살고 있는 하란을 떠나 하
나님이 지시할 땅으로 가라고 하신다. 사실상 아브람의 아버지 데라는 가족을
이끌고 가나안으로 가는 도중에 하란에 정착했다(11:31). 아브람은 하나님이 보
여 줄 땅이 가나안 땅임을 어느 정도는 들어서 알 수 있었지만 그곳은 메소포타

미아 지방과는 생활하기에 전혀 다른 낯선 지역이었다.

2. 복과 대상: 복을 주리라/모든 후손(12:2-3)

> 2 내가 너로 큰 민족을 이루고 네게 복을 주어 네 이름을 창대하게 하리니 너는 복이
> 될지라 3 너를 축복하는 자에게는 내가 복을 내리고 너를 저주하는 자에게는 내가 저
> 주하리니 땅의 모든 족속이 너로 말미암아 복을 얻을 것이라 하신지라

하나님의 명령을 순종할 시에는 아브람에게 주어질 네 가지 복이 소개되고 있다. 그러나 여기에는 조건이 있다. 아브람이 순종해야 하지만 불순종하면 주어진 복들을 받아 누릴 수 없는 것이다. 하나님이 명령하신다고 해서 아브람이 그 말씀을 다 듣고 순종한다는 보장은 없다. 하나님이 인간을 창조하실 때 인간에게 자유의지를 주셨기 때문이다.

이제는 아브람에게 달려 있다. 첫 사람 아담은 선악과를 따먹지 말라는 하나님의 명령을 받았지만(창 2:16-17) 그는 뱀(사탄)의 유혹으로 불순종해서 결국 에덴에서 쫓겨났고 그의 후손들은 모두 죄인이 되어 오늘날까지 영향을 주고 있다. 하나님은 이것을 회복하시기 위해 여인의 후손으로 오실 메시야를 약속하셨고, 지금 아브람에게 그 회복을 위한 역할을 감당해야 하는 중차대한 사명에 놓여 있다. 이와 같이 하나님의 명령은 아담에게 명령하신 것 같이 조건부라는 사실이다.

이것이 조건부 명령인지를 문법적으로 살펴보면, 더 확실해진다. 명령형 + 접속사= ~ 해라, 그러면 … 할 것이다. 혹은 ~ 해라, 그렇지 않으면 … 할 것이다. 결과적으로 다음과 같이 해석할 수 있다. "떠나라! 그러면, 내가 네게 복을 줄 것이다. 혹은 "떠나라, 그렇지 않으면 복을 주지 않을 것이다." 원어성경은 명령형 '가라!'(לֶךְ) (다음에 접속사가 붙은 동사가 따라와서 '그렇게 하면'(וְאֶעֶשְׂךָ)으로 해석된다. 결과적으로 조건부 명령에 따라 그가 순종하면 여러 가지 복들이 주어질

것이다. 원어로 보면 1인칭 선언문 방식으로 두 번 약속이 이루어진다: (1) 내가 너를 큰 민족으로 만들 것이다. (2) 내가 너에게 복을 줄 것이다. 그리고 2인칭 형식으로 (3) 너는 복의 근원이 될 지라! 그런 후 다시 1인칭으로 약속된다 (4) 내가 너의 이름을 위대하게 만들 것이다. 또한 (5) 내가 너를 축복하는 자들을 복주고, 저주하는 자를 저주할 것이다. 끝으로 3인칭 복수 형식으로 약속이 이루어진다. (6) "땅의 모든 족속이 너로 말미암아 복을 얻을 것이다."

이렇게 하나님은 아브람에게 조건부 명령과 함께 여러 가지 복들을 약속하신다. 종합해서 정리하면, 아브람 자신에 관한 축복, 자손에 관한 축복, 자손이 머무를 수 있는 땅의 축복, 그리고 아브람과 관계되는 이웃과의 축복으로 정리할 수 있다. 이와 같이 아브람이 하나님의 명령에 순종하면, 하나님과 이웃(나라, 사회, 가정) 간의 여러 관계 안에서 '복의 통로'로서 하나님의 구원 역사 도구로 쓰임 받게 될 것이다.

3. 반응(순종): 말씀을 따라감(12:4)

> 4 이에 아브람이 여호와의 말씀을 따라갔고 롯도 그와 함께 갔으며 아브람이 하란을 떠날 때에 칠십오 세였더라

아브람은 하란을 떠날 때 "갈 바를 알지 못한 채"(히 11:8) 오직 하나님의 말씀만 의지하고, 떠날 것을 결정한 후 가나안 땅으로 향했다. 이렇게 하나님의 부르심 초반부터 아브람의 순종의 미(美)가 돋보였다. 그의 집안 사람들 중, 조카 롯만 그의 삼촌을 따라 나섰다. 아브람의 나이 75세에 그의 신앙경주가 시작된 것이다.

4. 결과: 마침내 가나안 땅에 들어감(12:5-6)

> 5 아브람이 그의 아내 사래와 조카 롯과 하란에서 모은 모든 소유와 얻은 사람들을

이끌고 가나안 땅으로 가려고 떠나서 마침내 가나안 땅에 들어갔더라 6 아브람이 그 땅을 지나 세겜 땅 모레 상수리나무에 이르니 그 때에 가나안 사람이 그 땅에 거주하였더라

그가 하란을 떠날 때 아내 사래와 조카 롯과 함께 하였고, 그가 가지고 있던 모든 재물과 가축들, 그에게 속한 일꾼들, 그리고 조카네 가축들을 데리고 지시한 그 땅으로 내려가고 있었다. 그곳에는[그곳은] 살기가 힘들어도 하나님이 그에게 약속하신 축복의 말씀을 위로 삼고 내려가다가 드디어 가나안 땅으로 들어왔다. 아브람은 오는 과정에서 다시 돌아갈 수도 있었지만 흔들리지 않고 부르신 하나님을 계속 의지하고 왔다. 보이지 않는 외부의 시험들, 혹 낯선 땅에서 강도들의 위협이나 물이 귀한 곳이어서 가축들에게 물 먹이는 일 외에도 여러 어려움들을 하나님의 부르심에 합당한 자세로 잘 견디고 목적지로 들어왔다. 도착한 곳은 세겜 땅 모레 상수리나무 숲이다. 여기는 숲이 있는 것으로 보아 물이 있어서 사람이 살 수 있는 환경이다. 그곳에 가나안 사람들이 정착해서 살고 있었다.

5.(1') 말씀: 가나안을 주리라(12:7a)

7a 여호와께서 아브람에게 나타나 이르시되 내가 이 땅을 [네 자손에게] 주리라

여기부터는 네 개의 키워드가 다시 시작된다. 하나님이 나타나서 '말씀' 하신다. 위에 주어진 약속들과 다르게 아브람에게 가나안 땅을 그에게 주실 것을 약속하신다. 이 복은 하나님의 명령을 준행하면 주어지는 복들과는 다른 종류의 복이다. 언약의 핵심 요소인 자손과 더불어 그 자손이 살 땅의 축복이 주어질 것이다. 지금 도착한 이곳 세겜에서 가나안 땅에 대한 약속이 주어진다는 것은 그가 하나님의 명령을 성공적으로 따랐다는 것을 의미한다. 한마디로 말하면, 가나안을 주시겠다는 약속은 순종의 조건이 아니라 결과였다.

6.(2') 약속: 자손에게 주실 것(12:7b)

7b [이 땅을] 네 자손에게 주리라 하신지라

하나님이 아브람을 부르신 목적은 아브람을[그를] 선민의 조상으로 삼으시기 위한 것이다. 자녀를 가질 수 없는 상황에서 아브람을 통해 자손을 주시겠다는 하나님의 의지가 담겨 있다. 자녀가 없는 그를 하나님의 능력으로 씨(子孫) 창조의 역사를 이루시기 위해 그를 부르셨고, 그 가운데 하나님의 구원 역사가 이루어질 것이라는 뜻이다. 앞에서 하나님이 아브라함에게 지시할 땅으로 가면 큰 민족을 이루어 주실 것이라고 약속하신 것과 맥을 같이 한다. 자녀를 낳고 그 후손들이 큰 민족이 되면 그들이 살아야 할 땅이 필요하게 되기에 가나안을 아브람의 자손에게 주신다고 약속하고 있는 것이다. 이러한 원대한 하나님의 계획 가운데 순종하고 하란을 떠난 그에게 구체적으로 후손에게 주실 것을 말씀하시는 것이다.

7.(3') 반응: 제단을 쌓음(12:7c-8)

7c 자기에게 나타나신 여호와께 그가 그 곳에서 제단을 쌓고 8 거기서 벧엘 동쪽 산으로 옮겨 장막을 치니 서쪽은 벧엘이요 동쪽은 아이라 그가 그 곳에서 여호와께 제단을 쌓고 여호와의 이름을 부르더니

가. 구조적 주해

제단을 쌓음(12:7c-8)

1) 제단을 쌓음	12:7c
2) 장막을 침	12:8a

| | 1)' 제단을 쌓음 | 12:8b |
| | 2)' 여호와의 이름을 부름 | 12:8c |

1)과 2)는 아브람이 하나님께 제단을 쌓은 후 그곳에 장막을 치는 모습과 1)'과 2)'는 제단을 쌓은 후 여호와의 이름을 부르는 장면을 반복해서 보여준다. 이러한 병행 형태의 인물 구조는 본문이 문서들이 짜깁기 된 것으로 볼 수 없다는 것을 보여준다. 제단을 쌓았다는 문구가 두 번 반복되는 것은 인물구조의 특징으로 반복을 통해 그 사실을 강조하려는 저자의 의도이기 때문이다.

가) 미괄식: 반복된 병행구조, 1) – 2) / 1)' – 2)'
   1) / 1)'
   1): '제단을 쌓음'
   1)': '제단을 쌓음'
   2) / 2)'
   2): '장막을 침'
   2)': '여호와의 이름을 부름'

나) 중심 주제: 반복된 병행구조의 특징상 마지막 요지
   아브람이 가나안에 도착해 여호와의 이름을 부르는 장면이다.

위 본문은 두 번째 키워드 '응답'에 관한 내용이다. 아브람이 가나안으로 내려오는 동안 무사히 그곳 세겜에 도착할 수 있게 도와주신 하나님께 감사하는 마음으로 제단을 쌓은 후, 여호와 하나님의 이름을 불렀다. 그리고 거기서 우측으로 조금 옮겨가서 벧엘과 아이 사이에 자신들이 머물 장막을 쳤다. 이곳은 가나안 중부지역이다. 여기서 아브람이 하나님께 제단을 두 번 쌓은 것과 더불어 하나님의 성호를 부른 것은 '야웨' 하나님에 대한 감사의 표시이며, 그 하나님은 한

번 약속하시면 반드시 지키시는 분이심을 감사와 경배로 보답하는 아브람의 신앙고백적 표현임을 보여준다. 이러한 아브람의 행동들은 부르신 자와 부름을 받은 자 사이에서 맺어지는 언약 관계로 발전해 나가고 있다.

8.(4') 결과: 점점 남방으로 내려감(12:9)

9 점점 남방으로 옮겨갔더라

왜 아브람은 그곳에 머물지 않고 남쪽으로 내려갔을까? 아브람은 그곳에 머물지 않고 가나안 남쪽으로 내려가면서 장막을 옮겨갔다. 혹시 가나안 사람들과 세겜에 함께 머물기가 힘들었을 수도 있다. 아브람과 조카 롯이 하란에서 가져온 가축들이 적지가 않았다. 물이 귀한 그곳에서 목축하기 쉽지 않아서 더 낳은 곳을 찾아 남쪽으로 이동하는 것 같이 보인다. 하나님은 그가 남방으로 내려가는 것에 대해 침묵하셨다.

B. 사래의 위기(12:10-20)

10 그 땅에 기근이 들었으므로 아브람이 애굽에 거류하려고 그리로 내려갔으니 이는 그 땅에 기근이 심하였음이라 11 그가 애굽에 가까이 이르렀을 때에 그의 아내 사래에게 말하되 내가 알기에 그대는 아리따운 여인이라 12 애굽 사람이 그대를 볼 때에 이르기를 이는 그의 아내라 하여 나는 죽이고 그대는 살리리니 13 원하건대 그대는 나의 누이라 하라 그러면 내가 그대로 말미암아 안전하고 내 목숨이 그대로 말미암아 보존되리라 하니라 14 아브람이 애굽에 이르렀을 때에 애굽 사람들이 그 여인이 심히 아리따움을 보았고 15 바로의 고관들도 그를 보고 바로 앞에서 칭찬하므로 그 여인을 바로의 궁으로 이끌어 들인지라 16 이에 바로가 그로 말미암아 아브람을 후대하므로 아브람이 양과 소와 노비와 암수 나귀와 낙타를 얻었더라 17 여호와께서 아브

람의 아내 사래의 일로 바로와 그 집에 큰 재앙을 내리신지라 18 바로가 아브람을 불러서 이르되 네가 어찌하여 나에게 이렇게 행하였느냐 네가 어찌하여 그를 네 아내라고 내게 말하지 아니하였느냐 19 네가 어찌 그를 누이라 하여 내가 그를 데려다가 아내를 삼게 하였느냐 네 아내가 여기 있으니 이제 데려가라 하고 20 바로가 사람들에게 그의 일을 명하매 그들이 그와 함께 그의 아내와 그의 모든 소유를 보내었더라

사라 중심의 첫 번째 본문으로 주제는 '사래의 위기'이다. 사래의 직접적인 말과 행동은 나타나지 않지만, 그녀에게 위험한 상황이 닥치게 된다. 본문은 다섯 개의 요지들로 구성되어 있다.

가. 구조적 주해

B. 사래의 위기(12:10-20)

1. 위기 시작	12:10
2. 사래의 위기	12:11-16
3. 하나님 개입	12:17
2'. 해결	12:18-19
1'. 위기 종료	12:20

이 본문은 사래가 위기를 맞는 사건이다. 여기에는 중괄식 대칭구조로 되어 있으며, 중심이 핵심 내용을 담고 있다.

1 / 1'(들어감 ↔ 나옴)

아브람이 기근으로 애굽에 들어갔다가, 결국 하나님의 간섭 속에서 다시 나오는 구조다. 신앙경주 차원에서 이것은 믿음으로 시작한 경주자가 예상치 못한 외부 시험(기근)을 만나 다른 길로 빠지는 과정을 보여준다. 그러나 끝내 다

시 경주로 돌아오게 되는 장면이기도 하다. 즉, 신앙 경주자는 방황하더라도 하나님이 붙드셔서 언약의 길로 돌려놓으신다는 구속사의 흐름이 드러난다.

2 / 2'(사래를 빼앗김 ↔ 사래를 되돌려받음)

바로가 사래를 궁으로 들인 사건과 다시 돌려보내는 사건이 대칭을 이룬다. 이는 언약 계승의 위기와 회복을 의미한다. 신앙경주에서 가장 치명적인 시험은 언약의 끊어짐인데, 하나님께서 직접 개입하셔서 언약 계승을 보호하신다. 아브람이 실수와 불신으로 아내를 누이라 속였지만, 하나님은 그 언약의 끈을 지키시며 아브람이 경주에서 완전히 탈락하지 않도록 지켜내신다.

3(중심 - 하나님의 재앙과 보호)

이 사건의 중심은 "하나님이 재앙을 내리셨다"는 것이다. 바로의 권세 앞에서 사래는 인간적으로 보호받을 길이 없었지만, 하나님이 친히 개입하셔서 바로에게 재앙을 내리심으로 언약 계승자를 보호하셨다. 이것은 구속사의 큰 원리, 곧 언약의 보존은 인간의 힘이 아니라 하나님의 주권적 은혜에 달려 있다는 사실을 보여준다. 신앙경주의 관점에서, 하나님은 믿음의 경주자가 넘어질지라도 다시 세우시고, 언약의 길에서 벗어나지 않게 하신다.

나. 구속사적 의의

언약 보존의 역사: 아브람의 불신과 타협(사래를 누이라 함)에도, 하나님은 언약 계승자이 사래를 보호하신다. 이는 언약 계보를 보존하려는 하나님의 구속사적 신실하심을 보여 주신다.

하나님의 주권적 개입: 바로의 궁에 임한 재앙은 출애굽 사건을 예표하는 하나님의 구속 행위의 전조로 읽힐 수 있다.

택자의 실패와 은혜: 아브람의 실수에도 하나님의 구속사는 중단되지 않는다. 인간의 연약함을 넘어서는 하나님의 은혜가 강조된다.

다. 신앙경주 적용

위기 속 시험: 신앙경주는 기근과 같은 현실적 위기 앞에서 하나님의 약속을 신뢰할 것인가, 인간적 방법을 쓸 것인가의 시험에 직면한다.

불신의 결과: 아브람은 사래를 누이라 속여 위기를 피하려 했으나, 이는 가정과 언약을 더 큰 위험에 빠뜨렸다. 신앙경주는 순간의 두려움보다 약속을 붙드는 인내가 필요하다.

하나님의 보호: 신앙경주의 길에서 우리의 불신에도 하나님은 언약을 보존하시며, 회복의 길을 열어 주신다.

책망과 교훈: 바로의 책망은 오히려 신앙인에게 주시는 하나님의 경고로, 믿음의 경주자가 세상 앞에서 신실하지 못할 때 어떤 부끄러움을 겪는지를 보여준다.

라. 본문 해설

본문의 시작은 아브람이 하나님의 명령에 순종하여 가나안 땅에 들어왔지만, 그곳에 심각한 기근이 들었음을 보여준다. "그 땅에 기근이 들었으므로"와 "그 땅에 기근이 심하였음이라"는 표현이 두 차례 반복되어 강조된다. 이러한 반복은 가나안 땅의 혹독한 현실, 즉 사람은 물론 가축조차 생존하기 어려운 환경이었음을 분명히 보여준다. 이로 인해 아브람은 하나님께 제단을 쌓은 그 땅에 정착하지 못하고, 물이 있는 곳을 찾아 남쪽으로 계속 이동한 것으로 보인다. 그렇다면 의문이 생긴다. 하나님께서는 왜 아브람에게 하란의 풍요를 뒤로하고 어렵게 가나안으로 떠나게 하신 후, 이렇게 척박하고 시련 가득한 환경을 주셨을까?

아브람은 기근을 피해 애굽으로 내려가면서 아내인 사래의 아름다움 때문에 두려움에 사로잡혔다. 그는 애굽 사람들이 사래를 탐내어 자신을 죽일 것을 염려하여, 사래에게 누이라 말해 달라고 부탁했다. 이는 인간적 두려움에서 비롯된 불신의 행동이었다. 물론 사래는 실제로 이복누이였으므로 완전한 거짓은 아니었으나, 문제의 본질은 하나님의 언약을 신뢰하지 못한 아브람의 마음이었다.

그의 두려움은 마치 범죄한 아담이 하나님을 피하여 숨은 모습과 닮아있다. 이미 하나님이 나타나 약속하셨고 제단까지 쌓았던 아브람이, 기근이라는 생계 위협 앞에서 그 믿음을 잃어버린 것이다. 기근 앞에서 아브람은 하나님께서 왜 그를 가나안으로 부르셨는지, 그 땅이 어떤 영적 의미(약속의 땅, 장차 천국의 모형)를 지니는지 잊은 것이다. 그는 땅의 조건을 따라 움직였고 사명을 잠시 망각했다. 하나님이 지시하신 곳이 가나안이라면, 기근 속에서도 머물며 하나님을 의지했어야 했다. 하지만 그는 곧장 애굽으로 내려가, 아내의 안전을 위협에 빠뜨리고 스스로의 안위를 도모했다. 이는 신앙경주에서 동역자와 함께 달리지 않고, 자기만 살겠다는 잘못된 달리기와 같다.

사래는 바로의 궁으로 들어가고, 아브람은 물질적 보상(가축과 노비)을 얻었다. 겉보기에는 성공처럼 보이지만, 언약의 계승자가 될 아내가 위태로워졌고, 아브람 자신은 "잘못된 코스를 달린 경주자"가 되었다. 그가 얻은 재물은 장차 롯과의 분쟁과 전쟁 등 갈등의 씨앗이 되었으며, 신앙적 관점에서는 짐이 되는 것이었다(히 12:1). 그러나 하나님은 언약을 지키시기 위해 직접 개입하셨다. 사래를 보호하시기 위해 바로의 집에 큰 재앙을 내리셨고, 이는 사래가 언약의 여인임을 세상에 알리는 사건이었다. 바로는 크게 두려워하며 사래를 돌려보내면서 아브람을 책망했다. 이 사건은 훗날 출애굽기의 유월절과 재앙 사건을 예표하는 전초전이다. 하나님의 언약 백성을 건드린 애굽을 치시는 구속사의 일관성을 보여준다. 아브람은 두려움 속에 애굽으로 들어갔으나, 나올 때는 바로의 배웅을 받으며 나왔다. 그러나 그가 얻은 것은 진정한 승리의 상이 아니라, 겉모습만 번듯한 '허망한 소유'였다. 신앙경주의 관점에서, 그는 언약의 경주에서 잠시 벗어났다가 하나님의 개입으로 다시 코스로 돌아왔지만, 불필요한 짐을 짊어진 채 달리게 된 것이다.

결론적으로, 이 본문은 단순한 한 가정의 위기가 아니라, 언약 계승의 보존이라는 구속사적 주제를 보여준다. 사래는 단순한 아내가 아니라, 약속의 자녀가 태어날 언약의 모태다. 그러므로 하나님은 인간의 실수와 외부의 권세를 뛰어넘어 직접 개입하시고, 구속사의 흐름을 지키신다. 아브람의 애굽 체류는 신앙경주의 초반 시험 구간이다. 하나님의 명령을 받고 하란에서 떠나 순종하여 가나안에 왔지만, 기근이라는 장애물을 만났다. 그러나 그는 믿음보다 현실에 치우쳐 애굽으로 내려갔다. 내려가면서 위기를 맞아 언약의 끈(사래)이 끊어질 뻔했지만 하나님이 개입하셔서 언약을 지켜 주셨다. 그리고 다시 언약의 땅으로 되돌아온다. 이 흐름은 신앙경주자가 때로 믿음이 약해져 다른 길로 빠지더라도, 하나님은 그를 다시 언약의 경주로 세워 가신다는 원리를 보여준다. 결국 승리는 인간의 능력이나 지혜가 아니라, 언약을 끝까지 지키시는 하나님의 은혜에 달려 있다.

C. 보호자 역할: 다툼 문제/양보(13장-14장)

기근으로 인해 애굽으로 내려갔던 아브람은, 그곳에서 하나님의 약속을 잊고 육신적인 판단을 따라 행동함으로 아내인 사래를 큰 위험에 빠뜨렸다. 그러나 하나님의 주권적인 도우심으로 그는 무사히 그곳을 빠져나올 수 있었다. 가나안에 돌아온 뒤, 또 다른 문제가 발생한다.

가. 구조적 주해

C. 보호자 역할(13-14장)

1. 두 목자의 다툼	13:1-7
2. 아브라함의 양보	13:8-9
3. 롯이 소돔을 선택함	13:10-13
4. 하나님의 약속(자손/땅)	13:14-18
3'. 롯이 소돔에서 잡혀감	14:1-12
2'. 전쟁 승리와 롯의 구출	14:13-16
1'. 두 왕의 환영	14:17-24

창세기 13-14장은 조금 긴 본문이다. 주제는 아브라함의 '보호자(돌봄) 역할'
이다. 요지 일곱 개가 대칭구조 형태로 구성되었다. 이 구조를 차례로 분석하면
다음과 같다.

1 / 1'은 '두 목자의 다툼'과 '두 왕의 환영'으로 대비된다.
2 / 2'는 '다툼에서 양보'와 '전쟁에서 승리'에 관한 메시지로 대비된다.
3 / 3'는 '롯이 소돔을 선택함'과 '롯이 소돔에서 잡혀감'으로 대비된다.
요지 4는 대칭구조의 특징에 따라 중심 주제를 말하고 있다. 하나님이 아브람
에게 그의 자손이 크게 번성할 것이며, 사방의 많은 땅을 차지하게 될 것을 약
속하는 내용이다.

나. 구속사적 의의

언약의 보호자: 아브라함은 단순히 친족을 구한 것이 아니라, 언약 계보(롯 포
    함)를 보호하는 자로서 구속사의 도구로 쓰임.

약속의 재확인: 롯이 소돔을 선택한 이후, 하나님은 아브라함에게 땅과 자손 약속을 재확인하시며 언약의 계승자가 누구인지 분명히 하심.

멜기세덱 사건: 멜기세덱은 "의와 평강의 왕"으로, 장차 오실 그리스도의 모형이다. 아브라함이 그의 복을 받음으로 언약의 축이 메시아적 전망을 향해 확장됨.

다. 신앙경주 적용

양보의 믿음: 신앙경주는 권리를 주장하기보다 하나님의 약속을 신뢰하며 양보하는 길을 선택하는 것. 아브라함은 땅을 잃는 대신 하나님의 약속을 붙듦.

보호자의 사명: 믿음의 사람은 자기만을 위한 삶이 아니라, 연약한 자(롯)를 보호하고 구출하는 책임을 감당해야 함.

승리 후의 선택: 전쟁에서 승리한 아브라함은 세속적 이익(소돔 왕의 제안)을 거절하고, 하나님의 제사장인 멜기세덱과의 교제를 선택함. 신앙경주는 승리 이후의 유혹에서도 끝까지 하나님을 선택하는 과정임.

라. 본문 해설

1. 두 목자의 다툼(13:1-7)

1 아브람이 애굽에서 그와 그의 아내와 모든 소유와 롯과 함께 네게브로 올라가니 2 아브람에게 가축과 은과 금이 풍부하였더라 3 그가 네게브에서부터 길을 떠나 벧엘에 이르며 벧엘과 아이 사이 곧 전에 장막 쳤던 곳에 이르니 4 그가 처음으로 제단을 쌓은 곳이라 그가 거기서 여호와의 이름을 불렀더라 5 아브람의 일행 롯도 양과 소와 장막이 있으므로 6 그 땅이 그들이 동거하기에 넉넉하지 못하였으니 이는 그들의

소유가 많아서 동거할 수 없었음이니라 7 그러므로 아브람의 가축의 목자와 롯의 가축의 목자가 서로 다투고 또 가나안 사람과 브리스 사람도 그 땅에 거주하였는지라

아브람은 애굽에서 아내 사래를 바로에게 보낸 대가로 양과 소, 노비, 암수 나귀, 낙타 등 많은 재물을 얻어 나왔다(12:16 참조). 그뿐만 아니라 하란에서 이미 가지고 온 가축들과 노비들도 있었기에, 그는 그야말로 막대한 소유를 지닌 자가 되었다. 성경은 이를 "아브람에게 가축과 은과 금이 풍부하였더라"(13:2)라고 표현한다.

그는 애굽에서 나와 네게브를 지나 벧엘과 아이 사이, 곧 그가 처음 가나안에 도착했을 때 장막을 쳤던 장소에 다시 머물게 된다. 바로 이곳은 과거에 하나님의 명령에 순종하여 도착했던 신앙의 출발점이었으며, 여호와의 이름을 부르며 제단을 쌓았던 장소이기도 하다(3-4절).

그러나 이 은혜로운 장소에서 예상하지 못한 문제가 발생한다. 아브람의 목자들과 롯의 목자들 사이에 다툼이 일어난 것이다. 서로의 가축 떼가 너무 많아졌기 때문에, 물이 부족한 상황에서 방목지를 두고 충돌이 발생했다. 성경은 "그 땅이 그들이 동거하기에 넉넉하지 못하였으니 이는 그들의 소유가 많아서 동거할 수 없었음이니라"(6절)고 설명한다.

그뿐만 아니라, 당시 그 지역에는 가나안 사람과 브리스 사람도 함께 거주하고 있었기 때문에, 땅과 자원 사용이 더욱 복잡하고 제한적이었다(7절). 이러한 여러 요인들이 겹치면서, 두 집안 간의 갈등이 점점 깊어졌고, 마침내 더 이상 함께 지낼 수 없는 상황에 이르게 된다.

2. 협상과 양보(13:8-9)

> 8 아브람이 롯에게 이르되 우리는 한 친족이라 나나 너나 내 목자나 네 목자나 서로
> 다투게 하지 말자 9 네 앞에 온 땅이 있지 아니하냐 나를 떠나가라 네가 좌하면 나는
> 우하고 네가 우하면 나는 좌하리라

예상치 못한 갈등이 닥치자 아브람은 깊은 고민에 빠질 수밖에 없었다. 아들처럼 여긴 조카 롯과의 분쟁이 더 이상 피할 수 없는 상황으로 치닫고 있었기 때문이다. 아브람은 이 갈등이 단순한 재산 문제를 넘어, 가족 간의 의리마저 훼손될 수 있음을 염려하였다. 그리하여 그는 자신의 유익보다 조카 롯의 입장을 먼저 고려하여 선의의 제안을 하게 된다. 더 좋은 곳을 택해 행복하고 평화롭게 살기를 바라는 마음으로, 롯에게 먼저 선택권을 양보한 것이다.

> "네 앞에 온 땅이 있지 아니하냐? 나를 떠나가라. 네가 좌하면 나는 우하고 네가 우
> 하면 나는 좌하리라"(창 13:9).

이 제안은 단순한 배려가 아니라 지혜로운 협상 방식이었다. 서로 다투지 않고, 눈치를 보지 않으며 각자의 방식대로 목축과 생업을 지속할 수 있게 되는, 말 그대로 '윈윈(win-win)' 전략이었다. 더 좋은 곳에서 더 많은 부를 누리며 각자 안정된 삶을 살아가는 방법이었던 것이다.

아브람은 하나님의 부르심을 받고 고향을 떠날 때, 자신을 따라나선 조카 롯에 대해 보호자 역할자로서 일정한 책임감을 가지고 있었다. 그런 만큼, 이별의 상황이 마냥 편했을리는 없다. 그러나 그는 삼촌이라는 권위를 앞세워 롯을 강제로 쫓아내는 대신, 긍정적이고 효과적인 해결책을 모색하였다.

이처럼 아브람은 조카 롯에 대한 보호자로서 관계의 균형을 무너뜨리지 않으면서도, 신중하고 책임 있는 방식으로 문제를 풀어가는 신앙인의 지혜를 보

여준다.

신앙경주에서 돌봄은 경쟁이 아니라 양보를 통해 완성된다. 아브라함은 롯과의 다툼을 피하고 조카에게 선택권을 먼저 주었다. 이는 경주자가 자기 유익보다 동행자의 평화를 우선하는 모습을 보여준다.

3. 롯의 선택(13:10-13)

10 이에 롯이 눈을 들어 요단 지역을 바라본즉 소알까지 온 땅에 물이 넉넉하니 여호와께서 소돔과 고모라를 멸하시기 전이었으므로 여호와의 동산 같고 애굽 땅과 같았더라 11 그러므로 롯이 요단 온 지역을 택하고 동으로 옮기니 그들이 서로 떠난지라 12 아브람은 가나안 땅에 거주하였고 롯은 그 지역의 도시들에 머무르며 그 장막을 옮겨 소돔까지 이르렀더라 13 소돔 사람은 여호와 앞에 악하며 큰 죄인이었더라

아브람이 조카 롯에게 먼저 땅을 선택하라고 제안했다. 이에 롯도 삼촌과의 의리를 지키지 않으면 관계가 틀어질 수 있음을 인식했는지, 아브람의 선의를 기회로 삼아 살기 좋은 땅을 신중히 물색하기 시작했다. 그가 바라본 곳은 요단 동편, 물이 풍부하고 푸르른 지역이었다. 성경은 이곳을 "여호와의 동산 같고 애굽 땅과 같았더라"(13:10)고 묘사한다. 롯은 이것을 매우 만족스럽게 여기며 요단 지역을 택해 동쪽으로 떠나, 마침내 소돔 성에까지 이르러 정착한다.

반면 아브람은 하나님의 약속의 땅인 가나안에 그대로 머물기로 결심한다. 이는 두 사람의 선택이 육적으로는 비슷해 보일지 몰라도, 영적으로는 뚜렷이 대조되는 길이었음을 보여준다. 롯이 택한 소돔 땅은 외적으로는 살기 좋은 곳이었지만, 성경은 그곳 백성을 가리켜 "여호와 앞에 악하며 큰 죄인이었더라"(13:13)고 평가한다. 죄악이 가득한 그 땅은 아직 멸망 전이었지만, 하나님의 심판이 다가오고 있는 저주의 땅이었다. 롯은 외적인 풍요만을 바라보고, 그 속에 도사린 영적 위협은 전혀 인식하지 못한 채 그 땅을 선택한 것이다.

아브람의 태도는 이전과 달라져 있었다. 과거, 그는 기근을 이기지 못해 애굽으로 내려갔고, 그로 인해 하나님의 약속을 저버리는 실수를 범했으며, 아내 사래가 위기를 겪는 일까지 벌어졌다. 그러나 이번에는 같은 실수를 반복하지 않기로 결단한다. 가나안 땅이 비록 좁고 불편하며, 가나안 사람과 브리스 사람이 함께 거주하는 현실적인 제약이 있어도, 그는 하나님의 약속을 따라 그 땅에 머물기로 작정한다.

이처럼 아브람과 롯의 선택은 외면상 평화로운 협상처럼 보이지만, 그 안에는 각자의 신앙과 가치관이 뚜렷하게 드러난다. 아브람은 믿음으로 약속의 땅을 선택한 자였고, 롯은 육신의 눈으로 저주의 땅을 선택한 자였다. 두 사람의 길은 이 순간부터 현저히 갈라지게 되며, 이 선택의 결과는 이후 본문 속에서 점점 더 분명히 드러난다.

4. (1') 자손과 땅의 약속(13:14-18)

> 14 롯이 아브람을 떠난 후에 여호와께서 아브람에게 이르시되 너는 눈을 들어 너 있는 곳에서 북쪽과 남쪽 그리고 동쪽과 서쪽을 바라보라 15 보이는 땅을 내가 너와 네 자손에게 주리니 영원히 이르리라 16 내가 네 자손이 땅의 티끌 같게 하리니 사람이 땅의 티끌을 능히 셀 수 있을진대 네 자손도 세리라 17 너는 일어나 그 땅을 종과 횡으로 두루 다녀 보라 내가 그것을 네게 주리라 18 이에 아브람이 장막을 옮겨 헤브론에 있는 마므레 상수리 수풀에 이르러 거주하며 거기서 여호와를 위하여 제단을 쌓았더라

하나님은 아브람의 믿음에 대한 결단과 내면의 변화를 깊이 헤아리셨다. 그리고 이는 그가 하란에서 부름받은 이후 두 번째로 주시는 약속으로 이어진다. 이것은 언약의 두 핵심 요소인 '땅'과 '자손'에 대한 재확인이다. 하나님은 아브람에게 "동서남북으로 보이는 모든 땅을 네게 주겠다"고 약속하시고, 그의 자손을

땅의 티끌같이 많게 하시겠다고 말씀하신다(창 13:14-17). 이 약속은 단지 물리적 번성만 의미하는 것이 아니라, 아브람의 신앙적 선택과 태도에 대한 하나님의 위로와 칭찬이 담겨 있다.

특히 이 약속은 롯이 떠난 직후, 즉 아브람이 조카와의 갈등을 믿음으로 해결한 직후에 주어진 것이다. 이는 아브람의 내면 변화와 신앙적 결단을 하나님께서 인정하셨음을 보여주는 장면이다. 이 속에는 다음과 같은 세 가지 신앙적 요소가 담겨 있다:

첫째, 자신의 잘못을 깨달은 점이다. 이전에 애굽으로 내려가 사래와 롯을 위기에 빠뜨린 경험을 통해, 아브람은 자신의 믿음 없음을 통감하고 회개하였다. 조카 롯이 자기를 믿고 따랐음에도 지켜 주지 못한 책임감도 그에게 있었다.

둘째, 갈등을 평화적으로, 지혜롭게 해결한 점이다. 아브람은 자신의 유익을 내려놓고 조카에게 먼저 선택권을 양보함으로, 가족 간 다툼을 선의와 배려로 풀어냈다. 이는 믿음의 사람다운 고귀한 태도였다.

셋째, 가나안이 '약속의 땅'임을 믿고 끝까지 떠나지 않은 점이다. 롯은 겉보기에 좋은 땅을 선택해 떠났지만, 아브람은 외적 조건보다 하나님의 약속을 더 신뢰하고 그 자리에 머물렀다.

이처럼 아브람은 과거 기근 앞에서 육신적인 판단으로 애굽으로 내려갔던 실수를 반복하지 않고, 이번에는 약속의 땅에 머물며 하나님의 뜻을 따르기로 결단한다.

하나님은 이러한 결단을 기쁘게 받으시고, 다시금 자손의 번성과 땅의 약속을 언약적으로 재확인하신다. 이에 아브람은 장막을 옮겨 헤브론의 마므레 상수리 숲에 이르고, 그곳에 제단을 쌓아 여호와께 경배와 감사를 드린다(창 13:18).

이 장면은 아브람이 과거의 믿음 없음에서 벗어나 하나님과의 관계를 회복하는 신앙의 전환점임을 보여준다. 하나님의 약속에 대한 신뢰와 순종이 그의 삶에 다시 자리 잡았고, 이제 그는 구속사의 주인공으로서 한 걸음 더 나아가고 있다.

5. (2') 롯이 잡혀감(14:1-12)

> 1 당시에 시날 왕 아므라벨과 엘라살 왕 아리옥과 엘람 왕 그돌라오멜과 고임 왕 디
> 달이 2 소돔 왕 베라와 고모라 왕 비르사와 아드마 왕 시납과 스보임 왕 세메벨과 벨
> 라 곧 소알 왕과 싸우니라 3 이들이 다 싯딤 골짜기 곧 지금의 염해에 모였더라 4 이
> 들이 십이 년 동안 그돌라오멜을 섬기다가 제십삼년에 배반한지라 5 제십사년에 그
> 돌라오멜과 그와 함께 한 왕들이 나와서 아스드롯 가르나임에서 르바 족속을, 함에
> 서 수스 족속을, 사웨 기랴다임에서 엠 족속을 치고 6 호리 족속을 그 산 세일에서 쳐
> 서 광야 근방 엘바란까지 이르렀으며 7 그들이 돌이켜 엔미스밧 곧 가데스에 이르러
> 아말렉 족속의 온 땅과 하사손다말에 사는 아모리 족속을 친지라 8 소돔 왕과 고모
> 라 왕과 아드마 왕과 스보임 왕과 벨라 곧 소알 왕이 나와서 싯딤 골짜기에서 그들과
> 전쟁을 하기 위하여 진을 쳤더니 9 엘람 왕 그돌라오멜과 고임 왕 디달과 시날 왕 아
> 므라벨과 엘라살 왕 아리옥 네 왕이 곧 그 다섯 왕과 맞서니라 10 싯딤 골짜기에는 역
> 청 구덩이가 많은지라 소돔 왕과 고모라 왕이 달아날 때에 그들이 거기 빠지고 그 나
> 머지는 산으로 도망하매 11 네 왕이 소돔과 고모라의 모든 재물과 양식을 빼앗아 가
> 고 12 소돔에 거주하는 아브람의 조카 롯도 사로잡고 그 재물까지 노략하여 갔더라

창세기 14장은 조카 롯이 원치 않게 큰 전쟁에 휘말려 포로가 된 사건을 전하
고 있다. 당시 롯이 거주하던 소돔 지역은 다섯 왕들이 다스리는 도시 연합의 일
부였다. 이들은 오늘날 이란 고원 지역의 강력한 네 나라 연합군, 곧 엘람 왕 그
돌라오멜을 중심으로 한 연합 세력에게 12년간 조공을 바치며 속국처럼 살아왔
다. 그러나 13년째 되는 해에 이 다섯 왕은 더 이상 조공을 바칠 수 없다며 반기
를 들었고, 이에 분노한 그돌라오멜 연합군은 14년째 되는 해에 침공을 단행한
다. 이들은 소돔과 고모라를 직접 공격하기에 앞서, 그 주변 여러 지역을 먼저 정
복하며 세력을 확장해 나갔다.

결국 다섯 왕은 연합하여 싯딤 골짜기에 진을 치고 반격을 시도했지만, 도적

과도 같은 그돌라오멜 연합군의 군세를 감당할 수 없었다. 특히, 싯딤 골짜기에는 역청 구덩이가 많았기에 소돔 왕과 고모라 왕이 도망치다 그곳에 빠져 죽고, 나머지 군사들도 산으로 도망치고 말았다. 그 결과, 네 왕의 연합군은 소돔과 고모라의 모든 재물과 양식을 약탈하였고, 이곳에 거주하던 아브람의 조카 롯은 그 재물과 함께 포로로 잡혀갔다.

이러한 위기는 얼핏 보면 삼촌 아브람과의 갈등과 분리로부터 시작된 것처럼 보이지만, 엄밀히 말해 롯 개인의 잘못이라고 단정할 수 없다. 롯은 원래부터 하나님의 음성을 직접 들은 사람도, 그 부르심을 받은 자도 아니었다. 그저 하나님의 부르심을 받은 아브람을 따라온 가족의 일원에 불과했다. 그러나 롯은 하나님의 언약이 머무는 가나안을 떠나, 눈에 보기에 좋아 보이는 소돔 땅을 선택했다. 비록 그 도시가 "여호와 앞에 악하며 죄가 큰"(13:13) 도시임을 알고 있었을지라도, 육신적으로 유익한 삶을 따랐고, 영적 현실을 외면했다. 그 결과, 그는 이 국제적 전쟁의 와중에 재물과 함께 끌려가는 비극적인 운명을 맞게 된다.

6. (3') 전쟁에서 승리함(14:13-16)

13 도망한 자가 와서 히브리 사람 아브람에게 알리니 그 때에 아브람이 아모리 족속 마므레의 상수리 수풀 근처에 거주하였더라 마므레는 에스골의 형제요 또 아넬의 형제라 이들은 아브람과 동맹한 사람들이더라 14 아브람이 그의 조카가 사로잡혔음을 듣고 집에서 길리고 훈련된 자 삼백십팔 명을 거느리고 단까지 쫓아가서 15 그와 그의 가신들이 나누어 밤에 그들을 쳐부수고 다메섹 왼편 호바까지 쫓아가 16 모든 빼앗겼던 재물과 사기의 조카 롯과 그의 재물과 또 부녀와 친척을 다 찾아왔더라

아브람은 조카 롯이 엘람 왕 그돌라오멜이 이끄는 연합군에게 포로로 잡혀갔다는 소식을 도망쳐 나온 사람에게 듣게 된다. 당시 아브람은 헤브론 마므레 상수리 수풀 근처에서 거주하고 있었다. 이 소식을 듣자 아브람은 지체하지 않고

곧바로 행동에 나선다. 그는 집에서 훈련된 318명의 가신들을 이끌고 연합군을 추격하기 시작한다. 이는 단순한 전쟁이 아니라, 아들처럼 여긴 조카 롯을 구해야 한다는 책임감과 보호자의 의무에서 비롯된 결단이었다. 아브람의 가신들은 정규 군인이 아니었고, 전쟁에 능한 자들도 아니었다. 그러나 롯의 가정을 구해야 한다는 마음이 그를 전장으로 향하게 했다.

이런 상황에서 아브람은 하나님께 간절히 기도하며 서원했을 것이다. 전쟁은 객관적으로 불리했다. 상대는 전쟁에 능한 강대국의 연합군이었고, 아브람은 소수의 사병만을 데리고 있었기 때문이다. 그러나 그는 기도로 무장한 채, 철저한 전술을 세운다. 밤중에 적진을 기습하는 전략을 택하고, 가신들을 여러 팀으로 나누어 후방을 먼저 공격하는 방식으로 싸웠다.

그 결과, 그는 적의 전진 부대를 끝까지 추격하여 북쪽 다메섹(다마스커스) 근처까지 쫓아가 조카 롯과 그의 가족, 그리고 빼앗긴 모든 재산을 완전히 되찾는다. 이 전쟁은 단순한 승리가 아니다. 이는 아브람이 보호자로서의 책임을 다한 믿음의 승리이며, 하나님의 도우심으로 가능했던 구속적 사건이다. 아브람의 이 용맹한 모습은 그의 신앙의 성숙과 하나님의 신실하신 인도하심을 보여주는 새로운 전환점이다.

이처럼 위기 속에서도 믿음과 지혜, 그리고 담대함으로 행동한 아브람의 모습은, 다음 장면인 일곱 번째 요지(창 14:17-24)에 나타나는 하나님의 확증과 연결되며 더욱 빛을 발하게 된다. 이런 점에서 아브라함의 돌봄은 단순한 친족 간의 배려가 아니라, 언약 계승자 가문의 보존을 위한 역할이다. 롯의 선택과 위험은 인간적 욕심에서 비롯되었지만, 아브라함은 조카를 끝까지 포기하지 않았다. 이는 훗날 하나님께서 언약 백성을 '남은 자(remnant)'로 끝까지 보존하시는 구속사의 큰 원리를 보여준다.

7. (4') 두 왕이 환영함(14:17-24)

17 아브람이 그돌라오멜과 그와 함께 한 왕들을 쳐부수고 돌아올 때에 소돔 왕이 사웨 골짜기 곧 왕의 골짜기로 나와 그를 영접하였고 18 살렘 왕 멜기세덱이 떡과 포도주를 가지고 나왔으니 그는 지극히 높으신 하나님의 제사장이었더라 19 그가 아브람에게 축복하여 이르되 천지의 주재이시요 지극히 높으신 하나님이여 아브람에게 복을 주옵소서 20 너희 대적을 네 손에 붙이신 지극히 높으신 하나님을 찬송할지로다 하매 아브람이 그 얻은 것에서 십분의 일을 멜기세덱에게 주었더라 21 소돔 왕이 아브람에게 이르되 사람은 내게 보내고 물품은 네가 가지라 22 아브람이 소돔 왕에게 이르되 천지의 주재이시요 지극히 높으신 하나님 여호와께 내가 손을 들어 맹세하노니 23 네 말이 내가 아브람으로 치부하게 하였다 할까 하여 네게 속한 것은 실 한 오라기나 들메끈 한 가닥도 내가 가지지 아니하리라 24 오직 젊은이들이 먹은 것과 나와 동행한 아넬과 에스골과 마므레의 분깃을 제할지니 그들이 그 분깃을 가질 것이니라

가. 구조적 주해

두 왕의 환영(14:17-24)

1. 아브람-소돔 왕 <소돔 왕이 환영함>		14:17
2. 멜기세덱-아브람 <축복함: 승리의 복>		14:18-20
1'. 소돔 왕-아브람 <소돔 왕의 물품 제안>		14:21-24

위 인물 구조는 기본적인 대칭구조로 구성되었다. 처음과 끝 구조(1 / 1')는 소돔 왕이 아브람을 환영하는 모습(1)과 소돔 왕이 아브라함과 대화하는 모습(1')을 보여준다. 핵심 내용은 중심 요지 2에 있다. 살렘 왕 멜기세덱의 환영과 아브람의 반응이다. 저자는 멜기세덱이 영원한 제사장임을 강조하고 있다. 그가 아브

람을 환영하고 축복했으며 아브람은 전쟁에서 가져온 것 중 십의 일을 그에게 바쳤다. 따라서 위 사건은 멜기세덱 사건이 소돔 왕 사건에 '삽입'된 사건이 아니라 멜기세덱과 아브람 사이에 일어난 영적 관계를 통해 아브람의 신앙 회복을 강조하기 위한 저자의 저술 목적에 있음을 알 수 있다.

나. 본문 해설

전쟁에서 기적적인 승리를 거두고 돌아오는 길에, 아브람은 두 왕의 환영을 받는다. 하나는 살렘 왕 멜기세덱, 다른 하나는 소돔 왕이다. 그런데 아브람이 이 두 왕을 대하는 태도는 매우 상반된다. 멜기세덱에게는 극진한 존경을 표한 반면, 소돔 왕에게는 냉정하고 단호한 태도를 보인다. 왜 아브람이 한 왕에게는 따뜻하고 존귀하게, 다른 왕에게는 차갑고 강경하게 대했을까?

첫째, 멜기세덱에게 보인 존경의 태도

먼저 아브람을 맞이한 사람은 살렘 왕 멜기세덱이었다(14:18). 그의 이름은 '의의 왕'을 뜻하며, 그가 다스리는 '살렘'은 '평화'를 의미한다. 히브리서 7장에 따르면, 멜기세덱은 예수 그리스도의 예표로서 의와 평화의 왕, 그리고 하나님의 제사장으로 묘사된다. 멜기세덱은 아브람에게 떡과 포도주를 내어오며 환영하고, 하나님의 이름으로 그를 축복한다. 그의 세 가지 역할은 다음과 같다:

1) 복을 주는 자
   - "천지의 주재이신 하나님이 아브람에게 복을 주시기를 원하노라"(14:19).
2) 승리를 주시는 분의 대리자
   - "너를 대적하는 자들을 네 손에 붙이신 하나님을 찬송하라"(14:20).
3) 하나님의 제사장

– "그는 지극히 높으신 하나님의 제사장이었더라"(14:18).

이에 아브람은 자발적으로 전리품의 십분의 일을 멜기세덱에게 바친다. 단순한 예물이 아니라, 그것은 하나님의 도우심으로 얻은 모든 승리와 복이 하나님께로부터 왔음을 고백하고 감사하는 예배의 행위였다. 이는 자신이 보호자 역할을 했음에도, 진정한 보호자와 공급자가 하나님이심을 인정한 구속사적 신앙고백이다.

동시에 이는 과거 자신의 실수를 향한 회개의 표현이기도 하다. 그는 얼마 전애굽에서 아내 사래를 위기에 빠뜨리며 얻은 부로 인해 조카 롯과 헤어지고, 결국 전쟁에까지 이르게 된 사건을 되돌아보며, 다시는 물질로 인해 하나님의 뜻을 어기지 않겠다는 결단을 담아 감사와 회개의 예물로 십일조를 드린 것이다.

둘째, 소돔 왕에게 보인 단호한 거절

반면, 소돔 왕은 아브람에게 매우 현실적인 제안을 한다. "사람은 내게 보내고물품은 네가 가지라"(14:21)는 말은 아브람에게 재산을 취하라는 유혹이었고, 동시에 승리의 공로를 인정하는 말처럼 들릴 수 있는 제안이었다.

그러나 아브람은 이를 단호히 거절한다. "네게 속한 것은 실 한 오라기나 들메끈 한 가닥도 내가 가지지 아니하리라"(14:23)는 말은 철저히 소돔 왕과의 관계를 끊겠다는 선언이며, 다시는 사람의 손에서 나오는 유익으로 하나님의 영광을 가리지 않겠다는 결단이다.

이 결단은 아브람이 과거 애굽에서의 실패를 철저히 회개하고, 그 경험을 통해 물질 중심의 삶에서 신앙 중심의 삶으로 변화되었음을 보여주는 증거다.

그는 과거에 먹고 사는 문제 앞에서 하나님의 약속을 잊고 애굽으로 내려갔으나, 그 대가로 아내 사래를 잃을 뻔했다. 또한 바로에게서 받은 '부정한 재물'로 인해 가축이 많아졌고, 이것이 조카 롯과의 갈등과 분리로 이어졌다. 그 결과 롯은 소돔에 정착했고, 전쟁에 휘말려 생명을 잃을 뻔했다. 이 모든 문제의 출발점이 '물질'이었다.

이제 아브람은 그 모든 것을 정리하고, '사람의 손에서 부유하게 되지 않겠다'는 신앙의 고백으로 소돔 왕의 제안을 단칼에 거절한다.

결론적으로, 두 왕에 대한 아브람의 대조적인 태도는 그의 신앙의 성숙과 영적 가치관의 전환을 극명하게 보여준다. 멜기세덱 앞에서는, 하나님의 은혜를 기억하고 복을 인정하며 감사와 예배를 드린다. 소돔 왕 앞에서는, 사람의 유익과 계산을 거절하고 하나님의 영광을 지키는 신앙의 태도를 보인다. 이렇게 아브람이 왜 하나님이 쓰시는 귀한 종인지를 그의 보호자 역할에 충실한 신앙의 모습에서 볼 수 있다. 그의 변화된 삶을 통해서 그가 진정한 신앙경주자 모델임을 알게 해준다. 전쟁에서 승리했음에도 아브라함은 전리품을 취하지 않고, 멜기세덱에게 영광을 돌렸다. 이는 신앙경주의 참된 보호자이자 완주의 보증이 하나님이라는 사실을 고백한 것이다. 경주자는 승리의 순간에도 영광을 하나님께 돌려야 한다.

D. 후손의 약속(15:1-21)

수세기 동안 많은 해석자들은 창세기 15장을 아브라함 이야기의 핵심 장면 중 하나로 판단해 왔다. 그러나 인물 구조와 전체 흐름에 비추어 볼 때, 이 장은 아브라함 사건의 전체 구조에서 나타나는 하나님의 세 가지 약속 중 첫 번째 주제, 즉 자손에 대한 약속을 다루는 부분에 해당한다.

그럼에도 창세기 15장은 아브라함의 '믿음'에 대한 평가가 처음으로 명시되는 장면이라는 점에서 신학적으로 매우 중요하다. 바울은 로마서 4장에서 아브라함을 언급하며, 그가 "죽은 자를 살리시며 없는 것을 있는 것처럼 부르시는 하나님"을 믿었기 때문에 '의롭다' 함을 얻었다고 강조한다. 이는 아브라함이 단지 역사적 인물로서가 아니라, 하나님을 믿는 모든 자의 신앙의 본보기로 세워졌음을 보여주는 구절이다. 또한 이 장에서는 가나안 땅과 그 주변 민족에 관한 하나님의 계획이 아브라함에게 처음으로 계시된다. 이는 출애굽 사건과 가나안 정복이라는 구속사의 중심 사건들을 미리 예고하는 장면으로, 성경 전체의 서사구조 속에서 중요한 위치를 차지한다.

그럼에도 이 위대한 약속 이후의 사건 전개는 다소 놀랍다. 청자/독자는 하나님께서 약속하신 자손이 곧바로 주어질 것이라 기대하지만, 다음 장인 창세기 16장에서는 사라가 아닌 여종 하갈을 통해 이스마엘이 먼저 태어나는 사건이 벌어진다.

이는 아브라함과 사라가 하나님의 약속을 기다리지 못하고 인간적인 방법을 선택했다는 점에서, 독자에게 신앙과 인내, 그리고 인간의 조급함이 어떻게 하나님의 섭리와 충돌하는지를 깊이 성찰하게 한다. 바로 이 지점에서 우리는, 위대한 믿음의 사람 아브라함조차 완벽한 순종자가 아니었으며, 그의 믿음 역시 하나님의 반복적인 약속과 인도 속에서 성장해 나갔다는 점을 확인할 수 있다.

가. 구조적 주해

D. 후손의 약속(15장)

1. **소개**: 나는 방패요 상급인 여호와	1
2. **질문**: 무엇을 주시렵니까?	2-3
3. **방식**(시청각): 별과 같이 자손이 번성할 것	4-5
4. **반응**: 믿었더니, 그를 의롭다 하심	6
1'. **소개**: 니는 우르에서 불러낸 여호와	7
2'. **질문**: 땅 받을 것 무엇으로 알 수 있나요?	8
3'. **방식**: 언약 체결	9-17
4'. **반응** : 더불어 언약을 세우심	18-21

위 인물 구조는 하나님과 아브람의 관계 속에 4개의 키워드(자기 소개 → 질문 → 알림 방식 → 반응)로 구성되었다. 그리고 이 키워드들이 첫 번째 요지들(1-2-3-4)과 두 번째 요지들(1'-2'-3'-4') 각각에 적용되어 병행구조를 이룬다, 이 키워드들에 의해 두 개의 약속인 자손번성과 그 후손이 가나안 땅을 차지할 것이라는 내용이다. 두 사건을 차례로 비교하면 4개의 요지들이 같은 순서를 갖는다.

1 / 1'는 하나님의 자기 소개로 시작된다.

2 / 2'는 아브람이 질문을 한다.

3 / 3'는 아브람에게 자식이 생길 것과 그 씨가 가나안 땅을 차지하게 될 것을 각각의 방식인 시청각과 언약 체결로 알려준다.

끝 요지(4 / 4')들은 병행구조의 특징상 핵심 주제를 이루는데 각각의 반응이 나타난다. 요지4는 아브람이 약속을 믿으니 하나님은 그의 믿음을 의롭다 하신다. 요지 4'는 아브람이 준비한 제물들 사이로 불이 지나가면서 하나님이 그 제물을 흠향하신 후 가나안 땅에 대한 언약을 세우신다. 이렇게 구조가 키워드 중심으로 잘 짜여 있다.

나. 구속사적 의의

의롭다 하심의 기원(15:6): 아브람의 믿음을 '의'로 여겨주신 사건은 신약 구속사에서 바울이 강조한 "이신칭의(믿음으로 의롭다 함)"의 원형이다(롬 4장, 갈 3장).

언약 체결의 전형(15:9-17): 짐승을 쪼개고 여호와의 불이 지나가는 의식은 "언약의 확증"으로, 훗날 십자가에서 하나님이 일방적으로 언약을 이루시는 사건을 예표한다.

땅과 후손의 약속: 아브람에게 주어진 두 가지 약속(후손·땅)은 이스라엘 역사와 더불어, 결국 "그리스도 안에서의 새 하늘과 새 땅, 믿음의 자손"으

로 확장되는 구속사적 전망을 보여준다.

다. 신앙경주 적용

질문이 허용되는 믿음: 아브람은 "무엇을 주시렵니까?" "어떻게 알 수 있습니까?"라고 하나님께 묻는다. 신앙경주는 의문과 질문을 품을 수 있으며, 하나님은 질문을 통해 믿음을 더 확실하게 세우신다.

별과 같은 자손의 비전: 신앙의 길은 눈앞의 현실(후사가 없음)보다, 하나님의 비전(별처럼 번성할 자손)을 바라보는 경주이다. 이것은 바랄 수 없는 것을 바라고 믿는 신앙이다.

믿음과 의의 관계: "믿었더니 의롭다 하심"은 신앙경주의 본질 ─경주의 자격은 행위가 아니라 믿음─ 을 보여준다.

언약 붙듦의 지속성: 하나님은 언약을 체결하시고 아브람을 안심시킨다. 신앙경주는 이 언약의 약속을 끝까지 붙들며, 의심 속에서도 언약에 의지하는 여정이다.

라. 본문 해설

1. 소개: 상급이요 방패이신 여호와(15:1)

1 이 후에 여호와의 말씀이 환상 중에 아브람에게 임하여 이르시되 아브람아 두려워하지 말라 I 나는 네 방패요 너의 지극히 큰 상급이니라

여호와의 말씀이 '환상'(מַחֲזֶה) 중에 아브람에게 나타났다. 이 현상은 하나님의 현현(12:1; 17:1; 22:1) 가운데 나타난 직접 계시가 아니라 이상 가운데 이루어졌다. 이런 점에서 하나님이 직접 나타나 아브람에게 명령하신 사건들(12:1; 17:1; 22: 2)

과 다름을 알 수 있다. 아브람이 하나님께 받은 말씀은 후손에 대한 약속과 그 후손이 미래에 일어날 예언을 포함하고 있다(13-16절). 여호와의 말씀은 두려워하지 말라고 하시면서 자신이 방패와 상급의 역할자 이심을 밝히신다.

왜 이러한 말씀을 아브람에게 하셨을까? 이 말씀은 앞에서 롯을 구하기 위해 일어났던 전쟁과 그 이후에 일어난 일들과 관계가 있다. '두려워하지' 말라고 하신 것은 전쟁의 극한 상황 이후에도 혼자가 아니라 항상 함께 하시겠다는 위로의 말씀이다. 그리고 하나님이 전쟁에서 그를 지켜 보호해 주셨다는 의미로 '방패'라고 하셨다.

또한 하나님이 자신을 "지극히 큰 상급"이라고 언급하신 것도 그 전쟁과 관계가 있다. 마치 승리하고 돌아온 장수에게 상을 내리는 의미와 유사하게 승리하고 돌아온 아브람에게 살렘 왕 멜기세덱이 환영과 축복을 해준다. 이 과정에서 아브람은 멜기세덱이 하나님의 영원한 제사장임을 깨닫고 그에게 십의 일을 드리면서, 자신의 과거 잘못들과 물질로 인해 조카 롯과 헤어지게 된 여러 가지 잘못들을 회개하고 용서받는 등의 영적이며 육적인 보상을 받게 된다. 이뿐 아니라 앞으로 보다 더 큰 하나님의 상급이 원대하신 그분의 계획 속에 도구로 쓰임 받을 것에 대한 '보상'이 내포되어 있다.

2. 질문: 내게 무엇을 주시렵니까?(15:2-3)

> 2 아브람이 이르되 주 여호와여 무엇을 내게 주시려 하나이까 나는 자식이 없사오니 나의 상속자는 이 다메섹 사람 엘리에셀이니이다 3 아브람이 또 이르되 주께서 내게 씨를 주지 아니하셨으니 내 집에서 길린 자가 내 상속자가 될 것이니이다

그래서 아브람은 하나님께 그 큰 '보상'이 무엇인지를 여쭙고 있다. 후손에 대한 문제를 그 상황에서 재빨리 끄집어내어 자신이 고민하는 문제를 털어놓고 있다. 아브람은 자녀에 대한 문제는 인간의 힘으로 할 수 없다는 사실을 알고 있

었다. 또한 전쟁 속에서 방패가 되어주신 능력의 하나님을 깊이 알고 있었다. 하나님의 부르심과 그분을 만을 믿고 고향과 친척 집을 떠났지만 주신다고 했던 후손이 아직 없어 고민하던 차에, 하나님이 자신을 상급이라고 하시면서 더 주실 것 같이 말씀하시니 기회로 여기고 속마음을 털어놓는 것이다. 이렇게 애타게 자식을 갈망하는 모습이 그의 질문 속에서 잘 나타난다. 즉 종 엘리에셀이 자신의 상속자가 될 것이라고 주장하고 있다. 이 말이 대화에서 두 번 강조되면서 반복되고 있다: 자식-상속자/씨-상속자. 특히 그 당시 우르 문명에서는 자식이 없으면 그 집의 충실한 종들 중 한 명을 양자로 삼아 후계자가 되었다(cf. 누지(Nuzi) 토판).

3. 방식(시청각): 별과 같이 자손이 번성할 것(15:4-5)

4 여호와의 말씀이 그에게 임하여 이르시되 그 사람이 네 상속자가 아니라 네 몸에서 날 자가 네 상속자가 되리라 하시고 5 그를 이끌고 밖으로 나가 이르시되 하늘을 우러러 뭇별을 셀 수 있나 보라 또 그에게 이르시되 네 자손이 이와 같으리라

하나님은 아브람에게 친절하고 확실하게 시청각교육을 통해서 엘리에셀이 상속자가 될 수 없고 그의 씨가 될 것을, 아브람을 밖으로 데리고 나가 하늘을 보이시며 알려주신다. 맑은 하늘에 반짝이는 수많은 별들같이 그의 후손이 많아질 것을 약속하신다. 이러한 현상을 본 아브람은 그의 모든 불평과 근심이 안개같이 사라졌다. 따라서 그의 종 엘리에셀이 상속자가 될 수 없음을 깨닫게 되었다. 이러한 시청각교육을 통한 하나님의 계획을 보이는 것은 아브람이 아직 믿음이 약하다는 것을 말하고 있다. 그러나 16장에서는 이러한 하나님의 계획을 잊어버리고 하갈에게서 이스마엘을 낳게 되는 것을 볼 수 있다. 분명하게 상속자를 주신다고 하셨는데 그 약속을 잊고 가정에 갈등을 초래하게 된다. 결국 시청각교육을 통한 교육은 아직 아브람의 신앙이 약하고 어리다는 것을 알 수 있

게 될 것이다.

4. 반응: 믿었더니, 그를 의롭다 하심(15:6)

6 아브람이 여호와를 믿으니 여호와께서 이를 그의 의로 여기시고

이 본문은 첫 번째 인물 구조의 핵심 주제로 매우 중요한 신학적 의미를 갖는다. 믿음과 의의 관계가 무엇인지를 분명하게 해준다. 믿음이 없으면 의롭다 함을 받을 수 없다는 구원의 원리를 말하고 있다. 그러면 아브람이 하나님을 믿었다는 의미는 무엇인가? 이것은 아브람이 불가능한 것을 가능하게 하시는 하나님을 믿었다는 뜻이다. 아브람은 늙었고 그의 아내 사래는 태가 죽어서 아이를 가질 수 없다. 이 사실은 이미 전체 구조 서론에서 제기되었다(11:30).

그러나 하나님의 명령인 고향 본토를 떠나 가나안으로 가면 큰 민족을 이루게 될 것이라는 약속(12:2-3)을 하셨는데 10년이 지난 지금에도 아직 아브람에게는 자녀가 없었다. 전쟁을 치르고 난 후에 아브람에게 하나님이 나타나셔서 자신을 '보상'이라고 하셨기에 때를 맞추어 아직 상속자가 없음을 불평하였다. 하나님은 그의 하소연을 들어 주시기 위해 이해하기 쉽게 시청각 방법으로 하늘의 별들을 보여주시며, 그와 같이 많은 자손을 주실 것을 말씀하셨다. 이것을 보고 듣는 순간에 아브람이 하나님을 믿게 된 것이다.

로마서에서 바울 사도가 이것을 "바랄 수 없는 중에 바라고 믿는 믿음"(롬 4:1-3)이라고 말하였고 그 믿음이 하나님 앞에서 의롭다함을 받게 된 것이다. 아브람의 믿음은 "없는 것을 있는 것 같이 부르시는 하나님"을 믿은 것이다. 따라서 그의 믿음이 하나님께 의롭다 함을 인정받게 되었다. 여기서 분명히 해야 할 것은 아브람이 하나님께 의롭다 함을 받은 것은 오직 믿음으로 된 것이지 행함으로가 아니다. 아브람이 전능한 하나님이 누구시며 어떤 분이심을 그의 여러 가지 위험한 삶 가운데서 경험하게 되었고(사라의 위기 속에서와 조카 롯을 구하기 위

한 전쟁 가운데서), 또한 하나님의 약속을 믿게 되었다. 이러한 가운데 그의 믿음이 점점 자라나면서 행함으로 나아가게 된다.

5. (1') 소개: 나는 우르에서 불러낸 여호와(15:7)

> 7 또 그에게 이르시되 나는 이 땅을 네게 주어 소유를 삼게 하려고 너를 갈대아인의 우르에서 이끌어 낸 여호와니라

하나님은 아브람에게 두 번째 자신을 알리신다. 본인이 가나안 땅을 그에게 주시려고 갈대아 우르에서 불러내셨다는 것이다. 아브람은 바로 이점이 늘 궁금했다. 갈대아 우르는 비옥한 곳이고 가나안은 척박한 땅이기 때문이다. 무엇인가 보다 깊고 높은 뜻이 있을 것을 고대하였지만, 그동안은 도저히 감이 잡히지 않았다. 물론 하란을 떠난 이후 여러 번 하나님의 도우심이 있었지만, 그의 생각은 아직 하나님의 깊으신 뜻을 이해하기가 힘든 상태이다. 그러나 앞에서 하나님이 자녀를 주실 것이고, 또한 자신의 후손이 하늘의 별과 같이 많아질 것을 약속하신 것으로 보아 땅이 기름지거나 척박한 것이 문제가 아니라, 보다 중요한 것은 그 후손들이 살 땅을 준비하시는데 어떻게 하실 것인지가 더 궁금해졌다.

6. (2') 질문: 땅을 받을 것을 무엇으로 알 수 있나요?(15:8)

> 8 그가 이르되 주 여호와여 내가 이 땅을 소유로 받을 것을 무엇으로 알리이까

앞에서 자신의 상속자가 없어서 자신의 상속자가 그의 종 엘리에셀이 아니라[앞에서 자신의 상속자는 그의 종인 엘리에셀이 아니라] 자신에게서 날 자녀가 될 것을 알았고 또한 그의 자손이 대단히 많아질 것을 알게 되었지만 무슨 수로 그렇게 될 것인지, 그리고 어떻게 갖게 될 것인지에 대해 구체적으로 알고 싶어

한다. 이렇게 아브람은 하나님의 계획에 대해 점점 더 과감하게 질문하는 가운데 그분의 뜻을 알아가고 있다.

7. (3') 방식: 언약 체결(15:9-17)

> 9 여호와께서 그에게 이르시되 나를 위하여 삼 년 된 암소와 삼 년 된 암염소와 삼 년 된 숫양과 산비둘기와 집비둘기 새끼를 가져올지니라 10 아브람이 그 모든 것을 가져다가 그 중간을 쪼개고 그 쪼갠 것을 마주 대하여 놓고 그 새는 쪼개지 아니하였으며 11 솔개가 그 사체 위에 내릴 때에는 아브람이 쫓았더라 12 해 질 때에 아브람에게 깊은 잠이 임하고 큰 흑암과 두려움이 그에게 임하였더니 13 여호와께서 아브람에게 이르시되 너는 반드시 알라 네 자손이 이방에서 객이 되어 그들을 섬기겠고 그들은 사백 년 동안 네 자손을 괴롭히리니 14 그들이 섬기는 나라를 내가 징벌할지며 그 후에 네 자손이 큰 재물을 이끌고 나오리라 15 너는 장수하다가 평안히 조상에게로 돌아가 장사될 것이요 16 네 자손은 사대 만에 이 땅으로 돌아오리니 이는 아모리 족속의 죄악이 아직 가득 차지 아니함이니라 하시더니 17 해가 져서 어두울 때에 연기 나는 화로가 보이며 타는 횃불이 쪼갠 고기 사이로 지나더라

첫 번째 질문에 대한 해결책으로 자녀가 없어서 그의 종이 상속자가 될 것을 염려하던 아브람에게 시청각 방식(하늘에 수많은 별들을 보임)을 통해 그의 후손이 그처럼 많아질 것을 약속해주셨다. 이번에는 그의 후손이 가나안을 얻을 것을 무엇으로 알 수 있는지에 대한 아브람의 질문에 하나님이 대답하신다. 아브람의 씨에서 태어난 자가 상속자가 되어 그가 어떻게 많은 후손을 이루며, 또한 그들이 언제 가나안을 차지 할 지에 대해, 하나님은 언약 체결 방식을 통해 아브람의 궁금증을 풀어주실 뿐 아니라 그 과정에서 서로의 관계를 더욱 돈독하게 하신다. 이 방식은 그 당시 이스라엘 근동지방의 국가들이나 개인 간에 사용되었던 강자와 약자 간의 문제 해결 방식 중 하나이다. 문제 해결, 즉 평화와 화해 외에

여러 가지 문제 해결을 위한 쌍방 간의 협정을 말한다. 우선 하나님이 아브람에게 몇몇 가축들과 새를 준비해 올 것을 지시하셨고, 그는 순종하는 마음으로 그것들을 가져와 새를 제외한 모든 동물들을 반으로 쪼개어 준비해 놓는다.

그런 후에 하나님은 앞으로 되어질 예언 7가지를 꿈속에서 보여주신 후 아브람이 준비해 놓은 그 제물을 화로에서 나온 불로 태우신다. 이로써 하나님과 아브람의 언약이 체결된다. 하나님이 그에게 예언하신 내용은 다음과 같다.

1) 그의 후손이 객이 될 것, 2) 후손이 400년 동안 고통을 받을 것, 3) 후손을 괴롭힌 그들이 징계를 받을 것, 4) 때가 되어 그의 후손이 해방될 것, 5) 그들이 그곳에서 많은 재물을 가지고 나올 것, 6) 그의 후손은 4대 만에 가나안으로 돌아올 것: 이는 아모리(가나안) 족속의 죄악이 아직 가득 차지 않았기 때문, 7) 그러나 아브람은 그 예언들의 성취를 보지 못하고 장수하다가 평안히 죽어 장사될 것이다(13-16절). 한마디로 아브람이 살아 있을 동안에는 약속한 가나안 땅을 얻을 수 없고 그가 열조의 품으로 돌아간 이후에야 될 것이다. 앞으로 그의 후손이 하늘의 별과 같이 많아져 큰 민족을 이룰 것이며, 그들이 400년 동안 객으로 살면서 어려움 당하다가 결국에는 4대만에 가나안으로 돌아올 것을 말씀하셨다. 하나님은 이렇게 그에게 구속사적 미래를 열어주셨다.

8.(4') 반응: 더불어 언약을 세우심(15:18-21)

18 그 날에 여호와께서 아브람과 더불어 언약을 세워 이르시되 내가 이 땅을 애굽 강에서부터 그 큰 강 유브라데까지 네 자손에게 주노니 19 곧 겐 족속과 그니스 족속과 갓몬 족속과 20 헷 족속과 브리스 족속과 르바 족속과 21 아모리 족속과 가나안 족속과 기르가스 족속과 여부스 족속의 땅이니라 하셨더라

앞에서는 아브람이 하나님의 약속인 그의 후손이 하늘의 별과 같이 많아질 것을 믿었다. 그의 믿음은 불가능한 것을 가능하게 하는 전능하신 하나님은 그

렇게 하실 것이라고 바랄 수 없는 중에 그분을 믿었다. 그래서 하나님은 그의 믿음을 의롭다고 여기셨다. 이러한 하나님과 아브람의 반응들은 택한 백성들에게 동일하게 적용된다. 두 번째 인물 구조의 중심 주제인 18-21절에서도 이러한 반응을 볼 수 있다. 여기서도 앞에서와 같이 하나님이 아브람과 더불어 언약을 세우셨고, 그런 후 이번에는 땅을 약속하셨다. 애굽 강에서부터 유프라데 강까지 그의 자손들에게 주실 것을 약속하셨다. 그 땅이 바로 가나안 10족속을 주시겠다는 약속이었다: 겐 족속, 그니스 족속, 갓몬 족속, 헷 족속, 브리스 족속, 르바 족속, 아모리 족속, 가나안 족속, 기르가스 족속, 여부스 족속.

E. 가정의 갈등(16:1-16)

아브라함의 삶을 세 번으로 나누어 살펴보면, 16장(E)은 첫 번째 신앙경주의 마지막 장면이다. 병행구조의 특징에 따라 이 부분이 중심 주제를 이룬다. 이런 점에서 16장은 중요한 신학적 의미가 있다. 아브람이 하갈을 첩으로 얻은 후 그녀가 임신한다. 그런 후 여주인 사래를 멸시한다. 결국 두 아내의 갈등으로 아브람은 깊은 고민에 빠진다. 이러한 갈등의 근본적인 원인은 무엇일까? 본 장의 인물 구조를 살펴보는 가운데 그 문제가 드러날 것이다.

가. 구조적 주해

E. 가정의 갈등(16:1-16)

1. 사래(불임녀)의 여종 하갈	1
2. 사래의 출산을 막으심	2
3. 여주인을 멸시함	3-5
4. 하갈이 도망감	6
4'. 돌아가라!	7-10

사래가 임신하지 못함을 알고 그의 여종 하갈을 아브람에게 소개하면서 가정에서 갈등이 일어난다. 8개의 요지가 양괄식 대칭구조를 이루며 그 내용을 담고 있다.

1 / 1'
'사래(불임녀)의 여종 하갈'(1)과 '하갈이 이스마엘을 낳음'(1')으로 서로 연결된다.

2 / 2'
'사래의 출산을 막으심'(2)과 '하갈을 고통을 살피심'(2')으로 서로 대비된다.

3 / 3'
'하갈이 여주인을 멸시함'(3)과 '아이에 대한 예언'(3')으로 비교된다.

4 / 4'
'하갈이 도망감'(4)과 '돌아가라!'(4')로 연결된다.

양괄식 대칭 구조는 처음과 끝인 1 / 1'에 중심 주제가 있다. 사래의 여종 하갈이 아들을 낳으므로 아브람의 가정에 갈등이 시작된다.

이렇게 위 여덟 개의 요지들이 4개씩 대비되면서 대칭구조(1-2-3-4/4'-3'-2'-1')를 이루고 있다. 요지들 1-2-3-4는 사래와 하갈 사이에 일어난 사건으로 갈등의 원인을 보여준다. 첫째 원인은 사래가 아이를 낳지 못한다는 점이다(1절). 두 번째는 본인의 태가 죽었지만, 능력의 하나님이 그녀의 태를 아직 열어주지 않으심을 깨닫지 못하고 있다(2절). 세 번째 원인은 아브람과 사래가 하나님의 뜻을 깨닫지 못하고 하갈을 첩으로 받아들였다는 점이다(3절). 한마디로 아브람의 믿음이 약해져서 하나님과의 약속을 잊어버렸기 때문이다. 네 번째 원인은 하갈이 임신한 후 자기 여주인 사래를 멸시했다는 점이다(4-5절). 끝으로는 사래가 자기 분에 못이겨 하갈을 구박했다는 점이다. 이렇게 사래와 하갈과의 갈등의 골이 깊어만 간다. 비록 여인들의 갈등이지만 그 중심에는 아브람이 있다.

요지들 4'-3'-2'-1'(7-16절)는 하갈에게 하나님의 사자가 나타나 바른길로 인도할 뿐 아니라 그녀를 위로해 준다. 결국 하갈이 사래에게로 돌아가서 해산한 후 이스마엘을 낳게 된다. 이렇게 8개의 요지들이 두 개로 나뉘어 대비 관계를 이루면서 아브람의 가정에 갈등이 심화되었다가 해소되는 장면들을 보여준다.

나. 구속사적 의의

인간적 방법의 실패: 사래가 여종을 통해 언약의 자손을 얻으려는 시도는 하나님의 약속을 인간적인 방식으로 해결하려는 실패를 드러낸다.

하나님의 돌보심: 그러나 하나님은 하갈과 이스마엘을 버리지 않으시고 "엘로이"(살피시는 하나님)로 자신을 계시하신다.

언약의 계보 구분: 이스마엘은 큰 민족을 이루지만, 참된 언약의 계승은 후일 이삭을 통해 이어짐. 이는 구속사의 분기점을 보여준다.

다. 신앙경주 적용

불신의 길 vs. 약속의 길: 신앙경주는 불임과 지연 속에서 인간적 해결책을 찾을 유혹을 받지만, 약속을 신뢰하는 길을 선택해야 한다.

하나님의 눈길: 도망한 하갈을 찾아오신 하나님은 우리의 고통과 방황을 보시며, 신앙경주자에게 회복과 방향을 주신다.

엎드림과 순종: '돌아가라'는 말씀은 고통의 자리에서도 하나님의 뜻을 따라 순종할 때, 약속의 길이 이어지는 것을 보여준다.

라. 본문 해설

1. 사래(불임녀)의 여종 하갈(16:1)

> 1 아브람의 아내 사래는 출산하지 못하였고 그에게 한 여종이 있으니 애굽 사람이
> 요 이름은 하갈이라

아브람의 아내 사래는 자녀를 낳지 못하였다. 그녀의 불임은 단순히 나이가 많아서가 아니라, 이미 하란에 있을 때부터 태가 닫혀 있었기 때문이다. 창세기 서론(11:30)은 분명히 말한다. "사래는 임신하지 못하므로 자식이 없었더라." 이는 하나님께서 바로 그 불임 여인을 통해 언약의 씨를 창조하시려는 섭리를 드러낸다.

그러나 사래는 자신의 상황을 믿음으로 해석하지 못했다. 그녀는 하나님이 아브람과 맺으신 언약, 곧 "후손의 번성"의 약속을 충분히 이해하지 못하고 있었다. 스스로 나이가 많아 더 이상 아이를 가질 수 없다고 단정했으며, 자신으로 인해 가정이 무자식의 수치를 겪는 것을 크게 염려했다. 결국 그녀는 하나님의 약속을 기다리기보다, 현실적이고 인간적인 방법을 찾으려 했다.

그녀에게 한 여종이 있었는데 이름은 하갈이요 애굽 여인이었다. 하갈은 아브람이 기근 때문에 애굽으로 내려갔을 때 데려온 여종이었다.

2. 하나님이 사래의 출산을 막으심(16:2-3)

> 2 사래가 아브람에게 이르되 여호와께서 내 출산을 허락하지 아니하셨으니 원하건
> 대 내 여종에게 들어가라 내가 혹 그로 말미암아 자녀를 얻을까 하노라 하매 아브람
> 이 사래의 말을 들으니라 3 아브람의 아내 사래가 그 여종 애굽 사람 하갈을 데려다가
> 그 남편 아브람에게 첩으로 준 때는 아브람이 가나안 땅에 거주한지 십 년 후였더라

사래는 자신이 출산하지 못하는 이유가 하나님께 달려 있음을 알고 있었다. "여호와께서 내 출산을 허락하지 아니하셨으니 …"(16:2). 그러나 그녀는 약속을 끝까지 기다리지 못하고, 여종 하갈을 남편에게 주어 대를 잇게 하려 했다. 이는 전능하신 하나님께서 애굽에서 사래를 바로의 궁에서 구해 주셨던 사건(12:10-20)과 자신을 언약의 도구로 삼으시려는 깊은 뜻을 전혀 이해하지 못한 행동이었다.

사래의 제안은 결국 가정에 갈등을 불러오는 씨앗이 되었다. 그러나 더 큰 문제는 아브람이 그 제안을 받아들였다는 사실이다. 당시에 그는 가나안에 거주한 지 십 년이 지나 85세가 되었고, 하나님의 약속이 더디 이루어지는 것처럼 보였다. 하지만 그의 수락은 단순한 실수가 아니라, 하나님 앞에서 믿음을 저버린 신앙의 탈선이었다. 그 이유는 다음과 같다.

- 하나님이 하란을 떠나 가나안으로 가면 후손을 주겠다고 약속하신 언약을 잊었다.
- 애굽에서 하나님이 사래를 위기에서 건지신 사건의 의미를 깨닫지 못했다.
- 엘리에셀이 상속자가 될 것이라 불평할 때, 하나님이 친히 "네 몸에서 날 자가 네 상속자가 되리라" 하신 말씀(15:4)에 아멘으로 화답했던 경험을 잊어버렸다.

결국 아브람은 지난 10여 년 동안 경험한 구원의 사건들과 하나님의 말씀을 망각하거나 제대로 이해하지 못했기 때문에, 사래의 제안을 따랐다. 언약의 약속을 끝까지 신뢰하지 못한 이 결정은, 믿음의 조상에게는 단순한 실수가 아니라 신앙경주에서의 심각한 낙오였다. 경주에서 탈선하는 가장 큰 이유는 하나님의 말씀과 은혜의 사건을 잊는 것이다. 그 결과 가정에 심각한 갈등이 뒤따랐으며, 이는 불순종의 대가가 얼마나 쓰라린지를 보여주는 증거가 되었다.

3. 임신한 하갈이 여주인을 멸시함(16:4-5)

> 4 아브람이 하갈과 동침하였더니 하갈이 임신하매 그가 자기의 임신함을 알고 그의 여주인을 멸시한지라 5 사래가 아브람에게 이르되 내가 받는 모욕은 당신이 받아야 옳도다 내가 나의 여종을 당신의 품에 두었거늘 그가 자기의 임신함을 알고 나를 멸시하니 당신과 나 사이에 여호와께서 판단하시기를 원하노라

결국 아브람은 하갈과 동침하였고 그녀가 임신하게 되었다. 이 시점부터 사래와 하갈 사이의 갈등이 본격적으로 수면 위로 드러난다. 여종 하갈은 임신한 후에 주인 사래를 노골적으로 멸시하였고, 이는 사래의 마음을 크게 뒤흔들었다. 모욕감에 휩싸인 사래는 견디지 못하고 남편 아브람에게 불만을 토로한다. 그녀는 자신이 이런 수치를 당할 이유가 전혀 없다고 여기며 이렇게 말한다.

"당신과 나 사이를 여호와께서 판단하시기를 원하노라."

여기서 "여호와께서 판단하시다"의 원어는 '이쉬파트 야웨'(יְהוָה יִשְׁפֹּט)이다. 이 말은 단순한 이혼 선언이 아니라, 남편에게 책임을 묻고 그 시비를 하나님께 맡기겠다는 법정적·신학적 호소였다. 오늘날의 언어로 바꾼다면, "이 문제에 대해 하나님께서 옳고 그름을 가려주시기를 바랍니다"라는 의미로, 사래는 자신의 억울함과 분노를 하나님께 호소하면서 동시에 아브람에게 하갈을 제대로 다스리지 못한 책임을 전가하고 있는 것이다.

사실 사래는 하갈에게 멸시당하기 전까지 외적으로는 애굽 왕 바로가 탐낼 만큼 아름다웠고, 내적으로는 남편을 지혜롭게 내조하며 가정과 종들을 잘 다스리는 현명한 여인이었다. 그러나 하갈의 멸시 이후 그녀의 자존심과 인내심은 한순간에 무너져 내린 듯 보인다.

4. 사래가 하갈을 구박하니 도망감(16:6)

> 6 아브람이 사래에게 이르되 당신의 여종은 당신의 수중에 있으니 당신의 눈에 좋을 대로 그에게 행하라 하매 사래가 하갈을 학대하였더니 하갈이 사래 앞에서 도망하였더라

아브람은 사래의 원망과 불평에 못 이겨 모든 것을 사래의 처분에 맡겼다. 어떤 면에서 하갈은 아브람의 이런 조치를 사래의 불평보다 야속하게 느꼈을지 모른다. 결국 사래는 하갈을 괴롭혔고, 그녀는 여주인의 심한 학대에 어쩔 수 없이 도망하였다. 이 장면이 대칭구조 전반부의 절정을 이룬다.

5. (4') 사자가 하갈에게 돌아가라 함(16:7-9)

> 7 여호와의 사자가 광야의 샘물 곁 곧 술 길 샘 곁에서 그를 만나 8 이르되 사래의 여종 하갈아 네가 어디서 왔으며 어디로 가느냐 그가 이르되 나는 내 여주인 사래를 피하여 도망하나이다 9 여호와의 사자가 그에게 이르되 네 여주인에게로 돌아가서 그 수하에 복종하라

여기서부터 아브람 가정의 갈등이 해소되는 과정을 보여준다. 하나님의 사자가 하갈을 만나 안부를 물으면서 그녀의 존재와 역할에 관해서 일깨워준다. "사래의 여종 하갈아!" 이 뜻은 하갈이 주제 파악을 하지 못한 결과로 문제가 발생하였을 뿐 아니라 고생하고 있다는 사실을 알려주고 있다. 이러한 부름의 첫마디가 가정의 갈등과 쫓겨난 원인이 무엇인지를 상기시켜 준다. 하갈 자신은 사래의 여종이라는 사실을 드러낸다. 그녀가 아브람의 아이를 임신했다 해도 종의 신분이 바뀌지 않았음을 알려주고 있다. 하갈이 임신한 후에 자신이 누구인지를 잊어버린 채 착각하여 자기 여주인 사래를 무시한 사실을 깨닫게 해준다.

그런 후에 천사는 그녀의 현재 상황을 묻고 있다. "네가 어디서 왔으며 어디로 가느냐?" 이에 하갈은 자신이 여주인 사래를 피하여 도망하고 있다고 말한다. 여기서 하갈이 사래에게 엄청난 괴롭힘을 당해서 어쩔 수 없이 도망친 것으로 여겨진다. 그 당시는 종이 주인을 무시하면 남종이건 여종이건 벌을 심하게 받고 내쳐지거나 혹은 팔림과 죽임을 당하기까지 한다. 하갈은 도망 다니면서 고생을 해서 그런지 제대로 자신의 신분을 깨달은 것 같이 보인다. 그런 후 천사가 하갈에게 지시하기를 여주인에게 돌아가서 그 수하에 복종할 것을 권면하고 있다. 사실상 문제는 하갈에게 잘못도 있지만 근본적으로는 아브람의 믿음 없는 행동 때문이다. 하나님의 약속을 잊어버리고 사라의 말을 들은 결과는 모두를 어렵게 할 뿐 아니라 후손들에게까지 영향을 미치게 된다.

6. (3') 태어날 아이에 대한 약속과 예언(16:10-12)

10 여호와의 사자가 또 그에게 이르되 내가 네 씨를 크게 번성하여 그 수가 많아 셀 수 없게 하리라 11 여호와의 사자가 또 그에게 이르되 네가 임신하였은즉 아들을 낳으리니 그 이름을 이스마엘이라 하라 이는 여호와께서 네 고통을 들으셨음이니라 12 그가 사람 중에 들나귀 같이 되리니 그의 손이 모든 사람을 치겠고 모든 사람의 손이 그를 칠지며 그가 모든 형제와 대항해서 살리라 하니라

천사가 하갈에게 사라에게 돌아가서 복종하라고 말한 후, 이번에는 그녀에게 축복을 한다. 그가 낳을 자녀의 후손이 번성할 것과 그의 후손의 수가 셀 수 없이 많아질 것, 그리고 그녀가 낳을 아이 이름을 이스마엘('하나님이 고통을 들으셨다')로 지어주었다.

끝으로 그 아이의 미래가 다음과 같이 예언된다. 1) 그가 사람들과 살아가면서 '들나귀' 같이 될 것. 2) 그의 손이 모든 사람을 치고 또한 모든 사람의 손이 그를 칠 것, 그리고 3) 그가 모든 형제와 대항해서 살 것이다. 이와 같이 천사는 하

갈에게 회복의 길을 열어주었지만, 다른 한편으로는 태어날 아이의 미래의 삶에 어두움이 짙게 깔려있다.

7.(2') 하갈을 살피시는 하나님(16:13-14)

13 하갈이 자기에게 이르신 여호와의 이름을 나를 살피시는 하나님이라 하였으니 이는 내가 어떻게 여기서 나를 살피시는 하나님을 뵈었는고 함이라 14 이러므로 그 샘을 브엘라해로이라 불렀으며 그것은 가데스와 베렛 사이에 있더라

하갈은 천사가 그곳 샘물가에 나타나 고통 중에 지쳐있는 자신에게 위로해 준 것과 여주인과의 갈등을 해소하는 데 도움을 준 것, 그리고 태어날 아이의 이름을 지어주고 축복해 준 것에 진심 어린 감사의 고백을 한다. 그래서 그곳에 나타난 천사를 향해 "살피시는 하나님"을 뵈었다고 두 번이나 강조하고 있다. 그리고 그 샘의 이름을 브엘라해로이('살아 계셔서 나를 감찰하시는 분의 우물')라고 불렀다.

8.(1') 하갈이 이스마엘을 낳음(16:15-16)

15 하갈이 아브람의 아들을 낳으매 아브람이 하갈이 낳은 그 아들을 이름하여 이스마엘이라 하였더라 16 하갈이 아브람에게 이스마엘을 낳았을 때에 아브람이 팔십육 세였더라

사래의 여종 하갈이 아브람의 아들 이스마엘을 낳았다. 그 이름의 뜻은 "하나님이 들으심"이다. 그는 첫 번째 아브람의 아들이지만 첩에서 난 아들이어서 적자(嫡子)가 아닌 서자(庶子)가 되었다. 그는 아브람의 상속자가 될 수 없을 뿐 아니라 하나님의 약속을 받지 못할 운명에 처하게 된다. 이때가 아브람의 나이 86

세였다.

아브람이 사래의 말을 듣고 하갈을 첩으로 들이면서 그의 신앙경주에 침체기를 맞고 있다. 하나님의 계획과 인도하심을 깨닫지 못하고 잘못을 범하면서 가정의 불화를 자초했다.

결과적으로 오늘날까지 이삭과 이스마엘 후예들 사이에 일어난 엄청난 갈등이 예언대로 현 세상 안에서 실제로 일어나고 있다. 오늘날 우리는 약속받은 자와 약속받지 못한 자 사이에 일어나는 갈등을 복음으로 녹여 메시아의 백성으로 승리하는 신앙경주의 삶을 살아가야 할 것이다.

A'. 명령과 순종(17장)

어느덧 아브람이 99세가 되었다. 하나님의 부르심을 받고 하란을 떠나 가나안에 온 지 24년이 지난 시점이다. 하나님께서 다시 나타나셔서 "나는 전능한 하나님이라 너는 내 앞에서 행하여 완전하라"고 명하셨다. 이 말씀은 단순한 권고가 아니라 언약 백성으로서의 삶을 새롭게 규정하는 구속사적 전환점이다.

가. 구조적 주해

A' 명령과 순종(17장)

1. **명령**: 행하여 완전하라!		17:1
2. **약속**: 번성케 하리라		2
3. **이름 변경**: 이브림 → 아브라함		3-5
4. **약속**: 영원한 기업이 되리라		6-8
1'. **명령**: 할례를 받으라!		9-12
2'. **약속**: 영원한 언약		13-14
3'. **이름 변경**: 사래→사라		15-19

4'. **약속**: 번성케 하리라   20-22

    5. **순종**: 모든 남자는 할례 받음   23-27

아브라함의 99세 때 주어진 창세기 17장은, 두 번 반복되는 변형된 병행구조가 네 개의 키워드 중심으로 구성되었다. 중심 주제는 마지막 부분(5)인 "모든 남자가 할례 받음"으로 수렴된다. 이는 신앙경주에서 순종이 결론이라는 점을 강조하고 있다.

  1 - 1' 명령: 행하여 완전하라 / 할례를 받으라

    신앙경주에서 하나님의 명령은 출발점이다. "행하여 완전하라"는 내적 태도와 전인적 헌신을 요구하고, "할례를 받으라"는 언약 백성으로 외적 표징을 요구한다. 즉, 경주의 출발은 마음과 행위 모두에서 하나님 앞에 합당한 삶을 살라는 요구이다.

  2 - 2' 약속: 번성 / 영원한 언약

    경주의 길에는 반드시 약속이 주어진다. 아브라함은 단순히 달려가는 것이 아니라, 언약 성취를 바라보고 경주한다. 약속이 '번성'(후손)과 '영원한 언약'(관계 지속)으로 주어졌다는 점은, 신앙인의 달음질이 단회적이 아니라 세대를 이어가는 구속사적 경주임을 보여준다.

  3 - 3' 이름 변경: 아브람 → 아브라함 / 사래 → 사라

    경주자에게는 새로운 정체성이 부여된다.

    이름이 바뀐다는 것은, 하나님이 경주의 방향과 목표를 새롭게 설정하신다는 뜻이다.

    이는 신앙경주가 단순한 인생 여정이 아니라, 언약적 신분의 변화를 동반하는 새로운 경주임을 드러낸다.

  4 - 4' 약속: 영원한 기업 / 번성

    경주에는 목표와 상급이 있다. '영원한 기업'은 궁극적인 신앙경주의 완성을, '번성'은 경주 과정에서의 축복과 증거를 보여준다. 구속사의 경주자는 언제나

하나님께서 주실 '영원한 기업'을 바라보며 달려 간다.

5 (핵심 주제) 순종: 모든 남자 할례 받음

구조의 끝에서 모든 명령과 약속은 실제 순종으로 귀결된다. 이는 신앙경주의
결론이 단순한 약속의 청취가 아니라 순종으로 입증되는 믿음임을 보여준다.
아브라함은 자기뿐 아니라 집안의 모든 남자에게까지 할례를 행하게 함으로,
자신의 경주를 공동체적·세대적 차원에서 실천한다.

따라서 창세기 17장의 구조는 아브라함의 제2 신앙경주의 출발을 보여준다.
그리고 본문의 흐름은 명령으로 시작(완전함·할례) → 약속으로 격려(번성·언
약) → 이름 변경으로 신분 갱신 → 최종적으로 순종으로 완성.

이 흐름은 신앙경주가 "명령을 따라 달리며 약속을 바라보고 새 정체성으로
변화되어 순종으로 완성되는 과정"임을 드러낸다.

나. 구속사적 의의

언약의 확증: 하나님은 이미 주신 약속을 표징(할례)으로 확증하심. 이는 훗
날 세례와 성령의 인치심으로 이어지는 구속사의 중요한 전조이다.

이름의 갱신: 아브람(존귀한 아버지) → 아브라함(열국의 아버지), 사래(나의
공주) → 사라(열국의 어머니). 언약 안에서 정체성이 새롭게 규정된다.

이삭의 약속: 이스마엘이 아닌 이삭을 통해 언약이 계승됨. 이는 언약 계보
의 선택성과 하나님의 주권을 드러낸다.

영원한 언약: 땅·자손·기업은 단순히 혈통적 축복이 아니라, 메시아와 새
언약 공동체를 지향하는 영속적 약속이다.

다. 신앙경주 적용

완전한 행보: 신앙경주는 단순히 출발만이 아니라, 하나님 앞에서 "완전하
　　라"는 삶의 지속적인 요구를 따른다.
언약의 표징: 할례는 언약 백성으로서의 정체성과 책임을 상징. 신앙경주
　　자는 눈에 보이는 표징보다 마음의 순종과 삶의 성결로 언약을 증거해
　　야 한다.
즉각적 순종: 아브라함은 모든 남자와 함께 그날에 순종함. 신앙경주는 지체
　　없이, 공동체와 함께 순종으로 반응하는 경주이다.
새 이름, 새 정체성: 신앙경주에서 중요한 것은 옛 자아 이름을 버리고, 하나
　　님이 주신 새 정체성으로 달려가는 것이다.

라. 본문 해설

1. 명령: 행하여 완전하라!(17:1)

> 1 아브람이 구십구 세 때에 여호와께서 아브람에게 나타나서 그에게 이르시되 나는
> 전능한 하나님이라 너는 내 앞에서 행하여 완전하라

아브람의 가정은 여러 위기를 겪었고, 인간적 방법으로 하나님의 약속을 성
취하려는 시도(하갈 사건 등)로 인해 시험과 실패를 경험하였다. 그러나 이제 가
정이 외적으로는 평온한 시점에 하나님이 다시 그를 찾으셨다. 이는 하나님께
서 아브람에게 새로운 경주, 곧 제2의 신앙경주를 시작하도록 부르시는 것이다.
"나는 전능한 하나님이라"는 말씀은 구속사적 계시에서 매우 중요한 의미를
지닌다. 이는 하나님께는 불가능이 없으며, 언약을 스스로 성취하시는 분이라는
선언이다. 인간의 실수와 연약함에도, 하나님은 자신의 구속사적 계획을 이루어

가신다. 따라서 아브람은 이제 더 이상 자기 방식이나 인간적 계산으로 살지 말고, 전능하신 하나님 앞에서 행하여 온전함을 추구해야 한다. 여기서 '완전하라'(תָּמִים, 타밈)는 단순히 흠 없는 도덕적 상태를 의미하는 것이 아니라, "언약적 신실함과 전인적 헌신"을 뜻한다. 곧 신앙경주의 길에서 흔들리지 않고, 하나님과 맺은 언약을 신실히 지켜 나가라는 요구이다. 아브람은 구속사의 계승자로, 이제 믿음뿐 아니라 삶의 행위로 하나님의 언약에 합당한 모습을 보여야 한다.

따라서 본문은 구속사의 진행 속에서 신앙경주가 단계적으로 심화되는 것을 보여준다. 하나님께서 아브람을 다시 찾아오셔서 전능하신 하나님으로 자신을 계시하신 것은, 그가 언약의 상속자 이삭을 낳기 전에 반드시 가져야 할 신앙 훈련이었다. 이는 오늘날 신앙인에게도 구속사의 완성을 향한 경주 과정에서 요구되는 온전함과 순종의 모범을 제시한다.

2. 약속: 번성케 하리라(17:2)

> 2 내가 내 언약을 나와 너 사이에 두어 너를 크게 번성하게 하리라 하시니

하나님은 아브람을 매우 친밀한 관계로 대하신다. 언약을 체결하실 때 그를 단순한 피조물로만 대하지 않고, 언약의 당사자로서 "나와 너 사이"에 두셨다(창 17:2). 이는 아브람을 믿어주고 신뢰하시는 하나님의 태도이며, 언약의 본질이 신뢰 위에 세워져 있음을 보여준다. 하나님은 그에게 "크게 번성하게 하겠다"고 약속하셨는데, 이것은 창조의 복을 언약 계승자에게 다시 부여하신 것이다.

그러나 아브람의 현실은 달랐다. 사라는 여전히 자녀를 낳지 못했고, 상황은 하나님의 약속과 거리가 멀어 보였다. 이 때문에 아브람은 의심과 믿음 사이를 오가며 반신반의했으나, 전능하신 하나님을 신뢰하는 방향으로 점차 마음이 바뀌어 갔다. 바로 여기서 "나와 너 사이"라는 언약적 친밀감이 아브람의 생각을 새롭게 변화시킨 것이다. 하나님께서 언약 안에서 그를 끝까지 밀어주시고 믿어주

신다는 사실은, 과거의 불신과 실패를 떠올릴 때 더욱 부끄럽게 만든다.

이것이 곧 신앙경주의 자리이다. 하나님은 약속의 길을 끝까지 달려갈 수 있도록 언약 백성을 붙드시며, 인간의 연약함 속에서도 포기하지 않으신다. 아브람은 하나님의 친밀한 동행 속에서 과거의 불신을 넘어, 믿음으로 다시 달려야 할 경주의 길에 서게 된 것이다. 이렇게 하나님은 아브람에게 번성의 복을 주시며, 그를 통해 장차 언약 계승자, 곧 구속사적 계보를 이어갈 후손을 준비하신다.

3. 이름 변경: 아브람 → 아브라함(17:3-5)

> 3 아브람이 엎드렸더니 하나님이 또 그에게 말씀하여 이르시되 4 보라 내 언약이 너와 함께 있으니 너는 여러 민족의 아버지가 될지라 5 이제 후로는 네 이름을 아브람이라 하지 아니하고 아브라함이라 하리니 이는 내가 너를 여러 민족의 아버지가 되게 함이니라

아브람은 하나님께서 자신에게 믿음이 없다고 책망하지 않으시고, 오히려 언약의 당사자로 불러 동등한 위치에서 언약하시며 축복하신 것에 깊이 감사하며 엎드렸다. 이는 하나님의 은혜와 인내하심이 얼마나 크신지를 보여준다. 신앙경주의 길에서 넘어지고 흔들릴 수밖에 없는 아브람을 책망으로 다루지 않으시고, 오히려 언약과 복으로 다시 일으켜 세우시는 것이다.

그때 하나님은 아브람에게 다시 언약의 복을 주시며 '민족의 아버지'가 될 것이라고 약속하셨다. 그리고 그의 이름을 아브람(높은 아버지)에서 아브라함(열국의 아버지)으로 바꾸어 주셨다. 이름의 변경은 단순한 호칭 변화가 아니라, 언약 계승자로서의 신분과 사명을 새롭게 확증하는 사건이었다. 하나님은 다시 한번 아브라함이 여러 민족의 아버지가 되게 하실 것이라고 약속하셨다.

이 복은 단순히 자손의 숫자가 많아지는 것을 넘어, 하늘의 별과 바다의 모래와 같이 수많은 후손을 통해 하나님의 나라가 왕성하게 세워질 것이라는 의

미이다. 따라서 아브라함의 이름에 담긴 뜻, 곧 "만국의 아버지"라는 언약적 호칭은 구속사 속에서 하나님 나라 확장이라는 사명을 지닌 약속의 표징이 된다.

신앙경주의 관점에서 보면, 하나님은 아브라함이 스스로의 연약함과 과거의 부족함을 기억하며 부끄러워할 때, 오히려 그를 일으켜 세우시고 새로운 이름과 사명을 주심으로 다시 달려갈 길을 열어주셨다. 이는 믿음의 경주가 인간의 성취에 근거하지 않고, 오직 하나님의 은혜와 언약의 신실하심에 의해 지속된다는 것을 보여준다.

4. 약속 확인: 영원한 언약(17:6-8)

> 5 내가 너로 심히 번성하게 하리니 내가 네게서 민족들이 나게 하며 왕들이 네게로부터 나오리라 7 내가 내 언약을 나와 너 및 네 대대 후손 사이에 세워서 영원한 언약을 삼고 너와 네 후손의 하나님이 되리라 8 내가 너와 네 후손에게 네가 거류하는 이 땅 곧 가나안 온 땅을 주어 영원한 기업이 되게 하고 나는 그들의 하나님이 되리라

하나님은 계속해서 아브라함에게 복을 주실 것을 다시 확증하신다. 이번에는 단순한 번성이 아니라, "심히 번성하게 하리라"는 강한 강조로 말씀하셨다. 그의 자손 가운데 여러 민족이 일어나고, 왕들이 그에게서 나올 것이라고 약속하셨다. 이는 단순한 숫자의 증가를 넘어, 구속사적 통치 질서가 아브라함의 후손을 통해 세워질 것을 의미한다.

하나님은 또한 언약을 아브라함 개인에게만이 아니라, 그의 대대로 이어질 후손과 함께 영원한 언약으로 세우신다. 그 언약은 하나님 자신이 아브라함과 그의 후손의 하나님이 되시겠다는 선언이며, 동시에 그들에게 가나안 땅을 "영원한 기업"으로 주시겠다는 약속이다. 가나안은 단순한 땅이 아니라, 궁극적으로는 영원한 가나안, 곧 하나님의 나라를 예표하는 기업이다.

아브라함이 받은 이러한 복들은 결코 보편적인 것이 아니다. 인간의 능력으로

감당하기 힘들 정도의 크고 특별한 언약의 축복이다. 이는 오직 전능하신 하나님의 뜻과 계획 가운데서만 가능한 일이다. 따라서 "영원한 언약"과 "영원한 기업"은 단순한 약속이 아니라, 구속사의 큰 줄기를 이루는 중심 개념이다.

신앙경주 차원에서 보면, 아브라함과 그의 후손이 머물게 될 가나안은 단지 이 땅에서의 땅이 아니라, 장차 완성될 영원한 하나님의 나라를 가리킨다. 민족과 땅과 축복에 대한 약속은 모두 영원한 언약을 향한 징표이며, 믿음의 경주는 이 언약을 붙들고 출발하여, 마침내 영원한 기업에 이르는 여정을 의미한다.

5.(1') 명령: 할례를 받으라! (17:9-12)

> 9 하나님이 또 아브라함에게 이르시되 그런즉 너는 내 언약을 지키고 네 후손도 대대로 지키라 10 너희 중 남자는 다 할례를 받으라 이것이 나와 너희와 너희 후손 사이에 지킬 내 언약이니라 11 너희는 포피를 베어라 이것이 나와 너희 사이의 언약의 표징이니라 12 너희의 대대로 모든 남자는 집에서 난 자나 또는 너희 자손이 아니라 이방 사람에게서 돈으로 산 자를 막론하고 난 지 팔 일 만에 할례를 받을 것이라

하나님은 아브라함에게 여러 가지 복을 약속하신 후, 새롭게 언약의 표징을 명령하셨다. 이것이 바로 할례의 언약이다. 하나님은 아브라함과 그의 집안 모든 남자들이 할례를 받도록 명하셨고, 이것을 대대로 지켜야 할 영원한 언약의 규례로 세우셨다.

할례는 포피를 자르는 외적 행위가 아니라, 언약의 표징으로서 고통의 대가를 수반한다. 이는 하나님의 백성이 자기 몸에 언약의 흔적을 새겨 넣음으로써, 하나님께 속한 자임을 표시하는 것이었다. 따라서 할례는 하나님과 그 백성 사이에서 언약의 증표가 되었으며, 언약 공동체의 경계선을 설정하는 기능을 했다.

하나님은 이 할례의 규례를 모든 남자에게 동일하게 적용하셨다. 집에서 난 자뿐 아니라 이방인에게서 돈으로 산 종까지도 모두 예외 없이 할례를 받아야

했다. 특별히 출생 후 8일 만에 할례를 행하도록 정하신 것은, 하나님의 창조 질서 속에서 가장 적절한 때이며, 동시에 생명의 시작과 언약의 시작을 연결시키려는 뜻이 담겨 있다.

이로써 할례는 단순한 혈연적 표식이 아니라, 언약 공동체의 표징이 되었다. 곧 아브라함과 그의 후손이 하나님의 소유라는 사실을 나타내는 것이며, 그들에게 하나님이 원하시는 삶, 곧 언약 백성으로서의 거룩과 순종을 요구하는 것이다. 이러한 순종을 통해 아브라함의 집안은 하나님의 언약 공동체로 편입되었고, 이는 훗날 그리스도의 피로 세워질 새 언약 공동체를 예표하는 것이 되었다.

6.(2') 약속: 영원한 언약(17:13-14)

13 너희 집에서 난 자든지 너희 돈으로 산 자든지 할례를 받아야 하리니 이에 내 언약이 너희 살에 있어 영원한 언약이 되려니와 14 할례를 받지 아니한 남자 곧 그 포피를 베지 아니한 자는 백성 중에서 끊어지리니 그가 내 언약을 배반하였음이라

하나님은 다시 한번 언약의 보편성과 언약 공동체의 중요성을 분명히 하셨다. 할례를 받은 자는 자기 몸에 언약의 흔적을 지님으로, 하나님께 속한 자라는 표를 가지게 된다. 따라서 할례는 단순한 육체 행위가 아니라, 하나님과의 관계 속에서 언약 백성임을 확증하는 표징이었다. 반대로 할례를 받지 않은 자는 언약에 참여하지 않았으므로 공동체에서 끊어지고, 하나님의 백성으로 인정받을 수 없었다. 이는 단순한 규례 위반이 아니라, 언약 자체를 배반한 것으로 인정되었다.

언약 공동체의 관점에서 볼 때, 이 규례는 구속사의 큰 의미를 지닌다. 언약 백성은 혈통으로 결정되는 것이 아니라, 하나님의 언약의 표와 말씀에 순종하는 행위를 통해 구별된다. 이는 장차 그리스도의 십자가의 피로 세워질 새 언약 공동체를 미리 보여주는 그림자이며, 외적인 할례가 아닌 마음의 할례(롬 2:29)를 통해 하나님의 백성이 세워질 것을 예표한다.

7.(3') 이름 변경: 사래 → 사라 (17:15-19)

> 15 하나님이 또 아브라함에게 이르시되 네 아내 사래는 이름을 사래라 하지 말고 사라라 하라 16 내가 그에게 복을 주어 그가 네게 아들을 낳아 주게 하며 내가 그에게 복을 주어 그를 여러 민족의 어머니가 되게 하리니 민족의 여러 왕이 그에게서 나리라 17 아브라함이 엎드려 웃으며 마음 속으로 이르되 백 세 된 사람이 어찌 자식을 낳을까 사라는 구십 세니 어찌 출산하리요 하고 18 아브라함이 이에 하나님께 아뢰되 이스마엘이나 하나님 앞에 살기를 원하나이다 19 하나님이 이르시되 아니라 네 아내 사라가 네게 아들을 낳으리니 너는 그 이름을 이삭이라 하라 내가 그와 내 언약을 세우리니 그의 후손에게 영원한 언약이 되리라

하나님은 이번에 사래 이름을 사라로 바꿔 주셨다. 이 이름은 "열국의 어머니"라는 의미를 가지며, 아브라함과 더불어 그녀도 언약의 계승자로 세워졌음을 보여준다. 하나님은 사라가 아들을 낳을 것이며, 여러 민족의 왕들이 그에게서 태어날 것이라고 약속하셨다. 이는 아브라함과 사라가 단순히 한 가정의 부부가 아니라, 열국의 부모로 세워져 후손을 통해 언약의 나라를 이어가게 될 것을 선포하신 것이다.

그러나 이 약속을 들은 아브라함은 자신과 아내의 현실적 상황을 생각하며 웃었다. 백 세가 가까운 자신과 이미 경수가 끊긴 사라에게서 자녀가 태어나는 것은 인간적으로 불가능해 보였기 때문이다. 그래서 그는 하나님께 "이스마엘이나 하나님 앞에서 살기를 원하나이다"라고 대답하였다. 이것은 믿음 없는 태도로 보이지만, 동시에 인간의 한계 안에서 나올 수밖에 없는 연약함이었다.

그럼에도 하나님은 아브라함의 연약한 반응을 꾸짖으시기보다, 오히려 더욱 분명하게 약속을 확증하셨다. 하나님은 태어날 아들의 이름을 이삭이라 정해 주셨고, 그의 후손에게 "영원한 언약"이 세워질 것임을 선언하셨다. 하나님은 이스마엘이 아닌, 이삭을 통해 언약을 이어가실 것을 분명히 하신 것이다.

이 사건은 언약의 관점에서 중요한 의미를 가진다. 언약은 인간의 능력이나 조건이 아니라, 전능하신 하나님의 계획과 신실하심 위에 세워진다. 아브라함이 의심했을 때조차 하나님은 언약을 포기하지 않으시고, 오히려 더 확실하게 후손과 영원한 언약을 약속하셨다. 이는 처음 나타나실 때 하신 말씀, "나는 전능한 하나님이라"(창 17:1)를 다시 상기시켜주는 사건이었다.

8.(4') 약속 확인: 태어날 이삭과의 언약(17:20-22)

> 20 이스마엘에 대하여는 내가 네 말을 들었나니 내가 그에게 복을 주어 그를 매우 크게 생육하고 번성하게 할지라 그가 열두 두령을 낳으리니 내가 그를 큰 나라가 되게 하려니와 21 내 언약은 내가 내년 이 시기에 사라가 네게 낳을 이삭과 세우리라 22 하나님이 아브라함과 말씀을 마치시고 그를 떠나 올라가셨더라

하나님은 아브라함이 "이스마엘이나 하나님 앞에 살기를 원하나이다"라고 한 말을 완전히 외면하지 않으셨다. 하나님은 이스마엘에게도 복을 주시겠다고 약속하시며, 그가 크게 생육하고 번성할 것이며 열두 두령을 낳아 큰 민족을 이루게 될 것이라고 하셨다. 이는 창조의 복, 곧 일반 은총의 차원에서 주어진 약속이었다. 그러나 하나님은 동시에 분명히 말씀하셨다. 내년 이맘때에 사라가 아들을 낳을 것이며, 그 아들의 이름은 이삭이라 할 것이라고 하셨다. 그리고 이삭과 그의 후손과 함께 언약을 세우시겠다고 선언하셨다. 이 말씀을 마치신 후 하나님은 아브라함을 떠나셨다.

이로써 하나님이 뜻은 더욱 분명해셨다. 이스마엘에게는 생육하고 번성하는 복, 곧 창조 질서 안에서 모든 인류에게 허락되는 보편적 복을 주셨다. 그러나 언약의 계승자는 이스마엘이 아니라, 내년에 태어날 이삭이 될 것임을 확정하셨다.

언약 계승의 관점에서 보면, 이는 중요한 원리를 보여준다. 먼저 태어난 자가 아니라, 하나님이 택하신 자가 언약을 계승한다는 것이다. 이스마엘은 혈통으로

는 아브라함의 장자였으나, 언약의 자녀는 아니었다. 오직 하나님이 약속하신 때에, 약속하신 방법으로 주어진 아들 이삭만이 언약의 계승자로 인정되었다. 따라서 언약의 계승은 인간의 순서나 혈연이 아니라, 전능하신 하나님의 선택과 약속에 근거한다.

9.(5) 순종: 모든 남자 할례 받음(17:23-27)

> 23 이에 아브라함이 하나님이 자기에게 말씀하신 대로 이 날에 그 아들 이스마엘과 집에서 태어난 모든 자와 돈으로 산 모든 자 곧 아브라함의 집 사람 중 모든 남자를 데려다가 그 포피를 베었으니 24 아브라함이 그의 포피를 벤 때는 구십구 세였고 25 그의 아들 이스마엘이 그의 포피를 벤 때는 십삼 세였더라 26 그 날에 아브라함과 그 아들 이스마엘이 할례를 받았고 27 그 집의 모든 남자 곧 집에서 태어난 자와 돈으로 이방 사람에게서 산 자가 다 그와 함께 할례를 받았더라

여기서 핵심 키워드는 순종이다. 아브라함은 하나님과 여러 차례 긴 대화를 나누며 많은 복을 약속받았다. 그러나 그 언약의 핵심은 아브라함과 그 집의 모든 남자가 반드시 할례를 받아야 한다는 명령이었다. 아브라함은 즉시 자기 집에서 난 자와 돈으로 산 자들을 모두 불러 모아, 그들에게 할례를 행하였다. 그때 아브라함의 나이는 99세였고, 그의 아들 이스마엘은 13세였다. 성경은 26-27절에서 이 사실을 반복하며 강조하는데, 이는 아브라함이 하나님의 명령에 신속하고 철저하게 순종했음을 보여준다.

특히 주목할 점은, 집안 모든 사람들이 한마음으로 아브라함의 말에 따라 순종했다는 것이다. 할례라는 고통스러운 의식을 기꺼이 감당하면서도 누구도 이탈하지 않고 다 함께 참여하였다. 이는 아브라함의 순종이 단순히 개인적 차원에 머무르지 않고, 공동체 전체에 영향을 끼친 철저한 순종임을 드러낸다.

그의 신앙경주 여정을 돌아보면, 처음 하나님이 "너는 너의 고향과 친척과 아

버지 집을 떠나라"(창 12:1)고 하셨을 때 아브라함은 곧바로 길을 떠났으나, 가나안에서 기근을 만나 애굽으로 내려가는 실패를 경험했다. 그러나 이제 아브라함은 제2의 신앙경주의 출발점에서, 자신의 몸과 공동체 전체를 하나님께 내어드리는 전적인 순종으로 나아가고 있다. 이는 과거보다 더 성숙해진 믿음의 순종이며, 하나님의 언약에 철저히 자신을 맞추는 신앙경주의 중요한 이정표라 할 수 있다.

B'. 사라의 웃음(18:1-19)

사라 중심의 두 번째 본문으로서 주제는 '사라의 웃음'이다. 다섯 개의 요지들로 구성되어 대칭구조를 이룬다.

가. 구조적 주해

B' 사라의 웃음(18:1-19)

1. 아브라함이 천사를 대접함	18:1-8
2. 사라에게 아들이 있으리라!	18:9-10
3. 사라가 속으로 웃음	18:11-12
2'. 사라에게 아들이 있으리라!	18:13-15
1'. 천하 만민이 복을 받을 것임	18:16-19

'사라의 웃음'을 담은 본문은 다섯 개의 요지가 내칭구조를 이루면서 서로 대비 관계를 이룬다.

1 / 1'

요지 1은 아브라함이 천사들을 간곡하게 부탁하여 쉬게 한 후 그들을 극진히 접대하는 장면이다. 1'는 접대받은 천사가 왜 하나님이 그를 택하셨는지에 대한 비밀을 알려준다.

2 / 2'

천사는 사라가 1년 후에 아들을 낳을 좋은 소식을 알려준다.

중심 주제 요지 3은 사라가 자신의 육신적인 형편을 되새기며 늙고 생리가 끊어졌는데 어떻게 자녀를 낳을 수 있는지를 불가능한 일로 여기며 비웃는다. 위구조의 흐름을 따라 본문의 의미를 살펴볼 것이다.

나. 구속사적 개념

언약의 반복과 확증: 12장, 15장, 17장에 이어 18장에서 다시 "후손 약속"이 주어짐. 반복은 언약의 확실성과 불가역성을 강조한다.

웃음(이삭, יִצְחָק)의 신학: 사라의 불신의 웃음은 훗날 이삭의 이름("그가 웃는다")으로 전환되어, 하나님의 은혜와 역설적 성취를 드러냄. 불신의 웃음이 믿음의 웃음으로 바뀌는 것이 구속사의 아이러니이다.

환대와 계시: 아브라함의 환대는 단순한 손님 접대가 아니라, 하나님 현현의 장이 됨. 이는 히브리서 13:2의 "손님 대접"의 신학적 근거가 된다.

보편적 축복: 18:18-19은 아브라함 언약의 목적이 단지 한 가문이 아니라 "천하 만민의 복"임을 드러내며, 결국 그리스도 안에서 성취될 보편적 구원의 신학을 보여준다.

다. 신앙경주 적용

환대의 영성: 신앙경주는 일상적 환대를 통해 하나님을 만나는 자리로 확장된다. 작은 섬김이 곧 언약 성취의 통로가 될 수 있다.

불신의 웃음과 믿음의 웃음: 신앙인은 현실의 한계 앞에서 '웃음'으로 반응하기 쉽지만, 하나님은 그 웃음을 약속의 증거(이삭)로 바꾸신다. 신앙경주는 불신의 웃음을 믿음의 기쁨으로 전환하는 여정이다.

약속 재확인의 은혜: 하나님은 우리의 불신을 책망하시되, 약속을 포기하지
　　않고 다시 확증해 주신다. 신앙경주는 넘어짐 속에서도 반복된 약속에
　　붙들려 나아가는 길이다.

보편적 사명: 신앙인의 경주는 자기 가정과 공동체를 넘어, "천하 만민이 복을
　　받게 하려는" 보편적 사명을 향한다.

라. 본문 해설

1. 아브라함이 천사들을 대접함(18:1-8)

> 1 여호와께서 마므레의 상수리나무들이 있는 곳에서 아브라함에게 나타나시니라
> 날이 뜨거울 때에 그가 장막 문에 앉아 있다가 2 눈을 들어본즉 사람 셋이 맞은편에
> 서 있는지라 그가 그들을 보자 곧 장막 문에서 달려나가 영접하며 몸을 땅에 굽혀 3
> 이르되 내 주여 내가 주께 은혜를 입었사오면 원하건대 종을 떠나 지나가지 마시옵
> 고 4 물을 조금 가져오게 하사 당신들의 발을 씻으시고 나무 아래에서 쉬소서 5 내
> 가 떡을 조금 가져오리니 당신들의 마음을 상쾌하게 하신 후에 지나가소서 당신들이
> 종에게 오셨음이니이다 그들이 이르되 네 말대로 그리하라 6 아브라함이 급히 장막
> 으로 가서 사라에게 이르되 속히 고운 가루 세 스아를 가져다가 반죽하여 떡을 만들
> 라 하고 7 아브라함이 또 가축 떼 있는 곳으로 달려가서 기름지고 좋은 송아지를 잡
> 아 하인에게 주니 그가 급히 요리한지라 8 아브라함이 엉긴 젖과 우유와 하인이 요리
> 한 송아지를 가져다가 그들 앞에 차려 놓고 나무 아래에 모셔 서매 그들이 먹으니라

　여기서 우리는 아브라함이 천사들을 부지중에 대접하는 모습을 볼 수 있다.
그들을 맞이하는 가운데 그의 여러 가지 모습을 볼 수 있다. 지금은 날이 '뜨거
울 때'인 것으로 보아 중동지역의 정오로 추정된다. 아브라함조차 더워서 장막

문에 앉아 쉬고 있었다. 그때 사람 세 명이 문 앞에 서 있었고 그가 이들을 보자마자 반갑게 나가서 예를 갖추어 그들을 영접하였다. 그런 후 이들에게 쉼을 요청하였는데 인간미가 넘치는 자세로 그들에게 마실 것과 먹을 것을 대접하기를 원했다. 그들도 흔쾌히 허락하였다. "마음을 상쾌하게" 한다는 원어에서 그가 손님을 모시는 자세를 배울 수 있다. 저자가 이렇게 부지중에 손님을 대접하는 모습은 요지 1'에서 그가 이웃에 대한 친절과 봉사 정신에 대한 결과로 나타난다. 인물 구조의 특징에 따라 이러한 아브라함의 세밀한 접대 모습(요지1/1-8절)은 요지 1'(16-19)에서 잘 반영된다. 이것은 그가 여러 가지 어려움을 겪으면서 그의 믿음의 삶에서 베어난 친절과 봉사 정신에서 기인된 것으로 하나님의 복을 받아 누리는 결과로 나아가는 것을 볼 수 있다.

2. 사라에게 내년 이맘때 아들이 있으리라(18:9-10)

> 9 그들이 아브라함에게 이르되 네 아내 사라가 어디 있느냐 대답하되 장막에 있나이다 10 그가 이르시되 내년 이맘때 내가 반드시 네게로 돌아오리니 네 아내 사라에게 아들이 있으리라 하시니 사라가 그 뒤 장막 문에서 들었더라

그들이 아브라함에게 이르되, "네 아내 사라가 어디 있느냐?" 하니 아브라함이 대답하기를, "장막에 있나이다" 하였다. 그가 이르시되, "내년 이맘때 내가 반드시 네게로 돌아오리니 네 아내 사라에게 아들이 있으리라" 하시니, 사라가 그 뒤 장막 문에서 듣고 있었다. 아브라함이 손님들을 극진히 대접하던 중, 손님들 —사실은 하나님의 사자들— 이 사라 이름을 부르며 그녀의 안부를 묻는다. 이는 단순한 호기심이 아니라, 언약의 핵심 주체가 사라임을 강조하기 위함이었다. 이어서 천사는 "내년 이맘때 사라에게 아들이 있으리라"는 약속을 전한다.
 이 말씀은 아브라함과 사라가 평생 바라던 소식이었지만, 동시에 믿기 어려운 선언이었다. 이미 아브라함과 사라 모두 나이가 많아 인간적으로는 출산이

불가능했기 때문이다. 더욱이 사라는 여종 하갈을 아브라함에게 주어 이미 이스마엘을 얻은 상황이었기에, 자신에게서 아들이 태어난다는 말은 더욱 놀라운 것이었다.

사라는 장막 안에서 이 말을 엿들었다. 아브라함도 놀랐겠지만 사라에게는 더 큰 충격이었을 것이다. 자신의 몸 상태와 나이를 보았을 때 출산이 불가능하다고 여겼기 때문이다. 그러나 하나님은 바로 그 절망의 상황 속에서 약속을 이루시겠다고 친히 선언하셨다. 이 사건은 아브라함이 부지중에 손님을 접대한 결과로(히 13:2 참조), 하나님께서 언약을 재확인하시고 불가능을 가능케 하시는 은혜의 소식을 듣게 된다.

3. 사라가 속으로 웃음(18:11-12)

> 11 아브라함과 사라는 나이가 많아 늙었고 사라에게는 여성의 생리가 끊어졌는지라 12 사라가 속으로 웃고 이르되 내가 노쇠하였고 내 주인도 늙었으니 내게 무슨 즐거움이 있으리요

아브라함과 사라는 나이가 많아 늙었고, 사라에게는 이미 여성의 생리가 끊어진 지 오래였다. 사라는 손님의 말을 장막 안에서 듣고 속으로 웃으며, "내가 이렇게 늙었고 내 주인도 늙었으니 어찌 내게 즐거움이 있으리요?" 하고 독백하였다. 사라는 자신이 늙었음을, 그리고 남편 아브라함도 늙었음을 확신하고 있었다. 그래서 자녀 출산의 가능성은 전혀 없다고 여겼고, '즐거움' ― 곧 아이를 낳는 기쁨― 을 포기한 상태였다. 사실 사라의 반응은 인간적으로 당연한 것이었다. 그러나 문제는 그녀가 단순히 불가능을 인정한 데 그치지 않고, 하나님의 언약의 말씀조차 불가능으로 여겼다는 점이다.

사라는 언약의 어미로 선택되었음에도, 스스로는 그 언약에 아무런 기대를 두지 않았다. 과거 아브라함과 함께 겪었던 수많은 사건 ―애굽에서의 위기 속 구

원(창 12:10-20), 조카 롯을 구출하신 전쟁에서의 승리(창 14장)— 을 경험했음에도, 여전히 하나님께서 자신의 몸에 행하실 일을 믿지 못했다. 그리하여 언약의 말씀 앞에서 웃음으로 반응한 것이다. 사라의 웃음은 인간적인 시각에서는 당연했지만, 언약의 삶에서는 불신앙의 표지였다. 언약은 인간의 조건과 능력을 전제로 이루어지는 것이 아니라, 하나님의 전능과 신실함 위에 서 있다. 신앙경주에서 가장 힘든 구간은 '기다림의 골짜기'다. 사라는 오래 기다리다 지쳐, 이제는 약속을 현실성 없는 말로 여겼다. 그러나 신앙경주는 끝까지 약속을 붙들고 달리는 인내를 요구한다. 신앙경주에서 탈선은 하나님의 구원 사건을 기억하지 못할 때 일어난다. 언약의 삶은 과거의 은혜를 현재의 믿음으로 붙드는 삶이다.

정리하면, 사라의 웃음은 단순한 인간적 불가능의 탄식이 아니라, 언약의 삶 속에서 불신과 기다림의 실패를 드러내는 장면이다. 그러나 동시에 하나님은 그 연약함마저 사용하셔서, 이삭이라는 언약의 아들을 통해 불신의 웃음을 믿음의 웃음으로 바꾸시는 구속사의 반전을 이루신다.

4. (2') 사라에게 아들이 있으리라(18:13-15)

> 13 여호와께서 아브라함에게 이르시되 사라가 왜 웃으며 이르기를 내가 늙었거늘 어떻게 아들을 낳으리요 하느냐 14 여호와께 능하지 못한 일이 있겠느냐 기한이 이를 때에 내가 네게로 돌아오리니 사라에게 아들이 있으리라 15 사라가 두려워서 부인하여 이르되 내가 웃지 아니하였나이다 이르시되 아니라 네가 웃었느니라

하나님께서 아브라함에게 말씀하셨다. "사라가 왜 웃느냐? 왜 자신이 늙어서 아들을 낳을 수 없다고 하느냐?" 이 말씀은 한편으로는 사라의 믿음 없음을 책망하는 동시에, 하나님의 전능하심을 선포하는 것이다. 그리고 하나님은 이어서 선언하신다. "여호와께 능하지 못한 일이 있겠느냐? 정한 기한이 이를 때에, 내가 네게로 돌아오리니 내년 이맘 때에 사라에게 아들이 있으리라."

사라는 이 말을 듣고 두려워하며, 자신이 웃지 않았다고 부인했다. 그러나 하나님은 단호히 말씀하신다. "아니라 네가 웃었느니라." 사라의 웃음은 단순히 소리 내어 웃은 것이 아니라, 내적 비웃음, 곧 불신앙의 독백이었다. 본문은 "사라가 속으로 웃었다"(18:12)고 기록하는데, 이는 그녀의 내적 태도를 드러낸다. 인간적으로 불가능해 보이는 약속을 조롱 섞인 불신으로 받아들였다는 것이다. 사라는 "웃지 않았다"고 부인했지만, 이는 웃음 자체를 부정한 것이 아니라, 자신의 불신을 감추려는 두려움의 반응이었다. 하나님은 그녀의 마음을 꿰뚫어 보시며, 이 웃음을 "믿지 못한 웃음"으로 규정하셨다. "여호와께 능하지 못한 일이 있겠느냐?"는 말씀은 본문 전체의 중심 선언이다.

언약의 성취는 자연적 조건이나 인간의 능력에 달린 것이 아니라, 하나님의 신실함과 전능하심에 달려 있다. 이 선언은 훗날 누가복음 1:37, "하나님께는 불가능한 일이 없느니라"는 말씀과도 연결된다. 언약의 어미로 선택받은 사라가 순간적으로 언약을 신뢰하지 못했다. 그러나 하나님은 이 불신을 그대로 두지 않으시고, 언약의 말씀으로 교정하신다. 훗날 사라는 실제로 아들을 낳았고, 이삭('웃음')이라는 이름을 얻게 된다. 처음의 웃음은 불신이었으나, 하나님의 언약 성취로 인해 기쁨의 웃음으로 변화된다. 신앙경주의 길 위에서 가장 큰 시험은 "불가능처럼 보이는 현실"이다. 사라는 불신의 웃음으로 잠시 넘어졌지만, 하나님께서는 다시 세우시며 언약의 경주를 계속 달리게 하신다. 신앙경주는 인간의 힘으로 완주하는 것이 아니라, 전능하신 하나님이 붙드심으로 완주하게 된다는 사실이 이 사건을 통해 드러난다.

5. (1') 천하만민이 복을 받을 것(18:16-19)

16 그 사람들이 거기서 일어나서 소돔으로 향하고 아브라함은 그들을 전송하러 함께 나가니라 17 여호와께서 이르시되 내가 하려는 것을 아브라함에게 숨기겠느냐 18 아브라함은 강대한 나라가 되고 천하 만민은 그로 말미암아 복을 받게 될 것이 아

니냐 19 내가 그로 그 자식과 권속에게 명하여 여호와의 도를 지켜 의와 공도를 행하게 하려고 그를 택하였나니 이는 나 여호와가 아브라함에게 대하여 말한 일을 이루려 함이니라

아브라함은 손님들을 극진히 대접한 뒤 소돔으로 향하는 길까지 배웅하였다. 이때 하나님은 아브라함에게 그가 왜 선택받았는지를 분명히 밝히신다.

1) 그는 후손을 통해 강대한 나라가 될 것이다.
2) 그로 인해 천하 만민이 복을 얻게 될 것이다.
3) 그의 자손은 여호와의 도를 지켜 공의와 정의를 행해야 한다.
4) 이 모든 것은 언약의 성취를 위해 하나님이 그를 택하셨기 때문이다.

즉, 하나님은 단순히 개인적 축복이 아닌 구속사의 목적을 위해 아브라함을 택하셨음을 밝히신다. 여기서 "천하 만민이 복을 받는다"는 말씀은 아브라함의 언약이 단순히 혈연적 후손만이 아니라, 훗날 모든 민족에게까지 확장될 것을 예고한다. 이는 신약에서 그리스도를 통해 성취되며(갈 3:8), 언약은 아브라함 가문을 넘어 온 세상으로 확장된다. 아브라함의 선택은 특권이 아니라 책임이었다. 후손들이 여호와의 도, 곧 언약의 길을 따라 공의와 정의를 실천해야만 언약의 성취가 이어진다. 언약의 삶은 단순한 은혜 체험이 아니라, 삶 속에서 하나님의 성품을 드러내는 책임적 실천이 요구된다. 이런 점에서 신앙경주는 단지 개인의 구원 완주가 아니라, "만민에게 복이 되는 삶"으로 나아가는 것이다.

아브라함의 경주는 언약을 좁게 붙드는 것이 아니라, 그 언약을 통해 열방을 살리는 경주였다. 경주하는 방법에서 언약 백성의 경주는 단순한 도덕적 삶이 아니라, 공의와 정의를 실천하는 삶이다. 경주는 목표(유업)를 향한 달림일 뿐 아니라, 달리는 과정에서도 하나님 나라의 가치(공의·정의)가 드러나야 한다. 따라서 하나님께서 언약을 재확인하신 것은, 앞에서 사라의 불신과 웃음(18:12-15)

의 사건 뒤에, 다시금 언약의 확실성을 강조하여 경주자가 흔들리지 않도록 격려하신 것이다.

C'. 중보자 역할: 멸망 문제/간청(18:20-19:38)

본문은 인물 구조에 나타난 세 번의 아브라함의 역할 중에서 두 번째인 그의 중보 역할을 볼 수 있다. 조카 롯이 살고 있는 동네인 소돔성이 그들의 죄악으로 멸망 위기에 처한 상황에서 하나님께 간청하는 모습이 담겨 있다. 이러한 중보자 역할은 오늘날 우리 믿음의 삶 속에서도 중요하게 적용된다. 과연 아브라함은 이 역할을 어떻게 감당했는지를 인물 구조를 통해 살펴볼 것이다.

가. 구조적 주해

C'. 중보자 역할(18:20-19:38)

1. 죄악의 확인	18:20-21
2. 중보 기도	18:22-32
3. 멸망과 도피	19:1-28
2'. 롯의 구출	19:29
1'. 잘못된 후손	19:30-38

죄악 확인 → 중보 → 멸망·구원 → 중보의 성취 → 잘못된 후손의 흐름으로, 아브라함의 중부자적 위치외 롯 후손의 불완선성을 대비시킨다.

1 / 1': "죄악의 확인"과 "잘못된 후손 개념"은 소돔의 죄와 그 결과의 반복을 보여준다. 시작은 죄악의 심판 사유이고, 끝은 롯의 딸들과의 불순한 후손(모압·암몬)으로 마무리되어, 인간 죄의 악순환을 드러낸다.

2 / 2': "중보 기도"와 "롯의 구출"은 아브라함의 중보가 실질적인 구원 열매로 나타났음을 보여준다. 의인 10명이 없어 성은 멸망하지만, 중보의 효력으로 롯과 가족이 건짐을 받는다.

3: 중심 주제는 "멸망과 도피"이다. 하나님의 공의가 나타나고 동시에 은혜의 구원이 함께 작용한다.

하나님이 아브라함에게 두 가지 계획을 말씀하신다. 첫째는 아브라함이 강대한 나라가 되어 큰 복을 받게 될 것과 둘째는 소돔과 고모라가 그들의 죄악으로 멸망하게 될 것이다. 이에 아브라함은 멸망 문제에 관해서 하나님께 증보자 역할을 한다. 의인 10명만 있어도 멸망하지 않기로 합의를 보았지만 결국 의인 10명이 없어서 망하게 된다. 그러나 하나님은 아브라함을 생각하여 소돔 성에 살고 있는 조카 롯에게 은혜를 베풀어 멸망에서 구원해 주신다.

나. 본문 해설

1. 죄악의 정도 확인(18:20-21)

> 20 여호와께서 또 이르시되 소돔과 고모라에 대한 부르짖음이 크고 그 죄악이 심히 무거우니 21 내가 이제 내려가서 그 모든 행한 것이 과연 내게 들린 부르짖음과 같은지 그렇지 않은지 내가 보고 알려 하노라

소돔과 고모라에 사는 사람들의 죄악이 관영하였다. 의로운 자들의 부르짖음(20절)이 하나님께 들려왔다. 억울하게 착취당하는 자들이 하늘을 향해 자신의 부당함을 호소하고 있다. 하나님은 이것이 사실인지를 확인하기 위해 내려오셨다(21절). 이것은 마치 바벨탑 사건 때를 연상하게 한다(cf. 11:5). 그때도 하나님께서 알아보려고 내려오셨다. 이렇게 하나님의 정의로운 판단을 위한 목적에

서 천사들은 소돔과 고모라의 죄악 상태를 파악하기 위해 그곳으로 가고 있다.

2. 중보의 역할(18:22-33)

> 22 그 사람들이 거기서 떠나 소돔으로 향하여 가고 아브라함은 여호와 앞에 그대로 섰더니 23 아브라함이 가까이 나아가 이르되 주께서 의인을 악인과 함께 멸하려 하시나이까 24 그 성 중에 의인 오십 명이 있을지라도 주께서 그 곳을 멸하시고 그 오십 의인을 위하여 용서하지 아니하시리이까 25 주께서 이같이 하사 의인을 악인과 함께 죽이심은 부당하오며 의인과 악인을 같이 하심도 부당하니이다 세상을 심판하시는 이가 정의를 행하실 것이 아니니이까 26 여호와께서 이르시되 내가 만일 소돔 성읍 가운데에서 의인 오십 명을 찾으면 그들을 위하여 온 지역을 용서하리라 27 아브라함이 대답하여 이르되 나는 티끌이나 재와 같사오나 감히 주께 아뢰나이다 28 오십 의인 중에 오 명이 부족하다면 그 오 명이 부족함으로 말미암아 온 성읍을 멸하시리이까 이르시되 내가 거기서 사십오 명을 찾으면 멸하지 아니하리라 29 아브라함이 또 아뢰어 이르되 거기서 사십 명을 찾으시면 어찌 하려 하시나이까 이르시되 사십 명으로 말미암아 멸하지 아니하리라 30 아브라함이 이르되 내 주여 노하지 마시옵고 말씀하게 하옵소서 거기서 삼십 명을 찾으시면 어찌 하려 하시나이까 이르시되 내가 거기서 삼십 명을 찾으면 그리하지 아니하리라 31 아브라함이 또 이르되 내가 감히 내 주께 아뢰나이다 거기서 이십 명을 찾으시면 어찌 하려 하시나이까 이르시되 내가 이십 명으로 말미암아 그리하지 아니하리라 32 아브라함이 또 이르되 주는 노하지 마옵소서 내가 이번만 더 아뢰리이다 거기서 십 명을 찾으시면 어찌 하려 하시나이까 이르시되 내가 십 명으로 말미암아 멸하지 아니하리라 33 여호와께서 아브라함과 말씀을 마치시고 가시니 아브라함도 자기 곳으로 돌아갔더라

아브라함이 이전에 자기 목자와 롯의 목자 간의 다툼 문제가 생겼을 때 이것을 해결하기 위해 보호자로 협상한 것 같이(13:1-3), 여기서는 하나님과 소돔과

고모라의 멸망문제를 해결하기 위해 중보자로서 협상을 한다. 멸망을 막는 조건으로 의인의 숫자를 다음과 같이 여섯 차례 제안한다. 그렇다면 아브라함은 왜 의인 10명까지만 간청하였을까?

가. 구조적 주해

중보의 역할(18:22-33)

a. 아브라함-여호와 <의인 50명으로 감해줄 것 간청>　　18:22-25

　a'. 여호와-아브라함 <허락>　　18:26

b. 아브라함-여호와 <의인 45명을 간청>　　18:27-28a

　b'. 여호와-아브라함 <허락>　　18:28b

c. 아브라함-여호와 <의인 40명을 간청>　　18:29a

　c'. 여호와-아브라함 <허락>　　18:29b

d. 아브라함-여호와 <의인 30명을 간청>　　18:30a

　d'. 여호와-아브라함 <허락>　　18:30b

e. 아브라함-여호와 <의인 20명을 간청>　　18:31a

　e'. 여호와-아브라함 <허락>　　18:31b

f. 아브라함-여호와 <의인 10명을 간청>　　18:32a

　f'. 여호와-아브라함 <허락>　　18:32b-33

아브라함이 6번이나 간청할 때 하나님은 그의 부탁을 모두 들어주신다.

a-a'. '의인 50명 간청'(1)과 '허락'(1')

b-b'. '의인 45명 간청'(2)과 '허락'(2')

c-c'. '의인 40명 간청'(3)과 '허락'(3')

d-d'. '의인 30명 간청'(4)과 '허락'(4')

e-e'. '의인 20명 간청'(5)과 '허락'(5')

f-f'. '의인 10명 간청'(6)과 '허락'(6')

그러나 아브라함은 왜 여섯 번에서 멈췄을까? 이것은 무슨 의미가 있을까? 위 본문(18:22-32)은 단순히 아브라함의 반복된 협상이 아니라, 구속사적으로는 언약 계승자의 보존, 공의와 긍휼의 긴장, 불완전한 인간 중보와 그리스도의 완전한 중보 예표를 드러내며, 신앙경주적으로는 끈질긴 기도의 인내, 인간적 한계, 그리고 타인을 위한 중보의 사명을 보여준다.

따라서 이 장면은 신앙경주의 중요한 구간, 곧 '중보자의 레이스'라 부를 수 있으며, 이는 장차 오실 그리스도의 중보로 이어지는 모형이다.

나. 본문 주해

아브라함이 하나님께 간청한 의인의 숫자는 다음과 같이 여섯 번이나 변경된다. 50명 → 45명 → 40명 → 30명 → 20명 → 10명, 이 과정에서 아브라함이 소돔과 고모라의 멸망을 막기 위해 긴박하고 간절한 심정으로 하나님께 가까이 나아가고 있음을 보여준다. 그가 첫 번째 의인의 숫자(50명)를 제안하면서 소돔과 고모라의 운명이 그곳에 속해 있는 악인들이 아니라 의인들에 의해 결정(23절)될 뿐 아니라 또한 용서의 기준도 된다(24절)고 여겼고. 또한 이것은 하나님이 정의롭고 자비를 베푸시는 분이심을 의미(25절)한다고 하였다. 그리고 처음 50명을 제안한 후 점차적으로 10명까지 내렸다. 이 과성에서 아브라함은 의인의 숫자를 낮추는 단계마다 최대한 예를 갖춰 애절하게 간청한 흔적들이 반복해서 강조되고 있다. "나는 티끌이나 재와 같사오나 감히 주께 아뢰나이다"(27절). "내 주여 노하지 마시옵고"(30절). "감히 내 주께 아뢰나이다"(31절). "주는 노하지 마옵소서 내가 이번만 더 아뢰리이다"(32절). 이렇게 간절하게 여러 번 간청하는 그의 심정을 충분히 읽을 수 있다.

3. 멸망과 도피(19:1-28)

여기서는 소돔 사람들의 타락과 멸망, 그리고 도피에 관해서 아래와 같이 각각 5개의 요지들로 나누어 서로 대비해서 병행적 구조로 사건을 전개하고 있다.

가. 구조적 주해

멸망과 도피(19:1-28)

a. 소돔성으로 들어감	19:1-3
b. 천사 대신 두 딸을 제안	19:4-8
c. 제안 거부	19:9
d. 눈을 어둡게 함	19:10-11
e. 도피시킴	19:12-14
a'. 소돔성에서 나옴	19:15-16
b'. 산 대신 성 쪽을 제안	19:17-20
c'. 제안 허락	19:21-23
d'. 유황불로 멸망 함	19:24-26
e'. 도피시킴	19:27-28

본문의 흐름은 오늘날 이야기 형식 같이 기승전결 형식이 아니라, 열 개의 소지들이 각각 다섯 개씩 주제들의 대비 관계로 연결하여 병행구조 형식으로 전개되고 있다. 첫 번째 소지들은 소돔성으로 들어가는 장면으로 시작한다(a-b-c-d-e), 두 번째 소지들(a'-b'-c'-d'-e')은 소돔성에서 나오는 장면으로 인물들의 관계와 역할을 말과 행동으로 서로 비교 혹은 대조를 이루며 주제의 흐름이 같은 방식으로 반복해서 전개되고 있다.

(1) 다섯 번 반복되는 병행구조(미괄식)

a / a'

    a: 천사들이 소돔에서 환영 받는 모습

    a': 롯이 멸망에서 구출되는 모습이 서로 비교된다.

b / b'

    b: 타락한 소돔 사람들이 자신들의 성적 욕구를 위해 천사들을 내어달라고 요구하는 모습

    b': 롯이 천사들에게 산 쪽이 아니라 가까운 성으로 도피하게 해 줄 것을 요구하는 모습(b')이 비교된다.

c / c'

    c: 소돔 사람들의 제안을 롯이 거부하는 모습

    c': 천사들이 롯의 제안을 허락하는 것으로 대비된다.

d / d'

    d: 타락한 소돔무리들이 죄로 그들이 눈이 멀게 되는 장면

    d': 그들이 죄 때문에 멸망하는 장면이 서로 비교된다.

e / e'

    e: 천사들이 롯의 식구를 멸망에서 도피시키는 모습(e)

    e': 하나님이 아브라함을 생각해서 롯을 소알로 도피시키는 모습(e')이 서로 비교된다.

(2) 중심 주제는 이 마지막 요지들에 있다. 천사들이 롯의 식구를 멸망에서 도피시키는 장면과 롯과 두 딸이 안전하게 도피하는 모습이 대비된다.

    이렇게 10개의 요지들이 두 파트로 나뉘어 병행 형태를 이루며 주제가 전개되고 있다.

나. 구속사적 의의

하나님의 공의와 긍휼: 소돔은 그 죄악으로 멸망하지만, 롯은 하나님의 긍휼로 구원됨. 이는 구속사에서 심판과 구원이 함께 드러나는 중요한 패턴이다.

중보자의 효력: 롯이 구원받은 것은 그의 의 때문이 아니라, 앞선 아브라함의 중보기도(18:22-32) 때문. 이는 장차 그리스도의 중보 안에서 택자가 구원받음을 예시한다.

새로운 출발: 소돔의 멸망과 롯의 도피는 새 하늘과 새 땅을 향한 예표적 사건으로, 하나님 나라 구속사적 전환을 보여준다.

다. 신앙경주 적용

세상 속 위험: 롯은 소돔에 들어갔으나, 그곳은 결국 멸망할 자리였음. 신앙경주는 세상적 안락보다 거룩한 삶을 선택해야 한다.

불신의 유혹: 롯이 두 딸을 내어주려 한 선택, 그리고 아내의 뒤돌아 봄은 위기 속 불신과 미련의 상징. 신앙경주는 타협과 집착을 이기는 결단이 필요하다.

은혜의 도피: 롯은 자신의 능력으로가 아니라 천사의 손에 이끌려 구원받음. 신앙경주는 결국 하나님의 은혜로 완주하는 길이다.

심판의 목격자: 아브라함이 멀리서 성의 연기를 본 것처럼, 신앙인은 하나님의 심판과 구원의 현실을 기억하며 경건한 두려움으로 살아야 한다.

라. 본문 해설

1. (a) 천사들이 소돔성으로 들어감(19:1-3)

1 저녁 때에 그 두 천사가 소돔에 이르니 마침 롯이 소돔 성문에 앉아 있다가 그들을 보고 일어나 영접하고 땅에 엎드려 절하며 2 이르되 내 주여 돌이켜 종의 집으로 들어와 발을 씻고 주무시고 일찍이 일어나 갈 길을 가소서 그들이 이르되 아니라 우리가 거리에서 밤을 새우리라 3 롯이 간청하매 그제서야 돌이켜 그 집으로 들어오는지라 롯이 그들을 위하여 식탁을 베풀고 무교병을 구우니 그들이 먹으니라

소돔의 저녁 시간은 겉으로 보기에는 평온해 보였다. 그때 롯은 성문에 앉아 있다가 두 천사를 보고 일어나 예를 갖추어 인사하고, 자기 집에서 머물 것을 정중히 권하였다. 그러나 그들은 거리에서 밤을 지내겠다고 하였다. 롯은 그곳이 얼마나 위험한지를 알았기에 간절히 간청하여 마침내 그들을 집으로 모셔 들였다. 롯은 천사들에게 저녁을 대접했는데, 그것은 아브라함이 정성껏 준비한 잔치와는 달리 간단한 식사였다. 그는 누룩을 넣지 않은 무교병을 구워서 내놓았고, 천사들이 그것을 먹었다. 이때까지만 해도 그들은 아직 소돔의 깊은 타락상을 직접 확인하지는 못한 상태였다.

2. (b) 손님 대신 두 딸을 제안(19:4-8)

4 그들이 눕기 전에 그 성 사람 곧 소돔 백성들이 노소를 막론하고 원근에서 다 모여 그 집을 에워싸고 5 롯을 부르고 그에게 이르되 오늘 밤에 네게 온 사람들이 어디 있느냐 이끌어 내라 우리가 그들을 상관하리라 6 롯이 문 밖의 무리에게로 나가서 뒤로 문을 닫고 7 이르되 청하노니 내 형제들아 이런 악을 행하지 말라 8 내게 남자를 가까이 하지 아니한 두 딸이 있노라 청하건대 내가 그들을 너희에게로 이끌어 내리니 너희 눈에 좋을 대로 그들에게 행하고 이 사람들은 내 집에 들어왔은즉 이 사람들에게는 아무 일도 저지르지 말라

밤이 되면서 소돔 사람들의 타락한 모습들이 드러나기 시작하였다. 롯의 집에 손님이 왔다는 소식을 듣고, 그 집 근처에 사는 남자들이 노소를 막론하고 다

몰려들었다. 누군가가 성문에서 새로운 사람들이 오면 알려주는 듯하다. 그들은 롯에게 천사들을 밖으로 내보내 달라고 고함을 쳤다. 이것은 그들을 환영하기 위해서가 아니라 그들을 "상관하기 위해서"였다. '상관하다'는 뜻은 "서로 관계하다"는 뜻으로, 히브리어 동사는 '야다'(יָדַע, yada)이다.

성서에서 '야다'의 기본 뜻은 "인식하다", 또는 "알다"인데(창 3:7; 4:9 등), 여기서는 "성 관계를 하다"라는 뜻으로 해석할 수 있다(창 4:1, 17 등). 소돔의 남자들이 방문자들과 성 관계를 원하고 있다. 이런 점에서 사실상 "상관하다"는 폭력적인 성 관계인 성폭행 내지는 성범죄로 해석하는 것이 타당하다. 따라서 이 단어는 입에 담기도 싫을 정도로 추악한 범죄 욕망이 불타는 죄악을 의미하며 이러한 행동이 결국 심판의 결과를 불러왔다.

이 말을 듣고 롯이 다급하게 밖으로 나갔다. 천사들이 듣지 못하게 문을 닫은 후, 그들에게 "악을 행하지 말라"고 강력하게 항의하였다. 그 후 이들의 요구에 충족할 수 있는 협상 카드를 다음과 같이 제시한다. "남자를 가까이하지 아니한 두 딸"을 내어 줄 테니 "너희 눈에 좋을 대로" 하라면서 손님들에게는 "아무 일도 저지르지 말라"고 간청하였다. 따라서 천사들은 그들을 상관하기 위해 협박하는 소돔 남자들과 그것을 방어하고 협상하는 롯의 태도에서 소돔의 죄가 얼마나 크고 악한 지를 확인할 수 있게 되었다.

3. (c) 끝까지 허락하지 않음(19:9)

> 9 그들이 이르되 너는 물러나라 또 이르되 이 자가 들어와서 거류하면서 우리의 법
> 관이 되려 하는도다 이제 우리가 그들보다 너를 더 해하리라 하고 롯을 밀치며 가까
> 이 가서 그 문을 부수려고 하는지라

소돔 사람들은 롯의 제안을 거절하고 성적 욕망에 불타올라, 결사적으로 롯의 집에 침입하려 하였다. 그들은 손님들을 강제로 끌어내어 겁탈하려고, 롯에

게 문에서 비켜서라고 고함쳤다. "어디서 굴러온 이방인이냐"라고 조롱하며 롯을 밀치고 문을 부수려 했다. 그러나 롯은 모욕과 위협을 당하면서도 끝까지 천사들을 보호하려고 온 힘을 다해 막아섰다.

4. (d) 무리들의 눈을 어둡게 함(19:10-11)

> 10 그 사람들이 손을 내밀어 롯을 집으로 끌어들이고 문을 닫고 11 문 밖의 무리를 대소를 막론하고 그 눈을 어둡게 하니 그들이 문을 찾느라고 헤매었더라

천사들은 이 광경을 보고 즉시 롯을 집 안으로 끌어들였다. 그리고 문을 닫은 후, 소돔 사람들의 눈을 어둡게 하여 그들이 더 이상 자신들을 해할 수 없게 막았다. '눈멀게 함'(סַנְוֵרִים)은 일시적인 실명이 아니라, 하나님이 심판을 시작하셨음을 알리는 전조였다. 그들은 출입문조차 찾지 못하고 방향을 잃어버렸으며, 결국 롯을 따라 들어오지 못했다. 이것이 소돔과 고모라에 임할 심판의 첫 번째 징조 사건이었다.

그들의 죄악은 여러 차원에서 드러난다. 1) 가정의 평화를 깨뜨리는 죄 – 롯의 가정을 무너뜨리려는 시도였다. 2) 나그네를 성적 욕망의 대상으로 삼는 악행 – 고대 근동에서 가장 중대한 범죄 중 하나인 손님 환대의 질서를 뒤엎은 행위였다. 3) 가정 파괴의 범죄 – 가족의 존엄과 보호를 무너뜨리려는 시도였다. 4) 동성 간의 성적 죄악과 폭력 – 은밀함이 아니라 공공연히, 그것도 강압적으로 행하려는 패역이었다. 5) 강제 주거 침입과 집단 강간 시도 – 인간성마저 상실한 극악한 범죄였다.

천사들은 이러한 악행을 분명히 드러내 보이게 하셨고, 눈을 멀게 함으로 더 이상 일이 진행되지 못하게 막으셨다. 이것은 단순한 방어가 아니라, 하나님께서 소돔성에 대한 심판을 개시하셨음을 알리는 신호탄이었다. 이러한 상황을 언약적 시선에서 보면, 아브라함의 가정은 "천하 만민을 복 주기 위해 택함 받은

가정"(창 18:18-19)이었지만, 소돔은 언약의 길과는 정반대의 길, 곧 하나님의 도(道)를 거스르는 불법의 길을 택한 대표적인 도시였다. 소돔의 패역은 곧 언약 백성과 이방의 길이 얼마나 다르게 전개되는지를 보여준다. 또한 신앙경주 관점에서 보면, 롯은 비록 믿음이 약해 세상 한가운데 거주했으나, 끝까지 손님을 보호하려고 한 태도는 '믿음의 경주' 가운데 위기 속의 방어 구간을 보여준다. 신앙의 경주는 단순히 출발과 도착만이 아니라, 위기의 순간에도 "끝까지 지키는 싸움"이 요구된다. 롯이 천사의 도움을 받아 위기를 막아낸 것은, 믿음의 경주에서 하나님이 결정적 순간마다 개입하여 보호하심을 드러낸다.

5. (e) 롯과 식구들 도피시킴(19:12-14)

> 12 그 사람들이 롯에게 이르되 이 외에 네게 속한 자가 또 있느냐 네 사위나 자녀나 성중에 네게 속한 자들을 다 성 밖으로 이끌어 내라 13 그들에 대한 부르짖음이 여호와 앞에 크므로 여호와께서 이 곳을 멸하시려고 우리를 보내셨나니 우리가 멸하리라 14 롯이 나가서 그 딸들과 결혼할 사위들에게 말하여 이르기를 여호와께서 이 성을 멸하실 터이니 너희는 일어나 이 곳에서 떠나라 하되 그의 사위들은 농담으로 여겼더라

소돔성의 상황이 극도로 악화되었고, 지금까지 일어난 사실만으로도 멸망의 조건이 충분하다고 여긴 천사들은 롯의 식구들을 도피시키려 하고 있다. 소돔성의 악행에 대한 의인들의 부르짖음이 하나님께 상달되었고, 천사들은 이것을 확인한 후 더 이상 멸망을 지체할 어떠한 명분도 없다고 여겼다. 해서 그들은 롯의 식구들을 성 밖으로 도피시키려는 가운데 혹시 롯에게 다른 식구들이 더 없느냐고 물었다. 롯은 두 딸이 결혼할 예비 사위들이 있다고 말했고 그들에게 피할 것을 알렸지만 불행하게도 롯의 말을 '농담'으로 여기고 함께 도피하는 대열에 합류하지 않았다. '농담'은 히브리어 מְצַחֵק(메차헤크)에서 온 말로, 단순한 농담이 아니라 "비웃음, 희롱, 조롱"의 강한 뉘앙스를 가진다. 즉, 사위들은 롯의 말을 심

판을 향한 절박한 경고가 아닌 우스갯소리로 여겼고, 이 불신앙이 그들의 멸망으로 이어졌다.

롯이 진지하게 경고했으나, 그의 말은 불신자들의 귀에는 농담처럼 들렸다. 이것은 신앙경주자의 고독함을 보여준다. 약속을 붙든 자는 절박하게 외치지만, 세상은 비웃는다. 노아 시대에도 똑같이 하나님의 경고가 비웃음으로 여겨졌다(벧후 3:3-4). 결국 '농담'으로 들린 말이 실제로는 심판의 선언이었고, 이를 무시한 자들은 멸망에 참여했다. 비록 조롱받더라도 진리의 경고를 전해야 한다. 결국 소돔은 멸망의 기로에 놓여 있었다.

6. (a') 소돔성에서 나오게 함(19:15-16)

> 15 동틀 때에 천사가 롯을 재촉하여 이르되 일어나 여기 있는 네 아내와 두 딸을 이끌어 내라 이 성의 죄악 중에 함께 멸망할까 하노라 16 그러나 롯이 지체하매 그 사람들이 롯의 손과 그 아내의 손과 두 딸의 손을 잡아 인도하여 성 밖에 두니 여호와께서 그에게 자비를 더하심이었더라

밤새 소동이 있었고, 아침 동틀 무렵 천사들이 다급하게 움직였다. 이는 유황불이 쏟아지기 전에 반드시 소돔성을 빠져나가야 했기 때문이다. 천사들은 롯에게 두 딸을 데리고 성 밖으로 나가라고 재촉하였다. 그러나 롯은 충격과 두려움으로 위기의식을 상실했는지 쉽게 움직이지 못하고 있었다. 이에 천사들이 직접 롯과 그의 아내, 그리고 두 딸의 손을 붙잡아 성 밖으로 이끌어 내었다. 이처럼 천사들의 적극적이고 친절한 행동은, 롯이 앞서 그들을 보호하기 위해 소돔 남자들의 위협과 수모를 감내했던 모습을 보았기 때문일 것이다.

그렇다면, 소돔성 안에서 하나님이 의인으로 인정하실 수 있는 사람은 모두 몇 명이었을까? 예비 사위 둘은 롯의 경고를 농담으로 여기고 끝내 멸망에 휩쓸렸고, 남은 이들은 롯과 그의 아내, 그리고 두 딸이었다. 즉, 잠정적으로 네 명만

이 의인의 반열에 들어갈 가능성이 있었다. 아브라함이 간구했던 최소 열 명조차 소돔에 없었음을 보여준다. 이는 구속사의 흐름 속에서 의인은 많지 않으며, 오히려 소수의 선택된 자만이 신앙경주를 끝까지 완주한다는 사실을 시사한다.

여기서 우리는 긴급한 재촉과 지체의 대조를 볼 수 있다. 하나님의 구원의 손길이 긴급히 다가왔지만, 롯은 지체하고 있었다. 이는 신앙경주에서 순종의 즉시성이 얼마나 중요한지를 보여준다. 지체는 결국 믿음의 결단을 흐리게 하고, 때로는 구원의 기회를 놓치게 할 수도 있다. 롯과 가족이 구원받은 것은 그들의 의지 때문이 아니라, 천사들이 손을 붙잡아 강권적으로 이끌어낸 하나님의 은혜 때문이었다. 신앙경주는 인간의 결단과 노력 위에 세워지지만, 결국은 하나님의 붙드심이 있어야 끝까지 달려갈 수 있다. 결론적으로, 본문은 단순한 역사적 사건 기록이 아니라 하나님의 강권적 은혜로만 구원이 가능함을 보여주며, 신앙경주에서 즉각적인 순종과 하나님의 붙드심이 얼마나 중요한지를 드러낸다.

7.(b') 산 대신 성 쪽을 제안(19:17-20)

> 17 그 사람들이 그들을 밖으로 이끌어 낸 후에 이르되 도망하여 생명을 보존하라 돌아보거나 들에 머물지 말고 산으로 도망하여 멸망함을 면하라 18 롯이 그들에게 이르되 내 주여 그리 마옵소서 19 주의 종이 주께 은혜를 입었고 주께서 큰 인자를 내게 베푸사 내 생명을 구원하시오나 내가 도망하여 산에까지 갈 수 없나이다 두렵건대 재앙을 만나 죽을까 하나이다 20 보소서 저 성읍은 도망하기에 가깝고 작기도 하오니 나를 그 곳으로 도망하게 하소서 이는 작은 성읍이 아니니이까 내 생명이 보존되리이다

롯이 도망할 때 천사들이 지시한 도피처는 산이었다. 조건은 명확했다. '뒤를 돌아보지 말 것', '들에 머물러 있지 말 것', '오직 산으로 갈 것'이었다. 그러나 롯은 두려움과 불안 때문에 산으로 가는 대신 가까운 성읍 소알로 도피하게 해 달

라고 간청했다. 산으로 가는 길이 멀고 힘들어 도중에 죽을 수 있다고 생각했기 때문이다. 천사들이 그의 간청을 들어주어 소알성으로 도피할 수 있게 허락하였다. 그렇다면, 천사들이 왜 이러한 예외를 허락했을까? 그것은 아브라함의 중보기도 덕택일 수 있고, 혹은 롯이 소돔성에서 그들을 보호한 공로 때문일 수도 있다. 하나님이 제시한 원칙적 구원의 길은 '산'이었다.

그러나 롯은 자신의 두려움과 연약함을 이유로 타협을 요청한다. 신앙경주에서 믿음으로 산을 향해 달려가는 대신, 편한 길을 찾으려는 태도가 드러난다. 천사들이 롯의 간청을 허락한 것은 그의 믿음이 온전해서가 아니라, 하나님의 긍휼 때문이었다. 신앙경주는 완벽한 인간의 힘으로 완주되는 것이 아니라, 부족한 자를 긍휼히 여기시는 하나님의 자비 속에서 가능해진다. 본문 전체 문맥에서 롯이 구원받은 것은 분명히 아브라함의 중보기도(창 18장)와 깊이 연관된다. 롯 자신은 의로운 면이 있으나, 온전히 의지할 만큼 강한 믿음은 보이지 않는다. 따라서 천사들의 허락은 롯의 공로 때문이 아니라, 중보자의 기도가 하나님의 긍휼을 이끌어낸 결과라고 이해할 수 있다. 이는 신앙경주가 홀로 달리는 싸움이 아니라, 중보와 공동체의 기도가 함께하는 경주임을 보여준다.

8. (c') 허락함(19:21-23)

> 21 그가 그에게 이르되 내가 이 일에도 네 소원을 들었은즉 네가 말하는 그 성읍을 멸하지 아니하리니 22 그리로 속히 도망하라 네가 거기 이르기까지는 내가 아무 일도 행할 수 없노라 하였더라 그러므로 그 성읍 이름을 소알이라 불렀더라 23 롯이 소알에 들어갈 때에 해가 돋았더라

롯의 부탁을 천사가 받아 주었고, 그곳으로 가는 동안은 멸하지 않겠다고 약속하였다. 천사는 롯에게 지체하지 말고 속히 도망하라고 재촉하며, 그가 소알에 도착하기 전에는 유황불 심판이 시작되지 않을 것임을 알렸다. 그래서 그 성

의 이름을 소알(צֹעַר, "작음, 작은 것")이라 부르게 되었다. 롯이 소알에 도착한 때는 해가 돋은 아침이었고, 그들은 아직 어둑어둑한 새벽에 소돔을 떠나 날이 밝을 무렵 소알에 이르렀다. 이렇게 심판의 초시계가 급박하게 움직이는 가운데서도, 롯은 요청한 성읍에 무사히 도착하여 보호를 받았다. 새벽부터 아침까지 이어지는 도망의 과정은 구원의 시간과 신앙경주의 긴박성을 보여준다. 지체하거나 멈추면 곧 멸망에 휩쓸릴 수 있음을 강조한다. 이는 신앙경주가 늘 지금-여기의 순종 속에서 이루어진다는 것을 상징한다(눅 17:32 "롯의 아내를 기억하라"). 이렇게 소알 도피 사건은 신앙경주의 긴박함, 타협, 그리고 긍휼의 은혜가 한 장면 속에 응축된 사건이다.

9. (d') 소돔과 고모라가 멸망함(19:24-26)

> 24 여호와께서 하늘 곧 여호와께로부터 유황과 불을 소돔과 고모라에 비같이 내리사 25 그 성들과 온 들과 성에 거주하는 모든 백성과 땅에 난 것을 다 엎어 멸하셨더라 26 롯의 아내는 뒤를 돌아보았으므로 소금 기둥이 되었더라

하나님께서 유황불을 '비같이' 내려 소돔과 고모라를 멸하셨다. 이 불은 성과 들, 그 안에 거주하는 모든 백성, 그리고 땅에 난 것들까지 삼켜 버려 온 지역이 초토화되었다. 그리고 롯의 아내는 성을 빠져나오는 중에 천사의 경고를 무시하고 뒤를 돌아보다 소금 기둥이 되었다. 정리하면, 소돔 멸망 장면은 뒤돌아본 롯의 아내와 새벽에 기도한 아브라함의 대조 속에서, 신앙경주의 두 길을 보여준다. 한쪽은 세상에 붙잡혀 멸망으로 끊어진 길, 다른 한쪽은 끝까지 하나님 앞에 서서 기도하는 길이다.

10. (e') 멸망을 봄(19:27-28)

> 27 아브라함이 그 아침에 일찍이 일어나 여호와 앞에 서 있던 곳에 이르러 28 소돔
> 과 고모라와 그 온 지역을 향하여 눈을 들어 연기가 옹기가마의 연기같이 치솟음을
> 보았더라

아브라함은 천사들이 소돔에 의인 열 명을 찾으러 갔던 것과 조카 롯의 가족
이 어떻게 되었는지 궁금하여 새벽에 일찍 일어나 하나님께 중보의 기도를 했던
그곳으로 나아가서 조카네가 무사하기를 기도했다. 그가 머물던 헤브론은 높은
구릉지대여서 저지대에 있던 소돔과 고모라를 내려다볼 수 있었다. 그곳에서 연
기가 옹기가마의 연기같이 치솟는 것을 본 아브라함은 단순히 폐허가 된 광경만
바라보고 있었을 리 없다. 조카 롯을 아들처럼 생각해 그를 구하기 위해 전쟁까
지 불사했던 아브라함은, 중보자의 자리에서 간절히 기도하며 조카네 가족의 안
전을 구했을 것이고, 또한 그 땅에 의인 열 명조차 없었음을 통탄하며 가슴치고
괴로워했을 것이다. 아브라함은 단순한 관찰자가 아니라, 중보자의 길을 걷는 신
앙경주의 모습을 보여준다.

4. (2') 중보기도로 롯이 구출됨(19:29)

> 29 하나님이 그 지역의 성을 멸하실 때 곧 롯이 거주하는 성을 엎으실 때에 하나님이
> 아브라함을 생각하사 롯을 그 엎으시는 중에서 내보내셨더라

본문은 소돔 성이 처절하게 멸망당함을 두 번 반복하여 표현한다. 곧 "성을 멸
하실 때"(창 19:29a), "성을 엎으실 때"(창 19:29b)라는 이중 강조가 그것이다. 이
는 단순한 파괴가 아니라 철저하고 최종적인 심판을 나타낸다. 동시에 하나님이
롯을 멸망에서 구원하신 이유를 밝히시는데, 다름 아닌 아브라함을 생각하셨기
때문이다. 여기서 '생각하다'는 말은 히브리어 זָכַר(zākar, 기억하다, 상기하다)로,

단순히 마음속으로 떠올린다는 의미가 아니라 언약적 기억을 뜻한다. 즉, 하나님께서 의인 아브라함의 기도를 언약 안에서 '기억하시고' 그의 조카 롯을 구원하신 것이다. 이것은 언약을 입은 자의 특권이며, 지금도 예수 그리스도를 믿는 모든 성도들에게 동일하게 적용된다. 하나님은 의인의 기도를 들으시고 구원의 은혜를 베푸신다. 따라서 유황불로 소돔성을 심판하실 때 롯 역시 한 줌의 재가 될 수 있었으나, 하나님은 약속대로 그를 소알로 피하게 하셨다. 이렇게 본문은 철저한 멸망과 약속된 구원을 선명히 대비시킨다.

결론적으로 본문은 "심판과 구원의 이중 강조"를 통해 언약 백성의 특권을 드러낸다. 하나님은 철저히 심판하시되, 의인의 기도를 기억하시고 언약을 따라 구원하신다.

5. (1') 딸들의 죄 된 후손 개념(19:30-38)

> 30 롯이 소알에 거주하기를 두려워하여 두 딸과 함께 소알에서 나와 산에 올라가 거주하되 그 두 딸과 함께 굴에 거주하였더니 31 큰 딸이 작은 딸에게 이르되 우리 아버지는 늙으셨고 온 세상의 도리를 따라 우리의 배필 될 사람이 이 땅에는 없으니 32 우리가 우리 아버지에게 술을 마시게 하고 동침하여 우리 아버지로 말미암아 후손을 이어가자 하고 33 그 밤에 그들이 아버지에게 술을 마시게 하고 큰 딸이 들어가서 그 아버지와 동침하니라 그러나 그 아버지는 그 딸이 눕고 일어나는 것을 깨닫지 못하였더라 34 이튿날 큰 딸이 작은 딸에게 이르되 어제 밤에는 내가 우리 아버지와 동침하였으니 오늘 밤에도 우리가 아버지에게 술을 마시게 하고 네가 들어가 동침하고 우리가 아버지로 말미암아 후손을 이어가자 하고 35 그 밤에도 그들이 아버지에게 술을 마시게 하고 작은 딸이 일어나 아버지와 동침하니라 그러나 아버지는 그 딸이 눕고 일어나는 것을 깨닫지 못하였더라 36 롯의 두 딸이 아버지로 말미암아 임신하고 37 큰 딸은 아들을 낳아 이름을 모압이라 하였으니 오늘날 모압의 조상이요 38 작은 딸도 아들을 낳아 이름을 벤암미라 하였으니 오늘날 암몬 자손의 조상이었더라

롯은 왜 소알에 사는 것이 두려웠을까? 그곳은 자신이 천사들에게 간청하여 선택한 곳이었다. 그러나 시간이 지나면서 그는 이곳에서 사는 것이 싫어졌다. 하나님께서 소알을 멸하지 않겠다고 약속하셨음에도, 산 위에 있는 굴이 더 안전하다고 생각한 것이다. 그는 처음에 천사가 말했던 것처럼 산으로 올라가 두 딸과 함께 굴에 거주하게 되었다. 그리고 그곳에서 두 딸은 '후손 만들기'를 시도한다. 본문은 이를 두 번 반복되는 병행구조 안에 담아 6개의 인물 요지로 기록한다.

가. 구조적 주해

딸들의 후손 개념 19:30-38

a. 큰 딸 – 작은 딸: 후손을 이어가자!	31-32
b. 큰 딸 – 아버지: 술을 먹이고 동침함	33a
c. 아버지 – 술에 취해 아무것도 모름	33b
a' 큰 딸 – 작은 딸 <후손을 이어가자!	34
b' 작은 딸 – 아버지: 술을 먹이고 동침함	35a
c' 아버지 – 술에 취해 아무것도 모름	35b
d 두 딸: 임신함(모압과 암몬)	36-38

(1) 반복된 병행구조(미괄식): a - b - c / a' - b' - c'

a/a'

a: '후손을 이어가자!'

a': '후손을 이어가자!'

b/b'

b: '술을 먹이고 동침함'

b': '술을 먹이고 동침함'

c/c'

 c: '술에 취해 아무것도 모름'

 c': '술에 취해 아무것도 모름'

 d: 중심주제 – 두 딸이 임신함

(2) **중심 주제: 미괄식** 병행구조의 특징상 마지막 요지가 강조되는데, 두 딸이 임신하여 모압과 암몬을 낳았다.

나. 구속사적 개념

불완전한 후손: 롯의 두 딸을 통해 태어난 모압·암몬은 저주의 후손처럼 보이지만, 훗날 룻(모압 여인)을 통해 메시아 계보에 편입된다. 이는 구속사의 역설적 은혜를 보여준다.

다. 신앙경주 적용

후손의 경주: 잘못된 선택과 죄에도 하나님은 언약의 역사를 꺾지 않고 구속사를 이어가신다. 신앙경주는 실패 속에서도 하나님의 길로 다시 돌아오는 여정이다.

라. 본문 해설

이 두 번 반복된 인물 병행구조를 통해 저자가 강조하는 것은 무엇일까? 롯의 두 딸은 멸망 가운데 살아남았으나 여전히 소돔의 타락한 시대정신에 영향을 받았다. 후손을 이어가려는 열망은 본능적일 수 있지만, 방법은 비정상적이었다. 그 대상이 아버지였고, 술을 이용했으며, 속임수와 강압적 동침이라는 점에서 그들의 행위는 정당화될 수 없다.

저자는 인물 대칭 관계를 통해 이를 드러낸다. 하나님이 천사를 보내 소돔의 죄악이 얼마나 심각한지 확인하셨던 장면(19:20-21)과 롯의 딸들이 아버지를 속여 후손을 이어가는 장면(19:30-38)이 서로 대응된다. 이는 그들의 생각과 행위가 소돔의 죄악에 여전히 물들어 있음을 시사한다. 결국 자손 번성은 하나님의 섭리와 약속에 따라 순리적으로 이루어져야 함에도, 그들은 자기 소견에 옳은 대로 행하였다(삿 21:25).

노아 시대의 멸망 원인이 잘못된 성과 자손 개념이었던 것처럼(창 6:1-8), 롯의 딸들의 '후손 만들기 프로젝트'도 말세적 요소를 보여준다. 오늘날 인공 배아, 젠더 이슈 등도 이와 유사하게 하나님의 창조 질서를 거스르는 모습이라 할 수 있다. 이 점에서 본문은 시대를 초월한 경고성을 가진다.

끝으로, 롯의 두 딸은 결국 아버지와의 관계에서 모압과 벤암미를 낳았다. '모압'은 "아버지로부터 난 자", '벤암미'는 "나의 친족의 아들"이라는 의미. 이들은 훗날 이스라엘 역사 속에서 경계받는 족속이 되었다. 그러나 하나님은 모압 여인 룻을 택하셔서 보아스와 결혼하게 하셨고(룻 1:4), 그녀를 메시아 혈통에 참여하게 하셨다. 이는 죄 가운데서도 구원의 길을 여시는 하나님의 깊으신 경륜을 보여준다. 마찬가지로 유다와 다말 사건(창 38장)에서도 하나님은 죄인의 후손을 통해 메시아의 길을 준비하셨다.

따라서 롯의 두 딸의 '후손 만들기 프로젝트'는 인간적이고 왜곡된 방법이었으나, 하나님은 이를 통해 오히려 구속사의 큰 그림을 이루어 가셨다. 결국 이는 하나님의 주권과 은혜, 그리고 죄인을 구원하시는 섭리를 드러내는 사건이라 할 수 있다.

D'. 후손의 회복(20장)

창세기 20장은 비평학자들에게 좋은 먹잇감이 된다. 아브라함이 애굽에서 아내 사라를 누이동생이라 말하면서 위기가 발생하는 사건인 창세기 12:10-20 과 유사한 본문으로 취급됨에 따라 본문 비평의 대상이 되기도 하며, 또한 창세 기 본문 전체를 대칭구조로 읽는 주석가들에게 구조의 요소로 사용되기도 한 다. 그러나 본문에 나타난 인물 구조가 5개의 키워드에 따라 반복된 병행 구조 로 짜임새 있게 구성되어 있다.

가. 구조적 주해

D' 후손의 회복(20:1-17)

1. **위기** : 왕 아비멜렉이 사라를 데려감	20:1-2	
2. **추궁** : 왜 사라를 데려갔느냐?	3	
3. **결백** : 저는 잘못이 없습니다	4-5	
4. **인정** : 사라를 돌려보내라!	6-7	
5. **결과** : 심히 두려워 함	8	
1'. **위기** : 네가 어찌하여 우리에게 …	9	
2'. **추궁** : 무슨 뜻으로 누이라했느냐?		10
3'. **결백**: 사라는 아내이며 이복누이	11-13	
4'. **인정**: 사라의 일로 보상함	14-16	
5'. **결과**: 기도로 태가 회복됨	17	

창세기 20장은 하나님과 아비멜렉의 대화(1/2/3/4/5) 그리고 아비멜렉과 아브 라함의 대화(1'/2'/3'/4'/5')가 각각 '후손의 회복'이라는 주제로 병행구조가 반복해 다섯 개의 키워드(개념) 중심으로 전개된다. 첫 인물 구조의 흐름은 약속의 여인 사라를 그랄 왕 아비멜렉이 데려가면서 아브라함의 후손에 위기가 발생한다. 그 리고 두 번째 대화에서 아비멜렉이 사라를 데려가면서 하나님의 저주가 그의 아 내와 여종에게 임해 그들의 태가 닫히게 되는 '후손의 위기'에 대한 내용이다. 이

렇게 두 대화에서 모두 자손의 위기가 발생했지만 하나님의 도우심과 아브라함의 기도로 모든 문제가 해결된다. 이러한 문제 해결 과정을 인물 병행구조의 전개에 따라 살펴보면 다음과 같이 나타난다. 차례대로 비교해보면:

1 / 1'은 오해로 인한 위기가 발생한다. 요지 1은 문제가 발생하는 데 왕 아비멜렉이 아브라함의 아내 사라를 누이로 여기고 데려간다. 요지 1'는 왕 아비멜렉이 사라를 아내라고 하지 않고 누이라고 말한 아브라함에게 왜 그렇게 말해서 어려움을 당하게 했는지에 대한 유감을 표시한다.

2 / 2'는 요지 2는 잘못에 대한 추궁 내용이다. 하나님께서 사라를 데려간 왕 아비멜렉의 잘못을 추궁하시고, 요지 2'는 반대로 하나님께 경고 받은 아비멜렉이 아브라함을 추궁한다.

3 / 3'는 서로가 결백함을 말한다. 요지 3은 아비멜렉이 하나님께 자신은 잘못이 없음을 하소연하고, 요지 3'는 아브라함이 아비멜렉에게 자신의 결백을 말한다.

4 / 4' 하나님은 아비멜렉이 사라를 데려간 것이 잘못이 없음을 알고 사라를 돌려줄 것을 지시하신다(4). 아비멜렉이 아브라함의 잘못이 없음을 알고 난 후, 오해로 어려움을 겪은 것에 대해서 인정(보상)을 한다(4').

5 / 5' 결과
사라의 일로 하나님이 노하신 것에 대해 왕이 그 집 사람들에게 말하니 모두 심히 두려워한다(5). 아브라함은 하나님이 인정하신 선지자로서(7절) 아비멜렉의 아내와 여종이 사라의 일로 닫힌 태를 기도해서 열리게 하여 위기에서 벗어난다(5').

병행구조 특징상 마지막 요지들에 핵심 내용을 담고 있으며, 두 요지의 결과들을 보여준다. 이와 같이 창세기 20장은 반복된 병행구조 특징에 따라 해석해야 '후손의 회복'이라는 주제의 사건을 바르게 파악할 수 있다. 이런 점에서는 20장은 앞에서 언급된 주제인 '사라의 위기'(12:10-20)와 다르다는 점을 알 수 있다.

나. 구속사적 의의

언약 계승의 보호: 사라가 다른 남자의 아내가 되는 위기는 언약 계보(이삭 출생)를 위협했으나, 하나님이 개입해 언약을 보존하신다.

하나님의 주권: 아비멜렉의 결백 주장에도, 하나님은 "내가 너를 막았다" 하심(20:6). 이는 구속사에서 언약 계보 보존은 전적으로 하나님의 주권임을 보여준다.

중보자의 사명: 아브라함의 기도를 통해 아비멜렉 집안의 태가 열림. 이는 장차 그리스도의 중보를 통한 생명의 회복을 예표한다.

후손 회복: 사라의 순결 보존과 아비멜렉 가정의 태ㅇ긔회복은 곧 약속된 후손(이삭)의 출생 준비로 연결된다.

다. 신앙경주 적용

반복되는 실패: 아브라함은 다시 사라를 누이라 속임(12장과 유사). 신앙경주는 같은 실수를 반복하는 인간의 연약함을 드러낸다.

하나님의 보호 은혜: 실패 속에서도 하나님은 언약의 길을 보존하심. 신앙경주는 인간의 불완전함에도 은혜로 지켜지는 길이다.

기도의 역할: 아브라함이 기도하자 생명의 회복이 일어남. 신앙경주는 기도를 통해 다른 사람들의 생명과 회복을 위해 쓰임 받는 여정이다.

경외와 책임: 아비멜렉이 하나님을 두려워한 것처럼, 신앙인은 세상 앞에서 하나님의 거룩한 백성답게 책임 있게 살아야 한다.

라. 본문 해설

1. 문제 발생(20:1-2)

1 아브라함이 거기서 네게브 땅으로 옮겨가 가데스와 술 사이 그랄에 거류하며 2 그의 아내 사라를 자기 누이라 하였으므로 그랄 왕 아비멜렉이 사람을 보내어 사라를 데려갔더니

아브라함은 헤브론을 떠나 남쪽 네게브 지방 그랄로 이주하였다. 그는 이곳에서 아내 사라를 누이라고 하며 살아갔다. 그 이유는 그 땅 사람들이 하나님을 알지 못하고, 자신을 죽일지 모른다는 두려움 때문이었다(11절). 즉, 애굽에서와 마찬가지로 아브라함은 죽음이 두려워 아내를 누이라고 말한 것이다.

사라는 실제로 아브라함의 아내였지만 동시에 이복누이였다(12절). 따라서 누이라고 말하는 것이 전혀 거짓은 아니었으나, 아내임을 숨긴 것은 분명한 기만이었다. 그 결과 그랄 왕 아비멜렉은 그녀를 아브라함의 누이라고 생각하고 데려갔다.

그렇다면 이번 사건은 애굽에서의 경우와 어떤 차이가 있을까? 가장 큰 차이는 환경이다. 애굽에서는 기근으로 인해 생존을 위해 거짓말을 했던 것이고, 그랄에서는 종교적 이유로 거짓을 말했다. 아브라함은 하나님을 알지 못하는 사람들이 자기를 해칠 것이라는 두려움에 사라를 누이라고 한 것이다.

또 다른 차이는 동기와 상황이다. 애굽에서는 사라의 아름다움 때문에 바로가 돈을 주고 그녀를 취했으나, 그랄에서는 돈과 상관없이 단지 '누이'라는 말만 듣고 아비멜렉이 사람을 보내 사라를 데려갔다. 즉, 애굽에서는 경제적·정치적 거래의 성격이 강했고, 그랄에서는 신앙적 불신과 두려움의 문제였다. 그러나 두 사건 모두에서 공통된 점은, 아브라함이 죽음의 위협 앞에서 두려움에 사로잡혀 아내를 누이라고 했다는 사실이다.

2. 잘못을 추궁함(20:3)

3 그 밤에 하나님이 아비멜렉에게 현몽하시고 그에게 이르시되 네가 데려간 이 여인

으로 말미암아 네가 죽으리니 그는 남편이 있는 여자임이라

이러한 상황 속에서 하나님께서 그날 밤 아비멜렉의 꿈에 나타나셨다. 하나님께서 그에게 말씀하시기를, 사라로 인해 네가 죽을 수도 있으니 그녀를 속히 남편에게 돌려보내라고 하셨다. 그렇지 않으면 반드시 죽게 될 것이라고 경고하셨다. 이는 사라가 이미 남편이 있는 여인임을 분명히 밝히신 것이었다.

사실 아비멜렉이 사라를 데려간 것은 욕심이나 불의에서 비롯된 것이 아니었다. 그는 단지 아브라함이 그녀를 누이라 한 말만 믿었을 뿐이었다. 그 당시 사회는 좁았고, 아비멜렉은 아브라함이 누구인지 잘 알고 있었다. 그는 부유하고 덕망 있는 인물이었으며, 신앙심도 깊다는 평판을 들었을 것이다. 그러므로 그런 사람의 여동생이라면 자신의 가문에도 큰 영광이라 여겼을 것이다. 아비멜렉은 오히려 그녀를 좋은 환경 속에서 행복하게 할 수 있다고 생각하며, 아무 의심 없이 사라를 데려간 것이다. 다시 말해, 그는 긍정적이고 정당한 입장에서 사라를 맞아들였던 셈이다.

이 점에서는 아브라함의 태도에 문제가 있었다. 그는 침묵으로 일관했고, 하나님께서 친히 아비멜렉에게 나타나 경고하시기까지 아무 대응을 하지 않았다. 이는 애굽 사건 때보다 더 심각한 문제라 할 수 있다. 더욱이 얼마 전(18장) 하나님의 천사들이 찾아와 내년이면 사라가 아들을 낳으리라 약속했음에도, 아브라함은 사라를 아비멜렉에게 빼앗기도록 방치하였다.

그렇다면 아브라함의 태도를 어떻게 이해해야 할까? 그는 하나님께서 다시 개입해 주실 것이라 믿었는지 모른다. 혹은 단순히 아비멜렉의 권세가 두려워 어쩔 수 없이 침묵했을 수도 있다. 어찌 되었든, 아브라함은 하나님께서 아비멜렉에게 나타나신 사실을 알지 못했으나, 그의 마음 한편에는 아내의 안녕에 대한 깊은 염려가 있었을 것이다.

3. 결백함을 말함(20:4-5)

> 4 아비멜렉이 그 여인을 가까이하지 아니하였으므로 그가 대답하되 주여 주께서 의
> 로운 백성도 멸하시나이까 5 그가 나에게 이는 내 누이라고 하지 아니하였나이까 그
> 여인도 그는 내 오라비라 하였사오니 나는 온전한 마음과 깨끗한 손으로 이렇게 하
> 였나이다

아비멜렉은 하나님의 경고를 듣고 크게 두려워하였다. 그는 즉시 자신의 입
장을 변호하면서 "주께서 의로운 백성도 멸하시나이까?"라고 반문하였다. 이는
자신이 사라를 가까이한 적이 없음을 밝히며, 전혀 죄 없는 선량한 자라는 사
실을 강조한 것이다. 그는 두려움에 떨면서도 당당하게 하나님께 자신의 결백을
호소하였다.

아비멜렉은 아브라함이 사라를 여동생이라고 말했고, 사라 자신도 오라비라
고 증언했음을 근거로 제시하였다. 따라서 자신은 '온전한 마음'과 '깨끗한 손'으
로 정직하게 사라를 받아들였다는 것이다. 그는 자신이 할 수 있는 최대한의 고
백을 다하며 결백을 주장했다.

그는 그랄 지방을 다스리는 왕이자 지도자로서, 비록 두려움 속에 있었지만
말할 때만큼은 논리적이고 분명했다. 하나님께 감히 반문까지 하면서도, 자신
의 입장을 체계적으로 설명하는 그의 태도 속에서 지도자의 품격과 책임감이
드러난다.

4. 결백함의 인정과 경고(20:6-7)

> 6 하나님이 꿈에 또 그에게 이르시되 네가 온전한 마음으로 이렇게 한 줄을 나도 알
> 았으므로 너를 막아 내게 범죄하지 아니하게 하였나니 여인에게 가까이하지 못하게
> 함이 이 때문이니라 7 이제 그 사람의 아내를 돌려보내라 그는 선지자라 그가 너를

위하여 기도하리니 네가 살려니와 네가 돌려보내지 아니하면 너와 네게 속한 자가 다 반드시 죽을 줄 알지니라

하나님은 다시 아비멜렉의 꿈에 나타나셔서 그의 결백함을 인정해 주셨다. 그러나 이것은 아비멜렉이 스스로 지켜낸 결과가 아니라, 하나님께서 그로 하여금 죄를 범하지 못하도록 막으셨기 때문임을 분명히 하셨다. 이는 아비멜렉에게는 다행한 일이었지만, 궁극적으로는 언약의 여인 사라를 보호하기 위한 하나님의 주권적 간섭이었다.

이번 사건은 아브라함과 사라가 단순한 개인이 아니라, 하나님께서 직접 돌보시는 언약의 백성임을 그랄 왕에게 드러내는 계시적 사건이 되었다. 하나님은 아브라함을 '선지자'라 칭하시며, 그의 중보기도를 통해 아비멜렉이 살 수 있다고 하셨다. 이는 아브라함이 하나님의 뜻을 대변하는 언약의 계승자임을 공적으로 선포하신 것이며, 그가 구속사에서 중심적인 위치에 있음을 보여주는 것이다.

아울러 하나님은 아비멜렉에게 사라를 돌려보내지 않을 경우, 그 자신뿐 아니라 그의 집안 전체가 죽게 될 것이라고 경고하셨다. 이는 이미 아비멜렉의 아내와 여종들의 태가 닫힌 상태를 가리키며, 그들의 후손이 끊어질 수 있음을 암시한다. 결국 하나님의 뜻과 계획을 방해하는 자들에게는 반드시 징계가 따른다는 사실을 분명히 보여주신 것이다. 이렇게 보면, 본문은 단순히 '아브라함의 거짓말' 사건이 아니라, 하나님의 주권 – 언약 백성의 특별한 지위 – 선지자로서 아브라함의 역할 – 심판과 구원이라는 구속사적 구조로 흐르고 있음을 확인할 수 있다.

5. 그 결과: 심히 두려워함(20:8)

8 아비멜렉이 그 날 아침에 일찍이 일어나 모든 종들을 불러 그 모든 일을 말하여 들려주니 그들이 심히 두려워하였더라

아비멜렉은 꿈을 꾸고 난 뒤 아침 일찍 일어났다. 이는 그가 제대로 잠을 이루지 못했거나, 그 사실이 너무도 엄중하여 서둘러 알리고자 했음을 보여준다. 특히 아비멜렉은 자신이 죽을 뻔하다가 하나님의 은혜로 살게 되었다는 심정으로, 사라를 속히 돌려보내야 한다는 긴급성을 느꼈을 것이다. 아직 문제가 완전히 해결된 것이 아니었기 때문이다.

그는 모든 종들을 불러 모아 하나님께서 자신에게 하신 모든 일을 말하였다. 종들도 이 사실을 듣고 심히 두려워하였다. 아비멜렉이 말한 '모든 일'이란 곧 사라가 남편 있는 여인임을 가리킨다. 아마 종들에게는 앞으로 이런 일을 반드시 확인하고 주의해야 할 것을 당부했을 것이다.

이 아침 조회 자리에서 주인의 간증을 들은 종들이 두려워한 것은 단순한 놀람이 아니라, 하나님의 존재와 권능에 대한 인식이었다. 그들은 죄를 범하면 반드시 그에 따른 벌을 받는다는 것을 깨달았고(하나님의 심판), 또한 죄를 막으시기 위해 꿈에 나타나신 하나님의 주권적 간섭을 알게 되었다. 동시에 아브라함이 하나님의 선지자라는 것, 사라가 단순한 여인이 아니라 언약의 특별한 여인이라는 사실을 알게 되었으며, 아비멜렉 같은 왕조차 하나님의 권능 앞에서는 떨게 된다는 점을 깨달았다.

결국 아비멜렉과 그의 종들은 생명을 죽이기도 하고 살리기도 하시는 하나님의 존재를 알게 되었고, 두려움과 경외심 속에서 새로운 하루를 시작하게 되었다.

6.(1') 문제 발생에 대한 원망(20:9)

9 아비멜렉이 아브라함을 불러서 그에게 이르되 네가 어찌하여 우리에게 이렇게 하느냐 내가 무슨 죄를 네게 범하였기에 네가 나와 내 나라가 큰 죄에 빠질 뻔하게 하였느냐 네가 합당하지 아니한 일을 내게 행하였도다 하고

아비멜렉이 아침에 곧바로 아브라함을 불러 세웠다. 그는 간밤에 하나님께 혼이 난 사실을 원망 섞인 말로 토로한다.

> "내가 네게 무슨 잘못을 했느냐? 네 아내를 누이라고 말한 네 탓에, 나와 내 나라가 큰 죄를 지을 뻔했다. 너 때문에 내가 죽을 뻔했고 내 백성도 멸망할 뻔했다. 너는 우리에게 큰 잘못을 저질렀다."

아비멜렉은 자신을 정당화하고 동시에 아브라함을 책망한다. 하나님의 심판 위협이 자신에게 임한 근본 원인이 아브라함의 말에 있었음을 지적하며, 그것을 "큰 죄를 지을 뻔함"과 "나라가 망할 뻔함"이라는 집단적 차원까지 확대한다. 이는 단순히 개인적 억울함이 아니라 국가적 위기감에서 비롯된 탄식이었다. 이렇게 아비멜렉이 아브라함을 원망한다.

여기서 원망의 구조를 발견할 수 있다: 원망 = 질문 → 고발 → 확장 → 결론

질문: "내가 네게 무슨 잘못을 했느냐?"

고발: "너 때문에 내가 죽을 뻔했다."

확장: "너 때문에 나라까지 망할 뻔했다."

결론: "너는 우리에게 큰 죄를 지었다."

7.(2') 문제를 추궁함(20:10)

> 10 아비멜렉이 또 아브라함에게 이르되 네가 무슨 뜻으로 이렇게 하였느냐

아브라함은 사실 두려웠다. 그랄 지방 사람들이 하나님을 믿지 않았기 때문이다. 아브라함은 신앙의 조상임에도 두려움 때문에 불신앙의 행위를 드러냈다. 이는 그의 신앙경주 과정의 실패 지점을 보여준다.

그러나 하나님의 주권적 간섭과 경고를 통해 구속사적 진전을 위한 계기가

된다. 즉, 믿음의 사람의 실수조차 하나님은 징계와 교훈의 도구로 사용하시지만 그 과정에서 자신의 깨달음으로 긍정적인 변화를 가져오게 된다. 아비멜렉의 항변은 단순한 인간적 원망이 아니라, 언약 백성의 실패가 이방 나라까지 위기에 빠뜨릴 수 있음을 보여준다.

하나님의 구속사는 선택된 자들의 성결한 삶을 통해 지켜지고 진행되어야 함을 교훈한다. 언약의 가정이 거짓으로 인해 위기를 불러오면, 이방조차 그 심판에 연루될 수 있다는 것을 경고한다. 따라서 이 본문은 "선택받은 언약 백성의 삶의 무게"를 강조한다. 아브라함의 작은 불신앙이 이방 왕국 전체를 무너뜨릴 뻔 했듯, 오늘날 신앙인의 삶 또한 하나님의 이름과 구속사의 흐름에 직결된 책임을 지고 있음을 보여준다.

8.(3') 결백을 말함(20:11-13)

> 11 아브라함이 이르되 이곳에서는 하나님을 두려워함이 없으니 내 아내로 말미암아 사람들이 나를 죽일까 생각하였음이요 12 또 그는 정말로 나의 이복 누이로서 내 아내가 되었음이니라 13 하나님이 나를 내 아버지의 집을 떠나 두루 다니게 하실 때에 내가 아내에게 말하기를 이후로 우리의 가는 곳마다 그대는 나를 그대의 오라비라 하라 이것이 그대가 내게 베풀 은혜라 하였었노라

아비멜렉이 왜 아내를 누이라고 했느냐고 추궁하자, 아브라함은 자신의 두려움의 이유를 고백했다. 이곳 사람들에게는 하나님을 두려워하는 마음이 없으므로, 사라 때문에 자신이 죽임을 당할 수 있다고 생각했다는 것이다. 그리고 사라가 자신의 이복누이라는 사실을 밝혔다. 사라는 실제로 누이이지만, 자신이 죽을 수 있다는 두려움 때문에 아내가 아닌 누이라고 말했음을 자백한 것이다.

아브라함은 하란에서 가나안으로 오는 여정 가운데, 가는 곳마다 아내라 하지 말고 누이라 하자고 사라와 미리 합의했다. 이것은 자신이 위험에 빠지지 않

고 가정을 지킬 방법이라고 여겼기 때문이다. 아브라함은 이것이 자신을 살리는 길이며, 사라가 이를 받아들여 자신에게 은혜를 베푸는 일이라고 생각했다. 그는 이 사실을 솔직하게 밝혔다. 아비멜렉 역시 이러한 합의를 이해했을 것이다.

그러나 하나님은 이러한 부부간의 합의를 기뻐하지 않으셨다. 그것은 믿음이 결여된 방법이었기 때문이다. 하나님이 언약의 부부를 잘못된 길로 내버려 두지 않으실 것이라는 신뢰가 부족했던 것이다. 결국 이 오판은 다른 사람들을 죄에 빠뜨릴 수 있는 위험한 결과를 초래할 뻔했다. 아브라함은 언약 백성임에도 믿음이 아니라 두려움과 자기 계산으로 행동하였다. 인간적인 방법은 언약의 거룩성을 지켜내지 못한다. "사라는 누이다"라는 말이 부분적으로는 사실이지만, 전체 진실을 감춘 왜곡된 진술이었다.

아브라함의 고백은 믿음의 경주 과정에서 "두려움 → 타협 → 위기"라는 반복적 패턴을 보여준다. 인간적인 생각으로 믿음의 경주를 감당하려는 모습은 겉으로는 지혜롭게 보일 수 있으나, 하나님께서 기뻐하지 않으실 뿐 아니라 결국 위기를 초래한다. 하나님은 아비멜렉을 통해 아브라함을 부끄럽게 하셨다. 이는 아브라함으로 하여금 자신의 부족을 깨닫게 하시려는 하나님의 훈련이었다. 동시에 하나님은 자신의 언약을 친히 지키시며, 언약 백성을 결코 놓지 않으신다는 사실을 드러내셨다.

9.(4') 오해에 대한 보상(20:14-16)

14 아비멜렉이 양과 소와 종들을 이끌어 아브라함에게 주고 그의 아내 사라도 그에게 돌려보내고 15 아브라함에게 이르되 내 땅이 네 앞에 있으니 네가 보기에 좋은 대로 거주하라 하고 16 사라에게 이르되 내가 은 천 개를 네 오라비에게 주어서 그것으로 너와 함께 한 여러 사람 앞에서 네 수치를 가리게 하였노니 네 일이 다 해결되었느니라

그랄 왕 아비멜렉은 자신이 알지 못하고 사라를 데려온 일에 대해 아브라함에게 보상하였다. 그는 먼저 재물을 주어 사죄의 뜻을 표현하였고, 아브라함의 아내 사라도 그에게 온전히 돌려보냈다. 이어서 아브라함에게 땅을 내어주며 원하는 대로 좋은 곳에서 거주할 수 있도록 허락하였다. 또한 그는 은 천 개를 아브라함에게 주었다. 이는 단순한 재산 보상이 아니라, 사라가 겪을 뻔한 수치를 씻어내고 그 명예를 회복시키려는 공개적 조치였다. 이렇게 함으로 아브라함과 사라의 부부 관계가 다시 회복되었고, 언약 백성으로서 그들의 정체성과 존귀가 세상 앞에 확인되었다.

10.(5') 기도로 치료해줌(20:17-18)

> 17 아브라함이 하나님께 기도하매 하나님이 아비멜렉과 그의 아내와 여종을 치료하사 출산하게 하셨으니 18 여호와께서 이왕에 아브라함의 아내 사라의 일로 아비멜렉의 집의 모든 태를 닫으셨음이더라

아브라함과 사라의 잘못된 합의는 그들의 믿음 없는 선택이었고, 결국 엄청난 위기를 초래하였다. 사라를 '누이'라고 속인 결과, 사라는 아비멜렉의 궁으로 들어가게 되었고, 그로 인해 아비멜렉의 집안에는 생명의 길이 막히는 심판이 임하였다. 왕의 아내와 여종들의 태가 닫히게 되어 후손을 이어갈 수 없는 위기였다. 이는 언약 백성이 믿음의 경주에서 타협하고 자기 꾀를 의지할 때, 자신뿐 아니라 주변 세계에도 죽음과 단절의 위기를 가져온다는 사실을 보여 준다.

그러나 하나님은 인약의 신실하심으로 개입하셨다. 아브라함과 아비멜렉을 화해하게 하시고, 아브라함이 선지자로서 기도하였을 때, 하나님은 아비멜렉의 집을 치료하시고 닫힌 태를 여셔서 생명의 길을 다시 여셨다. 이것은 믿음의 경주에서 넘어짐과 실수가 있을지라도, 하나님은 언약을 결코 놓지 않으시며 구속사의 큰 흐름을 흔들림 없이 이루신다는 증거이다.

아비멜렉은 자신의 잘못을 인정하고 책임을 돌이켰다. 물론 하나님의 나타나심과 징계가 있었기에 가능했지만, 그는 진실을 받아들이고 사라를 돌려보내며 보상하였다. 이는 언약 백성에게도 배울 만한 교훈이다. 아브라함 역시 아비멜렉의 태도를 통해 인간적인 지혜와 하나님의 주권 사이의 차이를 깨닫게 되었을 것이다.

아브라함은 하나님의 선지자로서 사명을 재확인하게 되었다. 그의 기도를 통해 생명이 회복되었고, 이 사건은 그가 단순히 한 가정의 가장이 아니라, 열방의 생명을 위해 기도하고 중보해야 할 언약의 사명자인 것을 드러냈다. 신앙경주의 여정 속에서, 하나님은 그의 실수를 사용하여 오히려 언약 백성의 정체성과 사명을 더욱 분명히 세우셨다.

결론적으로 이 사건은 구조에 담긴 키워드에 따라 주해하는 과정에서 "두려움과 타협으로 인한 위기 → 하나님의 개입 → 화해와 회복 → 선지자로서 사명 재확인"이라는 신앙경주와 구속사의 진행 구조를 잘 보여준다.

E'. 가정/이웃 갈등(21:1-34)

여기서는 아브라함의 신앙경주의 삶에 나타난 세 개의 갈등구조에서 두 번째 갈등인 '가정과 이웃'에서 일어난 사건을 보여준다. 이것은 아브라함 가정의 갈등과 더불어 이웃과의 관계인 블레셋 왕 아비멜렉에 관해서 보여준다. 다음과 같이 각각 여섯 개의 키워드로 구성된 병행구조 안에 갈등의 모습들이 그려져 있다.

가. 구조적 주해

E'. 가정/이웃 갈등(21장)

1. **도움**: 이삭을 낳게 해주심   21:1-7
     2. **문제 발생**: 이스마엘이 이삭을 놀림   21:8-11

3. **위로**: 근심을 들어 주심	21:12-13
4. **쫓겨남**: 광야로 내쳐짐	21:14-16
5. **해결**: 고통을 들어주심	21:17-19
6. **결과**: 이스마엘을 혼인시킴	21:20-21
1'. **도움**: 하나님이 함께 하심	21:22-24
2'. **문제 발생**: 종들이 우물을 뺏음	21:25-26
3'. **화해**: 언약 체결함	21:27-31
4'. **돌아감**: 블레셋 땅으로 돌아감	21:32
5'. **해결**: 하나님의 이름을 부름	21:33
6'. **결과**: 블레셋 땅에서 지냄	21:34

　　창세기 21장은 두 개의 병행구조로, 언약 백성의 가정 내 갈등과 이웃과의 갈등을 병렬적으로 보여준다. 각 사건은 동일한 6단계(도움 → 문제 발생 → 위로/화해 → 쫓겨남/돌아감 → 해결 → 결과)로 진행되며, 시작과 끝에 나타나는 하나님의 개입과 복주심이 구조를 감싸고 있다.

1. 도움(1 / 1') – 경주의 시작: 언약의 은혜로운 출발

1: 하나님이 약속하신 대로 이삭을 출생케 하심(1-7). 이는 아브라함과 사라의 믿음 경주에서 하나님의 약속이 결승선에서 현실이 되는 장면이다(롬 4:20-21).

1': 아브라함이 아비멜렉과의 관계 속에서도 하나님의 동행을 경험한다(22-24).

의미: 신앙경주는 하나님의 약속과 동행의 확신 속에서 시작되고, 출발은 항상 하나님의 은혜와 언약 성취에서 비롯된다.

2. 문제 발생(2 / 2') – 경주의 장애물: 내외부의 도전

2: 이스마엘이 이삭을 조롱함(8-11). 가정 내부에서 일어난 언약 계승을 둘러

싼 갈등이다.

2': 종들이 우물을 빼앗음(25-26). 외부 환경에서의 생존 자원 갈등이다.

의미: 경주의 장애물은 내부 분열과 외부 압박 두 가지 모두에서 나타난다. 언약 백성은 두 영역 모두에서 시험을 받는다.

3. 위로/화해(3 / 3') - 경주 중간의 하나님의 개입

3: 하나님이 사라의 제안을 통해 아브라함의 근심을 덜어 주심(12-13). 이는 인간적으로는 힘든 결정이지만, 언약 계승의 순수성을 지키는 하나님의 뜻이 반영된 것이다.

3': 아비멜렉과 언약을 맺음(27-31). 이는 외부와의 갈등을 평화적으로 해결하고 경계선을 확정짓는 장면이다.

의미: 신앙경주의 중간 구간에서는 하나님의 말씀과 주권이 갈등 해결의 기준이 된다.

4. 쫓겨남/돌아감(4 / 4') - 경주 경로의 전환

4: 하갈과 이스마엘이 광야로 나감(14-16) — 언약의 경계 밖으로 나가는 장면.

4': 아비멜렉이 블레셋 땅으로 돌아감(32) — 경계 확립 후의 각자 자리로의 복귀.

의미: 경주의 중요한 전환점에서 하나님이 정하신 경계가 분명히 세워진다. 구속사적으로는 언약의 계보가 분리되는 지점이다.

5. 해결(5 / 5') - 결승선을 향한 하나님의 예비

5: 하갈과 이스마엘의 고통을 하나님이 들으시고 우물의 생수를 예비하심(17-19).

5': 아브라함이 브엘세바에서 하나님의 이름을 부름(33). 이는 경주의 끝에서 하나님께 영광 돌리는 예배 장면이다.

의미: 경주의 해결은 언제나 하나님의 공급과 예배로 완성된다.

6. 결과(6 / 6') - 완주의 열매

6: 이스마엘이 광야에서 장성하여 혼인함(20-21). 비록 언약 밖이지만, 하나님은 그에게도 약속하신 대로 민족을 이루게 하신다.

6': 아브라함이 블레셋 땅에서 거주함(34). 평화롭게 정착하여 언약의 땅에서 거주하는 안정의 시기이다.

의미: 신앙경주의 결승선은 언약 안에서의 안식이며, 언약 밖의 사람도 하나님 약속의 보편적 차원에서 돌보심을 받는다.

창세기 21장은 언약 계승의 경계가 명확히 설정되는 장이다. 내적으로는 이삭과 이스마엘의 분리, 외적으로는 블레셋과의 경계 확립을 통해 하나님의 백성 공동체가 구별된다. 신앙경주 관점에서 보면, 경주는 하나님의 도움으로 시작하여 내외부 갈등의 시험 통과, 하나님의 개입으로 해결, 경계 확립, 하나님의 예비와 예배, 안식의 거주라는 과정을 거친다.

나. 구속사적 의의

언약 계보의 확증: 하나님은 이삭을 통해 언약이 계승될 것을 분명히 하신다(21:12). 이는 구속사의 핵심 계보가 선택(약속의 자녀)으로 이어짐을 증거한다.

이스마엘의 보존: 쫓겨난 이스마엘도 하나님이 살리심. 이는 구속사 속에서 '비택자'라 해도 완전히 버려지지 않고, 열방의 역사를 이루는 도구가 됨을 보여준다.

이방과의 언약: 아비멜렉과의 언약은 이방과도 평화를 맺는 모습을 보여주며, 장차 복음이 열방으로 확장될 것을 예시한다.

예배와 정착: 마지막에 이브라함이 "영생하시는 하나님"의 이름을 부르며 예배드림(21:33). 이는 언약 백성의 정체성이 예배와 하나님과의 관계 안에 있음을 드러낸다.

다. 신앙경주 적용

가정 내 갈등: 신앙경주는 약속의 자녀와 육신의 자녀 사이 갈등을 감당하
는 여정이다. 하나님은 약속의 계보를 붙드시며, 신자는 그 뜻을 신뢰해
야 한다.

고통 속 간구: 하갈의 부르짖음을 들으신 하나님처럼, 신앙경주는 광야의 고
통 속에서도 "들으시는 하나님(엘 로이)"을 의지하는 길이다.

이웃과의 화해: 신앙경주는 갈등만이 아니라 화해와 언약 체결을 통해 하나
님 나라의 평화를 드러내는 사명도 포함한다.

예배적 삶: 모든 문제와 갈등의 해결은 결국 하나님의 이름을 부르는 예배로
귀결된다. 신앙경주는 예배로 삶을 마무리하며 안정되게 이어져야 한다.

라. 본문 해설

1. 도우심: 사라에게 이삭을 낳게 해주심(21:1-7)

> 1 여호와께서 말씀하신 대로 사라를 돌보셨고 여호와께서 말씀하신 대로 사라에게
> 행하셨으므로 2 사라가 임신하고 하나님이 말씀하신 시기가 되어 노년의 아브라함
> 에게 아들을 낳으니 3 아브라함이 그에게 태어난 아들 곧 사라가 자기에게 낳은 아
> 들을 이름하여 이삭이라 하였고 4 그 아들 이삭이 난 지 팔 일 만에 그가 하나님이 명
> 령하신 대로 할례를 행하였더라 5 아브라함이 그의 아들 이삭이 그에게 태어날 때에
> 백 세라 6 사라가 이르되 하나님이 나를 웃게 하시니 듣는 자가 다 나와 함께 웃으리
> 로다 7 또 이르되 사라가 자식들을 젖먹이겠다고 누가 아브라함에게 말하였으리요
> 마는 아브라함의 노경에 내가 아들을 낳았도다 하니라

갈등의 시작은 하나님의 도우심으로부터 시작되었다. 사라가 드디어 임신하

여 아들을 낳게 되었다. 이때가 그녀의 나이 90세였다. 그의 이름은 이삭이고 낳은 지 8일 만에 할례를 받았다. 이삭의 태어남은 전적으로 하나님께서 하신 일이었다. 이 사실을 1절에서 강조하고 있다. "여호와께서 말씀하신 대로" 사라를 돌보셨고 행하셨다는 사실을 두 번 반복해서 강조하고 있다. 이삭이 태어남은 이러한 도움을 바탕으로 하나님의 약속이 이루어진 것이다. 히브리서 기자도 이 사실을 다음과 같이 언급한다.

> "믿음으로 사라 자신도 나이가 많아 단산하였으나 잉태할 수 있는 힘을 얻었으니 이는 약속하신 이를 미쁘신 줄 알았음이라"(히 11:11).

아브라함을 선민의 조상으로 삼으시기 위한 목적으로 이루어진 것이다. 실제로 사라가 애굽에서 위기에 처했을 때 즉각적으로 개입하시어 그녀를 보호해 주셨다. 그리고 불가능한데 가능케 하시는 하나님의 능력을 행하신 결과이다.

한마디로 사라가 90세, 아브라함이 100세에 이삭이 태어난 것은 하나님의 씨 창조의 역사가 무엇인지를 보여주려는 것이다. 인간으로서는 도저히 할 수 없는 일을 하나님께서 하신 것이다. 이 사실을 만천하에 알려서 하나님이 전능하신 분이심을 입증하고, 또한 앞으로 약속하신 일들을 반드시 이루실 분이심을 만천하에 알리기 위해, 사라를 통해 증명하는 것이다. 다시 말하면 무에서 유를 창조하시는 분이 이삭을 주셨고, 또한 그분이 불가능을 가능케 하신 분이시라는 사실 가운데 사라가 비웃음이 아니라 실제로 웃고 있는 것이다.

더 나아가서 이 모든 일은 이삭의 후손에서 태어날 메시아를 통해 죄인들이 구원받아 하나님 나라를 건설하기 위한 궁극적인 목적하에서 이루어졌다는 사실이다. 사라는 현재 이러한 하나님의 계획을 아직 다 알지 못하지만 자신을 웃게 하신 그 하나님이 어떤 분이심을 깨닫고 놀라움을 금치 못하고 있다.

2. 문제 발생: 이스마엘이 이삭을 놀림(21:8-11)

> 8 아이가 자라매 젖을 떼고 이삭이 젖을 때는 날에 아브라함이 큰 잔치를 베풀었더
> 라 9 사라가 본즉 아브라함의 아들 애굽 여인 하갈의 아들이 이삭을 놀리는지라 10
> 그가 아브라함에게 이르되 이 여종과 그 아들을 내쫓으라 이 종의 아들은 내 아들 이
> 삭과 함께 기업을 얻지 못하리라 하므로 11 아브라함이 그의 아들로 말미암아 그 일
> 이 매우 근심이 되었더니

이삭이 자라서 젖을 뗄 나이인 세살 쯤 되어서 아버지 아브라함이 잔치를 크
게 벌여 기쁨을 이웃과 나누었다. 100살에 난 아들이라 귀하게 여기고 감사한
마음으로 최대한의 기쁨으로 잔치를 배설하였다. 사라가 보니, 이스마엘이 이삭
을 희롱하는 것을 보고는 견딜 수 없을 만큼 화가 났다. "사라가 본즉, 아브라함
의 아들 애굽 여자 하갈의 아들이 이삭을 놀리는지라." 이 단어('놀리다')는 히
브리어로 "메차헤크"인데, 이는 단순한 장난이 아니라 비웃거나 괴롭히는 행동
을 의미한다.

갈라디아서 4:29에서 바울이 이 사건을 언급하며, 이스마엘이 이삭을 핍박했
다고 해석한다. 이는 이스마엘이 하나님의 약속의 자녀인 이삭과 조화롭게 살아
가지 못하고 갈등을 일으켰음을 보여준다. 사라가 이것을 보고 아브라함에게 그
들 모자를 내쫓을 것을 촉구했다. "종의 아들은 내 아들 이삭과 함께 기업을 받
지 못하리라"(10). 전에 하갈이 자신을 무시할 때 보다 더 화가 난 것 같다. 하갈
의 근본적인 문제를 건드리며 이스마엘뿐 아니라 그의 모친 하갈도 같이 쫓아내
도록 남편에게 독촉하고 있다.

사라 생각에는 이스마엘이 먼저 태어났다 해도 상속자가 될 수 없고 본처인
자신의 아들 이삭만이 기업을 이어나갈 적자라는 것을 부각시킨다. 아브라함은
이스마엘이 이삭에게 행한 일로 근심과 걱정이 산같이 쌓여 어느 때보다 괴로
웠다. 이스마엘의 잘못된 행동으로 결국 행복해야 할 그 가정에 갈등의 그림자

가 짙게 드리웠다.

3. 위로: 근심을 들어주심(21:12-13)

> 12 하나님이 아브라함에게 이르시되 네 아이나 네 여종으로 말미암아 근심하지 말
> 고 사라가 네게 이른 말을 다 들으라 이삭에게서 나는 자라야 네 씨라 부를 것임이니
> 라 13 그러나 여종의 아들도 네 씨니 내가 그로 한 민족을 이루게 하리라 하신지라

이전에 사라와 하갈 사이에 갈등이 있었을 때는 아브라함이 나서서 하갈을
내보냈지만, 여기서는 하나님이 직접 나서서 사라의 말대로 할 것을 알려주시며
아브라함의 염려를 덜어 주신다. 그리고 "이삭에게서 난 자라야 네 씨라 부를 것"
이라고 두 관계를 바르게 알려주시며 위로해주신다. 그리고 종의 아들 이스마엘
도 한 민족을 이루게 해 주시겠다고 약속하신다.

이 두 아들의 관계를 정의하기에 난해함이 있으나 사도 바울이 갈라디아서에
서 바르게 해석해 준다. "기록된바 아브라함이 두 아들이 있으니 하나는 여종에
게서, 하나는 자유 있는 여자에게서 났다 하였으며 여종에게서는 육체를 따라
났고 자유 있는 여자에게서는 약속으로 말미암았느니라"(갈 4:22-23). 또한 로마
서에서도 하나님의 씨 창조 개념인 약속의 자녀에 대해 언급하고 있다. "아브라
함의 씨가 다 그의 자녀가 아니라 오직 이삭으로부터 난 자라야 네 씨라 불리리
라 하셨으니 곧 육신의 자녀가 하나님의 자녀가 아니요 오직 약속의 자녀가 씨
로 여기심을 받느니라"(롬 9:7-8).

이렇게 약속 있는 자와 그렇지 않은 자의 중요함은 하나님의 선택이라는 관점
에서도 중요하지만 그들의 삶의 모습에서도 의로움이 나타나야 하는 것이다. 창
세기 저자는 아브라함이 사건 전체 구조에서 선택과 삶의 두 영역에서 약속받은
자가 누구이며 어떤 삶을 살아갔는지를 신앙경주 차원에서 적용하고 있다. 따라
서 두 아들 중에 누가 하나님의 뜻을 따라 믿음으로 살아갔는지가 그들 중에 누

가 하나님의 선택을 받았는지를 가늠할 수 있게 해 준다. 우리는 부분적으로만 해석하지 말고 전체 구조를 통해 저자의 의도를 파악해야 저자의 구조적 목적이 무엇인지를 파악할 수 있다.

4. 쫓겨남: 광야로 쫓겨남(21:14-16)

> 14 아브라함이 아침에 일찍이 일어나 떡과 물 한 가죽부대를 가져다가 하갈의 어깨에 메워 주고 그 아이를 데리고 가게 하니 하갈이 나가서 브엘세바 광야에서 방황하더니 15 가죽부대의 물이 떨어진지라 그 자식을 관목덤불 아래에 두고 16 이르되 아이가 죽는 것을 차마 보지 못하겠다 하고 화살 한 바탕 거리 떨어져 마주 앉아 바라보며 소리 내어 우니

아브라함이 아침 일찍 일어나 떡과 물 한 가죽부대를 가져다가 하갈의 어깨에 메워 주고, 아들 이스마엘과 함께 떠나게 하였다. 하갈은 브엘세바 광야로 나가 방황했다. 사막의 뜨거운 태양 아래 길을 찾지 못하고 헤매던 중, 마침내 가죽부대의 물이 다 떨어졌다. 죽음의 위기가 닥치자 하갈은 아들을 조그만 관목 그늘 아래 두고, "아이가 죽는 것을 차마 볼 수 없다"며 화살 한 바탕 거리 떨어진 곳에 앉아 마주 바라보며 소리 내어 울었다. 이 장면은 하갈이 사라를 무시하여 스스로 도망했던 지난 사건(창 16장)과는 사뭇 다르다. 그때는 자기 선택으로 떠났지만, 이번에는 아브라함이 직접 환송하며 내보낸 것이다.

그러나 이 떠남은 단순한 이별이 아니라, 언약 경계가 실제 삶 속에서 선명히 그어지는 사건이었다. 이 사건은 하나님께서 아브라함 가정에서 언약의 아들(이삭)과 육신의 아들(이스마엘)을 구별하시는 구속사적 분기점이다(갈 4:22-23). 하나님은 약속의 계보가 이삭을 통해서만 이어지도록 하셨다. 이스마엘의 쫓겨남은 냉정한 처사가 아니라, 구속사 계획 속에서 언약 백성과 비언약 백성을 분리하는 필연적인 과정이었다. 이스마엘이 언약 밖으로 나갔으나, 하나님은 여전

히 그를 돌보셨다(17-21절). 이는 아브라함에게 주신 "이스마엘도 한 민족을 이루게 하리라"는 약속(21:13)의 실현이기도 하다.

가정 내 언약 계승을 둘러싼 갈등은 이 장면에서 완전히 종결된다. 사라와 하갈, 이삭과 이스마엘 사이의 긴장이 하나님이 정하신 경계 설정으로 마무리된다. 아브라함에게는 정서적으로 가장 힘든 시험이었다. 그러나 그는 하나님의 말씀(21:12)에 순종함으로, 경주의 한 구간을 완주했다. 하나님의 언약 경주는 분리와 선택을 통해 순수성을 지키신다. 경주 중 가장 고통스러운 구간에서도 하나님의 예비하심이 있었지만, 아브라함은 믿음의 사람으로 인간적 감정보다 말씀에 근거한 순종을 선택해야 했다.

5. 응답: 고통을 들어주심(21:17-19)

> 17 하나님이 그 어린 아이의 소리를 들으셨으므로 하나님의 사자가 하늘에서부터 하갈을 불러 이르시되 하갈아 무슨 일이냐 두려워하지 말라 하나님이 저기 있는 아이의 소리를 들으셨나니 18 일어나 아이를 일으켜 네 손으로 붙들라 그가 큰 민족을 이루게 하리라 하시니라 19 하나님이 하갈의 눈을 밝히셨으므로 샘물을 보고 가서 가죽 부대에 물을 채워다가 그 아이에게 마시게 하였더라

여기서도 지난번 하갈에게 나타난 천사가 다시 나타나서 그들을 돕고 있다. 이것은 하나님이 어린 이스마엘의 울음소리를 들었기 때문에 천사를 보내신 것이다. 저자가 "하나님이 아이의 소리를 들었다"고 두 번 강조하는 것은 하나님이 이들 모자에게 관심을 가지고 계심을 보여주고 있다. 하나님이 하갈에게 샘물을 발견하게 하셨고 그들은 충분한 물을 마시고 또한 가죽 부대에도 채우게 하셨다. 비록 그들은 모두 여주인 사라와 상속자 이삭에게 잘못했지만 아브라함의 핏줄을 가지고 있다는 점에서 무시할 수 없는 것이다. 이들에게 보이신 하나님의 관심은 그들도 하나님의 구원역사에서 긍정적이든 혹은 부정적이든 쓰

임 받는 존재들임을 말해주고 있다. 비록 메시아의 핏줄은 아니어도 이스마엘에게 큰 민족을 이루게 하셔서 그들도 메시아의 그늘 아래에서 긍휼을 받을 수 있는 자들임을 암시하고 있다. 이런 점에서 오늘날 이슬람 사람들에게도 복음을 전하여 그들이 복음을 받아드리는 복된 날이 오기를 기도하며 사랑으로 다가가야 할 것이다.

6. 결과: 이스마엘을 혼인시킴(21:20-21)

> 20 하나님이 그 아이와 함께 계시매 그가 장성하여 광야에서 거주하며 활 쏘는 자가 되었더니 21 그가 바란 광야에 거주할 때에 그의 어머니가 그를 위하여 애굽 땅에서 아내를 얻어 주었더라

극한 상황에서도 하나님은 이스마엘과 함께 계셨다. 그는 점점 자라났고 사막지역에서 정착하여 살아가는데 필요한 기술을 배워 활궁에 능한 자가 되었다. 그곳이 이스라엘 최남단 지역인 바란 광야이며 그곳에 거주할 당시 하갈이 그를 위해 자신의 고향 애굽 여인을 소개하여 이스마엘의 아내가 되었다. 마침내 하나님의 도우심과 어머니 하갈의 내조로 이스마엘은 사막지역 바란광야에서 정착하여 활 쏘는 기술을 배워 생 존능력을 지니게 되었을 뿐 아니라 결혼하여 큰 민족을 이루는데 기반을 마련하게 되었다.

7.(1') 도우심: 무슨 일을 하든지 하나님이 함께 하심(21:22-24)

> 22 그 때에 아비멜렉과 그 군대 장관 비골이 아브라함에게 말하여 이르되 네가 무슨 일을 하든지 하나님이 너와 함께 계시도다 23 그런즉 너는 나와 내 아들과 내 손자에게 거짓되이 행하지 아니하기를 이제 여기서 하나님을 가리켜 내게 맹세하라 내가 네게 후대한 대로 너도 나와 네가 머무는 이 땅에 행할 것이니라 24 아브라함이

이르되 내가 맹세하리라 하고

여기서 일어나는 갈등의 시작에도, 앞선 사건들과 마찬가지로 하나님의 도우심이 먼저 언급된다. 이는 앞으로 전개될 새로운 갈등 이야기가 하나님의 주권 아래 진행됨을 보여주는 도입부이다. 이번 갈등은 블레셋 왕 아비멜렉과 아브라함 사이에서 벌어진다. 아비멜렉은 군대장관 비골을 대동하고 아브라함을 찾아와 이렇게 말한다.

"네가 무슨 일을 하든지 하나님이 너와 함께 계시도다."

이 말은 단순한 인사 이상의 의미를 지닌다. 아비멜렉은 아브라함의 삶 속에서 분명한 하나님의 인도하심과 형통함을 보았다. 그러나 그 속에는 약간의 두려움이 섞여 있었을 것이다. 아브라함이 계속 번성하고 영향력이 커진다면, 자신들의 영역이 위협받을 수 있다는 우려가 생긴 것이다. 그래서 그는 미리 방어 차원에서 나아가, 칭찬과 동맹의 제안을 함께 꺼내든다. 이는 '선제적 우호 선언'을 통해 불필요한 충돌을 피하려는 외교적 처세였다. 아브라함도 그의 말에 동의하며 맹세했다. 그는 원래 블레셋 사람을 해칠 의도나, 공격할 계획이 없었고, 무엇보다 하나님이 함께하심으로 어떤 상황에서도 넉넉히 이길 수 있다는 확신이 있었다.

신앙경주는 종종 외부와의 갈등이라는 새로운 구간으로 넘어간다. 여기서도 가정 내 문제(하갈·이스마엘 사건)가 끝나자, 곧 외부 관계(아비멜렉)에서 새로운 도전이 시작된다. 출발점에서 하나님의 농행이 먼저 확인되는 것은, 경주자가 앞으로 맞이할 도전이 하나님의 통제 아래 있음을 확신시키는 역할을 한다. 아비멜렉은 경주자가 아닌 관찰자 입장에서 아브라함의 삶을 보았다. 하나님의 은혜와 형통함은 외부인에게도 분명하게 드러난다(마 5:16).

이는 신앙경주가 단순히 자기 완주만이 아니라, 주변에 하나님을 증거하는 공적 경주임을 보여준다. 아브라함은 상황에 불필요하게 방어적이거나 공격적이지 않았다. 이는 경주 중 목표가 분명한 사람의 평안한 마음을 드러낸다. 그는 하나님이 함께하시면 모든 상황에서 승리할 수 있다는 확신을 가지고 있었기에, 동맹과 맹세를 받아들이는 데 주저하지 않았다. 신앙경주는 사람과의 관계 속에서도 진행된다. 아비멜렉과의 화해와 협력은, 경주가 단순히 개인 영성 훈련이 아니라 공동체와의 평화로운 조화를 추구하는 과정임을 보여준다(롬 12:18).

8.(2') 갈등: 아비멜렉의 종들이 우물을 빼앗음(21:25-26)

> 25 아비멜렉의 종들이 아브라함의 우물을 빼앗은 일에 관하여 아브라함이 아비멜렉을 책망하매 26 아비멜렉이 이르되 누가 그리하였는지 내가 알지 못하노라 너도 내게 알리지 아니하였고 나도 듣지 못하였더니 오늘에야 들었노라

아브라함은 이제야 아비멜렉이 그때 자신을 찾아와 왜 미리 우호를 요청하며 '배수의 진'을 쳤는지를 깨달았다. 앞에서는 "싸우지 말자, 당신은 하나님의 도움을 받는 자다"라고 칭찬하며 가까이하는 척했지만, 실제로는 그의 종들이 아브라함의 우물을 빼앗아 놓고 모른 채 한 것이다.

이에 아브라함이 그 일을 책망하자, 아비멜렉은 잡아떼듯 말하며 "누가 그렇게 하였는지 나는 알지 못한다"고 했다. 그는 변명하듯, "당신도 나에게 알리지 않았고, 나도 오늘에서야 처음 들었다"고 말한다. 앞에서는 무엇이든 협조할 것처럼 말해 놓고, 정작 문제의 핵심이 드러나자 오리발을 내민 것이다. 정상적인 대응이라면, 설령 몰랐다고 해도 "아, 그랬습니까? 자초지종을 알아보겠습니다"라고 답한 후, 누가 우물을 빼앗았는지 조사해 결과를 알려주었어야 했다. 하지만 아비멜렉의 이러한 태도에는 여전히 경계심이 깔려있었다. 그는 아브라함과의 직접 충돌이 불리하다는 것을 알았기에, 분명한 해결보다 핑계를 대며 시간을 벌고 머뭇거리는 모습을 보였다. 결국, 이로써 양측의 다툼이 본격적으로 시

작되었다.

결론적으로, 짧은 본문이지만 신앙경주의 관점에서의 흐름은 다음과 같이 분명하게 나타난다: 외부 갈등의 심화 → 의로운 문제 제기 → 상대의 회피와 믿음의 차이 → 다툼의 시작과 하나님의 주권.

9.(3') 화해: 화친을 위해 언약을 체결함(21:27-31)

> 27 아브라함이 양과 소를 가져다가 아비멜렉에게 주고 두 사람이 서로 언약을 세우니라 28 아브라함이 일곱 암양 새끼를 따로 놓으니 29 아비멜렉이 아브라함에게 이르되 이 일곱 암양 새끼를 따로 놓음은 어찜이냐 30 아브라함이 이르되 너는 내 손에서 이 암양 새끼 일곱을 받아 내가 이 우물 판 증거를 삼으라 하고 31 두 사람이 거기서 서로 맹세하였으므로 그 곳을 브엘세바라 이름하였더라

아브라함과 아비멜렉 간의 갈등이 더 깊어지기 전에, 아브라함은 믿음으로 문제 해결의 길을 열어 갔다. 그는 언약을 체결하여 갈등을 봉합하려 하였고, 이를 위해 양과 소를 아비멜렉에게 주며 평화롭게 해결하자고 제안하였다. 아브라함은 또 암양 새끼 일곱을 따로 떼어 두었는데, 아비멜렉이 그 이유를 묻자, 이것을 우물을 판 증거로 삼기 위함이라고 설명하였다. 그리고 두 사람은 서로 맹세하여 언약을 체결하였다.

이 언약은 아브라함의 신앙경주에서 장애물을 극복하는 최선의 방법이었으며, 하나님이 기뻐하시는 방식이었다. 아브라함은 하나님의 주권 안에서 갈등을 평화로 마무리하였고, 그곳을 '브엘세바'라 불렀다. 이것은 아브라함-아비멜렉 우물 사건의 결말이며, 동시에 신앙경주의 '장애물 극복' 과정을 완성하는 장면이었다.

10. (4') 돌아감: 아비멜렉이 블레셋 땅으로 돌아감(21:32)

> 32 그들이 브엘세바에서 언약을 세우매 아비멜렉과 그 군대 장관 비골은 떠나 블레
> 셋 사람의 땅으로 돌아갔고

그들은 브엘세바에서 언약을 세웠다. 브엘세바(히브리어 Be'er Sheva, "일곱 우물" 또는 "맹세의 우물"이라는 뜻)는 아브라함과 아비멜렉이 우물 소유권을 증거로 삼아 평화의 언약을 체결한 장소였다. 이곳은 후에 이스라엘의 최남단 경계로 자리 잡아, "단에서 브엘세바까지"(삿 20:1; 삼상 3:20)라는 표현으로 이스라엘 전역을 대표하는 지리적 표준이 되었다. 이는 하나님의 통치와 언약의 효력이 나라 전역에 미친다는 신학적 의미를 담는다. 브엘세바는 과거 하갈과 이스마엘이 광야에서 방황하다가 하나님의 도우심으로 생명의 우물을 발견한 곳이기도 하다(창 21:14-19).

따라서 이 지역은 하나님의 구원과 생명 공급이라는 영적 상징성을 지니며, 신앙경주 여정에서 '하나님이 준비하신 길과 공급'을 기억하게 하는 장소이다. 언약 체결 후, 아비멜렉과 그의 군대장관 비골이 증거로 받은 가축을 데리고 자신들의 영토인 블레셋 땅으로 돌아갔다. 이는 지리적으로 남서부 연안 평야지역으로, 당시 국제 무역과 군사 요충지로서 전략적 가치를 가진 땅이었다. 아브라함은 이 언약을 통해 분쟁을 종결시키고, 신앙경주에서 갈등을 피하고 약속의 길을 지키는 지혜를 발휘하였다.

결국 브엘세바에서의 언약은 신앙경주의 장애물 극복의 완결점이자, 하나님의 약속을 따라 살아가는 자가 세상 권력과의 관계 속에서도 평화와 의를 세울 수 있음을 보여주는 사건이었다.

11. (5') 응답: 에셀나무를 심고 하나님의 이름을 부름(21:33)

33 아브라함은 브엘세바에 에셀 나무를 심고 거기서 영원하신 여호와의 이름을 불렀으며

아브라함은 브엘세바를 자신의 평화로운 거주지로 확정한 후, 그곳에 에셀나무를 심었다. 에셀나무는 메마른 브엘세바 광야에서 그늘과 시원함을 주는 귀한 나무로, 사막 한가운데 쉼과 안식을 상징한다. 이 심는 행위는 단순한 조경이 아니라, 하나님께서 주신 땅과 평화를 믿음으로 선포하는 표징이었다.

아브라함은 그 자리에서 "영원하신 여호와"의 이름을 불렀다. 이는 잠시의 도움만 주시는 분이 아니라, 모든 세대와 역사를 주관하시는 하나님의 언약 신실성에 대한 찬양이었다. 환경적으로는 척박하고, 햇볕이 강하여 거주하기 좋은 곳이 아니었지만, 그는 이미 하나님의 약속이 그 땅을 축복하실 것을 믿었다.

구속사적으로, 브엘세바에서의 이 사건은 가정 내 갈등(하갈 사건)과 이웃과의 갈등(아비멜렉 사건)을 신앙으로 극복한 후에 찾아온, 언약 백성의 안식과 예배 장면이다. 그는 약속의 아들 이삭이 자라가는 모습을 보며, 수십 년 기다린 끝에 주신 복을 되새겼고, 마치 사막에서 자라는 에셀나무 잎사귀처럼 하나님의 은혜가 메마른 땅에도 푸르게 자란다는 것을 체험했다. 신앙경주 차원에서, 에셀나무를 심고 하나님의 이름을 부르는 장면은 장애물을 극복한 후 완주자의 찬양을 보여준다. 경주 중 만난 시련과 갈등을 믿음으로 이긴 후, 그 승리를 하나님께 영광으로 돌리는 것이야말로 완주자의 마침표이다. 아브라함은 이곳에서 하나님이 주신 평화를 '기념'하며, 미래 세대에게도 동일한 하나님을 바라보도록 신앙의 표식을 남겼다.

12.(6') 결과: 블레셋 땅에서 여러 날을 지냄(21:34)

> 34 그가 블레셋 사람의 땅에서 여러 날을 지냈더라

아브라함은 블레셋 땅에서 '여러 날'을 지냈다. 여기서 여러 날은 단순히 몇 달이나 1-2년이 아니라, 이스마엘이 쫓겨난 시점부터 이삭이 청년이 되기까지의 기간을 가리킨다. 본문 구조를 비교하면, 이스마엘이 하갈과 함께 쫓겨난 사건(이삭 젖뗀 후 약 3세 전후)과, 그 이후 블레셋 땅에서의 거주가 서로 대응된다.

이삭이 젖을 뗀 나이를 약 3세로 보고, 창세기 22장에서 모리아 산으로 따라 갔을 때의 나이를 학자들이 20세에서 33세 사이로 추정하는 점을 고려하면, 아브라함이 블레셋 땅에서 지낸 기간은 최소 10년 이상이다. 특히 모리아 산까지의 거리가 성인 남성이 3일 동안 걸어야 하는 거리였음을 감안하면, 그 여정을 소화할 수 있는 힘이 있는 청년 시기였음이 분명하다. 구속사적으로, 이 시기는 아브라함의 신앙경주에 있어 '안식의 구간'이었다. 그는 사라와 약속의 아들 이삭과 함께, 오랜 기다림 후 누린 가정의 기쁨 속에서 살았다. 외적 위협(아비멜렉 사건)과 내적 위기(하갈 사건)를 믿음으로 극복한 후 주어진 안정기였다.

그러나 이 안정은 영구한 안식이 아니라, 다음 장에 등장할 모리아 산 시험을 위한 하나님의 준비 과정이었다. 그리고 신앙경주 차원에서 보면, 아브라함의 블레셋 생활은 중간 완주 지점의 쉼터와 같았다. 이 구간에서 그는 가정과 이웃 사이의 갈등을 마무리하고, 믿음의 아들을 양육하며, 하나님의 언약을 가르치고 체득하는 시간을 가졌다. 그러나 하나님의 경주는 쉬는 동안에도 계속되고 있었으며, 이 '여러 날'은 오히려 더 큰 시험을 견딜 체력을 기르는 영적 훈련 기간이었다.

A''. 명령과 순종(22:1-24)

본문은 아브라함의 세 번째 순종의 삶, 곧 그의 믿음의 삶에 나타난 신앙경주의 절정을 보여준다. 첫째는 가나안으로 떠나라는 명령에 순종하였고(12:1-9), 두 번째는 할례를 행하라는 말씀에 순종하여 그 집안에 모든 남자들의 표피를 자르는 할례를 행하였다(17장). 여기서는 하나님이 아브라함에게 이삭을 바치라는 명령에 여호와 이레의 신앙으로 순종하는 삶을 보여준다. 아래의 세 번 반복된 인물 구조 안에 그 의미가 담겨 있다.

가. 구조적 주해

A''. 명령과 순종(22:1-24)

1. **부름**: 아브라함아!		22:1
2. **말씀(명령)**: 이삭을 번제로 드려라!		22:2
3. **예비**: 하나님이 친히 준비하시리라		22:3-10
1'. **부름**: 아브라함아!		22:11
2'. **말씀(명령)**: 그에게 손을 대지 말라!		22:12
3'. **예비**: '여호와 이레'		22:12b-14
1''. **부름**: 여호와께서 불러 이르시되		22:15-16a
2'. **말씀(약속)**: 네게 큰 복을 주리라!		22:16b-19
3''. **예비**: 리브가를 예비하심		22:20-24

본문은 세 번 반복된 병행구조로, 각 구간이 부름 → 말씀(명령/약속) → 예비라는 동일한 3단 구성으로 이루어져 있다.

세 번의 부름(1-1'-1")

하나님은 세 번이나 아브라함을 부르시며, 점점 더 깊은 차원의 언약과 사명으로 이끌어 가신다. 첫 부름은 시험의 시작, 두 번째는 순종의 완성 직전, 세 번째는 약속의 확증과 다음 세대 준비를 향한다.

세 번의 말씀(2-2'-2")

첫 말씀: 가장 어려운 요구 — 언약의 아들 이삭을 번제로 드리라는 명령.

두 번째 말씀: 순종이 입증된 후, '손을 대지 말라'는 금지 명령으로 시험 종료를 선언.

세 번째 말씀: 순종의 결과로 '큰 복'을 약속하며, 아브라함의 믿음을 언약 갱신으로 확증.

세 번의 예비(3-3'-3")

첫 예비: 하나님이 친히 제물(숫양)을 준비하심 — '여호와 이레'의 신앙고백의 시작.

두 번째 예비: 여호와 이레의 현장적 완성 — 대속 제물을 통해 생명 보존.

세 번째 예비: 리브가를 언급하며 언약의 계승을 위한 다음 세대 준비까지의 포함.

이 구조는 아브라함의 믿음의 경주가 '완주'에 이르는 전형적인 패턴을 보여준다.

1) 출발선 - 부름(Calling)

신앙경주는 언제나 하나님의 '부르심'으로 시작된다. 세 번의 부름은 마치 경주의 '출발 신호'처럼, 아브라함을 새로운 믿음의 단계로 불러낸다.

첫 부름에서 그는 가장 소중한 것을 내려놓는 결단을 요구받는다(히 11:17).

2) 경주의 긴장 - 말씀(Instruction)

각 부름 후에 주어지는 하나님의 명령은 경주 중간의 장애물과 같다.

첫 명령은 신앙의 극한 시험, 두 번째 명령은 그 시험을 멈추게 하는 은혜, 세 번째 말씀은 결승선을 통과한 자에게 주어지는 약속의 메달과 같다.

3) 결승점 - 예비(Provision)

신앙경주의 완주는 하나님의 '예비하심'으로 끝난다.

첫 예비(숫양)는 대속의 은혜, 두 번째 예비(여호와 이레)는 확증된 고백, 세 번째 예비(리브가)는 언약의 경주를 다음 주자에게 넘기는 '바통 터치'다.

이는 믿음의 경주가 개인의 완주로 끝나는 것이 아니라, 다음 세대로 이어지는 계승형 경주임을 보여준다(딤후 4:7-8).

나. 구속사적 의의

대속의 예표: 이삭 대신 제물이 된 숫양은 장차 십자가에서 그리스도께서 대속 제물로 드려질 사건을 선취한다.

여호와 이레: "주님이 친히 준비하신다"는 선언은 구속사 전체의 핵심 주제. 하나님의 구원은 전적으로 하나님의 예비에 달려 있다.

언약의 확증: 순종으로 인해 하나님이 다시 큰 복을 약속하심. 이는 아브라함 언약의 불가역성과 메시아적 성취를 보증한다.

계보의 준비: 리브가 등장(22:20-24)은 훗날 이삭과 결혼을 통해 언약 계보가 이어질 준비를 미리 보여준다.

다. 신앙경주 적용

시험의 현실: 신앙경주는 사랑하는 것(이삭)을 내려놓으라는 극적인 시험을 포함한다. 경주의 핵심은 하나님보다 더 사랑하는 것이 없는가?라는 질문이다.

즉각적 순종: 아브라함은 지체 없이 아들을 데리고 떠났다. 신앙경주는 이해

불가능한 명령 앞에서도 즉각적이고 철저한 순종이 필요하다.

하나님의 예비 신뢰: "여호와 이레"의 신앙은 신앙경주의 중심. 하나님은 위기 순간마다 필요한 것을 친히 예비하신다.

축복과 계보의 이어짐: 순종은 개인의 복에 머물지 않고, 다음 세대(리브가를 통한 계보 준비)까지 이어진다. 신앙경주는 세대적 바통 전달의 과정이다.

라. 본문 해설

1. 하나님의 부르심(22:1)

> 1 그 일 후에 하나님이 아브라함을 시험하시려고 그를 부르시되 아브라함아 하시니 그가 이르되 내가 여기 있나이다

'그 일 후에'(וַיְהִי אַחַר)는 언제 일어난 사건을 말하고 있는가? 그리고 어떤 의미가 있나? 1절 시작 부분은 지난날 아브라함의 믿음의 삶이 어떠했는지 또한 하나님이 아브라함을 왜 시험하는지를 파악하는 데 도움을 준다. 그렇다면 '그 일 후에'는 무엇을 의미하나? 영어 번역본들 중 KJV은 "이런 일들이 일어난 후"(after these things)로 읽는다. 이것은 과거에 일어난 특별한 한 사건이 아니라 여러 가지 일들을 말하고 있다는 뜻을 품고 있다. 짧게는 바로 직전인 21장에서 일어났던 사건, 혹은 멀게는 처음 부르심을 받은(12:1) 이후 순종과 불순종 사이에 일어났던 긍정적인 사건들과 부정적인 사건들 모두를 말한다. 이런 점에서 아브라함이 부르심을 받고, 하나님께 의롭다하심을 받은 이후 지금까지 모든 삶들이 그에게는 있어 시험의 기준이 된다. 다시 말하면 그의 과거의 모든 삶이 시험 범위에 들어간다고 말할 수 있다. 따라서 지금 아브라함은 그의 순종의 삶이 어떠한지를 테스트받기 위해 시험장에 서 있다.

여기서도 하나님이 그를 환상을 통해서가 아니라 직접 부르신다. 앞에서 두 번(12:1; 17:1) 나타난 모습과 같은 방법이다. 이러한 하나님의 직접적인 현현(顯顯)은 언약 관계 사이에서 매우 중요함을 보여주며, 그 당시에는 흔하게 일어났지만 사무엘 시대는 드물게 나타났다. 아브라함이 하나님의 부르심(75세)을 받은 이후 세상을 떠날 때(175세)까지 100년 동안 믿음의 삶을 세 번 나누어서 그가 어떻게 살았는지, 혹은 그의 믿음의 삶이 무엇인지를 보여주는 마지막 신앙경주의 단계에 서 있다. 이 가운데 하나님은 그의 믿음을 시험하시기 위해 부르시고 계신다. 이에 아브라함은 자신 있게 "내가 여기 있나이다"라고 응답한다. 이러한 그의 당당한 모습은 하나님을 신뢰하고 있다는 자신감의 발로이다. 하나님은 반드시 약속을 지키는 전능자이심을 체험한 자의 확신 가운데서 나오는 대답이다. 현재 그는 하나님의 어떠한 요구에도 순종할 각오가 되어있다.

2. 하나님의 명령(22:2)

> 2 여호와께서 이르시되 네 아들 네 사랑하는 독자 이삭을 데리고 모리아 땅으로 가서 내가 네게 일러 준 한 산 거기서 그를 번제로 드리라

여기서 하나님은 100세에 낳은 독생자 이삭을 번제로 드릴 것을 명령하신다. 이것은 상식적으로는 도저히 이해할 수 없는 테스트 중 하나이다. 그렇다면 왜 하나님은 이러한 무지막지(無知漠地)한 요구를 하셨을까? "네 아들을 데리고 모리아 땅으로 가라!" "그리고 … 그를 번제로 드리라!" 이러한 명령 어구들은 과거에 자신에게 말씀하셨던 하나님의 넝령들에서 찾아볼 수 있다(12:1-9). "가서 내가 네게 일러 준"(22:2)과 "떠나 내가 네게 보여 줄"(12:1)로 번역된 동일한 히브리어 어구의 반복에서 나타난다. 이런 점에서 시험의 범위는 아브라함이 하나님의 부르심을 처음 받던 때부터이다.

그리고 시험의 강도가 어떠한지를 이전 명령들과 비교해 살펴보면 현저하게

차이가 난다. 첫 번째 명령과 비교하면, "가나안을 떠나서 내가 지시할 땅으로 가라"(12:1)는 말씀은 고향과 친척을 떠나라는 것이었다. 물론 이것도 그 당시 씨족 사회에서 지키기 힘든 일이었지만, 독자 이삭을 바치라는 것과는 비교 불가할 정도이다. 그리고 두 번째 명령인 "행하여 완전하라!"(17:1) 혹은 "할례를 행하라!"와 비교해 본다 해도 육체적인 고통은 심할지 몰라도, 정신적인 고통과는 비교할 수 없는 극한의 요구이다. 이러한 시험의 강도 차이만큼이나 그는 현재 엄청난 시험에 처해 있다.

그렇다면 왜 하나님은 하필 독자 이삭을 바치라고 하셨을까? 이것은 하나님의 테스트 목적이 아브라함의 믿음이 어떠한지를 확인해 보기 위한 것이다. 다시 말하면 그가 무(無)에서 유(有)를 창조하신 하나님을 확실히 믿고 있는지를 테스트하는 것이다. '씨 창조'의 역사를 이루어 가시는 하나님을 믿고 있는지에 대한 시험이라 해도 과언이 아니다. 만일 아브라함이 지금 전능한 하나님을 믿고 있다면 이삭을 기꺼이 바칠 것이고, 그렇지 않으면 근심에 쌓여 있을 것이다. 그는 과연 이 시험을 감당할 수 있을까?

3. 아브라함의 순종(22:3-10)

> 3 아브라함이 아침에 일찍이 일어나 나귀에 안장을 지우고 두 종과 그의 아들 이삭을 데리고 번제에 쓸 나무를 쪼개어 가지고 떠나 하나님이 자기에게 일러주신 곳으로 가더니 4 제삼일에 아브라함이 눈을 들어 그 곳을 멀리 바라본지라 5 이에 아브라함이 종들에게 이르되 너희는 나귀와 함께 여기서 기다리라 내가 아이와 함께 저기 가서 예배하고 우리가 너희에게로 돌아오리라 하고 6 아브라함이 이에 번제 나무를 가져다가 그의 아들 이삭에게 지우고 자기는 불과 칼을 손에 들고 두 사람이 동행하더니 7 이삭이 그 아버지 아브라함에게 말하여 이르되 내 아버지여 하니 그가 이르되 내 아들아 내가 여기 있노라 이삭이 이르되 불과 나무는 있거니와 번제할 어린 양은 어디 있나이까 8 아브라함이 이르되 내 아들아 번제할 어린 양은 하나님이 자기를 위

하여 친히 준비하시리라 하고 두 사람이 함께 나아가서 9 하나님이 그에게 일러주신 곳에 이른지라 이에 아브라함이 그 곳에 제단을 쌓고 나무를 벌여 놓고 그의 아들 이삭을 결박하여 제단 나무 위에 놓고 10 손을 내밀어 칼을 잡고 그 아들을 잡으려 하니

여기서는 아브라함이 어려운 시험을 믿음으로 쉽게 풀어가는 모습이 적나라하게 담겨 있다. 하나님의 명령이 떨어지자 지체없이 그리고 아낌없이 독자 이삭을 데리고 모리아 산으로 가서 그를 바치기 위해 여러 가지를 철저히 준비하는 모습이 생동감 있게 조명되고 있다.

여기서(3-10절) 사용된 동사만 23번이다. 이렇게 자세하게 그 당시 상황을 설명한 이유는 무엇일까? 이것은 이삭을 제물로 바치라는 엄청나게 어려운 시험문제를 너무 열심히 풀어가고 있다는 것을 보여주는 듯하다. 바로 직전에 일어났던 사건(21장)만 해도 그의 약한 믿음 때문에 하갈과 이스마엘이 쫓겨나게 되면서 불화가 심하게 일어났었다. 그러나 22장에서는 어렵게 얻은 독자 이삭을 제물로 바치라는 그 명령을 지키기 위해 철저하게 준비하는 그 믿음은 이해할 수 없을 정도로 차분하다. 분명한 것은 아브라함이 100살에 이삭을 주신 사실을 바탕으로 가정의 갈등을 해결하는 과정에서 더욱 강해진 것 같이 보인다. 이것은 불가능한 환경 가운데서 약속의 아들인 이삭을 얻었기 때문이다. 바랄 수 없는 중에 바라는 믿음, 없는 것을 있는 것 같이 부르시는 하나님을 믿고 더욱 강해진 것으로 보인다. 지금 그의 믿음은 역동적이고 진취적일 뿐 아니라 목표 지향적이다. 올바른 방향으로 흔들리지 않고 나아가고 있다.

아들, 이삭이 모리아 산에 오르면서 이렇게 질문을 한다. "아버지, 불과 나무는 있거니와 번제 할 어린 양은 어디 있나이까?"(7절) 전혀 예상치 못한 질문을 들었지만 그는 이렇게 말한다. "번제 할 어린 양은 하나님이 자기를 위하여 친히 준비"(8절) 하실 것이라고 그에게 말해준다. 아브라함이 부르심을 받은 후 50여 년 동안 전능한 하나님을 경험하였고, 그 가운데 언약의 약속에 따라 이삭을 주셨음을 믿고 있었다는 증거의 삶을 보여준다. 또한 이삭도 이 대답을 듣고 반문하

지 않는 것으로 보아 아버지의 말에 동의한 것 같다. 그가 하나님의 약속을 받고 태어났다는 것을 부모에게서 들어 믿고 있을 수 있다. 한마디로 그들은 부전자전(父傳子傳)의 신앙으로 뭉쳐있다. 이 신앙으로 한마음이 되어 모리아 산을 가볍게 오르고 있다. 이 세상에서 가장 아름다운 부자간의 연합된 신앙으로 보인다.

드디어 그들은 하나님이 지시한 곳에 도착하였다. 그곳에서 아브라함은 아들을 바칠 제단을 쌓았다. 이삭을 묶어 나무 위에 올려놓았다. 준비한 칼을 잡고 아들을 내리치려 하였다. 그러나 이삭은 아무 말 없이 묵묵히 아버지가 하는 대로 지켜보았다. 만일 그들이 신앙이 없었다면 이 위기의 순간에 아들은 겁이 나서 도망갈 수 있었고, 아버지는 마음이 흔들려 포기할 수 있었지만 전혀 그렇지 않았다. 그들은 긴장 가운데 여전히 한마음으로 행동하고 있다. 하나님이 주신 믿음이 없었다면 도저히 그렇게 할 수 없는 행동들이었다. 이것은 산을 오르면서 서로 대화했던 여호와 이레의 하나님을 의심 없이 믿고 있었기 때문이다.

4. (1') 사자의 부름(22:11)

> 11 여호와의 사자가 하늘에서부터 그를 불러 이르시되 아브라함아 아브라함아 하시는지라 아브라함이 이르되 내가 여기 있나이다 하매

하나님의 사자가 아브라함을 부를 때 앞에서는 한 번만 불렀는데, 여기서는 두 번 거듭해서 부르는 모습은 다름 아닌 이삭이 다칠까봐 그를 말리려는 긴급한 부름이었다. 그러나 그는 여유 있게 대답한다. "내가 여기 있나이다." 이러한 대답은 여호와 이레의 역사가 일어날 것을 이미 기대하고 있는 듯하다. 오히려 천사가 더욱 조급해진 것 같이 보인다. 아브라함이 과거에 어렵고 위험한 상황에서 흔들렸던 그때 시절과 비교하면 얼마나 그의 믿음의 여유가 더한지를 알 수 있게 해 준다.

5. (2') 사자의 명령(22:12)

12 사자가 이르시되 그 아이에게 네 손을 대지 말라 그에게 아무 일도 하지 말라 네가 네 아들 네 독자까지도 내게 아끼지 아니하였으니 내가 이제야 네가 하나님을 경외하는 줄을 아노라

이 본문은 아브라함이 극도로 어려운 시험에 합격하였음을 발표하는 장면이다. 그렇다면, 그가 시험에 합격한 기준과 점수는 무엇일까? 물론 시험의 범위는 그가 부르심을 받은 이후부터이며 시험 기준과 채점 방식은 그의 믿음이 어떠하며, 하나님을 경외하느냐 그렇지 않느냐에 대한 것이다. 다르게 말하면 이삭은 어떤 환경에서 누가 주셨으며. 왜 그를 주셨는지를 알고 있느냐에 관한 것이다. 결국 아브라함은 하나님의 명령에 따라 이삭을 아낌없이 제물로 드리려 했다는 것에서 그가 하나님을 경외하고 있다는 것을 인정받게 된 것이다. 다른 말로 하면, 그가 독자 이삭을 죽여도 다시 살리실 분은 하나님이라는 사실을 굳게 믿고 있었다는 뜻이다.

그래서 하나님의 사자는 시험에 합격한 아브라함을 '하나님을 경외하는 자'라고 칭하고 있다. 이러한 그의 믿음의 행위, 곧 신앙경주는 그가 하나님의 부르심과 의롭다 하심을 받은 이후에 영화의 길로 나가는 길목에서 이루어졌다. 부르심을 받고 살아오는 과정에서 그의 구원의 여정, 곧 구원의 순서 사이사이에는 소극적이며 적극적인 요소들이 포함되어 있었다는 사실을 부정할 수 없음을 알 수 있다. 한번 택함을 받은 자가 저절로 영화의 길로 자동적으로 나갈 수 없음을 이러한 아브라함의 막바지 신앙경주 안에 나타난 시험 과정에서 잘 읽을 수 있다.

6. (3') 순종의 결과(22:13-14)

13 아브라함이 눈을 들어 살펴본즉 한 숫양이 뒤에 있는데 뿔이 수풀에 걸려 있는지

라 아브라함이 가서 그 숫양을 가져다가 아들을 대신하여 번제로 드렸더라 14 아브라함이 그 땅 이름을 여호와 이레라 하였으므로 오늘날까지 사람들이 이르기를 여호와의 산에서 준비되리라 하더라

아브라함의 믿음의 원동력은 '여호와 이레'의 신앙이었다. 순종으로 드리는 제사로 유종의 미를 거두고 있다. 그는 사자의 부름 이후에 주위를 살펴보았다. 아니나 다를까. 숫양 한 마리가 나뭇가지 사이에 걸려 있었다. 그는 지체 없이 그 양을 아들 대신 번제로 드렸고, 그 땅 이름을 '여호와 이레'라고 불렀다. 그 후 이 사건이 이스라엘 사람들에게 대대로 각자의 간증으로 자리 잡았다. 이와 같이 아브라함의 순종의 삶은 하나님의 준비하심을 믿고 따르는 것이었다. 여기서 주목해야 할 것은 그가 최선을 다해 하나님의 명령을 따른 후에야 하나님께서 양을 준비하셨다는 점이다. 따라서 '여호와 이레'의 신앙은 바랄 수 없는 중에 바라고 믿고 인내하며 끝까지 목표를 향해 나가는 신앙임을 말해준다. 이러한 진취적이고 목표 지향적인 신앙경주의 삶은 오늘날 예수 믿는 성도들의 순종의 삶 안에서도 얼마든지 일어날 수 있음을 시사하고 있다.

7. (1") 사자의 부름(15-16a)

15 여호와의 사자가 하늘에서부터 두 번째 아브라함을 불러 16a 이르시되 여호와께서 이르시기를 내가 나를 가리켜 맹세하노니

여기서도 하나님이 직접 말씀하시지 않고 천사가 대신 전하고 있다. 두 번째 아브라함에게 하나님의 맹세를 전하고 있다. 맹세는 당사자 간에 언약을 체결할 때 사용되는 언어이다. 이것은 반드시 언약에 따라 서로 맺어진 약속이 반드시 이루어질 것을 강조하는 것이다. 그리고 하나님과 아브라함 사이의 언약 관계가 더욱 돈독해질 것이라는 알림으로 작용한다.

8 .(2") 하나님의 복(22:16b-19)

16b 네가 이같이 행하여 네 아들 네 독자도 아끼지 아니하였은즉 17 내가 네게 큰 복을 주고 네 씨가 크게 번성하여 하늘의 별과 같고 바닷가의 모래와 같게 하리니 네 씨가 그 대적의 성문을 차지하리라 18 또 네 씨로 말미암아 천하 만민이 복을 받으리니 이는 네가 나의 말을 준행하였음이니라 하셨다 하니라 19 이에 아브라함이 그의 종들에게로 돌아가서 함께 떠나 브엘세바에 이르러 거기 거주하였더라

하나님의 명령을 준수한 아브라함에게 약속의 축복이 주어진다. 이것은 그가 시험에 합격한 후 주어지는 상급이라 해도 과언은 아니다. 하나님의 시험 기준인 아들, 이삭을 아끼지 않았다는 점이 다시 한번 강조되면서 그와 그의 후손들 그리고 이웃들에게 네 가지 복 들 이 주어진다. 첫째, 아브라함 자신이 큰 복을 받을 것, 둘째, 그의 자손이 번성할 것, 셋째, 그의 자손이 대적의 성문을 차지하게 될 것, 넷째, 그의 자손으로 인해서 천하 만민이 복을 받게 될 것이다.

종합하면, 아브라함, 이삭, 그리고 그의 후손들 곧 하나님의 택자들 모두가 복을 받게 될 것이다. 이것은 '씨 창조'의 역사 가운데 아브라함이 선민의 조상이 될 것을 의미할 뿐 아니라, 그의 후손에게서 메시아가 와서 구원의 복을 받을 수 있게 될 것이라는 의미로 받아들여진다. 이와 같이 아브라함이 믿음의 조상으로 인정받았고, 그리고 이 믿음을 따라 자손들이 언약의 축복을 받아 누리게 되는 영광, 곧 메시아를 통해서 구원의 복을 받게 될 뿐 아니라 아브라함 같은 믿음을 가진 자들이 신앙경주의 승리자로서 보상(유업)을 받게 된다는 사실을 알려주고 있다

9. (3") 리브가를 예비하심(22:20-24)

20 이 일 후에 어떤 사람이 아브라함에게 알리어 이르기를 밀가가 당신의 형제 나홀

에게 자녀를 낳았다 하였더라 21 그의 맏아들은 우스요 우스의 형제는 부스와 아람의 아버지 그므엘과 22 게셋과 하소와 빌다스와 이들랍과 브두엘이라 23 이 여덟 사람은 아브라함의 형제 나홀의 아내 밀가의 소생이며 브두엘은 리브가를 낳았고 24 나홀의 첩 르우마라 하는 자도 데바와 가함과 다하스와 마아가를 낳았더라

아브라함이 시험을 통과한 후 모리아 산에서 내려온 후 얼마 되지 않아 어떤 사람이 그의 동생 나홀의 소식을 전하고 있다. 몇몇 학자들은 나홀의 계보(21-24절)를 따로 구분해서 데라의 계보(11:27)와 대비 관계로 비교한다(Rendsburg 등). 그러나 필자는 20-24절을 핵심 주제인 '여호와 이레'를 키워드 삼아 분리하지 않고 22장에 포함시켰다. 이것은 이삭을 제물로 바치는 사건과 나홀이 자녀를 낳았다는 소식은 서로 연결 되었다고 볼 수 있기 때문이다. 아브라함의 순종의 결과로 주어진 이삭의 번성과 그의 후손에 대한 축복이 서로 밀접한 관계를 이루고 있다는 것이다. 이런 점에서 나홀의 계보는 약속의 자녀 이삭의 아내가 될 여인이 리브가라는 사실을 알려주고 있다. 아래의 인물 대칭구조를 보면 하나님이 리브가를 이삭의 아내로 예비하고 계심을 알 수 있다.

가. 구조적 주해

리브가가 태어남(22:20-24)

a. 나홀-밀가 <나홀이 8명의 자녀를 낳음> 20-22

　　x. 브두엘 <리브가를 낳음>　　　　　　23

a'. 나홀-첩/르우마 <네 명의 자녀를 낳음> 24

a / a'는 나홀이 밀가에게서 8명의 자녀를 낳았고, 그의 첩은 4명의 자녀가 있음을 서로 비교해서 자손이 귀한 그의 집안이 많은 자녀를 낳았음을 알려준다. 중앙에 핵심 요지 x는 대칭구조의 특징에 따라 중심 주제를 말하는데, 나홀의

아들 중 막내인 브두엘이 앞으로 이삭의 아내가 될 여인 리브가를 낳았다는 점을 밝혀주고 있다.

나. 본문 해설

아브라함이 하나님의 명령에 순종함으로 그분을 경외하고 있음을 인정받았다. 또한 이삭과 그의 후손이 많은 복을 얻을 것을 약속받은 후, 모리아 산에서 내려왔다. 브엘세바에 거주하게 된 아브라함에게 어떤 사람이 동생 나홀에 대해 좋은 소식을 전하는 것이다. 그가 8명의 자녀를 낳았고, 그중에 막내인 브두엘의 딸 리브가가 태어났다는 소식이다. 바로 이 여인 리브가가 아브라함의 며느리, 곧 이삭의 아내가 될 것에 대한 '여호와 이레'의 축복임을 암시하고 있는 것이다. 따라서 이삭 대신 숫양을 준비하셨던 하나님이 또한 이삭을 위해 리브가를 그의 아내로 준비하고 계심을 인물 구조를 통해서 알 수 있게 된다.

이와 같이 창세기 22장은 아브라함의 믿음의 삶의 정점을 보여준다. 그의 완전한 순종은 세 번 반복된 구조 속에서 점층적으로 강조되며, 세 번의 핵심 주제는 한 방향을 가리킨다. 곧, 아브라함이 여호와 이레의 신앙으로 하나님께 전적으로 순종하였고, 그 믿음을 하나님께로부터 인정받았으며, 마침내 언약의 축복을 온전히 누리게 되었다는 것이다. 아브라함의 고백은 단순히 시험의 위기를 모면하기 위한 임기응변이 아니었다. 이것은 그의 영혼 깊은 자리에서 터져 나온 확신의 고백이었다. 그가 "번제할 어린 양은 하나님이 자기를 위하여 친히 준비하시리라"고 말했을 때, 그 말은 현실이 되어 숫양이 제물로 예비 되었고, 더 나아가 언약 계승자인 이삭의 이내 리브가까지 준비되었다. 이것은 아브라함이 신앙경주의 마지막 구간을 흔들림 없이 완주할 것임을 보여준다. 그는 하나님께 부름 받아 출발했고, 가장 큰 시험인 경주의 장애물을 넘어섰으며, 결승선에서 '하나님의 예비하심'을 경험했다. 그리고 그는 언약의 바통을 다음 세대인 이삭에게 넘기는 가운데 그를 위해 며느리 감을 준비하시는 하나님의 섬세하심을 볼 수 있다.

오늘날 우리 역시 이 고백을 신앙의 표어로 삼아야 한다. "여호와 이레"는 단지 과거의 한 사건이 아니라, 우리의 믿음 경주에서 하나님의 부르심 – 순종 – 인정 – 축복 – 계승이라는 전 과정을 완주하게 하는 능력의 원리다. 하나님이 친히 준비하신다는 확신이 있을 때, 우리는 어떤 시험 속에서도 담대히 달려갈 수 있으며, 끝까지 경주를 마친 후 의의 면류관을 받게 될 것이다(딤후 4:7-8).

B". 사라의 죽음(23:1-20)

본문 23장은 사라의 죽음을 애통하면서 남편 아브라함이 열심히 장지를 구입해서 그의 뜻을 이루는 내용이다. 앞에서 살폈지만 이 본문은 창세기 12:10-20절에 나타난 '사라의 위기', 18장에 기록된 '사라의 웃음'과 함께 세 번째 사라 중심의 사건을 다루고 있다. 이렇게 사라에 관한 사건을 중요하게 아브라함의 신앙 경주 안에서 다루는 이유는 하나님의 구원역사 안에서 사라가 약속의 여인으로 쓰임 받았다는 사실과 하나님의 약속의 성취 과정에서 특히 땅의 약속이 일부분 가시적으로 성취되었다는 점이다. 또한 아브라함의 100년 동안 믿음의 삶이 사라 없이는 이루어질 수 없었다는 점도 강조된다. 다시 말하면 하나님의 언약 가운데 주어진 자손과 땅의 요소들을 성취하는 과정에서 사라의 역할이 중요했음을 보여준다. 이런 점에서 아브라함이 사라를 얼마나 사랑했는지를 아래 선형구조에서 잘 나타난다.

가. 구조적 주해

B". 사라의 죽음(23:1-20)

1. 사라 – 아브라함 <127세에 남편 품을 떠남>   23:1-2
  2. 아브라함 – 헷 족속 <소유지에 매장을 요청함>   23:3-4

사라의 죽음을 다룬 이 본문은 동일 인물이 단계적으로 꼬리를 물고 전개되며, 선형구조(1 → 2 → 3 → 4 → 5 → 6 → 7 → 8 → 9)를 형성한다. 이 인물 구조의 특징은 인물들의 말과 행동이 시간적 순서에 따라 연속적으로 진행되면서 결론에 이른다는 점이다. 그 과정에서 아브라함이 아내 사라를 얼마나 사랑했는지, 그리고 그 땅을 반드시 사야만 한다는 열정 속에 약속의 성취에 대한 확신이 담겨 있다. 아브라함은 헷 족속의 땅 주인 에브론과의 대화를 통해 자신의 뜻을 적극적으로 드러낸다. 이는 사랑하는 아내를 장사하기 위해 기꺼이 값을 치르려는 간절함과 하나님이 약속하신 땅이 실제로 성취되는 과정을 선형구조 속에 보여준다. 더 중요한 점은 하나님의 언약 요소 중 '땅'에 대한 약속이 이 사건을 통해 가시적으로 성취되었다는 사실이다. 이제 구조의 순서에 따라 그 의미를 주해하려고 한다.

나. 본문 해설

1. 사라의 죽음(23:1-2)

1 사라가 백이십칠 세를 살았으니 이것이 곧 사라가 누린 햇수라 2 사라가 가나안 땅 헤브론 곧 기럇아르바에서 죽으매 아브라함이 들어가서 사라를 위하여 슬퍼하

며 애통하다가

사라가 127세에 헤브론, 기럇아르바(네 개로 갈라진 길)에서 세상을 떠났다. 그녀가 남편과 함께 가나안으로 이주해 온 지 52년이 되는 해이다. 그녀는 아브라함과 가나안에 도착해 반백 년을 살면서 산전수전 다 겪었다. 처음에는 가나안에 도착해서 기근 때문에 남편을 따라 약속의 땅을 버리고 이집트로 내려가는 바람에 위기를 겪었던 일부터 시작해서, 남편이 조카를 구하기 위해 위험한 전쟁을 치렀을 때 홀로 남아 마음을 조렸던 삶들, 몸종 하갈에게 멸시당한 일들 등등 … 물론 늦게 이삭을 낳고 기쁨을 누렸던 날들도 있었다. 이렇게 아브라함은 그녀를 추모하면서 슬픈 마음으로 눈물짓고 있다.

2. 매장할 땅 요청(23:3-4)

> 3 그 시신 앞에서 일어나 나가서 헷 족속에게 말하여 이르되 4 나는 당신들 중에 나그네요 거류하는 자이니 당신들 중에서 네게 매장할 소유지를 주어 내가 나의 죽은 자를 내 앞에서 내어다가 장사하게 하시오

아브라함은 깊은 슬픔 속에서도 아내 사라의 장례를 준비하기 위해 자리에서 일어나 헷 족속에게 갔다. 헷 족속은 아브라함이 단순한 나그네가 아님을 알고 있었다. 그러나 그들의 문화와 전통 때문에 땅을 곧바로 팔 수 없었다. 그럼에도 아브라함은 정직하게 자신을 밝히고, 정당한 값을 치르려 했다. 이는 신앙경주가 세상 속에서 진실과 정직으로 증언하는 삶임을 드러낸다. 그는 자신을 '나그네'(גֵר, gēr)이자 '거류하는 자' תוֹשָׁב, tôshāb)라고 소개하면서, 아내를 장사할 땅을 소유지로 달라고 정중히 요청하였다. 나그네 '게르'는 본래 "외국인, 이방인"을 뜻하며, 땅과 사회에 정착할 권리 없이 의존적으로 살아가는 자를 가리킨다. '거류하는 자' 토쇼브는 임시 거주자, 체류민을 의미하며, 법적·경제적 권리는 제한

되어 있다. 즉, 아브라함은 땅의 소유자가 아니라, 임시로 머무는 사람임을 강조한 것이다. 따라서 아브라함의 자기 소개는 단순한 겸손이 아니라, 언약적 신앙고백이 된다. 그는 하나님의 약속을 받았으나 아직 그 약속이 완전히 성취되지 않았음을 인정하며, 믿음으로 땅을 구하는 것이다. 하나님께서 이미 "이 땅을 네 자손에게 주겠다"고 약속하셨음에도, 아브라함은 아직 그것을 눈에 보이는 현실로 소유하지 못했다. 그러나 그는 매장지를 사는 일을 통해, 약속의 땅을 믿음으로 먼저 붙잡는 행위를 실천했다. 이는 신앙경주가 미래의 언약을 현재의 행위로 실현하는 과정임을 보여준다.

3. 좋은 곳에 장사할 것을 허락함(23:5-6)

> 5 헷 족속이 아브라함에게 대답하여 이르되 6 내 주여 들으소서 당신은 우리 가운데 있는 하나님이 세우신 지도자이시니 우리 묘실 중에서 좋은 것을 택하여 당신의 죽은 자를 장사하소서 우리 중에서 자기 묘실에 당신의 죽은 자 장사함을 금할 자가 없으리이다

헤브론에 거주하던 헷 사람들이 아브라함의 진술한 부탁을 듣고, 좋은 곳을 택해 원하는 묘실에 사라를 장사하도록 기꺼이 허락했다. 그들의 이러한 배려는 아브라함을 "하나님이 세우신 지도자"로 여기고 있었기 때문이다. 문화와 관습이 다른 고대사회, 특히 미개한 사회에서 한 외부인을 신실한 하나님의 사람으로 인정하는 일은 매우 드문 일이었다. 이는 그들이 아브라함의 삶에서 특별한 무엇을 보았음을 의미한다. 곧 그의 가성과 식솔들, 그리고 그에게 속한 모든 가축들이 번성하는 하나님의 복을 목격한 증거이기도 하다. 아마도 아브라함과 그의 집안 남자들이 할례를 받은 이후, 자신들이 선택된 하나님의 백성이라는 자부심과 함께 더욱 열심히 일했을 것이고, 그 결과 가솔들의 자녀와 가축들도 번성했을 것이다. 이러한 모습 때문에 누구도 아브라함을 무시하지 못하고, 오히려

그와 가까이 지내기를 원했을 것이다.

실제로 21:22에서 블레셋의 아비멜렉 왕이 아브라함에게 "네가 무슨 일을 하든지 하나님이 너와 함께 계시도다"라고 인정하고 협력했던 사실이 있었다. 이러한 소문은 헤브론의 헷 족속에게도 전해졌을 것이며, 그들은 아브라함을 '여호와 이레'의 역사를 체험하는 사람으로 여겼을 가능성이 크다. 이런 배경 속에서 사라의 장지를 구하려는 아브라함의 열정은 헷 족속의 마음을 감동시켰다. 누구 하나 반대하지 않고 모두가 한마음으로 그에게 통 큰 배려를 보였다. 고대 근동 사회에서 이웃에게 끼치는 영향력은 그들의 마음을 여는 중요한 요소였고, 아브라함은 신앙과 삶을 통해 그 영향력을 발휘했다. 하나님이 그를 축복하셨다는 것은 그가 여호와 이레의 신앙으로 합당하게 살았음을 증거한다. 하나님의 말씀에 순종하며 이웃들에게 선한 영향력을 끼친 결과, 그는 장지를 구하는 데 아무 어려움도 겪지 않았다. 아브라함의 믿음의 삶은 이웃과의 관계를 아름답게 만들었고, 마침내 그들로부터 존경과 인정을 받게 하였다.

4. 밭과 굴을 팔 것을 요청함(23:7-9)

> 7 아브라함이 일어나 그 땅 주민 헷 족속을 향하여 몸을 굽히고 8 그들에게 말하여 이르되 나로 나의 죽은 자를 내 앞에서 내어다가 장사하게 하는 일이 당신들의 뜻일진대 내 말을 듣고 나를 위하여 소할의 아들 에브론에게 구하여 9 그가 그의 밭머리에 있는 그의 막벨라 굴을 내게 주도록 하되 충분한 대가를 받고 그 굴을 내게 주어 당신들 중에서 매장할 소유지가 되게 하기를 원하노라 하매

장사할 묘지를 구했으니 좋아해야 할 아브라함이 갑자기 일어나 다시 헷 사람을 향하여 정중하게 부탁을 했다. 장지를 빌려 쓰기보다는 구입을 원했기 때문이다. 그는 사랑하는 아내가 매장된 곳에서 정착하기 위해 헷 사람 에브론이 소유한 땅을 사려고 다시 한번 간청하였다. 왜 그는 이들의 호의를 버리고 자신

이 소유할 수 있는 그 땅과 굴을 구매하기 원했을까? 아브라함은 그곳에 머물러 살면서 이곳의 지리적인 형편을 아주 잘 알고 있었던 것 같다. 그래서 그곳에서 알아본 결과 헷 사람들이 제안한 최고의 장지들보다 에브론이 소유한 밭이 딸린 굴을 선호하였다. 그리고 이곳을 "충분한 대가"를 주고 소유하기를 원하고 있다. 풍수지리 이점을 따라 이곳을 사려고 한 것은 아니지만 사연이 있었던 것은 분명하다.

추측하건데, 사라가 그곳에 살면서 마음에 들어 했을 수 있지만, 에브론의 소유인 마므레 상수리나무 숲이 있는 땅은 아브라함에게는 분명히 의미가 있었다. 이전에 롯과 헤어지고 난 후 하나님이 아브라함에게 땅을 주시겠다고 약속해 주셨던 곳(13:14-17) 근처가 이곳이기 때문이다. 이곳 가까운 곳에 마므레 상수리 수풀이 있었고, 그곳에 거주하면서 여호와 하나님께 제단을 쌓았던 의미 있는 곳이기 때문이다(13:18). 이런 점에서 아브라함의 요청은 변덕스러운 것이 아니라, 보다 하나님의 언약의 약속이 이루어질 것을 굳게 믿고 사는 가운데, 그곳에 사라를 장사하고 싶었던 것이다. 그래서 그들이 귀하게 여기는 최고의 매장지를 거절하고 마므레에 있는 밭과 굴이 딸린 땅을 팔 것을 간청한 것이다. 이렇게 아브라함과 헷 사람들 간의 매장 자리에 관한 가치관 차이 가운데 그는 믿음으로 이 문제를 해결하기 위해 의미 있는 곳을 눈여겨 보았던 것 같다. 그래서 그는 최고의 묘지를 마다하고 에브론의 소유지인 막벨라 굴에 관심을 기울이고 있다.

5. 밭과 그 굴을 쓰도록 허락함(23:10-11)

10 에브론이 헷 족속 중에 앉아 있더니 그가 헷 족속 곧 성문에 들어온 모든 자가 듣는 데서 아브라함에게 대답하여 이르되 11 내 주여 그리 마시고 내 말을 들으소서 내가 그 밭을 당신에게 드리고 그 속의 굴도 내가 당신에게 드리되 내가 내 동족 앞에서 당신에게 드리오니 당신의 죽은 자를 장사하소서

마침 그곳에 아브라함이 언급한 땅 주인 에브론도 있었다. 그가 아브라함의 간청에 예를 갖추어, '내 주여'라면서 정중하게 제안을 사양하고, 무료로 마음껏 그 땅을 사용할 것을 동족을 증인 삼아 통 큰 제안을 하였다. 에브론은 하나님이 세우신 지도자가 직접 자기 땅에 관심 있다는 점에서 좋게 생각하지만, 아직 아브라함이 왜 자신의 땅을 원하는지 알지 못한 채 무료로 사용할 것을 배려하고 있다. 그 당시에 이방인은 땅을 매매하기에는 여러 어려움이 있었다. 아브라함은 이 지역 원주민이 아니었기 때문에 지역 공동체 허락 없이는 어느 땅도 장지는 물론 매입조차 힘들었다. 따라서 에브론은 나그네인 아브라함을 배려해 원하는 좋은 묘지를 마음껏 사용하도록 배려하였다.

6. 밭과 굴을 팔 것을 간청함(23:12-13)

> 12 아브라함이 이에 그 땅의 백성 앞에서 몸을 굽히고 13 그 땅의 백성이 듣는 데
> 서 에브론에게 말하여 이르되 당신이 합당히 여기면 청하건대 내 말을 들으시오 내
> 가 그 밭 값을 당신에게 주리니 당신은 내게서 받으시오 내가 나의 죽은 자를 거기
> 장사하겠노라

그러나 아브라함은 적극적으로 그 밭에 딸린 막벨라 굴을 구매하고 싶어했다. 값이 얼마든 간에 사랑하는 아내 사라를 장사하는데 필요한 땅이라고 꼭 팔아달라고 간청했다. 당시 전통에 의하면 땅은 친척 외에는 팔 수 없었다(cf. 레 25:23). 물론 지역 유지들이 적극적으로 중개 역할을 해줄 때만은 가능했다. 고대 근동에서 땅을 매매하는 일은 매우 드문 일이었다. 아브라함도 이 사실을 알고 있었다. 그래서 자신을 알고 있는 헷 족속이 보는 가운데 에브론에게 더욱 간청했던 것이다.

7. 에브론 - 아브라함(23:14-15)

14 에브론이 아브라함에게 대답하여 이르되 15 내 주여 내 말을 들으소서 땅 값은 은 사백 세겔이나 그것이 나와 당신 사이에 무슨 문제가 되리이까 당신의 죽은 자를 장사하소서

에브론이 그처럼 간청하는 아브라함의 마음에 감동했는지 돈의 많고 적음의 문제가 아니라, 서로의 관계가 더 중요함을 말하면서 은 사백 세겔을 제안했다. 그 당시 한 사람의 1년 수입이 은 5-10세겔이었다는 점을 고려했을 때 수십 명의 연봉에 해당하는 액수이다. 이렇게 아브라함이 사라의 장지에 아낌없이 큰 금액을 감당할 수 있을 만큼 큰 부자라는 점을 원주민인 헷 족속과 땅 주인 에브론은 알고 있었다.

8. 소유로 확정된 굴에 사라가 장사됨(23:16-20)

16 아브라함이 에브론의 말을 따라 에브론이 헷 족속이 듣는 데서 말한 대로 상인이 통용하는 은 사백 세겔을 달아 에브론에게 주었더니 17 마므레 앞 막벨라에 있는 에브론의 밭 곧 그 밭과 거기에 속한 굴과 그 밭과 그 주위에 둘린 모든 나무가 18 성문에 들어온 모든 헷 족속이 보는 데서 아브라함의 소유로 확정된지라 19 그 후에 아브라함이 그 아내 사라를 가나안 땅 마므레 앞 막벨라 밭 굴에 장사하였더라 (마므레는 곧 헤브론이라) 20 이와 같이 그 밭과 거기에 속한 굴이 헷 족속으로부터 아브라함이 매장할 소유지로 확성되었더라

가. 구조적 주해

마지막 인물 요지인 16-20절은 선형구조의 특징상 핵심 주제를 이루고 있다.

사라가 막벨라 굴에 안치되는 사건을 보여준다. 그리고 이 사건은 아래와 같은 반복된 병행구조로 되었다. 여러 번 반복되는 장소들과 아브라함의 소유로 확정되는 문구들로 인해. 문서들의 합치나 편집이 의심받고 있지만. 이것은 인물 구조를 위한 반복의 사용을 통해서 보다 중요한 의미를 강조하기 위한 저술 기법이라는 것을 보여준다.

사라가 매장됨(23:16-20)

a. 큰돈을 주고 막벨라 굴을 삼		23:16
b. 아브라함의 소유로 확정됨		23:17-18
a'. 사라를 막벨라 굴에 매장함		23:19
b'. 아브라함의 소유지로 확정됨		23:20

위 구조는 반복된 병행 형태로 되어있고(ab/a'b'), 구조의 특징상 반복되는 끝 부분(a'b')이 중심 주제를 말한다. 아브라함이 사라를 막벨라 굴에 매장하였는데, 여러 번 간청한 가운데 구입한 장지가 아브라함의 소유가 되었다는 사실을 강조하고 있다.

나. 본문 해설

아브라함이 은 4백 세겔을 주고 산 토지의 주소와 범위는 다음과 같다: 가나안, 헤브론(마므레), 막벨라 밭과 굴, 그리고 그 주위에 둘린 모든 상수리나무 숲(a). 이곳은 아브라함이 가나안에 머물다가 심한 기근 때문에 애굽으로 내려가 잠깐 이주한 후, 돌아와 사라와 함께 살던 정든 곳이었다. 물론 이곳 근처에서 하나님이 아브라함에게 가나안의 동서남북으로 많은 땅을 주시겠다고 약속하셨고, 그 약속을 기념하기 위해 제단을 쌓았던 바로 그곳이다.

아브라함은 이곳에 사랑하는 아내 사라를 장사하였다(a'). 이곳은 헷 족속이

보는 앞에서 정식으로 매매가 성사되었고(b), 결국 그곳은 아브라함의 소유지로 확정되었다(b'). 이 땅은 하나님의 언약 가운데 약속한 땅들의 시작점이 될 뿐 아니라, 훗날 이스라엘 선조의 선산이 된다(49:30-32; 50:13). 이렇게 의미 있는 땅을 나그네로서 매매할 수 없는 환경이지만 하나님의 약속을 믿음으로 헷 족속, 에브론의 토지를 공식적으로 매입하게 되었고, 결국 이곳에 사랑하는 아내를 장사하게 되었다. 이러한 그의 행동은 그가 22장 이후에 '여호와 이레'의 하나님이 함께 하심을 체험했기 때문이며, 이러한 그의 용기와 열심은 믿음의 삶에 나타난 열매이다. 생활 속에 나타난 살아 있는 믿음의 적용, 곧 신앙경주의 승리라고 해도 과언은 아닐 것이다.

C". 사명자 역할: 배필 문제(24장)

24장은 아브라함의 역할들 중 세 번째 주제인 사명자 역할을 보여준다. 아브라함이 그의 충실한 종 엘리에셀을 하란으로 파송하여 독자 이삭의 배필을 찾는 과정이다. 아브라함은 '여호와 이레'의 신앙으로 하나님의 약속을 믿고 모든 것이 해결될 것을 알고 있었다. 그러나 중차대한 문제를 해결하기 위해 파송된 엘리에셀은 몇 가지에 동의해도 그 여인이 가나안으로 올 지에 대해서는 의문을 갖고 있었다. 아래의 인물 구조를 분석하면서 그 의미를 살펴볼 것이다.

가. 구조적 주해

C". 사명자 역할: 배필 문제(24장)

1. **사명**: 이삭의 배필을 찾아라!	24:1-9
2. **기도**: 찾기를 간구함	24:10-14
3. **성취**: 만남이 이루어짐	24:15-27
4. **알림**: 리브가가 빨리 알림	24:28-30

5. **환영**: 라반이 그를 영접함	24:31-33
1'. **사명**: 주인의 사명을 말함	24:34-41
2'. **기도**: 기도가 응답됨을 알려줌	24:42-48
3'. **성취**: 혼인이 허락됨	24:49-53
4'. **알림**: 종이 빨리 알리기를 원함	24:54-60
5'. **환영**: 이삭이 그녀를 영접함	24:61-67

창세기 24장은 아브라함 서사 안에서 이삭의 결혼이라는 대규모 내러티브를 통해, 언약 계승이 다음 세대로 넘어가는 결정적 사건을 보여준다. 이 사건은 단순한 혼사가 아니라, 아브라함의 언약의 씨(seed) 언약이 이어질 수 있도록 하나님께서 예비하신 역사이다.

미괄식 병행구조(1 - 2 - 3 - 4 - 5 / 1' - 2' - 3' - 4' - 5')는 처음과 끝이 '사명'과 '영접'으로 연결되며, 핵심 주제가 마지막 5/5'에 담겨 있다. 이삭이 리브가를 영접하는 장면은 곧 언약 계승자가 약속의 가정을 세우는 완성점을 상징한다.

1 / 1' - 사명

아브라함은 하나님의 언약 계승을 위해, 아들을 가나안 여인과 결혼시키지 않겠다는 거룩한 분리 원칙을 세운다(1). 종이 받은 사명은 단순한 혼인 중매가 아니라, 언약 백성의 순결성과 신앙의 정통성을 지키는 사명이다(1').

2 / 2' - 기도

종이 '하나님께서 정하신 배필'을 만나게 해 달라고 구체적으로 기도한다(2). 응답의 간증은 하나님이 언약 성취 과정에서 섭리와 인도하심을 주도하심을 증언한다(2').

3 / 3' - 성취

기도의 응답(리브가와의 만남)(3)과 혼인 허락이 병행된다.(3') 이는 언약의 전진이 사람의 노력보다 하나님의 응답에 달려 있음을 보여준다.

4 / 4' - 알림

리브가는 기쁨으로 소식을 알리고(4), 종 역시 이 소식을 지체 없이 전하려 한다. 복된 소식은 지연 없이 전파되어야 한다는 복음 선포의 원리를 예표한다.

5 / 5' - 환영

처음에는 라반의 환영(5), 마지막에는 이삭의 환영이 배치된다.특히 5'에서 이삭이 리브가를 영접하는 것은 약속의 씨 언약이 새로운 세대에서 정착되는 장면이며, 구조 전체가 지향하는 목표점이다.

구속사적으로 창세기 24장은 언약 계승의 결정적 연결고리이며, 하나님이 약속하신 '씨'를 보존하기 위해 역사하시는 주권적 섭리를 보여준다. 신앙경주적으로, 이 사건은 '부르심 - 의탁 - 확인 - 완수'라는 경주의 전체 흐름을 모델처럼 제시한다. 결국 이삭의 혼인은 아브라함 언약이 다음 세대에 성공적으로 전달되는 구속사적 바통 터치(패스)이며, 신앙경주의 종착점이 하나님이 예비하신 상급(약속의 성취)임을 보여 준다.

나. 구속사적 의의

언약 계보의 보존: 이삭의 결혼은 단순한 혼인이 아니라, 아브라함 언약 계보를 이어갈 선택된 씨의 보존 사건이다.

하나님의 섭리와 응답: 종의 기도와 즉각적 응답은 언약의 길은 하나님의 인도와 예비로 성취됨을 보여준다.

교회와 그리스도의 모형: 리브가의 결혼은 장차 그리스도와 교회의 언약적 혼인을 예표하는 사건으로 이해될 수 있다(엡 5:31-32).

선교적 사명: "사명을 받은 종"은 교회가 세상에서 감당할 언약의 전달자·사명자의 모형이다.

다. 신앙경주 적용

사명 의식: 신앙경주는 개인의 삶을 넘어 언약 계승과 사명 수행에 초점을 맞추어야 한다.

기도와 응답: 사명자의 길은 기도로 시작되며, 하나님은 구체적으로 응답하심이다. 신앙경주는 기도-응답-순종의 반복 여정이다.

섬김과 환영: 리브가의 적극적 섬김(물을 기꺼이 기러줌)은 약속 성취의 표지가 됨. 신앙경주는 작은 섬김 속에서 큰 사명을 확인한다.

믿음의 결단: 리브가는 즉시 떠나 결혼을 결단함. 신앙경주는 하나님의 부르심 앞에서 지체하지 않고 순종하는 결단을 요구한다.

완결의 기쁨: 종이 사명을 완수하고, 이삭이 배필을 맞이함으로 언약의 계보가 이어진다. 신앙경주는 사명 완수의 기쁨으로 마무리된다.

라. 본문 해설

1. 사명: 이삭의 배필을 찾아라!(24:1-9)

1 아브라함이 나이가 많아 늙었고 여호와께서 그에게 범사에 복을 주셨더라 2 아브라함이 자기 집 모든 소유를 맡은 늙은 종에게 이르되 청하건대 내 허벅지 밑에 네 손을 넣으라 3 내가 너에게 하늘의 하나님, 땅의 하나님이신 여호와를 가리켜 맹세하게 하노니 너는 내가 거주하는 이 지방 가나안 족속의 딸 중에서 내 아들을 위하여 아내를 택하지 말고 4 내 고향 내 족속에게로 가서 내 아들 이삭을 위하여 아내를 택하라 5 종이 이르되 여자가 나를 따라 이 땅으로 오려고 하지 아니하거든 내가 주인의 아들을 주인이 나오신 땅으로 인도하여 돌아가리이까 6 아브라함이 그에게 이르되 내 아들을 그리로 데리고 돌아가지 아니하도록 하라 7 하늘의 하나님 여호와께서 나를 내 아버지의 집과 내 고향 땅에서 떠나게 하시고 내게 말씀하시며 내게 맹세하

여 이르시기를 이 땅을 네 씨에게 주리라 하셨으니 그가 그 사자를 너보다 앞서 보내실지라 네가 거기서 내 아들을 위하여 아내를 택할지니라 8 만일 여자가 너를 따라 오려고 하지 아니하면 나의 이 맹세가 너와 상관이 없나니 오직 내 아들을 데리고 그 리로 가지 말지니라 9 그 종이 이에 그의 주인 아브라함의 허벅지 아래에 손을 넣고 이 일에 대하여 그에게 맹세하였더라

창세기 24장은 언약 계승의 긴 여정을 신앙경주 모형으로 보여준다. 아브라함의 나이는 사라보다 10세 많은 147세에 이르렀다. 그는 육체적으로는 늙어가지만, 영적으로는 여전히 역동적이고 진취적인 믿음의 삶을 살고 있었다. 하나님께서는 그에게 범사에 복(베라크)을 주셔서 노후를 평안하고 건강하게 지내게 하셨다. 이러한 시점에서 그는 다음 세대를 위해, 특히 이삭의 배필을 준비해야 하는 현실 앞에 서 있다.

신앙경주의 출발점은 '하나님께서 맡기신 사명'을 인식하는 것이다. 아브라함은 하나님의 뜻을 이루기 위해, 충성스러운 종 엘리에셀에게 이삭의 아내를 찾는 임무를 부여한다. 종이 사명을 깨닫고 충성스럽게 출발하는 모습은 믿음의 경주에서 '부르심에 합당하게 행하는 시작'을 보여준다. 이는 하나님께서 아브라함을 부르실 때(12:1) 주신 자손 번성의 약속(12:1-3)을 성취하기 위한 두 번째 단계라 할 수 있다.

아브라함은 천지를 창조하신 하나님을 두고 맹세하게 하며, 이삭의 아내를 반드시 고향 친족 중에서 택하라고 지침을 내린다. 가나안 여인과의 결혼을 금한 것은, 하나님께서 불가능 속에서 이삭을 주신 약속의 하나님, 그리고 그 후손이 하늘의 별같이 번성하게 하실 하나님을 신뢰하는 믿음에서 나온 결정이었다. 이는 '씨 창조'의 하나님을 믿는 그의 신조를 드러낸다.

그러자 엘리에셀이 묻는다. 만일 고향 친족 중에서 이삭의 아내를 찾아도 그 여인이 가나안 오지 않겠다면 어떻게 할 것인가? 이 질문은 가나안에서 50여 년을 살아온 그가, 문화적·지리적 차이로 인한 현실적 어려움을 충분히 이해하고

한 물음이었다.

아브라함의 대답은 아래와 같은 대칭구조를 이룬다.

사명: 이삭의 배필을 찾아라!(24:1-9)

a. 아들을 데리고 고향으로 가지 말라	24:6
b. 가나안을 이삭에게 주시겠다고 약속하심	24:7a
x. 이삭의 아내를 위해 천사를 보내실 것	24:7b
b'. 하나님이 고향에서 아내를 택하라 하심	24:8a
a'. 아들을 데리고 고향으로 가지 말라	24:8b

그의 대답은 구조의 처음과 끝(a/a')에서 '이삭을 절대 고향으로 데려가지 말라'는 명령을 반복하며 강조한다. b/b'에서는 하나님이 가나안을 이삭에게 주시겠다고 약속하시고(b), 또한 고향에서 아내를 택하라 하신다(b'). **중심(x)**에서는 모든 염려의 해답을 제시한다. 하나님께서 약속하신 가나안 땅을 이삭에게 주시기 위해 천사를 먼저 보내, 이삭의 배필이 될 여인을 반드시 가나안으로 오게 하실 것이라는 확신이다.

아브라함은 이 가능성을 부정하지 않고, 다음 세 가지 이유를 들어 종의 우려를 해소한다.

1) 하나님이 하란에서 자신을 부르신 이유는 가나안이 약속의 땅이기 때문이다.
2) 하나님이 이 땅을 독자 이삭에게 주신다고 약속하셨기 때문이다.
3) 하나님이 사자를 앞서 보내어 합당한 아내를 준비하실 것을 믿었기 때문이다.

이 대답에서 우리는 아브라함의 온전한 믿음을 본다. 그의 믿음은 창세기 22장의 '여호와 이레' 사건 이후 더욱 담대하고 목적 의식이 분명해졌다. 모리아 산에서의 순종 이후 그는 리브가의 출생 소식을 들었고(22:20-24), 이를 하나님의 예비하심으로 해석하며 엘리에셀에게도 동일한 확신을 적용한다.

결국 아브라함은 두 가지 지침을 종에게 주며 그를 파송한다.

- 가나안 여인과 결혼하지 말 것
- 여인이 가나안으로 오지 않을 경우, 이삭을 그곳으로 데려가지 말 것

이는 언약 계승을 위한 철저한 신앙적 분별이자, 믿음의 경주를 완주하려는 승리자의 결단이었다.

2. 찾기를 기도함(24:10-14)

10 이에 종이 그 주인의 낙타 중 열 필을 끌고 떠났는데 곧 그의 주인의 모든 좋은 것을 가지고 떠나 메소보다미아로 가서 나홀의 성에 이르러 11 그 낙타를 성 밖 우물곁에 꿇렸으니 저녁때라 여인들이 물을 길으러 나올 때였더라 12 그가 이르되 우리 주인 아브라함의 하나님 여호와여 원하건대 오늘 나에게 순조롭게 만나게 하사 내 주인 아브라함에게 은혜를 베푸시옵소서 13 성 중 사람의 딸들이 물 길으러 나오겠사오니 내가 우물곁에 서 있다가 14 한 소녀에게 이르기를 청하건대 너는 물동이를 기울여 나로 마시게 하라 하리니 그의 대답이 마시라 내가 당신의 낙타에게도 마시게 하리라 하면 그는 주께서 주의 종 이삭을 위하여 정하신 자라 이로 말미암아 주께서 내 주인에게 은혜 베푸심을 내가 알겠나이다

충성된 종 엘리에셀이 주인이 준 많은 귀한 선물들과 낙타 열 필을 끌고 종들과 함께 하란 땅 나홀의 성 우물가에 도착해서 낙타의 무릎을 꿇렸다. 여기서 낙타의 무릎을 '꿇렸다'(불렉크)는 동음이어는 '축복하다'(베라크)인데 언어 유희 관점에서 해석하면 "하나님의 복 주신 가운데 올바른 장소에 도착했다"는 의미를 암시하고 있다. 이렇게 종 엘리에셀은 기나긴 여행 가운데 무사히 이삭의 배

필을 찾을 수 있는 그 장소에 왔다. 저녁이 되니 여인들이 물을 길러 나오기 시작했다. 그는 이곳에서 이삭의 배필이 될 여인이 누구인지를 알기 위해 오는 사람들마다 일일이 물어보고 찾는 것이 아니라, 하나님께 올바른 장소에 도착하게 하신 것 같이, 이삭의 배필이 될 여인을 찾게 해달라고 다음과 같이 기도하였다.

첫째, 이삭의 배필을 순조롭게 만나게 해주실 것, 둘째, 두 가지 조건 가운데 만날 것, 곧 내게 물 좀 달라 하면 마시게 하고, 또한 스스로 모든 낙타에게 물을 마시게 하는 순종의 여인이기를 간구하였다. 이렇게 믿음의 종 엘리에셀은 우물 곁에서 막막하거나 혹은 불안한 마음이 아니라, 올바른 곳으로 인도하신 하나님이 정해놓은 그 여인도 만나게 해주실 것을 확신하면서 기도하였다. 신앙 '경주' 중에 필요한 것은 자신의 능력보다 하나님의 인도하심을 구하는 기도이다(히 12:1-2). 종이 기도할 때 즉각적으로 하나님의 응답이 나타난 것은, 신앙경주가 하나님의 때와 길 안에서 진행될 때 속도가 붙는 것을 보여준다.

3. 성취: 만남이 이루어짐(24:15-27)

15 말을 마치기도 전에 리브가가 물동이를 어깨에 메고 나오니 그는 아브라함의 동생 나홀의 아내 밀가의 아들 브두엘의 소생이라 16 그 소녀는 보기에 심히 아리땁고 지금까지 남자가 가까이 하지 아니한 처녀더라 그가 우물로 내려가서 물을 그 물동이에 채워가지고 올라오는지라 17 종이 마주 달려가서 이르되 청하건대 네 물동이의 물을 내게 조금 마시게 하라 18 그가 이르되 내 주여 마시소서 하며 급히 그 물동이를 손에 내려 마시게 하고 19 마시게 하기를 다하고 이르되 당신의 낙타를 위하여서도 물을 길어 그것들도 배불리 마시게 하리이다 하고 20 급히 물동이의 물을 구유에 붓고 다시 길려고 우물로 달려가서 모든 낙타를 위하여 긷는지라 21 그 사람이 그를 묵묵히 주목하며 여호와께서 과연 평탄한 길을 주신 여부를 알고자 하더니 22 낙타가 마시기를 다하매 그가 반 세겔 무게의 금 코걸이 한 개와 열 세겔 무게의 금 손목고리 한 쌍을 그에게 주며 23 이르되 네가 누구의 딸이냐 청하건대 내게 말하라 네 아

버지의 집에 우리가 유숙할 곳이 있느냐 24 그 여자가 그에게 이르되 나는 밀가가 나홀에게서 낳은 아들 브두엘의 딸이니이다 25 또 이르되 우리에게 짚과 사료가 족하며 유숙할 곳도 있나이다 26 이에 그 사람이 머리를 숙여 여호와께 경배하고 27 이르되 나의 주인 아브라함의 하나님 여호와를 찬송하나이다 나의 주인에게 주의 사랑과 성실을 그치지 아니하셨사오며 여호와께서 길에서 나를 인도하사 내 주인의 동생 집에 이르게 하셨나이다 하니라

늙은 종이 하나님께 기도를 마치기도 전에 한 여인이 나타났다. 그녀는 아브라함의 동생 나홀의 손녀, 브두엘의 딸 리브가였다. 겉모습은 심히 아름다웠고 (טוֹבַת מַרְאֶה), 내면적으로는 순결한 처녀(בְּתוּלָה)였다. 마침 그녀가 우물에서 물을 길어 올라왔다. 종 엘리에셀은 그녀를 보자마자 달려가 "물을 조금 마시게 해 달라"고 부탁했다.

그러자 리브가는 지체없이 물을 마시게 했을 뿐 아니라, 요청하지도 않은 일을 자청했다. 무릎 꿇어 있는 낙타들에게도 배불리 물을 먹이겠다고 말하고, 곧바로 달려가 여러 번 물을 길어 나르며 모든 낙타에게 먹였다. 이 모습을 지켜보던 종은 놀라움을 금치 못했다. 그녀의 부지런함과 헌신적인 행동이 자신이 하나님께 드린 기도의 정확한 응답임을 직감했기 때문이다. 리브가가 모든 낙타에게 물을 먹인 후 그에게 돌아왔을 때, 엘리에셀은 준비해 온 반 세겔 무게의 금 코걸이 한 개와 열 세겔 무게의 금 손목고리 한 쌍을 선물로 주며 그녀의 출신과 집에 유숙할 수 있는지를 물었다.

리브가는 자신이 나홀과 그의 아내 밀가 사이에서 난 브두엘의 딸임을 밝히며, 함께 온 사람들과 낙타들이 충분히 머물고 먹일 수 있는 짚과 사료도 넉넉하다고 대답했다. 종은 기도의 두 가지 제목이 모두 이루어진 사실에 크게 감격하여, 곧 하나님께 감사와 경배와 찬송을 드렸다. 그가 하나님께 영광을 돌린 이유는 세 가지였다. 첫째, 아무 탈 없이 무사히 나홀의 우물로 인도하신 것, 둘째, 기도의 응답으로 리브가를 만나게 하신 것, 셋째, 주인의 친족의 집에 이르게 하신

것이다. 종은 이 모든 일을 자신의 공로로 돌리지 않고, 주인 아브라함에게 "사랑과 성실함"(חֶסֶד וֶאֱמֶת)을 베푸신 하나님께 겸손히 영광을 돌렸다. 이러한 모습에서 종 엘리에셀은 주인 아브라함 못지않게 충성되고 믿음 깊은 종임을 알 수 있다. 그는 하나님의 언약 백성으로서(17장에서 할례를 행한 자) 어려운 사명을 앞두고 기도하며, 응답을 확신하고 행동으로 옮기는 믿음을 소유했다.

그러나 아직 모든 혼사가 완성된 것은 아니다. 남은 과제는 두 가지다. 첫째, 리브가의 가족이 혼사를 허락해야 한다. 둘째, 리브가 자신이 가나안으로 가겠다는 결단을 내려야 한다. 여기서 신앙경주의 긴장이 다시 고조된다. '출발선에서 받은 사명의 표적이 확인되었더라도, 결승점까지는 인내와 끝맺음의 믿음이 필요함'을 보여주는 대목이다.

엘리에셀의 여정은 단순한 혼인 주선이 아니라, 언약 계승의 다음 주자를 세우기 위한 신앙경주의 한 구간이었다. 그는 출발선에서 기도로 방향을 잡았고, 하나님의 인도하심 속에서 중간지점에서의 표적을 확인했으며, 이제 마지막 관문인 '가족의 동의와 신부의 결단'을 남겨 두고 있었다. 이 과정은 오늘날 믿음의 경주에서 '부르심 – 응답 – 인내 – 완주'라는 네 단계의 원리를 잘 보여준다.

4. 알림: 리브가가 빨리 알림(24:28-30)

> 28 소녀가 달려가서 이 일을 어머니 집에 알렸더니 29 리브가에게 오라버니가 있어 그의 이름은 라반이라 그가 우물로 달려가 그 사람에게 이르러 30 그의 누이의 코걸이와 그 손의 손목고리를 보고 또 그의 누이 리브가가 그 사람이 자기에게 이같이 말하더라 함을 듣고 그 사람에게로 나아감이라 그 때에 그가 우물가 낙타 곁에서 있더라

리브가는 집으로 달려가 이 사실을 알렸고, 오빠 라반이 우물가로 달려와 종 엘리에셀을 만나는 장면이 시작된다. 얼마나 그들의 만남이 반갑고 기쁜 소식인

지를 두 남매 리브가와 라반이 각각 달려가서 알리고 또한 찾아오는 모습에서 볼 수 있다. 여기에는 오랫동안 아브라함과 그의 동생 나홀이 서로 멀리 떨어져서 살아온 흔적이 길었다는 것과 그동안의 소식이 궁금하다는 것을 알려준다. 2대째 이삭 가족의 상봉이 종을 통해서 간접적으로 이루어지는 과정이다. 무엇보다 리브가에게 준 선물, 코걸이와 팔찌 그리고 종의 간증이 이렇게 숨 가쁜 만남을 촉진시켰다. 이후 이삭의 아들 야곱이 외삼촌 라반의 집으로 도망가 살면서 많은 자녀와 부자가 되어 돌아오는 계기(契機)가 되는 장면이다.

5. 환영: 라반이 그를 영접함(24:31-33)

> 31 라반이 이르되 여호와께 복을 받은 자여 들어오소서 어찌 밖에 서 있나이까 내가 방과 낙타의 처소를 준비하였나이다 32 그 사람이 그 집으로 들어가매 라반이 낙타의 짐을 부리고 짚과 사료를 낙타에게 주고 그 사람의 발과 그의 동행자들의 발 씻을 물을 주고 33 그 앞에 음식을 베푸니 그 사람이 이르되 내가 내 일을 진술하기 전에는 먹지 아니하겠나이다 라반이 이르되 말하소서

라반이 여동생 리브가의 말을 듣고 종 엘리에셀을 아주 반갑게 맞이했다. 낙타 10마리에게 짚과 사료를 주었고, 종 엘리에셀과 함께 동행한 자들의 발 씻을 물과 음식을 제공하였다. 그러나 엘리에셀은 음식을 먹기 전에 자신이 여기에 온 목적을 이루기 전에는 음식을 먹지 않겠다고 단호한 입장을 밝혔고, 라반이 그 제안을 받아들였다. 여기서 우리는 또 한 번 종 엘리에셀의 사명감을 읽을 수 있나. 그는 아무리 피곤하고 지쳤다 해도 먹고 마시는 문제보다 더 중요한 것은 빠른 시일 안에 좋은 소식을 가지고 가나안으로 돌아가는 것이었다. 여기에서 그는 단도직입적으로 라반에게 이 모든 것이 하나님의 섭리와 도우심으로 이곳까지 온 것임을 밝혀서 답을 얻어내려는 목적을 얻어내려는 것으로 보인다.

6.(1') 사명: 주인의 사명을 말함(24:34-41)

> 34 그가 이르되 나는 아브라함의 종이니이다 35 여호와께서 나의 주인에게 크게 복을 주시어 창성하게 하시되 소와 양과 은금과 종들과 낙타와 나귀를 그에게 주셨고 36 나의 주인의 아내 사라가 노년에 나의 주인에게 아들을 낳으매 주인이 그의 모든 소유를 그 아들에게 주었나이다 37 나의 주인이 나에게 맹세하게 하여 이르되 너는 내 아들을 위하여 내가 사는 땅 가나안 족속의 딸들 중에서 아내를 택하지 말고 38 내 아버지의 집, 내 족속에게로 가서 내 아들을 위하여 아내를 택하라 하시기로 39 내가 내 주인에게 여쭈되 혹 여자가 나를 따르지 아니하면 어찌 하리이까 한즉 40 주인이 내게 이르되 내가 섬기는 여호와께서 그의 사자를 너와 함께 보내어 네게 평탄한 길을 주시리니 너는 내 족속 중 내 아버지 집에서 내 아들을 위하여 아내를 택할 것이니라 41 네가 내 족속에게 이를 때에는 네가 내 맹세와 상관이 없으리라 만일 그들이 네게 주지 아니할지라도 네가 내 맹세와 상관이 없으리라 하시기로

엘리에셀은 라반 앞에서 자신을 "아브라함의 종"이라고 밝히며 곧바로 주인의 신분과 사명을 설명한다. 그는 먼저 아브라함이 섬기는 여호와께서 그의 주인에게 크게 복을 주셔서 양과 소, 은금, 종, 낙타와 나귀까지 풍성히 주셨음을 간증한다. 이 복은 단순한 재산 증식이 아니라 하나님을 믿는 아브라함의 삶에 대한 하나님의 신실한 응답임을 드러낸다.

또한 그는 사라가 노년에 기적적으로 아들을 낳았고, 그 아들에게 주인이 모든 소유를 상속하였음을 강조한다. 그러므로 그 아들의 배필을 구하는 일은 단순한 혼사가 아니라, 하나님께서 약속하신 후손의 계승과 직결되는 사명임을 밝힌다.

아브라함은 자신의 종에게 맹세하게 하여, 가나안 여인들 가운데서 아내를 택하지 말고 반드시 자기 족속과 아버지 집으로 가서 아들을 위해 아내를 데려오라고 명하였다. 이에 종이 "혹 여자가 나를 따라오지 아니하면 어떻게 하리이까"라고 묻자, 아브라함은 자신이 섬기는 여호와께서 그의 사자를 앞서 보내어

평탄한 길을 예비하실 것을 확신하며 대답하였다. 만일 그들이 여인을 주지 않는다면 종은 그 맹세에서 자유롭게 될 것이라고 덧붙였다. 이는 사명의 성취가 인간의 능력이 아니라 하나님의 주권적 인도에 달려있음을 드러낸다는 뜻이다.

따라서 엘리에셀은 라반에게 단순히 혼인 요청을 전한 것이 아니라, 주인의 사명, 곧 하나님의 약속을 이어갈 아들의 배필을 하나님이 친히 예비하신다는 믿음을 담아 전한 것이다. 이로써 그의 설명은 아브라함의 명령과 하나님의 인도하심에 근거한 사명적 증언이 된다.

7.(2') 기도: 간구가 응답됨을 알려줌(24:42-48)

> 42 내가 오늘 우물에 이르러 말하기를 내 주인 아브라함의 하나님 여호와여 만일 내가 행하는 길에 형통함을 주실진대 43 내가 이 우물 곁에 서 있다가 젊은 여자가 물을 길으러 오거든 내가 그에게 청하기를 너는 물동이의 물을 내게 조금 마시게 하라 하여 44 그의 대답이 당신은 마시라 내가 또 당신의 낙타를 위하여도 길으리라 하면 그 여자는 여호와께서 내 주인의 아들을 위하여 정하여 주신 자가 되리이다 하며 45 내가 마음속으로 말하기를 마치기도 전에 리브가가 물동이를 어깨에 메고 나와서 우물로 내려와 긷기로 내가 그에게 이르기를 청하건대 내게 마시게 하라 한즉 46 그가 급히 물동이를 어깨에서 내리며 이르되 마시라 내가 당신의 낙타에게도 마시게 하리라 하기로 내가 마시매 그가 또 낙타에게도 마시게 한지라
> 47 내가 그에게 묻기를 네가 뉘 딸이냐 한즉 이르되 밀가가 나홀에게서 낳은 브두엘의 딸이라 하기로 내가 코걸이를 그 코에 꿰고 손목고리를 그 손에 끼우고 48 내 주인 아브라함의 하나님 여호와께서 나를 바른 길로 인도하사 나의 주인의 동생의 딸을 그의 아들을 위하여 택하게 하셨으므로 내가 머리를 숙여 그에게 경배하고 찬송하였나이다

엘리에셀이 하나님이 어떻게 자기 주인 아브라함과 자신을 축복하신 것들에

대한 간증과 주인의 결혼 지침들을 라반에게 설명하고 있다. 요약하면 다음과 같다. 첫째, 가나안으로 부르신 하나님이 주인께 큰 복을 주셔서 부자가 된 것. 둘째, 하나님이 주인의 아내 사라에게 90세에 이삭을 주신 것. 셋째, 모든 재산을 그에게 상속한 것. 셋째, 가나안 땅이 아니라 고향 친족에게서 이삭의 배필을 찾아야만 할 것. 넷째, 주인 아브라함에게 했던 질문: 만일 그 여인이 가나안으로 오지 않으면 어떻게 할지에 대해서 주인은 하나님이 사자를 함께 보내어 평탄하게 배필을 만나게 될 것이라고 말한 사실. 다섯째, 우물가에서 기도의 두 제목이 다음과 같이 이루어진 것: 1) 물을 달라할 때 물을 줄 여인, 2) 부탁하지 않았는데도 모든 낙타에게 스스로 물을 먹이는 여인, 여섯째, 그 여인이 바로 주인의 동생 나홀의 손녀딸이어서 코걸이와 손목거리를 끼워준 것. 일곱째, 주인 아브라함의 하나님이 기적같이 너무 정확하게 모든 기도의 제목들을 이루어지게 하신 것에 대해 하나님께 경배와 찬송을 드린 것. 이러한 간증들을 모두 말한 후에 종 엘리에셀은 라반에게 가부 간의 결과를 알려줄 것을 간청했다. 우리는 여기서 종 엘리에셀이 라반에게 말하지 않은 사실 하나를 알 수 있다. 그것은 자신이 주인에게 물었을 때 아브라함은 이삭을 그곳 하란으로 데려가지 말라고 한 사실에 대해 침묵하였다. 그 이유는 이렇게 말한 것은 종 자신이 염려해서 질문한 것이지, 아브라함은 하나님이 사자를 함께 보내서 반드시 성사될 것과 그 여인이 가나안으로 올 것을 확신하였기 때문이다.

8.(3') 성취: 혼인이 허락됨(24:49-53)

49 이제 당신들이 인자함과 진실함으로 내 주인을 대접하려거든 내게 알게 해 주시고 그렇지 아니할지라도 내게 알게 해 주셔서 내가 우로든지 좌로든지 행하게 하소서 50 라반과 브두엘이 대답하여 이르되 이 일이 여호와께로 말미암았으니 우리는 가부를 말할 수 없노라 51 리브가가 당신 앞에 있으니 데리고 가서 여호와의 명령대로 그를 당신의 주인의 아들의 아내가 되게 하라 52 아브라함의 종이 그들의 말을 듣고

땅에 엎드려 여호와께 절하고 53 은금 패물과 의복을 꺼내어 리브가에게 주고 그의 오라버니와 어머니에게도 보물을 주니라

리브가를 허락해 준다고 답을 주었다. 그들의 이러한 빠른 허락은 여호와 하나님의 섭리와 인도하심이 무엇인지를 알게 되었기 때문이다. 결국 아브라함의 잘됨이 오랫동안 떨어져 있어도 그들의 친족 관계가 더욱 돈독하게 되었다는 증거이다. 아브라함이 하나님의 명령을 받고 고향과 친척을 떠나 황무지의 땅에서 성공하게 된 것은 전적으로 하나님의 도우심이라는 사실을 그들이 알게 되었기 때문이다. 이러한 혼인 관계가 나홀의 식구들과 아브라함의 가족이 다시 한번 하나님의 살아계심을 체험하게 되는 택한 백성의 반열에 포함관계로 이어가게 되었다.

9.(4') 알림: 종이 빨리 알리기를 원함(24:54-60)

54 이에 그들 곧 종과 동행자들이 먹고 마시고 유숙하고 아침에 일어나서 그가 이르되 나를 보내어 내 주인에게로 돌아가게 하소서 55 리브가의 오라버니와 그의 어머니가 이르되 이 아이로 하여금 며칠 또는 열흘을 우리와 함께 머물게 하라 그 후에 그가 갈 것이니라 56 그 사람이 그들에게 이르되 나를 만류하지 마소서 여호와께서 내게 형통한 길을 주셨으니 나를 보내어 내 주인에게로 돌아가게 하소서 57 그들이 이르되 우리가 소녀를 불러 그에게 물으리라 하고 58 리브가를 불러 그에게 이르되 네가 이 사람과 함께 가려느냐 그가 대답하되 가겠나이다 59 그들이 그 누이 리브가와 그의 유모와 아브라함의 종과 그 동행자들을 보내며 60 리브가에게 축복하여 이르되 우리 누이여 너는 천만인의 어머니가 될지어다 네 씨로 그 원수의 성 문을 얻게 할지어다

이렇게 혼인 관계가 성사된 것에 종 엘리에셀은 하나님께 경배와 감사를 드

렸다. 앞에서 그가 기도 응답을 받고 문제가 해결되는 것을 체험했을 때도 여호와께 경배와 찬양을 드렸듯이, 이번에도 가족에게 허락받은 후에 또한 하나님께 감사의 표시를 올렸다. 이러한 그의 믿음의 고백적 삶은 아브라함에게서 보고 배웠던 여호와 이레의 체험한 신앙에서 비롯되었음이 분명하다. 그리고 헤브론에서 가져온 은금의 패물과 의복을 꺼내어 리브가에게 주었고, 또한 그의 오빠 라반과 어머니 밀가에게도 귀한 선물을 주었다. 그리고 온 식구들과 동행자들과 함께 잔치하며 자축했다. 다음 날 아침 엘리에셀이 가나안으로 떠나야겠다고 부탁하였다.

그러나 리브가의 식구들이 짧게는 며칠 길게는 10일 정도 가족끼리 이별의 정을 나누고 싶다고 말했다. 이 말에 가장 놀란 사람은 종 엘리에셀이었다. 그가 아브라함에게 배필을 구하는 일에 위임을 받고 가나안을 떠날 때 배필이 될 연인이 가나안으로 오지 않으면 어떻게 될 것인지를 염려하면서 주인 아브라함과 의논하였을 때, 하나님이 천사를 먼저 보내어 모든 것이 잘 해결될 것이라고 말해주었어도 리브가를 우물가에서 만나기 전까지는 반신반의했던 것이 사실이었다. 그러나 종은 그녀를 기도 가운데 만난 이후 그리고 그녀의 친족을 만나 결혼 허락을 받은 이후에 이러한 걱정이 사라지다가, 10일 후에 가라고 할 때는 마음이 편치 못했다. 엘리에셀이 그 말을 듣고 갑자기 정색을 하면서 빨리 주인 아브라함에게 가게 해줄 것을 간청하였다. 그는 몹시 당황하였고 '혹시나'가 '역시나'가 되는 것이 아닌지 걱정이 앞서면서 그들에게 "나를 만류하지 마소서 여호와께서 내게 형통한 길을 주셨으니 나를 보내어 내 주인에게로 돌아가게 하소서"라고 다급하게 간청하였다. 그러나 그들은 확답하지 않고 리브가를 불러 어떻게 생각하는지를 확인하려 했다.

모두가 당황하는 가운데 이 문제를 리브가에게 결정하게 했다. 리브가는 우물가에서의 만남의 역사를 분명하게 보고 아브라함의 하나님을 믿었기 때문에, 그 종과 함께 빨리 갈 것을 한 마디로 짧게 말하였다. "가겠나이다." 이 한 마디 대답 가운데 그녀의 민첩함과 지혜로움을 보여준다.

이 짧은 한마디가 다음과 같은 의미를 보여준다. 1) 종 엘리에셀이 처음 우물 가에서 그녀를 보았을 때의 외적 아름다움과 순결함을 더해 내적 아름다움을 밝혀주는 답변이다. 2) 앞으로 약속의 아들 이삭의 아내가 되어 하나님의 언약 의 약속을 이어갈 복된 여인에 걸맞는 답변이었다. 3) 종 엘리에셀의 모든 염려 를 한 번에 해결해 주는 대답으로 그의 마음을 가장 기쁘게 해준 말이기도 하다.

결국 가족들은 리브가의 요청대로 유모와 그 종의 동행자들과 함께 보내며, 이삭과 혼인하여 복되게 잘 살기를 바라면서, 그의 후손이 번성하여 강한 민족 이 될 것을 축복해 주었다.

10.(5') 환영: 이삭이 그녀를 영접함(24:61-67)

> 61 리브가가 일어나 여자 종들과 함께 낙타를 타고 그 사람을 따라가니 그 종이 리 브가를 데리고 가니라 62 그 때에 이삭이 브엘라해로이에서 왔으니 그가 네게브 지 역에 거주하였음이라 63 이삭이 저물 때에 들에 나가 묵상하다가 눈을 들어보매 낙 타들이 오는지라 64 리브가가 눈을 들어 이삭을 바라보고 낙타에서 내려 65 종에 게 말하되 들에서 배회하다가 우리에게로 마주 오는 자가 누구냐 종이 이르되 이는 내 주인이니이다 리브가가 너울을 가지고 자기의 얼굴을 가리더라 66 종이 그 행한 일을 다 이삭에게 아뢰매 67 이삭이 리브가를 인도하여 그의 어머니 사라의 장막으 로 들이고 그를 맞이하여 아내로 삼고 사랑하였으니 이삭이 그의 어머니를 장례한 후에 위로를 얻었더라

리브가는 여종들과 함께 낙타를 타고 엘리에셀을 따라 길을 떠났다. 긴 여정 을 마치고 마침내 가나안에 도착했을 때, 이삭이 네게브에 거주하다가 브엘라해 로이까지 나와 그들을 맞이하고 있었다. 해가 저물 무렵, 이삭이 들에 나가 묵상 (שׂיח)하며 하나님과 교제하던 중 멀리서 낙타들이 오는 것을 보았다.

한편 리브가도 눈을 들어 이삭을 바라보았다. 그녀는 낙타에서 내려 엘리에

셸에게 들에서 마주 오는 사람이 누구인지 물었다. 엘리에셀이 "이는 나의 주인, 이삭입니다"라고 대답했다. 리브가는 즉시 너울을 꺼내어 얼굴을 가렸는데, 이는 당시 혼인 전 약혼할 여인이 남편 될 사람 앞에서 겸손과 순결을 나타내는 예법이었다.

엘리에셀은 여정에서 있었던 모든 일을 이삭에게 상세히 보고했다. 이렇게 두 사람은 각각 설레는 마음으로 서로를 맞이하게 되었다. 리브가는 낯설고 물선 가나안 땅에 왔음에도 불안해하지 않았고, 오히려 하나님이 인도하신 만남 앞에 담대하면서도 수줍은 기쁨을 드러냈다.

이삭은 리브가를 어머니 사라의 장막으로 인도하였다. 이는 단순한 거처 제공이 아니라, 사라의 장막이 상징하던 '언약의 계승'과 '가정의 중심'을 리브가에게 맡긴 행위였다. 이곳에서 이삭은 그녀를 아내로 맞아 사랑하였고, 어머니 사라의 죽음 이후 깊은 상실감을 위로받았다. 이 장면은 단순한 결혼 기록이 아니라, 언약 백성의 다음 세대를 세우는 하나님의 섭리와 인도하심의 절정을 보여준다. 이삭의 묵상은 신앙경주의 중요한 자세를 보여준다. 그는 단순히 신부를 기다리는 것이 아니라, 하나님 앞에서 기도로 마음을 준비했다.

리브가의 순종은 부르심에 즉각 응답하는 믿음의 결단을 나타낸다. 타국으로 떠나는 두려움을 하나님의 인도하심에 대한 신뢰로 이겼다. 엘리에셀의 충성은 처음부터 끝까지 하나님의 사명을 완수하는 종의 모범을 보여준다.

결국, 이 결혼은 아브라함에게 주신 언약이 다음 세대인 이삭과 리브가를 통해 이어지는 언약 계승의 축복이자, 신앙경주의 한 구간을 완주한 승리의 장면이라 할 수 있다.

D". 자손의 번성(25:1-4)

1 아브라함이 후처를 맞이하였으니 그의 이름은 그두라라 2 그가 시므란과 욕산과 므단과 미디안과 이스박과 수아를 낳고 3 욕산은 스바와 드단을 낳았으며 드단의 자

손은 앗수르 족속과 르두시 족속과 르움미 족속이며 4 미디안의 아들은 에바와 에벨
과 하녹과 아비다와 엘다아이니 다 그두라의 자손이었더라

가. 구조적 주해

자손의 번성(25:1-4)

1. 아브라함/후처(그두라)
   2. (1대) 시므란, 욕산, 므단, 미디안, 미스박, 수아(6명)
      3. (2대) 욕산:스바와 드단(2명)
      3'. (3대) 드단의 자손: 앗수르 족속, 르두시 족속, 르움미 족속(3족속)
   2'. (1대) 미디안: 에바, 에벨, 하녹, 아비다, 엘다아(5명)
1'. 그두라 자손(3대 = 13명 + 3족속)

1 / 1': 아브라함/후처의 자손
2 / 2': 1대 자손
3 / 3': 2, 3대 자손
양괄식 대칭구조의 중심 주제는 1 / 1'에 있다. 아브라함이 그두라에게서 3대에
걸쳐 13명과 3족속을 이루었다.

나. 본문 해설

아브라함은 사라가 죽은 후 후처 그두라를 맞았다. 그녀는 첩이 아니라 정식
아내였으나, 아브라함은 이미 약속의 유산과 기업권을 적자 이삭에게 물려준 상
태였다(창 25:5). 그두라에게서 시므란, 욕산, 므단, 미디안, 이스박, 수아 등 여섯
아들이 태어났다. 이들 중 욕산은 두 아들 스바와 드단을 낳았으며, 드단은 앗수
르 족속, 르두시 족속, 르움미 족속을 낳았다. 또 다른 아들 미디안은 에바, 에벨,

하녹, 아비다, 엘다아 다섯 아들을 두었다. 그 결과, 3대에 걸쳐 13명의 후손과 3개의 독립 족속이 형성되었다. 그두라의 자손들도 아브라함의 피를 이어받았으나, '약속의 자녀'는 이삭이라는 언약 원칙은 변하지 않았다(롬 9:7).

하나님은 언약 계승을 한 혈통 안에만 제한하지 않고, 다른 후손들도 '열방' 형성의 도구로 사용하셨다. 그두라의 자손 목록은 단순한 족보가 아니라, 훗날 이스라엘 주변 민족 지도의 기반을 제공하는 지리적·역사적 청사진이자, 언약 백성과 열방의 관계를 조율하시는 하나님의 구속사 설계도를 드러낸다. 미디안은 주로 시나이 반도 동남부와 북서 아라비아에 정착하였다.

출애굽기에서 모세가 피신하여온 미디안 땅은 이 후손의 영역(출 2:15)이다. 민수기 • 사사기에서는 종종 이스라엘과 갈등이 나타난다. 스바와 드단은 아라비아 남부·홍해 연안, 혹은 오늘날의 예멘·사우디 서부 지역과 관련되어 있다. 스바는 '시바(Sheba)'로 알려져 솔로몬 시대에 향료 무역 중심지(왕상 10:1-2)였다. 드단은 북서 아라비아의 무역 중심지로, 에스겔 27:20에 등장한다. 앗수르 족속, 르두시 족속, 르움미 족속은 모두 북서 아라비아 또는 아라비아 북부 사막 지대에서 생활한 유목민 집단이다. 이들은 상인·낙타 무역로를 장악하며 이스라엘과 간헐적으로 교류와 충돌을 하였다. 수아는 욥기 2:11절에 등장하는 수아 사람 빌닷의 조상으로 추정되며, 요단 동편·북아라비아와 관련되어 있다.

E". 갈등 해소(25:5-11)

아브라함이 사망하기 전에 모든 소유를 이삭에게 주었고 또한 다른 서자들에게 재산을 조금씩 나누어 준다. 또한 이삭과 이스마엘이 함께 장사를 지낸다.

위 본문의 구조는 요지가 5개인 중앙 중심적 대칭 구조로 되어 있다.

가. 구조적 주해

E''. 갈등 해소(25:5-11)

1. 모든 소유를 줌	5-6	
2. 175세 사망	7-8	
3. 두 아들이 장사함	9	
2'. 사라와 합장	10	
1'. 이삭에게 복 주심	11	

마지막 본문 25:5-11절은 대칭구조로 구성되어 있으며, 구조의 중심(요지 3)에 아브라함의 두 아들 이삭과 이스마엘이 함께 아버지를 장사하는 장면이 놓여있다. 대칭구조의 특성상 이 중심부가 본문의 핵심 메시지를 형성한다.

1 / 1' 아브라함은 생전에 언약의 계승자인 이삭에게 모든 소유를 물려주었다(1). 그의 사후에는 하나님께서 이삭에게 복을 주심으로 언약의 계승권이 하늘의 인준을 받는다(1'). 이는 단순한 재산 분배가 아니라, 언약의 상속이 하나님과 사람 앞에서 모두 확증되는 장면이다.

2 / 2' 아브라함이 175세를 일기로 열조에게로 돌아가고(2), 사라가 묻힌 막벨라 굴에 합장된다(2'). 이는 아브라함이 생전 언약의 약속 땅 가운데서 죽음을 맞이했음을 상징하며, '씨와 땅' 언약이 그의 죽음 속에서도 여전히 유효함을 보여준다.

3 (중심) 아브라함의 장례를 이삭과 이스마엘이 함께 치른다(9절).

나. 구속사적 의의

언약 계보의 확정: 아브라함이 모든 소유를 이삭에게 줌으로써, 언약 계보가

이삭을 통해 확고히 이어진다.

형제 화해의 단서: 장례 자리에서 이삭과 이스마엘이 함께 장사하는 모습은, 구속사 속에서 형제 간 갈등이 부분적으로 해소되는 장면이다.

언약의 연속성: 아브라함의 죽음에도 불구하고, 하나님은 즉시 이삭에게 복을 주신다(25:11). 이는 언약의 축이 개인을 넘어 세대를 이어간다(세대적 계승).

합장 신학: 사라와의 합장은 언약 땅 안에서 죽음을 맞이하는 신앙고백으로, 장차 성도들의 영원한 본향 소망을 예표한다.

다. 신앙경주 적용

분배와 질서: 신앙경주는 자신의 삶을 마감하며 하나님의 언약 질서(이삭 중심)를 인정하는 것이다. 아브라함은 유산을 정리하고 질서를 세운다.

죽음의 경주 완주: 아브라함은 "나그네와 거류자"로 살다가 하나님의 때에 경주를 마침. 신앙인은 죽음을 두려움이 아닌 완주 지점으로 바라봐야 한다.

갈등의 봉합: 이삭과 이스마엘이 함께 장사한 것은 완전한 화해는 아니지만, 신앙경주 속에서 하나님의 은혜로 갈등이 부분적으로 치유됨을 보여준다.

세대 계승: 신앙경주는 개인으로 끝나지 않고, 다음 세대(이삭)에게로 이어진다. 우리의 마무리는 곧 후손의 출발점이 된다.

라. 본문 해설

이 본문(25:5-11)은 아브라함 생애의 마무리이자, 언약 계승의 확정과 가정 갈등의 해소를 통해 구속사가 다음 세대로 이양되는 전환점이다. 중심부의 '이삭과 이스마엘의 공동 장례'는 갈등의 봉합과 화해를 통해 하나님 나라가 세대 간에 이어진다는 진리를 보여주며, 마지막에 하나님께서 이삭에게 복을 주심으로 약속이 끊어지지 않고 계속 진행됨을 선언한다.

1. 모든 소유를 줌(25:5-6)

5 아브라함이 이삭에게 자기의 모든 소유를 주었고 6 자기 서자들에게도 재산을 주
어 자기 생전에 그들로 하여금 자기 아들 이삭을 떠나 동방 곧 동쪽 땅으로 가게 하
였더라

아브라함은 자기의 모든 소유를 이삭에게 주었다. 이것은 단순한 재산 상속이
아니라, 하나님께서 아브라함과 맺으신 언약이 전적으로 이삭을 통해 계승됨을
드러내는 확증이었다(창 17:19). 이 사건은 훗날 모세와 여호수아, 다윗과 솔로몬
으로 이어지는 언약 계승의 구약적 원형으로 기능한다. 즉, 하나님의 언약은 혈
통적 다수나 인간적 기준이 아니라, 하나님의 선택에 의해 한 계승자에게 집중
적으로 이어진다는 점을 분명히 보여준다.

그러나 아브라함은 서자들에게도 재산을 나누어 주되, 그들을 이삭과 분리하
여 동방으로 보냈다. 이는 단순한 형제간 갈등 회피책이 아니라, 하나님이 선택
하신 언약 계승자(이삭)를 분명히 구별하고 보호하려는 조치였다. 동시에 다른
자손들에게도 삶의 터전을 주어 역사의 지평을 넓히는 하나님의 섭리를 드러낸
다. 구속사적으로 볼 때, 이는 두 가지 진리를 증언한다. 언약은 오직 선택된 한
계승자에게 집중된다 — 언약의 계승은 인간적 분배나 공평의 문제가 아니라, 하나
님의 구속 경륜 안에서 한 사람을 통해 이어지는 것이다. 그러나 하나님의 축복은 열
방으로 흘러간다 — 서자들도 완전히 배제되지 않고, 동방으로 퍼져 나감으로 언
약 백성의 주변 민족사 속에 하나님의 역사적 영향력이 확장되는 통로가 된다.

따라서 아브라함의 행위는 언약 계승의 집중(이삭)과 동시에 역사 확장의 분
산(서자들)이라는 이중적 의미를 지니며, 훗날 신약에서 그리스도 안에서 언약
의 계승과 만민의 복 확대라는 구속사적 패턴을 예시한다.

2. 175세 사망(25:7-8)

> 7 아브라함의 향년이 백칠십오 세라 8 그의 나이가 높고 늙어서 기운이 다하여 죽어 자기 열조에게로 돌아가매

아브라함은 향년 175세를 일기로 하나님의 부르심을 받았다. 그는 "나이가 높고 늙어서 기운이 다하여" 죽어 조상들에게로 돌아갔다. 이는 단순한 죽음의 종결이 아니라, 신앙의 경주를 완주한 하나님의 종의 귀향을 의미한다.

아브라함은 100세에 이삭을 낳은 후 75년 동안 언약의 아들과 함께 동행하며 살았다. 그의 생애는 파란만장했지만, 세 번의 신앙경주를 통해 그의 믿음은 점차 성숙하였다. 특히 모리아 산에서 이삭을 바치라는 시험을 여호와이레의 신앙으로 극복함으로써 그는 언약 백성의 시조로서 신앙의 절정에 이르렀다.

그의 죽음은 곧 언약의 계승자 이삭에게로 바통이 전수된 사건이다. 그는 언약의 약속을 받았을 뿐 아니라, 그 언약을 끝까지 지키며 살아감으로써 믿음의 경주를 승리로 마친 자로 평가된다. 신약의 시각에서 아브라함의 죽음은 믿음으로 달려온 성도의 마지막을 보여주며(히 11:8-19), 궁극적으로는 그리스도를 통해 완성될 언약 계승의 길을 예표한다.

따라서 아브라함의 죽음은 단순한 인생의 끝이 아니라, 구속사의 큰 줄기 속에서 언약이 이어지는 전환점이며, 그의 신앙경주는 하나님의 백성이 걸어가야 할 믿음의 여정을 보여주는 모범적 사건이다.

3. 두 아들이 장사함(25:9)

> 9 그의 아들들인 이삭과 이스마엘이 그를 마므레 앞 헷 족속 소할의 아들 에브론의 밭에 있는 막벨라 굴에 장사하였으니

이삭과 이스마엘은 아버지 아브라함이 죽자, 함께 막벨라 굴에 장사했다. 두 사람은 배가 다른 형제였고, 어린 시절에는 갈등과 분리가 있었지만(창 21장), 아버지를 마지막으로 보내는 이 자리는 형제 사이의 회복과 따뜻한 우애를 보여준다. 신앙의 길은 혼자만 잘 달리는 것이 아니라, 함께 걸어가며 서로를 세워주는 길이라는 사실을 이 장면이 잘 말해주고 있다. 막벨라 굴은 그냥 '편한 곳'이 아니라, 아브라함이 사라를 묻기 위해 정식으로 값을 치르고 산 특별한 장소였다. 아브라함은 "그냥 아무 데나 묻으라"는 헷 사람들의 제안을 거절하고, 꼭 약속의 땅에 자신의 가족 묘지를 마련하고 싶어 했다. 이는 그 땅이 하나님께 받은 약속의 땅이며, 앞으로 그의 후손들이 살아갈 터전이라는 믿음의 고백이었다.

그런 의미에서 이삭과 이스마엘이 아버지를 막벨라 굴에 장사한 것은 단순히 장례를 치른 일이 아니다. 이것은 곧 "아버지가 붙들었던 믿음을 우리가 이어 가겠다"는 조용한 신앙고백이었다. 그리고 이것이 바로 세대가 이어지는 신앙경주의 모습이다. 아브라함은 믿음의 경주를 시작한 사람이고, 이삭은 그 경주를 이어받는 주자이며, 이스마엘 역시 아버지의 마지막 길을 함께 하며 한 가족으로서 자리를 지켰다. 마치 릴레이 경주에서 바통을 건네듯, 신앙은 세대와 세대를 건너 이어지는 '함께 하는 경주'이다. 막벨라 굴에 드리운 조용한 정적 속에는 "우리는 아버지의 믿음을 잇겠습니다"라는 두 아들의 마음이 담겨 있다. 그리고 이 장면은 오늘을 살아가는 우리에게도 이렇게 말한다. "신앙의 길은 혼자 뛰는 경주가 아니라, 서로 붙들어 주고 함께 걸어가는 길이다."

4. (2') 사라와 합장(25:10)

10 이것은 아브라함이 헷 족속에게서 산 밭이라 아브라함과 그의 아내 사라가 거기 장사되니라

아브라함은 헷 족속에게서 산 밭, 곧 막벨라 굴에 아내 사라와 함께 합장되었

다. 이는 단순한 장례 기록이 아니라, 하나님의 약속의 땅 안에서 죽음을 맞이한 신앙고백이다. 그는 생전에 가나안 땅을 다 차지하지 못했으나, 믿음으로 그 땅을 기업으로 받기를 바라며 죽었고, 이것은 곧 "그들이 약속을 받지 못하였으되 … 더 나은 본향을 사모하였다"는 신앙(히 11:13, 16)을 증언한다. 따라서 막벨라 합장은 장차 성도가 영원한 본향을 바라보며 죽음을 맞이하는 믿음의 예표라 할 수 있다.

5. (1') 이삭에게 복 주심 (25:11)

> 11 아브라함이 죽은 후에 하나님이 그의 아들 이삭에게 복을 주셨고 이삭은 브엘라
> 해로이 근처에 거주하였더라

아브라함이 죽은 후에도 하나님은 그의 아들 이삭에게 복을 주셨다. 이는 언약의 약속이 죽음으로 끊어지지 않고 선택된 계승자에게로 이어진다는 사실을 보여준다. 곧 언약의 축은 한 혈통, 한 선택의 줄기에 집중되어 흘러간다. 신약의 사도 바울도 갈라디아서 4:28-31에서 이삭을 약속의 자녀, 이스마엘을 육체의 자녀로 구분하며, 선택과 언약 계승의 원리를 분명히 한다.

마지막으로 본문은 "이삭은 브엘라헤로이 근처에 거주하였다"고 기록한다. 이는 단순한 지리적 위치를 넘어, 언약 계승자의 삶의 터전이 하나님이 돌보시는 곳(브엘라헤로이, "살아 계신 하나님이 보시는 우물")에 놓여 있음을 상징한다. 곧 언약 계승은 거기서 단순히 땅의 차지가 아니라, 하나님의 돌보심 속에서 이루어지는 구속사의 연속성임을 드러낸다.

제 12 장

타락한 서자(庶子): 이스마엘의 족보
(25:12-18)

12 사라의 여종 애굽인 하갈이 아브라함에게 낳은 아들 이스마엘의 족보는 이러하고 13 이스마엘의 아들들의 이름은 그 이름과 그 세대대로 이와 같으니라 이스마엘의 장자는 느바욧이요 그 다음은 게달과 앗브엘과 밉삼과 14 미스마와 두마와 맛사와 15 하닷과 데마와 여둘과 나비스와 게드마니 16 이들은 이스마엘의 아들들이요 그 촌과 부락대로 된 이름이며 그 족속대로는 열두 지도자들이었더라 17 이스마엘은 향년이 백삼십칠 세에 기운이 다하여 죽어 자기 백성에게로 돌아갔고 18 그 자손들은 하윌라에서부터 앗수르로 통하는 애굽 앞 술까지 이르러 그 모든 형제의 맞은 편에 거주하였더라

이스마엘의 자녀(12명)

이스마엘 → 느바욧(1) 게달(2) 앗브엘(3) 밉삼(4) 미스마(5) 두마(6) 맛사(7) 하닷(8) 데마(9) 여둘(10) 나비스(11) 게드마(12)

이스마엘은 아브라함의 첫째 아들이지만, 여러 측면에서 문제점이 드러난다. 그의 문제는 단순히 개인적인 성격의 문제가 아니라, 하나님의 선택(언약)과 인

간의 선택(불신), 그리고 그로 인한 갈등과도 깊이 관련되어 있다.

이스마엘의 가장 근본적인 문제는 그가 하나님의 약속이 아닌 인간적인 방법으로 태어났다는 점이다. 하나님은 아브라함과 사라에게 그들의 후손을 통해 큰 민족을 이루겠다고 약속하셨다(15:4-5). 그러나 사라는 오랜 기다림 끝에 자신의 몸종 하갈을 통해 아들을 얻는 방법을 택하였고, 남편 아브라함에게 하갈을 취하라고 강권하였다(16:2). 결국 아브라함은 하갈과 동침하여 이스마엘을 낳게 되었다.

이 선택은 아브라함과 사라가 하나님을 신뢰하지 못하고 조급함에서 비롯된 것이며, 결과적으로 가정과 후손들에게 갈등을 초래하였다. 이스마엘은 성장한 후, 이삭이 젖을 떼고 얼마 지나지 않았는데 그를 놀리고 희롱하였다. 이에 사라는 남편 아브라함에게 하갈과 이스마엘을 쫓아낼 것을 강력히 요구하자 결국 그들은 쫓겨났다(21:8-21). 이스마엘은 예언대로 "들나귀 같은 성향"을 가지게 되어 타인과 끊임없이 충돌하였다. 성경은 이를 다음과 같이 예언한다. "그가 들나귀 같은 사람이 될 것이라. 그의 손이 모든 사람을 치겠고, 모든 사람의 손이 그를 칠 것이며, 그가 모든 형제와 대항하여 살리라"(16:12). 비록 이스마엘이 하나님의 언약을 받지는 못했지만 완전히 버려진 것은 아니었다. 하나님께서는 그를 돌보셨고, 그에게도 큰 민족을 이루게 하셨다(16:10, 21:18). 이스마엘의 후손들은 "그들이 하윌라에서부터 앗수르로 가는 길에 거주하였으니, 그가 모든 형제의 맞은 편에 살았더라"(25:18). 이는 이스마엘의 자손들이 이삭의 후손(이스라엘)과 가까운 지역에서 살며 경쟁 관계를 형성했음을 의미한다. 그들은 아라비아 반도와 가나안 지역에서 유목 생활을 하면서 이스라엘과 영토 문제로 갈등을 겪게 되었다. 결국, 이스마엘의 후손들은 이스라엘과 지속적으로 충돌할 수밖에 없는 상황에 처하였다.

이러한 역사적 배경은 하나님의 선택(언약)과 인간의 선택(불신) 속에서, 아브라함의 후손들 간에 어떻게 갈등이 발생할 수 있는지를 보여주는 사례가 된다.

제 13 장

회복된 적자(嫡子): 이삭의 자손
(25:19-35:29)

야곱의 신앙경주
- 축복과 갈등 사이 -

'회복'이라는 키워드가 단순히 가문 보존을 넘어, 하나님의 언약이 인간의 실패와 갈등 속에서도 계속 이루어진다는 점을 강조한다. 이런 점에서 이삭 톨레돗(자손, 역사)의 전체 인물 구조는 하나님이 주신 복들을 여러 가지 갈등 가운데 어떻게 지키며 살았는지를 보여준다.

I. 서론

1. 구조 이해의 필요성

이삭 톨레돗은 사건이 복잡하고 인물 갈등이 얽혀 있어, 구조적 조망 없이는 본문의 주제를 놓치기 쉽다. 전체 구조는 '축복과 갈등'의 관점에서 크게 세 구간으로 나뉜다.

1. **출발과 갈등(25:21-27:46)** – 태중에서부터 장자권과 축복을 둘러싼 야곱과 에서의 갈등이 시작된다.

2. 도피와 출산(28:1-30:24) - 벧엘 환상으로 시작하여, 라반 집에서의 시련과 다산의 축복까지, 여기서도 축복과 갈등이 반복된다.

3. 회복과 확증(30:25-35:29) - 귀향의 축복, 얍복 나루에서의 씨름, 에서와의 화해, 벧엘 재단 재건, 그리고 이삭의 죽음과 함께 언약의 축이 야곱에게 확실히 넘어간다.

따라서 야곱은 축복과 갈등 사이에서 '선택 - 갈등 - 회복 - 확증' 패턴을 따르고 있으며, 이는 창세기 전체에 흐르는 언약 계승의 패턴과 맞물린다. 이처럼 구조적 이해는 단순히 줄거리를 정리하는 것이 아니라, 구속사와 신앙경주가 어떻게 하나로 엮이는지를 밝혀주는 필수 열쇠이다.

2. 구속사적 의의

이삭 톨레돗(25:19-35:29)은 단순히 한 가정사(家政史)를 기록한 것이 아니라, 언약의 계승 구조를 보여주는 핵심 단락이다. 이 이야기의 중심은 이삭이라기보다는 야곱의 삶을 다루고 있다. 야곱은 태중에서부터 장자가 아닌 동생이었음에도 하나님의 선택을 받았다(25:23). 그는 인간적 수단으로 장자권과 축복을 얻으려 했고, 이 과정에서 형과 불화하고 집을 떠나야 했다. 그러나 벧엘, 얍복, 벧엘 제단(35장)에 이르는 여정 속에 점차 하나님 앞에서 회개와 순종의 길을 걸으며, 마침내 이스라엘이라는 새 이름과 함께 언약 계승자로 확증된다. 이 모든 과정은 훗날 12지파의 기초가 되며, 메시아 계보로 이어지는 구속사의 뼈대를 형성한다. 따라서 이삭 톨레돗은 실패 속에서도 언약이 깨지지 않고, 선택은 반드시 성취된다는 구속사의 원리를 증거한다.

3. 신앙경주적 적용

야곱의 여정은 신자의 믿음의 경주를 압축적으로 보여준다. 그의 삶은 곧 하나님의 약속을 붙들고 달려가는 신앙경주의 모형이다. 야곱은 자신의 욕망과 계산으로 출발했으나, 결국 하나님의 약속 안에서 다시 세워졌다. 경주의 원리는 인내의 축복으로 나아간다. 약속이 지연될 때에도 믿음으로 기다리는 인내(롬 4: 20-21)가 필요하다. 실수와 실패 후에도 다시 약속의 길로 돌아와 순종을 반복하는 과정, 신앙경주는 완벽한 직선길이 아니라, 실패 - 회개 - 순종 속에서 점점 하나님의 뜻에 가까워지는 여정이다. 야곱의 삶은 성도의 믿음이 오직 하나님의 약속을 중심으로 재정렬되어야 함을 가르쳐 준다.

4. 다양한 구조 형태

여러 학자들은 본문에 드러난 표층 구조(surface structure)가 해석에 도움을 준다는 것을 동의한다. 그들 중 대칭 구조의 범위를 25:19-35:29로 정한 여러 학자들 중 두 명을 소개한다: G. Wenham(25:19-35:29), 김의원(25:19-35:29)

Wenham(25:19-35:29)
    A. 야곱과 에서의 첫 대면(25:19-34)
      B. 이삭과 블레셋 족속(26:1-33)
        C. 에서를 속여 복을 가로채는 야곱(26:34-28:9)
          D. 벧엘에서 하나님을 만나는 야곱(28:10-22)
            E. 라반의 집에 도착한 야곱(29:1-14)
              F. 레아와 라헬과의 결혼(29:15-30)
                G. 야곱의 아들들의 출생(29:31-30:24)
              F'. 라반을 속이는 야곱(30:25-31:1)
            E'. 라반을 떠나는 야곱(31:2-32:1(31:55)
          D'. 마하나임에서 하나님의 사자를 만나는 야곱(32:2-3(1-2)
        C'. 에서의 복을 돌려주는 야곱(32:4(3)-33:20)

B'. 디나와 햇 족속 야곱(34:1-31)

A'. 이삭의 여정의 끝(35:1-29)

김의원(25:19-35:29)

A. 언약 자손 선택에 대한 계시(25:19-34)

B. 위기: 아비멜렉과 리브가, 이방인과의 계약(26:1-35)

C. 야곱이 에서를 두려워하여 도망감: 불화(27:1-26:9)

D. 벧엘에서 하나님의 현현(28:10-22)

E. 하란에 도착함(29:1-15)

F. 라반의 속임수: 결혼(29:16-30)

X. 야곱의 자손: 축복(29:31-30:24)

F'. 라반과 야곱의 속임수: 가축의 번영(30:25-43)

E'. 밧단아람으로 출발함(31:1-55)

D'. 얍복강 가에서의 하나님의 현현(32:1-32)

C'. 야곱과 에서의 만남: 화해(33:1-20)

B' 위기: 세겜에서의 디나, 이방인과의 계약(34:1-31)

A'. 언약 자손의 선택 계시에 대한 성취(35:1-29)

두 학자는 이야기가 홀수 대칭구조로 구성되어 있다고 보며, 그 구조의 범위를 창세기 25:19-35:29절로 한정한다. 이들이 제시한 대칭 구조 단위를 비교해 보면, 공통적으로 13개의 단위로 구분하고 있다. 첫 단위(A)와 마지막 단위(A')는 동일하게 설정되었으나, 그 주제는 다소 차이를 보인다. 또한 나머지 단위들의 범위와 주제 역시 세부적으로는 서로 상이하다. 그러나 중심 단위(29:31-30:24)에 대해 두 학자는 '자손의 축복'을 주제로 일치되게 인식했다. 이와 같이 이야기 전체를 중앙 중심적(홀수) 대칭 구조로 파악하는 시도는 문서설이나 양식비평의 견해와는 전혀 다름을 알 수 있다. 다만, 저자의 구조적·신학적 차원에서는 여전히 부분적으로 매끄럽게 연결되지 않는 지점들이 존재한다. 이러한 한계는 필자가 제안하는 반복된 병행구조(repetitive parallel structure)를 적용할 때 더욱 자연스럽게 해소될 수 있을 것이다.

II. 본론: 이삭 톨레돗(25:19-35:29) 전체 구조

야곱 기사(25:19-35:29)는 창세기 전체 구조(3·5·15)의 축소판이라 할 수 있다. 창세기가 세 번의 시작 속에서 다섯 주제가 반복되는 구조로 전개되는 것처럼, 야곱의 삶도 세 단계의 신앙경주 속에서 축복과 갈등이 반복되며 전개된다. 이러한 반복은 단순한 사건의 나열이 아니라 하나님께서 인간의 갈등 속에서도 언약의 축복을 이루어 가신다는 구속사적 메시지를 드러낸다.

가. 구조적 주해(구조 분석, 키워드 분석, 그룹별 분석)

전체 본문은 서론, 본론, 그리고 결론으로 나눠진다. 본론은 창세기 전체 구조와 아브라함 기사와 같이 3부 5세트 15요지로 구성되었다.

1. 구조 분석

야곱 기사 전체 구조(25:19-35:29)

X 서론: 이삭의 결혼(25:19-27:46)

1. 축복과 갈등 사이, 신앙경주(1)

A. 축복: 응답의 축복		25:21-26
B. 갈등: 명분 갈등		25:27-34
C. 축복: 그랄의 축복		26:1-5

D. 갈등: 왕과의 갈등　　　26:6-33

E. 축복: 장자의 축복　　　26:34-27:46

2. 축복과 갈등 사이, 신앙경주(2)

A'. 축복: 당부의 축복　　　28:1-5

B'. 갈등: 결혼 갈등　　　28:6-9

C'. 축복: 벧엘의 축복　　　28:10-22

D'. 갈등: 외삼촌과의 갈등　　　29:1-30

E'. 축복: 다산의 축복　　　29:31-30:24

3. 축복과 갈등 사이, 신앙경주(3)

A". 축복: 귀향의 축복　　　30:25-31:16

B". 갈등: 드라빔 갈등　　　31:17-55

C". 축복: 얍복의 축복　　　32:1-33:17

D". 갈등: 세겜과의 갈등　　　33:18-34:31

E". 축복: 회개의 축복　　　35:1-15

Y 결론: 라헬과 이삭의 사망(35:16-29)

서론(X): 이삭의 결혼(25:19-20) → 언약 계승의 새로운 장 열린다.

본론(가 - 나 - 다): "축복과 갈등"이 세 번 반복된다 (A-E / A'-E' / A"-E").

각 구간은 축복 → 갈등 → 축복 → 갈등 → 축복의 다섯 단락으로 전개되며, 모두 15개의 요지로 구성된다.

중심 주제는 항상 마지막 E/E'/E"의 축복에서 드러난다.

결론(Y): 라헬과 이삭의 사망(35:16-29) → 야곱 세대의 마무리와 언약 계승이 확정됨.

도표 31> 야곱 기사(이삭 톨레돗) (창 25:19-35:29) 3부, 5세트, 15요지

구분	키워드	본문	내용 요약
서론 X	-	25:19-20	이삭의 결혼 — 야곱 이야기의 출발점
가. 신앙경주 (1)	A 축복	25:21-26	응답의 축복 — 리브가의 기도와 쌍둥이 출생
	B 갈등	25:27-34	명분 갈등 — 장자권 매매(야곱과 에서)
	C 축복	26:1-5	그랄에서 이삭에게 주어진 언약의 축복
	D 갈등	26:6-33	블레셋 왕과의 다툼과 화해
	E 축복	26:34-27:46	장자의 축복 — 야곱이 이삭을 속여 축복 받음
나. 신앙경주 (2)	A' 축복	28:1-5	당부의 축복 — 이삭이 야곱을 축복하여 떠나보냄
	B' 갈등	28:6-9	결혼 갈등 — 에서의 이방 여인 문제
	C' 축복	28:10-22	벧엘의 축복 — 하늘 사다리 환상
	D' 갈등	29:1-30	라반과의 갈등 — 아내 얻는 과정의 속임수
	E' 축복	29:31-30:24	다산의 축복 — 레아와 라헬, 두 여종을 통한 자녀 출산
다. 신앙경주 (3)	A" 축복	30:25-31:16	귀향의 축복 — 하나님이 야곱을 번성케 하심
	B" 갈등	31:17-55	드라빔 갈등 — 라반과의 대립과 언약
	C" 축복	32:1-33:17	얍복의 축복 — 하나님과 씨름 후 이름이 이스라엘로 바뀜
	D" 갈등	33:18-34:31	세겜과의 갈등 — 디나 사건과 보복
	E" 축복	35:1-15	회개의 축복 — 벧엘에서의 재헌신과 언약 확인
결론 Y	-	35:16-29	라헬과 이삭의 죽음 — 세대 전환의 마무리

이러한 구성 속에서, 전체 구조 중 본론은 아브라함 기사와 같이 3부, 5세트, 15요지로 되어 있다: 3부(25:21-27:41, 28:1-29:31, 30:25-35:15). 5세트(축복 → 갈등 → 축복 → 갈등 → 축복), 15요지(ABCDE / A'B'C'D'E' / A"B"C"D"E")를 이룬다. 따라서 전체 구조의 구성을 간단하게 정리하면 다음 같은 도식화가 형성된다:

X 서론(이삭의 결혼)(25:19-20)

키워드: 축복→갈등→축복→갈등→축복

1. 축복과 갈등, 신앙경주(1)   A-B-C-D-E   25:21-27:46
2. 축복과 갈등, 신앙경주(2)   A'-B'-C'-D'-E'   28:1-30:43
3. 축복과 갈등, 신앙경주(3)   A''-B''-C''-D''-E''   31:1-35:15

Y 결론(이삭의 사망) (35:16-29)

위 전체 구조의 형태는 이렇게 정형화된 모습이다. 축복과 갈등 사이에서 일어난 이삭과 야곱의 신앙경주의 삶이 무엇이며 또한 어떠한지를 후대에 전하기 위한 저자의 지혜로운 방법에 의해 구성되었다. 그리고 이 구조에 담겨 있는 의미는 이스라엘 백성들의 신앙 정체성을 확립하기 위한 목적에 있다. 따라서 전체 구조를 주해하기 전에, 내용 전체의 대부분을 차지하는 본론이 세 번 반복되는 병행구조가 키워드 중심으로 구성되었다는 사실을 먼저 증명한 후, 전체 본문을 주해할 것이다.

2. 키워드 분석

본론(25:21-35:15)은 '축복과 갈등'의 키워드로 15개 요지로 구성되어 있다. 이렇게 구성된 요지들에 담겨 있는 주제, 즉 '축복과 갈등' 사이 내용들은 야곱의 믿음의 삶에 관한 것이다. 그 중 첫 번째 신앙경주의 삶을 아래 구조의 흐름에 따라 키워드 중심으로 살펴본다.

1. 축복과 갈등 사이, 신앙경주(1)

A'. 축복 <응답의 축복>	28:1-5
B'. 갈등 <결혼 갈등>	28:6-9
C'. 축복 <벧엘의 축복>	28:10-22
D'. 갈등 <외삼촌과의 갈등>	29:1-30
E'. 축복 <다산의 축복>	29:31-30:24

위 첫 번째 신앙경주의 삶에서는 축복의 키워드가 세 번(A/C/E) 나타나고, 그 사이에 갈등(B/D)이 두 번 나타난다. 그러나 축복 사건들 안에서도 위기와 갈등이 공존하며, 그 안에서 나타난 긴장 관계가 이삭, 리브가, 야곱의 믿음의 삶 속에서 해소되는 것을 볼 수 있다. 이러한 점을 아래의 첫 번째 다섯 개의 키워드로 분석해 본다.

축복 → 갈등 → 축복 → 갈등 → 축복

A. 응답의 축복(25:21-26)

이삭은 자녀가 없어 하나님께 간구했고, 하나님은 그의 기도를 들으시고 쌍둥이를 주셨다. 리브가가 태중의 갈등으로 하나님께 묻자, 두 민족이 그녀의 태중에 있으며 장자가 아니라 동생이 장자가 될 것이라는 계시를 받았다. 이렇게 이삭과 리브가는 삶의 결정적 순간마다 기도를 통해 하나님의 응답과 은혜를 경험하였다.

B. 장자권 갈등(25:27-34)

에서와 야곱은 서로 다른 삶의 길을 걸었고, 배고픈 에서는 장자권을 대수롭지 않게 여기며 팥죽 한 그릇에 팔았다. 이 사건은 형제 간의 거래를 넘어, 장자권이라는 영적 가치에 대한 두 인물의 상반된 태도를 보여주는 장면이다.

C. 그랄의 축복(26:1-5)

세 번째 요지는 그랄 지방에서 일어난 사건이다. 이삭은 흉년에 직면하여 가족과 가축을 돌보는 일이 매우 어려웠다. 그때 하나님이 이삭에게 나타나 애굽으로 내려가지 말고 그랄에 머물라고 말씀하시며, 그에게 땅과 자손의 번성을 약속하셨다.

D. 왕과의 갈등(26:6-33)

이삭은 그랄에 머무르며 큰 복을 받았으나, 아내 리브가를 누이라 속여 위기를 맞았다. 그러나 아비멜렉이 사실을 알게 되자, 백성이 죄를 범하지 않도록 경고하고 이삭과 리브가를 보호하였다.

E. 장자의 축복(26:34-27:46)

에서는 헷 족속 여인과의 결혼으로 부모에게 근심을 끼쳤다. 이후 이삭은 에서에게 장자의 축복을 약속했으나, 리브가의 계략에 따라 야곱이 아버지를 속이고 그 축복을 대신 받았다. 이를 알게 된 에서가 분노하여 야곱을 죽이려 하였고, 야곱은 어머니의 권유로 라반의 집으로 피신하였다.

2. 축복과 갈등 사이, 신앙경주(2)

A'. 축복 <당부의 축복>	28:1-5
B'. 갈등 <결혼 갈등>	28:6-9
C'. 축복 <벧엘의 축복>	28:10-22
D'. 갈등 <외삼촌과의 갈등>	29:1-30
E'. 축복 <다산의 축복>	29:31-30:24

위 두 번째 야곱의 신앙경주 여정(창 28:1-30:43)에서도, '축복'이라는 키워드

가 세 차례(A' / C' / E') 등장하고, 그 사이에 '갈등'이 두 차례(B' / D') 반복된다. 이러한 구조는 앞서 살펴본 첫 번째 인물구조와 마찬가지로, 총 다섯 개의 키워드로 구성되어 있다.

축복 → 갈등 → 축복 → 갈등 → 축복

A'. 당부의 축복(28:1-5)

야곱이 형 에서와의 갈등 가운데 처해 있을 때, 아버지 이삭이 야곱을 하란으로 피신시키며 몇 가지를 당부하면서 축복한다. 그의 당부는 다음과 같다: 가나안 여인들과 결혼하지 말고, 하란에 있는 외삼촌 라반의 딸과 결혼하라는 것이다. 그리고 이삭은 그가 순종할 경우, 하나님께서 아브라함에게 약속하신 자손과 땅의 복을 그에게 주실 것이라고 선포한다.

B' 결혼 갈등(28:6-9)

에서는 아버지 이삭이 가나안 여인과의 혼인을 기뻐하지 않는다는 것을 깨닫고, 아버지의 기쁨을 얻고자 이스마엘의 딸과 결혼한다. 그러나 이것 역시 하나님의 언약적 뜻과는 어긋난 선택이었다.

C'. 벧엘의 축복(28:10-22)

에서의 위협을 피해 도망가던 야곱은 벧엘에서 꿈을 꾸고 하나님의 언약을 받는다. 하나님은 그에게 땅과 후손, 열방의 복, 그리고 동행과 보호를 약속하셨다. 야곱은 도피 중에도 하나님의 임재와 은혜를 체험하였다.

D'. 라반과의 갈등(29:1-30)

야곱은 라헬과 결혼하기 위해 7년을 봉사했으나, 라반은 그를 속여 레아를 먼저 아내로 주었다. 이후 라헬을 얻는 조건으로 또 7년을 더 일하게 되었고, 라반은 계속 품삯을 바꾸며 야곱을 속였다. 이로써 두 사람 사이에 갈등의 씨앗이 자리 잡게 되었다.

E'. 다산의 축복(29:31-30:24)

야곱은 레아, 라헬, 빌하, 실바 네 아내에게서 열한 아들을 얻었다. 이는 하나님께서 그의 가정에 생육하고 번성케 하신 약속의 복을 이루신 사건이었다.

3. 축복과 갈등 사이, 신앙경주(3)

A". 축복 <귀향의 축복>	30:25-31:16
B". 갈등 <드라빔 갈등>	31:17-55
C". 축복 <얍복의 축복>	32:1-33:17
D". 갈등 <세겜과의 갈등>	33:18-34:31
E". 축복 <회개의 축복>	35:1-26

이렇게 세 번째 신앙경주의 삶(31:1-35:26)에도 축복의 키워드는 세 번(A'/C'/E') 나타나고, 갈등(B'/C')이 두 번 소개된다. 이에 따라 아래와 같이 다섯 개의 키워드로 구성되어 있음을 확인해 볼 것이다.

축복 → 갈등 → 축복 → 갈등 → 축복

A". 귀향의 축복(31:1-16)

라반의 속임 속에서도 성실히 일한 야곱은 하나님의 도우심으로 큰 재산을 얻게 되었다. 그러나 라반과 그의 아들들의 시기와 적대가 커지자, 야곱은 하나님의 명령에 따라 아내들의 동의를 얻고 가족과 재산을 이끌고 고향으로 돌아가기로 결심하였다.

B". 드라빔 갈등(31:17-55)

야곱은 가족과 재산을 이끌고 라반을 떠났는데, 라헬이 드라빔을 훔쳤다. 라반이 추격했으나 하나님이 막으셨고, 라헬의 꾀로 드라빔은 발견되지 않았다. 야곱이 억울함을 호소하며 라반의 속임을 지적했고, 결국 두 사람은 언약을 세우고 화해하였다.

C". 얍복의 축복(32:1-33:20)

야곱은 에서가 400명을 이끌고 온다는 소식을 듣고 두려움에 빠져 다양한 대비책을 세운다. 그는 하나님께 간절히 기도하며 형의 손에서 구원을 간구한다. 얍복 나루에서 하나님의 사자와 밤새 씨름하다가 '이스라엘'이라는 새 이름을 받는다. 마침내 에서를 만나 화해하며 형제는 서로 껴안고 눈물로 용서를 나눈다.

D". 세겜 갈등(34:1-31)

야곱의 딸 디나가 세겜에게 강간당하자, 하몰과 세겜은 결혼과 동맹을 제안한다. 야곱의 아들들이 겉으로는 동의했지만 속으로는 복수를 계획하며 할례를 조건으로 내건다. 세겜 성의 남자들이 모두 할례를 받은 후, 시므온과 레위가 기습해 성읍의 남자들을 죽이고 약탈한다.

E". 회개의 축복(35:1-15)

하나님이 야곱에게 벧엘로 올라가라고 명령하시고, 야곱은 가족에게 이방 신상들을 버리라고 지시한다. 가족들은 모든 우상과 귀고리를 내어주었고, 야곱이 그것들을 세겜 근처 상수리나무 아래에 묻었다. 야곱은 벧엘에서 하나님께 제단을 쌓고 예배를 드렸다. 이곳에서 하나님이 야곱을 다시 만나 그의 이름을 '이스라엘'이라 부르며 언약을 새롭게 하셨다. 하나님은 생육·번성의 명령과 땅의 약속을 다시 주셨고, 야곱은 회개와 순종으로 언약의 복을 회복하였다.

3. 그룹별 분석

이와 같이 본론 부분을 다섯 개의 키워드로 분석해 보았다. 이 과정에서 15개의 요지들이 축복과 갈등의 키워드에 따라 조화롭게 구성되어 있음을 알 수 있었다. 이번에는 같은 주제들끼리 세 개씩 묶어서 그룹별(AA'A", BB'B", CC'C", DD'D", EE'E")로 도표에 담아 분석해 보면 저자의 구조적이며 신학적인 저술 의도가 더욱 분명하게 들어날 것이다.

도표 32> 축복과 갈등 사이, 신앙경주(그룹별)

	I. 신앙경주 <초반>		2. 신앙경주 <중반>		3. 신앙경주 <종반>	
A	축복 <응답>	25:21-26	A' 축복 <당부>	28:1-5	A" 축복 <귀향>	31:1-16
B	갈등 <명분>	25:27-34	B' 갈등 <혼인>	28:6-9	B" 갈등 <드라빔>	31:17-55
C	축복 <그랄>	26:1-11	C' 축복<벧엘>	28:10-22	C" 축복 <얍복>	32:1-33:17
D	갈등 <그랄왕>	26:12-33	D' 갈등 <외삼촌>	29:1-30:24	D" 갈등 <세겜>	33:18-34:31
E	축복 <장자>	26:34-27:46	E' 축복 <다산>	30:25-43	E" 축복 <회개>	35:1-15

위 도표에서 축복과 갈등에 관한 사건들을 각각 정리해 보면, 축복에 관한 사건은 세 개의 그룹에서 총 9번(A, A', A" / C, C', C" / E, E', E") 나타나고, 갈등에 관한 사건은 두 개의 그룹에서 총 6번(B, B', B" / D, D', D") 등장한다. 이러한 구성은 도표의 각 요소들이 가로와 세로로 교차하며 정밀한 구조적 대칭을 이루고 있음을 보여준다. 이와 같은 저술 방식은, 당시 말씀을 듣는 이스라엘 백성들뿐 아니라 후대의 모든 신앙 공동체로 하여금 구원 역사 속에서 하나님의 복

과 인간의 갈등 사이에서 어떻게 믿음으로 반응하며 살아가야 하는지를 분명하게 제시해 준다.

따라서 위 도표에 담긴 신앙경주의 전체 시리즈를 그룹별로 정밀하게 분석해 나가는 과정에서, 저자의 구속사적 의도와 신앙경주의 개념이 잘 드러날 것이다.

1) 세 종류의 축복: A / A' / A"

모두 '축복'이라는 키워드를 중심으로 구성되어 있다.

A. 응답의 축복(25:21-26)

이삭이 간구하자 하나님이 응답하여 리브가가 쌍둥이를 잉태하였다. 태중에서 다툼이 일어나자 하나님이 그 의미와 결과를 계시해 주셨다.

A'. 당부의 축복(28:1-5)

이삭은 야곱에게 언약의 복을 전하며 라반의 집으로 보냈다. 그는 가나안 여인이 아닌 친족과 결혼하도록 당부하였다.

A". 귀향의 축복(31:1-16)

야곱은 하나님의 인도하심으로 얻은 번영을 아내들에게 설명하였다. 하나님의 지시에 따라 고향으로 돌아가야 함을 밝히고 동의를 얻었다.

이처럼 각 상황의 필요와 맥락에 따라 하나님께서 주시는 복의 내용이 다양하게 드러나며, A 그룹 전체가 축복의 주제에 일관되게 집중되고 있음을 확인할 수 있다.

2) 세 종류의 갈등: B / B' / B"

모두 '갈등'이라는 키워드를 중심으로 구성되어 있다.

B. 갈등 <장자 명분>(25:27-34)

야곱은 장자의 명분을 사모했으나, 에서는 그것을 경홀히 여겼다. 갈등 속에서도 장자의 권리를 소중히 여긴 자가 축복의 길에 서게 되었다.

B'. 갈등 <혼인>(28:6-9)

야곱은 부모의 뜻에 따라 믿음의 혼인을 택했으나, 에서는 이방 여인과 결혼했다.결혼 선택이 곧 축복의 갈림길이 되어, 순종이 복의 길임을 드러냈다.

B". 갈등 <드라빔>(31:17-55)

야곱과 라반은 드라빔 사건으로 불신과 긴 갈등을 겪었다.그러나 하나님이 야곱을 지켜 주셔서 끝내 화해와 축복의 결과로 이끌어 주셨다.

이처럼 이 세 갈등은 신앙인의 삶 속에서 불가피하게 마주하게 되는 외부적·내부적 갈등을 보여주는 대표 사례들이며, 그 속에서도 하나님의 주권과 보호, 그리고 축복의 역사가 계속됨을 증거한다.

3) 세 종류의 축복: C / C' / C"

모두 '축복'이라는 키워드를 중심으로 구성되어 있다.

C. 그랄의 축복(26장)

이삭이 흉년을 피해 그랄에 머물 때 하나님은 언약을 재확인하시며 그를 지켜 주셨다. 순종 가운데 이삭은 물질적 풍요와 보호의 은혜를 입었다.

C'. 벧엘의 축복(28장)

야곱은 도망가는 길에 벧엘에서 하나님의 현현을 경험하며 언약의 약속을 받았다. 땅과 자손, 그리고 함께하심의 축복을 체험하며 신앙의 첫 전환점을 맞이했다.

C". 얍복의 축복(32장)

야곱은 얍복 강가에서 하나님의 사자와 씨름하며 자신의 연약함을 직면했다.그는 회개와 간구 속에서 '이스라엘'이라는 새 이름을 받고 언약 백성으로 거듭났다.

이 세 가지를 묶으면, C 그룹은 "위기 속에서 경험하는 하나님의 현현과 언약의 축복"이라는 주제로 통일된다.

4) 세 종류의 갈등: D / D' / D"

네 번째 그룹(D, D', D")은 모두 '사람 간의 갈등'을 중심으로 조명되고 있다.

D에서는 에서와 아버지 이삭, 야곱과 어머니 리브가 사이의 편애적 관계 속에서 축복 쟁탈전이 벌어진다. 결국 야곱은 어머니의 도움을 받아 아버지를 속이고 형 에서 대신 장자의 축복을 빼앗는다.

D'에서는 야곱이 외삼촌 라반과의 관계 속에서 반복적으로 속임을 당한다. 아내를 얻는 문제를 비롯해 품삯에 관한 약속이 여러 번 어겨지며, 이는 형을 속였던 자가 이제 자신이 속임을 당하게 되는 아이러니한 결과로 이어진다.

D"에서는 야곱의 가정에 심각한 내부 갈등과 외부 위기가 동시에 찾아온다. 딸 디나가 세겜의 추장에게 강간을 당한 후, 야곱의 아들들은 보복을 결심한다. 세겜 사람들에게 할례를 강요한 뒤, 고통 중에 있는 틈을 타 그들을 살해하고, 그 성읍을 노략질함으로써 공동체 전체를 위태롭게 만든다. 이는 지금까지 야곱이 겪은 가장 치명적인 위기 상황이라 할 수 있다.

이처럼 D, D', D" 전체는 인간관계 속에서 벌어지는 첨예한 갈등과 긴장의 삶을 보여준다. 특히 이 갈등들은 축복을 둘러싼 경쟁, 속임과 보복, 공동체의 균열이라는 주제로 연결되며, 야곱의 신앙 여정에서 매우 중요한 전환점이 된다.

5) 세 종류의 축복: E / E' / E"

다섯 번째, E그룹은 모두 복을 받는 사건들을 중심으로 구성되었디.

이 축복들은 각기 다른 상황과 형태 속에서, 야곱이 하나님의 은혜로 복을 얻고 유지하며 회복되는 과정을 보여준다.

E. 장자의 축복(27장)

야곱은 어머니의 계획에 따라 형 에서를 속이고 아버지 이삭에게서 장자의 축복을 받았다. 이는 인간의 꾀와 연약함 속에서도 하나님의 언약이 성취됨을 보여준다.

E'. 다산의 축복(29-30장)

라반의 속임과 억압에도 불구하고 야곱은 하나님의 은혜로 열한 아들을 얻었다.이는 다산의 복을 통해 언약의 씨가 확장되는 전환점을 드러낸다.

E''. 회개의 축복(35장)

세겜 사건 후 야곱은 가족과 함께 벧엘로 올라가 우상을 버리고 정결하게 하였다.그곳에서 하나님은 언약을 재확인하시며, 야곱에게 회복과 신앙 갱신의 복을 주셨다.

이것은 신앙의 여정 속에서 하나님의 주권적인 복 주심과, 회개를 통한 회복의 원리를 동시에 보여주는 대표적인 사례들이다.

위와 같이 전체 구조인 3그룹, 5세트, 15요지를 키워드 중심으로 분석해 보면, 이삭과 야곱에 관한 기사(창 25:19-35:29)가 11장에 걸쳐 매우 짜임새 있게 구성되어 있음을 확인할 수 있었다. 이 구조는 서로 긴밀하게 연결된 요소들로 이루어져 있으며, 그 중 어느 하나라도 빠지게 되면 전체 구조가 무너지거나 균형이 깨질 수밖에 없도록 설계되어 있다. 따라서 이러한 구조는 본문이 단순히 문서들을 짜깁기한 결과가 아니라, 한 사람에 의해 의도적으로 기록된 일관된 서술임을 뒷받침해 준다. 이는 비평학자들이 주장하는 다중 문서설이나 편집 가설과는 다른 방향의 증거로, 본문이 신학적 목적과 서사적 설교 구성에 따라 유기적으로 짜여졌다는 점을 시사한다.

이렇게 잘 짜여 있는 전체구조 안에는 저자의 신학적인 면인 구속사와 신앙경주의 적용이 잘 이루어져 있다. 야곱 기사의 본문을 주해·해설함에 있어서 구조·구속사·신앙경주의 적용을 다음과 같이 표에 담았다.

구분	본문	구조 분석	구속사적 의미	신앙경주 적용
서론 X	25:19-20	이삭의 결혼, 야곱 이야기의 시작점	언약 계보가 이어질 무대 준비	신앙 여정은 하나님의 언약 속에서 출발
A 축복	25:21-26	리브가의 기도와 쌍둥이 출생	하나님이 택자의 계보를 세우심	선택은 인간의 능력이 아니라 하나님의 은혜
B 갈등	25:27-34	장자권 매매 사건	인간적 술수 속에서도 언약 계승은 하나님의 뜻대로	신자는 눈앞의 욕심보다 언약의 가치를 붙잡아야 함
C 축복	26:1-5	이삭에게 주어진 언약의 갱신	언약은 아브라함에서 이삭, 야곱으로 이어짐	신자는 하나님의 말씀을 반복적으로 붙들어야 함
D 갈등	26:6-33	블레셋과의 갈등, 우물 사건	갈등 속에서도 하나님이 지켜 주심	신자는 다투기보다 화평을 선택해야 함
E 축복	26:34-27:46	이삭의 축복을 야곱이 차지	약속은 인간의 꾀에도 불구하고 성취	신자는 하나님의 약속이 인간의 실패보다 크심을 믿어야 함
A'축복	28:1-5	이삭의 당부와 야곱 축복	언약 계승자로 세워짐	신자는 믿음의 계승을 소중히 여겨야 함
B'. 갈등	28:6-9	에서의 결혼 문제	언약 밖 선택이 갈등을 심화	신자는 결혼·삶의 선택을 믿음의 관점에서 해야 함
C'축복	28:10-22	벧엘에서의 환상, 하나님의 약속	하나님이 함께하심을 보장	신자는 하나님의 임재 약속을 의지
D'갈등	29:1-30	라반의 속임수, 아내 문제	속임 속에서도 언약 계승자가 세워짐	신자는 억울함 속에서도 하나님의 손길을 신뢰
E'축복	29:31 30:24	다산의 축복	열두 지파의 토대 마련	신자는 자녀와 공동체의 축복을 하나님께 돌려야 함
A"축복	30:25-31:16	귀향의 축복, 재산 번성	하나님이 야곱과 함께하심	신자는 삶의 터전에서 하나님을 의지
B"갈등	31:17-55	드라빔 사건과 라반과의 갈등	우상과 언약의 갈등이 드러남	신자는 헛된 의지 대신 하나님을 지켜야 함

C"축복	32:1-33:17	얍복강 씨름, '이스라엘' 이름 받음	결정적 회심과 정체성의 변화	신자는 하나님과 씨름하는 믿음을 통해 새사람 됨
D"갈등	33:18-34:31	세겜 사건, 디나의 수치와 보복	언약 백성의 도덕적 실패	신자는 세상 속에서 거룩을 지켜야 함
E"축복	35:1-15	벧엘에서의 회개와 언약 갱신	언약이 재확인되고 야곱의 가문이 정비	신자는 회개를 통해 믿음의 경주를 새롭게 시작
결론 Y	35:16-29	라헬과 이삭의 죽음	세대 전환, 언약의 바통이 이어짐	신자는 언약을 다음 세대에 계승해야 함

나. 본문 해설

서론(X) 이삭 톨레돗(25:19-20)

> 19 아브라함의 아들 이삭의 족보는 이러하니라 아브라함이 이삭을 낳았고 20 이삭
> 은 사십 세에 리브가를 맞이하여 아내를 삼았으니 리브가는 밧단 아람의 아람 족속
> 중 브두엘의 딸이요 아람 족속 중 라반의 누이였더라.

이삭 톨레돗의 서론은 다음 세 가지 핵심 사항을 우리에게 알려준다.

첫째, 이삭이 아브라함의 상속자라는 점이다.본문에서는 "아브라함의 아들
이삭"이라는 표현과 함께 "아브라함이 이삭을 낳았다"는 사실을 두 번 반복하
여 강조한다. 이 반복은, 단지 계보상의 연결을 넘어서, 이삭이 먼저 태어난 서자
이스마엘이 아니라, 약속의 자녀로서의 정통한 상속자임을 부각시키려는 저자
의 의도로 볼 수 있다.

둘째, 이삭이 40세에 리브가와 결혼했다는 점이다.이 시점에서 아브라함의 나
이는 140세였다. 그리고 이삭이 60세가 되었을 때 에서와 야곱이 태어났고, 아브
라함은 160세로 손자들의 출생을 직접 보게 되었다. 그 후 15년이 지나 아브라함

은 175세의 나이로 생을 마감한다.

셋째, 리브가의 가문적 배경이다.리브가의 아버지는 브두엘(아브라함의 조카)이었고, 그녀의 오빠는 라반이다. 이 가족은 본래 메소포타미아 남부의 우르에서 출발하여 하란 지역인 밧단아람에 정착한 아브라함의 친족들이다. 반면, 아브라함은 하나님의 부르심을 따라 가나안 땅으로 먼저 나아간 인물이다.

이와 같은 언급은, 아브라함이 하나님의 '씨 창조'(창조와 언약의 계승)의 역사에 선택되어 쓰임 받았으며, 그 약속이 상속자인 이삭을 통해 구체적으로 실현되고 있음을 강조하는 것이다. 특히 이삭과 리브가의 결합은 아브라함의 순종과 믿음의 삶 속에서 사명을 다한 구속사의 결정적 사건으로서, 엘리에셀을 밧단아람으로 보내 이삭의 아내를 택하게 한 역사, 그리고 모리아 산에서 여호와 이레의 하나님께서 이삭 대신 제물로 양을 준비해 주신 사건과 신학적으로 연결된다.

A. 응답의 축복(25:21-26)

가. 구조적 주해

아래 인물구조는 하나님이 이삭과 리브가의 기도를 응답해 주시는 장면을 보여준다.

A. 응답의 축복(25:21-26)

1. 리브가의 임신	21
2. 태속에서의 다툼	22
3. "큰 자가 어린 자를 섬기리라"	23
2'. 형의 발꿈치를 잡고 나옴	24-26a
1'. 리브가의 해산	26b

위 인물 구조는 총 5개의 요지로 구성되어 있으며, 1-2-3-2'-1'의 홀수형 대칭 구조(chiasm)로 배열되어 각각 서로 대비 관계를 이룬다.

1 / 1': 이삭이 아내 리브가를 위해 하나님께 간구하자 임신하게 되었고(1),리브가가 해산할 때 이삭의 나이는 60세였다(1').

2 / 2': 리브가는 태중에서 두 아이가 다투는 것에 대해 궁금해하며 하나님께 여쭙고(2),야곱은 에서가 먼저 나올 때 그의 발꿈치를 꽉 잡고 따라 나왔다(2').

중심 3: 이 대칭 구조의 중심 요지는, 하나님께서 리브가에게 두 아들이 태중에서 다투는 이유를 밝혀주시며, 그들의 미래에 관한 예언적 '비밀'을 알려주신다는 점이다.

이처럼 이 인물 구조는, 임신 – 다툼 – 해산이라는 생명의 흐름 속에서 하나님의 언약적 개입과 선택의 신비를 구조적으로 보여주고 있다.

나. 구속사적 의의

기도와 응답: 이삭의 간구에 하나님이 응답하심으로, 언약 계보가 기도를 통해 보존·확장됨을 보여준다.

선택 신학: "큰 자가 어린 자를 섬기리라"는 말씀은 구속사에서 인간의 질서와 반대로, 하나님의 주권적 선택에 의해 언약 계보가 이어짐을 선언한다(롬 9:10-13).

이스라엘과 열방의 분기점: 에서와 야곱의 갈등은 훗날 이스라엘과 에돔, 더 나아가 언약 백성과 비택자의 구속사적 분기점을 예표한다.

태중 계시: 아직 태어나기도 전에 하나님의 뜻이 선포됨으로, 구속사는 행위 이전, 오직 은혜와 선택으로 진행됨을 보여 준다.

다. 신앙경주 적용

기도의 힘: 신앙경주는 하나님의 응답을 구하는 기도로 시작된다. 이삭이 리브가를 위해 기도한 것처럼, 기도는 가정과 후손을 위한 신앙경주의 핵심 행위이다.

갈등의 현실: 신앙경주는 시작부터 다툼과 갈등이 함께한다. 그러나 하나님은 갈등의 한가운데서도 언약의 뜻을 이루신다.

선택의 은혜: 신앙인은 자신의 능력이나 자격이 아니라, 하나님의 선택으로 믿음의 경주에 부름 받았음을 기억해야 한다.

응답의 확신: 태중 계시가 현실 출산으로 이어진 것처럼, 신앙경주는 하나님의 약속이 반드시 응답으로 성취될 것을 확신하며 달려야 한다.

라. 본문 해설

1. 리브가의 임신(이삭의 기도)(25:21)

> 21 이삭이 그의 아내가 임신하지 못하므로 그를 위하여 여호와께 간구하매 여호와께서 그의 간구를 들으셨으므로 그의 아내 리브가가 임신하였더니

이삭은 40세에 리브가와 결혼했지만, 결혼한 지 20년이 지나도록 자녀가 없었다. 60세가 될 때까지 그들의 가정에는 생명의 기쁨이 허락되지 않았다. 그의 아버지 아브라함 역시 100세가 되어서야 이삭을 얻었기에, 이 가문은 본질적으로 하나님의 기적적인 개입 없이는 생명이 태어날 수 없는 집안이었다. 씨 창조(자손 번성)의 약속은 전적으로 하나님의 주권과 섭리에 속한 일이었음을 본문은 강하게 암시한다.

이삭과 리브가는 이 긴 기다림 속에서 많은 신앙적 시험과 연단을 겪었을 것

이다. 그러나 이삭은 결국 하나님께 간절히 기도하기로 결단한다. 본문은 이 기도를 다음과 같이 묘사한다. "여호와께 간구하매 … 여호와께서 그의 간구를 들으셨으므로 …"(창 25:21) 여기서 반복되는 히브리어 동사 '아타르'(עתר)는 단순한 기도가 아니라 끈질기고 집요한 탄원, 절박함이 담긴 기도를 의미한다. 이는 이삭의 기도가 수동적 체념이나 형식적인 예배가 아니라, 신앙의 인내 속에서 하나님께 마음을 쏟아붓는 간구였음을 보여준다. 이삭은 하나님의 약속을 붙들고 묵묵히 기다리는 것을 넘어서, 기도함으로 신앙의 주도권을 붙잡는 태도를 보여준다. 침묵하지 않고, 체념하지 않고, 오직 하나님의 언약을 신뢰하며 나아가는 그의 태도는 모든 신앙인의 본보기가 된다. 믿음은 기다림 속에서 탄생하며, 그 기다림의 방식은 반드시 기도여야 한다. 이 사건은 단지 자녀 출산의 문제를 넘어서, 씨의 언약이 하나님의 은혜로 성취된다는 것을 입증하는 신학적 전환점이다. 즉, 이삭의 기도는 단순한 개인의 응답을 넘어서 하나님의 구속사적 언약 성취의 출발점으로 작용한다. 씨의 계보는 인간의 열심이나 노력으로 이어지는 것이 아니라, 언약을 기억하시는 하나님의 주권적인 역사로 유지된다는 사실이 강조된다.

오늘을 사는 믿음의 사람들도 마찬가지이다. 인생의 고비에서, 응답되지 않는 시간 속에서 우리는 인간적인 방법을 찾으려 하기보다 하나님의 약속을 붙들고 기도하는 삶으로 나아가야 한다. 이삭의 태도는 신앙경주의 여정에서 기도와 인내의 힘이 얼마나 결정적인지를 증언하고 있다.

결국 이삭의 기도는 '씨 창조'를 향한 하나님의 언약이 시간의 지연 속에서도 결코 무효되지 않으며, 오히려 기도하는 자를 통해 이루어짐을 보여주는 상징적 사건이다. 이는 하나님의 뜻이 인간의 기도와 어떻게 조화를 이루는지를 보여주는 귀중한 신학적 교훈이며, 언약 백성의 삶은 반드시 기도 위에 세워져야 함을 깨닫게 한다.

2. 태 속에서의 다툼: 리브가의 믿음의 반응(25:22)

> 22 그 아들들이 그의 태 속에서 서로 싸우는지라 그가 이르되 이럴 경우에는 내가 어찌할꼬 하고 가서 여호와께 묻자온대

이 본문은 리브가의 신앙 내면을 섬세하게 드러내는 중요한 단락이다. 그녀는 임신 후, 자신의 몸 안에서 단순한 태동을 넘어선 비정상적인 움직임, 곧 격렬한 다툼을 느끼게 된다. 성경은 이 현상을 "서로 싸우는지라"고 표현하며, 태아들 사이의 심상치 않은 충돌을 암시한다. 이로 인해 리브가는 깊은 혼란과 두려움에 사로잡히게 된다.

그녀는 탄식하며 말한다: "이럴 경우에는 내가 어찌할꼬!"(25:22)

이 말은 단순한 놀람이나 당혹감을 넘어, 자신의 임신 상태에 대한 본질적인 불안과 앞날에 대한 두려움을 담고 있다. 이는 삶의 방향을 잃은 여인이 절박하게 하나님께 응답을 구하는 기도의 고백으로 이해될 수 있다.

그러나 여기서 주목해야 할 점은 그녀의 반응 방식이다. 리브가는 이 상황을 세상적인 지식이나 인간적인 경험을 통해 해결하려 하지 않고, 하나님께 직접 나아가 묻는다. 성경이 사용한 히브리어 동사 "다라쉬"(דָּרַשׁ), 즉 "묻다"는 단순한 질문이 아니라 진리를 찾고, 응답을 기대하며, 전심으로 하나님을 찾는 행위를 뜻한다. 이는 리브가가 문제의 근본적인 해답을 하나님 안에서 찾고자 한 깊은 신앙의 여인이었음을 보여준다. 창세기 24장에서 리브가는, 엘리에셀이 아브라함의 사명을 수행할 때 친절하고 민감하며 판단력 있는 여인으로 처음 소개되었다.

그러나 이제 그녀는 단지 외모와 성품에서 뛰어난 것이 아니라, 신앙의 인격으로 자라난 인물로서 등장한다. 그녀는 신앙의 주체로서 하나님께 직접 나아가 질문하고 응답을 받는 모습을 통해, 언약 공동체의 능동적인 일원으로 부각된다. 특히 그녀의 이 질문은, 씨 언약의 실현 과정에서 매우 결정적인 의미를 지닌

다. 그녀는 단지 출산의 통로로서 기능하는 수동적 존재가 아니라, 하나님의 뜻을 묻고 그 섭리를 따라 움직이는 자이다. 그녀는 그 태중에서 일어난 싸움이 단순한 생리적 현상이 아니라, 장차 나타날 두 민족 사이의 갈등, 즉 하나님의 주권적 선택과 섭리를 내포한 예표적인 사건임을 알게 된다(23절 참조).

결국, 리브가의 질문은 신앙적 갈등 속에서 하나님의 주권과 계획을 묻는 경건한 탐구였으며, 그녀는 이 과정을 통해 언약의 통로이자, 응답받는 믿음의 사람으로 성장하게 된다.

3. "큰 자가 어린 자를 섬기리라"(25:23)

> 23 여호와께서 그에게 이르시되 두 국민이 네 태중에 있구나 두 민족이 네 복중에서부터 나누이리라 이 족속이 저 족속보다 강하겠고 큰 자가 어린 자를 섬기리라 하셨더라

하나님은 "두 국민이 네 태중에 있다"고 말씀하신다. 이는 단지 두 아들이 아니라, 두 민족, 즉 에서에게서 나올 에돔과 야곱에게서 나올 이스라엘을 가리킨다. 그들의 역사는 태중에서부터 구별되고 갈등할 운명에 있다는 것이다. 여기서 두 민족이 나누인다는 말은 이들이 하나로 통합되지 않고, 각자 독립적인 정체성과 운명을 갖게 될 것을 말한다. 이 분리는 역사적으로도 뚜렷이 나타났으며, 에돔과 이스라엘은 계속되는 갈등의 역사를 갖게 된다.

또한 "이 족속이 저 족속보다 강하겠고"라는 구절은, 야곱의 후손인 이스라엘이 영적, 역사적 측면에서 우위에 서게 될 것을 암시한다. 이는 단지 군사적 우위가 아니라, 하나님의 언약 백성으로서의 지위를 뜻한다. "큰 자가 어린 자를 섬기리라"는 말은, 출생 순서와 무관하게 하나님이 야곱을 선택하셨다는 주권적 선언이다. 이는 장자권의 역전을 의미하며, 인간의 기준이나 공로가 아닌, 하나님의 절대적인 선택에 따라 역사가 이루어짐을 보여준다. 사도 바울은 이 사건을

하나님의 주권적 선택의 본보기로 해석한다. 로마서 9장에서 그는 리브가가 쌍둥이를 잉태했을 때, 그들이 아무런 행위를 하기 전부터 하나님께서 야곱을 선택하셨다는 사실을 강조한다:

"… 그 자식들이 아직 나지도 아니하고 무슨 선이나 악을 행하지 아니한 때에 … '큰 자가 어린 자를 섬기리라' 하셨나니 …"(롬 9:11-12). 바울은 이 선택이 사람의 행위나 능력 때문이 아니라, 오직 하나님의 부르심과 긍휼에 근거한 것임을 분명히 한다. 하나님의 선택은 철저히 주권적이며 은혜의 결과다. 하나님의 선택은 인간의 공로가 아닌, 오직 은혜로 주어진 특권이다. 그러나 그것은 동시에 막중한 책임을 수반한다. 택함은 단지 구원의 보증서가 아니라, 택자 답게 살아야 할 삶의 부르심이다. 야곱은 처음부터 완전한 사람이 아니었지만, 하나님의 뜻을 사모하고 언약을 좇아 사는 과정 속에서 택자의 정체성을 삶으로 입증해 나갔다. 반대로, 에서는 장자의 명분을 가볍게 여기고 세속적인 기준에 따라 살아갔기에, 하나님의 계획에서 밀려나게 되었다. 바울은 로마서 후반부(12-15장)에서 선택받은 자가 세상 속에서 어떻게 살아야 하는가를 설명한다. 즉, 선택은 신분의 특권이 아니라 신앙의 경주로서의 삶을 요구한다.

4.(2') 발꿈치를 잡고 나옴(25:24-26a)

24a 그 해산 기한이 찬즉 태에 쌍둥이가 있었는데 25 먼저 나온 자는 붉고 전신이 털옷 같아서 이름을 에서라 하였고 26 후에 나온 아우는 손으로 에서의 발꿈치를 잡았으므로 그 이름을 야곱이라 하였으며

리브가의 태중에서 서로 싸우던 아이들은 쌍둥이 형제였다. 먼저 태어난 에서는 전신이 붉고 털이 많아 외형적으로 강인하고 야성적인 인상을 주며, 이는 그의 본능적이며 충동적인 삶의 태도를 예고한다(25:25). 반면, 그 뒤를 이어 나온 야곱은 형의 발꿈치를 꽉 붙잡고 태어난다. 이 장면은 단순한 출생의 순간을

넘어, 하나님의 선택과 인간의 집념이라는 신학적 주제를 상징적으로 보여주는 사건이다. 히브리어 이름 '야아코브'(יַעֲקֹב)는 본래 '붙잡다' 혹은 '추격하다'는 뜻을 가지며, 이후 문맥에서는 '속이다'라는 부정적 의미로도 확장된다(예: 27:36). 이는 훗날 야곱이 형인 에서를 속이고 아버지 이삭의 축복을 가로채는 사건과 연결된다. 그러나 단순히 부정적 평가로만 볼 수 없다. 야곱의 발꿈치 붙잡기는 장자의 축복에 대한 강렬한 갈망을 드러내며, 훗날 얍복 강가에서 하나님의 사자와 씨름하면서 복을 구하는 장면(32:26)과 긴밀하게 연결된다.

에서는 육체적으로는 장자였지만, 하나님의 구속사적 관점에서는 야곱이 선택받는다. 이것은 성경 전반에 흐르는 반복된 주제, 곧 '장자가 아닌 자의 선택'이라는 하나님의 전폭적 은혜의 패턴을 반영한다: 아벨이 가인보다, 이삭이 이스마엘보다, 야곱이 에서보다, 요셉과 다윗이 형제들보다 먼저 선택된 것처럼 말이다. 이 구조는 하나님의 선택이 혈통이나 인간의 기준이 아니라, 오직 은혜와 주권에 의해 결정됨을 강조한다(롬 9:10-13). 야곱이 발꿈치를 붙잡은 행동은 출생의 순서에 따른 열위 속에서도, 하나님의 복을 향한 집요한 열망을 보여준다. 이는 오늘날 신앙경주를 살아가는 성도들의 자세와도 깊은 관련이 있다. 하나님 나라의 복은 무관심한 자가 아니라, 애써 침노하는 자에게 주어지는 것이다.

예수께서 말씀하신 "천국은 침노를 당하나니 침노하는 자는 빼앗느니라"(마 11:12)는 구절은, 야곱의 영적 태도와 맞닿아 있다. 또한 두 아들의 갈등은 단지 가정 내 경쟁이 아니라, 하나님의 선택과 인간 본성의 긴장이라는 신학적 주제를 구조적으로 내포하고 있다. 갈라디아서 4장과 로마서 9장에서 바울은 이 사건을 예로 들어, 하나님의 절대 주권에 따른 택함의 신비를 설명한다. 바울은 "그 자식들이 아직 나지도 아니하고 무슨 선이나 악을 행하지 아니한 때에 … 큰 자가 어린 자를 섬기리라 하셨나니"(롬 9:11-12)라며, 이 사건을 하나님의 예정론적 선택의 모델로 삼는다. 더 나아가, 에서는 훗날 에돔 족속의 조상, 야곱은 이스라엘 민족의 조상이 된다. 따라서 이 형제의 대립은 역사적 민족 갈등으로도 이어진다. 그러나 더 깊이 들어가면, 이 갈등은 오늘날 모든 성도 안에 존재하는 두 본성, 즉 육체와 성령의 싸움(갈 5:16-17)을 예표한다. 성령의 인도하심과 육신의 본능 사이의 내적 충돌 속에서, 우리는 야곱처럼 하나님의 복을 사모하며 그 은혜를 집요하게 붙드는 삶을 살아야 한다.

야곱은 단지 형의 발꿈치를 붙잡고 태어난 집착적인 동생이 아니라, 하나님의 언약을 향해 달려간 신앙의 모델이다. 그의 인생은 복을 향한 갈망, 회개의 순간, 축복의 회복을 통해 하나님 나라를 향한 신앙인의 경주란 무엇인지를 보여주는 전형적인 구속사적 여정으로 해석될 수 있다.

5.(1') 리브가가 해산함(25:26b)

26b 리브가가 그들을 낳을 때에 이삭이 육십 세였더라

리브가는 마침내 쌍둥이를 해산하게 된다. 이삭은 리브가와 결혼할 때 나이가 40세였고, 야곱과 에서가 태어났을 때는 60세였다. 자녀를 얻기까지 무려 20년이라는 시간이 걸린 것이다. 그러나 그 기다림은 헛되지 않았다. 하나님은 때가 되자 쌍둥이라는 풍성한 응답으로 은혜를 베푸셨다. 이삭은 그의 아버지 아브라함보다 40년 일찍 자녀를 얻었지만, 여전히 하나님의 약속은 기다림 속에서 이루어진다는 신앙의 본질을 보여준다. 아브라함은 100세에 이삭을 낳았고, 이삭은 60세에 자녀를 얻었다. 이 사실은 하나님의 약속이 사람의 시간표가 아니라, 하나님의 정하신 때에 이루어진다는 사실을 강조한다. 이삭과 리브가는 자녀가 없을 때 절망하거나 다른 방법을 구하지 않았다. 그들은 전적으로 하나님을 의지하며 기도했다. 특히 이삭은 아내를 위해 간절히 간구했고(25:21), 리브가 역시 태중의 이상한 현상을 경험했을 때 곧바로 여호와께 나아갔다(25:22). 이 부부의 모습은 믿음의 경주를 살아가는 신자의 모범이다.

이 구절은 단순한 연대 기록을 넘어서서 다음과 같은 신학적 의미를 담고 있다. 하나님의 약속은 반드시 성취된다. 시간이 오래 걸리더라도 하나님의 언약은 변

함없이 이루어진다. '육십 세에 자녀를 얻었다'는 표현은 오랜 기다림에도 불구하고 하나님의 때에 이루어진 성취를 증거 한다(전 3:11 참조). 믿음으로 사는 삶은 '기도의 삶'이다. 이삭과 리브가 부부는 모든 어려움과 기다림 속에서 인간적인 대안을 찾지 않고 하나님께 간구함으로 돌파하였다.

이 모습은 현대 신자들에게도 동일한 도전을 준다. 기도 없는 축복은 없고, 하나님의 응답은 믿음의 간구 위에 임한다. 하나님은 불가능한 상황 속에서도 일하신다. 인간적으로 닫힌 태, 오랜 기다림, 두 자녀의 태중 갈등 등 현실은 복잡하고 암울했지만, 하나님은 그 모든 것을 통해 자손의 언약을 이루어가셨다. 하나님의 일하심은 언제나 우리의 이해를 뛰어넘는다(사 55:8-9). 이삭이 60세에 자녀를 얻었다는 사실은 단순한 시간 정보가 아니라, 언약 백성의 삶이 어떻게 하나님의 신실하심과 약속 안에서 성취되는지를 보여주는 중요한 구조적 이정표이다. 믿음의 경주는 긴 기다림 가운데 이루어지지만, 기도와 신뢰 가운데 사는 자는 하나님의 계획과 역사의 통로가 된다는 점에서 이 구절은 현대 신자에게도 깊은 영적 교훈을 준다.

B. 갈등: 장자 명분 문제(25:27-34)

27 그 아이들이 장성하매 에서는 익숙한 사냥꾼이었으므로 들사람이 되고 야곱은 조용한 사람이었으므로 장막에 거주하니 28 이삭은 에서가 사냥한 고기를 좋아하므로 그를 사랑하고 리브가는 야곱을 사랑하였더라 29 야곱이 죽을 쑤었더니 에서가 들에서 돌아와서 심히 피곤하여 30 야곱에게 이르되 내가 피곤하니 그 붉은 것을 내가 먹게 하라 한지라 그러므로 에서의 별명은 에돔이더라 31 야곱이 이르되 형의 장자의 명분을 오늘 내게 팔라 32 에서가 이르되 내가 죽게 되었으니 이 장자의 명분이 내게 무엇이 유익하리요 33 야곱이 이르되 오늘 내게 맹세하라 에서가 맹세하고 장자의 명분을 야곱에게 판지라 34 야곱이 떡과 팥죽을 에서에게 주매 에서가 먹으며 마시고 일어나 갔으니 에서가 장자의 명분을 가볍게 여김이었더라

1. 구조적 주해

위 본문은 아래와 같이 두 종류의 인물들의 말과 행동들의 반복된 대비 관계를 통해 저자의 구조적이며 신학적인 의미가 무엇인지를 반복된 선형 구조로 밝혀주고 있다.

B. 갈등: 장자 명분 문제(25:27-34)

1. 에서는 익숙한 사냥꾼	27a
1'. 야곱은 조용한 자	27b
2. 아버지는 에서를 좋아함	28a
2'. 어머니는 야곱을 사랑함	28b
3. 야곱이 팥죽을 쑴	29a
3'. 에서 사냥 후 피곤함	29b
4. 에서가 팥죽을 달라함(별명/에돔)	30
4'. 야곱은 장자명분을 요구함	31
5. 에서가 장자명분 중요치 않다 함	32
5'. 야곱이 맹세하라고 함	33
6. 에서가 맹세하고 팔아버림	33b
6'. 야곱이 팥죽을 줌	34a
7. 에서가 팥죽을 먹고 감	34b
7'. 그가 장자명분을 가볍게 여김	34c

이 본문은 두 개의 요지(내용 요소)가 일곱 번 반복되는 선형 구조(1-7)로 배열되어 있으며, 이를 통해 인물 간의 성격과 행동, 그리고 그 신학적(영적) 의미가 점층적으로 드러난다. 특히 아버지 이삭과 어머니 리브가, 그리고 두 아들 에서와 야곱의 말과 행동은 서로를 대조하면서 본문의 주제를 부각시키는 방식으

로 구성되어 있다:

1 / 1': 쌍둥이의 성격 대비

(1) 에서는 활동적이고 들사람으로서 사냥꾼 기질이 강한 반면, (1') 야곱은 조용하고 내성적이며 집에 거하는 자로 묘사됨 – 성격의 차이는 이후 행동 방식의 차이로 이어진다.

2 / 2': 부모의 편애

(2) 아버지 이삭은 사냥한 고기를 좋아하는 이유로 에서를 더 사랑하고, (2') 어머니 리브가는 야곱을 더 사랑함 – 가족 내 정서적 균열과 신앙 교육의 부재가 갈등을 예고함

3 / 3': 일상의 만남과 대비된 상태

(3) 야곱은 집에서 팥죽을 끓이는 일상적인 일을 하고 있고, (3') 에서는 사냥 후 지친 채로 돌아옴 – 이 장면은 인생의 중요한 순간이 일상의 틈에서 결정된다는 메시지를 암시함

4 / 4': 거래의 제안과 반응

(4) 에서는 배가 고파 팥죽을 요청하고, (4') 야곱은 예상 밖으로 장자의 명분을 요구함. – 야곱의 계산적인 성격과 에서의 즉흥성이 극명하게 대비됨.

5 / 5': 장자권의 가치에 대한 태도

(5) 에서는 자신의 장자권을 하찮게 여기며, (5') 야곱은 확실한 이행을 위해 맹세를 요구함.

– '장자'라는 영적 권한에 대한 평가 차이가 드러남.

6 / 6': 맹세와 만족

(6) 에서는 장자권의 장기적 가치보다는 당장의 배고픔을 해결하려고 맹세함

(6') 야곱은 팥죽을 줌 – 세속적 만족을 신령한 가치보다 우선시하는 태도는 성경적으로 "망령됨"으로 규정됨.

7 / 7': 결말과 평가

(7) 에서는 팥죽을 먹고 떠났으며,

(7') 저자는 그의 행동에 대해 "장자의 명분을 가볍게 여김"이라 평가하면서, 그의 영적 둔감함과 경솔함을 "망령된 자"(히 12:16)로 진단함

– 본문의 핵심이자 절정은 이 구조의 마지막 부분에 있으며, 이는 전체 이야기의 주제를 신학적으로 요약함.

이 7단계 선형구조는 단순한 이야기 흐름을 넘어, 인간의 신앙적 태도와 하나님의 평가가 어떻게 구조적으로 배열되어 드러나는지를 보여주는 탁월한 본문 설계이다. 특히 에서의 태도를 중심으로 인간의 세속적 욕망과 영적 가치 사이의 충돌을 날카롭게 조명한다.

나. 구속사적 의의

장자 명분의 신학: 장자 명분은 단순한 재산 상속이 아니라 언약 계승권의 의미이다.

에서의 경홀함: 에서가 장자권을 가볍게 여김은, 하나님의 언약을 멸시한 행위로 구속사에서 비택자의 전형이 된다(히 12:16-17).

야곱의 선택됨: 야곱의 행동은 인간적 집착이 섞였으나, 하나님의 구속사적 선택의 방향과 맞닿아 있음. 결국 언약 계보는 야곱을 통해 이어진다.

언약 계승의 전환점: 이 사건은 아브라함 – 이삭 – 야곱으로 이어지는 구속사 계보에서 결정적 전환을 이룬다.

다. 신앙경주 적용

세속적 쾌락 vs. 영적 가치: 에서는 당장의 피곤과 배고픔을 해결하려고 영원한 가치를 버림. 신앙경주는 눈앞 유익보다 언약의 가치를 붙드는 삶이다.

인간적 집착의 위험: 야곱은 언약에 대한 열망은 있었으나 방법이 바르지 못했다. 신앙경주는 하나님의 방법을 기다리는 훈련이 필요하다.

편애의 문제: 부모의 편애가 갈등의 불씨가 되었음. 신앙경주는 공동체 안에서 편애와 분열을 극복하는 책임을 짊어진다.

영적 교훈: 장자 명분을 가볍게 여긴 에서의 모습은, 신앙인들이 언약의 약속을 세속적 가치보다 가볍게 여길 위험을 경고한다.

라. 본문 해설

위 본문에서 보면, 아버지 이삭과 어머니 리브가는 전반적으로 신앙적인 삶을 살아가는 사람들이다. 그들은 어려운 문제에 부딪힐 때마다 하나님께 간구하며, 믿음으로 해결해 나갔다. 쌍둥이 형제인 에서와 야곱이 성장하여 성년이 되었을 때, 두 사람은 전혀 다른 성격을 드러낸다. 에서는 활동적이고 사냥을 좋아하는 들사람인 반면, 야곱은 조용하고 집안에 머물며 어머니 리브가의 사랑을 받았다.

어느 날, 야곱이 팥죽을 끓이고 있을 때 사냥에서 돌아온 에서가 지쳐서 나타나 음식을 요구한다. 야곱은 형의 성급하고 즉흥적인 성격을 잘 알고 있었기에, 이 기회를 이용해 장자의 명분과 팥죽을 맞바꾸자고 제안한다. 에서는 현재의 배고픔을 참지 못하고 동생의 제안을 받아들인다. 야곱은 그가 먹기 전에 맹세를 통해 거래의 확실성을 확보한 뒤, 팥죽을 내어준다. 에서는 음식을 먹고는 아무렇지 않게 자리를 떠난다.

야곱의 제안은 정당했는가? 장자의 명분은 단순히 사고팔 수 있는 세속적 권리가 아니다. 이는 하나님의 언약과 관련된 영적인 유산으로서, 물질적 가치를 훨씬 초월하는 것이었다. 따라서 야곱이 팥죽을 대가로 장자의 명분을 요구한 것은 계산적이고 기회주의적인 모습이었지만, 그 명분의 가치를 소중히 여겼다는 점에서 에서와는 본질적으로 구별된다. 반면, 에서는 장자의 권리를 소홀히 여기고 경멸했다. 성경은 그의 태도를 명확히 평가한다. "에서가 장자의 명분을 가볍게 여김이었더라"(창 25:34).

히브리서 기자는 에서의 행동을 훨씬 더 강하게 비판하며 다음과 같이 기록한다. "음행하는 자와 한 그릇 음식을 위하여 장자의 명분을 판 에서와 같이 망령된 자가 없도록 살피라 … 그가 그 후에 축복을 이어받으려고 눈물을 흘리며 구하되 버린 바가 되어 회개할 기회를 얻지 못하였느니라"(히 12:16-17). 여기서 '망령됨'(βέβηλος, 베벨로스)은 단순한 실수나 어리석음을 넘어서, 영적 감각이 마비된 세속적 인생을 의미한다. 그는 자신이 저지른 죄를 하나님께 회개하지도 않았고, 오히려 동생 야곱을 미워하며 그를 죽이려 했다(창 27:41 참조). 결국 에서는 회개의 기회조차 얻지 못한 자, 다시 말해 하나님께 버림받은 자로 평가된다. 잠언도 이와 유사한 인물을 다음과 같이 묘사한다."무례하고 교만한 자를 망령된 자라 하느니라"(잠 21:24).

야곱의 행동은 단순한 가족 내 거래나 갈등을 넘어, 하나님의 언약과 축복을 향한 열정과 믿음의 실천을 보여주는 사건이다. 에서는 세속적 욕망에 사로잡혀 영적 유산을 가볍게 여기고 스스로 축복의 자리를 내어주었으며, 그 결과 회개의 기회를 잃은 자로 전락했다. 믿음의 삶이란, 때로 야곱처럼 부족하고 모난 모습이 있을지라도 하나님의 언약을 사모하고 그 복을 붙드는 삶이다. 장자의 명분은 하나님의 나라를 상징하며, 그 축복을 차지하는 자는 침노하는 자, 즉 믿음으로 끝까지 경주하는 자라는 사실을 이 본문은 생생히 증언한다.

C .그랄의 축복(26:1-5)

> 1 아브라함 때에 첫 흉년이 들었더니 그 땅에 또 흉년이 들매 이삭이 그랄로 가서 블레셋 왕 아비멜렉에게 이르렀더니 2 여호와께서 이삭에게 나타나 이르시되 애굽으로 내려가지 말고 내가 네게 지시하는 땅에 거주하라 3 이 땅에 거류하면 내가 너와 함께 있어 네게 복을 주고 내가 이 모든 땅을 너와 네 자손에게 주리라 내가 네 아

버지 아브라함에게 맹세한 것을 이루어 4 네 자손을 하늘의 별과 같이 번성하게 하며 이 모든 땅을 네 자손에게 주리니 네 자손으로 말미암아 천하 만민이 복을 받으리라 5 이는 아브라함이 내 말을 순종하고 내 명령과 내 계명과 내 율례와 내 법도를 지켰음이니라

위 본문은 다음과 같이 홀수 대칭 구조(중괄식)로 되어있고, 중심 주제는 가운데에 놓여 있다.

가. 구조적 주해

C. 그랄의 축복(26:1-5)

1. 애굽으로 가지 말라	1-2
2. 그랄 땅에 거주해라	3a
3. 그러면 복을 받을 것이다	3b-4
2'. 아브라함이 순종했고	5a
1'. 내 명령을 지켰음이라	5b

위의 5개 요지(1-2-3-2'-1')는 홀수 대칭 구조를 이루며, 사건의 전개에 따라 인물과 사건 간의 대비 관계가 뚜렷하게 나타난다.

1 / 1': 하나님께서 이삭에게 그의 아버지 아브라함에게 주셨던 명령과 같이 애굽으로 내려가지 말라고 지시하신 장면(1)과, 아브라함처럼 하나님의 명령을 지키라고 당부하시는 말씀(1')이 구조상 대칭을 이룬다.

2 / 2': 하나님이 이삭에게 그랄 땅에 거주하라고 명령하신 장면(2)과, 아브라함이 하나님의 말씀에 순종했던 과거의 사건을 연상시키는 구절(2')은 서로 연결되어 있다.

3은 이 구조에서 가장 중심이 되는 내용이다. 하나님은 이삭에게 명령에 순종하면, 아브라함에게 주셨던 축복과 동일한 언약의 복을 허락하시겠다고 약속하신다.

이처럼 본문은 정교한 대칭구조를 통해 하나님의 축복과 순종의 관계, 그리고 언약의 계승이라는 신학적 주제를 드러낸다. 이러한 구조적 배열은 이삭이라는 인물을 통해 아브라함 언약이 다음 세대로 이어지는 장면을 강조하며, 그 당시 청자들로 하여금 순종을 통한 복의 성취라는 메시지를 명확히 인식하게 한다.

나. 구속사적 의의

언약의 계승 확인: 하나님은 기근 속에서 이삭을 다시 선택의 자리로 세우신다. 애굽이 아니라 그랄 땅에서 머물게 하시며, 아브라함에게 주셨던 땅과 자손과 열방의 축복 약속을 동일하게 주신다.

언약의 연속성: 아브라함의 순종이 그 근거로 제시되며, 그의 후손 이삭이 동일한 은혜의 흐름 안에 있음을 보여 준다.

그리스도적 성취 예표: 이삭에게 주어진 "열방이 복을 얻을 것"(v.4)은 훗날 예수 그리스도 안에서 모든 민족에게 확장될 복음을 예표한다(갈 3:16).

다. 신앙경주 적용

애굽을 피하라: 하나님의 경고는 곧 믿음의 경주자가 피해야 할 세상 의존의 길을 드러낸다. 인간적 안전망(애굽)이 아니라 하나님의 약속에 근거한 삶을 선택해야 산다.

약속의 땅에 거하라: 하나님은 단순한 장소 명령이 아니라 "말씀에 머무르는 신앙"을 요구하신다. 이삭의 경주는 환경보다 말씀의 지시에 거하는 훈련이었다.

선조의 순종을 기억하라: 아브라함의 순종은 이삭의 경주를 뒷받침하는 증거가 된다. 믿음의 경주는 세대적·가문적 전승 속에서 이어진다.

우리의 적용: 오늘의 신앙인은 흔들리는 현실 속에서도 말씀 붙잡고 머물며, 그 결과로 주시는 복과 사명을 확인하는 경주를 이어가야 한다.

라. 본문 해설

이삭이 살던 헤브론 지방에 흉년이 들어 더는 생존이 어려운 상황이 되었다. 이 상황은 이삭의 아버지 아브라함이 하나님의 명령에 따라 가나안으로 왔을 때 경험했던 흉년과 같은 형편이었다. 이때 하나님께서 이삭에게 말씀하시기를, 아버지 아브라함이 기근을 피해 애굽으로 내려갔던 것처럼 애굽으로 가지 말고, 그랄 땅에 거주하라고 지시하셨다. 하나님은 이삭이 그 명령을 따를 경우 다음의 네 가지 복을 약속하셨다:

1) 너와 함께 있을 것이다. 2) 이 모든 땅을 너와 네 자손에게 줄 것이다. 3)이삭의 자손이 하늘의 별처럼 번성하게 될 것이다. 3)그의 자손으로 인해 천하 만민이 복을 받을 것이다. 이 복들은 아브라함이 하나님의 말씀에 순종하며 그분의 명령, 계명, 율례, 그리고 법도를 지킨 결과로 주어진 언약의 축복들이었다. 중요한 점은 이 약속들이 하나님의 선택만으로 무조건 이루어지는 것이 아니라, 하나님을 신뢰하며 믿음으로 살아갈 때 성취된다는 사실이다. 본문의 인물구조는 이를 강조하고 있다.

아브라함이 신앙경주의 승리자로서 하나님의 복을 누렸던 것처럼, 이삭 또한 하나님의 말씀에 순종하며 신실하게 살아갈 때에만 이러한 축복을 받을 수 있었다. 반면, 아브라함이 가나안에서 기근을 피해 애굽으로 내려갔던 것처럼 하나님의 명령에 불순종한다면, 복은커녕 심각한 위기를 맞게 된다는 경고도 담겨 있다.

결국, 신앙경주의 삶은 단순히 '그 아버지에 그 아들'이라는 전통의 공식에 따라 이루어지는 것이 아니다. 믿음의 방정식에 따라 순종과 신뢰의 행동이 동반될 때만 하나님의 약속된 축복을 누릴 수 있으며, 그 복을 후대에 나누고 전수할 수 있다는 점을 본문은 우리에게 가르쳐 준다.

D. 갈등: 그랄 왕 아비멜렉(26:6-33)

가. 구조적 주해

D. 그랄 왕 아비멜렉(26:6-33)

1. 아비멜렉이 이삭을 보호해줌	6-11
2. 부자가 되는 복 주심	12-16
3. 목자간의 다툼	17-22
2'. 번성의 복을 약속	23-25
1'. 아비멜렉과 이삭이 계약을 맺음	26-33

위 대칭 구조는 이삭과 그랄 왕 아비멜렉과의 갈등을 보여준다. 기근으로 이삭이 그랄 지방에 살게 되면서 일어나는 사건들이 5개 요지들로 구성되어 위 대칭구조를 이룬다.

1 / 1' 아비멜렉이 이삭을 보호해주는 사건(1)과, 아비멜렉이 이삭에게 서로 다투지 말자고 언약을 맺는 사건(1')이 처음과 끝으로 연결된다.

2 / 2' 하나님이 이삭에게 엄청난 부자가 되는 복을 주셨고(2), 또한 하나님이 그에게 번성의 축복을 약속하셨다(2').

3(중심) - 요지 3은 대칭구조의 특징에 따라 중심 주제를 이룬다. 하나님의 복들을 받는 가운데 양쪽 목자(이삭과 그랄 왕)들 간의 다툼이 일어나서 긴장 관계가 고조된다.

나. 본문 해설

1. 왕 아비멜렉이 이삭을 보호해 줌(26:6b-11)

6b 이삭이 그랄에 거주하였더니 7 그 곳 사람들이 그의 아내에 대하여 물으매 그가 말하기를 그는 내 누이라 하였으니 리브가는 보기에 아리따우므로 그 곳 백성이 리브가로 말미암아 자기를 죽일까 하여 그는 내 아내라 하기를 두려워함이었더라 8 이삭이 거기 오래 거주하였더니 이삭이 그 아내 리브가를 껴안은 것을 블레셋 왕 아비멜렉이 창으로 내다본지라 9 이에 아비멜렉이 이삭을 불러 이르되 그가 분명히 네 아내거늘 어찌 네 누이라 하였느냐 이삭이 그에게 대답하되 내 생각에 그로 말미암아 내가 죽게 될까 두려워하였음이로라 10 아비멜렉이 이르되 네가 어찌 우리에게 이렇게 행하였느냐 백성 중 하나가 네 아내와 동침할 뻔하였도다 네가 죄를 우리에게 입혔으리라 11 아비멜렉이 이에 모든 백성에게 명하여 이르되 이 사람이나 그의 아내를 범하는 자는 죽이리라 하였더라

위 본문은 이삭이 아내 리브가의 아름다움 때문에 블레셋 사람들에게 죽임을 당할지 모른다는 생각에 그녀를 누이라고 말하는 내용이다. 위 본문은 아래와 같은 형태로 되어있다.

가. 구조적 주해

왕이 이삭을 보호해 줌(26:6-11)

a. 속임 <아내를 누이라고 함>	6b-7
b. 위기 <아내를 껴안음/왕이 봄>	8
c. 추궁 <누이라고 한 것을 나무람>	9a
a'. 속임 <죽을까봐 속였음을 고백>	9b

b'. 위기 <백성이 죄를 지을까봐 나무람> 10

c'. 경고 <해하는 자는 죽이리라>   11

이 본문은 이삭과 그랄 왕 아비멜렉 사이에 일어난 첫 번째 갈등 사건으로, 속임-위기-추궁/경고라는 세 개의 키워드가 두 번 반복되는 병행구조(a- b - c / a' - b' - c')로 전개된다. 구조적 특징상 중심 주제는 마지막(c / c')에 위치하는 미괄식 형태다.

이삭은 아내 리브가의 아름다움 때문에 자신의 목숨이 위태로울 것을 염려해, 그녀를 '누이'라고 속인다. 그러나 아비멜렉이 그들이 부부임을 목격하고, 이삭을 불러 나무란다. 이삭은 두려움 때문에 속였음을 솔직히 고백하자, 왕은 그를 책망하면서도 백성들에게 그들을 해하면 죽게 될 것이라고 엄중히 경고하여 보호한다.

a / a'

  - 아내를 누이라고 말함(a)

  - 죽을까 두려워 속였음을 고백함(a')

b / b'

  - 리브가를 껴안는 모습을 왕이 봄(b)

  - 백성이 죄를 범하게 될 수 있음을 책망함(b')

c / c'

  - 왕이 이삭을 추궁함(c)

  - 백성들에게 해하면 죽게 될 것이라고 경고함(c')

이 부분은 미괄식 대칭구조의 중심주제로서 왕 아비멜렉이 백성들에게 이삭과 리브가를 보호할 것을 엄중히 명령하며, 그들을 해하는 자는 반드시 죽게 될 것이라고 경고하는 장면이 본문의 결론이자 핵심이다. 이것은 하나님의 섭리 안에서 언약의 계승자인 이삭이 위기 속에서도 보호받는 모습을 보여준다.

나. 구속사적 의의

언약 계승자의 보존: 아브라함 때(창 12, 20장)와 반복된 사건이지만, 하나님은 동일하게 이삭을 보호하신다. 이는 구속사적으로 언약 계승자가 위기 속에서도 반드시 보존됨을 드러낸다.

하나님의 주권적 간섭: 이방 왕 아비멜렉이 하나님의 도구가 되어 이삭과 리브가를 보호한다. 하나님은 언약 성취를 위해 이방의 권세까지 사용하시는 분임을 보여준다.

언약의 연속성: 아브라함 – 이삭의 반복된 경험은, 하나님의 구속사적 계획이 세대마다 동일하게 이어지고 있음을 확인시킨다.

다. 신앙경주 적용

두려움의 유혹: 이삭은 죽을까 두려워 아내를 누이라 속였다. 신앙경주는 현실의 위기 앞에서 두려움보다 하나님의 보호를 신뢰하는 훈련이다.

하나님의 섭리적 개입: 이삭의 잘못에도 불구하고 하나님은 보호하셨다. 신앙경주는 인간의 연약함을 넘어서는 하나님의 은혜를 경험하는 여정이다.

타인의 경고를 통해 배우라: 아비멜렉의 책망과 경고는 언약 백성이 세상으로부터도 교훈을 받을 수 있음을 보여준다. 신앙경주는 하나님의 말씀뿐 아니라 역사 속 경고의 사건들을 통해서도 배우는 길이다.

하나님이 보호자이심을 확신하라: 최종적으로 아비멜렉의 칙령은 이삭을 건드리지 못하게 했다. 신앙경주는 모든 위기 속에서 하나님만이 참 보호자이심을 고백하는 삶이다.

라. 본문 해설

위 본문에서 보면 이삭은 그랄 지방에 거주하는 동안, 자신의 아내 리브가를 누이동생이라고 속이며 사람들에게 소개했다. 그 이유는 리브가가 매우 아름다웠기 때문에, 현지 사람들이 자신을 죽이고 그녀를 빼앗을지도 모른다는 두려움 때문이었다. 이삭의 말로 인해, 그랄 왕 아비멜렉 뿐 아니라 그의 백성들도 그녀를 이삭의 누이로 알고 있었다. 이와 유사한 사건은 과거 아브라함에게도 두 차례 일어난 바 있다(창 12:10-20; 20장). 아브라함 역시 아내 사라를 누이라고 속였으며, 당시 하나님께서 직접 개입하셔서 그 상황을 심판하셨다.

그런데 어느 날, 아비멜렉 왕이 이삭이 리브가를 껴안고 애정을 표현하는 장면을 목격하게 된다. 이를 통해 리브가는 단순한 누이가 아님이 명백해졌고, 왕은 즉시 이삭을 불러 호되게 책망한다. 과거 아브라함 시대에는 왕들이 사라의 아름다움에 이끌려 그녀를 아내로 삼으려 했으며, 그 결과 하나님의 직접적인 심판(재앙)을 경험하였다.

하지만 이번에는 왕이 직접 상황을 파악하고, 더 큰 죄가 일어나지 않도록 예방한 것이다. 리브가가 위기를 피한 것도, 결국 하나님의 간섭과 보호 덕분이었다. 이삭은 자신의 잘못을 숨기지 않고 솔직히 고백했다. 아내 때문에 자신이 죽을까 봐 두려웠기 때문에 어쩔 수 없이 그렇게 했다고 설명하였다. 이에 아비멜렉 왕은 왜 자신이 이삭을 꾸짖었는지를 분명히 밝힌다. 그것은 백성들 가운데 누군가가 리브가를 범하게 된다면, 이로 인해 큰 죄가 생기게 될 것을 우려했기 때문이다. 왕은 그 가능성을 심각하게 받아들였고, 백성들에게 그녀를 범하는 자는 반드시 죽임을 당할 것이라는 강력한 경고를 내린다. 왕의 이와 같은 즉각적이고 단호한 보호 조치에 대해 이삭은 매우 감사하게 여겼을 것이다. 이 사건을 통해 그는 하나님께서 왜 애굽으로 내려가지 말고 그랄 땅에 머물라고 하셨는지를 새삼 깨닫게 되었다. 결국 이삭은 하나님의 말씀에 순종하여 그랄에 머물렀고, 그 곳에서 생명의 위협을 피하고 하나님의 보호하심을 경험하는 복된 전환점을 맞게 된 것이다.

신앙경주에서 하나님은 잘못된 길을 계속 달리지 않도록 상황을 막아주신다. 왕의 경고령은 단순한 정치적 조치가 아니라, 하나님께서 언약의 계승자를 직접 보호하신 표지였다. 이는 신앙경주자가 넘어질 수 있는 순간에도, 하나님이 결승선까지 인도하시는 분임을 보여준다. 이렇게 이삭의 신앙경주는 우리의 두려움에도 불구하고 하나님의 주권과 보호로 완주하게 되는 길임을 증언한다. 경주는 우리의 완벽함이 아니라, 하나님의 신실하심으로 완성된다.

2. 하나님이 거부가 되게 하심(26:12-16)

12 이삭이 그 땅에서 농사하여 그 해에 백 배나 얻었고 여호와께서 복을 주시므로 13 그 사람이 창대하고 왕성하여 마침내 거부가 되어 14 양과 소가 떼를 이루고 종이 심히 많으므로 블레셋 사람이 그를 시기하여 15 그 아버지 아브라함 때에 그 아버지의 종들이 판 모든 우물을 막고 흙으로 메웠더라 16 아비멜렉이 이삭에게 이르되 네가 우리보다 크게 강성한즉 우리를 떠나라

이삭은 기근의 위기 속에서도 하나님의 인도하심을 따라 블레셋 지역, 곧 그랄 땅에 머물렀다. 그는 그곳에서 농사를 지었는데, 그 해에 백 배의 수확을 얻었다(12절). 이것은 단순한 풍년이 아니라, 하나님의 특별한 축복이 이삭의 삶에 함께 했다는 증거였다. 성경은 "여호와께서 복을 주셨으므로"라는 표현을 통해, 그가 얻은 결과가 인간적인 수고 이상의 하나님의 주권적 은혜였음을 명확히 밝히고 있다.

이후 이삭은 더욱 창대하고 왕성하게 되어 마침내 거부(巨富)가 되었다(13절). 그의 재산은 양 떼와 소 떼, 그리고 많은 종들로 확대되었으며, 경제적으로도, 사회적으로도 강력한 영향력을 가지게 되었다(14절). 이러한 이삭의 번영은 고대 근동에서 매우 상징적인 의미를 가진다. 기근의 시기에도 불구하고 약속의

땅에서 번성하는 모습은, 하나님의 언약이 실제로 성취되고 있다는 신학적 표지로 작용한다.

그러나 이삭의 성공은 곧 시기와 갈등을 유발하게 된다. 블레셋 사람들은 그를 부러워하기보다 시기하였고, 급기야 그의 아버지 아브라함 시대에 판 우물들을 찾아내어 흙으로 메워버리는 행동까지 서슴지 않았다(15절). 이들은 우물을 막음으로써 경제적 타격과 생존의 위협을 가하려 한 것이다. 이는 단순한 질투를 넘어 하나님의 복 받은 자에 대한 적대적 반응을 보여주는 장면이다. 결국, 블레셋 왕 아비멜렉조차도 이삭의 존재를 불편하게 여겨 그에게 "우리보다 크게 강성하니 우리를 떠나라"고 요청한다(16절). 이 요청은 단순한 제안이 아니라, 정치적 위기의식에서 비롯된 사실상의 축출 통보에 가깝다. 이는 이삭이 이방 땅에서도 하나님으로 인해 두려움의 대상이 되었음을 보여주는 본문이다.

3. 목자 간의 다툼(26:17-22)

> 17 이삭이 그 곳을 떠나 그랄 골짜기에 장막을 치고 거기 거류하며 18 그 아버지 아브라함 때에 팠던 우물들을 다시 팠으니 이는 아브라함이 죽은 후에 블레셋 사람이 그 우물들을 메웠음이라 이삭이 그 우물들의 이름을 그의 아버지가 부르던 이름으로 불렀더라 19 이삭의 종들이 골짜기를 파서 샘 근원을 얻었더니 20 그랄 목자들이 이삭의 목자와 다투어 이르되 이 물은 우리의 것이라 하매 이삭이 그 다툼으로 말미암아 그 우물 이름을 에섹이라 하였으며 21 또 다른 우물을 팠더니 그들이 또 다투므로 그 이름을 싯나라 하였으며 22 이삭이 거기서 옮겨 다른 우물을 팠더니 그들이 다투지 아니하였으므로 그 이름을 르호봇이라 하여 이르되 이제는 여호와께서 우리를 위하여 넓게 하셨으니 이 땅에서 우리가 번성하리로다 하였더라

이삭은 그랄 골짜기에 장막을 치고 머물렀다. 그의 여정은 우물을 중심으로 한 지속적인 다툼과 이동의 연속이었다. 하나님의 복을 받은 결과는 오히려 주

변 사람들의 시기를 불러일으켰고, 그는 여러 곳으로 옮겨 다니며 우물을 파야 했다.

첫 번째로 이삭이 한 일은 아버지 아브라함이 생전에 파 두었던 우물들을 다시 복구한 것이었다. 아브라함이 죽은 후, 블레셋 사람들이 그 우물들을 메워버렸기 때문이다. 이삭은 그 우물들을 다시 파고, 아버지가 불렀던 이름 그대로 그 이름을 붙였다. 이는 단순한 물 확보 이상의 신학적 의미를 담고 있다. 그는 언약의 계승자로서 아버지의 유산을 이어받고 있었던 것이다.

두 번째 사건은 이삭의 종들이 골짜기를 파서 '샘 근원'(בְּאֵר מַיִם חַיִּים, '살아 있는 물')을 발견한 일이다(19절). 이는 단순한 지하수 수준이 아니라, 지속적으로 솟아나는 살아 있는 물의 원천을 뜻한다. 엄청난 발견이었고, 바로 그 때문에 그랄 목자들이 이 우물을 탐내며 이삭의 종들과 다툼을 벌였다. 이에 이삭은 그 우물 이름을 '에섹'(עֵשֶׂק, '다툼')이라 불렀다.

세 번째로, 이삭은 다시 다른 곳으로 옮겨 우물을 팠다. 그러나 또다시 그랄 목자들이 몰려와 소유권을 주장하며 다툼을 벌였다. 이삭은 이 우물의 이름을 '싯나'(שִׂטְנָה, '적대' 또는 '대적')라고 불렀다.

네 번째로, 이삭은 또 다른 곳으로 옮겨 우물을 팠고, 이번에는 그랄 목자들이 다투지 않았다. 그는 이 우물의 이름을 '르호봇'(רְחֹבוֹת, '넓게 하심')이라 부르며 이렇게 고백한다.

> "이제는 여호와께서 우리를 위하여 넓게 하셨으니, 우리가 이 땅에서 번성하리로다"(22절).

이 본문에서 주목할 점은 이삭이 축복과 갈등 사이에서 어떤 자세로 살아갔는가이다. 그랄 사람들이 반복적으로 우물을 빼앗으려 했지만, 그는 분노하거나 싸우지 않고, 여유 있게 양보했다. 이는 그가 하나님의 약속을 신뢰하고 있었다는 내면의 신앙 확신을 보여주는 장면이다. 실제로 이삭은 당시 그랄 왕 아비멜렉이 고백한 대로 이미 "우리보다 강한 자"(26:16)가 되었으며, 파는 곳마다 샘물이 터질 정도로 하나님의 풍성한 복을 받고 있었다. 그럼에도 불구하고 그는 싸우지 않았다. 오히려 그들과의 충돌을 피하고, 선의로 대응하며 이웃을 배려하는 태도를 보였다. 하나님이 자신을 지켜주셨음을 기억하며, 그 은혜를 나누는 삶을 실천한 것이다.

이와 같은 이삭의 태도는 오늘날 신앙인들이 믿음과 세상 속 갈등 사이에서 어떻게 살아야 하는지를 보여주는 모범이다. 그는 하나님의 신실하심과 동행하심을 확신했기에, 세상의 시기와 억압 앞에서도 흔들리지 않고 여유롭게 대처할 수 있었다. 이삭은 이미 모리아 산에서 아버지 아브라함과 함께 '여호와 이레'의 하나님을 체험한 자였다. 그 신앙의 뿌리는 갈등과 핍박 속에서도 흔들리지 않았고, 결국 그는 믿음으로 그 길을 걸어갔다. 그의 삶은 하나님과 이웃 사이에서 피어난 '믿음의 향기'였다.

4.(1') 하나님이 번성의 복 약속(26:23-25)

> 23 이삭이 거기서부터 브엘세바로 올라갔더니 24 그 밤에 여호와께서 그에게 나타나 이르시되 나는 네 아버지 아브라함의 하나님이니 두려워하지 말라 내 종 아브라함을 위하여 내가 너와 함께 있어 네게 복을 주어 네 자손이 번성하게 하리라 하신지라 25 이삭이 그 곳에 제단을 쌓고, 여호와의 이름을 부르며 거기 장막을 쳤더니 이삭의 종들이 거기서도 우물을 팠더라

이삭은 그곳을 떠나 브엘세바로 올라갔다. 하나님께서 밤에 그에게 나타나셨다. 이는 그가 그랄 골짜기에서 보여준 삶의 태도와 신앙을 기쁘게 보신 하나님께서 그를 위로하시고 복을 주시기 위함이었다. 하나님은 이삭에게 이렇게 말씀하셨다:

"나는 네 아버지 아브라함의 하나님이니 두려워하지 말라. 내 종 아브라함을 위하여 내가 너와 함께 있어 네게 복을 주고, 네 자손이 번성하게 하리라"(26:24).

이삭은 하나님의 나타나심에 감사하며 그곳에 제단을 쌓고 예배의 삶으로 응답하였다. 그는 이미 그랄에서 하나님의 복을 받아 '거부'가 되었고(26:12-13), 이제는 하나님의 임재를 직접 경험하게 되었다. 주목할 점은, 그가 이동할 때마다, 혹은 어려움을 겪은 직후마다 하나님께서 말씀하시며 복을 주셨다는 사실이다. 이삭은 브엘세바에 정착하며 그곳에서 다시 우물을 팠고, 그의 삶은 계속해서 하나님의 인도 속에 이어졌다. 그는 자신이 아브라함이 100세에 낳은 약속의 자녀이며, 유일한 상속자라는 사실을 기억하며 살았다. 따라서 그는 하나님의 언약, 곧 "하늘의 별처럼 번성하는 자손과 땅의 기업을 얻게 하리라"는 약속을 믿고 신뢰하며 그 길을 걸어갔다. 이삭의 신앙은 눈앞의 형편이나 위협에 흔들리는 것이 아니라, 하나님의 언약에 기반한 확고한 신앙이었다. 그는 어떤 시련이 닥쳐도 그것을 넉넉히 감당할 수 있다는 하나님의 은혜에 대한 신뢰로 살았다. 믿음과 순종, 그리고 예배로 나타난 그의 반응은, 축복과 갈등의 연속 속에서도 흔들리지 않는 언약 백성의 모범이라 할 수 있다.

5.(2') 아비멜렉과 이삭이 계약을 맺음(26:26-33)

26 아비멜렉이 그 친구 아훗삿과 군대 장관 비골과 더불어 그랄에서부터 이삭에게로 온지라 27 이삭이 그들에게 이르되 너희가 나를 미워하여 나에게 너희를 떠나게 하였거늘 어찌하여 내게 왔느냐 28 그들이 이르되 여호와께서 너와 함께 계심을 우리가 분명히 보았으므로 우리의 사이 곧 우리와 너 사이에 맹세하여 너와 계약을 맺으리라 말하였노라 29 너는 우리를 해하지 말라 이는 우리가 너를 범하지 아니하고 선한 일만 네게 행하여 네가 평안히 가게 하였음이니라 이제 너는 여호와께 복을 받

은 자니라 30 이삭이 그들을 위하여 잔치를 베풀매 그들이 먹고 마시고 31 아침에 일찍이 일어나 서로 맹세한 후에 이삭이 그들을 보내매 그들이 평안히 갔더라 32 그 날에 이삭의 종들이 자기들이 판 우물에 대하여 이삭에게 와서 알리어 이르되 우리 가 물을 얻었나이다 하매 33 그가 그 이름을 세바라 한지라 그러므로 그 성읍 이름 이 오늘까지 브엘세바더라

가. 구속사적 의의

이방의 인정: 하나님이 이삭과 함께하신다는 사실을 원수들도 인정했다. 이 는 아브라함 언약(창 12:2-3)의 성취로, 열방이 언약 백성을 통해 복을 보 게 되는 구속사의 예표이다.

평화의 언약: 갈등과 위기 속에서도 하나님이 개입하셔서 화해와 평화를 이 루셨다. 이는 훗날 그리스도 안에서 이루어질 궁극적 화평(엡 2:14)의 모 형이다.

브엘세바의 우물: 맹세와 물의 축복은 언약과 생명의 상징이다. 이는 하나 님께서 언약 백성에게 지속적으로 생명의 공급을 보장하심을 드러낸다.

나. 신앙경주 적용

원수까지도 화목케 하시는 하나님: 신앙경주는 나를 미워한 자들 앞에서 하 나님의 임재가 증명되도록 사는 길이다. 우리의 삶이 하나님 동행의 증거 가 되어야 한다.

보복 대신 화해를 선택: 이삭은 잔치를 베풀어 원수들을 안심시켰다. 신앙경 주는 갈등 상황에서 보복이 아니라 화해의 잔치를 여는 삶이다.

하나님의 복이 드러남: 새로운 우물의 발견은 하나님께서 주신 평안과 풍성 함의 표징이다. 신앙경주는 사람과의 화해 후, 하나님이 주시는 더 큰 축

복을 경험하는 여정이다.

언약의 지속성: 브엘세바라는 이름은 하나님의 언약이 단순한 사건이 아니라 역사 속에서 계속 이어지는 은혜임을 보여준다. 신앙경주는 순간의 승리가 아니라 언약을 끝까지 이어가는 삶이다.

다. 본문 해설

아비멜렉이 군대장관 비골과 친구 아훗삿과 그랄에서 이삭을 찾아왔다. 이들은 과거에 이삭을 미워하여 떠나게 했던 자들이었다. 그래서 이삭은 그들의 방문을 반기기보다, "어찌하여 내게 왔느냐"라며 의아함을 드러냈다. 그러나 그들이 찾아온 이유는 분명했다. "여호와께서 너와 함께 계심을 우리가 분명히 보았으므로 …" 이삭이 어디서든 번성하고 복을 받는 것을 보았기에, 그와 원만한 관계를 맺으려 했던 것이다.

그들은 자신들이 이전에 이삭을 죽이지 않고 떠나보냈던 일을 근거로 삼으며, 이제 서로 해하지 말자는 언약을 청했다. 이는 사실상 하나님의 보호가 이삭과 함께함을 인정하는 간접적 고백이었다. 이삭은 그들을 정죄하거나 보복하지 않고, 오히려 잔치를 베풀어 화해의 자리를 마련했다. 이튿날 아침, 서로 맹세하고 이삭은 그들을 평안히 보냈다. 그 날, 이삭의 종들이 새로 판 우물에서 물을 찾았다는 기쁜 소식을 전했다. 이삭은 그곳을 브엘세바(맹세의 우물)라 불렀고, 이는 오늘날까지 전해졌다.

E. 장자의 축복(26:34-27:46)

창세기 26:34-27:46은 두 장에 걸쳐 전개되는 비교적 긴 본문이다. 중심 주제는 '야곱의 장자 축복 획득'이며, 전체 본문은 총 13개의 요지로 구성되어 있다.

가. 구조적 주해

E. 장자의 축복(26:34-27:46)

1. 이방 결혼 근심(헷여인)	26:34-35
2. 사냥을 제안	27:1-4
3. 후한을 책임질 각오	5-17
4. 형 행세를 함	18-19
5. 축복 전 확인	21-23
6. 재차 확인함	24-26
7. 야곱을 축복함	27-29
6'. 축복을 청함(에서)	30-31
5'. 축복했음을 확인	32-34
4'. 형 행세한 아우 욕함	35-40
3'. 동생을 죽일 각오	41
2'. 하란으로 피신 제안	42-45
1'. 이방 결혼 근심(헷여인)	46

이 구조는 의사소통의 기본적인 방식인 홀수 대칭구조(중괄식 구조)로 나타난다. 다시 말해, 가장 중심에 핵심 주제가 위치하며, 앞뒤로 짝을 이루는 요지들이 서로 비교되거나 대조되며 구조의 의미를 강화하고 있다. 구조는 다음과 같이 분석할 수 있다.

1 / 1': '이방 결혼으로 인한 근심'(26:34-35)과 '이방 결혼에 대한 근심'(27:46)이 처음과 끝을 동일한 주제로 마무리하며 본문의 프레임을 형성한다. 이 구조는 마소라 본문(MT), 영어 성경 다수, 한글 성경의 장·절 구분이 신학적 또는 문학적 단위와 완전히 일치하지 않음을 보여준다. 이런 관점에서 26:34-35절은 27장에 포함시키는 것이 문맥상 더 자연스럽다고 할 수 있다.

2 / 2': '사냥을 제안함'과 '피신을 제안함'이라는 두 장면은 이삭의 요청과 리브가의 제안을 통해 서로 비교된다. 이는 위기와 해결의 구조로 기능한다.

3 / 3': '후환을 각오함'과 '죽일 각오를 품음'이라는 표현은 리브가와 에서의 정반대된 반응으로, 본문 내 긴장 구조를 형성한다.

4 / 4': '형 행세함'과 '형 행세를 욕함'은 야곱의 행동과 에서의 분노가 대비되며, 축복을 둘러싼 갈등의 실체를 드러낸다.

5 / 5': '축복 전 신원 확인'과 '축복했음을 확인'은 이삭의 의심과 확신이 반복적으로 대조되며, 그의 내적 혼란과 축복의 확정 과정을 보여준다.

6 / 6': '재차 확인'(이삭이 다시 묻는 장면)과 '축복을 요청하는 에서'는 비교구조로 연결되어, 둘째와 첫째 아들의 축복 태도를 비교하게 한다.

7: 대칭구조의 중심이자 핵심 요지로, 이삭이 형으로 변장한 야곱에게 장자의 축복을 내리는 장면(27:27-29)이다. 이는 본문의 신학적 주제를 결정짓는 핵심 사건이다.

이러한 구조 분석은 본문이 단순한 이야기 전달을 넘어, 서사적 장치와 신학적 의미를 복합적으로 담고 있음을 보여준다. 각 짝을 이루는 대조적 사건들은 축복의 진정한 의미, 인간의 기만과 하나님의 섭리, 선택과 거절, 형제 간의 갈등이라는 주제를 더욱 선명하게 드러낸다. 이렇게 짜임 세 있게 구성된 본문을 구조의 흐름에 따라 차례로 살펴볼 것이다.

나. 구속사적 의의

> **언약 계승의 긴장**: 장자 에서가 아닌 차자 야곱이 축복을 받음으로써, 하나님께서 언약 계승자를 자유롭게 선택하시는 주권이 드러난다.
> **사람의 꾀와 하나님의 섭리**: 야곱의 거짓과 리브가의 간계가 중심에 있으나, 결국 언약은 인간의 연약함을 넘어 성취된다.

이스라엘의 정체성: 야곱의 축복(27-29절)은 단지 개인이 아니라 후일 이스라엘 민족 전체가 누릴 언약적 복을 선취적으로 보여준다.

다. 신앙경주 적용

세속적 결혼의 위험: 에서의 이방 여인과의 결혼은 가문에 근심을 가져왔다. 이는 오늘의 신앙인에게도 믿음의 경주에서 세속적 선택의 위험을 경고한다.

하나님의 약속 붙잡기: 야곱은 비록 올바른 방법은 아니었지만, 장자의 축복을 사모했다. 신앙경주는 하나님의 약속을 붙드는 열망이 본질임을 보여 준다.

갈등과 화해의 시험: 에서의 분노와 살해 의지는 신앙경주 안에 따르는 가정·형제 갈등의 시험을 드러낸다. 그러나 하나님의 섭리는 이 갈등을 화해와 언약 성취로 이끌어 가신다.

순례자의 지혜: 리브가의 피신 제안은 언약 계승자가 세상 속에서 때로 위기를 피하고, 장기적으로 언약의 길을 이어가야 함을 교훈한다.

라. 본문 해설

1. 이방 결혼을 근심함(26:34-35)

34 에서가 사십 세에 헷 족속 브에리의 딸 유딧과 헷 족속 엘론의 딸 바스맛을 아내로 맞이하였더니 35 그들이 이삭과 리브가의 마음에 근심이 되었더라

이삭은 블레셋 지방에 거주하며 하나님의 복을 받아 크게 번창하였다. 그런데 그의 맏아들 에서는 사십 세가 되었을 때, 헷 족속의 여인 유딧과 바스맛 두

사람을 아내로 맞이하였다. 이방 여인들과의 결혼은 이삭과 리브가에게 큰 근심이 되었다. 이는 이삭이 아버지 아브라함의 신앙 전통을 계승하여, 가나안 여인들과의 결혼을 금기시했기 때문이다.

이삭 자신도 아버지 아브라함의 특별한 신앙적 요청에 따라, 가나안 여인이 아닌 하란에 있는 친족의 딸 리브가와 결혼하였다. 이 결혼은 하나님의 언약 계승과 정결한 신앙의 혈통 보존을 위한 것이었고, 하나님께서 아브라함에게 주신 명령에 철저히 순종한 결과였다. 그러나 에서는 부모와 조부의 뜻을 저버리고, 자신의 뜻대로 이방 여인들과 결혼함으로써 부모의 마음에 깊은 상처를 안겨 주었다.

에서의 성품은 사냥을 즐기는 거칠고 자유분방한 성향이었으며, 그의 결혼 문제에 부모가 깊이 개입하지 않았던 것으로 보인다. 그러나 이 사건은 믿음의 계승과 인간의 자유로운 선택 사이의 긴장을 드러내며, 하나님의 뜻을 따르려는 부모의 입장에서 볼 때 에서는 신앙의 전통을 거스른 불효자로 부각된다.

2. 사냥을 제안(27:1-4)

> 1 이삭이 나이가 많아 눈이 어두워 잘 보지 못하더니 맏아들 에서를 불러 이르되 내 아들아 하매 그가 이르되 내가 여기 있나이다 하니 2 이삭이 이르되 내가 이제 늙어 어느 날 죽을는지 알지 못하니 3 그런즉 네 기구 곧 화살통과 활을 가지고 들에 가서 나를 위하여 사냥하여 4 내가 즐기는 별미를 만들어 내게로 가져와서 먹게 하여 내가 죽기 전에 내 마음껏 네게 축복하게 하라

이삭은 나이가 들어 시력이 약해져 앞을 제대로 분간할 수 없게 되었다. 그는 맏아들 에서를 불러 사냥을 해 온 고기로 별미를 만들어 오라고 지시한다. 이삭은 평소 에서가 잡아온 고기를 즐겼기 때문에, 자연스럽게 에서에 대한 애착이 더 컸고, 이로 인해 작은아들 야곱보다 에서를 편애했다.

이번 장면에서 이삭은 자신의 인생의 끝이 가까워졌다고 느꼈던 듯하다. 그래서 에서에게 마지막 식사를 마련해 줄 것을 요청하며, 그 자리에서 장자의 축복을 주려는 계획을 세운다. 그의 말은 마치 유언처럼 들린다. "내가 죽기 전에 내 마음껏 네게 축복하게 하라"(27:4).

이 본문은 단순한 부자간의 대화를 넘어서, 신학적으로 중요한 몇 가지 문제를 드러낸다.

첫째, 장자의 축복은 단순한 정서적 유산이 아닌, 하나님의 언약을 계승하는 매우 중요한 신앙적 행위였다. 창세기에서 장자는 가문과 민족을 이끌 사명을 받으며, 하나님의 복이 함께하는 자로서의 위치를 상징한다. 따라서 이 축복은 단순히 부유한 유산을 물려주는 수준을 넘어, 구속사적 언약의 계승을 의미한다.

둘째, 이삭의 편애는 하나님의 뜻과 충돌하고 있었다. 하나님은 이미 리브가에게 "큰 자가 어린 자를 섬기리라"(25:23)고 하심으로, 야곱을 택하셨음을 계시하셨다. 그러나 이삭은 자신의 감정과 입맛에 따라 하나님의 뜻을 뒤엎으려는 시도를 하고 있었다. 이것은 인간의 감정과 하나님의 주권이 충돌할 때 나타나는 신앙의 왜곡을 보여준다.

셋째, '죽기 전의 축복'이라는 이삭의 의도는 인간적인 계획이었으나, 하나님의 섭리는 그것을 넘어서서 일하신다는 점을 본문은 보여준다. 이삭은 에서를 축복하려 했지만, 하나님의 뜻은 야곱을 통해 언약의 계보를 잇는 것이었고, 그 계획은 리브가와 야곱의 행동을 통해 실현된다. 이삭은 결과적으로 야곱을 축복하게 되며, 이것은 인간의 실수 속에서도 하나님의 주권이 흔들리지 않음을 나타내는 구속사적 메시지다.

넷째, 이삭의 "죽기 진에 축복하게 하라"는 말은 믿음의 계승자가 누구인가를 판단하는 기준이 인간적 기준에 머물러서는 안 됨을 보여주는 장면이다. 축복은 외형적 장자에게 주어져야 하는 것이 아니라, 하나님의 뜻에 따라 선택된 자에게 주어져야 하는 은혜의 선물임을 본문은 분명히 드러낸다.

3. 후한을 책임질 각오(27:5-17)

5 이삭이 그의 아들 에서에게 말할 때에 리브가가 들었더니 에서가 사냥하여 오려고 들로 나가매 6 리브가가 그의 아들 야곱에게 말하여 이르되 네 아버지가 네 형 에서에게 말씀하시는 것을 내가 들으니 이르시기를 7 나를 위하여 사냥하여 가져다가 별미를 만들어 내가 먹게 하여 죽기 전에 여호와 앞에서 네게 축복하게 하라 하셨으니 8 그런즉 내 아들아 내 말을 따라 내가 네게 명하는 대로 9 염소 떼에 가서 거기서 좋은 염소 새끼 두 마리를 내게로 가져오면 내가 그것으로 네 아버지를 위하여 그가 즐기시는 별미를 만들리니 10 네가 그것을 네 아버지께 가져다 드려서 그가 죽기 전에 네게 축복하기 위하여 잡수시게 하라

11 야곱이 그 어머니 리브가에게 이르되 내 형 에서는 털이 많은 사람이요 나는 매끈매끈한 사람인즉 12 아버지께서 나를 만지실진대 내가 아버지의 눈에 속이는 자로 보일지라 복은 고사하고 저주를 받을까 하나이다 13 어머니가 그에게 이르되 내 아들아 너의 저주는 내게로 돌리리니 내 말만 따르고 가서 가져오라 14 그가 가서 끌어다가 어머니에게로 가져왔더니 그의 어머니가 그의 아버지가 즐기는 별미를 만들었더라 15 리브가가 집 안 자기에게 있는 그의 맏아들 에서의 좋은 의복을 가져다가 그의 작은아들 야곱에게 입히고 16 또 염소 새끼의 가죽을 그의 손과 목의 매끈매끈한 곳에 입히고 17 자기가 만든 별미와 떡을 자기 아들 야곱의 손에 주니

이 본문에서는 어머니 리브가가 자신이 사랑하는 아들 야곱으로 하여금 장자의 축복을 받게 하려고 함께 '계획'을 세우는 장면이 나타난다. 리브가는 이 계획이 성공한다 해도 이후 큰 대가를 치를 수 있음을 알면서도, 하나님의 뜻이 이루어지기 위해서라면 감수하겠다는 각오로 철저하게 준비에 임한다.

리브가의 이러한 행동의 배경에는 분명한 신앙적 동기가 깔려 있다. 하나님은 이미 그녀에게 임신 중 계시를 통해 "큰 자가 어린 자를 섬기리라"(창 25:23)고 말씀하셨다. 이 예언은 하나님의 주권적인 선택을 드러내는 것으로, 인간의 관습

이나 장자라는 문화적 규범을 뛰어넘는 결정이었다. 리브가는 이 말씀을 기억하고 있었으며, 하나님의 뜻을 인간의 역사 속에서 실현하려는 여인으로서의 결단을 내리고 있는 것이다. 리브가는 단순히 야곱을 편애하여 에서의 자리를 빼앗으려 한 것이 아니라, 하나님의 선택이 실현되기 위한 방편에 자신이 헌신하겠다는 신앙적 용기를 보인 것으로 해석할 수 있다. 물론, 그 방식이 사람의 꾀와 속임을 동반했다는 점에서 윤리적 문제는 있지만, 성경은 그러한 인간적 궤계마저도 하나님의 섭리 안에서 구속사적으로 사용하신다는 깊은 교훈을 담고 있다.

야곱은 태어날 때부터 형 에서의 발뒤꿈치를 붙잡고 나왔다. 히브리어로 그의 이름 '야아코브(יַעֲקֹב, 야곱)'는 '잡다' 혹은 '뒤쫓다'라는 뜻을 담고 있으며, 이후에는 '속이다'라는 부정적인 의미로도 사용된다. 형의 발꿈치를 붙잡고 나온 그 모습은 단지 생물학적 사건이 아니라, 축복을 향한 간절함과 집요함, 그리고 하나님의 약속을 향한 신앙적 집념의 상징으로 해석될 수 있다.

나중에 에서는 자신의 축복을 빼앗긴 후, 야곱을 "야곱이라 이름 할 만하도다!"(창 27:36)라고 하며 그를 조롱한다. 여기에서 에서는 야곱의 이름을 '속이는 자'라는 의미로 받아들이며, 그에 대한 분노와 배신감을 드러낸다. 그러나 성경은 야곱을 단순히 꾀 많은 인물이 아니라, 축복을 사모하며 하나님의 약속에 집착했던 신앙의 인물로 그려간다.

야곱의 이러한 모습은 훗날 얍복 강가에서 하나님의 사자를 붙잡고 "당신이 내게 축복하지 아니하면 가게 하지 않겠습니다"(창 32:26)라고 외치는 장면으로 이어진다. 야곱은 하나님의 복을 결코 가볍게 여기지 않았고, 자신이 누릴 수 있도록 기회를 포착하며 끊임없이 그것을 추구했다. 이 점이 바로 에서와의 결정적 차이이며, 하나님께서 야곱을 선택하신 이유 중 하나로 볼 수 있다.

결국, 리브가와 야곱의 '작전'은 인간적 꾀를 포함하고 있으나, 그 깊은 차원에서는 하나님의 주권과 언약의 실현이라는 구속사적 메시지를 담고 있다. 하나님의 뜻은 인간의 완전함이나 도덕성에 의존하지 않고, 때로는 인간의 약함과 궤계조차 도구로 삼아 자신의 계획을 성취하신다.

4. 형 행세를 함(27:18-19)

18 야곱이 아버지에게 나아가서 내 아버지여 하고 부르니 이르되 내가 여기 있노라 내 아들아 네가 누구냐 19 야곱이 아버지에게 대답하되 나는 아버지의 맏아들 에서로소이다 아버지께서 내게 명하신 대로 내가 하였사오니 원하건대 일어나 앉아서 내가 사냥한 고기를 잡수시고 아버지 마음껏 내게 축복하소서

야곱이 아버지 이삭에게 자신을 "맏아들 에서"라고 말하며 형 행세를 하는 장면은 성경 전체 내러티브에서 매우 중요한 전환점이다. 이 사건은 단순한 가족 간의 속임수를 넘어, 하나님의 언약, 인간의 간섭, 선택과 섭리라는 신학적 주제를 드러내는 핵심 본문이다.

"야곱이 아버지에게 나아가서"라는 표현은 결정적인 행동의 시작을 나타낸다. 이는 어머니 리브가의 계략에 따라, 야곱이 형 에서로 위장하고 아버지 이삭에게 축복을 받으러 나아가는 장면이다. "내 아버지여"라는 야곱의 호칭은 겉으로는 존경과 친밀감을 표현하지만, 실제로는 위장된 접근이라는 아이러니를 담고 있다. 이에 이삭은 의심을 품고 "네가 누구냐?"고 묻는다. 이 질문은 내면의 갈등과 긴장을 드러내며 이후의 대화 전체에 불안한 분위기를 형성한다. 야곱은 "나는 아버지의 맏아들 에서로소이 다…"라고 대답하며 명백한 거짓말을 한다. 히브리어 원문도 "אָנֹכִי עֵשָׂו בְּכֹרֶךָ"(나는 당신의 맏아들 에서입니다)로 기록되어 있어, 야곱의 속임이 분명하게 나타난다.

이어지는 "아버지께서 내게 명하신 대로 내가 하였사오니…"는 마치 아버지의 뜻에 순종한 아들처럼 보이려는 의도이고, "원하건대 일어나 앉아서 내가 사냥한 고기를 잡수시고 아버지 마음껏 내게 축복하소서"는 축복을 받기 위한 결단의 요청이다.

야곱의 행동은 윤리적으로 분명한 거짓과 기만이지만, 그 이면에는 하나님의 섭리를 향한 열망과 언약의 상속을 향한 열정이 담겨 있다. 창세기 25:23에서 하

나님은 이미 리브가에게 "큰 자가 어린 자를 섬기리라"고 말씀하셨고, 이는 하나님의 주권적 선택을 의미한다. 리브가와 야곱은 이 약속의 성취를 위해 인간적인 수단을 사용했지만, 결국 하나님의 뜻은 인간의 약점과 실수조차 초월하여 이루어진다.

야곱의 이름의 의미를 다시 말하자면, '야아코브'(יַעֲקֹב)는 '발꿈치를 잡다' 또는 '속이다'라는 뜻을 지닌다. 그는 태어날 때부터 형 에서의 발뒤꿈치를 붙잡고 나왔으며, 이는 축복을 향한 그의 근본적인 집념을 상징한다. 이 장면은 야곱이 자신의 유익을 위해 수단과 방법을 가리지 않는 인물임을 보여주지만, 동시에 하나님의 복을 누구보다 간절히 사모했던 자라는 점도 강조한다.

반면, 에서는 장자의 권리를 가볍게 여겨 팥죽 한 그릇에 넘긴 자로, 영적인 가치에 대한 무관심을 드러낸다. 히브리서 12:16-17은 에서를 "망령된 자"로 규정하며, 하나님의 복을 세속적인 욕망과 바꾸는 어리석음을 경계한다. 바울은 로마서 9:10-13에서 이 사건을 인용하여, 야곱이 선택되고 에서는 버림받았음을 하나님의 주권적 예정으로 설명한다. "내가 야곱은 사랑하고 에서는 미워하였다"(말 1:2-3; 롬 9:13)는 표현은, 인간의 행위가 아니라 하나님의 계획과 은혜에 따른 선택이라는 점을 강조한다.

야곱은 처음부터 완전한 인물은 아니었다. 그러나 그는 하나님의 복을 귀하게 여기고, 그것을 붙잡기 위해 애쓴 인물이다. 그는 형의 장자 명분을 단순히 빼앗은 것이 아니라, 하나님께서 그에게 주시려는 복을 신앙으로 붙든 자였다. 훗날 외삼촌 라반의 집과 가족 내의 갈등 가운데서 그는 큰 대가를 치르며, 점점 더 하나님의 사람으로 다듬어져 간다. 그의 삶은 고난과 실수를 통해 단련되며, 결국 얍복 강에서 하나님의 사자를 붙들고 "나를 축복하지 아니하시면 놓지 않겠습니다"(창 32:26)라고 외치며, 이름이 '야곱'에서 '이스라엘'로 바뀌게 된다. 이는 신앙경주에서 승리한 자, 하나님의 뜻과 씨름하여 이긴 자로서의 정체성을 반영한다.

결론적으로, 야곱은 단순한 속임꾼이 아니라, 하나님의 언약을 향한 열정을 가진 신앙의 인물이다. 그의 실패와 기만 속에도 하나님의 주권이 흐르고 있으며, 이는 오늘날 성도들에게도 하나님의 선택은 우리의 공로나 완전함이 아니라, 하나님의 은혜에 기반 한다는 진리를 가르쳐 준다.

5. 확인 후 축복(27:20-23)

> 20 이삭이 그의 아들에게 이르되 내 아들아 네가 어떻게 이같이 속히 잡았느냐 그가 이르되 아버지의 하나님 여호와께서 나로 순조롭게 만나게 하셨음이니이다 21 이삭이 야곱에게 이르되 내 아들아 가까이 오라 네가 과연 내 아들 에서인지 아닌지 내가 너를 만져보려 하노라 22 야곱이 그 아버지 이삭에게 가까이 가니 이삭이 만지며 이르되 음성은 야곱의 음성이나 손은 에서의 손이로다 하며 23 그의 손이 형 에서의 손과 같이 털이 있으므로 분별하지 못하고 축복하였더라

이 본문은 이삭이 야곱이 정말로 에서인지 확인하려는 장면을 다루며, 감각적인 요소를 통해 결국 속임수에 넘어가 축복을 베푸는 과정을 묘사하고 있다. 이삭은 의심하고 있었지만, 음성과 손의 감촉 사이에서 판단이 혼란스러웠고 결국 외적인 증거에 의존함으로써 야곱을 에서로 오인하게 된다.

"어찌하여 이렇게 속히 잡았느냐"(27:20)는 이삭의 질문은, 에서가 평소 사냥에서 돌아오기까지 시간이 걸렸던 경험에 비추어 보아 자연스럽게 나온 의심이다. 이에 대해 야곱은 "여호와 당신의 하나님께서 나로 순조롭게 만나게 하셨나이다"라고 대답한다. 이 말은 하나님의 이름을 거짓말에 끌어들인 심각한 위선적 행동으로 볼 수 있지만, 동시에 야곱은 어머니 리브가를 통해 하나님의 뜻이 이루어지고 있다는 인식을 가지고 있었을 수도 있다. 즉, 거짓된 방식이지만 '하나님의 뜻을 돕는다'는 신학적 오해 속에 있는 자기합리화의 표현일 수 있는 것이다.

"가까이 오라 … 내가 너를 만져보려 하노라"는 이삭의 말은, 청각만으로는 아

들의 정체를 확신할 수 없었기에, 촉각을 통해 보완하려는 시도이다. 이는 이삭도 장자 축복의 중요성을 알고 있었기에 신중하게 확인하고자 했음을 보여준다. "음성은 야곱의 음성이나 손은 에서의 손이로다"(27:22)는 감각 간 충돌을 나타낸다. 청각은 야곱을 가리키지만, 촉각은 에서를 가리키는 상황 속에서 이삭은 감각의 혼란을 겪는다. 그러나 그는 결국 촉각이라는 외적인 증거에 더 의존하게 되고, 이는 시각이 없는 상황에서 판단력이 약해진 노인의 연약함과, 동시에 하나님의 섭리를 위한 도구로서의 한계를 드러낸다.

"분별하지 못하고 축복하였더라"(27:23)는 결정적인 전환점이다. 리브가는 야곱에게 에서의 의복을 입히고, 염소털을 그의 손과 목에 붙여 위장하게 한 계획이 성공을 거둔다. 이삭은 분별하지 못한 채 야곱에게 장자의 축복을 내리고, 이것은 되돌릴 수 없는 축복 행위가 되어 하나님의 언약적 계승자가 야곱임을 공적으로 확정짓는 순간이 된다.

이 장면은 인간의 기만과 하나님의 섭리가 교차하는 장면이다. 이삭은 인간적으로 에서를 축복하고자 했지만, 하나님의 뜻은 야곱을 택하셨고, 그 뜻은 인간의 연약함과 속임수마저 초월하여 이루어진다. 신학적으로 볼 때, 이는 하나님의 주권과 예정이 인간의 실수와 계획을 넘어서서 성취됨을 보여주는 구속사적 전환점이다.

야곱의 거짓말은 윤리적으로 정당화될 수 없지만, 그 이면에는 하나님의 언약을 사모하고 집요하게 붙드는 신앙적 열망이 있었고, 이것이 훗날 야곱의 신앙 여정(얍복강의 씨름, 벧엘의 서원 등)을 통해 점차 정화되어 간다.

6. 재차 확인함(27:24 26)

24 이삭이 이르되 네가 참 내 아들 에서냐 그가 대답하되 그러하니이다 25 이삭이 이르되 내게로 가져오라 내 아들이 사냥한 고기를 먹고 내 마음껏 네게 축복하리라 야곱이 그에게로 가져가매 그가 먹고 또 포도주를 가져가매 그가 마시고 26 그의 아

버지 이삭이 그에게 이르되 내 아들아 가까이 와서 내게 입맞추라

이 본문은 이삭이 마지막으로 아들의 정체를 확인하려 하지만, 결국 야곱의 속임수에 굴복하여 장자의 축복을 확정짓는 전환점을 묘사한다. 야곱은 끝까지 자신의 정체를 감추고 형 에서의 행세를 마무리짓는다. 이삭은 청각(야곱의 음성), 촉각(에서의 손), 미각(음식), 후각(다음 절의 옷 냄새), 감정(입맞춤)까지 감각 전반을 동원하여 아들의 정체를 분별하려 하지만, 결국 감각에 의존한 판단의 한계를 드러낸다. 이는 신앙의 결정은 감각이 아니라 하나님의 뜻과 계시에 기반해야 한다는 교훈을 준다.

이 장면은 야곱의 거짓에도 불구하고, 하나님의 선택과 언약은 인간의 약함과 왜곡된 수단을 초월하여 실현된다는 신학적 메시지를 담고 있다.

"네가 참 내 아들 에서냐?"(27:24)

이삭은 이미 한 차례(27:21-22) 야곱을 만져 보고 의심했지만, 여전히 불안한 마음을 갖고 다시 한번 정체를 이중 확인한다. 야곱은 이에 대해 "그렇습니다"(אָנִי, 아니)라고 답하며, 명백한 거짓말을 반복한다. 이 대답은 단순한 사기 이상의 무게를 가진다. 이는 신앙의 언어를 위장에 사용하는 위험성, 곧 신앙 고백의 도구화라는 심각한 주제를 보여준다.

그러나 동시에 이 사건은 에서가 이전에 장자의 명분을 가볍게 여기고 팥죽한 그릇에 넘긴 죄에서 비롯된 결과이기도 하다. 야곱의 속임은 정당하지 않지만, 그 이면에는 하나님의 복을 사모하는 절박한 열망이 있었음을 성경은 간접적으로 드러낸다.

"내게로 가져오라 … 내가 마음껏 축복하리라"(27:25).

이삭은 야곱이 가져온 음식을 에서가 사냥해온 고기로 받아들이고 기꺼이 먹는다. 이는 단지 식욕을 만족시키는 것이 아니라, 축복 전에 행하는 일종의 의례적 식사로서 이해할 수 있다. 여기서 "마음껏 축복하리라"는 표현은, 이삭이 이제 의심을 접고 전심으로 축복 의식을 진행하고자 함을 보여준다.

야곱은 음식을 내어 드리고, 포도주까지 제공한다. 구약 시대에서 식사는 관계의 확인과 언약의 징표로서 기능했기에, 이 장면은 단순한 가족 간의 만찬이 아니라 장자 언약의 실제적인 이전을 의미하는 상징적 사건으로 읽힌다.

7. 야곱을 축복함(27:27-29)

> 27 그가 가까이 가서 그에게 입맞추니 아버지가 그의 옷의 향취를 맡고 그에게 축복하여 이르되 내 아들의 향취는 여호와께서 복 주신 밭의 향취로다 28 하나님은 하늘의 이슬과 땅의 기름짐이며 풍성한 곡식과 포도주를 네게 주시기를 원하노라 29 만민이 너를 섬기고 열국이 네게 굴복하리니 네가 형제들의 주가 되고 네 어머니의 아들들이 네게 굴복하며 너를 저주하는 자는 저주를 받고 너를 축복하는 자는 복을 받기를 원하노라

이삭이 야곱에게 공식적으로 축복을 선포하는 장면으로, 이삭-야곱 이야기의 신학적 중심이자, 이삭의 입술을 통해 하나님의 언약적 복이 야곱에게 전가되는 순간이다. 이 축복은 단순히 아버지의 감정적 유언이 아니라, 하나님의 권위를 담은 언약의 갱신이자 선민 이스라엘의 시작을 알리는 선언이 된다. "내 아들의 향취는 여호아께서 복 주신 밭의 향취로다." 이는 하나님의 축복을 받은 풍요의 상징으로, 가나안 땅의 풍요, 자연의 번성, 생명력 넘치는 존재를 암시한다. 이 장면은 야곱이 하나님의 복을 받기에 적합한 자로 여겨지는 상징적 장치이다.

"만민이 너를 섬기고 열국이 네게 굴복하리니", 이 절은 언약의 통치적·정치적 축복을 담고 있다. 야곱(이스라엘)이 열방 위에 우뚝 서는 민족이 될 것이라는 예

언하는 것이며, 또한 아브라함 언약(창 12:2-3)의 확장을 말하고 있다. "너로 큰 민족을 이루고 … 너를 통해 모든 민족이 복을 받게 될 것"의 성취를 에언한다. "네가 형제들의 주가 되고 어머니의 아들들이 네게 굴복하며", 에서와의 관계에서 장자권의 확정적 전이를 보여주는 말이다. '어머니의 아들들'은 당시 셈계(계보의 맥락) 전체, 후대에는 이스라엘의 정치적 주권과도 연결된다. "너를 저주하는 자는 저주를 받고 축복하는 자는 복을 받기를 원하노라." 이것은 창세기 12:3 아브라함 언약의 핵심 표현을 반복한 것이다. 이것은 야곱이 이제 언약의 계승자, 복의 매개자로 확정되었음을 의미하고 있다. 야곱은 훗날 이스라엘의 조상이 되며, 그의 후손 중에서 다윗 왕, 예수 그리스도가 출현된다. 그러므로 이 축복은 궁극적으로 하나님의 나라와 그리스도의 도래에 연결되는 메시아적 예언의 씨앗이기도 하다.

8.(6') 축복을 청함(27:30-31)

> 30 이삭이 야곱에게 축복하기를 마치매 야곱이 그의 아버지 이삭 앞에서 나가자 곧 그의 형 에서가 사냥하여 돌아온지라 31 그가 별미를 만들어 아버지에게로 가지고 가서 이르되 아버지여 일어나서 아들이 사냥한 고기를 잡수시고 마음껏 내게 축복하소서

야곱이 축복을 받고 나간 직후, 에서가 사냥을 마치고 돌아온다. 그는 아버지에게 별미를 내어놓으며, 자신은 축복을 받기 위해 기쁨과 자신감으로 나아간다. 하지만 그는 이미 축복이 돌이킬 수 없이 야곱에게 돌아갔다는 사실을 전혀 모르고 있다. 에서는 지금까지 자신이 아버지의 축복을 받을 자격이 정당하게 보장된 줄로 착각하고 있다. 그는 "장자의 명분을 이미 야곱에게 팔았다"(창 25:33)는 사실을 무시하거나 잊은 듯한 태도를 보인다. 이 말은, 자신의 행위가 장자의 축복에 아무런 영향을 끼치지 않을 것이라 생각한 것인데, 이는 매우 중요한 신

학적 대조를 이루고 있다.

에서는 외형적으로는 최선을 다해 순종하고 노력한 듯 보이지만(사냥, 요리, 별미 제공 등). 그러나 그는 내면적 순종이나 하나님의 뜻에 대한 민감함이 부족한 인물로 묘사된다. 히브리서 12:16-17에서 에서는 "망령된 자", 즉 거룩한 것을 귀히 여기지 않은 자로 평가받는다. 야곱과 다르게 에서는 하나님의 복을 얻고자 하는 간절한 집착을 보였다. 에서는 복을 받는 자격을 자기 의로 당연시하고, 깊이 생각하지 않았던 자이다.

이런 비교는 성경 전체에서 "하나님의 뜻을 사모하는 자와 무심한 자"의 전형적인 대비로 사용된다. 에서는 축복을 거래나 가족행사처럼 생각했을 수 있다. 하지만 성경은 축복을 하나님의 언약 실행의 도구로 묘사하고 있다. 아버지 이삭은 단지 말한 것 같지만, 그 말이 언약 계승의 효력이 있는 말씀이 되었고, 한번 베풀어진 축복은 돌이킬 수 없게 되었다(27:33). 이런 점에서 에서의 모습은 외형적 충성과 내면의 영적 무관심 사이의 간극을 보여준다.

9.(5') 이미 축복했음 말함(27:32-34)

32 그의 아버지 이삭이 그에게 이르되 너는 누구냐 그가 대답하되 나는 아버지의 아들 곧 아버지의 맏아들 에서로소이다 33 이삭이 심히 크게 떨며 이르되 그러면 사냥한 고기를 내게 가져온 자가 누구냐 네가 오기 전에 내가 다 먹고 그를 위하여 축복하였은즉 그가 반드시 복을 받을 것이니라 34 에서가 그의 아버지의 말을 듣고 소리 내어 울며 아버지에게 이르되 내 아버지여 내게 축복하소서 내게도 그리하소서

본문은 야곱의 속임수가 드러나고, 이삭과 에서가 진실을 인식하는 전환점이자, 축복의 불가역성(不可逆性), 곧 하나님의 언약과 섭리는 인간의 실수와 관계없이 이루어진다는 진리를 드러내는 핵심 대목이다. 그렇지만 하나님은 그 인간의 실수를 깨닫는 자를 통해서 역사하신다. "너는 누구냐?" 이삭은 심리적 충

격 상태에서 정체를 재확인한다. 이 말은 내가 지금까지 축복한 사람이 누구냐는 경악의 표현이다. 에서는 '나는 아버지의 맏아들 에서입니다'라고 자기를 밝히지만, 이는 곧 축복이 자신에게 돌아오지 않았다는 충격적 진실을 확인하게 되는 순간이다.

"이삭이 심히 크게 떨며 … 반드시 복을 받을 것이니라."

히브리어 원문은 매우 강렬하게 표현한다. "이삭이 심히 심하게 떨었다(וַיֶּחֱרַד יִצְחָק חֲרָדָה גְּדֹלָה עַד־מְאֹד)." 이는 단순한 놀람이 아니라, 하나님의 섭리를 깨달은 두려움과 인간적 실수에 대한 경외의 반응이다. 그는 뒤늦게 하나님의 뜻이 야곱을 통해서 이루어진 것임을 인지한 것이다. 그리고 "그가 반드시 복을 받을 것이라(וּבָרוּךְ יִהְיֶה)"- 이는 이삭이 단순히 축복을 되돌릴 수 없다는 사실을 알게 되었기 때문만이 아니라, 이 축복이 하나님의 주권 속에 이루어진 것임을 믿음으로 받아들인 신앙 고백이기도 하다.

이와 같이 축복은 단순히 사람의 말이 아니라, 하나님의 언약적 선언이다. 비록 인간의 방법(야곱의 속임)으로 이루어졌지만, 그 결과는 하나님의 섭리 안에 있었기 때문에 유효한 것이다. 이삭은 이때 하나님의 손이 야곱에게 있었음을 깨닫고, 더 이상 되돌리려 하지 않았다. 즉, 하나님의 선택을 인간이 막을 수 없음을 인정한 순간이다.

10.(4') 형 행세한 아우를 나무람(27:35-40)

35 이삭이 이르되 네 아우가 와서 속여 네 복을 빼앗았도다 36 에서가 이르되 그의 이름을 야곱이라 함이 합당하지 아니하니까 그가 나를 속임이 이것이 두 번째니이다 전에는 나의 장자의 명분을 빼앗고 이제는 내 복을 빼앗았나이다 또 이르되 아버지께서 나를 위하여 빌 복을 남기지 아니하셨나이까 37 이삭이 에서에게 대답하여

이르되 내가 그를 너의 주로 세우고 그의 모든 형제를 내가 그에게 종으로 주었으며 곡식과 포도주를 그에게 주었으니 내 아들아 내가 네게 무엇을 할 수 있으랴 38 에서가 아버지에게 이르되 내 아버지여 아버지가 빌 복이 이 하나 뿐이리이까 내 아버지여 내게 축복하소서 내게도 그리하소서 하고 소리를 높여 우니 39 그 아버지 이삭이 그에게 대답하여 이르되 네 주소는 땅의 기름짐에서 멀고 내리는 하늘 이슬에서 멀 것이며 40 너는 칼을 믿고 생활하겠고 네 아우를 섬길 것이며 네가 매임을 벗을 때에는 그 멍에를 네 목에서 떨쳐버리리라 하였더라

에서가 축복을 빼앗긴 후 야곱을 비난하며, 아버지 이삭에게 울부짖고, 그 결과 '남은 축복' 또는 '대안적 축복'을 받는 장면이다. 이 부분은 인간의 갈등, 하나님의 주권, 역사적 운명이 격렬하게 충돌하는 본문이다.

"네 아우가 와서 속여 네 복을 빼앗았도다." 이삭은 야곱의 속임수를 사실 그대로 인정한다. 그러나 이때 이삭의 어조에는 직접적인 비난보다는, 마치 모든 상황을 수용하고 체념하는 듯한 분위기가 느껴진다. 축복이 이미 이루어졌고 돌이킬 수 없다는 점을 받아들이면서, 이삭은 하나님의 섭리를 인정하는 자세를 보인다. 반면, 에서는 격분하며 다음과 같이 불평한다. "그의 이름을 야곱이라 함이 합당하지 아니하니이까." 이것은 에서가 그의 이름을 들먹이며 욕하고 있는 것이다. 야곱의 이름에서 파생된 동사형 '야아꼽'(עקב)을 이용한 말장난(word play)으로, 그는 동생을 "악착같은 자", "남의 것을 빼앗는 놈"이라고 매도한다. 왜냐하면 에서는 자신이 두 번이나 야곱에게 당했다고 생각하기 때문이다. 처음에는 장자의 명분을, 그리고 이제는 아버지의 축복까지 빼앗겼다고 여긴다. 그러나 실제로는, 에서 자신이 먼저 장자의 권리를 가볍게 여겨 팥죽 한 그릇에 팔았던 책임이 있다(창세기 25:33 참조).

11.(3') 동생을 죽일 각오(27:41)

41 그의 아버지가 야곱에게 축복한 그 축복으로 말미암아 에서가 야곱을 미워하여

심중에 이르기를 아버지를 곡할 때가 가까웠은즉 내가 내 아우 야곱을 죽이리라 하였더니

야곱과 에서 사이의 갈등이 최고조에 달하는 절정 구절이다. 이 구절은 단순한 형제 간의 분노를 넘어, 하나님의 언약을 둘러싼 인간의 갈등과 악한 반응을 드러내며, 이후 야곱의 도피, 약속 성취, 하나님의 보호와 연결되는 전환점 역할을 한다. "그의 아버지가 야곱에게 축복한 그 축복으로 말미암아." 여기서 에서의 분노의 직접적 이유는 이삭이 야곱에게 베푼 축복 때문이다. 히브리어 원문은 직역하면 "그 축복 때문에"(עַל־הַבְּרָכָה)로, 에서는 복이 야곱에게 돌아간 것을 용납할 수 없는 손실로 인식하고 있다. "에서가 야곱을 미워하여" 이 미움은 단순한 질투를 넘어 살인 의도를 품는 증오의 감정이다. 앞으로 살펴보겠지만 요셉의 형제들이 품었던 미움과 같은 맥락의 증오감이며(37:4, 5, 8), 결국 그들은 요셉을 죽이려했지만, 유다의 제안으로 그를 노예로 팔게 된다(37:20-28).

이는 가인과 아벨 이야기(창 4장)와 평행구조를 이루며, 하나님의 복을 받은 자에 대한 악인의 미움이라는 구속사적 주제를 반복한다. "심중에 이르기를 … 내가 내 아우 야곱을 죽이리라." '심중에 이르기를'은 히브리어로(אָמַר בְּלֵב), 즉 '마음속으로 말했다'는 표현이다. 이는 에서의 내면에 감춰진 살의를 드러낸다. 그는 지금은 행동하지 않지만, 복수의 날을 마음속에 예약해 둔 상태이다. "아버지를 곡할 때가 가까웠은즉", '곡하다'는 표현은 '죽음을 애도하다'는 뜻으로, 이삭의 죽음이 가까웠다고 에서가 판단했다는 의미이다. 그는 아버지가 살아 있는 동안에는 복수하지 않겠다고 마음먹는다. 이는 부모에 대한 최소한의 존중이 남아 있음을 보여주지만, 동시에 복수의 실행 시점을 계산하는 냉정함도 드러낸다.

결론적으로 이 구절은 야곱의 도피와 하나님의 보호 사건의 기폭제가 되는 장이다. 에서의 분노는 자신의 경솔함에 대한 회개가 아니라, 하나님의 뜻을 향한 대적 행위로 나타나며, 결국 하나님의 선택은 인간의 미움과 방해 속에서도 멈추지 않는다는 진리를 보여주는 상징적 사건이다.

12. (2') 하란으로 피하라고 제안 (27:42-45)

> 42 맏아들 에서의 이 말이 리브가에게 들리매 이에 사람을 보내어 작은아들 야곱을 불러 그에게 이르되 네 형 에서가 너를 죽여 그 한을 풀려 하니 43 내 아들아 내 말을 따라 일어나 하란으로 가서 내 오라버니 라반에게로 피신하여 44 네 형의 노가 풀리기까지 몇 날 동안 그와 함께 거주하라 45 네 형의 분노가 풀려 네가 자기에게 행한 것을 잊어버리거든 내가 곧 사람을 보내어 너를 거기서 불러오리라 어찌 하루에 너희 둘을 잃으랴

에서가 야곱을 죽이겠다고 다짐한 말이 리브가에게 '들렸다'(וַיֻּגַּד)는 것은 단순한 우연이 아니라 하나님의 보호의 간섭하심이다. 이에 리브가는 즉각 행동한다. 그는 단지 어머니가 아닌, 하나님의 약속(25:23)을 알고 있던 자로서 그 언약의 계승자를 보호하고자 함이다.

리브가가 야곱에게 하란으로 피하라고 일러주었다. '하란'은 리브가의 출신지로, 오빠인 라반이 사는 곳이다(24:29). 리브가는 야곱에게 즉시 도피하라고 권하며, 자신의 형제 라반을 의지할 것을 제안한다. 이는 단순한 피신이 아니라, 하나님의 섭리가 있는 장소로의 이동이라는 의미를 갖는다. 훗날 야곱은 이곳에서 아내를 얻고, 후손의 씨가 자라는 전환점을 맞이한다. "네 형의 노가 풀리기까지 몇 날 동안 그와 함께 거주하라." 리브가는 에서의 성격을 잘 알고 있었다. 야곱이 잠시 피신하면 형의 분노가 가라앉을 것이라 예상했다. 사실 "몇 날 동안"(יָמִים אֲחָדִים)은 짧은 기간처럼 보이지만, 실제로 야곱은 20년 넘게 라반의 집에 머무르게 된다(창 31:41).

이는 리브가의 계획과 하나님의 시간 사이의 차이와 긴장을 보여준다. "네가 행한 것을 잊어버리거든 내가 곧 사람을 보내어 …" 리브가는 상황이 진정되면 사람을 보내 야곱을 다시 돌아오게 하겠다고 약속하지만, 성경은 리브가가 다시 야곱을 만났다는 기록을 남기지 않는다. "어찌 하루에 너희 둘을 잃으랴"는 말

은, 에서가 야곱을 죽이면 에서 자신도 하나님의 심판으로 잃을 수 있다는 두려움을 암시하거나, 두 아들을 모두 동시에 잃는 어머니의 절절한 호소로 읽을 수 있다. 리브가는 하나님의 뜻을 이룬 야곱을 보호하기 위해 또 다시 인간적인 수단을 사용한다.

이 도피는 단순한 위기 탈출이 아니라, 야곱이 하나님의 사람으로 훈련받고 준비되는 시간의 시작이다. 이는 우리의 계획과 하나님의 계획 사이의 차이를 보여주는 상징적인 장면이다. 이 본문은 야곱이 언약의 계승자로 본격적으로 떠나는 서사의 분기점이다. 리브가는 아들을 살리려 하지만, 그 이면에 하나님의 더 깊은 뜻이 움직이고 있음을 성경은 보여준다. 이는 모든 신앙 여정에서 우리가 당면한 갈등, 위기, 도피조차도 하나님의 뜻 안에서는 훈련과 준비의 장이 될 수 있음을 알려주고 있다.

13.(1') 이방 결혼을 걱정함(27:46)

> 46 리브가가 이삭에게 이르되 내가 헷 사람의 딸들로 말미암아 내 삶이 싫어졌거늘 야곱이 만일 이 땅의 딸들 곧 그들과 같은 헷 사람의 딸들 중에서 아내를 맞이하면 내 삶이 내게 무슨 재미가 있으리이까

리브가가 야곱의 결혼 문제를 두고 남편 이삭에게 심각한 염려를 드러내고 있다. 목적은 단순한 하소연이 아니라 야곱의 결혼 방향을 이삭에게 유도하기 위한 서론적 진술이다. 이 표현은 단순한 정서 토로가 아니라 이방결혼에 대한 영적·문화적 거부감을 드러낸다. 이는 단순히 개인적 슬픔이 아닌, 영적 절망 상태와도 연결된다. 즉, 언약적 가문에서 경건한 후손을 기대하는 리브가에게 이방 결혼은 신앙 계승의 단절로 인식된 것이다.

헷 사람(히브리어: חִתִּים, 히팀)은 가나안 땅의 대표적 이방 민족으로, 아브라함 시대로부터 등장한다(창 23장, 막벨라 굴 매매). 리브가는 에서가 이미 헷 사람 딸

둘(브엘리와 바스맛)과 결혼한 상황(26:34-35)을 통해, 이방 여성과의 결혼이 신앙·가정에 심각한 고통을 야기함을 절감한 상태이다. 이는 단지 문화 차이의 문제가 아니라, 가나안 족속의 우상숭배, 윤리관, 가정관이 히브리 신앙과 충돌했음을 의미한다. 표면적으로는 감정 호소지만, 사실상 리브가는 이삭이 야곱을 하란으로 보내도록 유도하려 하고 있다. 다시 말하면 리브가가 에서의 분노를 피하기 위해 야곱을 하란으로 피신시키려 한 계획의 이다. 즉, 신앙적 결혼이라는 명분을 내세워, 야곱의 피신 계획을 정당화하는 방식인 것이다.

언약 계승의 핵심 조건은 '신앙적 결혼'이다. 아브라함(창 24장), 이삭, 그리고 이제 야곱까지, 하나님과의 언약이 계승되기 위해서는 믿음의 공동체 안에서의 혼인이 중요하게 강조된다. 이것은 신앙과 가정의 조화가 중요함을 보여준다. 이삭-리브가 가정은 에서의 혼인으로 인한 영적 갈등을 겪었고, 이로 인해 더더욱 야곱에게 바른 결혼을 권장하게 된다. 이것은 부모의 결혼관이 자녀의 언약적 삶을 인도한다. 따라서 리브가의 발언은 개인 감정보다 자녀의 미래와 언약의 연속성을 염두에 둔 결단인 것이다.

A' 당부의 축복(28:1-5)

아래 구조는 이삭의 당부와 축복이 대칭구조로 되어 있다. 이삭이 야곱을 하란으로 보내면서 다음과 같이 당부하고 있다.

가. 구조적 주해

A' 당부의 축복(28:1-5)

1 외삼촌의 딸과 결혼해라	1-2	
2 생육하고 번성할 것	3	
2' 자손이 땅을 얻을 것	4	
1' 외삼촌의 집에 도착	5	

위 구조는 총 4개의 요지로 구성되어 있으며, 각각 두 개씩 짝을 이루는 양괄식 병행구조를 이룬다. 이 형태는 중심 주제가 구조의 양 끝에 위치하는 방식으로, 히브리식 의사소통의 특징을 잘 반영하고 있다:

1 / 1': 이삭이 야곱을 하란에 있는 외삼촌 라반에게 도피시키며, 가나안 여인과의 결혼을 금하고, 친족의 딸과 결혼할 것을 당부하는 장면(1)은, 이후 야곱이 고생 끝에 하란에 도착하는 모습(1')과 대조되며 구조적으로 대응된다. 이는 명령과 그 성취의 관계를 보여준다.

2 / 2': 이삭은 야곱에게 하나님의 언약에 근거한 두 가지 축복, 곧 자손의 번성(2)과 약속의 땅의 기업화(2')를 말한다. 이 둘은 아브라함에게 주어진 언약의 반복으로, 야곱에게도 언약의 계승자로서의 사명이 부여되었음을 의미한다.

이처럼 짧은 본문이지만, 그 안에는 히브리 서사체의 대칭구조와 신학적 핵심이 명확히 드러나 있다. 명령 – 실행, 축복 – 언약, 도피 – 도착, 이 모든 요소가 긴밀하게 엮이며, 하나님의 섭리와 야곱의 여정이 단순한 가족 내 사건을 넘어 언약 백성의 역사적 여정으로 확장되고 있음을 보여준다.

나. 구속사적 의의

언약 계승의 보호: 야곱의 결혼이 세속적 혼인(헷 여인들)과 달리, 언약 계승을 보존하는 선택임을 강조한다. 이는 언약의 순수성과 신앙의 혈통이 유지되는 중요한 구속사적 전환점이다.

아브라함 언약의 재확인: "생육하고 번성하며 땅을 얻을 것"이라는 축복은 창세기 12장, 17장에서 아브라함에게 주어진 약속의 재현이다. 하나님은 세대마다 언약을 새롭게 확인하신다.

메시아적 계보 준비: 야곱의 가정에서 열두 지파가 나오게 되며, 결국 메시아의 길이 열리게 된다.

다. 신앙경주 적용

믿음의 결혼을 지켜라: 세상적 안목보다 언약 공동체 안에서 믿음을 지키는 결혼의 중요성을 보여준다. 신앙경주는 가정과 혈통을 지키는 자리에서 시작된다.

축복은 말씀 안에서 온다: 생육·번성·땅의 약속은 인간의 노력보다 하나님의 말씀과 축복에 달려 있음을 기억해야 한다. 우리의 경주는 스스로 성취가 아닌 하나님의 은혜 위에 세워진다.

순례자의 발걸음을 내딛어라: 야곱이 외삼촌 집으로 떠난 것은 불완전한 상황(에서의 위협) 속에서도 언약 계승 길을 계속 이어가려는 신앙의 발걸음이었다. 신앙경주는 피난 같아 보이는 길도 결국 언약 성취로 인도된다.

라. 본문 해설

1. 외삼촌의 딸과 결혼해라(28:1-2)

1 이삭이 야곱을 불러 그에게 축복하고 또 당부하여 이로되 너는 가나안 사람의 딸들 중에서 아내를 맞이하지 말고 2 일어나 밧단아람으로 가서 네 외조부 브두엘의 집에 이르러 거기서 네 외삼촌 라반의 딸 중에서 아내를 맞이하라

이삭은 아버지 아브라함에게서 직접 보고 듣고 체험한 하나님의 명령을 이제 아들 야곱에게 계승시키고 있다. 그는 야곱을 하란에 있는 외삼촌 라반에게로 피신시키면서, 가나안 여인과는 결혼하지 말고, 반드시 자기 혈통인 라반의 딸과 결혼할 것을 엄중히 당부한다. 이러한 이삭의 신념은 단순한 문화적 관습이나 혈통 보존의 차원이 아니라, 하나님의 명령에 대한 신앙적 순종에 기초한 것이다.

이삭의 이러한 태도는 단순한 가족적 조언을 넘어, 신앙경주의 삶을 보여준다.

하나님께서 명령하신 바를 세대에서 세대로 충실히 계승하는 삶은 곧 믿음의 승리자로 살아가는 길이며, 순종의 삶에는 반드시 하나님의 언약적 축복, 곧 하늘의 상급이 따른다. 아브라함, 이삭, 야곱의 생애를 통해 우리는 하나님의 약속이 단지 관념이 아니라, 역사 속에서 구체적으로 실현되는 실재임을 확인할 수 있다.

한편, 야곱과 에서 사이의 장자권 쟁탈전은 여전히 해소되지 않은 갈등으로 남아 있었다. 에서는 축복을 빼앗긴 뒤 야곱을 죽이려는 마음을 품었고, 부모는 이를 알고 야곱을 밧단아람('아람의 평야')으로 피신시킨다. 이 위기 상황 속에서 이삭은 야곱에게 두 가지 핵심적인 당부를 전한다.

첫째, 가나안 여인과 결혼하지 말라는 것이다. 이는 창세기 24장에서 아브라함이 종 엘리에셀을 통해 이삭의 혼사를 주선할 때에도 반복해서 강조했던 내용이다(24:3, 37). 그러나 에서는 이 명령을 어기고 헷 족속의 여인들과 결혼하여 부모의 깊은 근심거리가 되었고(26:34-35), 이삭은 야곱에게는 같은 실수를 범하지 않도록 특별히 주의를 준다.

둘째, 외삼촌 라반의 딸들 중에서 아내를 맞이하라는 것이다. 이삭은 야곱이 에서의 분노에서 피신하는 이 기회를 통해, 동시에 언약 공동체 안에서의 정결한 혼인을 이룰 수 있기를 바랐다. 이는 단순한 혈연적 결합을 넘어서, 언약 백성으로서의 정체성과 거룩함을 지키기 위한 신앙적 요청이었다.

결론적으로, 이삭의 이 권면은 단지 위기 상황 속 아들을 보호하려는 부모의 처사가 아니라, 하나님의 언약을 이어가는 신앙의 계승 장면이다. 야곱은 이 권면에 순종함으로써 본격적으로 언약의 길, 곧 신앙경주의 여정에 들어서게 된다. 이삭은 단지 축복만을 베푼 것이 아니라, 믿음의 길을 이어주는 전달자로서의 사명을 충실히 감당한 것이다.

2. 생육하고 번성할 것(28:3)

3 전능하신 하나님이 네게 복을 주시어 네가 생육하고 번성하게 하여 네가 여러 족

속을 이루게 하시고

이삭이 야곱을 하란으로 보내며, 가나안 여인과 결혼하지 않고 외삼촌 라반의 딸과 혼인할 것을 당부하며 하나님께서 주신 복을 상기시킨다. 여기서 "전능하신 하나님"(엘 샤다이)은 아브라함에게 약속을 주실 때 사용된 하나님의 칭호(창 17:1)로서, 생명, 다산, 번성의 하나님을 의미한다. 그리고 "생육하고 번성하여 땅에 충만하라"는 창세기 1장에서 하나님은 인간을 창조하시고 첫 명령으로 생육(פָּרָה, parah)과 번성(רָבָה, ravah)을 명하셨다. 이는 창조 언약의 연장선상에서 단순히 인구 증가가 아닌, 하나님의 형상을 담은 존재의 확장을 뜻한다.

홍수 심판 이후 노아에게도 동일한 축복이 반복된다. 이는 새 창조의 시작, 즉 '역창조적 회복'의 선언이다. 심판을 거친 뒤에도 하나님은 언약을 통해 생명을 보존하고 확장시키시는 분임을 드러낸다. '생육과 번성'은 아브라함 언약의 핵심이며, 야곱에게 동일한 언약적 축복이 계승됨을 강조한다. 따라서 이 축복은 창세기 전체를 이어지게 하는 하나님의 약속으로 마치 언약의 생명줄 역할을 한다.

3.(2') 자손이 땅을 얻을 것(28:4)

> 4 아브라함에게 허락하신 복을 네게 주시되 너와 너와 함께 네 자손에게도 주사 하나님이 아브라함에게 주신 땅 곧 네가 거류하는 땅을 네가 차지하게 하시기를 원하노라

이 본문은 이삭이 야곱에게 축복하면서, 아브라함에게 주신 언약을 '자손'과 '땅'의 관점에서 재확인하는 장면이다. 이는 창세기 전체에 걸쳐 반복되는 언약 계승의 핵심 구조이며, 아브라함 언약의 신학적 정수를 압축적으로 담고 있다. 특히 이 언약은 창세기 12장 1-3절에서 시작된 하나님의 약속, 즉 "내가 너로 큰 민족을 이루고 … 네게 땅을 주겠다"는 말씀을 직접적으로 가리킨다. 이 언약은

일회성 선언이 아니라 창세기 곳곳에서 반복적이고 점진적으로 갱신된다(창 13:14-17; 15:18-21; 17:7-8 참조). 이 복은 단순한 개인적 번영이나 물질적 유익을 위한 것이 아니라, 하나님의 언약 백성을 형성하고 구속사를 전개해 가시려는 거대한 구속 계획 속에 포함된 약속이다. 가장 중요한 핵심은, 하나님의 언약은 결코 단절되지 않고 세대를 거쳐 계승된다는 것이다. 즉 이 언약은 아브라함만이 아니라, 그의 후손들에게 공동체적 형태로 이어지는 약속이다. 히브리어에서 '자손'(זֶרַע, zera)은 단순히 혈통적 후계자를 뜻할 뿐 아니라, 언약 공동체의 정체성과 연속성을 상징하는 개념이다.

가나안 땅은 이 언약의 지리적이며 신학적인 중심 요소이다. 이 땅은 단순히 사람이 거주하는 지역이 아니라, 하나님의 통치가 임하는 언약의 시공간적 출발점이다. 따라서 땅의 약속은 단순한 소유의 차원을 넘어, 하나님의 나라의 씨앗이 되는 공간으로 해석된다. "거류하다"(גּוּר, '그루') 동사는 임시로 머무는 낯선 자의 상태, 즉 이방인으로 살아가는 삶의 자세를 묘사한다. 야곱은 지금은 땅의 주인이 아니라 머무는 자에 불과하지만, 하나님의 언약에 따라 장차 그 땅의 상속자가 될 것이다. 이 약속은 히브리서 11장 9-10절에서 "믿음으로 약속의 땅을 바라고 사모한 삶"으로 재해석되며, 결국 믿음의 경주를 완주한 자에게 주어지는 기업으로 제시된다.

결론적으로, 이삭의 축복은 단순한 가정 내 권위 행사가 아니라, 하나님의 언약을 다음 세대로 전수하는 신앙의 계승 행위이며, 믿음의 여정을 감당할 자에게 주어지는 사명 선언이자 구속사의 이정표라 할 수 있다.

4.(1') 외삼촌 라반의 집에 도착(28:5)

5 이에 이삭이 야곱을 보내매 그가 밧단아람으로 가서 라반에게 이르렀으니 라반은 아람 사람 브두엘의 아들이요 야곱과 에서의 어머니 리브가의 오라비더라

이 본문은 짧지만, 야곱의 출발과 여정, 도착지의 목적성, 그리고 언약 계승과 순종이라는 중요한 신학적 의미들을 내포하고 있다.

앞선 1-4절에서 이삭은 야곱에게 가나안 여인과 결혼하지 말고, 외삼촌 라반의 집으로 가서 아내를 맞이하라고 명령한다. 이 명령은 단순한 결혼에 대한 조언이 아니라, 언약 계승자의 삶이 시작되는 첫 걸음을 의미한다. 다시 말해, 축복을 받은 자는 하나님께서 지정하신 길을 따라 순종의 여정을 시작해야 함을 본문은 시사하고 있다.

'밧단아람'(Paddan-Aram)은 메소포타미아 북서부, 오늘날 시리아 지역에 해당하는 아람 족속의 중심지다. 이 지역은 창세기 24장에서 아브라함이 이삭의 아내를 구하기 위해 종을 보냈던 곳이기도 하며, 따라서 본문은 "신앙 공동체 내에서의 혼인"이라는 주제를 다시 강조하고 있다. 이는 아브라함 → 이삭 → 야곱으로 이어지는 언약의 계승 과정에서 혈통적·신앙적 순결을 유지하려는 의도적 행보를 보여준다. 라반은 리브가의 오라비로, 혈족 내에서의 결혼을 가능하게 하는 지정된 인물이다.

"이르렀다"는 표현은 단순한 지리적 도착을 넘어서, 언약 여정의 첫 성취 지점이라는 신학적 의미를 지닌다. 이는 후속 본문(창 29:1-2)에서 하나님이 섭리적으로 만남을 인도하시는 장면으로 더 확연히 드러난다.

족보 언급은 단순한 배경 설명이 아니라, 언약적 정통성을 강조하려는 장치이다. 또한 라반이 반복적으로 '아람 사람'으로 언급되는 것은, 그가 가나안 족속이 아닌 '구별된 혈통과 신앙의 배경'을 지닌 자임을 나타낸다. 이는 이스라엘 언약 백성으로서의 정체성과 거룩함을 보여주는 장치다. 야곱의 발걸음은 단순한 피신처럼 보일 수 있으나, 성경은 이를 하나님의 복을 향한 순종과 믿음의 여정으로 묘사한다. 그는 형 에서의 위협을 피해 도망치지만, 하나님은 그를 '지정된 장소'인 라반의 집으로 인도하심으로써, 인간의 약점과 두려움을 넘어서 자신의 뜻을 이루어 가신다.

결론적으로, 이삭이 야곱을 라반의 집으로 보낸 것은 단순한 가족적 연고 때문이 아니라, 가나안 족속과의 혼인을 피하고 신앙 공동체 내에서의 결혼이라는 언약적 원칙을 실천하기 위한 것이었다. 이는 단지 혈통의 문제가 아니라, 하나님의 백성으로서의 '거룩한 구별됨'을 실천하는 구체적 방법이며, 모세 율법(신 7:3-4)의 정신과도 깊이 연결된다.

B'. 갈등: 결혼 문제(28:6-9)

> 6 에서가 본즉 이삭이 야곱에게 축복하고 그를 밧단아람으로 보내어 거기서 아내를 맞이하게 하였고 또 그에게 축복하고 명하기를 너는 가나안 사람의 딸들 중에서 아내를 맞이하지 말라 하였고 7 또 야곱이 부모의 명을 따라 밧단아람으로 갔으며 8 에서가 또 본즉 가나안 사람의 딸들이 그의 아버지 이삭을 기쁘게 하지 못하는지라 9 이에 에서가 이스마엘에게 가서 그 본처들 외에 아브라함의 아들 이스마엘의 딸이요 느바욧의 누이인 마할랏을 아내로 맞이하였더라

이삭이 야곱에게 축복하고 그를 밧단아람으로 보낸 것을 보았다. 여기서 '본즉'(히브리어: וַיַּרְא, 바야르)는 단순히 '보았다'는 의미를 넘어서, 어떤 사실을 인지하고 거기에 반응한 상황을 나타낸다. 에서는 이제야 비로소 자신이 왜 축복에서 제외되었는지를 부분적으로나마 인식하기 시작한다. 그는 야곱이 축복을 받은 후, "가나안 여인과 결혼하지 말라"는 구체적인 명령을 받았다는 점에 주목한다. 에서의 눈에는 결혼 대상과 장소 같은 외적 조건들이 언약 축복과 연결된 중요한 요소로 보였다. 그러나 그의 깨달음은 여전히 표면적이며 율법적 차원에 머물러 있다. 그는 언약의 본질이 하나님께 대한 신앙과 내면의 순종임을 보지 못했다. 단지 언약 백성의 외형을 모방하려는 데 그친다.

"야곱이 부모의 명을 따라 밧단아람으로 갔으며"라는 구절은 야곱의 즉각적이고도 전적인 순종을 강조한다. 히브리어 원문에는 의도적 반복이 나타나며, 야곱이 부모의 명령에 철저히 순종했다는 사실을 명확히 보여준다. 이 사실을 파

악한 에서는 갈등에 빠진다. 그는 부모가 가나안 여인과의 결혼을 싫어한다는 사실을 이제서야 진지하게 인식하게 된 것이다.

그러나 에서의 고민은 하나님 중심적 회개로 이어지지 않는다. 그는 여전히 사람의 시선과 평가를 의식한 감정적·인간 중심적 판단에 머물러 있다. "이에 에서가 이스마엘에게 가서 … 마할랏을 아내로 맞이하였더라"는 기록은 그가 가나안 여인들 외에 또 하나의 언약 밖 선택을 한 것임을 보여준다. 이스마엘은 아브라함의 아들이지만, 하나님의 언약에서 제외된 자손이다(창 21:12 참조). 에서가 마할랏을 아내로 맞은 것은, 겉보기에는 '언약 가문'과의 혼인처럼 보일지라도, 실상은 하나님의 뜻을 오해한 왜곡된 순종이었다. 마할랏이 '느바욧의 누이'라는 언급은 단순한 족보 정보가 아니라, 언약의 껍데기만을 흉내 내려는 에서의 행위를 드러낸다. 에서는 참된 회개 없이, 외형적으로 언약에 부합하려는 행동을 통해 신앙 없는 자가 언약을 흉내 내는 전형적인 인물로 나타난다.

결국 에서의 이러한 선택은 하나님과 더 멀어지는 행위였으며, 진정한 회개와 언약적 순종이 아닌, 형식적 수습에 불과한 것이었다. 이 장면은 인간의 노력과 외형적 종교성이 참된 언약 계승의 조건이 아님을 강하게 일깨워준다.

C'. 벧엘의 축복(28:10-22)

위 본문은 다섯 개의 요지들이 대칭구조 형태로 구성되어있다. 야곱의 형, 에서의 원한으로 하란에 있는 외삼촌 집으로 도망가면서 발생한 사건을 보여준다. 병행 구조상 갈등 → 축복으로 이어지는 내용이다.

가. 구조적 주해

C' 벧엘의 축복(28:10-22)

1. 집: 외삼촌 집으로 감   28:10
    2. 돌베개: 돌을 베고 잠   28:11

3. 반응 : 벧엘의 축복	28:12-15
1'. 집: 하나님의 집	28:16-17
2'. 돌베개: 돌베개에 기름을 부음	28:18-19
3' 반응: 야곱의 서원	28:20-22

다섯 개의 요지들 안에 3개의 키워드(집-돌베개-반응)가 반복되어 형성되어있다. 주제는 '벧엘의 축복'이다. 이 구조를 차례로 분석해 보면 다음과 같다.

1 / 1' '외삼촌의 집으로 감'(1)과 '하나님의 집'으로 대비된다(1').

2 / 2' '돌베개를 베고 잠'(2)과 '돌베개에 기름부음'에 관한 메시지로 대비된다(2').

3 / 3' 구조의 핵심 주제를 이루는 부분으로서 '벧엘의 축복'(3)과 '야곱의 서원'(3')을 보여준다. 이 반복된 병행구조의 특징상 3'에 중심주제가 있다. 야곱이 하나님께 서원하는 모습으로 반응한다.

나. 구속사적 의의

하나님의 임재 계시: 벧엘 사건은 하나님께서 언약 계승자에게 직접 임재와 동행을 약속하신 순간이다. 사닥다리 환상은 하늘과 땅을 잇는 중보자(그리스도)를 예표한다(요 1:51).

아브라함 언약의 갱신: 땅·자손·복의 약속이 아브라함 – 이삭에 이어 야곱에게도 동일하게 주어진다. 구속사의 계보가 이어짐이 확인된다.

하나님의 집의 시작: 벧엘은 훗날 성소·성전 신학의 기원이 되는 사건이다. 임마누엘(하나님이 함께 하심)의 약속이 신약의 교회, 성령 임재로 확장된다.

다. 신앙경주 적용

낯선 길에서도 하나님을 만나라: 야곱은 외삼촌 집으로 가는 두려움과 불확실 속에 있었지만, 하나님은 광야와 고독의 자리에서 임재를 보여주셨다. 신앙경주는 위기와 외로움 가운데서 더욱 하나님의 임재를 체험하는 길이다.

돌베개가 기념비로 바뀐다: 고난의 자리(돌베개)가 하나님 만남의 장소로 바뀌었다. 신앙경주는 시련조차 하나님의 집, 예배의 자리로 변화시키는 체험이다.

하나님께 서원하는 삶: 야곱은 서원으로 자신의 경주를 시작했다. 이는 단순한 약속이 아니라, 믿음의 응답과 헌신(십일조, 순종)의 표현이다. 신앙경주는 하나님의 은혜에 대한 응답의 삶으로 이어져야 한다.

라. 본문 해설

1. 집: 외삼촌 집으로 감(28:10)

> 10 야곱이 브엘세바에서 떠나 하란으로 향하여 가더니

"야곱이 브엘세바에서 떠나 하란으로 향하여 가더니"는 겉보기에 단순한 이동 서술이지만, 언약 계승자 야곱의 인생 여정을 보여주는 매우 중요한 장면이다. 지금 야곱은 브엘세바에서 떠나 하란 외심촌의 집으로 향하고 있다. 브엘세바는 아브라함과 이삭이 머물렀던 언약의 땅이다(창 21:33; 26:23-25). 그러나 지금 야곱은 이 언약의 땅을 '떠나는' 상황에 놓여있다. 야곱의 '브엘세바 떠남'은 언약의 확장을 위한 일시적 유배라고 해도 과언은 아니다. 그는 아버지 이삭의 축복을 받았고, 지금부터 '언약 계승자'로서의 여정을 걷게 된다.

하란은 아브라함이 처음 부르심을 받은 지역(창 12:1)이며, 리브가의 고향이기도 하다. 이는 하나님의 섭리 가운데 아내를 얻기 위한 목적지가 된다. 야곱은 하나님의 언약을 따라 정해진 여정을 가고 있는 것이다. 히브리어 וַיֵּלֶךְ(와예레크)는 '그가 갔다'는 단순한 동사지만, 성경에서 중요한 인물의 여정을 시작할 때 자주 사용된다(창 12:4, 출 3:1, 삼상 16:4). 그가 지금 떠나는 여정은 하나님의 사람으로 다듬어지는 연단의 과정이다. 이런 과정을 야곱의 신앙경주라고 할 수 있다. 하나님의 언약을 받은 자라 하더라도 곧바로 축복을 누리는 것이 아니라, 종종 광야와 같은 여정을 거치며 훈련과 연단을 받는 것이다. 저자는 지금 갈등과 축복 사이에서 믿음의 삶을 살고 있는 야곱이 외삼촌의 집으로 출발하는 모습을 소개하고 있다.

2. 돌베개: 돌을 베고 잠(28:11)

> 11 한 곳에 이르러는 해가 진지라 거기서 유숙하려고 그 곳의 한 돌을 가져다가 베개로 삼고 거기 누워 자더니

야곱이 하란으로 가는 도중에 유숙할 곳에 '이르게' 된다. 히브리어 '파가(פָּגַע)'는 단순히 "도착하다"가 아니라, 우연히 마주치다, 또는 기도하다 라는 뜻도 있다(cf. 예레미야 7:16; 욥기 21:15). 그 곳은 무명의 장소인데, 이후 16절에서 "여호와께서 여기 계신 줄을 내가 알지 못하였다"고 말하며 '거룩한 장소'로 바뀐다. 하나님은 그곳을 계시와 언약의 자리로 예정하셨다. 그 곳에서 한 돌을 가져다가 베개로 삼았다. 그러나 이 돌베개는 후에 하나님의 임재를 상징하는 '기둥'이 된다(28:18). 야곱이 그것을 세워 기념비로 삼고 기름을 부으며, 벧엘(하나님의 집)이라 불렀다. 이렇게 야곱의 돌배개의 여정은 신앙경주 초반전의 시작을 알려준다.

3. 반응: 벧엘의 축복(28:12-15)

12 꿈에 본즉 사닥다리가 땅 위에 서 있는데 그 꼭대기가 하늘에 닿았고 또 본즉 하나님의 사자들이 그 위에서 오르락내리락 하고 13 또 본즉 여호와께서 그 위에 서서 이르시되 나는 여호와니 너의 조부 아브라함의 하나님이요 이삭의 하나님이라 네가 누워 있는 땅을 내가 너와 네 자손에게 주리니 14 네 자손이 땅의 티끌 같이 되어 네가 서쪽과 동쪽과 북쪽과 남쪽으로 퍼져나갈지며 땅의 모든 족속이 너와 네 자손으로 말미암아 복을 받으리라 15 내가 너와 함께 있어 네가 어디로 가든지 너를 지키며 너를 이끌어 이 땅으로 돌아오게 할지라 내가 네게 허락한 것을 다 이루기까지 너를 떠나지 아니하리라 하신지라

이 본문은 창세기 전체 구조에서 핵심 주제로 자리 잡고 있다. 이른바 '벧엘의 축복'은 야곱의 생애에서 결정적인 전환점이자, 하나님께서 야곱에게 직접 언약을 확증하신 사건으로, 신학적으로 매우 중요한 의미를 지닌다. 하나님의 임재, 언약의 갱신, 사명과 보호의 약속이라는 세 가지 축으로 구성되어 있으며, 야곱 개인의 인생뿐 아니라 이스라엘 민족의 정체성을 형성하는 초석이 된다.

"사닥다리"(히브리어 סֻלָּם, *sullam*)는 성경 전체에서 유일하게 등장하는 표현으로, '계단' 혹은 '하늘과 연결된 성소의 통로'를 의미한다. "하나님의 사자들"이 오르락내리락하는 장면은 하나님의 주권적 통치와 지속적인 활동, 그리고 보호와 감독하심을 상징한다. 이는 인간이 스스로 하늘에 이르려고 했던 바벨탑 사건(창 11장)과 대조를 이루며, 하나님께서 먼저 내려오시는 방식, 곧 은혜의 언약을 보여주는 장면이다.

"여호와께서 그 위에 서서 이르시되…"라는 표현은 하나님께서 직접 계시자로 임하신 사건을 묘사한다. 이는 주권자, 임재자, 계시자로서의 하나님의 모습을 강조하며, 그분이 야곱과 인격적으로 만나고 계심을 보여준다. 하나님은 자신을 "아브라함과 이삭의 하나님"이라 밝히시며, 언약의 연속성과 신실함을 선

언하신다.

　"네가 누워 있는 땅을 네게 주리라"는 약속은 창세기 13:14-17 및 15:18에 나타난 땅에 대한 언약의 재확인이다. 이 약속을 통해 하나님은 더 이상 야곱에게 부모의 하나님으로 머무르지 않고, 야곱의 하나님으로 개인적인 관계 속에 들어오신다. 이는 신앙의 세대 간 전승뿐 아니라, 개인적 확신과 응답의 중요성을 보여주는 대목이다.

　"네 자손이 땅의 티끌같이 되어 …"라는 말씀은 수적 번성과 세계적 확장을 상징한다. "서쪽과 동쪽, 북쪽과 남쪽으로 퍼지리라"는 표현은 지리적 포괄성과 함께, 이스라엘이 열방을 향한 복의 통로가 될 것을 암시한다. 이 말씀은 선교적 정체성의 기초이며, 하나님의 나라가 야곱의 후손을 통해 확장될 것이라는 선언이다.

　"내가 너와 함께 있어 …"는 하나님의 네 가지 언약적 약속을 담고 있다.

　　(1) "너와 함께 있겠다" – 하나님의 임재(임마누엘의 약속),
　　(2) "네가 어디로 가든지 너를 지키겠다" – 하나님의 보호,
　　(3) "너를 이끌어 이 땅으로 돌아오게 하겠다" – 귀환의 약속,
　　(4) "내가 네게 허락한 것을 다 이루기까지 너를 떠나지 않겠다"
　　　　 – 언약 성취의 보증.

　이 약속은 도망자 신세의 야곱에게 주어진 것으로, 하나님의 언약은 인간의 감정이나 상황과 무관하게 반드시 성취됨을 보여준다. 신약에서는 이 약속이 예수 그리스도의 선언을 통해 다음과 같이 확대된다:

　"내가 세상 끝날까지 너희와 항상 함께 있으리라"(마 28:20).

　야곱은 비록 형의 분노를 피해 도망치는 초라한 신세였지만, 하나님은 그를 언약 계승자요 열방을 향한 복의 통로로 부르셨다. 하나님은 인생의 가장 낮은 자리 —돌베개를 베고 외로운 광야에 누워 있던 그 순간— 에서 임하셨고 말씀하셨

다. 이것은 곧, 하나님의 임재는 우리가 처한 환경이나 상태에 제한되지 않으며, 신실하게 약속을 이루시는 하나님이심을 증거하는 사건이다.

결론적으로, 야곱의 벧엘 체험은 신앙경주의 출발점이자, 언약 백성으로서의 소명과 사명을 부여받는 장면이다. 우리 또한 야곱처럼 두려움과 불확실함 속에서도 하나님의 약속을 붙들고, 신앙의 여정에서 믿음의 승리자로 나아가야 할 것이다.

4.(1') 집: 하나님의 집(28:16-17)

16 야곱이 잠이 깨어 이르되 여호와께서 과연 여기 계시거늘 내가 알지 못하였도다
17 이에 두려워하여 이르되 두렵도다 이 곳이여 이것은 다름 아닌 하나님의 집이요
이는 하늘의 문이로다 하고

야곱이 잠에서 깨어난 후 즉시로 반응을 보인다. "여호와께서 과연 여기 계시거늘 내가 알지 못하였도다." 이 구절은 하나님의 임재가 있는 곳임을 뒤늦게 깨달았다. 이는 하나님의 임재는 우리의 인식이나 감정에 제한되지 않고 그분의 언약과 말씀을 따라 계시된다. "알지 못하였도다"라는 고백은 야곱의 미숙한 신앙 상태 드러낸다. 자신이 형의 분노로 하란으로 피신을 가고 있지만 하나님이 지켜주시고 계시는지를 몰랐던 것 같다. 그리고 동시에 깨달음의 시작이 된다. 그래서 그는 그곳을 '하나님의 집'(בֵּית אֱלֹהִים, 베트 엘로힘)이라고 불렀다. 야곱이 그 자리를 거룩한 장소로 인식했음을 의미한다. 하나님이 임재하신 장소로서 자신에게 복주신 특별한 장소라는 것을 깨닫게 되었다. 그리고 '하늘의 문'은 하늘과 땅이 연결되는 통로, 즉 하나님의 계시가 임하는 장소를 의미한다. 야곱은 처음으로 '하나님의 임재가 있는 공간'을 경험한 사람이 되었다.

5.(2') 돌베개: 기름을 부음(28:18-19)

18 야곱이 아침에 일찍이 일어나 베개로 삼았던 돌을 가져다가 기둥으로 세우고 그 위에 기름을 붓고 19 그 곳 이름을 벧엘이라 하였더라 이 성의 옛 이름은 루스더라

야곱이 벧엘에서 경험한 하나님의 임재와 계시 이후의 반응을 기록한 본문이다. 이전 구절(12-15절)에서 주어진 하나님의 일방적인 언약적 약속에 대해 믿음으로 응답하는 장면이다. 특히 이 장면은 "돌베개 → 기둥 → 벧엘"이라는 변화를 통해 야곱의 신앙이 처음으로 자각되고 표현되는 전환점이다. 야곱이 돌베개를 기둥(מַצֵּבָה, 마쎄바)으로 세우고 기름을 붓는 행위는 두 가지 상징을 뜻한다:

(1) **예배적 헌신**: 하나님의 임재에 대한 응답으로 드려진 최초의 제사 없는 예배.
(2) **기념적 표시**: '하나님이 말씀하신 장소'에 대한 표지로, 후일에도 기억되게 하기 위함.

기름 붓는 행위는 구약에서 거룩하게 구별하는 것(성별, 왕·제사장 위임 등)의 상징이다(출 30:26; 삼상 10:1). 야곱은 그 장소와 돌을 하나님께 드리는 헌신의 예배처로 세움으로써 자신의 첫 신앙 고백을 행동으로 표현했다. "그곳 이름을 벧엘이라 하였더라." "벧엘"(בֵּית-אֵל)은 '하나님의 집'이란 뜻이며, 이전 이름은 '루스'(루즈)라는 평범한 지명이었다. 장소의 이름이 바뀌는 것은 거룩하게 구별됨을 의미한다. 하나님의 임재는 무명의 장소도 거룩하게 변화시킨다. 이렇게 야곱이 잠든 돌베개 자리는 하나님과의 언약의 터전이 되었다.

6.(3') 반응: 야곱이 서원함(28:20-22)

20 야곱이 서원하여 이르되 하나님이 나와 함께 계셔서 내가 가는 이 길에서 나를

지키시고 먹을 떡과 입을 옷을 주시어 21 내가 평안히 아버지 집으로 돌아가게 하시

오면 여호와께서 나의 하나님이 되실 것이요 22 내가 기둥으로 세운 이 돌이 하나님

의 집이 될 것이요 하나님께서 내게 주신 모든 것에서 십분의 일을 내가 반드시 하나

님께 드리겠나이다 하였더라

반복된 병행구조에서는 3과 3' 요지가 모두 중심 주제이지만 끝에 놓여 있는 이곳이(3') 핵심적인 주제를 담고 있다. 야곱이 하나님께 서원을 한다. 하나님의 임재와 언약의 약속(28:13-15)을 경험한 후, 믿음으로 응답하며 서원하고 있다. 이 본문은 야곱의 첫 신앙 고백적 서원이다. 히브리어 '서원하다'(נָדַר, nādar)는 하나님께 드리는 신성한 약속으로, 레위기, 민수기, 시편에서 경건한 헌신의 형태로 나타난다. 야곱은 하나님께 조건부로 서원한다. 하나님의 임재, 보호, 생존(양식과 의복), 귀환의 4가지 필요를 언급하며, 이를 언약적 조건으로 내세우고 있다.

야곱의 서원은 조건적 신앙고백처럼 보이지만, 하나님께서 주신 언약은 무조건적이다. 야곱은 아직도 **경험적 확인**을 통해 믿음이 자라나는 인물이다. 한마디로 아직 어린아이와 같은 신앙이다. 이것은 계시 앞에서 인간의 서투른 응답이자, 동시에 믿음의 씨앗이 움트는 출발점이고 할 수 있다. 그런 후 야곱은 엉뚱하게 "십분의 일을 드리겠나이다"라고 고백한다. 이는 구약에서 하나님께 드리는 헌신과 예배적 응답의 상징이다(cf. 아브라함 - 창 14:20). 율법 이전 시대임에 십일조는 자발적 신앙고백의 행위로 표현되고 있다. 야곱은 단순한 구호나 감사로 끝나지 않고, 신앙을 실천으로 표현하는 결단을 내린다. 이는 후일 이스라엘 민족이 성소에서 드리게 될 공적 예배와 십일조 규례의 신앙적 기초가 된다.

끝으로 세 가지 키워드 "집 → 돌베개 → 행위(축복과 서원)"이라는 키워드의 흐름은 예배의 본질이 임재의 장소로부터 출발함을 보여준다. 야곱은 이 장소를 예배의 자리, 즉 하나님의 집(벧엘)으로 삼겠다고 서약한 것이다. 이처럼 야곱은 처음으로 자신의 언어로 신앙을 고백하고, 앞으로 하나님의 인도하심을 따라 살겠다고 결단한다. 이 고백은 창세기 35장에서 더 성숙하게 재확인된다.

D' 갈등: 외삼촌(29:1-30)

가. 구조적 주해

창세기 29장은 총 여섯 개의 요지들이 반복된 병행구조를 이루고 있다.

D' 갈등: 외삼촌(29:1-30)

1. **만남**: 목자들을 만남	29:1-4
2. **라반**: 라반을 아냐고 물음	29:5-8
3. **라헬**: 라헬을 만남	29:9-12a
1'. **만남**: 외삼촌을 만남	29:12b-13
2'. **라반**: 라반과 품삯을 논의함	29:14a-15
3'. **라헬**: 라헬을 사랑함/7년 더 일함	29:16-30

본문의 중심 주제는 '외삼촌과의 갈등'이며, 그 갈등의 시작은 만남으로부터 비롯된다. 전체 구조를 순차적으로 분석하면 다음과 같다. 두 번 반복된 병행 구조가 세 개의 키워드(만남, 라반, 라헬) 중심으로 구성되었다.

1 / 1': '목자들을 만남'(29:1-8)과 '외삼촌과의 만남'(29:13-14)은 야곱이 새로운 땅에서 첫 관계들을 맺는 과정으로 서로 대응된다.

2 / 2': '라반을 아느냐고 물음'(29:4-5)과 '라반과 품삯을 논의함'(29:15-20)은 라반과의 인식과 거래적 관계로 연결된다.

3 / 3': '라헬을 만남'(29:9-11)과 '라헬을 사랑함'(29:18-20)은 라헬과의 첫 만남에서 사랑으로 이어지는 관계의 진전을 보여준다.

이와 같이 세 쌍의 요지들이 전후에서 반복되며 병행구조(parallelism)를 형성하고 있다. 히브리 내러티브의 대표적인 의사소통 방식 중 하나인 이 구조는 사건들을 상호 대응시키면서 주제를 더욱 선명하게 부각시킨다.

특히 병행구조의 특징상 가장 안쪽에 위치한 요지 3과 3', 즉 '라헬과의 만남' 과 '라헬을 사랑함'이 본문의 중심 주제를 전달한다. 이는 단순한 연애 감정을 넘어, 야곱의 헌신과 라반과의 갈등의 시발점이 되었으며, 이후 벌어지는 결혼과 품 삯 문제, 자녀 출산 경쟁, 그리고 가정 내 긴장 구조로 확장된다.

결국, 이 구조는 야곱의 인생 전환점이자, 언약 백성으로서의 훈련과 성숙 과 정의 서막을 보여주는 서사적 장치이다. 하나님의 섭리는 인간의 감정과 갈등을 넘어서 작동하고 있으며, 이 과정을 통해 야곱은 언약의 중심 인물로 다듬어져 가는 중이다.

나. 구속사적 의의

언약 계승자의 연단: 하나님은 야곱을 외삼촌 라반의 집에서 속임과 고난 을 통한 훈련 속에 두신다. 이는 야곱의 성품을 다듬어 언약 계승자로 세 우려는 과정이다.

속이는 자가 속임을 당함: 야곱이 아버지를 속였던 사건(27장)의 패턴이 라 반에게 반복된다. 이는 죄의 결과와 하나님의 공의를 보여주는 동시에, 언 약 계승자를 교정하는 하나님의 섭리를 드러낸다.

언약의 보존: 비록 인간적 갈등과 속임이 있었지만, 하나님은 라헬과 레아 를 통해 열두 지파의 씨앗을 준비하신다. 구속사의 큰 그림은 사람의 불 의에도 무너지지 않는다.

언약 계승의 확장: 레아·라헬, 그리고 두 여종을 통해 이스라엘 열두 지파의 기반이 마련된다. 인간의 불완전한 사랑과 거래 같은 상황 속에서도 하나 님의 구속사는 진행된다.

대조의 구속사 원리: 첫 7년은 속임과 좌절, 둘째 7년은 사랑과 헌신. 인간

의 시행착오 속에서도 하나님의 뜻은 계보 확립이라는 더 큰 목적을 향해 나아간다.

다. 신앙경주 적용

만남 속에 숨은 하나님의 인도: 길 위에서 목자를 만나고, 라헬을 만난 사건은 우연이 아니라 하나님의 섭리적 인도이시다. 신앙경주는 모든 만남 속에서 하나님의 손길을 발견하는 여정이다.

관계의 갈등을 통한 연단: 라반과의 갈등은 야곱에게 겸손과 인내를 훈련하는 훈련장이 된다. 신앙경주는 사람과의 관계 속에서 자기 성품을 다듬는 과정이다.

사랑과 헌신의 대가: 야곱은 라헬을 사랑하여 14년 봉사했다. 이는 헌신적 사랑이 신앙경주 속에서 얼마나 큰 인내를 요구하는지 보여준다.

속임을 넘어서는 은혜: 속임과 갈등 속에서도 하나님의 언약은 계속 이어진다. 신앙경주는 사람의 실패에도 불구하고 하나님의 은혜가 더 크다는 것을 배우는 길이다.

라. 본문 해설

1. 만남: 야곱이 목자들을 만남(29:1-4)

1 야곱이 길을 떠나 동방 사람의 땅에 이르러 2 본즉 들에 우물이 있고 그 곁에 양 세 떼가 누워 있으니 이는 목자들이 그 우물에서 양 떼에게 물을 먹임이라 큰 돌로 우물 아귀를 덮었다가 3 모든 떼가 모이면 그들이 우물 아귀에서 돌을 옮기고 그 양 떼에게 물을 먹이고는 우물 아귀 그 자리에 다시 그 돌을 덮더라 4 야곱이 그들에게 이르되 내 형제여 어디서 왔느냐 그들이 이르되 하란에서 왔노라

본문은 야곱이 밧단아람(동방 사람의 땅)으로 도착해 라반의 집안과 연결되는 첫 단초가 되는 장면으로, 단순한 만남 이상의 신학적 의미를 담고 있다. 야곱이 길을 떠나서 하란으로 갔다. 부모의 명령에 따라 하란으로 향하지만, 실제 여정의 결과는 단순한 인간의 결정이 아니라 하나님의 인도하심 아래 있다. 하나님께서 벧엘에서 야곱에게 약속하신 보호(28:15)가 실제로 실현되어 가는 여정이 본 장면에서 시작된다. 들에 있는 우물은 유목민 공동체의 것이다. 그런데 한 떼가 임의로 물을 먹이는 것이 아니라, 모든 떼가 모였을 때 우물의 돌을 옮기고 물을 먹이는 공동체적 질서가 존재한다. 이는 당시 고대 근동의 공동체 중심의 협력 구조를 반영하는 동시에, 야곱이 속해 있던 집안의 갈등 구조(형과의 경쟁)와는 대조를 이룬다. 야곱이 "어디서 왔느냐" 고 물었더니 "하란에서 왔다"고 대답한다. 하란은 아브라함과 리브가, 라반이 머물던 곳으로, 언약의 계보가 이어질 장소이기도 하다. 이로써 야곱은 라헬을 만나게 될 기회를 얻는다. 하나님께서 야곱을 언약 성취의 여정으로 구체적으로 인도하고 계심을 드러내고 있다.

2. 라반: 외삼촌을 아느냐고 물음(29:5-8)

5 야곱이 그들에게 이르되 너희가 나홀의 손자 라반을 아느냐 그들이 이르되 아노라 6 야곱이 그들에게 이르되 그가 평안하냐 이르되 평안하니라 그의 딸 라헬이 지금 양을 몰고 오느니라 7 야곱이 이르되 해가 아직 높은즉 가축 모일 때가 아니니 양에게 물을 먹이고 가서 풀을 뜯게 하라 8 그들이 이르되 우리가 그리하지 못하겠노라 떼가 다 모이고 목자들이 우물 아귀에서 돌을 옮겨야 우리가 양에게 물을 먹이느니라

야곱이 그들에게 이르되, "너희가 나홀의 손자 라반을 아느냐?" 하니 그들이 대답하되, "아노라." 야곱이 다시 묻기를, "그가 평안하냐?" 하니, "평안하니라. 그의 딸 라헬이 지금 양을 몰고 오고 있다"고 말하였다. 야곱이 말하기를, "해가 아직 높으니 가축이 모일 때가 아니다. 양에게 물을 먹이고 가서 풀을 뜯게 하

라.” 그러자 그들이 대답하기를, “우리는 그렇게 하지 못하노라. 모든 떼가 다 모이고, 목자들이 우물 아귀에서 돌을 옮긴 후에야 양에게 물을 먹일 수 있느니라.”

이 짧은 대화는 단순한 만남 이상의 신학적 함의를 지닌다. 야곱은 아브라함 가문의 뿌리를 따라 외삼촌 라반을 찾고자 하며, 그 질문은 곧 언약의 계승 여정 속에서의 정체성과 연결성을 확인하는 행위이다. 여기서 야곱은 단순히 ‘라반’의 이름만 언급하지 않고, “나홀의 손자”라고 명시한다. 이는 자신의 혈통과 하나님의 언약 가문과의 연결성을 분명히 하고자 하는 의도로 볼 수 있다. 나홀은 아브라함의 형제로, 그 자손인 라반은 리브가의 오라비이며, 아브라함이 그의 종 엘리에셀을 보낼 때도 이 가문이 결혼 대상이 되었다(창 24장).

야곱은 언약 계승자로서 자신이 걸어야 할 정결한 혼인의 길을 인식하고 있는 것이다. 야곱이 묻는 “평안하냐”는 단순한 인사말이 아니다. 히브리어 ‘샬롬’은 육체적 건강, 관계의 조화, 사회적 질서, 하나님의 보호와 복까지 포함하는 풍성한 개념이다. 그들의 대답 “평안하니라”는 라반 가문이 하나님의 보호와 공동체 질서 가운데 안정된 상태에 있음을 뜻한다. 이는 야곱에게 그곳이 결혼 대상지이자, 하나님의 섭리 안에 있는 안전한 환경임을 암시한다. “그의 딸 라헬이 지금 양을 몰고 오느니라”는 말은 극적 전환점이다. 야곱이 마침 라헬을 만나게 되는 이 장면은 하나님의 섭리와 타이밍을 보여준다. 라헬은 훗날 그의 아내가 되며 요셉과 베냐민을 낳는 언약 계보의 핵심 인물이다. 하나님은 야곱의 피난과 언약 여정을 이끌고 계셨음을 드러내시는 순간이다. 야곱은 해가 아직 높으니 양떼에 물을 먹이고 다시 풀을 뜯게 하라 제안한다. 이는 그가 혼자서 효율적으로 일하려는 사고를 드러낸다. 그러나 현지 목자들은 공동체 규범을 설명하며, “모든 떼가 모이고, 우물 아귀에서 돌을 옮긴 후에야 물을 먹인다”고 말한다. 이 장면은 공동체적 질서, 협동, 절제의 원리가 작동하는 문화를 보여주며, 야곱이 이제부터 새로운 삶의 질서에 적응해 가야 함을 암시한다.

결론적으로 이 장면은 야곱이 라반을 찾는 단순한 정보 수집 이상의 의미를 지닌다. 그는 자신의 정체성, 언약의 계승, 새로운 공동체 질서로의 진입이라는 중요한 여정의 문을 통과하고 있으며, 이 모든 과정이 하나님의 섭리 가운데 정교하게 짜여 있음을 보여준다. 특히 '샬롬'과 '라헬의 도착'은 야곱의 인생 전환점이 곧 도래하고 있음을 예고하는 상징적 장면이라 할 수 있다.

3. 라헬: 라헬을 만남(29:9-12a)

> 9 야곱이 그들과 말하는 동안에 라헬이 그의 아버지의 양과 함께 오니 그가 그의 양들을 치고 있었기 때문이더라 10 야곱이 그의 외삼촌 라반의 딸 라헬과 그의 외삼촌의 양을 보고 나아가 우물 아귀에서 돌을 옮기고 외삼촌 라반의 양 떼에게 물을 먹이고 11 그가 라헬에게 입맞추고 소리 내어 울며 12 그에게 자기가 그의 아버지의 생질이요 리브가의 아들 됨을 말하였더니

야곱이 목자들과 대화하고 있을 때, 라헬이 정확한 타이밍에 등장한다는 점은 우연이 아닌 섭리적 만남을 강조한다. 이는 창세기 24장에서 리브가가 종 엘리에셀 앞에 등장하는 장면과 병행되며, 하나님께서 주도하시는 언약적 만남의 패턴을 다시 보여준다.

야곱은 우물의 큰 돌을 혼자서 옮기고, 라헬의 양 떼에 물을 먹인다. 이는 당시 공동체적으로 돌을 옮기던 관습(29:8)을 깨는 행동으로, 야곱의 능동성, 부지런함, 책임감 있는 성품을 보여준다. 그는 단지 말로 자신을 소개하기 전에, 먼저 섬김을 실천함으로 자신이 누구인지를 드러낸다. 이 모습은 야곱의 초창기 '거짓말쟁이' 이미지와는 달리, 하나님의 섭리 아래 변화의 가능성을 지닌 인간으로서의 면모를 부각시킨다. 야곱은 라헬에게 입맞추고 울음을 터뜨린다. 고대 근동에서 입맞춤은 친족 간 인사나 정서적 친밀감을 표현하는 행위였다. 그의 울음은 단순한 감정 과잉이 아니라, 먼 길을 떠나 불안과 두려움 속에서 하나님의 인도하심을 확신하게 된 안도감의 표현이자, 자신의 정체성과 뿌리를 회복한 감격이라 할 수 있다. 야곱은 자신이 그녀의 아버지의 생질이며, 리브가의 아들임

을 그녀에게 알렸다(12a절).

이 장면은 야곱의 인생에서 하나님의 인도하심과 섭리가 실현되는 순간이며, 언약 계승자로서의 여정이 본격적으로 구체화되는 계기이다. 야곱은 자신이 리브가의 아들이며, 라반의 생질임을 밝힌다. 이 소개는 단순한 혈연 설명이 아니라, 자신이 언약 계승 가문에 속한 자라는 자기 선언이기도 하다. 이 자기 정체성의 고백을 통해 야곱은 처음으로 언약적 가문과의 재연결을 경험하게 된다.

이 장면은 도망자 야곱이 언약 계승자 야곱으로서 하나님의 인도하심 아래 회복되어 가는 첫 발걸음을 보여준다. 라헬과의 만남은 결혼의 서막이지만, 동시에 야곱이 하나님의 약속을 실현해 나갈 삶의 방향과 대상이 분명해지는 계기이다. 그는 외삼촌 라반의 집이라는 '피신처'에서 단순히 숨는 것이 아니라, 언약의 혈통과 신앙을 이어가기 위한 하나님의 통로로 세워지는 중이다.

4.(1') 만남: 외삼촌을 만남(29:12b-14a)

> 12b 라헬이 달려가서 그 아버지에게 알리매 13 라반이 그의 생질 야곱의 소식을 듣고 달려와서 그를 영접하여 안고 입맞추며 자기 집으로 인도하여 들이니 야곱이 자기의 모든 일을 라반에게 말하매 14 라반이 이르되 너는 참으로 내 혈육이로다 하였더라

이 짧은 본문은 단순한 친족 간의 재회 장면을 넘어, 하나님의 언약이 구체적으로 다음 단계로 나아가는 전환점을 담고 있다. 야곱이 라반과 처음 대면하는 이 장면은 아브라함 언약의 계승 과정속에서 결정적인 역할을 수행한다. "라헬이 달려가 그 아버지에게 이 소식을 알렸다"는 구절은, 창세기 24장에서 리브가가 아브라함의 종 엘리에셀을 만난 뒤 집으로 달려가 알렸던 장면(24:28)과 평행을 이룬다. 두 사건 모두 하나님의 섭리 안에서 언약 계승자가 등장하는 전형적인 서사 구조를 보여준다. 하나님은 여인의 '전달자' 역할을 통해 언약의 흐름을 연

결하시며, 가정 내 신앙의 계승 또한 여성의 헌신을 통해 이루어지는 중요한 사역임을 강조하신다. 이는 여성 역시 언약 역사 속에서 중요한 매개자임을 암시한다.

라반은 야곱을 보자마자 달려 나와 그를 껴안고 입맞춘 후 집으로 인도한다. 이는 고대 근동 문화에서 가까운 혈족에게만 허용된 환대의 방식으로, 신뢰와 존중, 환영의 감정이 담긴 표현이다. 이러한 신체적 행동은 이 만남이 하나님의 뜻 안에서 환영받고 지지받고 있음을 상징한다. 라반의 행동은 과거 리브가를 보낼 때 아브라함의 종에게 베풀었던 환대(창 24:29-33)와 상응하며, 이는 곧 언약 공동체 사이의 상호 인정이라는 신학적 의미를 공유한다. 야곱이 라반에게 자신의 모든 일을 말하는 것은, 단순한 경과 보고가 아니라, 과거 속임과 도망, 그리고 하나님의 인도하심까지 포함된 삶의 고백이다. 이는 야곱의 자기 이해와 영적 반성의 시작으로 해석될 수 있으며, 라반 집에서의 새로운 훈련과 변화의 전조로도 볼 수 있다.

라반이 "너는 참으로 내 혈육이로다"라고 말하는데 이것은 단순한 가족 인정이 아니다. 히브리어로는 "אַךְ עַצְמִי וּבְשָׂרִי אָתָּה", "너는 정말 내 뼈와 살이다"라는 강한 혈족이라는 것을 동일시한다(cf. 창 2:23). 이 표현은 야곱이 라반 집안의 정식 구성원으로 받아들여졌음을 보여주며, 곧 시작될 결혼과 언약 계보의 계승을 위한 기반을 다지는 선언이다. 이 장면은 단순한 가족 재회의 감정적 순간이 아니라, 하나님의 섭리와 언약 계승 계획이 정확한 사람, 정확한 장소, 정확한 시점에 이루어지고 있음을 보여준다.

가족 간의 만남을 넘어 하나님의 언약 여정이 구체화되고 있다. 이 만남은 단순한 재회가 아닌, 섭리와 언약의 실현을 위한 시작으로 중요한 의미를 지닌다. 라헬은 야곱의 아내가 될 인물이다. 그녀가 '달려가서 알리는 행동'은 과거 리브가가 아브라함의 종을 만난 후 자기 집으로 달려가 알린 장면(창 24:28)과 평행 구조를 이룬다. 이는 하나님의 섭리 아래 언약의 계보를 잇는 여인의 역할이 반복됨을 시사한다. 하나님은 구속사의 흐름에서 여인의 역할을 통해 언약을 잇는 중요한 전환점을 마련하신다.

5.(2') 라반: 품삯을 제의함(29:14b-15)

14b 야곱이 한 달을 그와 함께 거주하더니 15 라반이 야곱에게 이르되 네가 비록 내 생질이나 어찌 그저 내 일을 하겠느냐 네 품삯을 어떻게 할지 내게 말하라

위 본문은 라반이 야곱에게 품삯을 제의하는 내용이다. 야곱이 라반의 집에서 머무르며 새로운 삶을 시작하는 전환점이며, 동시에 인간적 계산과 하나님의 섭리가 교차하는 언약 이야기의 중요한 준비 단계이다. 이 짧은 본문은 노동, 보상, 관계, 언약 실현의 틀에서 신학적으로 깊은 의미를 지닌다.

야곱이 라반의 집에 거주한지 한 달이 되었다. 라반이 야곱에게 대안을 제시한다. 무엇인가 일할 기회를 제공하고 있다. 그리고 일한 대가로 품삯을 어떻게 했으면 좋을지를 묻고 있다. 라반은 야곱을 반갑게 맞이해 주었고 또한 직업과 더불어 품삯도 준다고 하니 얼마나 고마운 일인지 모른다. 그러나 라반은 가족 관계와 경제적 관계 사이의 긴장을 보여주는 말로, 이후 라반의 계산적인 태도의 복선이기도 하다. 이 품삯에 대한 말은 야곱에게 주체적 선택권을 주는 것처럼 보이지만, 사실은 라반이 주도권을 잡고 관계를 계약화 하려는 시도로 볼 수 있다. 야곱은 지금 타지에서 신분도, 소유도 없는 상태에서 일할 수밖에 없는 처지에 놓여 있고, 이 상황은 그가 전적으로 하나님의 도우심에 의지할 수밖에 없는 현실을 보여 준다.

6.(3') 라헬: 라헬을 사랑해서 7년을 더 일함(29:16-30)

가. 구조적 주해

라헬을 사랑함(29:16-30)

a. 두 딸: 레아와 라헬   16-17

b. 7년: 라헬을 위해 7년	18-20
c. 라헬: 라헬 대신 레아/실바	21-24
d. 반응: 라반을 원망	25
a'. 두 딸: 작은 딸 먼저주지 않음	26
b'. 7년: 라헬을 위해 7년을 더 일함	27-28a
c'. 라헬: 라헬/빌하	28b-29
d'. 반응: 라헬을 사랑	30

이 본문은 총 8개의 요지들로 구성되었으며, 4개의 주요 키워드가 반복되는 병행 구조(parallel structure)로 구성되었다. 이 구조는 야곱이 라헬을 사랑함으로 속임을 당하면서도 7년을 더 참고 봉사하는 중심 사건을 기초로 전개된다. 각 항목은 짝을 이루며 다음과 같이 정리된다.

1 / 1' (두 딸): '레아와 라헬'의 소개(29:16-17)와, '레아를 먼저 주는 사건'(29:23-26)이 대응된다. 이는 언약의 혈통 계승에 있어 첫째와 둘째의 긴장을 보여준다.

2 / 2' (7년): '라헬을 얻기 위해 7년 동안 봉사함'(29:18-20)과, '속임 이후 다시 7년을 더 일함'(29:27-30)이 연결된다. 이는 야곱의 인내와 사랑, 그리고 섭리적 수용의 태도를 드러낸다.

3 / 3' (라헬): '라헬 대신 레아/실바를 줌'(29:23-24)과, 나중에 '라헬과 빌하가 함께 언급됨'(30:3-7)이 대응된다. 이는 아내와 여종 사이에서 언약 계승이 어떻게 이루어지는지를 암시한다.

4 / 4' (반응): '라반을 원망함'(29:25 26)과, '라헬을 더 사랑함'(29:30)으로 구성되었다. 이 마지막 쌍은 병행구조의 중심 주제를 드러내며, 인간의 감정적 반응 속에서도 하나님의 섭리가 진행되는 것을 암시한다.

이와 같이 4개의 키워드를 통해 구성된 병행구조는 야곱의 사랑과 인내, 라반의 속임, 하나님의 주권, 언약의 전개라는 신학적 테마를 구조적으로 보여준다. 특히 마지막 항목인 4'의 "라헬을 사랑함"은 구조상 중심 메시지로, 하나님의 뜻 안에서 이스라엘의 12지파가 어떻게 태동되었는지를 보여주는 결정적 단서가 된다.

나. 본문 해설

1.(a) 두 딸: 레아와 라헬(29:16-17)

> 16 라반에게 두 딸이 있으니 언니의 이름은 레아요 아우의 이름은 라헬이라 17 레아는 시력이 약하고 라헬은 곱고 아리따우니

야곱이 라반의 질문에 답을 한다. 돈을 벌기 위해 하란에 온 것이 아니라 결혼하기 위한 목적의식을 잃지 않고 처음 만난 라헬을 마음에 들어 했다. 물론 라헬의 외모가 곱고 아리땁지만 그는 무엇보다 라헬의 내적인 면에 마음에 담아 두었다. 창세기 29:16-17은 야곱이 라헬을 사랑하게 된 배경으로, 라반의 두 딸 레아와 라헬에 대한 소개이다. 이 본문은 단순한 외모 비교가 아니라, 하나님의 언약 계승자 가문에 속한 여인들을 소개하는 서사 설교적 장치이며, 이후 야곱의 결혼 서사를 전개하기 위한 핵심 전환점이다.

이렇게 두 딸이 소개된다. 언니의 이름은 레아요, 아우의 이름은 라헬이다. 이 구절은 두 여성의 가족의 위치를 강조하면서, 이후 장자권과 언약 계승권의 문제를 전개하는 이중적 역할을 한다. 언니 레아는 먼저 시집가야 하는 당시 문화적 배경에서도 중요하고, 나중에 실제로 언약 계승자인 유다를 낳게 되는 축복의 통로가 된다. 반면 아우 라헬은 외모가 뛰어날 뿐 아니라 야곱의 첫눈에 반한 대상이며, 요셉과 베냐민의 어머니로서 이스라엘 역사 안에서 특별한 역할을 한다. 이렇게 야곱의 결혼 문제는 이삭과 리브가가 가장 중요하게 여기는 우선순위이며 하나님의 선택과 인도 속에서 어떻게 구속사(救贖史)가 전개될지

를 암시하는 장치이다. 실제로는 외적으로 주목받지 못한 레아가 야곱의 첫 아내가 되고, 더 많은 자녀를 낳으며 언약 계보의 핵심을 이루게 된다. 그러나 하나님의 섭리 가운데 두 여인의 자녀들과 여종들의 자녀들은 모두 구속역사의 쓰임을 받게 된다.

2.(b) 7년: 라헬을 위해 7년(29:18-20)

> 18 야곱이 라헬을 더 사랑하므로 대답하되 내가 외삼촌의 작은 딸 라헬을 위하여 외삼촌에게 칠 년을 섬기리이다 19 라반이 이르되 그를 네게 주는 것이 타인에게 주는 것보다 나으니 나와 함께 있으라 20 야곱이 라헬을 위하여 칠 년 동안 라반을 섬겼으나 그를 사랑하는 까닭에 칠 년을 며칠 같이 여겼더라

창세기 29:18-20은 야곱의 라헬에 대한 사랑과 섬김, 그리고 언약 백성으로서의 헌신과 인내의 표현이 담긴 중요한 본문이다. 이 구절은 결혼 계약을 넘어, 하나님의 언약 성취에 이르는 과정속에서 인간의 사랑과 희생, 그리고 섭리가 어떻게 연결되는지를 보여준다.

야곱은 라헬을 위해서 외삼촌에게 칠 년을 섬기겠다고 말한다. 특히 "라헬을 더 사랑하므로"라는 표현은 이후 레아와의 관계, 자녀 출산 경쟁, 신앙적 갈등을 예고한다. 라반이 "그를 네게 주는 것이 낫다 …"라고 외형상 긍정적인 태도를 보이지만, 그 말에는 모호함과 계산이 섞여 있다. 그는 분명히 라헬을 준다고 약속하지 않는다. 이는 라반의 계산적인 성향과 이후 야곱을 속일 의도를 암시하는 서사적 장치이다. 야곱이 라헬을 사랑하기에 칠 년을 며칠같이 여겼다. 이것은 사랑이 인내를 가능하게 하는 원동력임을 보여준다. 야곱의 칠 년은 하나님의 언약 성취를 위한 준비 기간일 뿐 아니라 야곱 인격의 연단 과정이기도 하다. 여기서 "섬겼다"는 동사는 히브리어 '아바드'(עָבַד)로, 예배나 하나님께 드리는 봉사에도 사용되는 단어이다. 즉, 야곱의 라헬에 대한 사랑은 하나님의 섭리 속에서 신

실한 봉사로 드려진 시간이었다.

3.(c) 라헬: 라헬 대신 레아/실바(29:21-24)

> 21 야곱이 라반에게 이르되 내 기한이 찼으니 내 아내를 내게 주소서 내가 그에게 들
> 어가겠나이다 22 라반이 그곳 사람을 다 모아 잔치하고 23 저녁에 그의 딸 레아를
> 야곱에게로 데려가매 야곱이 그에게로 들어가니라 24 라반이 또 그의 여종 실바를
> 그의 딸 레아에게 시녀로 주었더라

위 본문은 야곱이 라헬과 결혼하려 했지만 라반에게 속아 레아와 먼저 결혼
하게 되는 장면으로, 매우 역설적이고도 신학적으로 깊은 의미를 담고 있는 본
문이다. 이 장면은 야곱의 인생에서 중요한 전환점이자, 과거의 속임(형 에서를
속인 일)과 하나님의 훈련, 그리고 언약의 섭리적 성취가 교차하는 지점이 된다.

야곱은 7년의 섬김을 마친 후 정당한 요구를 한다. "내 아내를 내게 주소서"
라는 직설적 요청은 고대 근동 결혼 계약에서 남편이 혼인 계약을 완료하고 부
부관계로 들어갈 수 있도록 요구하는 공식적 요구이다. 이는 야곱이 약속에 근
거하여 행동하고 있음을 보여주며, 인내와 순종으로 기다려온 약속의 성취를 기
대하는 정당한 자세를 보여준다.

라반은 "그곳 사람을 다 모아 잔치"를 연다. 고대 근동의 결혼 풍습에서는 혼
인 잔치를 통해 정식 결혼이 성립된다. 그런 후에 밤에 신부가 남편에게 인도되
어 부부관계를 맺는 것이 관례이다. '저녁에'라는 시간 언급은 어두움 속에서 신
분을 분간하기 어려웠던 상황을 나타낸다. 야곱은 자신이 속았다는 사실을 아
침이 되어야 깨닫게 되며(25절), 이는 과거에 자신이 형 에서를 속였던 상황(어
둠, 시력 약한 아버지 이용)과 명백히 대조된다. 이것은 야곱 역시 자신이 과거에
형을 속인 상황과 유사하다. 거짓말 한 사람이 역시 당하게 되는 아이러니를 경
험하게 된다. 레아가 야곱에게 주어진 것은 인간적으로는 속임이지만, 하나님의

섭리 안에서는 장차 유다 지파(예수 그리스도의 계보)가 태어날 통로가 되는 중대한 결정이다. 야곱이 라헬을 사랑하는 것으로 모든 것이 이루어지지 않으며 하나님의 섭리가 작용하는 예측할 수 없는 역사가 나타나는 것을 체험하게 된다.

여종 실바의 등장은 단순한 배경 설정이 아니라, 후에 야곱이 실바를 통해 자녀를 낳는 중요한 서사의 복선이다(창 30:9-13). 실바는 레아의 몸종으로 납달리와 갓을 낳는다. 이는 이스라엘 열두 지파의 태동이 단일한 혈통이 아니라, 하나님의 복합적 섭리와 인간의 삶의 조건 속에서 형성된 것임을 보여준다.

4.(d) 반응: 라반을 원망(29:25)

> 25 야곱이 아침에 보니 레아라 라반에게 이르되 외삼촌이 어찌하여 내게 이같이 행하셨나이까 내가 라헬을 위하여 외삼촌을 섬기지 아니하였나이까 외삼촌이 나를 속이심은 어찌됨이니이까

야곱이 라반에게 속은 사실을 아침에 깨닫고 즉시 항의하는 장면은, 속임수와 인간의 반응, 그리고 하나님의 섭리 아래에서 일어나는 도덕적 긴장이 교차하는 중요한 본문이다. 야곱이 아침에 일어나 아내를 보니, 그가 사랑했던 라헬이 아니라 레아였다. 히브리어 표현은 다음과 같다: "וַיְהִי בַבֹּקֶר וְהִנֵּה הִוא לֵאָה"("아침이 되었더니, 보라! 레아였다.") 이 짧고 강렬한 문장은 야곱의 충격을 드러낼 뿐만 아니라, 그가 과거에 형을 속였던 사건의 반전을 상징적으로 재현하는 구조를 형성한다. 과거에는 시력이 어두운 아버지 이삭을 속였지만, 이제는 자신이 어두운 밤 중에 속임을 당하게 된 것이다. 속인 자가 속는 상황이 벌어진 것이다. 이는 하나님께서 야곱에게 거울 같은 경험을 주심으로, 회개와 성숙의 길로 이끄시는 방식을 보여준다. 하나님은 야곱의 삶을 언약의 도구로 다듬고 계신다. 이렇게 야곱은 놀라움과 분노 속에서, 속임에 대한 도덕적 항변을 라반에게 제기한다. 야곱은 라반에게 정당하게 따지며 세 가지 항변을 한다:

(1) "어찌하여 내게 이같이 행하셨나이까?" – 도덕적 비난.

(2) "내가 라헬을 위하여 외삼촌을 섬기지 아니하였나이까?" – 계약에 대한 항
    의

(3) "외삼촌이 나를 속이심은 어찌됨이니이까?" – 속임에 대한 지적

이 항변은 단순한 분노 표출이 아니라, 약속을 어긴 행위에 대한 정당한 반응이자, 정의와 진실에 대한 야곱의 추구를 나타낸다. 과거 야곱은 어머니 리브가의 주도 아래 장자권과 축복을 얻기 위해 속임수를 사용했던 자였다. 지금 그는 정당성과 약속을 강조하며 바른 관계를 회복하려는 모습을 보인다. 하나님의 사람은 과거의 죄를 반복하는 자가 아니라, 시련 속에서도 의로움과 공의를 배우며, 그것을 실천하려는 존재로 살아야 한다. 야곱은 벧엘에서의 경험을 통해 언약적 존재성과 정당성에 대한 확신을 얻었기 때문에, 이 상황에서도 하나님 앞에서 신앙의 경주를 이어가고 있는 것이다.

'속이다'라는 말은 히브리어로 רִמִּיתָנִי(리미타니)인데, 이는 '속임수로 조종하다'라는 의미를 갖는다. 이 단어는 창세기 27장에서 야곱이 형, 에서를 속일 때 사용된 표현과 유사한 맥락으로, 현재 야곱이 자신의 과거와 마주하고 있음을 암시한다. 야곱이 지금 당한 상황은, 형을 속였던 사건과 서사적으로 연결되어 있다. 이는 하나님께서 공의로운 방식으로 그의 백성을 다루시며, 죄의 결과가 반복되게 하심으로써 교훈하시는 방식이다. 이것은 성경적 아이러니(biblical irony)이며, 독자에게 하나님의 섭리 안에서 드러나는 공의와 교훈의 깊이를 깨닫게 한다. 하나님은 죄의 결과를 통해 그의 백성을 단련하시고, 그들을 더 깊은 자각과 신앙적 성숙의 자리로 이끄신다. 비록 야곱은 억울함을 호소하지만, 하나님은 이 사건을 통해 그를 언약 백성으로 연단하시며, 궁극적으로 언약 성취의 새로운 국면으로 인도해 가신다. 따라서, 하나님의 섭리는 인간의 잘못과 고통 속에서도 결코 중단되지 않으며, 오히려 그 과정을 통해 하나님의 백성을 거룩하게 빚어 가시는 은혜의 수단이 된다.

5.(a') 두 딸: 7년을 제안(29:26-27)

> 26 라반이 이르되 언니보다 아우를 먼저 주는 것은 우리 지방에서 하지 아니하는 바이라 27 이를 위하여 칠 일을 채우라 우리가 그도 네게 주리니 네가 또 나를 칠 년 동안 섬길지니라

야곱이 레아와 결혼한 다음 날, 라반의 해명과 조건 제시를 통해 라헬도 아내로 맞게 되는 대목이다. 이 본문은 고대 관습, 인간의 계산, 그리고 하나님의 섭리가 교차하면서, 야곱의 인내와 헌신이 더욱 요구되는 상황을 드러낸다. 라반은 자신이 야곱을 속인 이유를 '지방의 풍습'이라는 명분으로 정당화하려 한다. 고대 근동사회에서 장녀가 먼저 시집가는 관례가 있었던 것은 사실로 보인다. 그러나 라반은 처음부터 이 사실을 명확히 밝히지 않았으며, 야곱이 라헬을 위해 7년간 일하겠다고 제안했을 때에도 분명한 약속 대신 애매하게 대답함으로 숨기고 있었다(29:19). 인간은 종종 자신의 이익을 위해 문화나 전통을 핑계 삼아 하나님의 공의와 정직을 무시하려 한다.

그러나 하나님은 그러한 인간의 왜곡과 불의조차 주권적으로 사용하시며, 그분의 구속사를 이루어 가신다. 라반의 행동은 명백히 부당하지만, 하나님은 이 사건을 통해 레아를 언약 계보의 어머니로 세우시는 역설적 축복을 이루신다. 라반이 야곱보고 "칠 일을 채우라"는 말은, 레아와의 결혼 축제 기간 7일을 다 마친 후에 라헬도 아내로 주겠다는 뜻이다. 즉, 결혼의 형식과 명분은 완성되도록 하되, 라헬을 먼저 주고 그 대가로 다시 7년을 섬기라는 조건부 계약을 제시한 것이다. 라반은 야곱이 라헬을 얼마나 사랑하는지 잘 알고 있었다. 그래서 그의 헌신과 애정을 기회로 삼아 계산적으로 이용하고 있는 모습을 보인다. 야곱은 결국 두 번째로 7년을 더 섬기는 결정을 하게 되며, 이는 그의 언약에 대한 인내와 신실함의 상징이 된다. 그리고 하나님은 이 과정을 통해 야곱을 다듬고 훈련시키시며, 이스라엘 공동체의 조상으로 준비시켜 가신다. 이렇게 야곱은 7년을 두

번이나 라헬을 위해 결혼 지참금으로 노동의 댓가를 지불하였다. 14년의 세월은 단순한 노동이 아니라, 하나님이 야곱을 훈련시키며 이스라엘의 조상으로 세우시는 시간이다. 이것은 하나님의 언약 성취를 위한 준비 기간일 뿐 아니라 야곱 인격의 연단 과정이기도 하다.

여기서 주목할 점은 야곱이 분명 라헬을 사랑했지만, 하나님은 레아를 먼저 아내로 삼게 하셨다는 것이다. 하나님은 레아를 통해 유다 지파와 메시아의 계보를 잇게 하심으로, 인간의 선택을 뛰어넘는 섭리의 역사를 이루어 가신다. 인간은 라헬을 선택했지만, 하나님은 레아를 먼저 사용하셨다.

6.(b') 7일: 라헬을 위해 7일을 채움(29:28a)

28a 야곱이 그대로 하여 그 칠 일을 채우매

여기서 "그대로 하여"라는 표현은, 히브리어 원문상 야곱이 라반의 조건을 받아들이고 그대로 실행에 옮겼다는 의미를 담고 있다. 이는 야곱이 억울함과 감정적 상처를 안고 있었음에도, 자신의 감정보다 하나님의 언약적 목적을 우선시하며 순종했다는 점에서 중요한 신앙적 전환을 보여준다. 과거의 야곱은 속임과 계산을 통해 상황을 해결하려 했던 인물이었다.

그러나 이 시점에서 그는 자신이 통제할 수 없는 억울한 상황 속에서도 하나님의 섭리 앞에 순응하는 태도를 보이고 있다. 여기서 말하는 '칠 일'은 레아와의 결혼을 위한 축제 기간(통상 7일)을 의미한다. 야곱은 이 기간을 끝까지 성실히 마침으로써, 레아와의 결혼을 부정하거나 무시하지 않고 공식적·사회적으로 수용하는 책임 있는 자세를 보여준다. 이 짧은 구절은 야곱이 라헬과 곧 결혼하게 되고, 그 대가로 다시 7년을 섬기게 되는 전환점이기도 하다. 언약을 따르는 삶은 하나님의 시간표를 존중하며, 인간의 계획이 아니라 하나님의 질서와 섭리를 받아들이는 태도를 포함한다. 이러한 삶은 언약 계승자로서 인내를 완성해 가는 과정이며, 아무리 외삼촌 라반이 야곱을 속이고 착취한다 해도, 야곱은 정직하고 인내로써 하나님의 최종 목표를 향해 나아가야 했다.

이것이 바로 신앙경주의 본질이다. 야곱은 14년에 걸친 섬김의 시간 동안, 억울함 속에서도 하나님의 섭리 앞에 조용히 순종해 나갈 것이다. 따라서 이 짧은 본문은 야곱이 하나님 앞에서 어떻게 인격적으로 성숙해 가는지를 보여주는 핵심 장면이라 할 수 있다. 그는 속임을 당했지만 보복하거나 도망치지 않고, 하나님의 섭리 안에서 정직하게 반응하며, 언약의 길을 끝까지 걸어가고 있다. 신앙의 성숙은 억울한 상황 속에서도 하나님의 뜻을 받아들이고, 끝까지 순종하는 태도에서 드러나는 것이다. 이렇게 야곱은 하나님의 손에 의해 이스라엘의 조상으로 다듬어지고 있는 중이다.

7.(c') 라헬: 라헬/빌하(29:28b-29)

> 28b 라반이 딸 라헬도 그에게 아내로 주고 29 라반이 또 그의 여종 빌하를 그의 딸 라헬에게 주어 시녀가 되게 하매

이 짧은 본문은 하나님의 언약이 인간의 불완전하고 복잡한 현실 속에서도 중단되지 않고 신실하게 이루어진다는 중요한 신학적 메시지를 담고 있다. 야곱은 자신이 진심으로 사랑했던 라헬을 아내로 맞이하게 된다. 이는 앞서 창세기 29:18에서의 봉사 약속과 29:27의 조건부 계약(라헬을 먼저 주되 7년 더 섬길 것)이 실질적으로 성취된 결과이다.

그러나 이 결혼은 단순한 기쁨의 완성이 아닌, 장차 닥칠 가정안의 경쟁과 긴장의 시작점이기도 하다. 라헬과 레아, 그리고 각각의 여종들이 관계 속에서 보여주는 갈등은 이후 이스라엘 12지파의 복잡한 태생 구조로 이어진다. 그럼에도 하나님은 이 모든 과정을 통해 언약의 계보를 확장시키는 섭리적 주권을 드러내신다. 특히 라반이 여종 빌하를 라헬에게 주어 시녀가 되게 한 것은 당시 고대 근동

사회에서 일반적인 혼인 관습이었다. 창세기 30장에 따르면, 라헬은 불임의 고통 가운데서 자신 대신 빌하를 통해 자녀를 얻으려 한다. 이로 인해 야곱과 빌하 사이에서 단과 납달리가 태어나고, 이들도 이스라엘 열두 지파의 일부로 편입된다.

이 사건은 인간의 불완전한 선택, 제한된 문화적 제도, 경쟁과 상처가 가득한 현실조차 하나님의 언약 성취와 구속사의 통로로 사용될 수 있음을 보여주는 강력한 본보기다. 야곱의 가정은 결코 이상적인 공동체가 아니었지만, 하나님은 그 안에서 언약의 성취, 열방을 향한 복의 통로, 그리고 하나님 나라의 기초를 세워 가신다.

8.(d') 반응: 라헬을 사랑(29:30)

> 30 야곱이 또한 라헬에게로 들어갔고 그가 레아보다 라헬을 더 사랑하여 다시 칠 년 동안 라반을 섬겼더라

야곱이 라헬에게 들어갔다. '들어갔다'는 표현은 히브리적 완곡어법으로, 부부관계를 맺었음을 의미한다. 즉, 야곱과 라헬의 결혼이 정식으로 이루어졌다는 의미이며, 이제 야곱의 정서적 중심은 분명히 라헬에게 놓여 있다. 본문은 야곱이 레아보다 라헬을 더 사랑했다고 분명히 밝힘으로써, 감정적 편애가 있었음을 솔직하게 드러낸다. 야곱의 라헬에 대한 사랑은 단순한 외모나 감정적 끌림 이상의 것이며, 그녀를 위한 헌신과 수고로 나타난 실천적 사랑이었다. 그가 이미 라헬을 아내로 맞은 후에도, 조건대로 7년을 충실히 섬긴 것은, 그의 사랑이 단순한 욕망이나 감정이 아니라, 계약적·언약적 책임을 다하는 성숙한 헌신이었음을 보여준다.

여기서 '다시'라는 부사(שֶׁבַע שָׁנִים אֲחֵרוֹת, '다른 7년')는, 그가 두 번째 기간 동안에도 동일한 인내와 충성으로 섬겼다는 사실을 강조한다. 하지만 야곱의 편애는 가정 내 불균형과 경쟁 구도의 씨앗이 되며, 이후 레아와 라헬, 여종들 간의 자녀 경

쟁과 신앙적 갈등으로 이어진다. 인간의 사랑은 진실하지만, 그 불완전성은 종종 상처와 질투를 낳는다. 하나님은 이러한 현실을 외면하지 않으시고, 레아의 외로움과 아픔을 기억하시며 그녀의 태를 여시는 은혜로 개입하신다(창 29:31). 이 사건은 하나님의 주권이 인간의 감정과 선택, 불완전한 상황 속에서도 역사하신다는 사실을 보여준다. 야곱은 점차 '속이는 자'(야곱)에서 '하나님과 더불어 겨루어 이기는 자'(이스라엘)로 성숙해 가는 중이며, 하나님은 그의 인내와 헌신을 통해 언약 성취의 기반을 준비하신다.

결론적으로, 이 짧은 구절은 야곱의 감정, 헌신, 성숙, 그리고 하나님의 섭리와 은혜가 교차하는 지점으로서, 신앙경주의 과정속에서 언약 백성의 정체성 형성을 보여주는 중요한 전환점이다.

E'. 다산의 축복(29:31-30:24)

창세기 29:31-30:24은 야곱 가문의 자녀 출생 서사로, 총 12명의 아들 중 11명의 출생과 1명의 딸이 등장하는 '다산의 축복' 본문이다. 이 본문은 히브리 서사 특유의 홀수 대칭구조(chiastic or concentric structure)로 조직되었으며, 총 9개의 요지에서 중심축(요지 5)을 기준으로 4쌍의 병행 항목과 중심 항목으로 배열된다.

가. 구조적 주해

E'. 다산의 축복(29:31-30:24)

1. 레아의 자녀(4명)	29:31-35
2. 라헬이 레아를 시기	30:1-2
3. 라헬이 빌하 추천	30:3
4. 여종 빌하의 자녀(2명)	30:4-8

5. 레아의 태가 멈춤	30:9
4'. 여종 실바의 자녀(2명)	30:10-13
3'. 라헬이 레아 추천	30:14-15
2'. 레아가 다시 낳음(3명)	30:16-21
1'. 라헬이 임신(1명)	30:22-24

이 구조는 단순한 출산 기록이 아니라, 하나님의 언약 성취와 신앙경주의 긴장을 서사적으로 드러내는 방식이다. 각 쌍은 자매간의 긴장과 대조, 여종의 개입, 하나님의 주권과 인간의 시도, 가정 내 경쟁과 다산의 축복을 대조하면서, 인간의 욕망과 하나님의 섭리가 교차하는 장면을 구성한다.

(1) 홀수 형 대칭구조: 1-2-3-4-/5/-4'-3'-2'-1'

1 / 1': 레아의 자녀 4명 ←→ 라헬의 첫 임신(요셉)

2 / 2': 라헬이 레아를 시기함 ←→ 레아가 다시 자녀(3명)를 낳음

3 / 3': 라헬이 여종 빌하를 추천함 ←→ 레아가 여종 실바를 추천함

4 / 4': 빌하의 자녀 2명 ←→ 실바의 자녀 2명

(2) 중심 주제 5: 레아의 태가 멈춤

중심축인 요지 5: "레아의 태가 멈춤"은 이 전체 구조의 중심 신학을 반영한다. 레아는 야곱의 사랑을 받지 못한 아내였으나, 하나님께서 그녀를 기억하심으로 다산의 복을 먼저 누리게 된다(29:31). 그러나 중심에 가서 그녀의 태가 닫힘으로써 모든 출산이 하나님의 주권 아래 있음을 선포하는 구조적 전환점이 된다. 이는 모든 생명의 주권자가 하나님이심을 드러내며, 신앙경주 속에서 인간의 계획과 감정, 경쟁을 뛰어넘어 하나님의 계획이 이루어진다는 신학적 진술로 이해될 수 있다.

나. 구속사적 의의

이스라엘 지파의 형성: 레아, 라헬, 빌하, 실바를 통해 총 11명의 아들(+딸 1명)이 태어남. 훗날 이스라엘 12지파의 기초가 세워진다.

하나님의 주권적 개입: 하나님께서 레아의 태를 여시고, 라헬의 태를 닫으시며, 때가 되어 요셉을 주셨다. 이는 생명의 주권자가 하나님이심을 드러낸다.

구속사의 도구로서의 갈등: 인간적 시기와 경쟁(시기·합환채 사건 등)이 얽혀 있으나, 하나님은 이 갈등조차 언약 백성의 공동체를 세우는 통로로 사용하신다.

메시아 계보의 진전: 유다(레아의 넷째 아들)의 탄생은 훗날 메시아 계보가 이어질 결정적 사건이다.

다. 신앙경주 적용

인간의 시기와 하나님의 은혜: 라헬과 레아의 시기와 경쟁은 인간적 약함을 드러내지만, 결국 생명 주시는 이는 하나님이라는 사실을 확인하게 한다. 신앙경주는 자기 힘이 아닌 은혜에 의지하는 여정이다.

연약함 속에서도 사명을 이루심: 레아의 소외, 라헬의 불임, 여종들의 개입에도 불구하고 하나님은 언약 공동체를 확장하십니다. 신앙경주는 우리의 실패와 갈등조차 하나님의 계획 안에 쓰임을 경험하는 길이다.

감사의 고백으로 나아가라: 레이는 "이세는 여호와를 찬송하리로다" 하고 유다를 낳는다. 이는 다산의 축복의 핵심: 하나님께 감사하는 경주로 초점이 옮겨가야 함을 보여준다.

하나님의 때를 기다려라: 라헬은 끝내 요셉을 얻게 되었는데, 이는 하나님의 때에 주시는 은혜를 기다리는 신앙경주의 결실이다.

라. 본문 해설

1. 레아가 자녀 낳음(4명)(29:31-35)

> 31 여호와께서 레아가 사랑 받지 못함을 보시고 그의 태를 여셨으나 라헬은 자녀가
> 없었더라 32 레아가 임신하여 아들을 낳고 그 이름을 르우벤이라 하여 이르되 여호
> 와께서 나의 괴로움을 돌보셨으니 이제는 내 남편이 나를 사랑하리로다 하였더라 33
> 그가 다시 임신하여 아들을 낳고 이르되 여호와께서 내가 사랑받지 못함을 들으셨으
> 므로 내게 이 아들도 주셨도다 하고 그의 이름을 시므온이라 하였으며 34 그가 또 임
> 신하여 아들을 낳고 이르되 내가 그에게 세 아들을 낳았으니 내 남편이 지금부터 나
> 와 연합하리로다 하고 그의 이름을 레위라 하였으며 35 그가 또 임신하여 아들을 낳
> 고 이르되 내가 이제는 여호와를 찬송하리로다 하고 이로 말미암아 그가 그의 이름
> 을 유다라 하였고 그의 출산이 멈추었더라

창세기 29:31-35은 야곱의 첫째 아내 레아가 남편에게 사랑받지 못하지만 네
아들을 연속해서 낳는 이야기로, 단순한 출산의 기록이 아니라 하나님의 주권,
인간의 감정, 언약 계보의 출발점이 복합적으로 드러나는 본문이다. 이 장면은
이스라엘 열두 지파의 시작이자, 하나님의 구속사가 어떻게 개인의 고통과 기도
가운데 실현되는지를 보여주는 상징적인 서사이다.

레아는 남편 야곱에게 사랑받지 못한 여인으로 강조된다. 어떤 면에서 그녀
는 깊은 고통과 외로움 속에 놓여 있었다. 그러나 하나님은 그녀의 아픔을 하감
하시고, 손이 귀한 아브라함과 이삭의 집안에 무려 네 명의 자녀를 허락하셨다.
이는 하나님께서 그녀의 고통과 외면당함을 보시고, 직접 개입하셨다는 증거다.
'보셨다'(히브리어 רָאָה, 라아)는 창세기에서 하나님께서 고통받는 자를 궁휼히 여
기실 때 반복적으로 등장하는 표현이며(창 16:13), 이는 하나님의 궁휼과 관심을
상징적으로 드러낸다. 야곱이 사랑한 여인은 라헬이었으나, 그녀는 자녀가 없었

고, 반면 사랑받지 못한 레아는 하나님의 특별한 은총으로 자녀를 낳게 되었다. 레아의 자녀들의 이름은 그녀의 삶의 형편과 신앙의 내면을 잘 보여준다.

르우벤("보라, 아들이다"): "여호와께서 나의 괴로움을 돌보셨으니"라는 고백 속에는, 레아의 깊은 고통과 외로움이 담겨 있으며, 자녀를 통해 남편의 사랑을 회복하고자 하는 갈망이 드러난다.

시므온("들으심"): 레아는 하나님이 자신의 고통의 소리를 들으셨다고 고백한다. 그러나 동시에 여전히 사랑받지 못하고 있다는 현실을 인식하며, 응답하시는 하나님에 대한 신앙적 확신을 나타낸다.

레위("연합함"): "이제는 남편이 나와 연합하리로다"라는 말은, 레아가 단순히 사랑을 받는 차원을 넘어서, 진정한 관계 회복과 부부 간의 연합을 갈망하고 있음을 보여준다.

유다("찬송"): 유다를 낳은 후, 레아는 "이제는 여호와를 찬송하리로다"라고 고백한다. 이 고백은 이제 그녀의 시선이 남편으로부터 하나님께로 옮겨졌음을 보여준다. 레아의 내면이 신앙적으로 성숙해졌음을 알 수 있으며, 그녀의 삶의 중심이 인간의 인정에서 하나님의 은혜로 옮겨졌음을 뜻한다.

특히 유다는 메시아 계보의 출발점이 되며, 레아의 이 신앙고백은 훗날 이스라엘 역사와 구속사의 중심 선언으로 이어진다.

2. 라헬이 레아를 시기함(30:1-2)

1 라헬이 자기가 야곱에게서 아들을 낳지 못함을 보고 그의 언니를 시기하여 야곱에게 이르되 내게 자식을 낳게 하라 그렇지 아니하면 내가 죽겠노라 2 야곱이 라헬에게 성을 내어 이르되 그대를 임신하지 못하게 하시는 이는 하나님이시니 내가 하나님을 대신하겠느냐

라헬은 시기심과 경쟁심이 많은 여인이었다. 이러한 성향은 가정 내 긴장감을 고조시키고, 그녀의 신앙적 미성숙함을 드러낸다. 언니 레아가 연이어 자녀를 낳는 모습을 보며, 라헬은 자신의 무능과 결핍을 인식하게 되었고, 그로 인해 열등감과 분노를 표출한다. 여기서 "시기하였다"는 표현은 히브리어 קָנָא(카나)로, '질투', '시기', '소유욕'을 의미하며 파괴적인 감정의 시작을 암시한다.

라헬은 야곱의 사랑을 받고 있었음에도 그것에 만족하지 못하고, 자녀를 통해 자신의 가치를 증명하려 했다. "내게 자식을 낳게 하라, 그렇지 않으면 내가 죽겠다"는 그녀의 외침은 단순한 원망이 아니라, 출산이 곧 자신의 존재 이유라는 절박한 절규이다. 그러나 이 말은 동시에 생물학적 출산과 인간적 열매를 신앙보다 우선시하고 있음을 반영한다. 라헬은 생명의 주권이 누구에게 있는지를 망각한 채, 야곱에게 마치 하나님처럼 행동해 줄 것을 요구하고 있다.

인간이 하나님의 때를 기다리지 못할 때, 신앙은 절망으로 혹은 조작으로 변질될 수 있다. 라헬은 신앙 안에서 기다리기보다는 조급한 열망에 사로잡힌 모습을 보여준다. 이에 야곱은 그녀에게 분노를 터뜨린다. 그의 반응은 단순한 분노를 넘어, 자신도 어찌할 수 없는 상황에 대한 억울함에서 비롯된 것이다. 그러나 그 분노 속에는 중요한 신앙적 고백이 담겨 있다. "임신하지 못하게 하시는 이는 하나님이시다." 이 말은 생명의 주권이 전적으로 하나님께 있음을 인정하는 선언이자, 과거에 인간적 방법(형의 장자권 탈취 등)으로 문제를 해결하려 했던 자신의 경험을 되돌아보게 만드는 계기가 되기도 한다.

이처럼 가정 안에서 벌어지는 신앙경주는 외부와 갈등보다 더 복잡하고 어렵다. 라헬과 야곱의 갈등은 그 내면에 자리한 신앙의 깊이와 인간적 한계를 동시에 드러내고 있다.

3. 라헬이 빌하를 소개함(30:3)

3 라헬이 이르되 내 여종 빌하에게로 들어가라 그가 아들을 낳아 내 무릎에 두리니

그러면 나도 그로 말미암아 자식을 얻겠노라 하고

이 본문은 라헬이 자녀를 갖지 못한 상황에서 대리모 제도를 통해 자식을 얻으려는 장면이다. 앞절(30:1-2)에서 라헬은 자녀를 낳지 못함으로 인해 깊은 절망과 분노에 빠져 야곱에게 강하게 항의한다. 이에 이어지는 이 구절은 인간적 해결책의 구체적인 실행이다.

라헬이 야곱에게 "내 여종 빌하에게로 들어가라"고 부탁한다. 이말은 단순히 하인을 남편에게 내주는 행위 이상의 문화적 의미가 있다. 고대 근동 사회(예: 누지, 마리 문서)에서는 아내가 불임일 경우, 여종을 남편에게 첩으로 주어 자녀를 낳게 하는 관습이 있었다. 이때 낳은 자녀는 법적으로 본처의 아들/딸로 간주되었다. 그런 후 라헬이 야곱에게 말한다, "그가 아들을 낳아 내 무릎에 둘 것이다." 이것은 법적 전통을 따른 표현이다. 신생아를 본처 무릎 위에 올려두는 행위는, 출산한 여종이 아니라 본처가 아이의 법적 어머니임을 선언하는 상징적 행위이다.

라헬은 하나님께 자녀를 구하기보다 문화적으로 통용되던 인간적 방법을 선택한다. 이것은 사라가 하갈을 통해 이스마엘을 낳게 한 사건(창 16장)과 구조적으로 유사하며, 성경은 이와 같은 방식이 종종 가정의 갈등과 신앙의 왜곡을 낳았다고 보여준다. 라헬은 "나도 그로 말미암아 자식을 얻겠노라"고 말한다. 여기서 '얻는다'(히브리어, 이브반네)는 "건축되다"라는 뜻에서 파생된 표현으로, 가문을 세운다, 존재가 확립된다는 의미이다. 라헬은 자녀를 통해 자신의 정체성과 존재 의미를 회복하려는 의도를 드러내고 있다. 이 장면은 하나님의 때와 방식이 아닌, 인간의 조급함과 개입으로 인해 신앙이 왜곡되는 전형적인 사례이다. 자녀는 본래 하나님의 선물이며 주권 아래 있지만, 라헬은 이를 조작 가능한 인간의 소유물처럼 인식한다. 이는 하나님보다 자녀에 대한 집착이 더 우선된 영적 왜곡을 보여준다.

4. 여종 빌하가 자녀를 낳음(2명)(30:4-8)

> 4 그의 시녀 빌하를 남편에게 아내로 주매 야곱이 그에게로 들어갔더니 5 빌하가 임신하여 야곱에게 아들을 낳은지라 6 라헬이 이르되 하나님이 내 억울함을 푸시려고 내 호소를 들으사 내게 아들을 주셨다 하고 이로 말미암아 그의 이름을 단이라 하였으며 7 라헬의 시녀 빌하가 다시 임신하여 둘째 아들을 야곱에게 낳으매 8 라헬이 이르되 내가 언니와 크게 경쟁하여 이겼다 하고 그의 이름을 납달리라 하였더라

위 본문은 라헬이 결정한 대리 출산 전략의 실행 단계에 해당한다. "아내로 주매"라는 표현은 단순히 몸종을 남편에게 넘긴 것이 아니라, 그 여종이 첩의 지위를 갖게 되었음을 의미한다. 이는 하나님의 약속의 성취를 인간적 방법으로 앞당기려는 시도이며, 결과적으로 신앙보다는 계산된 행동에 가깝다. 출산의 주체는 여종 빌하였으나, 그녀가 낳은 아들은 법적으로 라헬의 자녀로 간주된다. 라헬은 자신이 직접 임신한 것이 아님에도, 자신의 소유와 권한 아래에서 얻어진 자녀라고 생각하였다. 이로써 생명의 주권자이신 하나님과 인간의 소유욕 사이의 긴장이 본문에 드러난다.

라헬은 이 아이의 탄생을 하나님의 응답으로 해석한다. "내 억울함을 푸시려고"라는 그녀의 고백은, 자녀 출산 문제가 단순한 생물학적 문제가 아니라, 시기와 열등감, 감정의 상처, 정체성 회복의 문제였음을 보여준다. 여기서 "억울함"(히브리어 דִּין, 나단)은 단순한 원한을 넘어서, 사랑받지 못함으로 인한 내면의 수치심과 결핍, 그리고 자신의 가치에 대한 회복 욕구가 복합적으로 얽힌 감정을 담고 있다. 라헬은 이 출산을 통해 일종의 심리적 복수와 자기 정당화를 성취한 것으로 받아들인다. 그녀는 아이의 이름을 "단"(דָּן)이라 짓는다. 이는 히브리어 '나단'(דִּין)에서 유래한 것으로, '판단하다', '심판하다', '정의롭다'는 뜻을 지닌다. 이 이름은 하나님께서 자신의 억울함을 판단하시고, 자신을 정당화하셨다는 신앙적 해석의 결과이다.

그러나 라헬의 이 고백은 이중적인 의미를 내포한다. 그녀는 분명 하나님을 인정하고 있지만, 동시에 자신이 선택한 방식으로 결과를 끌어낸 후, 그것을 하나님의 뜻으로 포장하고 있다. 이처럼 본문은 하나님의 주권을 신앙으로 고백하면서도, 인간의 조급함과 자기중심성이 그 신앙을 왜곡하는 이중 구조를 보여준다. 결국 이 사건은, 하나님의 때를 기다리지 못한 인간의 불신과 조작, 그리고 하나님의 응답을 감정적으로 재해석하려는 신앙의 위태로움을 상징적으로 보여주는 장면이다.

창세기 30장 7-8절은 라헬의 여종 빌하가 두 번째 아들을 낳는 장면으로, 단순한 출산 기록을 넘어 경쟁, 자기 정당화, 신앙의 왜곡이라는 중요한 신학적 주제를 내포하고 있다. 빌하는 라헬의 시녀로, 앞서 5절에서 첫아들을 낳았고 이번에는 둘째 아들을 낳는다. 라헬은 여전히 임신하지 못한 상태이지만, 대리 출산을 통해 자녀 수를 '확장'하는 데 집중하고 있다.

여기서 주목할 점은, 출산 주체가 빌하임에도 라헬이 이를 자신의 성취로 받아들이는 것이다. 라헬의 몸은 임신하지 않았지만, 그녀의 소유와 권한 아래에서 얻은 자녀를 통해 자신이 이겼다고 선언한다. 이처럼 자녀 출산은 신앙이나 은혜의 자리에서 벗어나, 치열한 '세대 확보' 경쟁 수단으로 전락하였다. 본문에서 "크게 경쟁하였다"(히브리어: נַפְתּוּלֵי אֱלֹהִים, 나프트레 엘로힘)는 표현을 직역하면 "하나님의 씨름들" 또는 "하나님을 끌어들인 경쟁"이라는 의미가 된다. 이는 단순한 자매 간의 다툼을 넘어, 하나님의 이름까지 끌어들여 승리를 정당화하려는 모습을 보여주고 있다. 라헬은 이 경쟁을 영적 싸움으로 포장하지만, 실제로는 자신의 감정과 욕망에 기반한 '감정적 신앙'에 불과하다. 라헬은 자녀 수에서 레아를 따라잡지 못했음에도, 둘째 아들을 얻은 사실을 '승리'로 해석하고 있다. 이 해석은 감정적 만족에 근거한 것으로, 신앙의 기준이 하나님의 뜻이 아닌 자기중심적 사고에 있음을 드러낸다.

그 아들의 이름은 '납달리'(נַפְתָּלִי)이다. 이 이름은 "씨름하다" 혹은 "경쟁하다"라는 뜻의 히브리어 어근 '파탈'에서 유래하며, "내가 씨름하여 이겼다"는 의미를 담고 있다. 히브리 문화에서 이름 짓기는 출산의 신학적·정서적 의미를 압축하는 행위이다. 그런데 '납달리'라는 이름은 하나님께 드리는 감사나 언약의 고백이 아닌, 경쟁의 결과와 감정의 표출로 나타난다는 점에서 주목할 만하다.

이처럼 본문은 하나님의 언약 성취라는 큰 그림 안에서, 인간이 신앙의 외형을 빌려 자신의 욕망을 정당화하는 과정을 보여준다. 라헬의 감정 중심적 신앙은, 하나님의 이름을 언급한다고 해서 반드시 그것이 참된 믿음의 표현이 아님을 경고하고 있다.

5. 레아의 태가 멈춤(30:9)

> 9 레아가 자기의 출산이 멈춤을 보고 그의 시녀 실바를 데려다가 야곱에게 주어 아내로 삼게 하였더니

위 구절은 당시 가정 내 긴장과 경쟁, 그리고 인간의 방식으로 하나님의 복을 앞당기려는 시도가 드러나는 중요한 본문이다. 본문의 서두는 "레아가 자기의 출산이 멈춤을 보고"라는 표현으로 시작한다. 이는 하나님의 주권 아래에서 생명이 태어나는 일에 일시적인 중단이 생겼음을 시사한다. 구약에서는 자녀 출산을 하나님의 축복의 표지로 여겨졌기에, '태의 멈춤'은 단순한 생리적 현상이 아니라 영적 시련 또는 존재적 불안으로 해석될 수 있다. 레아는 앞서 네 아들을 낳았으나(29:31-35), 이 시점에서는 자녀 생산력이 중단되었다. 이에 따라 레아는 라헬처럼 시녀를 통한 대리 출산 전략을 택하게 된다. 이것은 당시 고대 근동 사회에서 흔히 있던 관습으로, 아내가 자녀를 낳지 못하면 여종을 통해 가계를 잇는 방식을 의미한다. 반복된 병행구조의 대응 관계로 볼 때 라헬이 빌하를 야곱에게 주었던 행동(30:3)을 모방하듯, 레아도 자신의 시녀 실바를 '아내로 삼게' 한다. 여기서 "아내로 삼게 하였다"(히브리어: לְאִשָּׁה, 레이쉬아)는 표현은 단순한 소유 개념 이상의 의미를 내포한다. 이는 단지 몸종을 내어주는 것이 아니라, 한 사

람의 삶과 자리를 법적으로 가정 안에 편입시키는 행위였다.

이 본문은 자녀 출산을 둘러싼 여성들 간의 치열한 경쟁이 단순히 심리적 갈등 수준을 넘어 가정의 구조 자체를 바꾸는 결과로 이어졌음을 보여준다. 레아는 더 이상 하나님의 때를 기다리기보다는, 인간적인 수단을 동원해 자신의 위치와 존재 가치를 유지하려 한다. 이처럼 출산은 하나님의 언약 성취와 연결된 언약 사건이면서도, 이 가정 안에서는 경쟁과 비교 속에서 신앙이 왜곡되고 있음을 보여준다. 레아는 원래 하나님이 직접 태를 여시고 복을 주셔서 자녀를 얻게 된 여인이었다(29:31). 그러나 그 은혜의 리듬이 멈췄다는 것을 느끼자, 자신의 처지를 인간의 방법으로 메우려 한다. 다시 말해, 하나님의 복이 아닌 자신의 전략으로 "복을 만들어내려는" 시도가 나타난다. 이는 신앙의 중요한 경고를 준다. 하나님의 뜻을 기다리기보다 자신의 뜻대로 복을 쟁취하려는 신앙은 결국 하나님의 언약과 질서를 혼란스럽게 만들 수 있다. 인간적 조작은 잠시의 만족은 줄 수 있어도, 참된 안식이나 영적 열매를 보장하진 않는다.

창세기 30장의 구조 안에서, 본 구절은 라헬이 빌하를 통해 자녀를 얻는 전략을 취한 데 대한 '반응'이자, 여성들 간의 출산 경쟁이 더욱 심화되고 있음을 상징이다. 이 경쟁은 자녀의 숫자를 통한 정체성 확보와 사랑의 회복이라는 감정적 갈망이 얽혀 있는 복합적인 문제였다. 그러나 중요한 점은, 이 혼란과 전략 속에서도 하나님은 여전히 역사하고 계시며, 이 자녀들(빌하와 실바의 자손들 포함)도 결국은 열두 지파의 조상이 되어 하나님의 언약에 포함된다. 이것은 인간의 언약과 어그러진 동기를 초월하여 일하시는 하나님의 주권과 신실함을 보여주는 강력한 신학적 메시지이다.

6.(1') 여종 실바가 자녀를 낳음(2명)(30:10-13)

10 레아의 시녀 실바가 야곱에게서 아들을 낳으매 11 레아가 이르되 복되도다 하고 그의 이름을 갓이라 하였으며 12 레아의 시녀 실바가 둘째 아들을 야곱에게 낳으매

13 레아가 이르되 기쁘도다 모든 딸들이 나를 기쁜 자라 하리로다 하고 그의 이름을 아셀이라 하였더라

이 구절은 레아가 자신의 출산이 멈춘 후(30:9), 자신의 시녀 실바를 야곱에게 주어 대리 출산을 진행한 결과이다. 이는 라헬이 빌하를 통해 자녀를 얻으려 했던 전략에 대한 대응이며, 여성들 간 출산 경쟁이 한층 더 고조되었음을 보여준다. 이로써 야곱은 네 명의 여인(레아, 라헬, 빌하, 실바)에게서 자녀를 얻게 되며, 하나님의 언약 백성인 '이스라엘 12지파'의 태동이 복잡한 가족 구조 속에서 점차 구체화된다.

'갓'(גָּד, Gad)이라는 이름은 "복, 행운, 좋은 몫"을 의미하며, 여기서 '바 갓'(בָּגָד)은 직역하면 "복이 왔다" 또는 "행운이 왔다"는 뜻이다. 주어는 시녀이지만, 출산에 대한 해석과 이름 짓기는 레아의 감정과 해석을 따른다. 이는 자녀의 법적 소유권이 여전히 레아에게 있음을 강조한다.

신학적으로 볼 때, 레아는 이 아들을 통해 자신에게 '복'이 돌아왔다고 선언한다. 그러나 이 복은 하나님께서 직접 열어주신 태의 복이라기보다는, 인간의 전략을 통해 얻어진 결과에 대해 감정적으로 해석한 복이다. 복이라는 개념이 은혜와 언약보다는 비교와 경쟁, 소유의 감정에 의해 왜곡되고 있음을 시사한다. 자녀를 많이 낳았다는 사실이 여인으로서의 가치를 증명해주는 시대적 배경 속에서, 레아는 실바의 출산을 통해 자신의 자존감을 회복하려는 모습을 보이고 있다. 이것은 하나님의 섭리가 인간의 불완전한 선택 속에서도 여전히 이루어진다는 강한 메시지를 준다.

7.(2'). 라헬이 언니에게 합방을 요구(30:14-15)

14 밀 거둘 때 르우벤이 나가서 들에서 합환채를 얻어 그의 어머니 레아에게 드렸더니 라헬이 레아에게 이르되 언니의 아들의 합환채를 청구하노라 15 레아가 그에게

이르되 네가 내 남편을 빼앗은 것이 작은 일이냐 그런데 네가 내 아들의 합환채도 빼앗고자 하느냐 라헬이 이르되 그러면 언니의 아들의 합환채 대신에 오늘밤에 내 남편이 언니와 동침하리라 하니라

본문에서 르우벤은 들에서 합환채(דּוּדָאִים, '두다임')를 얻어 어머니 레아에게 드린다. 합환채는 고대 근동에서 다산과 생식력의 상징으로 여겨졌으며, 때로는 흥분제나 사랑의 묘약으로도 간주되었다. 라헬이 이 합환채를 요구한 것은 단순한 호기심이나 식욕 때문이 아니라, 자신의 불임 문제를 해결하려는 주술적 기대에서 비롯된 것으로 보인다. 라헬은 레아에게 "언니의 아들이 얻은 합환채를 나에게 달라"고 정중히 요청한다.

그러나 레아는 그 요청에 날카롭게 반응하며 말한다: "네가 내 남편을 빼앗은 것이 작은 일이냐? 그런데 내 아들의 합환채도 빼앗고자 하느냐?" 이 말은 오랜 시간 누적되어온 감정의 폭발이다. 남편 야곱의 사랑을 독차지한 라헬에 대해 레아는 깊은 상처를 품고 있었고, 그 상실감을 자녀 출산을 통해 보상받으려 했다. 그러나 이제 라헬이 생식력의 상징인 합환채마저 요구하자, 이것을 자기 존재에 대한 또 다른 침해로 받아들인 것이다. 이른바 '합환채 사건'은 단순한 가족 간의 일화처럼 보일 수 있으나, 매우 상징적이고 복합적인 신학적 메시지를 담고 있다. 이 장면은 레아와 라헬 두 자매의 갈등이 극적으로 표출되는 순간이며, 하나님 없는 신앙 행위가 얼마나 인간적 거래와 조작으로 전락할 수 있는지를 보여준다. 가장 충격적인 장면은 라헬이 다음과 같이 제안하는 부분이다: "그러면 언니의 아들의 합환채 대신에 오늘 밤에 내 남편이 언니와 동침하리라"(창 30:15).

이 문장은 남편과의 부부관계가 사랑과 언약의 표현이 아니라, 합환채와 맞바꾸는 거래 수단으로 전락했음을 보여준다. 결혼과 사랑의 신성함이 철저히 파괴된 장면이다. 라헬은 하나님께 구하지 않고, 인간적인 협상과 조작을 통해 문제를 해결하려 한다.

이 장면은 앞서 사래가 하갈을 통해 아들을 낳으려 했던 시도(창 16장), 그리

고 라헬이 빌하를 동원했던 전략(창 30:1-6)과 동일한 맥락을 가진다. 반복되는 인간 중심적 해결 방식은 결국 더 큰 혼란과 갈등을 낳게 된다. 그러나 놀라운 것은, 이러한 인간의 불완전함과 감정적 어리석음 속에서도 하나님께서는 여전히 언약의 씨를 이어가시고, 당신의 주권을 신실하게 이루어 가신다는 점이다. 하나님의 언약은 인간의 실패에도 중단되지 않는다. 이것이 바로 하나님의 은혜와 섭리의 깊이를 증언하는 본문이다.

8.(3') 레아가 다시 자녀를 낳음(3명)(30:16-21)

16 저물 때에 야곱이 들에서 돌아오매 레아가 나와서 그를 영접하며 이르되 내게로 들어오라 내가 내 아들의 합환채로 당신을 샀노라 그 밤에 야곱이 그와 동침하였더라 17 하나님이 레아의 소원을 들으셨으므로 그가 임신하여 다섯째 아들을 야곱에게 낳은지라 18 레아가 이르되 내가 내 시녀를 내 남편에게 주었으므로 하나님이 내게 그 값을 주셨다 하고 그의 이름을 잇사갈이라 하였으며 19 레아가 다시 임신하여 여섯째 아들을 야곱에게 낳은지라 20 레아가 이르되 하나님이 내게 후한 선물을 주시도다 내가 남편에게 여섯 아들을 낳았으니 이제는 그가 나와 함께 살리라 하고 그의 이름을 스불론이라 하였으며 21 그 후에 그가 딸을 낳고 그의 이름을 디나라 하였더라

위 본문은 레아가 세 명의 자녀(잇사갈, 스불론, 디나)를 추가로 낳는 장면으로, 야곱 가문 내 여성들의 갈등과 신앙의 회복, 그리고 하나님의 은혜와 주권이 맞물려 나타나는 중요한 구절이다. 이 본문은 하나님 없는 인간의 거래로부터 시작되지만, 점차적으로 하나님의 개입과 응답으로 전환되는 구조를 보여준다.

레아는 야곱이 들에서 돌아오자마자 나가서 그를 영접하며 "내가 당신을 샀노라"고 선언한다. 이 장면은 가정과 부부 관계가 얼마나 물질적 거래 수준으로 전락했는지를 보여준다. '샀노라'는 히브리어로 שָׂכֹר שְׂכַרְתִּיךָ(사코르 세카르티크)로, 노동의 대가를 지불하고 품꾼을 샀다는 의미이다. 야곱은 남편이기 이전에 마치

임신을 위한 도구, 거래의 대상이 되었다. 부부의 사랑과 언약이 아니라 합환채라는 교환물이 야곱의 동침을 가능하게 한 조건이라는 사실은, 이 가정 내의 영적 부패와 인간 중심 신앙의 깊이를 상징적으로 보여준다.

"하나님이 레아의 소원을 들으셨으므로 … 그가 임신하여 다섯째 아들을 낳고 … 이름을 잇사갈이라 하였으며 …" 전환점은 하나님의 개입이다. 레아가 앞서 '인간적인 전략'(시녀 제공, 합환채 거래)을 사용했지만, 성경은 그것보다 더 깊은 원인으로서 "하나님이 들으셨으므로"라는 신적 응답을 언급한다. '잇사갈'(יִשָּׂשכָר)은 "보상받다", "대가를 받다"를 의미한다. 레아는 "내가 시녀를 주었기 때문에 하나님이 그 값을 주셨다"고 해석하지만, 내러티브는 더 큰 해석을 제공한다. 진정한 원인은 레아의 소원, 곧 하나님 앞에 드린 간구에 대한 응답이다.

야곱의 여섯 번째 아들 '스불론'(זְבֻלוּן)은 "거하다, 살다"라는 의미에서 파생되어, 레아가 야곱의 사랑과 동반자적 관계를 회복하고자 하는 소망을 담고 있다. "후한 선물"(זֶבֶד טוֹב, '제베드 토브')은 하나님의 은혜를 고백하는 언어로, 앞선 경쟁 중심의 해석들과 달리 한층 하나님 중심적 해석으로 나아간다. 이는 레아의 신앙이 점진적으로 성숙해지고 있음을 보여준다. 하지만 여전히 인간적인 욕망이 내포되어 있다. "이제는 남편이 나와 함께 살리라"는 말은, 여전히 사랑받고자 하는 아내로서의 갈망을 드러내며, 여전히 사랑의 회복이 이루어지지 않았음을 시사한다.

"그 후에 그가 딸을 낳고 그의 이름을 디나라 하였더라." 디나는 야곱의 딸 중 유일하게 이름이 언급된다. 그러나 이름 외에는 의미 해석이나 신학적 평가가 없다. '디나'(דִּינָה)는 "심판", "공의"를 뜻하는 어근 '딘'(דִּין)에서 유래한다. 이후 창세기 34장에서 세겜 사건의 중심인물이 되는 디나는, 이 구절에서는 언급만 된 인물이다. 이 침묵은 아마도 이후 사건의 복선 역할을 하며, 야곱 가문 내 여인의 지위, 보호받지 못한 존재로서의 한계 등을 암시할 수 있다.

이 본문은 하나님이 인간의 왜곡된 상황과 불완전한 동기 속에서도 여전히 은혜와 주권으로 역사하신다는 사실을 보여주는 강력한 증거이며, 우리의 신앙 역시 감정에서 은혜로, 경쟁에서 고백으로 성장해야 함을 교훈한다.

9.(4') 라헬이 자녀를 낳음(1명)(30:22-24)

> 22 하나님이 라헬을 생각하신지라 하나님이 그의 소원을 들으시고 그의 태를 여셨
> 으므로 23 그가 임신하여 아들을 낳고 이르되 하나님이 내 부끄러움을 씻으셨다 하
> 고 24 그 이름을 요셉이라 하니 여호와는 다시 다른 아들을 내게 더하시기를 원하
> 노라 하였더라

위 본문은 긴 불임의 시간 끝에 라헬이 마침내 요셉을 낳는 장면으로, 반복된 병행구조의 중심 주제로 야곱 가문의 출산 서사 중 가장 극적인 전환점이자 신학적으로도 깊은 의미를 지닌 본문이다. 이 본문은 단순한 출산 기록을 넘어서, '하나님의 주권', '기억', '회복', 그리고 '소망'이라는 네 가지 신학적 주제를 포괄하고 있다. 때가 되어서 하나님은 라헬을 생각하셨다. 그리고 하나님이 그의 소원을 들으시고 그의 태를 열어주셨다.

히브리어 원문 "זָכַר אֱלֹהִים אֶת־רָחֵל"(자칼 엘로힘 에트-라헬)은 "하나님이 라헬을 기억하셨다"는 뜻이다. 여기서 '기억하다'(זָכַר)는 단순한 회상이 아니라, 언약적 행동을 포함한 "주의 깊은 개입"(출 2: 24, 눅 1:72)을 뜻한다. 이는 하나님이 라헬의 고통을 외면하지 않으셨고, 정한 때에 그녀를 은혜로 돌아보셨다는 선언이다. 이전까지 라헬은 자녀를 얻지 못해 언니와 대립하며 감정적이고 세속적인 태도를 보였으나, 이제 하나님의 주권을 깨닫게 되며 은혜를 체험하게 된다. "그의 태를 여셨으므로"는 생명의 주권이 철저히 하나님께 있음을 선포하는 내용이다.

인간의 전략(합환채, 시녀 등)은 결과를 낳지 못했지만, 하나님의 뜻 가운데 이루어졌을 때 비로소 생명이 주어진다. 라헬은 요셉의 출생을 두고 "하나님이 내 부끄러움을 씻으셨다"라고 고백한다. 이는 단지 감정적인 회복이 아니라, 고대 근동문화에서 여성으로서 불임이 수치로 여겨졌던 현실을 반영한다. 당시 문화에

서는 자녀를 낳지 못하는 여성을 부정하거나 하나님의 저주 아래 있는 자로 보는 인식이 강했기에, 라헬의 고백은 신앙적 정체성의 회복을 의미한다.

"그 이름을 요셉이라 하니 여호와는 다시 다른 아들을 내게 더하시기를 원하노라 하였더라." '요셉 (יוֹסֵף)은 히브리어 동사 "야삽"(יָסַף, 더하다)에서 유래하며, "하나님이 더하신다"는 뜻이다. 여기에는 단지 첫아들에 대한 감사만이 아니라, 하나님께서 앞으로도 더하실 것이라는 믿음이 담겨 있다. 라헬은 오랜 기다림 끝에 얻은 첫아들을 감사함으로 받으면서도, 더 큰 은혜를 향한 기대와 소망을 표현하고 있다. 앞서 라헬은 출산 문제로 언니를 시기하고, 여종을 통해 자녀를 얻고, 합환채를 매매하는 등 신앙적으로 일그러진 모습을 보여 왔다. 그러나 이제는 자녀를 주신 하나님을 직접 고백하고, 그분께 더 큰 복을 기대하는 신앙적 언어로 응답한다. 이는 라헬 내면의 변화와 하나님 중심의 신앙으로의 회복을 보여준다.

결론적으로 위 본문은 반복된 대칭구조의 핵심 주제로서 라헬의 오랜 기다림 끝에 마침내 하나님의 은혜로 아들을 얻게 되는 사건이다. 이 장면은 인간의 수단과 감정 중심 신앙을 넘어서는 하나님의 주권적 개입과 은혜의 회복을 선포한다. 요셉의 출생은 단지 자녀의 획득이 아니라, 하나님의 신실하신 언약과 위로, 수치의 제거, 미래에 대한 소망을 종합적으로 드러내는 사건이다. 라헬의 고백은 고통 가운데 있는 자에게도 하나님의 응답은 반드시 도달한다는 복음적 메시지를 전하고 있다.

A''. 번성의 축복(30:25-31:16)

창세기 30:25-31:16은 두 장에 걸쳐 서술된 비교적 긴 본문으로, 야곱의 '번성의 축복'을 주제로 하고 있다. 이 본문은 히브리식 의사소통 방식인 반복된 선형구조(repetitive linear pattern)에 따라 10개의 요지로 구성되었으며, 반복과 대조를 통해 중심 메시지를 강조하고 있다.

가. 구조적 주해

A'' 번성의 축복(30:25-31:16)

1. 고향으로 간다고 말함	30:25-26
1'. 라반이 떠나지 말라함	30:27-30
2. 품삯을 제안함	30:31-33
2'. 라반이 제안을 받음	30:34-36
3. 야곱이 번창하게 됨	30:37-43
3'. 라반/자녀들 의심	31:1-2
4. 하나님이 돌아가라고 하심	31:3
4' 그간 하나님이 도우셨음	31:4-10
5. 하나님이 떠나라 하심(꿈)	31:11-13
5'. 레아와 라헬 동의함	31:14-16

이 반복된 선형 구조를 다음과 같이 분석해 본다:

1 - 1': 결정과 만류

야곱이 고향으로 돌아가겠다고 결심하자, 라반은 그를 붙잡으려 한다.(30:25-28 ↔ 31:22-24)

2 - 2': 협상과 결과

야곱이 품삯을 제안하고, 라반은 이를 받아들인다. 그 결과 야곱은 번성하게 된다.(30:29-34 ↔ 31:38-42)

3 - 3': 번창과 불신

야곱의 소유가 크게 증가하자, 라반의 아들들이 불만을 갖고 야곱을 의심하기 시작한다.(30:35-43 ↔ 31:1-2)

4 - 4': 명령과 보호하심

하나님이 야곱에게 돌아가라고 명하시고, 그동안의 하나님의 도우심을 야곱은 라헬과 레아에게 설명한다.(31:3-7 ↔ 31:10-13)

5 – 5': 계시와 동의

하나님이 꿈으로 야곱에게 귀향을 명하시고, 아내들(라헬과 레아)은 야곱의 설명에 기꺼이 동의한다.(31:8-9 ↔ 31:14-16)

이 반복된 선형 구조는 중심 메시지를 결론부(5-5')에 두는 히브리적 설계방식을 따른다. 구조의 정점인 끝 요지들에서는 하나님이 하란을 떠나 가나안으로 돌아가라 명령하시고, 야곱은 그간의 섭리와 축복의 내역을 아내들에게 설명하며, 라헬과 레아는 하나님의 명령에 동의하고 함께 길을 떠날 것을 결단한다. 이는 단순한 귀향의 명령이 아니라, 하나님의 언약적 인도와 보호, 그리고 가정 전체의 신앙적 동의와 순종이라는 구속사적 의미를 담고 있다. 특별히 이방 땅에서 번성한 복의 성취가 이제 하나님의 약속의 땅으로 회복되는 과정으로 이어진다는 점에서, 이 구조는 야곱 이야기 전체에서 중대한 전환점을 맞는다.

나. 구속사적 의의

하나님의 주권적 번성: 야곱이 꾀를 낸 것 같지만, 실제로는 하나님께서 라반의 속임에도 불구하고 야곱을 크게 번성케 하심(30:43). 이는 아브라함 언약의 "번성의 축복"의 구속사적 성취이다.

하나님의 개입과 인도: 하나님의 직접적인 말씀(31:3, 11-13)은 단순한 생활 문제가 아니라, 언약 계승사의 귀환 여정을 주도하시는 하나님의 구속사적 손길을 보여준다.

가정의 동의: 레아와 라헬이 아버지 라반을 떠나 야곱과 함께하겠다고 동의함은, 언약 계승 공동체가 이제 독립된 정체성을 갖추어 가는 전환점이다.

다. 신앙경주 적용

세상 의존을 떠나라: 야곱이 라반에게서 독립을 선언한 것은, 신앙경주자가 세상 주인의 얽매임에서 벗어나 하나님의 말씀을 따라야 함을 교훈한다.

하나님의 방법에 의지하라: 야곱이 꾀를 부린 것 같지만, 결국 그 번성은 하나님의 은혜 때문이었다. 신앙경주는 인간의 꾀가 아니라 하나님의 도우심에 의지하는 삶이다.

하나님의 명령을 따라 결단하라: 하나님이 "돌아가라" 명령하실 때, 야곱은 가족과 함께 순종의 길을 선택한다. 신앙경주는 명령 앞에서 공동체적 결단을 요구한다.

가정의 하나됨: 레아와 라헬이 야곱과 뜻을 같이한 것은, 신앙경주에서 가정 공동체가 하나 되어 언약을 따르는 것이 얼마나 중요한지를 보여준다.

라. 본문 해설

1-1'. 결정과 만류(30:25-30)

25 라헬이 요셉을 낳았을 때에 야곱이 라반에게 이르되 나를 보내어 내 고향 나의 땅으로 가게 하시되 26 내가 외삼촌에게서 일하고 얻은 처자를 내게 주시어 나로 가게 하소서 내가 외삼촌에게 한 일은 외삼촌이 아시나이다 27 라반이 그에게 이르되 여호와께서 너로 말미암아 내게 복 주신 줄을 내가 깨달았노니 네가 나를 사랑스럽게 여기거든 그대로 있으라 28 또 이르되 네 품삯을 정하라 내가 그것을 주리라 29 야곱이 그에게 이르되 내가 어떻게 외삼촌을 섬겼는지, 어떻게 외삼촌의 가축을 쳤는지 외삼촌이 아시나이다 30 내가 오기 전에는 외삼촌의 소유가 적더니 번성하여 떼를 이루었으니 내 발이 이르는 곳마다 여호와께서 외삼촌에게 복을 주셨나이다 그러나 나는 언제나 내 집을 세우리이까

이 본문(창 30:25-27)은 야곱이 라반의 집에서 오랜 시간 머문 후, 요셉이 태어난 시점을 계기로 고향으로 돌아가고자 결심하는 장면이다. 여기서 핵심 주제는 '결정과 만류'로, 야곱의 귀향 의지와 라반의 집착 섞인 만류가 뚜렷하게 대조된다. 요셉의 탄생은 라헬에게는 수치의 회복이자 하나님의 긍휼의 결과이며, 야곱에게는 새로운 인생 전환점이 된다.

야곱은 요셉이 태어날 때까지 기다린 것으로 보이는데, 이는 그가 라반을 위해 14년간 일하며 두 아내를 얻은 계약 기간이 끝났음을 의미한다. 이제 야곱은 라반에게 귀향을 요청한다. "나를 보내어 나의 고향, 나의 땅으로 가게 하소서"라는 말은 단순한 이주 요청이 아니라, 자신의 정체성과 하나님의 약속을 향한 회복 의지를 표현하는 언급이다. 여기서 '나의 땅'은 하나님이 약속하신 땅, 곧 언약의 땅 가나안을 가리키며, 야곱은 이방 땅에서 임시 체류자로 살아온 자신의 처지를 자각하고 있었고, 이제 하나님의 언약 백성으로서의 정체성을 회복하려는 결단을 내린 것이다. 야곱은 또한 계약상 정당하게 요구할 수 있는 아내들과 자녀들에 대한 권리를 주장하며, 자신이 라반을 위해 얼마나 성실히 헌신했는지를 상기시킨다.

그러나 라반은 야곱의 요청을 거절하고 만류한다. 그는 "여호와께서 너로 말미암아 내게 복 주신 줄을 내가 깨달았노라"는 말로 붙잡으려 하지만, 그 진심은 경제적 유익 때문이었다. 히브리어로 "복 주셨다"(בֵּרַךְ, 베라크)는 표현은 하나님의 복을 인정하는 신앙고백처럼 보이지만, 실제로는 야곱을 통한 개인적 이익 추구에 가까운 말이다. 라반은 하나님의 복조차 도구화하여, 자신의 유리한 방향으로 이용하려는 태도를 보인다. 결국 그의 만류는 신앙에서 우러난 것이 아니라, 철저히 자기중심적인 동기에서 비롯된 것이다.

2-2'. 협상과 결과(30:31-36)

31 라반이 이르되 내가 무엇으로 네게 주랴 야곱이 이르되 외삼촌께서 내게 아무 것

도 주시지 않아도 나를 위하여 이 일을 행하시면 내가 다시 외삼촌의 양 떼를 먹이고 지키리이다 32 오늘 내가 외삼촌의 양 떼에 두루 다니며 그 양 중에 아롱진 것과 점 있는 것과 검은 것을 가려내며 또 염소 중에 점 있는 것과 아롱진 것을 가려내리니 이 같은 것이 내 품삯이 되리이다 33 후일에 외삼촌께서 오셔서 내 품삯을 조사하실 때에 나의 의가 내 대답이 되리이다 내게 혹시 염소 중 아롱지지 아니한 것이나 점이 없는 것이나 양 중에 검지 아니한 것이 있거든 다 도둑질한 것으로 인정하소서 34 라반이 이르되 내가 네 말대로 하리라 하고 35 그날에 그가 숫염소 중 얼룩무늬 있는 것과 점 있는 것을 가리고 암염소 중 흰 바탕에 아롱진 것과 점 있는 것을 가리고 양 중의 검은 것들을 가려 자기 아들들의 손에 맡기고 36 자기와 야곱의 사이를 사흘 길이 뜨게 하였고 야곱은 라반의 남은 양 떼를 치니라

창세기 30:28-36은 야곱과 라반 사이의 품삯 협상과 그 결과로 맺어진 새로운 경제적 계약을 다루고 있다. 이 본문은 단순한 임금 교섭 이상의 의미를 지닌다. 하나님의 섭리 아래에서 정의(공의)와 지혜, 그리고 인간의 탐욕과 계산이 교차하는 서사로 구성되어 있다.

라반은 이전처럼 일방적으로 계약을 강요하지 않고, 이번에는 "네 품삯을 정하라"고 제안하며 조건을 야곱에게 맡긴다. 겉보기에는 너그러운 태도처럼 보이지만, 실제로는 야곱의 능력을 계속 이용하고자 하는 이기적인 의도에서 비롯된 제안이다. 라반은 야곱이 있는 동안 자신이 하나님의 복을 누렸음을 인정하면서도, 협상의 주도권을 쥐고 자기 이익을 극대화하려는 계산된 방식으로 접근하고 있다.

야곱은 이에 대해 자신의 성실함과 충성, 그리고 여호와께서 자신을 통해 어떻게 라반을 복 주셨는지를 상기시킨다. "내 발이 이르는 곳마다 여호와께서 외삼촌에게 복을 주셨나이다"는 말은 자신이 단지 일꾼이 아니라 하나님의 복의 통로였음을 강조하는 표현이다.

또한 "나는 언제나 내 집을 세우리이까"라는 야곱의 고백은 이 본문에서 핵

심적인 전환점이 된다. 야곱은 단순히 품삯을 요구하는 것이 아니라, 이제는 독립된 가장으로서 자신만의 가정을 세우고자 하는 뜻을 밝히는 것이다. 야곱은 품삯을 자신이 직접 만들어가는 방식을 제안한다. 이는 매우 공정하고 지혜로운 전략이다. 그 내용은 다음과 같다:

"양 가운데 아롱진 것과 점 있는 것과 검은 것을 가려내고, 염소 가운데 점 있는 것과 아롱진 것을 가려내어 그것을 품삯으로 삼겠다"(30:32).

이러한 조건들은 보통 희귀한 유전적 특성을 지닌 개체들이었기에, 야곱이 스스로 불리한 조건을 선택함으로써 공정성을 확보하려 한 것이었다. 이는 라반의 교활함을 염두에 둔 지혜로운 대응으로 볼 수 있다. 라반은 야곱의 조건을 겉으로는 흔쾌히 수락하지만, 곧바로 속임수를 사용한다. 그는 그날로 점 있는 것, 아롱진 것, 검은 양들을 골라내어 자신의 아들들에게 맡기고, 사흘 길이나 떨어진 곳으로 보내버린다. 이는 야곱이 처음부터 자신의 품삯이 될 가축들을 접할 수조차 없도록 차단한 조치로, 사실상 계약 자체를 무력화하려는 시도였다. 이처럼 라반은 하나님의 복이 야곱을 통해 이루어졌음을 알면서도, 복의 통로인 야곱을 속이고 이용하려는 태도를 보인다. 그는 하나님의 축복마저도 자신의 이익을 위해 도구화하며, 계약을 위장한 자기중심적 착취 행위를 일삼는다.

3-3'. 번창과 불신(30:37-31:2)

37 야곱이 버드나무와 살구나무와 신풍나무의 푸른 가지를 가져다가 그것들의 껍질을 벗겨 흰 무늬를 내고 38 그 껍질 벗긴 가지를 양 떼가 와서 먹는 개천의 물 구유에 세워 양 떼를 향하게 하매 그 떼가 물을 먹으러 올 때에 새끼를 배니 39 가지 앞에서 새끼를 배므로 얼룩얼룩한 것과 점이 있고 아롱진 것을 낳은지라 40 야곱이 새끼 양을 구분하고 그 얼룩무늬와 검은 빛 있는 것을 라반이 양과 서로 마주보게 하며 자기 양을 따로 두어 라반의 양과 섞이지 않게 하며 41 튼튼한 양이 새끼 밸 때에는 야곱이 개천에다가 양 떼의 눈앞에 그 가지를 두어 양이 그 가지 곁에서 새끼를 배게 하고

42 약한 양이면 그 가지를 두지 아니하니 그렇게 함으로 약한 것은 라반의 것이 되고 튼튼한 것은 야곱의 것이 된지라 43 이에 그 사람이 매우 번창하여 양 떼와 노비와 낙타와 나귀가 많았더라 31:1 야곱이 라반의 아들들이 하는 말을 들은즉 야곱이 우리 아버지의 소유를 다 빼앗고 우리 아버지의 소유로 말미암아 이 모든 재물을 모았다 하는지라 2 야곱이 라반의 안색을 본즉 자기에게 대하여 전과 같지 아니하더라

본문(창세기 30:37-31:2)은 야곱이 라반과의 불리한 계약 속에서도 번성하게 되는 과정과, 그에 대한 라반 집안의 의심과 갈등이 고조되는 장면을 담고 있다. 이 본문은 하나님의 정의로운 개입, 야곱의 지혜로운 대처, 그리고 인간의 시기와 불신이 교차하면서, 이후 야곱의 탈출(31장)로 이어지는 결정적인 전환점을 보여준다.

야곱은 버드나무, 살구나무, 신풍나무 가지의 껍질을 벗겨 흰 무늬를 만든 뒤, 그것을 물구유 앞에 세워 양들이 교미할 때 보게 하였다. 당시 사람들은 시각 자극이 새끼의 외형에 영향을 미친다고 여기는 민속적 지식을 가지고 있었다. 그러나 본문의 초점은 그 기법의 과학성에 있지 않고, 하나님의 주권적인 간섭과 야곱의 지혜로운 대응에 있다(31:10-12 참조).

야곱이 껍질을 벗긴 가지를 세운 곳에서 양들이 새끼를 배자, 실제로 얼룩무늬와 점 있는 새끼들이 태어났다. 이는 하나님의 신비로운 개입을 암시하며, 훗날 하나님께서 '꿈에' 나타나 이 모든 과정을 주도하셨음을 직접 밝히신다(창 31: 11-12). 야곱은 점 있는 새끼들과 검은 양들을 자신의 소유로 구분하고, 라반의 양들과 섞이지 않도록 철저히 분리하였다. 또한 튼튼한 양들이 교미할 때에만 나뭇가지를 보이게 하여, 건강한 가축들만 자신의 몫이 되도록 전략적으로 교배를 조절하였다. 그 결과 야곱은 양 떼뿐 아니라 노비, 낙타, 나귀까지 소유하며 족장으로서의 경제적 독립을 이루게 된다. 한때 무일푼으로 외삼촌의 집에 도망쳐 왔던 야곱은, 이제 하나님의 도우심 속에 번성하는 인물로 변화된 것이다. 야곱은 교활한 수단으로 이익을 얻은 것이 아니라, 하나님 앞에서 정직하고 지혜롭게 행

했다. 그리고 하나님은 그런 야곱의 삶을 통해 공의롭게 보상하셨다.

그러나 야곱이 크게 번성하자, 라반의 아들들은 오히려 "야곱이 우리 아버지의 소유를 다 빼앗았다"며 사실을 왜곡하며 비난한다(31:1). 야곱은 이 말을 들은 후 라반의 안색을 살펴보았고, 이전과는 달리 적대적으로 변한 그의 태도를 직감하게 된다(31:2). 이처럼 라반 가문과의 관계는 더 이상 유지되기 어려운 지경에 이르렀으며, 야곱의 떠남은 더 이상 미룰 수 없는 필연적인 선택이 되어가고 있었다.

4-4'. 명령과 보호하심(31:3-10)

3 여호와께서 야곱에게 이르시되 네 조상의 땅 네 족속에게로 돌아가라 내가 너와 함께 있으리라 하신지라 4 야곱이 사람을 보내어 라헬과 레아를 자기 양 떼가 있는 들로 불러다가 5 그들에게 이르되 내가 그대들의 아버지의 안색을 본즉 내게 대하여 전과 같지 아니하도다 그러할지라도 내 아버지의 하나님은 나와 함께 계셨느니라 6 그대들도 알거니와 내가 힘을 다하여 그대들의 아버지를 섬겼거늘 7 그대들의 아버지가 나를 속여 품삯을 열 번이나 변경하였느니라 그러나 하나님이 그를 막으사 나를 해치지 못하게 하셨으며 8 그가 이르기를 점 있는 것이 네 삯이 되리라 하면 온 양 떼가 낳은 것이 점 있는 것이요 또 얼룩무늬 있는 것이 네 삯이 되리라 하면 온 양 떼가 낳은 것이 얼룩무늬 있는 것이니 9 하나님이 이같이 그대들의 아버지의 가축을 빼앗아 내게 주셨느니라 10 그 양 떼가 새끼 밸 때에 내가 꿈에 눈을 들어보니 양 떼를 탄 숫양은 다 얼룩무늬 있는 것과 점 있는 것과 아롱진 것이었더라

창세기 31:3-10은 야곱이 외삼촌 라반의 집을 떠나야 할 결정적인 계기, 하나님의 명령, 그리고 하나님의 보호하심을 아내들과 공유하는 장면이다. 하나님은 야곱에게 나타나셔서 "네 조상의 땅", 곧 하나님의 언약이 약속된 땅인 가나안으로 돌아가라고 명령하신다. 야곱은 더 이상 외삼촌 라반의 집에 머물 수 없는

상황에서, 하나님으로부터 직접적인 귀환 명령을 받는다. "내가 너와 함께 있으리라"는 말씀은 벧엘에서 주셨던 약속(창 28:15)의 재확인이며, 야곱이 앞으로 겪게 될 갈등과 불안을 하나님이 함께하심으로 극복할 수 있도록 하신다는 보증이다. 이후 야곱은 아내들을 '들'로 불러내어 은밀히 대화를 나눈다. "너희 아버지의 안색이 전과 같지 않다"는 말은 라반과의 관계가 심각하게 악화되었음을 암시하며, 결정이 긴박함을 드러낸다.

그러나 야곱은 아내들에게 "내 아버지의 하나님은 나와 함께 계셨느니라"고 고백함으로, 자신이 하나님의 보호 아래 있음을 분명히 밝히고, 염려하지 말라고 격려한다. 또한 라반이 열 번이나 품삯을 변경하며 자신을 부당하게 대했음을 고발하며, 지금껏 해를 당하지 않고 견딜 수 있었던 것은 전적으로 하나님의 보호 덕분임을 강조한다. 계약 조건을 수시로 바꾸는 라반의 불의함에도 불구하고, 하나님은 오히려 라반의 가축을 야곱에게 넘기시는 방식으로 보상하셨다고 야곱은 설명한다. 이는 자신이 라반의 재산을 훔친 것이 아니라, 하나님께서 초자연적인 방식으로 정의를 이루신 결과임을 밝히는 것이다.

5-5'. 명령(꿈)과 동의(31:11-16)

11 꿈에 하나님의 사자가 내게 말씀하시기를 야곱아 하기로 내가 대답하기를 여기 있나이다 하매 12 이르시되 네 눈을 들어 보라 양 떼를 탄 숫양은 다 얼룩무늬 있는 것, 점 있는 것과 아롱진 것이니라 라반이 네게 행한 모든 것을 내가 보았노라 13 나는 벧엘의 하나님이라 네가 거기서 기둥에 기름을 붓고 거기서 내게 서원하였으니 지금 일어나 이 곳을 떠나서 네 출생지로 돌아가라 하셨느니라 14 라헬과 레아가 그에게 대답하여 이르되 우리가 우리 아버지 집에서 무슨 분깃이나 유산이 있으리요 15 아버지가 우리를 팔고 우리의 돈을 다 먹어버렸으니 아버지가 우리를 외국인처럼 여기는 것이 아닌가 16 하나님이 우리 아버지에게서 취하여 가신 재물은 우리와 우리 자식의 것이니 이제 하나님이 당신에게 이르신 일을 다 준행하라

창세기 31:11-16은 야곱이 하나님의 꿈속 명령을 듣고, 이를 아내들에게 전한 후 그들이 동의하는 장면이다. 이 본문은 하나님의 계시-가족 내 일치-순종의 결단이라는 구조를 따라가며, 야곱 가정의 영적 전환점이자 귀향 준비 단계를 보여준다.

하나님의 사자가 꿈에 나타나 야곱을 부르신다. 이에 야곱이 대답한다. "여기 있나이다"(הִנֵּנִי, 힌네니)는 성경에서 흔히 즉각적인 순종과 준비된 태도를 나타내는 표현이다(참조: 아브라함-창 22:1, 모세-출 3:4). 하나님은 라반이 야곱에게 행한 모든 불의함을 보셨다고 말씀하신다. 이는 하나님께서 억울한 자의 고통을 외면하지 않으신다는 메시지이다. 하나님은 야곱의 경제적 번성을 단순한 결과가 아니라, 하나님 자신의 개입으로 이루어진 것임을 분명히 하신다. 그리고 하나님은 벧엘에서 일어난 일을 언급하신다. "나는 벧엘의 하나님이라." 여기서 벧엘의 하나님이란 표현은 창세기 28:10-22에서 야곱이 돌베개를 베고 자던 자리에서 사닥다리 환상을 보고, 기름 붓고 서원했던 바로 그 하나님을 말한다. 하나님은 과거 야곱에게 나타나셨던 그 동일한 하나님이시며, 이제 그 서원을 성취할 때가 되었음을 알리신다. 즉, 벧엘의 서원이 귀환 명령과 연결되며, 야곱의 언약적 순종을 촉구하는 것이다.

B''. 갈등: 드라빔(31:17-55)

창세기 31:17-55의 드라빔 사건은 "우상과 언약, 갈등과 화해"의 대조를 통해, 언약 백성은 하나님만 의지하며 우상을 버리고 독립된 공동체로 서야 함을 보여준다. 야곱이 하나님의 복을 많이 받고 가족들을 데리고 고향으로 가려 한다. 이에 라헬이 자기 아버지 수호신인 드라빔을 훔쳐 간다.

가. 구조적 주해

B'' 갈등: 드라빔(31:17-55)

1. 드라빔 : 수호신을 훔침		17-20
2. 대립: 라반이 쫓아감		21-23
3. 제안: 해하지 말라!		24
4. 수용: 라반이 해하지 않음		25-30
1'. 드라빔: 수호신을 찾지 못함		31-35
2'. 대립: 라반을 책망함		36-42
3'. 제안: 언약체결 하자!		43-50
4'. 수용: 라반이 떠남		51-55

위 구조는 8개의 요지로 구성된 반복 병행 형태이다. 주제는 '드라빔(수호신) 갈등'이다. 전반부 요지들(1-2-3-4)과 후반부 요지들(1'-2'-3'-4')에서 키워드들(드라빔 - 대립 - 제안 - 순종)이 반복되며 전개된다. 이러한 반복 병행 구조는 주제가 끝부분에서 강조되는 미괄식 구조를 이루며, 이에 따라 요지 4 / 4'가 핵심 주제를 형성한다. 이 구조를 구체적으로 분석하면 다음과 같다:

1 / 1'은 각각 '드라빔을 훔침'과 '드라빔을 찾지 못함'으로 연결된다.
2 / 2'은 각각 '라반이 쫓아감'과 '라반을 원망함'으로 연결된다.
3 / 3'은 각각 '해하지 말라'와 '언약을 체결하자'의 내용으로 연결된다.
4 / 4'은 각각 '라반이 해하지 않음'과 '라반이 떠남'으로 대조되며 마무리된다.

이처럼 전·후반부의 4개 요지들이 반복 병행하여 구조를 이루고 있으며, 구조상 마지막 요지 4 / 4'가 중심 주제를 명확히 드러낸다. 라반은 리헬이 숨긴 드라빔을 찾지 못한 채 야곱과 그의 가족을 해치지 않았고, 결국 평화롭게 그들과 헤어지게 된다.

나. 구속사적 의의

우상과 언약의 대립: 드라빔(라반의 수호신)은 결국 찾지 못했지만, 하나님은 야곱과 동행하시며 참되신 언약의 하나님을 드러내신다. 이는 구속사에서 우상 숭배와 하나님의 언약이 대립하는 장면이다.

하나님의 보호: 하나님이 라반의 꿈에 나타나 "해하지 말라" 하심으로, 언약 계승자가 하나님의 특별한 보호 아래 있음을 보여준다.

언약 백성의 분리: 라반과 야곱이 언약을 맺고 길이 갈라짐은, 이제 야곱 가문이 독립된 언약 공동체로 세워지는 중요한 분리 사건이다.

십자가적 예표: "해하지 말라"는 하나님의 개입은 장차 그리스도 안에서 언약 백성 보호와 원수로부터의 구원을 예표한다.

다. 신앙경주 적용

숨은 우상의 문제: 라헬이 드라빔을 훔친 사건은 믿음의 가정 속에도 우상 의존의 유혹이 있음을 경고한다. 신앙경주는 숨어 있는 우상을 버리는 싸움이다.

하나님만이 보호자: 야곱의 안전은 라반의 태도에 있지 않고, 하나님의 말씀("해하지 말라")에 달려 있었다. 신앙경주는 하나님만 의지하는 삶이다.

관계 갈등의 정직한 해소: 야곱이 라반을 책망하고 언약을 체결한 것은 관계의 질서를 새롭게 세우는 과정이다. 신앙경주는 정직하게 문제를 직면하고 하나님 앞에서 화해의 질서를 세우는 길이다.

믿음 공동체의 독립: 라반과의 이별은 야곱 가문이 하나님의 부르심에 따라 독립된 신앙 공동체로 서는 전환을 의미한다. 신앙경주는 세상적 얽힘에서 벗어나 언약의 길을 따르는 결단이다.

라. 본문 해설

1. 드라빔: 수호신을 훔침(31:17-20)

> 17 야곱이 일어나 자식들과 아내들을 낙타들에게 태우고 18 그 모은 바 모든 가축과 모든 소유물 곧 그가 밧단아람에서 모은 가축을 이끌고 가나안 땅에 있는 그의 아버지 이삭에게로 가려 할새 19 그 때에 라반이 양털을 깎으러 갔으므로 라헬은 그의 아버지의 드라빔을 도둑질하고 20 야곱은 그 거취를 아람 사람 라반에게 말하지 아니하고 가만히 떠났더라

위 본문은 야곱이 가족과 함께 라반의 집을 떠나는 결정적인 순간과, 그 과정에서 라헬이 아버지의 드라빔을 훔친 사건을 함께 기록한 본문이다. 이 장면은 단순한 이주의 서술이 아니라, 영적 충돌, 신앙의 정체성, 그리고 하나님의 보호 아래에서의 출발이라는 점이다.

야곱이 일어나서 자식들과 아내들을 낙타들에게 태우고 도주한다. 그는 라반의 집에서 수년간 모은 가축과 재산, 그리고 하나님이 주신 복의 열매들을 이끌고 아버지 이삭이 있는 가나안 땅으로 향한다. 이렇게 많은 재산을 가지고 라반 몰래 도주한다는 것은 물론 하나님의 명령이지만 많은 준비와 계획을 짜서 움직여야 한다. "양털을 깎으러 갔다"는 표현은 라반이 집을 비운 틈을 나타내며, 야곱이 떠나기에 적절한 시점을 보여준다.

그러나 여기서 충격적인 사실이 등장한다: 라헬이 아버지의 드라빔을 훔쳤다. 드라빔(תרפים)은 고대 근동에서 가정 신상, 수호신 혹은 조상신의 역할을 하는 작은 우상들이며, 종종 가족의 상속권, 신적 보호, 미래 점을 보는 데 사용되었다. 라헬이 드라빔을 훔칠 이유가 없었는데도 라헬의 내면에 남아 있는 우상 숭배적 세계관과 신앙적 미성숙을 보여준다. 야곱이 하나님의 언약을 따라 떠나고 있었으나, 그의 가족 안에는 여전히 옛 체계에 대한 집착과 혼합 신앙의 흔적이

남아 있었다. 여기서 야곱은 "거취를 말하지 아니하고 가만히 떠났다." 이는 비밀스럽고 조심스러운 탈출을 의미한다. 단순히 도망치려는 것이 아니라 라반의 성정을 고려한 전략적 선택으로, 라반이 평화롭게 보내줄 인물이 아님을 야곱은 잘 알고 있었기 때문이다(이후 31:29).

긍정적인 면에서는 야곱이 대립과 폭력 없이 떠나려는 평화주의적 태도를 내포하고 있다. 그러나 여전히 그의 방법은 완전한 신뢰보다는 인간적 계산이 개입된 행동임도 부정할 수 없다.

2. 대립: 라반이 쫓아감(31:21-23)

> 21 그가 그의 모든 소유를 이끌고 강을 건너 길르앗 산을 향하여 도망한 지 22 삼 일 만에 야곱이 도망한 것이 라반에게 들린지라 23 라반이 그의 형제를 거느리고 칠 일 길을 쫓아가 길르앗 산에서 그에게 이르렀더니

위 본문은 야곱의 도피와 라반의 추격 장면으로, 하나님의 약속을 따라 떠나는 자와 그것을 막으려는 자 사이의 긴장이 본격적으로 고조되는 전환점이다. 이 구절은 단순한 여행 기록이 아니라, 언약을 따르는 삶에 따른 충돌, 영적 갈등의 실제적 현실, 그리고 하나님의 보호가 필요한 절박한 순간을 보여 준다.

야곱은 자녀들, 아내들, 가축, 종들, 모든 재산을 모두 데리고 떠났다. 이는 야곱이 단순히 피신한 것이 아니라, 이방 땅에서의 삶을 완전히 정리하고 언약의 땅으로 돌아가려는 전적인 결단을 의미한다. 그리고 길르앗 산을 향하여 도망하였다. 길르앗은 요단강 동쪽, 가나안 입구에 해당하는 지역으로, 야곱이 언약의 땅을 향해 실질적으로 접어든 지역이다. '도망했다'는 표현은 긴박함과 위험 인식, 동시에 라반으로부터의 분리 의지를 강조한다. 야곱의 삶의 중심이 라반에서 하나님으로, 이방에서 언약의 땅으로 전환되는 여정의 시발점이다. 3일 동안 도망했다. 이때 라반이 몽땅 도망한 것을 알게 되었다.

라반이 혼자나 가족이 아니라 그 외의 형제를 거느리고 칠 일동안 쫓아가 길르앗 산에서 그에게 이르렀다. 단순한 대화나 협상의 목적으로만 출발한 것이 아니라, 무력 대응을 염두에 둔 행동이었을 가능성이 크다. 추격 끝에 마침내 야곱을 따라잡게 되며, 이는 양 진영 간의 대면과 긴장 고조가 극에 달하는 순간이다. 라반은 하나님의 뜻과 복을 의식하면서도 그것을 자기 뜻대로 통제하려 하고, 야곱은 신앙의 길을 걷지만, 인간의 계산과 가족의 약점(드라빔 사건 등)을 안고 떠난다. 그러나 하나님은 이 여정에 개입하신다. 야곱의 걸음이 하나님을 향한 것이기 때문이다.

이 본문은 우리에게 믿음의 여정에는 반드시 갈등과 방해가 따르지만, 하나님의 부르심에는 하나님의 보호가 반드시 따름을 보여준다.

3. 제안: 해하지 말라 하심(31:24)

> 24 밤에 하나님이 아람 사람 라반에게 현몽하여 이르시되 너는 삼가 야곱에게 선악 간에 말하지 말라 하셨더라

창세기 31:24은 짧지만 매우 결정적인 장면이다. 하나님께서 직접 아람 사람 라반에게 개입하셔서 야곱을 보호하시는 말씀을 하시는 내용으로, 이 구절은 하나님의 주권적 개입과 언약 백성을 향한 보호가 집약되었다.

하나님이 직접 라반의 행동을 제지하기 위해 초자연적 방식으로 개입하신다. 이는 하나님께서 야곱의 편에 서 계심을 분명히 하시는 행동이다. 라반은 하나님의 백성이 아니며 우상숭배 배경 속 인물이었음에도 하나님께서 말씀하시는 것은 언약 백성 보호를 위한 목적 때문이다. 하나님께서는 라반에게 선악 간에 말하지 말라고 하셨다. 이는 야곱에게 아무 영향도 주지 말고 침묵하라, 즉 야곱을 절대적으로 해하지 말라는 강한 경고이다. 비록 야곱이 인간적 약점(몰래 도망, 가족 내 우상 소지 등)을 지니고 있음에도 불구하고, 하나님은 그의 언약을 기

억하시고 야곱을 해하려는 세력 앞에 친히 개입하신다.

오늘날에도 하나님의 백성은 세상의 위협과 오해, 시기 속에 놓이지만,하나님의 주권적 보호는 언제나 언약에 기초하여 임한다.그분은 필요할 때 밤중에도, 꿈속에도, 심지어 믿지 않는 자들에게도 말씀하셔서 당신의 백성을 지키신다. 이는 믿음으로 사는 자들이 신앙경주 잘할 수 있도록 도와주시는 것이다.

4. 수용: 라반이 해하지 않음(31:25-30)

25 라반이 야곱을 뒤쫓아 이르렀으니 야곱이 그 산에 장막을 친지라 라반이 그 형제와 더불어 길르앗 산에 장막을 치고 26 라반이 야곱에게 이르되 네가 나를 속이고 내 딸들을 칼에 사로잡힌 자 같이 끌고 갔으니 어찌 이같이 하였느냐 27 내가 즐거움과 노래와 북과 수금으로 너를 보내겠거늘 어찌하여 네가 나를 속이고 가만히 도망하고 내게 알리지 아니하였으며 28 내가 내 손자들과 딸들에게 입맞추지 못하게 하였으니 네 행위가 참으로 어리석도다 29 너를 해할 만한 능력이 내 손에 있으나 너희 아버지의 하나님이 어제 밤에 내게 말씀하시기를 너는 삼가 야곱에게 선악간에 말하지 말라 하셨느니라 30 이제 네가 네 아버지 집을 사모하여 돌아가려는 것은 옳거니와 어찌 내 신을 도둑질하였느냐

본문은 라반이 야곱을 따라잡은 뒤 공식적으로 대면하는 장면으로, 내적 갈등과 외적 억제, 하나님의 개입, 가족 관계의 왜곡, 우상(드라빔) 문제의 본격 제기 등이 복합적으로 얽혀 있는 본문이다. 겉보기엔 정제된 말이지만, 내면에는 분노, 상실감, 당혹감, 영적 무지 등이 드러난다. "라반이 야곱을 뒤쫓아 이르렀으니 야곱이 그 산에 장막을 친지라 라반이 그 형제와 더불어 길르앗 산에 장막을 치고." 이것은 양 진영의 대치 상태를 보여주고 있다.

라반이 야곱을 따라잡았고, 두 진영은 길르앗 산에서 서로 마주보며 장막을 침으로 상징적인 대결 국면에 접어든다. 라반이 야곱에게 "나를 속이고"라고 말

한다. 이는 라반이 야곱의 도피를 기만 행위로 보았는데, 이는 자기중심적 생각이다. 그리고 "딸들을 칼에 사로잡힌 자 같이 끌고 갔다"고 말하지만, 실제로는 야곱과 딸들이 함께 떠났음에도 폭력적 납치 사건처럼 왜곡하고 있다. 이는 현실 부정, 통제력 상실에 대한 반응, 그리고 라반의 과장된 자기의식을 보여주는 것이다. 또한 라반이 말하기를 "내가 즐거움과 노래와 북과 수금으로 너를 보내겠거늘 … 내가 내 손자들과 딸들에게 입 맞추지 못하게 하였으니 …"라는 표현은 섭섭함과 유감 표현처럼 보이지만, 본질적으로는 야곱이 자신의 계획을 벗어난 것에 분노하고 있는 것이다. 이 말은 자신의 체면을 위한 포장일뿐이며 실제로는 야곱을 보내줄 마음이 없었을 가능성이 높았다.

그리고 본론으로 들어간다. "너를 해할 만한 능력이 내 손에 있으나 너희 아버지의 하나님이 어젯밤에 내게 말씀하시기를 …." 이 구절이 본문의 핵심 내용이다. 그는 겁에 질려있다. 하나님이 라반에게 그들을 해하지 말라고 하셨기 때문이다. "너를 해칠 수 있는 권한과 힘이 내게 있다"고 말함으로써 위협의 뉘앙스를 풍기지만, 동시에 자신이 하나님의 개입 때문에 손을 쓸 수 없음을 고백하는 것이다. 결국 이 장면은 하나님의 초자연적 개입이 아니었다면 실제로 폭력을 행사했을 것임을 암시하고 있다.

그러나 라반의 초점은 '드라빔 도난' 문제이다. 이는 단순한 물건 도난 이상의 의미를 지니며, 상속권 상징, 가정 수호신, 미래 점치기 도구로 여겨졌기 때문이다. 라반에게 드라빔은 물질적·영적 영향력의 상징이었으며, 이를 도난당한 것은 존재적 위협이 된 것이다. 그는 하나님의 경고로 손을 쓰지 못하지만, 우상(드라빔) 문제를 끝까지 붙잡고 야곱을 추궁한다.

이 장면은 신자의 순종에는 언제나 갈등과 오해, 방해가 따르지만 하나님은 그 갈등 현장 한가운데에서 자기 백성을 보호하고 일하신다는 사실을 분명히 보여 준다.

5.(1') 드라빔: 수호신을 찾지 못함(31:31-35)

31 야곱이 라반에게 대답하여 이르되 내가 생각하기를 외삼촌이 외삼촌의 딸들을 내게서 억지로 빼앗으리라 하여 두려워하였음이니이다 32 외삼촌의 신을 누구에게서 찾든지 그는 살지 못할 것이요 우리 형제들 앞에서 무엇이든지 외삼촌의 것이 발견되거든 외삼촌에게로 가져가소서 하니 야곱은 라헬이 그것을 도둑질한 줄을 알지 못함이었더라 33 라반이 야곱의 장막에 들어가고 레아의 장막에 들어가고 두 여종의 장막에 들어갔으나 찾지 못하고 레아의 장막에서 나와 라헬의 장막에 들어가매 34 라헬이 그 드라빔을 가져 낙타 안장 아래에 넣고 그 위에 앉은지라 라반이 그 장막에서 찾다가 찾아내지 못하매 35 라헬이 그의 아버지에게 이르되 마침 생리가 있어 일어나서 영접할 수 없사오니 내 주는 노하지 마소서 하니라 라반이 그 드라빔을 두루 찾다가 찾아내지 못한지라

창세기 31:31-35은 드라빔 도난 사건의 절정으로, 야곱의 해명, 라반의 수색, 라헬의 속임수가 중심 줄거리를 이룬다. 이 본문은 한편으로는 하나님의 은밀한 보호와 개입, 다른 한편으로는 인간의 두려움과 속임수, 신앙의 혼합 상태를 보여주는 매우 상징적인 장면이다.

야곱은 몰래 도망간 이유를 설명한다. 그것은 라반이 딸들을 강제로 다시 데려갈 것이라는 두려움 때문이었다. 이는 야곱이 여전히 완전한 신뢰나 담대함보다는 인간적 계산 속에 있었다는 것을 드러낸다. 그는 하나님의 명령을 따라 떠났지만, 라반의 통제력에 대한 두려움도 여전히 남아 있었다. 그리고 야곱은 자신이 드라빔 도난과 무관함을 강력하게 주장하며, 범인을 죽여도 좋다는 말을 서슴없이 한다. 이는 라헬이 훔쳤다는 사실을 알지 못했기 때문이다. 이러한 행동은 야곱이 자신의 결백에 대한 확신과 정의에 대한 신뢰를 표현한 것이다.

라반은 야곱과 가족들의 모든 장막을 철저히 수색한다. 그의 행동은 완전한 불신과 통제욕을 보여주며, 동시에 자신이 의지하던 신상(드라빔)의 상실에 대

한 불안감을 반영한다. 이는 라반이 여전히 하나님이 아닌 우상에 소망을 두고 있는 존재임을 보여주고 있다. 반면에 라헬은 드라빔을 감추기 위해 아주 교묘한 방법을 사용한다. 당시 여성은 남성보다 낮은 지위에 있었고, 남성은 여성을 신체적으로 수색하는 것이 금기였기 때문에, 앉은 자세를 핑계로 아버지에게 접근을 금지한 것은 문화적 맥락을 악용한 속임수이다. 라헬은 아버지에게 "내 주는 노하지 마소서"(31:35)라고 말을 한다. 라헬은 아버지를 향한 존경보다는 자기 보호에 더 집중하고 있음이 드러난다. 라반은 결국 드라빔을 찾지 못하고 철수하게 된다.

이처럼 이 본문은 야곱 가정의 신앙 여정 가운데 여전히 존재하는 긴장을 보여준다. 하나님의 명령에 따라 떠나는 야곱, 우상을 숨기는 라헬, 자신의 힘으로 통제하려는 라반 – 이 셋은 하나님의 섭리 아래 충돌하며 전개된다. 하나님은 그럼에도 불구하고 신앙경주의 길을 따라가는 자를 보호하시며, 결국 우상의 무력함과 하나님의 신실하심을 드러내신다.

6.(2') 대립: 야곱이 라반을 책망함(31:36-42)

36 야곱이 노하여 라반을 책망할새 야곱이 라반에게 대답하여 이르되 내 허물이 무엇이니이까 무슨 죄가 있기에 외삼촌께서 내 뒤를 급히 추격하나이까 37 외삼촌께서 내 물건을 다 뒤져보셨으니 외삼촌의 집안 물건 중에서 무엇을 찾아내었나이까 여기 내 형제와 외삼촌의 형제 앞에 그것을 두고 우리 둘 사이에 판단하게 하소서 38 내가 이 이십 년을 외삼촌과 함께 하였거니와 외삼촌의 암양들이나 암염소들이 낙태하지 아니하였고 또 외삼촌의 양 떼의 숫양을 내가 먹지 아니하였으며 39 물려 찢긴 것은 내가 외삼촌에게로 가져가지 아니하고 낮에 도둑을 맞았든지 밤에 도둑을 맞았든지 외삼촌이 그것을 내 손에서 찾았으므로 내가 스스로 그것을 보충하였으며 40 내가 이와 같이 낮에는 더위와 밤에는 추위를 무릅쓰고 눈 붙일 겨를도 없이 지냈나이다 41 내가 외삼촌의 집에 있는 이 이십 년 동안 외삼촌의 두 딸을 위하여 십

사 년, 외삼촌의 양 떼를 위하여 육 년을 외삼촌에게 봉사하였거니와 외삼촌께서 내 품삯을 열 번이나 바꾸셨으며 42 우리 아버지의 하나님, 아브라함의 하나님 곧 이삭이 경외하는 이가 나와 함께 계시지 아니하셨더라면 외삼촌께서 이제 나를 빈손으로 돌려보내셨으리이다마는 하나님이 내 고난과 내 손의 수고를 보시고 어제 밤에 외삼촌을 책망하셨나이다

본문 31:36-42은 야곱이 라반에게 분노와 억울함을 터뜨리는 대립된 장면으로, 지금까지 자신이 라반의 집에서 어떤 태도로 일해 왔는지를 조목조목 밝히며 자기 의를 변호하고, 하나님의 개입과 정의를 강조하는 고백의 절정이다. 이 본문은 야곱의 정당성 선언이며, 동시에 하나님의 신실하심에 대한 신앙 고백이 담긴 절절한 항변이다.

야곱은 지금껏 참고 인내해왔지만, 라반의 무리한 추격과 도둑 취급에 마침내 분노한다. 야곱은 자신에 대해서 이렇게 말한다. "내 허물이 무엇이니이까?" 이 말의 뜻은 자신의 도덕적 무결함을 강조하는 반어적 표현이다. 야곱은 심문당한 도망자처럼 취급받는 상황에 대해 강하게 다음과 같이 항변한다. "외삼촌의 집안 물건 중 무엇을 찾았나이까 … 우리 사이에 판단하게 하소서." 야곱은 라반이 드라빔을 찾기 위해 온 집을 뒤졌음에도 아무것도 발견하지 못했음을 지적한다. 이제 중재자 역할을 할 수 있는 양측 가족들을 앞세워 공정한 판단을 요구한다.이는 야곱이 공개적인 변호를 통해 자신이 정당하다는 점을 분명히 하려는 것이다.

더 나아가 야곱은 자신이 20년 동안 얼마나 성실하게 일했는지 구체적으로 설명하고 자신의 이익 없이 오직 라반의 이익을 위한 희생적 노동을 했음을 강조한다. 그리고 야곱의 고된 노동 환경과 육체적 희생, 라반의 불공정하고 기만적인 태도 등을 하소연한다. 이는 단순한 고생이 아니라, 의무 이상으로 자신이 최선을 다해 일했음을 말하는 정직한 고백이다. 이러한 신앙 고백적 삶은 "우리 아버지의 하나님, 아브라함의 하나님, 곧 이삭이 경외하는 이가 나와 함께 계셨

기" 때문이다. 야곱이 단지 복을 구하는 자가 아니라, 이제는 하나님을 신뢰하는 자로 성숙해가고 있음을 보여주고 있다. 또한 야곱은 하나님의 공의의 개입을 인정한다. 자신이 당한 부당함과 수고를 하나님께서 그대로 두지 않으시고, 라반에게 꿈 중에 경고하심으로 개입하셨다는 점을 빠트리지 않고 언급한다. 이는 라반에게 원망하기보다 하나님의 섭리와 보호에 대한 깊은 신뢰의 표현이다.

야곱은 20년 동안 고된 억압 속에서도 성실히 일하며, 불의에 침묵하지 않고 하나님의 의에 기대어 당당히 자신을 변호하였다. 또한 그는 자신의 억울함과 수고를 숨기지 않고 드러내되, 자신의 신앙고백으로 결론을 맺으며 하나님의 은혜를 강조했다.

7.(3') 제안: 라반이 언약체결하자고 함(31:43-50)

> 43 라반이 야곱에게 대답하여 이르되 딸들은 내 딸이요 자식들은 내 자식이요 양 떼는 내 양 떼요 네가 보는 것은 다 내 것이라 내가 오늘 내 딸들과 그들이 낳은 자식들에게 무엇을 하겠느냐 44 이제 오라 나와 네가 언약을 맺고 그것으로 너와 나 사이에 증거를 삼을 것이니라 45 이에 야곱이 돌을 가져다가 기둥으로 세우고 46 또 그 형제들에게 돌을 모으라 하니 그들이 돌을 가져다가 무더기를 이루매 무리가 거기 무더기 곁에서 먹고 47 라반은 그것을 여갈사하두다라 불렀고 야곱은 그것을 갈르엣이라 불렀으니 48 라반의 말에 오늘 이 무더기가 너와 나 사이에 증거가 된다 하였으므로 그 이름을 갈르엣이라 불렀으며 49 또 미스바라 하였으니 이는 그의 말에 우리가 서로 떠나 있을 때에 여호와께서 너와 나 사이를 살피시옵소서 함이라 50 만일 네가 내 딸을 박대하거나 내 딸들 외에 다른 아내들을 맞이하면 우리와 함께 할 사람은 없어도 보라 하나님이 나와 너 사이에 증인이 되시느니라 함이었더라

위 본문은 야곱과 라반이 마침내 공식적인 언약을 맺는 장면으로, 양측 간의 갈등이 최고조에 이른 후에 일어나는 화해적 조치이다. 하지만 이 언약은 단순

한 평화 협정이 아니라, 하나님을 증인으로 삼는 엄중한 경고의 언약이다. 이 장면은 고대 근동에서의 언약 체결 관행, 기념비적 상징, 그리고 하나님 앞에서의 신중한 맹세라는 중요한 신학적 주제를 함의한다.

라반은 여전히 가족과 재산의 소유권이 자신에게 있다고 주장한다. 이는 가부장적 권리의 강조로서, 야곱의 독립을 완전히 인정하지 않겠다는 태도가 내포되어 있다. 그러나 그 다음 말, "내가 오늘 내 딸들과 그들이 낳은 자식들에게 무엇을 하겠느냐"는 어쩔 수 없이 현실을 받아들이는 체념적인 고백이다. 하나님께서 개입하셨고, 야곱이 모든 것을 가지고 떠나는 상황에서 자신의 권리 행사가 무력화되었음을 인정하는 것이다. 라반은 이제 무력보다 언약으로 갈등을 종결짓자고 제안한다. "너와 나 사이에 증거를 삼자"는 말은, 화해보다도 서로 다시 침범하거나 해하지 않겠다는 경계 협약 성격을 갖는다.

야곱은 돌기둥과 돌무더기를 세움으로써 언약의 기념물을 만든다. 이는 고대 근동에서 계약이나 중요한 사건을 기념하기 위해 사용하는 상징적 행위로서, 시각적이고 공동체적인 기억 장치이다. 그런 후에 무더기 옆에서 언약 체결을 한다. 라반은 그것을 '여갈 사하두다'라 불렀고, 야곱은 그것을 '갈르엣'이라 불렀다. 두 이름은 같은 뜻을 지니지만, 라반은 아람어로, 야곱은 히브리어로 부른다. 그리고 '미스바 선언'을 한다. "우리가 서로 떠나 있을 때에 여호와께서 나와 너 사이를 살피시옵소서." 여기서 '미스바'(מצפה, '지켜보는 곳')는 장소 이름이자 상징이다. 겉으로는 신앙적 축복처럼 보이지만, 실제 의미는 하나님께서 감시자로 계시니 너는 경계하라는 경고이다. 라반은 언약에 윤리적 조항을 추가한다: 자신의 딸들을 학대하거나 정서적으로 배신하지 말 것을 요구하고 있다. 이는 단순한 시샘이나 감정이 아니라, 가족 보호에 대한 조건부 경계 문구라고 해도 과언은 아니다. 이것은 사람들 사이엔 증인이 없지만, 하나님께서 모든 것을 보시는 분이심을 전제로 하고 있다.

그러나 이 언약은 진정한 화해가 아닌 불신에서 비롯된 감시형 언약이다. 야곱은 이제 언약 백성으로서 자기 경계를 확보하며, 하나님이 증인 되시는 관계

속에서 새 출발을 하게 된다. 갈등 상황에서 하나님을 증인 삼아 신중한 언약과 경계 설정은 지혜로운 방법이다. 언약의 진정한 성취는 하나님의 뜻에 따라 이루어지는 분리와 자립일 수 있다. 이렇게 "미스바"는 우리 관계 속에 하나님이 항상 보시는 증인되심을 기억하라는 신앙적 경고이다.

8.(4') 수용: 라반이 떠남(31:51-55)

> 51 라반이 또 야곱에게 이르되 내가 나와 너 사이에 둔 이 무더기를 보라 또 이 기둥을 보라 52 이 무더기가 증거가 되고 이 기둥이 증거가 되나니 내가 이 무더기를 넘어 네게로 가서 해하지 않을 것이요 네가 이 무더기, 이 기둥을 넘어 내게로 와서 해하지 아니할 것이라 53 아브라함의 하나님, 나홀의 하나님, 그들의 조상의 하나님은 우리 사이에 판단하옵소서 하매 야곱이 그의 아버지 이삭이 경외하는 이를 가리켜 맹세하고 54 야곱이 또 산에서 제사를 드리고 형제들을 불러 떡을 먹이니 그들이 떡을 먹고 산에서 밤을 지내고 55 라반이 아침에 일찍이 일어나 손자들과 딸들에게 입맞추며 그들에게 축복하고 떠나 고향으로 돌아갔더라

라반은 야곱에게 언약의 물리적 표징인 돌무더기(갈르엣)와 기둥(마쯔에바)을 가리키며, 이것이 서로 간에 침범하지 않겠다는 경계선과 증거물임을 선포한다. 이것은 단순한 돌이 아니라, 하나님 앞에서의 언약 상징으로 기능하며, 이후에도 이 언약이 지켜져야 할 법적·신앙적 근거가 된다. 이 언약은 다음과 같은 성격을 지닌다: 상호 불침범 조약과 신 앞에서의 공적 약속이다. 라반은 "아브라함의 하나님, 나홀의 하나님, 그들의 조상의 하나님"을 증인으로 삼자고 한다. 이 문구는 아브라함의 하나님만을 믿었던 야곱의 신앙과, 여러 신을 함께 언급하는 라반의 혼합주의적 신앙의 차이를 보여준다. "나홀의 하나님"은 우상을 숭배했던 아브라함의 형 나홀 가문의 신들을 암시할 수 있다(참조: 수 24:2). 반면 야곱은 "그의 아버지 이삭이 경외하는 이", 곧 여호와 하나님만을 언급하며 신앙의

정체성을 분명히 구별한다. 결론적으로 이 구절은 야곱이 오직 참 하나님만을 경외하며, 이방 신을 섬기지 않는다는 언약 공동체로서의 순수성을 강조한다. 야곱은 제사를 드림으로 하나님께 감사하며, 형제들을 불러 함께 식사를 나눈다. 이는 언약 체결의 종교적·사회적 마무리로서, 구약 시대에서 흔히 행해진 관례이다(참조: 출 24:11, 수 9:14). 식사와 함께 밤을 지낸 것은 화해와 평화의 상징적 행위이다. 다음 날 아침, 라반은 손자들과 딸들에게 작별 인사를 하며 축복하고 돌아간다. 그는 처음에는 야곱을 강하게 추격했지만, 하나님의 개입(31:24)과 야곱의 정당한 항의(31:36-42) 이후, 아비로서의 감정과 작별의 태도로 전환된다. 이는 하나님의 개입이 갈등을 평화로 이끄시는 은혜의 사역임을 보여주며, 동시에 야곱이 독립된 족장으로 확립되었음을 상징하는 전환점이다.

C''. 얍복의 축복(32:1-33:17)

야곱은 외삼촌 라반과 수많은 갈등과 고난을 겪었으나, 하나님의 도우심으로 평화롭게 관계를 정리하고 마침내 가족과 함께 고향 가나안으로 향하게 된다.

가. 구조적 주해

C'' 얍복의 축복(32:1-33:17)

1. 하나님의 사자들을 만남	32:1-2
2. 형이 400명 데리고 옴	32:3-6
3. 야곱의 전략(1)	32:7-8
4. 야곱의 간구	32:9-12
3'. 야곱의 전략(2)	32:13-23
2'. "겨루어 이겼음"	32:24-32
1'. 야곱이 에서를 만남	33:1-17

이 본문의 구조 주제는 '얍복의 축복'이다. 전체는 히브리식 의사소통 방식인 홀수 대칭구조로 구성된 7개의 요지로 이루어져 있으며, 중괄식 구조의 중심에는 요지 4가 위치한다. 구조를 자세히 분석하면 다음과 같다. 전반부 요지들 (1-2-3)과 후반부 요지들(3'-2'-1')이 각각 대응 관계를 이루며 서로 연결되고, 그 한가운데에 있는 요지 4가 중심 주제를 형성한다.

(1) 구조는 **만남**(1-1') – **위기**(2-2') – **전략**(3-3') – **간구**(4)의 키워드로 이루어진 대칭구조로, 위기 속에서 기도로 돌파하고 하나님의 복을 받아 화해로 이어진다.

1 / 1'는 '사자들을 만남'과 '형 에서를 만남'으로 서로 비교된다.

2 / 2'는 '형이 400명을 데리고 옴'과 '천사와 겨루어 이김'이라는 위기와 극복의 대조적 메시지로 비교된다.

3 / 3'은 '야곱의 전략(1)'과 '야곱의 전략(2)'이 반복되어 서로 연결된다.

(2) **중심주제** 4는 '야곱의 간구'로서, 전체 구조의 중심에 배치되어 주제 핵심을 이룬다.

야곱은 형 에서가 400명을 데리고 온다는 소식을 듣고 두려워하지만, 그 위기 속에서 자신을 구원하실 분은 오직 하나님뿐임을 믿음으로 고백하며 간구한다.

나. 구속사적 의의

이스라엘의 정체성 확립: 야곱이 하나님과 씨름하여 얻은 이름 "이스라엘"은, 언약 백성이 사람과 하나님 앞에서 씨름하며 승리하는 공동체임을 드러낸다.

하나님의 언약 갱신: 하나님은 야곱을 버리지 않으시고, 오히려 그의 약함 속에서 언약을 확인해 주십니다. 구속사의 흐름에서 언약 계승자가 확정되는 결정적 전환점이다.

화해와 언약의 길: 형 에서와의 화해는 단순한 가정 갈등 해소가 아니라, 언약 계승자가 저주의 길(에서의 계보)과의 충돌을 넘어 화해로 나아가는 사건이다. 이는 장차 십자가에서 원수와 화목하게 하실 그리스도를 예표한다.

다. 신앙경주 적용

위기의 만남 속 하나님의 동행: 야곱이 사자를 만난 것은 위기 앞에서 하나님이 함께 계심을 보여준다. 신앙경주는 두려움 속에서도 임마누엘의 약속을 붙드는 길이다.

기도로 돌파하라: 야곱의 간구는 과거의 은혜를 기억하며 하나님의 약속을 붙드는 기도였다. 신앙경주는 위기 때 약속에 근거한 간구로 이겨내야 한다.

씨름의 축복: 야곱은 허벅지 관절이 부러지는 약함 속에서 하나님께 붙잡혀 이름을 새롭게 받았다. 신앙경주는 자기 힘을 내려놓고 하나님께 붙드는 씨름을 통해 새로운 정체성을 얻는 여정이다.

화해와 용서의 경주: 에서와의 만남은 살벌한 위기에서 놀라운 화해로 바뀌었다. 신앙경주는 갈등과 원수 관계 속에서도 하나님의 은혜로 화해를 이루는 길이다.

라. 본문 해설

1. 하나님의 사자들이 야곱을 만남(32:1-2)

1 야곱이 길을 가는데 하나님의 사자들이 그를 만난지라 2 야곱이 그들을 볼 때에 이르기를 이는 하나님의 군대라 하고 그 땅 이름을 마하나임이라 하였더라

귀향길에서 야곱은 하나님의 사자들, 즉 천사들을 만나게 된다(창 32:1). 이에 야곱은 이들을 '하나님의 군대'라 부르며, 그곳 이름을 마하나임(מַחֲנָיִם, '두 진영' 또는 '하나님의 진지들')이라 명명하였다.

이 장면은 단지 하나의 사건이 아니라, 창세기의 서사 구조 안에서 중요한 대칭성과 신학적 의미를 지닌다. 약 20년 전, 야곱이 형 에서를 피하여 집을 떠나 하란으로 갈 때에도, 벧엘에서 하나님의 사자들이 오르락내리락하는 사닥다리 환상을 보았고, 그곳을 '하나님의 집'(벧엘)이라 불렀다(창 28:10-22). 즉, 하나님의 임재와 보호의 약속 속에 떠났던 야곱이, 이제는 하나님의 군대에 의해 호위받으며 귀향하는 것이다. 이는 출발과 귀환 모두가 하나님의 인도하심 안에 있다는 구조적 반복이자 언약의 성취를 상징한다.

'마하나임'은 문자적으로 "두 진영"을 뜻하지만, 문맥상으로는 하나님의 군대와 야곱의 가족이 함께 진을 친 곳이라는 의미를 내포한다. 이로써 야곱은 자신이 단순한 가정의 가장이 아니라, 하나님의 군대가 동행하는 언약 공동체의 지도자임을 다시 확인받는다.

이 본문(1)은 이후 나올 야곱과 에서의 만남 장면(1')과 구조적으로 대응된다. 에서를 만나는 길은 야곱에게 있어 가장 큰 불안과 위기의 길이었다. 그러나 그 길목에서 먼저 하나님의 군대를 만난 것은, 야곱이 인간적인 두려움에도 불구하고 하나님이 함께 하심으로 무사히 에서를 만나고 화해할 것임을 예고하는 신적 징조라 할 수 있다.

따라서 하란으로 떠날 때와 고향으로 돌아갈 때 모두 천사를 만난 야곱의 경험은, 하나님께서 처음부터 끝까지 그의 삶을 주권적으로 보호하시고, 언약 여정을 이끄신다는 명확한 메시지를 전달한다. 이것은 단지 야곱 개인의 경험을 넘어, 이스라엘 공동체가 하나님의 보호와 인도 가운데 역사 속을 걷고 있음을 상징적으로 보여주는 구조적 신학 선언이라 할 수 있다.

2. 형 에서에게 사자를 보냄(32:3-6)

> 3 야곱이 세일 땅 에돔 들에 있는 형 에서에게로 자기보다 앞서 사자들을 보내며 4 그들에게 명령하여 이르되 너희는 내 주 에서에게 이같이 말하라 주의 종 야곱이 이같이 말하기를 내가 라반과 함께 거류하며 지금까지 머물러 있었사오며 5 내게 소와 나귀와 양 떼와 노비가 있으므로 사람을 보내어 내 주께 알리고 내 주께 은혜 받기를 원하나이다 하라 하였더니 6 사자들이 야곱에게 돌아와 이르되 우리가 주인의 형 에서에게 이른즉 그가 사백 명을 거느리고 주인을 만나려고 오더이다

야곱은 마하나임에서 하나님의 군대를 만난 직후, 하나님의 인도하심이 계속되고 있음을 체감하면서, 귀향 여정에서 가장 중요한 장애물인 형 에서와의 관계 회복 문제를 먼저 해결해야 한다고 판단한다. 이는 단순한 만남이 아니라, 20년 전 자신이 장자의 축복을 속임수로 빼앗은 문제에 대한 해소이자 인간적 갈등을 넘어서야 할 신앙적 시험이었다.

야곱은 회피하거나 우회하지 않고, 정면 돌파하기로 결심한다. 그는 먼저 사자(전령)들을 세일 땅 에돔에 있는 형 에서에게 보낸다. 이는 사과와 화해를 청하는 외교적 조치로, 그가 형을 진심으로 높이고자 하는 마음이 메시지 전체에 담겨 있다. 그는 전령들에게 아래와 같은 내용을 전하라고 지시한다. 자신의 신분을 겸손히 낮춘다. "내 주 에서, 주의 종 야곱"이라는 표현을 반복하면서, 과거에 있었던 장자권 탈취 문제를 완전히 내려놓고 형을 '상전'으로 인정한다. 이는 야곱의 신앙적 변화와 겸손의 표현이다. 지난 20년간의 거처를 설명한다. 자신이 라반과 함께 기류하면서 살았으며, 고향을 떠난 후 도망자처럼 사라진 것이 아니라 삶을 일구며 살아왔음을 알린다. 이는 형 에서의 오해를 불식시키려는 진정성 있는 설명이다. 이제는 일정한 재산과 가축을 이루었다고 말한다. 이는 축복권을 탐하여 형을 속였던 예전과는 달리, 하나님의 은혜로 복을 얻었으며 이제는 형의 것을 탐하지 않는다는 뜻을 간접적으로 드러내는 메시지이기도 하다.

그러나 사자들이 돌아와 전한 소식은 야곱의 마음을 불안하게 만들기에 충분했다. 형 에서가 무려 400명의 군사를 거느리고 야곱을 만나러 오고 있다는 것이다. 이는 환영을 위한 준비라기보다, 보복을 위한 무력 행진으로 받아들여질 만한 위협적인 규모였다.

　야곱은 이 소식을 듣고, 하나님께서 자신과 함께하시겠다는 약속에도 불구하고, 다시 큰 두려움과 불안에 사로잡힌다. 이는 인간적인 반응이지만, 동시에 앞으로 전개될 기도와 씨름의 장면(32:9-32)을 예고하는 복선이 된다. 야곱은 이제 과거의 죄와 상처를 직면하는 자리로 이끌려 가고 있었고, 하나님과 사람 앞에서 온전히 변화되어야 할 순간에 가까워지고 있었다.

3. 야곱의 전략(1): 두 떼로 나눔(32:7-8)

> 7 야곱이 심히 두렵고 답답하여 자기와 함께 한 동행자와 양과 소와 낙타를 두 떼로 나누고 8 이르되 에서가 와서 한 떼를 치면 남은 한 떼는 피하리라 하고

　야곱이 "심히 두렵고 답답하여"라는 행동은, 믿음과 인간적 계산이 충돌하는 신앙의 내적 갈등을 잘 보여주는 본문이다. 그는 천사들을 만나는 은혜로운 체험 직후였고, 하나님과의 동행을 약속받은 상태(32:1-2, 28:15, 31:3, 31:13)였음에도, 형 에서가 400명을 거느리고 온다는 소식 앞에서 즉각적인 두려움에 사로잡힌다.

　야곱의 반응은 인간적이고 현실적인 방식, 즉 "두 떼로 나누는 전략"으로 나타난다. 여기서 우리는 야곱의 신앙과 불신앙이 혼재된 상태를 목격한다. "심히 두렵고 답답하여"라는 표현은 야곱의 내면 상태를 보여준다.

　히브리어 원문(וַיִּירָא יַעֲקֹב מְאֹד וַיֵּצֶר לֹו)은 단순한 공포를 넘어, 극도의 불안과 정서적 압박을 나타낸다. 이는 형의 복수심 때문만이 아니라, 과거의 죄(장자권 탈취와 축복의 사기)가 심판받을 수 있다는 영적 부담감에서 비롯된 것이다. 야곱

은 지금 자신의 죄의 그림자와 맞서야 할 시간을 맞이한 셈이다. 이러한 가운데 야곱은 가축을 두떼로 나누는 전략을 취한다. 이는 무엇보다 인간적 계산의 산물이다. 야곱은 가축과 식구들을 두떼로 나눈다. "한 떼를 치면 남은 한 떼는 피하리라"는 전략은 절반이라도 건지자는 생존 본능의 발현이다. 지혜롭다고 평가될 수 있지만, 동시에 하나님의 약속("내가 너와 함께 하겠다")을 온전히 신뢰하지 못하고 있음을 드러낸다. 믿음 대신 계산이 우선한 것이다. 여기서 중요한 점은 전략 자체보다 야곱의 변화 과정이다. 즉 이 장면은 야곱이 점점 하나님을 전적으로 의지하게 되는 여정의 초입에 해당한다. 이어지는 본문(32:9-12)에서 그는 드디어 하나님께 간절히 기도하고, 밤새도록 하나님과 씨름하며 이름이 이스라엘로 바뀌는 변화의 중심으로 나아간다. 그러므로 이 전략은 오히려 기도로 나아가기 전, 자기 의지에 매달리는 마지막 몸부림이라 할 수 있다.

야곱은 은혜를 받은 자라도 위기 앞에서는 여전히 두려움과 인간적 꾀에 매달릴 수 있음을 보여준다. 그러나 하나님은 이러한 연약함 속에서도 야곱을 포기하지 않고, 기도와 씨름의 자리를 통해 참된 신앙으로 이끄는 분이시다. 따라서 "두떼로 나눔"은 야곱의 과거 방식(계산, 분할, 꾀)을 보여주지만, 하나님과의 씨름(32:24-30)을 통해 그의 방식이 하나님의 방식으로 전환되는 전환점의 전주곡으로 이해되어야 한다. 즉 이 전략은 야곱의 두려움과 불신을 보여주는 동시에, 곧 이어질 신앙의 도약을 위한 배경으로 작용한다. 결국 하나님은 야곱이 계산과 불안에서 벗어나, 기도와 신뢰로 살아가도록 이끌고 계신 것이다.

4. 야곱의 간구(32:9-12)

9 야곱이 또 이르되 내 조부 아브라함의 하나님, 내 아버지 이삭의 하나님 여호와여 주께서 전에 내게 명하시기를 네 고향, 네 족속에게로 돌아가라 내가 네게 은혜를 베풀리라 하셨나이다 10 나는 주께서 주의 종에게 베푸신 모든 은총과 모든 진실하심을 조금도 감당할 수 없사오나 내가 내 지팡이만 가지고 이 요단을 건넜더니 지금은

두 떼나 이루었나이다 11 내가 주께 간구하오니 내 형의 손에서, 에서의 손에서 나를 건져내시옵소서 내가 그를 두려워함은 그가 와서 나와 내 처자들을 칠까 겁이 나기 때문이니이다 12 주께서 말씀하시기를 내가 반드시 네게 은혜를 베풀어 네 씨로 바다의 셀 수 없는 모래와 같이 많게 하리라 하셨나이다

다행히도 야곱이 궁지에 몰리자 하나님께 무릎으로 나아가고 있다. 그의 기도 내용을 보면 확연히 두렵고 답답한 그의 심정을 읽을 수 있다. 급하게 가족들과 가축들을 두떼로 나눈 후, 더 이상 자신의 힘으로는 형의 위협에서 벗어날 수 없다고 판단했는지, 하나님께 전폭적으로 의뢰하는 모습이 두 종류의 반복된 형태로 나타난다.

가. 구조적 주해

C"-4 야곱의 간구(32:9-12)

a. 신뢰(1)		32:9
b. 신뢰(2)		32:10
a. 간구(1)		32:11
b'. 간구(2)		32:12

야곱이 하나님께 말씀에 의지해서 마음에 있는 것을 모두 드러내서 간구하고 있다:

a / a' 야곱이 두 번이나 거듭해서 하나님께 대한 신뢰를 고백하고 있다.
b / b' 야곱이 두 번이나 간곡하게 하나님께 간구하고 있다.

이러한 반복된 병행구조는 중심 주제가 끝부분인 b와 b'에 있다. 에서가 자기를

죽이려고 오는데, 자신만이 아니라 처자식들도 모두 위협에 놓여있음을 하나님을 신뢰하는 가운데 구해달라고 애원하며 간구는 모습이다.

나. 본문 해설

야곱은 에서가 400명을 이끌고 온다는 소식을 듣고 극도의 두려움에 사로잡힌다. 그 두려움 속에서 야곱은 마침내 하나님께 간절히 기도한다. 이 기도는 단순한 간청이 아니라, 그의 신앙 여정 가운데 가장 진실하고 통회하는 고백으로서 중요한 전환점이 된다.

야곱은 먼저 언약의 하나님께 호소한다: "내 조부 아브라함의 하나님, 내 아버지 이삭의 하나님 여호와여." 이 표현은 단순한 신앙고백이 아니라, 자신이 그 언약 계보 안에 속해 있다는 정체성을 자각하는 '신학적 선언'이다. 하나님께서 "네 고향, 네 족속에게로 돌아가라"고 하신 말씀은 단순한 귀향 명령이 아니라 언약 성취의 지리적·영적 회복을 요구하신 명령이었다. 야곱은 지금 이 명령에 순종하는 과정에서 생명의 위협을 느끼고 있으며, 하나님의 말씀을 근거로 구원의 도우심을 간구하고 있다.

야곱은 이어 자신이 아무 자격도 없는 자임을 인정하며 고백한다: "나는 주께서 주의 종에게 베푸신 모든 은총과 진실하심을 조금도 감당할 수 없습니다." 그가 외삼촌 라반의 집으로 갈 때는 빈손이었지만, 이제 두 떼를 이룰 정도로 풍성해졌다고 고백한다. 이 모든 복이 하나님의 전적인 은혜였음을 인정하는 표현은, 야곱의 영적 자각과 겸손함을 드러내는 핵심이다. 그는 또한 현재의 위기 앞에서 간절히 구한다:

"내가 그를 두려워함은 그가 와서 나와 내 처자들을 칠까 염려함이니이다." 자신의 꾀나 지혜로는 이 상황을 극복할 수 없음을 알고, 하나님께 전적으로 의지하는 태도로 바뀌고 있다. 이 기도는 단순한 위기 회피가 아니라, 자신의 생명과 가족의 안위를 하나님께 온전히 맡기는 '신앙적 항복'이다. 마지막으로, 야곱은 하나님의 약속을 붙들며 기도한다: "주께서 말씀하시기를 내가 반드시 네게 은혜를 베풀고 네 씨로 바다의 모래와 같이 많게 하리라 하셨나이다." 그는 하나님의 약속을 인용하며, 그 언약이 위기의 상황 속에서도 유효하다는 사실을 믿음으로 주장한다. 이 장면은, 야곱이 드디어 '축복의 기도'를 넘어 '언약을 붙드는 기도'에 도달했음을 보여 준다.

이 장면은 야곱의 신앙 여정 중에서 핵심이다. 그의 삶은 선택과 불순종, 죄와 회개, 그리고 회복의 연속 과정이었다. 그는 하나님의 선택을 받았지만, 오랫동안 인간적인 꾀와 계산에 의존하여 살았다. 그러나 에서의 위협 앞에서 비로소 자신의 힘과 계획이 무력함을 인정하고, 전적으로 하나님의 은혜를 붙들게 된다.

이 기도는 곧 다가올 "얍복 강 씨름"(32:24-32)의 전주곡이며, 하나님 앞에서의 완전한 '씨름'과 '항복'의 자리로 나아가게 하는 내적 결단이다. 그는 이제 축복만을 요구하는 자가 아니라, 말씀에 근거해 간구하고, 약속을 붙들며 자신의 무자격함을 통회하는 참된 신앙인으로 변화하고 있다. 이러한 야곱의 태도는 창세기 전반의 구속사적 맥락 속에서 '선택받은 자'의 모형으로 자리매김한다. 야곱은 죄를 범했지만, 그 죄를 깨닫고 회개하고, 하나님의 말씀을 붙들고 다시 나아간다.

그러나 에서는 축복을 경시하고 회개 없이 분노만을 선택했다. 이 대조는 창세기 전반의 '하나님의 선택'과 '인간의 잘못된 선택'의 구조적 구도를 형성하며, 선택받은 자의 삶이 '회개와 순종을 통한 신앙경주'임을 강조한다. 야곱은 속이는 자였지만 하나님의 징계와 은혜 속에서 회개하는 자가 되었고, 결국 '이스라엘'이라는 새 이름을 얻었다. 이는 하나님께서 택하신 자는 실수할 수 있으나, 끝까지 회개의 길로 이끌어 가신다는 구속사의 원리를 보여 준다.

그의 삶은 오늘날 믿는 이들에게 "끝까지 믿음의 경주를 완주하라"는 영적 도전이 된다. 왜냐하면 하나님의 선택은 우리의 삶을 영화의 길로 이끄는 능동적 은혜이며, 그 은혜에 응답하는 삶은 회개와 순종으로 이어지는 '신앙의 여정'이기 때문이다.

5.(4') 야곱의 전략(2)(32:13-20)

13 야곱이 거기서 밤을 지내고 그 소유 중에서 형 에서를 위하여 예물을 택하니 14 암염소가 이백이요 숫염소가 이십이요 암양이 이백이요 숫양이 이십이요 15 젖 나는 낙타 삼십과 그 새끼요 암소가 사십이요 황소가 열이요 암나귀가 이십이요 그 새끼 나귀가 열이라 16 그것을 각각 떼로 나누어 종들의 손에 맡기고 그의 종에게 이르되 나보다 앞서 건너가서 각 떼로 거리를 두게 하라 하고 17 그가 또 앞선 자에게 명령 하여 이르되 내 형 에서가 너를 만나 묻기를 네가 누구의 사람이며 어디로 가느냐 네 앞의 것은 누구의 것이냐 하거든 18 대답하기를 주의 종 야곱의 것이요 자기 주 에서 에게로 보내는 예물이오며 야곱도 우리 뒤에 있나이다 하라 하고 19 그 둘째와 셋째 와 각 떼를 따라가는 자에게 명령하여 이르되 너희도 에서를 만나거든 곧 이같이 그 에게 말하고 20 또 너희는 말하기를 주의 종 야곱이 우리 뒤에 있다 하라 하니 이는 야곱이 말하기를 내가 내 앞에 보내는 예물로 형의 감정을 푼 후에 대면하면 형이 혹 시 나를 받아 주리라 함이었더라

야곱은 하나님께 간절한 기도를 드린 직후, 단지 수동적으로 응답을 기다리 는 것이 아니라, 형 에서를 만나기 위한 외교적·심리적 전략을 실행에 옮긴다. 그 는 수백 마리의 가축을 예물로 준비하며, 형의 감정을 누그러뜨리려는 '화해의 제스처'를 구체화한다. 이것을 인간적 지혜나 꾀로만 보기보다, 하나님께 간구한 후 할 수 있는 최선의 방법을 실천에 옮긴 신앙적 행동이라 볼 수 있다.

야곱이 준비한 예물은 암염소 200, 숫염소 20, 암양 200, 숫양 20, 젖나는 낙 타 30과 그 새끼, 암소 40, 황소 10, 암나귀 20과 그 새끼 나귀 10 등 총 550여 마 리에 이른다. 이는 단순한 선물 수준을 넘어, 당시 기준으로는 왕에게 바칠 만한 엄청난 규모다. 야곱은 이 선물을 떼를 나누어 보냄으로, 한꺼번에 부담을 주지 않고 순차적으로 감정을 누그러뜨리는 심리 전략을 사용했다. 또한 각 떼를 이 끄는 종들에게 '야곱은 주의 종이며, 이 선물은 형 에서에게 드리는 것'이라 반

복하도록 하였다. 이는 겸손과 복종의 자세를 극적으로 드러내는 표현 전략이었다. 야곱은 비록 기도했지만, 아무것도 하지 않고 앉아서 기다리지 않았다. 그는 자신의 과거를 돌아보았고, 형에게 잘못한 일에 대해 어떤 방식으로든 '책임지는 자세'를 보이고 있다. 법적으로 야곱은 장자권을 정당하게 얻었다고 볼 수도 있다. 팥죽을 조건으로 에서로부터 넘겨받았고, 다시 한번 에서의 맹세로 확증되었다. 그러나 형의 감정을 건드린 점, 그리고 아버지를 속이는 과정에서 거짓말을 한 점은 도리상 비난받을 부분이다. 따라서 이 예물은 법적 배상이라기보다는, 인간적 도리와 양심의 부담을 풀기 위한 화해의 표시였다.

야곱은 에서의 기질, 즉 충동적이며 물질에 연연하는 성향을 잘 알고 있었다. 그는 그 점을 이용한 것이 아니라, 오히려 그 특성을 고려하여 신중하게 접근하고 있다. 이처럼 과거의 잘못을 외면하지 않고 책임감 있게 처리하려는 모습은, 단순한 꾀가 아닌 회개의 삶의 실천이다. 야곱은 하나님께 기도했고, 하나님의 도우심을 믿고 있었지만, 동시에 인간으로서 해야 할 몫을 다한다. 이처럼 하나님의 주권과 인간의 책임은 신앙에서 늘 병행되어야 한다. 신앙은 수동적인 기대가 아니라 능동적인 순종과 실천을 요구한다. 야곱은 이 원리를 행동으로 보여준다. 신앙의 현실에서 "하나님께 기도했으니 모두 맡기겠다"는 태도는 오히려 무책임한 방관이 될 수 있다. 야곱은 하나님의 보호하심을 신뢰하면서도, 동시에 자신의 실수에 대한 책임을 피하지 않는다. 이 모습은 신앙인의 경건한 태도를 잘 보여 준다.

야곱은 과거에 꾀를 써서 형이 받아야 할 축복을 받았다. 아버지를 속였고, 어머니와 공모하여 장자의 복을 가로챘다. 물론 에서가 망령되게 장자권을 팥죽 한 그릇에 팔았다는 히브리서의 평가(히 12:16)처럼, 에서의 경솔함과 회개 없는 태도도 문제였다. 그러나 야곱 역시 하나님 앞에서 정직하지 못했고, 그 죄의 대가로 라반에게 수년 동안 속임을 당하는 과정을 겪는다. 이는 '속이는 자가 속임을 당한다'는 영적 아이러니의 한 예다. 하지만 하나님은 택한 자를 버리지 않으시며, 그가 고난 가운데 회개하며 돌아오도록 이끄신다. 야곱은 형을 향해 예물을 준비하며, 회개하는 자로서 책임 있는 행동을 보이고 있다. 이 모습은 그가 단순한 생존 전략으로 꾀를 부리는 자가 아니라, 하나님의 약속에 근거한 신앙인으로 변모하고 있음을 시사한다.

이 사건은 장자권의 본질에 대한 깊은 통찰을 제공한다. 단순히 육적으로 먼저 태어났다고 해서 하나님의 복을 보장받는 것은 아니다. 하나님은 언제나 '의로운 자', '회개하는 자', '믿음의 길을 끝까지 달려가는 자'에게 복 주신다. 야곱은 비록 차자였지만, 신앙의 여정을 통해 점점 성숙해 가며 결국 하나님의 이름 "이스라엘"을 얻게 된다. 반대로 에서는 장자였지만, 하나님을 경외하지 않고 회개하지 않음으로 하나님의 복에서 제외되었다. 이는 가인과 아벨의 관계, 이스마엘과 이삭, 르우벤과 유다의 예로도 반복되는 성경의 중요한 주제다. 혈통이 아닌 믿음과 회개의 삶이 장자의 복을 결정한다는 점에서 이 이야기는, 구속사의 중요한 신학적 메시지를 담고 있다.

야곱은 인간적인 약점과 범죄에도 불구하고 점차 하나님의 사람으로 변화되어 간다. 그의 신앙 여정은 선택과 회개, 죄와 징계, 책임과 회복이라는 긴장 속에서 완성되어 간다. 하나님은 택하신 자를 포기하지 않으시며, 그를 훈련시켜 결국 하나님의 나라를 위한 통로로 사용하신다.

야곱은 회개하고 은혜를 붙들며 살아간 자였기에, 그는 결국 믿음의 조상으로서 "이스라엘"이라는 새 이름을 얻게 된다. 이것이 바로 신앙경주의 핵심이며, 오늘날 그리스도인들에게도 동일하게 요구되는 신앙의 본질이며, 또한 그는 신앙경주자의 모형이 된다.

6.(3') 야곱의 새 이름 이스라엘(32:21-32)

21 그 예물은 그에 앞서 보내고 그는 무리 가운데서 밤을 지내다가 22 밤에 일어나 두 아내와 두 여종과 열한 아들을 인도하여 얍복 나루를 건널새 23 그들을 인도하여 시내를 건너가게 하며 그의 소유도 건너가게 하고 24 야곱은 홀로 남았더니 어떤 사

람이 날이 새도록 야곱과 씨름하다가 25 자기가 야곱을 이기지 못함을 보고 그가 야곱의 허벅지 관절을 치매 야곱의 허벅지 관절이 그 사람과 씨름할 때에 어긋났더라 26 그가 이르되 날이 새려하니 나로 가게 하라 야곱이 이르되 당신이 내게 축복하지 아니하면 가게 하지 아니하겠나이다 27 그 사람이 그에게 이르되 네 이름이 무엇이냐 그가 이르되 야곱이니이다 28 그가 이르되 네 이름을 다시는 야곱이라 부를 것이 아니요 이스라엘이라 부를 것이니 이는 네가 하나님과 및 사람들과 겨루어 이겼음이니라 29 야곱이 청하여 이르되 당신의 이름을 알려주소서 그 사람이 이르되 어찌하여 내 이름을 묻느냐 하고 거기서 야곱에게 축복한지라 30 그러므로 야곱이 그 곳 이름을 브니엘이라 하였으니 그가 이르기를 내가 하나님과 대면하여 보았으나 내 생명이 보전되었다 함이더라 31 그가 브니엘을 지날 때에 해가 돋았고 그의 허벅다리로 말미암아 절었더라 32 그 사람이 야곱의 허벅지 관절에 있는 둔부의 힘줄을 쳤으므로 이스라엘 사람들이 지금까지 허벅지 관절에 있는 둔부의 힘줄을 먹지 아니하더라

가. 구조적 주해

얍복의 축복(32:21-32)

a. 천사와 씨름함	32:21-25
b. 축복해 주소서	32:26
x. 새 이름 이스라엘	32:27-28
b'. 축복해 줌	32:29-30
a'. 씨름하다 다쳐 절음	32:31-32

위 구조는 총 5개의 요지들로 이루어진 홀수 대칭구조이다. 이 구조의 중심 주제는 구조 중앙에 있는 요지 c에 위치한다.

a / a'는 '천사와 씨름함'과 '씨름하다 다쳐 절음'이라는 표현을 통해 행위의 연

속성과 결과가 연결되어 있다.

b / b'는 '축복해 주소서'와 '축복해 줌'이라는 간구와 응답의 구조로 서로 대응된다.

x는 이 전체 구조의 핵심 주제로, 이름의 변화, 곧 정체성의 전환을 중심으로 구성되었다.

야곱은 천사(하나님의 사자)에게 축복을 간청하고, 하나님은 그의 옛 이름 '야곱'을 '이스라엘'로 바꾸어 주신다. 이렇게 야곱의 축복은 5개의 요지로 잘 짜여지면서 야곱이 새 이름 이스라엘을 받게 된다.

나. 구속사적 의의

언약 계승의 전환점: 얍복에서의 씨름은 야곱의 인생 전환점이다. '야곱'(발뒤꿈치 잡는 자, 속이는 자)에서 '이스라엘'(하나님과 겨루어 이김)로 이름이 바뀌며, 언약 계승자가 인간적 꾀가 아니라 하나님의 은혜와 선택으로 세워짐을 보여 준다.

축복의 원천: 야곱의 간절한 붙듦과 하나님의 은혜로운 응답이 맞물려 '축복의 확증'이 주어진다. 이는 언약의 하나님이 인간의 연약함 속에서도 구속사의 계보를 이어가심을 증거한다.

상처와 언약의 표지: 허벅지 관절이 어긋난 것은 하나님의 은혜 안에서 남은 평생 기억될 표징이 되었고, 이는 '약함 가운데 역사하시는 하나님의 능력'(고후 12:9)을 상징한다.

다. 신앙경주 적용

믿음의 씨름: 야곱처럼 신앙경주는 '붙들고 씨름하는 과정'이다. 문제와 위기 속에서도 하나님의 복 없이는 살 수 없다는 절박함으로 기도하는 것

이 신앙의 본질임을 일깨운다.

정체성의 변화: 신앙경주자는 자신의 옛 이름(죄성, 옛사람)을 벗고, 새 이름(하나님 백성의 정체성)을 받는다. 이는 '거듭남'과 '새사람 됨'의 여정을 가르쳐 준다.

약함의 흔적을 지닌 승리: 야곱은 승리했지만 다리를 저는 상처를 얻었다. 이는 신앙경주가 고통 없는 승리가 아니라, 상처와 약함을 통해 하나님 의존을 배우는 과정임을 보여 준다.

끝까지 매달리는 기도: "축복해 주시지 않으면 보내지 않겠나이다"라는 태도는 신앙경주에서 끝까지 포기하지 않고 붙드는 기도의 모범이 된다.

라. 본문 해설

야곱은 형 에서와의 재회를 앞두고 극심한 불안에 빠졌다. 예물로 화해를 시도했지만 두려움이 가시지 않았고, 가족과 소유물 모두를 얍복강으로 건너보내고 홀로 남는다(v.24). 그 밤에 한 인물과 씨름을 시작하게 되고, 이 사건은 하나님의 은혜, 회개, 정체성 변화라는 다중 신학적 메시지를 담고 있는 전환점이 된다. 야곱은 자신의 가족과 소유를 모두 보내고 '홀로 남았다'(v.24). 이는 물리적 고립을 넘어 영적 내면의 절대 고독을 상징한다. 그는 지금까지는 인간적 수단과 계산으로 살아왔지만, 이제 인간의 도움 없이 하나님과 대면하는 결정적 순간을 맞는다. 밤은 깊어지고 야곱은 '어떤 사람'과 날이 새도록 씨름을 하게 된다. 이 인물은 문맥상 하나님의 사자(혹은 하나님 자신)로 이해된다(참조: 호세아 12:3-4). 야곱은 그 사람이 하나님이 보내준 자로 여기고 젖 먹던 힘까지 다하여 겨루었다.

그러나 그 사람은 자신이 그를 "이기지 못함"을 느꼈다. 이 표현은 전능하신 하나님이 힘으로 지지 않았다는 뜻이 아니라, 야곱의 붙드는 신앙, 집요한 의지를 시험하신 것이다. 이에 그가 야곱의 허벅지 관절을 어긋나게 하였는데 이것은 물리적 부상임과 동시에, 야곱의 교만한 자아가 꺾이는 상징이다. 그는 더 이상 자기 힘으로 의지하지 않고, 의존하고 기대는 자로 바뀌는 전환을 겪게 된다. 야곱은 이제 과거처럼 속임수와 전략이 아닌, 직접 하나님께 복을 요구한다. 이는 복에 대한 집착이 아니라 그 출처를 분명히 하나님께만 구하는 신앙의 성숙이다. 야곱이라는 이름은 "붙잡는 자", "꾀를 부리는 자"라는 의미를 갖고 있었다.

그러나 이제 하나님은 그 이름을 '이스라엘'(יִשְׂרָאֵל)로 바꾸어 주신다. 이 이름의 뜻은 "하나님으로 더불어 힘을 얻다"이다. 따라서 "하나님과 사람과 겨루어 이겼다"는 의미는 기도와 믿음의 집요함으로 하나님의 복을 붙들었다는 의미이다. 이런 점에서 '이스라엘'은 단지 새 이름이 아니라, 새로운 정체성과 사명의 부여이다.

야곱은 하나님의 이름을 알려 달라고 청하지만 하나님은 그것을 알려주지 않으시고 오히려 그에게 직접 복을 주신다. 야곱은 그곳 이름을 "브니엘('하나님의 얼굴')"이라 부르며 "하나님과 대면하고도 생명을 보존하였다"고 고백한다. 그는 죽을 자였으나 은혜로 살아남았고, 새 이름과 새로운 삶의 시작을 경험하게 된다. 야곱이 "브니엘을 지날 때에 해가 돋았다." 이것은 어둠의 근심이 지나고 그의 앞날에 하나님의 소망과 축복이 가득함을 의미한다. 이제 야곱은 평생 절뚝거리게 되지만, 그는 이전보다 더 강한 자가 된다. 신체의 약함은 영적 의존과 강함의 증거이다. 이후 이 사건은 이스라엘 민족에게도 큰 상징이 되어, 허벅지의 힘줄을 먹지 않는 관습이 생겨났다.

7.(1') 야곱이 에서를 만났다(33:1-17)

7(1') 만남의 조우(33:1-17)

a. 에서와 야곱의 만남	33:1-3
b. 하나님이 주신 자식들	33:4-9
x. 하나님의 얼굴 대함 같음	33:10-11

| | b'. 자식들이 연약함 | 33:12-14 |
| | a'. 에서와 야곱의 헤어짐 | 33:15-17 |

위 구조는 총 5개의 요지들로 이루어진 홀수 대칭구조이다. 이 구조의 중심 주제는 구조 중앙에 있는 요지 x에 위치한다.

a / a'는 에서와 야곱의 '만남'과 '헤어짐'으로 대비되고 있다.

b / b'는 하나님이 주신 '자식들'과 '자식들이 연약함'으로 비교되고 있다.

x는 홀수 대칭구조의 특징상 중심주제로서 야곱이 에서를 만났을 때 최대한의 예의를 갖추어 기쁜 마음으로 그를 대한다.

도표 34> 만남의 조우 (33:1-17) 구조·구속사·신앙경주

요지	구조	구속사적 의의	신앙경주 적용
a	에서와 야곱의 만남 (1-3)	형제의 갈등(장자권 사건)이 하나님의 인도하심 안에서 마침내 화해로 이어짐	신앙경주는 과거의 죄와 두려움 앞에서 회개와 화해를 실천해야 함
b	하나님이 주신 자식들 (4-9)	자손은 하나님의 언약 성취의 표징, 야곱의 가정이 언약 계승의 씨앗임	우리의 삶에 주어진 모든 것은 하나님의 선물로 감사히 받음
x	"하나님의 얼굴을 본 것 같다" (10-11)	화해의 순간을 하나님 임재와 동일시, 이는 언약 안에서의 은혜 체험	화해와 용서는 하나님을 대면하는 신앙 경험
b'	자식들이 연약함 (12-14)	언약의 씨는 연약하지만, 하나님의 보호 속에서 성장	신앙경주는 우리의 연약함을 인정하고 하나님께 의탁해야 함
a'	에서와 야곱의 헤어짐 (15-17)	갈등이 해소된 후, 서로 다른 길로 가면서도 언약의 길은 야곱에게 이어짐	모든 관계 속에서도 언약의 길, 믿음의 길을 지키는 선택이 필요

1.(a) 에서와 야곱의 만남 (33:1-3)

> 1 야곱이 눈을 들어보니 에서가 사백 명의 장정을 거느리고 오고 있는지라 그의 자식들을 나누어 레아와 라헬과 두 여종에게 맡기고 2 여종들과 그들의 자식들은 앞에 두고 레아와 그의 자식들은 다음에 두고 라헬과 요셉은 뒤에 두고 3 자기는 그들 앞에서 나아가되 몸을 일곱 번 땅에 굽히며 그의 형 에서에게 가까이 가니

에서와 야곱의 만남이 이루어진다. 야곱이 보니 형 에서가 사백 명의 장정을 거느리고 오고 있다. 여기서 "눈을 들어보니"는 긴장감이 최고조에 달했음을 표현하는 서사적 전형 표현이다. 야곱의 감정적 동요와 대비되는 장면의 출발이다. 에서가 사백 명을 데리고 온다. 사백 명이라는 숫자는 전쟁 또는 보복을 연상시키는 군사 규모이다(예: 창 14:14, 삼상 22:2). 이런 가운데 야곱이 에서를 두려워한다(창 32:7). 그렇게 많은 사람들이 온다는 것은 자기에게 보복하기 위함이라고 여겼다. 그래서 자식들을 살리기 위해 나누어서 배치한다. 이것은 '최악의 경우'를 대비하고 있다. 이는 전략적 대비이자 인간적인 불안의 표현이다.

그의 가족의 배치 순서를 보면, 여종들과 그들의 자식들(빌하, 실바)을 가장 앞에 배치한다. 두 번째는 레아와 자녀들을 중간에 두고, 라헬과 요셉은 가장 뒤에 둔다. 이는 야곱의 사랑에 대한 우선순위를 반영한 처사이다. 한마디로 라헬과 요셉을 가장 귀하게 여겼기 때문이다. 이 배치는 또한 야곱의 인간적인 계산과 대비를 보여주는 동시에, 사랑하는 라헬의 아들 요셉이 보호받는 구조적 단서를 제공한다. 야곱은 에서 앞에서 몸을 '일곱 번' 굽힌다. 그리고 야곱은 혼자서 형 앞으로 나아간다. 이는 화해를 주도하는 회개의 자세를 보여준다. 고대 근동에서 일곱 번 절함은 왕에게 바치는 최고의 경의 표시이다. 이는 야곱이 에서에게 형이자 주인으로서의 위치를 인정하는 겸손한 자세를 취했음을 나타낸다. 그의 뉘우침, 겸손, 화해의 의지를 적극적으로 표현한 동작이다.

이 장면은 긴장 속에서 화해의 순간이 다가오고 있음을 암시한다. 야곱은 두

려움 속에서도 화해의 주도권을 취하고 있다. 야곱은 철저히 낮아지며 형제와의 갈등을 인간적인 방식이 아닌, 하나님 앞에서 회개하고 새로운 신분으로 풀어나 가려는 신앙적 태도를 보인다.

2.(b) 하나님이 주신 자식들(33:4-9)

> 4 에서가 달려와서 그를 맞이하여 안고 목을 어긋맞추어 그와 입맞추고 서로 우니라 5 에서가 눈을 들어 여인들과 자식들을 보고 묻되 너와 함께 한 이들은 누구냐 야곱 이 이르되 하나님이 주의 종에게 은혜로 주신 자식들이니이다. 6 그 때에 여종들이 그의 자식들과 더불어 나아와 절하고 7 레아도 그의 자식들과 더불어 나아와 절하고 그 후에 요셉이 라헬과 더불어 나아와 절하니 8 에서가 또 이르되 내가 만난 바 이 모 든 떼는 무슨 까닭이냐 야곱이 이르되 내 주께 은혜를 입으려 함이니이다 9 에서가 이르되 내 동생아 내게 있는 것이 족하니 네 소유는 네게 두라

창세기 33장 4-9절은 야곱과 에서의 화해가 본격적으로 이루어지는 장면으 로, 단순한 형제간의 상봉을 넘어, 하나님의 은혜, 회복된 관계, 화해의 예물, 그 리고 겸손한 신앙고백이 조화를 이루는 본문이다. 이 대목은 앞 절(33:1-3)의 긴 장과 대비되며, 형 에서의 포용과 야곱의 신앙고백을 통해 하나님의 섭리가 어떻 게 갈등을 은혜로 바꾸는지를 보여 준다.

에서가 달려와 안고 서로 운다. 에서의 행동은 예상 밖의 극적 반전이다. 군사 적 대결이나 보복을 예상했던 독자와 야곱의 기대를 완전히 무너트리고, 형은 달 려와 안고, 입맞추고, 울며 화해한다. 이는 모두 감정의 폭발을 나타내는 연속적 인 동작이다. 이 장면은 탕자의 아버지(눅 15:20)를 연상시킬 정도로 무조건적인 용서와 사랑의 표현이다. 에서가 여인들과 자식들을 보고 "이들이 누구냐"고 묻 자, 야곱은 "하나님이 주의 종에게 은혜로 주신 자식들이니이다"라고 말한다. 여 기서 '주의 종'이라는 표현은 여전히 형에게 자신을 낮추며 겸손한 자세를 유지한

다(창 32:4, 18). 가족들이 절을 한다. 순서를 보면, 여종들 → 레아와 자식들 → 라헬과 요셉 순서로 앞에서 만나기 위해 가족을 배치한 구조(33:2)의 반복이자 공적인 존중 표현이다. 에서가 "이 많은 가축 무리는 무엇이냐"고 묻자, 야곱은 "내 주께 은혜를 입으려 함이니이다"라고 대답한다. 이 예물은 단순한 선물이 아니라 관계 회복을 위한 헌신의 표현이다(창 32:13-21 참고). 그러나 에서는 "내게 있는 것이 족하니 네 소유는 네게 두라"며 예물을 거절한다. 이는 에서가 야곱에 대한 분노와 탐욕을 내려놓았고, 이제는 형제애를 우선시한다는 의미이다. 야곱은 자녀와 재산 모두를 하나님의 은혜의 결과로 인정한다. 이는 야곱의 이전의 자기 중심적, 계산적 성격에서 벗어나 신앙 안에서 성숙한 모습을 보여주는 대목이다.

3.(x) 하나님의 얼굴 대함 같음(33:10-11)

10 야곱이 이르되 그렇지 아니하니이다 내가 형님의 눈앞에서 은혜를 입었사오면 청하건대 내 손에서 이 예물을 받으소서 내가 형님의 얼굴을 뵈온즉 하나님의 얼굴을 본 것 같사오며 형님도 나를 기뻐하심이니이다 11 하나님이 내게 은혜를 베푸셨고 내 소유도 족하오니 청하건대 내가 형님께 드리는 예물을 받으소서 하고 그에게 강권하매 받으니라

에서가 선물을 거절하자 야곱은 공손히 간청하며 자신의 의도를 다시 설명한다. 이는 야곱이 단순한 물질적 선물 이상의, 의미를 담은 표현을 전달하고자 함을 보여준다. "형님의 눈앞에서 은혜를 입었사오면 …"은 공식적 간청 표현으로, 회해와 관계 회복의 겸손한 요청을 나타낸다. 야곱은 형님에게 무엇인가를 주고 싶은 것이다. 장자권을 속임으로 가진 것 때문에 부자가 되어 집에 왔다는 점에서 자신의 예물을 꼭 받을 수 있게 간청하는 것이다.

"예물을 받으소서." 여기서 '예물'은 히브리어로 מִנְחָה(민아흐아): 구약 전체에서 속죄 또는 화목을 위한 헌물로 자주 사용된다(창 32:13, 레 2:1). 야곱은 이 예

물을 형제 사이의 화해를 위한 속죄 헌물로 인식하며 드린 것이다. "형님의 얼굴을 뵈온즉 하나님의 얼굴을 본 것 같사오며"의 표현은 창세기 32:30에서 야곱이 얍복강에서 천사와 씨름한 후, "내가 하나님을 대면하였으나 내 생명이 보존되었다"고 말한 것과 대응된다. 이 말은 단순한 비유가 아니라, 형제의 용서를 통해 하나님을 만나는 영적 경험을 나타낸다.

야곱에게 있어 에서의 용서와 기쁨은 곧 하나님의 은혜와 구원의 표징과 유사한 경우이다. 즉, "하나님과의 화해가 형제간의 화해로 확증된다"는 구속사적 교훈이 이 구절에 담겨 있다. "형님도 나를 기뻐하심이니이다"라는 말은 "수용하다"는 의미로, 이는 곧 "하나님이 나를 받아주셨듯, 이제 형님도 나를 받아주셨다"는 이중 화해의 확증을 말한다. "하나님이 내게 은혜를 베푸셨고 내 소유도 족하오니…"는 야곱의 간증과도 같다. 야곱은 현재의 자신이 받은 모든 것이 하나님의 은혜로부터 왔음을 인정한다. 이렇게 간증한 후에 "강권하매 받으니라." 야곱은 끝까지 겸손하게 간청하여 결국 에서가 선물을 받는다.

4.(b)' 자식들이 연약함(33:12-14)

> 12 에서가 이르되 우리가 떠나자 내가 너와 동행하리라 13 야곱이 그에게 이르되 내 주도 아시거니와 자식들은 연약하고 내게 있는 양 떼와 소가 새끼를 데리고 있은 즉 하루만 지나치게 몰면 모든 떼가 죽으리니 14 청하건대 내 주는 종보다 앞서 가소서 나는 앞에 가는 가축과 자식들의 걸음대로 천천히 인도하여 세일로 가서 내 주께 나아가리이다

이 본문은 야곱과 에서의 화해 이후의 장면으로, 에서가 형제로서의 연대감을 회복하려 "함께 가자"고 제안하는 장면이다. 그러나 야곱은 정중하게 이 안을 거절하며, '자식들과 가축이 연약함'을 이유로 들고 자신만의 길을 가겠다고 한다. 이는 b(자식을 소개함, v5) – b'(자식들이 연약함, v13)으로 서로 연결되는

구조이다.

야곱은 자신의 가족, 특히 어린 자녀들과 새끼 가축들이 긴 여정을 견디기 어렵다고 판단한다. 이는 단순한 육체적 연약함만을 뜻하지 않고, 돌봄과 보호의 책임을 강조하는 표현이다. 그리고 야곱은 자녀들과 짐승들의 속도에 맞추어 가겠다고 말한다. 이는 공동체 전체의 보존을 우선시하는 태도이다. 야곱은 "내 주-종"이라는 언어를 유지하며, 에서의 제안을 거부가 아닌 존중과 유예로 대답한다.

5.(a') 에서와 야곱의 헤어짐(33:15-17)

15 에서가 이르되 내가 내 종 몇 사람을 네게 머물게 하리라 야곱이 이르되 어찌하여 그리하리이까 나로 내 주께 은혜를 얻게 하소서 하며 16 이 날에 에서는 세일로 돌아가고 17 야곱은 숙곳에 이르러 자기를 위하여 집을 짓고 그의 가축을 위하여 우릿간을 지었으므로 그 땅 이름을 숙곳이라 부르더라

에서가 야곱에게 보다 친절을 베풀어 종들 중 몇 사람을 붙여줄 것을 말했지만 야곱은 정중히 거절하였다. "굳이 그리하지 마십시오. 나로 하여금 내 주께 은혜를 얻게 하소서." 그날에 에서는 세일로 돌아갔고, 야곱은 숙곳에 이르러 자기 가족을 위해 집을 짓고, 가축을 위해 우리를 만들었다. 야곱은 숙곳에 이르러 자신과 가족을 위해 집을 짓고, 가축을 위한 우리를 세웠다. 그래서 그는 이곳 이름을 '숙곳'이라 불렀다('숙곳'은 히브리어로 '초막들'이라는 뜻).

D". 야곱과 하몰 가정의 갈등(33:18-34:31)

이제 야곱의 삶이 귀향의 축복에서 하몰 가정과의 갈등으로 나아가고 있다. 본문은 야곱이 당하는 고난의 사건이다. 야곱의 딸 디나가 세겜의 추장에게 강

간을 당하면서 두 가정의 갈등이 원한으로 얽히고설키는 엄청난 사건을 보여준다.

가. 구조적 주해

야곱과 하몰 가정의 갈등(33:18-34:31)

1. 세겜이 디나를 강간함	33:18-34:2
2. 아들이 아버지에게 간청	33:3-4
3. 강간 소식에 잠잠함	33:5
4. 논의 하러옴	33:6
5. 자녀들이 극노함	33:7
6. 결혼 청탁	33:8-12
5'. 거짓으로 할례 요청	33:13-17
4'. 모두 할례를 행함	33:18-24
3'. 할례 받은 자들 죽임	33:25-29
2'. 아버지가 아들들을 나무람	33:30
1'. 창녀같이 대했기 때문	33:31

해당 본문은 마지막 갈등 사건을 다루고 있으며, 주제는 '두 가정의 갈등'이다. 본문은 총 11개의 요지로 구성되었으며, 대칭구조(교차대구) 형식으로 길게 배열되어 있다. 이 구조는 전반부 요지들(1-2-3-4-5)과 후반부 요지들(1'-2'-3'-4'-5')이 서로 대응을 이루는 형태이며, 전체적으로 중심에 주제를 두는 중괄식 구조를 갖는다. 따라서 요지 6이 본문의 핵심 주제를 형성한다.

구체적인 구조 분석은 다음과 같다:

1 / 1': '세겜이 디나를 강간함'(1)과 '그녀를 창녀처럼 대했기 때문'이라는 표현

(1')으로 서로 연결된다.

　2 / 2': '아버지에게 간청함'(2)과 '아들들을 나무람'(2')이라는 메시지가 서로 비교된다.

　3 / 3': '강간 소식에 침묵함'(3)과 '할례받은 자들을 죽임'(3')이라는 내용이 대조된다.

　4 / 4': '논의하러 옴'(4)과 '할례를 시행함'(4')이라는 행위가 서로 연결된다.

　5 / 5': '자녀들이 크게 분노함'(5)과 '할례를 요청함'(5')이라는 반응이 서로 대응된다.

　6: 중심 주제인 '결혼 청탁'이다. 하몰과 그의 아들 세겜이 야곱에게 찾아와 디나와의 결혼을 요청하는 장면으로, 결혼을 통해 양측의 갈등을 화해로 전환하려는 제안을 담고 있다.

나. 구속사 의의

　세겜 정착은 부분 순종의 상징: 디나 사건은 세속과의 혼합에서 비롯된 비극이다. 하나님은 이 실패를 통해 거룩한 구별의 원리를 다시 일깨우신다.
　세겜의 상처는 벧엘의 은혜로 전환: 세겜의 평안은 언약을 약화시키지만, 벧엘의 부르심은 언약을 회복시킨다. 세상과의 결합은 언약을 파괴하지만, 하나님은 그 실패를 통해 거룩의 본질을 가르치신다.

다. 신앙경주 적용

　신앙의 경주는 세겜(타협의 자리)에서 벧엘(예배의 자리)로 나아가는 여정이다. 거룩은 인간의 분노나 복수가 아니라 예배의 회복으로 세워진다.
　실패 후에도 하나님의 부르심은 여전히 유효하다. 회개는 벧엘에서 완성된다.

라. 본문 해설

1. 추장이 디나를 강간함(33:18-34:2)

> 18 야곱이 밧단아람에서부터 평안히 가나안 땅 세겜 성읍에 이르러 그 성읍 앞에 장막을 치고 19 그가 장막을 친 밭을 세겜의 아버지 하몰의 아들들의 손에서 백 크시타에 샀으며 20 거기에 제단을 쌓고 그 이름을 엘엘로헤이스라엘이라 불렀더라 34:1 레아가 야곱에게 낳은 딸 디나가 그 땅의 딸들을 보러 나갔더니 2 히위 족속 중 하몰의 아들 그 땅의 추장 세겜이 그를 보고 끌어들여 강간하여 욕되게 하고

이 본문은 야곱이 가나안 땅에 정착한 이후, 그의 딸 디나가 세겜에 의해 강간당한 사건을 서술하며, 이 사건은 이후 야곱의 아들들의 복수, 그리고 언약 백성으로서의 삶과 정결 문제에 깊이 연결된다.

야곱은 외삼촌 라반의 집에서 20년간 피난 생활을 마치고, 드디어 하나님의 약속의 땅 가나안으로 귀환한다. 여기서 '평안히'(שָׁלֵם, 샬렘)는 단지 외적 안정보다도 하나님과의 관계 회복 속에 있는 평강을 강조한다. 야곱이 세겜 땅 '성읍 앞'에 정착한 것은 한편으로는 가나안 문화와 지나치게 근접했다는 영적 경계 흐림의 신호로도 읽힐 수 있다. 야곱은 정식으로 땅을 구매하여 소유권을 확보한다. 이는 아브라함이 막벨라 굴을 샀던 것처럼, 약속의 땅에서 신앙의 영속성을 세우는 행동이다. 야곱이 세운 제단 이름은 '엘엘로헤이스라엘', "이스라엘의 하나님은 하나님이시다"라는 의미이다. 이는 브니엘의 씨름 이후 새 이름 '이스라엘'을 받은 신앙고백으로, 그의 신앙 정체성과 하나님에 대한 헌신을 표현한다.

그러나 아이러니하게도 이런 신앙적 고백 이후, 그의 가족은 큰 도덕적 위기를 맞게 된다. 디나는 레아에게서 난 유일한 딸이다. 그녀가 "그 땅의 딸들"을 보러 나갔다는 표현은, 단순한 외출이 아니라 가나안 여인들과의 문화적 접촉을 의미한다. 이것은 언약 공동체 안에서 자라난 여인이, 하나님의 백성으로서의 경계선을

넘어선 위기의 행보로 볼 수 있다. "보러 나갔다"라는 동사는 능동적 탐색을 내포한다. "히위 족속 중 하몰의 아들, 그 땅의 추장 세겜이 …"에서 '그 땅의 추장'이란 표현은 정치적 권력자라는 뜻이다. 따라서 이 사건은 단순한 사적인 범죄가 아니라 정치적- 사회적 권력의 남용, 나아가 하나님의 언약 백성을 향한 공격으로도 해석될 수 있다. 그가 디나를 보고 '끌어들여' 강간하여 욕되게 하였다. 여기에 사용된 동사들은 일련의 행동이 계획적이고 강압적이었음을 보여준다. '끌어들여'는 납치에 가까운 의미를 갖는다. 그리고 세겜이 디나를 '강간한다'.

히브리어 'שָׁכַב'(샤카브)는 성적 행위를 뜻하되, 강압적 상황임을 문맥이 드러낸다. 그리고 '욕되게' 했다. 이는 디나를 단순히 해친 것이 아니라 사회적·영적 수치를 입힌 행위로 보아야 한다. 이 세 단어는 단지 여인의 피해 사건이 아니라, 하나님의 언약 공동체의 명예가 더럽혀진 사건임을 암시한다.이후 야곱의 아들들이 격렬히 반응하는 것도, 단지 가족의 분노가 아니라 신앙 공동체의 분노로 이해해야 한다. 이와같이 세겜의 죄는 단순한 개인의 도덕적 타락이 아니라, 전체 가문(하몰 가문)과 정치적 질서의 타락을 상징한다. 이것은 언약 공동체를 문화적으로 흡수하려는 시도의 첫 단추이기도 하다.

2. 세겜이 하몰에게 결혼 허락을 간청(34:3-4)

> 3 그 마음이 깊이 야곱의 딸 디나에게 연연하며 그 소녀를 사랑하여 그의 마음을 말로 위로하고 4 그의 아버지 하몰에게 청하여 이르되 이 소녀를 내 아내로 얻게 하여주소서 하였더라

이 짧은 구절은 디나 사건의 도덕적, 영적 긴장구조를 보여주는 핵심 구절로서, 인간적인 '사랑'과 하나님의 언약 공동체의 '거룩함' 사이의 충돌을 드러낸다.

세겜이 디나를 사랑하게 되면서 아버지 하몰에게 결혼 허락을 간 한다. 이 사랑은 헷세드(חֶסֶד, 언약적 사랑)와 같은 신적 사랑이 아니라, 욕망에 근거한 왜곡

된 애정으로 보는 것이 타당하다. 이는 세겜이 디나를 부드럽게 대하려 한 시도로 보이나, 강제적 행위 이후라면 이는 피상적 위로이며, 진정한 회복이나 사과의 맥락은 결여되어 있다. 세겜은 이방의 관습에 따라 자신의 아버지를 통해 결혼을 추진하고 있지만, 이는 하나님께서 이스라엘에게 금하신 믿지 않는 족속과의 결혼(출 34:16, 신 7:3-4)을 어기는 전조이다

세겜의 말에는 진심 어린 회개나 디나에 대한 책임감 있는 고백은 없고, 오히려 "이 여자를 내게 아내로 달라"는 요청은 디나를 전리품처럼 대하는 태도를 드러낸다. 이 요청은 하나님의 언약 백성인 야곱의 가족과 이방 세겜 족속 간의 혼인 동화를 시도하는 것이며, 이는 후속 본문에서 야곱의 아들들이 극단적으로 거절하는 근거가 된다.

결국 이 구절은 하나님의 백성이 세상 문화에 쉽게 융화될 위험성을 보여준다.

3. 야곱은 강간 소식을 듣고 잠잠함(34:5)

> 5 야곱이 그 딸 디나를 그가 더럽혔다 함을 들었으나 자기의 아들들이 들에서 목축하므로 그들이 돌아오기까지 잠잠하였고

이 짧은 본문은 야곱의 정체성의 위기, 가정의 리더십 문제, 그리고 거룩한 공동체의 대응 방식에 관한 복합적인 주제를 내포하고 있다.

야곱이 디나가 세겜에게 더럽혔다는 말을 들었다. 여기서 '더럽혔다'(טָמֵא, 타메)는 단어는 "율법적으로 부정하게 만들다, 성적으로 오염되다, 거룩한 질서를 어기다"는 의미로 사용된다. 이 표현은 단순한 강간의 피해를 넘어, 언약 공동체 안에서의 도덕적·영적 파괴를 말한다.

그런데 야곱이 왜 그 소식을 듣고 잠잠하였을까? 야곱이 혼자 판단하거나 행동에 옮기지 않고 아들들이 돌아오기를 기다렸다는 점은, 가족 전체 문제로 보고 공동 결정을 선호했다는 해석과 동시에 소극적 리더십의 흔적으로도 해석될

수 있지만, 그 이상의 무엇인가 야곱이 충격을 받아서 혼비백산했을 가능성이 크다. '잠잠하였다'(שַׁרַח, 하라스)는 뜻은 단순히 말을 하지 않았다는 의미를 넘어서, 침묵 속의 갈등, 고뇌, 무력함, 또는 정치적 계산의 여지를 포함한다. 이는 야곱이 감정적으로 냉담했다는 뜻이 아니라, 하나님의 언약 공동체의 수장으로서 어떻게 행동해야할지를 고심하는 침묵으로 읽을 수 있다. 즉, 이 침묵은 리더로서의 갈등을 반영한다. 하나님의 거룩성을 지켜야 하지만, 동시에 이방인과의 충돌로 인한 후폭풍을 고려해야 했기 때문이다.

4. 하몰이 문제를 논의하러 옴(34:6)

> 34:6 세겜의 아버지 하몰은 야곱에게 말하러 왔으며

하몰은 히위 족속의 추장, 혹은 지역 통치자였던 것으로 보이며, 사회적·정치적으로 영향력이 있는 인물이다. 아들 세겜이 디나를 강제로 취한 사건 이후, 그 책임을 부모인 하몰이 대신 감당하려는 모습이 드러난다. 이는 고대 근동 문화에서 가족 단위의 명예와 책임 개념이 강했음을 반영한다.

하몰이 직접 나섰다는 것은 이 사건이 단순한 사적인 문제가 아니라 두 가문, 두 민족 사이의 사회적 문제로 번졌다는 것을 의미한다. 세겜의 아버지 하몰이 야곱에게 말하러 왔다. 이 말은 단순한 대화가 아니라 중재 혹은 제안의 의미가 있다. 하몰은 아들의 행위가 불법이었음을 알고 있지만, 이방인의 관점에서는 결혼을 통한 해결을 제시하려는 의도일 수 있다. 야곱 가문은 하나님의 언약 백성이다. 그리고 하몰의 방문은 이방 세겜 속속이 자기 방식으로 문제를 해결하려는 시도로, 하나님의 언약적 질서와 충돌할 수밖에 없다. 하몰은 세겜의 사랑과 결혼 의지를 강조하려 하지만, 이 사건은 하나님의 백성과 이방인 사이에 결코 혼합되어선 안 될 거룩의 경계를 침해한 사건이다.

5. 야곱의 자녀들이 극노함(34:7)

> 7 야곱의 아들들은 들에서 이를 듣고 돌아와서 그들 모두가 근심하고 심히 노하였으
> 니 이는 세겜이 야곱의 딸을 강간하여 이스라엘에게 부끄러운 일 곧 행하지 못할 일
> 을 행하였음이더라

위 구절은 디나 사건에 대한 야곱의 아들들의 도덕적 분노와 집단적 반응을
담고 있으며, 언약 공동체의 신학적 경계의식을 드러내는 핵심 구절이다.

야곱의 모든 아들들이 언급되는데, 이는 가족 전체의 분노가 아닌, 공동체 전
체의 거룩한 분노로서 표현된다. 들에서 돌아왔다는 언급은 일상적인 생업(목
축)을 중단하고 급히 대응했다는 긴박감을 암시한다. 그들은 지금 '근심'(עצב, 아
찹) 가운데 '심히 노하였다'(יחר). 이러한 감정적 표현은 개인적 감정의 표출이 아
니라, 하나님의 백성으로서 언약 공동체의 정체성과 거룩성이 침해된 데 대한 반
응이다. 세겜이 야곱의 딸을 강간한 것은 단순한 개인 범죄가 아니라, 언약 백성
의 거룩한 가문이 이방인에게 모욕당한 사건이다.

고대 근동 사회에서 여성을 건드리는 일은 가문의 수치를 건드리는 일로 여겨
졌고, 이 경우에는 언약 백성 전체에 대한 도전이다. "이스라엘에게 부끄러운 일
곧 행하지 못할 일을 행하였음이더라"는 핵심 내용이다. 여기서 '부끄러운 일'이
란 단어는 히브리어 'נבלה'(네발라)이며, 성경에서 도덕적 타락, 사회적 파괴행위,
하나님의 법에 반하는 파렴치한 죄를 의미한다. 이 표현은 성경에서 종종 성적
범죄나 우상숭배, 하나님 경외심의 파괴를 지칭할 때 사용된다(삿 19:23, 삼하
13:12 등). 결론적으로 세겜의 행위는 형제들의 분노를 살만했으며 하나님의 언약
공동체 안에서는 결코 있을 수 없는 금지된 행동이었다.

6. 하몰과 세겜이 결혼 청탁(34:8-12)

8 하몰이 그들에게 이르되 내 아들 세겜이 마음으로 너희 딸을 연연하여 하니 원하
건대 그를 세겜에게 주어 아내로 삼게 하라 9 너희가 우리와 통혼하여 너희 딸을 우
리에게 주며 우리 딸을 너희가 데려가고 10 너희가 우리와 함께 거주하되 땅이 너희
앞에 있으니 여기 머물러 매매하며 여기서 기업을 얻으라 하고 11 세겜도 디나의 아
버지와 그의 남자 형제들에게 이르되 나로 너희에게 은혜를 입게 하라 너희가 내게
말하는 것은 내가 다 주리니 12 이 소녀만 내게 주어 아내가 되게 하라 아무리 큰 혼
수와 예물을 청할지라도 너희가 내게 말한 대로 주리라

이 본문(창 34:8-12)은 세겜과 그의 아버지 하몰이 디나를 아내로 맞이하려
고 야곱과 그의 아들들에게 혼인을 정식으로 청탁하는 장면이다. 그러나 이 장
면은 단순한 청혼이 아닌, 신학적·문화적·언약적 충돌의 장으로 볼 수 있다.

하몰이 야곱에게 세겜과 디나의 결혼 청탁을 하고 있다. 세겜이 디나를 사랑
하니 혼인시켜 달라는 것이다. 그 바탕에는 강간이라는 폭력이 있었기에, 이 사
랑은 도덕적으로 정당화될 수 없는 왜곡된 감정이 되어버린 것이다. 그래서 하몰
은 디나를 '너희 딸'로 부르며 사적 감정이 아닌 공동체적 혼인 계약의 맥락으로
접근한다. 이는 단순한 개인적 요청이 아닌 사회적 통혼 제안이자 정치적 흡수
전략이다. 그리고 그는 통혼 전략으로 서로의 딸들을 주고받자고 제안한다. 이는
고대 근동의 정략결혼 관습이었으며, 동맹이나 통합을 의미한다. 이 제안은 겉으
로는 평화와 상생처럼 보이지만, 언약 백성의 정체성을 위협하는 타협의 길이다.
그러나 이스라엘은 거룩한 민족으로 이방인과 통혼해서는 안 된다는 언약적 기
준을 가진 민족이다(신 7:3-4 참조). 그리고 하몰은 야곱의 가족에게 정착과 경
제적 번영을 약속한다. 이는 하나님이 가나안 땅을 직접 주시겠다고 한 언약(창
28:13-15)을 인간적인 방식으로 해결하려는 세속적 제안이다.

결과적으로 하몰은 디나 사건을 혼인과 경제적 이익으로 해결하려는 시도를

하고 있다. 이러한 가운데 당사자인 세겜이 나서서 청탁과 보상을 물질로 대신하겠다는 거래를 요청한다. 문제는 범죄에 대한 회개 없이 물질로 대신하려는 태도이다. 하몰과 세겜은 범죄를 경제적·정치적 논리로 해결하려 하지만, 하나님의 백성은 거룩과 진리, 정의에 기반해야 한다는 점에서 언약 공동체와 세상 문화 사이의 긴장을 드러내고 있다.

7.(5') 야곱의 자녀들이 할례 요청함(34:13-17)

> 13 야곱의 아들들이 세겜과 그의 아버지 하몰에게 속여 대답하였으니 이는 세겜이 그 누이 디나를 더럽혔음이라 14 야곱의 아들들이 그들에게 말하되 우리는 그리하지 못하겠노라 할례 받지 아니한 사람에게 우리 누이를 줄 수 없노니 이는 우리의 수치가 됨이니라 15 그런즉 이같이 하면 너희에게 허락하리라 만일 너희 중 남자가 다 할례를 받고 우리 같이 되면 16 우리 딸을 너희에게 주며 너희 딸을 우리가 데려오며 너희와 함께 거주하여 한 민족이 되려니와 17 너희가 만일 우리 말을 듣지 아니하고 할례를 받지 아니하면 우리는 곧 우리 딸을 데리고 가리라

본문은 야곱의 아들들이 디나를 강간한 사건에 대해 종교적 언어를 방패로 복수를 준비하는 장면이다. 이 본문은 겉으로는 언약적 요구처럼 보이지만, 실제로는 속임과 복수의 전략이 숨겨진 매우 복합적인 본문이며, 신학적 관점에서 중요한 의미를 지닌다.

야곱의 아들들이 그들에게 제안하기를 모두 할례를 받으라고 속여서 말한다. 여기서 할례를 언급하는 것은 신앙의 표징을 이용해 보복의 계략을 정당화하는 행동이다. 즉, 거룩한 언약의 상징인 '할례'가 복수의 도구로 전락한 것이다. 하나님과의 언약의 표인 할례(창 17장)가 이방인을 거룩하게 만들기 위한 것이 아니라 이방인을 죽이기 위한 장치로 사용되고 있다. 이는 언약의 신성성을 왜곡하는 심각한 신학적 문제를 드러낸다. 그 이유는 할례받지 않은 자에게 디나를 줄

수 없다고 말한다. 이 말은 모세 율법이 제정되기 전이지만, 언약 백성의 구별성에 대한 원칙이 이미 야곱 자녀들의 가치관에 새겨져 있음을 보여준다. 이 말은 맞는 진술이지만 의도가 불순하다. 올바른 명분을 내세우지만 복수를 위한 가면으로 악용하고 있기 때문이다.

그러나 진정한 '하나님의 백성 되기'는 외적 표식(할례)만이 아니라 신앙과 언약의 순종이 포함되어야 하는데, 이들은 그것을 전혀 설명하지 않았다. '한 민족이 되자'는 야곱의 아들들의 제안은 고대 근동에서 정치적 통합과 혼인을 통한 동맹을 의미하지만 이들은 그런 진심이 전혀 없다.

결국 이들은 하몰과 세겜에게 경고와 최후통첩을 한다. "할례를 받지 아니하면 우리는 딸을 데리고 가겠다." 이 말은 제안을 최종 조건처럼 보이게 하며, 강간한 사실에 대한 도덕적 분노를 가장한 압박처럼 들린다. 그러나 이들은 진정으로 딸을 데려가고자 하는 것이 아니라 복수를 위한 함정을 끝까지 유지하고 있는 것이다. 진정한 신앙은 겉모양이 아니라 동기와 중심의 정결함에서 나온다. 야곱의 아들들의 행동은 정당한 분노처럼 보이지만, 결과적으로 하나님의 언약을 무기로 삼아 공동체 전체에 심각한 파장을 일으킨 사건으로 이어지게 된다(34:25-31 참조). 이로 인해 야곱은 나중에 깊은 근심과 두려움을 안게 된다(창 34:30).

8.(4') 모든 남자들 할례를 행함(34:18-24)

18 그들의 말을 하몰과 그의 아들 세겜이 좋게 여기므로 19 이 소년이 그 일 행하기를 지체하지 아니하였으니 그가 야곱의 딸을 사랑함이며 그는 그의 아버지 집에서 가장 존귀하였더라 20 하몰과 그의 아들 세겜이 그들의 성읍 문에 이르러 그들의 성읍 사람들에게 말하여 이르되 21 이 사람들은 우리와 친목하고 이 땅은 넓어 그들을 용납할 만하니 그들이 여기서 거주하며 매매하게 하고 우리가 그들의 딸들을 아내로 데려오고 우리 딸들도 그들에게 주자 22 그러나 우리 중의 모든 남자가 그들이 할례를 받음 같이 할례를 받아야 그 사람들이 우리와 함께 거주하여 한 민족 되기를 허락

할 것이라 23 그러면 그들의 가축과 재산과 그들의 모든 짐승이 우리의 소유가 되지 않겠느냐 다만 그들의 말대로 하자 그러면 그들이 우리와 함께 거주하리라 24 성문으로 출입하는 모든 자가 하몰과 그의 아들 세겜의 말을 듣고 성문으로 출입하는 그 모든 남자가 할례를 받으니라

본문은 디나 사건 이후 하몰과 세겜, 그리고 세겜 성읍의 남자들이 야곱의 아들들이 제시한 할례 조건을 받아들이는 장면이다. 그러나 본문은 이들이 '할례'를 어떻게 이해했는지, 그리고 그들의 동기가 무엇이었는지를 통해 언약과 거룩, 물질욕과 속임이라는 신학적 주제를 드러낸다.

하몰과 세겜은 야곱의 아들들의 제안, 즉 모든 남자가 할례를 받아야 한다는 조건을 기꺼이 받아들인다. 이유는 세겜이 디나를 사랑했기 때문이다. 세겜이 부족 내에서 높은 신분을 가진 자였음을 강조하는데, 이는 그가 공동체 내에서 정치적 영향력을 갖고 있었다. 세겜이 할례를 받기로 한 이유는 하나님과의 언약적 순종이 아니라, 디나를 얻기 위한 정치적 타협이다. 하몰과 세겜은 자기들 공동체를 향해 정치적 설득을 시작한다. 그러나 설득의 논리는 경제적 확장성과 자산의 흡수 가능성이다. 다시 말해, 하몰과 세겜은 할례를 신앙의 조건으로 보는 것이 아니라, 경제적 야망의 전략적 도구로 전락시킨 것이다. 그러나 진정한 언약은 외적인 행위 이전에 내면의 회심과 하나님 중심의 결단을 요구한다(롬 2:28-29). 하몰과 세겜의 설득으로 모두 할례를 받았다. 이들은 리더의 말을 믿고 순응한 집단적 결정을 따랐다. 그러나 그 이면에는 인간의 욕망과 이기심이 지배하고 있었다.

9.(3') 할례 받은 자들을 죽임(34:25-29)

25 제삼일에 아직 그들이 아파할 때에 야곱의 두 아들 디나의 오라버니 시므온과 레위가 각기 칼을 가지고 가서 몰래 그 성읍을 기습하여 그 모든 남자를 죽이고 26 칼

로 하몰과 그의 아들 세겜을 죽이고 디나를 세겜의 집에서 데려오고 27 야곱의 여러 아들이 그 시체 있는 성읍으로 가서 노략하였으니 이는 그들이 그들의 누이를 더럽힌 까닭이라 28 그들이 양과 소와 나귀와 그 성읍에 있는 것과 들에 있는 것과 29 그들의 모든 재물을 빼앗으며 그들의 자녀와 그들의 아내들을 사로잡고 집 속의 물건을 다 노략한지라

창세기 34:25-29은 디나 사건의 절정이자 폭력적 보복이 실행되는 장면으로, 야곱의 두 아들 시므온과 레위가 할례로 인해 무력해진 세겜 사람들을 기습하여 모두 죽이는 내용을 담고 있다. 이 본문은 윤리적·신학적으로 복합적이며, 거룩과 정의, 복수와 거짓, 선택과 징계라는 주요 주제들을 깊이 있게 다룬다.

세겜의 사람들이 할례를 행하고 삼일이 지나 가장 통증이 심한 날을 골라 시므온과 레위가 그들을 기습했다. 즉, 신체적으로 가장 무력한 순간을 노린 의도적이고 계획된 보복이다. 야곱의 아들들 중에서도 디나의 오라버니인 시므온과 레위가 중심이 되어 행동한다. 이는 가족의 명예 회복이라는 동기와 더불어, 자매를 더럽힌 것에 대한 '자기 방식의 정의'를 실현한다. 그들은 하몰과 세겜을 죽이고 디나를 데려온다.

시므온과 레위는 정의라는 이름으로 복수를 실행하지만, 이 방법은 하나님이 명하신 거룩한 정의가 아닌 인간적 분노의 폭발이었다. 그들은 거룩한 언약의 표징인 할례를 악용했고, 속임과 살인으로 대응함으로 하나님의 이름을 더럽히는 자들이 되었다. 하나님의 백성이라고 해서 모든 행위가 의로운 것은 아니다. 복수는 하나님의 손에 속한 것이며(신 32:35), 인간이 실행할 때는 반드시 죄의 오염이 개입된다. 그뿐 아니라 전면적인 탈취와 약탈 행위를 일삼는다. 전쟁이 아닌 상황에서 이루어진 비인도적 약탈과 인신매매 수준의 행위이다. 이는 가나안 족속의 행위와 다를 바 없는 죄악이며, 오히려 하나님의 백성이 더 큰 책임을 지게 되는 대목이다. 야곱의 아들들은 복수를 통해 하나님의 거룩을 회복한 것이 아니라, 언약 백성으로서의 도덕적 정당성을 잃어버렸다.

10.(2') 야곱이 아들들을 나무람(34:30)

> 30 야곱이 시므온과 레위에게 이르되 너희가 내게 화를 끼쳐 나로 하여금 이 땅의 주민 곧 가나안 족속과 브리스 족속에게 악취를 내게 하였도다 나는 수가 적은즉 그들이 모여 나를 치고 나를 죽이리니 그러면 나와 내 집이 멸망하리라

위 본문은 세겜 사건 이후, 야곱이 시므온과 레위의 행위에 대해 강하게 책망하는 장면이다. 이 본문은 단순한 가족 내부의 갈등을 넘어서, 하나님의 언약 백성으로서의 정체성과 도덕, 공동체적 책임의 문제를 내포하고 있다.

이 구절은 디나 사건(창 34장)의 마지막 부분으로, 시므온과 레위가 속임수를 통해 세겜과 하몰, 그리고 성읍의 모든 남자를 죽이고 자녀와 아내를 사로잡은 뒤, 야곱이 그들을 꾸짖는 장면이다. 야곱이 단호하게 시므온과 레위에게 말한다. "너희가 내게 화를 끼쳤다." 여기서 히브리어 עכרתם אתי("너희가 나를 괴롭게 하였다")는 공동체 전체에 위기를 초래한 중대한 해악을 의미한다. 야곱은 이 일을 가족 전체의 존립을 위협하는 결과로 보고 있다. 그리고 "이 땅의 주민에게 악취를 나게 하였다"고 말한다. 여기서 '악취'는 상징적 표현으로, 이방 사람들에게 혐오스러운 존재, 신뢰할 수 없는 자들로 보이게 만들었다는 뜻이다.

언약 백성으로서의 거룩성과 윤리성이 오히려 잔혹성과 기만으로 보인 것이다. 그리고 야곱은 현재 자신의 가족이 적은 무리여서 현실적인 위협을 두려워한다. 그로 인해 "나와 내 집이 멸망"할 것이라고 염려한다. 야곱은 언약 계승 공동체 전체의 존폐를 염려하고 있으며, 이것이 단순한 감정적 분노가 아님을 나타낸다. 야곱은 복수 자체보다 언약 백성으로서의 평판과 사명을 염려하고 있다. 하나님의 이름을 부끄럽게 하고, 언약 백성이 도리어 이방인보다 더 잔인하게 행동한 것에 대해 야곱은 충격을 받은 것이다.

야곱은 "수가 적다", "멸망할 것이다"라고 하며 현실적 위험 계산에 집중한다. 이는 하나님의 보호와 언약의 확신보다 두려움과 자기 보호 본능이 앞선 것이

다. 언약의 약속을 받았음에도, 현실 앞에서 믿음이 흔들리도록 충격에 빠져있는 것이다. 야곱의 책망은 단순히 자식의 과격함을 꾸짖는 것이 아니라, 하나님의 언약 백성으로서 살아가는 도덕적 경계선을 지적한 것이다. 동시에, 야곱 역시 현실을 지나치게 두려워하며 하나님의 보호에 대한 신뢰를 시험받고 있다.

11.(1') 디나를 창녀같이 대했기 때문(34:31)

31 그들이 이르되 그가 우리 누이를 창녀같이 대우함이 옳으니이까

본 구절은 세겜 사건의 마지막 구절로, 야곱의 책망(30절)에 대한 시므온과 레위의 반박으로 제시된다. 이 한 절의 짧은 대답 안에는 도덕적 분노, 가족 명예, 정의감, 그리고 신학적 왜곡이 복합적으로 얽혀 있다.

이 구절은 반문으로 해석된다: "그가 우리의 누이를 창녀처럼 취급하는 것이 옳단 말입니까?" 이것은 그들의 격분과 정당화의 감정이 담긴 반어적 항변이다. '창녀'(הנָה, 존나)는 고대 이스라엘 사회에서 수치와 불명예의 상징이었다. 이 말은 세겜의 행동이 단순한 성적 범죄가 아니라, 존엄을 짓밟는 행위였다고 간주했음을 나타낸다. 시므온과 레위는 세겜이 디나를 욕보인 것은 '창녀 취급'이었다고 강하게 비판하며, 그에 대한 자신들의 폭력적 보복을 정의로운 행위로 정당화한다. 그들의 분노는 이해될 수 있지만, 정의의 실행 방식은 언약 백성답지 않은 방식, 곧 기만과 학살로 나타났다.

그러나 성경은 어디에서도 복수를 개인에게 맡기지 않는다. 이는 하나님의 공의가 아니라 인간적 정의와 감정의 복수이다. "원수 갚는 것이 내게 있으니 내가 갚으리라. (신 32:35; 롬 12:19) 이 본문은 인간의 분노가 '의로움'으로 포장될 수 있는 위험을 보여주는 대표적인 구절이다. 시므온과 레위는 누이의 명예를 지킨다고 했지만, 그 방법은 언약 백성이 해야 할 모습이 아니었다.

E". 회개의 축복(35:1-26)

이 본문은 야곱의 삶의 중요한 전환점으로, 하나님께서 주권적으로 개입하셔서 회개와 갱신의 길로 이끄시는 언약 갱신 사건이다.

가. 구조적 주해

E". 회개의 축복(35:1-15)

1. 제단을 쌓아라!	35:1
2. 철저히 회개함	35:2-3
3. 우상들을 묻음	35:4-5
1'. 제단을 쌓았음	35:6-8
2'. 크신 복을 주심	35:9-13
3'. 전제를 드림	35:14-15

이 단락의 주제는 '회개의 축복'이다. 본문은 6개의 요지로 구성된 반복된 병행 구조를 이루고 있으며, 전반부(1 - 2 - 3)와 후반부(1' - 2' - 3')가 서로 대응하는 히브리식 의사소통 방식으로 전개된다. 구조상 주제는 양 끝부분에 위치하는 미괄식 형태를 갖고 있다.

1 / 1'
  (1) "제단을 쌓아라!" — 하나님의 명령
  (1') "제단을 쌓았음" — 명령의 성취
2 / 2'
  (2) "철저히 회개함" — 집안의 정결과 마음의 돌이킴
  (2') "크신 복을 주심" — 회개 이후 임한 하나님의 축복

3 / 3'

  (3) "우상들을 묻음" — 우상과 죄의 흔적을 제거

  (3') "전제를 드림" — 헌신과 예배로 응답

이 구조의 중심 초점은 마지막 쌍(3 / 3')에 있다. 야곱이 온 가족으로 하여금 과거의 죄와 우상을 철저히 제거하게 하고, 그 자리에서 전제(奠祭)를 드리며 하나님께 자신들을 온전히 드리는 장면이 핵심이다.

하나님께 나아가는 경주의 과정에서, 죄와 우상 제거는 필수적 준비 단계임을 보여준다. 그런 후 하나님의 명령에 순종할 때, 회개의 결실로 하나님의 복이 임한다. 회개는 단순한 죄의 고백이 아니라, 하나님께 온전히 자신을 드리는 헌신으로 이어진다.

따라서 창세기 35:1-15은 신앙경주에서 "회개 → 순종 → 헌신"이라는 경주의 원리를 잘 드러내며, 야곱의 가정이 회복과 축복의 길로 들어서는 결정적 전환점을 기록하고 있다.

도표 35> 회개의 축복 (창 35:1-15) 구조·구속사·신앙경주

구분	구조	구속사적 의의	신앙경주 적용
1	"제단을 쌓아라!" 명령(1)	하나님이 야곱을 다시 벧엘로 부르심 → 언약의 갱신 출발	신앙경주는 처음 부르심의 자리로 돌아가는 회복이 필요함
2	철저히 회개함 (2-3)	하나님의 집에 나아가기 위해 정결케 함 → 언약 백성의 성별	신앙경주는 회개와 성결로 경주를 새롭게 시작
3	우상들을 묻음 (4-5)	이방 신을 버리고 오직 하나님만 섬김 → 언약 공동체의 정체성 확립	우리의 삶 속 우상을 버리고 하나님만 의지해야 함
1'	제단을 쌓음 (6-8)	하나님의 부르심에 순종하여 제단 세움 → 언약 갱신의 표징	순종의 제단이 신앙경주의 중심

| 2' | 크신 복을 주심 (9-13) | 하나님이 다시 나타나시고 이름·언약을 확증 → 구속사적 축복의 재확인 | 신앙경주는 하나님의 재확증과 격려로 이어짐 |
| 3' | 전제를 드림(14) | 야곱이 제단에 전제와 기름을 부음 → 헌신과 예배로 응답 | 신앙경주는 헌신과 예배로 마무리됨 |

나. 본문 해설

1. 벧엘에서 제단을 쌓아라!(35:1)

> 1 하나님이 야곱에게 이르시되 일어나 벧엘로 올라가서 거기 거주하며 네가 네 형 에서의 낯을 피하여 도망하던 때에 네게 나타났던 하나님께 거기서 제단을 쌓으라 하신지라

야곱은 방금 전, 세겜 사건으로 도덕적, 정치적, 신앙적 위기에 빠졌다. 자녀들의 과잉 보복으로 가나안 사람들과의 전면 충돌 위협 앞에, 그는 리더로서의 무력함과 공포를 절감한다(34:30). 바로 그때 하나님께서 말씀하십니다. "벧엘로 올라가라." 이는 단순한 이동 명령이 아니라, 하나님의 주도적인 회복 초청이다. 여기서 하나님이 먼저 찾아오신 것이다. 이는 택한 자에게 먼저 손을 내미시는 은혜의 역사가 주어진 것이다. 야곱은 두려움 속에 무기력한 상태였지만, 하나님께서는 그를 방치하지 않고 회복의 길로 부르신다. 하나님은 그에게 "벧엘로 올라가라"고 하신다.

이곳은 과거의 언약 장소로의 귀환이다. 벧엘은 창세기 28장에서 야곱이 하나님의 임재를 처음 경험한 장소인데, 그곳에서 야곱은 도망자의 신분으로 하나님께 조건부 서원을 했다(28:20-22). 이제 하나님은 야곱에게 그 서원을 이행할 시간이 되었음을 알리신다. 하나님은 야곱을 신앙의 초심, 약속의 자리, 은혜의 뿌리로 돌아가라고 하신다. 이 명령은 단순히 장소 이동이 아니라, 내면의 회심

과 정결함으로의 귀환이다. 하나님이 그에게 "제단을 쌓으라"고 말씀하신다. 이는 하나님과의 관계를 회복하라는 명령이다. 제단은 회개와 속죄(자신과 가족의 죄악 인정)를 상징한다. 그리고 헌신과 경배(자기의 삶을 다시 하나님의 뜻 아래로 바침)를 의미한다. 또한 언약의 갱신(28장의 서원에 대한 응답)의 장소이다. 하나님은 회개 없는 용서를 약속하지 않으신다. 하나님께서 야곱에게 주신 갱신의 부르심이며, 은혜의 자리로 돌아오라는 초청이다. 야곱의 인생은 이제 '두 번째 시작'을 하게 된다. 이 말씀은 오늘날 신앙의 침체나 위기 속에 있는 신자들에게도 동일하게 적용된다.

2. 모두가 철저히 회개함(35:2-3)

> 2 야곱이 이에 자기 집안 사람과 자기와 함께 한 모든 자에게 이르되 너희 중에 있는 이방 신상들을 버리고 자신을 정결하게 하고 너희들의 의복을 바꾸어 입으라 3 우리가 일어나 벧엘로 올라가자 내 환난 날에 내게 응답하시며 내가 가는 길에서 나와 함께 하신 하나님께 내가 거기서 제단을 쌓으려 하노라 하매

야곱이 집안의 가족들과 함께한 모든 자들이 회개하는 모습을 보여주고 있다. 회개의 방법은 세 가지로 나타난다. 첫째, "이방 신상들을 버리라!"는 그 당시 문화와 사회는 하나님을 믿지 않는 자들은 자신들을 보호해 줄 수호신들을 가지고 이었던 것으로 볼 수 있다. 예를 들면, 라헬이 도망 나오면서 그녀의 아버지 라반의 드라빔을 훔쳐서 왔다. 그 외에 귀고리 등이다. 이렇게 이방 신상들은 하나의 우상으로 볼 수 있는데 이것을 버리는 자체가 회개의 의미를 갖는다고 여겨진다. 두 번째, "자신을 정결하게 하라!"는 더러움을 씻어내라는 것인데, 도덕적 잘못들을 통틀어서 회개하는 마음으로 하나님께 나가자는 뜻으로 비춰진다. 그리고 "모두의 의복을 바꾸어 입어라!"는 '새로운 변화'의 의미로 볼 수 있다. 아담과 하와는 자신들의 죄 때문에 에덴에서 쫓겨나는 과정에서 불평 없이 주어

진 벌을 달게 받았고, 이것을 아신 하나님은 그들을 용서하는 의미에서 가죽옷을 지어 입히신 것 같이 옷을 바꾸어 입으라는 것은 모두 과거의 잘못을 벗어버리자는 '내적 변화'를 강조하는 것이라 말할 수 있다.

이렇게 야곱이 아들들에게 과거의 잘못들을 다 버리고 새로운 마음으로 벧엘로 올라가자고 한다. 벧엘은 야곱이 형으로부터 도망가면서 하나님을 만났던 곳으로 그곳에 가면 하나님이 반드시 모든 잘못들을 용서해 주실 것을 확신하고 있다. "내 환난 날에 내게 응답하시며 내가 가는 길에서 나와 함께 하신 하나님께 내가 거기서 제단을 쌓으려 하노라." 야곱의 이러한 신앙고백은 그가 믿음의 사람임을 확실하게 보여준다.

3. 우상들을 상수리나무에 묻음(35:4-5)

> 4 그들이 자기 손에 있는 모든 이방 신상들과 자기 귀에 있는 귀고리들을 야곱에게 주는지라 야곱이 그것들을 세겜 근처 상수리나무 아래에 묻고 5 그들이 떠났으나 하나님이 그 사면 고을들로 크게 두려워하게 하셨으므로 야곱의 아들들을 추격하는 자가 없었더라

세겜 사건 이후, 야곱 가족의 영적 정결과 하나님의 보호라는 두 가지 중요한 신학적 주제를 담고 있다. 야곱은 벧엘로 올라가기 전, 가족과 무리에게 우상과 귀고리를 제거할 것을 명령한다(35:2 참조). 이는 단순한 외적 정리 이상의 내적 회개와 언약 갱신의 상징이다. 야곱 집안 안에 남아 있던 '이방 신상들'은 가나안 문화의 잔재와 신앙적 혼합주의를 의미하는데, 이는 아마도 라헬이 훔친 드라빔(창 31:19)과 세겜 성읍에서 얻은 물건들의 영향일 가능성이 크다. '귀고리'는 단순한 장신구가 아니라, 당시 종교적 풍습과 연관되어 우상숭배와 밀접한 관련이 있던 것으로 보인다. 이처럼 야곱 가문의 우상 정리는 단순한 외형적 변화가 아닌, 영적 정결과 전심으로 하나님께 돌아가는 결단이었다. 회개란 단순히 죄를 뉘우

치는 것이 아니라, 실제 삶의 질서를 하나님의 뜻에 맞게 재정비하는 것이다.

야곱의 집안은 벧엘(하나님의 집)로 가기 전, 우상을 버림으로써 언약 백성의 정체성을 회복한다. 야곱이 우상과 귀고리를 묻은 장소는 '세겜 근처 상수리나무' 아래이다. 상수리나무는 고대 근동에서 종교적 성소로 여겨지던 장소로, 하나님 혹은 다른 신들과의 만남의 장소로 기능했다(창 12:6, 수 24:26 참조). 여기서 '묻었다'는 것은 파기, 즉 우상숭배와의 완전한 단절을 상징한다. 이는 단지 감추거나 보관한 것이 아니라, 이제는 더 이상 돌아갈 수 없는 결별 선언이다. 참된 회개는 죄를 숨기는 것이 아니라, 그것을 끊고 땅에 묻어 죽이는 행위이다. 회개의 진정성은 삶의 방향 전환과 실제적 행동으로 나타난다. 이것은 언 약백성 혹은 언약 가족들이 믿음으로 행하는 신앙경주라고 할 수 있다.

5절은 매우 인상적인 장면으로, 하나님께서 야곱 일행 주변 족속들의 마음에 큰 두려움을 주셔서 아무도 그들을 해치지 못하게 하셨다고 기록한다. 이는 창세기 34장에서 세겜 성읍 남자들을 도륙한 야곱 아들들 때문에 큰 위기에 처한 야곱 가족에게 하나님이 직접 개입하신 장면이다. 하나님의 임재로 인한 초자연적인 공포를 말하며, "두려워하게 하셨다"(히: חִתַּת 히타)라는 표현은 언약 백성 보호에 대한 하나님의 충실성을 보여준다.

회개 후에는 하나님의 특별한 보호가 따른다. 하나님은 그 백성이 정결함을 회복하고 사명을 향해 나아갈 때, 초월적인 방식으로 지키신다. 이는 하나님과의 언약적 관계에 근거한 보호이다.

4.(1') 벧엘에서 제단을 쌓음(35:6-8)

6 야곱과 그와 함께 한 모든 사람이 가나안 땅 루스 곧 벧엘에 이르고 7 그가 거기서 제단을 쌓고 그 곳을 엘벧엘이라 불렀으니 이는 그의 형의 낯을 피할 때에 하나님이 거기서 그에게 나타나셨음이더라 8 리브가의 유모 드보라가 죽으매 그를 벧엘 아래에 있는 상수리나무 밑에 장사하고 그 나무 이름을 알론바굿이라 불렀더라

'벧엘'은 야곱이 창세기 28장에서 꿈을 꾸고 하나님의 임재를 경험한 곳이다. 하나님의 명령(35:1)을 따라 야곱은 주저하지 않고 순종하여 벧엘로 올라온다. 야곱 개인뿐 아니라 "그와 함께한 모든 사람"이 동참했다는 점은 가족 전체가 하나님 앞에서 정결해지고, 순종의 삶을 시작했음을 보여준다. 하나님의 약속은 현실 속으로 들어올 때 인간의 응답과 순종을 통해 구속사의 장이 열린다.

벧엘 도착은 야곱의 회심 여정의 실질적 전환점이며, 하나님의 계획이 역사 안에 실현되는 순간이다. 야곱은 이전(28:18-22)에 돌기둥을 세웠지만, 이번에는 제단을 쌓았다. 이는 단순한 기념이 아니라 공적인 예배 행위이자 언약 갱신의 상징이다. 그 제단 이름을 '엘벧엘'(엘=하나님, 벧엘=하나님의 집) 직역하면 "벧엘의 하나님"이란 뜻으로, 장소보다 인격적 하나님을 강조한다. 야곱의 신앙이 더 이상 '특별한 장소'에 머물지 않고, 그곳에서 그를 만나 주셨던 하나님 자신에게 초점이 옮겨진 것이다. 이것은 과거 하나님의 구원의 사건을 기억하고 신앙적으로 재확인하는 행위이다. 야곱은 단지 벧엘이라는 장소에 집착하지 않고, 그곳에서 그를 만나주신 인격적인 하나님 '엘벧엘'을 고백한다. 이 본문은 신앙이 성숙하여 하나님과의 인격적 관계로 나아가는 과정을 보여주며, 장소 중심 신앙에서 하나님 중심 신앙으로의 전환을 상징하고 있다.

야곱의 어머니 리브가의 유모 드보라가 죽어서 상수리 나무 밑에 묻었다. 장사한 후 그 나무 이름을 '알론 바굿'이라 불렀다. 드보라는 리브가의 유모로, 이삭 – 리브가 세대의 신앙을 야곱 세대까지 이어온 전승자이다(창 24:59 참조). '알론 바굿'("통곡의 상수리나무")는 그녀를 향한 깊은 애도와 신앙적 기억의 표지이다. 야곱 가문은 신앙의 유산을 남긴 자의 죽음을 결코 가볍게 넘기지 않고, 공적으로 슬퍼하며 신앙의 기억으로 각인한다. 이는 구속사 안에서 기억과 애도, 그리고 계승의 중요성을 보여주며, 신앙 공동체가 세대 간 어떻게 신앙을 연결해 가야 하는지를 시사한다. 즉 구속사적 신앙경주의 삶을 지향하는 믿음의 삶의 표본이다.

5.(2') 나타나서 복을 주심(35:9-13)

9 야곱이 밧단아람에서 돌아오매 하나님이 다시 야곱에게 나타나사 그에게 복을 주시고 10 하나님이 그에게 이르시되 네 이름이 야곱이지마는 네 이름을 다시는 야곱이라 부르지 않겠고 이스라엘이 네 이름이 되리라 하시고 그가 그의 이름을 이스라엘이라 부르시고 11 하나님이 그에게 이르시되 나는 전능한 하나님이라 생육하며 번성하라 한 백성과 백성들의 총회가 네게서 나오고 왕들이 네 허리에서 나오리라 12 내가 아브라함과 이삭에게 준 땅을 네게 주고 내가 네 후손에게도 그 땅을 주리라 하시고 13 하나님이 그와 말씀하시던 곳에서 그를 떠나 올라가시는지라

야곱이 밧단아람에서 돌아오매 하나님이 다시 야곱에게 나타나셨다. 하나님이 '다시' 나타나셨다는 표현은 창세기 28장의 벧엘에서 첫 만남(도망 시기)과 대조적으로, 회개와 순종 이후 벧엘로 돌아온 야곱에게 복을 확증하시는 장면이다. 이는 단순한 복의 선언이 아니라, 하나님과의 언약 관계 회복과 신뢰의 표지이다. 하나님의 야곱에게 다시 이스라엘이라고 불러주셨다. 이미 창세기 32:28에서 얍복강에서 천사와 씨름한 후 이 이름은 주어졌지만, 이곳에서는 하나님이 직접 선포하심으로 공적이고 최종적인 신적 선언이 된다.

'야곱'은 속이는 자, '이스라엘'은 하나님과 더불어 이긴 자의 의미로, 신분의 변화와 사명의 정체성 변화를 상징한다. 하나님이 자신을 "나는 전능한 하나님"이라 소개하시면서, "생육하며 번성하라"고 하신다. '전능한 하나님'(엘 샤다이)은 창세기 17장에서 아브라함에게 처음 사용되었으며, 언약의 성취와 생명의 근원으로서 하나님의 능력을 강조한다. '생육하고 번성하라'는 창세기 1장의 창조 명령과 일치하며, 이제 야곱(이스라엘) 가문이 하나님의 언약 백성 공동체로 성장할 것임을 예고한다.

그리고 '한 백성과 백성들의 총회', '왕들'은 이스라엘 민족 형성과 왕권의 출현(다윗, 메시아까지)을 내다보는 구속사적 예언이다.

여기서 땅의 약속은 창세기 12장, 15장, 17장에서 아브라함에게 주신 약속과 같은 언약의 계승 표현이다. 이는 땅, 자손, 복이라는 세 가지 언약 구성요소 중 '땅'이 반복 강조되는 부분이다.

하나님의 언약은 한 세대에서 끝나지 않고 다음 세대로 확장된다. 야곱은 단지 축복의 수혜자가 아니라 언약을 계승하고 이행해 나갈 책임자(언약 운반자)이다. 하나님이 그와 말씀하시던 곳에서 그를 떠나 올라가셨다. 하나님의 '떠나심'은 계시가 완결되었음을 의미한다.

6.(3') 돌기둥을 세우고 전제를 드림(35:14-15)

> 14 야곱이 하나님이 자기와 말씀하시던 곳에 기둥 곧 돌 기둥을 세우고 그 위에 전제물을 붓고 또 그 위에 기름을 붓고 15 하나님이 자기와 말씀하시던 곳의 이름을 벧엘이라 불렀더라

창세기 35:14-15은 야곱이 하나님의 임재와 말씀을 경험한 후 신앙적 응답으로 '돌기둥 세움'과 '전제와 기름 붓기'를 행한 장면이다. 이 짧은 본문은 야곱의 성숙한 신앙 표현, 언약의 인준 행위, 그리고 하나님과의 관계 확증이라는 중요한 신학적 의미를 지닌다.

야곱이 하나님이 자기와 말씀하시던 곳에 기둥 곧 돌기둥을 세우고 하나님의 임제에 대한 신앙적 응답을 한다. 여기서 돌기둥(מַצֵּבָה, 마째바)은 하나님의 임재, 계시, 또는 언약적 사건이 일어난 장소를 기념하는 신앙 기념물이다. 이미 야곱은 창세기 28:18에서 벧엘에서 꿈을 꾸고 돌기둥을 세운 적이 있었고, 이번은 그때보다 신앙적으로 더 성숙하고 공적인 행위이다.

이 돌기둥은 단순한 표지물이 아니라, 하나님과의 언약이 이루어진 성스러운 장소로서의 설정이라 할 수 있다. 야곱은 그 돌기둥 위에 전제물을 붓고 또 그 위에 기름을 부었다. 여기서 전제물은 포도주 등을 붓는 제사로, 일반적으로 하나

님께 삶 전체를 드린다는 헌신의 상징이다. 하나님이 자신에게 말씀하신 그 장소에서 삶 전체를 바치겠다는 헌신과 감사의 예배를 드린 것이다. 야곱은 하나님이 자기와 말씀하시던 곳의 이름을 벧엘이라 불렀다. '벧엘'(בֵּית־אֵל)은 하나님의 집이라는 뜻으로 창세기 28장 이후 반복되는 이름이며, 이번에는 야곱이 성숙한 신앙고백으로 다시금 그 이름을 선언한다. 장소에 대한 반복된 명명은 단순한 지리적 표기가 아니라, 하나님의 계시와 말씀의 장소를 '거룩한 기억의 자리'로 세우는 것이다.

이렇게 야곱은 하나님의 계시가 머물렀던 장소를 거룩하게 '기억'함으로써, 자신의 삶에 있어 신앙의 기준점을 삼는다. 이는 공동체와 후손에게까지 전해질 신앙의 유산이 되는 공간이기 때문이다. 야곱이 돌기둥을 세우고 전제와 기름을 부은 행위는 신앙의 정점에서 드린 헌신적 응답이자, 후대에도 기억될 예배적 행위의 원형이다.

결론(Y): 이삭의 사망(35:16-29)

35:16-29은 이삭 톨레돗의 결론을 다룬다. 이삭과 라헬을 사망을 다룬다. 주제는 '이삭의 사망'이다.

가. 구조적 주해

Y 결론: 이삭의 사망(35:16-29)

1 라헬이 사망(예루실렘에 상사)	35:16-20
2. 에델에 장막 침	35:21-22
3. 야곱의 아들 12명	35:22b-26
2'. 헤브론에 도착	35:27
1'. 이삭의 사망(막벨라에 장사)	35:28-29

요지 5개가 히브리 의사소통 방식으로 구성되었고, 중심이 홀수 형태로 된 대칭구조 형태이다. 이 구조를 분석해 보면 다음과 같다:

1 / 1'은 '라헬의 사망'과 '이삭의 사망'이며 두 사망사건이 서로 비교된다.

2 / 2'는 '에델 망대 장막 침'과 '헤브론 도착'에 관한 장소들로 비교된다.

중심 3은 '야곱의 자녀 12명'의 명단이다.

이 구조의 중심주제는 양괄식 대칭구조의 특징상 요지3에 있다.

이것을 **구조·구속사·신앙경주** 관점에서 도표에 담아보면 다음과 같이 한눈에 볼 수 있다.

도표 36> **결론: 이삭의 사망 (창 35:16-29) 구조·구속사·신앙경주**

구분	구조	구속사적 의의	신앙경주 적용
1	라헬의 사망, 베들레헴 근처에 장사됨 (16-20)	언약 계승의 어머니, 약속의 씨를 끝내 다 낳고 죽음 → 언약 성취의 고비	신앙경주는 때로 눈물과 상실 속에서도 언약을 붙듦
2	에델에 장막 침 (21-22a)	야곱의 여정이 계속되며, 죄(르우벤 사건)도 발생	신앙경주는 거룩한 여정 속에서 죄와 실패의 긴장을 안고 감
3	야곱의 아들 12명 명단(22b-26)	이스라엘 12지파의 완성 → 언약 공동체의 기초 완성	신앙경주는 공동체적 경주, 후대에 바통을 넘김
2'	헤브론에 도착(27)	조상 아브라함, 이삭의 언약 장소로 돌아옴 → 언약의 뿌리에 합류	신앙경주는 신앙의 뿌리와 본향을 지향
1'	이삭의 사망, 막벨라에 장사됨(28-29)	족장들의 계승 종결, 언약이 야곱에게 완전히 넘어감	신앙경주는 죽음 속에서도 이어지는 언약의 계승을 믿음으로 확신

나. 본문 해설

1. 라헬의 사망(35:16-20)

> 16 그들이 벧엘에서 길을 떠나 에브랏에 이르기까지 얼마간 거리를 둔 곳에서 라헬이 해산하게 되어 심히 고생하여 17 그가 난산할 즈음에 산파가 그에게 이르되 두려워하지 말라 지금 네가 또 득남하느니라 하매 18 그가 죽게 되어 그의 혼이 떠나려 할 때에 아들의 이름을 베노니라 불렀으나 그의 아버지는 그를 베냐민이라 불렀더라 19 라헬이 죽으매 에브랏 곧 베들레헴 길에 장사되었고 20 야곱이 라헬의 묘에 비를 세웠더니 지금까지 라헬의 묘비라 일컫더라

야곱 일행은 벧엘에서 하나님의 복을 확증받은 직후, 약속의 길을 계속 걷는 중에 가장 큰 사랑인 라헬이 사망하게 된다. 하나님의 약속을 따라가는 길에는 기쁨과 슬픔, 생명과 죽음이 동시에 존재한다. 이는 성경 전체에서 구속사의 특징으로 반복되는 "고난을 통한 약속 성취"의 패턴이다. 라헬이 아들을 낳았다. 출산의 고통 가운데 있는 라헬에게 위로의 말로 들려오며, 죽음의 문턱에서 생명의 소망이 전해진다. 라헬이 죽게 되어 그의 혼이 떠나려 할 때에 낳은 아들 이름을 베노니라 불렀으나 야곱은 그를 베냐민이라 불렀다. 이름 베노니는 고통의 아들, 슬픔의 아들이라는 뜻이다. 라헬의 마지막 절규처럼 들린다. 그러나 이름 베냐민(בִּנְיָמִין)은 오른손의 아들, 행운의 아들로 긍정적인 의미를 갖는다. '오른손'은 힘, 축복, 우위의 상징으로, 야곱은 이 아들을 비극의 표식이 아닌 축복의 상속자로 불렀다. 야곱은 라헬의 죽음이라는 슬픔을 부정하지 않으면서도, 그 아들을 고난의 유산이 아닌 하나님의 축복으로 해석한다. 라헬이 죽어 에브랏 곧 베들레헴 길에 장사되었다. 그녀가 약속의 땅에서 죽었지만, 마땅한 가족 묘소(막벨라 굴)에 묻히지 못하고 길가에 장사된다. 훗날 예레미야 31:15절에서 라헬은 자식을 잃은 이스라엘의 어머니로, 울며 애통하는 민족의 상징으로 나타난다.

야곱은 사랑하는 라헬의 보내면서 묘에 비를 세웠고, 지금까지 라헬의 묘비라 불리워 졌다. 이는 단순한 기념이 아니라, 신앙의 역사적 기억을 후대에 전하는 표지물이 된다. 슬픔과 상실조차도 하나님의 역사 안에서 의미 있는 기억이 될 수 있다. 믿음은 사랑했던 자의 죽음을 단지 과거로 묻지 않고, 신앙의 유산으로 남긴다.

2. 이스라엘이 에델에 장막침(35:21-22a)

> 21 이스라엘이 다시 길을 떠나 에델 망대를 지나 장막을 쳤더라 22a 이스라엘이 그 땅에 거주할 때에 르우벤이 가서 그 아버지의 첩 빌하와 동침하매 이스라엘이 이를 들었더라

여기에서는 야곱의 본래 이름 대신, 얍복 강가에서 얻은 새 이름 '이스라엘'이 사용된다. 이스라엘은 그가 다른 아내들보다 가장 사랑했던 라헬을 베들레헴 인근에 묻고, 그곳을 떠나 에델 망대를 지나 그 근처에 장막을 쳤다.

이스라엘이 그곳에 머무는 동안, 장자 르우벤이 아버지의 첩, 곧 죽은 라헬의 여종 빌하와 동침하였고, 이 사실을 아버지 이스라엘이 듣게 되었다. 그러나 그는 심각한 부도덕한 행위에 대해 아무 반응도 보이지 않았다. 왜 야곱은 자신의 장자가 아버지의 침상, 즉 권위의 자리를 범했음에도 침묵했을까? 또한, 왜 본문 저자는 이 대목에서 '야곱'이라는 이름 대신 굳이 '이스라엘'이라는 이름을 사용했을까? '이스라엘'이라는 이름은 "하나님의 도우심을 힘 입어 이긴 자"라는 뜻으로, 얍복 강가에서 천사와 씨름하며 얻은 새로운 이름이다. 야곱은 그곳에서 형 에서를 속인 과거를 회개하는 심정으로, 하나님께 간절히 매달렸고, 밤새 씨름한 끝에 하나님의 용서를 상징하는 이름, '이스라엘'을 얻게 되었다. 이처럼 '이스라엘'은 용서와 회복, 하나님의 은혜를 기반으로 한 새 삶의 정체성이다.

그렇다면 본문에서 르우벤의 죄악이 등장할 때 '야곱'이 아닌 '이스라엘'이라

는 이름이 사용된 것은, 야곱이 한층 성숙한 신앙으로 아들의 죄를 언급하지 않기로 선택했음을 시사할 수 있다. 그는 아들의 범죄를 알고 있었지만, 즉각적인 심판이나 분노로 반응하기보다 하나님의 인도하심을 기다리는 태도를 보인 것으로 해석할 수 있다. 하지만 이후 창세기 49장에서 야곱이 자녀들에게 침상에서 유언을 남길 때, 르우벤은 축복이 아닌 저주의 말을 듣는다:

> "물의 끓음 같았은즉 너는 탁월하지 못하리니, 네가 아버지의 침상에 올라 더럽혔음
> 이로다. 그가 내 침상에 올랐었도다"(창 49:4).

따라서 이스라엘이라는 이름 사용과 즉각적 책망의 부재는, 본문 구조상 곧 이어지는 열두 아들의 명단 소개(창 35:22하-26)를 방해하지 않으려는 서사적·신학적 배려로도 볼 수 있다. 저자는 이스라엘의 12지파 기원을 밝히는 대목에서 불필요한 갈등 서술을 피하며, 각 아들의 출생 질서를 온전히 보존하려는 목적을 지녔다고 할 수 있다.

3.(3') 야곱의 12아들(35:22b-26)

22b 야곱의 아들은 열둘이라 23 레아의 아들들은 야곱의 장자 르우벤과 그 다음 시므온과 레위와 유다와 잇사갈과 스불론이요 24 라헬의 아들들은 요셉과 베냐민이며 25 라헬의 여종 빌하의 아들들은 단과 납달리요 26 레아의 여종 실바의 아들들은 갓과 아셀이니 이들은 야곱의 아들들이요 밧단아람에서 그에게 낳은 자더라

여기서는 이스라엘 이름 대신 본래의 이름 야곱을 사용하면서 그의 4명의 아내와 그들이 낳은 12명의 아들들이 소개되고 있다.

결론(Y) 야곱의 12아들(35:22b-26)

a. 야곱의 아들-12명		35:22b
b. 레아의 아들-르우벤/시므온/레위/유다/잇사갈/스불론		35:23
c. 라헬의 아들-요셉/베냐민		35:24
c'. (라헬 여종) 빌하-단/납달리		35:25
b'. (레아 여종) 실바-갓/아셀		35:26a
a'. 야곱의 아들들-밧단아람(하란)에서 낳았음		35:26b

야곱의 12 아들에 관한 내용은 히브리 의사소통 방식 중 하나인 짝수 대칭 형태의 구조(요지 6개)를 이루고 있다. 이 구조는 중심 주제가 양쪽 끝부분에 있는 양괄식 형태로 구성되어 있다. 전반부 요지들(a-b-c)과 후반부 요지들(1'-2'-3')이 서로 대비되어 대응 관계를 갖는다. 차례로 분석해 보면 다음과 같다.

a / a'는 양괄식 대칭구조로서 중심 주제를 담고 있다.

a: 야곱의 아들들이 모두 12명이라는 것과

a': 야곱의 12아들들이 밧단아람(하란)에서 낳았다,

→ 이렇게 12명의 아들들이 태어났다는 점을 강조하며 시작과 끝부분에서 소개하고 있다.

b / b'

b: 레아의 자녀 6명과 레아의 여종

b': 실바의 아들들을 레아와 관계된 여종의 자녀들이라는 점에서 서로 연결된다.

c / c'

c: 라헬의 아들들 2명과 라헬의 여종

c': 빌하의 자녀들 2명을 라헬과 관계된 자녀들이라는 점에서 서로 연결된다.

여기서 주목할 만한 점은, 야곱의 열두 아들들의 명단이 단순한 나이 순서나 어머니별 출생 순서에 따라 배열되지 않았다는 것이다. 본문에서 본처들인 레아와 라헬의 자녀는 어머니의 나이 순서에 따라, 즉 레아 → 라헬 순으로 기록되었으나, 두 여종 빌하와 실바의 자녀들은 나이순이 아니라 저자 의도에 따른 서사적 구성 구조에 따라 배열되어 있다. 이것은 야곱이 낳은 아들이 12명이라는 것을 보여 준다:

aa'는 야곱의 아들 12명
bb'는 레아의 자녀 6명/여종 실바의 자녀2명
cc'는 라헬의 자녀 2명/여종 빌하의 자녀 2명

이렇게 야곱에게서 태어난 아들들 12명을 강조하기 위해서이다. 그런데 여기서 질문이 제기된다: 왜 하필 12명일까?

'12'라는 숫자는 성경에서 하나님의 언약 백성, 곧 '선택된 공동체'를 상징하는 대표적 숫자이다. 이 숫자는 훗날 이스라엘의 열두 지파, 예수님의 열두 제자 등 하나님의 구속 역사에서 반복적으로 사용되며 언약의 통일성과 충만함을 나타내는 수이다. 따라서 "열두 아들"이라는 구성은 단지 가족 숫자에 그치지 않고, 이스라엘 지파의 뿌리를 형성하며 언약 백성 공동체의 정체성을 예표한다.

그렇다면 이 12명의 아들들이 모두 구원을 보장받은 선택된 자녀들이라는 뜻일까? 그들의 삶을 살펴보면, 각자가 죄를 짓기도 하고, 하나님 앞에 불순종하기도 하며, 때로는 형제를 팔거나 가족의 명예를 실추시키는 일도 서슴지 않는다. 그럼에도 불구하고 그들은 하나님의 언약 안에 포함된 '택자(擇者)'로 기능하다.

따라서 "죄를 짓더라도 하나님의 택함은 취소되지 않느냐?", "택함은 곧 구원의 보장인가?"와 같은 질문들은 이 본문을 넘어서는 더 큰 신학적 주제를 환기시킨다. 구약에서 '택함'은 구원의 자동적 보장이 아니라, 책임 있는 신앙 응답을 요구하는 하나님의 주권적 부르심이다.

이러한 질문들은 전체 구조의 마지막 주제, 즉 "택함받은 차자(次子) 야곱의 자손들"(37장-50장)을 통해 더욱 깊이 있게 다루어질 것이다. 특히, 넷째 아들 유다와 열한 번째 아들 요셉의 삶의 여정과 그 속에 나타나는 대비 구조는 하나님의 택함이 무엇을 의미하며, 구원은 단순한 신분이 아니라 삶의 열매로 드러나는 것임을 보여주는 핵심 사례가 될 것이다. 따라서 유다와 요셉은 각각 메시야의 계보와 구속사적 모형을 통해, 단지 야곱의 아들이 아닌 '구속 역사의 통로'로 의미를 확장시킨다.

4.(2') 야곱이 헤브론에 도착(35:27)

> 27 야곱이 기럇아르바의 마므레로 가서 그의 아버지 이삭에게 이르렀으니 기럇아르바는 곧 아브라함과 이삭이 거류하던 헤브론이더라

야곱은 하란에서의 오랜 이주 생활을 마치고, 그의 아내들과 자녀들, 그리고 많은 가축을 이끌고 기럇아르바 곧 마므레, 즉 헤브론에 도착하였다. 이곳은 그의 아버지 이삭이 거주하고 있던 곳이며, 그의 할아버지 아브라함과 할머니 사라가 머물던 신앙의 본거지이기도 하다.

특히 헤브론은 아브라함이 사라를 장사하기 위해 정식으로 구입한 막벨라 굴이 있는 곳으로, 약속의 땅에 대한 믿음의 소유권을 실질적으로 드러낸 장소이다. 야곱이 이곳에 돌아왔다는 것은 단지 지리적 귀향이 아니라, 하나님의 언약이 성취되고 있음을 상징하는 신학적 귀향이기도 하다.

벧엘에서 하나님께로부터 직접 복을 확인받고(35:9-12), 이스라엘이라는 새 이름을 받은 야곱은 이제 12명의 자녀를 둔 족장의 위치로서 풍성한 소유와 함께 고향에 정착한다. 이는 하나님께서 아브라함과 이삭에게 주셨던 언약의 두 핵심 요소인 자손과 땅의 복을 야곱이 충만히 누리게 되었음을 보여 준다. 야곱의 이 귀향은 결코 평탄한 여정이 아니었다. 형 에서와의 갈등, 라반과의 긴장, 디

나 사건과 세겜의 위기, 라헬의 죽음, 르우벤의 반역 등 수많은 고난과 위기 속에서도 하나님의 약속을 붙들고 인내하며 살아낸 신앙경주의 결과였다.

결국 야곱은 믿음의 조상들처럼 약속의 땅에 정착하며, 하나님의 복이 그와 함께함을 온전히 입증하게 되었다. 이것은 단지 야곱 개인의 성공담이 아니라, '아브라함과 이삭과 야곱의 하나님'이 여전히 살아 역사하시는 언약의 흐름이 이어지고 있다는 증거이다.

5.(1') 이삭이 사망(막벨라에 장사)(35:28-29)

> 28 이삭의 나이가 백팔십 세라 29 이삭이 나이가 많고 늙어 기운이 다하매 죽어 자기 열조에게로 돌아가니 그의 아들 에서와 야곱이 그를 장사하였더라

이삭은 180세의 나이로 긴 인생 여정을 마치며 하나님의 부르심을 받았다. 그의 삶은 믿음의 여정이었으며, 그의 존재 자체가 하나님의 약속의 성취였다. 또한 그의 삶은 단순한 중간세대가 아니라, 하나님의 언약을 실현하는 중요한 통로였다.

이삭은 태어나기도 전에, 하나님께서 그의 아버지 아브라함에게 여러 차례 자손의 약속을 주셨던 존재이다. 당시 그의 어머니 사라는 자식을 낳을 수 없는 폐경 상태였고, 아브라함 또한 백세에 가까운 고령이었기에, 이삭의 출생은 인간의 가능성을 넘어선 하나님의 전능하심의 증거였다. 그는 아브라함의 '독자'로서, 하나님의 언약을 이어받는 상속자의 자리에 있었으며, 그의 삶의 핵심 주제는 '여호와 이레의 신앙'이라 할 수 있다. 특히 모리아 산에서 아버지 아브라함이 자신을 번제물로 바치려 했을 때, 이삭은 묵묵히 순종함으로써 하나님을 향한 신뢰와 믿음의 절정을 보여주었다. 이 사건은 이삭의 신앙의 최고봉이자, 예표적으로는 장차 자신을 내어주실 하나님의 구속적 사랑을 상징하기도 한다. 그 후 하나님은 이삭에게 리브가를 아내로 예비하셨고, 그는 그녀와 결혼하였다. 결혼 후

에도 자녀가 없는 고통 가운데, 이삭은 하나님께 간구하며 문제를 풀어가는 기도의 신앙, 체험적 신앙의 경주를 지속해 나갔다. 그의 삶은 단순한 역사적 인물이 아니라, 하나님의 언약을 지키는 믿음의 사람으로 살아간 여정이었다.

그의 아들들인 에서와 야곱은 젊은 시절 장자권과 축복권을 둘러싼 갈등으로 큰 대립을 겪었지만, 세월이 흐른 뒤 화해하였고, 야곱은 아버지 곁에 머무르게 되었다. 그리고 이삭이 늙어 임종을 맞이했을 때, 야곱과 에서는 함께 아버지의 장례를 치르며 막벨라 굴에 장사하였다. 이 사건은 형제간 화해의 회복과 신앙의 유산을 계승하는 역사적 장면이다.

제 14 장

범죄한 장자(長子): 에돔의 족속
(36장)

에서는 이삭의 장자로 아버지의 사랑을 받았지만(창 25:27-28), 동생 야곱에게 장자권을 팥죽 한 그릇에 팔아버리는 망령된 죄를 범하면서, 하나님의 언약의 축복을 받지 못하였다(히 12:16). 장자의 명분은 단순한 가족 내의 상속권이 아니라, 아브라함의 언약을 이어받는 영적 유산을 포함한다. 이런 점에서, 그가 영적인 축복보다 당장의 육체적 필요를 더 중요하게 여겼다(창 25:29-34). 이것은 하나님의 뜻보다는 자신의 생각과 욕망을 우선시했다는 사실이다. 이러한 정신을 가진 그는 이방인 여인(헷 족속의 딸들)을 아내로 맞이하여 부모를 근심하게 만들었다. 이는 하나님의 언약을 고려하지 않은 자신의 잘못된 선택으로, 하나님께서 아브라함과 이삭에게 가나안 족속과 혼인하지 말 것을 강조하셨음을 알고도 이를 무시한 것이다(창 26:34-35, 28:6-9).

그러나 에서는 이를 깨닫지 못하고, 자신이 당연히 축복을 받아야 한다고 생각하며 야곱을 원망하였다(창 27:36). 이렇게 하나님의 언약의 약속의 삶에서 벗어난 에서로 인해 그의 후손들은 후일에 애돔 족속이 되었으며, 이스라엘과 끊임없이 갈등을 빚었다. 그러나 육신적인 면에 있어서는 여러 가지로 긍정적인 점과 부정적인 면이 함께 존재한다. 긍정적인 면은 원수같이 여겼던 동생 야곱과 화해한다(창 33:1-17). 그러나 부정적인 면에서는 그의 후손들과 야곱의 자손들 간의 긴장관계가 점점 깊어진다. 에돔 족속은 이스라엘과 지속적으로 대립하는 관계가 된다. 특히 아말렉 족속은 이스라엘과 오랫동안 적대관계가 되었다. 출애굽 당시, 이스라엘 백성이 에돔 땅을 지나가려 했을 때 이를 거부한다(민 20:14-21). 다윗 시대에는 이스라엘이 에돔을 정복하였으나(삼하 8:14), 후에 다시 독립하였다. 에돔은 바벨론이 예루살렘을 침공할 때(BC 586년) 유다를 조롱하고 약탈하여 예언자들의 심판 선언을 받는다(옵 1:10-14, 시 137:7).

이러한 에서와 그의 후손들에 대해서 36장은 족보에서 족속으로 변하는 과정을 소개하고 있다. 에서의 족보만 기록된 것이 아니라 그 후손들이 형성한 민족(족속)까지 기록하고 있다. 이런 점에서 족보와 족속의 개념을 정의해 보는 것도 본 장을 이해하는데 도움을 준다. 그렇다면 족보와 족속의 차이는 무엇인가? 처음에는 '에서의 족보'(창 36:1-19)로 시작하다 후반부에서는 '에돔의 족속'(창 36:20-43)이 되어 하나의 민족으로 정착한다. 즉, 에서는 개인이지만, 그의 후손들이 하나의 민족(에돔 족속)으로 발전한다. '족보'(genealogy)와 '족속'(nation, people group)은 비슷한 개념처럼 보이지만, 의미와 용도가 다르다. '족보'는 특정한 가계(혈통)를 기록한 목록으로, 주로 조상과 후손의 계보를 나타낸다. 즉, 개인과 개인 간의 관계(부모 - 자식 관계)를 중심으로 기록된다. 이 개념은 하나님의 언약이 어떻게 계승되는지를 강조하는 역할을 한다(cf. 5장, 11장). '족속'은 주로 민족이나 나라를 의미하며, 같은 조상으로부터 나온 큰 집단을 가리킨다. 즉, 공동의 혈통, 문화, 언어, 지역을 공유하는 집단을 뜻한다. 예를 들면, 함의 후손이 가나안 족속과 애굽(이집트) 족속이 된다. 그리고 셈의 후손을 히브리 민족이라고 부른다. 이처럼 36장은 두 개의 개념으로 분류되어 에서와 그의 후손을 소개한다.

다음은 두 종류의 분류에 따라 각각의 가계도를 정리해 볼 것이다.

1. 에서의 족보(36:1-19)

1 에서 곧 에돔의 족보는 이러하니라 2 에서가 가나안 여인 중 헷 족속 엘론의 딸 아다와 히위 족속 시브온의 딸인 아나의 딸 오홀리바마를 자기 아내로 맞이하고 3 또 이스마엘의 딸 느바욧의 누이 바스맛을 맞이하였더니 4 아다는 엘리바스를 에서에게 낳았고 바스맛은 르우엘을 낳았고 5 오홀리바마는 여우스와 얄람과 고라를 낳았으니 이들은 에서의 아들들이요 가나안 땅에서 그에게 태어난 자들이더라 6 에서가 자기 아내들과 자기 자녀들과 자기 집의 모든 사람과 자기의 가축과 자기의 모든 짐승과 자기가 가나안 땅에서 모은 모든 재물을 이끌고 그의 동생 야곱을 떠나 다른 곳으로 갔으니 7 두 사람의 소유가 풍부하여 함께 거주할 수 없음이러라 그들이 거주하는 땅이 그들의 가축으로 말미암아 그들을 용납할 수 없었더라 8 이에 에서 곧 에돔이 세일 산에 거주하니라 9 세일 산에 있는 에돔 족속의 조상 에서의 족보는 이러하고 10 그 자손의 이름은 이러하니라 에서의 아내 아다의 아들은 엘리바스요 에서의 아내 바스맛의 아들은 르우엘이며 11 엘리바스의 아들들은 데만과 오말과 스보와 가담과 그나스요 12 에서의 아들 엘리바스의 첩 딤나는 아말렉을 엘리바스에게 낳았으니 이들은 에서의 아내 아다의 자손이며 13 르우엘의 아들들은 나핫과 세라와 삼마와 미사니 이들은 에서의 아내 바스맛의 자손이며 14 시브온의 손녀 아나의 딸 에서의 아내 오홀리바마의 아들들은 이러하니 그가 여우스와 얄람과 고라를 에서에게 낳았더라 15 에서 자손 중 족장은 이러하니라 에서의 장자 엘리바스의 자손으로는 데만 족장, 오말 족장, 스보 족장, 그나스 족장과 16 고라 족장, 가담 족장, 아말렉 족장이니 이들은 에돔 땅에 있는 엘리바스의 족장들이요 이들은 아다의 자손이며 17 에서의 아들 르우엘의 사손으로는 나핫 족장, 세라 족장, 삼마 족장, 미사 족장이니 이들은 에돔 땅에 있는 르우엘의 족장들이요 이들은 에서의 아내 바스맛의 자손이며 18 에서의 아내인 오홀리바마의 아들들은 여우스 족장, 얄람 족장, 고라 족장이니 이들은 아나의 딸이요 에서의 아내인 오홀리바마로 말미암아 나온 족장들이라 19 에서 곧 에돔의 자손으로서 족장 된 자들이 이러하였더라

위 본문을 살펴보면 에서에게는 3명의 아내가 있었다. 첫 아내 아다(헷 족속 엘론의 딸)는 엘리바스를 낳았다, 바스맛(이스마엘의 딸, 느바욧의 누이)은 르우엘을 낳았다. 그리고 오홀리바마(히위 족속 시브온의 손녀, 아나의 딸)는 세 아들 여우사, 알람, 고라를 낳았다. 그리고 그의 후손들은 에돔의 족장과 왕들을 형성했다. 에돔 족장들은 데만, 오말, 스보, 그나스, 고라, 가담, 아말렉이다. 그리고 르우엘의 자손은 나핫 족장, 세라 족장, 삼마 족장, 미사 족장이다. 이러한 가계 흐름을 한눈에 볼 수 있도록 아래 도표로 구성하였다.

도표 37> 에서 족보

에서 → 엘리바스 → 데만(1) 오말(2) 스보(3) 가담(4) 그나스(5) 아말렉(6)
    |
    | → 르우엘 → 나핫(1) 세라(2) 삼마(3) 미사(4)
    |
    | → 여우스
    | → 얄람
    | → 고라
    |
    | → 후손들 (에돔의 족장과 왕들 형성)
    | → 에돔 족장들 → 데만, 오말, 스보, 그나스, 고라, 가담, 아말렉
    | → 르우엘의 자손 → 나핫 족장, 세라 족장, 삼마 족장, 미사 족장
    | → 여우스/얄람/고라 자손→ 여우스 족장, 얄람 족장, 고라 족장

이와 같이 36장의 전반부(1-19)는 에서의 직계 자손(혈통)을 기록한 부분이다. 여기까지는 "에서의 족보"(genealogy)를 소개한다. 다음은 후반부(20-43) 에돔 족속에 대해 알아 본다.

2. 에돔의 족속(36:20-43)

20 그 땅의 주민 호리 족속 세일의 자손은 로단과 소발과 시브온과 아나와 21 디손과 에셀과 디산이니 이들은 에돔 땅에 있는 세일의 자손 중 호리 족속의 족장들이요 22 로단의 자녀는 호리와 헤맘과 로단의 누이 딤나요 23 소발의 자녀는 알완과 마나핫과 에발과 스보와 오남이요 24 시브온의 자녀는 아야와 아나며 이 아나는 그 아버지 시브온의 나귀를 칠 때에 광야에서 온천을 발견하였고 25 아나의 자녀는 디손과 오홀리바마니 오홀리바마는 아나의 딸이며 26 디손의 자녀는 헴단과 에스반과 이드란과 그란이요 27 에셀의 자녀는 빌한과 사아완과 아간이요 28 디산의 자녀는 우스와 아란이니 29 호리 족속의 족장들은 곧 로단 족장, 소발 족장, 시브온 족장, 아나 족장, 30 디손 족장, 에셀 족장, 디산 족장이라 이들은 그들의 족속들에 따라 세일 땅에 있는 호리 족속의 족장들이었더라 31 이스라엘 자손을 다스리는 왕이 있기 전에 에돔 땅을 다스리던 왕들은 이러하니라 32 브올의 아들 벨라가 에돔의 왕이 되었으니 그 도성의 이름은 딘하바며 33 벨라가 죽고 보스라 사람 세라의 아들 요밥이 그를 대신하여 왕이 되었고 34 요밥이 죽고 데만 족속의 땅의 후삼이 그를 대신하여 왕이 되었고 35 후삼이 죽고 브닷의 아들 곧 모압 들에서 미디안 족속을 친 하닷이 그를 대신하여 왕이 되었으니 그 도성 이름은 아윗이며 36 하닷이 죽고 마스레가의 삼라가 그를 대신하여 왕이 되었고 37 삼라가 죽고 유브라데 강변 르호봇의 사울이 그를 대신하여 왕이 되었고 38 사울이 죽고 악볼의 아들 바알하난이 그를 대신하여 왕이 되었고 39 악볼의 아들 바알하난이 죽고 하달이 그를 대신하여 왕이 되었으니 그 도성 이름은 바우며 그의 아내의 이름은 므헤다벨이니 마드렛의 딸이요 메사합의 손녀더라 40 에서에게서 나온 족장들의 이름은 그 종족과 거처와 이름을 따라 나누면 이러하니 딤나 족장, 알와 족장, 여뎃 족장, 41 오홀리바마 족장, 엘라 족장, 비논 족장, 42 그나스 족장, 데만 족장, 밉살 족장, 43 막디엘 족장, 이람 족장이라 이들은 그 구역과 거처를 따른 에돔 족장들이며 에돔 족속의 조상은 에서더라

후반부에서는 에서의 후손들이 '에돔의 족속'이 되어 하나의 민족으로 정착한다. 그들이 세일의 자손이 되어 같은 언어와 문화 그리고 지역을 형성하면서 민족으로 발전한다.

도표 38> 에돔의 족보

에서 → 세일의 자손→ 로단(1) 소발(2) 시브온(3) 아나(4) 디손(5) 에셀(6) 디산(7)

      | 로단(1)→호리, 헤맘, 딤나; 소발(2)→알완, 마나핫, 에발, 스보, 오남;

      | 시브온(3)→아야, 아나→디손, 오홀리바마; 디손(5)→헴단 에스반

      | 이드란 그란; 에셀(6)→빌한족장, 소발족장, 시브온족장, 아나족장,

      | 디손족장, 에셀족장, 디산족장, 에셀족장, 디산족장

      |

에돔의 왕 → 브올의 아들 벨라→요밥→후삼→하닷→삼라→사울→바알하난→하달

      |

에돔의 족장 → 딤나족장, 알와족장, 여뎃족장, 오홀리바마족장, 엘라족장,

              비논족장, 그나스족장, 데만족장, 밉살족장, 막디엘족장, 이람족장

위 에돔의 족속은 에서의 후손들이 세운 민족과 그 지역의 지도자들이다. 그리고 에돔 땅에 거주한 호리 족속(세일의 후손)도 함께 언급된다. 에서의 후손 중에서 왕과 족장들이 나오면서 하나의 민족(에돔 족속)이 형성됨을 보여준다. 이들은 후에 왕국을 이루었으며, 이스라엘보다 먼저 왕을 세웠다고 기록되어 있다(창 36:31). 이것은 이스라엘 왕정 시대(사울, 다윗, 솔로몬 등)보다 먼저 조직적인 통치 구조를 가졌음을 알 수 있다.

결론적으로 처음에는 '에서의 족보'로 시작하여 후반부에서는 '에돔의 족속'이 되어 하나의 민족으로 정착하였다. 즉, 에서는 개인이지만, 그의 후손들이 하나의 민족(에돔 족속)으로 발전하게 된 것이다. 이와 같이 창세기 36장은 족보에서 족속으로 변하는 과정을 말해주고 있다.

제 15 장

택함 받은 차자(次子): 야곱의 12아들
(37:1-50장)

형제들의 신앙경주
- 위기와 반전 사이 -

'택함'이라는 키워드(개념)은 단순히 인간이 특정 인물을 선택하는 행위를 의미하지 않는다. 오히려 하나님의 언약이 가정 내 갈등과 역사적 위기 속에서도 흔들림 없이 관철된다는 사실을 보여준다. 야곱 톨레돗(창 37-50장)은 이러한 진리를 서사적 구조로 증언한다.

I. 서론

1. 구조 이해의 필요성

야곱 톨레돗은 단순한 연대기적 기록이 아니라, 위기 - 반전 - 회복이라는 반복적 구조 속에 짜여 있다. 이 구조를 이해할 때, 본문이 전하려는 신학적 메시지가 선명해진다.

첫 번째 부분(창 37:1-41:57): 요셉과 형제들 사이의 갈등이 심화되고, 요셉은 이방 땅에서 종과 죄수의 길을 걸으나, 끝내 애굽의 총리가 되는 반전이 일어난다. 유다는 개인적인 면에서 다말과의 갈등과 위기를 맞게 된 후 회개하면서 반전이 일어난다.

두 번째 부분(창 42:1-44:34): 기근이라는 외부적 위기 속에서 요셉과 형제들의 관계가 다시 시험받고, 긴장과 반전의 반복이 이어진다.

세 번째 부분(창 45:1-49:28): 갈등이 해소되며, 요셉의 자기 계시와 화해, 가족의 이주, 그리고 야곱의 마지막 축복을 통해 언약의 성취가 드러난다.

이러한 구조적 이해는 단순한 줄거리 요약을 넘어, 구속사의 흐름이 "회복의 은총"을 통해 신앙경주의 삶으로 이어진다는 사실을 드러낸다. 구조분석은 사건들을 신학적으로 조직화하여, 오늘의 독자에게 언약 신앙의 지속성과 경주의 필요성을 더욱 분명히 인식하게 한다.

2. 구속사적 의의

이 단락은 야곱 개인의 서술이라기보다 그의 아들들, 특히 요셉과 유다를 중심으로 전개된다. 형제들의 시기와 증오로 인해 요셉이 노예로 팔려가는 비극이 발생했으나, 바로 그 사건이 하나님의 섭리 속에서 애굽 총리라는 반전으로 이어진다. 또한 유다는 자신의 가정과 집안의 책임의식을 자각하고 회심함으로 형제 공동체의 리더로 세워지며, 결국 가정을 살리는 중대한 역할을 담당한다. 이는 곧 요셉의 사명과 유다의 변화가 서로 맞물려 하나님의 언약을 지켜가는 도구로 사용되었음을 드러낸다.

그 결과, 야곱의 가족은 기근의 위기에서 보존될 뿐만 아니라, 더 나아가 열방을 구원하는 하나님의 도구로 세워진다. 따라서 야곱 톨레돗은 "언약은 위기와 갈등 속에서도 결코 깨지지 않고 반드시 성취된다."는 구속사적 원리를 증언한다. 그리고 요셉의 죽음으로 이 단락이 마무리되는 것은, 언약의 계승이 한 개인에게 머무는 것이 아니라 형제 공동체와 그들의 후손에게로 확장된다는 사실을 분명히 보여준다.

3. 신앙경주적 적용

요셉의 삶은 택자의 신앙경주를 보여주는 대표적 모형이다. 그는 노예와 감옥이라는 극한 상황 속에서도 믿음을 잃지 않고 하나님의 약속을 붙들었다. 이러한 경주는 단순한 인내를 넘어, 고난을 통한 성숙과 사명으로 연결되었다.

특히 주목할 점은 요셉이 원수 갚음 대신 형제들을 돌보는 사명자의 길을 걸었다는 사실이다. 신앙경주는 경쟁에서 승리하는 것이 아니라, 믿음으로 기다리고 섬김으로 달려가는 삶임을 드러낸다. 형제들 역시 실패와 죄책 가운데 있었으나, 하나님의 섭리 속에서 회복과 축복의 길로 인도되었다. 특히 유다는 자신의 두 번의 큰 잘못(다말과 요셉과의 관계)을 알게 되면서 철두철미하게 회개하는 가운데 하나님의 쓰임을 받는 구속사의 도구가 되었다. 결국 이러한 신앙경주는 "하나님이 모든 역사를 주관하시며, 인간의 악까지도 선을 이루시는 섭리 안에서 달려가는 여정"이라는 교훈을 남긴다. 요셉과 그의 형제들이 체험한 회복은 오늘날 신자들이 고난 속에서도 언약의 약속을 붙들고 살아가야 할 이유를 제시한다.

4. 다양한 구조 형태

본문을 대칭 구조로 풀어가는 학자들이 대다수이다. 이들 모두는 창세기 37-50장을 범위로 정한 후 구조분석을 한다(Rendsburg. Garret, Dorsey, Matthews, Wenham, 김의원, 강규성, 정석규, 송병현). 이 외에도 대칭 구조로 풀어가는 학자들이 많이 있다. 그리고 병행 구조로 분석한 학자들(Wenham, Dorsey,

Cotter)도 있다. 그만큼 야곱 톨레돗은 구조로 구성되어 있음을 입증한다. 이들의 구조를 차례로 분석해 보면 다음과 같다.

Rensburg의 대칭 구조

A. 요셉과 그의 형제들, 야곱과 요셉 부분	37장
B. 간주곡: 요셉이 나타나지 않음	38장
C. 역전: 요셉의 범죄, 보디발의 아내	39장
D. 이집트에서의 요셉의 영향	40:1-41:57
E. 이집트로의 두 여행	42:1-43:34
F. 마지막 시험	44:1-34
F'. 시험에 대한 결론	45:1-28
E'. 이집트 이주에 대한 두 개의 말들	46:28-48:22
D'. 이집트에서의 요셉이 영웅	47:13-27
C'. 역전: 장남 에브라임과 차남 므낫세	47:28-48:22
B'. 간주곡: 요셉이 명목상 나타남	49: 1-28
A'. 요셉과 그의 형제들, 야곱과 요셉의 부분	49:29-50:26

위 대칭 구조 단위들을 서로 비교해 보면, AA'는 요셉과 그의 형제들 그리고 야곱과 요셉의 부분으로 비교하였다. BB'는 요셉의 삶을 소제로 삼아 그의 삶이 나타나지 않은 38장과 명목상 나타나는 49장을 서로 비교하여 구조를 연결시켰다. CC'는 요셉이 보디발의 아내에 의해서 누명을 쓰는 것을 역전의 주제라고 생각하였고, 야곱이 축복할 때 장남 에브라임과 차남 므낫세에게 손을 엇갈려 축복하는 장면들과 서로 대비시켰다. DD'는 요셉이 이집트에서 영향을 미치는 삶과 그의 영웅적인 삶을 비교하였다. EE'는 형제들이 두 번 이집트에 곡식 사러 가는 것과 식구들이 이집트에 내려가는 두 가지의 말들을 비교하여 연결하

였다. 끝으로 중앙구조 FF'는 요셉이 형들에 대한 마지막 시험과 그 시험에 대한 결론을 서로 연결하였다.

렌즈버그는 '요셉과 그의 형제들'을 표제로 삼아서 전체 구조를 대칭 구조로 처음으로 제안한 학자이다. 주목해야 할 점은 처음과 끝 부분에서 요셉과 그의 형제들 그리고 야곱과 요셉과의 관계를 구조의 단위로 삼아 대칭 구조로 연결하였다. FF'에서 요셉이 형제들을 시험하는 것과 그 시험의 결론을 서로 연결하였다. 이러한 연결은 창세기 37-50장 전체로 한눈에 볼 수 있는 장점이 있지만 38장의 유다 사건의 중요성을 간과한 점이 아쉽다.

Garret의 대칭 구조

Fa'. 야곱이 이집트에 도착, 그러나 유다를 먼저 보냄

Fb'. 요셉이 야곱을 환영, 바로에게 그를 소개

Fc'. 야곱이 라암셋으로 이동

E'. 요셉의 지혜   47:13-26

D'. 불공평한 역전들   48:1-22

Da. 야곱이 요셉을 사랑

Db. 에브라임 므낫세

C'. 유다에 대한 아이러니한 축복   49:8-12

B'. 야곱의 죽음, 요셉이 그를 장사지냄   49:20-50:14

A'. 요셉이 형제들을 안심시킴   50:15-21

가레트는 렌즈버그의 대칭 구조보다 더욱 자세하게 단위를 연결시켰다. AA'는 렌즈버그와 같이 요셉과 형제들과의 관계를 처음과 끝 단위로 삼았다. BB'는 요셉의 표면적 죽음과 야곱의 슬픔 내지는 요셉이 아버지를 장사지냄에 대한 슬픈 장면을 비교하였다. CC'는 유다와 다말에 관한 사건과 아버지가 죽기 전에 유다의 축복을 언급하면서 서로 연결하였다. DD'는 서로 역전하는 장면들을 더욱 자세하게 두 개로 구분하여 선형구조로 연결시켰다. 첫 번째 역전은 유다와 다말에게서 낳은 베레스와 세라의 순서가 바꿔서 나오는 장면이고, 두 번째는 앞에서 렌즈버그가 사용했던 주제인 요셉과 보디발 아내와의 관계에서 역전되는 것을 나타내었다. 그리고 뒷부분에서 나오는 불공평한 역전들은 각각 야곱이 요셉을 다른 형제들보다 사랑한다는 것이고, 다른 하나는 아버지가 에브라임과 므낫세에게 손이 엇갈린 채로 축복하는 장면이다. EE'는 요셉이 꿈을 해석하는 지혜로운 점을 요셉의 지혜로운 정책과 연결 지었다. FF'에서는 이집트로 이동하고 정착하는 주제를 병행구조 관점에서 세 단위로 분류하여 연결하였다. 특히 Fa와 Fa'에서의 단위연결이 특이하다. '보냄'이라는 키워드로 서로 비교한다. 여기서 베냐민을 보내는 것과 유다의 보냄을 연결하였다. 후자의 연결은 르우벤과 유

다 관계에서 중요한 모티프가 될 중심구조 G는 야곱의 계보를 정점으로 삼았다.

위 구조를 렌즈버그와 비교하면, 가레트는 요셉의 삶만을 구조의 기능으로 삼지 않았다(CC', Fa). 특히 유다에 관한 두 번의 모티프의 사용은 요셉과 유다의 관계를 중요하게 다루면서 전체구조를 균형 있게 보려 했다.

Dorsey의 대칭 구조

A. 서론: 요셉이야기의 시작(37:2-11)

   B. 헤브론에서의 애통(37:12-36)

      C. 장자로서 유다: 큰 아들과 작은 아들의 역전(38:1-30)

         D. 요셉의 이집트에서의 종살이(39:1-23)

            E. 바로 궁전에서의 냉대(40:1-23)

               F. 바로의 꿈의 정체를 요셉이 드러냄(41:1-57)

                  G. 양식을 위해 형들이 이집트를 방문함(42:1-38)

                  G'. 양식을 위해 형들이 이집트를 방문함(43:1-44:3)

               F'. 요셉이 그의 징계를 형들에게 드러냄(44:4-45:15)

            E'. 바로 궁전에서의 환대 (45:16-47:12)

         D'. 요셉이 이집트 사람들을 다스림(47:13-26)

      C'. 요셉이 작은 아들과 큰 아들의 역전(47:27-49:32)

   B'. 헤브론 근처에서의 애통(49:33-50:14)

A'. 결론: 요셉 이야기의 마무리(50:15-26)

구약성경을 구조로 푸는 놀시는 야곱 톨레돗 본문을 대칭구조와 병행구조 두 개의 전체구조를 소개한다. 그의 대칭구조를 우선 살펴보면, 야곱 톨레돗의 시작을 2절부터 구조의 단위로 연결하여 14개의 층으로 단위를 삼는다. 요셉의 삶을 중심으로 서론과 본론으로 처음과 끝 단위로 연결한다(A/A'). 두 번째 단위는 애통이라는 모티프로 연결시켰고(B/B'), 세 번째 단위는 자녀들의 역전 관계를 모티프로 삼았다(C/C'). 네 번째 단위는 요셉이 이집트에서의 삶을 모티프로 연결하였다(D/D'). 다섯 번째는 바로의 궁전을 모티프로 삼았다(E/E'). 여섯째는 요셉의 역할에 대해서 서로 단위를 연결한다(F/F'). 끝으로 가운데 두 단위는 요셉의 형들이 이집트로 양식을 사기 위해 방문하는 모티프로 연결한다(G).

그가 주장하는 법칙, 중앙이 짝수인 대칭 구조의 중심 주제는 처음과 끝부분에 있다는 입장에 비춰 볼 때 구조와 의미의 관계가 잘 어울리지 않는 듯하다. 그래서 그는 듣도록 써진 본문이 이렇게 단위들이 많은 14중 대칭구조를 그 당시 청중들이 들으면서 구조의 후반부를 전반부와 연결시켜 이해할 수 있을까라는 의구심을 갖는다.

김의원의 대칭 구조

A 서론: 야곱 가족 기사의 시작		37:1-11
B 요셉의 표면적인 죽음, 야곱의 슬픔		37:12-36
C 자손의 위기: 유다와 다말		38장
D 불공평한 역전들		39:1-23
E 요셉의 지혜		40:1-42:57
F 이집트로 이동		42:1-46:7
X 야곱의 계보		46:8-27
F' 이집트에 정착		46:28-47:12
E' 요셉의 지혜		47:13-26
D' 불공평한 역전들		48:1-22
C' 자손들에 대한 축복: 유다에 대한 축복		49:1-28
B' 야곱의 죽음, 요셉의 죽음		49:29-50:14
A' 결론: 야곱 가족 기사의 끝		50:15-26

위 구조는 앞에서 언급된 대칭 구조들과 비교하면, 그들과 유사하게 AA'를 서론과 결론으로 나누면서 전체본문을 하나로 보려 한다. BB'는 가레트의 구조와 같은 주제다. 요셉의 표면적 죽음과 야곱의 죽음과 슬픔을 주제로 삼았다. CC'는 유다와 다말 사건을 형제들의 축복과 유다에 대한 축복을 대응시켰다. DD'는 불공평한 역전들로 연결하였다. EE'는 요셉의 지혜들로 연결하였다. FF'도 역시 다른 학자들과 유사한 주제인 이집트로의 이동과 정착을 연결하였다. 중심구조 X는 가레트와 같이 야곱의 계보를 강조하였다.

여기서 그의 단위연결은 다른 학자들의 것들과 유사하지만, CC'의 연결에서 38장의 유다의 삶과 49장의 유다의 축복과 연결하려는 의도는 모티프 활용에서는 제한적 연결이지만, 언약적 주제들 중 자손의 요소를 다루는 데 있어서는 타당성이 있다. 그리고 구조범위를 37:1-50:26 전체로 삼았다.

강규성의 대칭 구조

전환점과 표제(37:1-2a)

A I(창세기2b-36):요셉이 유다의 제안으로 이집트로 팔려감

　IA(창세기 37:2b-11): 요셉의 형제들이 요셉을 미워함: 가족의 불화

　IB(창세기 37:12-17): 야곱이 형제들을 보냄

　IC(창세기37:18-36): 유다의 제안으로 요셉을 팔아 이집트로 보냄: 애통

　　B II. (창세기 38:1-30): 자손의 위기: 위계질서의 역전

　　IIA(창세기 38:1-11): 유다 자손의 번성과 위기

　　IIB(창세기 38:12-30): 유다의 지손이 이어짐: 역전

　　　C III(창세기 39:1-41:57): 요셉이 관리자로서 양식을 준비함

　　　IIIA(창세기 39:1-23): 보디발의 집의 관리자 요셉: 감옥

　　　IIIB(창세기 40:1-23): 감옥인 죄수의 관리자 요셉: 잔

　　　IIIC(창세기 41:1-46): 온 이집트의 땅의 관리자 요셉: 땅

'코다'I(창세기 41:47-57): 양식을 사러 요셉에게 오다: 양식

C' IV(창세기42:1-47:26): 요셉이 가족에게 양식을 공급함

IVA(창세기42:1-38): 양식을 사기 위한 첫 번째 여행: 감옥

IVB(창세기43:1-45:28): 양식을 사기 위한 두 번째 여행: 잔/유다

IVC(창세기46:1-47:12): 야곱 가족이 고센 땅에 정착함: 땅/유다

'코다'II(창세기 47:13-26): 양식을 주어 백성들을 살림: 양식

B' V(창세기 47:27-49:33): 자손의 문제 : 위계질서의 역전

VA(창세기 47:27-46:22): 요셉과 그의 아들들의 축복: 역전

VB(창세기 49:1-33): 야곱 자손들의 축복: 유다와 요셉, 역전

A' VI.(창세기 50:1-28): 요셉이 장래를 위해 약속의 땅으로 올라: 화해

VIA(창세기 50:1-14): 요셉이 약속의 땅으로 올라감: 애통

VIB(창세기 50:15-26): 약속의 땅을 고대함: 화해

위 구조는 복잡하지만 나름대로의 특징이 있다. 중앙이 짝수인 대칭구조로 단위들을 연결시켰다. 처음단위 AA'를 각각 세 개씩 짝을 이루지 않고 A는 세 개의 모티프(가정불화, 보냄, 애통) A'는 두 개의 모티프(애통과 화해)를 삼아서 연결하였다. 처음과 끝 단위를 요셉과 형제들의 불화와 화해의 모티프로 삼아서 전체를 하나로 보는 연결고리로 삼았다. 그리고 BB'는 각각 두 개의 모티프들로 연결하였다. B'는 모두 역전 모티프인데 반해, 처음 단위 A는 역전과 위기모티프를 나눠서 연결하였다. 가운데가 짝수 형태인 두 단위 CC'는 세 개의 모티프들(감옥, 잔, 땅)로 나누어서 연결하였다.

이 구조의 특징은 '야곱 톨레돗' 표제 안에서 열두 자녀들 중 요셉과 유다의 역할을 중점적으로 강조하려 한 점이다. AA'를 긴장과 화해의 모티프로 서로 연결하여 50장에 아버지가 죽고 형제들이 요셉의 보복을 두려워하는 모습과 요셉의 위로를 화해의 모티프로 삼아서 강조하고 있다. 그리고 CC'에서는 감옥, 잔, 땅이라는 모티프들을 가지고 세 단위로 연결하였다. 전체 구조에서 유다와 요셉의

관계를 언약의 요소들인 자손과 땅을 구조의 단위로 삼아서 강조하려는 점에서 주제적 균형을 이루는 구조라고 할 수 있다.

Mattews의 대칭구조

A. 서론: 요셉, 꿈꾸는 자(37:2-11)

  B. 야곱이 요셉의 죽음을 애통함(37:12-36)

    C. 유다와 다말(38:1-30)

      D. 요셉의 이집트에서의 종살이(39:1-23)

        E. 요셉, 이집트의 구원자(40:1-41:57)

          F. 형제들의 이집트 방문(42:1-43:34)

            G. 요셉이 형제들을 시험함(44:1-34)

            G'. 요셉이 자신을 나타냄(45:1-28)

          F'. 야곱 가족의 이집트 방문(46:1-27)

        E'. 요셉, 가족의 구원자(46:28-47:12)

      D'. 요셉이 이집트 사람들을 종으로 삼음(47:13-31)

    C'. 야곱이 요셉과 유다를 좋아함(48:1-49:28)

  B'. 요셉이 야곱의 죽음을 애통함(49:29-50:14)

A'. 요셉, 보호자(50:15-26)

매튜스도 역시 다른 학자들과 유사하게 14개의 단위를 중심이 짝수인 대칭구조로 연결한다. 그는 몇몇 학자들과 같이 '야곱 톨레돗'으로 보면서 요셉과 그의 형제들의 관계에 초점을 맞추어 37:2부터 구조의 시작으로 본다.

다른 단위의 연결은 특별한 점이 없으나 유다와 요셉을 연결하는 단위들인 CC'에서 문제가 발생한다. 우선 너무 넓게 범위를 설정하였고, 야곱과 유다 그리고 아버지와 요셉 관계 연결은 잘 어울리지 않는다. C에서는 야곱과 요셉의 관계는 전혀 없고 C'에서만 그들의 관계가 특별하게 나타난다. FF'와 GG'를 형제들의 방문과 요셉이 형들을 시험하는 것으로 서로 분리하였다. 사실상 요셉이 형들을 시험하는 것은 이미 F에서 시작되었는데 이것을 분리하여 단위를 연결한 점은 주제보다 구조 연결을 더욱 의식했기 때문이라고 말할 수 있다.

정석규의 대칭구조

A. 요셉 이야기의 서론(37:2-11)

  B. 요셉을 잃은 야곱(37:12-36)

    C. 유다의 자녀들과 유다에 임한 저주(38:1-30)

      D. 요셉이 보디발의 집을 섬김(39:1-23)

        E. 요셉의 꿈 해석이 이루어짐(40:1-41:57)

          F. 요셉의 형제들이 식량을 얻기 위해 이집트 방문(42:1-44:13)

        E'. 요셉의 꿈이 이루어짐(44:14-45:15)

          F'. 요셉의 가족이 이집트로 이주함(45:16-47:12)

      D'. 요셉이 바로의 집을 다스림(47:13-27)

    C'. 요셉과 야곱의 자녀들에게 내린 축복(47:28-49:32)

  B'. 야곱을 잃은 요셉(49:33-50:14)

A'. 요셉 이야기의 결론(50:15-26)

이 구조는 중앙에 있는 단위들이 짝수로 되어 있으면서 반복된 병행 형태(요셉의 꿈과 이집트방문)를 뛰고 있다는 점이 특이하다. AA'를 '야곱 톨레돗'의 처음과 끝으로 연결하고 있다. BB'는 요셉과 야곱의 슬픈 관계를 대응시켰다. CC'도 저주와 축복이라는 대조적인 관계로 대응하였다. DD'도 섬김과 다스림이라는 모티프로 연결하였다. 중앙에 위치한 E와 E' 그리고 F와 F'의 이중관계들도 서로 유사한 모티프들(꿈, 이주)로 잘 연결되었다고 볼 수 있다.

송병현의 대칭구조

A. 서론: 꿈꾸는자 요셉(37:1-11)

  B. 야곱이 요셉의 죽음을 슬퍼함(37:12-36)

    C. 유다와 다말(38:1-30)

      D. 이집트인이 요셉을 노예로 삼음(39:1-23)

        E. 요셉이 이집트의 구원자가 됨(40:1-41:57)

          F. 형제들이 이집트를 찾음(42:1-43:34)

            G. 요셉이 형제들을 시험함(44:1-34)

            G'. 요셉이 형제들에게 자신을 밝힘(45:1-28)

          F'. 야곱이 이집트를 찾음(46:1-27)

        E'. 요셉이 야곱 집안의 구원자가 됨(46:28-47:12)

      D'. 요셉이 이집트인을 노예로 삼음 47:13-31)

    C'. 야곱이 유다와 요셉을 편애함(48:1-49:28)

  B'. 요셉이 야곱의 죽음을 슬퍼함(49:29-50:14)

A'. 결론: 부양자 요셉 (50:15-26)

대칭 구조의 특징에 따라 살펴보면, AA'는 요셉의 두 역할로 서론과 결론으로 삼았다. BB'는 야곱이 요셉의 죽음을 슬퍼하는 모티프로 연결된다. CC'는 유다와 다말 그리고 유다와 요셉의 관계를 소제로 삼아서 비교한다. DD'는 노예라는 모티프로 연결된다. EE'는 요셉의 구원자의 역할들을 연결 단위로 삼았다. FF'는 이집트를 찾는 모티프를 단위로 연결하였다. GG'는 요셉이 형제들을 시험한 후 자신을 나타내는 것으로 중심에 둔다.

위 구조는 요셉의 삶을 중점으로 한 대칭구조에 유다도 포함시켰다는 점에서 구속사의 중요성을 의식한 듯하다. 단지 CC'의 연결이 모티프에서 다소 차이가 있다. 구조의 범위는 37:1-50:26 전체로 보았다.

이번은 창세기 37-50장을 병행구조 형태로 삼은 학자들의 구조분석을 살펴본다. 이러한 구조들을 청중들이 듣고 이해하는데 도움을 주기 위한 저술 목적으로서 보다 효과적으로 구성된 다른 형태가 있는지 찾아보는 것도 가능하다고 본다.

Wenham의 병행 구조

- 이집트로 팔려간 요셉(37:2-36)

- 다말과 유다(38:1-30)

A. 요셉과 보디발(39장

B. 감옥에서의 요셉(39:21-40:23)

C. 궁전에서의 요셉(41:1-57)

A'. 요셉 가족의 첫 번째 이집트 방문(42:1-38)

B'. 요셉 가족의 두 번째 이집트 방문(43:1-45:28)

C'. 요셉 가족의 세 번째 이집트 방문(46:1-47:31)

- 야곱과 요셉의 말년(48:1-50:26)

웬엄은 부분적으로 39장부터 47장까지만 병행구조로 연결한다. 위 학자들보다 먼저 구조를 해석의 도구로 삼아서 창세기를 주석한 학자 중에 한 명이다. 다른 학자들과 다르게 요셉의 삶만을 가지고 병행구조로 연결해서 주석했다는 점에서 코우츠나 베스터만 같이 본문의 역사적 배경을 의식했음을 알 수 있다.

Dorsey의 선형 구조

a. 요셉과 형제들의 갈등(37:2-11)

a'. 요셉과 형제들의 깊은 갈등(12-36)

b. 유다의 성적 유혹(38장)

b'. 요셉에 대한 성적 유혹(39장)

c. 두 관원장의 꿈을 해석하는 요셉(40장)

　c'. 바로의 두 꿈을 해석하는 요셉(41장)

d. 양식을 구하기 위해 이집트에 오는 형제들(42장)

　d'. 양식을 구하기 위해 다시 오는 형제들(43-44:3)

e. 요셉이 몇몇의 형제들을 오게 한다(44:4-45:15)

　e'. 요셉이 그의 모든 가족을 오게한다(45:16-47:12)

f. 요셉의 이집트 번영: 요셉의 권세(47:13-26)

　f'. 요셉의 가족들 번영: 야곱의 자녀들의 축복(47:27-49:32)

g. 야곱의 죽음(49:33-50:14)

　g'. 요셉의 죽음(50:15-26)

돌시의 병행 구조에는 7개 주제들이 병행을 이루고 있다. 이러한 반복구조는 본문의 주제의 흐름이 처음부터 끝까지 자연스럽게 흘러간다는 것을 잘 보여준다. 갈등, 유혹, 꿈, 양식, 번영, 죽음의 기본적인 삶의 키워드들을 사용하고 있다. 이 구조는 듣도록 씌어진 본문을 고대 청중들이 들으면서 쉽게 이해할 수 있는 반복 구조 형태라는 점을 염두에 두고 만들어졌다.

Cotter의 선형 구조

a 요셉과 그의 가족의 갈등(37:1-36)

　a' 유다와 그의 가족들의 갈등(38:1-30)

b 요셉의 낮아짐과 높아짐(39:1-41:57)

　b' 형제들의 높아짐과 낮아짐(42:1-47:27)

c 요셉의 축복(47:28-48:2)

　c' 형제들의 축복들(49:1-28)

d 야곱의 죽음(49:29-50:14)

　d' 요셉의 죽음(50:15-26)

코터는 돌시의 7개 단락으로 만들어진 병행 구조를 4개로 줄여서 사용한다. 본문에 흐르는 소주제들인 갈등, 비하와 승귀, 축복, 그리고 죽음이라는 키워드를 플롯 관점에서 간략하게 반복구조로 나타내었다.

이렇게 여러 학자들이 야곱톨레돗 사건을 대칭이나 병행 형태로 본문을 보다 통일성있게 보고 구조 분석하였다. 그러나 필자는 본문의 장르와 형식에 충실한 원리에 따라 구조 안에 담겨 있는 키워드 중심으로 구성된 전체구조를 구속사와 신앙경주 관점에서 소개하려한다.

II. 본론: 야곱 톨레돗(37-50장)의 전체 구조

요셉과 그의 형제들 기사(37:1-50:26)도 창세기 전체 구조(3-5-15)의 축소판을 이룬다. 이야기 전체는 세 단계의 신앙경주 속에서 다섯 사건이 반복되는 구조로 전개되며, 위기와 갈등 속에서 하나님의 사명이 드러나고 결국 반전을 통해 언약의 생명이 보존되는 과정을 보여준다. 이러한 구조는 창세기 전체의 구속사적 흐름이 족장 이야기 안에서도 동일한 패턴으로 반복되고 있음을 드러낸다.

가. 구조적 주해(구조 분석, 키워드 분석, 그룹별 분석)

1. 구조 분석

택함 받은 차자(次子): 야곱의 12아들(37:1-50장)

서론 X 야곱의 가나안 정착(37:1)

1. 신앙경주의 초반전

A. 위기: 오해	37:2-4
B. 갈등: 형제들	37:5-11

	C. 사명: 돌봄	37:12-17
D. 명분: 경쟁(장자)	37:18-36
E. 반전: 삶(유다/요셉)	38:1-41장

2. 신앙경주의 중반전

A'. 위기: 기근	42:1-5
B'. 갈등: 형제들	42:6-17
C'. 사명: 돌봄	42:18-25
D'. 명분: 경쟁(장자)	42:26-43:14
E'. 반전: 상황(유다/요셉)	43:15-44:34

3. 신앙경주의 종반전

A". 위기: 눈물	45:1-3
B". 갈등: 해소	45:4-15
C". 사명: 돌봄	45:16-47:26
D". 명분: 경쟁(장자)	47:27-48:22
E". 반전: 축복(유다/요셉)	49:1-49:28

결론 Y 야곱과 요셉의 사망(49:29-50:26)

요셉과 그의 형제들의 기사(야곱 톨레돗)는 37장에서 50장까지 14장으로 기록된 긴 본문이다. 야곱의 12 아들 중에 요셉과 유나에 관한 사건이 가상 많은 부분을 차지한다. 여기서도 다른 족장들의 기사들 같이 정확한 구조의 틀로 구성되었다. 전체 본문을 세 번 반복된 인물구조로 아래와 같은 구조표로 볼 수 있다.

도표 39> 야곱 톨레돗 (창 37:1-50:26) 3부 × 5세트 × 15요지

구분	키워드	본문	내용 요약
서론 X	-	37:1	야곱의 가나안 정착
1. 신앙경주 초반전	A. 위기	37:2-4	요셉에 대한 오해와 형제들의 시기
	B. 갈등	37:5-11	요셉의 꿈과 형제들의 반발
	C. 사명	37:12-17	요셉이 형들을 돌보는 사명
	D. 명분	37:18-36	르우벤과 유다의 경쟁과 요셉 매매
	E. 반전	38:1-41장	유다 (회개), 요셉의 삶의 반전(애굽에서의 성공)
2. 신앙경주 중반전	A'. 위기	42:1-5	가나안의 기근
	B'. 갈등	42:6-17	요셉과 형제들의 첫 대면, 갈등 고조
	C'. 사명	42:18-25	요셉이 가족을 돌보는 목적
	D'. 명분	42:26-43:14	베냐민 문제, 경쟁과 갈등 지속
	E'. 반전	43:15-44:34	은잔 사건과 유다의 회개, 상황 반전
3. 신앙경주 종반전	A". 위기	45:1-3	요셉의 눈물, 정체를 드러냄
	B". 갈등해소	45:4-15	화해와 용서, 갈등 해소
	C". 사명	45:16-47:26	요셉의 사명: 애굽과 가족을 구원
	D". 명분	47:27-48:22	장자권 (아버지와 요셉의 견해차이)
	E". 반전	49:1-49:28	유다와 요셉에게 선포된 축복
결론 Y	-	49:29-50:26	야곱과 요셉의 죽음, 언약 계승

위 구조를 분석하면 다음과 같다.

3부: 요셉과 형제들 이야기의 세 번의 전환(초반 - 중반- 종반)을 보여준다.

5세트: 위기 - 갈등 - 사명 - 명분 - 반전의 패턴이 각 부마다 반복된다.

15요지: 요셉 기사의 전체 진행을 한 눈에 조망할 수 있다.

서론(X): 야곱이 가나안 땅에 정착하면서, 요셉과 형제들의 이야기 무대가 열린다.

본론(세 번의 신앙경주: 초반전 – 중반전 – 종반전):

매 구간 위기 – 갈등 – 사명 – 명분 – 반전의 오행 구조로 구성되었다.

이러한 패턴이 세 번 반복되며 점층적으로 고조되어 간다.

구조의 특징에 따라 각 구간의 E/E'/E"(반전)에서 중심 주제가 드러난다.

결론(Y): 야곱과 요셉의 죽음으로 끝나지만, 이는 언약 계승의 단절이 아니라 이스라엘 공동체의 새로운 출발을 열어 준다.

이와 같이 야곱 톨레돗에 담긴 세 번 반복된 병행구조를 3그룹, 5세트, 15요지로 분석된다.

결론적으로 야곱 톨레돗(37-50장)은 "위기와 반전 사이에서 달려가는 신앙경주"이자, "언약 계승이 형제 공동체를 통해 메시아적 차원으로 확정되는 구속사"라 할 수 있다. 전체 구조를 요약 정리해 보면 다음과 같이 도식화되었다.

서론(37:1)

키워드: 위기→갈등→사명→명분→반전

I. 형제들의 신앙경주(1)	A–B–C–D–E	37:2–41장
II. 형제들의 신앙경주(2)	A'–B'–C'–D'–E'	42:1–44장
III. 형제들의 신앙경주(3)	A"–B"–C"–D"–E"	45:1–49:28

결론(49:29–50:26)

이렇게 열네 장을 아우르는 정형화된 구조는 야곱의 12아들 중 특히 요셉과 유다의 믿음의 삶을 조명하고 있다. 이러한 저술 방법은 이스라엘 백성들의 신앙 정체성을 확립하도록 하는 목적에 있다. 따라서 저자의 목적과 방법에 따라 정확한 틀을 가진 전체구조의 본론 부분을 깊이 이해하기 위해서 키워드와 키워드 그룹으로 분석한 후에 전체 본문을 주해·해설할 것이다.

2. 키워드 분석

1. 신앙경주의 초반전

A. **위기**: 오해	37:2-4
B. **갈등**: 형제들	37:5-11
C. **사명**: 요셉	37:12-17
D. **명분**: 경쟁(장자)	37:18-36
E. **반전**: 삶(유다/요셉)	38:1-41장

첫 번째 병행구조는 다섯 개의 키워드(위기 – 갈등 – 사명 – 경쟁 – 반전) 중심으로 구성되었다. 이것은 병행구조의 특징으로서, 듣는 그 당시 고대 이스라엘 청중들에게 신앙 인물들의 삶의 중요함을 기억하기 쉽고 오랫동안 암기하여 후대에 전수하기 위한 목적으로 사용 되었다.

A(37:2-4) – '위기'

요셉이 열일곱 살이었을 때, 형들과 함께 양을 치며 지내던 중 그들의 잘못을 아버지께 알렸다. 이로 인해 형제들은 요셉을 미워하게 되었다. 더욱이 아버지 야곱이 요셉을 사랑하여 그에게 채색옷을 지어 입히자, 형들은 그를 더욱 시기하였다. 결국 이러한 상황은 가정 내 위기로 이어졌다.

B(37:5-11) – '갈등'

그 와중에 요셉은 자신의 꿈 이야기를 형제들에게 들려주었다. 형들은 그 꿈 내용에 분노하며 요셉을 더욱 미워했다. 두 번째 꿈에서는 형들이 요셉에게 절하는 모습이 담겨 있었고, 그 이야기를 들은 후 형들의 미움은 더욱 깊어졌다. 아버지 야곱은 요셉의 말을 꾸짖었지만, 그의 이야기를 마음에 간직했다. 그러나 형제들은 그를 시기했고, 가정 안에는 긴장감이 고조되었다.

C(37:12-17) – '사명'

요셉의 형들은 양을 치러 세겜으로 갔다. 아버지 야곱은 요셉을 불러 그들이 평안한지 확인하고 돌아오라는 사명을 주었고, 요셉은 그곳이 위험한 지역임에도 순종하여 길을 나섰다. 요셉은 형들을 찾아 헤브론에서부터 세겜, 다시 도단까지 이르렀으나, 형들은 자신들을 돌보러 온 요셉을 만나자 반가워하기는커녕 그를 죽이려 하였다.

D(37:18-36) – '명분'

요셉은 불평 없이 형들을 찾아가 그들을 돌보려 했지만, 형들은 오히려 그를 해치려 하였다. 이 과정에서 장자 르우벤과 넷째 유다 사이에 리더십 경쟁이 드러난다. 그들은 요셉을 구덩이 속에 빠트려서 죽이려고 하였으나 맏형인 르우벤이 죽이지 말자고 만류한 후 자리를 비운 사이, 유다는 요셉을 팔자고 제안했고, 형제들은 그의 제안을 따랐다. 이로 인해 유다가 실질적인 형제들의 지도자 역할을 하게 된다.

E(38:1-41:57) – '반전'

요셉이 이스마엘 상인들에게 팔려가는 중에, 유다의 죄 된 삶이 소개된다(38장). 그리고 요셉은 애굽으로 종으로 팔려가서 고생 끝에 바로의 꿈을 해석해 준 결과로 그 나라의 총리가 된다(39:1-41상). 38장에서는 유다가 죄를 짓지만, 회개를 통해 용서의 표시로서 하나님의 축복(쌍둥이를 얻음)을 받는 인생 역전의 모습을 보여준다. 이어지는 39-41장에서는 요셉이 억울하게 감옥에 갇히지만, 간수들의 꿈을 해석해주는 계기를 통해 애굽의 총리에 오르는 반전의 드라마가 전개된다.

2. 신앙경주의 중반전

A'. 위기: 기근	42:1-5
B'. 갈등: 형제들	42:6-17
C'. 사명: 요셉	42:18-25
D'. 명분: 경쟁(장자)	42:26-43:14
E'. 반전: 상황(유다/요셉)	43:15-44:34

두 번째 신앙경주의 삶(6:9-11:26)은 첫 번째 순종의 삶에 나타난 키워드들 중심으로 반복되어 사건이 전개된다.

A'(42:1-5) – '위기'

가나안에 심한 기근이 들어 생존의 위기가 찾아왔다. 애굽에 곡식이 있다는 소식을 듣고, 아버지 야곱은 자녀들을 애굽으로 보내 곡식을 사오게 한다. 자녀들 한 사람이라도 더 보내야 온 가족이 기근을 견딜 수 있지만, 야곱은 베냐민만큼은 보내지 않으려 한다. 요셉을 잃은 상처가 컸던 야곱은 또다시 요셉의 동생, 베냐민을 잃고 싶지 않았던 것이다.

B'(42:6-17) – '갈등'

그 당시 요셉은 애굽의 총리가 되어 곡식을 관리하고 있었다. 요셉의 형제들이 곡식을 사러 와서 그 앞에 절했을 때, 요셉은 그들이 형제들임을 알아보았으나 모른 척하였다. 오히려 그들을 정탐꾼이라 몰아세우고, 형제들이 아무리 아니라고 사정해도 감옥에 3일간 가두었다. 이로 인해 형제들과 요셉 사이의 보이지 않는 갈등은 더욱 깊어졌다. 요셉이 무엇을 위해 그들을 스파이로 몰아세워 옥에 집어넣었을까?

C'(42:18-25) - '사명'

요셉은 사흘 후 형제들을 풀어주며 곡식을 주고 막내아우를 데려오라 명했다. 그는 생존의 길이 그것뿐임을 강조하고 시므온을 인질로 남겨두었다. 요셉이 형제들을 스파이로 몰아붙인 것은 하나님의 뜻을 이루려는 과정이었다. 그는 하나님이 자신을 총리로 세워 세상을 살리게 하셨음을 믿었고, 훗날 아버지의 죽음 후에 더욱 드러났다.

D'(42:26-43:14) - '명분'

형제들이 곡식을 가지고 돌아와 아버지 야곱에게 보고했을 때, 자루 속 돈이 발견되자 야곱은 크게 격분했다. 베냐민을 보내라는 요구에 야곱은 단호히 거절했고, 르우벤의 제안도 받아들이지 않았다. 기근이 심해지자 유다가 나서서 자신이 담보가 되겠다며 책임을 다짐했다. 결국 야곱은 유다의 말을 받아들여 베냐민을 보내고, 유다의 리더십이 인정받게 되었다.

E'(43:15-44:34) - '반전'

형제들이 베냐민과 함께 애굽에 도착하자 요셉은 집으로 초대해 잔치를 베풀고, 베냐민에게 다섯 배의 음식을 주었다. 돌아가던 길에 베냐민의 자루에서 은잔이 발견되어 모두 다시 붙잡혀 왔다. 유다는 아버지를 생각하며 자신이 대신 인질로 남겠다고 고백했다. 요셉은 유다의 변화와 회개를 확인하며, 그의 시험이 결실을 맺게 되었다.

3. 신앙경수의 종반전

A". 위기: 눈물	45:1-3
B". 갈등: 해소	45:4-15
C". 사명: 요셉	45:16-47:26

D". 명분: 경쟁	47:27-48:22
E". 반전: 축복	49:1-49:28

끝으로 세 번째 신앙경주의 삶(45:1-49:28)도 앞에서 두 번 사용된 키워드들이 반복된다.

A"(45:1-3) - '위기'

요셉이 유다의 회개하는 모습을 보고 감동을 받고 견딜 수 없어 모두를 밖으로 내보낸 후 소리 높여 울었다. 그의 울음소리가 궁전에까지 들렸다. 이때 형제들은 요셉의 갑작스러운 심경의 변화로 보인 태도를 보고 모두 겁에 질려 있었다. 그런 후 요셉이 자신이 누구인지를 밝히면서 아버지의 안부를 물었으나 형제들은 너무 놀라서 대답을 못하였다.

B"(45:4-15) - '갈등 해소'

유다의 회개를 통해 요셉이 자신을 요셉인 것을 드러낸다. 그리고 요셉은 자신을 판 형제들을 위로하면서 하나님의 섭리와 인도하심을 설명한다. 그리고 아직 흉년이 5년 남았다고 하면서 아버지와 온 식구를 데리고 내려오도록 부탁한다. 그런 후 서로 안고 감격의 재회의 시간을 갖는 가운데 형제들 간의 갈등이 해소된다.

C"(45:16-47:26) - '사명'

요셉은 아버지와 가족들을 이집트로 초청했고, 형제들은 그 사실을 야곱에게 알렸다. 야곱은 요셉이 보낸 수레를 보고 그를 다시 만나는 것이 최고의 기쁨이 되었다. 하나님은 이상 중에 나타나 안심하고 이집트로 가라 하시며 뜻을 확증하셨다. 야곱은 온 가족과 함께 내려가 요셉을 만나고, 그의 사명이 언약 백성을 살리는 것임을 깨달았다.

D"(47:27-48:22) – '명분'

야곱의 죽을 날이 가까워 오자, 그는 요셉을 불러 애굽에 장사하지 말고 조상의 묘지에 장사해 달라고 부탁하였다. 이어 요셉은 두 아들 므낫세와 에브라임을 데리고 병든 아버지를 찾아갔다. 야곱은 눈이 어두워 잘 보지 못했으나, 손자들에게 축복을 베풀며 오른손을 에브라임에게, 왼손을 므낫세에게 엇갈려 얹어 안수하였다. 요셉이 이를 바로잡으려 했으나, 야곱은 의도적으로 그렇게 한 것임을 밝히며, 차자 에브라임에게 장자의 축복을 내렸다. 결국 장자권의 축복은 장자가 아닌 차자에게로 옮겨지게 되었고, 이는 하나님이 선택하시는 언약의 원리를 다시금 드러내는 사건이 되었다.

E"(49:1-49:28) – '반전'

야곱은 마지막으로 열두 아들에게 그들의 지난 삶을 반영하여 축복과 저주를 선포하였다. 장자 르우벤은 범죄로 인해 저주를 받았으나, 넷째 유다는 메시아의 계보를 잇는 축복을 받았다. 나머지 아들들 역시 저마다의 삶을 반영한 대로 조금씩 축복과 책망을 받았으며, 요셉은 유다와 더불어 특별히 여섯 절에 걸친 장문의 축복을 받았다. 이는 단순히 육신적인 장자 여부가 아니라, 삶의 모습 속에서 회개와 순종으로 새로운 길을 걷는 자에게 참된 축복이 주어진다는 사실을 보여준다. 요셉은 믿음으로 살아가며 가족을 구원하고 세상을 살리는 사명을 감당했기에, 더욱 크고 놀라운 축복을 받았다. 결국 이 말씀은 유다와 요셉을 통해 하나님께서 참된 승리자를 드러내시며, 믿음의 경주를 완주한 자가 반전의 축복을 누리게 됨을 증거한다.

이와 같이 세 번의 병행구조에 키워드 다섯 개가 동일하게 사용되는 가운데 구조의 통일성을 이루고 있음을 보았다. 이것은 저자의 구조적이고 신학적인 저술 목적에 있음을 보여준다. 다음은 전체 구조를 하나로 아우르는 현상을 구룹별로 분석하면서 확인해 볼 것이다.

3. 그룹별 분석

도표 40> 형제들의 신앙경주(그룹별) 37:1-49:28

I. 형제들의 신앙경주 <초반>		2. 형제들의 신앙경주 <중반>		3. 형제들의 신앙경주 <종반>	
A	위기 37:2-4	A'	위기 42:1-5	A"	위기 45:1-3
B	갈등 37:5-11	B'	갈등 42:6-17	B"	갈등해소 45:4-15
C	사명 37:12-17	C'	사명 42:18-25	C"	사명 45:16-46:26
D	명분 37:18-36	D'	명분 42:26-43:14	D"	명분 46:27-48:22
E	반전 38:1-41장	E'	반전 43:15-44장	E"	반전 49:1-49:28

세 번 반복된 병행구조를 한눈에 볼 수 있도록 도표에 담아 비교하였다. 이런 가운데 전체 구조의 흐름 안에 나타난 야곱과 요셉, 그리고 그의 형제들의 관계가 다섯 개의 키워드 사이에서 어떻게 작용되는 지를 알아볼 것이다.

병행구조의 특징에 따라 세 개의 인물 요지들을 묶어서 살펴본다. 이러한 분석으로 인물들의 관계에 따른 비교와 대조, 그리고 반복을 통한 본문의 통일성과 의미가 잘 나타난다.

A. 오해의 위기	37:2-4
A'. 기근의 위기	42:1-5
A". 눈물의 위기	45:1-3

위 인물 대지들은 야곱 가정의 특별한 상황들로 연결되었다.

A. 오해의 위기(37:2-4)

오해로 인해 형제들이 위기를 느꼈다. 이는 요셉의 17세 때 일어난 일이다. 요섭이 네 명의 형들과 양을 치고 있을 때 일어난 사건이다. 형들이 그곳에서 잘못한 일을 아버지께 알렸는데도 아버지는 그에게 채색 옷을 지어 입혔다. 이로 인해 그 형제들이 아버지가 왜 요셉을 사랑했는지를 알지 못하고 편애한 줄 알고 오해하면서 가정의 위기 생겨났다.

A'. 기근의 위기(42:1-5)

야곱이 사는 지역에 기근이 심하게 들었다. 이로 인해 생존의 위협을 느끼게 되었고 위기상황을 맞는다. 이 기근은 세계적인 현상이었다. 이에 야곱이 자녀들을 이집트로 곡식 사러 보내면서도 베냐민 만큼은 함께 보내지 않았다. 이는 요셉이 행방불명된 터라 그의 동생 베냐민마저 잃을까봐 염려한 나머지 그를 집에 머무르게 했다.

A''. 눈물의 위기(45:1-3)

요셉이 유다의 고백을 듣고는 갑자기 심경의 변화가 일어났다. 형제들은 그가 갑자기 자신들을 그 앞에서 물러가게 했기 때문에 분위기가 갑자기 바뀌는 상황에서 형제들은 모두 의아하게 생각할 수밖에 없는 가운데 이제 베냐민의 짐에서 나온 은잔 때문에 죽게 될지 모르겠다는 위기감이 쌓였다. 그런 후에 그 총리가 자신이 바로 요셉이라고 밝히는 바람에 더욱 놀란 상태인데, 그가 뜬 금 없이 아버지가 잘 계시냐고 물었을 때는 그들은 더 놀라서 아무 대답을 할 수 없었다.

두 번째 대지들은 다음과 같이 갈등과 갈등 해소의 모습으로 전개된다.

B. 꿈으로 인한 갈등   37:5-11
B'. 요셉과 형제들의 갈등   42:6-17
B''. 요셉과 형제들의 갈등 해소(화해)   45:4-15

위 요지들은 요셉과 형제들의 긴장, 갈등의 심화, 그리고 화해의 길을 보여주고 있다.

B. 꿈으로 인한 갈등(37:5-11)

야곱 가정의 갈등은 그의 자녀들에게서 사건 초반부터 시작되었다. 요셉이 꿈을 꾸고 나서 그의 꿈을 형제들에게 말하면서 긴장이 고조되기 시작하였다. 결국 아버지 야곱도 그의 꿈을 의아하게 여겼지만 마음에 두었고 그의 형제들은 더욱 그를 미워하게 되면서 그를 시기하는데 까지 이르렀다.

B'. 요셉과 형제들의 갈등(42:6-17)

가나안과 이집트에서 이들의 갈등이 꿈과 그 꿈의 성취 과정에서 심화되어 간다. 그리고 기근이라는 환경과 더불어 이들의 긴장관계가 고조된다. 곡식을 사러 이집트에 내려간 형들은 요셉이 출세한 것을 모르고 있지만 요셉은 그들을 시험을 통해서 형들이 자신들의 잘못을 깨달아 가도록 유도한다.

B". 요셉과 형제들의 화해(갈등 해소) 45:4-15

여기서는 요셉이 유다의 진실된 긴 간청을 듣고 감동받는다. 이에 요셉이 자신을 밝히면서 형들에게 입 맞추고 또한 형들은 요셉임을 인정하고 대화를 시도한다. 결국 화해의 문이 열리면서 형들의 마음 문도 열려 갔고, 그들이 요셉이 총리인 것을 현실로 느끼기 시작한다. 요셉은 유다의 회개로 완전히 마음 문을 열고 자신의 사명, 곧 가족을 살리는 일과 세상을 구하는 일에 매진하였다. 그러나 형들은 스스로 자신들을 의심하며 아버지 야곱이 죽고 난 후 요셉의 눈물과 위로를 보고야 안심했다.

다음은 세 번째 인물 요지들이다. 역시 세 개의 요지들이 요셉의 사명으로 반복된다.

C. 요셉의 사명: 형제를 돌봄(37:12-17)

아버지 야곱이 요셉을 세겜에서 양치는 형들을 돌보고 오라는 사명을 주고 보낸다. 요셉은 세겜이라는 곳이 과거에 하몰의 집안과 어려움을 당한 곳이라 위험한 곳이라는 것을 듣고 알고 있었을 것이다. 그래도 아버지의 명령을 따라 로에(돌봄)의 사명을 다하기 위해서 세겜으로 갔지만, 그곳에 형들이 없었고 결국 도단으로 갔다는 정보를 얻어 그곳에 갔지만 형들의 함정에 빠지고 만다.

C'. 요셉의 사명: 가족을 돌봄(42:18-25)

기근으로 첫 번째 이집트 방문 때 요셉이 형들이 곡식 사러 온 것을 알고 스파이로 몰아서 3일 동안 옥에 가둔다. 삼일 후에 요셉이 그들에게 양식을 주고 집안의 굶주림을 구하라고 한다. 그리고 형들에게 베냐민을 데리고 오라는 사명을 주었다. 그리고 그들 중 한명 시므온을 인질로 잡아놓고 돌려보낸다. 이것은 요셉이 자신이 사명이 가족들을 살리는 것이라는 것을 알았기 때문이다.

C". 요셉의 사명: 생명 보존(45:16-46:27)

형들이 막내를 데리고 애굽에 다시 왔다. 그리고 그들과 재회한 후에 왕에게 형제들이 왔다고 하여 왕이 직접 명령하여 아버지를 대리고 오라하면서 마차와 많은 선물을 준다. 형제들이 이 사실을 아버지께 알린다. 아버지는 요셉이 보낸 수레를 보고야 기운이 소생하였다. 그리고 애굽으로 내려가면서 브엘세바에서 하나님께 제사를 드리는 가운데 내려가도 좋다는 응답받게 된다. 야곱이 애굽으로 내려가면서 함께 간 식구는 70명이다.

다음은 네 번째 인물 대지들이 세 번 반복되는 것을 본다.

D. 명분 경쟁	37:18-36
D'. 명분 경쟁	42:26-43:14
D". 명분 경쟁	46:28-48:22

위 요지들은 전체구조의 핵심 주제인 장자권에 관해서 언급하고 있다.

D. 명분(리더십) 경쟁(37:18-36)

형제들이 요셉을 죽이려 할 때 르우벤은 살리려 했으나, 유다는 상인에게 팔자고 제안한다. 르우벤이 부재한 틈을 타 유다의 의견이 받아들여지며, 리더십이 유다에게로 기울어진다. 이 사건은 장자권 경쟁의 출발점이자, 유다가 점차 지도자로 부각되는 계기가 된다.

D'. 명분(리더십) 경쟁(42:26-43:14)

기근 속에 베냐민을 애굽에 데려오라는 요구 앞에서 르우벤은 자신의 아들들을 담보로 내세웠으나 실패한다. 반면 유다는 자신이 직접 담보가 되어 책임을 지겠다고 약속하며 야곱을 설득한다. 이로써 유다는 형제 공동체의 신뢰를 얻고, 실질적인 지도자로 자리매김한다.

D". 명분(장자권) 경쟁(46:28-48:22)

야곱이 요셉의 두 아들 므낫세와 에브라임을 손이 엇갈린 체 축복한다. 오른손이 장자인 므낫세에게 가야하는데 둘째 에브라임에게 놓인 체 축복을 한다. 요셉이 이것을 발견하고 아버지에게 므낫세가 장자여서 오른손을 얹어서 축복해야 함을 말했지만 아버지 야곱은 그 사실을 알면서 장자와 차자를 바꾸어 축복하였다.

정리하면, D-D'-D"는 각각 출발(리더십 경쟁의 시작) → 전환(유다의 책임 선언) → 확정(야곱의 공식 인정)의 단계로 전개되며, 유다가 르우벤을 제치고 언약 계승의 대표자로, 에브라임이 장자 므낫세를 제치고 장자의 명분을 얻게 되는 과정을 드러낸다.

다음은 네 번째 인물 대지들도 세 번 반복되면서 키워드 '반전'을 중심으로 문제를 풀어간다.

E. 반전의 삶   38:1-41장
E'. 반전의 상황   44장
E". 반전의 축복   49:1-49:28

E. 반전의 삶(창 38:1-41장)

유다는 다말 사건을 통해 자신의 죄를 깨닫고 회개하며, 후손 가운데 메시아 계보의 길이 열리게 된다. 요셉은 억울한 누명을 쓰고 감옥에 갇히지만, 꿈 해석을 통해 애굽 총리로 반전되는 길을 걷는다. 두 사람의 삶은 죄와 의, 실패와 승리의 대조 속에서 모두 하나님의 섭리 안에서 반전된다.

E'. 반전의 상황(창 44장)

기근으로 다시 애굽에 내려온 유다가 베냐민을 위해 자신을 대신 내어놓으며 회개의 증거를 보인다. 요셉은 형제들의 변화와 유다의 회개를 확인하고, 마침내 자신을 밝히며 형제들과 화해한다. 유나의 회개가 가정을 살리는 반전의 계기가 되어, 온 가족이 애굽에서 기근으로부터 구원을 받게 된다.

E". 반전의 축복(창 49:1-28)

야곱은 열두 아들에게 과거의 행위에 따라 축복과 예언을 선포한다.

유다와 요셉은 특별히 다섯 절씩 축복을 받아 장자의 축복(왕권, 물질권)을 나누어 갖는다. 유다는 왕권과 메시아 계보를, 요셉은 풍성한 번영을 상속받으며 두 지파(에브라임과 므낫세)의 축복을 받는다.

E-E'-E"는 각각 삶의 반전(개인) → 상황의 반전(가정/공동체) → 축복의 반전(민족/구속사)으로 확장되는 흐름을 보여준다.

이와 같이 반복된 병행구조가 각각 키워드 중심으로 정형화 되어 구조의 통일성을 이루고 있음을 살펴보았다. 이것은 저자의 구조적이며 신학적인 저술 방법으로 구성되어 있음을 증명해준다. 다음은 전체구조를 구조의 순서에 따라 신학적 의미를 찾아서 주해를 할 것이다.

나. 구속사적 관점

야곱 톨레돗은 요셉과 유다를 중심으로 "하나님이 인간의 악을 선으로 바꾸어 언약을 이루시는 과정"을 드러낸다. 고난과 배신, 기근과 경쟁 속에서도 언약은 끊어지지 않고 오히려 확대된다.

다. 신앙경주 관점

세 번의 레이스(초반 – 중반 – 종반)는 신앙경주가 단발적 사건이 아니라, 반복되는 위기와 갈등을 거치면서 성숙해 가는 여정임을 보여준다. 마지막은 눈물과 화해, 그리고 축복으로 귀결되어, 신앙경주의 목표가 회복과 계승임을 증거한다.

지금까지 전체 분문의 구조·구속사·신앙경주의 적용을 한눈에 볼 수 있도록 아래와 같이 구조표에 담았다.

도표 41> 요셉과 형제들 기사(37장-50장) 구조·구속사·신앙경주

구분	본문	구조적 주해	구속사적 의미	신앙경주 적용
서론 X	37:1	야곱의 가나안 거주, 무대 설정	언약 계승자 가문에 새로운 국면 시작	신앙 경주는 하나님의 주권적 배치에서 출발
A 위기	37:2-4	요셉의 꿈과 형제들의 오해	믿음이 없으면 분별력이 사라짐	시기와 질투는 죄를 불러옴
B 갈등	37:5-11	요셉과 형제들의 갈등 심화	장자의 권리 문제와 언약 계승 갈등	신자는 갈등 속에서도 하나님의 섭리를 신뢰
C 사명	37:12-17	요셉이 형제들에게 파송됨. 돌봄의 사명	사명자로서의 첫 걸음	신자는 작은 심부름에서도 사명을 인식
D 명분	37:18-36	요셉 매매 사건	인간의 악이 언약 계승의 통로가 됨	신자는 부당한 상황에서도 하나님을 신뢰
E 반전	38:1-41장	유다 사건, 요셉의 애굽 성공	회개와 하나님의 섭리 병행	신자는 실패 속에도 하나님의 큰 그림을 봐야 함
A' 위기	42:1-5	기근으로 형제들 애굽 방문	위기를 통해 섭리가 드러남	신자는 위기를 하나님의 인도하심으로 해석
B' 갈등	42:6-17	요셉과 형제 첫 대면, 갈등 고조	죄책감이 드러나며 갈등 심화	신자는 과거의 죄와 대면해야 함
C' 사명	42:18-25	요셉이 시험 후 은혜 베풂(가족 돌봄)	하나님의 섭리 안에서 생명을 보존	신자는 사명을 통해 공동체를 살림
D' 명분	42:26-43:14	베냐민 문제, 명분 경쟁	언약 계승자 문제 다시 부각	신자는 인간의 명분보다 하나님의 언약을 붙듦
E' 반전	43:15-44:34	은잔 사건, 유다의 회개	유다의 회개와 반전	신자는 회개와 희생으로 반전을 맞음
A" 위기	45:1-3	요셉의 눈물과 정체 고백	위기 속 하나님의 뜻 드리님	신자는 눈물의 순간에도 하나님을 본다
B" 갈등	45:4-15	화해와 갈등 해소	하나님의 섭리로 화해 완성	신자는 용서를 통해 갈등을 치유
C" 사명	45:16-47:26	요셉의 사명: 생명 보존(가족과 세상)	한 사람을 통한 구원의 길	신자는 자기 사명으로 공동체를 살려야 함

D″ 명분	47:27- 48:22	야곱의 축복과 유업 분배	언약의 명분이 계승됨	신자는 언약의 유업을 소중히 전수
E″ 반전	49:1-28	유다와 요셉의 축복	실패한 자도 포함한 언 약의 반전	신자는 하나님의 은혜 안에서 쓰임받음
결론 Y	49:29- 50:26	야곱과 요셉의 죽음	언약 계승의 세대 전환	신자는 죽음 너머까지 이어지는 언약을 바라봄

라. 본문 해설

서론(X): 야곱의 가나안 정착(37:1)

1 야곱이 가나안 땅 곧 그의 아버지가 거류하던 땅에 거주하였으니

이 본문은 전체 구조의 서론에 해당한다. 야곱은 형 에서를 피해 하란으로 도 망갔으나, 하나님의 복을 많이 받고 가나안 땅으로 돌아왔다. 그동안 여러 가지 어려움을 겪은 끝에, 이제는 그의 아버지 이삭이 거류하던 그 땅에 정착하게 되 었다. 여기서 "거류하던"이라는 표현은 히브리어 동사 "גּוּר"(구르)에서 파생된 용 어로, 아브라함과 이삭 시대부터 반복된 중요한 주제를 내포한다. 이 단어는 그 들이 가나안 땅에 살기는 했지만, 완전한 소유자가 아니라 임시로 머무는 이방 인처럼 살았음을 의미한다. 그러나 이제 야곱은 단순한 나그네로 머무르지 않고, 가나안 땅에 뿌리를 내리고 정착하려는 의지를 보여준다.

이러한 모습은 하나님께서 아브라함에게 주셨던 언약, 즉 "내가 이 땅을 네 자손에게 주리라"(창 12:7) 하신 말씀의 진행적 성취로 해석된다. 야곱의 정착은 언약 백성이 약속의 땅에 자리를 잡기 시작한 신학적 전환점을 암시한다. 그러 나 동시에, 하나님께서 계획하신 궁극적인 '안식'과 완전한 성취는 아직 도래하 지 않았다는 점에서, 긴장과 기다림의 구속사적 여정은 여전히 야곱과 그의 자 녀들의 신앙경주와 함께 계속되고 있다.

A. 오해로 인한 위기(37:2-4)

2 야곱의 족보는 이러하니라 요셉이 십칠 세의 소년으로서 그의 형들과 함께 양을 칠 때에 그의 아버지의 아내들 빌하와 실바의 아들들과 더불어 함께 있었더니 그가 그들의 잘못을 아버지에게 말하더라 3 요셉은 노년에 얻은 아들이므로 이스라엘이 여러 아들들보다 그를 더 사랑하므로 그를 위하여 채색옷을 지었더니 4 그의 형들이 아버지가 형들보다 그를 더 사랑함을 보고 그를 미워하여 그에게 편안하게 말할 수 없었더라

본문의 시작에는 야곱의 자녀들 중 요셉의 열일곱 살 시절에 일어나는 가족 상황을 들려준다. 이러한 삶이 다음과 같이 반복된 병행구조가 세 개의 키워드 중심으로 되어있다.

가. 구조적 주해

A. 오해로 인한 위기(37:2-4)

가) 요셉의 알림(2절)

1. 신분: 17살의 요셉		2a
2. 역할: 형들과 양을 침		2b
3. 위기: 형들의 잘못을 알림		2c

나) 형들의 시기

1'. 신분: 늦둥이로 사랑받음		3a
2'. 역할: 아버지가 채색옷 지어줌		3b
3'. 위기: 형들이 요셉을 미워함		4

병행 구조의 도식적 구성이 단순한 배열에 그치지 않고, 요셉 서사의 중심 신학 주제들 ―곧 선택, 사명, 갈등, 구속사적 전환― 을 어떻게 드러내는지를 아래와 같이 분석할 수 있다.

이 구조는 반복된 병행 구조(1-2-3/1'-2'-3')로 구성되었으며, 세 가지 핵심 키워드(신분 - 역할 - 위기)를 중심으로 두 개의 세부 구조가 형성된다.

가) 요셉의 알림 (2절)

나) 형들의 시기 (3-4절)

먼저, 첫 번째 병행 구조의 흐름(1-2-3)은 요셉이 열일곱 살이던 때에 일어난 사건을 묘사한다. 요셉은 아버지의 첩들의 아들들과 함께 양을 치고 있었고, 그 형들이 잘못한 일을 아버지에게 고하였다. 이후 반복되는 병행 구조(1'-2'-3')에서는 야곱이 노년에 얻은 아들 요셉이 의롭게 행동함을 보고 특별히 사랑하여 채색 옷을 지어 입혔으며, 이를 본 형들이 요셉을 미워하게 되었다.

이처럼 두 세부 구조는 다음과 같이 키워드 중심으로 병행적으로 짝을 이룬다:

1 / 1' <신분> '17살의 요셉'(1), '늦둥이로 사랑받음'(1')은 서로 자신들이 누구인지를 알려준다.

2 / 2' <역할> '형들과 양을 침'(2), '아버지가 채색옷 지어줌'(2')은 일터에서와 집안에서 자신의 동역자 혹은 계승자 역할을 하고 있다.

3 / 3' <위기> '형들의 잘못을 알림'(3), '형들이 요셉을 미워함'(3')은 요셉으로 인해 가정의 위기가 발생한다.

여기서 '신분 - 역할 - 위기'라는 3단계 키워드는 요셉 서사의 초기 사건을 형성하며, 갈등의 씨앗을 신학적으로 설명하는 장치로 기능한다.

앞 구조(1-2-3)는 사건의 배경과 요셉의 행동을 보여주고, 요셉의 위치와 행위, 즉 주어진 현실과 초기의 사명 실현 방식을 보여주고,

대응 구조(1'-2'-3')는 아버지의 편애와 형들의 반응을 중심으로 가정 내 긴장의 고조를 드러내며, 그에 대한 외부의 반응과 갈등으로 이어진다.

이와 같이 서사체 구조 속에 담긴 신학적 패턴은 단지 서사 기법이 아니라, 하나님의 구속 역사 안에서 '예정된 방식'을 보여 준다.

나. 구속사적 의의

언약 계승자의 준비: 요셉은 단순히 막내 아들이 아니라, 하나님께서 언약 계승과 구원의 사명을 준비하신 인물임이 드러나기 시작한다.

형제 간 갈등을 통한 섭리: 요셉의 고발과 채색옷은 형제들의 미움을 사는 원인이 되지만, 이것이 결국 애굽으로 팔려가고 이스라엘 구원 역사의 길이 열리는 하나님의 섭리의 출발점이 된다.

다. 신앙경주 적용

사랑과 미움의 긴장 속에 서다: 요셉은 아버지의 사랑과 형제들의 미움 사이에 놓였다. 신앙경주는 하나님의 선택과 세상의 미움이 공존하는 자리에서 시작된다.

역할 충성은 갈등을 낳을 수 있음: 요셉이 형들의 잘못을 알린 것은 역할의 충성이었으나, 오해를 사게 되었다. 신앙경주는 진실과 충성이 반드시 환영받지 않는다는 긴장을 감당해야 한다.

하나님의 섭리를 신뢰하라: 미움과 위기의 시작은 사실상 구속사의 출발점이었다. 신앙경주는 갈등과 오해 속에서도 하나님의 더 큰 계획을 믿고 달려가는 길이다.

십자가적 모형: 요셉처럼 우리도 아버지의 사랑을 받으면서 세상으로부터 오해와 미움을 받을 수 있다. 신앙경주는 그리스도를 본받아 고난 속에서도 사명에 충실한 삶이다.

라. 본문 해설

1. 신분: 요셉의 17살(37:2a)

> 2a 야곱의 족보는 이러하니라 요셉이 17세의 소년으로서

"야곱의 족보는 이러하니라"는 표현은 야곱의 12아들들, 곧 이스라엘의 열두 지파의 조상들의 삶을 서술하는 서론적 선언이다. 이는 야곱의 가정이 이삭의 대를 이어 가나안 땅에 뿌리내리는 과정을 보여주는 것이며, 아브라함-이삭-야곱으로 이어지는 족장 시대의 언약사가 이제 12아들들의 삶을 통해 확장되어 가는 전환점이 된다. 이 과정에서 메시아의 라인 또는 구속사의 주인공들인 유다와 요셉의 믿음의 삶의 신앙경주가 펼쳐진다.

"요셉이 17세의 소년으로서" 이 표현은 그가 누구라는 신분을 밝히고 있다. 이것은 단순한 나이 정보가 아니라, 요셉과 그의 형제들 이야기 전체의 성격과 방향을 암시하는 신학적 의미를 담고 있다. 17세의 요셉을 하나님이 사용하시기에 아직 '미완성'이어서 고난과 시간 속에서 깎이고 다듬어져야 된다는 뜻으로 보기 보다는 요셉이 성숙한 청년이 되었다는 뜻으로 보아야 한다. 다음 절에서 보면 그가 형들을 돌보라는 사명과 함께 양을 함께 치는 것에서 자신의 사명을 잘 감당할 수 있는 청년으로 볼 수 있다.

2. 역할: 형들과 함께 양을 침(37:2b)

> 2b 그의 형들과 함께 양을 칠 때에 그의 아버지의 아내들 빌하와 실바의 아들들과 더불어 함께 있었더니

요셉은 형들과 함께 양을 치고 있다. 여기서 '함께'라는 의미는 그가 일할 수

있는 나이라서 형님들과 협동해서 양을 치는 자라는 것을 말하고 있다. 요셉이 그 형들과 '함께' 있었다고 두 번이나 언급하고 있는데 그의 역할이 무엇인지를 알게 해준다. 이 표현은 단순한 동행 이상의 의미를 내포하고 있다. 이 구절에서 '더불어 함께'라는 의미를 가지는 히브리어는 "에트 에하브"이다. 여기서 에트 (אֶת-)는 보통 '함께'를 암시하거나 어떤 대상과 '관계'를 나타내는 기능어이다. 그리고 에하브(אֶחָיו)는 "그의 형제들"이라는 뜻이다. 즉, 문자적으로는 "그의 형제들과 함께"라는 말인데, 단순히 "같은 장소에 있었다"는 의미뿐만 아니라, "역할을 공유하며 관계 속에 있었다"는 의미를 포함한다. 사실 그 당시에 목축을 하는 직업은 가족의 생계를 책임지는 유일한 생업이다. 즉, 그들이 가족을 먹여 살리는 데 유일한 일터였다. 더욱이 아버지 야곱의 가족은 대가족이어서 양떼들도 상당히 많았을 것이다. 그래서 양치는 일이 힘들어도 형님들과 함께 양을 치고 있다는 것은 그가 책임성 있는 협력자 역할을 감당하고 있음을 알려주고 있다.

3. 위기: 형들의 과실을 알림(37:2c)

> 2c 그가 그들의 잘못을 아버지에게 말하더라

문제의 핵심은 요셉이 아니라 형들에게 있었다. 요셉과 함께 양을 치던 자들은 아버지 야곱의 첩인 빌하와 실바의 자녀들로, 이들이 양을 치면서 무언가 부적절한 행동을 한 것으로 보인다. 이는 요셉이 그들의 잘못을 아버지에게 고하였다는 본문 기록을 통해 유추할 수 있다.

이 사건은 요셉이 경험이 없거나 미숙해서 충동적으로 고자질한 것이라기보다는, 형들이 실제로 잘못을 저지르고 있었기 때문에 요셉이 그 사실을 알렸던 것으로 해석하는 것이 타당하다. 본문은 형들이 무엇을 잘못했는지는 구체적으로 언급하지 않지만, 잘못이 있었다는 사실 자체는 명백히 암시된다. 이 점에서 요셉은 단순히 막내로서 방관하고 있었던 것이 아니라, 형들과 밀접하게 관계를 맺으며 양 떼를 함께 돌보는 과정에서, 그들의 말과 행동을 충분히 분별하고 인식할 수 있는 위치에 있었던 것으로 보인다. 요셉은 형들의 잘못된 행동을 아버지에게 정확히 보고하였다.

그렇다면 요셉은 왜 형들의 잘못을 아버지께 말했을까?이는 단순히 아버지에게 잘 보이려는 고자질이었을까? 아니면, 정의감과 책임의식에서 비롯된 정당한 보고였을까?

본문에서 "그들의 잘못"이라고 번역된 히브리어 표현은 "דִּבָּתָם רָעָה"(디바탐 라아)이다.

"디바"(דִּבָּה)는 험담, 악평, 나쁜 소문을 의미하며,
"라아"(רָעָה)는 악하다, 해롭다는 의미이다.

이 표현은 단순한 일러바침이 아니라, "그들의 악한 행위에 대한 고발성 보고"로 이해할 수 있다. 요셉이 이처럼 강한 표현을 썼다는 것은, 형들이 단순한 실수나 오해를 넘는, 실제로 '악하다'고 평가될 정도의 문제를 일으켰음을 암시한다.

결과적으로 이것은 요셉의 고자질이라기보다, 정의롭고 책임감 있는 자세로 행한 정당한 보고였으며, 가정 공동체의 질서를 바로잡기 위한 의로운 행위로 보아야 한다.

그렇다면, 요셉은 왜 이처럼 의로운 태도를 취했는가? 이는 요셉의 '열일곱 살'이라는 나이와 연결하여 해석할 수 있다. 그는 아직 어리지만, 이미 책임감 있는 성숙한 인격을 갖춘 자로서, 불의를 보고 침묵하지 않고, 올바른 방식으로 대응할 수 있는 청년이었다. 이러한 정의감은 훗날 요셉이 형들의 잘못을 드러내고, 동시에 그들의 회개를 유도하는 사명과, 애굽의 총리가 되어 공의를 집행하는 사명을 감당하는 기초가 된다. 다시 말해, 정직하고 정의로운 성품은 요셉 인생 전반을 이끄는 핵심 신앙적 특징이다.

이와 같은 요셉의 삶은 아버지 야곱이 그를 특별히 사랑하게 된 이유 중 하나

이며, 그의 청년 시절의 삶이 하나님과 아버지로부터 모두 인정을 받았다는 증거가 된다.

의롭고 정의로운 요셉의 신앙경주는 누구의 눈에도 신선하고 감동적이며, 진정한 삶의 승리자라고 해도 과언이 아니다. 그래서 아버지는 그를 사랑한 것이다.

4.(l') 신분: 늦둥이로 사랑받음(37:3a)

3a 요셉은 노년에 얻은 아들이므로 이스라엘이 여러 아들들보다 그를 더 사랑하므로

왜 야곱은 유독 요셉을 다른 아들들보다 더 사랑했을까? 야곱(이스라엘)이 요셉을 특별히 사랑한 이유로 '노년에 얻은 아들'이라는 표현이 등장하는데, 이는 단순히 나이의 문제가 아니라 더 깊은 의미를 담고 있다.'노년(זְקֻנִים, 지크님)'은 단순히 나이가 많다는 개념을 넘어서, '인생의 후반부'를 가리킨다. 또한 '얻은 아들'이라는 말도 단순히 '생물학적으로 늦은 나이'에 태어났다는 의미를 넘어, '특별한 기쁨과 애착의 대상'이 되었음을 나타낸다. 따라서 요셉은 야곱에게 있어 '늦게 얻은 기쁨과 희망'의 상징이었다. 이러한 해석을 바탕으로 볼 때, 야곱이 인생 후반에 요셉을 사랑하게 된 이유는 단순한 정서적 애착을 넘어, 신앙적 의미가 더 크다고 할 수 있다.

앞서 살펴본 것처럼, 요셉은 삶의 현장에서 나쁜 짓을 일삼는 형들과 어울리지 않았고, 그 사실을 숨기지 않고 아버지에게 알렸다. 이는 요셉이 의로운 삶을 살았음을 보여주는 증거로 볼 수 있다. 나아가 요셉의 행동은 단순한 고자질이 아니라, 아버지로 하여금 형들의 잘못을 깨닫게 하려는 사명감에서 비롯된 것으로 이해할 수 있다. 이러한 점들을 고려할 때, 아버지 야곱이 요셉을 다른 아들들보다 더 사랑한 이유는, 파란만장한 삶을 살아온 그가 약속의 땅 가나안에 정착한 후 요셉의 의로운 삶이 그에게 특별한 기쁨과 희망이 되었기 때문으로 보인다. 요셉은 단순히 사랑받는 아들이 아니라, 가문의 미래를 책임질 존재로 여겨

졌다. 따라서 야곱이 요셉을 더욱 사랑한 것은 그의 믿음의 삶을 귀하게 여겼기 때문이며, 이것이 곧 17세의 요셉이 신앙경주를 시작하게 된 출발점이라 할 수 있다.

5.(2') 역할: 아버지가 채색옷을 지어줌(37:3b)

3b 그를 위하여 채색옷을 지었더니

요셉의 의로운 삶의 모습을 보고 기쁨을 감출 수 없었던 아버지 야곱은 요셉에게 채색옷을 지어 입힌 이유가 분명하게 있었다. 하란에서 가나안으로 돌아오는 길에 장자 르우벤은 아버지의 첩과 간통한 사건으로 인해 인정받지 못하였고, 세겜 사건을 통해서 레아의 자녀들의 문제 있는 행동들을 보았으며, 또한 빌하와 레아 아들들의 악행을 요셉을 통해서 알게 되면서 야곱은 사랑했던 라헬의 아들 요셉의 사명감 있는 의로운 모습을 보고는 자신의 후계자로 삼으려고 작정하고 그에게 채색옷을 지어 입혔다. 고대 근동에서 일반 노동자들은 짧은 소매, 짧은 옷을 입고 일했다. 반면, 긴 소매, 긴 옷은 노동에 적합하지 않았고, 보통 귀족, 관리, 혹은 상속자가 입는 옷이었다. 즉, 요셉의 채색옷은 야곱이 요셉을 마치 '계승자'처럼 특별히 여겼다는 표시이다. 이것은 아버지 야곱이 큰아들 르우벤 대신 요셉에게 특별한 지위를 부여하려는 의도임을 알 수 있게 해준다.

6.(3') 위기: 형들이 요셉을 미워함(37:4)

4 그의 형들이 아버지가 형들보다 그를 더 사랑함을 보고 그를 미워하여 그에게 편안하게 말할 수 없었더라

이렇게 야곱의 가정에는 불화의 그림자가 드리웠다. 아버지가 형들보다 요셉을 더 사랑하고 그에게 채색 옷을 지어 입힌 원인을 형제들은 전혀 모른 채 그저

요셉이 밉기만 했다. 그들은 아버지가 요셉을 다른 형제들보다 더 그를 사랑하는 이유를 노후에 낳은 아들이라는 점, 또한 요셉에게 채색옷을 지어 입힌 점 때문이라고만 생각했지, 자신들의 잘못된 삶에서 왔다는 사실을 전혀 모른 채, 요셉을 무조건 사랑하는 아버지가 원망스러웠다. 이렇게 자신들의 오해에서 비롯되었다는 사실을 모른 상태에서 감정만 깊이 쌓여서 요셉과 가까이 하려하지 않았고 그와 말을 섞는 것도 싫어했다. 이로 인해 형제간의 불화는 시작되었고, 야곱 가정의 위기가 왔다. 그래서 저자는 마지막 부분에서 사랑과 미움의 갈등 관계를 핵심 주제로 주목하게 한 것이다.

"그 형들이 아버지가 형제들보다 그를 사랑(אהב)하는 것을 보고 그를 미워(שנא)하였더라"(37:4).

B. 꿈으로 인한 갈등(37:5-11)

5 요셉이 꿈을 꾸고 자기 형들에게 말하매 그들이 그를 더욱 미워하였더라 6 요셉이 그들에게 이르되 청하건대 내가 꾼 꿈을 들으시오 7 우리가 밭에서 곡식 단을 묶더니 내 단은 일어서고 당신들의 단은 내 단을 둘러서서 절하더이다 8 그의 형들이 그에게 이르되 네가 참으로 우리의 왕이 되겠느냐 참으로 우리를 다스리게 되겠느냐 하고 그의 꿈과 그의 말로 말미암아 그를 더욱 미워하더니 9 요셉이 다시 꿈을 꾸고 그의 형들에게 말하여 이르되 내가 또 꿈을 꾼즉 해와 달과 열한 별이 내게 절하더이다 하니라 10 그가 그의 꿈을 아버지와 형들에게 말하매 아버지가 그를 꾸짖고 그에게 이르되 네가 꾼 꿈이 무엇이냐 나와 네 어머니와 네 형들이 참으로 가서 땅에 엎드려 네게 절하겠느냐 11 그의 형들은 시기하되 그의 아버지는 그 말을 간직해 두었더라

이번은 전체 구조 중 두 번째 인물 요지(37:5-11)인 '꿈으로 인한 갈등'을 살펴보려 한다. 본문은 요셉과 형제들의 관계와 역할, 그리고 말과 행동들에서 다음과 같이 세 번 반복된 병행구조를 이루면서 여섯 개의 요지들로 구성된다.

가. 구조적 주해

꿈으로 인한 갈등(37:5-11)

1. 꿈 이야기함	37:5a
2. 더욱 미워함	37:5b
1'. 첫 번째 꿈: 통치자 역할 제시	37:6-7
2'. 더욱 미워함	37:8
1''. 두 번째 꿈: 통치자 역할 제시	37:9
2''. 시기함(אָנָה) / 마음에 둠	37: 10-11

이 본문은 요셉과 형제들 사이의 대화와 반응이 세 번 반복되는 병행구조를 이루고 있으며, 마지막 반복(1''/2'')에서는 요셉과 아버지의 관계까지 확장된다. 병행구조의 특성상 마지막 단락은 주제 강조점의 핵심을 형성한다.

1 / 2: 요셉과 형제들의 관계가 간접화법으로 서술된다. 요셉이 꿈을 꾸었음을 언급하지만, 대화는 직접 인용되지 않고 서술적인 방식으로만 전개된다. 형제들의 반응 또한 감정("더욱 미워함")으로 요약되어 있다.

1' / 2': 이 대목에서는 요셉과 형제들 사이의 직접적 대화가 등장한다. 요셉은 형제들에게 자신의 꿈을 상세히 설명하며, 자신의 곡식 단이 형제들의 단에게 절하는 내용을 이야기한다.

요셉의 설명에 등장하는 히브리어 표현 '히네(הִנֵּה)'가 세 번 반복되는데, 이는 형제들에게 자신의 꿈을 강하게 인식시키려는 의도적 강조로 해석된다. 형제들의 반응은 두 개의 대구적 질문으로 드러난다:

> "정말 네가 우리의 왕이 되겠느냐?"(הֲמָלֹךְ תִּמְלֹךְ עָלֵינוּ)
> "정말 네가 우리를 다스릴 셈이냐?"(אִם-מָשׁוֹל תִּמְשֹׁל בָּנוּ).

이때 부정사 절대형과 미완료형이 반복되는 것은 형제들의 강한 분노를 드러낸다. 형제들은 꿈에 등장하는 열한 단이 자신들을 지칭한다고 인식했고, 이로 인해 요셉에 대한 미움이 심화된다.

1" / 2": 이 구조는 병행 반복의 중심 주제로 기능하며, 형제들과의 갈등을 넘어서 요셉과 아버지 야곱의 관계로 확대된다. 요셉은 두 번째 꿈에서 해와 달과 열한별이 자신에게 절한다는 내용을 형제들과 아버지에게 이야기한다. 형제들은 더 이상 단순히 미워하는 데 그치지 않고 '시기함'(אָנָה)이라는 강화된 감정 표현으로 반응한다. 반면 야곱은 의아해하면서도 그 말을 마음에 간직한다(וְאָבִיו שָׁמַר אֶת-הַדָּבָר). 이는 그의 반응이 단순한 질책이 아니라, 꿈의 내용에 내포된 의미를 무의식적으로 인지했음을 암시한다. 이처럼 구조의 끝부분은 단순한 반복 이상의 서사적 고조와 신학적 암시를 내포한다. 요셉의 꿈은 점점 더 강한 거부와 긴장을 유발하며, 이후 전개될 형제들의 악의, 그리고 야곱 가족 내의 균열을 예고한다.

결론적으로 창세기 37:5-11의 구조는 서사적 병행성과 신학적 계시 구조를 동시에 지닌다. 요셉의 꿈은 단순한 자랑이 아닌, 미래에 대한 계시적 통치를 암시였으며, 형제들은 이를 자신들의 질서와 위계에 대한 도전으로 받아들였다. 반복 구조 속에서 갈등은 점차 고조되며, 시기 - 미움 - 불신 - 모략으로 이어지는 복합적 갈등의 출발점을 제공한다. 야곱이 요셉의 꿈을 마음에 간직한 것은, 하나님이 어떤 방식으로든 그의 섭리를 요셉을 통해 이루실 것임을 청자/독자에게 암시하는 중요한 신학적 복선이다.

나. 구속사적 의의

하나님의 계시적 주권: 요셉의 꿈은 단순한 개인적 상상이 아니라, 하나님께서 언약 계승자에게 주신 계시이다. 훗날 애굽 총리가 되어 가족과 열방을 구원할 하나님의 계획을 미리 보여주는 사건이다.

형제 갈등을 통한 언약 성취: 꿈은 형제들의 미움과 시기의 원인이 되지만, 바로 그 갈등이 요셉이 애굽으로 팔려가고, 결국 구원의 길을 여는 섭리의 도구가 된다.

메시아적 예표: 하나님이 주신 통치자의 꿈은 장차 오실 그리스도의 주권과 열방 구원을 예시한다. 주의 종은 세상으로부터 미움과 거절을 당하나, 결국 하나님의 뜻을 이루신다.

다. 신앙경주 적용

하나님의 꿈을 붙잡으라: 신앙경주는 세상의 조롱과 시기에도 불구하고, 하나님이 주신 비전과 소명을 붙잡는 삶이다.

미움 속에서도 계시는 유효하다: 요셉의 꿈은 미움과 갈등을 낳았지만, 하나님의 말씀은 반드시 이루어졌다. 신앙경주는 상황에 흔들리지 않고 말씀의 성취를 신뢰하는 경주이다.

시기와 마음에 둠의 갈림길: 형제들은 시기했으나, 아버지 야곱은 마음에 두었다. 신앙경주는 시기하는 태도가 아니라 하나님의 뜻을 묵상하며 기다리는 태도로 달려가야 한다.

통치자 되기 전 고난을 준비하라: 꿈은 곧바로 이루어지지 않고, 미움과 고난을 거쳐 성취되었다. 신앙경주는 꿈과 사명 앞에서 고난을 통과하는 훈련이다.

라. 본문 해설

위 본문을 해설함에 있어서, 요셉의 꿈은 그저 개인적인 상상인가, 아니면 하나님과 연관된 계시인가? 구조와 의미의 관계를 논할 때, 이 질문은 중요하다. 만일 이 꿈이 하나님과 연결되어 있다면, 우리는 그것을 계시로 판단할 수 있다.

먼저 구조적 관점에서 요셉과 아버지의 관계를 살펴보자. 이 본문은 전체 인물 구조 중 두 번째 대지이며, 앞서 강조된 요셉과 형제들의 관계와 긴밀히 연결된다. 아버지가 요셉에게 채색옷을 입힌 행위는 단순한 편애가 아니라, 요셉의 성실함과 의로움을 인정한 결과로 앞에서 살펴보았다. 이 후계자 선정의 맥락에서 요셉의 꿈을 본다면, 그것은 결코 우연이나 자의적 환상이 아니라는 결론에 이르게 된다.

그렇다면 하나님께서도 요셉의 삶을 인정하셨다는 해석이 가능한가? 본문에 하나님이 꿈의 주체로 직접 언급되지는 않지만, 반복 구조 속에서 그분의 의도가 '은밀하게' 드러난다. 첫 번째와 두 번째 꿈은 구조상 서로 연결되어 있으며, 이 연결성은 메시지의 중심을 강조한다. 첫 번째 꿈이 계시적이라면, 두 번째 꿈도 반드시 계시적이어야 한다. 첫 번째 꿈은 창세기 43:26에서 형제들이 요셉 앞에 절함으로 성취되었지만, 두 번째 꿈에 나타난 "부모와 형제들의 절"은 성경에 명시적으로 기록되어 있지 않다.

그렇다면 두 번째 꿈은 계시가 아니라고 말할 수 있는가? 이 문제를 풀기 위해, 요셉의 꿈 안에 나타나는 그의 네 가지 역할을 구조적 관점에서 살펴보고자 한다. 요셉의 꿈은 다음 네 가지 역할과 관련된다:

(1) 가족의 일원으로서의 역할

(2) 상징적인 통치자의 역할

(3) 모범적 돌봄의 역할

(4) 전형적 계승자의 역할

이 네 역할은 인물 구조 안에서 반복되며 전체 메시지를 형성한다.

첫째, 요셉은 두 꿈 모두에서 가족의 일원으로 등장한다. 첫 번째 꿈에서 열한 단이 요셉의 단에 절하고, 두 번째 꿈에서는 해와 달, 열한 별이 요셉에게 절한다. 형제들과 아버지는 모두 이 상징들이 자신들을 가리킨다고 인식한다. 이로 인해 형제들이 그를 더욱 미워하고 시기하며, 아버지는 꾸짖는다. 모두가 요셉의 꿈 안에서 "가족의 구성원"으로 나타나는 것이다. 특히 '달'을 "너의 어머니"라고 표현한 야곱의 반응을 라헬로 해석할 필요는 없다. 라헬은 이미 죽었고, 레아, 실바, 빌하는 살아 있었다. 요셉의 어머니 개념은 실질적으로 이들을 포함한다. 그러므로 "달"은 단일 인물이 아니라 어머니 역할을 총칭하는 상징으로, 가족 전체를 대표하는 장치다. 이는 해와 달과 별이 부모와 형제를 포괄적으로 의미한다는 구조적 해석을 가능하게 한다.

둘째, 요셉은 통치자적 역할을 맡는다. '절하다'(히브리어 חוה)는 단순한 인사나 예배를 넘어, 권위를 인정하고 복종하는 행위를 의미한다. 따라서 부모가 요셉에게 절하는 장면은 그의 통치권을 인정하는 것을 상징한다. 비록 부모가 요셉에게 실제로 절하지는 않았지만, 이 구조는 통치권의 실현을 상징적으로 드러낸다. 그러므로 두 번째 꿈도 성취되었으며, 계시적 의미를 가진다고 볼 수 있다.

셋째, 요셉은 '돌보는 자'로 등장한다. 첫 번째 꿈의 배경은 곡식밭이며, 곡식은 의식주 중 '음식'을 상징한다. 요셉의 모든 꿈들이 음식과 관련되어 있음은 우연이 아니다(환관장의 꿈, 바로의 꿈 등). 형들을 돌보러 세겜에 가는 요셉의 모습은 그가 이미 돌봄의 역할을 수행하고 있음을 보여 준다. 결국 요셉은 이집트에서 부모와 형제들의 생계를 책임지게 된다. 따라서 두 번째 꿈도 돌보는 역할의 성취로서, 계시로 받아들일 수 있다.

넷째, 요셉은 계승자의 역할을 맡는다. 만일 그의 꿈이 하나님께서 주신 것이라면, 형제들과의 갈등은 왜 심화되는가? 가정이 오히려 더 화목해야 하는 것 아닌가? 요셉이 천방지축 같고, 채색옷을 자랑하며 꿈을 형들에게 말했다고 보는 견해도 있지만, 앞서 살핀 바와 같이 갈등의 근본 원인은 형제들의 불신과 오해였다. 아버지 야곱은 요셉을 후계자로 선택했고, 채색옷을 입혀 이를 표시했다. 하나님께서 요셉에게 꿈을 주신 것도 바로 그를 통한 언약의 계승을 뜻한다. 야곱 자신도 하나님의 특별한 선택을 받은 인물이었다. 그는 태중에서부터 택함을 받았으며(창 25:23), 벧엘에서 꿈을 통해 하나님의 언약을 직접 받았다(창 28:

12-15). 이러한 배경 속에서 요셉에게 나타난 두 번의 꿈은 단순한 개인적 환상이 아니라, 하나님의 구속사적 선택의 계시가 그의 삶 가운데 이어지고 있음을 보여주는 연속선상에 있는 사건이다.

결국 요셉의 꿈은, 하나님께서 아브라함과 이삭, 그리고 야곱에게 주셨던 언약이 요셉을 통해 성취될 것임을 상징하는 계시적 표현이며, 야곱은 다른 자녀들과 달리 요셉의 꿈을 마음에 간직하였다. 이는 단순한 감정적 기억이 아니라, 믿음의 응답이자 영적 분별력의 표현이다.

요셉은 이처럼 신령한 삶을 살아가는 자로서의 증거를 삶으로 드러내고 있으며, 그의 꿈에 대한 아버지 야곱의 반응은, 요셉이 하나님 앞에서 신앙경주의 승리자로 인정받고 있다는 사실을 상징적으로 보여주는 표현이다. 아버지가 그의 꿈을 마음에 두었다는 것은, 요셉이 단순히 총애를 받는 자가 아니라, 하나님의 언약을 이루어갈 도구로서 영적으로 주목받고 있음을 나타낸다.

결론적으로 요셉의 두 번의 꿈은 하나님의 구속 계획 안에서 요셉을 선택하여 사용하시겠다는 의지의 표현이다. 하나님에 대한 직접적인 언급이 없더라도, 반복 구조와 요셉의 네 가지 역할 —가족의 일원, 통치자, 돌보는 자, 계승자— 를 통해 그 계시적 성격이 분명히 드러난다. 첫 번째 꿈은 곡식 단들, 두 번째 꿈은 천체 상징들을 통해 요셉의 정체성과 사명을 드러내며, 두 꿈은 가족 공동체 전체를 포괄하는 구조로 연결되어 있다. 요셉의 삶은 아브라함-이삭-야곱의 언약 계승 흐름 위에 서 있으며, 그의 꿈은 구속사의 한 장면으로 해석될 수 있는 명확한 계시이다.

C. 요셉의 사명(37:12-17)

12 그의 형들이 세겜에 가서 아버지의 양 떼를 칠 때에 13 이스라엘이 요셉에게 이르되 네 형들이 세겜에서 양을 치지 아니하느냐 너를 그들에게로 보내리라 요셉이 아버지에게 대답하되 내가 그리하겠나이다 14 이스라엘이 그에게 이르되 가서 네 형

들과 양 떼가 다 잘 있는지를 보고 돌아와 내게 말하라 하고 그를 헤브론 골짜기에서 보내니 그가 세겜으로 가니라 15 어떤 사람이 그를 만난즉 그가 들에서 방황하는지라 그 사람이 그에게 물어 이르되 네가 무엇을 찾느냐 16 그가 이르되 내가 내 형들을 찾으오니 청하건대 그들이 양치는 곳을 내게 가르쳐 주소서 17 그 사람이 이르되 그들이 여기서 떠났느니라 내가 그들의 말을 들으니 도단으로 가자 하더라 하니라 요셉이 그의 형들의 뒤를 따라 가서 도단에서 그들을 만나니라

가. 구조적 주해

요셉의 사명(37:12-17)

1. 세겜에서 양을 침	37:12
2. 심부름 가겠느냐?	37:13a
3. 세겜으로 간다 함	37:13b
4. 사명: 샬롬(שלום) 확인	37: 14
3'. 방황하는 요셉	37:15
2'. 내게 가르쳐 주소서?	37:16
1'. 세겜에서 도단으로 이동	37:17

형들은 요셉을 곤란하게 만들기 위해, 세겜에서 양을 치다가 도단으로 이동한다. 이 본문은 7개의 요지로 구성된 홀수형 대칭구조를 이루며, 세 쌍의 병행 항목과 하나의 중심 항목으로 배열되어 있다. 구조 분석은 다음과 같다.

(1) 구조 도식-중괄식 (1-2-3-4-3'-2'-1')

1 / 1': 요셉이 '세겜에서 양을 친다'(1)는 장면과, 형들이 '세겜에서 도단으로 이동한다'(1')는 장면이 서로 대응된다. 동일한 지명을 기준으로 전개되는 이동의 대비를 보여준다.

2 / 2': "네 형들이 양을 치지 아니하느냐"(2)와 "형들이 어디로 갔는지 내게

알려 주소서"(2')는 모두 질문 형식으로 되어 있으며, 요셉의 순종적 태도와 의지를 강조한다.

3 / 3': "요셉이 세겜으로 간다함"(3)과 "요셉이 들에서 방황한다"(3')는 내용은, 형들이 요셉에게 고의적으로 목적지를 알리지 않았음을 보여준다. 나그네를 통해 형들의 행선지를 전해 듣는 장면은 형들의 악의와 하나님의 섭리적 개입이 함께 드러나는 부분이다.

중심 4: 샬롬 확인, 형들을 돕고 평안한지를 확인하는 사명

(2) 중심 주제

대칭구조의 중심에 위치한 이 요지(4)는 본문의 핵심 주제를 형성한다. 야곱이 요셉에게 형들을 돌보도록 명령하는 장면이다. 이는 요셉의 사명적 소명을 보여주는 장면으로, 이후 전개될 고난과 구원 서사의 출발점이 된다.

이 구조는 단순한 이야기 배열을 넘어서, 서사적 장치로서의 대칭성을 통해 주제를 강화한다. 특히 중심 항목은 "형들을 찾아가는 요셉"이라는 사명의 시작을 강조하며, 갈등의 시작 속에 담긴 하나님의 의도를 조명하는 구조적 중심 축이라 할 수 있다.

나. 구속사적 의의

사명의 시작: 요셉은 단순히 심부름하는 아들이 아니라, 하나님의 섭리 속에 애굽으로 보내질 사명자로 준비되고 있다.

샬롬의 언약: 아버지가 부탁한 "샬롬(평안)을 확인하라"는 말은 단순한 안부가 아니라, 장차 요셉이 형제와 열방의 평안을 보존하는 사명을 맡게 될 것을 상징한다.

방황 속의 인도: 요셉이 길을 잃었으나 한 사람의 안내로 도단으로 간 것은, 인간의 길을 잃음조차 하나님의 구속사적 인도 속에 있음을 보여준다.

다. 신앙경주 적용

사명은 순종에서 시작된다: 요셉은 아버지의 부름에 단순히 "가겠나이다"라고 응답했다. 신앙경주는 작은 순종의 발걸음에서 시작된다.

샬롬을 세우는 삶: 요셉의 사명은 형제들의 평안을 확인하는 것이었다. 신앙경주는 자신을 위한 것이 아니라 공동체의 평안을 세우는 사명이다.

방황 속에서도 하나님은 인도하신다: 길을 잃는 순간에도 하나님은 인도자를 예비하셨다. 신앙경주는 혼란과 방황 속에서도 하나님의 손길을 신뢰하는 여정이다.

사명지는 도단이다: 요셉이 세겜에서 도단으로 옮겨간 것은 곧 시련의 자리이자 사명의 자리였다. 신앙경주는 '편안한 세겜'이 아니라, 때로 '고난의 도단'으로 부르시는 하나님의 뜻을 따르는 길이다.

라. 본문 해설

이 본문은 '요셉의 사명'이라는 주제 아래, 하나님께서 요셉을 어떻게 형제들에게 보내시며, 그 과정 속에 어떤 섭리와 메시지를 담고 있는지를 보여 준다.

야곱은 요셉에게 형들이 양을 치고 있는 세겜으로 가보라고 말하며 심부름을 보낸다. 이 장면은 단순한 아버지의 지시를 넘어, 요셉의 사명적 여정이 시작되는 중요한 계기로 기능한다. 이는 훗날 요셉이 형들에게 말한 고백, "하나님이 생명을 구원하시려고 나를 당신들보다 먼저 보내셨나이다"(창 45:5)와 직접적으로 연결된다. 즉, 야곱의 파송은 인간적인 의도였지만, 하나님께서 구속사적 계획을 이루기 위해 사용하신 도구였다. 요셉은 아버지의 명령에 어떠한 불평도 없이 순종하며 가겠다고 대답한다. 이는 아버지의 뜻에 기꺼이 자신을 내어드리는 순종의 자세이며, 돌봄의 사명을 향해 나아가는 요셉의 예표적 태도로 볼 수 있다. 이 모습은 그가 훗날 민족을 돌보는 자로 부름 받을 준비된 사명자임을 드러낸다.

그러나 요셉이 세겜에 도착했을 때, 형들을 찾지 못하고 '들에서 방황'하는 장면이 묘사된다. 이 '방황'은 실패나 좌절이 아니라, 하나님의 개입을 위한 신비로운 장치이다. 성경에서 '방황'은 종종 인간의 연약함과 방향 상실을 상징하지만 (출 2:15, 민 32:13 참조), 하나님은 그런 상황 속에서도 그의 뜻을 이루시기 위한 개입의 통로로 사용하신다. 이 장면은 요셉의 여정이 철저히 하나님의 간섭과 인도 아래 있음을 암시한다. 그 사람은 요셉에게 "그들이 도단으로 가자 하더라"고 전한다. 이로써 요셉은 방향을 다시 잡고 도단으로 향한다. '도단'은 히브리어로 '두 구덩이'를 뜻하며, 요셉의 고난이 본격적으로 시작되는 상징적 장소이다. 요셉은 형들을 찾을 수 있다는 감사의 마음으로 도단으로 나아가 형들을 만나게 되지만, 그 결과 그는 구덩이에 던져지고 애굽으로 팔려가는 운명을 맞이한다.

요셉은 아버지가 맡긴 사명, 곧 형들을 돌아보라는 사명을 성실히 감당했지만, 그 결과로 배신과 고난을 겪게 된다. 그러나 이 고난은 요셉의 신앙경주를 연단하고 성숙하게 하는 밑거름이 되었으며, 결국 하나님 앞에서 승리자의 상을 받는 결과로 이어졌다.

D. 장자권 경쟁(37:18-36)

가. 구조적 주해

D. 장자권 경쟁(37:18-36)

가) 유다의 제안

1. **살해**: 형들이 요셉을 죽이자 함	37:18-20	
2. **피**: 르우벤이 피를 흘리지 말자 함	21-22	
3. **옷**: 옷을 벗기고 구덩이에 넣음	23-24	
4. **수용**: 형제들이 유다 제안 수용	25-27	

이 본문은 반복되는 병행 구조(1-2-3-4-5/1'-2'-3'-4'-5')로 구성되었으며, '살해 - 피 - 옷 - 수용 - 팔림'이라는 다섯 개의 키워드를 중심으로 두 개의 세부 구조가 형성되어 있다.

첫 번째 병행 구조(1-2-3-4-5)는, 형제들이 세겜에서 도단으로 이동한 후 요셉을 죽이기로 계획하지만, 유다가 "죽이지 말고 팔자"고 제안하고, 그 제안에 형제들이 동의하여 상인들에게 요셉을 팔아버리는 이야기로 전개된다.

두 번째 병행구조(1'-2'-3'-4'-5')에서는, 맏형 르우벤이 돌아왔을 때 요셉이 없어졌음을 알고 통곡하며, 형제들은 요셉이 들짐승에게 찢겨 죽은 것처럼 꾸미기로 합의한다. 염소의 피를 묻힌 채색 옷을 아버지에게 보여주자, 야곱은 사랑하는 아들이 죽었다고 믿고 깊은 슬픔에 빠진다. 이때 요셉은 이미 애굽으로 팔려가고 있었다.

나. 구속사적 의의

언약 계승의 위기: 요셉이 형제들에게 배척당함은 장자권 계승의 갈등이 극에 달했음을 보여준다. 인간적 질투와 경쟁이 언약 계보를 끊을 위기를 초래한다.

하나님의 섭리적 전환: 그러나 '팔림'이라는 사건이 단순한 비극이 아니라, 훗날 애굽에서 구원의 길을 여는 하나님의 도구가 된다. 언약은 인간의 죄와 배신에도 불구하고 지속된다.

형제 대립과 하나님의 주권: 장자권을 둘러싼 인간적 경쟁은 하나님의 선택과 섭리를 통해 새롭게 해석된다. 장자가 아니라 언약을 위한 자(요셉)를 통해 구속사가 진행된다.

다. 신앙경주의 적용

선택받은 자의 고난: 요셉처럼 신앙의 경주자도 불합리한 고난과 배척을 경험할 수 있다. 그러나 그 길은 하나님의 섭리 속에 있다.

형제 간 갈등의 시험: 신앙경주는 공동체 안의 질투, 경쟁, 배신이라는 현실적 시험을 포함한다. 경주자는 이 속에서 하나님께서 주시는 사명의 길을 끝까지 붙잡아야 한다.

팔림에서 사명으로: 인간 눈에는 실패와 패배 같지만, 하나님은 이를 통해 더 큰 구원의 문을 여신다. 신앙경주는 '버려짐' 속에서 '보내심'으로 바뀌는 길이다.

라. 본문 해설

1. 살해: 형들이 요셉을 죽이자 함(37:18-20)

> 18 요셉이 그들에게 가까이 오기 전에 그들이 요셉을 멀리서 보고 죽이기를 꾀하여
> 19 서로 이르되 꿈꾸는 자가 오는도다 20 자, 그를 죽여 한 구덩이에 던지고 우리가
> 말하기를 악한 짐승이 그를 잡아먹었다 하자 그의 꿈이 어떻게 되는지를 우리가 볼
> 것이니라 하는지라

형들은 요셉이 자신들을 찾아 세겜으로 올 것을 알고 미리 도단으로 옮겨갔다. 이는 우연한 이동이 아니라, 계획적인 회피이자 요셉에 대한 적대감을 드러내는 행위였다. 그들은 요셉이 아버지의 사랑을 독차지하고 있다는 사실조차도 참기 힘들었던 것이다.

요셉이 도단으로 오는 것을 멀리서 본 형들은 곧바로 그를 죽이기로 작정하고 살해를 모의하였다. 그들이 요셉을 미워한 근본적인 이유는, 요셉이 아버지의 총애를 받으며 후계자로 사실상 지명되었다고 여겼기 때문이다. 그가 입고 있던 채색 옷은 단순한 옷이 아니라, 그 지명(指命)의 상징으로 여겨졌고, 이는 기존의 형제 간 위계질서를 파괴하는 행위로 간주되었다. 형제들은 자신들의 지위가 무너진다는 위기감과 분노 속에서 요셉을 세겜에서 도단으로 유인하여 계획적으로 죽이려 했던 것이다.

그들의 구체적인 계획은 요셉을 죽인 후 그의 시신을 구덩이에 던져 은폐하고, "악한 짐승이 잡아먹었다"는 거짓 증언으로 사건을 마무리하려는 잔혹한 시나리오였다. 같은 형제를 향해, 단지 그가 미움의 대상이라는 이유로 죽음까지 계획했다는 사실은, 그들의 마음이 얼마나 무자비하고 잔인한지를 여실히 드러낸다. 단순한 분노나 질투를 넘어 하나님의 뜻에 대한 도전으로까지 발전하고 있었다. 그들은 이렇게 말한다:

"그의 꿈이 어떻게 되는지를 보자."

이 말은 요셉의 꿈이야말로 그들이 가짐 분노의 진짜 표적이었음을 보여준다. 형들은 요셉이 꿈에서 자신들을 굴복시키는 장면(절함)을 자신들에 대한 모욕과 도전으로 받아들였고, 수치와 위협으로 인식했다. 이 꿈이 하나님께서 주신 계시였다는 사실을 깨닫지 못한 채, 요셉이 꿈을 지어내어 형들을 무시했다고 오해하였던 것이다. 형들은 요셉을 죽인 후, 그 꿈이 과연 '개꿈'인지 아닌지를 확인하겠다는 태도를 보인다. 이것은 단순한 불신을 넘어, 하나님의 계시 자체에 대한 경멸과 조롱으로 해석될 수 있다. 이 장면은 형제들의 계략이 얼마나 깊고 악하며, 하나님의 뜻을 인간의 분노로 꺾으려 했는지를 명확히 보여준다.

요약하면, 이 본문은 요셉의 꿈을 둘러싼 형제들 간의 갈등이 어떻게 살인의 음모로까지 발전했는지를 보여주는 서사의 한 장면이다. 동시에, 하나님의 구속사적 계획에 대한 인간의 무지와 반항을 보여준다. 한 청년의 패기 있는 신앙경주가 무너질 지경에 놓여있다.

2. 피: 르우벤이 피를 흘리지 말자 함(37:21-22)

21 르우벤이 듣고 요셉을 그들의 손에서 구원하려 하여 이르되 우리가 그의 생명은 해치지 말자 22 르우벤 또 그들에게 이르되 피를 흘리지 말라 그를 광야 그 구덩이에 던지고 손을 그에게 대지 말라 하니 이는 그가 요셉을 그들의 손에서 구출하여 그의 아버지에게로 돌려보내려 함이었더라

르우벤이 요셉을 구덩이 넣자는 그들의 제안을 들었다. 요셉에 대한 보복심이 형제들을 하나로 결속시켰던 것이다. 이러한 위기 속에서 가장 예민하게 반응한 인물은 장자 르우벤이었다. 그는 앞서 아버지에게 큰 죄를 지었고(창 35:22), 실질적으로 장자로서의 지위를 상실한 상태였다. 그러므로 그는 자신의 약점을 의식

하며, 요셉을 죽이지 말자고 강력하게 요청한 것이다.

르우벤의 간청은 단지 요셉을 불쌍히 여긴 데서 나온 것이 아니라, 요셉을 구출하여 아버지께 돌려드림으로써 자신의 장자권을 회복하려는 의도가 내포되어 있었다. 반복되는 간곡한 요청과 죽이지 말자는 그의 설득은, 장자권 상실의 위기감에서 비롯된 심리적 긴박성을 보여준다. 만일 요셉이 죽는다면, 장자로서의 책임뿐 아니라 권리까지도 영원히 사라질 것을 그는 두려워했을 것이다. 하지만 이러한 르우벤의 속셈을 다른 형제들이 알고 있었을까?

3. 옷: 옷을 벗기고 구덩이에 넣음(37:23-24)

> 23 요셉이 형들에게 이르매 그의 형들이 요셉의 옷 곧 그가 입은 채색옷을 벗기고 24 그를 잡아 구덩이에 던지니 그 구덩이는 빈 것이라 그 속에 물이 없었더라

요셉은 아무런 의심 없이 형들을 반갑게 만나러 갔지만, 형들은 이미 그를 해칠 계획을 세워 놓고 있었다. 요셉이 형들에게 가까이 다가오자, 그들은 갑자기 그가 입고 있던 채색옷을 벗기고, 그를 붙잡아 구덩이에 던졌다. 이 모든 행동은 순식간에 벌어진 잔인한 행위였다. 요셉은 아무 저항을 하지 못하고, 무슨 일이 벌어지고 있는지도 모른 채 형들의 공격을 당했다. 그러나 그가 던져진 구덩이는 빈 곳이었고 물이 없었으므로, 요셉은 즉각적인 생명의 위협을 면할 수 있었다. 형들이 요셉의 상징적인 채색옷을 벗김으로써 그가 가진 지위와 정체성(아버지의 총애와 후계자의 상징)을 제거하려는 가혹한 행위였다. 그리고 요셉을 철저히 배제하려는 폭력이었다. 이후 요셉의 옷이 거짓 증거물로 사용되어 야곱에게 "짐승에게 찢겨 죽었다"는 속임수의 도구가 된다.

4. 수용: 형제들이 유다 제안 수용(37:25-27)

25 그들이 앉아 음식을 먹다가 눈을 들어본즉 한 무리의 이스마엘 사람들이 길르앗에서 오는데 그 낙타들에 향품과 유향과 몰약을 싣고 애굽으로 내려가는지라 26 유다가 자기 형제에게 이르되 우리가 우리 동생을 죽이고 그의 피를 덮어둔들 무엇이 유익할까 27 자 그를 이스마엘 사람들에게 팔고 그에게 우리 손을 대지 말자 그는 우리의 동생이요 우리의 혈육이니라 하매 그의 형들이 청종하였더라

르우벤이 자리를 비운 사이, 형제들은 식사 중에 저 멀리서 상인들이 오는 것을 보게 된다(창 37:25, 29). 이때 유다가 상인들을 보며 새로운 제안을 내놓는다. 유다의 제안은 형제들의 공감을 얻는다. 요셉을 죽이지 않으면서도, 돈을 얻고, 동시에 더 이상 요셉을 보지 않아도 된다는 점에서 그들에게는 일석삼조의 결과였다. 결국 형제들은 장자 르우벤의 제안을 무시하고 유다의 제안을 따르게 된다. 이로써 유다는 장자권 경쟁에서 본색을 드러내기 시작한다. 이는 곧 유다와 르우벤의 경쟁을 넘어, 유다와 요셉 간의 구속사적 대결로 이어지는 전초전이라 할 수 있다.

인물구조 속에서 유다의 말은 르우벤의 속내를 어느 정도 간파하고 있었음을 암시한다. 그러나 유다의 제안은 명백히 도덕적이지 않다. 그의 행동은 영웅적 헌신이 아닌, 이익을 계산한 기회주의적 제안이었다. 유다는 아버지가 요셉에게 채색옷을 입혔다는 사실이 후계자 지정의 표식이라는 점을 간파하고 있었다. 장자권이 탐났던 유다는 르우벤의 방식을 따르면 자신에게 기회가 없다는 판단 하에, 요셉을 상인에게 팔자고 제안힘으로 새로운 길을 모색한 것이다. 이는 단순한 살해 회피가 아니라, 가족 내 권력 경쟁(intra-familial rivalry) 속에서 자신에게 유리한 구도를 만들려는 선택이었다.

5. 팔림: 요셉을 상인에게 팔아버림(37:28)

> 28 그때에 미디안 사람 상인들이 지나가고 있는지라 형들이 요셉을 구덩이에서 끌어올리고 은 이십에 그를 이스마엘 사람들에게 팔매 그 상인들이 요셉을 데리고 애굽으로 갔더라

유다의 제안에 따라 요셉은 이스마엘/미디안 상인들에게 팔려 노예가 된다. 무정한 형제들에게 버려진 요셉의 비참한 처지는, 본문에서 그의 이름이 반복적으로 사용되는 방식에서도 드러난다. 히브리 서사문학에서 대명사 대신 이름을 반복 사용하는 것은 서사적 긴장감과 감정의 고조를 위한 장치다. 저자는 요셉이라는 이름을 계속 강조함으로써, 이 사건이 단순한 거래가 아닌, 구속사적 전환점임을 보여준다. 이후 38장에서 유다의 삶이 삽입되어 요셉의 내러티브 흐름을 잠시 중단시키는 이유도, 유다와 요셉의 대조적인 삶의 구조를 보여주려는 저자의 의도로 이해할 수 있다.

6.(1') 살해: 르우벤이 요셉이 죽은 줄 알고 애통(37:29-30)

> 29 르우벤이 돌아와 구덩이에 이르러 본즉 거기 요셉이 없는지라 옷을 찢고 30 아우들에게로 되돌아와서 이르되 아이가 없도다 나는 어디로 갈까

르우벤이 돌아와 구덩이를 확인한 후 요셉이 없어진 사실에 놀라, 옷을 찢으며 괴로워한다(29절). 그는 "나는 어디로 갈꼬?"(30절)라며 자신의 절망을 토로한다. 이는 단지 요셉을 잃은 슬픔을 넘어, 장자권 회복의 마지막 기회마저 놓쳤다는 상실감과 좌절감의 표현이다. 그러나 이미 상황이 돌이킬 수 없게 된 이상, 르우벤은 형제들이 꾸민 거짓 계획에 동참할 수밖에 없었다. 결국 요셉의 채색옷에 염소 피를 묻혀 아버지 야곱을 속이게 된다.

7.(2') 피: 염소 피를 바르고 죽었다고 속임(37:31-32)

31 그들이 요셉의 옷을 가져다가 숫염소를 죽여 그 옷을 피에 적시고 32 그의 채색옷을 보내어 그의 아버지에게로 가지고 가서 이르기를 우리가 이것을 발견하였으니 아버지 아들의 옷인가 보소서 하매

요셉의 형들은 요셉의 채색 옷을 가져다가 숫염소의 피에 적신 후, 그것을 야곱에게 보내어 사실을 은폐하려 했다. 피로 더럽혀진 옷은 요셉의 죽음을 암시하는 증거로 조작되었다. 이 장면은 과거 야곱이 아버지 이삭을 속였던 사건(창 27:23)을 연상케 한다. 속였던 자가 이번에는 속임을 당하는 아이러니가 전개되는 것이다.자신이 형 에서를 흉내 내기 위해 **염소털**을 이용해 아버지를 속였던 야곱이, 이제는 **숫염소**의 피로 속임을 당하는 대상이 된 것이다.

이후 창세기 44장에서 요셉이 베냐민의 자루에 은잔을 넣는 사건 역시, 이와 연결하여 해석할 수 있다. 이것은 단순한 계략이 아니라, 과거의 속임에 대한 시험과 대면의 장치였다. 요셉은 이미 유다가 자신을 팔자고 제안했던 장본인임을 알고 있었고, 그 유다가 과연 진심으로 회개하고 변화되었는지를 시험하려고 했던 것이다.

결과적으로, 르우벤은 유다의 계획을 알지 못했고, 형제들 모두는 유다를 따라 아버지를 속이는 일에 동참하게 되었다. 이는 요셉에 대한 시기와 배신이 단지 형제 사이의 갈등에 그친 것이 아니라, 결국에는 아버지를 향한 조직적인 거짓과 기만으로까지 번져갔음을 보여주는 장면이다.

8.(3') 옷: 아버지가 옷을 찢고 통곡함(37:33-34)

33 아버지가 그것을 알아보고 이르되 내 아들의 옷이라 악한 짐승이 그를 잡아 먹었도다 요셉이 분명히 찢겼도다 하고 34 자기 옷을 찢고 굵은 베로 허리를 묶고 오래도

록 그의 아들을 위하여 애통하니

야곱은 그 옷을 보자마자 요셉의 것임을 즉시 알아차렸다. 그는 사랑하는 아들이 들짐승에게 물려 죽은 줄로 믿고, 깊은 슬픔에 잠겨 통곡하였다.

"악한 짐승이 그를 잡아먹었도다. …"

야곱은 그 내막을 전혀 알지 못한 채, 오직 채색옷 하나만을 보고 요셉이 죽었다고 확신하였다. 그 채색옷은 세상에 하나뿐인 옷이었고, 더 나아가 야곱이 정한 계승자의 상징이었기 때문이다. 그래서 야곱은
"요셉이 분명히 찢겼도다"라고 절규하며 울부짖는다.
야곱의 슬픔은 단순히 한 자녀를 잃은 아버지의 애통을 넘어, 언약의 계승자를 잃은 영적 절망을 나타낸다. 그의 고통은 어떠한 자녀의 위로로도 회복될 수 없는 깊은 비탄이었다. 야곱은 슬픔의 예의를 갖추어 자신의 옷을 찢고, 굵은 베로 허리를 묶으며, 오랜 시간을 애통하였다.

9.(4') 수용: 위로를 수용하지 않음(37:35)

35 그의 모든 자녀가 위로하되 그가 그 위로를 받지 아니하여 이르되 내가 슬퍼하며 스올로 내려가 아들에게로 가리라 하고 그의 아버지가 그를 위하여 울었더라

야곱의 모든 자녀들이 아버지를 위로하려 했으나, 야곱은 그 위로를 전혀 받아들이지 않았다. 그의 슬픔은 단순한 감정의 차원을 넘어, 깊은 영혼의 상처와 절망의 상태를 보여준다.
야곱은 자신의 비통함을 다음과 같이 고백한다:

"내가 슬퍼하며 스올로 내려가 아들에게로 가리라."

이는 그가 요셉을 결코 잊을 수 없으며, 죽는 날까지 아들을 그리워하며 살아가겠다는 비통의 선언이다. 그리고 본문은 이렇게 덧붙인다:

"그의 아버지가 그를 위하여 울었더라."

야곱의 울음은 단순히 사랑하는 아들을 잃은 아버지의 눈물이 아니라, 하나님께서 허락하신 **언약의 계승자**를 잃었다는 신학적 상실감의 표현이다. 따라서 이 슬픔과 통곡은 단지 가족을 잃은 개인적 아픔이 아니라, 하나님의 구속사 안에서 중요한 계승의 단절이라는 **신앙적 비탄**을 드러내는 것이다.

10.(5') 팔림: 보디발 집에 매매 (37:36)

36 그 미디안 사람들은 그를 애굽에서 바로의 신하 친위대장 보디발에게 팔았더라.

이 구절은 앞선 요지 5의 '팔림'과 대응되는 반복된 병행 구조로 구성되었다. 처음에는 형들이 요셉을 이스마엘/미디안 상인들에게 팔았고, 이어 이 상인들이 요셉을 애굽에서 보디발에게 팔았다는 사실이 구체적으로 서술된다.

요셉은 노예로 팔려가고 있으며, 미디안 사람들에 의해 애굽으로 이송 중이었다. 당시 고대 근동 사회에서는 인신매매가 보편적인 관행이었으며, 요셉 역시 그러한 희생자로 나타난다. 그러나 주목할 점은, 단순한 시장 노예가 아니라, 바로의 신하이자 친위대장 보디발의 집에 팔렸다는 사실이다. 이는 요셉이 고난 가운데서도 하나님의 섭리 아래 놓여 있었음을 보여주는 중요한 단서이다. 인간의 관점에서는 '팔림'이 비극이지만, 하나님의 관점에서는 예비된 구속사의 길이었다.

이 구절은 이야기의 흐름상 자연스럽게 39장으로 이어지는 전환점을 형성한다. 그러나 실제로 본문은 38장으로 넘어가며 유다의 삶과 실수, 그리고 변화의 과정이 삽입된다. 그렇다면, 이 흐름 속에서 '팔림'이라는 키워드는 어떤 신학적 연관성을 가지는가?

요셉의 '팔림'과 유다의 '타락과 회개의 서사'는 서로 대비되는 이야기로 배열되어 있다. 이는 구속사적 맥락에서, 이스라엘 공동체의 구속과 회복이 요셉의 고난과 유다의 갱신을 통해 동시적으로 준비되고 있음을 암시한다. 결국 요셉의 '팔림'은 단지 고난의 서사가 아니라, 하나님께서 야곱과 그의 가족들을 구원하시기 위한 섭리의 전환점으로 읽혀야 한다.

E. 역전의 삶: 유다와 요셉(38:1-41:57)

창세기 37-50장에서 가장 중요한 구조적 기능을 수행하는 요소 중 하나는 유다와 요셉의 삶의 대비 관계이다. 이 가운데 특히 창세기 38장의 위치가 중요한 질문으로 떠오른다. 왜 하필 이 장(38장)이 요셉이 팔리는 사건(37장)과 보디발의 집으로 내려가는 장면(39장) 사이에 배치되어 있는가?

거의 모든 역사비평 학자들은 창세기 38장을 후대 삽입된 독립 전승으로 인정한다. 그 이유는 37장이 요셉이 팔리는 장면으로 끝나고, 39장에서 요셉이 애굽 보디발의 집에 도착하는 장면으로 이어지는 것이 주제 흐름상 더 자연스럽게 보이기 때문이다. 그러나 최근의 문학적, 구조적, 신학적 연구들을 살펴보면, 단순히 38장만을 독립적으로 해석하기보다는, 37장 – 38장 – 39장 전체의 연속된 구조 속에서 그 상호 연결성을 고려하는 시도가 점차 설득력을 얻고 있다. 특히 언어적, 문학적, 구조적, 주제적 관점에서 분석할 때, 38장은 단순한 삽입이 아니라, 요셉 이야기 속에 병렬적으로 배치된 유다의 반전 서사로 기능한다. 따라서 38장을 37장 또는 39장과 단편적으로 연결해 주석하기보다는, 38-41장을 하나의 구조적 단위로 보아야 한다는 해석이 더 자연스럽다.

유다와 요셉의 삶을 '반전'이라는 키워드로 비교해 보면, 38장에서는 유다가 도덕적 타락과 회개의 여정을 걷는 모습이, 39-41장에서는 요셉이 고난 속에서 신앙과 사명으로 승화되어 가는 과정이 나타난다. 이 두 인물의 이야기를 나란히 배치함으로, 성경 기자는 단순한 사건 배열이 아니라, 언약 공동체 안에서의 리더십과 회복의 기준을 제시하고 있다.

따라서 창세기 38-41장을 하나의 구조적 대지(大旨)로 설정하고, 유다와 요셉의 인생 전환을 '반전'이라는 주제를 중심으로 비교하려고 한다.

가. 구조적 주해

전체 구조 37-50중 다섯 번째 요지를 주석함에 있어 이 본문은 세 번 반복되는 병행 구조 중 첫 번째 병행 구조의 마지막 대지이다. 창세기 38-41장은 다음과 같이 두 인물의 삶이 대조되는 구조로 형성되어 있다.

E. 역전의 삶(38:1-41:57)

가) 유다의 삶(38장)

1. 상황: 가나안 여인과 결혼/두 아들 죽음	38:1-5
2. 범죄: 다말을 쫓아냄	6-11
3. 벌: 아내가 죽음/명예 실추	12-23
4. 회개: 너는 나보다 의롭다	24-26
5. 역전: 쌍둥이 낳음>	27-30

나) 요셉의 삶(39-41장)

1'. 상황: 노예로 팔림/누명쓰고 감옥감	39:1-23
2'. 범죄: 술관원장 꿈풀이 남용	40:1-23
3'. 벌: 옥살이 2년 더함	41:1-8
4'. 회개: "내 죄를 기억하나이다"	9-16
5'. 역전: 총리가 됨/두 아들 낳음	17-57

이 본문은 유다(38장)와 요셉(39-41장)의 이야기가 번갈아 배치되어 있는 이

중 병행구조로 되어 있다. 두 인물의 서사는 각각 "상황-범죄-벌-회개-축복"이라는 동일한 5단계의 구조를 따르며, 전체적으로 죄와 회개의 대조, 인간의 실패와 하나님의 섭리적 역전을 중심축으로 한다. 즉, 유다의 개인적 타락과 회개가 요셉의 공적 시련과 승진의 구조와 맞물리며, '언약 공동체의 회복'이라는 하나의 구속사적 흐름을 형성한다.

1) 유다의 삶(창 38장)

구조: 1-2-3-4-5

단계	내용	키워드	설명
1	가나안 여인과 결혼, 두 아들 엘과 오난의 죽음	상황	요셉을 판 직후 세속적 결혼으로 신앙적 분리 발생
2	다말을 부당하게 쫓아냄	범죄	가문의 책임을 저버리고 의무를 회피함
3	아내의 죽음과 사회적 명예 실추	벌	가정적 비극과 수치가 그를 징계함
4	"그녀는 나보다 의롭다"(38:26)	회개	자신의 불의와 다말의 의로움을 인정함
5	다말을 통해 쌍둥이 베레스와 세라 출생	축복 (역전)	끊어진 계보가 다시 연결되고, 메시아의 계보가 열림

요지: 유다는 죄를 인정하는 회개를 통해 끊어진 언약 계보를 회복하며, 개인적 회심이 민족적 구속사의 전환점으로 작용한다.

2) 요셉의 삶(창 39-41장)

구조: 1'-2'-3'-4'-5'

단계	내용	키워드	설명
1'	형들에 의해 노예로 팔림, 감옥에 갇힘	상황	억울한 누명 속에서도 하나님의 임재를 잃지 않음
2'	요셉의 꿈풀이 남용	범죄	사람의 기억에 의존한 약한 믿음의 흔들림
3'	옥살이 2년 연장	벌	하나님의 때를 기다리는 훈련의 기간
4'	"내 죄를 기억하나이다"(41:9)	회개(타인의 고백)	요셉의 인내가 열매 맺을 때가 됨을 암시
5'	총리로 등용, 두 아들 므낫세·에브라임 출생	축복(역전)	고난을 통한 역전과 구원의 도구로 세움

요지: 요셉은 인간의 배신과 시련 속에서도 하나님께서 함께하심으로 마침내 언약의 통로가 된다. 그의 역전은 단지 개인의 성공이 아니라, 언약 공동체의 생명을 보존하는 구속사의 성취이다.

3) 통합 구조(유다-요셉 병행표)

단계	유다(38장)	요셉(39-41장)	구조적 대응
1 / 1'	세속적 결혼과 두 아들 죽음	노예로 팔림, 감옥 투옥	동일한 '상황의 추락'
2 / 2'	다말을 쫓아냄	요셉의 꿈 풀이 남용	인간적 판단의 실패
3 / 3'	아내의 죽음, 명예 실추	옥살이 연장	고난과 징계의 시기
4 / 4'	"너는 나보다 의롭다"	"내 죄를 기억하나이다" (술 관원장의 인정)	회개와 인정의 전환점
5 / 5'	쌍둥이 출생(베레스 - 세라)	총리 등용, 두 아들 출생	생명과 축복의 회복

4) 중심 주제

두 서사는 모두 "죄와 회개의 순환 속에서 하나님의 구속이 성취된다"는 동일한 결론으로 수렴한다. 유다의 회개는 언약의 계보를 회복시키며, 요셉의 인내는 언약의 생명을 보존시킨다. 따라서 이 병행 구조의 중심은 마지막 요지(5-5'), 곧 하나님의 역전의 은혜에 있다. 인간의 범죄가 심판으로 끝나지 않고, 회개를 통한 새로운 생명으로 전환되는 구속사의 원형이 창세기 내에서 완성된다.

이처럼 동일한 키워드들이 반복되며 다섯 번의 병행이 전개됨으로, 유다가 다말을 쫓아내고 회개하는 것과 요셉이 누명을 쓰고 옥에서 꿈 풀이를 해주는 장면이 구조적으로 긴밀히 맞물려 있다.

나. 구속사적 의의

유다의 회개와 언약 계보: 유다는 죄를 인정하고 다말의 의를 인정함으로써, 메시아 계보를 이어가는 통로가 된다. 이는 타락한 인간도 회개를 통해 하나님의 언약 역사에 다시 쓰임 받을 수 있음을 보여준다.

요셉의 역전과 하나님의 섭리: 요셉은 반복되는 억울함 속에서도 하나님의 주권적 섭리에 의해 애굽 총리로 세워진다. 이는 이스라엘을 구원할 길을 여는 결정적 전환점이다.

역전의 구속사 패턴: 인간의 실패(유다)와 억울한 고난(요셉)을 통해, 하나님은 '회개 – 축복'의 길을 여시며, 언약 백성을 살려내신다.

다. 신앙경주의 적용

회개의 능력: 신앙의 경주는 실패로 끝나지 않는다. 죄를 인정하고 회개할 때 다시 달릴 수 있다. 유다처럼 "너는 나보다 의롭다"는 고백이 경주 재

출발의 시점이 된다.

고난 속 인내: 요셉처럼 신앙경주는 상황과 억울한 누명, 기다림의 시간 속
에서 훈련된다. 그러나 하나님의 때는 반드시 찾아온다.

역전의 신앙경주: 믿음의 경주는 '추락 – 회개 – 승리'라는 역전의 패턴을 경
험한다. 경주의 끝은 축복이며, 다음 세대(유다 – 베레스, 요셉 – 므낫세·에
브라임)에게 신앙의 바통을 이어 준다.

라. 본문 해설

1. 상황: 가나안 여인과 결혼(38:1-5)

1 그 후에 유다가 자기 형제들로부터 떠나 내려가서 아둘람 사람 히라와 가까이 하니
라 2 유다가 거기서 가나안 사람 수아라 하는 자의 딸을 보고 그를 데리고 동침하니
3 그가 임신하여 아들을 낳으매 유다가 그의 이름을 엘이라 하니라 4 그가 다시 임신
하여 아들을 낳고 그의 이름을 오난이라 하고 5 그가 또 다시 아들을 낳고 그의 이름
을 셀라라 하니라 그가 셀라를 낳을 때에 유다는 거십에 있었더라

창세기 38:1-5은 유다와 다말의 이야기 서론부로서, 유다가 형제들로부터 떨
어져 나가 가나안 사람들과 관계를 맺는 전환점이자, 이후 이방적 방식의 혼인
과 그 결과로 이어지는 파행적 사건의 배경을 제공한다.

'그 후에'(וַיְהִי בָּעֵת הַהִוא)는 시간적 연결이 아닌 내러티브적 전환을 가리키는 히
브리적 표현이다. 요셉 서사의 중간 삽화처럼 보이지만, 사실 유다의 삶의 변화를
대비시키는 장치이다. 유다는 요셉을 팔고 난 후 가족들과 떨어져서 엉뚱한 곳으
로 내려간다.

여기서 '내려가서'(וַיֵּרֶד)는 단순한 지리적 이동을 넘어 영적 타락이나 신앙의
하향 곡선을 암시하며, 유다는 야곱 가문 내의 질서(맏형 르우벤의 실각 후 유력

한 자리를 차지한 자)에서 이탈한다. 그는 가족과의 모든 일을 포기한 체 아둘람 사람 히라를 만나 친구 삼는다. 단순한 우정이 아닌, 정서적·문화적 연합이다. 이후 히라가 유다의 인생에 계속 등장하는 것을 보면, 유다가 가나안 문화에 흠뻑 젖어 있었음을 암시한다. 그리고 그는 "수아의 딸"과 결혼한다. 여기서 유다의 아내 이름은 기록되지 않고, 그녀의 아버지의 이름만 기록된 것을 보면, 이는 계보와 언약의 중심이 이스라엘에 있음을 암시하는 신학적 장치이다.

유다가 형제들에게서 떨어져 나간 것은 단순한 가족적 독립이 아니라 하나님의 언약 백성 공동체에서의 일시적 이탈을 의미한다. 야곱 집안의 혼란 상(창 37장) 속에서 선택받은 가문도 쉽게 타락할 수 있음을 보여준다. 아브라함과 이삭은 이방 여인과의 결혼을 철저히 금했으나, 유다가 가나안 여인을 아내로 삼은 것은 언약 계승의 타락을 의미한다. 유다는 세 아들(엘, 오난, 셀라)을 낳았다. 그들의 이름은 하나님의 명령이나 개입 없이 유다 부부에 의해 지어졌다.

2. 범죄: 다말을 쫓아냄(38:6-11)

> 6 유다가 장자 엘을 위하여 아내를 데려오니 그의 이름은 다말이더라 7 유다의 장자 엘이 여호와가 보시기에 악하므로 여호와께서 그를 죽이신지라 8 유다가 오난에게 이르되 네 형수에게로 들어가서 남편의 아우 된 본분을 행하여 네 형을 위하여 씨가 있게 하라 9 오난이 그 씨가 자기 것이 되지 않을 줄 알므로 형수에게 들어갔을 때에 그의 형에게 씨를 주지 아니하려고 땅에 설정하매 10 그 일이 여호와가 보시기에 악하므로 여호와께서 그도 죽이시니 11 유다가 그의 며느리 다말에게 이르되 수절하고 네 아버지 집에 있어 내 아들 셀라가 장성하기를 기다리라 하니 셀라도 그 형들 같이 죽을까 염려함이라 다말이 가서 그의 아버지 집에 있으니라

이 본문은 유다와 다말 이야기 중 '범죄'에 해당하는 핵심 단락으로, 유다 가문 내에서 발생한 악행과 하나님의 심판, 그리고 다말의 억울한 처지로 이어지는

언약 계보의 위기와 하나님의 개입을 드러낸다.

유다가 장자 엘을 위해 며느리 다말을 데려왔다. 그런데 하나님은 장자 엘을 악하게 여겨 그를 죽이셨다. 이 구절은 창세기에서 유일하게 하나님이 개인을 직접 죽이시는 예 중 하나이다. 엘과 오난 모두 "여호와 보시기에 악함"이라는 평가를 받는다. 엘의 죄는 구체적으로 언급되지 않지만, 하나님의 언약을 무시하거나 대를 잇지 않으려는 불순종으로 해석할 수 있다. 오난은 '계대 결혼'의 책임을 겉으로는 지는 척하면서, 실제로 자기 유산을 지키려는 이기심으로 하나님의 언약 계승을 고의로 방해한다. "계대혼"이란 레위라트 결혼(Levirate marriage)이라 하는데, 히브리어로는 '야밤'(יָבָם)이라고 한다. 이는 형이 후손 없이 죽었을 때, 동생이 형수를 취해 씨를 이어주는 제도이다(신 25:5-10). 이 당시에는 관습으로 존재했고, 씨 계승은 단순한 가족의 문제가 아니라 하나님의 언약 계승과 직결된 사안이다. 오난은 그 씨가 자기 것이 되지 않을 줄 알았다(9절).

오난은 단순히 유산 분배 문제만이 아니라, 하나님의 언약에 반하는 계산적 거절을 행한 것이다. 형의 이름을 잇는 사명보다 자기 이익을 우선시한 태도는 여호와 앞에서 악으로 간주된다. 다말은 엘과 오난이 죽고 나서 계대혼으로 막내 셀라와 혼인을 맺어야 한다. 그러나 시아버지 유다가 그를 그녀에게 주지 않는다. 이유로는 다말 때문에 막내도 죽을까봐 겁이 난 것이다. 그래서 다말을 자기 집으로 쫓아버리고 거기서 수절하고 있으라고 했다. '수절'(히: שְׁבִי אַלְמָנָה)은 '과부로 지내라'는 말이다. 형식상 셀라와의 재혼을 기다리는 척하면서, 실상은 다말을 가정에서 제거하려는 책임 회피 행동이다.

유다는 셀라도 두 형들처럼 죽을까 자기 가문에 대한 하나님의 심판을 인식하고 있으면서도, 그 책임을 다말에게 넘긴다. 이는 다말을 두 번 죽인 셈이 되는 불의함이다: (1) 남편 잃음, (2) 자손의 기회 박탈.

유다는 가장으로서 책임을 다하지 않고 하나님의 뜻을 막는 자처럼 행동한다. 유다의 이러한 행위는 그가 나중에 다말을 통해 자신의 죄를 깨닫고 회개하는 장으로 이어지는 전환점이 된다.

3. 벌: 아내가 죽음/명예 실추(38:12-23)

12 얼마 후에 유다의 아내 수아의 딸이 죽은지라 유다가 위로를 받은 후에 그의 친구 아둘람 사람 히라와 함께 딤나로 올라가서 자기의 양털 깎는 자에게 이르렀더니 13 어떤 사람이 다말에게 말하되 네 시아버지가 자기의 양털을 깎으려고 딤나에 올라왔다 한지라 14 그가 그 과부의 의복을 벗고 너울로 얼굴을 가리고 몸을 휩싸고 딤나 길 곁 에나임 문에 앉으니 이는 셀라가 장성함을 보았어도 자기를 그의 아내로 주지 않음으로 말미암음이라 15 그가 얼굴을 가리었으므로 유다가 그를 보고 창녀로 여겨 16 길 곁으로 그에게 나아가 이르되 청하건대 나로 네게 들어가게 하라 하니 그의 며느리인 줄을 알지 못하였음이라 그가 이르되 당신이 무엇을 주고 내게 들어오려느냐 17 유다가 이르되 내가 내 떼에서 염소 새끼를 주리라 그가 이르되 당신이 그것을 줄 때까지 담보물을 주겠느냐 18 유다가 이르되 무슨 담보물을 네게 주랴 그가 이르되 당신의 도장과 그 끈과 당신의 손에 있는 지팡이로 하라 유다가 그것들을 그에게 주고 그에게로 들어갔더니 그가 유다로 말미암아 임신하였더라 19 그가 일어나 떠나가서 그 너울을 벗고 과부의 의복을 도로 입으니라 20 유다가 그 친구 아둘람 사람의 손에 부탁하여 염소 새끼를 보내고 그 여인의 손에서 담보물을 찾으려 하였으나 그가 그 여인을 찾지 못한지라 21 그가 그 곳 사람에게 물어 이르되 길 곁 에나임에 있던 창녀가 어디 있느냐 그들이 이르되 여기는 창녀가 없느니라 22 그가 유다에게로 돌아와 이르되 내가 그를 찾지 못하였고 그 곳 사람도 이르기를 거기에는 창녀가 없다 하더이다 하더라 23 유다가 이르되 그로 그것을 가지게 두라 우리가 부끄러움을 당할까 하노라 내가 이 염소 새끼를 보냈으나 그대가 그를 찾지 못하였느니라

위 본문은 유다와 다말 이야기의 중반부로서, 유다 가문의 죄에 대한 결과(벌)와 하나님의 섭리 속에서 일어나는 반전 구조를 중심으로 전개된다. 본문은 유다의 아내의 죽음과 그의 도덕적 타락, 그리고 그로 인한 명예 실추를 묘사하는 동시에, 언약 계승에 대한 인간의 책임 회피를 고발한다.

유다 가문의 사람들이 연이어 사망한다. 앞서 엘과 오난이 죽은 데 이어, 이제 유다의 아내까지 사망하게 된다. 이는 하나님 없이 맺어진 이방 결혼이 언약 공동체 내에서 지속될 수 없음을 상징하며, 언약 가문 내 질서가 무너지고 있음을 드러낸다.

다말은 셀라가 장성했음에도 자신에게 주어지지 않자, 침묵하지 않고 행동으로 나아간다. 그녀의 변장은 단순한 속임수가 아니라, 유다 가문의 책임을 바로잡기 위한 정당한 시도로 해석된다. 다말은 음란한 의도가 아닌, 자손을 얻어 계보를 회복하려는 신앙적 목적 아래 유다를 유혹하기로 결심한다. 유다는 다말이 변장했기 때문에 알아보지 못하고, 길가의 창녀로 착각하여 동침하게 된다. 이 장면은 유다의 도덕적 타락과 성적 욕망을 적나라하게 드러내며, 그가 언약 계보를 이끌어갈 자격이 없음을 폭로한다. 다말은 자신을 팔지 않았고, 오히려 값을 정하고 조건(담보물)을 제시한 정당한 계약 관계 안에서 행동했다. 유다가 건넨 세 가지 담보물은 그의 신분과 권위를 상징한다.

> 도장(חֹתָם): 신분 확인, 재산 관리, 법적 대표성을 의미한다.
> 끈(פְּתִיל): 도장과 연결된 권위의 표시다.
> 지팡이(מַטֶּה): 족장으로서의 권한과 리더십을 상징한다.

유다는 의도치 않게 자신의 정체성과 권위를 상징하는 이 모든 것을 다말에게 넘기게 되었으며, 이는 훗날 그의 죄가 드러날 수밖에 없게 만드는 하나님의 섭리적 장치가 된다.

다말은 사건이 끝난 후 과부의 복장을 입고 본래의 위치로 돌아간다. 이는 사건을 은밀히 종결하려는 행위이자, 이후 공적인 심판(창 38:24절 이후)을 대비하는 침묵 속 기다림의 절정이다. 한편 유다는 자신이 창녀와 동침했다는 사실을 감추기 위해 담보물을 회수하려 했지만 실패하고, 체면을 중시하여 포기한다. 그는 "염소 새끼를 보냈다"며 책임을 다한 것처럼 자기변명을 늘어놓는다. 이 장면은 유다의 도덕적 무책임과 위선을 강조하며, 하나님의 징벌은 인간의 체면 유지를 뛰어넘는 방식으로 이루어질 것임을 암시한다. 유다는 "우리가 부끄러움을 당할까 하노라"는 말로 사회적 체면을 핑계 삼아 자신의 죄를 숨기려 한다. 그러나 하나님은 언약 계보를 위한 정의로운 폭로의 순간을 준비하고 계신다. 이 장면은 다말의 행동이 단순한 음란이 아니라, 정의로운 저항임을 전제하는 서사적 기반이 된다.

결국, 이 본문은 유다의 죄와 다말의 용기를 대조시키며, 언약 계승의 위기 속에서도 하나님의 은혜와 섭리가 어떻게 역사를 이끄는지를 보여주는 대표적인 본문이다. 사람의 타락은 심판을 불러오지만, 하나님의 의는 그 속에서 구속사를 전진시키며, 약자(다말)를 통해 언약이 계승되는 하나님의 방식을 힘 있게 증언하고 있다.

4. 회개: 너는 나보다 의롭다(38:24-26)

> 24 석 달쯤 후에 어떤 사람이 유다에게 일러 말하되 네 며느리 다말이 행음하였고 그 행음함으로 말미암아 임신하였느니라 유다가 이르되 그를 끌어내어 불사르라 25 여인이 끌려나갈 때에 사람을 보내어 시아버지에게 이르되 이 물건 임자로 말미암아 임신하였나이다 청하건대 보소서 이 도장과 그 끈과 지팡이가 누구의 것이니이까 한지라 26 유다가 그것들을 알아보고 이르되 그는 나보다 옳도다 내가 그를 내 아들 셀라에게 주지 아니하였음이로다 하고 다시는 그를 가까이 하지 아니하였더라

이 본문은 유다와 다말 이야기의 전환점이자 정점으로, 유다의 회개와 다말의 의로움이 동시에 부각되며, 하나님의 언약 계승이 인간의 죄와 불의를 넘어서 어떻게 은혜와 정의로 완성되어 가는지를 보여주는 대목이다.

유다는 다말의 임신 사실만 듣고 즉각적인 사형을 명령한다. '불사르라'는 고대 근동에서 극히 중한 범죄(왕족의 간통 등)에 해당할 때 사용된 형벌로, 레위기

21:9에도 유사한 예가 있다. 그러나 유다는 자기 책임(셀라와의 결혼 미이행)은 외면한 채, 가부장의 권위 아래 타인을 정죄하는 위선적 모습을 드러낸다. 다말은 자기 임신을 해명하기 위해 유다가 직접 넘겨준 담보물을 공개한다. 직접적 비난 없이, 지혜롭고 절제된 방식으로 진실을 드러낸다. 다말의 행위는 단순한 자기방어가 아니라, 언약 계승의 정당성을 증명하기 위한 의로운 항변이며, 그 안에는 복수를 넘는 구속사적 의도가 담겨 있다.

유다가 다말에게 서슴없이 다음과 같이 고백한다. "그는 나보다 옳도다"(צָדְקָה מִמֶּנִּי). 이 짧은 한 문장은 유다의 도덕적 각성과 회개를 선언하는 고백이다. "의롭다"(צָדַק)는 단순한 법적 무죄가 아니라, 하나님의 뜻에 합당한 행동이라고 평가된다. 이처럼 유다는 "내가 셀라를 주지 아니하였다"는 자기 책임을 인정함으로써 언약 가문의 죄를 자각하고, 공개적으로 다말의 정당성과 하나님의 섭리를 받아들인다. 유다는 자신의 잘못을 인정했을 뿐만 아니라, 관계를 분명히 함으로써 책임을 다하려는 변화된 모습을 보인다. "다시는 그를 가까이하지 아니하였더라." 이는 단순한 후회가 아닌, 삶의 방향 전환이라는 회개의 열매를 보여준다.

회개의 구조는 다음과 같다: 죄의식 → 책임 인정 → 삶의 변화. 유다는 처음에 율법적 권위로 남을 정죄하지만, 자기 죄가 드러나자 즉시 인정하고 변화를 선택한다. 이는 단순한 자존심의 문제를 넘어, 언약 계승자의 자격으로서의 자각과 회복을 상징한다. 유다의 위선과 죄에도 불구하고, 하나님은 다말을 통해 언약의 씨를 보존하신다. 이는 하나님의 구속사에는 언제나 죄를 꿰뚫고 회개를 이끌어내는 은혜가 개입됨을 보여준다. 이렇게 유다는 다말 문제에서 그의 삶이 변화되는 신앙경주의 삶을 살게 된다.

5. 역전의 축복: 쌍둥이를 낳음(38:27-30)

27 해산할 때에 보니 쌍태라 28 해산할 때에 손이 나오는지라 산파가 이르되 이는

먼저 나온 자라하고 홍색 실을 가져다가 그 손에 매었더니 29 그 손을 도로 들이며 그의 아우가 나오는지라 산파가 이르되 네가 어찌하여 터뜨리고 나오느냐 하였으므로 그 이름을 베레스라 불렀고 30 그의 형 곧 손에 홍색 실 있는 자가 뒤에 나오니 그의 이름을 세라라 불렀더라

유다는 마침내 다말이 임신한 사실을 알게 된다. 그는 지금까지 나쁜 시아버지였고, 무책임한 남편이자 자녀들을 잘못 이끈 아버지였다. 그러나 자신의 죄가 만천하에 드러나자 유다는 의외로 솔직해진다. 억지를 부리거나 책임을 회피하지 않고, 다말이 자신보다 더 의롭다고 인정하며 그동안 그녀에게 행한 모든 잘못을 뉘우친다. 이는 단순한 감정적 반응이 아니라 진심 어린 회개이며, 유다는 자신의 죄에 대해 책임을 지는 모습을 보인다.

결국 유다는 다말을 통해 쌍둥이를 얻게 되는데, 이는 회개를 통해 하나님의 회복의 은총을 입었다는 의미를 지닌다. 두 아들(엘과 오난)이 죄로 인해 하나님의 저주 아래 죽었던 사건과는 대조적으로, 쌍둥이의 출생은 죽음에서 생명으로의 반전, 심판에서 회복으로의 전환을 보여준다. 특히 이 쌍둥이의 탄생 과정은 창세기에서 반복적으로 나타나는 차자 우선의 경쟁 모티프를 다시 한 번 드러낸다. 처음에 손을 내민 세라는 홍색 실이 묶였으나, 이내 그 손을 도로 들이고 동생이 먼저 나옴으로써, 형과 아우의 위치가 뒤바뀐다. 이로 인해 먼저 나온 아우의 이름은 베레스("터뜨리고 나옴")라 불리고, 뒤에 나온 형은 세라라 이름 붙여진다. 이와 같은 출생의 반전은, 회개한 유다가 맏형 르우벤을 대신하여 축복의 계보를 이어받게 될 것임을 암시한다. 이는 창세기의 신학적 패턴 ―가인과 아벨, 이스마엘과 이삭, 에서와 야곱― 속에 반복되는 언약 계승에서의 반전 원리와 깊이 연결된다.

이와 같이 창세기 38장에 등장하는 인물들의 관계를 살펴보면, 유다와 다말의 관계가 특별히 극적인 서사 구조를 지니고 있음을 알 수 있다. 유다는 요셉을 팔고 아버지를 속인 후, 이방 땅에서 타락한 삶을 살며 많은 이들에게 피해를 입

힌다. 그 가장 큰 피해자는 바로 그의 자녀들이다. 흔히 말하듯 '그 아버지에 그 아들'이라는 표현처럼, 유다는 아버지로서 전혀 모범을 보이지 못했고, 그 결과 두 아들이 차례로 범죄하여 하나님의 심판을 받고 죽는 비극을 맞이하게 된다.

유다는 며느리 다말마저 시집에서 쫓아내 버리고, 그러한 와중에 자신의 아내마저 죽는다. 졸지에 그는 가족 중 세 명을 비정상적인 방식으로 잃고, 한 명은 쫓겨나며, 막내아들 셀라는 결혼조차 하지 못한 채 가정은 점점 몰락의 길로 치닫는다. 이처럼 억울하게 누명을 쓰고 사명을 다하지 못한 다말은, 시아버지 유다의 부주의한 삶의 틈을 이용해 스스로 창녀로 변장하는 위험한 선택을 감행한다. 이는 단순한 복수나 자기보존이 아니라, 유다 가문을 다시 살리기 위한 마지막 수단이었다. 그녀는 생명을 건 도전 끝에 유다로 하여금 자기 죄를 직면하게 만들고, 그로 하여금 회개와 변화를 이끌어내는 놀라운 구속사의 전환점을 만들어 낸다. 결국 다말을 통해 유다의 가정에는 쌍둥이 후손이 태어나게 되며, 이는 유다의 회개 없이는 가능하지 않았던 은총의 열매다.

본 사건은 회개에 합당한 열매를 맺는 유다를 통해 당대의 가정과 공동체에 회복과 변화를 촉구하는 저술 목적을 분명히 보여준다. 이는 단지 한 가정의 이야기로 끝나지 않고, 하나님의 언약 계보를 이어가는 구속사의 한복판에서 이루어진 회개의 모범으로 역전의 삶으로 자리잡는다.

6.(1') 상황: 누명쓰고 감옥감(39:1-23)

위 본문은 요셉이 보디발의 집에서와 옥에서 일어난 사건을 다루고 있다. 그는 보디발 장군의 집에 팔려 왔지만, 보디발 아내의 거짓 고발로 인해 억울하게 감옥에 갇히는 고난을 겪게 된다.

가. 구조적 주해

상황: 누명을 쓰고 감옥감(39:1-23)

a, 형통 <범사에 잘되게 하심/보디발 집>	39:1-3
b. 주인 <보디발이 모든 것을 맡김>	39:4-6a
c. 동침 <동침하기를 청함>	39:6b-9
x. 도망 <옷을 버리고 도망감>	39:10-12
c'. 동침 <동침하려고 했음>	39:13-15
b'. 주인 <보디발이 심히 노함>	39:16-19
a'. 형통 <범사에 잘되게 하심/감옥>	39:20-23

위 본문은 총 7개의 요지로 구성된 홀수형 대칭 구조(chiastic structure)를 이루고 있으며, 세 쌍의 병행 항목과 하나의 중심 항목으로 배열되어 있다.

구조 도식: (a-b-c-x-c'-b'-a')

a / a' '형통'

"요셉을 하나님이 범사에 잘되게 하심" / "요셉을 하나님이 범사에 잘되게 하심"

(a)에서는 보디발의 집에서 하나님께서 요셉을 형통하게 하심이 나타나고,

(a')에서는 감옥에서도 하나님이 요셉을 형통하게 하신다.

→ 같은 표현을 반복하여 장소는 달라도 하나님의 임재는 동일함을 강조한다.

a / b' '주인'

"보디발이 모든 것을 요셉에게 맡김" / "보디발이 심히 화를 냄"

(b): 보디발은 요셉을 신뢰하고 모든 일을 맡김.

(b'): 아내의 말만 듣고 분노하며 요셉을 옥에 가두는 결정.

→ 동일한 인물이 요셉에 대해 정반대의 반응을 보이며, 인간의 판단과 감정의 불안정성을 보여준다.

c / c' '동침'

"보디발 아내의 유혹: 동침하자고 청함" / "동침하려 했다고 고발됨"

(c): 아내가 계속해서 요셉을 유혹함.

(c'): 유혹에 응하지 않은 요셉이 도리어 아내의 거짓말로 누명을 씀.

→ 같은 행위에 대한 다른 해석이 이루어지는 점에서 의로운 자의 억울함을 강조한다.

x (중심 요지) '도망' – 유혹을 뿌리치는 신앙의 결단을 보여준다.

중심 항목은 10-12절로, 요셉이 반복되는 유혹에도 불구하고 "죄를 짓지 않기 위해 도망치는 모습"이 강조된다. 이는 구조상 중심일 뿐 아니라, 본문의 신학적 핵심 주제, 즉 "하나님 앞에서의 의롭고 정결함"을 상징한다. 이 구조는 단순한 이야기 배열을 넘어, 서사적 장치로서의 대칭성을 통해 주제를 더욱 강화한다. 대칭구조의 정점에 있는 중심 항목은 요셉의 신앙을 가장 극적으로 보여주는 대목으로, 하나님의 임재 속에서 살아가는 자의 도덕적 결단과 거룩한 저항을 상징한다. 반복된 유혹 가운데 요셉이 한결같이 물리치며, "내가 어찌 이 큰 악을 행하여 하나님께 죄를 지으리이까"라고 고백하는 그의 신앙을 드러낸다. 이는 하나님의 뜻에 대한 분명한 인식과 경외심을 바탕으로 한 삶의 태도이다.

도표 42> 창세기 39장(요셉과 보디발 집) 구조·구속사·신앙경주

구조	구속사적 관점	신앙경주 관점
a. 형통(1-3) 범사에 잘 되게 하심 / 보디발 집	하나님이 함께하심이 언약 백성의 성공의 근거	형통은 환경이 아니라 임마누엘(하나님 힘께하심)에서 나옴
b. 주인(4-6a) 보디발이 모든 것을 맡김	이방의 주권 아래에서도 하나님은 택자를 높이심	신앙 경주는 충성으로 시작, 작은 것에 충성할 때 큰 것을 맡기심
c. 동침(6b-9) 동침 요구	죄의 유혹은 언약 계승을 위협하는 실질적 시험	신앙 경주는 유혹을 분별하고 "하나님 앞에서"라는 의식으로 거부

x. 도망(10-12) 옷을 버리고 도망감	언약 계승을 보존하기 위한 결단	경주의 핵심은 죄를 피하는 결단, 때로는 '도망'이 가장 큰 승리
c'. 동침(13-15) 동침 모함	거룩을 지켰음에도 불의한 누명 발생	신앙 경주는 억울한 누명과 오해까지 감당해야 함
b'. 주인(16-19) 보디발의 분노	의로운 자가 때로는 불의한 심판을 받음	신앙 경주는 사람의 판결이 아니라 하나님의 의를 기다림
a'. 형통(20-23) 범사에 잘되게 하심 / 감옥	고난 중에도 하나님이 함께 하심으로 형통케 하심	신앙 경주는 상황이 아니라 동행하시는 하나님으로 완주함

나. 본문 해설

1.(a) 형통: 범사에 잘되게 하심/보디발 집(39:1-3)

> 1 요셉이 이끌려 애굽에 내려가매 바로의 신하 친위대장 애굽 사람 보디발이 그를 그리로 데려간 이스마엘 사람의 손에서 요셉을 사니라 2 여호와께서 요셉과 함께 하시므로 그가 형통한 자가 되어 그의 주인 애굽 사람의 집에 있으니 3 그의 주인이 여호와께서 그와 함께 하심을 보며 또 여호와께서 그의 범사에 형통하게 하심을 보았더라

요셉은 형들에 의해 팔린 자로서 애굽의 친위대장 보디발의 종이 된다. 그러나 하나님은 요셉과 함께 하신다. "여호와께서 요셉과 함께 하시므로"는 창세기 39장 전체에서 반복되는 핵심 문장(v.2, 3, 21, 23)이다. 이는 요셉이 어디에 있든 하나님의 임재와 함께하심이 그 형통의 근거임을 선언하고 있는 것이다. 하나님의 함께 하심은 외적인 결과(형통)로 나타나는데, 히브리어 츠라흐(צלח)는 "성공하다, 번성하다"는 뜻을 갖는다. 여기서 보디발조차도 요셉을 통해 하나님의 복을 체험하게 된다는 점이 강조된다.

2.(b) 주인: 보디발이 모든 것을 맡김(39:4-6a)

4 요셉이 그의 주인에게 은혜를 입어 섬기매 그가 요셉을 가정 총무로 삼고 자기의 소유를 다 그의 손에 위탁하니 5 그가 요셉에게 자기의 집과 그의 모든 소유물을 주관하게 한 때부터 여호와께서 요셉을 위하여 그 애굽 사람의 집에 복을 내리시므로 여호와의 복이 그의 집과 밭에 있는 모든 소유에 미친지라 6a 주인이 그의 소유를 다 요셉의 손에 위탁하고 자기가 먹는 음식 외에는 간섭하지 아니하였더라

요셉은 주인 보디발에게 은혜를 입고 성실히 섬겼다. 여기서 '섬기다'라는 표현은 단순한 노예의 의무 수행을 넘어, 그의 인격과 충성심이 내면 깊이 자리 잡고 있었음을 보여준다. 애굽의 근위 대장은 왕을 호위하는 핵심 직책으로서, 식견과 판단력이 뛰어난 인물이었다. 그런 보디발이 비록 요셉이 노예 신분일지라도 그의 됨됨이와 신뢰할 만한 성품을 알아보고, 가정 전체를 관리하는 총무로 세운 것이다. 그때부터 보디발은 자신의 모든 소유를 요셉의 손에 맡겼고, 하나님께서는 요셉을 위하여 그 애굽 사람의 집에 복을 내리셨다. 여호와의 복은 집안뿐 아니라 밭과 모든 소유에까지 미쳤다. 이는 단순한 물질적 번영이 아니라, 하나님의 언약적 임재와 형통이 요셉을 통해 이방 가정 안에까지 흘러갔음을 뜻한다. 형통(צלח, '찰라')은 상황이 좋기 때문이 아니라, 하나님이 함께하심의 표지이다.

요셉의 형통은 종의 신분, 이방 땅이라는 불리한 조건 속에서도 하나님의 임재로 가능했던 은혜였다. 보디발은 이 하나님의 복을 직접 보고 깨달았다. 그래서 자기 식사 외에는 아무것도 간섭하지 않았고, 모든 소유를 전적으로 요셉에게 위탁하였다. 이것은 단순한 신뢰 이상의 의미가 있다. 요셉이 하나님의 복의 통로임을 인정한 신뢰이며, 하나님의 사람이 세상 한가운데서 신앙경주를 완주해 나가는 모습이었다. 요셉의 이 시기는 아브라함 언약의 "복의 통로" 사명이 이방 땅에서 구체적으로 성취되는 장면이다(창 12:3). 그는 약속의 땅을 떠나 노예로 팔려갔지만, 그곳에서도 하나님의 언약은 중단되지 않았고, 오히려 주변 사람

들에게까지 복을 흘려보내는 형태로 확장되었다. 그리고 그는 환경이나 신분에 좌우되지 않고 충성과 성실로 경주를 이어갔다. 하나님께서 주신 자리에서 끝까지 성실히 달리는 그에게, 하나님은 약속하신 형통과 복을 부어 주셨다. 이는 믿음의 경주자가 어떤 상황에서도 하나님의 임재와 언약을 붙들 때 승리할 수 있음을 보여준다.

여기서, 우리는 하나님의 은혜 → 헌신적 섬김 → 하나님이 주시는 형통이라는 언약 백성의 신앙경주 순환 구조를 볼 수 있다.

3.(c) 동침: 동침하기를 청함(39:6b-9)

> 6b 요셉은 용모가 빼어나고 아름다웠더라 7 그 후에 그의 주인의 아내가 요셉에게 눈짓하다가 동침하기를 청하니 8 요셉이 거절하며 자기 주인의 아내에게 이르되 내 주인이 집안의 모든 소유를 간섭하지 아니하고 다 내 손에 위탁하였으니 9 이 집에는 나보다 큰 이가 없으며 주인이 아무것도 내게 금하지 아니하였어도 금한 것은 당신뿐이니 당신은 그의 아내임이라 그런즉 내가 어찌 이 큰 악을 행하여 하나님께 죄를 지으리이까

요셉의 외모가 강조된다, "용모가 빼어나고 아름다움"은 곧바로 유혹과 연결된다. '아름다움'(תֹאַר וִיפֵה מַרְאֶה)은 창세기 29:17에서 라헬에게 사용된 동일한 표현이다. 보디발의 아내가 요셉을 유혹한다. 그러나 요셉은 신앙적, 윤리적 이유로 거절한다. "내가 어찌 이 큰 악을 행하여 하나님께 죄를 지으리이까?"(v.9) 여기서 요셉은 단순히 인간에 대한 죄가 아니라, 하나님 앞에서의 범죄 의식을 가진다. 그러나 보디발의 아내가 적극적으로 요셉을 붙잡자, 그는 "옷을 버려두고 도망"한다. 고대 이집트의 노예 신분으로서 이런 행동은 생명의 위협을 무릅쓴 것이다. 그 정도로 요셉은 하나님 앞에서의 신앙을 가지고 있다. 이것은 그의 의로운 삶이 여기서 생긴 것이 아니라 이복 형들과 함께 양을 칠 때부터 죄를 짓지 않

으려고 했고 아버지 야곱은 이것을 알고 그를 사랑해서 채색옷을 지어 입힌 것이다.

4.(d) 도망: 옷을 버리고 도망감(39:10-12)

10 여인이 날마다 요셉에게 청하였으나 요셉이 듣지 아니하여 동침하지 아니할뿐더러 함께 있지도 아니하니라 11 그러할 때에 요셉이 그의 일을 하러 그 집에 들어갔더니 그 집사람들은 하나도 거기에 없었더라 12 그 여인이 그의 옷을 잡고 이르되 나와 동침하자 그러나 요셉이 자기의 옷을 그 여인의 손에 버려 두고 밖으로 나가매

보디발의 아내는 날마다 요셉을 유혹했으나, 요셉은 단호히 거부하고 동침은 물론 함께 있는 자리조차 피했다. 고대 근동의 권력 구조 속에서 여주인의 말을 거절하는 것은 곧 죽음을 자초하는 일이었지만, 그는 어려서부터 의롭게 살아온 자로서 하나님의 언약을 더 귀히 여겼다.

어느 날, 집안에 아무도 없는 틈을 타 여주인은 계획적으로 요셉의 옷을 붙잡고 동침을 요구했다. 그러나 요셉은 옷을 남겨둔 채 그 자리에서 달아났다. 이는 증인 없는 상황에서 자신을 모함할 빌미를 남기는 위험한 선택이었지만, 그는 하나님의 임재와 인도를 확신하며 죄의 자리에 머무르지 않았다. 이 장면은 '위험 계곡'을 통과하는 순간이었다. 믿음의 경주자는 죄의 유혹 앞에서 타협하거나 지체하지 않고, 즉시 떠나는 결단을 내려야 한다(딤후 2:22). 요셉의 도망은 비겁함이 아니라, 경주를 완주하기 위한 필수 전략이었다. 그는 순간의 쾌락과 안전보다 언약의 완주를 선택했고, 그것이야말로 경주자에게 주어진 참된 승리였다.

5.(c') 동침: 동침하려고 했음(39:13-15)

13 그 여인이 요셉이 그의 옷을 자기 손에 버려 두고 도망하여 나감을 보고 14 그 여

인의 집 사람들을 불러서 그들에게 이르되 보라 주인이 히브리 사람을 우리에게 데려다가 우리를 희롱하게 하는도다 그가 나와 동침하고자 내게로 들어오므로 내가 크게 소리 질렀더니 15 그가 나의 소리 질러 부름을 듣고 그의 옷을 내게 버려두고 도망하여 나갔느니라 하고

요셉은 여인의 손아귀에 옷이 남겨진 것도 잊은 채, 죄의 올무를 피하려고 밖으로 내달았다. 그에게 중요한 것은 체면이나 안전이 아니라, 하나님 앞에서 언약의 경주를 더럽히지 않는 것이었다. 죽음을 자초할지라도 유혹에 굴복하지 않겠다는 결연한 태도가 그의 발걸음을 이끌었다. 보디발의 아내는 이 장면을 기회로 삼아 집사람들을 불러 모았다. "보라, 주인이 히브리 사람을 데려다가 우리를 희롱하게 하였다"고 외치며, 요셉이 자신을 겁탈하려 했다고 거짓 증언을 퍼뜨렸다. 그녀는 아무도 없는 틈에 요셉이 들어왔다고 말하며, 자신이 소리치자 그가 옷을 버려두고 도망했다고 덧붙였다. 이는 요셉을 파멸시키려는 치밀한 모략이었고, 증거물까지 이용해 완벽한 누명을 씌우는 계략이었다.

신앙경주의 관점에서, 이 사건은 '모략의 함정 구간'이었다. 믿음의 경주자는 종종 유혹만이 아니라 거짓 증언과 왜곡된 여론이라는 장애물을 마주한다. 요셉은 자신의 명예가 짓밟히고 인생 경로가 송두리째 흔들릴 수 있는 상황에서도, 경주를 멈추지 않았다. 그는 즉각적인 억울함 해명보다, 하나님 앞에서 흠 없는 경주를 계속하는 길을 택했다. 이처럼 신앙경주에서 중요한 것은 현재의 억울함을 풀어내는 속도가 아니라, 최종 결승점에서 하나님의 인정을 받는 것이다. 요셉은 이 구간을 넘어, '언약의 완주자'로 달려가고 있었다.

6.(b') 주인: 보디발이 심히 노함(39:16-19)

16 그의 옷을 곁에 두고 자기 주인이 집으로 돌아오기를 기다려 17 이 말로 그에게 말하여 이르되 당신이 우리에게 데려온 히브리 종이 나를 희롱하려고 내게로 들어

왔으므로 18 내가 소리 질러 불렀더니 그가 그의 옷을 내게 버려두고 밖으로 도망하여 나갔나이다 19 그의 주인이 자기 아내가 자기에게 이르기를 당신의 종이 내게 이같이 행하였다 하는 말을 듣고 심히 노한지라 "내가 소리 질러 불렀다 "그가 옷을 내게 버려두고 도망했다.

보디발의 아내는 요셉의 옷을 곁에 두고 남편이 돌아오기를 기다렸다. 그녀는 앞서 집안 사람들에게는 "히브리 사람"이라고 불러 은근히 종들을 자기편으로 묶어두었지만, 남편에게는 "히브리 종"이라고 낮춰 불렀다. 이는 단순한 표현 차이가 아니라, 종이 주인을 농락하는 것은 용납할 수 없다는 분노를 부추기기 위한 심리전이었다.

그녀의 증언 ―"나를 희롱했다", "내게로 들어왔다", "내가 소리 질렀다", "그가 옷을 버려두고 도망갔다"― 은 모두 조작이었다. 실제로는 그녀가 먼저 강압적으로 옷을 벗겼고, 요셉은 죄를 피하려고 도망쳤다. 그러나 그녀는 이 '옷'을 결정적 증거물로 삼아 요셉을 범인으로 몰았다. 창세기 전체에서 '옷'은 반복적으로 운명 전환의 표지가 된다 ―채색옷, 형제들에게 벗김, 보디발 집의 옷, 감옥의 옷, 그리고 총리의 옷까지― 그때마다 하나님의 섭리가 새로운 경주 구간을 열었다. 보디발은 분노하여 요셉을 감옥에 가두었지만, 즉시 처형하지 않은 점은 그 역시 진실을 어렴풋이 짐작했음을 시사한다.

신앙경주의 관점에서, 이 사건은 '억울한 징계 구간'이었다. 경주자는 때로 무고와 왜곡으로 인해 경로가 급격히 바뀌는 시험을 겪는다. 이때 중요한 것은 억울함을 즉시 해소하는 것이 아니라, 하나님의 주권 아래에서 다음 구간을 준비하는 것이다. 요셉은 자신의 명예보다 언약의 완주를 우선했고, 하나님께서 이 억울한 판결조차 경주를 완성하는 과정으로 사용하실 것을 믿었다. 그 믿음이 그를 감옥이라는 새로운 훈련장으로 이끌었고, 거기서 그는 또 다른 경주를 이어갔다.

7.(a') 형통: 범사에 잘되게 하심(감옥) (39:20-23)

> 20 이에 요셉의 주인이 그를 잡아 옥에 가두니 그 옥은 왕의 죄수를 가두는 곳이었
> 더라 요셉이 옥에 갇혔으나 21 여호와께서 요셉과 함께 하시고 그에게 인자를 더하
> 사 간수장에게 은혜를 받게 하시매 22 간수장이 옥중 죄수를 다 요셉의 손에 맡기
> 므로 그 제반 사무를 요셉이 처리하고 23 간수장은 그의 손에 맡긴 것을 무엇이든지
> 살펴보지 아니하였으니 이는 여호와께서 요셉과 함께 하심이라 여호와께서 그를 범
> 사에 형통하게 하셨더라

보디발이 요셉을 옥에 가두었다. 그곳은 왕의 죄수들을 가두는 곳이었다. 요
셉이 감옥에서도 "여호와께서 요셉과 함께 하시고 그에게 인자를 더하셨다." 여
기서 하나님이 그에게 '인자'(חֶסֶד)를 더하신 것 하나님의 언약적 사랑, 은혜를 뜻
한다. 감옥 안에서도 요셉은 신뢰를 얻어 간수장의 모든 일을 맡는다. 여기서 주
목할 것은 간수장의 이름이 3번(21, 22, 23절)이나 언급되며 그를 신뢰하고 모든
것을 맡기고 간섭하지 않은 것은, 여호와께서 그와 함께 하심이며 그를 범사에
형통하게 하셨기 때문이다. 이와 같이 요셉은 어느 자리에서도 하나님의 사람으
로 살아가며, 성실과 신뢰를 통해 회복의 길을 준비한다.

이렇게 창세기 39장은 요셉의 신앙경주 삶의 자세인, 개인적 고난과 영적 승
리를 통해 하나님의 임재, 성실한 삶, 의로움의 대가가 무엇인지를 깊이 있게 보
여준다. 인간적으로는 억울하고 고통스러운 상황이었지만, 하나님은 그 자리를
형통의 자리로, 준비의 자리로, 구속사의 무대로 바꾸셨다. 이 장은 믿음으로 살
아가는 자들이 겪는 현실의 고난과 하나님의 인도하심 사이의 긴장을 설명해 주
는 강력한 신학적 선언이라 할 수 있다.

7.(2') 범죄: 꿈풀이 남용(40:1-23)

가. 구조적 주해

꿈풀이 남용(40:1-23)

a. 두 관원장이 옥에 옴	40:1-3
b. 요셉의 돌봄	40:4-5
a'. 두 관원장이 꿈을 꿈	40:6-8
b'. 요셉의 꿈풀이	40:9-23

창세기 40장의 전체 구조는 네 개의 요지로 이루어져 있으며 (a-b/a'-'b'), 반복된 병행구조(미괄식)로서 끝 부분이 중심 주제를 이룬다. 각 요지의 구조는 다음과 같이 분석된다.

a / b: 두 관원장이 감옥에 들어오고(a), 요셉이 그들을 돌본다(b).
a' / b': 두 관원장이 꿈을 꾸고 (a'), 요셉이 그들의 꿈을 풀어준다(b').

중심주제는 끝(b')에 있다. 요셉이 술 맡은 관원장에게 풀려나갈 것인데, 나가면 자신을 기억해 달라고 말한다. 이 부분은 영적 민감성이 드러나는 대목으로, 그가 술 맡은 관원장의 꿈을 풀어주면서 3일 후에 나가면 자신을 기억해 달라고 요구를 한다. 이것은 은사 남용에 대한 그의 실수를 함축하고 있다.

나. 본문 해설

1.(a) 두 관원장이 감옥에 들어옴(40:1-3)

40:1 그 후에 애굽 왕의 술 맡은 자와 떡 굽는 자가 그들의 주인 애굽 왕에게 범죄한

지라 2 바로가 그 두 관원장 곧 술 맡은 관원장과 떡 굽는 관원장에게 노하여 3 그들을 친위대장의 집 안에 있는 옥에 가두니 곧 요셉이 갇힌 곳이라

창세기 40:1-3에서 술 맡은 관원장과 떡 굽는 관원장이 "범죄하였다"는 표현은 구체적 죄목을 밝히지 않는다. 이는 단순한 궁중 실수가 아니라, 하나님의 섭리 속에서 사용되는 사건 장치임을 암시한다. 고대 애굽에서 이 두 직책은 왕의 생명과 직결되는 자리였기에, 작은 의심만으로도 중대한 죄로 간주될 수 있었다. 그러나 본문의 초점은 그들의 죄 자체가 아니라, 그들이 요셉이 갇힌 동일한 옥에 들어오게 된 사실에 있다. 이는 억울한 수감 상태에 있던 요셉을 궁정과 다시 연결시키는 하나님의 보이지 않는 손길이다. 그들의 투옥은 요셉이 꿈 해석자로 드러나는 통로가 되었고, 이는 훗날 바로 앞에 서게 되는 결정적 계기가 된다. 따라서 이 사건은 개인의 범죄를 넘어, 구속사의 흐름 속에서 하나님의 약속이 진행되는 전환점이라 할 수 있다. 인간의 죄와 분노조차도 하나님의 구원 계획 안에서는 섭리의 도구로 사용된다.

2.(b) 요셉의 돌봄의 역할(40:4-5)

4 친위대장이 요셉에게 그들을 수종들게 하매 요셉이 그들을 섬겼더라 그들이 갇힌 지 여러 날이라 5 옥에 갇힌 애굽 왕의 술 맡은 자와 떡 굽는 자 두 사람이 하룻밤에 꿈을 꾸니 각기 그 내용이 다르더라

친위대장이 요셉에게 두 관원장을 맡긴 것은, 억울한 죄수였던 요셉이 다시 "섬기는 자리"로 세워지는 장면이다. 이는 낮아짐 속에서도 하나님이 준비하신 사명의 통로가 열리고 있음을 보여준다. 요셉은 갇힌 자이지만 동시에 돌보는 자로 서며, 고난 속에서도 부르심을 감당하는 신앙인의 모형이 된다. 구속사적으로 그는 감옥에서 조차 하나님의 계시를 전달하는 중재자로 준비된다. 두 사람

이 같은 밤에 꿈을 꾸었다는 사실은 사건이 우연이 아니라 하나님의 시간표 안에 있음을 암시한다. 그러나 꿈의 내용이 서로 달랐다는 점은 하나님의 주권적 분별, 곧 회복과 심판의 갈림을 보여준다. 한 사람은 복직되고, 한 사람은 죽게 되는데, 이는 구속사의 흐름 안에서 생명과 죽음의 선이 나뉘는 구조를 드러낸다. 신앙경주 관점에서 요셉은 결과와 상관없이 끝까지 성실히 섬기는 주자의 모습이다. 그는 상황이 아닌 하나님께 시선을 두며, 고난의 트랙 위에서도 충성의 발걸음을 멈추지 않는다. 결국 서로 다른 꿈은 각 인생의 종착을 가리키지만, 요셉에게는 더 큰 부르심으로 나아가는 출발 신호가 된다.

3.(a') 두 관원장이 꿈을 꿈(40:6-8)

> 6 아침에 요셉이 들어가 보니 그들에게 근심의 빛이 있는지라 7 요셉이 그 주인의 집에 자기와 함께 갇힌 바로의 신하들에게 묻되 어찌하여 오늘 당신들의 얼굴에 근심의 빛이 있나이까 8 그들이 그에게 이르되 우리가 꿈을 꾸었으나 이를 해석할 자가 없도다 요셉이 그들에게 이르되 해석은 하나님께 있지 아니하니이까 청하건대 내게 이르소서

이 장면에서 요셉은 단순한 수감자가 아니라 타인의 근심을 돌보는 자로 등장한다. 그는 자신의 억울함에 매몰되지 않고, 타인의 근심을 먼저 읽어내는 영적 감수성을 보인다. 이는 구속사적으로 볼 때, 장차 생명을 살리는 중재자로 세워질 인물의 준비 과정이다. 죄수들의 "해석할 자가 없다"는 탄식은 단순한 답답함이 아니라, 계시를 들었으나 풀어줄 자가 없는 인간의 한계를 상징한다. 고대 세계에서 꿈은 신적 메시지로 여겨졌지만, 그 의미를 알 수 없을 때 그것은 오히려 두려움과 불안을 낳았다.

이때 요셉은 인간적 지혜가 아니라 하나님께 속한 해석을 제시할 통로로 서게 된다(8b의 흐름). 즉, 근심은 계시로 나아가는 통로가 되고, 답답함은 하나님

의 사람을 드러내는 무대가 된다.

4.(b') 요셉의 꿈풀이(40:9-23)

9 술 맡은 관원장이 그의 꿈을 요셉에게 말하여 이르되 내가 꿈에 보니 내 앞에 포도나무가 있는데 10 그 나무에 세 가지가 있고 싹이 나서 꽃이 피고 포도송이가 익었고 11 내 손에 바로의 잔이 있기로 내가 포도를 따서 그 즙을 바로의 잔에 짜서 그 잔을 바로의 손에 드렸노라 12 요셉이 그에게 이르되 그 해석이 이러하니 세 가지는 사흘이라 13 지금부터 사흘 안에 바로가 당신의 머리를 들고 당신의 전직을 회복시키리니 당신이 그 전에 술 맡은 자가 되었을 때에 하던 것 같이 바로의 잔을 그의 손에 드리게 되리이다 14 당신 잘 되시거든 나를 생각하고 내게 은혜를 베풀어서 내 사정을 바로에게 아뢰어 이 집에서 나를 건져 주소서 15 나는 히브리 땅에서 끌려온 자요 여기서도 옥에 갇힐 일은 행하지 아니하였나이다 16 떡 굽는 관원장이 그 해석이 좋은 것을 보고 요셉에게 이르되 나도 꿈에 보니 흰 떡 세 광주리가 내 머리에 있고 17 맨 윗광주리에 바로를 위하여 만든 각종 구운 음식이 있는데 새들이 내 머리의 광주리에서 그것을 먹더라 18 요셉이 대답하여 이르되 그 해석은 이러하니 세 광주리는 사흘이라 19 지금부터 사흘 안에 바로가 당신의 머리를 들고 당신을 나무에 달리니 새들이 당신의 고기를 뜯어 먹으리이다 하더니 20 제삼일은 바로의 생일이라 바로가 그의 모든 신하를 위하여 잔치를 베풀 때에 술 맡은 관원장과 떡 굽는 관원장에게 그의 신하들 중에 머리를 들게 하니라 21 바로의 술 맡은 관원장은 전직을 회복하매 그가 잔을 바로의 손에 받들어 드렸고 22 떡 굽는 관원장은 매달리니 요셉이 그들에게 해석함과 같이 되었으나 23 술 맡은 관원장이 요셉을 기억하지 못하고 그를 잊었더라

가. 구조적 주해

요셉의 꿈 풀이(40:9-23)

1) 술관원장이 포도나무 꿈을 말함	40:9-11
2) 3일 후 회복 예고	40:12-13
3) 요셉이 기억을 요청함	40:14-15
1)' 떡관원장이 광주리 떡 꿈을 말함	40:16-17
2)' 3일 후 죽음예고	40:18-19
3)' -----------	
1)" 왕 두 명을 궁으로 들게 함	40:20
2)" 술관원장 회복/떡관원장 죽음	40:21-22
3)" 술관원장이 기억(רכז)을 잊음	40:23

세 번 반복되는 병행 구조의 특징에 따라 본문을 분석해 보면 다음과 같다.

1) / 1)' / 1)": 두 왕의 죄수들이 각각 꿈을 꾸고(1), 그 꿈을 요셉에게 말하며(1)', 이후 그들이 왕에게 불려나가는 사건이 나타난다(1)".

2) / 2)' / 2)": 3일 후 회복예고(2), 3일 후 죽음예고 (2)'. 꿈풀이가 이루어짐: 술관원장 회복/떡관원장 죽음(2)".

3)/ 3)' / 3)": 요셉이 살아날 죄수에게는 간절히 자신을 기억해 달라고 부탁한다(3), 죽게 될 죄수에게는 아무 말도 하지 않고 침묵하며 반면, 술 관원장이 살아서 출옥할 것을 알고 자신의 기억해 달라고 부탁한다(3)', 마지막에는 그 부탁을 받은 자가 요셉을 잊어버리는 모습이 대조적으로 나디닌다(3)".

중심 주제: 이처럼 병행 구조의 끝 요지들은 중심 주제를 점층적으로 형성하고 있다.

종합하면, 이 구조 안에서 말과 행동이 반복되는 인물은 요셉이 6회, 떡 맡은 관원장도 6회, 술 맡은 관원장은 4회 등장하며, 바로는 단 2회 언급된다. 주목할 점은 요셉만이 아니라, 술 맡은 관원장도 함께 주도적 역할자로 등장한다.

나. 본문 해설

그렇다면 요셉과 술 맡은 관원장 사이의 관계와 역할이 드러내는 특별한 의미는 무엇인가?

우선, 요셉이 술 관원장 에게만 하는 간청(40:14-15)을 단순한 신앙적 표현으로 보기에는 어렵다(3). 14절은 요셉이 앞으로 풀려날 미래에 초점을 맞추고, 15절은 과거의 억울했던 삶에 대해 진술한다. 이 대조 속에서 특히 주목할 점은, 14절에서 요셉이 "기억하다"(זכר)라는 동사 어근을 두 번 반복 사용했다는 것이다. 이러한 반복은 단순한 간청이 아니라, 꿈 해석이 반드시 성취될 것이라는 표현으로 볼 수 있다. 요셉은 술 맡은 관원장이 살아날 것을 확신하며, 그 확신에 기초하여 자신을 '기억해 달라'고 두 번이나 부탁하고 있는 것이다.

그렇다면 왜 요셉은 먼저 자신의 과거의 억울함을 말하지 않고, 미래에 일어날 일부터 언급했을까? 일반적으로 사람들은 억울한 상황을 먼저 호소한 후 도움을 구하지만, 요셉은 거꾸로 행동한다. 이는 그가 관원장의 회복을 확실히 알고 있었기 때문에, 그 사실에 기대어 무언의 대가를 기대했음을 시사한다. 실제로 히브리어 문장에 "אם–זכרתני"("만일 네가 나를 기억하면")라는 조건절이 앞에 오는 표현은, 보상을 기대하는 간청의 문법 구조로 해석될 수 있다.

요셉의 이러한 요청은, 감옥에서 조속히 풀려나고 싶은 인간적인 조급함의 표현일 수 있다. 요셉은 지금까지 수많은 어려움 속에서도 참고 인내하며 살아왔다. 형들에게 팔린 후 보디발 집에서 일할 때에도, 그는 형들의 잘못을 원망하지 않았고, 보디발의 아내에게 누명을 쓰고도 한마디 변명조차 하지 않았다. 감옥에서도 그는 신실하게 살며 간수장에게 은혜를 입었다(39:23). 이 모든 삶은 "여호와께서 요셉과 함께 하셨더라"는 말씀으로 요약된다(39:3).

그런데 왜 이제 와서 요셉은 사람에게 의지하는 듯한 모습을 보이는가? 만약이 간청이 단지 억울한 인생에 대한 한풀이였다면, 그는 자신의 결백함을 먼저 말했을 것이다. 그러나 그는 오히려 해석의 성취를 근거로 보상을 기대하고 있으며, 이는 하나님보다 인간을 더 의지하게 되는 위험한 태도로 볼 수 있다. 요셉의 이러한 심리 상태는 두 번째 병행 구조의 끝 항목(3')에서 더욱 명확해진다. 본문에는 떡 맡은 관원장과의 대화가 생략되어 있는데, 앞서 술 맡은 관원장에게는 친절한 조력자로 나타났던 요셉이, 죽음을 앞둔 자에게는 침묵한다는 점에서 뚜렷한 대비를 이룬다.

서사적으로 이 생략은 단순한 결핍이 아니라, 저자의 의도적인 침묵 장치로 볼 수 있다. 고대 서사에서는 의도적 생략을 통해 중심 메시지를 더 효과적으로 부각시키는 방식이 종종 사용된다. 요셉은 꿈을 해석해 주되, 죽음을 알게 된 떡 맡은 관원장에게는 아무런 위로나 사랑의 말도 하지 않았다. 이는 요셉의 내면에 신앙적 긴장과 인격적 취약함이 존재하고 있었음을 암시한다. 그는 감옥에서 꿈으로 고통받는 자들을 돌보며 친절을 베풀었지만, 정작 죽음을 선고받은 자에게는 아무런 말도 하지 않았다. 이는 단순한 인격의 문제가 아니라, 신앙의 중심이 흔들릴 수 있다는 위기를 드러낸다.

요셉의 이러한 변화는 창세기 전반의 인물들과 비교하여 더욱 두드러진다. 창세기 37장에서 요셉의 형들은 미움 → 더욱 미움 → 시기 → 살인 시도라는 점층적 감정 변화를 보였고, 38장의 유다는 동생을 팔고 아버지를 속인 후, 가나안 땅으로 내려가 이방 여인과 육적인 목적의 결혼을 맺는다. 이러한 인물들의 행동 변화는 모두 신앙의 붕괴와 도덕적 문제를 구조적으로 드러낸다. 마찬가지로 요셉이 죽을 자에게 침묵하고, 살아날 자에게는 강하게 보상을 요구하는 이 모습은 그의 내면 깊은 곳의 문제를 고빌하는 서사적 장치라 할 수 있다. 요셉은 하나님께 받은 꿈 해석의 은사를 마치 개인적 이익을 위한 수단처럼 사용하고 있었던 셈이다.

병행 구조의 마지막 항목(3")은 전체 구조에서 중심 주제를 최종적으로 강조한다. 술 맡은 관원장은 회복된 후, 요셉의 간청을 완전히 잊어버린다(40:23). 히브리어의 "שכח"(망각하다)는 강한 단절의 의미를 내포한다. 그의 망각은 단순한 정신적 결함이 아닌, 도덕적 무책임이자, 요셉의 요청에 내재된 불순함에 대한 하나님의 간접적 응답으로 해석할 수 있다. 요셉의 간청이 하나님에 대한 온전한 신뢰에서 벗어난 인간 중심적 행동이었기에, 하나님은 그 기억을 잠시 유보시키심으로써 요셉의 성숙을 기다리신다. 요셉이 감옥에서 풀려나기를 간절히 바랐지만, 그는 '기억되기'를 강하게 요구했고, 술 맡은 관원장은 잊어버렸다. 이 기억/망각의 모티프는 요셉과 술 맡은 관원장의 관계 안에서만이 아니라, 하나님의 구속사 내에서 '하나님의 때'를 기다리는 신앙의 자리를 가르쳐준다. 결국 요셉은 술관원장이 출소된 지 만 2년 동안 잊혀지고 말았다.

결론적으로 요셉의 이면에는 인간적인 조급함과 보상을 기대하는 태도가 있었고, 이는 하나님보다 사람을 의지하게 되는 신앙의 흐트러짐으로 연결될 수 있다. 본문은 요셉의 실수를 정죄하는 것이 아니라, 그의 성장 과정 속에서 겪는 연단과 내면의 갈등을 조명하며, 하나님의 인도는 인간의 완전함이 아니라, 하나님 자신의 신실하심에 기반한다는 진리를 가르친다. 이 구조는 창세기 41장에서 요셉이 바로 앞에 설 때까지, 잊혀진 자로 존재하던 시기를 어떻게 믿음으로 견뎌내야 하는지를 예비하는 구속사적 배경이라 할 수 있다(김영호, "요셉은 은사를 남용한 적이 있는가?: 설교적 인물구조로 본 창세기 40:9-23", 한국 복음주의 구약신학회 구약논단 제6집, 2010, pp. 33-57).

8.(3') 벌(실수): 옥살이를 2년 더함(41:1-8)

1 만 이 년 후에 바로가 꿈을 꾼즉 자기가 나일 강 가에 서 있는데 2 보니 아름답고 살진 일곱 암소가 강 가에서 올라와 갈밭에서 뜯어먹고 3 그 뒤에 또 흉하고 파리한 다른 일곱 암소가 나일 강 가에서 올라와 그 소와 함께 나일 강 가에 서 있더니 4 그 흉하고 파리한 소가 그 아름답고 살진 일곱 소를 먹은 지라 바로가 곧 깨었다가 5 다시 잠이 들어 꿈을 꾸니 한 줄기에 무성하고 충실한 일곱 이삭이 나오고 6 그 후에 또 가

늘고 동풍에 마른 일곱 이삭이 나오더니 7 그 가는 일곱 이삭이 무성하고 충실한 일곱 이삭을 삼킨지라 바로가 깬즉 꿈이라 8 아침에 그의 마음이 번민하여 사람을 보내어 애굽의 점술가와 현인들을 모두 불러 그들에게 그의 꿈을 말하였으나 그것을 바로에게 해석하는 자가 없었더라

본문 구조상, 40장의 망각 사건(3")이후, 벌(실수)의 결과로 요셉이 감옥에 2년 더 갇히는 장면(3')에 해당한다. 겉으로 보기엔 바로의 꿈 이야기처럼 보이지만, 그 내면에는 하나님의 섭리적 지연, 인간의 무능함, 그리고 요셉의 사역이 하나님의 시간표 안에서 준비되고 있음을 드러내는 구속사적 의미가 담겨 있다.

요셉이 술 맡은 관원장의 꿈을 해석한 후, '만 이년'이 지난 뒤에야 바로가 꿈을 꾼다. 히브리어 מִקֵּץ שְׁנָתַיִם יָמִים은 문자적으로 "두 해의 끝 날에"라는 뜻이다. 이 2년은 인간적으로는 술 맡은 관원장의 망각으로 인한 실수의 결과이자, 신앙적으로는 요셉의 꿈 해석을 통한 자의적 개입에 대한 하나님의 연단과 겸손의 훈련 기간, 그리고 하나님의 때가 이르렀다는 신호로 해석된다. 요셉의 간청에도 불구하고 술 맡은 관원장은 그의 도움을 완전히 잊고 있었다(40:23). 그 정확한 시간, 곧 2년이 가득 찬 때에 바로가 꿈을 두 번 꾸게 되는 것은 우연이 아니라, 하나님께서 정하신 결정적 시점임을 보여준다. 그 시간 동안 요셉이 깊은 자기 성찰과 영적 성숙을 경험했음을 암시한다. 실제로 팔레스타인 유대교 전승에 따르면, 요셉이 감옥에서 2년을 더 머무르게 된 것은 하나님이 아니라 사람, 즉 술 맡은 관원장을 의지했기 때문이라고 명확히 전하고 있다. 이 전승은, 요셉이 하나님 대신 사람에게 구원을 기대했음을 그의 신앙적 미성숙으로 보고, 그에 대한 하나님의 훈련으로 해석힌다.

바로의 꿈 장면 묘사(일곱 살진 소와 일곱 파리한 소)는 이집트 배경(나일 강, 갈밭 등)을 생생하게 보여준다. '살진 소'는 풍년을, '파리한 소'는 흉년을 의미하지만, 본문에서는 꿈 해석이 지연되며, 요셉의 해석을 기다린다. 파리한 소가 살진 소를 '먹었다'는 장면은 굉장히 역설적이고 불길한 이미지로, 바로의 두려움을 불

러일으킨다. 바로가 아침에 일어나서 '번민'한다. '번민'(תִּפָּעֶם)은 단순한 불안이
아니라, 영적 두려움, 신적인 계시에 대한 반응으로 이해된다. 다니엘서 2:1의 느
부갓네살 왕과 유사한 상황이다. 바로는 모든 점술가와 지혜자들을 동원했으나
해석하는 자가 없었다. 이는 인간의 지혜 한계를 드러내며, 계시는 하나님께로부
터만 온다는 전제를 강조한다.

구약에서 꿈은 하나님의 계시 수단 중 하나이며, 해석은 반드시 하나님의 영
을 받은 자를 통해서만 가능함이 본문의 핵심이다. '2년 후에'라는 시간은 인간
의 관점에서는 지연, 실수, 버려짐처럼 보이지만, 하나님의 관점에서는 바로를 흔
들고, 요셉을 세우는 하나의 전환점이다. 요셉이 기억되지 않았던 시간은 하나님
의 뜻 안에서 가장 결정적인 준비 기간이었으며, 이는 오늘날 하나님의 때를 기
다리는 성도들에게 큰 위로와 교훈이 된다.

따라서 창세기 41:1-8은 하나님이 침묵하시는 시기조차 구속사적으로 채워지
고 있음을 보여주는 본문이다. 요셉이 술 맡은 관원장에게 기억되지 못해 감옥
에서 2년을 더 보내야 했던 시간은 사람의 실수에 의해 생긴 '벌'처럼 보였지만,
실상은 하나님의 정확한 시간표 속에서 이루어진 준비의 시간이었다. 이런 점에
서 "아무도 해석할 수 없었다"는 선언은 곧 요셉의 소환을 위한 무대 장치이며,
이는 곧 하나님이 낮추셨던 자를 높이실 때가 이르렀다는 신호이다. 이 본문은
고난과 기다림의 시간이 무의미하지 않다는 것을 믿는 모든 성도들에게, 하나님
의 섭리는 지연처럼 보일지라도 결코 멈춘 적 없음을 확신하게 한다.

9.(4') 회개: "내 죄를 기억하나이다"(41:9-16)

9 술 맡은 관원장이 바로에게 말하여 이르되 내가 오늘 내 죄를 기억하나이다 10 바
로께서 종들에게 노하사 나와 떡 굽는 관원장을 친위대장의 집에 가두셨을 때에 11
나와 그가 하룻밤에 꿈을 꾼즉 각기 뜻이 있는 꿈이라 12 그곳에 친위대장의 종 된
히브리 청년이 우리와 함께 있기로 우리가 그에게 말하매 그가 우리의 꿈을 풀되 그

꿈대로 각 사람에게 해석하더니 13 그 해석한 대로 되어 나는 복직되고 그는 매달렸 나이다 14 이에 바로가 사람을 보내어 요셉을 부르매 그들이 급히 그를 옥에서 내 놓은지라 요셉이 곧 수염을 깎고 그의 옷을 갈아 입고 바로에게 들어가니 15 바로가 요셉에게 이르되 내가 한 꿈을 꾸었으나 그것을 해석하는 자가 없더니 들은즉 너는 꿈을 들으면 능히 푼다 하더라 16 요셉이 바로에게 대답하여 이르되 내가 아니라 하나님께서 바로에게 편안한 대답을 하시리이다

술 맡은 관원장은 요셉의 꿈 해석을 통해 풀려난 지 2년이 지난 후, 마침내 자신의 잘못을 깨닫는다.

그는 "내가 오늘 내 죄를 기억하나이다"(חֲטָאַי אֲנִי מַזְכִּיר הַיּוֹם)라고 고백한다. 이 히브리어 표현은 단순한 죄책 고백을 넘어, 깊은 회상과 책임 의식을 담고 있는 말이다. 여기서 '하타'(חָטָה)는 '죄', '실수', '허물'을 모두 포괄하는 단어로, 그가 잊고 있었던 의무와 요셉에 대한 배은망덕함까지 내포한다. 이러한 회개의 고백은 단순히 개인의 잘못을 시인하는 차원을 넘어서, 요셉을 외면했던 일에 대해 하나님 앞에서의 회개를 암시한다.

사실 요셉이 감옥에서 2년을 더 지내야 했던 것은 술 맡은 관원장이 자신의 약속을 잊었기 때문이었다. 요셉은 그에게 간절히 "자신을 기억해 달라"고 부탁했지만, 그는 이것을 망각한 채 본래의 지위로 돌아갔다. 이때 사용된 '기억하다'(זָכַר)라는 동사는, 그가 지금 말한 "기억하나이다"(מַזְכִּיר)와 어근상 연결되며, 창세기 전반에 반복적으로 등장하는 '기억과 망각'의 모티프 속에서 중요한 전환점을 이룬다.

이제 술 맡은 관원장은 히니님의 십리 가운데 자신의 잘못을 자발적으로 인정하며 회개한다. 이 회상은 단순히 기억을 되살리는 차원을 넘어, 하나님의 때에 맞추어 인간이 회개의 도구로 쓰임 받을 수 있음을 보여준다. 그는 요셉을 이렇게 회상한다:

"히브리 청년이 우리와 함께 있었는데 …"(창 41:12).

　　여기서 요셉은 여전히 이름 없는 '히브리 청년, 종'으로만 언급된다. 이는 그가 여전히 사회적 약자이며 감옥의 죄수로 남아 있음을 드러내지만, 동시에 그의 영적 권위와 신실성이 이미 확고히 입증되었음을 암시한다. 관원장은 요셉의 꿈 해석이 실제로 그대로 성취되었음을 바로에게 강조하면서, 그의 능력과 정직함을 증언한다. 이처럼 '기억'은 '회복'의 문을 여는 열쇠가 되며, 요셉은 다시 하나님의 섭리적 계획 속으로 불려 나오게 된다.

　　이에 바로는 요셉을 급히 감옥에서 불러올 것을 명한다. 여기서 '급히'(וַיְרִיצֻהוּ)는 하나님의 정하신 때가 도래했음을 나타내는 단어로, 섭리의 시점이 도달했음을 상징한다. 요셉은 곧 수염을 깎고 옷을 갈아입는다. 이 옷 갈아입는 장면은 창세기에서 반복적으로 등장하는 '정체성과 전환'의 상징이다. '**채색옷 → 노예의 옷 → 죄수의 옷 → 왕 앞에 나갈 준비의 옷**'으로 이어지는 의복의 변화는 요셉의 신분 변화와 하나님의 손에 붙들린 도구로서의 부르심을 드러낸다. 이는 곧 요셉의 운명이 결정적으로 역전되는 장면이며, 감옥에서 왕궁으로, 낮은 자리에서 하나님의 일꾼으로 높아지는 과정이다.

　　바로는 요셉에게 "너는 꿈을 들으면 그것을 해석할 수 있다"(창 41:15)고 말하지만, 요셉은 즉시 이렇게 대답한다:

　　　"내게 있지 아니하니, 하나님께서 바로에게 평안한 대답을 하시리이다."

　　히브리어로는 בִּלְעָדָי אֱלֹהִים יַעֲנֶה — "내가 아니라, 하나님께서 응답하시리이다." 이 고백은 요셉의 신앙이 얼마나 성숙해졌는지를 보여주는 결정적인 장면이다. 이전 40장에서 그는 사람에게 자신을 기억해 달라고 요청했지만, 이제는 온전히 하나님께 영광을 돌리며, 해석의 주체가 하나님이심을 고백한다. 이는 요셉의 신앙 여정에서 중요한 전환점이며, 그가 2년간 더 옥에 있었던 시간은 단순한 지체가 아니라, 그를 인내로 단련시키고 하나님의 뜻에 철저히 순복하는 자로 준비시키는 시간이었음을 보여준다. 그는 이제 하나님의 쓰임을 받기에 충분히 준비된 사람으로 서 있다.

10.(5') 축복: 총리가 됨/두 아들 낳음(41:17-57)

이 부분은 유다의 삶에 대응되는 키워드 '축복'이다. 요셉이 하나님의 축복을 받는 내용을 담고 있다. 술 관원장이 궁으로의 복귀 2년 후에 요셉이 바로 앞에 섰다. 꿈을 꾸고 그것이 무슨 뜻인지 괴로워하는 바로 앞에 술 관원장의 소개로 꿈을 신분이 바뀐다. 그리고 이 꿈이 실현되는 과정에 있다. 이것은 다음과 같은 반복된 선형구조 안에서 펼쳐진다.

가. 구조적 주해

요셉의 성공(41:17-57)

a. 바로의 꿈	41:17-24
a'. 요셉의 꿈 해석	41:25-36
b. 요셉이 총리가 됨	41:37-43
b'. 결혼과 다스림의 시작	41:44-45
c. 애굽의 풍년	41:46-49
c'. 요셉이 두 아들을 낳음	41:50-52
d. 세상에 임한 흉년	41:53-55
d'. 각국에서 양식을 사러 옴	41:56-57

본문은 8개의 요지로 구성된 반복적 선형구조를 이루며 전개된다. 선형구조의 특성상 끝부분(d/d')이 전체의 중심 주제로 강조된다.

a / a'는 '바로의 꿈'과 '요셉의 해석'으로 구성되며, 하나님의 계시와 요셉의 통찰을 중심으로 한다.

b / b'는 '요셉의 총리 등극'과 '결혼 및 통치 시작'으로 이어지며, 요셉의 성공과 권위의 확립을 보여준다.

c / c'는 '애굽의 풍년'과 '요셉이 두 아들을 낳음'으로 이어지며, 나라와 가정의 축복을 대비시킨다. 이때 두 아들의 이름(므낫세와 에브라임)은 요셉의 신앙고백과 과거 회복의 의미를 내포한다.

d / d'는 중심 주제로서, '세상의 흉년'과 '각국에서 양식을 사러 오는 장면'으로 마무리되며, 요셉의 꿈 해석이 현실에서 어떻게 하나님의 구속사적 계획으로 실현되는지를 보여준다. 이는 하나님의 섭리가 이스라엘뿐 아니라 온 세계에까지 미치는 보편적 구원 역사로 확장되고 있음을 시사한다.

나. 본문 해설

1.(a) 바로의 꿈(41:17-24)

17 바로가 요셉에게 이르되 내가 꿈에 나일 강 가에 서서 18 보니 살지고 아름다운 일곱 암소가 나일 강 가에 올라와 갈밭에서 뜯어먹고 19 그 뒤에 또 약하고 심히 흉하고 파리한 일곱 암소가 올라오니 그 같이 흉한 것들은 애굽 땅에서 내가 아직 보지 못한 것이라 20 그 파리하고 흉한 소가 처음의 일곱 살진 소를 먹었으며 21 먹었으나 먹은 듯 하지 아니하고 여전히 흉하더라 내가 곧 깨었다가 22 다시 꿈에 보니 한 줄기에 무성하고 충실한 일곱 이삭이 나오고 23 그 후에 또 가늘고 동풍에 마른 일곱 이삭이 나더니 24 그 가는 이삭이 좋은 일곱 이삭을 삼키더라 내가 그 꿈을 점술가에게 말하였으나 그것을 내게 풀이해 주는 자가 없느니라

이 본문은 바로가 요셉 앞에서 자신이 꾼 꿈의 내용을 직접 재진술하는 장면

이다. 전체는 두 개의 꿈(소/이삭)이 각각 4절씩 반복되어 있고, 내용 구성은 다음과 같다.

첫 번째 꿈, 암소의 환상(17-21절)은 나일 강 가에서 일어난다. 살지고 아름다운 일곱 암소와 약하고 파리하며 흉한 일곱 암소 사이에서 파리하고 흉한 암소가 살진 암소를 삼켰으나 전혀 변화 없음을 보여준다. 두 번째 꿈은 이삭의 환상을 보여준다. 나일 강 가에서 무성하고 충실한 일곱 이삭이 가늘고 마른 일곱 이삭을 삼킨다. 이 환상을 풀어보자면, 하나님은 바로의 꿈을 통해 다가올 위기와 구원의 질서를 계시하신다. 이 꿈은 나일 강 가에 일어나는데, 나일 강은 애굽의 생명줄이자 풍요의 상징이며, 모든 농업과 경제의 중심이다. 그런데 이 강에서 나타난 두 종류의 암소는 하나님께서 이들의 운명을 주관하신다는 메시지를 암시한다.

이 메시지에서 21절의 "먹었으나 먹은 듯하지 않고 여전히 흉하다"는 표현은 단순한 기근을 넘어선 영적이고 사회적 파괴의 징조를 나타낸다. 풍년이 있었음에도 그 흔적이 사라질 만큼 흉년이 절대적이며 압도적인 현실로 임할 것임을 경고한다. 24절에서 "그 꿈을 점술가들에게 말하였으나 풀이하는 자가 없었다"는 바로의 말은, 애굽의 전통 지혜자들과 종교 시스템의 한계를 드러낸다. 이는 요셉의 등장을 위한 신적 무대 장치로, 하나님의 말씀과 해석은 오직 그분께 속함을 나타낸다(cf. 40:8).

2.(a') 요셉의 꿈 해몽(41:25-36)

25 요셉이 바로에게 아뢰되 바로의 꿈은 하나라 하나님이 그가 하실 일을 바로에게 보이심이니이다 26 일곱 좋은 암소는 일곱 해요 일곱 좋은 이삭도 일곱 해니 그 꿈은 하나라 27 그 후에 올라온 파리하고 흉한 일곱 소는 칠 년이요 동풍에 말라 속이 빈 일곱 이삭도 일곱 해 흉년이니 28 내가 바로에게 이르기를 하나님이 그가 하실 일을 바로에게 보이신다 함이 이것이라 29 온 애굽 땅에 일곱 해 큰 풍년이 있겠고 30 후

에 일곱 해 흉년이 들므로 애굽 땅에 있던 풍년을 다 잊어버리게 되고 이 땅이 그 기근으로 망하리니 31 후에 든 그 흉년이 너무 심하므로 이전 풍년을 이 땅에서 기억하지 못하게 되리이다 32 바로께서 꿈을 두 번 겹쳐 꾸신 것은 하나님이 이 일을 정하셨음이라 하나님이 속히 행하시리니 33 이제 바로께서는 명철하고 지혜 있는 사람을 택하여 애굽 땅을 다스리게 하시고 34 바로께서는 또 이같이 행하사 나라 안에 감독관들을 두어 그 일곱 해 풍년에 애굽 땅의 오분의 일을 거두되 35 그들로 장차 올 풍년의 모든 곡물을 거두고 그 곡물을 바로의 손에 돌려 양식을 위하여 각 성읍에 쌓아 두게 하소서 36 이와 같이 그 곡물을 이 땅에 저장하여 애굽 땅에 임할 일곱 해 흉년에 대비하시면 땅이 이 흉년으로 말미암아 망하지 아니하리이다

이 본문은 요셉이 역전의 삶의 일부를 보여준다. 요셉이 죄인에서 일약 총리가 되고 결혼하여 자녀를 두 명이나 낳게 되며, 국가와 세상을 살리는 위인이 된다. 요셉이 바로의 꿈을 듣고 꿈을 풀기 시작한다. 먼저 꿈의 출처를 분명히 밝힌다. 꿈의 주관자가 애굽의 신들이 아니라 "히브리인의 하나님(엘로힘)"임을 선언한다. "암소와 이삭이 각각 '7년 풍년/7년 흉년'을 의미한다는 점에서, 꿈의 이중성은 확증과 강조를 위한 것임을 밝힌다. "일곱 해 큰 풍년"이 애굽 온 땅에 임함은 하나님의 은혜와 공급의 시기이고, "일곱 해 흉년"은 풍년의 흔적조차 지워버릴 정도로 극심하다는 것이다. "이 땅이 그 기근으로 망하리니"는 단순한 경제적 곤란이 아니라, 국가적 재앙의 수준을 의미한다. 과거 은혜조차 무의미해질 만큼 철저한 위기가 다가옴을 경고한다.

꿈이 반복된 것은 "하나님이 이 일을 정하셨음"이며, "속히 행하실 것"이라는 확정적이며 시급한 계시임을 의미한다. 요셉은 단지 해석에 그치지 않고 행정적 지혜를 제안한다. "명철하고 지혜 있는 사람"을 세워 애굽 전체를 감독할 자로 임명할 것이며, 또한 "오분의 일"(20%)의 세금 방식으로 7년간 곡식을 비축할 것을 국가적 구조조정 차원에서 제안한다. 곡물은 바로의 이름으로 성읍별로 저장해야 하며, 이는 기근을 이길 국가 차원의 생존 계획이다. 단순히 개인의 복지가 아

니라, 국가적 구원과 공동체 생존의 모델로 기능한다.

요셉의 사명은 단지 꿈 해석이 아니라, 하나님의 구원 질서를 현실 정치에 구현하는 신정적 리더십이다. 따라서 구조의 흐름은, '반복된 꿈 → 확정된 하나님의 뜻 → 현실적 대비 필요'로 흘러간다. 감옥의 '보조자 요셉'에서 이제는 제국의 '구조 설계자 요셉'으로 변모한다. 요셉은 애굽뿐 아니라 전 세계의 생명을 보존하는 구속사의 도구로 쓰임받는 축복의 통로 역할을 한다.

따라서 요셉의 꿈 해석은 단순한 '해몽 기술'이 아니라, 계시의 본질을 해석하고 국가와 백성을 살리는 사명을 수행하는 '신정적 사역'이다. 이 본문은 인간의 무능 속에서 하나님이 어떻게 택자를 통해 구원 계획을 구체화하시는지를 드러내며, 요셉의 역할은 단순한 '해몽자'에서 하나님의 섭리를 실천하는 총리이자 구속사의 연결 고리로 확장된다. 이러한 역전의 삶이 유다의 역전의 삶과 비교되어 계속해서 나아간다.

3.(b) 요셉이 총리가 됨(41:37-43)

> 37 바로와 그의 모든 신하가 이 일을 좋게 여긴지라 38 바로가 그의 신하들에게 이르되 이와 같이 하나님의 영에 감동된 사람을 우리가 어찌 찾을 수 있으리요 하고 39 요셉에게 이르되 하나님이 이 모든 것을 네게 보이셨으니 너와 같이 명철하고 지혜 있는 자가 없도다 40 너는 내 집을 다스리라 내 백성이 다 네 명령에 복종하리니 내가 너보다 높은 것은 내 왕좌뿐이니라 41 바로가 또 요셉에게 이르되 내가 너를 애굽 온 땅의 총리가 되게 하노라 하고 42 자기의 인장 반지를 빼어 요셉의 손에 끼우고 그에게 세마포 옷을 입히고 금 사슬을 목에 걸고 43 자기에게 있는 버금 수레에 그를 태우매 무리가 그의 앞에서 소리 지르기를 엎드리라 하더라 바로가 그에게 애굽 전국을 총리로 다스리게 하였더라

위 본문은 요셉이 애굽의 총리로 임명되는 장면으로, 그의 인생에서 극적인

전환점을 이루는 구절이다. 이 본문은 하나님의 섭리 안에서 요셉의 고난과 연단이 어떻게 하나님의 뜻을 이루는 역전의 도구로 연결되는지를 보여주며, 구속사적 흐름 안에서 이스라엘의 구원을 위한 준비가 시작되는 대목이다.

바로와 신하들이 요셉의 해석과 정책 제안(창 41:33-36)을 '좋게 여긴다'는 표현은, 단지 정치적 판단만이 아니라 하나님의 뜻에 대한 동의가 반영된 반응이다. 애굽인들이 히브리 노예의 말을 수용했다는 것은 요셉의 지혜가 인간을 넘어선 것임을 직감했음을 의미한다. 바로는 요셉을 "하나님의 영에 감동된 사람"(אִישׁ אֲשֶׁר רוּחַ אֱלֹהִים בּוֹ)이라고 칭한다. 이는 성경에서 비이스라엘인이 '하나님의 영'(רוּחַ אֱלֹהִים)을 언급하는 보기 드문 장면으로, 요셉 안에서의 신적 계시와 영감을 인정한 것이다. 이는 신약의 성령 사역을 예표적으로 보여주는 선취적 이미지로도 이해될 수 있다. 이것은 하나님의 영이 임한 사람은 민족이나 출신과 상관없이 세상 가운데 구원의 도구로 쓰임 받을 수 있다는 구속사적 원리를 보여준다.

39절에서 '명철'(נָבוֹן, navon)과 '지혜'(חָכָם, chakam)는 모두 히브리 지혜문학에서 자주 등장하는 표현으로, 총리로서의 자격을 말할 뿐 아니라 하나님이 주시는 영적 통찰의 산물임을 시사한다. 요셉의 해석과 대응책은 단순한 행정 능력을 넘어 신적 계시를 기반으로 한 것이었다.

바로는 요셉에게 애굽 백성 전체에 대한 **명령권**을 부여하고, 자신과 구별되는 유일한 요소는 **왕좌**(כִּסֵּא)라고 한다. 이는 요셉이 실질적인 최고 행정권자, 곧 섭정(Regent)이 된 것임을 뜻한다. 41-42절에서 그를 '총리'로 공포하는 바로의 선언은 요셉의 신분 변화를 공식화하는 순간이다. **요셉의 인장 반지**: 권위와 법적 대리권의 상징. 파라오의 권한을 대리할 수 있음을 의미한다. **세마포 옷**: 애굽 고위층의 정복. **죄수의 옷 → 정결한 옷**의 교체는 '회복'의 상징. **금 사슬**: 부와 명예, 지위의 상징, 왕의 신임을 드러낸다.

요셉의 신분 변화. 즉 역전의 삶의 개념으로서 반복되는 옷의 모티프는 다음

과 같다: 채색옷 → 벗겨짐 → 죄수의 옷 → 세마포 옷이 변화는 요셉의 신분 전환 뿐 아니라 정체성 회복을 상징하며, 구속사적으로 '하나님의 형상을 입은 자'로서의 회복을 암시한다. 43절에서 버금 수레(הַמִּשְׁנֶה)란 바로의 다음가는 지위, 즉 국무총리 수레를 의미한다. '엎드리라'(אַבְרֵךְ)는 외침은 요셉에게 절하라는 왕의 명령이다. 이는 단지 정치적 복종 이상의 종교적 경외의 분위기를 풍기며, 요셉이 하나님의 대리자로 인식됨을 보여준다.

4.(b') 결혼과 다스림(41:44-45)

> 44 바로가 요셉에게 이르되 나는 바로라 애굽 온 땅에서 네 허락이 없이는 수족을 놀릴 자가 없으리라 하고 45 그가 요셉의 이름을 사브낫바네아라 하고 또 온의 제사장 보디베라의 딸 아스낫을 그에게 주어 아내로 삼게 하니라 요셉이 나가 애굽 온 땅을 순찰하니

요셉이 애굽으로 팔려왔을 때는 열일곱 살이었다(창 37:2). 그리고 13년이 흐른 후, 그의 수치는 영광으로 바뀌었다. 이 연대기는 단지 긴 시간의 경과만을 나타내는 것이 아니라, 창세기 37:2에서 요셉이 자신의 가족 안에서 꾸었던 꿈의 예고가 이제 성취될 준비가 되었음을 상기시킨다. 곧 그는 자기 가족을 만나게 될 것이며, 결국 하나님께서 주신 꿈들이 실현될 것이다.

'나는 바로라'는 말은 단순한 자기 소개가 아니라 왕권 선언이다. 이것은 고대 근동 문서에서 흔히 사용되던 공식적 서두 표현으로, 신적 권위에 기반한 권한 위임 선언문의 형태를 따른다. "네 허락이 없이는 수족을 놀릴 자가 없다"는 말은 요셉이 애굽의 행정·경제·정치 전반에 걸쳐 절대적 권위를 행사하게 되었음을 의미하며, 바로가 요셉을 섭정(regent) 혹은 대리 왕으로 세웠음을 뜻한다. 이는 앞서 40절의 권위 선언과 43절의 백성들이 무릎 꿇는 장면에 대한 법적·공식적 완결이다. 고난 속에서 철저히 낮아졌던 요셉이, 이제 하나님의 때에 이방 세

계의 통치자로 세워진 것이다.

바로는 요셉의 이름을 '사브낫바네아'라고 불렀다. 이 이름은 일반적으로 이 집트어로 해석되며, 다음 두 가지 의미가 제시된다. 하나는 "숨은 것을 드러내는 자"로, 요셉의 꿈 해석 능력을 강조하는 칭호이며, 다른 하나는 "생명의 구원자" 로서, 기근에서 애굽과 열방을 구한 요셉의 역할에 부합하는 이름이다. 이름 부여는 고대에서 권위자의 소유 선언과 정체성의 재정의를 의미한다. 요셉은 이제 이방 권력 아래에서 신정치적 존재로 다시 태어난 것이다. 그러나 이 이름이 요셉의 하나님 중심의 정체성을 지우는 것이 아니라, 오히려 그의 사명을 외적으로 명시하는 도구로 작용한다. 하나님의 사람은 이방 세계에서도 자신의 신앙 정체성을 지키며, 구속사의 도구로 기능한다는 메시지를 담고 있다.

이어지는 45절에서 "온의 제사장 보디베라의 딸 아스낫을 그에게 주어 아내로 삼게 하니라"는 기록이 등장한다. '온'은 태양신 라(Ra)를 숭배하던 애굽의 주요 종교 중심지로서, 고대 이집트의 최고 신전 권력이 자리하던 곳이다. 따라서 그 제사장의 딸과 결혼했다는 것은 단순한 혼인이 아니라, 애굽 최고 권력층과의 정치적 결합을 의미한다. 요셉이 이방 여인과 결혼했다는 사실은 구속사적으로 도전적인 문제의식을 제기하지만, 이것은 신앙의 타락이 아닌 하나님의 섭리 속에서 이루어진 문화적 결합으로 보아야 한다. 아스낫과의 결혼DL 요셉의 신앙과 분리되지 않으며, 오히려 후일 므낫세와 에브라임을 통해 이스라엘이 확장되는 계기가 된다(cf. 창 48장).

그리고 요셉이 애굽의 총리로서 그 땅을 순찰하였다는 표현은, 그의 실질적 통치의 시작을 알리는 대목이다. 이는 단순한 시찰이 아니라, 행정과 조직 운영 전반에 대한 권위적 집행을 의미한다. 그는 더 이상 바로의 지시만을 수행하는 관리가 아니라, 하나님의 구속 계획을 이방 땅에서 실현할 통치자로 세워진 것이다. 요셉은 '종에서 왕궁'으로, '고난에서 회복'으로, '연단에서 사명'으로 나아가는 역전의 길을 완전히 밟고 있는 중이다.

이 장면은 요셉이 애굽의 총리가 된 사건이 아니라, 하나님의 나라를 예표하는 왕권의 모형으로 세워져, 세상을 구원하는 도구가 되었음을 선포하는 신학적 장면이다. 따라서 본문은 이렇게 마무리된다: "요셉이 애굽 온 땅을 맡으러 나아갔더라."

5.(c) 애굽의 풍년(41:46-49)

> 46 요셉이 애굽 왕 바로 앞에 설 때에 삼십 세라 그가 바로 앞을 떠나 애굽 온 땅을 순찰하니 47 일곱 해 풍년에 토지 소출이 심히 많은지라 48 요셉이 애굽 땅에 있는 그 칠 년 곡물을 거두어 각 성에 저장하되 각 성읍 주위의 밭의 곡물을 그 성읍 중에 쌓아 두매 49 쌓아 둔 곡식이 바다 모래 같이 심히 많아 세기를 그쳤으니 그 수가 한이 없음이었더라

요셉이 애굽 왕 바로 앞에 섰을 때의 나이는 삼십 세(שְׁלֹשִׁים שָׁנָה)였다. 이 나이는 성경에서 중요한 사역의 시작을 상징하는 수치로 자주 등장한다. 다윗이 삼십 세에 왕이 되었으며(삼하 5:4), 예수 그리스도 역시 공생애를 시작하신 때가 약 삼십 세였다(눅 3:23).

요셉도 마찬가지로, 이 시점에서 고난의 훈련을 마치고 하나님의 구속 계획을 수행하는 도구로서 공적 무대에 등장하게 된다. 이는 요셉 인생의 결정적 전환점이자, '하나님의 때'가 도래했음을 보여주는 장면이다. 여기서 '순찰하다'(עָבַר)는 단순한 시찰이나 방문을 의미하는 것이 아니라, 총리로서 통치자의 책임을 수행하는 행위를 뜻한다. 이는 요셉이 행정 관리자가 아니라, 하나님의 뜻을 집행하는 언약적 지도자로서 기능하고 있음을 드러낸다.

또한 본문은 요셉의 직무가 지역적 차원이 아닌 전국적 사명임을 강조하며, 그는 단순한 꿈 해석가가 아니라 구속사의 중심 인물임을 나타낸다. 이어지는 풍년의 성취는 자연적 현상이 아니라, 하나님께서 미리 말씀하신 바를 따라 정확히 이루어진 사건으로, 요셉의 해몽이 곧 하나님의 계시였음을 실증한다. 본

문은 일곱 해의 풍년을 언급하며, 이 시기를 요셉이 어떻게 주도적으로 이끌었는지를 간결하면서도 힘 있게 묘사한다. 본문의 반복 표현은 요셉의 행정적 활동이 매우 신속하고 역동적으로 이루어졌음을 강조하며, 이어질 일곱 해 흉년과의 대비를 통해 풍년의 시기를 상대적으로 간략히 기술함으로, 요셉의 삶에 세월이 급속히 흘러간 듯한 인상을 부여한다. '심히 많았더라'는 표현은 문자적으로 "여러 움큼으로"(복수형 '한 움큼', 참조: 레 2:2)로 번역될 수 있다. 이 표현은 이삭 하나하나가 손에 가득 차 있는 형상을 떠올리게 하며, 그 풍성함의 이미지를 더욱 생생하게 만든다.

"요셉이 곡물을 거두어 각 성에 저장하였다"는 것은, 그가 자신의 조언을 어떻게 실천에 옮겼는지를 보여주는 실천적 묘사다. 그는 풍년을 단지 누리는 데 그치지 않고, 각 성읍 주위 밭의 곡물을 지역 성에 저장하는 분산형 행정 정책을 시행했다. 이는 장기적 관점의 지혜로운 대비책으로서, 후일 흉년의 피해를 최소화하는 결과를 낳는다. "바다의 모래 같이 많다"는 표현은 창세기에서 반복되는 언약적 언어이다(창 22:17, "네 씨가 바다의 모래 같이 되리라"). 이는 하나님이 아브라함에게 주신 언약의 복이 요셉을 통해 현실화되고 있음을 암시한다. "세기를 그쳤다"는 말은 단순히 풍년이 많았다는 것이 아니라, 그 양이 너무 많아 셀 수 없을 정도였다는 것, 즉 하나님의 공급은 인간의 계산을 초월한다는 점을 강조한다. 풍년조차도 하나님의 언약적 은혜의 도구인 것이다.

하나님은 정확한 때에 일하신다. 고난의 시간은 준비의 시간이었고, 사명의 시간은 하나님이 정한 때에 반드시 임한다. 하나님은 요셉을 통해 공동체를 살리시는 구속사의 흐름을 이루신다. 하나님의 복은 개인의 만족이 아니라 공동체의 생명을 위한 것이다. 그리고 예언은 반드시 성취된다. 하나님의 말씀(계시)은 역사와 환경 속에서 정확하게 실현된다. 진정한 리더는 예비하는 자이다. 요셉은 위기를 미리 예측하고 철저히 준비함으로써 하나님의 뜻을 실현하는 참된 청지기 모델로 나타난다.

6.(c') 요셉이 두 아들을 낳음(41:50-52)

50 흉년이 들기 전에 요셉에게 두 아들이 나되 곧 온의 제사장 보디베라의 딸 아스낫이 그에게서 낳은지라 51 요셉이 그의 장남의 이름을 므낫세라 하였으니 하나님이 내게 내 모든 고난과 내 아버지의 온 집 일을 잊어버리게 하셨다 함이요 52 차남의 이름을 에브라임이라 하였으니 하나님이 나를 내가 수고한 땅에서 번성하게 하셨다 함이었더라

이 본문은 구조상 6(c') '요셉의 자녀 출산' 항목으로, 앞선 풍년(6b)과 흉년(6d) 사이에 위치하여 중요한 전환점 역할을 한다. 특히 "흉년이 들기 전"이라는 시점의 배경은, '하나님의 준비'와 '생명의 보존'이라는 창세기의 신학 주제를 강조한다.

"흉년이 들기 전에"는 시점적으로 중요하다. 흉년이라는 환난 이전에 생명이 잉태되었다는 것은, 하나님의 선행적 섭리를 상징하고 있다(창 41:30-31과 연결). 고난이 시작되기 전에 생명의 씨앗이 준비되는 것은 창세기적 구속사적 패턴이다(노아-홍수 이전 방주, 모세-유아기 등과 유사). 아스낫과의 결혼을 통해 얻은 아들들은, 이방인의 혈통을 가졌지만, 후일 이스라엘의 열두 지파를 이루는 계승자들로 편입된다. 이는 은혜의 언약은 혈통이 아닌 믿음과 하나님의 주권에 따라 이어진다는 점을 암시한다(참조: 롬 9:6-8).

요셉이 장남의 이름을 므낫세라 하였다. '므낫세'(מְנַשֶּׁה)는 히브리어 동사 **나샤**(נָשָׁה, '잊다')에서 파생된 이름으로, 요셉이 겪은 과거의 고난과 슬픔을 하나님께서 덮으셨음을 신앙적으로 해석한 고백이나. 이 '잊음'은 단순한 기억 상실이 아니라, 상처와 고통을 하나님 안에서 치유 받은 해석적 '잊음'이다. 과거를 단절하는 것이 아니라, 하나님께서 고통 위에 새로운 시작을 주셨다는 믿음의 선언이기도 하다. "내 아버지의 온 집 일"은 그가 형들에게 배신당하고 종으로 팔린 사건(창 37장)을 암시한다. 그러나 요셉은 복수를 말하지 않고, 하나님의 치유와 해

석의 은혜를 고백하고 있다.

차남의 이름을 에브라임이라 하였다. '에브라임'(אֶפְרָיִם)은 히브리어 **파라**(פָּרָה, "열매 맺다, 번성하다")에서 유래된 이름으로, 고난의 땅에서도 하나님이 번성하게 하셨다는 은혜의 고백이다. '내가 수고한 땅'은 애굽이라는 이방 땅을 의미한다. 고난의 자리, 낯선 땅, 억울함의 터전에서 하나님께서 열매를 주셨다는 감사의 이름이다. 이는 곧 "고난의 자리도 하나님의 축복의 장이 될 수 있다"는 신앙고백이며, 하나님께서 그의 백성을 어디서든 번성하게 하실 수 있음을 증거한다. 후일 에브라임 지파는 북이스라엘의 대표 지파가 되며(사사기, 열왕기상), 은혜의 상징으로 두드러진다. 이와 같이 요셉이 자녀에게 준 '신앙의 이름'을 요약하면, 므낫세는 "치유의 잊음", 에브라임은 "고난 중의 번성"이라는 하나님의 섭리에 대한 신앙 해석을 담은 이름이다. 고난 속에서도 원망하거나 과거에 매이지 않고, 은혜의 해석으로 나아가는 믿음의 성숙을 보여준다.

이와 같이 요셉의 두 아들에 대한 언급은, 창세기 12장, 17장의 아브라함 언약(자손의 번성)의 성취로 이해될 수 있다. 이방 여인에게서 태어난 아들들이 이스라엘 공동체의 일부로 편입되는 과정은, 언약이 민족적 경계를 넘어 열방으로 확장되는 복의 통로가 됨을 보여준다(cf. 창 48:5).

이것을 구조적/신학적 관점에서 보면, 요셉의 두 아들은 훗날 야곱의 축복을 통해 야곱의 자손으로 입양되며(창 48:5), 이스라엘의 열두 지파 중에 유다와 함께 르우벤을 대체하는 상속자 역할을 하게 된다. 즉, 이 본문은 이스라엘 공동체의 재편을 예고하는 장면이자, 하나님의 언약이 어떻게 인간 역사 속에서 예상 밖의 방식으로 성취되는지를 보여주는 단초가 된다.

따라서 요셉이 므낫세와 에브라임을 낳은 사건은 단순한 가정사적 서술이 아니라, 언약의 성취, 고난의 해석, 신앙의 고백, 그리고 구속사의 연결이라는 복합적인 의미를 가진다. 하나님은 고난 이전에 생명의 길을 준비하시고, 고난의 한복판에서도 번성하게 하시며, 고난의 뒤편에서 그 뜻을 밝히 드러내신다. 요셉의 자녀 이름은 이 모든 것을 응축한 신앙의 언어이다.

7.(d) 애굽의 흉년(41:53-55)

> 53 애굽 땅에 일곱 해 풍년이 그치고 54 요셉의 말과 같이 일곱 해 흉년이 들기 시작하매 각국에는 기근이 있으나 애굽 온 땅에는 먹을 것이 있더니 55 애굽 온 땅이 굶주리매 백성이 바로에게 부르짖어 양식을 구하는지라 바로가 애굽 모든 백성에게 이르되 요셉에게 가서 그가 너희에게 이르는 대로 하라 하리라

애굽 땅에 일곱 해 풍년이 그쳤다. 여기서 '풍년이 그치고'는 단순한 시간의 경과가 아니라, 하나님의 계시된 시점이 정확히 성취됨을 의미한다(창 41:29). 이 짧은 문장에서 하나님의 섭리는 예언된 시간에 어긋남 없이 진행된다는 중요한 신학적 선언이다. 그러나 7년 후 이제는 흉년이 들기 시작했다. "각국에는 기근이 있으나 애굽에는 먹을 것이 있더니"는 하나님이 미리 예비케 하신 섭리의 결과이다. 이제는 각국에 기근이 들기 시작하였다. 기근이 광역적 재난이었음 나타내며, 요셉의 정책이 애굽의 보존만이 아니라 열방 구원의 통로가 되었음을 암시한다. "애굽 온 땅이 굶주리매 백성이 바로에게 부르짖어 양식을 구하는지라. 바로가 애굽 모든 백성에게 이르되 요셉에게 가서 그가 너희에게 이르는 대로 하라 하라." 여기서 '부르짖어'(히. '차아크', צָעַק)는 단순한 요청이 아니라, 고통에서 나오는 간절한 외침을 의미한다(출 2:23 참조). 기근은 하나님의 주권 아래 인간의 한계를 드러내는 도구이다. 바로의 반응은 단호하다:

"요셉에게 가서 그가 이르는 대로 하라."

이는 요셉에게 사실상의 절대 권한이 위임되었음을 보여주는 장면으로, 창세기 41:40-44의 말씀과 연결된다.

요셉은 더 이상 해석가가 아니라, 백성의 생사를 결정짓는 구속적 지도자로 세워졌다. 이 장면은 왕권(바로)보다 하나님의 지혜에 기초한 언약적 리더십(요

셉)이 실질적 통치 권한을 행사하는 질서의 전환을 나타낸다.

8.(d') 각국에서 양식을 사러 옴(41:56-57)

> 56 온 지면에 기근이 있으매 요셉이 모든 창고를 열고 애굽 백성에게 팔새 애굽 땅에
> 기근이 심하며 57 각국 백성도 양식을 사려고 애굽으로 들어와 요셉에게 이르렀으니
> 기근이 온 세상에 심함이었더라

창세기 41:56-57은 "요셉의 양식 정책"의 세계적 확장과 함께, 애굽이라는 특정 지역에서 하나님의 구속적 섭리가 열방을 향해 확장되어가는 전환점을 보여준다. 이 짧은 본문은 단순한 곡물 유통 기록이 아니라, 하나님의 예언 성취, 요셉의 언약적 사명, 열방을 향한 구속사적 계획이라는 풍성한 신학적 함의를 내포하고 있다.

"온 지면에 기근이 있으매" - 여기서 '온 지면'(כָּל־פְּנֵי הָאָרֶץ)은 히브리어 상 "전 세계적 범위"를 암시한다. 기근은 애굽만의 문제가 아니라, 열방이 고통받는 보편적 위기이다. 이는 죄로 인한 창조 세계의 고통, 하나님의 심판, 인간 무력함을 상징하기도 한다(롬 8:22).

"요셉이 모든 창고를 열고" - '창고 개방'은 행정 조치가 아니라, 하나님의 은혜의 문이 열리는 신호이다. 요셉은 단순한 관리자가 아니라, 하나님의 뜻을 따라 민족의 생명을 보존하는 구속의 도구이다. "애굽 땅에 기근이 심하며" - 이미 준비된 땅이었지만, 재앙에서 면제되지 않았다는 점이 강조된다. 그러나 하나님의 지혜와 섭리로 피해가 최소화되고 구원의 길이 열린다는 것이 핵심이다. 이는 재난이 하나님의 심판일 수 있으나, 그 안에 은혜의 길을 예비하시는 하나님의 방식을 보여준다. "각국 백성도 양식을 사려고 애굽으로 들어와 요셉에게 이르렀으니 …" 여기서 "각국 백성도 … 들어와"의 히브리어 원문은 '모든 땅들에서'(כָּל־הָאָרֶץ)로, 구체적 국가명이 아닌 보편적 열방을 가리킨다. 이는 요셉이 '애굽의 구

원자'에서 '세계의 구원자'로 확대되는 구속사적 전환점을 나타낸다.

"요셉에게 이르렀으니"는 요셉이 단순 유통 책임자가 아니라, 하나님의 구속 계획을 집행하는 중보자임을 드러낸다. 그리고 "기근이 온 세상에 심함이었더라"는 재난의 전 세계적 확산을 강조하면서, 동시에 하나님의 구원 계획 또한 열방을 향해 열려야 함을 암시한다. 따라서 요셉의 구원자 역할은 단순한 재난의 범위를 넘어서서, 하나님의 구원 의도가 인류 전체를 향하고 있다는 점에서 이방의 생명을 살리는 구속사적 중보자로 부각된다.

A'. 기근으로 인한 위기(42:1-5)

> 1 그 때에 야곱이 애굽에 곡식이 있음을 보고 아들들에게 이르되 너희는 어찌하여 서로 바라보고만 있느냐 2 야곱이 또 이르되 내가 들은즉 저 애굽에 곡식이 있다 하니 너희는 그리로 가서 거기서 우리를 위하여 사오라 그러면 우리가 살고 죽지 아니하리라 하매 3 요셉의 형 열 사람이 애굽에서 곡식을 사려고 내려갔으나 4 야곱이 요셉의 아우 베냐민은 그의 형들과 함께 보내지 아니하였으니 이는 그의 생각에 재난이 그에게 미칠까 두려워함이었더라 5 이스라엘의 아들들이 양식 사러간 자 중에 있으니 가나안 땅에 기근이 있음이라

지금 야곱의 가정은 기근으로 인해 곡식이 부족해져 생존 위기에 처해 있었다. 이러한 위기 상황 속에서 야곱은 자녀들에게 애굽으로 가서 곡식을 사오라고 당부한다. 야곱은 애굽에 곡식이 있다는 소문을 듣고, 곡식을 사올 수 있을 것이라 판단하여 자녀들에게 은을 주고 그곳으로 보낸다. 이는 단순한 시장 거래가 아니라, 가족의 생존이 달린 절박한 사명이기도 하다. "그러면 우리가 살고 죽지 아니하리라"는 야곱의 말은 현실적 위기의식과 가족 생존에 대한 책임감이 동시에 드러난 표현이다.

그러나 야곱은 요셉의 동생 베냐민만은 형들과 함께 보내지 않는다. 이는 과

거 요셉을 잃은 상실감으로, 또다시 사랑하는 아들을 잃을까 두려운 마음에서 비롯된 결정이었다. 야곱에게 베냐민은 라헬에게서 남은 유일한 아들로 특별한 존재였고, 그만큼 상실의 두려움에 사로잡힌 아버지의 마음이 반영되어 있다.

자녀들이 곡식을 사러 갈 때, 많은 다른 사람들도 동일한 목적으로 애굽을 향하고 있었으며, 이스라엘의 아들들도 그 무리 속에 포함되어 함께 길을 떠났다. 이는 당시 기근이 지역적인 현상이 아니라 광범위하게 퍼진 심각한 재난이었음을 보여준다.

본문에서 반복적으로 언급되는 '기근'이라는 표현은 단순 배경 설명이 아니라, 하나님의 섭리 아래 전개되는 구속사적 사건의 기초를 마련한다. 이 기근은 결과적으로 요셉과 형제들을 다시 만나게 하고, 과거의 죄와 대면하게 하며, 하나님의 언약 백성을 보존하는 여정을 시작하게 하는 전환점이 된다.

B'. 갈등: 과거로 인한(42:6-17)

> 6 때에 요셉이 나라의 총리로서 그 땅 모든 백성에게 곡식을 팔더니 요셉의 형들이 와서 그 앞에서 땅에 엎드려 절하매 7 요셉이 보고 형들인 줄을 아나 모르는 체하고 엄한 소리로 그들에게 말하여 이르되 너희가 어디서 왔느냐 그들이 이르되 곡물을 사려고 가나안에서 왔나이다 8 요셉은 그의 형들을 알아보았으나 그들은 요셉을 알아보지 못하더라 9 요셉이 그들에게 대하여 꾼 꿈을 생각하고 그들에게 이르되 너희는 정탐꾼들이라 이 나라의 틈을 엿보려고 왔느니라 10 그들이 그에게 이르되 내 주여 아니니이다 당신의 종들은 곡물을 사러 왔나이다 11 우리는 다 한 사람의 아들들로서 확실한 자들이니 당신의 종들은 정탐꾼이 아니니이다 12 요셉이 그들에게 이르되 아니라 너희가 이 나라의 틈을 엿보러 왔느니라 13 그들이 이르되 당신의 종 우리들은 열두 형제로서 가나안 땅 한 사람의 아들들이라 막내아들은 오늘 아버지와 함께 있고 또 하나는 없어졌나이다 14 요셉이 그들에게 이르되 내가 너희에게 이르기를 너희는 정탐꾼들이라 한 말이 이것이니라 15 너희는 이같이 하여 너희 진실함을

증명할 것이라 바로의 생명으로 맹세하노니 너희 막내 아우가 여기 오지 아니하면 너희가 여기서 나가지 못하리라 16 너희 중 하나를 보내어 너희 아우를 데려오게 하고 너희는 갇히어 있으라 내가 너희의 말을 시험하여 너희 중에 진실이 있는지 보리라 바로의 생명으로 맹세하노니 그리하지 아니하면 너희는 과연 정탐꾼이니라 하고 17 그들을 다 함께 삼 일을 가두었더라

이 분문은 세 번 반복된 병행구조로 각 요지들이 아래와 같이 전개되고 있다.

가. 구조적 주해

B'. 과거로 인한 갈등(42:6-17)

1 형들이 요셉에게 절함		42:6
2 스파이로 몸		42:7-9
1' 곡식을 사러 왔다함		42:10-11
2' 스파이로 몰아 부침		42:12
1" 솔직하게 가정사를 말함		42:13
2" 요셉이 그들을 옥에 가둠		42:14-17

이 본문은 세 번 반복되는 병행 구조(미괄식)로 이루어져 있으며, 요셉과 형제들 사이의 갈등과 긴장이 점층적으로 고조되는 과정을 보여준다.

각 단계는 형제들의 설명 또는 고백(1, 1', 1")과 요셉의 반응 또는 시험(2, 2', 2")으로 구성되어 있다.

1 / 2: 요셉은 형들이 자신에게 절하는 장면을 보고, 곧바로 그들을 스파이로 의심한다. 이는 꿈의 성취(37:7)와 연결되며, 외형적 충족과 내면의 갈등이 충돌하는 지점이다.

1' / 2': 형제들은 자신들이 단지 곡식을 사러 왔다고 설명하지만, 요셉은 여전히 그들을 정탐꾼으로 몰아세운다. 이는 요셉이 그들의 진심을 더 깊이 시험하고자 하는 의도적 반응이다.

1" / 2": 형제들이 마침내 자신들의 가족사(열두 형제, 막내와 잃은 자)를 솔직히 고백하자, 요셉은 그들을 감옥에 가둔다. 이 구절에서 요셉의 반응은 감정적 보복이 아니라, 그들의 말이 진실인지 확인하고자 하는 시험의 단계로 해석된다.

중심 주제: 마지막 인물 요지인 2"(옥에 가둠)있다.

형제들이 아무리 솔직하게 말하더라도, 요셉은 즉시 그들을 받아들이지 않고, 과거의 죄에 대한 정면 대면과 회개의 기회를 마련하기 위해 시간을 벌고자 한다.

구조 43> 과거로 인한 갈등 (42:6-17)

단계	구 조	구속사적 관점	신앙경주 관점
1	형들이 요셉에게 절함 (6)	과거에 미워하던 형들이 요셉 앞에 굴복 → 언약 꿈의 성취 시작	하나님의 약속은 시간이 지나도 반드시 이루어짐
2	스파이로 몰아세움 (7-9)	요셉이 형들을 시험하여 회개의 길로 인도	신앙 경주는 과거의 죄가 드러나고 직면되는 과정 필요
1'	곡식 사러 왔다함 (10-11)	생존 위해 애굽에 의존 → 하나님의 섭리적 연결	경주는 삶의 필요 속에서도 하나님 계획 안에 움직임
2'	스파이로 몰아부침(12)	요셉이 죄의 과거를 상기시키며 형제들의 내적 성찰 유도	신앙 경주는 억울한 상황에서 변명 아닌 진실을 요구받음
1"	가정사 고백 (13)	형제들이 솔직히 자손·동생 존재를 드러냄 → 진실의 전환점	신앙 경주는 숨기지 않고 과거와 현재를 정직하게 드러내야 함
2"	옥에 가둠 (14-17)	심판과 연단을 통해 회개로 나아가게 하시는 하나님의 섭리	신앙 경주는 고난의 옥을 통해 자기 죄를 깨닫고 회복 준비

나. 본문 해설

　그렇다면 왜 요셉은 형들을 정탐꾼(간첩)으로 몰고 결국 감옥에까지 가두었을까? 이에 대한 명확한 해답은 단편적인 구절에서 발견되기보다, 창세기 42-44장의 전체 서사 흐름 속에서 드러난다. 위에서 살펴본 구조만으로는 요셉이 형들을 두 번이나 정탐꾼으로 몰고 감금하는 이유를 직접적으로 파악하기 어렵지만, 그 의도가 점진적이고 점층적으로 드러나는 것을 어렴풋이 볼 수 있다.

　겉으로 보기에는 이 반복 구조가 마치 형제들에 대한 보복의 정서처럼 보일 수 있으나, 창세기 37-50장의 대칭구조, 특히 B/B'(형제들의 미움과 요셉의 시험)를 고려하면 요셉의 행동은 보복이라기보다 신학적, 도덕적 목적을 내포한 시험으로 보아야 한다.

　요셉은 형제들을 시험할 때 다음과 같은 네 가지 행동 규칙을 일관되게 따르고 있다.

1) 겁을 준다 - 정탐꾼이라는 혐의로 형제들을 긴장시키고 방어적으로 만든다.
2) 시험한다 - 반복된 질문과 반응 속에서 형들의 진심과 내면을 확인하려 한다.
3) 교훈한다 - 형들이 과거의 죄를 되돌아보게 하며 회개를 유도한다.
4) 꿈의 성취를 의식한다 - 하나님께서 주신 꿈의 실현을 의도하며 그들을 바른 길로 인도하려 한다.

　이러한 점에서, 요셉의 시험은 단순한 복수가 아니라 구속사적 목적을 띠고 있다. 요셉은 '로에'(רֹעֶה, 돌보는 자)로서 형들을 바로 잡아야 할 책임감을 느끼고 있으며, 이는 그의 꿈의 성취와도 직결된다. 요셉이 형들을 스파이로 몰아붙이는 이유는 그들이 진실을 말할 준비가 되었는지를 확인하기 위함이며, 이는 회개의 촉진자 역할을 한다. 특히 16절에 등장하는 히브리어 '진실'(אֱמֶת)이라는 단어는 요셉이 형들의 내면을 의심하고 있음을 보여준다. 언어적 유희의 관점에서 볼 때, 요셉은 여전히 형들이 과거처럼 거짓을 말하고 있다고 판단한 것이다. 따라서 요셉은 그들에게 진실을 밝힐 기회를 제공하기 위해 강하게 압박하며 시험을 반복하는 것이다.

형제들이 만일 요셉이 살아 있음을 깨닫고, 자신들이 과거에 팔아넘긴 사실을 정직하게 고백했다면, 요셉은 그 자리에서 자신의 정체를 밝히고 아버지 야곱의 안부도 즉시 확인했을 것이다. 하지만 그들은 여전히 "한 명은 없어졌다"고 말하며, 과거의 죄를 부정하고 있었기에, 요셉은 이들의 진실된 회개가 필요하다고 판단하고 더욱 철저히 시험하게 된 것이다.

이러한 요셉의 반복된 시험은 앞서 제시된 세 번의 병행구조 안에 드러나 있으며, 요셉이 형들을 3일 동안 감금시킨 것도 우연이 아닌 의도된 내면 성찰과 회개의 기회를 부여한 조치로 이해할 수 있다. 이러한 맥락은 43장에서의 두 번째 시험에서 더 분명히 드러나며, 형제들의 태도 변화와 유다의 리더십이 부각되면서 요셉의 의도가 드러나게 된다.

결론적으로, 요셉의 반복된 '간첩 몰이'는 형제들의 참된 회개와 진실의 고백을 이끌어내려는 하나님의 섭리 안에서의 중재자 역할이며, "거짓과 진실"이라는 언어적 대비 구조는 요셉의 신학적 분별과 인식 모티프를 드러내는 주요 장치로 기능하고 있다.

C'. 요셉의 사명(42:18-25)

18 사흘 만에 요셉이 그들에게 이르되 나는 하나님을 경외하노니 너희는 이같이 하여 생명을 보전하라 19 너희가 확실한 자들이면 너희 형제 중 한 사람만 그 옥에 갇히게 하고 너희는 곡식을 가지고 가서 너희 집안의 굶주림을 구하고 20 너희 막내 아우를 내게로 데리고 오라 그러면 너희 말이 진실함이 되고 너희가 죽지 아니하리라 하니 그들이 그대로 하니라 21 그들이 서로 말하되 우리가 아우의 일로 말미암아 범

죄하였도다 그가 우리에게 애걸할 때에 그 마음의 괴로움을 보고도 듣지 아니하였으므로 이 괴로움이 우리에게 임하도다 22 르우벤이 그들에게 대답하여 이르되 내가 너희에게 그 아이에 대하여 죄를 짓지 말라고 하지 아니하였더냐 그래도 너희가 듣지 아니하였느니라 그러므로 그의 핏값을 치르게 되었도다 하니 23 그들 사이에 통역을 세웠으므로 그들은 요셉이 듣는 줄을 알지 못하였더라 24 요셉이 그들을 떠나가서 울고 다시 돌아와서 그들과 말하다가 그들 중에서 시므온을 끌어내어 그들의 눈 앞에서 결박하고 25 명하여 곡물을 그 그릇에 채우게 하고 각 사람의 돈은 그의 자루에 도로 넣게 하고 또 길 양식을 그들에게 주게 하니 그대로 행하였더라

구조 C'에서 요셉의 선한 목적이 더욱 밝혀진다. 요셉의 형들이 감옥에서 삼 일을 보낸 후 일어난 사건이다. 요셉과 그의 형제들의 대화에서 나타난 아래의 구조를 살펴본다.

가. 구조적 주해

요셉의 사명(돌봄) 42:18-25

1. 이같이 하여, 생명을 보존하라	42:18
2. 한 사람만 인질로 남겨라!	42:19
3. 막내아우를 데리고 오라!	42:20
4. 형들이 요셉을 판 것을 후회함	42:21
4'. 르우벤이 핏값을 치른다고 함	42:22
3'. 요셉이 나가서 울고 돌아옴	42:23-24
2'. 시므온을 인질로 결박함	42:24b
1'. 가져온 돈과 양식을 줌	42:25

위 구조는 짝수형 대칭구조로, 양괄식(양단 삽입식) 대칭을 이루고 있다. 즉,

핵심 주제가 처음(1)과 끝(1')에 배치되어 구조 전체를 감싸고 있으며, 그 사이에 대응 쌍들이 반복적으로 구성되어 있다.

1 / 1': "이같이 하여 생명을 보존하라"(1) ⇄ "가져온 돈과 양식을 돌려줌"(1')→ 요셉은 자신의 사명, 즉 가족과 형제들의 생명을 돌보는 일을 수행하고 있다. 형제들에게는 기근의 상황에서 생명을 보존하라고 당부하며, 가져온 돈을 돌려줄 뿐 아니라 양식도 무상으로 제공한다. 이는 요셉의 '돌봄의 사명'(로에)을 상징적으로 보여준다.

2 / 2': "한 사람만 인질로 남겨라!"(2) ⇄ "시므온을 결박하여 인질로 삼음"(2')→ 요셉은 막내 베냐민이 있다는 말이 사실인지 확인하기 위해 한 사람을 남기라고 지시한다. 결국 시므온이 형제들 대신 인질로 결박되어 남겨진다.

3 / 3': "막내 아우를 데려오라!"(3) ⇄ "요셉이 울고 다시 돌아옴"(3')→ 요셉은 형제들에게 베냐민을 데려오라고 요구하고, 자신은 그 말을 감정적으로 받아들여 홀로 나가 울고 다시 돌아온다. 이는 요셉의 인간적인 고통과 형제 사랑을 보여주는 장면이다.

4 / 4': "요셉을 판 것을 후회함"(4) ⇄ "르우벤이 '핏값'을 언급함"(4')→ 형제들은 과거 요셉을 판 것을 후회하며 자책하고, 맏형 르우벤은 그 당시 자신이 말렸음을 강조하며 책임을 지려 한다. 여기서 '핏값'이라는 표현은 죄의식과 심판의 인식을 반영한다.

도표 44> 요셉의 사명(돌봄) 42:18-25

단계	구조	구속사적 관점	신앙경주 관점
1	생명 보존 (18) "이같이 하여 살고 죽지 말라"	하나님의 언약은 생명 보존을 위한 역사	신앙 경주의 목적은 나와 공동체의 생명을 살리는 것
2	인질 제안 (19) 한 사람만 인질로 남겨라	징계를 통한 회개의 기회 제공	경주는 때로 책임을 짊어지는 훈련으로 나타남

3	**막내 동생 요청 (20)** 막내 아우를 데리고 오라	숨겨진 진실을 드러내게 하심 → 언약 계승 확인	경주는 진실을 드러내고 정직하게 나아가는 과정
4	**죄책 고백 (21)** 형들이 요셉 판 죄를 후회	과거의 죄가 드러나며 회개의 길 열림	신앙 경주는 죄의 기억을 인정하고 직면하는 훈련
4'	**르우벤 발언 (22)** "핏값을 치른다"	하나님의 공의가 역사 속에 드러남	경주는 죄의 결과를 외면하지 않고 책임지는 태도
3'	**요셉의 눈물 (23-24a)** 나가서 울고 돌아옴	하나님의 구원 계획 안에 있는 자비의 마음	경주는 형제를 위한 눈물과 긍휼로 이어짐
2'	**인질 실행 (24b)** 시므온 결박	언약 공동체를 깨뜨린 죄에 대한 징계	경주는 징계 속에서도 하나님의 뜻을 신뢰하는 법을 배움
1'	**생명 보존 실행 (25)** 돈과 양식을 줌	결국 구속사는 생명을 살리는 방향으로 귀결	경주의 끝은 하나님이 주시는 돌봄과 공급 경험

나. 본문 해설

요셉이 형들을 감옥에 가둔 이유는, 그들이 자신에 대해 진실을 말하지 않았기 때문이다. 그는 형제들에게 진실을 고백할 기회를 주고자 3일 동안 그들을 옥에 두었다. 그리고 사흘 뒤, 요셉은 하나님을 경외하는 자로서 생명을 보존할 방법을 제시하며, 그들의 말이 진실임을 행동으로 입증할 것을 요구한다. 그 입증의 방법은, 그들이 말한 대로 막내아우를 데려오는 것이었다. 곧, "막내아우를 내게로 데리고 오라"는 요청은 단순한 절차가 아니라, 베냐민을 데려오지 않으면 모두 죽을 수 있다는 강한 경고의 표현이었다. 요셉은 베냐민이 여전히 무사한지 확인하고 싶었고, 또한 그를 간절히 보고 싶었기 때문이다. 그래서 요셉은 "그러면 너희 말이 진실함이 되고, 너희가 죽지 아니하리라"고 단언하며, 형제들에게 강한 책임감을 부여한다.

여기서 주목할 점은, 요셉이 하나님의 이름을 들어 그들에게 진실을 말할 것을 호소했다는 사실이다. 이는 요셉의 신앙적 태도가 분명히 드러나는 장면으로, 단순한 취조가 아니라 그들의 양심을 일깨우기 위한 신앙적 유도 심문이었다. 그 결과, 형제들은 과거 요셉이 애원하며 살려달라던 순간을 떠올리게 되었고, 자신들의 죄를 자각하며 깊은 후회를 표현한다. 요셉을 은 20에 팔아넘긴 과거의 죄책감이 비로소 드러나기 시작한 것이다.

특히 맏형 르우벤은, 자신이 과거에 요셉을 죽이지 말자고 강하게 주장했던 사실을 상기시키며, 지금의 고난이 그 죄에 대한 대가임을 동생들에게 지적한다. 그는 자신의 책임을 회피하지 않고 죄의 결과를 인정함으로 회개의 진정성을 드러낸다. 이 대화는 요셉이 의도했던 바와 같이, 형제들이 과거의 죄를 직면하고 참된 회개로 나아가는 전환점이 된다.

형제들의 죄책감은 요셉의 눈에 '회개의 표현'으로 비쳤다. 이를 신학적인 관점보다 심리적인 면에서 본다면, 그들의 자백은 감정과 기억의 응축된 결과로 '결정체(crystallization)'라고 부를 수 있다. 즉, 오래된 죄의식과 억눌린 감정이 한순간 응집되어 표출된 것이다. 이에 요셉은 감정을 억누르지 못하고 눈물을 흘린다. 이는 단순한 슬픔의 눈물이 아니라, 형제들의 회개를 확인한 데 대한 감격의 응답이었다. 요셉의 첫 번째 눈물은 곧 형제들과의 화해가 시작되었음을 알리는 정서적 신호로 해석할 수 있다.

그러나 이 장면에서 더욱 주목할 인물은, 요셉을 팔자고 처음 제안했던 넷째 형 유다이다. 요셉의 입장에서 보았을 때, 유다는 그 사건의 중심인물이자 책임자였다. 그런데도 그는 회개의 분위기 속에서 침묵을 지키고 있다는 점이 매우 인상적이다. 누구보다 깊은 회개가 요구되는 위치에 있었음에도 유다는 반응을 보이지 않는다. 요셉은 이러한 유다의 침묵을 분명히 인지하였으며, 바로 그를 겨냥하여 다음 단계를 계획한다. 곧, 아버지 야곱이 요셉을 잃은 슬픔으로 인해 베냐민까지 애굽에 보내기를 거부할 것을 미리 짐작하고, 베냐민을 데려오지 않으면 모두가 살아남을 수 없으며, 곡식도 구할 수 없다는 사실을 형제들에게 분명히 인식시킨 것이다.

요셉은 형들이 약속을 지키고 진실함을 입증하기를 바라며, 둘째 형 시므온을 인질로 남겨둔다. 또한 각 형제의 곡식 자루에 돈을 몰래 다시 넣게 하고, 길 양식까지 제공한다. 이는 단순한 자비가 아니라 형제들의 반응을 통해 그들의 변화를 확인하려는 의도적인 시험이었다. 특히 시므온을 인질로 선택한 점은 의미심장하다. 요셉은 비교적 무고한 르우벤이나 결정적 가해자인 유다가 아니라 시므온을 택한다. 이 선택은 단순한 우연이 아닌 의식적인 판단이었다. 여기에는 히브리어 동사 חָקַר (하카르), 곧 "의도적으로 선택하다"는 의미가 내포된다.

요셉의 이러한 선택은 아버지 야곱에게 줄 충격을 최소화하려는 배려이자, 유다에게 스스로 책임을 회복할 기회를 부여하려는 지혜로운 전략이었다. 이는 단순한 감정적 대응이 아니라, 하나님의 섭리 아래 이루어진 장기적이고 구속사적인 결정으로 이해될 수 있다.

이처럼 대칭구조 안에 담긴 '요셉의 사명'을 통해 우리는, 요셉이 형제들을 시험한 이유를 분명히 파악할 수 있다. 그는 형들을 괴롭히려 한 것이 아니라, 그들의 죄를 깨닫게 하고, 나아가 기근으로 고통받는 가족을 구원하려는 사명감에서 행동한 것이다. 이는 요셉의 신앙적 깊이와 지혜, 그리고 하나님의 섭리에 대한 순종을 동시에 보여주는 결정적인 장면이라 할 수 있다.

D'. 장자권 경쟁 42:26-43:14

요셉이 형제들을 간첩으로 몰아넣고 이번에는 양식을 주고 집으로 돌려보냈다. 그리고 부하들을 시켜 각 자루에 돈을 다시 넣으라고 시켰다. 이것은 그들을 도둑으로 몰려는 것이 아니라 베냐민을 데려오게 하려는 요셉의 전략이었다. 여기서 주목해야 할 것은 요셉을 판 장본인 유다의 행동이다.

가. 구조적 주해

D'. 장자권 경쟁(42:26-43:14)

1. 곡식: 곡식자루에서 돈을 발견	42:26-28
2. 동행: 르우벤이 막내가 반드시 가야함을 말함	42:29-35
3. 근심: 아버지가 베냐민 잃을 것 걱정	42:36
4. 맹세: 르우벤이 아들 둘 담보 맹세	42:37
5. 승낙: 베냐민 허락 반대	42:38
1'. 곡식: 기근이 심화되어 곡식 사오라고 함	43:1-2
2'. 동행: 유다가 베냐민과 함께 가기를 간청	43:3-5
3'. 근심: 아버지가 베냐민을 걱정함	43:6-7
4'. 맹세: 유다가 영원한 죄인 맹세	43:8-10
5'. 승낙: 베냐민 허락	43:11-14

야곱의 자녀들 중 맏아들 르우벤과 넷째 유다의 리더십 경쟁을 중심으로 반복된 병행구조를 살펴보면, 두 개의 병행구조가 뚜렷하게 나타난다.

첫 번째 병행구조(1-2-3-4-5)는 야곱과 자녀들, 특히 르우벤과의 대화를 중심으로 전개된다. 두 번째 병행 구조(1'-2'-3'-4'-5')는 형제들 가운데 유다와 아버지 야곱의 관계를 중심으로 구성되었다. 이러한 구성은 르우벤과 유다의 역할이 구조적으로 반복되며 대비되고 있음을 보여 준다.

인물 구조의 특징에 따라 살펴보면, 각 반복되는 인물 요소들이 비교와 대조를 이루면서 본문의 핵심 주제를 형성하고 있다.

1 / 1': 첫 번째 요소에서는 형제들의 곡식 자루에서 돈이 발견된 사건(1)과 다시 곡식을 사러 갈 수밖에 없는 상황(1')이 병행되어 나타난다.

2 / 2': 두 번째 요소에서는 르우벤이 베냐민과 함께 가야만 하는 이유(2)와 야곱이 베냐민을 잃을 것을 두려워하는 장면(2')이 비교된다.

3 / 3': 세 번째 요소에서는 르우벤(3)과 유다(3')가 각각 아버지에게 베냐민을 데리고 올 것을 약속하며 간청하는 장면이 나란히 배치된다.

4 / 4': 네 번째 요소에서는 르우벤이 자신의 두 아들을 담보로 베냐민을 보내 달라고 간청하는 모습(4)과 유다가 베냐민을 데려오지 않으면 자신이 영원한 죄인이 될 것을 맹세하며 간청하는 장면(4')이 뚜렷하게 대비된다. 두 인물의 설득 방식과 책임 인식이 분명히 구분된다.

5 / 5': 마지막 다섯 번째 요소에서는 야곱이 베냐민을 보내는 것을 거절하는 모습(5)과 이후 유다의 요청을 수용하고 베냐민을 보내기로 허락하는 모습(5')이 대조적으로 나타난다. 구조적 특징상 이 마지막 인물 요지(5/5')에 강조점이 주어진다.

결론적으로 르우벤의 간청에는 단호히 거절했던 야곱이, 유다의 간청 앞에서는 마음을 열고 베냐민을 보내기로 결정한다. 이 구조는 두 아들의 리더십을 의도적으로 병렬시키면서도, 유다의 책임감과 설득력 있는 리더십이 결국 야곱의 마음을 움직인 결정적 요소였음을 보여준다.

도표 45> 장자권 경쟁 (42:26-43:14)

요지	구조	구속사적 관점	신앙경주 적용
1	곡식 (42:26-28) 곡식자루에서 돈 발견	하나님이 과거의 죄를 다시 기억하게 하심	신앙 경주는 일상 사건 속에서도 하나님의 손길을 인식
2	동행 (29-35) 르우벤, 막내 동행 주장	장자 르우벤이 책임 의식 표명	경주는 리더십이 책임으로 증명됨

3	**근심 (36)** 아버지의 베냐민 걱정	언약 계승(막내에 대한 두려움)	경주는 하나님이 붙드시는 계승을 신뢰해야 함
4	**맹세 (37)** 르우벤, 아들 둘을 담보 맹세	장자권 책임 강조, 그러나 미흡	신앙 경주는 자기 힘 아닌 하나님 약속에 의지해야 함
5	**승낙 (37b)** 베냐민 허락 반대	야곱의 두려움이 언약 성취를 지연	경주는 두려움이 결정을 막을 때가 있음
1'	**곡식 (43:1-2)** 기근 심화, 다시 곡식 요구	환경이 다시 언약의 길로 밀어넣음	신앙 경주는 위기가 하나님의 길로 나아가게 함
2'	**동행 (3-5)** 유다가 동행 간청	유다가 장자의 책임을 대신 짊어짐	경주는 진정한 리더는 희생과 헌신으로 드러남
3'	**근심 (6-7)** 아버지의 베냐민 걱정	언약 계보의 핵심이 지켜져야 함	경주는 약속의 씨를 잃지 않으려는 싸움
4'	**맹세 (8-10)** 유다가 영원한 죄인 되겠다고 맹세	메시아적 보증자의 예표	유다가 희생을 각오하고 막내를 대신 지는 헌신
5'	**승낙 (11-14)** 야곱, 마침내 베냐민 허락	하나님의 섭리 따라 언약 진행	경주는 두려움 넘어 하나님의 손에 맡기는 결단

나. 본문 해설

그렇다면 왜 아버지 야곱은 장자 르우벤의 간청은 받아들이지 않고, 넷째 아들 유다의 제안을 받아들여 베냐민을 그들과 보내기로 결정했을까? 이 질문에 대한 답은 구조와 의미의 관계 속에서 두 아들의 대화 방식을 비교 분석함으로써 드러난다. 따라서 르우벤과 유다가 각각 아버지에게 했던 말을 비교하는 것이 매우 중요하다. 이것을 구조의 순서에 따라서 살펴볼 것이다.

1. 곡식: 곡식자루에서 돈을 발견(42:26-28)

> 26 그들이 곡식을 나귀에 싣고 그곳을 떠났더니 27 한 사람이 여관에서 나귀에게
> 먹이를 주려고 자루를 풀고 본즉 그 돈이 자루 아귀에 있는지라 28 그가 그 형제에
> 게 말하되 내 돈을 도로 넣었도다 보라 자루 속에 있도다 이에 그들이 혼이 나서 떨
> 며 서로 돌아보며 말하되 하나님이 어찌하여 이런 일을 우리에게 행하셨는가 하고

요셉의 형제들은 곡식을 가지고 돌아가는 길에 여관에 머물렀다. 나귀에게 먹
이를 주려 자루를 풀던 형제가, 자신들이 지불했던 곡식 값이 자루 안에 그대로
들어 있는 것을 발견한다. 그는 그 사실을 알리자 모두가 "혼이 나서 떨며" 말했
다. "하나님이 어찌하여 이런 일을 우리에게 행하셨는가?"

형제들은 돈이 왜 자기들 자루에 있는지 이해할 수 없어 심히 두려워한다. 마
치 자신들이 훔친 자가 된 것처럼 느끼며, 그 즉시 하나님을 원망하는 말을 쏟
아낸다. 처음에는 모든 일이 순조롭고 하나님께서 도우신 줄 알았으나, 상황이
예상치 않게 복잡하게 전개되자 하나님의 섭리를 의심하기 시작한 것이다. 이들
의 불안은 단순히 돈 문제 때문만이 아니다. 기근은 여전히 심각했고, 앞으로 다
시 곡식을 사러 가야 할 일과, 이집트에 인질로 남겨진 시므온의 안전이 그들에
게 큰 두려움이 되었다.

구속사적으로 이 장면은 보이지 않는 하나님의 손이 형제들의 양심을 뒤흔
드는 장치이다. 요셉은 형제들의 회개를 이끌기 위해 은밀히 돈을 자루에 넣었지
만, 그들은 이를 하나님께서 자신들을 심판하시는 징조로 받아들인다. 과거에
요셉을 팔아버린 죄가 아직 해결되지 않았고, 그 죄의 그림자가 현재의 현실 해
석을 왜곡시키고 있는 것이다. 신앙경주 관점에서 형제들은 은혜를 두려움으로
오해하고 있다. 하나님은 구원의 길을 준비하고 계시지만, 이들은 그것을 재앙으
로 착각한다. 죄의 기억과 불신앙은 하나님의 선한 손길마저 심판의 신호로 보
게 만든다. 신앙경주에서 가장 큰 걸림돌은 외적 사건보다 내적 죄책감과 불신이

다. 하나님은 형제들을 넘어뜨리려 하신 것이 아니라, 진정한 회개와 형제 회복의 길로 이끄시는 중이다. 이 장면은 "신앙경주는 은혜로 시작하되, 두려움 속에서도 하나님의 섭리를 신뢰하는 훈련"임을 보여준다.

2. 동행: 르우벤이 막내가 반드시 가야함을 말함(42:29-35)

> 29 그들이 가나안 땅에 돌아와 그들의 아버지 야곱에게 이르러 그들이 당한 일을 자세히 알리어 아뢰되 30 그 땅의 주인인 그 사람이 엄하게 우리에게 말씀하고 우리를 그 땅에 대한 정탐꾼으로 여기기로 31 우리가 그에게 이르되 우리는 확실한 자들이요 정탐꾼이 아니니이다 32 우리는 한 아버지의 아들 열두 형제로서 하나는 없어지고 막내는 오늘 우리 아버지와 함께 가나안 땅에 있나이다 하였더니 33 그 땅의 주인인 그 사람이 우리에게 이르되 내가 이같이 하여 너희가 확실한 자들임을 알리니 너희 형제 중의 하나를 내게 두고 양식을 가지고 가서 너희 집안의 굶주림을 구하고 34 너희 막내 아우를 내게로 데려오라 그러면 너희가 정탐꾼이 아니요 확실한 자들임을 내가 알고 너희 형제를 너희에게 돌리리니 너희가 이 나라에서 무역하리라 하더이다 하고 35 각기 자루를 쏟고 본즉 각 사람의 돈 뭉치가 그 자루 속에 있는 지라 그들과 그들의 아버지가 돈 뭉치를 보고 다 두려워하더니

야곱의 아들들이 불안과 걱정 속에 집으로 돌아왔다. 그들은 애굽에서 일어난 일을 아버지에게 모두 보고하면서, 먼저 그곳의 총리가 자신들을 정탐꾼으로 의심하고 있다는 사실을 전한다. 그러나 형제들은 당당히 자신들의 신분과 가족 관계를 설명하여 진실을 밝혔고, 이를 확인하기 위한 조건으로 둘째 시므온을 인질로 잡아두었으며, 막내 베냐민을 데려오라는 요구를 받았다고 조심스레 고한다. 이는 아버지가 사랑하는 요셉을 이미 잃었고, 남은 막내 베냐민을 극도로 아끼고 있음을 알고 있었기에 더욱 조심스럽게 말할 수밖에 없었다.

이후 각자의 자루에서 돈 뭉치가 발견되자, 야곱과 모든 가족은 더욱 놀라고

두려움에 빠진다. 이 일련의 상황이 인간의 눈에는 재앙과 위협으로만 보이지만, 구속사적으로는 하나님께서 가문의 회복과 형제의 동행을 이루기 위해 보이지 않는 손을 움직이는 사건이다. 요셉을 버렸던 과거의 죄는 형제들의 마음속에 그림자를 드리우고 있으며, 현재의 사건 해석을 끊임없이 두려움과 의심으로 왜곡한다.

동행의 관점에서 이 본문은 매우 중요한 신앙 경주 장면이다. 이제 형제들은 혼자가 아니라 함께 가야 한다. 베냐민 없이, 누군가를 희생시키면서 신앙의 길을 해결하려는 시도는 모두 막히고, 하나님은 온 가족이 함께 회복의 여정에 동행하도록 길을 여신다. 시므온을 구하려면 베냐민이 가야 하고, 베냐민을 보내려면 야곱의 믿음이 필요하다. 하나님은 도망이 아니라 동행, 분리가 아니라 화해로 인도하시며, 결국 형제 전체가 하나의 운명 공동체가 되게 하신다. 신앙경주에서 동행은 두려움 속에서도 함께 믿음의 결단을 내리는 훈련이다. 각자 자루에 돈이 들어 있는 사건은 은혜의 신호이면서도, 동시에 회개의 길로 들어서기 위한 시험이다. 하나님은 이 가문을 죄책과 두려움에서 끌어내어, 형제의 연합과 동행을 통한 구속사의 전진으로 인도하신다. 신앙경주는 혼자 뛰는 경주가 아니라, 함께 걸으며 서로를 책임지는 동행의 경주임을 보여주는 본문이다.

3. 근심: 아버지가 베냐민 잃을 것 걱정(42:36)

> 36 그들의 아버지 야곱이 그들에게 이르되 너희가 나에게 내 자식들을 잃게 하도다 요셉도 없어졌고 시므온도 없어졌거늘 베냐민을 또 빼앗아 가고자 하니 이는 다 나를 해롭게 함이로다

아버지 야곱은 자녀들이 기근을 이길 곡식을 가지고 돌아왔음에도, 기쁨 대신 말할 수 없는 근심에 사로잡힌다. 그는 "너희가 내 자식들을 잃게 하는구나"라고 외치며, 아들들을 자신의 삶을 파괴하는 자들로 본다. 야곱은 여전히 요셉

의 상실을 형제들의 잘못으로 여겨 원망하고 있으며, 이번에는 시므온이 인질로 잡혀 돌아오지 못한 상황과, 막내 베냐민까지 잃을 수 있다는 두려움이 겹쳐져 "이는 다 나를 해롭게 함이로다"라고 깊은 탄식을 터뜨린다. 이 근심은 단순한 감정이 아니라, 과거 상실의 기억과 현재의 현실이 겹쳐 만들어진 신앙적 위기이다. 요셉의 피 묻은 옷을 보았던 그날의 절망은 여전히 그의 마음을 사로잡고 있으며, 그의 삶의 의미를 대신 채워준 베냐민이 위협받자 야곱의 근심은 이전보다 더 심해진다. 과거의 상처는 현재의 사건을 하나님의 섭리가 아니라 재앙으로 해석하게 만든다.

구속사적으로 이 장면은 하나님이 야곱의 믿음의 자리를 드러내시는 순간이다. 야곱은 하나님의 약속(창 28장의 "내가 너를 떠나지 아니하리라")을 받았지만, 지금은 두려움 속에서 약속을 잊어버린 신앙의 현실을 보여준다. 하나님의 구속 계획은 이미 진행 중이지만, 야곱의 시각에서는 모든 것이 "나를 해롭게 하는 일"로만 보인다. 그의 근심은 하나님의 선한 인도에 대한 오해다. 신앙경주 관점에서 근심은 믿음을 마비시키는 가장 강력한 장애물이다. 현실의 계산과 과거의 상처가 결합할 때, 은혜의 역사는 원망과 불안으로 뒤집힌다. 하나님은 야곱을 버리신 것이 아니라, 그 근심을 통해 믿음을 새롭게 하시는 과정으로 이끌고 계신다. 신앙경주는 고난이 없어서 쉬운 것이 아니라, 두려움 속에서도 하나님의 약속을 다시 기억하는 훈련이다. 야곱의 근심은 끝이 아니라 회복과 화해의 문 앞에 서 있는 고백이며, 하나님은 야곱의 가장 깊은 근심을 통하여 결국 가문의 구원과 동행을 완성하실 것이다.

4. 맹세: 르우벤이 아들 둘 담보 맹세(42:37)

> 37 르우벤이 그의 아버지에게 말하여 이르되 내가 그를 아버지께로 데리고 오지 아니하거든 내 두 아들을 죽이소서 그를 내 손에 맡기소서 내가 그를 아버지께로 데리고 돌아오리이다

맏아들 르우벤은 아버지의 두려움과 불안을 견디지 못하고 앞장서서 거칠고 즉흥적인 맹세를 한다. 첫째, "내가 베냐민을 아버지께로 데리고 오겠습니다." 둘째, "만일 그를 데리고 오지 못하면 나의 두 아들을 죽이소서." 셋째, "베냐민을 내게 맡겨 주십시오. 반드시 아버지께로 데리고 오겠습니다."

르우벤의 말은 간절함이 있지만 조급하고 논리적 일관성이 부족하다. 그는 두 번이나 "내가 데려오겠다"고 강조하지만, 구체적인 방안이나 책임의 방향은 제시하지 않는다. 그저 강한 표현과 반복된 약속으로 상황을 해결하려는 듯 보인다. 그의 맹세가 가진 더 큰 문제는 대가로 제시한 것이 자기의 두 아들, 곧 야곱의 손자들의 생명이라는 점이다. 이는 어떤 의미에서도 언약적 사고가 아니다.

구속사적으로, 르우벤의 맹세는 언약 신앙을 거꾸로 해석한 왜곡된 맹세이다. 하나님은 아브라함에게 "큰 민족을 이루겠다"고 약속하셨고, 그 약속은 생명 보존과 후손을 통해 이어지는 구속사의 흐름이다. 그런데 르우벤은 그 흐름을 생명 제거("두 아들을 죽이소서")로 해결하려 한다. 그의 맹세는 하나님이 주신 씨(후손)의 약속을 외면하는 비신앙적 제안이며, 언약의 본질을 훼손한다. 야곱이 그의 말을 받아들일 수 없는 이유가 바로 여기에 있다. 르우벤은 아버지의 신앙을 이해하지 못했고, 언약의 목적을 계산하지 않은 채 감정만 앞세운 맹세를 한 것이다. 신앙경주 관점에서, 이 장면은 맹세의 위험, 신앙 없는 약속의 유혹을 보여준다. 참된 신앙의 맹세는 하나님께 자신을 맡기고, 하나님의 약속을 신뢰하는 것이지만, 르우벤의 맹세는 두려움을 감추기 위한 자기 과장과 인간적 확신의 언어이다. 신앙경주에서 가장 위험한 맹세는 "내가 할 수 있다"는 자신감이 아니라, 하나님 없는 확신이다. 르우벤은 자신을 내세웠고, 하나님을 언급하지 않았다.

맹세는 책임을 걸고 하는 결단이다. 그러나 신앙경주시장에서 참된 맹세는 언약에 순종하는 결단이어야 한다. 르우벤의 실패는 한 가족의 위기를 드러내는 동시에, 하나님께서 야곱 가문을 신앙의 언어로 다시 세우시는 과정을 보여준다.

5. 승낙: 베냐민 허락 반대(42:38)

> 38 야곱이 이르되 내 아들은 너희와 함께 내려가지 못하리니 그의 형은 죽고 그만 남
> 았음이라 만일 너희가 가는 길에서 재난이 그에게 미치면 너희가 내 흰머리를 슬퍼하
> 며 스올로 내려가게 함이 되리라

야곱이 르우벤의 제안을 거절한 이유는 단지 말투의 문제 때문이 아니다. 일
부 랍비 문헌은 르우벤이 불만 섞인 방식으로 아버지를 설득했다고 보지만, 실
제로는 장자로서 책임감을 보여주려 한 시도였다. 극심한 위기 상황 속에서 강
한 언어와 역설적인 표현을 사용한 것이다. 그러나 야곱이 승낙할 수 없었던 진
짜 이유는 태도의 문제가 아니라, 르우벤이 아버지의 언약 신앙을 전혀 이해하
지 못했기 때문이다.

야곱은 하나님의 약속을 따라 "큰 민족을 이루는 사명"을 지닌 자였다. 언약
의 핵심은 생명 보존이며, 후손을 통해 구속사의 흐름이 이어지는 것이다. 그런
데 르우벤은 자신이 직접 책임을 지겠다며 자기의 두 아들, 즉 야곱의 손자를 죽
이겠다는 조건을 제시한다. 이것은 단순한 실수 이상의 발언이다. 언약의 본질
을 정면으로 부정하는 제안이며, 생명을 통해 언약을 역사 속에 이어가시는 하
나님의 길을 손자의 죽음이라는 방식으로 해결하겠다는 비신앙적 사고였다. 이
런 점에서 야곱은 르우벤의 제안을 도덕적으로도, 언약적으로도, 신앙적으로도
승낙할 수 없었다.

야곱은 분명히 말한다. "만일 너희가 가는 길에서 재난이 그에게 미치면, 너
희가 내 흰머리를 슬퍼하며 스올로 내려가게 할 것이다."

그는 베냐민 문제를 듣는 순간, 과거 요셉이 사라졌던 비극의 기억이 되살아
났다. "재난, 흰머리, 스올(무덤)"이라는 단어는 야곱의 신앙이 시험받는 자리임
을 보여준다. 야곱은 언약을 붙들고 있었지만, 동시에 상실의 상처를 깊이 안고
있었다. 그 상처는 지금 승낙을 가로막는 내적 근심으로 작용한다.

신앙경주 관점에서, 승낙은 단순히 문을 열어주는 행위가 아니라, 하나님의 약속을 신뢰하고 맡기는 결단이다. 야곱은 아직 그 단계에 이르지 못했다. 베냐민을 보내는 것은 현실적으로는 위험이고, 신앙적으로는 하나님께서 언약의 흐름을 주도하실 것이라는 전적인 신뢰를 요구한다. 지금 야곱의 거절은 불신의 표현이 아니라, 회복되지 않은 상처 속에서 하나님의 길을 붙들지 못하는 연약한 모습이다. 그러나 하나님은 이 비신앙적 승낙 거부조차 차후에 믿음의 승낙으로 바뀌게 하시는 구속사의 진행 과정으로 사용하신다.

6.(1') 곡식: 기근이 심화되어 곡식 사오라고 함(43:1-2)

1 그 땅에 기근이 심하고 43:2 그들이 애굽에서 가져온 곡식을 다 먹으매 그 아버지가 그들에게 이르되 다시 가서 우리를 위하여 양식을 조금 사오라

기근은 시간이 지날수록 점점 더 심각해졌다. 가나안은 사막 지형으로 비와 저장할 물이 부족한 땅이었고, 고대 근동 세계 전역에 퍼진 기근은 애굽을 포함한 모든 지역의 농업을 마비시키는 우주적 재앙이었다. 형제들이 애굽에서 가져온 곡식을 거의 다 먹었을 때, 야곱은 마지못해 다시 애굽으로 내려가 "양식을 조금 사오라"고 말한다.

여기서 "조금"이라는 표현은 단순한 양의 문제를 넘어, 야곱의 마음 상태를 보여준다. 그는 기근이라는 현실적 위기 앞에 서 있지만, 여전히 베냐민을 보내지 않으려는 마음의 저항이 남아 있다. 충분한 곡식을 사올 수 있지만, 그것을 최소한으로 제한함으로써 베냐민을 보내는 문제를 미루고 연장하려는 심리가 드러난다. 야곱은 사실상 "시간을 벌려고" 하고 있는 것이다.

구속사적으로, 야곱의 "조금 사오라"는 말은 하나님의 섭리를 온전히 받아들이지 못한 불완전한 믿음을 드러낸다. 하나님은 요셉과 형제들을 통해 가문의 회복과 구원 역사를 준비하고 계시지만, 야곱은 여전히 상실 경험과 자기 이

해 안에서 사건을 해석한다. 그는 기근의 원인을 하나님의 손길로 보지 못하고, 일시적인 인간적 해결에만 집중하고 있다. 신앙경주 관점에서 믿음은 "조금" 사오는 방식으로 해결하는 것이 아니다. 야곱은 믿음의 결단을 회피하고, 신앙적 승복 대신 현실적으로 버틸 만큼만 공급받으려는 방식을 택한다. 그러나 신앙경주는 "조금씩 믿는 방식"이 아니라, 하나님의 섭리를 전적으로 신뢰하는 결단을 요구한다. "조금 사오라"는 말은 야곱의 두려움, 미루기, 불완전한 순종을 드러내는 표현이다.

이 본문은 기근이라는 외적 현실보다 더 깊은 문제, 곧 믿음의 기근을 보여 준다. 하나님은 야곱과 형제들을 완전한 순종과 동행의 자리로 이끌고 가시기 위해, 결국 "조금"이 아니라 전적인 헌신(베냐민의 동행)을 요구하신다. 신앙경주는 부분 순종이 아닌 전적 신뢰로 나아가는 배우는 과정임을 본문은 드러낸다.

7.(2') 동행: 유다가 베냐민과 함께 가기를 간청(43:3-5)

> 3 유다가 아버지에게 말하여 이르되 그 사람이 우리에게 엄히 경고하여 이르되 너희 아우가 너희와 함께 오지 아니하면 너희가 내 얼굴을 보지 못하리라 하였으니 4 아버지께서 우리 아우를 우리와 함께 보내시면 우리가 내려가서 아버지를 위하여 양식을 사려니와 5 아버지께서 만일 그를 보내지 아니하시면 우리는 내려가지 아니하리니 그 사람이 우리에게 말하기를 너희의 아우가 너희와 함께 오지 아니하면 너희가 내 얼굴을 보지 못하리라 하였음이니이다

형제들의 답답한 상황을 보다 못한, 사실상 가문의 리더인 유다가 아버지 야곱 앞에 나선다. 과거 37장에서 르우벤이 형제들의 마음을 움직여 요셉을 구하려 했듯, 이번에는 유다가 아버지의 마음을 움직여 동행을 성사시키기 위해 나선 것이다. 르우벤의 설득이 실패했기에, 가문의 위기 앞에서 유다가 다시 책임을 감당한다.

유다는 애굽 총리의 말을 논리적이고 질서 있게 전달한다. A. "너희 아우를 데려오지 않으면 결코 너희를 다시 만나주지 않겠다." B. "아버지께서 아우를 우리와 함께 보내시면 우리가 양식을 사오겠지만, 보내지 않으시면 우리는 내려가지 않겠습니다." A'. "아우와 함께 오지 아니하면 결코 너희를 만나지 않겠다."

이것은 명확한 A–B–A'의 대칭구조 형태이다:

 A (요셉 → 형제들): 아우를 반드시 데려와야 한다.
 B (유다 → 아버지): 아우를 함께 데려가야만 우리가 곡식을 얻을 수 있다.
 A' (요셉 → 형제들): 아우를 데려오지 않으면 결코 만나지 못한다.

여기서 A와 A'은 "동행의 필수성"을 강조하며 서로 연결된다. B는 이 구조의 중심 주제로, "동행이 있어야 생존을 위한 양식이 제공된다"는 사실을 밝힌다.

이렇게 유다의 설득은 르우벤과 전혀 다르다. 르우벤은 감정적 맹세와 자기희생을 내세운 반면, 유다는 사실, 조건, 결과를 정확히 제시한다. 유다는 "동행이 없다면 아무것도 얻을 수 없다"는 원리를 분명히 했다. 이것은 구속사의 중요한 패턴을 드러낸다. 하나님은 혼자 살아남으려는 길을 막으시고, 형제와 함께, 언약 공동체 전체가 동행하는 길만 열어두신다. 신앙경주 관점에서, 유다의 논리는 믿음의 여정에서 동행이 어떻게 생명을 공급하는 통로가 되는지를 보여준다. 기근의 문제는 단순히 양식의 부족이 아니라, 믿음 공동체의 연합과 순종을 요구하는 하나님의 시험이다. "함께 가지 않으면 만날 수 없다, 함께 가지 않으면 곡식을 살 수 없다"는 말은, 신앙경주에서 동행이 곧 하나님의 은혜와 공급의 조건임을 선언한다.

이 본문은 구속사적으로 한 걸음을 더 나아가 유다가 대속적 리더십을 향해 변화되고 있는 전환점을 보여준다. 그는 단순히 설득하는 것이 아니라, 가족 전체의 생존을 책임지는 언약적 중보자의 자리로 이동하고 있다. 동행의 길은 한 사람이 앞장서 책임지는 결단에서 시작된다.

8.(3') 근심: 아버지가 베냐민을 걱정함(43:6-7)

6 이스라엘이 이르되 너희가 어찌하여 너희에게 또 다른 아우가 있다고 그 사람에게 말하여 나를 괴롭게 하였느냐 7 그들이 이르되 그 사람이 우리와 우리의 친족에 대하여 자세히 질문하여 이르기를 너희 아버지가 아직 살아 계시느냐 너희에게 아우가 있느냐 하기로 그 묻는 말에 따라 그에게 대답한 것이니 그가 너희의 아우를 데리고 내려오라 할 줄을 우리가 어찌 알았으리이까

야곱은 유다의 말을 듣고 애굽 총리 앞에서 또 다른 아우가 있다고 말한 것을 원망하며 깊은 근심에 빠진다. 자녀들은 자신들이 일부러 말한 것이 아니라, 그 사람이 먼저 가족의 형편을 세밀하게 묻기에 그저 사실대로 대답했을 뿐이라고 변명한다. 그러나 "아우를 데리고 오라"는 요구만큼은 전혀 예상하지 못했음을 밝힌다. 야곱의 마음은 지금 베냐민을 잃을까 하는 두려움으로 가득 차 있다.

구속사적 관점에서 보면, 이 근심은 단순히 아버지의 과잉 보호가 아니라 언약 계보를 잇는 자를 잃을까 하는 두려움이다. 이전에 요셉을 잃은 상처가 여전히 남아 있어, 야곱은 하나님의 언약과 섭리를 바라보기보다 눈앞의 손실을 먼저 생각한다. 이는 구속사의 역사에서 반복되는 장면이다. 선택된 가문일지라도 인간적 두려움과 상실의 기억은 하나님의 약속을 가리는 장벽이 되곤 한다.

신앙경주 관점에서 보면, 야곱의 근심은 믿음의 경주를 방해하는 불안과 염려를 보여준다. 기근이 다시 찾아와 가족의 생사가 걸린 위기 속에서도, 하나님의 공급을 믿기보다 눈앞의 가장 소중한 것을 빼앗길까 두려워한다. 유다는 분명히 애굽 총리의 경고를 전달했지만, 야곱은 여전히 "보내면 무슨 일이 생길지 모른다"는 염려 속에서 멈추어 서 있다. 신앙경주는 때때로 가장 아끼는 것을 하나님 손에 맡기는 결단을 요구하는 긴장 속에서 이루어진다. 그러나 야곱의 근

심은 아직 결단 앞에 머뭇거리는 모습이다.

9.(4') 맹세: 유다가 "영원한 죄인"을 자처한 서약(43:8-10)

> 8 유다가 그의 아버지 이스라엘에게 이르되 저 아이를 나와 함께 보내시면 우리가 곧
> 가리니 그러면 우리와 아버지와 우리 어린 아이들이 다 살고 죽지 아니하리이다 9 내
> 가 그를 위하여 담보가 되오리니 아버지께서 내 손에서 그를 찾으소서 내가 만일 그
> 를 아버지께 데려다가 아버지 앞에 두지 아니하면 내가 영원히 죄를 지리이다 10 우
> 리가 지체하지 아니하였더라면 벌써 두 번 갔다 왔으리이다

유다는 아버지 야곱에게 다시 간절히 구한다. "베냐민을 저와 함께 보내 주
십시오. 그러면 우리가 곡식을 구해 와 온 가족이 죽지 않고 살 수 있을 것입니
다." 그리고 그는 결정적인 말을 한다. "내가 그의 담보가 되겠습니다. 만일 내가
그를 데려오지 못하면, 아버지 앞에서 영원히 죄인이 되겠습니다." 유다의 맹세
는 단호하고 확실하다. 그는 가족의 생명을 위해 자기 자신을 내어놓는 대속적
책임을 스스로 떠맡는다.

구속사적으로 이 맹세는 중요한 전조이다. 유다는 자기 생명을 담보로 삼아
형제를 살리려는 모습을 통해 훗날 유다 지파에서 나올 메시아의 대속 사역을
예표한다(요셉 이야기의 중앙부에서 처음으로 강력한 '대신 책임' 모티프가 드
러난다). 이는 "형제를 위한 자기 희생"이라는 구속사의 핵심 방식이다. 선택의
가문 안에서 '책임을 대신 지는 자'가 등장할 때, 하나님은 언약의 길을 열어 가
신다. 신앙경주 관점에서 유다의 맹세는 믿음의 경주에 필요한 결단과 책임의 약
속을 보여준다. 그는 기근으로 지체하면 온 가족이 죽게 된다는 사실을 직시했
고, "시간을 끌었다면 벌써 두 번은 왕복했을 것"이라며 아버지의 머뭇거림을 인
식케 한다. 신앙경주는 결국 누군가가 책임을 지고 앞으로 나아가야만 경주가 계
속된다. 유다는 두려움과 망설임을 믿음의 맹세로 돌파했다.

10.(5') 승낙: 베냐민 허락(43:11-14)

> 11 그들의 아버지 이스라엘이 그들에게 이르되 그러할진대 이렇게 하라 너희는 이 땅의 아름다운 소산을 그릇에 담아가지고 내려가서 그 사람에게 예물로 드릴지니 곧 유향 조금과 꿀 조금과 향품과 몰약과 유향나무 열매와 감복숭아이니라 12 너희 손에 갑절의 돈을 가지고 너희 자루 아귀에 도로 넣어져 있던 그 돈을 다시 가지고 가라 혹 잘못이 있었을까 두렵도다 13 네 아우도 데리고 떠나 다시 그 사람에게로 가라 14 전능하신 하나님께서 그 사람 앞에서 너희에게 은혜를 베푸사 그 사람으로 너희 다른 형제와 베냐민을 돌려보내게 하시기를 원하노라 내가 자식을 잃게 되면 잃으리로다

아버지가 결국은 유다의 제안을 허락했다. "네 아우도 데리고 떠나 다시 그 사람에게로 가라". 이것은 유다의 말이 르우벤의 말보다 신빙성이 있었기 때문이다. 종합적으로 비교해 보면, 유다의 말(43:3-5, 8-11)은 르우벤과 비교할 때 감정적인 호소는 약하지만 논리적 설득력이 훨씬 강하다. 유다는 다음과 같이 체계적으로 말한다: "베냐민을 저와 함께 보내주시면, 우리가 아버지를 위해 곡식을 사오겠습니다." 여기서 유다는 베냐민을 "막내"(קָטֹן)라고 표현하지 않고, "우리의 형제"(אָחִינוּ)라고 부른다. 또한, "우리를 위해 곡식을 사겠다"가 아니라, "아버지를 위해"(לְךָ) 곡식을 사겠다고 말한다. 이처럼 유다는 '가족 전체'의 관점에서, 특히 아버지를 위한 말과 행동으로 자신의 요청을 전개하면서 야곱의 마음을 움직이기 시작한다(43:6-7).

더욱 중요한 것은, 유다가 아버지 앞에서 자신의 과거 잘못을 회복하려는 진정한 회개의 태도를 드러낸다는 점이다. 그는 두 차례에 걸쳐 "내가 그의 보증인이 되겠습니다"(אָנֹכִי אֶעֶרְבֶנּוּ)라고 선언하며, "만일 그를 데려오지 못하면 나는 아버지 앞에서 영원한 죄인(חָטָאתִי לְךָ כָּל-הַיָּמִים)이 될 것입니다"라고 고백한다. 이 표현에는 자신이 과거에 야곱을 속인 책임자라는 죄책감과, 이제는 아버지를 위해 베냐민 대신 죽을 각오까지 되어 있다는 회개의 진정성이 담겨 있다. 결국 르우

벤은 자신의 아들 둘을 담보로 삼았지만, 유다는 자신의 생명을 담보로 삼았다. 이 차이는 단순한 발언의 수위가 아니라 리더십의 본질적 차이를 보여준다. 이 장면은 장자권을 둘러싼 내면적 경쟁의 흐름 속에서, 장자 르우벤은 책임을 다하지 못했고, 유다는 회개하는 마음으로 아버지를 설득하여 실질적 장자의 역할을 감당하게 되었음을 보여준다.

결국 유다의 설득으로 인해 야곱은 하나님께 자녀들의 여행길을 맡기며, 애굽의 총리에게 줄 귀한 예물과 함께 베냐민을 유다의 손에 맡긴다. 이는 단순한 허락이 아니라, 유다의 회개와 책임을 신뢰로 받아들인 신앙적 결정이었다.

E'. 반전의 상황 (43:15-44:34)

요셉은 깊어져 가는 기근으로 인해 자신의 꿈이 성취되어 감을 의식하면서 형들이 베냐민을 데리고 이집트로 다시 올 것을 짐작하고 있었다. 처음 방문 때는 10명의 형들만 요셉 앞에 절했지만, 이번은 열한 명의 형제 모두가 요셉에게 절하면서 요셉의 두 번의 꿈들의 성취는 점점 현실로 다가 오고 있는 모습을 아래의 인물구조로 확인해 볼 수 있다.

가. 구조적 주해

반전의 상황(43:15-44:34)

(가) 요셉의 전략(1): 만남

1. 굴복: 베냐민을 데리고 옴(유다)	43:15
2. 선의: 집으로 초청해 대접함	16-25
3. 처벌: 형제들이 선물을 주고 절함	26
4. 놀람: 아버지 안부 물음	27-28

5. 의외: 베냐민을 특별 대우함 29-34

(나) 요셉의 전략(2): 확인

1'. 굴복: 은잔을 베냐민 짐에 넣음(유다) 44:1-3
2'. 선의: 어찌 선을 악으로 갚느냐? 4-6
3'. 처벌: 그 자는 죽고/나머지는 종 7-9
4'. 놀람: 그만 종이 될 것 10
5'. 의외: 베냐민에게서 발견됨 11-13

(다) 요셉의 전략(3): 회개

1". 굴복: 요셉에게 무릎 꿇음(유다) 14
2". 선의: 어찌 이런 일을 행하느냐? 15
3". 처벌: 모두가 종이 될 것 16
4". 놀람: 발견된 자만 남을 것 17
5". 의외: 영원한 죄인 고백 18-34

위 구조는 요셉과 유다 사이의 리더십 관계가 반전되는 상황을 보여준다. 이는 우연이 아니라 요셉의 전략 안에서 치밀하게 설계된 시나리오로, 형제들이 기근을 견디지 못하고 이집트를 찾게 될 것을 요셉이 미리 내다보고 준비한 계획의 일환이다. 이 전략의 중심 목적은, 과거 자신을 이집트에 팔아넘기고 가족을 분열시켰던 넷째 형 유다를 회개의 자리로 이끄는 것에 있다.

이러한 요셉의 의도가 세 번 반복되는 병행구조 속에 담겨 있으며, 각 구조는 요셉의 전략적 행동의 흐름을 따르고 있다. 본문에서는 이 전략들을 세 개의 소단락으로 나누어 각각 다섯 개의 키워드(굴복 - 선의 - 처벌 - 놀람 - 의외)를 중심으로 정리하였다. 각 전략은 동일한 5단계 키워드로 전개되며, 반복을 통해 형제들의 내면 변화를 이끌어낸다. 중심 구조는 점점 유다의 책임과 회개로 초점이 이동하며, 형제 전체의 연대에서 개인(유다)의 회심으로 발전한다. 마지막 전략에서 유다는 자신이 영원한 죄인임을 고백하고 베냐민 대신 종이 되겠다고 자청함으로써 요셉의 전략은 신앙적 회개와 화해로 결실을 맺는다. 이 반복된 병행 구조의 특성상 마지막 요지가 중심 주제가 된다.

이 마지막 전략에서 유다는 스스로 책임을 지겠다는 보증인 선언과 자기희생을 통해 실질적인 장자 역할을 수행하게 된다. 이는 요셉이 기대했던 회개의 완성이며, 형제 관계의 회복과 구속사적 화해의 결정적 전환점이 된다. 따라서 이 삼중 구조는 단순한 서사 반복이 아니라, 점진적 심화의 구조로서 유다의 리더십 회복과 회개의 진정성을 드러내는 중심 장치이다. 요셉은 전략적으로 관계를 재구성하며, 과거의 죄를 직면하게 하고, 미래를 향한 새로운 언약 공동체의 기초를 다지는 데에 성공한다.

이러한 점을 도표에 담아서 5섯개의 키워드 중심으로 된 세 번의 요셉의 전략을 도표에 담아본다.

도표 46> 요셉의 전략 삼중 반복 병행 구조

단계와 키워드	1. 요셉의 전략(1): 만남 (43:15-34)	2. 요셉의 전략(2): 확인 (44:1-13)	3. 요셉의 전략(3): 회개유도 (44:14-34)
1단계 (굴복)	베냐민을 데리고 옴 (유다 주도)	은잔을 베냐민의 자루에 넣음 (시험 설정)	유다가 요셉 앞에 무릎 꿇음
2단계 (선의)	요셉이 형제들을 집으로 초청하여 대접함	"어찌 선을 악으로 갚느냐?" (의문 제기)	"어찌 이런 일을 행하였느냐?" (재차 질문)
3단계 (처벌)	형제들이 선물을 주며 절한 (위기 대비 대도)	"그 자는 죽고, 나머지는 종이 될 것" (경고)	"모두가 종이 되겠다" (유다의 자백)
4단계 (놀람)	요셉이 아버지 안부를 물으며 형제들을 놀라게 함	"아니다, 발견된 자만 종이 될 것" (반전 제시)	"발견된 자만 남을 것" 반복 강조
5단계 (의외)	베냐민을 특별히 대우함 (형제들 놀람)	은잔이 실제로 베냐민 자루에서 발견됨	유다가 자신을 대신 잡아달라며 죄인됨 고백 (회개의 절정)

나. 본문 해설

1. 굴복: 베냐민을 데리고 옴(유다)(43:15)

> 15 그 형제들이 예물을 마련하고 갑절의 돈을 자기들의 손에 가지고 베냐민을 데리고 애굽에 내려가서 요셉 앞에 서니라

형제들이 베냐민을 데리고 애굽으로 내려가고 있다. 결국 아버지의 극한 반대에도 유다의 노력과 결자해지의 정신으로 그렇게 된 것이다. 그들은 요셉에게 줄 예물을 챙겼다. 이것은 요셉이 총리라서가 아니라 이전에 자신들을 잘 챙겨주고 무사히 집으로 갈 수 있게 해준 것에 대한 고마움의 표시로 볼 수 있다. 그리고 갑절의 돈을 가지고 왔다. 지난번 집으로 갈 때 돈을 준 것에 대한 빚을 갚기 위해서다. 이렇게 언약의 집안으로서 예의와 감사의 마음을 전한 것이다. 중요한 것은 베냐민을 어렵게 데려왔다는 점이다. 아버지의 극심한 반대에도 그를 데리고 왔다. 르우벤과 유다의 노력 가운데 결국은 유다의 설득으로 베냐민을 데려오게 된 것을 요셉은 알고 있었을 것이다. 요셉이 형제들을 보내면서 베냐민만은 반드시 데려와야 한다고 했기 때문이다. 결국 르우벤이 아버지를 설득시키지 못했지만 유다가 자신을 담보로 그를 데려오게 된 것이다. 요셉은 다른 것보다도 동생 베냐민이 오게 된 것이 가장 기쁘고 기뻤다. 그리고 그들은 애굽 총리 요셉 앞에 엄중한 마음으로 요셉이 자기들이 판 동생인지를 모른 체 단지 베냐민을 데려왔다는 자부심으로 그 앞에 섰다. 첫 번째 왔을 때보다 마음이 편하게 보인다.

2. 선의: 집으로 초청해 대접함(43:16-25)

> 16 요셉은 베냐민이 그들과 함께 있음을 보고 자기의 청지기에게 이르되 이 사람들을 집으로 인도해 들이고 짐승을 잡고 준비하라 이 사람들이 정오에 나와 함께 먹을

것이니라 17 청지기가 요셉의 명대로 하여 그 사람들을 요셉의 집으로 인도하니 18 그 사람들이 요셉의 집으로 인도되매 두려워하여 이르되 전번에 우리 자루에 들어 있던 돈의 일로 우리가 끌려드는도다 이는 우리를 억류하고 달려들어 우리를 잡아 노예로 삼고 우리의 나귀를 빼앗으려 함이로다 하고 19 그들이 요셉의 집 청지기에게 가까이 나아가 그 집 문 앞에서 그에게 말하여 20 이르되 내 주여 우리가 전번에 내려와서 양식을 사가지고 21 여관에 이르러 자루를 풀어본즉 각 사람의 돈이 전액 그대로 자루 아귀에 있기로 우리가 도로 가져왔고 22 양식 살 다른 돈도 우리가 가지고 내려왔나이다 우리의 돈을 우리 자루에 넣은 자는 누구인지 우리가 알지 못하나이다 23 그가 이르되 너희는 안심하라 두려워하지 말라 너희 하나님, 너희 아버지의 하나님이 재물을 너희 자루에 넣어 너희에게 주신 것이니라 너희 돈은 내가 이미 받았느니라 하고 시므온을 그들에게로 이끌어내고 24 그들을 요셉의 집으로 인도하고 물을 주어 발을 씻게 하며 그들의 나귀에게 먹이를 주더라 25 그들이 거기서 음식을 먹겠다 함을 들었으므로 예물을 정돈하고 요셉이 정오에 오기를 기다리더니

요셉은 베냐민이 형제들과 함께 있는 것을 확인하고, 그들에게 선의(善意)를 베푼다. 그는 자신의 청지기에게 명령하여 형제들을 집으로 초청하도록 지시한다. 이는 요셉이 형제들에게 전혀 악의를 품고 있지 않으며, 오히려 약속을 지킨 그들에게 고마움과 반가움을 느끼고 있다는 표시였다. 아무나 들어올 수 없는 자신의 집으로 초청한 것은 그들에게 특별한 환대를 제공하겠다는 뜻이다.

더 나아가, 요셉은 형제들 앞에서 짐승을 잡고 식사를 준비하라고 명령한다. 이는 형제들에게 큰 충격을 주었을 것이다. 특히 요셉이 정오에 함께 식사하겠다고 한 것은, 애굽의 고위 관리가 이국인들과 함께 식사하는 것 자체가 이례적이었기 때문이다. 이는 과거 그들을 스파이로 몰아가던 처음 만남과는 매우 대조적인 태도였다.

하지만 이러한 호의적인 접대에도 형제들은 불안과 두려움에 사로잡힌다. 청지기가 그들을 요셉의 집으로 인도하자 그들은 지난번 자루 속에 들어 있었던

돈 때문이라고 추측한다. "이르되 전번에 우리 자루에 들어 있던 돈의 일로 우리가 끌려드는도다."

그들은 심지어 자신들이 붙잡혀 노예가 되고, 자신들의 나귀마저 빼앗길 것이라고 의심한다. 이는 그들의 과거 죄의식이 여전히 내면에 살아 있음을 보여주는 심리적 반응이다. 베냐민은 지난번 애굽에서의 사건을 알지 못하지만, 형들은 당시 상황의 기억과 불안 속에 깊이 사로잡혀 있다.

이에 형제들은 청지기에게 다가가, 지난번 자루에 들어 있던 돈이 자신들도 모르게 들어 있었다는 사실을 해명하며, 이번에는 양식을 사기 위해 새 돈을 가져왔다고 설명한다. 자신들의 결백을 주장하며 그 돈을 누가 넣었는지 알지 못한다고도 말한다.

그러자 청지기는 그들을 안심시키며 이렇게 말한다:

> "두려워하지 말라. 너희 하나님, 너희 아버지의 하나님께서 너희 자루에 재물을 넣어주신 것이다. 너희 돈은 이미 내가 받았다."

이 말은 단지 해명을 넘어, 요셉의 의도를 미리 전해 받은 청지기가 그들을 위로하고, 언약의 하나님께로 그들의 시선을 돌리게 하는 발언이다. 이로써 요셉은 청지기를 통해 간접적으로 신앙적인 메시지를 전하고, 형제들이 하나님의 도우심 안에 있다는 사실을 상기시킨다. 그 후 청지기는 시므온을 형제들에게 인도하며, 이전의 긴장과 불안을 조금씩 해소시켜 준다.

형제들은 요셉의 집에서 예물을 정돈하고 총리가 오기를 기다린다. 이는 애굽의 예법을 따르는 정중한 태도이자 감사의 마음을 표현하려는 의식적 준비였다. 전체 상황을 보면 요셉은 형제들의 불안을 미리 예상하고 청지기에게 안심시키도록 지시한 것으로 보인다. 특히 "너희 하나님, 너희 아버지의 하나님"이라는 표현은, 그들을 단순한 이방 상인이 아닌 '언약 백성'으로 인식한 호칭이며, 그들의 여정 가운데 하나님의 섭리와 동행하심이 함께하고 있음을 암시한다. 사건은 점점 형제들의 죄책감, 회복, 화해의 방향으로 정리되고 있다.

한편 베냐민은 형들과 함께 그 자리에 있지만, 상황의 내막을 전혀 알지 못한 채 조용히 그들과 함께 요셉을 맞이할 준비를 하고 있다. 이런 배경 속에서 이번 만남은 첫 번째 방문과는 전혀 다른 분위기와 의미를 지닌 장면이 된다.

3. 처벌: 형제들이 선물을 주고 절함(43:26)

> 26 요셉이 집으로 오매 그들이 집으로 들어가서 예물을 그에게 드리고 땅에 엎드려 절하니

이 구절은 요셉이 어릴 적 꾼 두 가지 꿈(창 37:5-11) 중 하나의 현실적 성취를 보여준다. 형제들이 요셉 앞에 엎드려 절한 사건은 "곡식 단들이 내 단에게 절하더이다"라는 꿈의 구체적 실현이다. 이 꿈은 개인의 야망이 아닌 하나님이 주신 계시적 비전이었으며, 지금 이 장면은 그 신적 계시의 역사적 실현이다.

요셉은 총리로의 바쁜 업무를 마치고, 형제들과 식사를 위해 집으로 돌아온다. 형제들은 요셉이 집 안으로 들어서자마자 준비해온 예물을 그에게 드린다. 그들이 예물을 준비한 이유는 단순한 존경의 표현이기도 하지만, 이전에 자신들의 자루 속에 들어 있었던 돈에 대한 오해와 처벌을 피하려는 목적도 있었을 것이다. 다시 말해, 결백을 증명하기 위한 정중한 행동이었다. 이 예물은 요셉이 총리이기 때문에 마땅히 드리는 정치적 예의라기보다는, 이전에 자신들을 환대하고 무사히 보내준 것에 대한 감사의 표현이었다. 또한 형제들은 양식을 다시 얻기 위해 최대한의 정중함을 갖추 는 태도를 보인다. 형제들은 예물을 드린 뒤 요셉 앞에 땅에 엎드려 절한다. 이는 애굽 사회의 관습에 따른 절차일 뿐 아니라, 무의식중에 요셉의 꿈이 성취되고 있음을 암시하는 장면이다.

베냐민 역시 형들과 함께 절을 했을 것이지만, 그는 지금 무슨 상황인지 정확히 알지 못한 채 형들을 따라 행동했을 가능성이 크다. 반면 요셉은 예물에는 별

관심을 두지 않고 오직 동생 베냐민에게만 시선을 집중했을 것이다. 그는 혹시 베냐민이 형들에게 어려움을 당하지는 않았을까 걱정스러운 마음을 품었지만, 그가 무사히 형들과 함께 온 것을 보며 안도했을 것이다.

이 장면에서 요셉은 베냐민을 데려온 형제들의 모습에서 변화된 태도와 진실성을 점차 느끼기 시작한다. 이러한 점이 그들을 집으로 초청하게 된 결정적 계기였을 것이다.

결론적으로 이 장면은 외적으로는 예물과 절이라는 형식이 중심이지만, 내면적으로는 요셉의 감정 변화, 형제들의 회복된 태도, 그리고 무엇보다도 하나님의 섭리 가운데 약속이 성취되는 과정이 담겨 있는 중요한 순간이다. 이런 점에서 요셉의 리더십은 단지 이집트 총리의 역할이 아니라, 언약 백성의 보존자라는 사명을 반영한다.

4. 놀람: 아버지 안부 물음(43:27-28)

> 27 요셉이 그들의 안부를 물으며 이르되 너희 아버지 너희가 말하던 그 노인이 안녕하시냐 아직도 생존해 계시느냐 28 그들이 대답하되 주의 종 우리 아버지가 평안하고 지금까지 생존하였나이다 하고 머리 숙여 절하더라

형제들이 요셉 앞에 엎드려 절한 뒤, 요셉이 가장 먼저 관심을 가진 것은 아버지의 안부였다. 그는 형제들에게 먼저 아버지에 관해 묻는다. "너희 아버지, 곧 너희가 말하던 그 노인이 안녕하시냐? 아직도 살아 계시냐"(창 43:27).

요셉의 질문은 단순한 안부를 넘어, 아버지 야곱의 생존 여부와 평안함에 대한 간절한 마음이 담겨 있다. 이에 형제들은 한목소리로 이렇게 대답한다. "주의 종 우리 아버지가 평안하고 지금까지 생존하였나이다"(43:28). 그리고는 또다시 엎드려 절하였다. 이는 요셉이 총리로서 가진 권위뿐 아니라, 그들의 진심 어린 감사를 표현하는 행동으로도 보인다.

요셉은 과거 형들에게 팔리기 전, 아버지 야곱의 계승자로서 독보적인 사랑과 기대를 받던 아들이었다. 그에게 아버지는 단지 부모 이상의 존재였다. 자신이 없어졌다는 사실로 인해 아버지가 큰 슬픔에 빠졌을까 걱정했으며, 혹시 그 충격으로 병을 얻거나 이미 돌아가셨을까 두려움이 있었을 것이다. 그러나 요셉은 아버지가 여전히 살아 있고 평안하다는 소식을 듣고 깊이 안도한다. 이 장면 속에는 단지 인간적인 효심만이 아니라, 신앙적인 기대와 언약의 흐름을 향한 관심이 내포되어 있다. 야곱은 가나안 땅에서 말년을 정착하며, 아브라함과 이삭에게 주셨던 언약의 계승자로서 그 뜻을 이루기 위해 많은 고난과 시험을 지나왔다. 요셉은 바로 이 언약의 계보를 따라 사는 아버지의 삶을 의식하며, 그의 안녕과 생존을 통해 하나님의 언약이 여전히 유효하고 지속되고 있음을 확인하고 싶었던 것이다.

5. 의외: 베냐민을 특별 대우함(43:29-34)

> 29 요셉이 눈을 들어 자기 어머니의 아들 자기 동생 베냐민을 보고 이르되 너희가 내게 말하던 너희 작은 동생이 이 아이냐 그가 또 이르되 소자여 하나님이 네게 은혜 베푸시기를 원하노라 30 요셉이 아우를 사랑하는 마음이 복받쳐 급히 울 곳을 찾아 안방으로 들어가서 울고 31 얼굴을 씻고 나와서 그 정을 억제하고 음식을 차리라 하매 32 그들이 요셉에게 따로 차리고 그 형제들에게 따로 차리고 그와 함께 먹는 애굽 사람에게도 따로 차리니 애굽 사람은 히브리 사람과 같이 먹으면 부정을 입음이 었더라 33 그들이 요셉 앞에 앉되 그들의 나이에 따라 앉히게 되니 그들이 서로 이상히 여겼더라 34 요셉이 자기 음식을 그들에게 주되 베냐민에게는 나른 사람보다 다섯 배나 주매 그들이 마시며 요셉과 함께 즐거워하였더라

요셉은 어머니 라헬의 아들이자, 자신에게는 유일한 동복형제인 막내 베냐민을 바라보며 형제들에게 아무 일도 모르는 듯 묻는다. "너희가 내게 말하던 그

작은 동생이 이 아이냐? "그리고는 베냐민을 향해 따뜻한 축복의 말을 건넨다." 소자여, 하나님이 네게 은혜 베푸시기를 원하노라."

요셉은 동생을 바라보며 사랑이 북받쳐 올라 급히 방을 나가 형제들 앞에서 보이지 않게 눈물을 쏟는다. 이는 요셉이 베냐민을 얼마나 애틋하게 사랑하는지를 잘 보여준다. 어머니 라헬이 일찍 세상을 떠났고, 이후 형으로서 함께하지 못한 미안함, 그럼에도 건강하고 의젓하게 자라 준 동생의 모습, 그리고 거친 형들 사이에서도 꿋꿋하게 살아온 동생의 담대함 등이 복합적으로 요셉의 감정을 북돋운 것이다. 그 사이 형제들은 요셉의 갑작스러운 질문과 감정적 반응에 의아해했을지도 모른다. 그러나 요셉은 동생 베냐민을 향한 애정을 통해 형제들과의 관계 회복을 시작한다.

요셉은 방에서 눈물을 닦고 마음을 추스른 뒤 다시 형제들 앞에 나와 식사를 준비시킨다. 애굽의 관습을 따라 애굽 사람들과 히브리인들을 따로 앉히고, 형제들은 요셉 앞에 따로 자리를 배정받는다. 그런데 놀랍게도 의외로 형제들은 나이 순서대로 정확히 앉게 되었고, 이 일로 인해 "그들이 서로 이상하게 여겼다"(창 43:33).

요셉은 이어 형제들에게 음식을 나누어 주었는데, 특히 베냐민에게는 다른 형제들보다 다섯 배나 많은 분량을 주었다. 이는 베냐민에 대한 특별한 애정의 표현이었다. 그러나 이것은 단순한 편애가 아니라 베냐민을 통해 시험을 유도하고 형제들의 변화를 확인하려는 것이다. 이러한 요셉의 의외의 행동에 문제의 장본인인 유다는 다른 형제들보다 더 민감하게 반응했을 것이다. 이렇게 그들은 요셉과 함께 먹고 마시며 즐겁고 평안한 시간을 보냈다.

6.(1') 굴복: 은잔을 베냐민 짐에 넣음(44:1-3)

> 1 요셉이 그의 집 청지기에게 명하여 이르되 양식을 각자의 자루에 운반할 수 있을 만큼 채우고 각자의 돈을 그 자루에 넣고 2 또 내 잔 곧 은잔을 그 청년의 자루 아귀

에 넣고 그 양식 값 돈도 함께 넣으라 하매 그가 요셉의 명령대로 하고 3 아침이 밝을 때에 사람들과 그들의 나귀들을 보내니라

요셉은 청지기에게 다음과 같은 네 가지 명령을 내린다.

- 양식을 각자의 자루에 운반할 수 있을 만큼 충분히 채우고,
- 각자의 돈은 그 자루에 다시 넣고,
- 자기의 은잔은 베냐민의 자루, 곧 자루 입구에 넣고,
- 그 자루 안에 곡식값도 함께 넣으라.

청지기는 요셉의 명령대로 그대로 행하였고, 이튿날 아침 해가 밝자 형제들과 그들의 나귀를 돌려보낸다(창 44:3).

요셉이 이처럼 정교하고 복잡한 방식으로 일을 처리한 이유는 무엇일까? 특히, 왜 자신의 은잔을 베냐민의 자루에 넣도록 했는가?

이 모든 조치는 단순 계략이 아니라, 요셉의 치밀한 리더십과 언약 가문을 살리기 위한 전략적인 시험이었다. 지금 요셉 앞에는 중요한 과제가 놓여 있다. 형제들을 회복시키고, 언약의 계승 가문인 야곱의 집을 다시 세우는 일이다. 이 가운데 결정적인 열쇠는 바로 유다의 회개에 있다. 지금까지 유다는 요셉을 팔았던 과거의 죄에 대해 어떠한 형태로도 분명하게 고백하거나 책임을 지지 않았다. 다른 형제들과 단체로 행동할 뿐, 개인적인 반성이나 회개의 표현이 전혀 없었다.

그러나 요셉은 유다의 내면을 이미 알고 있었다. 첫 번째 방문 때 요셉은 시므온을 인질로 잡아두고, 반드시 막내 베냐민을 데리고 오라고 요구했다. 이 요청이 통했던 것도 유다의 주도적인 역할 때문이었다. 요셉은 르우벤의 리더십이 무너졌고, 유다가 집안의 실질적인 지도력을 쥐고 있다는 사실을 알고 있었다. 실제로 유다는 아버지를 설득해 베냐민을 데리고 오도록 한 장본인이었다.

하지만 문제는 거기서 멈췄다. 두 번째 방문에서 유다는 자신의 공로에도 아

무 말을 하지 않았다. 자신이 주도한 결정임에도 일련의 이상한 사건들 —총리의 잔치를 포함해, 나이순 배치나 베냐민에 대한 특혜 등— 에 대해 아무런 반응을 보이지 않았다. 요셉이 베냐민을 보며 눈물을 흘린 것은 그에 대한 사랑과 연민 때문이지, 유다에 대한 감정은 아니었다. 오히려 요셉은 유다의 침묵과 무반응이야말로 지금 개입해야 할 결정적인 시점이라고 판단했다.

그래서 요셉은 은잔을 베냐민의 자루에 넣도록 지시함으로 유다를 위기 상황에 몰아넣는다. 이 조치는 단순한 속임수가 아니라, 유다로 하여금 형제와 아버지를 위한 희생의 결단을 끌어내기 위한 '회개의 장치'였다. 요셉은 형제들이 집으로 돌아가는 길에서라도 갈등이 일어날 수 있다고 보았으며, 그 전에 유다의 책임 있는 행동을 유도해야 한다는 강한 의지를 가지고 있었다.

결국 이 장면은 언약 공동체의 갱신을 위한 위기적 시련이며, 요셉은 그 시련을 통해 유다가 진정한 회개와 책임의 자리로 나아오기를 간절히 바라고 있던 것이다.

7.(2') 선의: 어찌 선을 악으로 갚느냐?(44:4-6)

> 4 그들이 성읍에서 나가 멀리 가기 전에 요셉이 청지기에게 이르되 일어나 그 사람들의 뒤를 따라가서 그들에게 이르기를 너희가 어찌하여 선을 악으로 갚느냐 5 이것은 내 주인이 가지고 마시며 늘 점치는 데에 쓰는 것이 아니냐 너희가 이같이 하니 악하도다 하라 6 청지기가 그들에게 따라가서 그대로 말하니

형제들이 성을 빠져나와 멀리 가지 못했을 때, 요셉은 자신의 청지기에게 명령을 내린다. "그 사람들의 뒤를 쫓아가서 그들에게 이르기를, '너희가 어찌하여 선을 악으로 갚느냐?' 하라." 청지기는 곧 형제들을 따라잡고, 요셉이 시킨 말을 그대로 전한다. "어찌하여 주인이 사용하는 은잔을 훔쳐 갔느냐? 그 잔은 주인이 마실 때 사용하기도 하지만, 점치는 데에도 쓰는 귀한 물건이라. 너희가 이것

을 가져갔으니, 참으로 악한 자들이다."

이 말은 단순한 도둑질을 넘어 은혜를 배반한 배은망덕한 자로 몰아가는 것이었다. 요셉은 형제들을 선을 악으로 갚는 파렴치한 자들로 몰며, 고의적으로 도둑 취급하고 모욕을 주었다. 그러나 형제들 입장에서는 전혀 예상하지 못한 일이었다. 그들은 모든 일이 잘 해결되었다는 안도감 속에, 가족의 생계를 위한 양식도 얻어 가벼운 마음으로 귀향하던 중이었다. 이런 상황에서 갑작스러운 고발은 당황스럽고 충격적인 사건이 아닐 수 없었다.

"너희가 어찌하여 선을 악으로 갚느냐"는 말은, 일반적으로 가장 심각한 비난의 표현 중 하나다. 이것은 도덕적 파탄과 신뢰의 전복을 의미하는 말이기에, 듣는 이로 하여금 깊은 수치와 반성을 유도한다.

요셉은 왜 이처럼 극단적인 방법으로 형제들을 몰아붙였을까? 그 이유는 언약 가정이 앞으로 감당해야 할 사명이 얼마나 막중하고 거룩한 것인지를 드러내기 위함이다. 언약의 성취는 단순하고 알량한 인간적 수단으로 이루어지는 일이 아니다. 이는 정결한 회개와 하나님의 은혜에 의한 갱신을 전제로 한다.

이처럼 요셉이 형제들을 철저히 시험하고 도둑으로 몰아간 일은 단순한 감정적 보복이 아니라, 언약 공동체를 다시 회복시키기 위한 영적 전략이었다.

요셉의 성품이나 지위로 볼 때, 형제들을 모욕하고 거짓 혐의를 씌우는 일이 어울리지 않는다. 그러나 오히려 이러한 '파격적인 처사'는, 그가 반드시 해결하고 넘어가야 할 깊은 내면의 과제가 있다는 사실을 암시한다.

결국 이 모든 시도는 유다의 회개를 유도하기 위한 결정적 장치였다. 요셉은 유다가 자신을 팔게 한 장본인이는 사실을 알고 있었다. 그러나 동시에 요셉은 유다가 그 수치 앞에 외면하거나 도망치지 않고, 스스로 쇠인임을 인정했다는 사실도 기억하고 있었다. 이처럼 요셉과 유다 사이에 벌어지는 한판 대결은 단순한 인간 갈등이 아니라, 하나님의 구속사를 이루기 위한 가장 중요한 회개의 무대이다. 요셉은 의롭고 신실한 인물로 하나님의 뜻을 따르고 있으며, 유다는 실패한 자였으나 회개를 통해 하나님의 은혜를 입은 자로 변화되고 있다. 두 인물이 서로를 향해 마주서게 되는 이 장면은, 이스라엘 구속사의 전환점이자, 언약 백성의 정체성이 다시 세워지는 결정적 순간이라고 할 수 있다.

8.(3') 처벌: 그 자는 죽고/나머지는 종(44:7-9)

> 7 그들이 그에게 대답하되 내 주여 어찌 이렇게 말씀하시나이까 당신의 종들이 이런 일은 결단코 아니하나이다 8 우리 자루에 있던 돈도 우리가 가나안 땅에서부터 당신에게로 가져왔거늘 우리가 어찌 당신의 주인의 집에서 은 금을 도둑질하리이까 9 당신의 종들 중 누구에게서 발견되든지 그는 죽을 것이요 우리는 내 주의 종들이 되리이다

형제들은 도무지 이 상황을 이해할 수 없었다. "내 주여, 어찌하여 이처럼 말씀하시나이까? 당신의 종들이 그런 일은 결단코 하지 아니하였나이다."

요셉과의 만남 내내 모든 분위기는 의외일 정도로 좋았다. 낯선 총리의 호의는 과분할 만큼 넘쳤고, 특별히 베냐민에게는 각별한 관심이 보였다. 그런데도 갑작스럽고 극단적인 반전이 벌어지자, 형제들 모두가 혼란스러워하였다.

그들은 생각했다. "혹시 우리가 지난번에 자루에 다시 담겨 있던 돈을 도로 가져온 것이 오해를 샀는가?" 그들은 그 돈을 되돌려 주었다는 사실을 강조하며 억울함을 호소한다. "우리가 어찌 당신의 주인의 집에서 은이나 금을 도둑질하리이까?"

순식간에 좋았던 분위기는 깨어지고 상황은 혼란과 긴장으로 가득 찼다. 형제들은 스스로 결백을 주장하면서 점점 감정적으로 격앙되었다. 그들은 너무도 억울한 나머지 극단적인 말까지 내뱉는다. "우리 중 누구든지 그런 짓을 하였다면 그는 죽을 것이요, 우리 모두는 내 주의 종들이 되리이다."

이 말은 격한 감정의 표현이지만, 동시에 그들의 무죄에 대한 절박한 확신을 보여주는 대목이기도 하다. 하지만 그런 말을 내뱉고 나서 형제들의 마음속에는

어떤 불길한 예감이 스멀스멀 피어오르기 시작했을지도 모른다."혹시 이것이 함정은 아닐까?" "혹시라도 이 일로 인해 우리가 발이 묶이고, 집으로 돌아가지 못하게 되는 것은 아닐까?" "혹은 우리 중 누군가를 억지로 잡아가려는 의도가 있는 것은 아닐까?"

이 상황에서 가장 조급하고 두려움에 휩싸였을 사람은 유다였을 것이다. 그는 아버지 야곱에게 목숨을 걸고 베냐민을 책임지겠다고 맹세한 인물이었기 때문이다. 베냐민에게 무슨 일이라도 당하면, 그 책임은 모두 자신에게 돌아올 터였다. 유다는 지금, 예상치 못한 위기 앞에서 형제들을 넘어 아버지의 생명까지 위협받을 수 있다는 사실을 절감하고 있었을 것이다.

9.(4') 놀람: 그만 종이 될 것(44:10)

> 10 그가 이르되 그러면 너희의 말과 같이 하리라 그것이 누구에게서든지 발견되면 그는 내게 종이 될 것이요 너희는 죄가 없으리라

요셉이 보낸 청지기는 형제들의 격앙된 반응을 듣고 이렇게 말한다. "너희의 말과 같이 하리라. 요셉의 은잔, 그것이 누구의 자루에서 발견되든, 그는 내 주의 종이 될 것이요, 그 외의 사람들은 죄가 없으리라."

이 말은 요셉의 지시에 따라 준비된 대사였다. 청지기는 이미 모든 상황을 알고 있었기 때문에 자신감 있고 단호하게 말할 수 있었다. 은잔이 어느 자루에서 발견될지는 형제들은 몰랐지만 청지기는 알고 있었다. 그래서 그가 말한 "그는 종이 될 것이요, 너희는 죄가 없다"는 말은 일종의 판결문처럼 선고되었고, 형제들에게 갑작스러운 불안감을 몰고 왔다.

처음엔 모두가 자신 없다고 외쳤던 형제들이 이제는 오히려 각자의 자루를 의심하기 시작한다. '혹시 내 자루가 아닐까?' '누가 몰래 넣은 건 아닐까?'

그 불안은 점점 커져 갔다. 이제는 단순한 억울함이 아니라, 어쩌면 이 모든

상황이 어떤 사고나 함정일 수도 있다는 의심이 그들 사이를 감싸기 시작한다.

형제들 중에서도 베냐민과 유다는 특히 더 긴장했을 것이다. 베냐민은 식사 자리에서 유독 특별한 대접을 받았고, 다섯 배나 많은 음식을 받은 것이 형제들에게도 인상 깊었기에, 혹시 그로 인해 문제가 불거질 가능성을 내심 염려했을 수 있다. 유다는 더 복잡한 감정에 휩싸였을 것이다. 이번 사건은 자신이 아버지에게 목숨을 걸고 보증하겠다고 약속하고 데려온 베냐민이 얽힌 일이었기 때문이다. 만약 그 베냐민에게 문제가 생긴다면, 그 책임은 자신에게 돌아오리라는 죄책감과 두려움이 밀려들었을 것이다.

형제들 사이에는 장담과 확신이 사라졌고, 분위기는 순식간에 초상집처럼 무겁고 침울해졌다. 누군가 자루에 몰래 넣었을 수도 있다는 두려운 가정 속에서, 각자 자신의 자루를 의심하며 긴장하고 있었다. 그러면서도 청지기가 분명히 말한 "은잔이 발견된 자 한 사람만 종이 될 것"이라는 말에, 일부 형제들은 안도감을 느꼈을지 모른다.모두가 종이 되는 것이 아니라면, 혹시 내 자루가 아니라면 벗어날 수 있다는 일말의 기대가 있었을 것이다.

그러나 그 안에서도 유다는 점점 더 깊은 불안감에 빠져들고 있었다.만약 베냐민에게 은잔이 발견된다면, 아버지 야곱에게 한 자신의 맹세는 파기되는 것이며, 그것은 곧 가문 전체의 파멸을 의미하는 일이기 때문이었다.

10(5') 의외: 베냐민에게서 발견됨(44:11-13)

> 11 그들이 각각 급히 자루를 땅에 내려놓고 자루를 각기 푸니 12 그가 나이 많은 자에게서부터 시작하여 나이 적은 자에게까지 조사하매 그 잔이 베냐민의 자루에서 발견된지라 13 그들이 옷을 찢고 각기 짐을 나귀에 싣고 성으로 돌아 가니라

요셉의 형제들은 급박한 상황 속에서 일제히 움직였다. 긴장된 표정으로 각자의 자루를 내려놓고, 곧바로 자루를 풀기 시작했다. '급히'라는 표현은 단순한 속

도의 문제가 아니라, 혹시 자기 자루에서 은잔이 나올지 모른다는 두려움과 불안을 반영한 것이다. 형제들 가운데 그 누구도 느긋하게 행동하지 않았고, 모두가 동시에 신속하게 자루를 열었다.

청지기는 나이 많은 차례로 조사를 시작했다. 앞서 요셉의 집에서 식사할 때도 형제들은 나이순으로 앉혀졌었는데, 이 역시 요셉이 청지기에게 지시했을 가능성이 크다. 이는 막내 베냐민에게 충격을 조금이라도 늦추기 위한 배려가 담겨 있는 연출이었다. 조사가 진행되는 동안, 자루에서 은잔이 발견되지 않은 형제들은 짧은 안도의 숨을 내쉬었을 것이다. 그러나 조사가 진행될수록 긴장감은 점점 고조되었다. 그리고 마침내, 전혀 예상치 못한 사건이 벌어졌다. 은잔이 막내 베냐민의 자루에서 발견된 것이다. 이 순간 형제들은 자신들의 옷을 찢었다. 이 행위는 단순한 절망이 아니라, 자신들의 심장이 찢긴 듯한 통절한 고통과 절망감의 표현이었다. 한마디로, ‘큰일이 났다’는 탄식이자, 아버지 야곱을 어떻게 보아야 할지를 걱정하는 가슴 먹먹한 절망이 형제들을 사로잡았다.

이때 가장 큰 충격과 괴로움에 빠졌던 사람은 유다였을 것이다. 그는 아버지에게 베냐민을 반드시 책임지겠다고 맹세했던 사람이었다. 이제 그 약속이 무너질 위기에 처한 것이다.

형제들은 옷을 찢은 뒤, 다시 짐을 나귀에 싣고 요셉이 있는 성으로 되돌아갔다. 모든 것이 무너진 듯한 침묵 속에서, 그들의 발걸음은 한없이 무겁게 느껴졌을 것이다.

그러나 그 가운데 유다는 마음속으로 결심을 굳혔다. “이제는 내가 나서야 할 때다.” 그는 장자는 아니었지만, 형제들의 대표자이자 언약 가문의 실질적인 책임자로서, 이 위기를 자신의 희생으로 감당할 각오를 품고 요셉 앞에 나아가고 있었다. 결국 요셉의 치밀한 시험은 유다로 하여금 침묵을 깨고 자기 책임을 고백하게 하며, 언약 가문이 진정한 회개와 헌신 위에 다시 세워지도록 하기 위한 하나님의 섭리적 도구였다.”

11.(1") 굴복: 요셉에게 무릎 꿇음(유다) (44:14)

> 14 유다와 그의 형제들이 요셉의 집에 이르니 요셉이 아직 그 곳에 있는지라 그의 앞
> 에서 땅에 엎드리니

앞서 벌어진 사건들 가운데 가장 깊이 근심하고 있었던 사람은 유다였다. 창
세기 44장 14절은 이렇게 기록한다:

> "유다와 그의 형제들이 요셉의 집에 이르렀을 때 요셉이 아직 그곳에 있었고, 그들
> 이 그의 앞에서 땅에 엎드리니라."

이 표현은 유다가 형제들보다 앞장서고 있었음을 분명히 보여준다. 장자는 아
니었지만, 위기 상황에서 실질적인 대표자, 리더로 나섰고, 그의 말과 행동은 가
문 전체의 운명을 책임지는 사람의 태도를 반영한다. 이러한 태도는 유다가 치밀
하고 상황 파악에 능하며 책임을 회피하지 않는 인물이라는 것을 보여준다. 그
는 단순한 감정적 반응을 보이는 것이 아니라, 전체 정황을 파악하고 행동의 때
와 방식을 계산하는 인물이다. 한편, 본문은 요셉이 "아직 그 집에 있었다"고 밝
힌다. 이 짧은 표현은 요셉이 모든 상황을 의도적으로 계획하고 있었음을 암시한
다.요셉은 형제들이 다시 돌아올 것을 예상했고, 특히 유다가 어떻게 나설지를
지켜보기 위해 자리를 지키고 있었다. 요셉 역시 만만한 인물이 아니었다. 그는
유다의 내면을 알고 있었고, 왜 유다가 지금까지 한 번도 나서지 않았는지에 대
해 의심과 긴장감을 가지고 있었다. 결국 요셉은 유다로 하여금 입을 열어 책임
을 고백하고, 문제 해결의 중심에 서게 하기 위해 극적인 상황을 설계한 것이다.
즉 유다의 침묵을 깨고, 회개와 화해의 길로 이끌기 위해 치밀한 전략을 사용한
것이다. 이것이 바로 요셉이 "트릭"을 쓴 이유였다.

형제들이 요셉 앞에 땅에 엎드린 행위는 단순한 절이 아니다. 한편으로는 요

섭의 처분을 기다리는 복종의 태도였고, 다른 한편으로는 억울함과 항의의 감정이 섞인 몸짓이었다. 다시 말하면 단순한 복종이 아니라, 억울함·호소·절박함이 섞인 이중적 표현이었다. 특히 유다의 경우 그 속마음은 더욱 복잡했을 것이다. 그는 자신이 생각하기에 요셉이 도저히 이해할 수 없는 방식으로 자신들과 동생 베냐민을 억압하고 있다고 느꼈을 것이다. '정말 문제가 있다면 정체를 밝히고, 우리가 무슨 잘못을 했는지 직접 말해줘야 하는 것 아니냐?' 그런 불만과 당혹감이 유다의 마음속에 자리 잡고 있었고, 그런 혼란과 억울함 속에서 요셉 앞에 엎드린 것으로 보인다.

12.(2") 선의: 어찌 이런 일을 행하느냐?(44:15)

> 15 요셉이 그들에게 이르되 너희가 어찌하여 이런 일을 행하였느냐 나 같은 사람이 점을 잘 치는 줄을 너희는 알지 못하였느냐

"요셉이 그들에게 이르되, '너희가 어찌하여 이런 일을 행하였느냐? 나 같은 사람이 점을 잘 치는 줄을 너희는 알지 못하였느냐?'"

요셉은 아직 자신이 왜 이런 행동을 하고 있는지에 대해 형제들에게 명확히 밝히지 않는다. 오히려 그들을 마치 진짜 도둑처럼 책망하며 몰아붙이고 있다. 이는 조금만 더 강하게 압박하면 유다가 반드시 입을 열어 진심을 고백할 것임을 요셉이 알고 있었기 때문이다.

요셉은 이어 자신이 점을 잘 치는 자라는 점을 강조한다. "점을 잘 치는 줄 너희는 알지 못하였느냐?"라는 말은, 단순히 점술가라는 뜻이 아니라 '너희의 모든 것을 알고 있다'는 상징적 표현이다. 점치는 행위는 보통 숨겨진 사실을 밝히는 능력을 의미하는데, 여기서 요셉은 자신이 하나님의 뜻을 분별하고 꿈을 해석하는 자임을 암시한다.

실제로 요셉은 가나안에서 꾸었던 자신의 꿈(형제들이 엎드림)이 성취되는 과

정에 서 있고, 애굽에서는 바로의 두 번의 꿈을 정확히 해석하여 나라를 구한 자였다. 요셉의 삶 전체에서 그 역할은 꿈 해석을 통해 드러났다. 이 점에서 요셉은 하나님 중심의 삶을 살고 있음을 간접적으로 드러내고 있다. 따라서 요셉의 발언은 "내가 너희를 억울하게 몰아가려는 것이 아니다. 나는 하나님의 뜻을 알고 그분의 계획 아래에서 너희의 마음을 시험하고 있는 것이다." 다른 말로 하면, "형제들을 억누르려는 것이 아니라, 언약 가정의 회복과 하나님의 섭리를 이루기 위함이라는 것이다"라는 영적 메시지를 내포하고 있는 것이다.

13.(3") 처벌: 모두가 종이 될 것(44:16)

> 16 유다가 말하되 우리가 내 주께 무슨 말을 하오리이까 무슨 설명을 하오리이까 우리가 어떻게 우리의 정직함을 나타내리이까 하나님이 종들의 죄악을 찾아내셨으니 우리와 이 잔이 발견된 자가 다 내 주의 노예가 되겠나이다

유다는 마침내 요셉의 말에 입을 열기 시작한다. "무슨 말을 하오리이까?", "무슨 설명을 하오리이까?", "어떻게 우리의 정직함을 나타내리이까?" 그는 연이어 세 번이나 질문하고 있다, 말할 수 없는 상황 속에서도 정직함을 호소하며, 반복을 통한 절박함을 강조하고 있다. 그리고 형제들의 결백함과 억울함을 답답한 마음으로 호소하고 있다. 이 말들은 곧, "우리는 무슨 말을 해도 더는 할 말이 없습니다"라는 뜻이다.이미 훔쳤다는 증거인 '은잔'이 나왔기 때문에, 입이 백 개라도 반박할 수 없는 상황임을 인정하고 있다.

그러나 이 고백은 단순한 항복이 아니다. 유다는 이렇게 말한다: "베냐민만 노예가 되는 것이 아니라, 우리 모두를 종으로 삼으소서."

이는 더욱 강력한 항변이자, 정직함을 지키려는 단체의 의지 표현이다. 즉, 증거에 대해 반론할 수는 없지만, 형제들 모두가 결백하며 함께 책임지겠다는 연대의 선언이다. 단지 한 사람만의 죄가 아니라면, 모두가 함께 그 짐을 지겠다는 공

동체적 의지를 보인 것이다.

이러한 유다의 제안은 요셉이 전혀 예상하지 못했던 반응이었다. 그는 형제들이 자기 살길만을 찾고, 과거처럼 베냐민을 버릴 것이라 생각할 수 있었지만, 오히려 그들은 '우리가 곧 베냐민입니다'라는 자세로 요셉 앞에 나서고 있는 것이다. 유다의 이 발언은 단순한 논리나 변명이 아니라, 그들이 진심으로 하나가 되었고, 아버지를 사랑하며, 베냐민을 절대 홀로 두지 않겠다는 신념의 표현이다. 요셉은 이 고백을 통해 그들의 변화된 모습과 언약 가정의 회복 가능성을 읽기 시작했을 것이다.

이 장면은 유다가 아버지 야곱에게 했던 담보의 약속보다도 더 깊은 헌신을 보여주는 장면이다. 그는 지금, 어떤 처벌이라도 자신들이 함께 감당하겠지만, "베냐민만은 결코 노예로 남겨둘 수 없다"는 결연한 태도로 요셉의 마음을 움직이고 있다. 이렇게 유다는 대속적 리더로 변화하고 있었다. 이것은 언약 백성의 본질(책임, 희생, 공동체)을 드러내고 있다.

14.(4") 놀람: 발견된 자만 남을 것(44:17)

> 17 요셉이 이르되 내가 결코 그리하지 아니하리라 잔이 그 손에서 발견된 자만 내 종이 되고 너희는 평안히 너희 아버지께로 도로 올라갈 것이니라

요셉은 유다가 "우리 모두가 당신의 종이 되겠다"고 한 제안에 대해 단호하게 거절한다. "내가 결코 그리하지 아니하리라"는 말은, 요셉이 그 제안을 전혀 받아들일 생각이 없다는 뜻이다. 오지 잔이 발견된 베냐민만이 종이 되고, 나머지 형제들은 평안히 아버지께로 돌아가라는 냉정한 판단을 내린다. "평안히 돌아가라"는 말은 유다에게 가장 모순되고 잔인하게 느껴졌다. 이 말은 유다의 마음을 송두리째 무너뜨리는 결정타였다. 마치 과거에 요셉이 짐승에게 찢겨 죽었다는 소식을 들은 아버지 야곱의 애통함이 지금 유다의 가슴을 후벼 파는 듯한 고

통으로 되살아난다. 만약 베냐민이 돌아가지 못한다면, 유다는 자신이 아버지께
한 맹세를 저버리게 되는 것일 뿐 아니라, 언약 가문의 계승자로서의 책임과 자
격마저 상실하게 되는 위기를 맞게 된다. 더욱이 요셉은 "너희는 평안히 너희 아
버지께로 올라가라"고 말한다. 이 말은 유다에게 가장 잔인한 명령처럼 들렸을
것이다. '형제를 남겨두고 어떻게 평안히 돌아가란 말인가?'

그 순간 유다는 완전히 작심하고 모든 배경을 요셉에게 설명할 준비를 하며,
전면에 나설 결심을 굳힌다. 요셉의 마음에 어떤 오해가 있더라도, 이제는 그 오
해를 풀기 위해 모든 것을 설명해야겠다고 작정한다. 유다는 첫 번째 애굽 방문
이후 집안에서 일어난 모든 일, 특히 아버지 야곱과 베냐민 사이의 사정, 그리
고 자신이 목숨을 담보로 맹세한 이야기까지 전부 설명하겠다는 마음을 다진
다. 그는 지금 무엇을 말해야 할지, 어떻게 말해야 할지 마음속에서 철저히 준비
하고 있는 것이다.

15.(5") 의외: 유다의 진심과 회개(44:18-34)

44장의 마지막 단락으로 요셉의 속임으로 유다가 회개하는 모습이 담겨 있
다. 유다가 두 번에 걸쳐 곡식 사러 갔다 오는 과정속에서 일어난 아버지와 요셉,
그리고 베냐민과의 관계를 회상하면서 진정성 있게 고백하고 회개하는 장면이
다. 여기에는 네 개의 요지로 형성되어 양괄식 대칭구조(a-b-b'-a')로 구성된다.

가. 구조적 주해

유다의 회개(44:18-34)

a. 요셉의 요구	44:8-24
b. 아버지의 진심	44:25-26
b'. 막내를 보낼 수 없음	44:27-29

a'. 유다의 회개　　　　　　　　　　44:30-34

　　a / a': '요셉의 요구'(a)와 '유다의 회개'(a')가 서로 연결되어 중심 주제를 이룬다.

　　b / b': '아버지의 진심'(b)과 '막내를 보낼 수 없음'(b')이 서로 연결된다. 요셉이 만든 속임수가 결국 유다를 회개하게 만드는 결과를 만든다.

　　이 양괄식 대칭구조는 처음(a)과 끝 부분(a')이 핵심 내용을 담고 있다. 따라서 요셉의 요구(a)와 이것을 계기로 회개하는 유다의 진심어린 뉘우침과 베냐민을 대신해서 담보로 남겠다는 유다의 결정이 결국 요셉을 울리게 되고 서로 화해하게 되는 결정적인 계기가 된다.

1.(a) 요셉의 요구와 아버지 마음(44:18-24)

18 유다가 그에게 가까이 가서 이르되 내 주여 원하건대 당신의 종에게 내 주의 귀에 한 말씀을 아뢰게 하소서 주의 종에게 노하지 마소서 주는 바로와 같으심이니이다 19 이전에 내 주께서 종들에게 물으시되 너희는 아버지가 있느냐 아우가 있느냐 하시기에 20 우리가 내 주께 아뢰되 우리에게 아버지가 있으니 노인이요 또 그가 노년에 얻은 아들 청년이 있으니 그의 형은 죽고 그의 어머니가 남긴 것은 그뿐이므로 그의 아버지가 그를 사랑하나이다 하였더니 21 주께서 또 종들에게 이르시되 그를 내게로 데리고 내려와서 내가 그를 보게 하라 하시기로 22 우리가 내 주께 말씀드리기를 그 아이는 그의 아버지를 떠나지 못할지니 떠나면 그의 아버지가 죽겠나이다 23 주께서 또 주의 종들에게 말씀하시되 너희 막내 아우가 너희와 함께 내려오지 아니하면 너희가 다시 내 얼굴을 보지 못하리라 하시기로 24 우리가 주의 종 우리 아버지에게로 도로 올라가서 내 주의 말씀을 그에게 아뢰었나이다

"반드시 데려 오라"(44:18-24)

1) 한 말씀 아뢰게 하소서	44;18
2) 아버지와 아우가 있느냐?	44;19
3) 아버지가 아우를 사랑함	44;20
4) 아우 반드시 데려 오라	44;21
3)' 아버지와 아우가 결탁됨	44;22
2)' 아우가 오지 않으면 오지 말라	44;23
1)' 주의 말씀을 전하였음	44;24

(1) 중앙 중심적 대칭구조: 1)-2)-3)-4)-3)'-2)'-1)'

1) / 1)': "한 말씀 아뢰게 하소서"(18절)와 "주의 말씀을 전하였음"(24절)은 유다가 진실을 전하고 있다는 신뢰를 강조한다.

2) / 2)': 요셉이 "아버지와 아우가 있느냐"고 물었고, "아우가 오지 않으면 다시는 오지 말라"고 했다는 내용을 짝을 이루며, 요셉의 명령의 절대성을 상기시킨다.

3) / 3)': "아버지가 아우를 사랑한다"는 고백과 "아버지와 아우는 결탁되어 있다"는 언급은, 야곱과 베냐민 사이의 깊은 정서적 유대를 강조한다.

(2) 중심 주제 4): 요셉이 단도직입적으로 "막내를 반드시 데려오라"고 했다는 지시(21절)는 그 요구가 얼마나 절대적인지를 다시 한 번 각인시키는 대목이다.

도표 47> 아버지의 간청 (44:18-24)

요지	구조흐름	구속사적 관점	신앙경주 적용
1	한 말씀 아뢰게 하소서(18)	유다의 중보적 간청이 시작됨	신앙 경주는 하나님 앞·사람 앞에서 책임지는 간청으로 시작
2	아버지와 아우가 있느냐?(19)	가족관계 확인 → 언약 계승 가정의 의미 강조	경주는 가문과 공동체의 책임을 외면하지 않음
3	아버지가 아우를 사랑함(20)	언약 계보의 핵심인 막내(베냐민)에 대한 사랑 강조	신앙 경주는 하나님이 사랑하시는 자를 함께 지켜내는 사명
4	아우 반드시 데려 오라(21)	언약 계승자 확인을 요구 → 하나님의 섭리적 시험	경주는 하나님의 뜻을 따라 순종으로 증명됨
3'	아버지와 아우의 결탁(22)	형제 공동체가 아우 보호의 책임 공유	신앙 경주는 서로를 지키는 연대적 책임을 요구
2'	아우 없으면 오지 말라(23)	막내 없이는 만남 불가 → 언약 계승의 필수 조건	경주는 언약 계승자를 반드시 붙잡아야 완주
1'	주의 말씀을 전하였음(24)	유다가 아버지 말씀을 성실히 전달 → 언약의 증거자 역할	신앙 경주는 하나님의 말씀을 충실히 전하는 책임으로 마무리

나. 본문 해설

유다는 요셉의 마음을 움직이기 위해 논리와 감정을 모두 사용하는 설득의 전략을 취한다. 유다는 요셉 앞에서 처음으로 입을 열며, 첫 번째 곡식을 사러 왔던 당시의 상황을 차례로 회상하며 설명하기 시작한다.

그는 먼저 긴박하고 절박한 심정으로 "한 말씀만 하게 해 달라"(18절)고 정중히 간청하며 입을 연다. 그리고 그 말의 시작은 아버지 야곱과 막내 베냐민의 관계에 관한 것이었다. 유다는 솔직하게 말한다. 아버지는 베냐민을 깊이 사랑하고 있으며, 그를 잃는다면 감당할 수 없는 고통에 빠질 것이라는 점을 밝혔다(20절). 그러나 요셉은 그 당시, 이러한 설명을 듣고도 단호하게 말했었다."그 아우를 반드시 데리고 오라"(21절).

유다는 다시 강조한다. 아버지와 베냐민은 한 몸처럼 결속된 관계이고, 그 아이가 없으면 아버지는 무너질 것이라는 사실을 분명히 말했음에도, 요셉은 여전히 "그 아이가 오지 않으면 다시는 내 얼굴을 보지 말라"(23절)는 명령을 내렸다는 점을 다시 상기시킨다. 그리고 마지막으로, 이 모든 사실을 자신이 아버지께 정확히 전달했다는 점을 밝힌다(24절). 유다는 여기서 단순한 보고나 항의가 아니라, 논리적이고 정직하게 요셉의 과거 발언을 하나하나 짚으면서, 그 명령을 어길 수 없었기에, 지금 이 자리에 베냐민을 데려온 것임을 설득하는 중이다. 그는 요셉의 요구를 존중하면서도, 그 요청이 현실적으로 얼마나 고통스러운 일이었는지를 절절하게 설명하였다. 이렇게 유다의 말은 단순한 변명이 아니라 언약 가문과 아버지에 대한 충성, 중보자로서의 희생 각오, 진실함을 담고 있다.

2.(b) 아버지의 진심(44:25-26)

> 25 그 후에 우리 아버지가 다시 가서 곡물을 조금 사오라 하시기로 26 우리가 이르되 우리가 내려갈 수 없나이다 우리 막내 아우가 함께 가면 내려가려니와 막내 아우가 우리와 함께 가지 아니하면 그 사람의 얼굴을 볼 수 없음이니이다

막내를 데려 오라(44:25-26c)

1) 아버지가 곡식 사오라 명령	25
2) 내려갈 수 없다고 말함	26a
2)' 막내와 함께 가야 함	26b
1)' 막내 없이는 곡식 불가능	26c

이 양괄식 대칭 구조에서 중심 주제는 처음과 끝인 1)과 1)'에 위치하며, 문맥의 핵심 논지를 포괄한다.

1) / 1)': "곡식을 사오라"(25절)와 "곡식을 사올 수 없음"(26절 하반절)이 짝을 이루며, 요셉의 조건이 충족되지 않으면 아버지의 명령을 수행할 수 없음을 강조하고 있다.

2) / 2)': "우리는 내려갈 수 없다"(26a)와 "막내와 함께 가야만 내려갈 수 있다"(26b)는 대칭을 이루며, 베냐민의 동행 여부가 애굽 방문의 절대조건임을 설명하고 있다.

위 본문은 아버지 야곱이 자녀들에게 다시 곡식을 사 오라고 요청하는 장면을 보여준다. 이에 자녀들은 모두 함께 내려갈 수 없다고 대답하며, 막내아우 베냐민을 데리고 가야만 곡식을 살 수 있다고 말한다. 그들은 "우리 막내아우가 함께 가면 내려가려니와, 막내아우가 우리와 함께 가지 아니하면 그 사람의 얼굴을 볼 수 없음이니이다"라고 강하게 말한다. 이는 단순히 "곡식을 사러 갈 수 없다"는 사실을 넘어, 아버지의 명령과 애굽 총리의 명령 사이에서 형제들이 느끼는 긴장과 딜레마를 극적으로 드러낸다. 이 장면에서 베냐민은 단순한 가족 구성원이 아니라, 애굽 방문의 열쇠요, 가문 전체의 위기 극복을 위한 결정적 인물로 제시된다. 유다가 이 점을 요셉에게 정직하면서도 강력하게 설명하며, 언약 가정의 운명이 베냐민의 안전과 동행 여부에 달려 있음을 강조한다.

3.(b') 막내를 보낼 수 없음(44:27-29)

27 주의 종 우리 아버지가 우리에게 이르되 너희도 알거니와 내 아내가 내게 두 아들을 낳았으나 28 하나는 내게서 나갔으므로 내가 말하기를 틀림없이 찢겨 죽었다 하고 내가 지금까지 그를 보지 못하거늘 29 너희가 이 아이도 내게서 데려가려 하니 만일 재해가 그 몸에 미치면 나의 흰 머리를 슬퍼하며 스올로 내려가게 하리라 하니

가. 구조적 주해

아우 데려가지 말라(44:27-29)

1) 내 아내가 아들 둘 낳았다		44:27
2) 하나는 동물에 찢겨 죽었다		44:28
2)' 남은 아이도 데려가려 하니		44:29a
1)' 막내가 재해를 당하면 나는 못산다.		44:29b

(가) 양괄식 대칭 구조: 1)-2)-2)'-1)'

1) / 1)': "내 아내가 아들 둘을 낳았다"(1)와 "막내가 재해를 당하면 나는 슬퍼하며 음부로 내려가리이다"(1')는 서로 연결되어 있다. 이는 야곱에게 라헬의 두 아들 중 하나는 이미 사라졌고, 남은 하나마저 잃게 된다면 더는 삶의 의미가 없음을 호소하는 것이다. 곧, '단 하나 남은 아들'에 대한 절절한 부정(父情)이 드러난다.

2) / 2)': "하나는 들짐승에게 찢겨 죽었다"(2)와 "이 아이도 데려가려 하니"라는 항변(2')은 아버지 야곱의 상실 경험과 현재의 불안을 연결한다. 과거 요셉을 잃은 경험이 아직도 아물지 않은 상처로 남아 있으며, 같은 고통이 반복될까 두려워 베냐민을 보내지 않으려는 정서적 이유가 강조된다.

(나) 중심 주제: 구조의 특징상 처음과 끝인 1)과 1)'에 핵심 내용이 담겨 있다.

야곱이 라헬의 두 아들 중 하나는 이미 사라졌고, 남은 하나마저 잃게 된다면 더는 삶의 의미가 없음을 호소한다. 이 구조는 아버지의 말 속에 반복되는 상실과 두려움, 그리고 막내 베냐민에 대한 보호 본능이 짜임새 있게 드러나는 구절이다. 따라서 이 본문은 단순한 '반대의 의사 표현'이 아니라, 가족 내 상실의 아픔과 언약 가정의 위기 앞에서 한 아버지의 절절한 애통을 구조적으로 전달하는 장치라 할 수 있다.

나. 본문 해설

위 본문은 이번 진술에서 유다가 아버지 야곱과 막내아들 베냐민 사이의 밀접한 관계를 강조한다. 그는 아버지의 사랑하는 아내가 두 아들을 낳았다고 소개하며, 그중 하나는 떠난 뒤 짐승에게 찢겨 죽은 줄로 알고 지금까지 보지 못했다고 전한다. 그리고 이제 남은 막내 아이마저 데려가려 하니, 만일 '재해'라도 당하면 어떻게 하겠느냐는 아버지의 극심한 염려를 호소한다. 여기서 말하는 '재해'는 요셉이 과거 형들을 찾으러 나갔다가 돌아오지 못했던 사건을 암시한다. 야곱은 여전히 그 기억에서 벗어나지 못하고, 같은 비극이 반복될 수 있다는 강박관념에 시달린다. 그래서 이번에도 베냐민에게 무슨 일이 생길까 두려워 보내지 않으려 했던 것이다. 만일 베냐민에게도 그런 일이 생긴다면, "내 흰 머리를 슬퍼하며 스올로 내려가게 하리라"는 말처럼, 야곱은 심리적으로 큰 충격을 감당하지 못할 상태에 있다.

이러한 유다의 진술을 들으며 요셉은 자신이 꾸민 일로 인해 아버지가 다시 상처를 입을까 염려했을 것이다. 사실 은잔 사건은 요셉의 고육지책이었다. 그러나 유다의 간절한 말 속에 담긴 아버지의 고통을 다시 들으면서, 자신이 벌인 '트릭'이 너무 지나쳤다는 생각이 들었을지 모른다. 애초에 이 일은 유다의 책임 여부를 확인하기 위한 시험이었지만, 일이 가문 전체의 감정적 위기로 번지자 요셉은 참을 수밖에 없었다. 그는 유다가 진심으로 회개할 때까지 꾹 참고 상황을 지켜보려 했을 것이다. 아직 유다가 과거 죄를 고백하지는 않았지만, 그의 진술 속에 담긴 책임감과 변화의 조짐을 통해 요셉은 그의 마음이 달라졌음을 직감하고, 더욱 귀 기울여 듣고 있다.

4.(a') 유다의 진심과 회개(44:30-34)

30 아버지의 생명과 아이의 생명이 서로 하나로 묶여 있거늘 이제 내가 주의 종 우

리 아버지에게 돌아갈 때에 아이가 우리와 함께 가지 아니하면 31 아버지가 아이의 없음을 보고 죽으리니 이같이 되면 종들이 주의 종 우리 아버지가 흰 머리로 슬퍼하며 스올로 내려가게 함이니이다 32 주의 종이 내 아버지에게 아이를 담보하기를 내가 이를 내 아버지께로 데리고 돌아오지 아니하면 영영히 아버지께 죄짐을 지리이다 하였사오니 33 이제 주의 종으로 그 아이를 대신하여 머물러 있어 내 주의 종이 되게 하시고 그 아이는 그의 형제들과 함께 올려 보내소서 34 그 아이가 나와 함께 가지 아니하면 내가 어찌 내 아버지에게로 올라갈 수 있으리이까 두렵건대 재해가 내 아버지에게 미침을 보리이다

가. 구조적 주해

아래 구조는 유다의 진정한 회개를 드러내는 중앙 중심적 대칭구조로, 총 다섯 개의 요지로 구성되어 있다.

유다의 회개(44:30-34)

1) 아우 없는 아버지는 죽은 목숨	44:30-31
2) 내 목숨을 담보하였음(아버지께)	44:32a
3) 아버지께 영원한 죄인	44:32b
2)' 자신이 담보로 남겠음(아우 대신)	44:33
1)' 아우 없는 아버지께 재해가 미칠 것	44:34

(가) 중앙 중심적 대칭구조: 1)-2)-3)-2)'-1)'

1) / 1)': "아우 없는 아버지는 죽은 목숨이다"(1)와 "아우 없이 돌아가면 아버지께 재해가 닥칠 것이다"(1)'는 짝을 이루며, 아버지 야곱이 베냐민에게 얼마나 깊은 애착을 가지고 있는지를 보여준다. 이는 베냐민이 단순한 막내가 아니라, 야곱의 생명의 버팀목임을 암시한다.

2) / 2)': "내가 그의 생명을 담보하였다"(2)와 "이제 나를 대신하여 종으로 삼으라"(2)'는 유다가 책임을 회피하지 않고 오히려 적극적으로 감당하려는 결단을 보여준다. 이는 과거 요셉을 팔았던 유다가 이제는 형제가 아닌 자신을 담보로 남아 대신 희생하려는 변화를 상징한다.

(나) 중심 주제: 이 대칭 구조의 중심에 위치한 문장은 유다의 회개 고백의 **핵심**이다. "그를 데려가지 않으면 나는 아버지께 영원한 죄인이 된다"는 진술은 유다가 단순히 상황을 모면하려는 것이 아니라, 아버지와의 약속에 대한 깊은 책임 의식을 가지고 있음을 나타낸다. 이는 유다의 인격적 변화와 진정한 회개의 증거다.

이 구조는 유다의 내면 변화가 어떻게 구체적인 언어와 책임 있는 결단으로 나타나는지를 드러내며, 구속사적으로는 메시아 계보를 잇는 유다의 회복의 전환점으로 해석될 수 있다.

도표 48> 유다의 회개 (창세기 44:30-34)

요지	구조	구속사적 관점	신앙경주 적용
1	아우 없는 아버지는 죽은 목숨(30-31)	아버지를 사랑하는 마음은 언약가정을 지키려는 믿음	신앙 경주는 언약 계승자를 지키려는 사명 의식에서 시작
2	내 목숨을 담보하였음(32a)	유다가 아버지 앞에서 생명을 걸고 보증 → 대속의 전조	신앙 경주는 남을 위해 자신의 생명을 내어놓는 책임
3	아버지께 영원한 죄인(32b)	실패 시 자신을 영원한 죄인으로 간주	경주는 죄책을 감수하면서도 형제를 살리려는 결단
2'	자신이 담보로 남겠음(33)	유다가 동생 대신 종이 되겠다고 선언 → 대속적 중보 완성	신앙 경주의 절정은 "나 대신 그를 살리라"는 자기 희생
1'	아우 없는 아버지께 재해(34)	아버지의 생명을 지켜내려는 유다의 최종 간청	신앙 경주의 목표는 사랑하는 자(공동체)의 생명을 살리는 것

나. 본문 해설

창세기 44:30-34에서 유다는 아버지 야곱의 심정을 자신의 마음에 비추어 진심으로 고백하며, 마침내 자신의 내면을 드러낸다. 그는 "아버지의 생명과 아이의 생명이 서로 하나로 묶여 있거늘"이라 말하며, 아버지와 막내 베냐민 사이의 생명적 연대가 끊을 수 없는 것임을 강조한다. 만일 베냐민 없이 돌아가면, 아버지는 살아갈 이유를 잃고 결국 죽게 될 것을 반복하여 강조한다. 이는 앞에서 진술한 내용을 재확인하면서, 아버지를 고통에 빠뜨리게 될까 두려워하는 유다의 효심과 죄책감을 부각시킨다.

이러한 상황을 막기 위해 유다는 스스로 아이의 담보가 되기로 결단했다고 고백한다. 그는 "내 아버지께로 데리고 돌아오지 아니하면 영영히 아버지께 죄짐을 지리이다"라고 서약하며, 자신이 평생 아버지 앞에 죄인이 될 각오로 베냐민을 데리고 왔다고 말한다. 완고했던 아버지의 결정을 꺾기까지의 고통, 그리고 그 책임을 자신의 생명으로 감당하겠다는 유다의 고백은 깊은 진정성과 회개의 열매를 보여준다.

유다는 지금 이 자리에서 자신의 희생을 통해 아버지와 막내 사이의 관계를 지키려 할 뿐 아니라, 요셉과의 약속을 지키려는 의지도 밝히고 있다. 그는 "이제 주의 종으로 그 아이를 대신하여 머물러 있어 내 주의 종이 되게 하시고, 그 아이는 그의 형제들과 함께 올려 보내소서"라고 간청한다. 이는 유다가 기꺼이 자신을 희생제물로 내어놓겠다는 각오로, 베냐민을 아버지께 돌려보내 아버지의 생명을 보존하려는 진심어린 탄원이다.

그리고 마지막으로 그는 또 다시 아버지에게 재해가 미칠까 두려워한다고 고백한다. 이렇게 유다와 요셉은, 각각 자연재해(흉년)와 인재(요셉의 실종)라는 위기 속에서, 하나님이 이루시는 구속사를 향한 신앙경주를 각자의 자리에서 감당해 가고 있다. 이 장면은 유다가 과거의 죄를 회개하고, 공동체와 가문을 위해 희생하는 지도자 모습으로 변화되었음을 보여주는 중요한 전환점이다. 이런 점에서 "믿음의 경주"는 개인적 구원을 위한 여정이 아니라, 하나님의 구속 계획 안에서 택자들이 감당해야 할 사명적 여정이다. 요셉과 유다는 단지 가족을 구한 것이 아니라 메시아 계보의 보존이라는 하나님의 역사 안에서 하나의 연결 고리로 쓰였다. 즉, 신앙경주는 메시아 약속의 맥을 이어가기 위한 사명적 경주였고, 이 경주는 구약의 인물들만이 아니라 오늘날 신자들에게도 동일하게 요구되는 은혜 안의 부르심과 응답의 여정이다.

도표 49> 반전 상황: 요셉의 3중 전략 (43:15–44:34) 구속사, 신앙경주

단계	본문 사건	구속사적 의의	신앙경주 적용
만남			
1 굴복	베냐민을 데리고 옴 (43:15)	언약 계승의 막내가 드디어 등장하여 하나님의 약속의 계보가 위기에 놓임	믿음의 경주는 형제를 책임지고 동행하는 순종에서 출발
2 선의	집으로 초청해 대접함 (43:16-25)	심판보다 은혜가 먼저 주어짐. 언약 백성의 회복을 위한 은총의 표시	하나님은 시련 속에도 은혜의 전조를 주심. 두려움 속에도 안심해야 함
3 처벌	형제들이 선물을 주고 절함 (43:26)	요셉 앞에 무릎 꿇음으로써 꿈의 예언(창37장)이 성취됨	신앙 경주는 옛 상처와 갈등이 언약의 말씀 아래 굴복되는 과정
4 놀람	아버지 안부 물음 (43:27-28)	아버지(야곱)를 통한 언약 계승 강조. 가문 전체가 시험대 위에 있음을 드러냄	믿음의 여정은 과거와 현재를 잇는 책임—선조의 신앙을 이어가는 자리
5 의외	베냐민을 특별 대우 (43:29-34)	언약의 막내가 은혜와 시험의 초점이 됨.	믿음의 경주는 차별적 상황 속에서도 끝까지 자리를 지키는 인내
확인			
1' 굴복	은잔을 베냐민 짐에 넣음(44:1-3)	'무죄한 자'에게 죄를 전가하는 시험. 장차 그리스도의 대속을 예표	신앙 경주는 억울한 짐을 짊어짐으로 진실이 드러남

2' 선의	"선을 악으로 갚느 냐" (44:4-6)	언약 백성의 양심과 정직을 검 증하는 과정	믿음의 여정은 자신의 결백을 지키려는 고백에서 시작
3' 처벌	"그 자는 죽고, 나머 지는 종" (44:7-9)	장자 공동체 전체가 무너질 위 기. 그러나 하나님의 뜻은 한 사람에게 집중됨	신앙 경주는 공동체 전체의 운 명을 걸고 나서는 연대적 책임
4' 놀람	"그만 종이 될 것" (44:10)	공평의 법칙 속에서 은혜의 공 간이 마련됨	믿음의 경주는 징계 속에도 길 이 열려 있음을 발견
5' 의외	은잔이 베냐민에게 서 발견 (44:11-13)	요셉은 유다 형을 회개시키기 위한 전략과 구속사적 전환	신앙 경주는 결정적 위기에 서 책임을 지는 자가 누구인가 로 드러남
회개			
1'' 굴복	유다가 무릎 꿇음 (44:14)	유다의 리더십이 부각. 언약 계승의 새로운 전환점	신앙 경주는 지도자가 자기 자 신을 낮춤으로 완성됨
2'' 선의	"어찌 이런 일을 행 하느냐" (44:15)	죄의 근원과 책임을 묻는 질 문—인간의 한계를 고발	믿음의 경주는 하나님 앞에서 자신을 직면하는 용기
3'' 처벌	"모두가 종이 될 것" (44:16)	죄의 공동 책임 선언. 공동체 가 회개와 죄책을 공유	신앙 경주는 개인만이 아니 라 공동체가 함께 죄를 인정하 는 과정
4'' 놀람	"발견된 자만 남을 것" (44:17)	은혜의 분별—전체 심판 대신 대속의 원리 제시	신앙 경주는 하나님의 자비로 운 제한을 깨닫는 은혜
5'' 의외	유다의 간구와 회 개 (44:18-34)	잘못을 깨닫고 자신을 내어줌.	신앙 경주는 가족위해 자기 생 명을 내어놓는 희생으로 완성

A''. 눈물로 인한 위기(45:1-3)

1 요셉이 시종하는 자들 앞에서 그 정을 억제하지 못하여 소리 질러 모든 사람을 자기에게서 물러가라 하고 그 형제들에게 자기를 알리니 그 때에 그와 함께 한 다른 사람이 없었더라 2 요셉이 큰 소리로 우니 애굽 사람에게 들리며 바로의 궁중에 들리더라 3 요셉이 그 형들에게 이르되 나는 요셉이라 내 아버지께서 아직 살아 계시니이까 형들이 그 앞에서 놀라서 대답하지 못하더라

위 본문은 유다의 진실된 고백을 듣고 마침내 자신의 정체를 형제들에게 드러내는 장면을 여섯 개의 요지로 구성된 병행 구조 속에 담고 있다.

가. 구조적 주해

눈물로 인한 위기(45:1-3)

1. 요셉이 울음을 억제하지 못함	45:1a
2. 형제들에게 자신을 알림	45:1b
1'. 요셉이 큰 소리로 울음	45:2a
2'. 바로의 궁중에 들림	45:2b
1". 요셉이 자신을 나타냄	45:3a
2". 형들이 매우 놀람	45:3b

이 본문은 요셉이 유다의 간청 이후 정체를 밝히는 극적인 장면으로, 총 세 단락의 반복된 병행구조를 따라 구성되어 있다. 이 구조는 감정의 고조, 정체의 폭로, 형제들의 반응이라는 중심 흐름을 점층적으로 드러내며, 구속사적 전환점으로서 중요한 신학적 의미를 지닌다.

1-2: 요셉의 울음과 자기 계시

(1) "요셉이 모든 시종 앞에서 감정을 억제하지 못하고 소리 질러 울다."

(2) "형제들에게 자신을 드러내며, 정체를 밝힘: '나는 요셉이라!'"

→ 요셉의 감정은 유다의 간절한 호소로 한계에 다다랐고, 이전의 통세된 감정과 달리 이번에는 공개적으로 폭발한다. 이전에 베냐민을 보고 몰래 울던 장면(43:30)과는 달리, 이제는 공개적으로 울며 모든 애굽 사람을 물러가게 한다. 이는 요셉의 정체 공개가 가족에게만 국한된 사적 사건임을 의도한 것이다. "나는 요셉이라"는 고백은 과거의 상처와 죄가 드러나는 동시에, 형제 관계

의 회복을 위한 첫 선언이다.

1'-2': 울음의 반향과 바로의 궁정

(1') "큰 소리로 우니 애굽 사람들에게 들리고"

(2') "그 소식이 바로의 궁중에 전해짐"

→ 요셉의 울음은 개인적 감정의 분출이 아니라, 역사적 회복의 장면으로 확대된다. 그 울음은 애굽 사람들, 심지어 바로의 궁전까지 들릴 만큼 크고 공개적이었다. 이는 이스라엘 가족의 재결합이 단지 개인사의 회복이 아니라, 열방의 구원 계획안에 있는 하나님의 섭리임을 암시한다. 요셉의 눈물은 은혜의 서막이자 구속사의 분기점이 된다.

1"-2": 형제들의 반응

(1") 요셉의 질문: "내 아버지께서 아직 살아 계시나이까?"

(2") 형제들이 놀라서 대답하지 못함

→ 요셉이 형제들에게 자신을 밝히며 아버지의 안부를 묻는다. 하지만 형제들은 놀라서 아무 대답도 하지 못한다. 여기서 주목할 표현은 '형들'이라는 지칭이다. 이는 베냐민을 제외한 자신을 팔아넘긴 자들을 지칭하는 것으로, 형제들의 죄책감과 두려움이 순간적으로 드러난다. 요셉의 정체 고백은 감격의 순간이 아니라, 형들에게는 심판처럼 다가오는 위기의 순간이었다. 이 장면은 회복의 시작이 죄의 직면에서부터 시작된다는 성경적 진리를 반영한다. 이 구조는 감정, 공개, 반응이라는 3단계 구도를 따라 구성되어 있으며, 요셉의 눈물은 개인적 감정 분출이 아니라 하나님의 섭리 안에서 형제 관계와 구속사의 회복을 이끄는 결정적 순간이다. 유다의 진심 어린 회개와 간청을 통해 이끌어진 요셉의 자기 계시는, 과거의 죄를 직면하게 하는 동시에 화해와 구원의 문을 여는 열쇠가 된다. 이 구조는 죄의 직면 없이는 참된 회복도 없다는 신학적 메시지를 내포하고 있다.

요지	구조	구속사적 관점	신앙경주 적용
1	요셉이 울음을 억제하지 못함 (1a)	하나님의 섭리 가운데 감춰왔던 정체가 드러나는 시작	신앙 경주는 억제된 감정과 아픔을 하나님 앞에 솔직히 드러내는 데서 시작
2	형제들에게 자신을 알림(1b)	은혜의 계시: 요셉의 신분 드러남 → 언약 성취의 전환점	경주는 때가 되면 숨김 없는 진실을 밝히는 용기 필요
1'	요셉이 큰 소리로 울음(2a)	하나님의 구속사가 애통과 눈물을 통해 이어짐	신앙 경주는 눈물의 순간을 통해 하나님의 계획을 확인
2'	바로의 궁중에 들림 (2b)	이스라엘의 운명이 이방 왕궁에도 알려짐 → 구원의 드라마가 열방과 연결	경주는 개인의 고백이 공동체와 열방에 파급될 수 있음
1''	요셉이 형제들에게 자신을 나타냄 (3a)	은혜의 자기 계시, 언약 성취가 형제 공동체 안에서 완결	경주는 은혜를 받은 자가 자신을 드러내어 공동체를 살림
2''	형들이 놀라 대답 못함(3b)	죄책과 두려움 앞에서 멈추는 순간 → 회개와 화해의 길 열림	경주는 과거의 죄 앞에서 놀라고 침묵하더라도, 은혜로 회복 가능

나. 본문 해설

위 본문에서 요셉은 유다의 진심 어린 고백과 간청을 듣고 마침내 울음을 터뜨렸다. 이전에는 베냐민을 보고 마음이 북받쳐 다른 방으로 나가 울었지만, 이번에는 시종들이 있는 자리에서조차 울음을 참지 못하고 "짐을 억제하지 못하고 소리 질렀나." 이는 유다의 솔직하고 논리적인 호소, 특히 아버지와 관련된 이야기를 듣고 요셉의 감정이 폭발했음을 보여준다. 요셉은 더 이상 참지 못하고 방에 있던 모든 사람들에게 물러가라고 명하였다. 그리하여 그 자리에 남은 이는 오직 그의 형제들뿐이었다.

정적이 흐르는 가운데 요셉은 형제들 앞에서 "큰 소리로" 울었다. 이 울음소리가 너무도 커서 바로의 궁에까지 들릴 정도였다. 그리고 요셉은 형제들에게 말했다. "나는 요셉이라. 내 아버지께서 아직 살아 계시나이까?" 그러나 형들은 놀라서 그의 앞에 대답하지 못했다.

여기서 주목할 표현은 '형들'이다. 이는 베냐민을 포함하지 않고, 요셉을 팔아넘긴 바로 그 형제들을 지칭하는 말이다. 요셉의 갑작스러운 정체 고백을 듣고, 형들은 순간적으로 과거의 모든 죄악이 떠올랐고, 두려움이 엄습했다. 그들의 침묵은 감격의 침묵이 아니라, 자신들이 과거에 저지른 일에 대한 두려움에서 비롯된 것이다. 요셉과의 만남이 기쁨의 눈물로 이어지기보다는, 오히려 위기의 순간으로 다가온 것이다. 베냐민은 어렴풋이 상황을 파악하고 있었을지 몰라도, 다른 형들은 놀람과 공포로 인해 아무 말도 하지 못한 채 긴장감 속에 묶여 있었다.

결국, 요셉의 눈물은 화해의 기쁨이 아니라, 형제들에게는 과거의 죄를 직면하게 만드는 위기의 눈물이 되었다. 그래서 "형들은 그 앞에서 놀라서 대답하지 못한" 것이다.

B″. 갈등 해소 <화해>(45:4-15)

4 요셉이 형들에게 이르되 내게로 가까이 오소서 그들이 가까이 가니 이르되 나는 당신들의 아우 요셉이니 당신들이 애굽에 판 자라 5 당신들이 나를 이 곳에 팔았다고 해서 근심하지 마소서 한탄하지 마소서 하나님이 생명을 구원하시려고 나를 당신들보다 먼저 보내셨나이다 6 이 땅에 이 년 동안 흉년이 들었으나 아직 오 년은 밭갈이도 못하고 추수도 못할지라 7 하나님이 큰 구원으로 당신들의 생명을 보존하고 당신들의 후손을 세상에 두시려고 나를 당신들보다 먼저 보내셨나니 8 그런즉 나를 이리로 보낸 이는 당신들이 아니요 하나님이시라 하나님이 나를 바로에게 아버지로 삼으시고 그 온 집의 주로 삼으시며 애굽 온 땅의 통치자로 삼으셨나이다 9 당신들은 속히 아버지께로 올라가서 아뢰기를 아버지의 아들 요셉의 말에 하나님이 나를 애굽

전국의 주로 세우셨으니 지체 말고 내게로 내려오사 10 아버지의 아들들과 아버지의 손자들과 아버지의 양과 소와 모든 소유가 고센 땅에 머물며 나와 가깝게 하소서 11 흉년이 아직 다섯 해가 있으니 내가 거기서 아버지를 봉양하리이다 아버지와 아버지의 가족과 아버지께 속한 모든 사람에게 부족함이 없도록 하겠나이다 하더라고 전하소서 12 당신들의 눈과 내 아우 베냐민의 눈이 보는 바 당신들에게 이 말을 하는 것은 내 입이라 13 당신들은 내가 애굽에서 누리는 영화와 당신들이 본 모든 것을 다 내 아버지께 아뢰고 속히 모시고 내려오소서 하며 14 자기 아우 베냐민의 목을 안고 우니 베냐민도 요셉의 목을 안고 우니라 15 요셉이 또 형들과 입맞추며 안고 우니 형들이 그제서야 요셉과 말하니라

이 본문은 요셉과 형제들 사이의 갈등이 마침내 해소되고, 화해로 나아가는 극적인 장면이다. 이 화해의 순간은 중심이 짝수인 대칭 구조(양괄식 구조)로 배열되어 있으며, 전체 10개의 요지가 정밀하게 짝을 이루며 구성되어 있다. 특히, 이 구조는 요셉이 유다의 회개에 감동하여 자기 정체를 밝힌 후, 화해를 이끌어내는 과정 전체를 신학적으로 해석 가능하게 만든다.

가. 구조적 주해

갈등 해소: 화해(45:4-15)

1. 화해의 시도 <요셉이 가까이 오라고 함>	45:4
2. 자기 계시 <자신이 요셉임을 밝힘>	45:4b
3. 사건의 주도자 <하나님이 나를 보내셨음>	45:5
4. 목적 <흉년에 생명을 구하시려고 함>	45:6-7
5. 방법 <이집트 통치자로 삼으심>	45:8
5'. 방법 <이집트 주(主)로 세우심>	45:9
4'. 목적 <흉년을 이길 수 있도록 함>	45:10-11

3'. 사건의 주도자 <아버지 모시고 오게 함>	45:12-13
2'. 감정 교류<요셉과 형제들 부둥켜안고 울음>	45:14-15a
1'. 요셉임을 인식 <그제야 요셉과 말함>	45:15b

이 구조는 중앙이 짝수인 양괄식 대칭 구조로, 화해를 향해 점진적으로 감정과 의미가 고조되며, 논리적-신학적 정합성 위에서 정점에 이른다. 구조적 대응 관계를 다음과 같이 살필 수 있다.

(가) 양괄식 대칭구조: 1-2-3-4-5-5'-4'-3'-2'-1'

1 / 1': 화해의 시도와 화해의 물꼬가 트임
1: 요셉이 형제들에게 "내게 가까이 오라"고 초청한다.
1': 형제들이 마침내 요셉과 말을 주고받는다.
→ 처음에는 당혹과 두려움 속에 머뭇거리던 형제들이, 요셉의 해석과 설명을 들은 뒤 비로소 대화하게 된다. 화해의 물꼬가 트이는 장면이다.
2 / 2': 자기 계시와 감정의 교류
2: 요셉이 자신의 정체를 "나는 당신들의 아우 요셉이니"라고 밝힌다.
2': 요셉이 베냐민을 껴안고 울며 형들과도 입맞추고 운다.
→ '자기 계시'는 '울음'이라는 감정적 반응으로 이어진다. 형제들은 이 순간을 통해 요셉이 진정으로 화해를 원하고 있음을 깨닫게 된다.
3 / 3': 사건의 주도자 - 하나님과 형제들
3: "당신들이 나를 이곳에 판 것이 아니요, 하나님이 보내셨다."
3': "형님들은 내가 말한 것을 보고 듣고, 아버지를 속히 모시고 오라."
→ 3과 3'은 요셉의 보내심에 대한 하나님의 주권적인 섭리와, 그 섭리를 이어 갈 형제들의 사명이 짝을 이룬다. 요셉은 자신의 인생을 형제들의 잘못이 아닌 하나님의 경륜 속에서 해석한다.

4 / 4': 목적 – 생명을 보존하기 위함

4: "하나님이 생명을 보존하시려고 먼저 나를 보내셨음이라."

4': "아버지와 가족이 흉년을 견딜 수 있도록 하려 함이라."

→ 이 모든 사건의 중심 목적은 생명의 보존이다. 이는 구속사적 관점에서, **하나님의 백성 보존**이라는 거대 신학 주제와 연결된다.

5 / 5': 방법 – 이집트 통치자로 세우심

5: "하나님이 나를 애굽의 주로 삼으시고… 이집트의 통치자로 삼으셨나이다."

5': "주권자, 온 땅의 주로 세우셨나이다."

→ 여기서 강조되는 것은 하나님께서 요셉을 이집트의 통치자, 곧 주권자적 위치로 세우셨다는 사실이다. 이 구조의 절정이자 핵심 신학적 진술이다.

(나) 중심 주제: 양괄식 대칭구조의 핵심은 양 끝에 있다.

요셉이 화해를 시도하면서 결국 요셉과 형제들이 화해의 물꼬가 트이는 장면이다.

이 구조는 하나님의 주권과 섭리, 그리고 생명 보존이라는 구속사적 목적을 중심에 둔다. 요셉은 자신이 겪은 모든 고난을 인간의 악의 결과로 보지 않고, 하나님의 선한 뜻 안에서 재해석한다. 이로써 그는 형제들을 정죄하지 않고 품으며, 구원의 도구로 자신을 자각한다. 그러나 화해는 회개의 열매 위에 서 있으며, 하나님의 계획 안에서 이루어진다.

이와 같은 구조적 독법은 본문을 단순한 감정의 장면으로 읽는 것에서 그치지 않고, 창세기 전체 내러티브 안에서의 신학적 전환점으로 조망하게 한다.

나. 구속사적 이의

하나님의 주권적 역사: 요셉의 고난과 애굽으로의 파송은 형제들의 죄와 인간적 시도 때문이 아니라, 하나님께서 "생명을 보존하려는" 구속사적 목적 때문이었음을 드러낸다.

구원사의 전환점: 이 사건은 한 가정(야곱 집안)의 보존을 넘어, 훗날 이스라엘 민족 전체가 이집트에서 성장하고 출애굽 하는 길을 예비하는 결정적 전환점이다.

그리스도 예표: 요셉이 형제들의 죄를 용서하고, 그들의 생명을 위해 애굽의 주가 된 것은 장차 그리스도께서 배반당하시고 십자가에 달리셨으나, 오히려 인류의 생명을 위한 구원의 주가 되실 것을 예표한다.

다. 신앙경주 적용

회개의 결실: 화해유다의 회개(44장)는 이제 형제 공동체 전체의 화해로 나아간다. 신앙경주는 개인의 회심이 공동체의 회복으로 확장되는 여정임을 보여준다.

하나님의 섭리 신뢰: 요셉은 자신의 억울한 과거를 원망하지 않고, 하나님의 뜻 안에서 해석하였다. 신앙경주에서 과거의 상처와 고난을 하나님의 손에 맡기고 섭리의 눈으로 해석할 때, 용서와 화해가 가능하다.

사명의 재개: 요셉의 사명은 단지 애굽을 살리는 것이 아니라, 자신의 가정을 보존하여 언약 계보를 잇는 데 있다. 신앙경주는 언제나 나를 위한 삶에서, 남을 살리는 사명으로 나아간다.

다. 본문 해설

위 본문에서 요셉은 어려운 환경 속에서도 모든 일이 잘된 것은 하나님의 도우심과 섭리가 있었기 때문이라고 고백하며 형제들을 위로한다. 그는 마치 신앙 간증을 하듯 자신에게 일어난 일을 설명하면서, 하나님이 자신을 먼저 이집트로 보내셔서 가족을 구원하려 하셨다고 말한다.

그런데 이 장면에서 요셉은 형들이 자신을 팔았다는 사실을 두 차례나 언급하고 있다(4절). 왜 요셉은 하나님의 섭리를 강조하면서도 형들이 자신을 팔았다는 과거의 잘못을 굳이 상기시키는 것일까? 이는 형제들을 정죄하거나 두렵게 만들기 위한 목적이 아니다. 요셉의 말 속에는 형제들에 대한 분명한 용서의 의도가 담겨 있다. 그는 "나는 당신들이 애굽에 팔아넘긴 아우 요셉입니다. 그러나 나를 이곳에 팔았다고 해서 근심하지 마시고 자책하지 마십시오. 하나님께서 생명을 구원하시려고 나를 먼저 보내신 것입니다"(4-5절)라고 선언한다. 형들이 자신을 판 사실을 반복해서 언급하는 것은, 그동안 형들이 자신을 '죽었다'고만 말하며 자신들의 죄를 외면해 온 사실을 정면으로 지적하려는 것이다. 즉, 요셉의 반복적 언급은 죄의 직면을 위한 신학적 장치다. 진정한 화해는 죄의 인정 없이 이루어질 수 없다. 형들은 자신들이 저지른 죄를 외면한 채 침묵하는 것을 더 이상 묵과할 수 없었기에, 요셉은 그들의 책임을 상기시키며, 화해를 위한 정직한 기반을 마련하고자 한다. 특히 이 장면은 넷째 형 유다의 회개와 고백 이후에 전개되고 있다는 점에서, 구조적·신학적 맥락이 더욱 강화된다.

하지만 요셉이 형들의 과오를 언급한 이유는 정죄나 보복이 아니라, 용서를 위한 준비 작업이다. 요셉은 형들에게 죄를 "근심하거나 자책하지 말라"고 위로한다(5절). 이는 형제들이 내면적으로 자신의 죄를 뉘우치고 자책하고 있었음을 암시하며, 요셉은 이것을 용서와 화해의 출발점으로 삼는다. 요셉의 이러한 태도는 잘못에 대한 명확한 인식 없이는 참된 화해가 불가능하다는 신학적 원리를 내포하고 있다.

요셉은 7절에서 '남은 자'(שְׁאֵרִית)와 '생존자'(פְּלֵיטָה)라는 표현을 반복하며, 자신의 존재가 단지 살아남은 자가 아니라 하나님의 섭리 안에서 가속을 돌볼 자로 부름받은 자임을 선언한다. 이는 형제들이 과거에 자신을 '죽은 자'로 간주했던 것에 대한 정반응이며, 요셉 자신이 하나님의 구속 역사 속에서 살아 있는 도구임을 밝히는 선언이다.

이처럼 요셉은 하나님의 섭리 안에서 자신의 고난을 재해석하고, 형제들에게도 그 관점으로 과거를 바라보도록 이끈다. 이는 화해의 길목에서 반드시 필요한 신학적 해석의 전환이다. 요셉이 형들의 죄를 언급하는 것은 공격이나 심판의 목적이 아닌, 죄에 대한 정직한 인식과 용서의 토대를 세우기 위한 것이다.

일부 학자들은 이 장면을 화해가 완전히 이루어진 것은 아니라고 본다. 그러나 본문의 구조와 요셉의 대화를 보면, 이 장면은 화해를 향해 나아가는 핵심적 단계로 이해할 수 있다. 요셉은 베냐민을 보며 눈물을 흘렸고, 형들과도 자신을 드러내며 감정을 나누었다. 이는 내면적으로 이미 용서가 이루어졌음을 암시하는 제스처다. 그러나 형들과의 포옹이나 명시적인 화해 장면은 아직 등장하지 않기에, 지금은 화해로 나아가기 위한 준비 단계, 즉 '용서의 서사'로 보는 것이 타당하다.

요셉은 현재의 상황을 단지 감정적 해소로 처리하지 않고, 과거의 잘못, 현재의 진실, 하나님의 섭리를 통합하는 신학적 조율의 과정으로 접근한다. 이는 단지 감정의 폭발이 아닌, 의도된 화해의 전략이다. 그가 형제들과의 완전한 화해에 앞서 과거의 죄에 대한 직면과 인정, 하나님의 은혜에 대한 신앙고백을 병행시키고 있다는 점에서 더욱 그러하다. 요셉은 이어서 아버지 야곱을 걱정하며, 남은 흉년이 5년이나 더 지속될 것임을 언급한다. 그는 아버지를 애굽으로 모셔와 함께 살 것을 제안하며, 가족 전체를 향한 보호와 섭리의 계획을 드러낸다. 이는 곧 자신의 총리직이 단순한 출세가 아니라 하나님의 뜻을 이루기 위한 도구임을 명확히 인식하고 있음을 보여준다.

이 장면은 요셉이 꾸었던 꿈이 개인의 영광이 아닌, 가족과 민족을 위한 하나님의 섭리적 비전임을 확인하는 순간이기도 하다. 요셉은 자신의 인생을 하나님의 섭리 속에서 해석하며, 형제들의 죄를 용서하고 화해의 문을 연다. 이는 단순한 감정적 용서가 아니라, 신학적으로 통찰된 섭리 인식 위에 세워진 용서이며, 화해를 위한 필연적 과정이다. 요셉의 고백은 하나님께서 고난을 통해 어떻게 생명을 살리시는지를 드러내며, 구속사의 방향성과 하나님 나라의 가치를 반영한다.

결국, 이 구조는 요셉의 믿음과 해석학이 어떻게 과거의 상처와 현재의 위기, 그리고 미래의 사명을 통합하고 있는지를 보여준다. 요셉의 섭리 신앙은 단순한 운명론이 아니라, 하나님의 의도와 목적에 대한 적극적 신뢰 속에서 이루어지는 능동적 해석이자, 화해의 신학이다.

갈등 해소: 화해 매트릭스 (창 45: 4-15)

그룹	세트	요지	본문	구조	구속사	신앙경주
Ⅲ 선민의 시작	V 사명	15 화해	창45: 4-15	홀수형대칭 1-2-3-4-5-4'-3'-2'-1'	하나님은 형제들의 죄와 갈등조차 생명을 살리는 도구로 사용하시며, 언약 공동체를 보존하심.	상처를 섭리로 해석할 때 화해와 용서가 가능하며, 신앙경주는 남을 살리는 사명으로 나아감.

C". 요셉의 사명: 세상을 돌봄(45:16-47:27)

이 단락은 요셉이 총리로서 자신에게 맡겨진 사명을 자각하고, 하나님의 섭리 안에서 자신의 가족뿐 아니라 세상(애굽과 모든 백성들)을 돌보는 자로서의 역할을 수행해 가는 과정을 병행 구조로 전개하고 있다. 구조는 다음과 같이 4개의 병행 쌍으로 이루어져 있으며, 처음과 끝이 서로 대칭되며 중심 메시지를 강화한다.

가. 구조적 주해

요셉의 사명(45:16-47:27)

1. 왕의 명령	45:16-20
2. 가족 초청	45:21-24
3. 결단	45:25-28

4. 하나님의 허락	46:1-4
1'. 실행	46:5-27
2'. 상봉	46:28-34
3'. 축복	47:1-12
4'. 사명 성취	47:13-27

위 구조는 요셉의 사명이 단지 형제들을 용서하는 차원을 넘어, 이스라엘 가족과 열방을 위한 구속사적 사명임을 보여준다.

(가) 반복된 병행구조(미괄식): 1 - 2 - 3 - 4 / 1' - 2' - 3'- 4'

1 - 1': 바로의 수레는 하나님의 섭리 도구로 사용되며, 이는 요셉이 총리로서 이방 왕을 통해 구속사를 이루는 도구로 쓰임을 암시한다. 수레로 시작하여 수레로 내려감으로 구조적 대칭을 이룬다.

2 - 2': 요셉이 아버지를 초청하고, 마침내 아버지를 만나 상봉하는 장면은 분리와 재결합이라는 주제를 부각한다. 이는 구속사의 큰 그림에서 하나님의 백성의 회복을 예표한다.

3 - 3': 야곱은 아들의 생존을 확인한 후 바로 앞에서 축복자로 서게 된다. 이는 언약 백성으로서의 권위가 애굽 왕 앞에서도 유효함을 드러낸다.

4 - 4': 구조의 정점은 하나님이 야곱에게 직접 나타나셔서 애굽으로 내려가는 것을 허락하시는 장면(46:1-4)이며, 구조의 끝에서는 요셉이 세상의 생명을 구하는 자로서 자신의 사명을 완수하는 모습(47:11-31)으로 마무리된다.

(나) 중심 주제: 양끝인 4/4'에 있다. 요셉이 가족과 세상을 살리는 사명을 완수한다.

이 구조는 요셉의 삶이 단지 개인의 성공 이야기가 아닌, 하나님의 섭리를 따라 열방을 살리는 사명으로 확장되는 과정임을 보여준다. 동시에 하나님이 언약 백성과 함께 하시는 약속(46:4)이 실현되는 본문이기도 하며, 이는 훗날 출애굽 사건의 배경을 형성한다. 야곱이 바로를 축복하는 장면은 (히브리서 7장 맥락과 연결하여) 축복하는 자가 더 큰 자임을 암시하면서, 이스라엘의 언약적 정체성과 영적 우위를 강조한다.

나. 구속사적 의의

언약 계승의 이동: 야곱 가문이 가나안에서 애굽으로 내려가는 것은 단순한 이주가 아니라, 하나님의 섭리 속 언약 계승을 위한 준비 단계이다.

하나님의 허락과 보존: 하나님이 친히 나타나셔서 "내가 너와 함께 내려가며 반드시 너를 인도하리라"고 약속하심으로, 이스라엘 공동체의 보존이 확증된다.

열방 구원 준비 요셉: 이 애굽의 양식을 관리하며 온 세상을 살린 것은, 장차 오실 메시아의 구원 사역을 예표한다.

다. 신앙경주 적용

결단의 신앙: 야곱처럼 하나님의 말씀 앞에서 결단하는 것이 신앙경주의 중요한 전환점이다.

동행의 확신: 하나님이 함께 내려가시고 함께 올라오신다는 약속은, 신앙경주자가 어떤 길을 가든지 동행의 확신으로 달리게 한다.

축복하는 자리: 야곱이 바로를 축복하 듯, 신앙경주는 세상의 권력자 앞에서도 축복을 흘려보내는 자리로 나아간다.

사명 성취: 요셉이 애굽과 열방을 살린 것처럼, 신앙경주의 마지막은 "남을 살리는 사명"으로 완주하는 것이다.

라. 본문 해설

1. 바로가 수레를 하사함(45:16-20)

> 16 요셉의 형들이 왔다는 소문이 바로의 궁에 들리매 바로와 그의 신하들이 기뻐하고 17 바로는 요셉에게 이르되 네 형들에게 명령하기를 너희는 이렇게 하여 너희 양식을 싣고 가서 가나안 땅에 이르거든 18 너희 아버지와 너희 가족을 이끌고 내게로 오라 내가 너희에게 애굽의 좋은 땅을 주리니 너희가 나라의 기름진 것을 먹으리라 19 이제 명령을 받았으니 이렇게 하라 너희는 애굽 땅에서 수레를 가져다가 너희 자녀와 아내를 태우고 너희 아버지를 모셔 오라 20 또 너희의 기구를 아끼지 말라 온 애굽 땅의 좋은 것이 너희 것임이니라

요셉의 형들이 애굽에 왔다는 소식은 곧바로 바로와 그의 신하들에게 전해졌고, 그들은 이 소식을 매우 기쁘게 여겼다. 이는 요셉이 애굽에서 총리로서 얼마나 큰 신임을 받고 있는지를 보여준다. 이방 왕조의 권력자들마저 히브리 출신 요셉의 가족을 환영한 것은 하나님의 은혜와 섭리 없이는 설명할 수 없는 일이었다.

요셉이 꿈을 해석할 수 있었던 것도 전적으로 하나님의 도우심 덕분이며, 애굽이 7년간의 흉년 속에서도 생존하고 근동 지역 전체에 구원의 손길을 펼칠 수 있었던 것 역시 하나님의 섭리였다(창 41:16, 57).

바로는 요셉에게 명령하여, 그의 가족이 애굽으로 이주할 수 있도록 수레와 물자를 제공하고, 그들에게 애굽 땅에서 가장 좋은 지역인 고센 땅(Goshen)을 거주지로 주겠다고 약속한다(창 45:17-20, 46:28-34). 그는 이곳에서 요셉의 아버지 야곱과 온 가족이 부족함 없이 살 수 있도록 보장하겠다고 한다. '좋은 땅'과 '기름진 음식'을 공급하겠다는 표현은 환대의 차원을 넘어서, 생존과 번영을 위한 제국 차원의 특별 배려를 상징한다.

지리적으로 애굽은 당시 세계 문명의 중심지였다. 나일강 유역을 따라 펼쳐진 넓은 충적 평야와 다수의 지류는 고대 근동에서 가장 비옥한 농업 지대를 형성하고 있었다. 그러나 7년 흉년이라는 대재앙이 닥쳤고, 이는 자연적 재해를 넘어 하나님의 주권적 통치 아래 인간 역사를 경영하시는 섭리의 도구로 사용되었다.

요셉은 하나님께서 예비하신 때에 애굽의 총리로 세워졌고, 이를 통해 야곱의 가족뿐 아니라 근동 여러 민족의 생명을 살리는 구원의 통로가 되었다. 이런 역사적·신학적 배경 속에서 바로가 요셉의 가족을 극진히 돌보는 장면은 단지 한 나라의 호의가 아니라, 언약 백성이 이방 땅에서 보호받으며 하나님의 구속사가 확장되어가는 전환점을 보여준다. 아브라함에게 주신 언약의 계승이 이방 땅 애굽에서 구체화되며, 출애굽의 서곡이 시작된다.

이는 훗날 출애굽 사건을 준비하는 무대이며, 하나님께서 아브라함에게 약속하신 "큰 민족이 되게 하리라"(창 12:2)의 성취가 애굽이라는 이방 땅에서 시작됨을 보여주는 신학적 분기점이라 할 수 있다.

2. 요셉이 선물을 준비해 아버지를 초청함(45:21-24)

21 이스라엘의 아들들이 그대로 할 새 요셉이 바로의 명령대로 그들에게 수레를 주고 길 양식을 주며 22 또 그들에게 다 각기 옷 한 벌씩을 주되 베냐민에게는 은 삼백과 옷 다섯 벌을 주고 23 그가 또 이와 같이 그 아버지에게 보내되 수나귀 열 필에 애굽의 아름다운 물품을 실리고 암나귀 열 필에는 아버지에게 길에서 드릴 곡식과 떡과 양식을 실리고 24 이에 형들을 돌려보내며 그들에게 이르되 당신들은 길에서 다투지 말라 하였더라

요셉은 바로의 명에 따라 이스라엘의 아들들에게 수레와 길 양식을 주었고, 각 사람에게 옷 한 벌씩을 나누어 주었다. 특히 베냐민에게는 은 삼백과 옷 다섯 벌을 주었으며, 아버지에게 드릴 선물로는 수나귀 열 필에 애굽의 아름다운

물품을, 암나귀 열 필에는 곡식과 떡과 양식을 싣게 하여 아버지를 모셔 오도록 형들을 떠나보냈다.

이 본문에서 '야곱' 대신 '이스라엘'이라는 이름이 사용된 것은 단순한 호칭의 변화를 넘어, 신학적 의미를 지닌다. '야곱'은 '속이는 자'라는 과거의 이름이지만, '이스라엘'은 '하나님과 겨루어 이긴 자'라는 새로운 정체성을 반영한다. 요셉의 가족이 더 이상 죄와 속임수의 과거에 얽매인 존재가 아니라, 하나님의 섭리 가운데 구속사의 도구로 변화되었음을 상징적으로 드러내는 표현이다. 즉, 요셉은 이제 이들을 '속인 자의 아들들'이 아니라 '하나님을 힘입어 승리한 자의 아들들'로 보고 있는 것이다. 이 이름의 전환은 곧 가문의 회복과 하나님의 약속의 성취를 향한 구속사적 전환점을 시사한다.

요셉은 형들을 돌려보내면서 "길에서 다투지 말라"고 당부하였다. 이 충고는 단순한 형제간의 화목을 유지하라는 의미를 넘어서, 여전히 연약할 수 있는 형제들의 마음을 살피는 지도자의 지혜를 보여준다. 많은 선물과 물질이 형제들 사이에 새로운 갈등의 씨앗이 될 수 있음을 염려한 것이다. 특히 기근으로 극심한 결핍을 경험한 이들에게는 이 선물들이 갈등의 동기가 될 수 있었기에, 요셉은 총리로서뿐 아니라 형제로서 그들의 마음을 배려하고 있다.

이 모든 과정은 단순한 가족 재회의 차원을 넘어서, 하나님의 구속사적 섭리 안에서 이루어진 전환점이라 할 수 있다. 요셉의 지혜로운 리더십과 하나님의 인도하심 아래, 야곱의 가문은 회복과 번영의 길로 들어서고 있는 것이다.

3. 야곱이 애굽으로 갈 것을 결심함(45:25-28)

> 25 그들이 애굽에서 올라와 가나안 땅으로 들어가서 아버지 야곱에게 이르러 26 알리어 이르되 요셉이 지금까지 살아 있어 애굽 땅 총리가 되었더이다 야곱이 그들의 말을 믿지 못하여 어리둥절하더니 27 그들이 또 요셉이 자기들에게 부탁한 모든 말로 그에게 말하매 그들의 아버지 야곱은 요셉이 자기를 태우려고 보낸 수레를 보고서

야 기운이 소생한지라 28 이스라엘이 이르되 족하도다 내 아들 요셉이 지금까지 살아 있으니 내가 죽기 전에 가서 그를 보리라 하니라

형제들은 비록 힘든 여정이었지만 모든 일이 잘 풀린 데 대한 흥분된 마음으로 가나안 땅으로 돌아왔다. 집에 도착하자마자 그들은 아버지 야곱에게 기쁜 소식을 전한다. "요셉이 지금까지 살아 있어 애굽 땅의 총리가 되었나이다."한때 동물에게 찢겨 죽었다고 믿었던 요셉이 살아 있다는 것만으로도 놀라운 일이었는데, 이제는 애굽의 총리가 되었다는 말까지 들으니, 야곱은 도저히 믿을 수 없었다. 성경은 "야곱이 그들의 말을 믿지 못하여 어리둥절하였다"고 기록한다. 여기서 '믿지 못하다' – וַיָּפָג לִבּוֹ(와야파그 리뽀)는 단순한 감격이 아니라, 기쁨보다도 오히려 경악과 충격이 앞선 반응이었다. 이는 단순히 "믿지 못했다"는 의미 이상으로, 야곱의 내면이 감정적으로 붕괴된 상태를 표현한다.

이러한 당황스러운 상황 속에서 형제들은 우선 "요셉이 자기들에게 부탁한 모든 말"을 상세히 설명한다. 요셉을 잃었던 충격이 워낙 컸던 탓에, 야곱은 자식들의 말을 쉽게 믿을 수 없었을 것이다. 만일 이 상황에서 요셉이 보낸 선물들과 애굽의 수레가 함께 도착하지 않았다면, 야곱은 여전히 그들의 말을 믿지 못했을지도 모른다. 바로 이 점을 요셉은 미리 내다보았기에, 선물과 수레를 준비해 보낸 것이다. 과거 형들이 요셉이 죽었다고 거짓말을 했던 전력이 있었기에, 요셉은 아버지에게 진실을 확증할 물증들을 신중하게 마련한 것이다. 이 대목에서 요셉의 지혜와 리더십이 다시 한번 돋보인다.

결국 야곱은 그 선물들과 수레들을 "보고서야 기운이 소생"하였다. 이 표현은 야곱의 존재 전체가 다시 살아난다는 의미로, 단순한 인도의 표현이 아니라 죽음에서 부활하는 듯한 영적 회복을 뜻한다. 이는 요셉의 부활과 같은 생환(生還)을 반영한다. 성경은 이때 그의 이름을 '야곱'이 아닌 '이스라엘'로 부르며, 이렇게 선언한다: "이스라엘이 이르되, 족하도다. 내 아들 요셉이 지금까지 살아 있으니 내가 죽기 전에 가서 그를 보리라 하노라." 야곱이 자녀들의 말을 믿지 못하던 불

신의 상태에서, 요셉이 보낸 수레와 선물을 보고 영적으로 회복되는 순간에 '이스라엘'이라는 이름이 사용된다. 이는 단순한 개인 감정의 변화가 아니라, 하나님의 구속사적 계획 안에서의 정체성 회복을 의미한다. 요셉이 보낸 선물과 수레는 단순한 실물 이상의 의미를 가진다. 그것들은 아버지를 자식들에 대한 의심과 깊은 근심, 그리고 기근으로 인한 절망에서 벗어나게 하였고, 마침내 그의 영혼을 소생시켰다. 그 누구도 요셉의 선물이 이런 회복을 이끌어낼 것이라 예상치 못했을 것이다. 야곱은 마치 죽었다가 살아난 아들을 보는 감격에, 자식들의 과거 잘못을 추궁조차 하지 않는다. 그의 마음은 오직 요셉을 다시 보고자 하는 열망으로 가득하다. 야곱과 온 가족은 깊은 감사와 감격 속에서 하나님께 영광을 돌렸을 것이며, 서로를 껴안고 기쁨의 춤을 추며 하나님께 찬양했을 것이다.

4. 하나님이 애굽 가는 것 허락함(46:1-4)

> 1 이스라엘이 모든 소유를 이끌고 떠나 브엘세바에 이르러 그의 아버지 이삭의 하나님께 희생제사를 드리니 2 그 밤에 하나님이 이상 중에 이스라엘에게 나타나 이르시되 야곱아 야곱아 하시는지라 야곱이 이르되 내가 여기 있나이다 하매 3 하나님이 이르시되 나는 하나님이라 네 아버지의 하나님이니 애굽으로 내려가기를 두려워하지 말라 내가 거기서 너로 큰 민족을 이루게 하리라 4 내가 너와 함께 애굽으로 내려가겠고 반드시 너를 인도하여 다시 올라올 것이며 요셉이 그의 손으로 네 눈을 감기리라 하셨더라

이스라엘은 요셉을 만나기 위해 모든 소유를 이끌고 떠났고, 브엘세바에 이르러 하나님께 희생제사를 드렸다. 약속의 땅 가나안을 떠난다는 것은 결코 가벼운 일이 아니었다. 그 땅은 과거 할아버지 아브라함과 아버지 이삭이 하나님께로부터 약속받은 땅이기 때문이다. 단순히 요셉이 부른다고 해서 들뜬 마음으로 떠난 것이 아니라, 이 중요한 결정을 앞두고 하나님의 응답을 받고자 제사

를 드린 것이다.

아니나 다를까, 하나님께서 밤에 이상 중에 야곱에게 나타나셨고, 그의 이름을 두 번 부르셨다. 이는 마치 하나님께서도 야곱의 제사를 기다리셨던 것처럼 보인다. 야곱은 "내가 여기 있나이다"라고 응답하며, 마치 기다렸다는 듯이 반응한다. 하나님은 야곱의 염려를 아셨다. 하나님의 지시 없이 약속의 땅을 떠나는 것은 언약 백성에게 있을 수 없는 일이었기 때문이다. 그러므로 하나님은 그에게 "애굽으로 내려가기를 두려워하지 말라"고 위로하신다.

실제로 야곱에게는 두려움이 클 수밖에 없었다. 그의 할아버지 아브라함도 과거에 기근을 피해 애굽으로 내려갔다가 큰 어려움을 겪은 일이 있었고, 요셉이 애굽의 총리이긴 하지만 그곳에서 어떤 일이 닥칠지는 알 수 없었기 때문이다. 그의 집안은 3대째 가나안에서 살면서 하나님의 도우심을 누려왔기에, 단지 요셉만 믿고 이방 땅으로 내려가도 될지 깊은 고민이 있었을 것이다.

야곱은 과거 자신이 형 에서와의 갈등으로 외삼촌 집 하란으로 피신했을 때, 하나님께서 벧엘에서 응답해 주셨던 것을 떠올렸을 것이다. 그때처럼 지금도 하나님께서 보호하실 것을 확신하며, 늦게나마 브엘세바에서 정신을 차리고 하나님께 제사를 드린 것이다. 하나님은 야곱에게 언약적 약속으로 응답하신다. 가장 중요한 말씀은, "내가 너로 큰 민족을 이루게 하겠다"는 약속이다. 이는 과거 아브라함과 이삭에게 주셨던 언약의 연장선상에 있으며, 이제 그 언약이 3대째인 야곱에게서 이루어질 것이라는 희망적 메시지였다.

뿐만 아니라 하나님께서 함께 애굽으로 내려가실 것이며, 그곳에서 항상 도우시겠다고 약속하신다. 특히, "반드시 너를 다시 이 땅으로 돌아오게 하겠다"고 하시며, 요셉이 그의 임종을 지켜볼 것이라는 구체적인 말씀까지 수신다. 이는 곧, "요셉 곁에서 평안히 지내다가 죽게 될 것이니 안심하라"는 하나님의 세심한 배려였다. 야곱이 염려하던 모든 문제들에 대해 하나님은 하나하나 짚어가며 응답하셨다. 야곱은 언약의 계승자로 막중한 책임감을 안고 하나님께 제사드렸고, 하나님은 그의 고민뿐 아니라 그가 미처 생각하지 못한 부분까지 배려하셨다. 이로 인해 애굽으로 내려가는 야곱의 마음은 한층 더 가벼워졌을 것이다.

5(1') 수레타고 온 가족이 애굽 감(46:5-27)

5 야곱이 브엘세바에서 떠날새 이스라엘의 아들들이 바로가 그를 태우려고 보낸 수레에 자기들의 아버지 야곱과 자기들의 처자들을 태우고 6 그들의 가축과 가나안 땅에서 얻은 재물을 이끌었으며 야곱과 그의 자손들이 다함께 애굽으로 갔더라 7 이와 같이 야곱이 그 아들들과 손자들과 딸들과 손녀들 곧 그의 모든 자손을 데리고 애굽으로 갔더라 8 애굽으로 내려간 이스라엘 가족의 이름은 이러하니라 야곱과 그의 아들들 곧 야곱의 맏아들 르우벤과 9 르우벤의 아들 하녹과 발루와 헤스론과 갈미요 10 시므온의 아들은 여무엘과 야민과 오핫과 야긴과 스할과 가나안 여인의 아들 사울이요 11 레위의 아들은 게르손과 그핫과 므라리요 12 유다의 아들 곧 엘과 오난과 셀라와 베레스와 세라니 엘과 오난은 가나안 땅에서 죽었고 베레스의 아들은 헤스론과 하물이요 13 잇사갈의 아들은 돌라와 부와와 욥과 시므론이요 14 스불론의 아들은 세렛과 엘론과 얄르엘이니 15 이들은 레아가 밧단아람에서 야곱에게 난 자손들이라 그 딸 디나를 합하여 남자와 여자가 삼십삼 명이며 16 갓의 아들은 시본과 학기와 수니와 에스본과 에리와 아로디와 아렐리요 17 아셀의 아들은 임나와 이스와와 이스위와 브리아와 그들의 누이 세라며 또 브리아의 아들은 헤벨과 말기엘이니 18 이들은 라반이 그의 딸 레아에게 준 실바가 야곱에게 낳은 자손들이니 모두 십육 명이라 19 야곱의 아내 라헬의 아들 곧 요셉과 베냐민이요 20 애굽 땅에서 온의 제사장 보디베라의 딸 아스낫이 요셉에게 낳은 므낫세와 에브라임이요 21 베냐민의 아들 곧 벨라와 베겔과 아스벨과 게라와 나아만과 에히와 로스와 뭅빔과 훕빔과 아릇이니 22 이들은 라헬이 야곱에게 낳은 자손들이니 모두 십사 명이요 23 단의 아들 후심이요 24 납달리의 아들 곧 야스엘과 구니와 예셀과 실렘이라 25 이들은 라반이 그의 딸 라헬에게 준 빌하가 야곱에게 낳은 자손들이니 모두 칠 명이라 26 야곱과 함께 애굽에 들어간 자는 야곱의 며느리들 외에 육십육 명이니 이는 다 야곱의 몸에서

태어난 자이며 27 애굽에서 요셉이 낳은 아들은 두 명이니 야곱의 집사람으로 애굽에 이른 자가 모두 칠십 명이었더라

야곱은 하나님의 확실한 응답을 받은 후, 브엘세바를 떠나 요셉이 있는 애굽으로 출발하였다. 이때의 행렬을 살펴보면, 야곱이 하나님의 축복을 받은 인물이라는 사실이 명백하게 드러난다. 특히 야곱과 그의 가족에 대한 언급이 세 번 반복되어, 그 규모와 의미를 강조하고 있다.

첫째, 요셉이 보낸 수레에 야곱과 그의 아들들의 처자들을 태우고, 가축과 재산을 이끌고 애굽을 향해 출발하였다(5-6절). 둘째, 야곱은 그의 아들들, 손자들, 딸들, 손녀들을 모두 데리고 애굽으로 갔다(7a절). 셋째, "야곱이 그의 모든 자손을 데리고 애굽으로 갔다"는 표현이 한 번 더 반복된다(7b절). 이러한 세 번의 반복은 단순한 문서의 중복이 아니라, 의도적으로 야곱의 가족이 크고 질서 있는 공동체를 이루고 있다는 점을 부각시키기 위한 문학적 장치로 보인다. 즉, 그의 가족 모두가 한마음으로 움직이는 장면은, 시각적으로도 야곱이 받은 자손의 복이 얼마나 풍성한지를 강하게 전달하고 있다.

야곱의 가족은 언약의 계승자들로서, 가나안에서 하나님의 약속에 따라 복을 받았으며, 이제 애굽으로 이동하는 이 장면은 그 언약이 실제로 성취되고 있음을 보여주는 구속사적 전환점이다. 그들은 하늘의 별처럼 많아질 하나님의 언약 백성을 예표하는 '마중물'로서, 이들의 행렬은 보는 이들에게 깊은 인상을 주었을 것이며, 애굽 사람들에게도 요셉의 가족이 결코 만만한 존재가 아님을 각인시켜질 것이다. 그리고 애굽으로 내려간 이스라엘 가족의 이름은 아래와 같다. 아래 표들은 야곱의 맏아들 르우벤부터 막내 베냐민까지 애굽에 내려간 사람들 이름과 숫자이다(애굽에 있는 요셉과 그의 두 아들 포함).

도표 51> 야곱의 가족(자녀, 손자)

어머니	아들	손 자 (이름 열거)
레아	르우벤	한옥, 발루, 헤스론, 갈미
	시므온	여무엘, 야민, 오핫, 야긴, 소할, 사울(가나안 여인의 아들)
	레위	게르손, 고핫, 므라리
	유다	셀라, 베레스, 세라(엘과 오난 제외) → 베레스의 아들: 헤스론, 하물
	잇사갈	돌라, 부와, 욥, 시므론
	스불론	세렛, 엘론, 얄르엘
	딸	디나
실바	갓	시본, 학기, 수니, 에스본, 에리, 아로디, 아렐리
	아셀	임나, 이스와, 이스위, 브리아 → 브리아의 아들: 헤벨, 말기엘, 딸: 세라
라헬	요셉	므낫세, 에브라임(애굽에서 태어남)
	베냐민	벨라, 베겔, 아스벨, 게라, 나아만, 에희, 로스, 묵임, 후빔, 아릇
빌하	단	후심
	납달리	야스엘, 구니, 예셀, 실렘

야곱의 가족 수 66명

어머니	아들 수	손자 수	딸 수	총계
레아	6	23	1	30
실바	2	12	1	15
라헬	2	12	0	14
빌하	2	5	0	7
합계	12	52	2	66 (야곱 제외, 자부 제외)

6.(2') 요셉이 아버지와 상봉(46:28-34)

28 야곱이 유다를 요셉에게 미리 보내어 자기를 고센으로 인도하게 하고 다 고센 땅

에 이르니 29 요셉이 그의 수레를 갖추고 고센으로 올라가서 그의 아버지 이스라엘을 맞으며 그에게 보이고 그의 목을 어긋맞춰 안고 얼마 동안 울매 30 이스라엘이 요셉에게 이르되 네가 지금까지 살아 있고 내가 네 얼굴을 보았으니 지금 죽어도 족하도다 31 요셉이 그의 형들과 아버지의 가족에게 이르되 내가 올라가서 바로에게 아뢰어 이르기를 가나안 땅에 있던 내 형들과 내 아버지의 가족이 내게로 왔는데 32 그들은 목자들이라 목축하는 사람들이므로 그들의 양과 소와 모든 소유를 이끌고 왔나이다 하리니 33 바로가 당신들을 불러서 너희의 직업이 무엇이냐 묻거든 34 당신들은 이르기를 주의 종들은 어렸을 때부터 지금까지 목축하는 자들이온데 우리와 우리 선조가 다 그러하니이다 하소서 애굽 사람은 다 목축을 가증히 여기나니 당신들이 고센 땅에 살게 되리이다

야곱은 유다를 요셉에게 먼저 보내어, 자신을 고센 땅으로 인도하게 하였다. 이는 단순한 전달자의 역할이 아니라, 아버지를 모셔 오는 가장 중대한 임무를 맡긴 것이다. 다른 아들들이 아닌 유다를 보낸 이유는, 유다가 요셉과 화해를 이끌고 아버지를 애굽으로 모셔오는 데 결정적인 역할을 했기 때문이다. 요셉은 자신의 수레를 갖추어 고센으로 올라가 아버지 이스라엘을 맞이하였다. 아버지 앞에 나아가 자신을 보이고, 그의 목을 어긋 맞춰 껴안고 오랫동안 함께 울었다. 얼마나 감격스러운 상봉인가! 죽은 줄로만 알았던 사랑하는 아들과 다시 만나게 된 이 감동적인 조우는 단지 인간적인 재회의 기쁨을 넘어, 유다의 헌신 이전에 만남을 주관하신 하나님의 섭리적 인도하심에 의한 것이다. 그때 이스라엘은 요셉에게 말하였다. "네가 지금까지 살아 있고, 내가 네 얼굴을 보았으니 이제는 죽어도 족하도다." 여기서 "지금 죽어도 족하다"는 표현은 더 이상 바랄 것이 없다는 기쁨의 완곡어법으로, 아들의 생존을 확인한 아버지의 깊은 감격을 드러낸다.

이후 요셉은 형들과 아버지의 가족을 바로에게 소개하러 궁으로 올라가기 전, 몇 가지를 당부하였다. 만일 바로가 그들의 직업을 묻는다면, "주의 종들은 어릴

적부터 지금까지 목축하는 자들이오며, 우리와 우리 선조가 다 그러하니이다"라고 대답할 말을 일러주었다. 이는 애굽 사람들이 목축을 가증히 여기는 풍습 때문에, 그들을 고센 땅에 머물게 하려는 것이었다. 고센은 궁에서 떨어진 넓은 평야로 목축에 최적의 조건을 갖춘 지역이었다. 요셉은 그들이 그곳에 정착하여 자유롭고 독립적인 삶을 영위하도록 지혜롭게 배려한 것이다.

7.(3') 야곱이 바로를 축복함(47:1-12)

1 요셉이 바로에게 가서 고하여 이르되 내 아버지와 내 형들과 그들의 양과 소와 모든 소유가 가나안 땅에서 와서 고센 땅에 있나이다 하고 2 그의 형들 중 다섯 명을 택하여 바로에게 보이니 3 바로가 요셉의 형들에게 묻되 너희 생업이 무엇이냐 그들이 바로에게 대답하되 종들은 목자이온데 우리와 선조가 다 그러하니이다 하고 4 그들이 또 바로에게 고하되 가나안 땅에 기근이 심하여 종들의 양 떼를 칠 곳이 없기로 종들이 이곳에 거류하고자 왔사오니 원하건대 종들로 고센 땅에 살게 하소서 5 바로가 요셉에게 말하여 이르되 네 아버지와 형들이 네게 왔은즉 6 애굽 땅이 네 앞에 있으니 땅의 좋은 곳에 네 아버지와 네 형들이 거주하게 하되 그들이 고센 땅에 거주하고 그들 중에 능력 있는 자가 있거든 그들로 내 가축을 관리하게 하라 7 요셉이 자기 아버지 야곱을 인도하여 바로 앞에 서게 하니 야곱이 바로에게 축복하매 8 바로가 야곱에게 묻되 네 나이가 얼마냐 9 야곱이 바로에게 아뢰되 내 나그네 길의 세월이 백삼십 년이니이다 내 나이가 얼마 못 되니 우리 조상의 나그네 길의 연조에 미치지 못하나 짧고 험악한 세월을 보내었나이다 하고 10 야곱이 바로에게 축복하고 그 앞에서 나오니라 11 요셉이 바로의 명령대로 그의 아버지와 그의 형들에게 거주할 곳을 주되 애굽의 좋은 땅 라암셋을 그들에게 주어 소유로 삼게 하고 12 또 그의 아버지와 그의 형들과 그의 아버지의 온 집에 그 식구를 따라 먹을 것을 주어 봉양하였더라

요셉은 바로에게 아버지와 형제들, 그리고 그들의 양과 소와 모든 소유가 고

센 땅에 머물고 있다고 보고한다. 그러고 나서 형제들 중 다섯 명을 바로에게 소개한다. 바로가 그들에게 직업이 무엇인지 묻는다. 형제들은 자신들이 조상 대대로 목축업에 종사해 온 목자들이라고 답하면서, 가나안 땅에 기근이 심해 양떼를 칠 곳이 없어 이곳에 오게 되었음을 설명한다. 그리고 자신들을 '주의 종'이라고 부르며, 고센 땅에 살 수 있도록 정중히 요청한다.

요셉이 미리 당부해 둔 대로 형제들이 자연스럽게 왕과 대화하기에 어색함이 없다. 이에 바로는 요셉에게 명령하여, 아버지와 형제들을 애굽 땅의 좋은 지역 —그들이 원하는 고센 땅— 에 정착하게 하라고 한다. 그리고 형제들 중 가축 관리에 능한 사람이 있다면, 자신의 가축도 맡아 관리하게 하라고 부탁한다.

요셉이 이번에는 아버지 야곱을 바로에게 인도하여 소개한다. 바로와 야곱의 만남은 창세기 후반부의 절정 중 하나로, 하나님께서 언약 백성을 어떻게 열방 가운데 세우시며, 복의 통로로 삼으시는지를 보여준다. 야곱은 바로에게 축복을 해 준다. 그리고 바로와의 만남이 끝나고 헤어질 때도 야곱이 바로를 축복한다(47:7, 10). 야곱의 입술에서 나온 축복은 단지 바로를 향한 인사 이상의, 하나님의 복이 열방을 향해 흘러가고 있다는 구속사의 선언이다. 축복은 신분상 더 높은 자가 아랫사람에게 행하는 것이다(히 7:7 참조). 야곱은 기근으로 인해 궁핍한 상태로 애굽에 온 나그네였지만, 하나님과 언약을 맺은 자로서 열방의 왕 위에 영적 권위를 가진 사람이다. 야곱은 열방의 대표인 바로에게 하나님의 복을 전한 자로서 축복의 통로가 된 것이다. 언약 백성이 세상 나라 위에 세워져 복을 베푸는 존재로 자리매김한 것이다.

그러자 바로는 야곱에게 연세가 몇인지 묻는다. 야곱은 자신이 130세라고 하면서, "내 나그네 길의 세월이 짧고 험악하였으며, 조상의 나그네 길의 세월에는 미치지 못하나이다"라고 대답한다. 여기서 나그네라는 말을 두 번 반복한다. "자신의 나그네"와 "조상의 나그네"이다. 야곱은 자신이나 조상들을 나그네라고 한 것은 본향 곧 천국을 향해 가고 있는 신앙을 고백한 것이다. 믿음의 사람들은 세상에서 나그네이며, 하나님 나라를 향해 걸어가는 존재임을 확실히 하고 있는 것이다. "이 사람들은 다 믿음을 따라 죽었으며 ⋯ 땅에서는 외국인과 나그네라"(히 11:13). 그리고 야곱 자신이 조상들보다 오래 살지는 못했을 뿐만 아니라, 고생 많은 삶을 살았다는 의미로 말을 한다. 바로는 이 말을 듣고, 이미 요셉의 눈물 사건을 통해 그 가족의 사연을 어느 정도 알고 있었기에, 야곱의 솔직한 고백을 높이 평가했을 것이다. 사실 야곱은 요셉과 유다 사건뿐 아니라, 형 에서와의 갈등, 하란에서 20년간의 힘겨운 삶, 외삼촌 라반과의 갈등 등 수많은 고난을 겪었다. 이 모든 우여곡절의 삶을 "험악한 세월"로 표현하며 바로 앞에서 진솔하게 고백한 것이다. 그러나 무엇보다도 중요한 것은, 그의 인생이 처음보다 나중이 더 복되게 되었고, 기근을 피하여 가족과 함께 당시 세계 최대 제국의 왕 바로의 보호 아래 거하게 되었다는 점이다. 이것은 효심 깊은 요셉의 역할이 컸으며, 동시에 하나님의 섭리 가운데 언약의 가족에게 베풀어진 하나님의 은혜였다. 야곱은 그 하나님의 보호 아래 있음을 기억하며, 벧엘의 하나님, 브니엘의 하나님, 브엘세바의 하나님께 감사했을 것이다.

요셉은 바로의 명령에 따라 아버지와 가족들이 안식할 수 있는 거처를 마련해 주고, 애굽의 좋은 땅인 라암셋을 소유하게 한다. 그리고 아버지와 온 가족이 굶주림 없이 살 수 있도록 양식을 공급하며 봉양하였다.

8.(4') 요셉이 세상을 구함(47:13-27)

13 기근이 더욱 심하여 사방에 먹을 것이 없고 애굽 땅과 가나안 땅이 기근으로 황폐하니 14 요셉이 곡식을 팔아 애굽 땅과 가나안 땅에 있는 돈을 모두 거두어들이고 그 돈을 바로의 궁으로 가져가니 15 애굽 땅과 가나안 땅에 돈이 떨어진지라 애굽 백성이 다 요셉에게 와서 이르되 돈이 떨어졌사오니 우리에게 먹을거리를 주소서 어찌 주 앞에서 죽으리이까 16 요셉이 이르되 너희의 가축을 내라 돈이 떨어졌은즉 내가 너희의 가축과 바꾸어 주리라 17 그들이 그들의 가축을 요셉에게 끌어오는지라 요셉이 그 말과 양 떼와 소 떼와 나귀를 받고 그들에게 먹을 것을 주되 곧 그 모든 가축과

바꾸어서 그해 동안에 먹을 것을 그들에게 주니라 18 그 해가 다 가고 새 해가 되매 무리가 요셉에게 와서 그에게 말하되 우리가 주께 숨기지 아니하나이다 우리의 돈이 다하였고 우리의 가축 떼가 주께로 돌아갔사오니 주께 낼 것이 아무것도 남지 아니하고 우리의 몸과 토지뿐이라 19 우리가 어찌 우리의 토지와 함께 주의 목전에 죽으리이까 우리 몸과 우리 토지를 먹을 것을 주고 사소서 우리가 토지와 함께 바로의 종이 되리니 우리에게 종자를 주시면 우리가 살고 죽지 아니하며 토지도 황폐하게 되지 아니하리이다 20 그러므로 요셉이 애굽의 모든 토지를 다 사서 바로에게 바치니 애굽의 모든 사람들이 기근에 시달려 각기 토지를 팔았음이라 땅이 바로의 소유가 되니라 21 요셉이 애굽 땅 이 끝에서 저 끝까지의 백성을 성읍들에 옮겼으나 22 제사장들의 토지는 사지 아니하였으니 제사장들은 바로에게서 녹을 받음이라 바로가 주는 녹을 먹으므로 그들이 토지를 팔지 않음이었더라 23 요셉이 백성에게 이르되 오늘 내가 바로를 위하여 너희 몸과 너희 토지를 샀노라 여기 종자가 있으니 너희는 그 땅에 뿌리라 24 추수의 오분의 일을 바로에게 상납하고 오분의 사는 너희가 가져서 토지의 종자로도 삼고 너희의 양식으로도 삼고 너희 가족과 어린 아이의 양식으로도 삼으라 25 그들이 이르되 주께서 우리를 살리셨사오니 우리가 주께 은혜를 입고 바로의 종이 되겠나이다 26 요셉이 애굽 토지법을 세우매 그 오분의 일이 바로에게 상납되나 제사장의 토지는 바로의 소유가 되지 아니하여 오늘날까지 이르니라 27 이스라엘 족속이 애굽 고센 땅에 거주하며 거기서 생업을 얻어 생육하고 번성하였더라

가. 구조적 주해

요셉이 세상을 구함(47:13-27)

c'. 생존 제안	47:23-24
b'. 자발적 종속	47:25
a'. 제도적 안정	47:26-27

(1) 구조: 중앙 중심적 대칭구조(중괄식)

a / a'

a: 생존위기 – 기근 심화로 곡식 구하러 옴

a': '제도적 안정' – 법제화 및 고센의 이스라엘 정착

b / b'

b: 가축 양식 교환 – 가축을 양식과 교환해 줌

b': 자발적 종속 – 백성들이 감사하며 종이 되기를 동의

c / c'

c: 종속제안 – 몸과 토지를 바치겠다고 요청

c': 생존제안 – 종자와 조건(1/5 상납)을 제시함

(2)d(중심 주제): 백성의 생존을 보장 – 토지를 매입하고 제도를 정비함

이 구조는 위기로 시작하여 질서로 마무리되는 중앙 중심적 대칭 구조이며, 중심에 있는 요지 d는 요셉이 제도를 세워 백성의 생존을 보장한 구속적 리더십을 강조한다.

나. 본문 해설

위 본문에서 요셉은 하나님께서 주신 지혜로 세상을 구하는 리더십을 발휘하였다. 애굽과 가나안 땅에 기근이 더욱 심해지면서 온 땅이 황폐해졌고, 사람들은 먹을 것이 없어 애굽으로 양식을 사러 왔다. 요셉은 애굽과 가나안 지역에서 들어오는 모든 돈을 거두어 바로의 궁으로 가져갔다. 그러나 기근이 계속되

자 결국 애굽과 가나안의 돈이 모두 바닥나게 되었다. 사람들이 요셉에게 찾아와 먹을 것이 없어 죽게 생겼다고 애원하자, 요셉은 가축을 가져오면 그 대신 양식을 주겠다고 하였다. 이에 백성들은 소, 양, 나귀, 소떼 등 많은 가축을 가져오고, 요셉은 그것들과 맞바꾸어 양식을 공급하였다. 그러나 얼마 후, 그들은 다시 요셉에게 와서, 이제는 돈도 가축도 모두 떨어졌으며, 남은 것은 몸과 토지뿐이라고 하소연하였다. 그러면서 자신들과 땅을 함께 바로에게 팔 테니, 우리를 바로의 종으로 받아주고 먹을 것을 달라고 간청하였다.

이에 요셉은 모든 농토를 사들여 바로의 소유로 삼았고, 백성들은 애굽 왕의 농노가 되었다. 단, 제사장들의 토지는 매입하지 않았다. 이는 제사장들이 바로에게서 정기적으로 녹을 받았기 때문에 토지를 팔 필요가 없었기 때문이다. 제사장 계층은 기존 구조에 따라 별도로 유지되었으며, 이는 애굽 사회의 종교·정치 질서를 고려한 지혜로운 배려이다. 요셉은 백성들에게 씨앗을 주며, 그들의 토지에서 경작하도록 허락하였다. 단, 수확의 오분의 일(20%)은 바로에게 바치고, 오분의 사(80%)는 씨앗과 가족의 생계를 위해 사용하라고 하였다. 백성들은 이에 동의하며 "우리가 목숨을 구했으니 기꺼이 바로의 종이 되겠다"고 감사히 받아들였다. 요셉의 리더십은 자율적 리더가 아니라, 하나님의 계시(창 41:16, 39)에 기반한 '위탁받은 통치'이다. 그는 백성의 생존을 위해 불편한 결정도 감당하며, 궁극적으로는 생명을 보존하는 하나님의 도구가 된다.

요셉의 지혜로운 정책과 섬김의 리더십은 기근 가운데 많은 생명을 살리는 결과를 낳았고, 그는 하나님이 주신 사명을 충실히 감당하였다. 요셉은 창세기 1:28절의 청지기적 인간상을 가장 이상적으로 구현한 인물이다: "생육하고 번성하고 땅을 다스리라." 야곱 가문(이스라엘)은 고센 땅에서 생육하고 번성하며, 이는 언약 백성의 보존과 확장을 위한 터전 마련으로 연결된다. 기근은 하나님의 심판의 그림자이다. 그 속에서도 하나님은 요셉을 통하여 언약의 백성(야곱과 그 가족)을 고센 땅에 정착시켜 보존하셨다. 이 고센은 훗날 출애굽 사건의 출발점이 되며, 이집트에서의 연단과 구출을 위한 하나님의 구속 드라마의 무대가 된다.

요셉은 단순한 행정관이 아니라, 세상을 살리는 메시아적 사명을 감당한 인물이다. 그의 리더십은 하나님께서 언약 백성을 보존하시는 섭리의 손길을 증거한다.

D'' 명분 축복(47:28-48:22)

야곱이 유언 중에 요셉의 자녀 둘을 축복하면서 손을 엇갈려서 작은 손자를 장자로 여기고 있다. 여섯 개의 요지들이 중앙 중심적 대칭구조 형식으로 본문의 내용을 담고 있다.

가. 구조적 주해

엇갈린 장자의 축복(47:28-48:22)

1. 야곱이 유언함	47:28-31
2. 에브라임과 므낫세를 입양함	48:1-7
3. 므낫세와 에브라임을 엇갈려 축복함	48:8-16
2'. 에브라임을 므낫세보다 앞세움	48:17-20
1'. 야곱이 요셉에게 유업분배	48:21-22

이 본문(창세기 48장)은 야곱이 요셉의 아들 에브라임과 므낫세를 축복하는 장면으로, 중앙 중심 대칭구조로 조직되어 있다. 이 구조 속에 담긴 신학적 메시지는 다음과 같이 정리할 수 있다:

(가) 중앙 중심적 대칭구조(중괄식): 1 - 2 - 3 - 2' - 1'
1 / 1': 유언과 유업분배 – 언약의 계승
1 (창 47:27-31): 야곱이 죽음을 앞두고 요셉에게 유언하며, 언약의 땅 가나안에 매장되기를 요청한다.

1' (창 48:21-22): 야곱이 요셉에게 유업으로 세겜 땅을 주며 유산을 분배한다.

→ 이 구조는 신앙의 유산과 언약의 계승이라는 신학적 주제를 형상화한다. 야곱은 단순한 유산이 아니라 하나님과의 언약, 땅에 대한 약속, 선택의 계보를 요셉 가문에 계승시키고 있다. 이는 출애굽과 가나안 정복을 향한 믿음의 연결 고리를 보여준다(히 11:22).

2 / 2': 입양과 장자권 전환 - 선택의 재구성

2 (48:1-7): 야곱이 에브라임과 므낫세를 자신의 아들로 입양함으로, 요셉의 지파는 두 지파(에브라임과 므낫세)로 확장된다.

2' (48:17-20): 야곱은 므낫세보다 에브라임을 의식적으로 앞세워 축복한다.

→ 야곱은 입양을 통해 요셉의 자손을 언약 공동체의 중심에 편입시키고, 더 나아가 장자권을 재정의한다. 이는 창세기 전반에 걸쳐 반복되는 '장자의 전복' 패턴(가인 - 아벨, 에서 - 야곱, 르우벤 - 요셉/유다)과 연결된다. 이로써 하나님의 언약 계보는 혈연이나 연장자 기준이 아니라, 하나님의 뜻과 섭리에 따른 주권적 분배임을 강조한다.

3 : 엇갈린 손의 축복

(나) 중심 주제 3:

요셉의 기대와는 달리 야곱은 오른손을 에브라임에게, 왼손을 므낫세에게 얹고 축복한다. 요셉이 이를 바로잡으려 하시만, 야곱은 의도적인 행동임을 밝힌다.

→이는 단순한 실수가 아닌, 의도적인 예언적 행동이다. 야곱은 "작은 자가 큰 자보다 더 강성할 것"이라 선언하며(48:19), 하나님께서 사람의 시각이 아닌, 자신의 주권적 섭리로 택하신다는 진리를 드러낸다.

나. 구속사적 의의

장자 질서의 전환: 전통적 장자(므낫세)가 아니라 차자(에브라임)를 앞세움으로, 하나님의 선택은 인간적 질서와 다름을 드러냄.

약속의 계승 확증: 야곱이 손자들을 입양하고 유업을 분배함으로, 언약 계보가 다음 세대로 확실히 이어짐.

메시아 계보의 예표: 인간적 기준이 아닌 하나님의 주권에 따라 선택과 축복이 이어지는 원리는, 장차 메시아 계보와 구원의 질서를 예표한다.

다. 신앙경주 적용

끝까지 믿음으로 유언: 야곱은 죽음을 앞두고도 하나님의 약속을 바라보며 유언한다. 신앙경주는 마지막까지 약속을 붙잡는 경주이다.

하나님의 선택 신뢰: 인간적 관습과 달라도, 하나님이 택하신 길을 받아들이는 것이 믿음의 경주자의 자세이다.

차자 역전의 은혜: 에브라임이 앞서는 것처럼, 신앙경주는 '자격 없음에도 불구하고 은혜로 세움받는 자리'임을 보여준다.

라. 본문 해설

1. 야곱이 요셉에게 유언함(47:28-31)

28 야곱이 애굽 땅에 십칠 년을 거주하였으니 그의 나이가 백사십칠 세라 29 이스라엘이 죽을 날이 가까우매 그의 아들 요셉을 불러 그에게 이르되 이제 내가 네게 은혜를 입었거든 청하노니 네 손을 내 허벅지 아래에 넣고 인애와 성실함으로 내게 행하여 애굽에 나를 장사하지 아니하도록 하라 30 내가 조상들과 함께 눕거든 너는 나를

애굽에서 메어다가 조상의 묘지에 장사하라 요셉이 이르되 내가 아버지의 말씀대로 행하리이다 31 야곱이 또 이르되 내게 맹세하라 하매 그가 맹세하니 이스라엘이 침상 머리에서 하나님께 경배하니라

야곱은 애굽 땅에서 17년을 거주하였고, 그때 나이는 147세였다. 점점 육신이 쇠약해지는 것을 느끼며 자신의 죽음이 가까웠음을 직감한 야곱은, 요셉을 불러 마지막 유언을 남긴다. 그는 요셉에게 자신이 죽거든 애굽에 장사하지 말고, 반드시 조상의 묘지가 있는 가나안 땅에 장사해 줄 것을 요청한다. 장례의 방식은 단지 문화가 아니라 신앙의 표현일 수 있다.

요셉은 아버지의 뜻을 존중하며 그대로 행할 것을 약속하고, 야곱은 그 약속을 더욱 확고히 하기 위해 요셉에게 허벅지 아래 손을 넣고 맹세할 것을 요구한다. 이는 고대 근동에서 매우 엄숙하고 법적인 맹세 방식이었다(창 24:2와 비교). 야곱은 두 차례에 걸쳐 반복적으로 요청하고 맹세를 받음으로, 이 언약적 장례가 반드시 이루어질 것을 확신한다. 야곱의 유언은 요셉에게만이 아니라, 온 이스라엘 백성에게 주는 신앙적, 언약적 유산이다. 그 후 야곱은 하나님께 침상에서 경배드리며 감사의 예배를 드린다. 이는 단순한 죽음 준비가 아니라, 언약적 믿음의 절정을 상징한다. 야곱은 생의 마지막 순간에도 하나님을 기억하고, 그 약속이 이루어질 것을 확신하며 경배를 올렸다. 신앙의 마지막은 언약을 향한 믿음의 고백이어야 한다. 이 모습은 히브리서 11:21에서 "야곱은 죽을 때에 요셉의 각 아들에게 축복하고 그 지팡이 머리에서 하나님께 경배하였다"고 기록된 믿음의 본보기이다.

야곱이 요셉을 신뢰하며 마지막을 맡긴 이유는 난지 정서적 애착이 아니라, 요셉이 불의와 타협하지 않고 하나님 앞에서 성실하고 의롭게 살아온 자였음을 알았기 때문이다. 그는 요셉이 억울하게 노예로 팔렸으나, 하나님의 은혜와 신실함으로 애굽의 총리가 된 것을 믿었고, 그러한 인격과 믿음을 지닌 요셉이라면 자신의 유언을 신실히 이룰 것이라 확신했다.

야곱이 요셉에게 가나안 땅에 장사되기를 거듭 요청한 것은 단순한 고향에 대한 그리움 때문이 아니었다. 구속사적 관점에서 이는 언약적 죽음을 마주하는 행위였다. 그는 애굽이 영원한 거처가 아니며, 약속의 땅 가나안이야말로 하나님께서 그의 자손에게 주신 언약의 땅이라는 사실을 믿음으로 고백한 것이다. 이는 곧 야곱의 신앙고백이며, 장차 후손들이 다시 가나안으로 돌아갈 것을 바라보는 예언적 선언이기도 하다(창 50:24-25).

따라서 야곱은 이 땅을 본향으로 여기지 않고, 하늘의 본향을 사모하는 순례자의 자세로 죽음을 준비하고 있었다(히 11:13-16). 애굽은 임시 체류지일 뿐, 이스라엘이 거할 땅은 약속의 땅 가나안이며, 궁극적으로는 영원한 가나안인 것이다. 야곱의 요청은 단순한 유언이 아닌, 언약의 성취를 향한 구속사적 확신이다. 그는 요셉에게 반복적으로 맹세를 요구하면서, 단지 자기 장례 문제를 넘어서 후대 이스라엘 자손들이 가나안을 하나님 나라의 모형으로 인식하도록 가르치고 있다. 이런 점에서 요셉은 단순한 효자가 아니라, 하나님의 구속사 계획을 성실하게 수행할 언약의 전달자로서 그의 신앙경주를 꾸준히 경주하고 있다.

2. 에브라임과 므낫세를 입양함(48:1-7)

1 이 일 후에 어떤 사람이 요셉에게 말하기를 네 아버지가 병들었다 하므로 그가 곧 두 아들 므낫세와 에브라임과 함께 이르니 2 어떤 사람이 야곱에게 말하되 네 아들 요셉이 네게 왔다 하매 이스라엘이 힘을 내어 침상에 앉아 3 요셉에게 이르되 이전에 가나안 땅 루스에서 전능하신 하나님이 내게 나타나사 복을 주시며 4 내게 이르시되 내가 너로 생육하고 번성하게 하여 네게서 많은 백성이 나게 하고 내가 이 땅을 네 후손에게 주어 영원한 소유가 되게 하리라 하셨느니라 5 내가 애굽으로 와서 네게 이르기 전에 애굽에서 네가 낳은 두 아들 에브라임과 므낫세는 내 것이라 르우벤과 시므온처럼 내 것이 될 것이요 6 이들 후의 네 소생은 네 것이 될 것이며 그들의 유산은 그들의 형의 이름으로 함께 받으리라 7 내게 대하여는 내가 이전에 밧단에서 올 때에 라

헬이 나를 따르는 도중 가나안 땅에서 죽었는데 그 곳은 에브랏까지 길이 아직도 먼 곳이라 내가 거기서 그를 에브랏 길에 장사하였느니라 (에브랏은 곧 베들레헴이라)

가. 구조적 주해

언약 계승의 질서(48:1-7)

a. 요셉이 두 아들과 아버지를 병문안 함	48:1-2
b. 계시로 "생육하고 번성"하라고 하셨음	48:3-4
c. 야곱이 두 아들을 자신의 아들로 입양함	48:5
c'. 요셉의 이후 자식은 요셉 소속으로 할당	48:6
b'. 요셉의 두 아들이 '유업'을 받게 될 것	48:6b
a'. 야곱이 요셉에게 라헬의 죽음을 회상함	48:7

위 구조는 중심이 짝수로 되어 있는 양괄식 형태의 대칭구조로 되어 있다. 중심 주제는 첫 요지들 a/a'에 있다.

a / a'(중심 주제) 요셉이 병문안 함(a)과 야곱이 요셉의 어머니 라헬의 죽음을 회상함(a')은 야곱이 죽음을 앞두고 찾아온 요셉에게 그의 어머니 라헬을 죽음을 소개한다. 이것은 요셉을 통해서 하나님의 구원의 계획이 이루어져가는 것을 강조하고 있다.

b / b' 하나님이 "생육하고 번성"하라(b)와 요셉의 두 아들이 유업을 이어받아 그 언약의 약속을 이어 나가게 되었다(b'). 이는 하나님의 그 언약의 약속을 수행할 수 있는데 중요한 역할을 하게 됨을 강조한다.

c / c' 에브라임과 므낫세를 자신의 아들로 입양함(c)과 요셉의 이후 자식은 요셉의 소속으로 할당한다(c')

→이 구조는 단순히 이야기의 흐름이 아니라, 언약 계승의 질서를 하나님의 주권에 따라 조직하는 방식을 보여준다. 야곱은 자신의 임의적 감정으로 입양을

결정하는 것이 아니라, 하나님의 계시와 약속의 흐름을 기반으로 장자권의 재분배를 선포한다. 장자권과 계승은 단순한 혈통이 아닌 하나님의 선택 원리에 따라 제한되고 선별됨을 강조한다. 이는 아브라함이 이스마엘이 아닌 이삭을, 이삭이 에서를 제치고 야곱을, 그리고 야곱이 요셉(과 그의 두 아들)을 계승자로 삼는 선택의 구속사를 서사적으로 구조화한 것이다.

나. 구속사적 의의

언약의 확장: 야곱이 요셉의 두 아들을 입양한 것은, 언약 계승이 단지 한 아들(요셉)에게 머물지 않고 두 지파(에브라임과 므낫세)로 확장됨을 보여준다.

언약의 주권: 계보와 기업 분배는 인간의 의지가 아니라 하나님의 계시와 약속("생육하고 번성")에 의해 결정된다.

구속사의 계승 장치: 입양은 단순한 가족 제도가 아니라, 언약 계승을 보존하기 위한 구속사의 제도적 장치임을 보여준다.

다. 신앙경주 적용

믿음으로 미래를 준비: 야곱은 죽음을 앞두고도 후손에게 언약 계승을 확증해 준다. 신앙경주는 끝까지 미래 세대의 믿음을 준비하는 여정이다.

하나님의 약속을 기억: "생육하고 번성하라"는 말씀을 붙잡고 후손에게 다시 선포하는 것은, 신앙경주의 본질이 약속 기억 – 선포 – 전수임을 드러낸다.

상실 속에서도 언약 확신: 라헬의 죽음을 회상하면서도 언약의 계승을 확정하는 것은, 신앙경주자가 상실의 경험을 넘어 약속을 바라보는 믿음을 가르쳐 준다.

라. 본문 해설

위 본문에서 요셉이 아버지 야곱의 병환 소식을 듣고, 두 아들 므낫세와 에브라임을 데리고 문병하러 침상 곁으로 나아간다. 이는 단순한 효도의 행위만이 아니라, 구속사의 계승자로서 야곱의 마지막 언약적 축복을 받기 위한 신앙적 자세를 보여준다. 요셉은 단지 아버지의 유산을 받는 아들이 아니라, 아브라함과 이삭, 그리고 야곱에게 계승된 하나님의 언약을 이어받을 중심인물로 준비되고 있었던 것이다.

야곱은 침상에서 요셉을 보자 힘을 내어, 과거 자신이 가나안 땅 루스(벧엘)에서 하나님을 만나 언약의 복을 받았던 일을 회상하며 말한다. "생육하고 번성하라"는 말씀은 창세기 1장에서 인간 창조 때 주신 창조 언약의 핵심이며, 아브라함에게 주신 언약(창 17:6-8)과도 직접 연결된다. 이는 단지 자손이 많아진다는 의미를 넘어서, 하나님의 나라를 이루기 위한 언약 공동체가 세워질 것임을 예고하는 신적 약속이다. 야곱은 이 복을 요셉에게 전하고, 이제 언약의 계보를 요셉의 자녀들에게도 잇고자 한다.

따라서 야곱은 요셉의 두 아들 에브라임과 므낫세를 자신이 낳은 자식처럼 입양하여, 자신의 열두 지파 반열에 포함시킨다. 이는 요셉이 받은 장자의 권리를 상징하며, 요셉을 통해 이어질 하나님의 언약이 그의 자녀들에게도 동일하게 적용됨을 보여준다. "내 것이라 하리라"는 말은 단순한 정서적 표현이 아니라, 언약 계승자로서의 법적·영적 선언이다. 특히 요셉의 후속 자녀들은 요셉의 이름 아래에 속하되, 장자권은 에브라임과 므낫세를 통해 대표적으로 행사된다. 야곱은 이 입양 선언 후, 요셉의 어머니 라헬에 대해 언급하여 자신의 깊은 감정을 토로한다. 라헬은 야곱이 가장 사랑한 아내였고, 요셉은 그녀에게서 태어난 언약의 열매였다. 그러나 그녀는 가나안 중심 지역인 베들레헴(에브랏) 근처 길에서 안타깝게 죽음을 맞이하였고, 야곱은 그녀를 그 길가에 묻었다. 야곱의 이 고백은 단순한 개인적 아픔의 회상이 아니라, 라헬을 통해 하나님이 주신 언약적 자손이 요셉임을 인정하는 감정과 신앙이 결합된 진술이다. 그는 요셉에게 라헬의 죽음을 회상케 하면서, 에브라임과 므낫세의 언약적 입지를 강조한다.

이 본문은 단지 가계 분포나 유산 분배의 이야기가 아니라, 구속사의 경륜 속에서 하나님께서 어떻게 언약을 보존하시며 세대 간에 계승하시는지를 보여주는 중요한 장면이다. 야곱은 이제 자신의 생애를 마감하면서도, 언약의 계보를 신실하게 이어가기 위한 마지막 신앙의 경주를 완주하고 있다. 요셉은 이 언약 계승을 받아들이는 신앙의 계승자로서 부름받고 있다. 따라서 이 장면은 단순한 가족적 작별이 아니라, 신앙의 유업이 다음 세대에게 전달되는 구속사적 전환점이라 할 수 있다.

3.(c) 므낫세와 에브라임을 엇갈려 축복함(48:8-16)

8 이스라엘이 요셉의 아들들을 보고 이르되 이들은 누구냐 9 요셉이 그의 아버지에게 아뢰되 이는 하나님이 여기서 내게 주신 아들들이니이다 아버지가 이르되 그들을 데리고 내 앞으로 나아오라 내가 그들에게 축복하리라 10 이스라엘의 눈이 나이로 말미암아 어두워서 보지 못하더라 요셉이 두 아들을 이끌어 아버지 앞으로 나아가니 이스라엘이 그들에게 입맞추고 그들을 안고 11 요셉에게 이르되 내가 네 얼굴을 보리라고는 생각하지 못하였더니 하나님이 내게 내 자손까지도 보게 하셨도다 12 요셉이 아버지의 무릎 사이에서 두 아들을 물러나게 하고 땅에 엎드려 절하고 13 오른손으로는 에브라임을 이스라엘의 왼손을 향하게 하고 왼손으로는 므낫세를 이스라엘의 오른손을 향하게 하여 이끌어 그에게 가까이 나아가매 14 이스라엘이 오른손을 펴서 차남 에브라임의 머리에 얹고 왼손을 펴서 므낫세의 머리에 얹으니 므낫세는 장자라도 팔을 엇바꾸어 얹었더라 15 그가 요셉을 위하여 축복하여 이르되 내 조부 아브라함과 아버지 이삭이 섬기던 하나님, 나의 출생으로부터 지금까지 나를 기르신 하나님 16 나를 모든 환난에서 건지신 여호와의 사자께서 이 아이들에게 복을 주시오며 이들로 내 이름과 내 조상 아브라함과 이삭의 이름으로 칭하게 하시오며 이들이

세상에서 번식되게 하시기를 원하나이다

야곱의 신앙고백 속에 나타난 하나님의 언약 계승 축복 사건은 여섯 개의 요지들로 구성된 양괄식 대칭구조로 되어 있다. 이 구조는 처음과 끝에 중심 주제가 있다. 야곱이 요셉의 두 아들을 손을 엇갈려 오른손을 차자인 에브라임의 머리에 얹어 축복하고 있다.

가. 구조적 주해

엇갈려 축복함(48:8-16)

a. 야곱이 "이들이 누구냐?" 묻는다   48:8
  b. "하나님이 여기서 주신 아들들" 대답함   9a
    c. 야곱이 "내가 축복하리라" 말함   9b-10
    c'. 야곱이 감격하여 말함   11
  b'. 요셉이 두 아들을 가까이 데리고 옴   12-13
a'. 야곱이 차자인 에브라임을 축복함   14-16

(1) 야곱의 신앙고백 속에 나타난 언약 계승 축복을 3쌍(6요지)으로

구성된 양괄식 대칭 구조로 보여 준다: a - b - c / c'- b' - a'
a / a'
  a(48:8): 야곱이 두 아들을 보고 "이들이 누구냐?"라고 묻다
  a'(48:14-16): 야곱이 손을 엇갈려 에브라임(차자)에게 오른손을 얹고 축복하다
이 구조의 시작과 끝은 모두 야곱의 시력 부족과 관련된 인식 행위로 연결된다. 육신의 눈은 어두워 아들을 구별하지 못하지만, 신앙의 눈으로 하나님의 뜻을 분별하여 차자를 장자처럼 축복한다.

b / b'

b(48:9a): "이들은 하나님이 내게 여기서 주신 아들들입니다."

b'(48:12-13): 요셉이 아버지 앞에서 아들들을 물러나게 하고 다시 가까이 인도함

이 구조 b항에서 요셉은 두 아들을 단순한 자기 자녀가 아니라 "하나님이 주신 자녀"라고 고백한다. 이 고백은 자손의 번성이 하나님의 은혜라는 점을 강조하는 것이다. b'에서는 요셉이 자녀들을 다시 야곱 앞으로 정중히 데려온다. 이것은 언약 계승 의식에 대한 겸손한 참여와 존경의 자세를 나타내며, 자녀들을 언약의 계승권 아래 정위치 시키려는 의식을 보여준다. 요셉의 말과 행동 모두 "하나님이 주신 씨(seed)"라는 창세기적 언약 맥락(창 3:15, 12:7)을 반영하며, 하나님이 주신 자녀는 하나님의 언약을 계승할 자격이 있다는 원리를 보여준다.

c / c'

c (48:9b-10): 야곱이 "그들을 가까이 데리고 오라. 내가 축복하리라."

c' (48:11): 야곱이 그들을 안고 입맞추며 감격을 표현함.

(2) 중심 주제는 양괄식 항목인 a-a'이다

야곱이 두 아들을 보고 "이들이 누구냐?"라고 물은 후 야곱이 손을 엇갈려 에브라임(차자)에게 오른손을 얹고 축복하다. 야곱은 일생을 통해 하나님의 주권적 선택(야곱 vs 에서)을 직접 체험한 인물이다. 그러므로 그는 자신의 육적 판단보다 하나님의 섭리적 선택을 우선시하는 신앙의 경륜으로 손을 엇갈려 축복한다. 이는 구속사의 법칙 – '장자 아닌 자가 선택받는 은혜'(창 25:23, 롬 9:11-13)의 또 다른 사례이며, 언약 계승이 혈통 질서가 아니라 하나님의 주권과 은혜로 결정됨을 강조한다.

나. 구속사적 의의

하나님의 주권적 선택: 야곱이 오른손을 차자 에브라임에게 얹음은 인간의 장자 질서가 아닌 하나님의 선택 질서를 드러낸다.

은혜의 역전 원리: 구속사는 늘 장자가 아닌 차자, 강자가 아닌 약자를 택하심으로 은혜의 주권을 보여준다.

언약의 계승 확증: 요셉의 두 아들이 축복을 통해 이스라엘 지파로 세워지면서, 언약 계보가 확장되고 다음 세대로 확증된다.

다. 신앙경주 적용

하나님이 주신 자녀: 요셉이 "하나님이 주신 아들들"이라고 고백한 것처럼, 신앙경주는 내 소유가 아니라 하나님이 맡기신 선물을 인정하는 데서 출발한다.

축복을 선언하는 믿음: 야곱은 눈이 어두워도 "내가 축복하리라"고 선언한다. 신앙경주는 상황을 넘어 약속을 붙드는 고백으로 나아간다.

역전의 은혜 수용: 에브라임이 앞서고 므낫세가 뒤로 간 것처럼, 신앙경주는 인간적 질서의 역전 속에서 하나님의 은혜와 주권을 기꺼이 받아들이는 길이다.

라. 본문 해설

위 본문에서 이스라엘(야곱)은 요셉의 두 아들을 보고 "이들은 누구냐?"고 묻는다. 이는 단순한 인식의 부족 때문이 아니라, 축복의 대상자를 명확히 확인하고 언약의 계승을 정식으로 선포하려는 신앙적 절차의 시작이다. 이에 요셉은 "이들은 하나님께서 이곳에서 내게 주신 아들들입니다"라고 고백하며, 두 아들이 단지 육신의 자녀가 아니라 하나님의 은혜로 주어진 언약의 유산임을 분명히 밝힌다.

야곱은 손자들을 축복하기 위해 앞으로 나오게 한다. 그는 이미 시력이 약해 누가 장자인지 분간할 수 없는 상태였지만, 믿음의 눈으로 하나님의 뜻에 따라 축복을 준비하고 있다. 요셉은 두 아들을 정중히 아버지 앞으로 나아오게 한다. 그러자 야곱은 손자들을 안고 입맞추며, 감격스러운 마음으로 이렇게 말한다: "네 얼굴도 다시는 보지 못할 줄 알았는데, 하나님께서 네 자손까지 보게 하셨구나."

이 고백은 단순한 감정의 표현이 아니라, 잃었던 아들을 되찾고, 상실의 고통이 구속사적 기쁨으로 전환된 신앙고백이다. 야곱의 삶은 고난과 방황의 연속이었으나, 이제는 죽음에서 생명으로, 잃음에서 찾음으로, 고통에서 언약으로 회복되는 구속사적 여정의 완성을 바라보는 것이다.

요셉은 땅에 엎드려 아버지께 절하고, 두 아들을 축복받게 하려고 자리시킨다. 그는 장자인 므낫세를 아버지의 오른손 편에, 차자인 에브라임을 왼손 편에 세운다. 이는 아버지가 관례대로 장자에게 오른손의 축복을 줄 수 있도록 배치한 것이다. 그러나 야곱은 자신의 손을 엇갈려 오른손을 에브라임에게, 왼손을 므낫세에게 얹는다. 야곱은 둘째 에브라임에게 장자의 축복을 하였다. 이는 인간적 질서와 기대를 넘어선 하나님의 선택에 대한 순종이며, 그가 일생을 통해 터득한 하나님의 섭리와 주권에 대한 신앙의 결정체였다. 이 손의 엇갈림은 창세기 전체를 관통하는 "장자 아닌 자가 선택받는" 언약 계승 원리를 다시 한번 확인시키는 사건이다.

야곱의 축복은 단순한 번영의 기원이 아니라, 언약의 핵심을 담고 있다. 그는 축복의 근원을 다음과 같이 선포한다:"나의 조상 아브라함과 이삭이 섬기던 하나님, 나의 목자가 되셔서 지금까지 내 삶을 인도하신 하나님, 모든 환난에서 나를 구속하신 사자(천사)의 이름으로 이 아이들에게 복을 주시기를 바랍니다."(cf. 창 48:15-16)

이 축복의 말 속에는 야곱의 생애 전체가 녹아 있다. 하나님은 그의 조상의 하나님, 자신의 목자, 그리고 환난에서 구원하신 구속자로 역사하셨으며, 이제 그 하나님께서 에브라임과 므낫세에게도 그 동일한 언약과 인도하심을 계승해 주시기를 간구하고 있다.

4.(b') 에브라임을 므낫세보다 앞세움(48:17-20)

17 요셉이 그 아버지가 오른손을 에브라임의 머리에 얹은 것을 보고 기뻐하지 아니하여 아버지의 손을 들어 에브라임의 머리에서 므낫세의 머리로 옮기고자 하여 18 그의 아버지에게 이르되 아버지여 그리 마옵소서 이는 장자이니 오른손을 그의 머리에 얹으소서 하였으나 19 그의 아버지가 허락하지 아니하며 이르되 나도 안다 내 아들아 나도 안다 그도 한 족속이 되며 그도 크게 되려니와 그의 아우가 그보다 큰 자가 되고 그의 자손이 여러 민족을 이루리라 하고 20 그날에 그들에게 축복하여 이르되 이스라엘이 너로 말미암아 축복하기를 하나님이 네게 에브라임 같고 므낫세 같게 하시리라 하며 에브라임을 므낫세보다 앞세웠더라

요셉은 아버지 야곱이 두 아들에게 축복하는 장면을 경건한 마음으로 바라보다가, 아버지가 손을 엇갈려 오른손을 에브라임에게, 왼손을 므낫세에게 얹은 것을 보고 놀라움을 감추지 못했다. 그는 그 장면을 바로잡고자 아버지의 손을 바꾸어 놓으려 하며 말한다. "아버지, 아닙니다. 이는 장자가 아닙니다. 오른손은 므낫세의 머리에 얹으셔야 합니다." 요셉은 인간적 질서와 전통적인 장자 축복의 원리를 따라, 장자인 므낫세에게 우선권이 주어져야 한다고 여긴 것이다. 이런 모습은 장자권의 이양에 대한 아버지와 아들의 주장이 사뭇 달랐다. 마치 서로의 주장이 알맞다는 식의 경쟁하듯 한 분위기였다.

그러나 야곱은 단호히 거절하며 이렇게 말한다. "나도 안다, 내 아들아, 나도 안다. 그도 한 족속이 되어 크게 될 것이나, 그의 아우는 그보다 더 커서 그의 자

손이 여러 민족을 이루게 될 것이다."

이 말은 단지 후손의 세속적 번성을 말하는 것이 아니라, 하나님의 선택과 섭리에 따라 언약 계승이 결정된다는 원리를 선포한 것이다. 야곱은 자신의 일생을 통해 장자 아닌 자가 선택되는 하나님의 경륜(예: 이삭 > 이스마엘, 야곱 > 에서)을 경험한 자였다. 그는 지금까지의 인생을 통해 그 원리를 깊이 받아들였고, 이제 그 신앙의 결론을 에브라임의 선택이라는 행위로 구속사적으로 구현하고 있는 것이다.

야곱은 그날 두 손자를 축복하며 이스라엘 백성 사이에서 다음과 같이 말해지기를 원하였다. "하나님이 네게 에브라임 같고 므낫세 같게 하시리라." 이 말은 단순한 관용구 이상의 의미를 지닌다. 이는 두 아들을 언약 백성의 대표로 삼겠다는 선언이며, 실제로 훗날 이스라엘 역사에서 요셉 지파 대신 에브라임과 므낫세가 중심적인 지파로 자리하게 되는 예언적 선언이다. 본문은 "야곱이 에브라임을 므낫세보다 앞세웠더라"는 결론으로 마무리 된다.

요셉에게 있어 아버지의 이러한 행동은 처음에는 납득하기 어려웠다. 아버지의 손의 엇갈림은 의도된 것이 아니라 실수처럼 보였고, 전통을 거스르는 파격이었다. 그러나 아버지의 신앙 고백과 확신에 찬 태도를 통해, 요셉은 그 뜻이 하나님의 섭리에 기초한 것임을 인정하고 순종하게 된다.그는 인간적 계산이 아닌, 하나님의 뜻을 좇는 아버지의 신앙과 축복을 믿음으로 받아들인다. 이는 요셉이 단지 효자일 뿐 아니라, 구속사의 흐름을 수용하고 동참하는 신앙의 사람으로 서게 되는 장면이다. 이것은 단순히 두 손자의 순서를 바꾼 것이 아니라, 하나님이 세우시는 구속사적 계승의 질서를 따르는 신앙적 행동이다. 야곱은 자신의 인생에서 체득한 하나님의 선택 원리를 에브라임의 선택으로 구현하며, 요셉은 그 뜻을 받아들여 믿음의 계승자로서 신앙의 순종을 보인다. 따라서 이 본문은 구속사 속에서 하나님의 주권, 인간의 순종, 언약의 계승이 삼중적으로 교차하는 신앙의 전환점이자 계승의 클라이맥스로 볼 수 있다.

5.(a') 야곱이 요셉에게 유업분배 함(48:21-22)

> 21 이스라엘이 요셉에게 또 이르되 나는 죽으나 하나님이 너희와 함께 계시사 너희를 인도하여 너희 조상의 땅으로 돌아가게 하시려니와 22 내가 네게 네 형제보다 세겜 땅을 더 주었나니 이는 내가 내 칼과 활로 아모리 족속의 손에서 빼앗은 것이니라

야곱은 요셉에게 또 말한다. 자신은 죽지만 하나님이 요셉과 형제들과 함께 계신다고 말한다. 이는 요셉과 그의 형제들이 앞으로 하나님의 구속사 언약을 이룰 것이며 따라서 큰 민족을 이루는 역사가 성취되어 가나안으로 들어갈 것을 말하는 것이다. 이어서 그의 형제보다 한 몫을 더 주었다고 선언하는데, 이것은 이중 몫을 받는 축복의 상징이다.

그 실질적 표현은 "세겜 지역"이 대표적인 것으로 이해된다. 세겜은 가나안 중부 고지대의 중심 지역이며, 에브라임 지파(요셉의 후손)의 중심이 된다. 여호수아 24:32에는 요셉의 유골이 세겜에 장사되었다고 기록되었다. 야곱이 이곳을 사들였던 기록은 창세기 33:18-19에 나온다. ("세겜 성 가까운 밭을 은 100개로 샀더라") 따라서 "내 칼과 활로 빼앗았다"는 말은 세겜 땅을 확보하고, 후손에게 주기로 한 언약의 완성적 선언으로 보인다. 야곱은 일생 동안 실제로 무기를 들고 전쟁을 치른 인물이 아니며, 대부분 하나님의 인도와 보호 아래 살아온 인물이다. 따라서 '칼과 활'은 서사적 수사(Metaphor)로 이해된다. 시므온과 레위가 세겜 성을 공격한 사건이 있지만, 야곱 자신은 그 일에 동참하지 않고 오히려 꾸짖음(창 34:30). '활과 칼'은 하나님의 전쟁 도구 혹은 신앙의 상징으로 사용되기도 한다(사 49:2, 시 18:34). 그러므로 이 표현은 야곱의 생애 속에서 겪은 고난과 인내, 영적 싸움, 그리고 하나님의 주권적 개입을 시적으로 말한 것으로 보기도 한다. 이 야곱의 선언은 단순히 개인의 선택이 아닌, 하나님의 구속사적 경륜에 대한 깊은 통찰에서 비롯된 것이다.

야곱은 장자권의 외형보다 하나님의 은혜의 질서와 선택 원리를 따랐다. 야

곱은 말년에 요셉을 통해 하나님의 약속된 땅에 대한 회복과 계승이 시작될 것임을 바라보고, 그 중심 지역인 세겜을 요셉 후손에게 상징적으로 물려준다. 이 지역은 여호수아서에서 실제로 에브라임과 므낫세의 기업으로 분배되고 요셉의 유해가 가나안으로 돌아오고, 그 중심지인 세겜에 안장된다(수 24:32). 따라서 이 표현은 야곱이 하나님의 약속을 믿음으로 선포하고 구속사의 계승을 선언한 예언적 유언이다.

E'' 반전의 축복(49:1-28)

49장은 야곱의 12아들의 축복(칭찬)과 저주(책망), 특히 유다와 요셉에 관한 축복들이 시 형식 안에서 나타나기 때문에 서사체 형식과 혼합 될 수도 있다. 그러나 새로운 장르인 '서사체 인물설교' 관점에서 보면 문제될 것이 없다. 시적인 요소들이 설교 안에서 강조되어 설득의 효과를 더 하기 때문이다. 이러한 점을 기준해서 49장을 분석해 볼 것이다.

창세기 49장의 핵심 주제인 '반전의 축복'에 대해서 살펴볼 것이다. 첫 번째 반전은 38-41장에서 '요셉과 유다의 삶'이 가나안과 이집트에서 각각 펼쳐지면서 그들의 삶이 부정적이거나 혹은 긍정적인 면에서 반전의 삶을 살았다. 그리고 두 번째 반전은 43:15-44:34에서 '유다와 요셉의 반전되는 상황'의 관계가 다시 나타났다. 세 번째 반전은 49장에서 직접적으로 나타나지 않고 그들의 과거의 삶의 평가가 아버지의 축복 안에서 간접적으로 서로 비교된다. '유다와 요셉의 축복'들이 각각 다섯 절로 나타나고 나머지 형제들은 한 절 정도로 주어진다. 이런 점에서 49장 전체는 야곱의 자녀들이 과거 삶의 경주에 대한 심판과 평가, 그리고 앞으로 달려갈 길의 경주에 대한 예고로 읽을 수 있다. 특히 유다와 요셉의 축복들의 분량에 담긴 저자의 의도는 무엇인지 살펴본다.

서론(x) 유언 준비(49:1-2)

> 1 야곱이 그 아들들을 불러 이르되 너희는 모이라 너희가 후일에 당할 일을 내가 너희에게 이르리라 2 너희는 모여 들으라 야곱의 아들들아 너희 아버지 이스라엘에게 들을지어다

야곱이 죽음을 앞두고 자녀들을 부른 이 장면은 단순한 가정의 유언이 아니라, 언약의 계승자로서 이스라엘의 열두 지파의 역사적·종말적 운명을 선포하는 예언적 선언이다. 여기서 "후일에 당할 일"이라는 표현(בְּאַחֲרִית הַיָּמִים)은 예언서에서 종말론적 배경을 지닌 표현으로, 단순한 미래가 아니라 하나님이 역사 속에 준비하신 구속의 진행 과정을 암시한다(민 24:14, 사 2:2 참조). 야곱은 단지 아비의 정을 따라 자녀들에게 교훈을 남기려는 것이 아니라, 하나님의 섭리 속에서 그들의 과거의 삶을 평가하고, 미래의 사명을 선언하는 것이다. 특히 이스라엘 공동체의 형성과 분배, 그리고 메시아 계보의 분기점(유다 지파)이 이 유언을 통해 드러난다. 이는 구속사의 경륜 안에서 언약 백성의 분기와 통합을 동시에 보여주는 것이다. '야곱'이라는 이름과 '이스라엘'이라는 이름이 병행되는 것은, 과거 죄성과 갈등의 사람 야곱이 언약의 사람 이스라엘로 변화되었음을 시사하며, 이 유언이 개인적 감정이 아닌 언약 계승자로서의 사명적 선포임을 나타낸다. 본문의 세 번의 부름("모이라", "모여 들으라", "들을지어다")은 야곱이 단지 정보를 전달하려는 것이 아니라, 자녀들이 깨어 있는 자세로 경건한 마음으로 듣고, 삶의 경로를 점검하라는 '경고적 초대'이다. 이 부름은 히브리 전통에서 율법 낭독 또는 언약 갱신 장면에서 사용된 어어와 유사한 분위기를 가지고 있으며, 신앙의 재정립을 요청하는 것이다.

야곱 자신이 "험악한 세월"을 지나 실패와 회복의 과정을 통해 성숙한 신앙의 모델로 섰듯, 이제 자녀들 역시 자신이 걸어온 경주를 성찰하고, 하나님이 주신 길을 향해 믿음으로 달려가야 할 때임을 말하고 있는 것이다(히 12:1-2 참조).

야곱의 유언은 신앙경주의 결산의 순간이자 다음 세대를 위한 출발 신호로 작용한다. 이스라엘의 각 지파는 '개인의 삶과 민족의 운명이 분리되지 않는다는 진리'를 따라, 각자의 신앙과 정체성 위에 하나님의 섭리 안에서 달려가야 할 자기 경주를 부여받는다.

1. 레아의 자녀들(49:3-15)

> 3 르우벤아 너는 내 장자요 내 능력이요 내 기력의 시작이라 위풍이 월등하고 권능이 탁월하다마는 4 물의 끓음 같았은즉 너는 탁월하지 못하리니 네가 아버지의 침상에 올라 더럽혔음이로다 그가 내 침상에 올랐었도다 5 시므온과 레위는 형제요 그들의 칼은 폭력의 도구로다 6 내 혼아 그들의 모의에 상관하지 말지어다 내 영광아 그들의 집회에 참여하지 말지어다 그들이 그들의 분노대로 사람을 죽이고 그들의 혈기대로 소의 발목 힘줄을 끊었음이로다 7 그 노여움이 혹독하니 저주를 받을 것이요 분기가 맹렬하니 저주를 받을 것이라 내가 그들을 야곱 중에서 나누며 이스라엘 중에서 흩으리로다 8 유다야 너는 네 형제의 찬송이 될지라 네 손이 네 원수의 목을 잡을 것이요 네 아버지의 아들들이 네 앞에 절하리로다 9 유다는 사자 새끼로다 내 아들아 너는 움킨 것을 찢고 올라갔도다 그가 엎드리고 웅크림이 수사자 같고 암사자 같으니 누가 그를 범할 수 있으랴 10 규가 유다를 떠나지 아니하며 통치자의 지팡이가 그 발 사이에서 떠나지 아니하기를 실로가 오시기까지 이르리니 그에게 모든 백성이 복종하리로다 11 그의 나귀를 포도나무에 매며 그의 암나귀 새끼를 아름다운 포도나무에 맬 것이며 또 그 옷을 포도주에 빨며 그의 복장을 포도즙에 빨리로다 12 그의 눈은 포도주로 인하여 붉겠고 그의 이는 우유로 말미암아 희리로다 13 스불론은 해변에 거주하리니 그 곳은 배 매는 해변이라 그의 경계가 시돈까지리로다 14 잇사갈은 양의 우리 사이에 꿇어앉은 건장한 나귀로다 15 그는 쉴 곳을 보고 좋게 여기며 토지를 보고 아름답게 여기고 어깨를 내려 짐을 메고 압제 아래에서 섬기리로다

그렇다면 아버지가 왜 장자 르우벤을 저주하는 반면에 유다와 요셉에게는 5절씩 같은 분량으로 장자권의 축복하는지를 주어진 구조를 분석해 볼 것이다.

레아 자녀들의 이름 구조(49:3-15)

1. 레아-르우벤 <저주>	3-4
2. 레아-시므온/레위 <저주>	5-7
3. 레아-유다 <장자권 축복>	8-12
2'. 레아-스불론 <가벼운 책망>	13
1'. 레아-잇사갈 <책망>	14-15

위 구조는 레아가 낳은 여섯 아들들의 축복 및 저주 내용을 중심으로 구성된 홀수 대칭구조(1-2-3-2'-1')로 분석된다. 이 구조는 단순한 배열을 넘어, 각 인물의 신앙 여정과 평가가 대칭적 혹은 대비적으로 짝을 이루는 서사적·신학적 장치를 보여준다.

1 / 1': 르우벤과 잇사갈이 대칭을 이룬다.

장자인 르우벤은 아버지 야곱의 침상을 더럽힌 죄로 인해 축복 대신 저주를 받는다(창 49:3-4). 반면, 잇사갈은 심한 저주를 받지는 않지만, 게으름과 세속적 순응에 대한 책망을 받는다(49:14-15). 둘 다 긍정적인 평가를 받지 못하고 있으며, 선택에서 배제된 형제들이다.

2 / 2': 시므온/레위와 스불론이 서로 짝을 이룬다.

시므온과 레위는 세겜 사건(창 34장)으로 인해 함께 분노와 저주의 대상이 되며, 그들의 후손은 이스라엘 지파 안에서 흩어지게 된다(49:5-7). 반면, 스불론은 바닷가와 무역 활동에 관련된 경계적 축복을 받는다(49:13). 스불론 역시 큰 주역은 아니며, 축복보다는 경계적 역할과 가능성을 부여받는다.

주목할 점: 이 구조에서는 이름 배열이 출생 순서와 일치하지 않는다. 시므온

(2째)-레위(3째)-유다(4째)-잇사갈(5째)-스불론(6째) 순이지만, 구조상 중심을 기준으로 의도적으로 재배열되었으며, 이는 유다를 신학적 중심에 놓기 위한 장치로 볼 수 있다.

3 (중심):

유다는 다섯 절(창 49:8-12)에 걸쳐 매우 긍정적이고 장대한 축복을 받는다. 유다는 왕권과 메시아의 계보가 이어지는 지파로서 특별히 주목되며, 다른 형제들과 달리 명백한 선택의 지표로 제시된다. 이는 창세기 전체에서 점진적으로 부각되는 유다의 책임감과 변화를 반영한다(창 44장 참조). 유다가 구조의 중심점에 위치하는 것은 단순한 배열이 아니라, 언약 계승자로서의 신학적 중심성을 드러내는 설계이다.

결론적으로 이 구조는 단지 인물 배열의 기교를 넘어서, 신앙경주의 과정 속에서의 분별과 선택, 그리고 하나님의 주권적인 언약 계승자의 설정이라는 구속사적 메시지를 담고 있다. 중심에 있는 유다는 신앙적 회복의 모범이며, 주변의 형제들은 심판과 책망을 받는 자들, 또는 경계에서 머무는 자들로 기능하며 전체 구조의 긴장과 대조를 형성한다.

위 본문은 왜 이러한 배열로 구성되어 있을까? 그리고 왜 스불론과 잇사갈의 태생 서열이 바뀌었을까?

이러한 대칭 구조의 의도는, 저자가 레아의 자녀들 중 유다가 아버지 야곱으로부터 장자의 축복을 계승하였음을 명확히 드러내기 위함이다. 이는 창세기 전체에 흐르는 언약 계승의 신학적 원리, 곧 신앙경주의 원리와 깊이 연결된다. 성경은 언제나 **단순한 혈통이나 출생 순위**보다, 하나님 앞에서의 삶의 열매와 신실함에 따른 선택과 전환을 강조한다. 이러한 순서의 역전과 선택의 재구성은 바로 이 구조의 중심이 된다.

실제로, 레아의 여섯 아들 중 장자인 르우벤은 창세기 35장에서 아버지의 첩과 동침함으로 심각한 죄를 범하였고, 결국 아버지의 신임과 장자권을 상실하였다. 차자 시므온과 삼자 레위 역시 세겜 사건의 복수로 인해 하나님의 백성으로서 가져야 할 절제와 공의에서 벗어난 폭력성을 드러내며 야곱에게 저주를 받게된다. 반면 넷째 아들인 유다는 야곱에게서 다섯 절에 걸친 장문의 축복을 받는데, 이는 단순히 분량에서의 차이만이 아니라 구속사적으로도 유일하게 메시아적 계시가 집중되는 부분이라는 점에서 구조적 중심에 선 인물임을 보여준다.

이 구조는 단지 인물의 위치 배치가 아니라, 신앙의 경주 결과에 따른 평가와 보상의 원리를 서사적으로 드러내는 장치이다. 유다는 과거(창 37-38장)에서 형제 파는 계획의 주도자로 나섰고, 다말 사건에서 도덕적 실족도 겪었으나, 이후 변화된 모습으로 베냐민을 대신하여 애굽 총리 앞에서 자신을 담보로 내어놓는 회개의 삶과 책임감 있는 헌신을 보여주었다. 이러한 삶의 전환과 경주 속의 회복이 장자권의 실제 계승으로 연결된 것이다.

또한, 유다 중심의 구조에서 나타나는 스불론과 잇사갈의 배열 역전도 신앙경주의 원리를 잘 보여준다. 잇사갈이 태생적으로 형임에도 불구하고 그의 수동적 태도와 세속적 복종이 평가받은 반면, 스불론은 역동적인 바다의 무역 지대를 차지하며 사명의 영역을 확장하는 상징으로 평가받는다. 이처럼 출생 순서와 관계없이 삶의 내용, 곧 신앙의 경주에서 드러나는 열매에 따라 그 결과와 위치가 결정된다. 이는 신앙의 경주에서 혈통이나 환경이 아닌 믿음의 내용과 경주의 태도가 결정을 이룬다는 구속사적 메시지를 명확히 한다.

요약하자면, 넷째 아들 유다는 맏형 르우벤과 차자 시므온·레위의 실패를 뒤로하고, 자신의 죄를 통회하고 회복된 삶을 통해 중심에 이르게 된 인물이다. 이는 곧 신앙경주의 원리 —회개와 순종을 통한 회복과 승리— 를 잘 보여주는 대표적인 예다. 따라서 이러한 대칭 구조 속에서 유다는 서시직 중심이자 신앙경주의 승리사로 자리 잡으며, 그를 중심으로 배열된 형제들의 예언은 모두 신앙의 평가와 결산이라는 경주적 관점에서 재해석된다.

이러한 구조와 주제의 관계는 야곱 톨레돗 전체에서 전개되는 '신앙경주'의 흐름을 더욱 선명하게 강조한다.

2. 첩의 자녀들(49:16-21)

16 단은 이스라엘의 한 지파 같이 그의 백성을 심판하리로다 17 단은 길섶의 뱀이요 샛길의 독사로다 말굽을 물어서 그 탄 자를 뒤로 떨어지게 하리로다 18 여호와여 나는 주의 구원을 기다리나이다 19 갓은 군대의 추격을 받으나 도리어 그 뒤를 추격하리로다 20 아셀에게서 나는 먹을 것은 기름진 것이라 그가 왕의 수라상을 차리리로다 21 납달리는 놓인 암사슴이라 아름다운 소리를 발하는도다

첩의 자녀들 이름 구조 (49:16-21)

```
1. 빌하 - 단          [칭찬]              16-18
  2. 실바 - 갓              [칭찬]            19
  2'. 실바 - 아셀            [가벼운 책망]    20
1'. 빌하 - 납달리    [칭찬]              21
```

첩들의 자녀들의 이름 배열에 관한 것으로, 다음과 같은 짝수형 대칭 구조로 분석할 수 있다. 이 구조는 라헬의 몸종 빌하와 레아의 몸종 실바에게서 태어난 자녀들을 중심으로 구성된 짝수형 대칭구조(1-2-2'-1')이다. 이 배열은 기존의 족보 목록들―예컨대 창세기 35장, 36장 및 출애굽기 1장에서 제시된 순서와 달리, 태생 순서가 아닌 의도적 서사 구조에 따라 배열되었다는 점에서 주목할 만하다.

앞의 족보들은 일관되게 태생 순으로 배열되어 있었으나, 창세기 49장에서는 구조적, 신학적 의도에 따라 배열 방식이 달라진다. 구체적으로 보면:

1 / 1'은 빌하의 자녀인 단과 납달리가 서로 대칭을 이루며, 모두 긍정적 평가(칭찬)를 받는다.

2 / 2'는 실바의 자녀인 갓과 아셀이 짝을 이루는데, 갓은 칭찬, 아셀은 가벼운

책망을 받는다. 이 역시 태생 순서와는 상관없다.

이러한 구조는 단순한 정보 나열이 아닌, 야곱의 축복 선언의 구조적 메시지를 전달하고자 하는 서사적 장치로 보아야 한다. 레아의 자녀들과 마찬가지로, 여기서도 출생 순이나 지파의 영토 분배 순서(남 → 북)도 아닌, 신앙적 삶에 따른 '축복의 분량'이 배열 기준이 되었음을 보여준다. 특히 창세기 49장은 아버지 야곱이 자녀들을 축복하거나 책망하면서 그들의 과거 삶의 신앙적 내용을 평가 기준으로 삼고 있다는 점에서 신학적 의의가 크다. 이는 단순한 가계적 서술이 아니라, 언약의 축복이 태생이나 출신이 아닌 '믿음의 삶'에 따라 주어질 수 있음을 보여주는 신앙 교훈이다.

따라서 본 구조는 야곱 톨레돗의 전체 주제, 곧 야곱 자손들의 신앙경주라는 관점에서 이해되어야 한다. 창세기 49장 구조 전체는 선택받은 자녀든, 첩의 자녀든, 믿음으로 사는 자는 얼마든지 축복의 자리에 설 수 있음을 구조적으로 선언하고 있다.

이는 구속사 전체에서 반복되는 신학적 메시지와도 일치한다:

"차자라도 믿음으로 사는 자는 장자의 축복을 받을 수 있다."

즉, 첩의 자녀라 할지라도, 주어진 삶의 조건 속에서 믿음으로 응답하는 자는 하나님의 언약적 축복에 동참할 수 있음을 이 구조는 강하게 시사한다. 이는 출생에 근거한 차별을 해체하고, 하나님의 주권과 은혜, 그리고 신앙의 실천을 통한 선택의 가능성을 드러내는 구속사적 선언이라 할 수 있다.

3. 라헬 자녀들의 이름 구조(창 49:22-27)

다음은 라헬 자녀들의 이름의 구조가 아래 선형구조에 담겨있다.

라헬 자녀들의 이름 구조(창 49:22-27)

1. 라헬 – 요셉	<장자권 축복>	22-26
2. 라헬 – 베냐민	<칭찬>	27

위 구조는 태생 순서를 반영한 배열로, 라헬이 낳은 두 아들 요셉과 베냐민의 축복 내용이 선형 구조로 제시되어 있다. 그러나 태생 순서 외에도, 축복의 분량이 이 구조를 형성하는 핵심 요소로 작용하고 있음이 드러난다. 요셉은 무려 다섯 절에 걸친 장대한 축복을 받는다(49:22-26). 반면, 베냐민은 단 한 절(49:27)의 간략한 유언적 축복만이 주어진다. 이러한 차이는 단지 형제 간의 태생 순서를 반영한 것이 아니라, 신앙적 삶과 사명 수행의 결과로 주어진 축복의 분량이라는 점에서 구조적·신학적 의도를 가진다.

특히 요셉이 장자의 축복을 받은 이유는 단순히 라헬의 맏아들이기 때문이 아니다. 그는 자신의 삶에서:

- 의로운 자로서의 정결함을 유지하였고,
- 고난 중에도 믿음을 지키며 인내하였으며,
- 하나님의 섭리에 순종하여 통치자적 사명을 탁월하게 수행하였다.

이러한 삶의 결과로 그는 신앙경주의 승자로 인정받았으며, 유다와 함께 가장 길고 구체적인 축복을 받는 자리에 서게 된다. 이것은 요셉이 받은 풍성한 축복을, 단순한 장자권의 결과가 아니라 그가 살아낸 의로운 삶의 열매로 이해해야 하며, 또한 이러한 축복 분량의 불균형을, 저자의 신학적 의도와 인물 평가로 해석해야한다.

이와 같이, 창세기 49장의 이름 구조는 축복의 분량과 아내 계열의 순서를 요소로 하여 구성되었음을 확인할 수 있다. 레아의 자녀들 가운데서는 유다가 가장 많은 축복(5절)을 받았고, 라헬의 자녀들 중에서는 요셉이 동일하게 5절 분량의 축복을 받으며, 두 사람은 구조상 서로 대조와 균형을 이루는 중심 인물로 드러난다. 반면, 첩들의 자녀들 역시 그들의 믿음의 분량에 따라 각각 1절 안팎의 축복을 받은 것으로 나타난다.

결과적으로, 열두 아들들 중에서 유다와 요셉이 가장 풍성한 축복을 받은 인물들로 부각되는데, 이는 단지 출생 순서나 혈통 때문이 아니라, 그들의 삶 속에서 나타난 신앙적 행위와 회복의 여정에 따른 결과였다. 이러한 평가 기준은 곧 '야곱 톨레돗' 전체에서 전개된 그들의 삶의 열매에 근거한 것이다. 즉, 구원받은 백성이라 할지라도 믿음으로 살아갈 때 하나님의 축복이 보장되며, 그렇지 못할 경우에는 책망과 징계를 피할 수 없다는 교훈을 본문은 분명하게 전하고 있다.

4. 결론(y): 열두 지파(창 49:28)

> 28 이들은 이스라엘의 열두 지파라 이와 같이 그들의 아버지가 그들에게 말하고 그들에게 축복하였으니 곧 그들 각 사람의 분량대로 축복하였더라

야곱의 축복의 결론은 분명하고도 구속사적이다. 그것은 이스라엘의 열두 지파가 형성되었고, 이들이 하나님의 언약 안에서 복을 받았다는 사실이다. 요셉 대신 그의 두 아들 에브라임과 므낫세가 지파로 입양되면서, 총 12지파가 구성되었고, 이는 하나님의 구속 역사 속에서 언약 백성의 완성을 상징한다. 성경에서 '12'라는 숫자는 하나님의 원전한 신택과 언약의 성취를 나타내며, 이는 사람의 계획이 아니라 하나님의 주권적 섭리에 의해 이루어진 것이다. 비록 야곱이 자녀들을 축복하는 형식을 취하고 있지만, 실상은 하나님께서 요셉에게 두 몫의 유업을 주심으로, 언약적 계승과 선택이 이루어진 것이다.

야곱은 이 열두 자녀들을 축복하였고, 이는 두 차례에 걸쳐 강조된다. 한 번은

이스라엘 공동체 전체를 향한 총체적인 축복으로, 다른 한 번은 각 지파마다 하나님께서 주신 개인의 분량과 신앙의 열매에 따라 차등적으로 축복한 것이다. 각 자녀에게 주어진 축복은 단순한 인사말이 아니라, 그들의 삶의 행적과 신앙의 결실에 대한 평가이자, 신앙경주의 결과물이었다. 어떤 이는 책망을 받았고, 어떤 이는 칭찬과 더불어 장자의 축복을 받았다. 이는 장자의 혈통이 아니라 신앙의 순종과 경주가 축복의 기준이 되었음을 보여준다. 이런 점에서 유다와 요셉은 장자권의 두 가지 축복의 요소인 왕권과 축복권을 각각 나누어서 받았다. 유다는 왕권이고, 요셉은 두 지파를 얻게 되는 축복을 받게 되었다. 이러한 축복들은 그들이 신앙경주의 승리자들이었기 때문이다. 유다의 회개가 없었으면 메시아의 라인이 될 수 없었고 요셉의 리더십과 사명은 세상을 살렸다. 그는 아브라함의 언약의 약속과 축복을 이루는데 사용되었다.

결과적으로 이 열두 지파는 하늘의 별과 같이, 바다의 모래와 같이 셀 수 없이 번성할 것이다. 이는 아브라함에게 주어진 언약의 실현이며, 그 언약이 이삭과 야곱을 거쳐 야곱의 자손들 가운데 구체화된 것이다. 곧, 아브라함과 이삭, 그리고 야곱이 믿음으로 경주했던 인생의 여정이 열두 지파의 형성과 번성이라는 상급으로 귀결된 것이다. 이 축복은 단지 과거의 언약 성취에 그치지 않고, 앞으로 펼쳐질 이스라엘 역사와 궁극적인 구속사의 완성을 향해 나아간다. 이처럼 야곱의 축복은 과거와 미래를 아우르는 신앙경주의 상급이자, 하나님의 언약 성취의 선언이 된다.

결론(Y) 49:29-50:26 야곱과 요셉의 사망

이 부분은 '야곱 톨레돗'(창 37:2 이하)의 결론부로서, 야곱과 요셉의 죽음을 중심으로 서술되고 있다. 특히 창세기 50장은 야곱과 요셉 두 인물의 생애를 마무리하며, 동시에 창세기 전체 구속사 구조 속에서 의미 있는 전환점을 형성한다. 그러나 이 마지막 장의 위치와 기능에 대해서는 학자들 간에 견해 차이가 존재한다. 역사비평학자들은 주로 이 본문을 다양한 문서들의 결합이나 편집의 산물로 해석해 왔다. 그러나 창세기 50장은 단순한 결말 이상의 기능을 하며, '야곱 톨레돗'의 서론부와도 긴밀하게 연결되어 있다. 실제로 창세기 37장의 서론과 비교해 보면, 인물들의 등장 방식과 역할, 특히 아버지(야곱)와 아들(요셉) 간의 관계, 형제들과의 갈등, 그리고 그 갈등의 극복과 화해라는 주제가 서로 호응한다. 서론에서 제시된 인물 간의 상호작용(대화, 행동, 갈등)은 결론부에서 신앙적 고백과 섭리 인식, 용서와 화해의 메시지로 귀결된다. 이처럼 기능적으로 반복되는 구조적 요소들 안에서 '야곱 톨레돗'은 종결되고, 창세기 구속사의 맥은 다음 시대(출애굽기)로 이어지는 연결점이 된다.

따라서 이러한 구조적 유사성과 반복은 단순한 서사적 장치나 피상적인 기능이 아니라, 하나님의 구속사적 경륜을 구성하는 통일성과 목적성을 드러내는 해석학적 열쇠로 이해해야 한다. 반복되는 키워드와 모티프, 구조의 평행성과 전환은 창세기의 독자들에게 단순한 역사적 사실 전달을 넘어, 하나님의 섭리와 언약 성취의 메시지를 심화시키는 도구가 된다. 이제 이 구조적 분석과 메시지 탐구의 작업은, 야곱과 요셉의 죽음이라는 본문을 끝으로 마무리되며, 다음 단계의 구속사 여정을 준비하게 될 것이다.

가. 구조적 주해

야곱과 요셉의 사망(49:29-50:26)

1. 사망 〈야곱의 사망〉	49:29-33
2. 유언 〈바로가 유언대로 하라고 허락함〉	50:1-6
3. 가나안 〈아버지를 모시고 가나안으로 올라감〉	50:7-11
4. 동행 〈장사 후에 형들과 함께 돌아옴〉	50:12-14
5. 간청 〈형들이 애원하고 요셉은 움〉	50:15-17
5'. 간청 〈형들이 애원하고 요셉은 위로함〉	50:18-21

위 본문은 '야곱 톨레돗'(자손의 역사)의 마지막 부분이다. 아버지 야곱과 요셉의 사망을 다룬다. 10개의 요지들이 양괄식 대칭구조로 구성되어 서로 비교와 대조를 이루면서 전개된다: 1 - 2 - 3 - 4 - 5 / 5' - 4' - 3' - 2' - 1', 양괄식은 처음과 끝 요지에 중심 주제가 있다.

1 - 1': 야곱과 요셉의 사망 - 신앙경주의 완주와 언약의 승계

야곱의 죽음은 "그 조상들에게로 돌아감"으로 표현되며, 이는 믿음의 조상들과의 연합과 신앙경주의 완주를 상징한다(히 11:13). 요셉의 죽음 또한 동일한 표현으로 끝나며, 그는 자신의 뼈를 가나안에 장사해 달라고 부탁함으로써, 하나님의 언약에 대한 믿음으로 인생을 마친다(히 11:22).

이 두 죽음은 '언약의 성취를 향한 경주의 종결과 승계'라는 구속사의 흐름 속에서 이해되어야 한다.

2 - 2': 유언 - 언약의 땅에 대한 확신

야곱은 자신이 아브라함과 이삭과 함께 묻히기를 간청하고, 요셉 역시 가나안에 장사해 달라고 유언한다. 이는 두 인물이 모두 하나님의 언약(창 15:13-16; 46:3-4)을 죽음 이후에도 신뢰했다는 증거이다. 신앙경주란 '죽음 이후의 소망을 품는 경주'이며, 신자의 경주는 죽음으로 끝나는 것이 아니라, 하나님의 언약 성취로 연결된다는 것을 보여준다.

3 - 3': 가나안 - 언약적 귀향의 예표와 예언

3에서는 요셉이 야곱의 장례를 위해 가나안으로 올라가는 사건이 묘사되며, 3'에서는 요셉이 하나님께서 이스라엘 자손을 장차 가나안으로 인도하실 것을 확신하며 유언한다. 이는 출애굽과 가나안 정복을 예표하는 구속사적 장면으로서, '가나안 회복'이라는 언약 성취의 미래가 요셉의 신앙고백으로 계승된다. 신앙경주의 방향은 항상 약속의 땅을 향한 경주이다. 요셉은 가나안을 '죽음 이후에도 도달할 최종 목표'로 확신했다.

4 – 4': 동행 – 회복된 공동체 안에서의 삶

4에서는 요셉이 장례를 마치고 형들과 함께 애굽으로 돌아오는 장면,

4'에서는 요셉이 형제들과 그 자손들과 화목하게 동행하며 복된 삶을 이어가는 장면이 묘사된다. 이는 형제 간의 갈등을 넘어서 회복된 언약 공동체의 모습을 보여주며, 신앙경주의 종착점이 화해와 동행임을 상징한다. 신앙경주는 혼자만의 경주가 아니라, 공동체가 함께 완주해야 하는 경주임을 보여주는 대목이다.

5 – 5': 간청과 용서 – 하나님의 섭리 안에서 해석된 고난

야곱의 사후, 형들은 요셉이 자신들을 해할까 두려워 간청하고, 요셉은 울며 감정을 드러낸다. 이어 형들은 다시 간청하고, 요셉은 하나님의 섭리를 고백하며 그들을 위로한다(50:20).

"당신들은 나를 해하려 하였으나, 하나님은 그것을 선으로 바꾸사 …."

이는 창세기 전체 구속사의 클라이맥스이자, 고난과 악마저도 하나님의 뜻을 이룬 도구로 사용된다는 섭리신학의 진술이다. 요셉은 신앙경주의 승자로서 형제들을 품고 용서하는 종말론적 리더로 세워졌으며, 이는 곧 그리스도의 그림자이다.

나. 구속사적 의의

언약의 땅 지향: 야곱과 요셉 모두 죽음을 앞두고 가나안에 장사해 달라고 요청한다. 이는 가나안이 단순한 묘지가 아니라, 하나님의 약속의 땅임

을 증언한다.

용서와 보존: 형제들이 다시금 요셉에게 용서를 구하였으나, 요셉은 하나님의 주권적 섭리를 강조하며 위로했다. 이는 구속사가 인간의 죄와 갈등에도 불구하고 계속 이어짐을 보여준다.

미래에 대한 확신: 요셉은 "하나님이 반드시 너희를 가나안으로 인도하실 것"이라 확신했다. 이는 출애굽과 가나안 입성을 내다보는 구속사의 전망이다.

다. 신앙경주 적용

죽음 이후의 믿음: 야곱과 요셉 모두 죽음을 앞두고도 하나님의 약속을 붙잡고 후손에게 유언했다. 신앙경주는 죽음의 순간까지도 믿음을 전수하는 경주이다.

용서의 삶: 형제들의 두려움 속에서 요셉은 용서와 위로를 주었다. 신앙경주는 끝까지 화해와 용서로 마무리하는 여정이다.

약속의 땅 지향: 신앙경주는 현실의 애굽이 아니라, 하나님이 약속하신 가나안—곧 더 나은 본향을 향해 달려가는 여정이다.

위 전체 구조는 단순한 '죽음의 결산'이 아니라, 믿음으로 시작해 믿음으로 끝나는 언약 여정의 완성이다. 야곱 톨레돗의 마무리는 죽음을 넘어 가나안 회복을 소망하는 백성의 신앙고백이며, 구속사의 여명기에서 신약의 그림자를 보여주는 결정적인 장면이다.

그렇다면 이 마지막 구조에 담긴 의미는 무엇인가? 요셉과 형들의 다하지 못한 화해를 보여주려는 것인가? 아니면 형들의 믿음 없는 모습을 보여주려는 것인가? 또한 야곱과 요셉이 죽음 직전에 그들이 가졌던 신앙 정체성은 무엇인가? 이러한 질문을 해결하기 위해 구조적 관점에서 주해해 나갈 것이다.

라. 본문 해설

1. 사망: 야곱의 사망(49:29-33)

> 29 그가 그들에게 명하여 이르되 내가 내 조상들에게로 돌아가리니 나를 헷 사람 에
> 브론의 밭에 있는 굴에 우리 선조와 함께 장사하라 30 이 굴은 가나안 땅 마므레 앞
> 막벨라 밭에 있는 것이라 아브라함이 헷 사람 에브론에게서 밭과 함께 사서 그의 매
> 장지를 삼았으므로 31 아브라함과 그의 아내 사라가 거기 장사되었고 이삭과 그의
> 아내 리브가도 거기 장사되었으며 나도 레아를 그 곳에 장사하였노라 32 이 밭과 거
> 기 있는 굴은 헷 사람에게서 산 것이니라 33 야곱이 아들에게 명하기를 마치고 그 발
> 을 침상에 모으고 숨을 거두니 그의 백성에게로 돌아갔더라

야곱의 파란만장한 삶이 이제 마침표를 찍는다. 그는 죽음을 앞두고 자녀들을 불러 마지막 유언을 남긴다. 그의 간절한 요청은 단 하나였다. 그의 시신을 약속의 땅, 가나안의 막벨라 굴에 장사해 달라는 것이다. 막벨라 굴은 마므레 앞에 위치한 밭에 속한 곳으로, 그의 조부 아브라함이 헷 사람 에브론에게서 밭과 함께 값을 치르고 정식으로 구입한 가족 묘지였다. 당시 에브론은 사라를 어다든 묻으라고 호의적으로 말했지만, 아브라함은 그 땅이 하나님의 언약의 땅임을 확신하며, 그곳을 돈을 주고 법적 소유지로 구입함으로 언약적 신앙을 행동으로 표현했다. 그곳에는 아브라함과 사라, 이삭과 리브가, 그리고 야곱이 살아가는 동안 아내 레아도 묻혀 있었다.

야곱은 이 사실을 되새기며, 자시 역시 언약의 계승자로서 그 가족 묘지에 묻히기를 원했다. 단순한 혈연적 연합을 넘어서, 하나님께서 약속하신 땅에 대한 믿음의 고백이자 영원한 안식처를 향한 소망이 담긴 유언이었다. 야곱은 비록 애굽 땅에서 죽음을 맞이하였지만, 그의 영혼은 조상들과 함께 하나님 품으로 돌아갔으며, 육신은 언약의 땅에 묻히기를 원한 것이다.

이 유언을 통해 우리는 야곱의 신앙 여정의 정점을 보게 된다. 그는 "험악한 세월"(창 47:9)을 살았지만, 태중에서부터 하나님의 택하심을 입었고, 장자의 권리를 소중히 여기며 언약의 계승자가 되기를 열망한 자였다. 수많은 고난과 방황 속에서도 그는 끝까지 하나님의 인도하심을 신뢰했고, 자신의 삶을 통해 신앙을 전수하는 자로 살았다.

야곱의 죽음은 단순한 생물학적 종말이 아니라, 언약의 계보를 따라 살아간 자의 신앙경주의 완주였다. 그는 마침내 147세의 나이로 요셉이 마련한 침상 위에서 평안히 숨을 거두고, 그의 백성에게로 돌아갔다(창 49:33). 이것은 단순한 가족의 품으로 돌아간 것이 아니라, 믿음의 조상들과 함께 하나님 나라로 들어간 것을 의미한다. 그의 죽음은 신자의 죽음이 어떠해야 하는지를 보여주는 구속사적 모범이 된다.

2. 유언: 바로가 유언대로 할 것을 허락함(50:1-6)

1 요셉이 그의 아버지 얼굴에 구푸려 울며 입맞추고 2 그 수종 드는 의원에게 명하여 아버지의 몸을 향으로 처리하게 하매 의원이 이스라엘에게 그대로 하되 3 사십 일이 걸렸으니 향으로 처리하는 데는 이 날수가 걸림이며 애굽 사람들은 칠십 일 동안 그를 위하여 곡하였더라 4 곡하는 기한이 지나매 요셉이 바로의 궁에 말하여 이르되 내가 너희에게 은혜를 입었으면 원하건대 바로의 귀에 아뢰기를 5 우리 아버지가 나로 맹세하게 하여 이르되 내가 죽거든 가나안 땅에 내가 파 놓은 묘실에 나를 장사하라 하였나니 나로 올라가서 아버지를 장사하게 하소서 내가 다시 오리이다 하라 하였더니 6 바로가 이르되 그가 네게 시킨 맹세대로 올라가서 네 아버지를 장사하라

애굽의 총리였던 요셉은 아버지 야곱이 마지막 숨을 거두자, 그의 얼굴에 엎드려 울며 입을 맞추었다(창 50:1). 요셉에게 이 장면은 단지 한 부모의 죽음을 맞이하는 것이 아니라, 자신의 인생 전 여정을 이끌어 온 신앙의 선배, 언약의 계

승자와의 작별이었다. 지난 세월 동안 자신이 죽은 줄 알고 슬퍼했던 아버지, 의와 믿음으로 살아온 아버지를 이제는 떠나보내야 한다는 현실은 요셉의 가슴을 찢는 고통이었다.

요셉은 아버지의 시신이 잘 보존되도록, 당시 애굽 최고의 방식인 향료 처리를 수종드는 의원들에게 맡겼다. 이 처리 과정은 40일이 걸렸고, 이후 70일 동안 국가적 차원에서 아버지를 위해 공식적인 애곡 기간이 이어졌다(창 50:3). 이렇게 오랜 시간 동안 조의를 표한 것은, 요셉이 단지 권력자의 지위를 가진 인물로서가 아니라, 하나님의 언약을 전수해 준 아버지를 깊이 존경하고 사랑했기 때문이었다.

그는 아버지가 생전에 남긴 유언, 곧 자신을 가나안 땅에 묻어 달라는 유언을 바로에게 알리고, 그것을 지킬 수 있도록 허락해 달라고 요청했다. 이것은 단지 가족 장례를 치르기 위한 절차가 아니라, 요셉 자신의 정체성과 신앙고백을 담은 요청이었다. 요셉은 애굽의 총리로 오랜 세월을 살았지만, 마음속으로는 여전히 자신의 본향이 가나안 땅에 있으며, 나아가서는 그 하늘의 본향, 곧 하나님의 나라를 소망하고 있었던 것이다(히 11:13-16).

요셉의 요청에 바로는 매우 긍정적으로 응답하였다. 그는 요셉이 아버지와 맺은 언약을 따라 가나안에 가서 장례를 치를 수 있도록 공식 허락을 내렸다(창 50:5-6). 이는 하나님께서 애굽의 왕조를 통해서도 자기 백성의 신앙경주와 언약의 성취를 도우시는 섭리적 역사를 보여주는 장면이다. 또한, 요셉이 비록 이방 땅에서 고위직을 감당했으나, 언약 백성으로서의 정체성과 신앙의 방향성을 결코 잃지 않았음을 증거한다.

요셉의 행동은 그가 단지 한 나라의 정치인이 아니라, 하나님 나라를 사모하며 신앙의 경주를 완주하고자 했던 구속사의 인물임을 분명히 드러낸다. 그는 아버지 야곱의 믿음을 계승하며, 죽음을 대면하는 자리에서도 하나님의 언약을 붙들고 본향을 향해 나아가는 경주자의 자세를 보여주었다.

3. 가나안: 아버지를 모시고 가나안으로 올라감(50:7-11)

> 7 요셉이 자기 아버지를 장사하러 올라가니 바로의 모든 신하와 바로 궁의 원로들과 애굽 땅의 모든 원로와 8 요셉의 온 집과 그의 형제들과 그의 아버지의 집이 그와 함께 올라가고 그들의 어린 아이들과 양 떼와 소 떼만 고센 땅에 남겼으며 9 병거와 기병이 요셉을 따라 올라가니 그 떼가 심히 컸더라 10 그들이 요단 강 건너편 아닷 타작 마당에 이르러 거기서 크게 울고 애통하며 요셉이 아버지를 위하여 칠일 동안 애곡하였더니 11 그 땅 거민 가나안 백성들이 아닷 마당의 애통을 보고 이르되 이는 애굽 사람의 큰 애통이라 하였으므로 그 땅 이름을 아벨 미스라임이라 하였으니 곧 요단 강 건너편이더라

놀라운 사실은 야곱의 운구 행렬이 단순한 가족 단위의 장례가 아니라, 국가적 규모의 장례 행렬로 기록되었다는 점이다. 성경은 이 장면을 "심히 큰 무리더라"(창 50:9)고 묘사하며, 이는 야곱이 단순한 가정의 가장을 넘어 하나님의 언약을 계승한 족장으로서 존중받았다는 것을 상징한다.

장례에 참여한 인원은 매우 방대하다. 바로의 모든 신하들과 궁중의 원로들, 애굽 전역의 모든 장로들, 그리고 요셉의 가족들, 형제들, 야곱의 집에 속한 자들 전부가 가나안까지 동행하였다. 단, 어린아이들과 가축(양 떼와 소 떼)만 애굽에 남겨 두었다. 이는 이 장례가 단순히 가족 차원의 예식이 아니라, 요셉이 섬기는 나라 전체가 함께 참여한 일종의 국가적 장례였음을 보여준다.

그들은 요단 강 건너편 아닷 타작마당에 이르러, 그곳에서 크게 울고 슬퍼하며 7일 동안 애곡하였다. 요셉의 이 깊은 애도는 아버지를 향한 효심과 신앙의 표현이었으며, 그 슬픔은 그 땅에 거주하던 가나안 사람들의 눈에도 분명하게 비쳤다. 그들은 이 장례를 두고 "이는 애굽 사람의 큰 애통이로다"라고 부르며, 그 땅의 이름을 '아벨미스라임'(애굽의 슬픔)이라 칭했다(50:11).

여기서 주목할 점은, 키워드 가나안에 관한 것이다. 요셉이 가나안으로 올라

갔다는 반복되는 묘사이다. 성경이 이 장면을 '가나안으로 올라감'이라고 표현한 것은 단지 지리적 이동을 넘어서, 신학적 의미를 내포한 표현이다. 이 '가나안'은 구속사적으로 '본향'(히 11:14-16)을 상징하며, 신약성경에서는 '하늘의 예표, 곧 천국'을 가리킨다. 가나안에 대한 신학적 해석은 다음 두 가지로 요약될 수 있다.

1) 믿음의 안식처로서의 가나안: 히브리서 4장에서처럼, 가나안은 믿음으로 들어 가는 영적 안식의 공간을 의미한다.
2) 하나님 나라의 예표로서의 가나안: 가나안은 궁극적인 하나님 나라, 즉 천국 의 그림자로 제시된다.

요셉이 아버지를 가나안 땅에 장사하려는 이 행동은 단순한 효심을 넘어, 자 신도 그 언약에 참여한 자로서 '본향'을 지향하고 있음을 보여주는 신앙고백이 다.

요셉이 바로에게 아버지의 유언을 간청하는 장면 역시 그의 효심과 신앙의 깊 이를 동시에 드러내는 장면이다. 그는 어려서부터 아버지 야곱에게 특별한 사랑 을 받았고, 후계자로 내정된 존재였다. 야곱은 요셉이 죽었다는 사실을 쉽게 믿 지 못했고, 그 아픔을 대신하여 베냐민을 더욱 끔찍이 아꼈다. 그러나 아버지는 다시 요셉을 만난 후, 그의 두 아들 에브라임과 므낫세에게 갑절의 축복을 베풀 며 요셉의 신분을 회복시키고자 했다. 이러한 기억과 아버지의 언약적 유언은 요 셉의 마음속에 깊이 새겨져 있었고, 그는 아버지를 가나안에 장사해 줄 수 있도 록 정중히 바로에게 간청했다. 바로 역시 이를 존중하여, 요셉이 직접 가나안으 로 올라가 장례를 집행할 수 있도록 공식적인 허락과 전폭적인 지지를 보낸다.

요셉의 이 행농은 단순한 효도의 표현만이 아니라, 조부 아브라함, 아버지 이 삭, 그리고 야곱에게 언약하신 하나님의 약속이 실현될 것을 믿는 신앙의 고백 이었다. 그는 가나안이 단순한 조상의 땅이 아니라, 하나님의 언약이 머무는 장 소요, 그 언약이 궁극적으로 성취될 약속의 땅임을 분명하게 인식하고 있었다.

결국 요셉의 효심과 신앙은 이 전체 구조의 흐름 안에서 깊이 있게 드러난다. 그는 언약의 기억을 품고 아버지를 보내드렸고, 동시에 그 언약이 성취될 땅을 바라보며 자신의 인생 경주를 신실하게 이어가고 있었다. 요셉의 인생은 단지 고난에서 승리한 한 인물의 이야기가 아니라, 믿음의 여정을 완주한 언약 백성의 모범으로 마무리되고 있다.

4. 동행: 장사 후에 형들과 함께 돌아옴(50:12-14)

> 12 야곱의 아들들이 아버지가 그들에게 명령한 대로 그를 위해 따라 행하여 13 그를 가나안 땅으로 메어다가 마므레 앞 막벨라 밭 굴에 장사하였으니 이는 아브라함이 헷 족속 에브론에게 밭과 함께 사서 매장지를 삼은 곳이더라 14 요셉이 아버지를 장사한 후에 형제들과 호상꾼과 함께 애굽으로 돌아왔더라

야곱의 자녀들은 아버지의 유언대로 가나안 땅 막벨라 굴에 그를 장사하였다. 이 굴은 아브라함이 언약의 확신 속에서 천국을 예비하며 준비한 의미 깊은 무덤이었다. 아브라함은 사랑하는 사라를 장사할 곳을 찾으며, 헷 사람 에브론에게 거듭 간청하여 마침내 은 사백 세겔을 주고 값을 치른 후에야 그곳을 얻을 수 있었다. 단순한 매장지가 아닌, 언약의 땅을 상속받은 자로서의 신앙고백이 깃든 공간이었다. 이후 이 막벨라 굴은 아브라함과 사라, 이삭과 리브가, 레아, 그리고 야곱 자신이 묻힌 조상들의 안식처가 되었고, 구속사의 거룩한 터전으로 남게 되었다.

장례가 끝난 후, 요셉은 그의 형제들과 함께 애굽에서 온 장례 행렬 전체와 더불어 애굽으로 돌아갔다. 이는 요셉이 생전에 바로에게 "아버지 장례를 마친 후 반드시 애굽으로 돌아오겠다"고 맹세했던 약속을 지킨 것이었다(창 50:5). 당시 애굽에는 아직도 기근이 계속되고 있었고, 요셉은 총리로서 애굽과 주변 민족의 생존을 책임지는 중대한 역할을 맡고 있었다. 때문에 주변 사람들 중에는

요셉이 가나안으로 올라간 후 다시는 돌아오지 않을지도 모른다는 우려를 가진 이들도 있었을 것이다.

그러나 요셉은 자신이 단지 애굽의 총리로서뿐 아니라, 언약의 계승자이자 구속사적 사명을 지닌 자임을 분명히 인식하고 있었다. 그의 사명은 단지 당대의 생명을 보존하는 데 그치지 않고, 야곱의 자녀들을 통해 한 민족을 이루게 하는 구속사적 확장에 있었다. 바로 그 이유로, 그는 애굽으로 반드시 돌아오겠다는 약속을 지켰고, 그것은 곧 자신의 정체성과 소명을 향한 신실한 순종의 표현이었다.

주목할 점은, 요셉이 애굽으로 돌아올 때 바로의 고위 관료들과 함께 돌아오지 않고 형제들과 함께 귀환했다는 것이다(창 50:14). 이는 단순한 동행 이상의 의미를 지닌다. 요셉의 형제들은 아버지 야곱의 죽음 이후, 요셉이 혹시라도 자신들에게 복수를 할지 모른다는 두려움에 사로잡혀 있었다. 그동안 아버지가 살아계셨기에 일종의 보호막이 되어주었지만, 이제 그 보호가 사라진 상황에서 자책감과 불안이 그들의 마음을 짓눌렀던 것이다.

요셉은 형제들의 이러한 마음을 충분히 이해하고 있었다. 그래서 그는 장례를 마치고 애굽 고관들과의 화려한 귀환을 택하지 않고, 오히려 형제들과 함께 겸손히 애굽으로 돌아왔다. 이는 요셉이 형제들을 향해 진정으로 화해와 수용의 마음을 가지고 있었음을 보여주는 구속사적 리더십의 표현이며, 깨어진 관계의 회복과 공동체의 일치를 향한 신앙경주의 실천적 행보였다.

결과적으로 요셉의 이러한 선택은 그의 효심과 신앙, 그리고 언약 공동체를 끝까지 책임지려는 언약 계승자로서의 사명 의식이 고스란히 드러나는 장면이다. 요셉은 아버지의 장례를 통해 단지 한 생의 마무리를 기념한 것이 아니라, 신앙의 유산을 계승하고 화해의 공동체를 세우며 구속사의 바통을 온전히 이어받는 자로서의 길을 걸어가고 있었던 것이다.

5. 간청: 형들이 애원하고 요셉은 욺(50:15-17)

> 15 요셉의 형제들이 그들의 아버지가 죽었음을 보고 말하되 요셉이 혹시 우리를 미워하여 우리가 그에게 행한 모든 악을 다 갚지나 아니할까 하고 16 요셉에게 말을 전하여 이르되 당신의 아버지가 돌아가시기 전에 명령하여 이르시기를 17 너희는 이같이 요셉에게 이르라 네 형들이 네게 악을 행하였을지라도 이제 바라건대 그들의 허물과 죄를 용서하라 하셨나니 당신 아버지의 하나님의 종들인 우리 죄를 이제 용서하소서 하매 요셉이 그들이 그에게 하는 말을 들을 때에 울었더라

아니나 다를까, 형제들은 아버지의 장례를 마치고 집으로 돌아온 후, 마음 깊은 곳에서 불안에 떨고 있었다. 아버지 야곱이 살아 계실 때에는 요셉이 자신들에게 보복하지 못했지만, 이제 그 보호막이 사라졌으니 혹시라도 요셉이 과거의 일을 되새기며 앙갚음할지도 모른다는 두려움이 엄습한 것이다. 그들은 서로 의논한 끝에, 요셉에게 사람을 보내어 아버지의 유언이라며 중재의 말을 전한다.

> "당신의 아버지가 돌아가시기 전에 명령하시기를, '너희는 요셉에게 이같이 이르라. 네 형들이 네게 악을 행하였을지라도 이제 바라건대 그들의 허물과 죄를 용서하라' 하셨나이다. 우리는 당신 아버지 하나님의 종들입니다. 우리의 죄를 용서하소서"(창 50:17, 재구성).

형제들의 이 간청은 단순한 생존을 위한 요청이라기보다, 마음 깊이 자리 잡은 자책감과 죄의식에서 비롯된 것이었다. 요셉이 그 말을 들었을 때, 그는 더 이상 감정을 억누를 수 없었다. 그는 눈물을 흘리며 슬픔에 잠겼다. 그것은 단지 형들이 또다시 자신에게 용서를 구했기 때문이 아니라, 형제들이 아직도 자신의 진심을 받아들이지 못하고 있음을 깨달았기 때문이었다.

불과 얼마 전, 그는 형들에게 자신의 정체를 밝히며 껴안고 울었고, 하나님의

섭리 가운데 모든 일이 이루어졌다고 고백하며 진심으로 화해했다(창 45:4-15). 그러나 그때의 감동과 회복이 형제들에게는 완전히 전해지지 않았던 것이다. 요셉의 진심이 겉치레나 일시적인 감정처럼 보였다는 사실은 그에게 깊은 상처가 되었다. 한편으로는, 형들이 과거에 저지른 죄가 너무도 무겁고 크다고 스스로 여겼기에, 그 죄가 언젠가는 자신들을 위협할 것이라는 두려움에 사로잡혀 있었던 것이기도 하다. 요셉은 형제들을 이해했고, 그들의 연약함과 내면의 상처를 품으려 했다. 그는 진심으로 그들을 위로하고 설득했지만, 형제들의 마음은 여전히 죄의 기억과 두려움에서 벗어나지 못하고 있었던 것이다.

이 장면에서 요셉의 눈물은 단순한 감정 표현이 아니다. 그것은 신앙 공동체 안에서의 용서와 화해가 얼마나 깊은 상처를 수반하는지를 보여주는 눈물이었다. 그는 하나님 앞에서 섭리적 안목을 가진 자였고, 형제들을 향한 용서를 진심으로 선언했던 언약의 계승자였다. 그러나 그 사랑과 용서조차도 완전히 받아들이지 못하는 인간의 불신과 연약함은, 구속사의 역사 속에서도 반복되는 현실이었다.

요셉은 하나님의 시선으로 과거를 해석했고, 하나님의 뜻 안에서 형제들을 감싸 안았다. 그러나 그들은 아직도 인간적 기준과 죄책감의 틀에서 벗어나지 못하고 있었던 것이다. 이 대목은 우리에게, 진정한 회복은 죄의 용서뿐 아니라, 그 용서를 받아들이는 믿음과 신뢰가 함께해야 한다는 점을 시사한다.

6.(5') 간청: 형들이 애원하고 요셉은 위로함(50:18-21)

18 그의 형들이 또 친히 와서 요셉의 앞에 엎드러 이르되 우리는 당신의 종들이니이다 19 요셉이 그들에게 이르되 두려워하지 마소서 내가 하나님을 대신 하리이까 20 당신들은 나를 해하려 하였으나 하나님은 그것을 선으로 바꾸사 오늘과 같이 많은 백성의 생명을 구원하게 하시려 하셨나니 21 당신들은 두려워하지 마소서 내가 당신들과 당신들의 자녀를 기르리이다 하고 그들을 간곡한 말로 위로하였더라

이 본문은 양괄식 대칭구조로 짜여 있으며, 요셉의 말의 중심이 형제들을 향한 반복적 위로에 놓여 있음을 보여준다.

가. 구조적 주해

간청(50:19a-21)

a. 두려워 말라 함	19a
b. 도구의 역할 인식	19b
c. 해하려 했음 – 형들의 악한 의도	20a
c'. 생명을 구하심 – 하나님의 선한 목적	20b
b'. 돌봄의 역할 약속	21a
a'. 두려워 말라고 다시 위로함	21b

이 구조는 단지 화해의 장면이라기보다, 요셉이 형제들의 내면 깊은 불안을 읽고 신앙으로 해석된 위로의 메시지를 전하는 장면이다. 특히 이 장면은 창세기 전체 구속사 구조의 결말부로서 매우 중요한 역할을 수행한다.

양괄식 대칭구조: a-b-c-c'-b'-a' (중심주제가 a – a'에 있다)
a – a' (두려움의 반복된 위로)
요셉은 "두려워하지 마소서"라는 동일한 표현을 말의 서두와 말미에서 반복함으로써, 형제들의 불안한 감정을 중심적으로 다루고 있다. 이는 단순한 정서적 위로가 아니라, 신앙경주 속에서 겪는 죄책감과 불신의 문제를 하나님의 뜻으로 극복하라는 메시지다.
b – b' (자신의 역할 고백: 도구와 돌봄)
요셉은 자신이 하나님을 대신하는 자가 아님을 명확히 함으로써, 복수할 자격이나 위치가 자신에게 없음을 밝힌다. 오히려 그는 하나님의 도구로 사용되었음을 고백하며, 형제들과 그 자녀들을 앞으로도 책임지고 돌보겠다는 약속으로 이끈다. 이는 신앙경주의 계승자이자 언약 공동체의 보호자로서의 선언이다.

c – c' (형제들의 악 vs 하나님의 선)

요셉은 형제들의 악한 동기를 회피하지 않는다. "당신들은 나를 해하려 하였으나"라고 분명히 밝히며, 인간의 악을 부정하지 않는 신학적 정직성을 드러낸다. 하지만 그 악조차 하나님의 구속 역사 속에서는 선으로 바뀌어 많은 생명을 구원하는 도구가 되었다고 해석한다. 이는 창세기 전체 구속사 메시지를 집약한 선언이며, 성경적 섭리신학의 중심 진술이다.

나. 구속사적 의의

십자가의 원리 예표: 형들의 악한 의도가 오히려 생명을 구원하는 도구가 되었듯, 십자가의 악한 사건조차 하나님께서 인류 구원의 도구로 사용하심을 보여준다.

섭리의 신학 정점: 요셉은 인생 전체를 "하나님의 선한 섭리"로 해석하며, 구속사의 관점에서 악과 선을 통합적으로 본다.

언약 공동체의 보존: 형제들의 생명과 그들의 후손이 지켜짐으로, 구속사의 계보가 끊어지지 않고 이어지게 된다.

다. 신앙경주 적용

두려움 없는 경주: "두려워 말라"는 위로는, 신앙경주자가 어떤 상황 속에서도 하나님이 선하게 인도하심을 믿고 달리도록 한다.

도구로 살아가기: 자신의 역할을 하나님의 도구로 인식하는 것이 신앙경주의 핵심이다. 경주는 나의 힘이 아니라 하나님의 쓰임 받음이다.

악을 선으로 바꾸시는 하나님 신뢰: 신앙경주는 사람들의 악의와 시험 속에서도, 하나님께서 결국 선으로 바꾸실 것을 확신하며 달리는 여정이다.

돌봄과 위로의 마침표: 신앙경주의 결론은 타인을 돌보고 위로하는 삶이다. 요셉처럼 마지막까지 형제와 그 가족을 돌보며 믿음의 완주를 이룬다.

라. 본문 해설

위 본문에서 형들은 앞서 전한 아버지의 유언에도 불구하고 불안한 마음을 떨치지 못한 채, 다시금 요셉을 찾아와 그의 앞에 엎드리며 말한다.

"우리는 당신의 종들이니이다"(18절). 이는 형들이 단순히 용서를 구하는 것이 아니라, 스스로를 종의 위치에 두고 완전히 자신을 요셉에게 내맡기겠다는 항복의 표현이었다. 요셉은 이러한 형들의 태도에 대해 단호하면서도 신앙적인 응답을 한다. "두려워하지 마소서. 내가 하나님을 대신하리이까?" 이 말은 요셉의 신학적 인식과 구속사적 위치를 선명하게 드러낸다. 그는 자신이 하나님의 심판자가 아님을 밝히며, 형벌의 권한이 오직 하나님께 있음을 인정하고, 자신은 오히려 하나님의 섭리에 순종하는 도구일 뿐임을 고백한다. 그는 이어서 지금까지의 사건을 구속사적 안목으로 재해석하며 네 가지 중심 메시지를 선포한다.

"형들이 나를 해하려 하였으나." 이는 인간의 악한 의도가 있었음을 부정하지 않는다. 그러나 "하나님은 그것을 선으로 바꾸사"라고 말한다. 하나님의 주권적 섭리 아래 그 악조차도 선한 결과를 이루는 도구로 사용되었다. "많은 백성의 생명을 구원하게 하시려 하셨나니." 이는 단지 애굽 사람들뿐만 아니라, 야곱의 가족, 곧 언약 백성 전체를 살리기 위한 하나님의 구속 계획 일부였다.

"내가 당신들과 당신들의 자녀들을 기르리이다." 이는 요셉이 단순히 용서를 베푼 것이 아니라, 언약 공동체 전체를 책임지는 언약의 계승자로서의 선언이다. 요셉의 이 응답은 단지 감정적 위로가 아니라, 하나님의 구속 역사에 대한 신앙고백이자 자기 소명의 확인이다. 형제들이 과거의 죄로 인해 계속 자책과 불안에 휩싸여 있었지만, 요셉은 신앙적 해석을 통해 그들의 죄책감을 믿음과 소망으로 전환시키려는 목회적 위로를 전한다. 본문은 요셉이 그들을 "간곡한 말로 위로 하였다"(21절)고 기록한다. 이는 단순한 말이 아닌, 형제 공동체를 다시 일으키는 구속사적 말씀의 사역이었다.

이 장면은 요셉이 단지 과거를 용서한 인물이 아니라, 구속사의 전환점에서 하나님의 뜻을 해석하고 순종하며 공동체를 세우는 언약의 리더로서 신앙경주를 완주하는 모습을 보여준다. 그는 끝까지 자신에게 맡겨진 역할을 감당하며, 하나님의 뜻 안에서 형제들을 품고, 다음 세대까지 돌보겠다는 헌신을 보인다. 이는 신앙경주의 마지막 구간에서 얻는 상급처럼, 용서와 회복의 영광을 이루는 장면이기도 하다.

이렇게 요셉의 위로는 단순히 과거를 덮는 감정적 용서가 아니다. 그것은 하나님의 주권과 섭리 아래 자신의 사명을 인식한 자만이 줄 수 있는 깊이 있는 신앙의 위로였다. 요셉은 형제들의 자책과 두려움을 신앙 안에서 해석하고 치유하려는 영적 지도자의 태도를 보인다. 신앙경주의 목적은 단지 완주가 아니라 다음 세대까지 전수되는 것을 의미한다. 이는 그가 형제 공동체의 영적 지도자요, 구속사의 연결고리로서의 사명을 끝까지 감당하고 있음을 의미한다.

요셉은 이렇게 구속사의 종결부에서 신앙경주의 마지막 고지에 선 언약 계승자로서, 형제들의 두려움을 안아주고 하나님의 뜻을 가르치며, 이제 출애굽이라는 새로운 경주를 향해 믿음의 공동체를 이끄는 자로 마무리 된다.

7.(4') 동행: 요셉이 형제들의 가족과 함께 삶(50:22-23)

> 22 요셉이 그의 아버지의 가족과 함께 애굽에 거주하여 백십 세를 살며 23 에브라임의 자손 삼대를 보았으며 므낫세의 아들 마길의 아들들도 요셉의 슬하에서 양육되었더라

요셉은 총리의 높은 자리에서도 가족과의 동행을 멀리하지 않았다. 아버지

야곱이 세상을 떠난 후에도, 그는 하나님의 언약을 잇는 책임을 자각하며 온 가족과 함께 애굽에 거주하였다. 그의 생애 110년 중 무려 80년을 세상과 가족을 돌보는 사명에 헌신하였다. 이는 단순한 생활 공유가 아니라, 언약 백성의 보존과 계승을 위한 동행이었다.

그의 가문은 번성하여 에브라임의 자손 삼대를 보았고, 므낫세의 아들 마길의 아들들도 요셉의 슬하에서 양육되었다. 이는 하나님의 언약이 세대를 넘어 이어지는 구속사의 흐름을 보여준다. 요셉의 삶은 '동행'이라는 단어를 가정의 울타리 안에만 가둔 것이 아니라, 하나님의 백성과 그 사명을 끝까지 함께 짊어지는 신앙경주로 확장시켰다. 이제 그는 모든 사명을 마치고 하나님의 부르심을 기다리는 평안 속에 있었다.

8.(3') 가나안: 하나님이 가나안으로 인도하실 것 확신(50:24)

> 24 요셉이 그의 형제들에게 이르되 나는 죽을 것이나 하나님이 당신들을 돌보시고 당신들을 이 땅에서 인도하여 내사 아브라함과 이삭과 야곱에게 맹세하신 땅에 이르게 하시리라 하고

요셉이 죽기 전에 하나님의 언약을 형제들과 이스라엘 자손에게 상기시키며, 그 약속을 유언으로 언급하고 있다. 자신이 곧 죽을 것을 알고 있다. 이것은 영적으로 자신이 하나님께 가야 할 날을 알고 있다는 것인데, 그가 얼마나 요셉이 하나님을 잘 섬기고 있는지를 반영한다. 신앙경주를 잘하는 자들은 영적으로 자신의 미래가 보인다. 그는 현세보다 내세를 향해 달려가는 언약의 종임을 알 수 있다. 요셉이 형제들을 돌보실 것을 말한다. 자신은 주님께로 가지만 형제들은 하나님이 직접 돌보신다는 확신을 가지고 있다. 형제들 보다 먼저 가면서 지금까지 인도해 주신 하나님이 도와주실 것을 믿으면서 형제들을 염려하고 있다. 이것도 요셉이 언약 가족들에 대한 하나님의 역사를 믿고 있다는 증거이다. 그러한 확

신 중에 분명한 것은 하나님이 형제들을 반드시 가나안으로 인도하신다는 것이다. 이것은 하나님이 약속하신 큰 민족을 이루는 것이다. 조상들에게 약속하신 그 언약을 이루실 것이라고 확신하면서 형제들에게 주지시키고 있다. "아브라함과 이삭과 야곱에게 맹세하신 땅"은 바로 가나안 땅이며 하나님이 아브라함을 우르에서 부르시고 약속의 땅 가나안으로 가게 하셨는데 그때 약속한 것이 큰 민족을 이루게 하시겠다고 하셨다. 이러한 요셉의 임종을 앞두고 사명자의 역할자로 자기 형제들에게 큰 민족이 이루어질 것을 확신시켰고 그 후에 가나안으로 다시 돌아간다는 사실을 주지시키고 있다. 이렇게 하나님의 구원 계획을 그의 형제들에게 마지막 유언으로 알려주는 것이다.

9.(2') 유언: 가나안에 장사해 줄 것 부탁(50:25)

> 25 요셉이 또 이스라엘 자손에게 맹세시켜 이르기를 하나님이 반드시 당신들을 돌보시리니 당신들은 여기서 내 해골을 메고 올라가겠다 하라 하였더라

요셉은 이번에 이스라엘 자손과 언약을 확고히 맺는다.

그는 하나님께서 "반드시" 그들을 돌보실 것이라고 선언하며, 형제들에게 했던 것보다도 더 강한 어조로 언약 체결을 촉구한다. 나아가 자신의 해골을 가나안 땅으로 옮겨 조상들의 묘에 장사해 줄 것을 맹세하도록까지 강하게 부탁한다. 이러한 요청은 단순한 장례 지시가 아니라, 요셉이 장차 이루어질 하나님의 약속을 깊이 알고 있었다는 증거이며, 언약의 계승자로서 발휘한 영적 리더십의 표현이었다.

그가 한 말, "너희가 나의 해골을 이곳에서 메고 올라갈 것이라"에서 사용된 히브리어 동사 עָלָה('ālāh)는 '올라가다, 승천하다'라는 뜻을 지니며, 단순한 지리적 이동이 아니라 하나님의 약속의 땅을 향해 상승하는 영적 방향성을 내포한다.

요셉은 인생의 결승선에서 언약에 대한 확신과 미래를 향한 소망으로 자신의

경주를 마쳤다. 그의 당부는 단순한 시신 운구 명령이 아니라, "약속의 땅을 향해 믿음으로 달려가라"는 마지막 격려였다. 형제들은 이 믿음의 바통을 이어받아, 애굽이라는 이방 땅에서도 언약을 잊지 않고 하나님의 권고(פָּקֹד יִפְקֹד)를 기다리는 경주를 계속해 나가게 된다.

10.(1') 사망: 요셉의 입관(50:26)

> 26 요셉이 백십 세에 죽으매 그들이 그의 몸에 향 재료를 넣고 애굽에서 입관하였더라

요셉의 죽음을 단순한 사건이 아니라, 언약 계승의 마무리이자 다음 세대로 이어지는 하나님의 구원 계획의 과정으로 서술된다. 여기서 사용된 동사 '죽다'(וַיָּמָת, '바이야마트')는 단순 과거형(wayyiqtol)으로, 사건의 종결을 명확히 나타낸다. 그러나 구약의 '죽다'는 단순한 생물학적 소멸이 아니라, 하나님의 섭리 속에서 언약의 완성을 향한 과정의 일부로 자주 사용된다(창 25:8, 아브라함; 창 35:29, 이삭). 요셉의 죽음 역시 언약 여정의 전환점임을 시사한다. 요셉이 죽은 나이는 조상들의 임종 나이보다는 훨씬 적었지만, 이것이 언약의 계승자에게 문제가 있다는 것을 의미하지는 않는다. 노아 홍수 이후 인류의 수명이 급격히 줄어든 것은 하나님의 섭리 속에서 나타난 일반적인 현상이었다. 중요한 것은 나이의 길고 짧음이 아니라, 그 생애가 하나님의 언약과 구속사에 어떻게 사용되었는가에 있다.

요셉은 자신의 생애 마지막 순간까지 형제들에게 언약의 계승을 분명히 전하였다. 그는 하나님의 약속이 반드시 성취될 것을 확신하며, 자신이 죽은 후에도 반드시 고향으로 돌아가 조상들의 묘실 곧 막벨라 굴에 장사해 달라고 유언하였다. 형제들이 그의 몸에 향 재료를 넣은 것은 단순한 애도의 표시가 아니라, 그의 유언을 굳게 믿었음을 보여주는 신앙의 행위였다. 그들은 요셉이 전한 약속대

로, 하나님께서 때가 되면 이스라엘 백성을 가나안으로 인도하실 것을 소망하며 시체를 보존한 것이다.

이 애굽에서의 입관은 종착점이 아니라, '본향으로 돌아가는 언약의 여정'의 한 과정이었다. 향 재료로 처리하다'는 뜻의 חנט(하나트)는 고대 이집트식 방부 처리(미라 제작)에 해당한다. 그러나 이스라엘 문맥에서는 단순한 문화적 관습이 아니라, 하나님이 약속하신 땅으로 반드시 데려가리라는 신앙적 준비로 해석된다. 요셉이 확신한 언약의 성취는 조상 아브라함과 이삭과 야곱이 받은 약속 —곧 큰 민족을 이루고 약속의 땅을 기업으로 받는 약속— 과 한 줄로 이어져 있었다. 그는 자신의 죽음을 통해서도 그 믿음을 증언했고, 형제들은 그 증언 위에 하나가 되었다. 사실상 요셉의 죽음은 형제들에게 큰 혼란과 두려움을 안겨줄 수 있는 사건이었다. 그러나 그들은 오히려 약속을 붙들고 한 마음으로 미래를 바라보았다. 그리하여 요셉의 언약 계승은 성공적으로 마무리되었고, 그의 신앙경주는 믿음의 승리로 장식되었다.

형제들은 마침내 요셉을 통해 하나님이 어떻게 일하셨는지를 깨달았고, 과거 자신들이 지은 죄를 떠올리며 더욱 깊은 회개의 마음으로 슬퍼했을 것이다. 이제 언약의 계승은 요셉에서 형제들에게로, 그리고 그들의 후손에게로 넘어갔다. 이방 땅에서 그들은 요셉을 인도하신 하나님을 더욱 의지하며, 약속의 성취를 바라보는 신앙경주를 이어가게 될 것이다.

Chapter IV
결론(Conclusio)

창세기의 구조와
구속사 패턴 종합

IV. 결론(Conclusio)

창세기의 구조와 구속사 패턴 종합

1. 해석 (학문적 차원):

1) 구조 패턴 종합

창세기는 단순한 족보나 전기(傳記)의 모음집이 아니다. 전체가 세 부분(1-6장 / 6-11장 / 11-50장), 다섯 세트, 열다섯 요지로 구성된 반복·병행 구조를 형성한다.

> **Ⅰ부(세상의 시작):** 창조 - 타락 - 회복 - 범죄 - 택함
> **Ⅱ부(새로운 시작):** 홍수(역창조) - 노아 자손 - 회복 - 바벨 - 셈 계보
> **Ⅲ부(선민의 시작):** 아브라함(씨창조) - 이스마엘 - 야곱 - 에서 - 요셉과 그
> 이 형제들

이 반복 구조는 창조 - 타락 - 회복 - 범죄 - 선택이라는 동일한 패턴으로 배열되어, 본문 전체를 하나의 거대한 신학적 이야기로 엮어 준다.

2) 구속사적 패턴 종합

창세기의 구속사 패턴은 크게 세 가지 원리로 요약된다.

택함과 배제의 원리

아벨과 가인, 이삭과 이스마엘, 야곱과 에서 …

하나님은 언약 계보를 따라 택하신 자들을 세우시며, 언약 밖의 계보는 역사에서 멀어진다.

범죄와 회개의 원리

인류의 타락, 바벨의 교만, 족장들의 실수는 반복되지만,

그 속에서 하나님은 회개의 계기와 언약 갱신을 허락하신다.

축복과 사명의 원리

아브라함에게 주신 "땅·후손·복"의 약속은 이삭, 야곱, 요셉과 유다에게 이어지고, 요셉을 통해 열방을 살리는 사명으로 확장된다.

즉, 창세기의 구속사 패턴은 "선택 – 범죄 – 회개 – 축복 – 사명"의 구도로 반복되며, 이는 훗날 성경 전체를 관통하는 패턴의 원형(Proto-Pattern)이 된다.

3) 신앙경주의 통합적 의미

이 구조와 패턴은 단순히 과거의 이스라엘 역사만을 말하지 않는다.

선택: 하나님은 오늘도 우리를 경주의 출발선에 세우신다.

범죄: 인간의 연약함은 경주 중 탈락을 초래한다.

회개: 그러나 다시 달릴 수 있는 회심의 기회를 주신다.

축복: 믿음으로 달릴 때 언약의 축복이 주어진다.

사명: 결국 바통은 다음 세대로 이어져 공동체적 완주를 이른다.

따라서 창세기는 "그들만의 경주"가 아니라, 오늘의 교회와 성도가 함께 달려야 할 신앙경주의 지도(map)이자 구속사의 원형 패턴을 보여주는 말씀이다.

2. 해설(대중적 차원):
창세기의 구조와 구속사, 그리고 우리의 경주

창세기는 단순히 오래된 족장들의 이야기가 아니다. 창조에서 요셉에 이르기까지, 본문은 반복되는 다섯 걸음 —선택, 범죄, 회개, 축복, 사명— 을 따라 흘러간다. 마치 달리기 코스처럼 굴곡과 오르막이 이어지고, 때로는 넘어지고, 다시 일어나며, 끝내 바통을 이어 달리는 장면들이 펼쳐진다.

아브라함은 불가능 속에서도 믿음으로 출발했고, 이스마엘과 에서는 언약 밖으로 사라졌으며, 야곱은 환도뼈가 부러지는 아픔 속에서 회심했고, 요셉은 버림과 고난을 넘어 열방을 살리는 사명으로 완주했다.

이 모든 흐름은 하나의 고백으로 모여진다. "하나님은 택한 자를 결코 놓지 않으시며, 넘어져도 다시 달릴 수 있게 하신다."

그래서 창세기는 우리에게 묻는다. "너희는 지금 어디쯤 달리고 있는가? 시작선에 서 있는가, 넘어져 있는가, 아니면 바통을 이어 주며 완주를 준비하는가?"

성도의 삶은 그들만의 경주가 아니라 우리의 경주이다. 아담의 넘어짐 속에 나를 보고, 야곱의 회심 속에 내 눈물을 발견하며, 요셉의 사명 속에 우리의 소명을 읽는다.

창세기는 결국 신앙경주의 지도(map)요, 세대를 넘어 이어지는 구속사의 원형 패턴이다. 이 책을 덮는 순간, 우리는 다시 출발선에 서게 된다. 그리고 한목소리로 고백하게 된다.

"믿음의 주요 또 온전케 하시는 이 예수를 바라보자."

묵상기도

주님, 창세기의 이야기를 읽으며 그것이 그들의 이야기가 아니라 우리의 이야기임을 알게 하시니 감사합니다. 아담처럼 넘어질 때도, 아브라함처럼 떠날 때도, 야곱처럼 씨름할 때도, 유다처럼 위기에 직면했을 때도, 요셉처럼 눈물 속에 서 있을 때도 우리를 결코 버리지 않으시고 구속사의 길로 이끄시는 주님을 신뢰합니다. 오늘도 믿음의 경주를 달리게 하시고, 마지막 날에 당신의 약속 안에서 완주하게 하소서.

아멘.

부록(Appendices)

1. 창세기 구조 도표 모음

2. 창세기 구조-병행/대칭/선형 (3그룹, 5세트, 15요지)

병행 구조

1-50장 <창세기 전체 구조> → A-B-C-D-E/A'-B'-C'-D'-E'/A''-B''-C''-D''-E''

1:1-2:3 <창조: 전체 구조> → A-B-C/A'-B'-C'

1:9-13 <셋째 날> → 1-2-3-4-5/1'-2'-3'-4'-5'-6

1:24-31 <여섯째 날> → 1-2-3-4-5/1'-2'-3'-4'-5'-6

2:1-3 <결론: 안식일> → 1-2-3/1'-2'-3'

2:4-4:26 <타락한 부자: 아담과 가인> → A-B-C-D/A'-B'-C'-D'

2:7-25 <사명: 에덴 지킴이> → 1-2-3/1'-2'-3'/1''-2''-3''

2:18-25 <배필 실현> → a-b-c-d/a'-b'-c'-d'

3:1-7 <타락: 명령에 불순종> → 1-2-3/1'-2'-3'

6:1-4 <범죄한 무리> → A-B-C/A'-B'-C'

6:5-8 <택함받은 노아> → A-B-C/A'-B'-C'

6:9-9:17 <노아의 방주> → A-B-C / A'-B'-C'

9:18~29 <타락한 부자(父子): 노아-함/가나안> → X-A-B-C / A'-B'-C'-Y

11:1-9 <범죄한 무리: 바벨 족속> → A-B-C / A'-B'-C'

11:27-25:11 <데라 톨레돗> → A-B-C-D-E/A'-B'-C'-D'-E'/A''-B''-C''-D''-E''

12:1-9 <명령과 순종> → 1-2-3-4/1'-2'-3'-4'

12:7c-8 <제단을 쌓음> → 1)-2)/1)'-2)'

15장 <후손의 약속> → 1-2-3-4/ 1'-2'-3'-4'

17장 <명령과 순종> → 1-2-3-4-1'-2'-3'-4'-5

19:1-28 <멸망과 도피> → a-b-c-d-e/a'-b'-c'-d'-e'

19:30-38 <딸들의 후손 개념> → a-b-c-a'-b'-c'

20:1-17 <후손의 회복> → 1-2-3-4-5/1'-2'-3'-4'-5'

21장 <가정/이웃 갈등> → 1-2-3-4-5-6/1'-2'-3'-4'-5'-6'

22:1-19 <명령과 순종> → 1-2-3/1'-2'-3'/1''-2''-3''

23:16-20 <사라가 매장됨> → a-b/a'-b'

24장 <사명자 역할: 배필 문제> → 1-2-3-4-5/1'-2'-3'-4'-5'

25:19-35:29 <이삭 톨레돗> → A-B-C-D-E/A'-B'-C'-D'-E'/A''-B''-C''-D''-E''

26:6-11 <왕이 이삭을 보호해줌> → a-b-c/a'-b'-c'

28:10-22 <벧엘의 축복> → 1-2-3/1'-2'-3'

29:1-30 <갈등: 외삼촌> → 1-2-3/1'-2'-3'

29:16-30 <라헬을 사랑함> → 1-2-3-4/1'-2'-3'-4'

31:17-55 <갈등: 드라빔> → 1-2-3-4/1'-2'-3'-4'

32:9-12 <야곱의 간구> → a-b/a'-b'

35:1-15 <회개의 축복> → 1-2-3/1'-2'-3'

37:1-50장 <야곱 톨레돗> → A-B-C-D-E/A'-B'-C'-D'-E'/A''-B''-C''-D''-E''

37:2-4 <오해로 인한 위기> → 1-2-3/1'-2'-3'

37:5-11 <꿈으로 인한 갈등> → 1-2/1'-2'

37:18-36 <장자권 경쟁> → 1-2-3-4-5/1'-2'-3'-4'-5'

38:1-41:57 <역전의 삶> → 1-2-3-4-5/1'-2'-3'-4'-5'

40:1-4b <요셉의 섬김> → 1)-2)/1)'-2)'

40:1-23 <범죄: 꿈풀이 남용> → a-b / a'-b'

40:9-23 <요셉의 꿈 풀이> → 1)-2)-3)/1)'-2)'-3)'/1)''-2)''-3)''

대칭 구조

3:8-24 <에덴에서 쫓겨남> → 1-2-3-4-5-4'-3'-2'-1'

4:9-15 <심판> → 1-2-3-2'-1'

6:11-17 <심판과 구원> → 1-2-1'

6:18-22 <언약 세움> → 1-2-2'-1'

7:6-8:14 <심판과 구원: 홍수와 바람> → 1-2-3-4-5-4'-3'-2'-1'

9:8-17 <무지개 언약> → 1-2-3-4-3'-2'-1'

11:27-32 <결혼과 불임> → 1-2-3-2'-1'

12:10-20 <사래의 위기> → 1-2-3-2'-1'

13-14장 <보호자 역할> → 1-2-3-4-3'-2'-1'

14:17-24 <두 왕의 환영> → 1-2-1'

16:1-18 <가정의 갈등> → 1-2-3-4/4'-3'-2'-1'

18:1-19 <사라의 웃음> → 1-2-3-2'-1'

18:20-19:38 <중보자 역할> → 1-2-3-2'-1'

21-24절 <리브가가 태어남> → a-b-a'

24:1-9 <사명: 이삭의 배필을 찾아라!> → a-b-x-b'-a'

25:1-4 <자손의 번성> → 1-2-3-3'-2'-1'

25:5-11 <갈등 해소> → 1-2-3-2'-1'

25:21-26 <응답의 축복> → 1-2-3-2'-1'

26:1-5 <그랄의 축복> → 1-2-3-2'-1'

26:6-33 <갈등: 그랄 왕 아비멜렉> → 1-2-3-2'-1'

26:34-27:46 <장자의 축복> → 1-2-3-4-5-6-7-6'-5'-4'-3'-2'-1'

28:1-5 <당부의 축복> → 1-2-2'-1'

29:31-30:24 <다산의 축복> → 1-2-3-4-5-4'-3'-2'-1'

32:1-33:17 <얍복의 축복> → 1-2-3-4-3'-2'-1'

32:21-32 <얍복의 축복> → a-b-c-b'-a'

33:1-17 <만남의 조우> → a-b-c-b'-a'

33:18-34:31 <야곱과 하몰 가정의 갈등> → 1-2-3-4-5-6-5'-4'-3'-2'-1'

35:16-29 <결론: 이삭의 사망> → 1-2-3-2'-1'

35:22b-26 <야곱의 12아들> → a-b-c-c'-b'-a'

37:12-17 <요셉의 사명> → 1-2-3-4-3'-2'-1'

39:1-23 <상황: 누명 쓰고 감옥감> → a-b-c-d-c'-b'-a'

40:5-8b <돌봄의 역할> → 1)-2) / 2)'-1)'

선형구조

1:3-5 <창조 첫째 날> → 1-2-3-4-5-6

1:6-8 <창조 둘째 날> → 1-2-3-4-5-6

1:14-19 <창조 넷째 날> → 1-2-3-4-5-6

1:20-23 <창조 다섯째 날> → 1-2-3-4-5-6-7

5:3-29 <아담의 족보> → 1-2-3-4-5-6-7-8-9

8:15-22 <언약의 기초> → 1/1'-2/2'-3/3'

11:10-26 <셈의 족보> → 1-2-3-4-5-6-7-8-9

18:22-32 <중보의 역할> → 1/1'-2/2'-3/3'-4/4'-5/5'

23:1-20 <사라의 죽음> → 1-2-3-4-5-6-7-8-9

25:27-34 <갈등: 장자 명분 문제> → 1/1'-2/2'-3/3'-4/4'-5/5'-6/6'-7/7'

30:25-31:16 <번성의 축복> → 1/1'-2/2'-3/3'-4/4'-5/5'

3. 참고사항

4. 참고도서

Ackerman, James S. "Joseph, Judah, and Jacob." In *Literary Interpretations of Biblical Narratives II,* 85–113. Edited K. R. R. Gros Louis with J. S. Ackerman. Nashville: Abingdon, 1982.

Ages, Arnold. "Why Didn't Joseph Call Home?" *BRev* 9 (1993): 42–46.

Alexander, T. Desmond. *From Paradise to the Promised Land.* Carlisle: Paternoster Press, 1995.

_____. *Abraham in the Negev: A Source-Critical Investigation of Genesis 20:1-22:19.* Carlisle: Paternoster Press, 1997.

Allen P. Ross. *Creation and Blessing.* Grand Rapids: Baker Book House, 2005.

Alonso Schökel, Luis. "Of Methods and Models." In *Congress Volume, Salamanca,* 7–13. SVT 36, Edited by J. A. Emerton. Leiden: Brill, 1985.

Alter, Robert. "Joseph and His Brothers." *Commentary* 70 (1980): 59–69.

_____. *The Art of Biblical Narrative.* New York: Basic Books, 1981.

_____. "How Convention Helps Us Read: The Case of the Bible's Annunciation Type-Scene." *Proof* 3 (1985): 115–30.

_____. *The World of Biblical Literature.* New York: Basic Books, 1992.

_____. *Genesis.* New York: W.W. Norton & Company, 1996.

Andrew, M. E. "Moving from Death to Life." *ZAW* 105 (1993): 262–69.

Assaf, S. and Urbach, E. "Aggadah." In *Encyclopaedia Hebraica* (vol 2), 354–58. Jerusalem: Keter Publishing House, 1948/9.

Astour, M. C. "Tamar the Hierodule: An Essay in the Method of Vestigial Motifs." *JBL* 85 (1966): 185–96.

Avishur, Y, *Studies in Biblical Narrative: Style, Structure and the Ancient Near Eastern Literary Background.* Tel Aviv-Jaffa, Israel: Archaeological Center Publication, 1999.

Bar Efrat, Shimon. *Narrative Art in the Bible.* Sheffield: The Almond Press, 1989.

_____. "Some Observations on the Analysis of Structure in Biblical Narrative." *VT* 30 (1980): 154–73.

Barton, John. *Reading the Old Testament: Method in Biblical Study.* London: Darton, Longman and Todd, 1984.

Bertheoud, Pierre. "Reconciliation with his Brother." *EuroJTh* 17:1 (2008): 9.

Becking, Bob. "They Hated Him Even More: Literary Technique in Genesis 37:1-11." *BN* 60 (1991): 40-47.

Beekman, J. Callow, J, and Kopesec, *The Semantic Structure of Written Communication.* Dallas: Summer Institute of Linguistics, 1981.

Berlin, Adele. *Poetics and Interpretation of Biblical Narrative.* Sheffield: Almond, 1983.

Bloom, Harold. *The Book of J.* London: Faber and Faber, 1991.

Brichto, H. C. *Toward a Grammar of Biblical Poetics: Tales of Prophets.* New York/ Oxford: Oxford University Press, 1992.

Brodie, T. L. *A Literary Historical Theological Commentary: Genesis as Dialogue.* New York: Oxford University Press, 2001.

Brueggemann, W. *Genesis; Interpretation.* Atlanta: John Knox, 1982.

_____. "Genesis 50:15-21; Theological Exploration." In *Old Testament Theology,* 204-218. Ed. P. D. Miller. Minneapolis: Fortress Press, 1992.

Caird, G. B. *The Language and Imagery of the Bible.* London: Duckworth, 1980.

Calvin, John. *Genesis.* Vol II. Translated by John King. Grand Rapids: WM. B. Eerdmans Publishing Co., 1963.

Carmichael, Calum M. "Some Sayings in Genesis 49." *JBL* 88 (1969): 435-44. Chartier M. R. Preaching As Communication. Trans 차호원. 서울: 소망사. 1984.

_____. *Women, Law, and the Genesis Traditions.* Edinburgh: Edinburgh University Press, 1979.

_____. Law and Narrative in the Bible. Edinburgh: Edinburgh University Press, 1985.

Carr, David, M. *Reading the Fractures of Genesis: Historical and Literary Approaches.* Louisville, Kentucky: Westminster/John Knox Press, 1996.

Cassuto, Umberto. "The Story of Tamar and Judah." In *Biblical and Oriental Studies I,* 29-40. Jerusalem: Magnes Press, 1973.

Champigny, Robert. "Semantic Modes and Literary Genres." In *Theories of Literary Genre,* 94-110. Edited by J. P. Strelka. University Park: Penn State University Press, 1978.

Charlesworth, James (ed.). *The Old Testament Pseudepigrapha,* vol. 2. Garden City, NY: Doubleday & Co, 1985.

Chapell, B. *Christ-Centered Preaching: Redeeming the Expository Sermon.* Grand Rapids: Baker, 1994.

Chartier, *Myron. R. Preaching As Communication.* 차호원 역. 『설교에 있어서 커뮤니케이션』 서울: 소망사, 1985.

Childs, Brevards. *Introduction to the Old Testament as Scripture.* Philadelphia: Fortress, 1979.

_____. *Memory and Tradition in Israel.* London: SCM Press, 1962. Clines, David J. A. The Theme of the Pentateuch. JSOTS 10. Sheffield: JSOTPress, 1978.

Coats, George W. "Widow's Rights: A Crux in the Structure of Genesis 38." *CBQ* 34 (1972): 461-66.

_____. "The Joseph Story and Ancient Wisdom: A Reappraisal." *CBQ* 35 (1973): 285-97.

_____. "Redactional Unity in Genesis 37-50." *JBL* 93 (1974): 15-21.

_____. *From Canaan to Egypt: Structural and Theological Context for the Joseph Story.* CBQMS 4. Washington, D.C.: Catholic Biblical Association of America, 1976.

_____. "Strife Without Reconciliation: a Narrative Theme in the Jacob Traditions." In *Werden und Wirken des Alten Testaments* (C. Westermann Festschrift), 82-106. Edited by R. Albertz, H. P. Müller, H. W. Wolff, W. Zimmerli. Göttingen: Vandenhoeck and Ruprecht, 1979.

_____. "Strife and Reconciliation." *HBT* 2 (1980): 15-37.

_____. *Genesis With an Introduction to Narrative Literature.* FOTL Vol. I. Grand Rapids: Eerdmands, 1983.

_____. *Saga, Legend, Tale, Novella, Fable: Narrative Forms in Old Testament Literature.* JSOTS 35, Sheffield, 1985.

Coggins, Richard. *Introducing the Old Testament.* Oxford: Oxford University Press, 1990.

Cohn, Robert L. "Narrative Structure and Canonical Perspective in enesis." *JSOT* (1983): 3-16.

Coote, R. B. and Ord D. R. *The Bible's First History.* Philadephia: ortress Press, 1989.

Cotter, D. *Berit Olam Studies in Hbrew Narrative & Poetry: Genesis.* Minnesota: A

Michael Glazier Book, 2003.

Culbertson, P. "Blessing Jacob's Sons: Inheriting Family Myths." *TR* 37 1993): 52–56.

Culley, R. C. *Studies in the Structure of Hebrew Narrative. Semeia Supplement* 3. Philadelphia: Fortress Press, 1976.

_____. *Themes and Variations.* Atlanta, Georgia: Scholars Press, 992.

Davidson, R. *Genesis 12–50.* CBC. Cambridge: Cambridge University Press, 1979.

Davies, Eryl W. "Inheritance Rights and The Hebrew Levirate Marriage." (Part 2). *VT* 31/3 (1981): 257–267.

Davis, H. Grady. *Design for Preaching.* Philadelphia: Fortress Press, 958.

Day, Linda. *Three Faces of a Queen: Characterization in the Book of Esther.* JSOTS 186. Sheffield: Sheffield Academic Press, 1995.

De Vaux, R. *The Early History of Isarel: To the Exodus and Covenant of Sinai.* Translated by David Smith. London: Darton, Longman & odd, 1978.

Dillard, R. B. and Longman III, D. *An Introduction to the Old Testament.* Grand Rapids, Michigan: Zondervan Publishing House, 1994.

Dorsey, D. *Literary structure of the Old Testament: A Commentary on enesis–Malachi.* Grand Rapids: Baker Books, 1999. Literary tructure of the Old Testament: A Commentary on Genesis–Malachi. 류근상 역. 서울: 크리스챤, 2003.

Driver, S. R. *The Book of Genesis, With Introduction and Notes.* London: Methuen & Co., 1904.

Eissfeldt, Otto. "Genesis." *The Interpreters' Dictionary of the Bible,* (vol ii), 366–380. New York: Abingdon Press, 1962.

_____. *The Old Testament: An Introduction.* Translated by Peter R. Ackroyd. Oxford: Basil Blackwell, 1965 (German 1964).

Emerton, J. A. "Some Problems in Genesis XXXVIII." *VT* 25 (1975) 338–61.

_____. "An Examination of a Recent Structuralist Interpretation of Genesis XXXVIII." *VT* 26 (1976): 79–98.

_____. "Judah and Tamar." *VT* 29 (1979): 403–15.

Endo, Yoshinobu. "Who did what? An Interpretation on Gen 37:28." *Exeg.* 5 (1994) 57–68 (Japanese).

Ernest, Neufeld. "The Anatomy of the Joseph Cycle." *JBQ* 22 (1994): 38–46.

Faur, José. "Some General Observations on the Character of Classical Jewish Literature: A Functional Approach." *JJS* 28/1 (1977): 30-45.

Fishbane, Michael. *Biblical Interpretation in Ancient Israel.* Oxford: Clarendon Press, 1985.

Fokkelman, J. P. *Narrative Art in Genesis: Specimens of Stylistic and tructural Analysis.* Assen: Van Gorcum, 1975.

_____. *Art and Poetry in the Books of Samuel,* vol 2 (Assen: Van Gorcum, 1986),

Fritsch, C. T. "God Was with Him: A Theological Study of the Joseph Narrative." *Int* 9 (1955): 21-34.

Garrett, Duane. *Rethinking Genesis: The Sources and Authorship of the irst Book of the Pentateuch.* Grand Rapids, Mich.: Baker Book House, 1991.

Garsiel, Moshe. *The First Book of Samuel: A Literary Study of Comparative Structures, Analogies and Parallels.* Jerusalem: Revivim ublishing House, 1990.

Good, Edwin M. "The Blessing on Judah, Gen 49.8-12." *JBL* 82 (1963): 427-32.

Goldin, Judah. "The Youngest Son or Where Does Genesis 38 Belong." *JBL* 96 (1977): 27-44.

Goldingay, John. "The Patriarchs in Scripture and History." In *Essays on he Patriarchal Narratives,* 11-42. Eds. Millard, A. R., and Wiseman D. J. Leicester: Inter-Varsity, 1980.

_____. *Theological Diversity and The Authority of the Old Testament.* Grand Rapids, 1987.

_____. *Models for Interpretation of Scripture.* Grand Rapids: William B. Eerdmans Publishing Company, 1995.

_____. "In Preaching be Scriptural." *Anvil* Volume 14 No 2 (1997): 87-94.

Gordon, Robert P. "A House Divided: Wisdom in Old Testament Narrative Traditions." In *Wisdom in Ancient Israel: Essays in honour of J. A. Emerton,* 94-105. Eds. John Day, Robert P. Gordon, and H. M. Williamson. Cambridge: Cambridge Universitiy Press, 1995.

Gove, Philip Babcock (ed.). "Novella." In *Webster's Third New International Dictionary,* 1546. Springfield, Massachsets: Merriam-Webster INC, 1993.

Greidanus, Sidney. *The Modern Preacher and The Ancient Text.* Leicester: IVP, 1988.

Greenspahn, F. E. *When Brothers Dwell Together: The Preeminence of Younger Siblings in the Hebrew Bible.* Oxford: Oxford University ress, 1994.

Greenstein, Edward L. "An Equivocal Reading of the Sale of Joseph." In *iterary Interpretations of Biblical Narratives* II, 85–113. Edited K. R. R. Gros Louis with J. S. Ackerman. Nashville: Abingdon, 1982.

Gunkel, H. *The Legends of Genesis; The Biblical Saga & History.* Introduction by W. Albright. Translated from Gunkel's Genesis by W. H. Carruth. New York: Schocken, 1966.

_____. *The Folktale in the Old Testament.* Translated by M. D. Rutter. Sheffield: Almond Press, 1987.

Gunn, D. M. and Fewell D. N. *Narrative in the Hebrew Bible.* Oxford: Oxford University Press, 1993.

Halliday, M. *Language as Social Semiotic.* London: Edward Arnold, 1993.

Hamilton, Victor P. *The Book of Genesis; Chapters 18–50.* Grand Rapids: Wm. B. Eerdmans Publishing Co., 1995.

Harris, R. Archer, Jr. T. and Waltke, B. *Theological Word Book of the Old estament* (two vols). Chicago: Moody Press, 1980.

Hayes, C. E. "The Midrashic Career of the Confession of Judah (Genesis XXXVIII 26)." *VT* XLIV (1995) 62–81.

Hayes, J. H. *Old Testament Form Criticism.* San Aantonio: Trinity University Press, 1974.

Helm, Paul. *The Providence of God.* Leicester: IVP, 1993.

Hoffman, Yair. "Between Conventionality and Strategy: On Repetition in Biblical Narrative." *Hasifrut* 28 (1979): 89–99.

Hoffmeier J. K. Wenham G. J. Sparks. K. L. *Genesis. History, Fiction, or Neither?* Eds. Halton C. Gundrey S. N. trans. 주현규. 서울: Holy Wave Plus. 2020.

Horowitz, Victor A. "Joseph's Enslavement of the Egyptians (Genesis 47:13–26)." *RB* 101 (1994): 355–362.

Huismann, A. "Generative Classifications in Medieval Literature." In *Theories of Literary Genres,* 143–49. Edited by J. P. Strelka. University Park: Penn State University Press, 1978.

Humphreys, W. L. *Joseph and his Family; A Literary Study, Studies in ersonalities of the*

Old Testament. Columbia, SC: University of South Carolina, 1988.

_____. *Crisis and Story: Introduction to the Old Testament.* Palo Alto: Mayfield, 1979.

Janet, D (ed.). *Give Ear to My Words: Psalms and the Poetry in and around the Hebrew Bible; Essays in Honour of Professor N. A. van Ucheln.* Kampen: Kok Praros, 1996.

Janzen, Gerald J. *Genesis 12–50.* ITC. Grand Rapids: Erdmans Publishing o., 1993.

Jacob, Benno. *The First Book of the Bible: Genesis.* Trans. and ed. Ernest srael Jacob and Walter Jacob. New York: KTAV Publishing House, 1974.

Jeffers, A. "Divination by Dreams in Ugaritic Literature and in the Old Tesatment." *IBS* 12/4 (1990): 167–183.

Jensen, R. A. *Thinking in Story: Preaching in a Post-literate Age.* Ohio: CSS Publishing Co. 1995.

Joseph, Arieh Ben. "Joseph and His Brothers." *JBQ* 21 (1993), 153–58.

Kamesar, Adam. "Narrative Aggada in Patristic Literature." *JTS* 45 April (1994): 37–71.

Kaminsky, J. "Reclaiming a Theology of Election: Favoritism and the Joseph Story." *Journal of the NABPR* (2004): 135–152.

Keegan, O. P., Terence J. *Interpreting the Bible.* New York: Paulist Press, 1985.

Kitchen, K. A. *Ancient Orient and Old Testament.* London: The Tyndale ress, 1966.

Kidner, D. *Genesis, An Introduction and Commentary.* Chicago: Inter-Varsity, 1967.

Kim, Young-Ho. *Judah's Role in the Joseph's (?) Story.* Unpublished Th.M. Diss. Covenant Theological Seminary, St. Louis (Mo), 1991.

_____. "The Homiletic Structure of the Characters in "Terah Toledoth", *scripture and Interpretation* vol. 5, 2011

King, J. Robin. "The Joseph Story and Divine Politics: A Comparative Study of a Biographic Formula from the Ancient Near East." *JBL* 106/4 (1987): 577–594.

Koehler, Ludwig (ed.). *Lexicon in Veteris Testamenti Libros.* Leiden: E. J. rill, 1985.

_____. *Hebrew Man.* Translated by Peter R. Ackroyd. London: SCM Press, 1956.

Köhler and Baumgartner, *The Hebrew and Aramaic Lexicon of the Old Testament.* Revised by Walter Baumgarter and Johann Jacob Stamm. Leiden: New York: E. J. Brill, 1994–1996.

Koptak, Paul Edward. *Judah in the Biblical Story of Joseph: Rhetoric and Biography in* the Light of Kenneth Burke's Theory of Identification. Unpublished PhD. Diss. Northwestern University. 1990.

Kort, Wesley. Story, Text, and Scripture; Literary Interests in Biblical Narrative. University Park: Pennsylvania State University Press. 1988.

Kunin, Seth Daniel. The Logic of Incest: A Structuralist Analysis of Hebrew Mythology. JSOTS 185. Sheffield: Sheffield Academic Press, 1995.

Lai, Chien-Kuo Paul. "Jacob's Blessing on Judah (Genesis 49:8-12) within the Hebrew Old Testament: A study of in-textual, inner-textual, and inter-textual interpretation." Unpublished PhD. Diss. Trinity Evangelical Divinity School, 1993.

Lambdin, Thomas O. Introduction to Biblical Hebrew. London: Darton, Longman & Todd, 1971.

Lambe. Anthony J. "Genesis 38: Structure and Literary Design" in The World of Genesis: Persons, Places, Perspectives, Edited by P. David & D. Clines, JSOTS 257. Sheffield: Sheffield Press, 1998.

Leslie, Heller R. Narrative Structure and Discourse Constellation: An Analysis of Clause function in Hebrew Biblical Prose. Waco: Texas UMI, 1998.

Lemche, Niels Peter. Early Israel. SVT. Leiden: E. J. Brill, 1985.

_____. Ancient Israel: A New History of Israelite Society. Sheffield: JSOT Press, 1988.

Licht, Jacob. Storytelling in the Bible. Jerusalem: Magnes Press, 1978.

Liefeld, Walter L. New Testament Exposition: From Text to Sermon. Carlisle: Paternoster Press, 1984.

Lockwood, Peter F. "Tamar's Place in the Joseph Cycle," LTJ 26 (1992): 35-43.

Long, Thomas G. Preaching and the Literary Forms of the Bible. Philadelphia: Fortress Press, 1989.

Long, V. Philips. The Reign and Rejection of King Saul: A Case for Literary and Theological Coherence. SBL Dissertation Series 18. Atlanta: Scholars Press, 1989.

_____. The Art of Biblical History. Foundations of Contemporary Interpretation Vol. 5. Leicester: Apollos, 1994.

Longacre, Robert E. Joseph: A Story of Divine Providence, A Text Theoretical and Textlinguistic Analysis of Genesis 37 and 39-48. inona Lake, IN: Eisenbrauns, 1989.

_____. E. "Who Sold Joseph into Egypt?" In *Interpretation and History; Essays in Honour of Allen A. McRae,* 75-92. Eds. R. Harris et al. Singapore: 1986.

Longman, Tremper, III. *Literary Approaches to Biblical Interpretation.* oundations of Contemporary Interpretation 3. Grand Rapids: Zondervan, 1978.

Lowenthal, E. I. *The Joseph Narrative in Genesis.* New York: KTAV, 1973.

Lowry, E. L. *The Homiletical Plot: The Sermon as Narrative art Form.* Atlanta: John Knox, 1980,

Luther, Bernhard. "The Novella of Judah and Tamar and Other Israelite ovellas." In *Narrative and Novella in Samuel,* 89-112. JSOTS. Sheffield: JSOT, 1991.

Lyn, Hehama. "Aggadah in Bible Study." *Dor Le Dor* 12 (1983): 39-44.

Mackenzie, Brian A. "Jacob's Blessing on Pharaoh: An Interpretation of en 46:31-47:26." *WTJ* 45 (1983): 386-99.

Marguerat Daniel and Bourquin Yvan, *How to Read Bible Stories.* Translated y John Bowden. London: SCM press, 1999.

Martens, Elmer A. *God's Design: A Focus on Old Testament Theology.* Grand Rapids: Apollos, 1994.

Marcus, D. "Lifting up the head: on the Trial of a Word Play in enesis 40." *Proof* 10 (1990): 17-27.

Mason, Rex. "Some Echoes of the Preaching in the Second Temple Period: Tradition Elements in Zechariah 1-8." *ZAW* 96 (1984): 221-35.

_____. *Preaching the Tradition: Homily and Hermeneutics after the Exile.* Cambridge: Cambridge University Press, 1990.

Matthews. Kenneth A. *Genesis 12-50,* NAC. Tennessee: Broadman & Holman, 2005.

Matthews, Victor H. "The Anthropology of Clothing in the Joseph tory." *JSOT* 65 (1991): 25-36.

Mathewson, Steven D. "An Exegetical Study of Genesis 38." *BS* 46/ October-December (1989): 373-392.

McGuire, E. M. "The Joseph Story: A Tale of Son and Father." In *Images of Man and God: Old Testament Short Stories in Literary Focus,* 9-25. Ed. Burke O. Long. Sheffield: Almond Press, 1981.

Merrill, Eugene H. *Kingdom of Priests.* Grand Rapids: Baker Book House, 1987.

Meyer, F. B. *Joseph: Beloved, Hated, and Exalted.* London: Morgan and Scott, (no date).

Miscall, P. D. "The Jacob and Joseph stories as Analogies." *JSOT* 6 (1978): 28-40.

Moberly, R. W. L. *Genesis 12-50.* Sheffield: JSOT, 1992.

Morris, Gerald. "Convention and Character in the Joseph Narrative." *PEGLMBS* 14 (1994): 69-85.

Motyer, J. A. "Famine" in *New Bible Dictionary* (second ed.). Ed. J. D. Douglas. Leicester: IVP, 1982.

Muilenburg J. "Form Criticism and Beyond." *JBL* 88, 1969.

_____. "A Study in Hebrew Rhetoric: Repetition and Style," *VTSup* 1, 1953.

Neufeld, Ernest. "The Anatomy of the Joseph Cycle." *JBQ* 22 (1994) 35-46.

Niditch, Susan. "The Wronged Woman Righted: An Analysis of Genesis 38." *HTR* 72 (1979) 143-49.

_____. *Oral World and Written Word: Orality and Literacy in Ancient Israel.* London: SPCK, 1997.

Norrington, David C. *To Preach or Not to Preach.* Carlisle: Paternoster, 1997.

Osborne, G. "Genre Criticism-Sensus Literalis." *TrinJ* 4 ns/2 (1983) 1-27.

Ong, Walter. J. *Orality and Literacy.* 이기우 외 옮김, 『구술문화와 문자 문화』. 서울: 문예출판사, 1995.

Pedersen, J. *Israel: Its life and Culture.* Vols I, II. London: Oxford University Press, 1926.

Pfeiffer, Robert H. *Introduction to the Old Testament.* New York: Doubleday, 1964.

Powell, Mark Allen. *What is Narrative Criticism?* London: SPCK 1983.

Pirson Rom. A Semantic and Literary Analysis of Genesis 37-50, *JSOTS* 355. Sheffield: Sheffield Academic Press, 2002.

Pratt, JR, Richard L. *He Gave Us Stories.* Brentwood, TS: Wolgemuth & Hyatt, Publishers, Inc, 1990.

Prewitt, T. J. *The Elusive Covenant: A Structural-Semiotic Reading of Genesis.* Bloomington: University of Indiana Press, 1990.

Rad, Gerhard von. *Genesis, A Commentary.* Translated by John H. Marks. Philadelphia: Westminster Press, 1961.

_____. "Joseph Narrative and Ancient Wisdom." In *The Problem of the Hexateuch and Other Essays,* 292-300. Translated by E. W. T. Dicken. Edinburgh: Oliver and

Boyd, 1966.

_____. "The Levitical Sermon in I and II Chronicles." In *The Problem of the Hexateuch and Other Essays,* 267-280.

_____. *Biblical Interpretations in Preaching.* Translated by John Steely Nashiville: Abingdon, 1977.

Redford, Donald B. *A Study of the Biblical Story of Joseph (Genesis 37-50). SVT.* Leiden: E. J. Brill, 1970.

Rendtorff, Rolf. *The Problem of the Process of Transmission in the Pentateuch.* Translated by John J. Scullion, JSOTS 89. Sheffield: JSOT, 1990.

Rendsburg, Gary A. *The Redaction of Genesis.* Winona Lake, IN: Eisenbrauns, 1986.

_____. "David and his Circle in Genesis 38." *VT* 36 (1986): 438-446.

_____. "Israelian Hebrew Features in Genesis 49." *MAARAV* 8 (1992): 161-170.

Ryken, Leland. *How to Read the Bible as Literature.* Grand Rapids: Academie, 1984.

_____. *Words of Delight: A Literary Introduction to the Bible.* Grand Rapids: Baker Book House, 1987.

Ryken, L. and Longman III, T. (eds). *A Complete Literary Guide to the Bible. Grand Rapids,* Michigan: Zondervan Publishing House, 1993.

Sailhamer, John H. *The Pentateuch As Narrative: A Biblical Theological Commentary.* Grand Rapids: Zondervan Publishing House, 1992.

_____. "Genesis." In *A Complete Literary Guide to the Bible.* eds. Leland Ryken and Tremper Longman III. Grand Rapids: Zondervan Publishing House, 1993.

Sandmel, Samuel. "The Haggada Within Scripture." *JBL* 80 (1961): 104-112.

Sarna, Nahum M. *Genesis.* NTC. Philadelphia/New York/Jerusalem: Jewish Publication Society, 1989.

Savage, Mary. "Literary Criticism and Biblical Studies: A Rhetorical Analysis of the Joseph Story" In *Scripture in Context: Essays on the Comparative Method,* 89-100. Pittsburgh: Pickwich Press, 1980.

Savran, George W. *Telling and Retelling in Biblical Narrative.* Broomington, IN: Indiana University Press, 1988.

_____. "The Joseph Story: Genesis 48 and the Canonical Process." *JSOT* 35 (1986): 29-43.

Seybold, Donald A. "Paradox and Symmetry in the Joseph Narrative." In *Literary Interpretations of Biblical Narratives* I, 159-73. Nashville: Abingdon, 1982.

Simon, Uriel. "Minor Characters in Biblical Narrative." *JSOT* 46(1990): 12-18.

Shapiro, Marc. "The Silence of Joseph." *JSJ* 36 (1989): 13-17.

Skinner, J. *A Critical and Exegetical Commentary on Genesis. International Critical Commentary.* Edinburgh: Clark, 1910.

Soggin, J. A. *Introduction to the Old Testament.* Translated by John Bowden. London: SCM Press, 1980.

_____. "Notes on the Joseph Story." In Understanding Poets and Prophets: 338-344. *JSOTS* 152. Sheffield: JSOT, 1983.

_____. "Judah and Tamar (Genesis 38)." In *Of Prophets' Visions and The Wisdom of Sages: 281-87. JSOTS* 162. Sheffield: Academic Press, 1993.

Steinberg, Naomi. *Kinship and Marriage in Genesis: a household Economics Perspective.* Minneapolis: Fortress Press, 1993.

Steinmetz, Devora. *From Father to Son: Kinship, Conflict, and Continuity in Genesis.* Louisville, Kentucky: Westminster/John Knox Press, 1991.

Sternberg, Meir. *The Poetics of Biblical Narrative.* Bloomington: Indiana University Press, 1985.

Stigers, Harold G. *A Commentary on Genesis.* Grand Rapids: Baker Book House, 1974.

Syrén, Roger. *The Forsaken First-Born: A Study of a Recurrent Motif in the Patriarchal Narratives. JSOTS* 133. Sheffield: Sheffield Academic Press, 1993.

Thomas, Mann. *The Book of Tora: the Narrative Integrity of the Pentateuch.* Atlanta: John Nox Press, 1988.

Thiselton, Anthony. *New Horizons in Hermeneutics.* Grand Rapids: Zondervan Publishing House, 1997.

Thompson L. Thomas. "The Joseph and Moses narratives." in *Israelite & Judaean History* 178-180. London: SCM Press Ltd, 1977.

Tucker, Gene M. *Form Criticism of the Old Testament.* Philadelphia: Fortress Press, 1971.

Turner, Laurence A. *Announcements of Plot in Genesis.* Sheffield: JSOT. 1990.

Van der Merwe, B. J. "Joseph as Successor of Jacob." In *Studia Biblica Et Semitica: Festschrift für Theodoro Christiano Vriezen,* 221-227. Veenman & Zonen N. V.

Wageningen, 1966.

Van Seters, John. *Prologue to History: The Yahwist as Historian in Genesis.* Louisville, KY: Westminster/John knox Press, 1992.

Van Wolde, Ellen. "Texts in Dialogue with Texts: Intertextuality in the Ruth and Tamar Narratives." *Biblical Interpretation* 5/1 (1997): 1-28.

Waltke, B. K. *Genesis.* Grand Rapids, Michigan: Zondervan, 2001.

Waltke, Bruce K. and O'Connor, M. *An Introduction to Biblical Hebrew Syntax.* Eisenbrauns: Winona Lake, 1990.

Watson, Francis. *Text Church and World.* Edinburgh: T&T Clark, 1994.

Weinstein, Brian "Reuben: The Predicament of the Firstborn." *Jewish Bible Quarterly* Vol. 36, No. 3. (2008): 196-200.

Wenham, Gordon J. "The Coherence of the Flood Narrative." *VT* 28(1978): 336-48.

_____. *Genesis 1-15.* WBC. Dallas, TX: Word Books, 1987

_____. "Genesis: An Authorship Study and Current Pentateuchal Critisim." *JSOT* 42 (1988): 3-18.

_____. "Method in Pentateuchal Source Criticism." *VT* 41 (1991): 84-109.

_____. *Genesis 16-50.* WBC. Dallas, TX: Word Books, 1994.

_____. 'Genesis.' In *New Bible Commentary* (21st Century Edition). Ed. D. A. Carson (et al). Leicester: IVP, 1994.

_____. *Exploring the Old Testament.* Vol. 1. The Pentateuch. London: SPCK. 2003, 26.

Westermann, Claus. *Handbook to the Old Testament.* London: SPCK, 1967.

_____. *The Promises to the Fathers.* Translated by Keith Crim. Philadelphia: Fortress Press, 1980.

_____. *Genesis 37-50.* Biblischer Kommentar, Altes Testament, 2nd ed. Neukirchen-Vluyn: Neukirchener Verlag, 1982. ET. Genesis 37-50. A Commentary. Translated by John J. Scullion S. J. Minneapolis: Ausburg Publishing House, 1986.

_____. *Joseph.* Edinburgh: T&T Clark, 1996 (German 1990).

White, Hugh C. *Narration and Discourse in the Book of Genesis.* Cambridge: Cambridge University Press, 1991.

_____. "Reuben and Judah: Duplicates or Complements?" In *Understanding the Word,* 73-97. Edited by J. T. Butler. JSOTS 37. Sheffield: JSOT, 1985.

_____. "The Joseph Story: A Narrative which 'Consumes' its Content." *Semeia* 31 (1985) 49-69.

Whybray, R. N. 'The Joseph Story and Pentateuchal Criticism.' *VT* 18 (1968) 522-528.

_____. *The Making of the Pentateuch.* JSOTS 53. Sheffield: JSOT, 1987.

_____. *Introduction to the Pentateuch.* Grand Rapids: William B. Eerdmans Publishing Company, 1995

Wildavsky, Aaron. "Survival must not be Gained through Sin." *JSOT* 62 (1994): 37-48.

Willis, Lawrence M. *The Jew in the Court of the Foreign King.* Harvard Dissertations in Religion. Minneapolis: Fortress Press,1990.

Williams, Ronald J. *Hebrew Syntax: An Outline.* Second Ed. Toronto/Buffalo/ London: University of Toronto Press, 1976.

Wilson R. R. *Genealogy and History in the Biblical World.* New Haven: Yale Up. 1977.

Wright Ernest G. 'Theology as Recital.' In *Old Testament Issues, 11-38.* Ed. Sandmel Samuel. London: SCM Press Ltd, 1968.

Wright, George R. H. "The Positioning of Genesis 38." *ZAW* 94 (1982): 523-529.

Yoseph, A. B. "Joseph and His Brothers." *JBQ* 21 (1993): 153-158.

국내 문헌

기동연.『아브라함아?』서울: 생명의 양식. 2013

강규성. "야곱의 톨레돗 구조 속에 나타난 요셉과 유다의 역할." 박사학위논문. 총신대학교, 2004.

_____. "구약신학의 관점에서 본 한국교회 교육: 토라, 예언서, 지혜서의 교육 기능에 대한 연구."『개혁논총』. 제5권 (2006): 9-27.

김정우.『구약통전』서울: 이례서원, 2002.

김지찬.『언어의 직공이 되라』. 서울: 생명의말씀사, 1996.

_____. "The Importance of Narrative in Old Testament Studies," *CTJ* 18 (2010): 58-82.

김영호.『하나님은 왜 이야기를 주셨을까?』. 서울: 예영커뮤니케이션. 1993.

_____. "사무엘상 강해". 설교를 위한 성경연구1.『두란노 목회자료 큰 백과』. 서울: 두란노서 원, 593-734. 1996.

_____. "요셉은 은사를 남용한 적이 있는가?" 설교적 인물구조로 본 창세기 40:9-23:『한국 복음주의 구약신학회』 논문집 제6집(2010): 33-57.

_____. "인물구조로 본 '야곱 톨레돗'(창37-50): 야곱 자녀들의 신앙경주". 박사학위 논문. 한 영신학대학교, 2010.

김의원.『하늘과 땅, 그리고 족장들의 톨레돗』. 서울: 총신대학교출판부, 2004.

박철우. "이사야 56-66장에 내재된 중앙집중 구조와 삼단 양식과 그 특징에 관한 연구."『구 약논단』. 제13권 4호, 통권 26집(2007): 71-90.

성종현. "구속사적 강해설교에서 기독교 윤리의 위치,"『성경과 신학』제25권(1999): 240-255.

손석태.『창세기 강의』. 서울: 기독교문서선교회(CLC) 2021.

송병현.『엑스포지멘터리 창세기』. 서울: 국제제자훈련원, 2010.

왕대일.『새로운 구약주석』 서울: 성서연구사, 1996.

이기영『창세기 원역사 논쟁과 계량적 해석』서울: 이음셋, 2025.

정석규.『구조로 읽는 창세기』. 서울: 프리칭아카데미, 2006.

_____.『구조로 읽는 구약성서』. 서울: 프리칭아카데미, 2006.

_____.『구약성서로 읽는 갈등과 화해』. 서울: 한들출판사, 2010.

저자소개

김 영 호(Young Ho, kim)

필자는 본인 인생의 거의 절반을 창세기 연구에 몰두 하였다. 1985년 독일 베를린에서 파독 간호사와 결혼한 후 그곳 제일교회와 고백교회를 담임 하면서 창세기의 권위와 중요성을 깨닫고 창세기를 "바르게 알고, 적용하자"라는 신념으로 스코틀랜드(Free Church of Scotland College, Th. Dip), 미국(Covenant Theological Seminary, Th. M), 영국(St. John's College, Nottingham University, 박사과정 수료)에서 연구하였다. 한국에 돌아와서 부친이 몸담고 있던 교단에서 목회하던 중, 그곳 가까운 거리에 위치한 한영신학대학교에서 강의하면서 정석규 교수의 지도로 신학박사 학위(Ph. D.)를 받았다. 그 후 재건총회신학원에서 초대 전임교수로 은퇴(2022) 직전까지 사역하였다. 그동안 국내외 신학자들에게서 배운 창세기 해석과 주해 방법을 논문과 학술지, 강의와 설교 등을 통해 여러 현장에서 발표하고 적용해 오는 과정 속에서 창세기의 깊이를 더욱 깨닫게 되었다. 그 결과 창세기 전체가 세 그룹-다섯 세트-열다섯 요지로 정교하게 구성되어 있음을 발견하였고, 이를 보다 쉽게 이해하도록 도식과 도표를 적극 활용하여 본서를 집필하였다.

e-메일: yhokim11@hanmail.net